中国蜀道

第七卷

科学认知

上

The Shu Roads in China · Scientific Cognition（Volume 1）

刘庆柱　王子今　主编

高大伦　吕卓民　赵宠亮　编

国家出版基金项目
NATIONAL PUBLICATION FOUNDATION

陕西新华出版传媒集团
三秦出版社

图书在版编目（C I P）数据

中国蜀道·科学认知 / 刘庆柱，王子今主编；
高大伦，吕卓民，赵宠亮编. — 西安：三秦出版社，
2015.12

ISBN 978-7-5518-1149-1

Ⅰ. ①中… Ⅱ. ①刘… ②王… ③高… ④吕…
⑤赵… Ⅲ. ①蜀道—研究 Ⅳ. ①K928.6

中国版本图书馆CIP数据核字（2015）第268276号

中国蜀道·科学认知（上下）

第七卷

高大伦　吕卓民　赵宠亮　编

出版发行	陕西新华出版传媒集团　三秦出版社
社　址	西安市北大街147号
电　话	（029）87205121
邮政编码	710003
印　刷	陕西龙山海天艺术印务有限公司
开　本	787mm×1092mm　1/16
印　张	62.5
字　数	1015千字
版　次	2015年12月第1版
	2015年12月第1次印刷
标准书号	ISBN 978-7-5518-1149-1
定　价	710.00元
网　址	www.sqcbs.cn

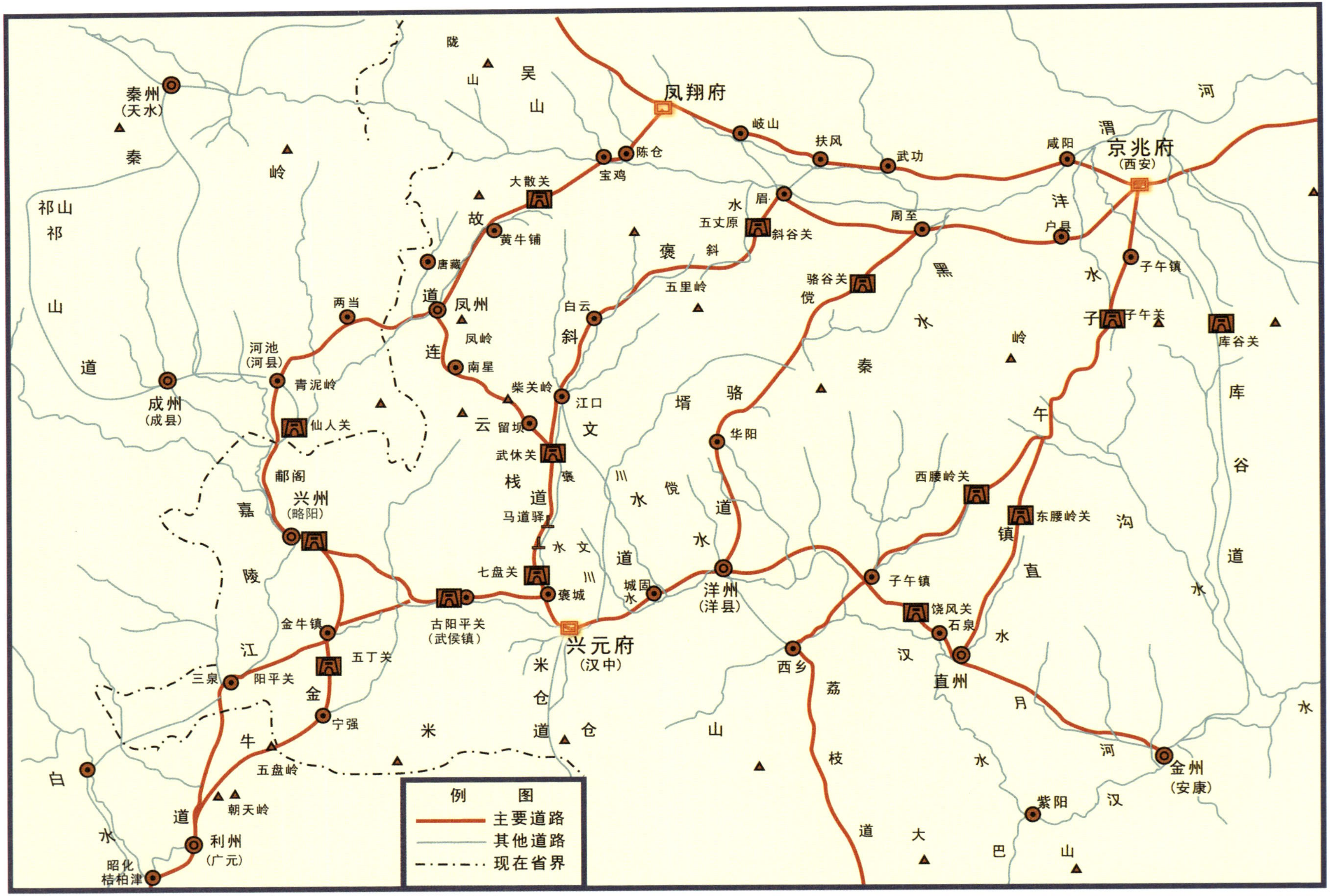
凤翔府
岐山
扶风
武功
咸阳
京兆府
(西安)
渭
河
陈仓
宝鸡
大散关
黄牛铺
唐藏
凤州
凤岭
两当
河池
(河县)
青泥岭
仙人关
郇阁
兴州
(略阳)
成州
(成县)
秦州
(天水)
眉
水
五丈原
斜谷关
周至
户县
子午镇
子午关
库谷关
骆谷关
华阳
白云
五里岭
江口
柴关岭
留坝
南星
武休关
马道驿
七盘关
褒城
古阳平关
(武侯镇)
兴元府
(汉中)
城固
洋州
(洋县)
西乡
子午镇
饶风关
石泉
直州
西腰岭关
东腰岭关
金州
(安康)
紫阳
金牛镇
五丁关
阳平关
三泉
宁强
五盘岭
朝天岭
利州
(广元)
昭化
桔柏津
故道
连云栈道
褒斜道
傥骆道
子午道
库谷道
直河道
荔枝道
米仓道
金牛道
嘉陵江
汉水
白水
祁山道
陇山
吴山
秦岭
大巴山
例图
主要道路
其他道路
现在省界

总　序

提起蜀道，人们马上会想起唐代大诗人李白的名句“蜀道之难难于上青天”。这句诗无疑是千百年来对蜀道最生动贴切的表述，险峻也成了蜀道留给世人最突出的印象。其实，蜀道不仅以险峻著称，她还是中国古代一条凝聚着物质文明和精神文化的景观大道，是人类至今保存最早的大型交通遗存之一，在中国古代政治、军事、经济、文化等各方面都曾经发挥过重要的作用，其沿线遗存及相关文化现象具有珍贵的遗产价值。同时，因蜀道的艰险而迸发出的坚韧不拔，开创、开放的人文精神也历久弥新，为世人所重视。

一条千年蜀道，闪烁着辉煌的中华文明之光。作为连接周秦汉唐政治中心与成都盆地的交通动脉，众多风云人物在这里上演过异彩纷呈的历史活剧，中国历史的车轮在其上留下了深深的印迹。作为穿越秦巴山地、分合多变、通塞不定的道路体系，蜀道不同路段或分支被称为子午道、傥骆道、褒斜道、陈仓道、荔枝道、金牛道等，每条支道都承载着丰厚的历史文化积淀。蜀道的开通修建所体现的勤劳智慧、攻坚克难以及蜀道行旅者披荆斩棘、开拓进取的大无畏气概，本身就是一笔宝贵的精神财富。

蜀道作为道路实体和文化载体，在川陕公路开通以后，随着历史的演进和时间的推移，有些路段难免会遭到人为或自然的破坏和毁坏，渐渐地淡出了人们的视野。曾经的古道，曾经的雄关，已经蒙上了厚厚的灰尘。今天走在蜀道上，所看到的情景令人感触颇多，有时候甚至是揪心。道路已经废弃，作为蜀道标志性形态的栈道已荡然无存，一些重要遗存也受到人为破坏或自然消亡的威胁。尤其是由于观念上的偏差和局限，一些违背科学的做法，导致部分珍贵的历史遗存正在受到“保护性破坏”。蜀道保护工作真正到了刻不容缓的地步！再不采取得力措施，物化的遗存将消失殆尽，千年蜀道真的将成为美丽的传说。有鉴于此，经过专家的呼吁和倡议，全国政协发挥自身优势，采取积极行动，就蜀道保护开展了一系列调研研讨活动。自 2011 年 9 月蜀道文化线路保护与申遗活动在西安正式启动以来，先后有多位全国政协委员、文化遗产专家参加了四川成都和广元、陕西汉中和安康等地举行的“蜀道文化线路保护与申遗研讨会”和线路考察活动，为蜀道保护和申遗工作付出了大量心血。我们高兴地看到，经过各方共同努力，蜀道文化线路保护呈现出崭新的局面，2012 年 10 月，蜀道金牛道广元段成功入选《中国世界文化遗产预备名单》。蜀道世界文化与自然遗产 2015 年 7 月列入《世界文化与自然遗产预备名单》。蜀道申遗工作正在积极有序地推进。

特别是蜀道所在的陕西、四川两省政协、文物部门做了大量实实在在的工作，取得了多方面显著成绩。在两省政协的支持和推动下，陕西新华出版传媒集团所属三秦出版社从 2011 年开始，组织北京、陕西、四川等地的著名学者，经过多年的努力，精心编撰了七卷十册洋洋 300 多万字的大型人文地理学术著作《中国蜀道》丛书，内容包括蜀道历史沿革、蜀道线路体系、蜀道建筑特色、蜀道沿线文化遗存、艺文资料等，在总结历代有关蜀道开通和使用的历史文化记录，进行全面的历史学、考古学、地理学考察研究的基础上，全方位、多视角地说明蜀道的历史地位和文化意义，进而深化了对中华民族文化的创造精神、开放意识、和谐交往传统的认识和理解，堪称迄今为止有关蜀道最全面、最权威的研究成果，也是国家出版基金重点资助项目。

在该套丛书出版之际，我除了表示热烈的祝贺，还要向组织者、参与撰写的学者以及出版者表示诚挚的感谢。我认为这套书无论对于申遗还是蜀道的长期保护，都具有重要的现实意义和深远的影响，具体地说，至少有这么几个作用：一是探赜索隐，复原和展示蜀道的历史风采；二是吸收整合最新考古调查成果，给蜀道遗存现状留一份全面翔实的文档，既包括蜀道本身，又包括沿线相关的人文遗存，还包括非物质的，如诗文传说等；三是呼吁保护，结合申遗行动对今后蜀道的长期可持续保护提出建议。我十分赞同书中的一些理念，即蜀道遗存当务之急是保护，申遗并不是我们的最终目的，而是阶段性目标，是为了更好的保护。我国是历史文明古国和文化资源大国，要实现党的十八大提出的建设社会主义文化强国的宏伟目标，首先要珍惜保护好包括蜀道在内的祖先留下来的宝贵文化资源。我们希望《中国蜀道》这套书能够充分发挥宣传、引领和推动作用，希望更多的人们关注和积极参与蜀道保护。通过蜀道遗产的研究和保护，能够发现和解决一些突出问题，积累经验，达成共识，树立科学的、正确的遗产保护理念，把传承保护文化遗产变为全社会的自觉行动。

周恩来总理曾说："历史对一个国家、一个民族，就像记忆对于个人一样，一个人丧失了记忆就会成为白痴，一个民族如果忘记了历史，就会成为一个愚昧的民族。" 做好蜀道保护，就是保护民族的记忆。只要我们以高度的文化自觉和文化自信，通过对蜀道及其相关文化遗存的研究整理，积极推进蜀道文化遗产保护事业，就不仅可以增进对中国历史文化的理解、记忆、传承和弘扬，而且对于现今文化建设和经济发展，也可以提供有益的借鉴，实现历史遗产与沿线区域的良性互动，进一步践行科学发展观，为蜀道沿线地区经济社会的全面协调可持续发展做出贡献。

张梅颖

2015 年 7 月

中国蜀道 科学认知
The Shu Roads in China Scientific Cognition

目录

中国蜀道
科学认知
The Shu Roads in China
Scientific Cognition

Contents

中国蜀道

科学认知

The Shu Roads in China

Scientific Cognition

第一章

蜀道文物研究

蜀道文物研究

专题文物图说明（一）

陕西省古道路、桥梁遗存

陕西是古代道路修筑较早，也较为发达的地区。据史载，早在春秋、战国时期，秦岭山区就有了车路通行。历史上著名的金牛道、故道、直道、褒斜道等，均位于或大部分位于陕西境内。目前，全省已发现古道路遗存（包括与此相关的沿线烽燧、烽火台、宫殿、兵站、驿站、关隘等遗址以及摩崖题刻、碑刻等）和桥梁遗存近 900 处，绝大多数分布在秦巴山区和陕北地区，时代又以秦汉、宋明和清代三个时期的居多，从而为陕西古代陆路交通的研究，提供了较为丰富的实物资料。

陕西的古道路中，最著名、调查且资料较丰富的，当属修筑于秦始皇三十五年（前 212）的直道，其南起云阳（今陕西淳化），北至九原（今内蒙古包头），“堑山堙谷，千八百里”。直道遗存自淳化北部的秦林光宫北门始，沿旬邑、黄陵的子午岭向北，经富县、甘泉、志丹、安塞、榆林等地延入内蒙古自治区。陕西境内已发现遗迹的道路全长 498 千米。直道一般沿分水岭山脊或高地选线，修筑方式以堑山为主，仅在河谷或低凹处挖方夯筑，在甘泉，发现了厚达 30 余米的夯筑路基。直道路面一般宽 10 米～ 30 米，部分路段宽 40 米～ 60 米，榆林市北部的一段挖方路面宽度达 160 余米。直道一线两侧，共发现秦汉时期的行宫、城址、兵站、关隘、烽燧等遗址及墓葬近 60 处。志丹任窑和安塞红花园的行宫遗址内，存有高 10 米以上的大型夯土台基，并遗有大量规格很高的空心砖、条砖，带有戳印的瓦和瓦当、陶水管道、陶井圈等。在沿线的兵站遗址，还发现了铜器和弩机、镞、刀等兵器。直道东侧的子长和直道起点以南的淳化南部、泾阳等地，也发现了可连成一线的道路遗迹、烽燧及故城，应是直道的支线所在。

秦汉三国之际，是大规模修凿秦巴栈道，以连通关中与陕南、四川的时期。经调查，修凿或主要修凿于此时的各条栈道的走向已基本清楚。各线及其支线都发现不少栈道、摩崖、碑刻等遗存。其中的栈道遗址，由于鲜见地层关系和遗物佐证，加之后代修葺沿用，往往不易一一断代。故道，又名陈仓道，始通于战国，沿凤县—留坝发现遗存 10 余处。褒斜道，开凿于西汉，其南段与故道重合，沿太白—凤县—留坝发现遗存 60 余处。傥骆道，始通于三国。沿周至—太白—洋县发现遗存 50 余处。子午道，始凿于两汉，分新老两路，沿长安—宁陕—石泉发现遗存 10 余处。武关道，约通于战国，沿蓝田—商州—丹凤发现遗存 20 余处（含武关遗址）。米仓道，通于东汉，在南郑发现遗存 3 处。

上述古道一般沿河流选线，主要遗迹栈孔多开凿于河流一侧的崖壁上下，栈孔以方形和圆形为主，亦有呈马蹄形、三角形的。栈道的修造方式一般有五种：①标准式：栈道横梁一头插入壁孔，一头立柱于水中，其分布最为普遍。蓝田的武关道遗址中，为增加栈道远山一侧支撑柱的强度。与壁孔相对的底孔，最多达两排 7 孔，使其路面宽达 5 米。②千梁无柱式：无立柱，栈道横梁插入壁孔，其上铺板或积石以成路面。这类栈道多修于水大流急、难以安柱的地带，路面一般较窄。③依坡搭架式：不凿壁孔，仅以底孔立柱搭架，其上铺板成路。④多层横梁式：不凿底孔，而在多层壁孔中插入横梁。横梁外端立柱，柱上铺板以成路面。这种方式技术难度大，较为少见。⑤凹槽式：在崖面上凿出凹槽式道路，仅发现于褒斜道石门和蓝田武关道；后者的路面宽 3 米～ 5 米，两侧槽壁高达 10 余米。

各条古道中，以褒斜道的工程量最大，修造方式多样，保留遗迹段多，其南口的褒斜道石门，开凿于东汉永平六年（63）。长16余米，宽4米余，最高达3.8米，是世界上最早的人工隧道之一。隧道内外，刻有东汉至明清的摩崖百余方，其中不少记载有修凿褒斜道及石门的珍贵资料。

（原载国家文物局主编：《中国文物地图集·陕西分册》，西安地图出版社，1998年，上册第116～117页）

重点文物图

褒斜道石门及其摩崖石刻

褒斜道，开凿于西汉，是连通关中与汉中的重要古道路，汉末至五代，南北兵争多取道于此。褒斜道南口的石门，始凿于东汉永平六年（63），采用“火焚水激”法，历时三年竣工，是世界上最早的人工隧道之一。

石门位于汉中市褒河谷口西岸。门呈洞状，南北向。长16.5米，宽4.1米～4.4米，高3.45米～3.75米。隧道内外，有东汉至明清时期的摩崖题刻百余方。其中记颂开通褒斜道的东汉“鄐君开道碑”“杨君石门颂”“李君表”“杨淮、杨弼表记”，北魏“石门铭”等，是研究古代交通史和书法艺术的珍贵资料。“鄐君开道碑”刻于东汉永平九年（66），幅宽2.7米，高1.3米，笔阵森严，气势雄峻，是中国现存最早的摩崖之一。

1961年公布为全国重点文物保护单位。今石门已被水库淹没，汉至宋代的17方摩崖已迁至汉中市博物馆。

傥骆道遗址

傥骆道又名党骆道、骆谷道。始通于三国，是穿越秦岭、连通关中与汉中最近捷的古道路。唐代德宗、僖宗避兵火，均经由此路至汉中、四川。

傥骆道北口在周至县西骆峪（骆谷），向西南，经太白、洋县，三次翻越秦岭及其支脉。出傥水谷（傥谷）至汉中盆地古道全长约 200 千米。

傥骆道一线的栈道、栈桥、摩崖、碑刻等遗存共发现 50 余处，主要分布于西骆峪河、黑河、湑水、傥水等河谷。其架木或架石的栈孔多开凿于河流一侧的崖壁上下，个别地点的栈孔多达 70 余个。栈孔以方形和圆形为主，也有呈马蹄形、三角形的。栈道的修造方式有平梁立柱式、千梁无柱式、依坡搭架式及凹槽式路面等，部分路段今仍使用。这些遗存，是研究中国古代陆路交通的宝贵实物资料。

（原载国家文物局主编：《中国文物地图集·陕西分册》，西安地图出版社，1998 年，上册第 422 页、第 424 页）

文物单位简介

西安市·长安县

59—A59 子午道遗址长安段〔子午镇、喂子坪乡·汉～清〕子午道是关中至汉中的主要古道路之一。北口自子午谷（因谷口内约 2 千米的谷道南北端直而得名）入秦岭，南口在今汉阴县境。据史载，西汉元始五年（5）王莽通子午道，自杜陵县直绝南山（今秦岭）至汉中。三国时为魏蜀交争要道。南朝梁另开新路。道路南段略向西移，自长安经宁陕、石泉两河入汉中。唐天宝间剑南涪州贡荔枝，即由此道达长安。本县境内的子午道基本呈南北走向，北口自子午谷入，尽谷道，向西南越山入沣峪谷。沿沣峪河向南，经喂子坪、黑沟口、红岩子、千佛崖、鸡窝子等地越秦岭主脉，经甘沟口与宁陕子午道（见宁陕县）连通。全线发现栈桥、栈道等遗址 9 处。（参见《汉书·地理志》《元和郡县图志》）

A59—1 子午谷口栈道遗址〔子午镇子午西村西南·不详〕位于午谷口内东岸崖壁下，遗存栈孔 2 组。一组有斜向方形栈孔 2 个，间距约 0.5 米，孔边长约 0.15 米；另一组有上下两层方形或圆形栈孔 10 余个，分布长度约 6 米，孔口边长或直径 0.15 米～ 0.16 米。

A59—2 喂子坪上栈桥遗址〔喂子坪乡喂子坪村西侧·不详〕位于沣峪河谷喂子坪桥南约 30 米。现存圆形栈孔 4 个，其中东岸两孔，间距 1.2 米，孔径 0.2 米。另两孔位于河中巨石上。

A59—3 喂子坪上栈桥遗址〔喂子坪乡喂子坪村西侧·不详〕位于沣峪河喂子坪桥南约 200 米的东、西两岸崖壁下，两岸相距约 7 米。现存圆形栈孔 6 个，其中东岸两孔，孔距 1.2 米，孔径 0.25 米；西岸 1 孔，分两组，每组 2 孔；一组孔距约 1 米，孔径 0.2 米；一组孔距 1.3 米，孔径 0.25 米。

A59—4 喂子坪栈道遗址〔喂子坪乡喂子坪村南 800 米·不详〕位于沣峪河西岸崖壁下，全长约 23 米，距河面高约 1.5 米。存方形栈孔 20 余个，孔距约 1 米。孔边长 0.15 米。

A59—5 黑沟口栈桥遗址〔喂子坪乡黑沟口村·不详〕位于黑沟口大桥下游约 10 米处的沣峪河两岸崖壁下。现存圆形桩孔多处，孔径 0.2 米～ 0.3 米不等。

A59—6 黑沟口栈道遗址〔喂子坪乡黑沟口村·不详〕分布于黑沟口大桥上游一侧的沣峪河东岸崖壁下，全长约 65 米，距河面高约 3 米。现存圆形栈孔 60 余个，孔距约 1 米，孔径 0.25 米，深 0.18 米。部分孔内尚存青石栈桩。

A59—7 枣儿岭栈桥遗址〔喂子坪乡枣儿岭沟口·不详〕位于沣峪河东岸支流沟口，沟南北两侧崖壁残存栈孔多处。

A59—8 石羊观栈道遗址〔喂子坪乡石羊观村·不详〕位于沣峪河西岸崖壁下，全长 25 米，距河面高约 3 米。存圆形栈孔 20 余个，孔距约 1 米，孔径 0.25 米，深 0.18 米。

A59—9 太平桥南栈道遗址〔喂子坪乡太平桥南侧·不详〕位于沣峪河东岸崖壁下。全长 35 米，距河面高约 3 米。存圆形栈孔 30 余个，孔距约 1 米，孔径 0.24 米，深 0.18 米。

66—A66 石砭峪口栈道遗址〔石砭峪乡石砭峪口桥下·不详〕位于石砭峪河东、西两岸崖壁下。桥下东侧有圆形栈孔 6 个，径 0.24 米～ 0.28 米；方形栈孔 1 个，孔边长 0.31 米。桥下西侧有圆形栈孔 9 个，径 0.24 米～ 0.28 米；方形栈孔 1 个，径边长 0.32 米。河西崖壁有双层栈道一段，总长为 20 米，均为方形栈孔，上层 31 个，下层 32 个。河东崖壁栈道总长约 20 米，有圆形栈孔 24 个，径 0.18 米。该处南 13 米河心石上有圆形栈孔 4 个，应为栈桥遗址。（见《文博》1987 年第 4 期）

（原载国家文物局主编：《中国文物地图集·陕西分册》，西安地图出版社，1998 年，下册第 102~103 页）

西安市·周至县

14—A14 傥骆道遗址周至段〔骆峪、厚畛子、沙梁子、安家岐、陈河乡·三国～清〕傥骆道又名骆谷道，是连通关中与汉中最近捷的古道路，北口在本县西骆峪，南口在洋县以北的傥水谷口。三国以来时见记载，唐代尤为畅通，兴元元年（784）德宗避朱泚，广明元年（880）僖宗避黄巢，均由此路至汉中、四川。傥骆道自骆峪乡西骆峪谷口始，沿西骆峪河向西南，经七里关、串草坡、大麦场、碾子坪、茅草坪等地越秦岭支脉，沿八斗河、大蟒河谷至黑河谷折向西。沿黑河经老庄子、磨子口、六角子、姜家坪、厚畛子、观音崖等地，偏向西南再越秦岭支脉至都督门，再折向西，沿湑水河经大房子、烂店子延入太白县境（一说自都督门向西南越秦岭主脉直至洋县华阳）。其中大蟒河口沿黑河向东有支线。本县境内全长约 90 千米（不含支线），全线共发现栈道、栈桥、碥道、摩崖题刻等遗存 26 处（含支线）。（参见《唐书》《盩厔（周至）县志》）

A14—1 马家沟栈道遗址〔骆峪乡七里关村北 1.5 千米·不详〕位于西骆峪河西岸崖壁下，距河床高约 3 米。存方形栈孔 4 个，孔距 1.6 米，孔边长 0.2 米，深 0.2 米。

A14—2 银洞湾栈道遗址〔骆峪乡七里关村北 400 米·不详〕位于西骆峪河西岸崖壁下，全 20 余米，距河面高 1.5 米。存圆形栈孔 12 个，孔距 1.5 米～1.7 米，孔径 0.18 米～0.2 米。

A14—3 偏牛岔峡栈道遗址〔骆峪乡七里关村南侧·不详〕位于西骆峪河西

岸崖壁下，全长10余米，距河面高1.2米。存方形栈孔7个，最大者孔边长0.63米，深0.42米。

A14—4 小骆峪叉栈道遗址〔骆峪乡小骆峪叉口村·不详〕位于西骆峪河南岸崖壁间，下距河面1.5米。有圆形栈孔2个，孔距1.92米，孔径0.19米，深0.18米。

A14—5 冉家地栈道遗址〔骆峪乡串草坡村南700米·不详〕位于西骆峪河西岸崖壁下，发现栈孔11个，孔距1.07米。其中方孔8个，孔边长0.12米，深0.04米；圆孔3个，孔径0.15米～0.17米。

A14—6 大麦场栈桥遗址〔骆峪乡大麦场村西南·不详〕位于宽约7米的西骆峪河两岸崖壁下，距河床高1.6米。有方形栈孔8个，对称分布，东、西岸各4个，孔边长0.2米。

A14—7 灰窑沟口栈道遗址〔骆峪乡碾子坪村南200米·不详〕位于西骆峪河两岸崖壁间，下距河面4.5米。现存插入栈孔的方形石栈桩5个，间距0.8米～1.1米，桩可测长1.3米，边宽0.28米，其上铺有长0.8～1.3米、边宽0.2米～0.6米的石条。另见圆形栈孔1个，孔径0.25米，深0.28米。

A14—8 立碑子栈道遗址〔骆峪乡碾子坪村西南·不详〕位于西骆峪河西岸崖壁上，全长约25米，高于河床约8米。存插入栈孔的方形石栈桩18个，呈30°角倾斜，间距1.2米～1.9米，桩可测长1.23米，边宽0.14米。其上铺架石条，今仍通行。栈道西侧原有2通碑石，已佚，崖面仅存插碑的印槽2孔。栈道南端15米处一巨石上有鱼形刻划符号。

A14—9 谢石窑栈道遗址〔骆峪乡碾子坪村南1.5千米·不详〕位于西骆峪河西岸崖壁上，全长约15米，高出河床约8米。存水平插入栈孔的方形石栈桩12个，间距0.8米～0.9米，桩可测长1.5米，边宽0.18米。其上铺架石条，今仍通行。

A14—10 夏家沟栈道遗址〔骆峪乡夏家沟口村北100米·不详〕位于西骆峪河西岸崖壁下，全长78米，高于河床1.8米。存圆形和方形栈孔63个，孔距1米～1.2米，圆孔径0.21米，深0.26米；方孔边长0.2米，深0.28米。

A14—11 偏桥栈道遗址〔骆峪乡茅草坪村北1.2千米·不详〕位于西骆峪河

东岸崖壁下，全长10.5米，高于河床1.8米。存插入栈孔的方形石栈桩7个，间距1.1米～1.3米，桩可测长1.4米，边宽0.19米。其上铺架石条，今仍通行。

A14—12 茅草坪栈道遗址〔骆峪乡茅草坪村南500米·不详〕位于西骆峪河西岸崖壁间，全长约9米。高于河面8.3米。存插入栈孔的方形石栈桩7个，间距0.9米～1.3米，桩可测长1米～1.2米，边宽0.18米。其上铺架石条，今仍通行。

A14—13 老庄栈道遗址〔厚畛子乡老庄子村东·不详〕位于黑河北岸崖壁下，存石凿路面长10余米，宽1.1米。

A14—14 磨子口栈道遗址〔厚畛子乡磨子口村西·不详〕位于黑河南岸崖壁下，全长约10余米。存方形栈孔6个、圆形栈孔1个，孔距1.2米～1.5米。方孔边长0.21米，深0.2米；圆孔径0.19米，深0.22米。

A14—15 六角子栈道遗址〔厚畛子乡六角子村南侧·不详〕位于黑河北岸峭壁上，全长约30米，下距河床约50米。存圆形栈孔20余个，孔距1.2米～1.5米，孔径约0.2米。

A14—16 姜家坪栈道遗址〔厚畛子乡姜家坪村北200米·不详〕位于黑河北岸峭壁上，全长22米，下距河床约60米。现存圆形栈孔19个，孔距约1.1米，孔径0.2米，深0.2米；插入方形栈孔的石栈桩3个，可测长0.8米，边宽0.18米，其上铺设石条，完好者3根，长约1米。

A14—17 双庙子河坝栈道遗址〔厚畛子乡厚畛子村南·不详〕位于黑河北岸崖壁间，分布长度约32米。现存插入方形栈孔的石栈桩若干，桩暴露长约0.95米。其上铺架石条，今仍通行。

A14—18 黄泥包栈道遗址〔厚畛子乡观音崖村西1千米·不详〕位于黑河南岸崖壁间，西北与“朱公碥”隔河相距约80米，分布长度73米。存水平向方形栈孔数组24个，孔距1.5米左右。其中20孔内插有石栈桩，桩暴露部分长约1米，边长0.24米，宽0.20米，其上铺架长2米、边宽0.55米的石条。

A14—19 “朱公碥”摩崖题刻〔厚畛子乡钓鱼台村东南1千米·明～清〕位于黑河北岸花岗岩崖壁上，下距河面约100米。幅宽1.8米，高0.8米，楷书阴刻“朱公碥”三字，字径40厘米，无年款、人名。其下3.5米处残存栈孔及石栈桩，分布长度约 50 米。

A14—20 大房栈道遗址〔厚畛子乡易家坪村大房子村·不详〕位于湑水河北岸崖壁下，现存两段。其一，分布长度约 12 米，下距河床约 3 米，有插入栈孔的石桩若干，桩可测长 0.9 米，其上铺架石条；另有圆形栈孔 8 个，孔距 1.5 米左右，孔径 0.13 米～ 0.21 米。其二，分布长度约 50 米，下距河床 2.5 米，有圆形栈孔数组 24 个，孔距 1.5 米～ 1.8 米，孔径 0.12 米～ 0.22 米。

A14—21 烂店栈道遗址〔厚畛子乡易家坪村烂店子村·不详〕位于湑水河北岸崖壁下，分布长度 42 米，下距河床约 3 米。有圆形栈孔 3 组 20 余个，孔径 0.14 米～ 0.18 米。

A14—22 两河口栈桥遗址〔沙梁子乡两河口村东·不详〕位于黑河两岸石崖下，有圆形栈孔 22 个，最大者直径 0.34 米，深 0.43 米。

A14—23 阎王碥摩崖题刻〔沙梁子乡倒江村东·明～清] 位于黑河北岸高约 80 米的花岗岩崖壁上，共两则。其一明正德十一年（1516）刻，幅宽 0.55 米、高 0.85 米，记载邑民马隆民等捐资修路事；其二道光七年（1827）刻，幅宽 0.47 米、高 1.15 米，记载捐资修路人姓名。题刻下 1 米处残存有栈孔，分布长度约 30 米。

A14—24 黑河桥遗址〔沙梁子乡大滩村南 750 米·不详〕始建年不详，原为南北向单跨石拱桥。光绪十四年（1888）毁，后于原址建铁索桥，20 世纪 70 年代废弃。位于黑河仄窄处，原石桥长约 10 米，宽约 4.5 米。南岸尚存六层石条砌筑桥墩，高 7.3 米，上部作残拱形，北岸以天然突崖为桥基，宽约 7 米，上有方形或圆形栈孔 11 个，最大孔径 0.35 米，深 0.4 米。桥旁有清光绪年间残碑 1 通，碑文记载石桥毁后修建铁索桥一事。桥南西侧崖壁和巨石上发现圆形栈孔数十个，分布长度约 200 米。其间一巨石上横排阴刻女阴 5 个，分别长 16 厘米～ 25 厘米。其旁崖壁间有明成化年摩崖题刻 10 余字。

A14—25 灯盏窝栈道遗址〔安家岐乡灯盏窝子村西北 350 米·不详〕位于黑河南岸峭壁下，高出河床约 3 米。存石凿路面长约 52 米，最宽处约 1.2 米。局部路段为刻凿脚窝，计有 14 个，间距 0.2 米～ 0.5 米，窝面仅容一足掌，俗称“脚掌窝”。

A14—26 九沟碥栈桥遗址〔陈河乡九沟碥村东 800 米 · 不详〕位于宽约 10 米的黑河东、西岸崖壁下，距河床高约 2.1 米，存圆形平向栈孔 3 个，其中东岸 2 个，西岸 1 个，孔径 0.4 米，深 0.25 米。东岸栈孔呈上下排列，孔距约 1 米。

（原载国家文物局主编：《中国文物地图集 · 陕西分册》，西安地图出版社，1999 年，下册第 152 ～ 153 页）

宝鸡市 · 太白县

7—A7 褒斜栈道遗址（褒斜道遗址太白段）〔王家堎至鹦鸽乡 · 汉～清 · 省文物保护单位〕褒斜道又名北栈道，因取道褒水、斜水而得名。褒水南注汉水，谷口在今汉中市汉台区褒河；斜水北注渭水，谷口在今岐山县斜峪。汉武帝时，曾发数万人治褒斜水道，未成。《史记 · 河渠书》：“今穿褒斜道，少阪，近四百里（较故道）。”自汉以后，其陆路成为连通关中、巴蜀的重要通道之一。五代以后斜谷道废，自褒谷以北由故道出散关。褒斜道自留坝县柘梨园乡向北延入本县，沿红岩河、石头河分布，经王家堎乡、白云乡，至嘴头镇折向东，翻越山梁进人桃川乡，再折向北，经鹦鸽乡伸入岐山县。本县境内全长约 110 千米，全线发现栈道、栈桥等遗址近 10 处，其中王家堎乡段的遗迹分布密集，保存较好。

A7—1 吊坝栈道遗址〔王家堎乡吊坝村西 300 米 · 不详〕位于红岩河西岸崖壁下。南北走向，全长约 200 米，距河面高 0.6 米。存圆形栈孔 51 个，上下两层排列，层距 1.1 米～ 4.5 米，孔径 0.2 米～ 0.3 米，深 0.11 米～ 0.23 米。

A7—2 油房坪栈道遗址〔王家堎乡红岩村西北 300 米 · 不详〕分布于红岩河东岸崖壁下。南北走向，全长 25 米。上下排列 3 层方形栈孔，上层 15 孔，中层 7 孔，下层 17 孔。层间距 0.2 米～ 0.8 米，孔距 0.2 米～ 1.3 米，孔边长 0.1 米～ 0.22 米，深 0.09 米～ 0.3 米。

A7—3 西坝栈道遗址〔王家坟乡西坝村南 200 米 · 不详〕位于红岩河西岸崖壁间。东西走向，全长约 50 米，宽约 2.5 米，距河面高 0.5 米。存栈孔 23 个、石栈桩 7 根。孔为方形直孔，边长 0.28 米～ 0.35 米，深 0.25 米～ 0.42 米。栈桩残长 0.81 米。

A7—4 铁炉沟口栈桥遗址〔王家堎乡铁炉沟口村西·不详〕位于红岩河东岸基岩上。残存方形栈孔 6 个，分上下两层，每层 3 孔；层距 3 米，孔距 1.2 米。孔边长 0.3 米，深 0.35 米。（见《考古与文物》1980 年第 4 期）

A7—5 古迹街浅桥遗址〔白云乡古迹街村南·不详〕位于红岩河中南北相对的磐石上。有方形栈孔 3 个，间距 3 米，孔边长 0.2 米，深 0.3 米。（见《考古与文物》1980 年第 4 期）

A7—6 斜石崖修路碑〔白云乡古迹街村斜石崖·清代〕青石质，圭首，座佚，高 1.51 米，宽 0.7 米，厚 0.2 米。乾隆二十二年（1757）立，碑文楷书，记载本地邑民修路一段、桥两座，以通楚陕商贾之路事。

8—A8 傥骆道遗址太白段〔黄柏塬、二郎坝乡·三国～清〕傥骆道又名骆谷道，是连通关中与汉中最近捷的古道路，北口在周至县西南的西骆峪，南口在洋县以北的傥水谷口。三国以来时见记载，唐代尤为畅通，兴元元年（784）德宗避朱泚，广明元年（880）僖宗避黄巢，均由此路至汉中、四川。傥骆道自周至县都督门向西延入本县黄柏源乡，沿湑水河，经偏桥子、核桃坪、古字梁、杨家院，二郎坝乡的大坝、田坝、高家坝、二郎坝、白家庄折向南，入石塔河沟上山，经石板沟、石桥、凉桥翻越秦岭入洋县华阳（一说自周至县都督门向西南越秦岭主脉直至洋县华阳）本县境内全长约 45 千米，沿线发现栈道、栈桥、碥道等遗址 10 余处。（参见《旧唐书》）

A8—1 偏桥栈桥遗址〔黄柏塬乡偏桥子村东 400 米·不详〕位于湑水河两岸。存方形栈孔 1 个，孔边长 0.33 米；圆形栈孔 4 个，孔径 0.33 米～ 0.35 米。

A8—2 吴家村栈桥遗址〔黄柏塬乡核桃坪村东·不详〕位于湑水河两岸，有方形栈孔 2 个、圆形栈孔 5 个，最大者孔径 0.42 米。

A8—3 古字梁栈桥遗址〔黄柏塬乡古字梁村西北 500 米·不详〕位于湑水河中心磐石上。有圆形栈孔 2 个，间距 1.45 米，孔径 0.32 米，深 0.26 米。

A8—4 阴坡坪栈桥遗址〔黄柏塬乡阴坡坪村西南 500 米·不详〕位于湑水河南岸巨石上，存竖直栈孔 2 个，间距 1.4 米；一为方形，边长 0.4 米，深 0.58 米；

一为近长方形，边长 0.7 米，宽 0.5 米。

A8—5 阴坡坪西南栈桥遗址〔黄柏塬乡阴坡坪村西南 1 千米 · 不详〕位于湑水河南岸基岩上，有圆形竖直栈孔 2 个，间距 2.02 米，孔径 0.4 米，深 0.33 米。

A8—6 小箭沟口栈道遗址〔二郎坝乡大坝村东南 1.2 千米 · 不详〕位于湑水河北岸，分为两段。其一为人工开凿的石路面，长约 30 米，宽 1.6 米。路边铺设石条，长 3 米，边宽 0.35 米。其二长约 50 米，分布方形、圆形栈孔 10 个，孔边长或直径 0.2 米。

A8—7 鹰咀崖栈道遗址〔二郎坝乡田坝村南 500 米 · 不详〕位于湑水河西岸。全长约 100 米，遗存人工开凿路面、石碥及栈孔、石栈桩等遗迹。石凿路面宽 1.2 米～ 1.8 米，方形栈孔边长 0.2 米，圆形栈孔径 0.18 米～ 0.2 米。

A8—8 猫耳沟口栈桥遗址〔二郎坝乡高家坝村东 300 米 · 不详〕位于湑水河两岸基岩上。两岸各有圆形栈孔 2 个，隔河相距 14 米，孔径 0.2 米～ 0.25 米。

A8—9 二郎坝栈桥遗址〔二郎坝乡二郎坝村东北 1.2 千米 · 不详〕位于湑水河两岸基岩上。共有圆形栈孔 10 余个，孔径 0.2 米～ 0.32 米。

A8—10 白家庄栈桥遗址〔二郎坝乡白家庄村东北 200 米 · 不详〕位于石塔河接近与湑水河交汇处的两岸。在长 12 米、宽 7 米的范围内，共有圆形和方形栈孔 12 个，东岸 10 个，西岸 2 个。圆孔径 0.11 米～ 0.41 米，深 0.09 米～ 0.18 米；方孔边长 0.07 米～ 0.52 米，深 0.04 米～ 0.16 米。

A8—11 石桥栈道遗址〔二郎坝乡二郎坝村南 4 千米 · 不详〕位于二郎坝通洋县华阳的山中。遗有人工开凿路面及圆形栈孔，孔径 0.22 米～ 0.28 米。

A8—12 石板沟栈桥遗址〔二郎坝乡石塔河村西北 800 米 · 不详〕位于二郎坝通洋县华阳的山中。有圆形栈孔及石栈桩数个，孔径 0.18 米～ 0.26 米。

A8—13 凉桥栈桥遗址〔二郎坝乡二郎坝村南 8 千米 · 不详〕位于二郎坝通洋县华阳的山中。共有方形栈孔 5 个，孔边长 0.2 米～ 0.32 米。个别孔内有石栈桩，露出部分残长 0.4 米。

15—A15 凉水泉栈道遗址〔鹦鸽乡凉水泉村西 200 米 · 不详〕位于三才峡河西岸崖壁间。南北向，长约 20 米，高出河床 15 米。有圆形斜直栈孔 2 个，孔距约5米，孔径0.2米，深0.24米。

16—A16 夹马石栈桥遗址〔鹦鸽乡凉水泉村北500米·不详〕位于三才峡河河中两块长方形岩石上。共有竖直栈孔7个，东侧石上有4圆1方5孔，西侧石上有2圆孔。孔距1.2米左右，圆孔径0.24米，深0.05米～0.2米；方孔边长0.15米，深0.03米。

17—A17 鲁班桥栈道遗址〔鹦鸽乡牛心石村南200米·不详〕位于三才峡河西岸崖壁间。南北走向，长约30米，宽2.9米，高出河床10米。现存方形竖直栈孔3个、石栈桩8根。孔距1.2米～1.5米，孔边长0.19米～0.28米，深0.19米～0.24米；栈桩残长0.26米～0.9米。道旁有清道光八年（1828）修桥碑1通。

18—A18 海塘河栈道遗址〔黄柏塬乡古字梁村北1千米·不详·县文物保护单位〕位于海塘河两岸崖壁间或巨石上。分布范围长14米、宽12米，现存栈孔47个，孔距1米左右。孔分为圆形、半圆形、梯形三种。圆孔最大径0.45米，深0.37米；最小径0.18米，深0.13米；半圆孔孔径0.31米，深0.4米。梯形孔最大边长0.9米，深0.4米；最小边长0.5米、深0.2米。

19—A19 新房栈桥遗址〔黄柏塬乡新房子村东南70米·不详〕位于大涧沟河北岸巨石上。东西分布圆形竖直栈孔2个，间距1.2米；孔径0.3米，深0.26米。

20—A20 河坪栈桥遗址〔黄柏塬乡河坪村东南50米·不详〕位于大涧沟河两岸巨石上。存圆形栈孔6个，北岸4孔，南岸2孔；隔河相距12米，孔间距2米。孔径0.06米～0.31米，深0.15米～0.3米。

21—A21 太白河栈桥遗址〔黄柏塬乡古字梁村北3千米·不详〕位于海塘河与太白河交汇处的南岸巨石上。有栈孔2个，为竖直圆孔，间距1.8米；孔径0.28米，深0.32米。

22—A22 皂角湾栈桥遗址〔二郎坝乡皂角湾村东200米·不详〕位于积鱼河与湑水河交汇处两岸崖壁间。在长8米、宽6米的范围内共有栈孔17个，其中东岸9孔，西岸8孔。栈孔分为圆形、半圆形、方形三种：圆孔8个，孔径0.07米～0.3米，深0.12米～0.28米；半圆孔6个，孔径0.17米～0.23米，深0.08米～0.16米；方孔3个，孔边长0.12米～0.24米，深0.08米～0.22米。

23—A23 观音峡栈道遗址〔二郎坝乡观音峡村北 7 千米 · 不详 · 县文物保护单位〕位于观音峡河东岸，南北走向，全长约 50 米，共有栈孔 56 个，分为圆形、方形两种。圆孔凿于河滩磐石上，孔径 0.2 米；方孔凿于崖壁间，孔距 2 米，孔边长 0.3 米。

24—A24 三神殿栈道遗址〔龙窝乡三神殿村东南 120 米 · 不详〕位于涧沟河东岸崖壁间，高出河床 5 米。有圆形栈孔 2 个，间距 0.8 米，孔径 0.15 米～ 0.25 米，深 0.07 米～ 0.17 米。

（原载国家文物局主编：《中国文物地图集 · 陕西分册》，西安地图出版社，1999 年，下册第 334 ～ 335 页、第 336 页）

宝鸡市 · 凤县

29—A29 故道遗址凤县段〔黄牛铺镇至南星乡 · 战国～清〕故道，又名陈仓道，系连通关中与巴蜀的古道路，始通于战国，公元前 206 年，刘邦即由故道自汉中出陈仓还定三秦。《史记 · 河渠书》："抵蜀从故道，故道多阪，回远"，即指此。故道由宝鸡市渭滨区向南延入本县黄牛铺镇，沿嘉陵江，至凤州乡折向东南，经三岔乡、南星乡至留坝县，境内全长约 90 千米。全线发现栈道遗址及摩崖题刻 10 余处，其中凤州东南一段又称连云栈道。

A29—1 长桥栈道遗址〔黄牛铺镇长桥村东南 500 米 · 不详 · 县文物保护单位〕分布于嘉陵江东岸石崖下。南北走向，全长 15.41 米、距河面高 12 米。有方形栈孔 10 个，孔距 1 米～ 3.5 米，孔边长 0.37 米，深 0.37 米。

A29—2 仓坪栈道遗址〔凤州乡仓坪村三组西南 400 米 · 不详〕道路系河卵石铺筑而成，东南至西北走向，全长 28 米，宽 1.5 米～ 3 米。路面平整。

A29—3 心红铺西北栈道遗址〔三岔乡心红铺村西北 4 千米 · 不详〕位于山崖下，遗存东西向石凿路面，全长 2 千米，宽 1 米～ 3 米。路面较平整，部分路段铺有块石。

A29—4 心红铺栈道遗址〔三岔乡心红铺村南 140 米 · 不详〕位于山崖下。遗存石凿路面呈南北走向，全长 170 米，宽 1 米～ 3 米。部分路面铺有块石。

A29—5 心红铺摩崖题刻〔三岔乡心红铺村西南 1 千米・明～清〕分布于心红河右岸长约 500 米的崖壁间。共有题刻 7 方，其中 2 方为明嘉靖三十一年（1552）刻，文岗题，内容为“千流飞雪，万叠堆青”和“群峰排秀”。其余 5 方为清代题刻，分别为乾隆四年（1739）朱闲圣题“幽岩奇处”，题刻上下圆圈内有“虹处”二字；乾隆五年（1740）白方玉题“长虹饮涧”“云栈第一佳处”，后者幅长 2 米，宽 0.75 米；岐山王子董题“大手笔”；岳礼题“心红峡”。保存基本完好。题刻下方存有南北向石凿路面，长约 300 米。

A29—6 心红铺南栈道遗址〔三岔乡心红铺村南 1.5 千米・不详〕位于山崖下。遗存南北向石凿路面，全长 90 米，宽 1 米～ 3 米，距河面高 10 米～ 15 米。

A29—7 陈仓古道碑〔南星乡连云寺村中・清代〕青石质，圆首，座佚，高 1.6 米，宽 0.86 米，厚 0.18 米。乾隆四十九年（1784）立。碑阳正中楷书刻“对面古陈仓道”。分巡陕西汉兴道兼管水利驿传事务丰吉刊。

42—A42 西河栈道遗址〔坪坎、平木乡・汉～清〕该线栈道沿褒河支流西河河谷分布，南接褒斜道遗址留坝段（见留坝县），向北经坪坎、平木乡，折向东入太白县境，与褒斜道主线连通。全线发现栈道遗址 3 处、摩崖题刻 1 方。属褒斜道西侧的支线遗址。

A42—1 碾子坝南栈道遗址〔坪坎乡通排沟至碾子坝村・不详〕分布于西河东、西两岸崖壁间，南北走向，自通排沟向北至碾子坝村以南，全长约 7 千米。其间发现石铺路面宽 0.5 米～ 2.3 米，高出河面 3 米～ 100 米；方形栈孔 2 个，孔距 5.4 米，孔边长 0.23 米或 0.21 米。有石碥道 2 处。其一在通排沟北，长 13 米，宽 1.7 米，下距河床 20 米～ 50 米；其二在吊坝子东 50 米处的河东悬崖间，长 13 米，宽 1.7 米，下距河床 2.3 米。还发现长方形碑槽一处，长 0.77 米，宽 0.14 米，深 0.13 米。

A42—2 倒贴金摩崖题刻〔坪坎乡倒贴金村西南 1 千米・明代〕位于西河（即吴家河）西岸崖壁上，幅宽 6.5 米，高 0.5 米。草书竖刻 7 行，共 32 字，记载修筑当地道路事。弘治二年（1489）刻。保存基本完好。

A42—3 碾子坝栈道遗址〔坪坎乡辗子坝村南・不详〕分布于西河支流丹桂沟口河与西河交汇处的北岸石崖下，东西走向，全长 18 米。发现方形栈孔 14 个，孔距 0.15 米～ 1.65 米。其内存有石栈桩 10 个，栈桩露出部分残长 0.1 米～ 0.12 米，边宽 0.2 米～ 0.53 米。3 个栈桩上铺有石条及石板。

A42—4 小庄坪栈道遗址〔平木乡小庄坪村西南 1 千米 · 不详〕位于西河上游杨家河西岸崖壁间。东南至西北走向，全长 5 米，距河面高 0.4 米~1.1 米：共有栈孔 5 个，孔距 1 米。其中圆孔 3 个，孔径 0.18 米，深 0.14 米；方孔 2 个，孔长 0.15 米，宽 0.12 米，深 0.14 米。

（原载国家文物局主编：《中国文物地图集 · 陕西分册》，西安地图出版社，1999 年，下册第 340 ～ 341 页）

汉中市 · 汉台区

8—A8 褒斜道遗址石门段〔褒河乡石门大坝至鸡头关 · 汉～清〕本段褒斜道（沿革见留坝县褒斜道遗址）与故道（沿革见留坝县故道遗址）重合。1960 年、1963 年调查，在石门南至鸡头关之间约 3 千米的褒河西岸，发现栈道遗存 10 余处，其中栈道壁孔 56 个、底孔 190 个。壁孔均为方形，凿于峭崖半腰，高出水面约 8 米；底孔有圆形、方形，圆榫方形、圆榫圆形数种。凿于河床或河旁的岩石上。据壁孔、底孔和崖壁形式分析，栈道形制有立柱横梁栈、斜柱横梁栈、桥栈、凹槽式栈道和隧道等形式，道面宽 3 米～ 5 米。褒谷南口的褒斜道石门等遗存见本区“褒斜道石门及其摩崖石刻”。（参见《文物》1964 年第 11 期）

A8—1 石门栈道遗址〔褒河乡河东店村北 1.5 千米 · 不详〕位于褒谷口石门隧道南、北两端，均为凹槽式栈道，南北向。南段长 7.25 米，宽 3.23 米～ 3.95 米。槽壁高 4.5 米。槽底较平，距水面约 8.5 米。北段距石门约 15 米，长 4.6 米，宽 2.9 米，槽壁高约 1.5 米。槽底高度与石门路面基本相同。（参见《文物》1964 年第 11 期）

73—C1 褒斜道石门及其摩崖石刻〔褒河乡河东店村北 1.5 千米 · 东汉～清 · 全国重点文物保护单位〕石门位于褒斜道（沿革见留坝县褒斜道遗址）褒谷南口西岸，是世界上最早的人工开凿隧道之一。一般认为始凿于东汉永平六年（63），采用“火焚水激”法，历时三年凿通。石门呈洞状，南北向，东壁长 16.5 米，两壁长 15 米；

南口高 3.45 米，宽 4.4 米；北口高 3.75 米，宽 4.1 米；南北高差 0.3 米～ 0.5 米。有东汉至明清时期的摩崖题刻百余方，其中 7 方凿刻或镶嵌于隧道内壁，其余位于石门附近的崖壁及河中巨石上。题刻内容大体分为三类：关于修凿褒斜道及石门；关于修筑山河堰等；题诗、题名、题额等。著名的有“鄐君开通褒斜道摩崖”“杨君石门颂”“石门铭”“修山河堰记”等以汉魏刻石为主体的 13 种题刻，世称“石门十三品”。1974 年修褒河水库时，将包括“十三品”在内的 17 方摩崖石刻搬迁至汉中市博物馆。现石门隧道及其他摩崖题刻均被褒河水库淹没。

C1—1“鄐君开通褒斜道”题刻〔东汉〕原在石门南洞右侧崖壁上。上沿宽 2.72 米，下沿宽 2.76 米；前段高 0.8 米，中段高 1.03 米，后段高 1.25 米。永平九年（66）刻。隶体，16 行，每行 6 字～11 字不等，字径 0.11 米。内容为记载永平六年（63）至永平九年汉中太守鄐君（佚名）及其部属王宏等，率广汉、蜀郡、巴郡刑徒 2000 多人开通褒斜道二百五十八里等事。题刻广阔，大书深刻，笔阵森严，气势雄峻，是代表东汉书法的鸿篇巨制。

C1—2“李君表”题刻〔东汉〕原在石门北口西侧崖壁，幅宽 0.44 米，高 0.75 米。一说为顺帝永建元年（126）刻，另一说为桓帝永寿元年（155）刻，隶书，7 行，行 8 字～10 字不等，记载古扶风丞李寓（一作寿）修栈道有绩，调官后当地人刻石纪念一事。

C1—3“石门颂”题刻〔东汉〕原在石门隧道内西壁，幅宽 2.05 米，高 2.65 米。建和二年（148）刻，隶书，21 行，行 30 字左右，额双行题“故司隶校尉楗为杨君颂”，记载杨涣修复褒斜道的功绩。汉中太守王升书刻、其书法洒脱劲挺，为汉隶上品。

C1—4“杨淮、杨弼表纪”题刻〔东汉〕原在“石门颂”题刻左侧，幅上宽 0.67 米，下宽 0.5 米，高 2.61 米，灵帝熹平二年（173）刻。隶书，7 行，行 26 字左右，内容为颂扬杨涣修复褒斜道的功绩，并追记其后裔杨淮、杨弼兄弟的政绩。卞玉书。

C1—5“李苞通阁道”题刻〔三国魏〕原在石门北口外西侧崖壁，幅宽 0.24 米，高 0.36 米。元帝景元四年（263）刻。隶书，2 行，行 9 字～21 字，记载荡寇将军浮亭侯李苞修通栈道一事。在石门南口外右侧，有一重刊的该题刻摩崖。

C1—6“潘宗伯、韩仲元”题刻〔西晋〕位于石门南口外右侧崖壁。隶书1行：“潘宗伯、韩仲元以泰始六年五月十日造此石□□”。其旁有“魏潘宗伯、韩仲元，李孝章通褒斜阁道释文”题刻，幅宽1.05米，高1.45米，楷书，21行，行22字。南宋庆元元年（1195）刻，南郑县令晏袤书。

C1—7“石门铭”题刻〔北魏〕原在石门隧道内东壁，幅宽2.15米，高1.75米。永平二年（509）刻。楷书，27行，行22字，字径0.04米。内容记载褒斜道废弃，石门因而闭塞，梁、秦二州刺史羊祉奏请改道，左校领贾三德率部下及刑徒万余人修复栈道，至永平二年竣工一事。王远撰书，武阿仁刻。其内容及书法均为石刻铭文中的佳作。“石门铭”下方还有一较小题刻“石门铭小记”，幅宽0.65米，高1.1米。楷书，7行，行10字，无年款及撰书人姓名。一说为“石门铭”的补记。

C1—8“鄐君碑释文”题刻〔南宋〕原在“鄐君开通褒斜道”题刻下方，幅宽2.15米，高2.7米。绍熙五年（1194）刻。楷书，27行，行28字左右，字径0.5米~0.6米，记载发现“鄐君开通褒斜道”题刻的经过，并对其文加以注释。

C1—9“重修山河堰”题刻〔南宋〕原在石门南口右侧崖壁，幅上宽5.1米，下宽5.06米，高2.26米。绍熙五年（1194）刻。楷书，16行，满行9字，字径0.2米，记载汉中郡守章森、南郑县令晏袤主持重修山河堰，用工1.6万人一事。晏袤撰、书。

C1—10“石门”碑〔不详〕原竖于石门北口外，高1.0米，宽0.47米。隶体“石门”二字，字径0.37米，无年款及书者姓名。相传为东汉永平四年（61）凿通石门隧道时所立。

C1—11“石虎”题刻〔不详〕原位于石门南、河东店村北300米处崖壁下，其上山峰有石如虎。幅宽0.4米，高0.55米。隶体“石虎”二字，字径0.30米，下款刻“郑子真书”四字。该地传为西汉隐士郑子真垂钓处。

C1—12“玉盆”题刻〔不详〕原在石门南约1.5千米，褒河水中一巨石上。此石中凹似盆，色白如玉，故名“白玉盆”。题刻幅宽1.03米，高0.63米。右行横刻隶书“玉盆”二字，无年款、姓名，传为汉代刻石。因流水冲击，南宋时重刊于其侧。南宋绍定二年（1229），曹济之又在重刊石上方竖刻“玉盆”二小字。

C1—13“衮雪”题刻〔不详〕原在石门南约250米、褒河水中一巨石上。此处多石，水浪冲激，状若雪花飞溅，题刻幅宽1.48米，高0.67米。横刻隶体“衮雪”二字，字径0.45米，下款刻隶书“魏王”二小字。传为曹操所书。

（原载国家文物局主编：《中国文物地图集·陕西分册》，西安地图出版社，1999年，下册第959页、第963~964页）

汉中市·留坝县

1—A1故道遗址留坝段〔城关镇·战国~清〕故道，又名陈仓道，系连通关中与巴蜀的古道路。始通于战国。公元前206年，刘邦即由故道自汉中出陈仓还定三秦，《史记·河渠书》：“抵蜀从故道，故道多阪，回远”，即指此。据《关中胜迹图志》，故道自凤县向东南延入本县，沿北栈河、褒河，经庙台子、城关、姜窝子、铁佛殿、马道、青桥驿等乡、镇至汉台区。境内全长约70千米，分布有栈道、栈桥等遗址数十处。故道自北栈河、褒河交汇处以南与褒斜道重合，重合线路的遗址见本县褒斜道遗址。

A1—1石峡沟栈道遗址〔城关镇陶沙坝村北3千米·不详〕系故道支线遗址。位于石峡子沟东侧崖壁下，南北走向，单层排列，全长约1.5千米，距地面高1.3米。现存方形和圆形栈孔34个，分为3组，组间距40米、100米。第一组有方形栈孔14个，孔距0.23米~2.47米，孔边长0.2米~0.22米，深0.14米~0.17米。第二组有圆形栈孔13个、孔径0.17米，深0.19米；方形栈孔3个，孔边长0.35米~0.38米，深0.19米。第三组有圆形栈孔4个，孔距0.23米~2.47米，孔径0.14米，深0.19米。

A1—2强龙垭栈道遗址〔城关镇青羊铺村东南1.5千米·不详〕位于强龙垭崖壁下，南北走向，单层排列，全长约300米，距河面高约1.4米。现存方形栈孔60个，孔距多为0.56米~ 0.6米，孔边长0.17米，深0.12米；圆形栈孔9个，孔径0.12米，深0.12米。

A1—3八里关栈道遗址〔城关镇青羊铺村东南3千米·不详〕位于北栈河南

侧崖壁下，东西走向，单层排列，全长约 30 米，距河面高约 1.2 米。现存圆形栈孔 12 个，孔距多为 0.5 米～ 0.6 米，孔径 0.13 米，深 0.14 米。

2—A2 褒斜道遗址留坝段〔青桥驿乡至柘梨园乡·汉～清〕褒斜道，又名北栈道，因取道褒水、斜水而得名。褒水南注汉水，谷口在今汉中市汉台区褒河；斜水北注渭水，谷口在今岐山县斜峪。汉武帝时，曾发数万人治褒斜水道，未成。《史记·河渠书》：“今穿褒斜道，少阪，近四百里（较故道）。”自汉以后，其陆道成为连通关中、巴蜀的重要通道之一。五代以后斜谷道废，自褒谷以北由故道出散关。褒斜道自汉中市汉台区向北延入本县，沿褒河、红岩河河谷分布，经青桥驿、马道、铁佛殿、姜窝子、南河、柳川、江口、柘梨园等乡、镇进入太白县。境内全长约 95 千米，全线分布栈道、栈桥等遗址近 40 处。褒河支流西河、太白河谷道的栈道，向北或东北经凤县或太白县与褒斜道相接，应为褒斜道的支线。褒斜道自北栈河、褒河交汇处以南与故道重合。

A2—1 万年桥遗址〔青桥驿乡青桥河村东侧·不详〕为褒斜道险地，位于褒河与水磨河交汇处，在突兀于河水中的岩石上，凿有南北两排栈孔。北排 4 孔，方、圆各二；南排 5 孔，方三圆二。据栈孔间距推断，该桥的长度不少于 37 米，宽度可达 4 米。桥旁崖壁间尚存“万年桥”及“卧云长虹”摩崖题刻两方。桥南端下方崖壁有 8 方摩崖，俗称“八个碑”，镌刻宋琬所作《栈道平歌》，记康熙三年（1664）陕西巡抚贾汉复重修该段栈道一事。（参见《文博》1994 年第 2 期）

A2—2 樊河铁索桥遗址〔马道镇马道村西北 500 米·清代〕位于樊河上，原桥无存。现存两岸桥墩及铁索 8 根。两墩石条垒砌，跨度约 20 米，墩高 6.5 米，宽 1.98 米，可见铁索压磨墩石痕迹。尚存道光十五年（1835）“新建樊河铁索桥碑”，高 2.04 米，宽 1.02 米。碑文楷书，16 行，行 38 字，记载汉大将樊哙创建“樊河桥”，历代均有重建、维修，因洪水冲毁，道光十五年褒城知县贺仲瑊率乡民捐资新建一事。（参见《汉中地区名胜古迹》）

A2—3 七个眼栈道遗址〔铁佛殿乡五里铺村东北侧·不详〕位于“七个眼”东侧崖壁，东西走向，单层排列，距河而高约 1.5 米。现存方形栈孔 6 个。

A2—4 五里铺栈道遗址〔铁佛殿乡五里铺村西北 1 千米·不详〕南北走向，

单层排列，全长约 40 米，距河面高约 3 米。现存方形栈孔 10 个，孔距多为 0.3 米～ 2.48 米，孔边长 0.15 米～ 0.18 米、深 0.11 米～ 0.16 米。

A2—5 杨家河坝栈道遗址〔铁佛殿乡杨家河坝村 · 不详〕位于褒河东岸崖壁间，东西走向，上下两层排列，全长约 50 米。现存方形栈孔 6 个，孔距 0.7 米～ 1.8 米，孔边长 0.2 米～ 0.4 米，深 0.15 米～ 0.35 米；圆形栈孔 5 个，孔径 0.33 米～ 0.4 米，深 0.35 米～ 0.4 米。

A2—6 武关驿栈道遗址〔姜窝子乡武关驿村东南侧 · 不详〕位于褒河东岸崖壁上，南北走向，全长约 30 米，距河面高约 36 米。现存栈孔 30 个，分 3 层排列。上层为 8 个方形平孔，孔距 1.8 米～ 4 米，孔边长 0.39 米，深 0.8 米～ 1 米；中层为 16 个方形斜孔，孔距 0.73 米～ 1.1 米，孔边长 0.16 米，深 0.16 米，上斜 25° ～ 30° 。下层为 6 个圆形立孔，孔径 0.17 米，深 0.05 米。（参见《考古与文物》1980 年第 1 期）

A2—7 倒水湾栈桥遗址〔姜窝子乡姜窝子村东北 1 千米 · 不详〕位于褒河与北栈河交汇处上流百米处。褒河西侧河中巨石上有南北两个圆形栈孔，孔距 2 米，大孔径 0.27 米，深 0.34 米；小孔径 0.15 米，深 0.27 米。

A2—8 瘦牛岭栈道遗址〔南河乡南河街西南 600 米 · 不详〕位于褒河两岸崖壁间，南北走向，单层排列，全长约百余米，距河面高约 5 米。存方形栈孔 46 个，分为 4 组，组距自北而南为 7.5 米、6 米和 7 米，每组分别为 18 孔、12 孔、15 孔和 1 孔。孔距 1.5 米～ 2 米不等，孔边长一般为 0.36 米，深 0.3 米。栈孔大部分为平孔，个别为立孔。第三组平孔上方 2.5 米处，还有两个斜向的方孔，应是栈道上方修建栈阁的遗迹。（参见《文博》1994 年第 2 期）

A2—9 南河街修路碑〔南河乡下南河街 · 清代〕共两通，均为青石质，圆首，立于道光十五年（1835）和十六年（1836）。碑文楷书，分别记载邑民捐资修凿瘦牛岭道路和开辟下南河至石门子山路之事。

A2—10 黑营坝栈道遗址〔南河乡黑昔坝村南侧 · 不详〕位于褒河西岸峭壁，现存栈孔 40 个，上下两层排列，上层为 27 个方形平孔，孔距 1.5 米～ 2 米，孔边长 0.36 米，深 0.7 米。下层位于河底岩基，为 13 个或方或圆的立孔。方孔边长 0.29

米，深 0.07 米；圆孔径 0.21 米，深 0.05 米。（见《考古与文物》1980 年第 4 期）

A2—11 孔雀台栈道遗址〔南河乡孔雀台村东侧·不详〕位于褒河西岸崖壁间，现存方形栈孔 24 个，下距河面 5 米，孔距 0.3 米～ 0.5 米，孔边长 0.31 米，深 0.3 米。个别孔中残留有石桩，露出长度约 1.2 米。（见《考古与文物》1980 年第 3 期）

A2—12 雪窝栈道遗址〔柳川乡雪窝村西南 500 米·不详〕位于褒河西岸崖壁下，南北走向，单层排列，全长约 30 米，距河面高约 0.2 米。现存圆形栈孔 7 个，孔距多为 0.75 米～ 1.2 米，孔径 0.1 米～ 0.12 米，深 0.2 米。

A2—13 红岩栈道遗址〔柳川乡雪窝村北 1 千米·不详〕位于林家坝西崖壁下，南北走向，单层排列，全长约 130 米，距河面高约 1 米。现存数组方形栈孔 21 个。孔距 0.5 米～ 0.7 米，孔边长 0.15 米～ 0.19 米，深 0.14 米。

A2—14 观山子栈道遗址〔柳川乡雪窝村东 1 千米·不详〕位于褒河南岸崖壁间，东西走向，全长约 40 米。栈孔分上下两层排列，层距 0.57 米～ 0.7 米。上层为 9 个圆形栈孔，孔距 0.8 米～ 1.6 米，孔径 0.2 米～ 0.23 米，深 0.25 米，下层为 8 个圆形栈孔，其内均铺有石桩，桩露出长 0.41 米～ 0.85 米，径 0.12 米～ 0.17 米。

A2—15 寒水沟栈道遗址〔柳川乡寒水沟村南 200 米·不详〕位于褒河东岸崖壁间，南北走向，栈孔上下 3 层排列，层距 1 米，下层距河面 4 米。每层有方形栈孔 19 个，孔距 2 米～ 3 米，孔边长 0.25 米，深 0.3 米，属多层平梁重叠连缀式栈道。（见《文博》1994 年第 2 期）

A2—16 白果树栈道遗址〔柳川乡青枫坪村白果树村南·不详〕位于褒河北岸崖壁间，东西走向，单层排列，全长约 100 米。最高孔距水面 7 米，低孔浸入水中。共有数组方形和圆形栈孔 32 个，孔距 0.6 米～ 1.2 米。其中方形栈孔 20 个，孔边长 0.1 米～ 0.18 米，深 0.2 米～ 0.23 米；圆形栈孔 12 个，孔径 0.1 米～ 0.18 米，深 0.2 米～ 0.23 米。栈道内侧石壁有人工开凿碥道一段，宽 0.6 米。

A2—17 佛爷庙栈道遗址〔柳川乡青枫坪村·不详〕位于褒河西岸崖壁下，南北走向，单层排列，全长 9 米。距河面高 0.32 米。现存长方形栈孔 6 个，孔距多为 0.6 米～ 0.75 米，孔边长 0.23 米～ 0.28 米，宽 0.2 米～ 0.24 米，深 0.19 米～ 0.2 米。

A2—18 乱石窖栈道遗址〔柳川乡青枫坪村北 1.5 千米·不详〕位于褒河西

岸崖壁下，南北走向，现存单层长方形栈孔 17 个，最高孔距河面 1.9 米，最低孔接近水面。孔距 0.3 米～ 0.52 米，孔边长 0.19 米，宽 0.17 米，深 0.18 米。

A2—19 磨桥湾栈道遗址〔柳川乡磨桥湾村西侧·不详〕位于褒河西岸峭壁间，南北走向，全长 13 米。现存方形栈孔 31 个，双层排列。上层位于崖壁，有 22 个平孔；下层位于崖基，为 9 个立孔。孔距 0.3 米～ 0.5 米，孔边长约 0.25 米，深约 0.3 米。（见《考古与文物》1980 年第 4 期）

A2—20 观音崖栈桥遗址〔柳川乡月坝子村东侧·不详〕位于褒河东岸，现存栈孔 4 组，其一位于高出水面 3 米的崖壁，有方形平孔两个，孔距 5 米，孔边长 0.4 米、深 0.3 米。该组栈孔下部接近水面的崖基上，南北向分布立孔或斜孔 3 组。南组和中组均为 4 孔，各三方一圆；北组 8 孔，五方三圆。其中方孔边长 0.2 米～ 0.3 米，圆孔径 0.2 米～ 0.3 米。据推测，该桥为平梁立柱木桥。崖壁上部的两个大孔，系插桥梁之用；大孔下方的小孔，系桥梁立柱所在。（见《文博》1994 年第 2 期）

A2—21 庙沟口栈道遗址〔江口镇江西营村西 1 千米·不详〕位于褒河西岸崖壁上，南北走向，单层排列，全长 11 米，距河面高约 15 米。现存插入崖壁的圆形石栈桩 9 个，桩距约 0.3 米，桩露出长 0.31 米～ 0.39 米，径 0.25 米～ 0.29 米。栈桩上铺设石板，今仍通行。

A2—22 江西营栈道遗址〔江口镇江西营村东北 200 米·不详〕位于褒河南岸崖壁下，东西走向，多层排列，全长约 120 米，下层距河面 0.12 米。共有方形栈孔 54 个，孔距 0.24 米～ 1.2 米，孔边长 0.15 米～ 0.23 米，深 0.15 米～ 0.2 米。栈孔内尚存石栈桩 13 个，桩露出长 0.28 米～ 0.39 米。

A2—23 江西营栈桥遗址〔江口镇江西营村北 300 米·不详〕位于褒河东岸崖壁，现存栈孔 6 层。自下而上，第一层接近水面，有圆形立孔两个，孔距 5 米，孔径 0.3 米，分别深 0.1 米、0.3 米，其余各层均为 8 个斜孔或平孔，二层距水面 2 米，孔口呈马蹄形，孔径 0.1 米。二层孔呈圆形，孔径 0.1 米。四、五、六层孔呈方形，孔边长 0.2 米，宽 0.17 米。据推测，该桥属多跨木梁桥，宽度在 5 米左右。（参见《文博》1994 年第 2 期）

A2—24 马家湾栈道遗址〔江口镇马家湾村北侧·不详〕位于褒河南岸崖壁下，

东西走向，全长137米，距河面高0.36米。现存数组方形栈孔22个，上下3层排列，孔距0.46米～0.7米，孔边长0.15米～0.3米，深0.2米。

A2—25河西栈道遗址〔江口镇河丙村东1千米·不详〕位于褒河西岸崖壁上，东西走向，单层排列，全长约40米，距水面高约20米。现存数组插入崖壁的圆形栈桩13个，桩距0.46米～0.8米，桩露出长0.29米～0.41米，径0.21米～0.25米。桩上铺砌石板，今仍通行。

A2—26倒角树栈道遗址〔江口镇江口村南1.5千米·不详〕位于倒角树崖壁间，南北走向，双层排列，全长约90米，下层距河面高1.2米～3米，现存方形栈孔74个，孔距0.4米～0.7米，孔边长0.3米～0.32米，深0.28米～0.3米。孔内有石栈桩11个，桩露出长0.4米～0.7米。另有人工开凿碥道一段。

A2—27石垭子栈道遗址〔柘梨园乡锅厂村南2千米·不详〕位于红岩河东岸石垭子山崖壁下，南北走向，单层排列，全长6米，距河面高1.7米。现存长方形栈孔5个，孔距1.2米，孔边长0.23米，宽0.21米，孔深0.2米。

A2—28猴岭子栈道遗址〔柘梨园乡锅厂村南1.5千米·不详〕位于红岩河东岸崖壁下，南北走向，单层排列，全长约80米，距河面高约2米～3米。现存数组长方形栈孔22个，孔距0.74米～1.5米，孔边长0.36米，宽0.34米，孔深0.28米。其中8孔插有石桩，其上铺砌石板，今仍通行。

A2—29锅厂栈道遗址〔柘梨园乡锅厂村·西晋〕俗称“四十八窟窿”。位于红岩河西岸崖壁间。有方形、圆形栈孔48个，孔边长或直径约0.35米，孔深约0.3米。近旁原有太康元年（280）摩崖题刻1方，共70字，记载褒中典阁主簿王颙，汉中郡道阁、县掾马甫等及工匠260人修筑该段栈道一事。摩崖上方竖碑1通，刻有“征北将军魏延”六字。现均毁于修路。（参见《汉中地区名胜古迹》）

A2—30李家庄栈道遗址〔柘梨园乡李家庄村东侧·不详〕位于红岩河西岸崖壁下，南北走向，单层排列，全长4米，距河面高约1米。现存方形栈孔6个，孔距0.43～0.6米，孔边长0.18米～0.21米。

A2—31观音岩栈道遗址〔柘梨园乡柘梨园村西南1千米·不详〕位于红岩

河西岸观音岩崖壁间，南北走向，单层排列。现存方形栈孔 7 个，孔距 0.37 米～ 0.6 米，孔边长 0.1 米～ 0.12 米，深 0.12 米。

A2—32 磨坪栈桥遗址〔柘梨园乡磨坪村东侧·不详〕位于红岩河中长形磐石上，现存南北向方形栈孔 3 个，孔距 0.84 米。3 孔大小相若，孔长 0.15 米，宽 0.12 米，孔深 0.14 米。（见《考古与文物》1980 年第 1 期）

A2—33 翠儿岩栈道遗址〔柘梨园乡磨坪村西 1.5 千米·不详〕位于翠儿岩崖壁下，南北走向，单层排列，全长 4 米，距地面高 0.45 米。现存方形栈孔 3 个，孔距 1.15 米，孔边长 0.32 米，宽 0.28 米，孔深 0.28 米。

A2—34 石家湾栈道遗址〔狮子坝乡石家湾村南侧·不详〕属褒斜道支线。位于西河南岸崖壁间，东西走向，单层排列，全长约 150 米。最高孔距河面约 1.8 米，最低孔在河床岩基。现存长方形栈孔 27 个，孔边长 0.1 米～ 0.19 米，宽 0.1 米～ 0.18 米，孔深 0.12 米～ 0.21 米；圆形栈孔 7 个，孔径 0.15 米，深 0.12 米～ 0.14 米。孔距多为 0.4 米～ 0.7 米。

A2—35 关房子栈道遗址〔狮子坝乡关房子村西南 1.5 千米·不详〕属褒斜道支线。位于西河西岸崖壁间，南北走向，单层排列，全长约 50 米，距河面高约 0.9 米。现存长方形栈孔 23 个，孔距约 2.3 米，孔边长 0.15 米～ 0.2 米，宽 0.16 米～ 0.2 米，孔深 0.22 米。

A2—36 台子栈道遗址〔桑园坝乡徐家坝村西 1 千米·不详〕属褒斜道支线。位于太白河西岸崖壁间，南北走向，单层排列，全长 12 米，距河面高约 2 米。现存方形、圆形栈孔 9 个，孔距 0.6 米～ 0.76 米，深 0.13 米；圆孔径 0.1 米，方孔边长 0.15 米。

A2—37 两河口栈道遗址〔桑园坝乡新民村东北 100 米·不详〕属褒斜道支线。位于太白河东岸崖壁下，南北走向，单层 3 组排列，全长约 200 米，距水面高约 1.3 米。现存方形栈孔 24 个，孔距 1.47 米～ 2.5 米。第一组孔边长 0.17 米～ 0.24 米，深 0.2 米；第二、三组孔边长 0.18 米，深 0.3 米。

A2—38 沙岭子栈道遗址〔桑园坝乡沙岭了村南 1 千米·不详〕属褒斜道支线。位于太白河北岸崖壁下，东西走向，单层排列，全长约 5 米，距河面高约 1.5 米。

现存长方形栈孔 4 个，孔距 0.25 米～ 1.25 米，孔边长 0.06 米～ 0.18 米，宽 0.09 米～ 0.15 米，孔深 0.05 米～ 0.2 米。

（原载国家文物局主编：《中国文物地图集 · 陕西分册》，西安地图出版社，1999 年，下册第 969 ～ 972 页）

汉中市 · 洋县

22—A22 傥骆道遗址洋县段〔华阳镇、铁河乡 · 三国～清〕傥骆道又名骆谷道，是连通关中与汉中最近捷的古道路，北口在本县西南的西骆峪，南口在洋县以北的傥水谷口。三国以来时见记载，唐代尤为畅通，兴元元年（784）德宗避朱泚，广明元年（880）僖宗避黄巢，均由此路至汉中、四川。傥骆道由太白县二郎坝向南越秦岭（一说由周至县都督门向西南越秦岭）延入本县华阳镇，复向南进入傥水河谷，经铁河、李家店等地，至纸坊乡北部出傥水谷。本县境内全长约 65 千米。在华阳镇、铁河乡，发现栈道、栈桥等遗址 13 处。（参见《唐书》）

A22—1 赵家院栈道遗址〔华阳镇街北 1.5 千米 · 不详〕位于酉水河西岸崖壁下。有圆形栈孔两个，孔距 0.57 米，孔径 0.23 米，孔深各为 0.24 米、0.26 米。

A22—2 华阳栈桥遗址〔华阳镇街北 130 米 · 不详〕位于酉水河两岸，现存两组圆形栈孔 4 个，每组 2 个，最大者孔径 0.29 米。

A22—3 东河桥栈桥遗址〔华阳镇街东南侧 · 不详〕位于酉水河东岸大石上。有圆形栈孔 2 个，孔径分别为 0.19 米、0.22 米。

A22—4 西河桥栈桥遗址〔华阳镇街西南侧 · 不详〕位于酉水河两岸大石上。共有圆形栈孔 4 个，孔径 0.18 米～ 0.39 米。

A22—5 将军石栈道遗址〔华阳镇街南 · 不详〕位于酉水河西岸崖壁下，全长 28.5 米，现存圆形栈孔 20 个，孔径 0.18 米～ 0.3 米，部分孔内残留石栈桩。有方形栈孔 2 个，孔边长 0.2 米。栈道上方原有唐建中三年（782）“造此得意阁”摩崖题刻 1 方，1981 年被破坏，现存题刻为原摹本重刊。（参见《舆地纪胜》《汉中地区名胜古迹》）

A22—6 牛岭沟栈道遗址〔华阳镇牛岭沟村·不详〕现存圆形栈孔 2 个，孔距 0.31 米，孔径分别为 0.18 米、0.23 米，孔深 0.2 米。

A22—7 龙骨石栈桥遗址〔铁河乡龙骨石村沟口·不详〕位于傥水河两岸及河中，分布长度 27 米。共有圆形栈孔 12 个，上下二层排列，层距 1.1 米，孔径 0.25 米～ 0.33 米。

A22—8 司伯滩栈桥遗址〔铁河乡下东沟村南侧·不详〕位于傥水河两岸，分布栈孔 3 组，其一为圆孔 6 个，孔径均为 0.19 米。其二为圆孔 3 个，孔径 0.3 米～ 0.31 米。其三为方孔 2 个，孔边长分别为 0.31 米、0.32 米；圆孔 2 个，孔径分别为 0.28 米、0.32 米。

A22—9 下东沟栈桥遗址〔铁河乡下东沟村东北·不详〕位于傥水河中大石上。有圆形栈孔 1 个，孔径 0.3 米。近旁有清代摩崖题刻 1 方。

A22—10 铁河栈桥遗址〔铁河乡铁河村东侧·不详〕位于傥水河中巨石上，有圆形栈孔 2 个。

A22—11 下街栈道遗址〔铁河乡铁河街南侧·不详〕位于傥水河东岸崖壁下，南北走向，现存南、北两组栈孔。其一总长 18.4 米，距水面高 0.25 米～ 1.3 米。有方形栈孔 11 个；其二上下两层排列，下层距水面 0.3 米，有方形栈孔 3 个、圆形栈孔 11 个。

A22—12 甘沟桥栈道遗址〔铁河乡甘沟桥村·不详〕位于傥水河西岸崖壁。有圆形栈孔 2 个，方形栈孔 1 个。

A22—13 李家店栈道遗址〔铁河乡李家店村东北 150 米·不详〕分布于傥水河东岸崖壁下，南北走向，全长约 20 米，距河面高 1.5 米，共有方形栈孔 8 个。孔距 0.7 米，孔边长 0.13 米～ 0.16 米，深 0.15 米。栈孔东侧 1 米处有人工开凿石碥道一段。

31—A31 大店栈道遗址〔八里关乡大店村北 2 千米·不详〕位于大店河东岸崖壁间，南北走向，全长 25 米。上下两层排列圆形栈孔 9 个，孔距 0.9 米～ 8 米不等，孔径 0.12 米～ 0.2 米，深 0.19 米。

32—A32 黑峡栈道遗址〔八里关乡黑峡街·不详〕位于大店河西岸，现存石铺路面长约 8 米，宽 1.2 米，距水面高 4 米。路面下崖壁有方形栈孔 4 个，孔距 1.2 米，孔边长 0.3 米，孔内均保留有石栈桩。桩残长 0.4 米，其上架有石条。

33—A33 高家山栈道遗址〔良心乡高家山村南 5 千米・不详〕位于汉江北岸崖壁下，东西走向，全长 9 米。现存人工开凿石阶 12 级及圆形栈孔 3 个，孔距 3 米，孔径 0.1 米～ 0.2 米，深 0.15 米。

34—A34 刘家坝栈道遗址〔石关乡刘家坝村西南 1 千米・不详〕位于关沟河西岸崖壁间，南北走向，全长 13 米，距水面高 3 米。上下两层排列圆形栈孔 13 个，孔距 0.6 米～ 1.4 米，孔径 0.12 米，深 0.12 米。

35—A35 观音崖栈道遗址〔茅坪乡九池坝村南 3 千米・不详〕位于九池河南岸观音崖崖壁间，东西走向。全长约 20 米，距水面高约 7 米。共有圆形和方形栈孔 30 个，圆孔径 0.16 米～ 0.2 米，方孔边长 0.18 米～ 0.2 米；孔深 0.18 米。部分孔内残留有石栈桩。

36—A36 石峡栈道遗址〔坪堵乡岩峰村南 4 千米・不详〕位于坪堵河北岸石峡崖壁下，东西走向，全长 35 米，距河床高 1 米～ 1.2 米。共有数组方形栈孔 33 个。孔距 0.75 米～ 0.9 米，孔边长 0.2 米，深 0.2 米。

（原载国家文物局主编：《中国文物地图集・陕西分册》，西安地图出版社，1999 年，下册第 989~990 页）

汉中市・佛坪县

11—A11 金水河栈道遗址〔岳坝乡、栗子坝乡・不详〕系秦岭山区通往汉水谷地的古道路，开凿年代及沿革不详。栈道沿金水河及其支流东河、西河、狮子坝河河谷分布，略呈南北走向。在长约 50 千米的谷道内，发现栈道或栈桥遗址 7 处、修桥碑 1 通，某些路段今仍沿用。有学者认为，该段栈道是连通关中与汉中的傥骆道的支线，可为一说。

A11—1 三官庙栈道遗址〔岳坝乡三官庙村・不详〕位于东河东岸崖壁下，南北走向，全长 15 米，距河面高 1.5 米。现存数组圆形栈孔 18 个，孔距 0.6 米，孔径 0.16 米，深 0.18 米～ 0.24 米。

A11—2 三星桥碑〔岳坝乡三星桥村·清代〕桥毁圮。存砂石碑，圆首，高 1.25 米、宽 0.54 米、厚 0.11 米。光绪五年（1879），碑首浮雕二龙戏珠。碑文楷书，记载邑民捐资修建东河三星桥事宜。

A11—3 纸坊栈道遗址〔岳坝乡纸坊村·不详〕位于东河东岸崖壁下，南北走向，全长约 10 米，距河向高 1.5 米。现存圆形栈孔 15 个，孔距 0.7 米，孔径 0.16 米，深 0.18 米～ 0.2 米。

A11—4 庙坝栈桥遗址〔岳坝乡庙项村南 1.5 千米·不详〕位于西河河中巨石上，东西走向，全长 8 米。存栈孔两组，每组有圆形栈孔 2 个，孔距 1.5 米，孔径 0.22 米，深 0.28 米。

A11—5 西华栈道遗址〔栗子坝乡西华村南 800 米·不详〕位于西河南岸崖壁间，东西走向，全长约 30 米，距河面高约 3 米。现存圆形栈孔 9 个，孔距多为 0.4 米，孔径 0.22 米，深 0.38 米。

A11—6 碉楼栈桥遗址〔栗子坝乡碉楼村·不详〕位于金水河河中巨石上，东西走向，全长约 20 米。存圆形栈孔 3 组 9 个，每组 3 个，组距 2 米，孔距 1.5 米，孔径 0.17 米，深 0.15 米～ 0.3 米。

A11—7 龙潭子栈道遗址〔岳坝乡龙潭子村南 2 千米·不详〕位于狮子坝河西岸岸壁间，东西走向，全长约 10 米。现存圆形栈孔 6 个，孔距多为 1 米，孔径 0.4 米，深 0.5 米。

A11—8 狮子坝栈桥遗址〔栗子坝乡湃子坝村北 1 千米·不详〕位于狮子坝河东岸崖壁下，南北走向，全长 15 米，距河床高 2 米。存人工修凿石阶 32 级，石阶长 0.85 米～ 1.08 米，宽 0.4 米～ 0.63 米。河中巨石上有圆形栈孔 2 组 9 个，组距 2 米，孔距 0.7 米，孔径 0.12 米，深 0.2 米。道路今仍沿用。

（原载国家文物局主编：《中国文物地图集·陕西分册》，西安地图出版社，1999 年，下册第 1003 页）

汉中市·南郑县

12—A12 米仓道遗址喜神坝段〔喜神坝乡·东汉～清〕米仓道，是连通汉中与四川巴中地区的古道路，因穿越米仓山而得名。《三国志·魏书·张鲁传》记载，东汉建安二十年（215）张鲁兵败，即取此道退兵巴中，西魏废帝二年（553）李迁哲、贺若敦也经此道进讨江淹。本县米仓道上的古桥梁，有塘坊乡的定波桥和喜神坝乡的大高桥、小高桥3座（均见本县）。喜神坝乡境内，米仓道沿贾家河分布，自喜神坝向南，经回龙咀、唐家坝、挡墙河坝、卢坝、大高桥、关门寺、贾家河坝、牛脑壳、碑梁、莲花洞、五里浸、岩房坪等地，翻越米仓山梁，进入四川省南江县。全线发现栈桥遗址两处、道路遗址1处。（参见《文博》1994年第2期）

A12—1 高桥村一号栈桥遗址〔喜神坝乡高桥村西南400米·不详〕位于贾家河上，其上游50米处即为大高桥。河右岸略呈长方形的巨石上，有一方三圆栈孔4个。方孔边长0.22米，宽0.18米，孔内残存有石桩；圆孔径0.2米～0.22米，深0.08米～0.2米，一孔残存有石桩。左岸对应的巨石上有加工凿痕。（见《文博》1994年第2期）

A12—2 高桥村二号栈桥遗址〔喜神坝乡高桥村西南500米·不详〕位于贾家河大高桥正下方。现存栈孔6个，其中4个位于大高桥柱墩上，二方二圆；方孔边长0.2米左右，深0.04米、0.05米；圆孔径分别为0.16米、0.3米，深0.16米、0.22米。另两个位于桥下河床上，孔距0.7米。均呈马蹄形，弧线迎水，尺寸相同，弧线径0.23米、弦线长0.15米，孔深0.2米。（见《文博》1994年第2期）

A12—3 牛脑壳道路遗址〔喜神坝乡高桥村西南侧·不详〕系翻越牛脑壳梁的山路遗址，全长约数千米。梁北侧险峻处有宽0.3米～0.7米的石阶多处，石阶一般以条石砌筑，部分地段以两三排卵石铺砌一级。今仍通行。

（原载国家文物局主编：《中国文物地图集·陕西分册》，西安地图出版社，1999年，下册第1024～1025页）

安康地区·石泉县

11—A11 子午道遗址石泉段〔中池、前池乡·汉～清〕子午道是关中至汉中的主要古道路之一（沿革见长安县子午道遗址）。本县境内的栈道系子午道老路，沿池河分布，南北走向，北接宁陕子午道（处宁陕县），向南经云川、后池、青石、中池、前池乡至池河镇马池街折向西北，进入汉江谷地。全线仅发现栈道遗址两处。（参见《汉书·地理志》《元和郡县图志》）

A11—1 手扒岩栈道遗址〔中池乡中坝村东 100 米·不详〕位于池河东岸崖壁上，全长 53 米，距河床高约 20 米。现存圆形栈孔 15 个，孔距多为 0.98 米，孔径 0.14 米，深 0.23 米。

A11—2 洪河坎栈道遗址〔前池乡洪河坎村北 40 米·不详〕位于池河东岸崖壁下，南北向分布，全长约 170 米，下距河面 1 米左右。现存方形栈孔 19 个，孔距多为 1.1 米～1.38 米，孔边长 0.13 米～0.16 米，深 0.11 米。部分栈孔没于水面下。

（原载国家文物局主编：《中国文物地图集·陕西分册》，西安地图出版社，1999 年，下册第 1154 页）

安康地区·宁陕县

1—A1 子午道遗址宁陕段〔新矿、龙王、铁炉坝、旬阳坝、老城等乡镇·汉～清〕子午道是关中至汉中的主要古道路之一（沿革见长安县子午道遗址）。本县境内的子午道老路基本沿旬河和池河分布，南北走向，北接长安子午道（见长安县），向南经广货街、江口、沙坪、旬阳坝、新矿、龙王、铁炉坝乡至石泉县。新路自沙坪分岔向西南，经老城、城关、华严、汤坪等乡镇至石泉县。两路沿线发现栈道、栈桥等遗址 6 处。（参见《汉书·地理志》《元和郡县图志》）

A1—1 吴家坪栈道遗址〔新矿乡太山村吴家坪村东 100 米·不详〕位于池河东岸崖壁下，南北走向，全长约 150 米，距河床高 1.5 米。现存圆形栈孔 34 个，孔距多为 0.7 米～1.3 米，孔径 0.1 米～0.13 米。

A1—2 瓦子沟口栈道遗址〔龙王乡火镰砭街村南·不详〕位于池河东岸崖壁

下。现存人工开凿石阶路，长约 400 米。有方形栈孔 3 个，孔距 0.8 米，孔边长 0.15 米，深 0.1 米。

A1—3 北沟砭子栈道遗址〔铁炉坝乡北沟砭子村·不详〕位于池河东岸崖壁间，东西走向，全长约 6 米，距河床高约 5 米。现存斜向插入崖壁的圆形石栈桩 4 根，桩距 1.2 米，桩径约 0.15 米。

A1—4 鸡公梁栈道遗址〔铁炉坝乡渔洞村铁匠树村南 100 米·不详〕全长 15.6 米，南北走向。现存斜向插入崖壁的圆形石栈桩 9 根，桩距 0.9 米，桩径 0.2 米。还有圆形栈孔 3 个，孔径 0.14 米，深 0.2 米。

A1—5 桃花渡栈桥遗址〔旬阳坝镇南 2 千米桃花渡村·不详〕跨月河上，河面宽约 15 米。两岸巨石上凿有圆形栈孔 6 个，孔径 0.18 米～ 0.24 米。其上架有今人以径约 20 厘米的原木铺设的简易桥。

A1—6 田坝栈道遗址〔老城乡田坝村·不详〕位于长安河东岸崖壁下、分布长度约 4 米。现存方形栈孔 5 个，孔边长 0.18 米～ 0.24 米，深约 0.2 米。

（原载国家文物局主编：《中国文物地图集·陕西分册》，西安地图出版社，1999 年，下册第 1159 页）

专题文物图说明（二）

四川省三国蜀遗存

三国时期，魏、蜀、吴三国鼎立，蜀汉辖境为今四川、重庆及陕西南部的汉中、云南和贵州的部分地区。四川境内现存的蜀汉遗迹有 80 多处，主要有遗址、墓葬和纪念祠庙等。

汶川姜维城遗址位于威州镇西北半山腰的缓坡台地上，其城址平面略呈方形，占地面积约 6000 平方米，墙体内直外斜，下大上小，夯层内密布木筋，系分层夯筑而成。据明人曹学佺《蜀中名胜记》载，蜀刘禅时，姜维、马忠等曾在此屯兵布防。剑门蜀道遗址，以剑阁古城为中心，向北至广元朝天区朝天峡（又名明月峡），南至绵阳市梓潼县演武镇，全程 200 余千米。沿途分布着众多三国遗迹。朝天峡栈道，山险水急，两峡峭壁可见上、中、下三排石孔，石孔呈方形，栈道遗迹尚残存 500 多米。当年诸葛亮、姜维先后北伐，多从此经过。葭萌关，即今广元昭化，古称葭萌，为蜀之咽喉，刘备曾在这里驻军抗击张鲁，起兵攻刘璋。剑门关，蜀北屏障，西川咽喉，古为兵家必争之地，诸葛亮曾在这里立关门、修栈道、储粮屯兵、置尉守险，姜维曾在这里抗魏。翠云廊在梓潼县古蜀道，道之两侧古柏夹道，青苍一色，为一条绿荫覆盖的“翡翠长廊”，现存古柏8000余株。江油关遗址，又名江油戍，位于阴平古道中部的平武南坝镇。三国时是诸葛亮抗拒曹魏的重要军事关隘。蜀汉炎兴元年（263）十月，魏将邓艾帅其精锐部队走阴平小道，越摩天岭，裹毡而下，兵临江油关，蜀守将马邈猝不及防，献关而降。今尚存江油关石碑、李夫人故里碑、左担山、左担道地名、古龙州城墙等遗迹。罗江白马关，是防卫成都的最后一道重要关口，刘备入蜀，曹魏灭蜀，均由此关进出，庞统战死落凤坡更使此关名声大震。现存长约3千米，宽1.5米～2米，用石板铺成，路中有8厘米~10厘米宽车辙。万里桥，位于今成都城南锦江老南门大桥处，是古时乘舟东航起程处，蜀汉建兴元年（223）费祎出使东吴，诸葛亮送至桥边，祎叹曰“万里之路始于此”，此后遂改为万里桥，东晋常璩《华阳国志》及历代诗人墨客多有描述。青白江区弥牟镇八阵图，传为诸葛亮练兵之地。八阵图有两方阵，各六十四垒，再加两垒为指挥台，共有一百三十垒，后代多有损毁，到清代晚期，仅存七十一垒，面积约2500平方米。现存圆形土堆6个，东西向两排各3个，南北向3排各2个，直径4米～4.2米，存高1.3米～2米。

四川省古代重要道路与桥梁

古蜀道是古代四川对外进行经济、文化、商贸交流和军事所需的交通设施。早在先秦时期，先民们就在川北秦岭、巴山之间相继开凿了逶迤的南北栈道。秦汉时，重要的古道有金牛道、米仓道、五尺道、灵关道等。

金牛道始于先秦，又名石牛道，唐宋时称剑阁道，从陕西沔县西南行，越七盘山岭入四川境内，到广元朝天驿进入嘉陵江河谷，再经剑门关达梓潼，后直抵成都。在这条古道上，以剑阁县的剑门关最重要，这里危峦起伏，倚天如剑，两崖对峙，其状如门，故曰“剑门”。因其壁立千仞，穷地之险，极路之峻，故又有“天下雄关”之称。现存“剑门关”石碑和关口石壁“天下雄关”“第一关”等摩崖石刻。广元朝天驿的清风峡和明月峡现保存有500多米的栈道孔遗存。栈道有凹槽石栈，有采用水中立木柱托梁的木栈，有的在峭壁或斜坡上凿孔，以斜柱托梁，有的直接在悬崖上搭架梁，上铺木板成道，为防日晒雨淋，在道上加盖顶棚，成为阁道。唐、宋时称剑阁驿道，是蜀地与中原设有驿站的交通官道。古道由石板铺成，宽约3米，两旁行道古柏数千株。南栈道以广元为枢纽，东出汉寿水接米仓道，抵巴中地区；南沿嘉陵江水道可达阆中、南充等地；北溯白龙江出白水衔接阴平道。阴平道，起甘肃文县，穿越岷山山脉，经平武、江油，绕剑阁之西后直抵成都。

米仓道初通于西汉，唐宋时又名大竹路、巴岭路。米仓道是历史上从陕西汉中循濂水河谷，翻米仓山，再沿南江河谷入巴中的一条古道。古道两旁竹林丛生，阴森如竹洞，故又名大竹路。米仓道是唐宋时重要的商道。元明清时期仍由此道贩运私盐。今此道上的巴裕关为川陕分界线，关门门墙及墙堞垛、残破石路犹存。

秦统一全国后，派"常頞略通五尺道"，在过去古道的基础上修筑起第一条官道。五尺道又称僰道，是蜀地与南中、夜郎相联系的重要官道。汉武帝时经略西南夷，派司马相如在"牦牛道"的基础上开灵关道，此道起于成都，往南分东西两道，西道沿灵官道行，经雅安、汉源到西昌，入云南大姚至大理，目前对古道路线里程和沿途驿站关隘的情况已初步有所分晓。东道经乐山、犍为到宜宾，跨金沙江，沿五尺道至大理与西道合，再经博南道通往缅甸、印度及中亚等国。通过这条商道蜀地的丝绸、蜀布、邛竹杖、铁器等物品远销东南亚和西亚地区，印度、中亚地区的玻璃、宝石、海贝沿此道传入中国。

唐代，在灵关道和五尺道的基础上修筑了清溪道和石门道。灵关道称为清溪道，以巂州清溪关得名。北自成都，经雅安，过荥经，到西昌、会理，跨金沙江，入云南境，经永仁、大姚、姚安至祥云。五尺道此时称石门道，由成都经乐山至宜宾，至石门关南抵云南曲靖，再通昆明、禄丰至祥云与清溪道合，后抵大理。唐与南诏之间的交通多经由此道。此道至清时仍为官道，并设置馆驿。

（原载国家文物局主编:《中国文物地图集·四川分册》，文物出版社，2009年，上册第116页、第120～121页）

重点文物图

剑门蜀道遗址

位于广元市的剑阁县和元坝区、朝天区以及绵阳市的梓潼县。别名蜀道翠云廊。公元前316年秦惠文王灭巴蜀后，修筑了秦通往汉中和蜀的交通要道，史称“金牛道”（又名石牛道）。此道分南北两段。北段称北栈，又名秦栈；南段称南栈，又名蜀栈，三国蜀汉时称“剑门道”。剑门蜀道遗址以剑阁古城为中心，向北至朝天区朝天峡（又名明月峡），南至绵阳市梓潼县演武镇，全程200余千米。

2006年公布为全国重点文物保护单位。

（原载国家文物局主编：《中国文物地图集·四川分册》，文物出版社，2009年，上册第433页）

四川省文物单位简介

广元市·朝天区

3—A3 朝天峡古栈道遗址〔朝天镇北1千米·战国～宋·全国重点文物保护单位〕又名明月峡栈道。剑门蜀道遗址的一部分。位于嘉陵江东岸，全长2千米。现存栈道、石路、土路等遗迹数段。峡中有古栈道500多米，分布着孔眼2000多个。栈道孔宽0.45米见方，深0.75米，孔距2.1米，上下孔间距3.5米。孔洞呈二至三排，上排孔为搭雨棚之用，中排孔“加木作栈”供人马通行，下排孔为加固支撑孔。现修复栈道有150余米。（剑门蜀道遗址见剑阁县A3条）

4—A4 七盘关遗址〔转斗乡较场村东北2千米·秦～汉〕又称五盘岭。位于川陕交界的七盘岭山梁隘口，自秦汉至今一直是入川要道。面积约500平方米。现存古关楼遗址及台阶、古道等遗迹。

7—A7 龙门阁遗址〔宣河乡龙门村西南500米·汉代〕位于潜溪河东岸，龙门洞垭口处，为古金牛驿道的主要关隘。面积约120平方米。现存栈道、隘口等遗迹。

18—A18 小安古道遗址〔小安乡至中子乡·唐～清〕位于藁苯山梅子垭一线，全长30千米。为金牛道阻断时的辅道。现存石梯、道路、通道碑、摩崖石刻等遗迹。通道碑为清乾隆年间乡绅赵谟撰书刊立。

25—A25 朝天关遗址〔朝天镇朝天村南700米·元代·区（县）文物保护单位〕位于嘉陵江东岸朝天岭上。面积约6000平方米。现存关楼遗址，面积约100平方米。

（原载国家文物局主编：《中国文物地图集·四川分册》，文物出版社，2009年，中册第373页、第374页）

广元市·剑阁县

3—A3 剑门蜀道遗址〔剑阁县北至广元朝天区朝天峡南至梓潼演武镇·战国～清·全国重点文物保护单位〕剑门蜀道以剑阁古城为中心，北至朝天峡，南至演武镇，全长200余千米。古道青石板铺路，道宽约2米。著名的“翠云廊”行道古柏树夹道，高大参天，阴翳蔽日。沿途有古关隘、古城、古桥、驿铺、古渡遗存遗迹（朝天峡古栈道遗址见朝天区A3条）。

A3—1 翠云廊〔普安镇南北20千米·明代〕位于以剑阁为中心的古蜀道普安镇南至演武一段。驿道青石板砌成，道旁现存柏树8000多棵，多数为明代古柏。清代乔缽题名“翠云廊”。

A3—2 剑门关遗址〔剑门关镇北2千米·三国蜀～清〕位于大剑山隘口上。此处为秦汉古道，三国蜀汉开始建关，一直沿用到清代。面积约1000平方米。曾建有三层关楼，1935年修建公路拆毁。现关楼为近年新建。

A3—3 剑溪桥〔剑门关镇志公村东北50米·明代〕三孔石拱桥。建于明弘治年间（1488～1505）。东西走向，跨剑溪河。桥长18.8米，宽4米，东孔跨度5.3米，西孔跨度5.23米，中孔跨度5.8米，拱高均3.4米。桥面弧形，覆石板，踏道12级。桥栏高0.6米，厚0.14米，桥栏侧有圆雕4尊。桥头存明弘治年间（1488～1505）李璧诗碑1通。碑圆首，无座，高1.2米，宽0.65米，厚0.12米。

7—A7 剑阁栈道〔剑门关镇西 8 千米 · 三国蜀〕据《水经注》《舆地纪胜》等记载，蜀汉诸葛亮北伐中原修建此道。位于小剑山至汉源坡的山谷中，长约 15 千米，现存部分栈道孔。

8—A8 营盘遗址〔剑门关镇北 1 千米 · 三国蜀〕据《三国志》《剑州志》等记载，蜀汉姜维修建此城。又称姜维城。位于剑门关北口东侧，背倚竹笋峰，高出地面 110 米。面积约 100 万平方米。现存断垣、壕沟等遗迹，长 200 米，宽 2 米。遗址南面有姜维墓、姜公祠等遗迹。

9—A9 烟墩梁遗址〔剑门关镇西 5 千米 · 三国蜀〕据《元和郡县图志》《舆地纪胜》等记载，此地为蜀汉驻防地和古战场。又称开远戎。位于剑门关北口西侧七里坡，与营盘遗址对峙，高出地面 100 米。面积约 400 万平方米。现存建筑物断垣、壕沟等遗迹。

10—A10 武侯坡遗址〔武连镇武侯村 · 三国蜀〕位于仙华山下武连镇北侧。面积约 200 万平方米。文化层厚 1.5 米。曾出有兵器等遗物。传为蜀汉屯兵处。原有清代张问陶《武侯坡》诗碑 1 通，现存于觉苑寺内。

（原载国家文物局主编：《中国文物地图集 · 四川分册》，文物出版社，2009 年，中册第 380 ～ 381 页）

广元市 · 青川县

5—A5 观音岩栈道遗址〔营盘乡白河村南 400 米 · 战国～汉〕位于白龙江东岸一处临水的悬崖上，是白水关至葭萌关之间古栈道的一部分。现存方形栈道孔 27 个，分上下两层，南北全长约 150 米。

（原载国家文物局主编：《中国文物地图集 · 四川分册》，文物出版社，2009 年，中册第 402 页）

广元市·苍溪县

2—A2 瓦口隘遗址〔五里乡紫练村北 1 千米·三国蜀〕据《三国志》《苍溪县志》记载，此地为东汉建安二十一年（216）张飞奇袭张郃的主战场。位于盘龙山顶上。东西长 130 米，南北宽 100 米，面积约 1.3 万平方米。现存“瓦口隘”石刻、柱础、瓦砾等遗物。

3—A3 施店驿遗址〔永宁乡南池村西 1.5 千米·三国～清〕位于吹筒山上，西接华山庙。遗址呈四合院布局，面积约 4500 平方米。现存围墙、石柱、柱础、水井、石碾等遗迹，砖、瓦、瓦当、黑釉瓷罐等遗物。遗址有驿道遗迹。

19—A19 槐树驿遗址〔六槐乡槐树村东 50 米·清代〕位于村落中心，上接伏公铺，下接烟伏楼。南北长 150 米，东西宽 3 米，占地面积约 450 平方米。两侧有小平房 30 余间。现存石板驿道、柱础等遗物。

（原载国家文物局主编：《中国文物地图集·四川分册》，文物出版社，2009 年，中册第 405 页、第 406 页）

巴中市·南江县

3—A3 米仓道遗址〔南江至巴中·商周～汉·县文物保护单位〕米仓道是古代从汉中南入巴蜀的重要通道，自商周至两汉最为昌盛。北宋前称巴岭路，南宋之后称为大竹路，自清始称米仓道。南江至巴中为米仓道中南段，沿线有大坝关、米仓关、琉璃关、官仓坪等遗迹，并有唐以后碑刻多处。

4—A4 截贤岭遗址〔坪河乡东 4 千米·汉代·县文物保护单位〕《南江县志》记载：“自沿城西韩溪上至孤云山……为汉时自汉中入川要道。”位于孤云山腰，面积约 1000 平方米，山麓有韩溪，又称韩山遗址。传为萧何追留韩信处。唐集州刺史杨师谋立石碑岭上，铭曰：“萧何追韩信到此。”

5—A5 牟阳城遗址〔关坝乡大坝村·汉～宋·县文物保护单位〕位于大坝林区的山顶平地，为米仓道重要关隘。刘备曾从此地进军伐张鲁。宋代在此设关抗金。曾发现汉砖瓦窑遗址和大型建筑物柱础。1979 年曾出土宋代银盆等遗物。

123—D3 古琉璃关摩崖石刻〔碾盘乡红卫村西南 1.5 千米·南宋～清·县文物保护单位〕石刻凿于古米仓道要冲琉璃关，故名。石刻题记 3 则，时代分别为南宋绍兴三年（1133）、南宋嘉泰三年（1203）、清光绪十一年（1885）。嘉泰和光绪石刻分布在长 15 米，高 5 米琉璃关青砂石壁上，坐西向东。绍兴石刻刻在长 1.5 米，高 1.9 米，厚 0.5 米～ 1.3 米的三角形石块上，楷书不规整，字高 0.08 米，宽 0.06 米。行距 0.04 米。内容为“绍兴三年二月十五日金贼犯兴元府”，名为“弓役任荣记”。嘉泰石刻楷书 7 行 65 字，字径 0.02 米，令道人何永德凿崖修道之事。光绪石刻隶书阴刻横排“古琉璃关”，字径 0.32 米，字距 0.18 米，为赐进士出身知南江县事孙清士书。

（原载国家文物局主编：《中国文物地图集·四川分册》，文物出版社，2009 年，下册第 962 页、第 963 页、第 971 页）

褒斜道石门附近栈道遗迹及题刻的调查

陕西省考古研究所

褒斜栈道是沿褒、斜二谷跨越秦岭沟通关中与汉川的古代重要道路。1936 年 ~1937 年所修的由宝鸡经褒城、宁强至四川广元的川陕公路宝鸡到褒城段，有许多地段仍是沿着栈道旧线修筑的。虽然历代遭到严重破坏，但沿路仍留下了许多栈道遗迹；尤其在褒河西岸南距褒城约 3 千米的石门及石门内外的题刻碑碣，为研究古栈道及历代书法提供了一些资料。

陕西省考古研究所先后两次对石门及石门附近的栈道进行了初步调查。第一次是在 1960 年 11 月 2 日 ~7 日，为时六天；第二次是在 1963 年 2 月 24 日 ~28 日，为时五天。这两次工作仅限于石门附近 4 千米范围内，关于栈道的全部情况有待于将来进一步勘查。

一、地理形势及崖石

褒河两岸山势雄伟，以山峰耸立和峡谷深邃的地形为特点。许多地方为悬崖绝壁，水流湍急，形势极为险要。调查时如不小心，有坠落河中的危险。古栈道就开凿在西岸山腰。在这种地形修筑道路是要付出相当大的人力和物力的。

褒谷内的崖石，经鉴定大致可分为石英岩、结晶石灰岩、石英云母片岩、云母片岩等四种石质。其硬度以石英岩最大（普氏硬度 10~13），抗蚀力强，往往伸入河中，形成明显的山嘴，其次是结晶石灰岩（普氏硬度 7~8），此种岩石虽不如前种岩性致密，但往往亦形成山嘴或阶梯形的斜坡面。其他两种岩石硬度较小（石英云母片岩普氏硬度 4~5，云母片岩普氏硬度 2~3），抗蚀力弱。今存的古栈道遗迹和题刻多保留在前两种岩石上，其他石质多年风化崩塌，已无遗迹可寻。

二、古栈道遗存及栈道的复原

由褒城起，沿褒河西岸北行，过褒惠渠水闸不远，与河东岸之土地庙相对处，开始发现古栈道遗存，由此处向南至今之褒城一段，山势平缓，未发现栈道遗迹，今尚有小道一条。由此处向北经老虎口、石门直至公路洋灰大桥（鸡头关桥）止约 3 千米的一段，断断续续地发现栈道遗迹，由栈道起点至洋灰大桥的这段内，我们选择了 12 个地段做了调查，共发现栈道壁孔 56 个，底孔 190 个。

壁孔全凿于陡峭山崖半腰（图 8–1），高出水面 8 米 ~ 9 米（按 1960 年冬季水位）。由于崖石峭立，无法攀登，不能一一度量，仅在有条件的地方度量了部分，壁孔口部均呈方形，口边为 0.4 米 ~ 0.43 米，深 0.8 米 ~ 0.9 米。壁孔下斜，使插入壁孔之木梁略微上翘。

底孔有圆形、方形、圆榫方形、圆榫圆形等种类，凿于高低不等的岩石上，有的低于水面，被水淹没；有的高于水面 7 米 ~ 8 米，几乎与栈道壁孔等高。

现将调查的 12 段分为三类叙述如下：

甲类 属此类者有Ⅰ、Ⅴ、Ⅸ、Ⅺ、Ⅻ五段。以Ⅰ、Ⅸ、Ⅻ三段为例。

Ⅰ段：

在褒谷口，为全部栈道的起点，在壁立的山崖半腰凿有三个方形壁孔（图 8–2），总编号为 1 ~ 3。孔在同一水平线上，距水面 8 米左右，各孔间距约 1.5 米。底孔三个，均为圆形，大小基本相同，口径 35 厘米、深 10 厘米，凿于 1 号壁孔下面斜坡岩面上，对成一直线（图 1）。2、3 号壁孔下面，因河沙淤积，未寻得底孔。

Ⅸ段：

在石门南约半里。这里岸崖陡立，水流湍急。方形壁孔凿于陡立崖石半腰，共发现11个，总编号10~20，各孔间距1.5米~2米不等。

底孔四个，总编号159~162，均为圆形，直径31厘米~34厘米、深30厘米~32厘米，其中160号孔中有一个直径9厘米、深6厘米的小孔，即上面所说的圆榫圆形孔。四个底孔分别在14、15、16、17号壁孔的下面，并与其相对（图2）。底孔与壁孔的垂直高度和水平距离以底孔162号、壁孔17号为例，高约7米，水平距离5.5米左右（即栈道面的宽度）。共他各壁孔下面有的被水浸蚀，有的崩毁，未寻得孔穴。

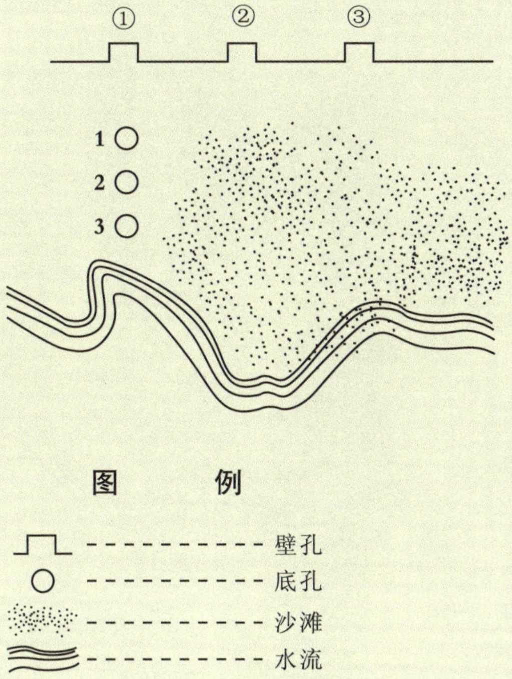

图1 Ⅰ段平面示意图

Ⅻ段：

紧靠公路洋灰大桥之南，为调查之终点。唐代之七盘路由此开始转上鸡头关绕过石门至汉中。此段为明显伸入河中的两个山嘴，两山嘴南北相距仅16米左右。栈道壁孔凿于两山嘴半腰（图8-5），围绕南山嘴发现8个壁孔，总编号41 ~ 48。在45号壁孔以西，有一长方形平台，东西长约3米、南北宽约1.2米，台间略低于栈道壁孔。台面有许多底孔，最大的为199号方形底孔，边长60多厘米；最小的直径约10.5厘米，如193号圆形底孔。平台西边是直立崖壁，壁上凿一方形壁孔（48号壁孔），高于平台4米。此平台似原有一房屋建筑。围绕北山嘴半腰有壁孔9个（图8-6），编号为49 ~ 57。此两山嘴壁孔间距较近，特别是南山嘴之壁孔，都没有超过0.7米。将方形梁木插入突出成半圆形的山嘴半腰的壁孔内，其平面必形成扇面形，这就是壁孔间距必须近的道理。

底孔共发现37个，总编号163~199，除193号~199号等孔分布在上述平台

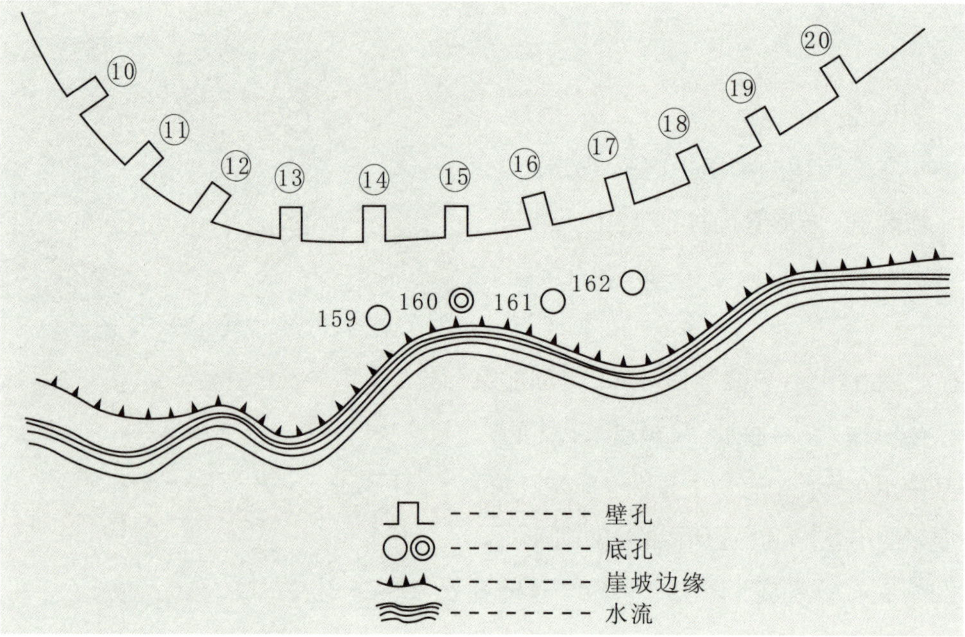

图 2 Ⅸ段平面示意图

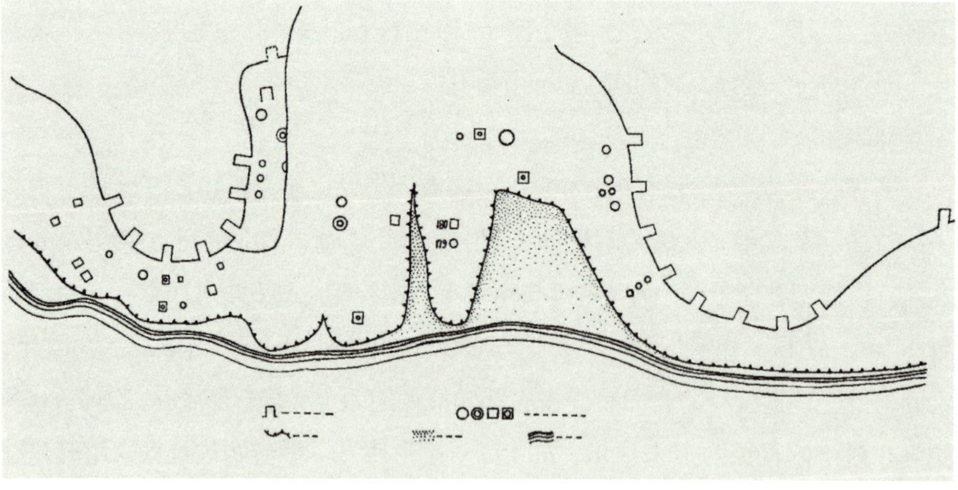

图 3 褒斜道石门附近栈道遗迹及题刻的调查

面上外，其余分布在壁孔的下面和两山嘴之间的崖面上，有的与壁孔正对（图3）。往往在一个大底孔的周围散布若干个小孔穴，这个小孔或立较小的木柱，起支撑和稳定大立柱的作用。在靠近洋灰大桥的 53 号 ~57 号诸壁孔之下，破坏较严重，乱石堆积，未寻得底孔。

根据遗存的栈道壁孔与底孔以及它们的关系，试作复原：

（一）方形壁孔供安插方形木梁，与其壁孔相对之底孔供置方形或圆形立柱，即将直径约 40 厘米、长不足 6 米的方形横梁一头插入壁孔内，一头用一根或者三根立柱支撑，与《水经注·沔水》“诸葛亮与兄瑾书云：……其阁梁一头入山腹，其一头立柱于水中”的记载相符。我们暂称这种栈道结构为标准式栈道（图 6）。

（二）Ⅻ段之两个山嘴相距仅 16 米左右，两山嘴之间散布大小形式不同的各种底孔，可能是架桥连结勾通道路。这种结构，我们暂称之为飞栈或者桥栈。

乙类属此类者有Ⅱ、Ⅲ、Ⅳ、Ⅶ、Ⅷ等段，以Ⅶ段为例：

在石门之南，有一巨大山崖伸入河中，形如一虎口，当地老乡称之为老虎口，Ⅶ段即紧接此处之南。此段岸崖倾斜，坡度较为平缓，不似甲类各段高崖陡立，而是许多阶梯形成的坡面。属此类地段绝不见壁孔。只有底孔共 42 个，总编号 77~120，较有规则的分布在崖坡的阶梯上，最大孔径 30 厘米，最小的 12 厘米左右（图 4）。以 84 号~88 号四孔为例，孔 88 号高于孔 87 号，孔 87 号高于孔 86 号，以此类推，84 号最低，84 号至 88 号的垂直高度 4 米~5 米左右，水平宽度约 4.6 米。

根据上述材料，试将此段栈道作一复原：

从地形、石质和现场观察，这种地段原是不开凿壁孔，因而与甲类栈道结构完全不同，它不是一头入山腰，一头立柱承托，而是依倾斜的山坡用木柱搭架，架上铺板成路面。我们暂定为这种木结构为依坡搭架式（图 7）。

丙类属此类者有Ⅵ、Ⅹ两段。

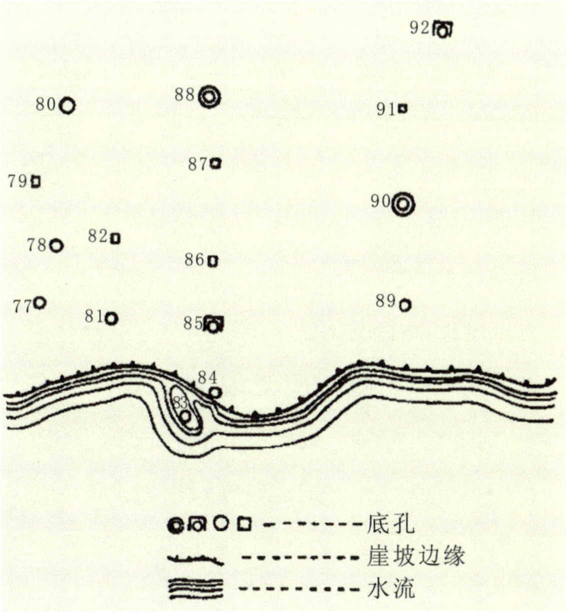

图 4 Ⅶ段平面示意图

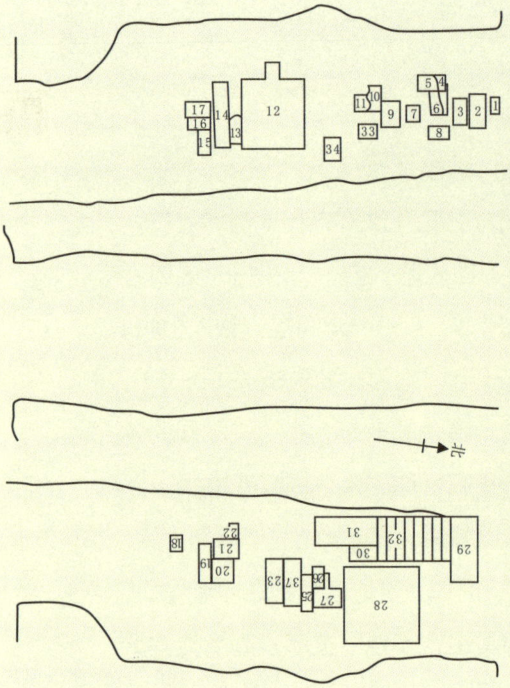

图 5 石门洞平、立面图

图 6 栈道想象复原图

Ⅵ段：

在Ⅶ段之南 18 米左右。与河东岸的石虎相对峙。此段全长约 20 米，其南半部应属乙类，而北端是将突出的方形山嘴剥成凹槽，道由槽中通过（图 8-4）。槽底较平，距水面约 8.5 米，南北长 7.25 米，东西宽 3.23 米～ 3.95 米，四角各有一个底孔，除西北角为圆形外，共他三孔均为方形，圆形底孔径与方形底边长均为 0.75 米左右，深 0.4 米。槽西壁高 4.5 米，4.5 米以上是悬崖直立高耸。槽东壁高 1.42 米。平台之北，紧靠直壁下，有两个圆形底孔，总编号为 70、71，与凹槽北边两个底孔基本上下相对。平台之东，紧靠直壁下面亦有圆形底孔 2 个，直径均为 9.6 厘米左右，总编号 78、79，其作用不明。平台之南则不同，东西面壁立，由此可攀登，这里散布底孔较多。

根据底孔分布之情况，无疑平台上的四个底孔是起连结栈道作用的。

有人称此凹槽为小石门，此说不可信，据《水经注》载：“水（褒水）西北出衙岭山，东南迳大石门，历故栈道下谷……褒水又东南历小石门，门穿山通道，六丈有余，刻石言：汉明帝永平中，司隶校尉犍为杨厥之所开……”由此可知：（1）今存之石门即为小石门；（2）如果还有穿山通道的大石门，应在今存之石门北，而今存石门之南不曾开过石门。

Ⅹ段：

在石门北约 15 米，其形制与Ⅵ段南端大致相同，成南北凹槽，路面由槽内通过，槽南北长 4.6 米、东西宽 2.9 米，槽东、西两壁高均 1.5 米左右，槽底高度与石门道面基本相同。槽内堆满碎石泥土，野草遍生，槽底情况不清。

图 7 栈道想象复原图

三、石　门

石门是栈道重要遗迹，南距褒城约三里，在Ⅸ段与Ⅹ段之间，这里是一伸入河中的高耸山嘴，栈道至此穿山成南北向的隧道，隧道南北长 14 米，东西宽 3.95 米～ 4.25 米，高 4 米～ 4.75 米（图 8-3、图 5），为东汉明帝永平四年所开凿。在隧道内未发现钻凿之痕迹，据传说，当时系用火烧爆破而成。

在石门内石壁上有汉魏以来题刻碑碣 35 种，其中独无唐代刻石。

四、摩崖题刻与碑碣

题刻碑碣多集中于石门洞内的东西两壁，有的散布于石门以南的河中顽石及山岩上。石门题刻在宋代已被重视，其中汉魏题刻已陆续见于有关金石的著录中，同治十二年徐廷钰、罗秀书等集石门附近题刻成《褒谷古迹辑略》一书，搜罗颇详。本文为报导文物现存状况，仍一一叙述，并附各段题刻拓本照片，以资参考。

石门洞内题刻由于集中，便于绘制剖面图以示位置，石门洞外之题刻，散见于各处，不便用图表示，只能说明其相对位置。

题刻的编号皆冠以字母“T”，每行末一字之后标以“丨”，漫泐者以“□”

代替，字数不清者以……代替，隐约可见但有疑问者外加“□”。叙述顺序是按石门内题刻及石门洞外题刻，并附已佚石刻于后。

1. 石门洞内题刻与碑碣

T1：□□□□军……」□□□汉中□□石□……」……寅

漫泐太甚，仅得五字。楷书四行，通高 40 厘米、宽 20 厘米、字径 3 厘米，右行（图 9–1）。

T2：石门

隶书。字径 40 厘米、通高 90 厘米、通宽 56 厘米（图 9–2）。“石门”是东汉明帝永平四年（61）石门开通后，为石门题名时刻。

T3：表

右扶风丞楗□□杨李君讳」寿，字季休□□□□□中□」解大台长，由其□□□忧□民」欢喜，行人蒙福，君故□□从」事再举孝□尚□□□□□」郡朐忍令换汉中□□□宜」禾都尉。」

隶书七行，左行。字径 4 厘米 ~ 4.5 厘米、通高 70 厘米、通宽 40 厘米。以“表”字为碑额，故称李君表（图 9–3）。宜禾都尉为西汉武帝时农官名，但石门是东汉明帝时开凿，故此刻当是明帝以后题刻。

T4：庆元戊午中春，王还嗣、」范鼐、李师章、邵成因修」魍魔来一游。」

隶书三行，左行。字径 8 厘米、通高 70 厘米、宽 30 厘米（图 9–4）。庆元为南宋宁宗年号，故此为南宋庆元四年（1198）的题刻。李师章等见于 T4、T9、T21、T45，范鼐见于 T10 等。

T5：“龙门”」进士李一□」万□□□。」

“龙门”：字系隶书，字径 12 厘米，第二、三两行为楷书，左行，字径 7 厘米、通高 47 厘米、宽 41 厘米（图 9–5）。

T6：庆元丙辰暮春止」余三日，赵公茂，宋子」志、张寿卿、宋咏道游。」公茂二子符棪同来，观」汉刻三酌于此。」

楷书五行，左行。字径 6 厘米、通高 52 厘米、通宽 28 厘米（图 9–6）。为南宋宁庆元二年（1196）题刻。

1. 栈道遗迹凿于半山腰的壁孔

2. 方形壁孔

3. 石门遗迹

4. Ⅵ、Ⅹ段凹槽栈道遗迹

5. Ⅻ段栈道壁孔

6. Ⅻ段北山嘴壁孔

图 8 褒斜道石门及其附近题刻

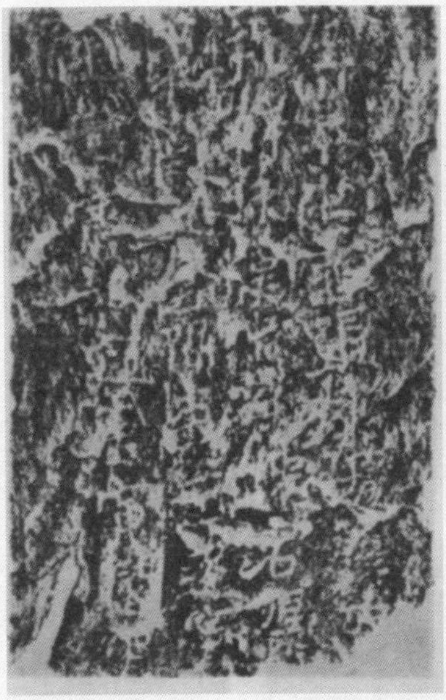

1 T1

2 T2

3 T3

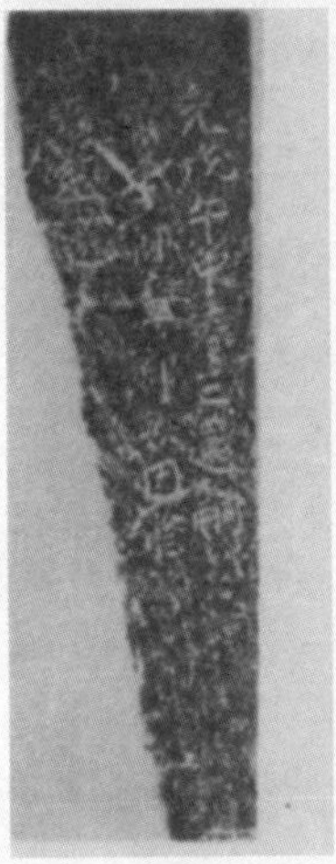

4 T4

5 T5

6 T6

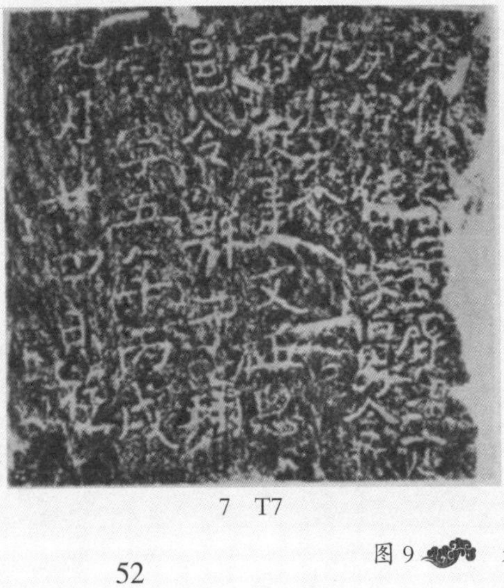

7 T7

8 T8

图 9 褒斜道石门及其附近题刻

T7：□□□宗齐□定」庚寅侍家舅令□」□□来。」

府□事文玉恩，」邑令鲜于翔」崇宁五年丙戌九月二十四日游」

本为两段题刻，因距离近而模糊，拓在一起。两段均为楷书，左行。字径均 4 厘米～ 5 厘米、通高均 33 厘米、前段宽 13 厘米、后段宽 20 厘米。后段为北宋徽宗时题刻（图 9–7）。

T8：程仲震，」张奉先、」吴贵。马」嗣安载」酒同徕。」

楷书五行，左行。字径 7 厘米～ 80 厘米、通高 38 厘米、宽 60 厘米（图 9–8）。

T9：宋之源、胡端慤、」李师章、胡中正」来游。」

楷书三行，左行。字径 10 厘米、通高 70 厘米、通宽 40 厘米（图 10–1）。此题刻右侧有一行题刻，残泐太甚，仅存“申中八月廿一”等字。宋之源，宋双流人，字积之，更字深之，官龙游令，吴曦之变，解印去（《中国人名大辞典》）。宋之源、李师章见于 T21，李师章又见于 T4、T45。

T10：“范蘱、任沂孙、李」撰庆元丁已重」阳后一日来游。」

隶书三行，左行。字径 8 厘米、通高 73 厘米、通宽 30 厘米（图 10–2）。庆元丁巳为宋宁宗庆元三年（1197）。范蘱见于 T4。

T11：贾公直正之，俞」次皐伯谟，师赓」成之，何贲元素，」绍圣乙亥中春」望同游，伯谟题。」

楷书五行，左行。字径 4 厘米、通高 38 厘米、宽 38 厘米（图 10–3）。绍圣为北宋年号，故知为北宋哲宗绍圣二年题刻。

T12：惟巛灵定位，川泽服躬，泽有所注，川有所通，余谷之川，其泽南隆，八方所达，益」域为充。」高祖受命兴于汉中，道由子午，出散入秦，建定帝位，以汉诋焉，后」以子午，蓤路歭难，更随围谷，复通堂光，凡此四道，垓鬲尤艰，至于永平，其有四」年，诏书开余，凿通石门，中遭元二，西夷虐残，桥梁断绝，子午复循，上则县竣，」屈曲流巅，下则人寘，庼写输渊，平阿凉泥，常荫鲜晏，木石相距，利磨确磐，临危」枪砀，履尾心寒，空舆轻骑，遰导弗前，恶虫蔽狩，蚍蛭毒蟆，未秋截霜，稼苗夭残，」终年不登，匮馁之患，卑者楚恶，尊者弗安，愁苦之难，焉可具言，于是明知故司「隶校尉楗为武阳杨君，厥字孟文，深执忠伉，数上奏请，有司议驳，君遂执争，百」辽咸从，帝用是听，废子由斯，得其度经，功饬尔要，敞而晏平，清凉调和，烝烝艾」宁。至建和二年仲冬上旬，汉中太守楗为武阳王升，字稚纪，涉历山道，推序本」原，嘉君明知，美其仁贤，勒石颂德，以明厥勋，其辞曰：」君德明明，炳焕弥光，郏过拾遗，厉清八荒，奉魁承杓，绥亿衙彊，春宣圣恩，秋贬若」霜，无偏荡荡，贞雅以方，宁静烝庶，政兴乾通，辅主匡君，循礼有常，咸晓地理，知世」纪纲，言必忠义，匪石厥章，恢弘大节，谠而益明，揆往卓今，谋合朝情，醳艰即安，有」勋有荣，禹凿龙门，君其继纵，上顺斗极，下答巛皇，自南自北，四海攸通，君子安」乐，庶士悦雍，商人咸憘，农夫永同，春秋记异，今而纪功，垂流亿载，世世叹诵。」序曰：明哉仁知，豫识难易，原度天道，安危所归，勤勤竭诚，荣名休丽。」

五官掾南郑赵邵，字季南，属，褒中鼂汉彊字产伯书佐西成王戎字文宝主。」

王府君闵谷道□难□置六部道桥，特遣行丞事，西成韩朖，字显公，都督掾南郑魏□字伯玉，后」遣赵诵，字公梁，案察中曹卓行，造作石積，万世之基，或解高格，下就平易，行者欣」然焉，伯玉即日徙署行丞事守安阳长。」

隶书22行，左行。字径7厘米，通高2.04米、通宽1.85米。有碑额曰：

故司隶校尉楗为杨君颂

十字，镌于题刻之上（图10-4）。

T13：王士外，□□□」□□杨逵□」同游，崇宁壬□十」月九日。」

隶书三行，左行。字径4厘米~5厘米、通高45厘米、宽24厘米（图10-7）。崇宁的干支纪年有壬午，壬午年即崇宁元年。为北宋题刻。

此题刻后，有隶书“李錾、魏拱之、张应卯同来”一行题刻，与上一题刻无关。李、魏、张三人又见于T45故知为南宋人。

T14：故司隶校尉杨君厥讳淮字伯邳，举孝廉尚书侍郎，上蔡洛阳」令，将军□□任城金城河东山阳太守，御史中丞，三为尚书尚书令」司隶校尉将作大匠河南尹。伯邳从弟讳弼字颖伯，举孝廉西鄂长，」伯母忧，去官，复举孝廉尚书侍郎，迁左丞□州刺史，太医令下邳」相，兄弟功德牟盛，当究三事，不幸早郎，国丧名臣，州里失覆，二君清」□□身自守，俱大司隶孟文之元孙也。」

□门同郡卞玉字子珪，以熹平二年二月廿二日谒归过此，追述韬铭，故赇表纪。」

隶书七行，左行。字径 5 厘米～ 8 厘米，通高 1.9 米、宽 0.62 米（图 10–5）。

T15：康衢向桂孙」□仲□弟思」□摄令同徕」戊午秋季。」

楷书四行，左行。字径 7 厘米、通高 50 厘米、通宽 43 厘米。此题刻右有“□陈□□□书”一行，似与上面题刻无关，为另一题刻（图 10–8）。

T16：成都刘氏币会」嘉定辛未春闰」十有三日挈家徕」游，男兼善□记回」记喜侍行。」

隶书五行，右行。字径 5 厘米、通高 25 厘米、通宽 29 厘米（图 10–9）。嘉定为南宋宁宗年号，为嘉定四年（1211）题刻。.

Tl7：郭仲良，辛」未清明挈」家来游」

楷书三行，右行。字径 6 厘米、通高 27 厘米、宽 22 厘米（图 11–4）。此刻左下角有“章复之来”四字，与上刻无关，章复之的题名在 T45 中亦见。

T18：戊申春汉中叚□龙至」

楷书三行。字径 4 厘米、通高 42 厘米。此题刻右方另有一题刻，已残泐不能识，仅存“李”“行”等字，为隶书，字径 4 厘米（图 11–9）。

T19：章升之重来」资中赵旻来」

楷书，章升之题刻通高 50 厘米，赵旻题刻 55 厘米，字径均 8 厘米（图 11–1）。章升之、赵旻题名见于 T45，知为宋人。

T20：楚万方田、周连升」、秦罗秀，书，同治十」年七月至此」饮酒观字。」

隶书四行，左行。字径 8 厘米、通高 60 厘米、通宽 36 厘米（图 11–5）。

T21：宋之源、李」师章、王谱」来修山阴禊事。」

楷书四行，左行。字径 10 厘米～ 13 厘米、通高 48 厘米、通宽 53 厘米（图 11–7），末行尾有“一生平”三小字与此题刻无关。宋之源见于 T9，李师章见于 T2、T9、T45，故知此刻为宋刻。

T22：光绪己卯冬」韩隐□来游。」

隶书二行，左行。字径 6 厘米、通高 47 厘米、通宽 17 厘米（图 11–2）。

1　T9

2　T10

3　T11

4　T12

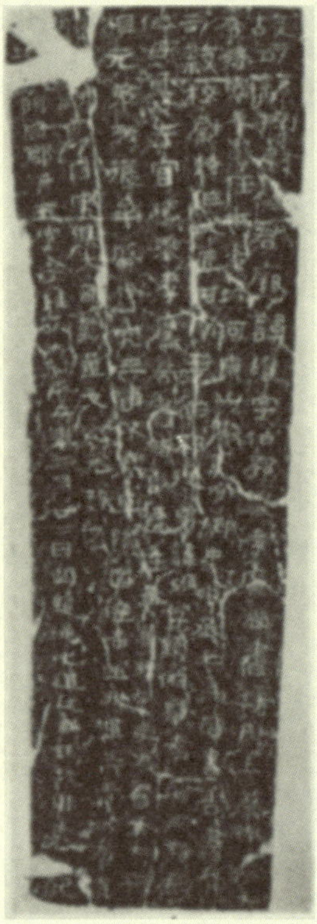

5　T14

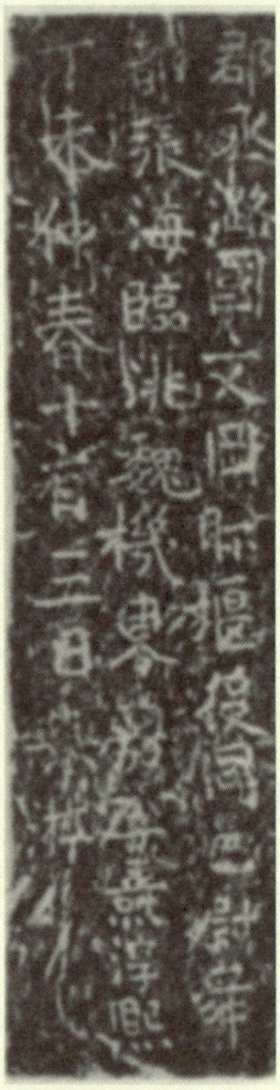

6　T24

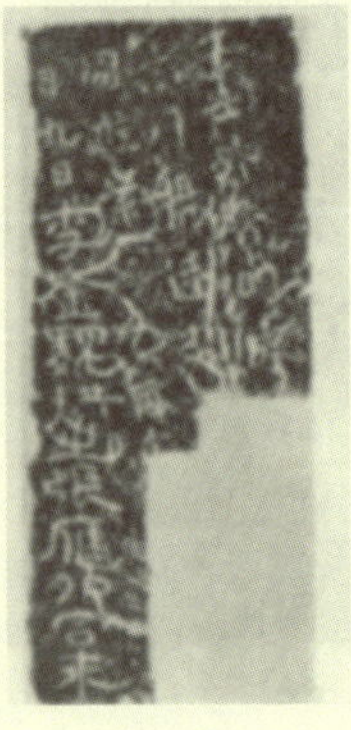

7　T13

8　T16

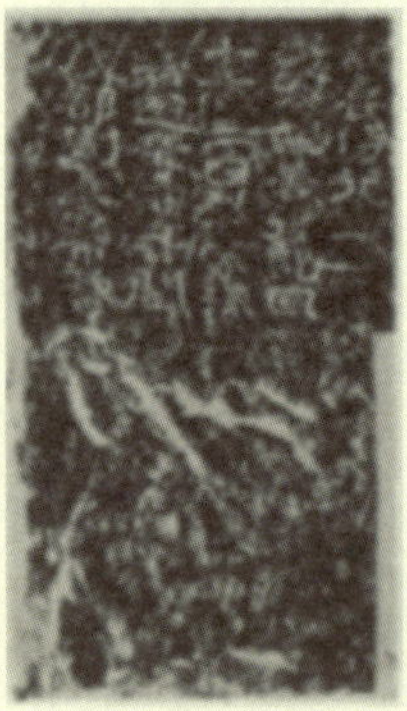

9　T16

图 10　褒斜道石门及其附近题刻

T23：纪国赵君□敏若视堰修祀事阆中□」隆之景南普慈□□光远广汉耿巽□」□新沔程川厚伯威左县□□之西□」固繁彭顺成季行潼川白巨济普叔□」徕玩玉盆揖计潭舣舟衮雪步荦确登」石门拂□□从容瀹茗而去衮雪旧有」亭须复规度云宝庆丙戌前熟□五日」

隶书七行，左行。字径6厘米、通高90厘米、通宽45厘米（图11-8）。

T24：郡丞潞国文冈视堰后同邑尉舜」都张海、临洮魏机、东嘉李焘，淳熙」丁未仲春十有三日来游。」

楷书三行，左行。字径8厘米~10厘米、通高111厘米，通宽26厘米（图10-6），为南宋孝宗淳熙十四年（1187）题刻。

T25：古郸张伯山、阆中郭彦辅、」晋原樊子南、长江赵仲成」同款石门，淳熙己酉闰月拾。」

楷书三行，左行。字径5厘米~7厘米、通高88厘米、通宽22厘米（图11-3），为宋孝宗十六年题刻。

T26：曹济之、庞公巽」、曹璋、李禀，绍定」己丑熟食日识。」

楷书三行，左行。字径5厘米、通高39厘米、通宽29厘米（图11-6），为南宋理宗绍定二年（1229）的题刻。曹济之、庞公巽、曹璋、李禀见于T41。

T27：本西壁文后汉永平中开」石门，今大魏改正始五」年为永平元年，余□至」二年正月讫手，开复之」□曰永平，今古同□」□矣哉，后之君子异世」同闻焉。」

楷书七行，左行。字径5厘米、通高63厘米、宽59厘米（图11-10），在第五行下偏左地方有“贾哲字三德”五字，当地老乡称此题刻为石门铭碑序。

T28：石门铭

□门盖汉永平中所穿，将五百载，世代绵迴，□□递作！乍」开乍闭，通塞不恒，自晋氏南迁，斯路废矣，其崖岸崩沦，涧」阁堙褫，门南北各数□里，车马不通者久之，攀萝扪葛，然后」可至，皇魏正始元年，汉中献地，褒余始开，至于门北一里」，西上凿山为道，峭岨□迂，九折无以加，径途巨碍，行者苦」之。梁泰初附，寔仗才贤，朝难其人，裒简良牧。三年」。诏假节龙骧将军督梁泰诸军事梁泰二州刺史，泰山羊」□，建旟嶓漾，抚境绥边，盖有叔子之风焉。

1　T19

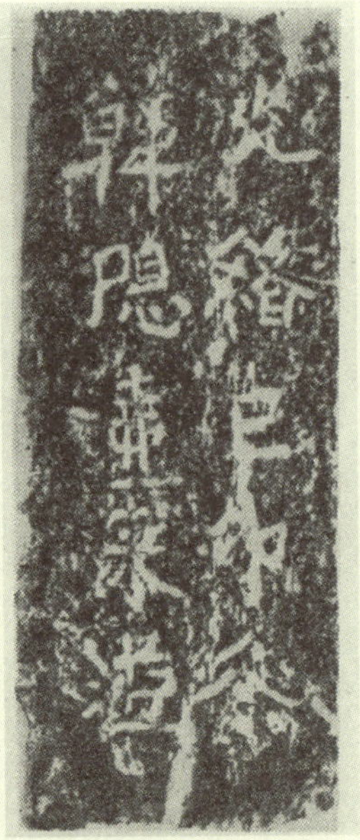

2　T22

3　T25

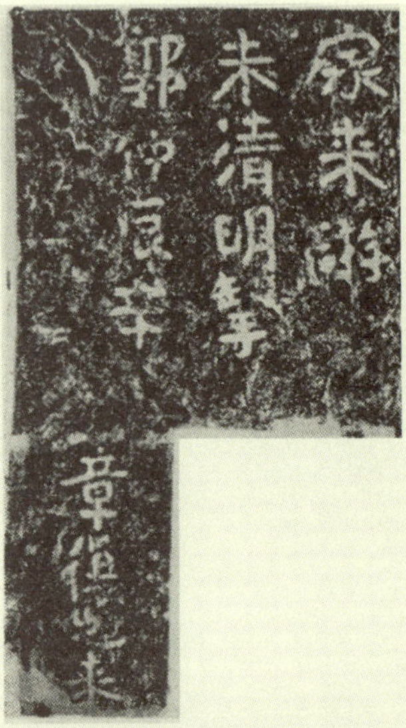

4　T17

5　T20

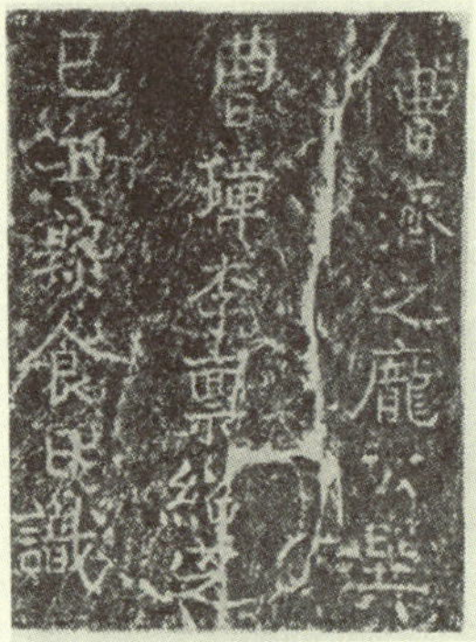

6　T26

7　T21

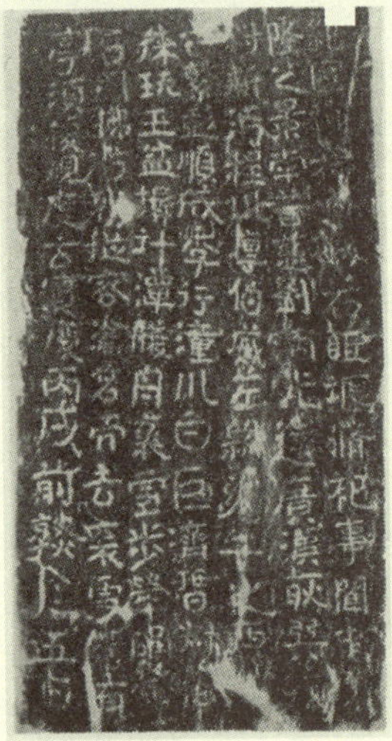

8　T23

9　T18

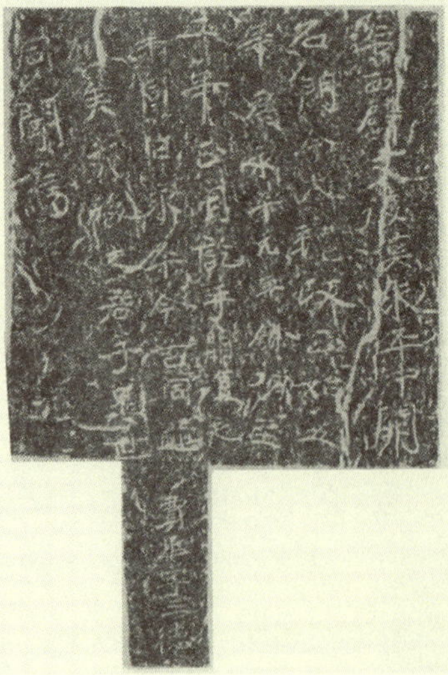

10　T27

图 11　褒斜道石门及其附近题刻

□天崄难升，转」输难阻，表求自迴车已南开创□路，释负□□劳。就□轨」之逸。诏遣左校令贾三德领□一□□，石师百人，共成」其事。三德巧思机发，情解窅会，虽元凯之梁河，德衡之损」蹑，未足偶其奇。起四年十月十日，讫永平二年正月毕功」，阁广四丈，路广六丈，皆填□栈鑿，砰崄梁危，自迴□□□」□二百余里，连辀骈辔而进，往哲所不工，前贤所辍思，莫」不夷通焉。王生履之所无临深之叹，葛氏若存，幸息木牛」之劳，□是畜产之利，纨锦罽毲之饶，充仞川内，四民」富实，百姓息肩□矣。自非思埒班尔，筹□张蔡，忠公忘私，」何能成其事哉。乃作铭曰：」龙门斯凿，大禹□彰，兹岩乃穴，肇自汉皇，导此中国，□宣」四方，其功伊何，既逸且康。去深去阻，匪阁匪梁，西带汧陇」东控樊襄，山河虽崄，□德是强。昔□畿甸，今则关疆，永怀」□□，□在人亡。不逢殊迹，何用西光！水眺悠晶，林望幽长」，夕凝晓露，昼函曙霜，秋风夏起，寒鸟春伤。穹窿高阁，有车」辚辚，成夷石道，牺牡其驷，千载绝轨，百两更新。敢刊岩曲，」以□鸿尘。魏永平二年太岁己丑正月己卯朔卅日戊申」梁泰典签□原郡王远书，石师河南郡洛阳县武阿仁凿字。」

楷书 26 行，左行。字径 7 厘米～ 8 厘米，通高 16.2 米，通宽 2.12 米。题额“石门铭”三字低正文四字（图 12-1）。

T29：我来汉中由此过，洗笔题名留山河，千古山川传以人，王远挥毫地亦卓。生平心爱访古作，今到石」门幸如何。门铭之书真卓荦，对此令人感慨多，可恨岩曲已残缺，久后游者更嗟嗰。因此重缮原文」意，得便延陵人揣摩。岁在戊寅夏初七月一日，昌乐张万杰书，汉中章尚志、潘海亭凿字。」

此为一碑，嵌于石门东壁北端，此处所录仅为全文之后三行，前十四行是王远石门铭的重缮文，同于 T28，兹不赘录。

碑文为楷书十七行，左行。字径 2.5 厘米、通高 140 厘米、通宽 61 厘米（图 12-2）。

T30：辛未季秋泛舟褒」溪，登石门观汉魏」古碣，老劲奇横如」钟鼎铭，以咏志游，」石门栁建永平年，」伟烈千秋仰屹肰，」影漏褒斜云外树，」明通汉沔镜中天。」龙潭遥忆高士隐，」鸟篆频书太守贤，」此与琅环堪比拟，」得临福地即神仙。」关中罗秀书。」

隶书十三行，左行。字径 6 厘米、通高 37 厘米、通宽 83 厘米，此碣原在石门外，现移入石门内靠置于东壁。全文后有“西屏氏”篆文印章，边宽 4 厘米（图 12-3）。

T31：“石门道记”

“褒城县治在连城山之阳，平地斗城，其东门外两山」夹一溪，东曰汉王城，西曰鸡头关，关之东麓曰石门。」夏秋水涨，没溢崖岸，不能问途。冬春始可挐舟而入，」舟不能径达则舍舟而步。山径溜滑，乱石纵横，几不能」容足。盖登陟之难如此，故斯洞为人迹所罕到。其洞」南向高一丈，宽称之，深四丈，高二丈余，南北通达，石」无凿痕。其东壁则王远石门铭，刻于顽石，凹凸不」平，罅缝绽裂。其西壁则杨孟文石门颂，碑后附刻王府」君造修石蘱；再后则卞玉表记杨怡邳、伯弼之生平，」余则来游题名几满，皆宋人手笔也。洞之外南崖之」上，则潘宗伯、李苞题字；离数丈则宴袤释文；稍东则」绍熙五年宴袤修堰碑；再南半里则鄐君之碑在焉，」宴袤释字释文附刻其下。按释字较原碑多数十字，」今观鄐君之碑崖石已尽，不知所多之字镌于何所，」或者山石倾圮所致，盖时历二千余年，陵谷之变，诚」有不可考者。碑皆纪开通褒斜道事，则古无七盘岭」之路，皆沿山治桥阁而行，今山石皆有孔云。返棹而」行，约三里余，溪中有石一座，白如玉，其中凹，名曰玉，宋人题字最伙。再南则乾道修堰碑及宋之源题」名，遂达于域外矣。谨按洞之前后石刻几有四十余」种，不为不多，奈褒诚久无乘志，即且于汉中府志者」仅存王远一铭，则散逸者久矣。壬寅之春毕中丞采」入关中金石记，癸卯仲夏三通馆檄取入金石略，残」碑断碣，久经湮没，一旦拂拭出之，比于剑气珠光，自能焜耀千古。物之显晦，洵有时哉！」

辛未春谢观察调任潼商，濒行嘱揭石门」碑碣四十余种。亟命匠梯山凿壁，费极经营，仅」得三十一种未睹全壁，窃以为撼，适读倪兰畹」先生石门道记，由汉迄宋，详载本原，始悟观察」之言信有征也，爰镌记于石，以为好古问奇之士导先路云。」褒城令山阴莫增奎跋司训频阳罗秀书隶」少尉鉴湖徐廷钰校司厅岩渠王三宝□」

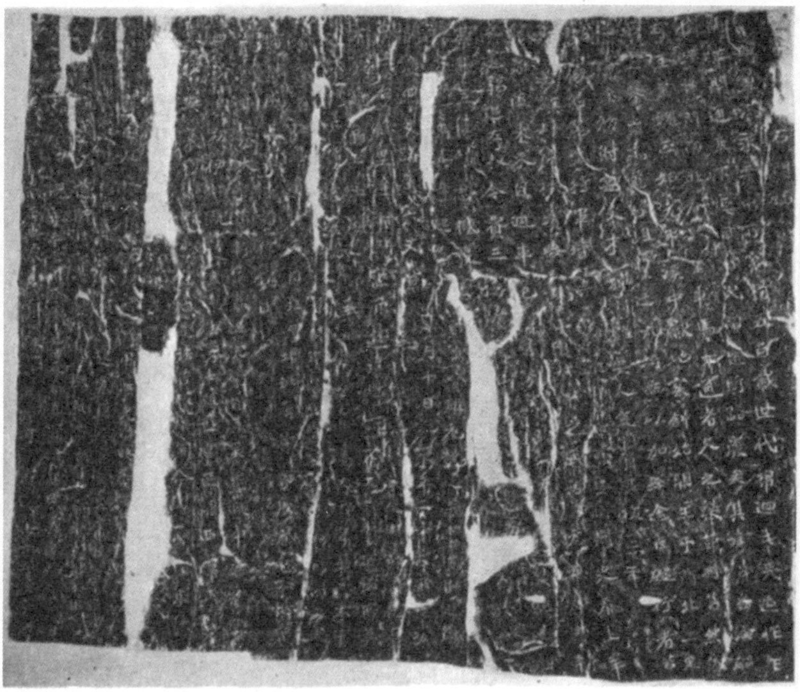

1　T28

2　T29

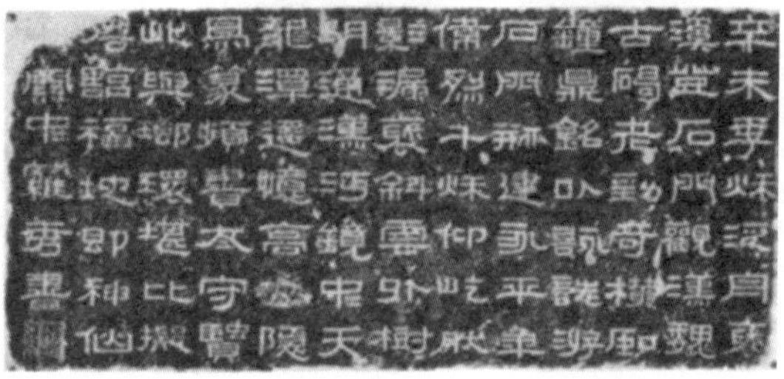

3　T30

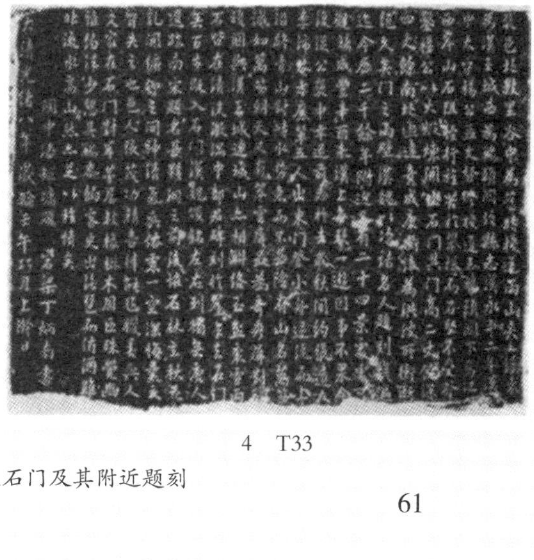

4　T33

图 12 褒斜道石门及其附近题刻

同治十年巧月穀旦镌石」

隶书三十四行，左行。字径 4.5 厘米、通高 70 厘米，通宽 160 厘米。此碣原在石门洞外，置于洞内东壁下，文为倪兰畹撰。跋文低于正文两字。款识与跋文平行（图 13-1）。

T32：汉忠武侯诸葛公八阵图注说」

隶书，全文分别录于八块石碣之上，共三十二行，左行。通高 180 厘米、通宽 210 厘米、字径 4 厘米。文后有两方印，一为“西屏氏”；一为篆文九字印，仅能识“戍午之炑……」”四字，其余五字漫沥，此非石门原物，故原文不录（图 13-3）。

T33：褒邑北数里谷中为旧时栈道，两山夹一溪，东」为汉王城，西为鸡头关。考县志，汉永平二年汉」中太守杨公孟文督修栈道至鸡头关下，乌江」西岸山石阻径，行旌苦于攀援，而石坚不受斧」凿，杨公以火煅炼开通石门，其门高二丈余，深」四丈余，南北通达竟成康衢，后为洪波所冲，断」绝久矣。门之两壁，汉魏以口诸名人题刻几遍，」迄今历二千余年，附近又有二十四景，处处可」观。墉咸丰辛酉来汉上每欲一游，因事不果，今」复从公褒中，幸遂前志，于去岁秋间约张道友」李沛菴孝廉辈五人出东门登小舟逆流而上，」沿路青山对峙，水势急而不险，有山名万笏，」诚如万笏朝天，又有翠云屏最为奇秀。屏对鸡」头关，与汉王城、连城山亦相联络；玉盆、衮雪两」石皆在清流激湍中；鄐君碑刻于崖半，去石门」无百步既入石门，汉魏颂铭左右列，独无唐人」遗迹，南宋题名甚伙。洞之前后怪石林立，秋花」乱开，俯仰之间神清气爽，俗虑一空，深悔曩交臂失之也。邑人张茂功精音律，能毡腊，善与人」交，家在石门对岸，茅屋数椽，树木周匝，殊觉幽」雅。约往少憩，具鸡黍饷客，更出琶琶而侑酒，虽」非流水高山，然亦足以移情矣。」

关中潘矩墉题 宕梁丁炳南书」大清光绪八年，岁轮壬午巧月上澣日」

楷书二十四行，左行，字径 1.5 厘米、通高 4.1 厘米、通宽 57 厘米（图 12-4）。

T34：县尉王……」父叔同……」□□石门奉」…游…」……」……」……」

楷书七行，左行。字径 5 厘米、通高 50 厘米、通宽 4.5 厘米。后三行被宋人，

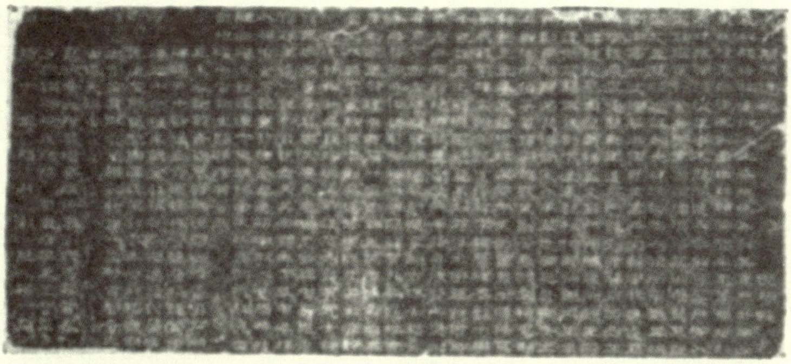

1 T31

2 T35

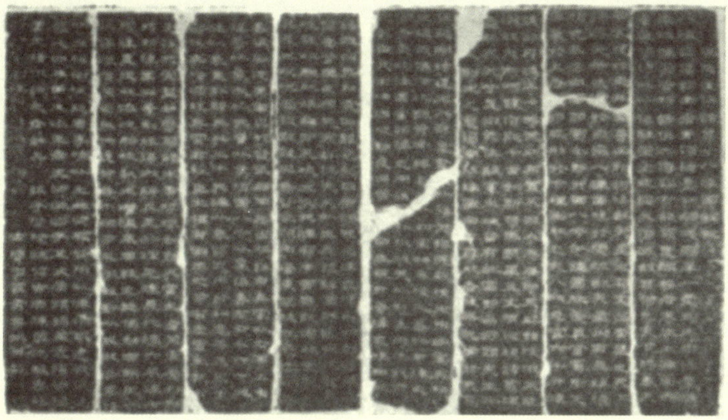

3 T32

4 T34

5 T37

6 T41

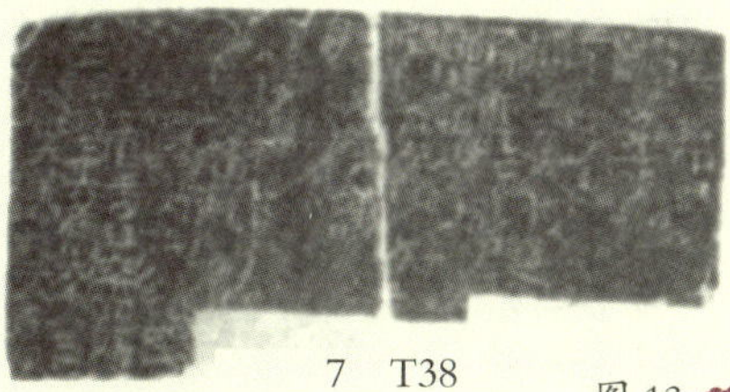

7 T38

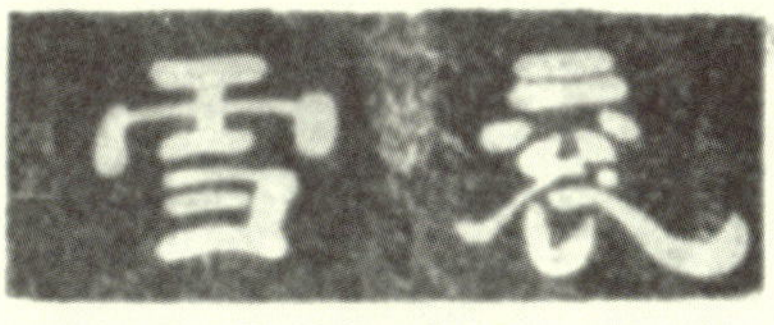

8 T40

图13 褒斜道石门及其附近题刻

“章部来”之题名凿毁（图 13-4）。

T35：□景元四年十二月十日」荡寇将军浮亭」……」

隶书二行，左行，字径 3 厘米、通高 32 厘米、残宽 8 厘米（图 13-2）。位于石门北门楣东侧。依书载原文应为：“魏景元四年十二月十日荡寇将军浮亭侯谯国李苞字孝章，将中军兵石木工二千人始通此阁道。”现已佚二十四字。

T36：□有天

隶书，横一行，左行。字径 38 厘米～ 40 厘米。通高 50 厘米、宽 125 厘米，第一字据老乡说原为“别”字（图 14-4）。

2. 石门洞外之题刻

T37：□熙五年，山河堰落成，」郡太守章森、常平使者」范中蓺、戎师王宗廉以」二月丙辰，徕劳工徒，堰」别为六，凡九百三十五」丈，酾渠四百一十丈。木」目工计七十二万四千」九百有奇，工以人计一」十五万九千八百有奇。」先是四年复大水，六堰」尽决，秋使者被」旨兼守事，会凡役，慨念」民输当四倍于每岁之」常，迺官出钱万缗为民」助。查沆、贾嗣祖、晏衮、张」悈实董其事。」

隶书十六行，左行。字径 24 厘米、通高 175 厘米、通宽 475 厘米。此题北距石门 20 余米（图 13-5）。

T38：永平□□汉中郡以」诏书受□汉」蜀郡、巴郡徒，」二千六百□十人」开通褒余道，」太守巨鹿□□」部掾□□王□□荀，□」张□□□□□」□□□广汉」□□□□□□」□作桥□□□□□□」□□□五为道□百五」□□□□亭驿置徒司空」□中县官寺，并六十四所，」凡用功七十六万六千八百」□□□卅六万九千八百四」……

隶书十六行，左行。字径 10 厘米～ 15 厘米、通高 93 厘米～ 136 厘米，通宽 254 厘米。此刻北距石门约 270 米；因镌于石英云母岩上，为风雨剥蚀，残泐甚大，不能读（图 13-7）。

T39：潘宗伯、韩仲元、李孝章碑字

□□伯，韩仲元以泰□六年五月十日造此□□」景元四年十二月十日荡□将军浮」亭侯□□李苞……」中□□□木工二千人，始通此阁道。潘宗伯、韩仲元、

1　T44

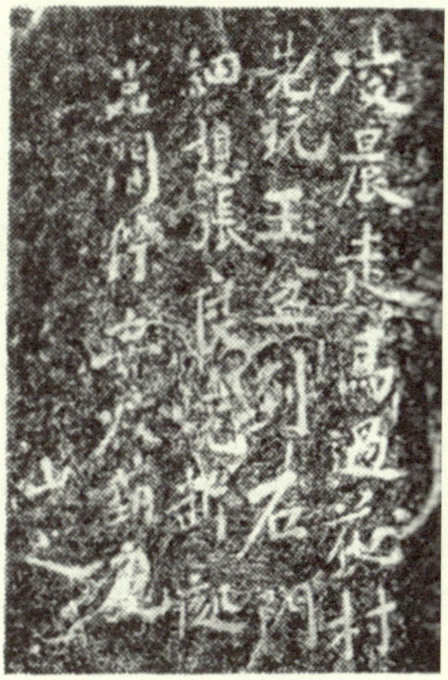

2　T43

3　T42

4　T36

5　T45

6　T39

图 14　褒斜道石门及其附近题刻

李孝章通褒斜阁道碑阴：潘宗伯、韩仲元记造桥阁十九字，绍熙甲寅始见于石门」之南，益其泰字下一字不显，只有六年以下字至此字下」三字又不能识，微有偏南，汉魏两晋以来，纪年者凡七，惟」魏明帝有泰和六年，晋武帝有泰康年号，余皆一二年或」三四年，则知此魏泰和六年明矣。是岁蜀建兴十年，先以」泰和四年魏司马懿伐蜀，五年蜀诸葛亮围祁山，魏诏司」马懿拒之，秋七月亮复军，明年亮休士作木牛流马，故魏人得入褒谷治桥阁矣，后题景元四年三十八字者，魏陈」留王年号，自泰和六年至此凡三十有三年，则此二号皆」魏之纪年无疑。其书荡寇将军云者，蜀张嶷亦有此将军」号。魏荡寇将军浮亭侯李苞字孝章复通此阁道于景元」四年，即蜀炎兴元年冬十一月魏钟会邓艾率众伐蜀至」江油降马邈，至绵竹斩诸葛瞻，刘禅诣艾降，巴蜀皆平。十」二月魏分益州为梁州，褒余阁道于是乎通矣。庆元元年」中秋日，南郑令临淄，晏衮书。」

此摩崖题刻北距石门 20 余米，刻于崖壁上。碑字和碑阴出于一人手笔，是后代集潘宗伯、李苞题刻而成，故称潘宗伯、韩仲元、李孝章碑字。T35 即为景云李苞碑之原本，潘宗伯、韩宗元碑则不知源于何处。题额正文皆为楷书，题额低于正文二格，正文另起一行，而李苞碑字又低潘、韩碑字七字。通高 110 厘米、通宽 22 厘米、字径 3 厘米，左行。

正文左侧为宋晏衮隶体释文，字径 4 厘米，左行，通高 120 厘米、通宽 75 厘米（图 14-6）。

T40：衮雪

隶书，通高 47 厘米、通宽 125 厘米、字径 39 厘米。传说为曹操手迹，款识“魏王”，字径 6.5 厘米（图 13-8）。刻于石门之南褒水中顽石。

T41：玉盆

隶书，字径 20 厘米、通高 42 厘米、宽 30 厘米，刻于石门南约 1500 米河中顽石。其下有：闾丘资深田德夫」、章德琳，庆元二年」二月壬申因视堰徕。隶书三行，左行。字径 7 厘米、通高 47 厘米、通宽 32 厘米。“玉盆”两字左侧又有曹济之、庞公巽、曹璋」李禀，绍定己丑清明」日识”楷书三行，左行。字径 7 厘米、通高 60 厘米、通宽 22 厘米。“玉盆”左上角又刻有“玉盆”两字，隶书，径 12 厘米（图 13-6）。

T42：石虎」郑子真书

隶书，字径 30 厘米 ~ 41 厘米、通高 90 厘米、通宽 56 厘米。款识字径 5.5 厘米。刻于石门洞对岸的山崖上（图 14-3）。

T43：凌晨走马过花村，」先玩玉盆到石门，」细想张良烧断处，」岩[间]伫立欲销口。」

楷书四行，左行。字径 5 厘米、通高 70 厘米、通宽 45 厘米。款识为：“山[之]”，字径 4 厘米 ~ 8 厘米（图 14-2）。

T44：不佞以汉守叨转楚臬，往辞」上官，过褒，览褒谷诸胜迹漫赋：」“守汉六年始晋官，乘舟逆溯鸡头关」两山对峙恍名画，一水中流翻异滩，」石镜分明云日见，玉盆篆刻龙蛇蟠。”」前行更有石门洞，无下景奇如此观。」咏郑子真游观褒谷寻贤豪，郑子当年在此韬，」王风权奸难币聘，江龙漱石比醇醪，」功名富贵弗庸数，道德清真谁可挠，」试想古今穷达客，将台岂似钓台商。」万历□□□吉□天……」

楷书十二行，左字径 4 厘米、通高 63 厘米、通宽 80 厘米。首两行，跋文均低于正文两字。末行“吉天”两字以下各字被后人题刻凿毁，此题刻为“成[王]”两字（图 14-1）。

T45：章邵、李鉴、」魏拱之、张应」卯、章升之、赵」旻，章复之以」庆元二年立夏前一日」来。邑[令][张]寅」尉，李师章载酒相从。

楷书九行，左行。字径 8 厘米 ~ 10 厘米、通高 55 厘米、通宽 138 厘米（图 14-5）。镌刻于河滩之巨石上。为宋宁宗庆元二年（1196）题刻。

3. 已佚题刻

（1）宋晏袤“山河堰赋”

（2）宋“山河堰诗碣”（撰人不详）

（3）明万历郭元柱“山河堰诗碣”

以上碑刻，清末时砌于褒城河东店山河庙大殿山墙中。今山河庙讹传为萧何庙，现为河东店城关小学校址。此三碑文见于《褒谷古迹辑略》一书。

4. 太公石

其铭题未见书载，至今不知其内容，据说此石洁白如玉位于褒惠渠拦水坝以北，因淤积已掩埋于水底泥沙中。

5. 杨绛“山河堰记略”

在拦水坝以北的褒水东岸有一块岩石突伸入河，形如北方炕状，俗呼为“婆婆炕”，碑文刻于其上，共25行，每行33字，正书。1936年修川陕公路时炸毁。碑文见于《褒谷古迹辑略》一书。

结　语

一、根据调查材料，可以初步推断：（1）栈道的木架结构是多样的，因地形不同而异，一般对栈道结构之理解，仅指标准式而言，忽视了其他两类结构的存在。至于在石门内外的碑刻和有关栈道的记载都提到“阁”，阁的形制与结构，由于未留下痕迹，在调查中毫无收获；（2）道面的宽度，有的地段达5米多，有的地方不足3米。

二、石门及其附近题刻历代俱全，是一所古代书法艺术的宝库。宋代以来即重视对其收集，各类题刻广见金石类书，然多注重汉魏作品。我们此次调查则对石门附近题刻全面收集，并对其所存位置测绘了分布图，使历代题刻得到初步整理。这批题刻为我们研究古代川陕交通史、古代工程技术、汉代职官、陕南宋代水利状况以及历代书法递变提供了资料。

三、褒斜道究竟开创于何时，目前仍有争论，此二次调查，亦未获确凿材料。考战国以前，关中与汉川地区的接触，其中规模较大者有二：一是《国语·晋语》上的“周幽王伐有褒，褒人以褒姒女焉”；一是秦惠王九年伐蜀。褒斜道的经营或始于此时。至于《战国策·秦策》中秦昭王时“栈道千里通于蜀汉，使天下皆畏秦”的记载，只不过是表明经过长期经营，川陕（包括褒斜道）间交通已完整罢了。

我们这两次调查均局限在石门南北长4千米的地段，此段栈道的时代问题，据石门铭“汉中献地，褒斜始开，至于门北一里西上凿山为道”的记载看来，似在北魏时已废弃不用，但是我们在石门洞南 20 余米的难以攀登的悬岩上，发现一尊立式石雕菩萨像，距昔日栈道面 2 米多。先凿一龛，龛下部宽 0.34 米，高 0.39 米，深 0.02 米，上部呈火焰形。从其衣着纹饰判断，当为南北朝晚期或隋唐早期作品。因而，石门以及石门附近通往褒谷南口的这段栈道究竟废于何时尚待进一步考证。

附：有关褒斜栈道的沿革资料

由于汉中具有北瞰关中，南蔽巴蜀，东达襄荆，西控秦陇，又加上蜀汉地区的富饶资源，因而褒斜道也就显示出它在文化、物质交流以及战略方面的重要性。由战国至明清沿用了两千多年之久，它的通塞与统治阶级的利益有深切的关系。为今后进一步研究褒斜栈道的沿革提供资料，对它的维护、修葺是必要的。现将有关资料摘录如下：

1. 汉武帝时，拜张印为太守“发数万人作褒斜道五百余里”（《史记·河渠书》）。

2. 东汉明帝永平四年司隶校尉凿通石门（《石门颂》）。

3. 东汉明帝永平六年鄐君“以诏书受广汉蜀郡，巴郡徒……开通褒斜道”（《鄐君开通褒斜道碑》）。

4. 东汉建和二年“王府君（升？）闵谷道危艰，分置六部道桥……造作石积，万世之基，或解高格，下就平易”（《石门颂》）。

5. 东汉永寿元年李寿“修阁道爰勤”（《李君表》）。

6. 诸葛武侯的历年维修（《三国志》）。

7. 魏泰和（六）年潘宗伯、韩仲元造桥阁（见潘宗伯、韩仲元、李孝章碑字）。

8. 魏景元四年荡寇将军李苞“始通此挢阁”（同 7）。

9. 晋泰（太）康元年王颙修栈道（孙樵集“兴元新路记”）。

10. 北魏正始元年，汉中献地，于（石）门北一里，西上凿山为道，褒斜始开（《石门铭》）。

11. 北魏正始四年梁泰二州刺史羊祉，左校令贾三德，自回车以南开创道路，止褒谷南口约三百里（《石门铭》）。

12. 西魏恭帝元年四月乐炽焚路，同年九月崔犹修复（《留坝府志》卷四）。

13. 唐代已不循古褒斜道，改由褒城起，止凤州线，但唐宣宗大中三年，又命节度使郑渥开文川路，该路即循古褒斜道，大中四年又废（《兴元新路记》）。

14. 宋代至明清，亦由褒至凤，出散入秦，合陈仓道。宋代以后对该道的修筑次数颇多，最著者为明洪武二十五年的普定侯督军夫修路。明弘治间亦曾重修，万历十二年汉中太守崔应科又重修。这几次主要集中于由鸡头关至宝鸡益门之陈仓道，又称连云栈。

15. 清康熙三年，陕西巡抚贾汉复更废阁道，由山腰开路。此次虽主要对陈仓道修筑，但于褒斜道仍有涉及。二十八年陕西总督葛思泰踵贾汉复之路线重修，后至乾隆三年、嘉庆十六年、同治六年均存修复之记载(《褒谷古迹辑略》)。

执笔者：韩 伟 王世和

（原载《文物》1964 年第 11 期）

褒斜道、石门及其摩崖石刻

陈显远　王云林

“褒斜道、石门及其摩崖石刻”，被列为国务院公布的第一批全国重点文物保护单位，其总编号为第 57 号。现分别简述于下：

褒斜道

在秦岭山脉中，有一条贯穿关中平原和汉中盆地的山谷，其南口曰褒，在原陕西褒城县北十里，今陕西汉中市北五十里；北口曰斜，在陕西眉县西南三十里，长凡四百七十里。自战国起，就有人在谷中凿石架木，修筑栈道，历代踵继，多次增修，因之就命名为“褒斜道”或“褒斜栈道”。如《史记·范雎蔡泽列传》载：“栈道千里，通于蜀汉”即指此道而言。又，同上书《河渠书》载：“其后有人上书欲通褒斜道及漕事……天子（汉武帝）以为然……发数万人作褒斜道五百余里。道果便近，而水湍石，不可漕。”

汉武帝大加修凿了褒斜道五百余里，因而出现了“栈道千里，无所不通”的盛况。但褒斜道毕竟是曲折峻险，行走艰难的。唐代诗人薛能在《褒斜道中》

一诗里有所描绘："十驿褒斜到处慵，眼前常似接灵踪。江遥旋入旁来水，山豁犹藏向后峰。鸟径恶时应立虎，畲田间日自烧松。行吟却笑公车役，夜发星驰半不逢。"

石 门

石门是用人工开凿的一个隧道洞，在褒斜道南口，洞长 16.3 米，高 3.45 米，宽 4.2 米。1970 年建修石门水库时，淹在水库中。

石门是以人工用"火焚水激"之法开凿而成的。其开凿时代，据《石门颂》记载是在东汉，"至于永平（汉明帝年号），其有四年，诏书开斜，凿通石门"。而动工于"永平六年，汉中郡以诏书受广汉、蜀郡、巴郡徒二千六百九十人，开通褒斜道……九年四月成就……"（《鄐君开通褒斜道》摩崖）据此可知石门开凿于公元 1 世纪。故近代外国某专家说："世界上最早用人工开凿的穿山隧道，出在中国的陕西褒城"，指的就是这个石门。

石门自秦汉以来，时通时塞，历次修复，多留有摩崖石刻。

石门摩崖石刻

石门洞内东西两壁和洞外南北数里的险坡、断崖以及褒河水中、沙滩的大石上，多有由汉及宋的摩崖石刻，有的是历代开通、修复褒斜道、石门和山河堰工程情况的记载；有的是参观、游览的留念题记，清代有人统计，为 40 余种。而其中"汉魏十三品"，唐宋时期，即负盛名，誉满全国。

所谓"石门汉魏十三品"者，是以石门洞内东西两壁，东汉建和二年（148）刻的《石门颂》与北魏永平二年（509）刻的《石门铭》为代表而言，其中虽搀有少量的宋代摩崖石刻，但也是以汉魏摩崖为主体而进行研究的产物。现按时序，简介如下：

1.《石门》摩崖：高 100 厘米、宽 47 厘米，原在石门洞内西壁北端，隶书《石门》二字，字径 37 厘米，无年月及书者姓名。据《陕西金石志》载："此二字各方二尺，隶书，浑朴沉雄，无书者姓名，相传在汉永平四年凿通石门时也。"

2.《鄐君开通褒斜道》摩崖：东汉永平九年刻，原在石门洞南右侧石崖上，高 142 厘米、宽 288 厘米。隶书 16 行，行 6 至 11 字不等。内容记叙汉中太守鄐君（佚名）及其部属王宏、史荀茂、张宇、韩琴、杨显等，于永平六年，率领广汉、蜀郡、巴郡的刑徒 2000 多人，开通褒斜道二百五十八里，修建大桥五座，桥阁 600 多间，宫寺 64 所，使用工、料、钱、粮数字，至永平九年四月竣工的情况。

3.《鄐君碑释文》摩崖：南宋绍熙五年（1194）刻，高 270 厘米、宽 215 厘米，楷书 27 行，行 30 字。原来，《鄐君开通褒斜道》摩崖，刻于崖际，千余年为青苔、泥沙所封闭而未显露，故宋代欧、赵、洪诸家金石书籍，俱未得见著录。迨南宋绍熙四年（1193）夏秋之际，为霖雨冲刷，字迹始显，南郑县令晏袤，即将那方汉代摩崖初次发现的经过情况，以及原刻的文字内容，加以诠释，另刻了这方摩崖于原刻之下，故称为《鄐君碑释文》摩崖。

4.《李君表》摩崖：东汉永建元年（126）刻。原在石门北口右侧崖上，高 75 厘米、宽 44 厘米，隶书 7 行、行 8 至 10 字不等。文曰："右扶风丞，犍为武阳李君讳寓字季休，以永建元年始解大台长。由其修阁道忧勤，贾民欢喜，行人蒙福……"显然，这方摩崖是因李寓修复褒斜道有功，去任后，大家怀念而纪功的石刻。

此摩崖千余年为泥沙所封闭。无人知晓，故前代金石书籍俱无著录。至清同治十三年（1874），始为褒城县教谕罗季书所发现。

5.《石门颂》摩崖：东汉建和二年（148）刻。原在石门洞内西壁，高 261 厘米、宽 205 厘米，隶书 27 行，行 30 字。上连一双行题额："故司隶校尉犍为杨君颂" 10 字。杨君名涣字孟文，四川犍为武阳人，曾多次奏请废弃子午道，修复褒斜道。至延光四年（125），得到朝廷批准，完成了修复工程，化险为夷，行旅称便。又至建和二年，汉中太守王升"推序本源，嘉君明知，美其仁贤"，为刻石歌颂杨涣的功德，故称《石门颂》。

《石门颂》早已驰名全国，是研究我国古代交通史和书法艺术史的一个瑰宝，特别是它的书法，一贯为书坛所推崇，其用笔纵放，洒脱劲挺，是"汉隶"的杰作。近年，上海美术出版社出版的《石门颂》字帖，就是根据《石门颂》摩崖拓片影印的。

6.《杨淮表纪》摩崖：东汉熹平二年（173）刻。原在石门洞内西壁《石门颂》摩崖左侧，高216厘米、高67厘米。隶书7行，行26字左右不等。

四川犍为人卞玉于熹平二年，宦游返蜀，路过石门，见《石门颂》摩崖歌颂同乡前辈杨涣修复褒斜道的功勋，有所感触，便将杨涣的后裔杨淮、杨弼兄弟的官职、政绩，追述刻石于《石门颂》摩崖之左，进一步表彰杨涣修复褒斜道之功德和泽及后裔之盛事，故名《杨淮表纪》。

7.《玉盆》摩崖：原在石门南约三里褒河水中一巨石上。此石中凹似盆，色白如玉，故名“白玉盆”。右行横刻隶书“玉盆”两字，高63厘米、宽103厘米，无年月、姓名，传为西汉张良题刻。南宋王象之《舆地纪胜》载：“有白玉盆在水中，石大光白，其中有窍，可实五斗。”因时间太长，字迹模糊，至南宋有人两次重刻“玉盆”两小字于原刻之侧。

8.《石虎》摩崖：原在石门南约九里处，山峰有石，其形如虎，峰下河边有一方摩崖石刻，隶书“石虎”两大字，字径30厘米，旁刻“郑子真书”4小字。传为郑子真垂钓处。

郑子真名朴，西汉成帝时（前32～前7）人，家住褒谷口，人称“谷口先生”。清风亮节，隐居不仕，常在此处钓鱼。因三却王凤之聘而名动京师。后人有诗赞之曰：“汉代名流郑子真，洁身却聘隐垂纶。风高不让严陵濑，褒谷钓台先富春。”

9.《衮雪》摩崖：原刻在石门南约半里褒河水中一巨石上。高50厘米、宽150厘米，右行横刻隶书“衮雪”两大字，字径45厘米，左侧竖刻隶书“魏王”两小字。此处石多，水流冲激，飞溅起来，状如“衮雪”。传为曹操被刘备所困，退驻褒谷口触景而题。

考曹操一生，两来汉中，一为建安二十年（215），征张鲁而来；一为建安二十四年（219），与刘备争夺汉中而来。清代罗秀书在《褒谷古迹辑略》中，评论《衮雪》石刻说：“昔人比魏武（曹操）为狮子，言其性之好动也。今见其书如此，如见其人矣。”后人有诗赞之曰：“滚滚飞涛雪作窝，势如天上泻银河。浪花并作笔花舞，魏武精神万顷波。”曹操手迹，今存于天琅间者，唯此二字，广陵绝响，弥足珍贵。

10.《李苞通阁道》摩崖：魏元帝景元四年（263）刻。原在石门洞北口外右侧崖上，千余年为泥沙所封闭，至清同治十年（1871），始为褒城县教谕罗秀书所发现。摩崖高 36 厘米、宽 24 厘米，隶书 2 行："景元四年十二月十日，荡寇将军浮亭侯谯国李苞字孝章，将中军兵、石、木工二千人，始通此阁道。"

11.《潘宗伯、韩仲元》摩崖：晋武帝泰始六年（270）刻。原在石门洞南口外右侧崖际，隶书 1 行："潘宗伯、韩仲元以泰始六年五月十日，造此石□□。"

12.《石门铭》摩崖：北魏永平二年（509）刻。原在石门洞内东壁，高 180 厘米、宽 225 厘米，魏体 26 行，行 22 字。内容叙述晋室东迁，南北朝对峙，汉中属于南朝，褒斜道废弃不用，石门因而闭塞。至梁天监三年（504），梁州（治今陕西汉中市）刺史夏侯道迁以汉中叛降北魏，至北魏正始三年（506），梁秦二州（治今汉中市）刺史羊祉，奏请修复褒斜道，朝命左校领贾三德，率领刑徒一万人，石师百名，进行修复，至永平二年竣工，由当时梁秦典签王远撰写了一篇歌颂羊、贾二人修复褒斜栈道功绩的铭文，刻在石门洞内，故称《石门铭》。它不但情文并茂，读之酣畅，其书法又为魏碑中之精品，备受推崇。

13.《重修山河堰》摩崖：南宋光宗绍熙五年（1194）刻。原在石门洞南右侧崖际，高 225 厘米、宽 500 厘米，隶书 16 行，行 6 至 9 字不等。

原来，西汉初年，相国萧何在汉中主持创修的山河堰、堰头在石门南褒河水中，曾经历代多次修复和扩建。南宋绍熙五年的修复，是由汉中郡守章森领导、南郑县令晏袤具体主持施工，竣工后，晏袤详记修复的尺度及用工、料、钱等数字，摩崖刻石，垂示后世。

上列石门石刻，因国家要修建石门水库，于 1970 年凿迁至汉中城内古汉台，粘接复原，专辟一室，名为"石门汉魏十三品陈列馆"。中外游客，前来参观，络绎不绝。

（原载《西北史地》1996 年第 2 期）

古道、古堰

广元市朝天镇古栈道

朝天镇在广元市城北 45 千米处，历来是川陕交通要道。朝天镇附近的古栈道遗迹，今仅存清风峡和明月峡两处。

清风峡在朝天镇北约 2.5 千米，嘉陵江从北面流入，夺路穿山而过，两岸峭壁耸立，古栈道就经过这里，遗迹仅存一些人工凿在东岸峭壁上的栈道孔，孔洞见方为 30 厘米，深 50 厘米。

明月峡在朝天镇南约 3.5 千米，嘉陵江由清风峡经朝天镇前流入明月峡，它比清风峡更为险峻，其东岸崖壁上的栈道孔更为深大密集，一般见方 45 厘米，深 75 厘米。孔距 210 厘米，上下孔距为 350 厘米。

孔洞均呈三排，用木柱横插入孔作梁，其上铺木板，上排为避雨棚，中排供人马通行，下排用于加固支撑点，此是古栈道中艰险最多的地段。现在峡中共有栈道遗迹 500 多米，自 1985 年以来，又修复栈道 150 余米。

广元朝天镇古栈道，最早见于记载的是《战国策》中蔡泽和应侯在辩论时有“栈道千里，通于蜀汉”之说，可见它的修筑时间至迟在秦之前。据宋代祝穆《方舆胜览》载，自城北（广元）至大安军界（宁强大安镇）管桥栏阁共 15361 间，惟石柜与龙门二阁著名，可见广元栈道的重要。它东出汉寿水接米仓道；南沿嘉陵江水栈道（广元栈道）至果（南充）阆（阆中）；北溯白龙江出白水衔接阴平道；西沿金牛道至成都，足见广元朝天峡栈道是从陕西入蜀的，它通过秦岭、巴山、嶓冢、潜水、西汉水（嘉陵江）、桓水（白江水）、剑门关天险入蜀后，栈道又分两段；从关中至汉中有傥骆道、子午道，以褒斜为正道，即宝鸡渡渭水，经大散关，越秦岭至凤县、褒城、汉中、勉县为秦栈，又称北栈；从汉中至成都有米仓道、阴平道，以金牛道为正道。从勉县沿汉水越巴山经青羊驿、五丁关、宁强、黄坝驿、西秦第一关，入广元七盘关，经神仙驿（宣和）、龙门阁（龙洞背）、朝天关、飞仙关、石柜阁（千佛崖）、广元城、西南渡桔柏津，过葭萌关，白卫岭（小剑山），西入剑门关，经剑阁、武连驿、赴梓潼送险亭，钩山带河，绵亘 350 余千米，便是蜀栈，又叫南栈。朝天镇栈道是古栈道的枢纽，它对省内外南北交通当时起着重要的作用。

（原载四川省文物管理局编：《四川文物志》，巴蜀书社，2005 年，第 768 页）

古剑阁驿道

剑阁遗址位于剑阁县北 30 千米之大剑山。《水经注·漾水》云："连山绝险，飞阁通衢，故谓之剑阁也。"又因两崖对峙，其势如门，亦名"剑门关"，为历代兵家必争之地。"诸葛亮相蜀，凿石架空，为飞梁阁道，以通蜀汉"（《初学记》卷八、《御览》卷一百六十六引《华阳国志》）。其上建有重楼三层，多次毁于兵燹。明时重建，清又几经修复。关楼仍为三层，上两层为楼阁，下层系条石砌成的拱形洞门。楼阁有"天下雄关""雄关天堑"匾额。顶楼悬果亲王题诗匾。惜关楼毁于 1936 年修筑川陕公路时，今仅存一"剑门关"石碑和关口石壁"天下雄关""第一关"等摩崖刻石。1959 年曾建仿古长亭，供游人憩息。

剑阁驿道，是以剑阁为中心，南至阆中，西临梓潼，北去昭化，蜿蜒三百余里的石板路与绿荫道。《读史方舆纪要》载："自沔县而西南，至四川剑州之大剑关口，皆谓之金牛道，即秦惠文王入蜀之路也。”蜀汉时，诸葛亮于大、小剑山峭壁上凿孔架木，上铺木板，建成供人马通行的栈道，始称剑阁道。剑阁驿道系通向南北交通重要干线，历代极为重视。唐时在置剑州、剑门县的同时，又置剑门关；宋代在剑门关设兵马都监，管理剑门县；明正德间，剑州知州李璧对驿道进行整修，以石板铺路，面宽丈余，两旁置柏树十万株。后因明末农民起义争夺驿道，致交通中断四十年之久；清康熙中叶，驿道经过再次整治，较前更为畅通。1936年修筑川陕公路，至新中国成立后公路交通网的形成，虽在很大程度上代替了昔日古驿道，但在当地，驿道仍是人们习惯行走的捷径。

（原载四川省文物管理局编：《四川文物志》，巴蜀书社，2005年，第771～772页）

蜀道广元段考古调查简报

四川省文物考古研究院
西安美术学院中国艺术与考古研究所

摘要：广元地区是现今蜀道保存最好、遗址数量最多、遗存类型最丰富和最重要的地区之一。2011 年 7 月 ~12 月，四川省文物考古研究院、西安美术学院中国艺术与考古研究所组队对蜀道广元段及相关遗存进行了考古踏查，将蜀道广元段分为北、中和南三区，并将发现的文化遗存划分为关隘遗址、铺驿遗址、古道遗存、墓葬群、城址、生活遗址、宗教遗存 7 种类型。

关键词：广元　蜀道　线性文化遗产

蜀道是联系四川和陕西的重要通道，承载着关中地区与西南地区政治、经济、文化交流的重要使命。“金牛道”作为蜀道的一支，南起成都，过广汉、德阳、梓潼，越剑门，经广元出川，在陕西褒城附近向西，沿褒河过石门，穿越秦岭，出斜谷，直通八百里秦川，全长 1000 余千米。本次蜀道调查南起成都，北止于广元棋（七）盘关，全长约 450 千米。

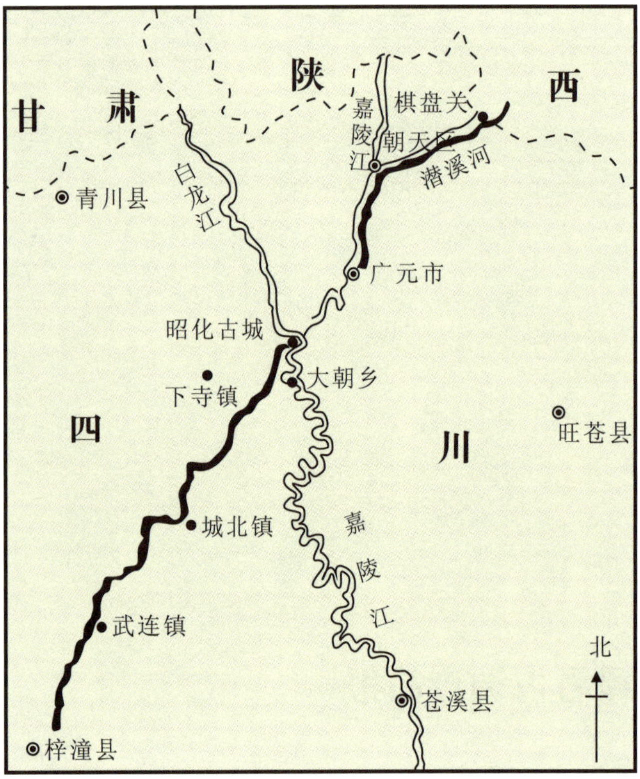

图 1 蜀道广元段示意图

广元是古代蜀道的核心地区（图 1），遗存丰富，据广元市文化局调查统计数据，广元地区与蜀道相关的遗迹多达 215 处。2011 年 7 月 ~12 月，四川省文物考古研究院考古队与西安美术学院中国艺术与考古研究所组队，先后对广元朝天区、利州区、元坝区和剑阁县四地共 30 处重要遗迹点进行踏查，采集标本 100 余件，初步掌握了广元蜀道遗存的分布、保存、时代等多方面的情况，为下一步工作的开展奠定了基础。

一、蜀道广元段遗存概述

蜀道广元段沿潜溪河两岸南北向蜿蜒而行，我们对潜溪河沿岸潭毒关—石羊栈、棋盘关、凤凰嘴、中子铺、神宣驿、龙洞背、铁龙桥等，嘉陵江沿岸的九井驿、水观音、三滩沟、军师庙及筹笔驿、朝天关、明月峡、千佛崖及古道、皇泽寺、昭化古城、苟家坪遗址、凉亭子古道、大朝驿、大朝驿以南的 5 座古桥、上新铺、高庙铺、剑溪桥和志公寺、觉苑寺、武功县（五连铺）、拦马墙（凉山铺）、翠云廊、剑阁古城、下寺等 30 多处地点进行了初步踏查。根据踏查结果，按地理条件可分为北区、中区和南区 3 个大片区。

1. 北区 即广元朝天区。蜀道遗迹主要分布在东北—西南流向的潜溪河沿岸。潜溪河是嘉陵江的一级支流，沿岸是典型的半山河谷地带，河流两岸有较为连续、发育较好的台地，河岸两侧部分高地亦有较连续的黄色黏土堆积，适合古代人类居住、生活。古蜀道正是沿潜溪河两岸而行，今 108 国道（川陕公路）基本沿着古蜀道走向分布。潜溪河沿岸遗迹类型较丰富，数量较多，有道路、桥梁、关卡、铺驿、遗址、墓葬等。据广元市文化局调查资料，朝天区共发现蜀道相关遗迹33处，我们对其中13处进行了初步踏查。

潜溪河在朝天镇汇入嘉陵江，嘉陵江沿岸是高山狭谷区，河流两岸多为石灰质山石，台地发育不完全，支流冲积扇面积较小。从调查的结果来看，嘉陵江沿岸的蜀道遗存以石栈道为主，亦有关卡、铺驿、墓葬等。嘉陵江沿岸亦是现代宝成铁路所在之地。

2. 中区　利州—昭化区。这一地区是嘉陵江及其众多支流交汇的弯月形浅山宽谷地带，河流台地、冲积扇发育完善，地势平坦宽阔，土壤肥沃，气候宜人，是适合古代建设较大规模聚居地或城址的地区。四川地区最重要的佛教造像——广元千佛崖造像、皇泽寺造像均位于利州区蜀道旁侧，在蜀道重镇昭化古城所在台地及周围，曾发现了面积超过20000平方米的荀家坪汉代遗址和土基坝、摆宴坝商周时期遗址，昭化宝轮院曾经发现船棺葬遗存。据广元市文化局调查资料，利州—昭化区共发现蜀道相关遗迹81处，可见利州—昭化区是蜀道上非常重要的遗迹分布区，是蜀道考古调查和发掘的重点地区。我们对其中的6处进行了重点踏查。

3. 南区　凉亭子—演武铺区。嘉陵江在流经昭化古城、荀家坪遗址之后，由北向南流入了深山狭谷地带，古代蜀道则向西南方向进入了崇山峻岭之中，或沿山脊而行，或沿小溪而行，蜿蜒曲折。南区是现存古道最长、保存最好、道路类型最丰富的地区，已发现相关道路、铺站遗址101处，我们对其中的11处进行了初步踏查。

蜀道广元段及相关遗存可分为以下7类：

1. 关隘遗址：如棋盘关、朝天关、剑门关等，位于古道上地势险峻之地，尚存古代关隘建筑基址。

2. 铺驿遗址：如大朝驿、高庙铺、上新铺等，是古道上中途休顿之处，一般在古道两侧，面积较小，尚存清代居住建筑。

3. 古道遗存：包括栈道（如明月峡栈道、三滩沟栈道）、石道（如棋盘关石道）、土道、石板道（如拦马墙古道）、桥梁等，剑阁县境内古道两侧的古柏亦应视为古道遗存的重要组成部分。

4. 墓葬群：古道附近发现的古代墓葬群，如凤凰嘴崖墓群、青树子汉墓群、昭化宝轮院船棺葬、昭化土坑墓群等，主要分布在潜溪河沿岸和嘉陵江沿岸。

5. 城址：可分为大型城址和小型城址。大型城址包括利州城、昭化城、苟家坪（葭萌城）等面积超过 20000 平方米的城址；小型城址则指面积小于 20000 平方米的城址，如武功县城等，可能相当于“驿城”一类的城址。

6. 生活遗址：古代人类聚居生活的地点，如中子铺营盘梁遗址、宣河乡较场村遗址等，主要分布在潜溪河和嘉陵江两岸面积较大的台地或高地上，遗址延续时间较长，堆积较丰富。

7. 宗教遗存：是指蜀道沿线分布的古代佛教、道教造像遗存，如广元千佛崖、皇泽寺、剑阁卧龙山、觉苑寺等。在武功县旧址附近发现有高度超过 2 米的大型石刻圆雕菩萨像、佛像等。

二、重要遗迹介绍

1. 棋盘关及较场村

棋盘关又称为“七盘关”，位于广元市朝天区转斗乡较场村，潜溪河自其东、南蜿蜒而过。据现场观察，关隘遗址所在山顶地势较平坦，南北长约 50 米、东西宽约 60 米，总面积约 3000 平方米。关口中心坐标为东经 106° 06′ 25″、北纬 32° 43′ 22″。现存南北向石砌墙体基址约 7 米（图 2），道路遗迹约 300 米，地面庄稼地内残存较多砖、瓦、三合土碎片及青花瓷片等遗物。关口南侧道路为土路，宽约 4.2 米，关口北侧道路为开山凿石路，宽约 2.9 米。遗址上采集青花瓷片（SD-QPG001）时代大概在明代早期。棋盘关西侧的较场坝（校场铺）是潜溪河北岸的一级台地，地势平坦，土壤肥沃，适合居住、屯兵。根据地面踏查，较场坝东西宽约 200 米、南北长约 400 米，面积约 80000 平方米。现存有清代建筑，田地内亦有较多的青花瓷片、瓦、陶片等遗物。从军事意义上来说，校场坝与棋盘关是不可分割的一个整体。

2. 中子铺营盘山遗址

中子铺位于广元市朝天区中子镇，现存建筑均为“5·12”地震后新建。中子铺北侧浅山营盘山位于潜溪河南岸，山顶地势平坦，浅黄色黏土堆积西南—东北宽约 40 米、东南—西北长约 100 米，面积约 4000 平方米。遗址中心坐标为东经 106° 01′ 49″、北纬 32° 41′ 38″，海拔 679 米（图 3）。此次调查在田地内采集到燧石细石器、石材、泥质陶片、圆锥形陶器足、汉砖等遗物（图 4）。据广元市文物管理所唐志工介绍，该遗址曾在 1980 年代重新发现时进行过考古试掘。

图 2 棋盘关残存石砌墙体

营盘山西侧有大片平坦的河流台地，台地周围高地上多处地点曾发现细石器、汉代花纹砖等遗物，分布范围较广，延续时间较长。古代蜀道自营盘山下经过中子铺，沿河南岸山脚而行，与老川陕公路走向基本一致。

3. 凤凰嘴及其河对岸的大台地

凤凰嘴位于广元市朝天区宣河乡，调查组在潜溪河西岸的凤凰嘴山坡上发现崖墓。坐标为东经 105° 58′ 41″、北纬 32° 40′ 51″，并采集到汉代陶罐等遗物。

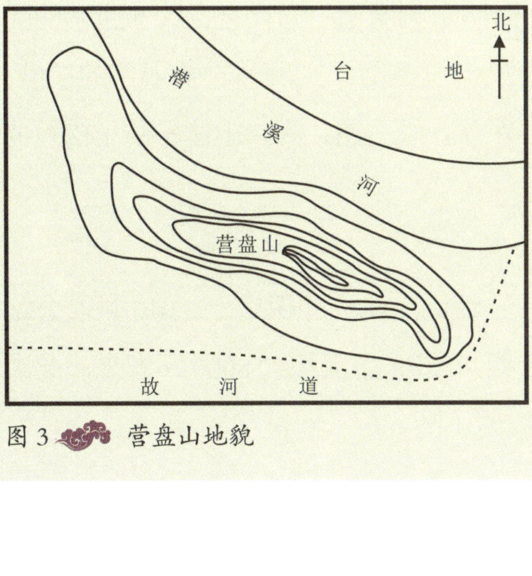

图 3 营盘山地貌

图 4 营盘梁山顶采集的石器、陶器

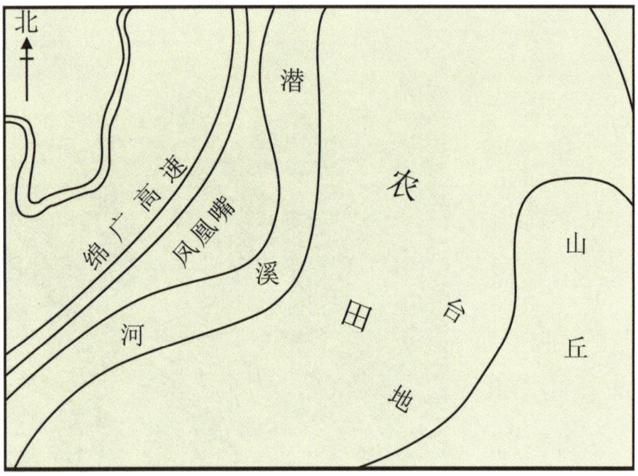

图 5 凤凰嘴及其对岸台地地貌

凤凰嘴河对岸的台地面积较大，地势平坦，土壤肥沃，东西宽约 200 米、南北长约 500 米，总面积 100000 平方米。田地内残存较多绳纹瓦、青花瓷片等遗物。古道蜀道遗迹自台地东侧沿河岸分布，与老川陕公路位置基本一致（图 5）。

4. 龙洞背古栈道遗址

龙洞背位于朝天镇东北部，是一个天然洞穴，潜溪河自东向西流入北洞口，蜿蜒绕过南洞口，最后从西南端的出水洞口流出。在洞内南侧绝壁上开凿有石栈道，自北洞口绕过南洞口，最后通往出水洞口。南洞口坐标为东经 105° 56′ 00″、北纬 32° 39′ 42″，海拔 652 米。栈道宽度约 1.2 米，目测长度超过 900 米，地势陡峭，道路湿滑。此段石栈道是潜溪河流域保存最好的一段，据广元市文物管理所唐志工介绍，以往的调查中曾在栈道所在绝壁上发现有摩崖题刻等遗迹。沿着潜溪河在天然洞穴的绝壁上开凿栈道，石栈道保存完好。

5. 三滩沟古栈道

三滩沟古栈道位于广元市朝天区三滩沟北侧，是在嘉陵江东岸的石灰岩绝壁上开凿而成的石栈道。三滩沟大桥北侧道路南端坐标为东经 105° 53′ 57″、北纬 32° 41′ 57″，海拔 518 米。现存栈道长度超过 1200 米，北端部分路段因泥土掩埋情况不明，南端栈道宽约 1.5 米，道路东侧崖壁上尚存直径约 5 厘米的圆深洞，据说是民国时期扩宽道路使用炸药所留。道路西侧临河部分有石砌的护沿，部分地段尚存三合土路面，三滩沟南侧亦保存一段石道，河岸山体石质为松散的红色片岩，道路为开凿石道，宽约 1.7 米。

6. 军师庙遗址及筹笔驿

军师庙遗址位于朝天区嘉陵江东岸、三滩沟南侧的冲积扇上，016 县道公路大桥下。冲积扇东西长约 120 米、南北宽约 70 米，总面积约 8000 平方米。此次调查在遗址所在台地上发现汉代菱形花纹砖（图 6），20 世纪 90 年代，抢救性考古清理曾出土过汉代陶罐、铁器等遗物[1]。遗址现存清代木结构民居 1 座，保存较好，坐标为东经 106° 53′ 30″、北纬 32° 43′ 22″，海拔 540 米。古代道路应在此建筑附近经过。筹笔驿遗址距离此建筑约 600 米。

7. 朝天关遗址

朝天关遗址位于朝天镇北朝天岭上，关口地势高峻，东、北均为悬崖绝壁。现上关道路为海螺水泥厂石材运输道路（图 7）。据悉，在水泥厂建设之前，朝天关尚存关门、关楼等建筑，水泥厂修路时将地面遗存破坏。

关口遗址现存石砌墙体、路面石基、门斗石、清代碑刻等遗物，坐标为东经 105° 51′ 58″、北纬 32° 37′ 35″，海拔 820 米。关口路面暴露在外的石基可见长度约 7 米；关门北侧石砌墙体长度约 45 米；关口路东平台上，立有石碑两通：一为清代道光年间《增修广邑道碑记》碑，一碑名不识；关口两侧的山坡上可见若干段石砌矮墙。据广元市文物管理所唐志工介绍，当地传说朝天关前曾有一座“褒忠祠”，现已不存。遗址周围采集到若干瓷片和陶建筑构件，其中黑釉瓷片（SD-CTG001）为宋代广元窑典型器物（图 8）。这些器物与“褒忠祠”是否有关还需进一步发掘勘探证实。

图 6 军师庙遗址采集的汉代花纹砖

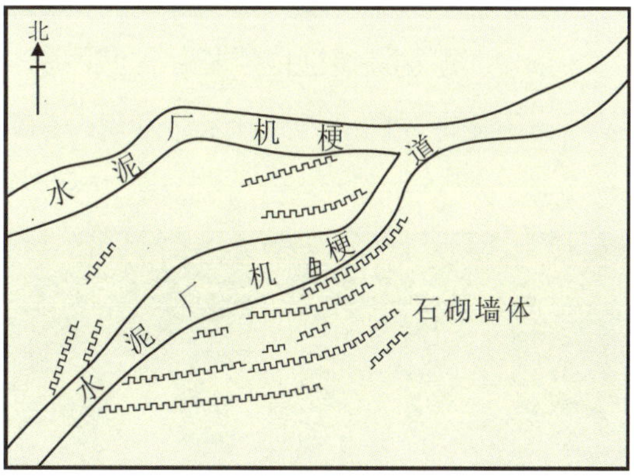

图 7 朝天关遗址地貌

朝天关口朝北约有 90 米的古道被水泥厂修路破坏，但其之后的北向山间道路仍存，沿嘉陵江东岸山坡向北延伸，有土路和石板道路，保存较好。

[1] 发掘资料现存朝天区文物管理所。

8. 昭化古城及其西北部墓群

昭化古城位于广元市元坝区昭化镇，昭化镇所在河流台地北侧，白龙江、清江依次先后汇入嘉陵江。昭化古城所在台地高出江面约 20 米，地势平坦广阔，土壤肥沃（图 9）。

昭化古城现存城墙南北长约 450 米、东西宽约 420 米，面积约 250000 平方米，城墙、城门为明代修建，城内现存建筑多为清代木结构建筑。西门外费祎墓，坐标东经 105° 42′ 35″、北纬 32° 19′ 57″，海拔 459 米。在南城墙附近采集到北宋耀州窑瓷片。南城门和墙体曾在清咸丰年间嘉陵江大洪水中部分被冲垮。南城墙断裂处剖面可见城墙结构大致为 3 层，中心部分是三合土、砖、瓦等混合夯筑的墙芯，墙芯外为黄土层层夯筑的护坡，护坡外为方形石块垒砌的石墙（图 10）。蜀道从东门入城，西门出城，东西贯穿城址，后向西经过苟家坪，转向西南进入深山峡谷地区。

昭化古城城内北部、城外北部、西部等地曾发现战国时代土坑墓，现存三国大将费祎墓等。从已发掘材料和采集遗物来看，昭化古城所在地人类生活历史悠久，在三国时期具有重大的军事和战略意义，与古蜀道相关的遗存非常丰富，是需要深入调查研究的重点地区。

9. 苟家坪遗址及战胜坝

苟家坪遗址位于昭化古城西南，也曾被称为葭萌故城遗址。遗址核心区域距昭化古城西门约 600 米，西南—东北狭长约 500 米、东南—西北宽约 250 米，台

图 8 朝天关遗址采集标本

地面积约 125000 平方米。遗址中心坐标为东经 105° 42′ 27 ″、北纬 32° 19′ 54 ″，海拔 458 米。苟家坪遗址西为战胜坝，传说与三国时期蜀国大将张飞有关。苟家坪遗址现大部为农田，靠近北侧山坡的部分有民房建筑，遗址被南北向乡村道路分割为东西两区，田地内分布有非常密集的汉代绳纹瓦、汉砖、陶片等遗物（图 11）。

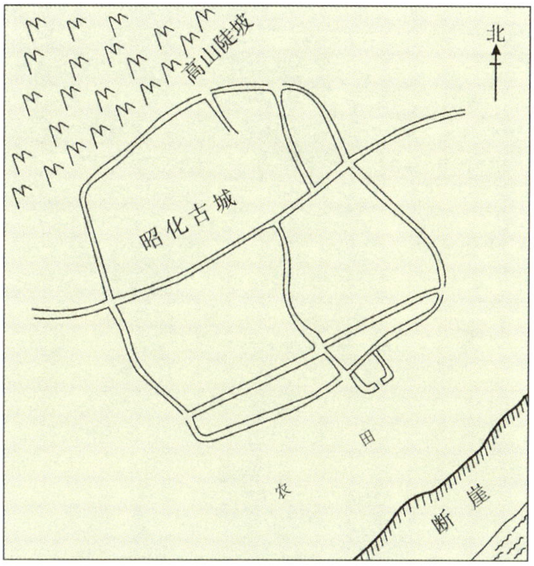

图 9 昭化古城附近地貌

图 10 昭化古城南城墙明代石砌墙体

据当地人介绍，“5・12”灾后重建过程中，在遗址核心区域内重建房屋挖地基时，曾挖到宽约 2 米的青石板路面，石板排列整齐，修房人保留了路面并将其覆盖。

从初步踏查的情况来看，苟家坪遗址应是汉代、三国时期一个特别重要的人类聚居区域，遗存丰富，可能存在早期道路，是否有城垣还需进一步勘探和调查。该遗址可能与汉晋时期的“广汉郡”或“葭萌县”有密切关系。由于蜀道经过苟家坪遗址之后转向西南方向的深山峡谷中，因此该区域具有非常重要的战略意义，有必要进行详细勘探、调查和发掘。

10. 土基坝、摆宴坝遗址

土基坝、摆宴坝东西相邻，均位于清江与嘉陵江交汇处，总面积均超过 500000 平方米。摆宴坝位于清江之东，南北狭长；土基坝位于清江之西，呈半圆形。冲积扇与河流台地相连，地势宽阔平坦，土壤肥沃。在土基坝、摆宴坝均发现有细石器、商周时期陶片、汉代花纹砖、瓷片等遗物，遗存较丰富，延

图 11 苟家坪遗址采集汉代陶片、陶瓦

续时间长。法国人色伽兰曾在摆宴坝盗掘传为关索之妻“鲍三娘墓”[1]。

土基坝、摆宴坝均位于昭化古城之北的嘉陵江对岸，遗址核心区域距离昭化古城西门约 2000 米，有名为“桔柏渡”的渡口连接两岸。据推测，古代道路可能沿嘉陵江北岸经土基坝渡清江又经摆宴坝、在“桔柏渡”横渡嘉陵江之后，才能进入昭化古城东门。从卫星地图上观测，昭化古城背靠大山，山势险峻，很难侵入；河对岸山势虽较平坦，又有清江、嘉陵江重重阻隔。可见土基坝和摆宴坝作为昭化古城的北门户，古代蜀道经此二坝再进入昭化具有非常重要的战略意义。

11. 上新铺遗址

蜀道自苟家坪遗址转向西南，进入深山峡谷区，道路均修筑于崇山峻岭之中，或沿山脊之巅，或沿溪流河谷。现保存较好的古道自凉亭子到天雄关约 2000 米，天雄关至牛滚凼约 1500 米，从牛滚凼到竹垭子约 2000 米。道路为石板铺就，路宽约 1.5 米，部分路面被泥土掩埋，部分地点路基出现垮塌。由于古道所在地区人烟罕至，道路被植被覆盖，植物根茎对铺路石板也有所破坏。

上新铺遗址位于天雄关至竹垭子途中的垭豁梁梁脊，视野开阔，地势平坦，遗址所在地为黄色黏土堆积，现为耕地。田间有残存的石水缸（图 12）、石板路等遗迹，瓷片、陶片分布较多。石水缸所在地坐标为东经 105° 31′ 41″、北纬 32° 19′ 39″，海拔 996 米。

上新铺遗址虽古代地面建筑不存，但无现代建筑，道路和古代建筑基址可能

[1] [法] 色伽兰：《中国西部考古记》，冯承钧译，中华书局，1955 年，第 15 页。

保存较好。需要进一步调查、勘探和发掘。

12. 高庙铺遗址

石板古道经上新铺自竹垭子（铺）从山脊向下行，沿石板道到达大朝驿。大朝驿附近的石板道两侧有民国时期所立“蜀道界”界碑，大朝驿遗址现存清代木结构店铺院落，名为“张家院子”（图 13）。大朝驿附近的云台山山顶原有“达摩寺”寺庙，寺内曾出土唐代纪年碑刻 1 方，2007 年毁于大火，仅存拓片。碑文内容有“倮倮亲王”等字样，现保存于广元寺元坝区文物管理所。

图 12 上新铺遗址地面留存石水缸

图 13 高庙铺清代建筑构件

大朝驿朝南下行，经铁栓子桥、寡妇桥、松宁桥等 4 座石桥，由大朝乡横梁子山上行至山脊。高庙铺遗址即位于横梁子山山脊上。从高庙铺遗址可以远眺剑山和剑门关，视野开阔。山脊上保存有石板道路和清代民居、店铺院落遗址，坐标为东经 105° 36′ 04″、北纬 32° 16′ 01″，海拔 891 米。据说名为“高庙”的寺院建筑已毁于大火，仅存庙前古树。在高庙铺遗址采集到宋代耀州窑刻花青瓷（SD-GMP001）和明清时期青花瓷片。

13. 凉山古道拦马墙段及凉山铺

自剑阁普安镇经周垭子、清凉桥至凉山铺的一段古道被称为凉山古道。凉山铺往南经刘池沟驿、垂泉驿、五连铺等铺栈桥梁之后，到达演武铺。凉山铺北的一段古道保存完好，古柏众多，直径达 170 厘米；石板路宽阔平整，路西侧石砌“拦

图 14 “武功县”遗址上被围墙包裹的古柏

马墙”，坐标东经 105° 24′ 49 ″、北纬 32° 00′ 49 ″，海拔 659 米。

此段道路宽窄不一，最宽 3.2 米、一般宽 2 米。道路东侧山坡上有采石遗迹，巨大的石料滚落在道路两侧。路西侧的悬崖下亦有部分垮塌的拦马墙石。路石底部中心有凸起的榫，四周有整齐、深入的凿痕。凉山铺“5 · 12”灾后重建时新修楼房四周部分田地内曾发现青花瓷片。

14. 剑阁县青树村遗址

调查中，于剑阁县剑门镇青树村“掏砖梁”上，发现较多的汉代、三国时期的花纹墓砖，及断断续续的夯土墙基，据介绍，以往抢救性考古清理曾出土汉代陶俑、五铢钱等遗物[1]。青树村面积约 50000 平方米，北距姜维墓约 1200 米，南距翠云廊约 1000 米，蜀道自此南北贯穿。田地内亦发现绳纹瓦、泥质陶片等遗物。我们推测，青树村遗址可能是蜀道上的一个城址，此遗址应进行较深入的勘探调查，以确定遗址的性质。

15.“武功县”故址（五连铺）

20 世纪 80 年代前后，剑阁县武连镇武侯社区曾出土铜钺、铜鍪等器物[2]。此遗址与蜀道铺栈“五连铺”隔西河相望，距离约 700 米。蜀道从此遗址中部贯穿而过，现存古柏树 10 余棵。古道北端为西河桥，南端为武功桥，武功桥

[1][2] 发掘资料现存剑阁县文物管理所。

坐标为东经105° 16′ 07″、北纬31° 52′ 10″，海拔470米，为清代石板桥。古道西侧现为剑阁七一中学，学校校舍为“5·12”灾后重建，新筑围墙将6株古柏紧紧包裹，其中2株已濒临死亡（图14）。古道东侧为稻田，田地内可见零星陶片、瓦片。此遗址是否与《元和郡县图志·剑南道下》“武连县”条[1]记载有关系，还有待进一步的调查发掘。

图15 五连铺采集汉砖

距此遗址700米左右的五连铺周围，曾经发现数量较多的汉晋时期砖石墓（图15），并出土1件青石圆雕菩萨头像和其他造像残件。与五连铺仅一河之隔的是全国重点文物保护单位觉苑寺。寺内现存明代壁画、木胎泥塑佛像、石灯台等遗物，还藏有附近出土的残高1.7米的青石圆雕佛像1尊和其他造像2尊（图16）。

图16 五连铺出土菩萨头像

三、余　论

通过考古调查，我们更加确信，

[1]［唐］李吉甫：《元和郡县图志》卷三十三《剑南道下》，中华书局，1983年，第847页。

广元地区是古代蜀道保存最好、遗址数量最多、遗存类型最丰富、蜀道中最重要的地区之一。从初步踏查情况来看，我们认为：第一，也许还有更多的与蜀道相关的遗址、遗迹尚未被认识或被发现；在已知遗址、遗迹中，大部分的时代、分布及主要特征仍然模糊不清，还有大量的调查研究工作需要做。第二，大部分遗址保存尚好，文化层堆积丰富，如果进行深入的考古勘探和试掘，定能发现和重新认识更多与早期蜀道相关的实物材料。

由此可见，展开系统的、规模的、深入的蜀道考古调查工作，必然会有更多的新认识、新发现，将为蜀道申遗工作提供科学翔实的材料，为蜀道申遗成功奠定坚实的基础。

关于蜀道的调查研究方法，我们需重点注意以下四个问题：第一是调查方法，蜀道及相关遗存大部分与现代居住地相重合，必须靠地毯式踏查和试掘才能寻找到各个时期的蜀道相关遗存。第二是研究方法，在调查中我们发现，蜀道附近的诸多古代生活遗址与蜀道有千丝万缕的联系。聚居地出土的考古材料将为相互交流提供第一手的科学证据。第三是道路的断代，由于蜀道历代不断维修、重建，如何发现、认识早期蜀道是一个艰巨而重要的任务。第四是重视宗教遗存的特殊作用，通过研究造像遗存的时代、地域特征和背景材料，将为证实蜀道存在、研究交通与文化交流的意义提供确凿依据。

调查：黄家祥　于　春　唐志工
　　　金　鹏　王　骏
摄影：于　春　江　聪
执笔：郑建国　于　春

（原载《四川文物》2012 年第 3 期）

中国蜀道

科学认知

The Shu Roads in China Scientific Cognition

第二章

蜀道考察报告

蜀道考察报告

蜀道纪行

近年来，我们对蜀道分段进行了多次考察。1983 年 11 月 2 日至 21 日，在成都召开的唐史研究会第二届年会结束之后，我们又以中国唐史学会蜀道考察组名义，从南向北，沿着川陕公路和宝成铁路对蜀道进行考察。这次考察的路线，以汉中地区的旧褒城为分界点，南段大体相当于古代的金牛道，北段大体相当于古代的连云栈道，即褒斜道和故道（陈仓道）各一部分。关于蜀道的历史和概况，前已述及。在这篇纪行里，我们着重介绍蜀道沿途的部分名胜古迹、历史传说和山水风光。《蜀道纪行》是根据考察日记整理写成的，篇目以所到的时间先后为序，并将日期、地点记于文后。写作中，参阅了各地的文物介绍。

蜀道主要是指从汉唐首都长安通往四川成都的道路。成都是一座历史悠久的文化古城，早在两千两百多年前的周朝末年，蜀王开明第九世就在这里建都。以后，它又成为蜀汉刘备、前蜀王建、后蜀孟知祥等政权的都城。历史上的许多著名人物，如刘备、诸葛亮、李隆基（唐玄宗）、司马相如、杜甫、苏轼等都曾在这里活动过。因而，成都及其附近有内容丰富的文物古迹。成都是蜀道南端巴蜀地区最重要的城市，我们的考察，就是从这儿开始的。

宝光寺的由来

在中国封建社会历代众多的帝王中，只有唐代的玄宗和僖宗两位走完了从长安到成都的蜀道全程。可以说，他们是蜀道上身份最“高贵”的客人。然而，他们当时的处境却十分狼狈。唐玄宗是在安史之乱中到成都避难的，唐僖宗则是在黄巢起义军攻占长安时，仓皇逃到成都的。

唐僖宗在蜀期间，曾驻跸于离成都不远的新都大石寺。大石寺始建于东汉，这时已很破旧。传说有一天夜晚，唐僖宗忽然看见寺中古塔废墟上霞光迸射，僖宗问驾前供奉的国师悟达，悟达说：“此乃舍利放光，为祥瑞之兆，今黄巢已平，陛下可以回长安了。”僖宗听了非常高兴，派人在废墟中挖掘，果然出现了一个石函，石函内有13粒光彩熠熠的佛舍利。于是，僖宗命悟达兴建十三层的舍利塔。后来，又命悟达重修寺庙，取名宝光寺。这座宝光寺至今仍是著名的佛教寺院。不过，宝光寺的木构建筑已经不是唐代的，而是明清时期重建的了。

关于宝光寺由来的传说，我们早已耳闻。因此，便满怀兴趣地先到新都访宝光寺。宝光寺由来的传说虽有荒诞之处，但僖宗兴建舍利塔和重修宝光寺却是事实，因为有实物为证。

一是唐代的舍利塔至今还在。走进宝光寺的大门，穿过天王殿，便可看到巍然耸立的舍利塔，塔高30米，13层，每层的四面都嵌有佛像12座，塔顶鎏金，闪闪发光。唐代所建的宝光寺，至迟在明正德年间已毁于战火，这座舍利塔却奇迹般地保存下来了。这座塔还有一个奇特的地方，就是在它建立的一千多年中，塔身一直不生苔藓，不长野草，也没有雀鸟粪便和蛛网虫窝，非常干净，这在古塔中是罕见的，故又名无垢塔。

再一个是唐僖宗重修宝光寺庙宇时用的石础，其中有两个保存至今，在七佛殿前。这两个石础上浮雕盘龙，刻工精美，玲珑剔透，生动舒展，被称为“僖宗遗础”。

宝光寺内为人们称赞的主要是罗汉堂。罗汉堂在大雄宝殿的右边，堂内有佛、菩萨、罗汉、祖师塑像共577尊，每尊高约2米，全身彩绘贴金。这批彩绘具有较高的艺术价值，尤其是五百罗汉的塑像，以奇巧而闻名全国。罗汉在佛教中是指已经修得道果的圣哲，其地位已类于佛的随身弟子迦叶、阿难。由于罗汉是由人修成神的，他们的面貌形态体现了佛教流行的广大区域内各色人种、各个民族的特点。因此，罗汉塑像不像佛、菩萨那样有很多的清规戒律和固定程式，它给艺术家们更多的想象和创作的自由。宝光寺的五百罗汉，塑造得神情生动，千姿百态，充满浓郁的生活气息。据说清道光年间塑造这批罗汉时，宝光寺的妙胜禅师共聘请了三批塑师，分属于北派的陕西帮，南派的川西帮和川东帮。这些塑师的艺术风格各不相同，陕西帮塑造的罗汉头部肥大，肌肉丰满；川西帮和川东帮塑造的罗汉头部适中，身材清秀，表情自然。宝光寺的罗汉堂正是把南北两派不同的艺术风格汇聚在一堂，因而成为我国清代精美的塑像群之一。在国内以罗汉堂著名的寺院还有北京香山碧云寺、湖北汉阳归元寺、江苏苏州戒幢寺，它们与宝光寺的罗汉堂合称为我国的四大罗汉堂。此外，昆明筇竹寺的五百罗汉堂也很著名，它是由川东帮的泥塑名家黎广修晚年所塑，而黎广修早年曾在宝光寺塑罗汉像中大显身手。

宝光寺内著名的文物还有梁武帝大同六年（540）的千佛碑，明永乐十一年（1413）创建的尊胜幢，清光绪三十二年（1906）的石雕舍利塔，以及佛门三宝（舍利子、优昙花、贝叶经）等，值得我们细细观赏。

十一月二日 成都

翠柏森森武侯祠

四川人对三国的历史怀有特殊的感情，因为，三国时期，刘备的蜀国是以巴蜀地区为根据地的。四川境内三国时期的历史遗址、名胜古迹、传闻掌故极为丰富。其中，成都武侯祠尤其著名。

武侯祠在成都南郊，始建于公元 6 世纪，最初是建立在刘备庙旁边的。到明代初年，封建统治者认为刘备庙和武侯祠并列不合封建秩序，于是废掉武侯祠，将诸葛亮的塑像置于刘备庙的偏殿上。现在的武侯祠系清康熙十一年（1672）重建的，武侯祠在刘备庙的后面，成为君臣合庙的格局。从封建社会传统的观念看来，刘备是君，诸葛亮是臣，刘备庙的地位自然要高于武侯祠。但在人民的心目中，诸葛亮是智慧的化身，他的形象远比刘备高大。所以，人们把这组君臣合庙的建筑称之为“武侯祠”，“刘备庙”（或“汉昭烈庙”）的名称反倒渐渐被遗忘了。这种历史的选择，无疑是正确的。

武侯祠的主要建筑有大门、二门、刘备殿、过厅、诸葛亮殿、琴亭等。殿宇气势宏伟，布局紧凑。琴亭旁有刘备墓，封土高 12 米，史称“惠陵”。祠内还有刘备、诸葛亮等蜀汉人物塑像 40 多尊，碑、碣 40 余块，匾联 30 余件。同时，这里还展出了后人整理的诸葛亮著作及有关诸葛亮活动遗迹的图片。

进入武侯祠大门，在古柏丛中有六通石碑，其中最高大的一通是唐碑，人们称它为“三绝碑”，因为碑文为著名宰相裴度所撰，著名书法家柳公绰书写，著名的刻工鲁建镌刻。文章、书法、刻技均堪称“绝”。可惜碑身系砂岩，容易风化，现在碑文已经漶漫不清了。

穿过刘备殿和过厅，在诸葛亮殿前悬挂着许多匾额楹联。其中最为人称道的是清代赵藩所写：“能攻心则反侧自消，从古知兵非好战；不审势即宽严皆误，后来治蜀要深思。”此联写于光绪二十八年（1902）冬，当时赵藩任四川盐茶使。他对四川总督岑春煊滥用武力镇压大小金川的少数民族很不满意，于是写了上面那副对联，悬挂在武侯祠中。岑春煊在游武侯祠时见到此联，心里明白赵藩是在指责他，非常恼火，不久，将赵藩调任外职。这副对联上联赞扬诸葛亮用兵不单凭武力，而注意“攻心”；下联赞扬诸葛亮施政不盲目宽严，而根据客观形势，从实际出发。这条联语既写出了诸葛亮用兵和施政的特点，又富有哲理，发人深思。仿佛与这副对联相呼应，在殿内诸葛亮像前放置着两面铸有精致花纹图案的铜鼓。铜鼓流传于西南少数民族地区，它既是乐器，又是权力和财富的象征。据说诸葛亮平定南方时制作了这种鼓，因此又称“诸葛鼓”。诸葛鼓使人想起了七擒七纵孟获的故事，那是一次著名的“攻心”战例。

杜甫在《蜀相》一诗开头说：“丞相祠堂何处寻，锦官城外柏森森。”其实，“丞相祠堂”不仅在成都有，在陕西的勉县、四川奉节的白帝城、湖北襄樊隆中、河南南阳卧龙岗等诸葛亮生活过和有重大活动的地方都有，其中最著名的是成都武侯祠。建立最早的则是勉县武侯祠，它比成都武侯祠早建五十年。据史料记载诸葛亮死后，各地要求修庙奉祀，蜀汉朝廷不允许，有人提议在成都修建祠庙，后主刘禅觉得“又通宗庙”，也不允许。老百姓只好“巷祭”“野祀”。后来，刘禅允许在沔阳（即今勉县）为诸葛亮修庙立祠。《三国志·诸葛亮传》记载了这件事：“景耀六年春，诏为亮立庙于沔阳。”由此可见，后主刘禅对诸葛亮的威望是颇为疑忌的，但人民的意愿他却无法遏止。武侯祠还是在各地建立了，而且一直保存至今。

然而，“锦官城外柏森森”，的确是成都武侯祠的特色。祠内古柏，树干粗大，斑驳苍劲，墨绿的树冠亭亭如盖，浓荫蔽日。唐代诗人李商隐在《武侯庙古柏》一诗中写道：“大树思冯异，甘棠忆召公”，用古柏来赞颂诸葛亮的功勋和品德。的确，诸葛亮是我国历史上一位杰出的政治家和军事家，尽管在小说或戏剧中，他被神化了，但作为一个历史人物，他的品格和历史功绩，是值得史学家们认真研究、总结和给予应有评价的。

十一月三日 成都

凌云大佛与嘉州山水

乐山市在成都南二百多里处，乘长途汽车要走五个小时左右，我们晨七时半从成都出发，中午到达。

乐山，古称嘉州，它以凌云大佛（亦称乐山大佛）闻名于世。大佛在乐山市东面的凌云山西壁，岷江、青衣江、大渡河三江合流之处。大佛为弥勒坐像，依峭壁凿成，佛高 70 米，肩宽 25 米，头长 14 米多，比阿富汗的巴米扬立佛高出十多米，为世界第一大佛。据说当年凿造这尊大佛，是因为三江汇流之处水势险恶，船行到这里往往触壁，船破人亡。凌云寺高僧海通和尚决心把佛祖请来镇压水势，于是发起修凿这尊大佛。唐玄宗开元元年（713）开始动工，海通死后，由西川节度使韦皋继续组织民工开凿，于唐德宗贞元十九年（803）凿造完毕，前后一共花了九十年的时间，韦皋为此写了碑文，现嵌在凌云寺天王殿门前的墙壁上。

我们从乐山码头乘船去乌龙寺，船从大佛脚下经过。只见大佛端坐江边，双手放在膝上，脚下有莲花座，体态自然，比例适度，衣褶线条，柔和流畅。大佛头伸山顶，脚踩江边，与凌云山浑然一体，气势雄伟壮观，正像俗话所说：“山是一尊佛，佛是一座山。”如果说，大佛的雄伟庄严可以镇压水势，那么，大佛本身又是由谁造成？是谁给这无生命的大佛赋予了艺术的活力呢？显然，是千千万万的无名艺术家和劳动人民。当古代的劳动人民还没有能真正认识自己的力量时，他们往往把自己蕴藏着的改造自然、改造社会的巨大力量异化成神的力量，加以顶礼膜拜。大佛既是智慧的结晶，也是无知的产物。产生大佛的时代早已消逝，但大佛却一直端坐到今天。

我们的船从大佛身边驶过不久，就见到乌龙山拔江而起，山上林木葱茏，远远望去，墨绿一团，难怪有“绿岛乌龙”之称。船靠山边，舍舟登岸，沿林阴小道的台阶上山，我们走在一个绿色的世界里，绿草、绿树、绿竹丛；浅绿、深绿、翠绿、墨绿，满眼是绿。这绿色有明暗，有层次，有变化，有魅力，就像一条富有艺术感染力的绿色的画廊。小道尽头，便是乌龙寺。古乌龙寺始创于唐代中叶，原名正觉寺。北宋时，改名乌龙寺。现有建筑大多为清末和近代重建。主要建筑有弥陀殿、大雄殿、如来殿、钟亭、鼓亭等。大雄殿中的释迦牟尼、文殊、普贤三尊造像用香樟木精雕而成，全身贴金，体态丰满富丽，表情肃穆慈祥，具有相当高的艺术水平。从前殿西行百余步，经过旷怡亭、尔雅台，可到山顶花园。园内花木繁茂，清新宜人，有一六角朱亭。在亭内可以俯瞰乐山全景，放眼望去；蓝天白云之下，远山绵延，视野十分开阔。乐山城为三江水缭绕，像漂浮在水面的小岛，近处凌云山壁立江边，在陡峭的悬崖上，朱红色的殿宇亭台，掩映于绿林丛中。山势险峻而秀丽，清澈的江水从山下流过，水光山色，交相辉映，绚丽多彩，令人陶醉。

据史书记载，乌龙山与凌云山原为一山，称青衣山。由于山下水流湍急，不利舟行，秦蜀郡太守李冰，在青衣山的凌云与乌龙之间开凿了麻浩岩江道，引一部分江水绕乌龙山而下，以水分势。因此，乌龙山就成了水中孤岛，古称离堆山，也叫“青衣别岛”。但乌龙山与凌云山之间有铁索桥相通。我们看完乌龙寺后，从乌龙山的林阴小道，步行至凌云山。

凌云山林木深处有凌云寺，始建于唐代武德年间，又于清朝康熙六年（1667）重建，殿宇分为两座，天王殿与大雄殿分别塑有四大天王及释迦牟尼、文殊、普贤等像。寺前不远，就是凌云大佛。在山上，我们就近细细端详，原来佛像远比平时看到的照片秀美。大佛头顶，螺髻高耸，卷曲自然，面部丰满，表情庄重。只是修补鼻子的水泥颜色发黑，有伤佛像风韵。在山顶还可以沿大佛旁边的“九曲栈道”盘旋而下，直至大佛足下，俯视大佛的雄姿，倍感气势非凡。大佛两侧各有一亭，左为竞秀，右为迎河。我们在寺中小憩，已是红日西沉，暮霭茫茫的时分，江面上波光粼粼，舟船点点，江水显得格外宁静。在夕阳的余晖和暮色的苍茫中，山水、田野、林木、村庄，一切不同的景物，色彩都变得更为接近、协调、柔和了，给人一种迷迷蒙蒙的感觉，与乌龙山上所见，又别是一番情趣。

凌云山上还有许多古人题字刻石，神像佛龛以及东坡读书楼、灵宝塔、麻浩崖墓等名胜古迹，由于时间紧迫，来不及去了。在碧津楼吃一顿价廉物美的晚餐之后，匆匆下山，夜已降，星月在天，我们向乐山城走去，乐山城的灯火倒映在江面，连成一片，在暗夜里简直分不清哪是陆上，哪是水中。乐山的夜景也有它独特的地方。

乐山的山水是秀丽的。宋代著名诗人苏东坡在《送张嘉州》一诗中曾写道：“少年不愿万户侯，亦不愿识韩荆州。颇愿身为汉嘉守，载酒时作凌云游。”苏东坡是这样倾倒于乐山如诗如画的秀丽山水。因此，到乐山的人，除了欣赏凌云大佛，更重要的是领略乐山风光。

十一月四日　乐山

眉山三苏祠

在由乐山返回成都的途中。我们访问了眉山县三苏祠。

眉山是北宋著名文学家苏轼的故乡。苏轼（1037~1101）字子瞻，号东坡，出身于一个比较清寒的知识分子家庭，父亲苏洵和弟弟苏辙都是著名的政论家，又都属于“唐宋古文八大家”之列，因此人称“三苏”。

三苏祠原为苏氏邸宅，明洪武年间，为纪念三苏，始就地改宅为祠，供三苏塑像，后来毁于战火。现在的建筑是清代以后重建和增修的。新中国成立后，又多次修葺，我们去三苏祠时，尚在继续施工之中。

三苏祠内主要建筑有大殿、启贤堂、瑞莲亭、木假山堂、云屿楼、济美堂、抱月亭、披风榭、碑亭等。祠内有展室，展出宋、元以来三苏著作的各种版本以及苏轼的书法、绘画拓片。碑亭内有古碑数十块，其中有苏轼亲笔的《马券碑》《乳母碑》《柳州碑》等。瑞莲池畔有洗墨池，相传为苏氏遗物。

三苏祠富有浓郁的南方园林的特色，殿、台、亭、榭，掩映于林木之间，祠内池塘棋布，小溪环流，幽篁苍翠。浮萍碧绿，景色十分宜人。几株古老的荔枝树，引起了我们对一般认为是从涪州到临潼的荔枝路的遐想。园内有新雕刻的苏东坡巨大石像，苏东坡头戴自己创制的高筒无沿帽（这种帽子在宋代风靡一时，被称为东坡巾），身穿宽大的衣裙，坐在一块巨石上，一手支撑地面，一手放在屈立的腿上，两眼凝视前方，长长的胡须飘在胸前，表情严肃，仿佛正在沉思，正在酝酿新的诗篇。背后是池塘和苍松、翠竹，雕像较真实地再现了诗人特有的风貌和气质。

苏东坡的一生，是在激烈的政治斗争中度过的。在政治上，无论是顺利时，或是遭到打击、排斥、贬逐，他都一直保持着诗人率直的本性。他曾经在杭州、徐州、湖州、惠州、扬州，以至遥远偏僻的儋州（今海南儋州）等许多地方，担任地方官。每到一处，他都关心民间疾苦，认真地为当地老百姓做事，有卓著的政绩。他在诗、词、散文等各方面，都有很高的成就，对后世有深远的影响，在文学史上占有重要的地位。他为人正派，感情真挚，乐观旷达，才华横溢，多才多艺，是中国封建社会知识分子中一个非常杰出的人物。他像李白、杜甫等伟大诗人一样，受到了人民的尊重和热爱。

十一月五日　眉山

古老的都江堰

都江堰是中外闻名的古代伟大水利工程，它位于灌县城西，距成都59千米。

据史籍记载，岷江汹涌，水患严重，秦昭王时蜀郡太守李冰总结前人治水的经验，确定了“引水以灌田，分洪以减灾”的治水方针，率领民工“凿离堆，开成都两江，灌田万顷”，建成了都江堰。都江堰水利工程主要包括鱼嘴、飞沙堰和宝瓶口三部分。鱼嘴是修建在江心的分水坝，形若鱼嘴，把岷江分为外江和内江。外江为岷江正流，内江经宝瓶口流入川西平原灌溉农田。飞沙堰起泄洪、排沙和调节水量的作用。宝瓶口是用人工凿开玉垒山，引岷江水入内江的总入水口，形状若瓶颈，故称“宝瓶口”。

我们乘车至玉垒山上的观景台，从观景台可俯视岷江及都江堰水利工程，鱼嘴、飞沙堰、安澜桥、内江、外江等一目了然。从观景台沿石阶而下，可到二王庙。二王庙是为纪念李冰父子治水功绩而建筑的庙宇。它创建于南北朝，现有庙宇系清代重建。庙宇面对都江堰，依山取势，层层而上。主要建筑有李冰殿和二郎殿。殿内有李冰父子像，系1974年新塑。庙内有许多歌颂李冰父子治水功绩的匾额、对联和石碑。李冰治水的六字诀：“深淘滩、低作堰”，就刻在石壁上。庙内还有明代的铁花瓶、铁蜡台等珍贵历史文物及近代著名画家徐悲鸿、张大千等绘制的天马、仕女等图画的石刻。

出二郎庙山门沿阶而下，即可到岷江岸边，安澜桥旁。安澜桥，俗称索桥，古名珠浦桥，是一座横跨岷江的悬桥。原来用竹缆十根连接两岸，竹缆上铺木板为桥面，两边各有细竹缆作为栏杆，桥下用木桩和石礅承托，全长300余米。1973年因在鱼嘴分水处建立外江水闸，把安澜桥下移了百余米，并将竹缆改为钢索，以钢筋混凝土为桩礅，桥身缩短为二百四十米。我们走在铁索桥上，桥下岷江水浪滔滔，桥身晃动，颇为惊险。

过索桥后，我们乘车前往离堆公园看宝瓶口。公园内的离堆上有伏龙观，因传说李冰治水时在此降伏孽龙而得名。此观始建年代不详，宋人范成大在《离堆诗序》中即说：“沿江两崖中断，相传秦李冰凿此以分江水。上有伏龙观，是李冰锁孽龙处。”现有殿宇三重，依山而建，系清朝康熙年间重修。大殿内陈列着1974年修建都江堰外江水闸时出土的李冰石刻像。像高2.9米，重4.5吨，胸前刻有“故蜀郡李府君讳冰”“建宁元年闰月戊申朔二十五日”等字样，可知为东汉灵帝初年所刻造，距今已有一千八百多年，是我国现存最早的圆雕石像，弥足珍贵。后殿陈列有都江堰电动解说模型。后殿右面有一小亭，于此可俯视宝瓶口。宝瓶口两边悬岸壁立，江水经飞沙堰汹涌而来，至此江面狭窄，水流湍急，波高浪大，拍击两岸，水花飞溅，声如雷鸣，惊心动魄。江水经宝瓶口之后，分成许多支流，流往广阔的川西平原。

都江堰的修建为成都平原农业生产的发展创造了有利的条件。都江堰修成之后，成都平原沃野千里，史称“水旱从人，不知饥馑，时无荒年，天下谓之天府也”。两千多年来，都江堰一直造福于四川人民。新中国成立后，对古老的都江堰水利工程进行了不断地改造和扩建，现在它的灌溉面积已达八百万亩以上，四川号称天府之国，是和都江堰的作用分不开的。蜀道的开通，使成都平原与关中平原建立起经常的联系，这两个地区社会经济的发展，又是蜀道得以维持、扩展并发挥作用的物质基础。因此，可以说，都江堰和蜀道是有密切关系的。

近年来，都江堰创建史的研究又有新进展，李冰在总结继承公元前6世纪中期开明时代治水经验的基础上创建都江堰，即所谓“开明肇其端，李冰集大成”的观点，逐渐为大多数研究者接受。这样，都江堰的历史又可上溯三百多年，古老的都江堰变得更加古老了。

十一月六日 灌县

青城山探幽

位于灌县西南15千米的青城山，周围125千米，俗称一百零八景。我们无暇在山中久待，只是匆匆一过，浏览若干胜景奇观。

登山途中，那供人小憩的亭子，一个个全都是用弯弯曲曲不成材的树干、树枝和树皮搭成的，古拙实惠，与众不同。使我们感到特别新奇的是这里山连山，树挨树，把整个天地都严严实实地包起来了。除了位于青城山第一峰巅老霄顶的上清宫外，只朝阳洞一处前面较为开阔，能稍微放开视野认识一下此山真面目，也只是在这东向的天然洞窟前沐浴到一片秋日的阳光。这大概就是这座以“幽”著称天下的道家名山仙都的特色吧！

青城山曾是许多次农民起义的根据地，又多晋唐宫观。轩皇台相传是黄帝访宁先生问道之处，三清大殿上面的黄帝祠供着轩辕、神农、伏羲三皇的唐代石雕像，是纪念我们中华民族人文初祖的圣地之一。天师洞相传为道教第一代天师东汉张道陵坐化处，至今香火缭绕，有男女道士终日守护。

最使我们感兴趣的是龙蹻栈道和唐睿宗女玉真公主在山中的芳踪遗迹。

龙蹻栈道附会黄帝问“龙蹻飞行之道”的故事，真正是开凿于悬崖峭壁上，可以帮助人们领略一下难于上青天的蜀道风光。站在栈道上欣赏对面深可二十余丈的掷笔槽，使人意趣盎然。那掷笔槽传说是张天师降魔时掷朱笔，致使山崩地裂留下的奇观。在这里探身眺望，常人也不免“下视股栗”，心脏病患者自不宜有在此窥测绝壑深渊的奢念。

从栈道西行，峰回路转，曲径通幽，不远便闪出一座祖师殿，也叫储福观。陆放翁有五言律诗：“路转屏风叠，云藏帝子家。穷幽行荦确，息倦倚槎牙。绿藓封茶树，清霜折药花。世无勾漏令，谁此养丹砂。”诗名即题《储福观》，原注“唐睿宗女玉真公主修真之所”，就在这里了。至今犹有一位年已花甲的女道士在此主持，看她做道场时念念有词的虔诚神情，不由勾起人们对玉真公主的种种遐想。

玉真公主，唐玄宗妹，父兄皆为天子，她却在太极元年（712）或神龙二年（706）同金仙公主一起度为道士。唐代道观中不乏风流道姑，也许是在那个挺开放的时代用这种方式寄托她们对生活的另一种追求吧！可这位公主似不同，她的出家应是继承父皇睿宗“三让天下”的精神，经历武则天以后残酷复杂的宫廷政变，她们看破红尘，断然告别了政治旋涡的中心。然而出家后的玉真公主与名士墨客们仍不乏交往，有说后来也做过道士的李白亦曾得到她的荐引，确实李白在长安时便寄住在终南山下的玉真公主别馆里，不过当时那别馆已是一片断绝人间烟火已久的荒园了，李白在那里的日子十分难挨，而玉真公主自然也管不到那么多了。

祖师殿山门上贴着今人书写的两副对联，颇吸引游人，现写出来供大家玩味。其一曰：

日日携空布袋 少米无钱 却剩得大肚宽肠 不知众檀越尽心时 以何物供养

年年坐冷山门 接张待李 总见他欢天喜地 请问这修士得意处 有什么来由

又曰：

泪酸血咸 悔不该手毒口甜 莫道世间无苦海

金黄银白 但见了眼红心黑 岂知头上有青天

青城山吸引人的还有脆嫩的青城泡菜和道家乳酒。乳酒平和醇正，可和长安酒肆的黄桂稠酒媲美。小酌几杯，真使人有飘飘欲仙之感。苦于城市噪声污染的读书人，来这幽静无比的青城山，美美地憩息一时，饱览古迹名胜，品尝所谓千年仙酿，或许笔下神韵也会被这太白遗风呼唤出来。

十一月七日 灌县

李白的故乡

昨夜下了一夜雨，早上雨停了，天仍阴着。六时半，从灌县乘车回成都，车行约一个半小时，到成都汽车站西站，我们匆匆忙忙改乘25路车到火车站，赶九时的火车去中坝，上火车时，天已放晴。

四川人把小平原叫坝。涪江两岸有许多坝，如青牛坝、竹院坝、龙门坝等，中坝就是其中最大的一个，中坝又是一个场镇的名字，现在是江油县城所在地。

江油县是唐代伟大诗人李白的故乡，位于由甘肃入蜀的阴平道上。李白，字太白，号青莲居士。祖籍陇西成纪（今甘肃秦安），汉族人。隋唐之际其家谪居唐西域条支都督府管辖的碎叶城。长安元年（701），李白生于碎叶，五岁入蜀，随同父亲来到绵州昌隆县清廉坝（今属江油县），在这里度过了他的青少年时代。

直到唐开元十三年（725）的春天，二十五岁的李白“仗剑去国，辞亲远游”，经渝州三峡出川，从此走遍了大半个中国，再没有回过故乡。但他是深深地怀念故乡的，并为此写下了许多动人的诗章，如：“床前明月光，疑是地上霜，举头望明月，低头思故乡。”（《静夜思》）“蜀国曾闻子规鸟，宣城还见杜鹃花。一叫一回肠一断，三春三月忆三巴。”（《宣城见杜鹃花》）“国门遥天外，乡路远山隔。朝忆相如台，夜梦子云宅。”（《淮南卧病书怀寄蜀中赵征君蕤》）诗中都洋溢着深沉而真挚的思乡之情。

故乡的人民也怀念这位伟大的诗人。1962 年，在诗人逝世一千二百周年时，经四川省人民委员会批准，在江油成立了李白纪念馆筹备处，准备建立李白纪念馆。由于“文化大革命”，这一工程没有能正常开展。粉碎“四人帮”之后，李白纪念馆的建设工程才迅速进行，现在大部分建筑已经竣工。

纪念馆坐落在江油县城郊风景秀丽的涪江边，建筑设计仿照唐代建筑的风格，并具有中国古典园林的特点。主体建筑是太白堂，太白堂规模宏伟，古朴雄放，内如堂而外如楼，因为李白称谪仙人，建筑体现仙人好楼居之意。堂内有洁白的李白塑像，李白头戴幞头，身穿圆领衫，手持诗卷，一派飘然、洒脱的诗人风采。塑像前的玻璃柜内陈列着邓小平同志题写的“李白故里”手迹。四壁悬挂着当代书画名家的作品，其中有周恩来同志手书的李白《早发白帝城》一诗，还有陈毅同志手书的诗：“吾读太白诗，喜有浪漫味。大不满现实，遂为游仙醉。”简练而中肯地评价了李白的诗歌。

穿过太白堂，是李白书院，这是一组庭院式的建筑，在回廊及厅堂厢房中，陈列着古今中外各种李白诗集的不同版本、研究著作、刻石拓片、诗画书法及摄影作品等，真是琳琅满目，非常丰富，可以说是一个关于李白的专题博物馆。

太白诗院的后面，回廊临江，在回廊长椅上小坐，可欣赏涪江秀丽的风光。江对岸是太白公园。江上有木桥横跨两岸，木桥涂为朱红色，架在清澈的江面上，红桥绿水，显得颇为别致。

李白纪念馆还在不断地扩建和充实之中，建成的纪念馆，不仅会成为游览胜地，也将成为关于李白的研究中心。

十一月八日 江油

“出入画屏中”

“樵夫与耕者，出入画屏中”。这两句诗是李白对故乡窦圌山秀丽风光的由衷赞美。窦圌山距江油县城三十里，相传为唐代彰明主簿窦圌（字子明）隐居的地方，他在这里开山修路，建筑宫观庙宇，因而得名。由于山上有三座石峰，耸立如圌（意为上小下大的圆形米仓），因而又名圆山。

清晨，我们从江油乘车到武都镇，出镇向北行，过涪江上的浮桥，行约四里许，来到山麓。仰望圌山，只见林木苍翠，岩石壁立，其状如屏。山顶三峰，挺然秀拔，直插云天，山势奇丽而险峻。使人感到李白用“画屏”二字，的确写出了窦圌山的特点。

窦圌山腰有云岩寺，寺内清雍正五年铸的大铁钟上铭文云：“窦圌山古号云崖观……其创建之初，无所稽考。”而寺内唐末五代诗人杜光庭撰写的《窦圌山碑》云：“……其顶有天尊古宫，不知始建年月。”可见云岩寺的创立当在唐代或唐以后。据铁钟铭文和县志记载，宋淳熙年间曾重建云岩寺，明代毁于兵火。现存为清代建筑，殿宇五重，建筑雄伟，但破坏严重，现正重修。

云岩寺大殿西侧的星辰殿内，有宋代木作转轮经藏（又称飞天藏、星辰车）一座，高 10.4 米，直径 7.5 米，外形如木塔，中心有直径 50 厘米的大轴，立于地面铁轴承之上，可自由转动。经藏分上、中、下三层，下层为藏座，中层为藏身，藏身四周是镂刻着精美花卉的壁板，壁板上原饰有大小木雕人像 200 余个，现仅存 67 个，木雕人像有坐有立，男女老少服色各异，姿态不同，表情生动，刻工细腻，是难得的宋代优秀木雕作品。腰檐作装饰斗拱，出至六挑。上层为天宫楼阁三重，布局宏丽精巧。最上为八角攒光尖顶。整个经藏工艺甚为精美，宋代木构建筑保留至今的为数已不多，转轮经藏的艺术和历史价值都很高，1956 年四川省人民委员会公布为全省重点文物保护单位。

云岩寺的背后，是三座笔直耸立的石峰，三峰高五十多米，三峰之间各相距约二三十米。在三峰的顶端，各建有一座古庙，一为东岳殿，一为窦真殿，一为鲁班殿。因此，三峰也称为东岳峰、窦真峰与鲁班峰。相传圌山是鲁班所造，他把附近的石头像赶猪一样从四面八方赶到一起来造山。正当鲁班忙于造山时，观音菩萨走过来了，鲁班问他："你在路上看见赶猪的没有。"观音说："没有，只看见赶石头的。"观音道破了鲁班的法术，正在滚动的石头都原地不动了。所以，鲁班造的圌山要比他原来设想的小得多。但圌山造得很美，东岳大帝向鲁班要一块地盘，鲁班劈给他一半。窦真人来了，也向鲁班要一块地盘，鲁班只好把自己的山峰又劈给窦真人一半，于是圌山的顶峰就一分为三了。每个山峰都像刀削斧劈的一样，悬崖峭壁几乎与地面垂直。圌山三峰中，只有窦真峰有一条小路可达峰顶，其余两峰则无法攀登。三峰峰顶，各有两条铁链相连，一条在上，一条在下，在上的供人手握，在下的供人脚踏，铁链下面就是深达几十米的峡谷，这样独特的铁链桥，只有少数几个人敢于行走。一般人，别说行走，就是站在峰顶向下多看一会，也会头晕目眩。那么，这两条铁链是怎样架设的？鲁班峰、东岳峰上的小庙是怎样建造的？我们问当地同志，他们讲有两种说法：一种说，过去山上大树很多，两峰之间，枝叶相接，树藤相连，人可攀附而过；另一种说，人们用稻草填满山谷，踏着稻草将建筑材料运上峰顶，那便是与修凿麦积山石崖类似的办法。孰是孰非，我们却来不及再去细细探究了。

我们登上窦真峰，峰顶是一块小平地。对于铁链桥，当然不敢涉足，但峰顶边缘，设有铁栏杆，可以凭栏远眺，只见远山逶迤，涪江如带，村庄星罗棋布，水田和堰塘像一块块明镜镶嵌在山陵起伏的绿色田野之中，江油县秀丽的山水尽收眼底，正是这秀丽的山水，哺育出一个伟大的诗人。

十一月九日　江油

谪仙何时归来

青莲乡是李白的故里，在江油县城南 13 千米。古名清廉坝，地当涪江与盘江会合处。李白号青莲居士，是取"清廉"的谐音，含有怀念故乡之意。李白逝世之后，为了纪念他，遂将清廉坝改为青莲乡，又名太白场。

我们晨七时多，从江油来到青莲乡。公社文化站的同志陪同我们参观李白故里。先到离公社不远的青莲小学内看李白衣冠墓。李白是唐代宗宝应元年（762）十一月病逝于安徽当涂的，死后葬于当涂龙山。后来，范传正按李白孙女们的要求将其遗骨迁葬于当涂的谢家青山之阳。青莲乡的衣冠墓是清同治八年（1869）彰明县令何恺堂修建的。《彰明县志》载："则太白固有墓，墓并不在蜀，而彰明人曰：此固其桑梓地也……于是相议为衣冠墓，具章服如唐制，敛以诗集，筑于仙人旧馆之右，环植花木，碣曰：'唐翰林学士李太白之墓。'"墓完工不久，附近突然落下一块大陨石，当时，乡亲们惊诧不已，纷纷议论说：李白回来了，他是天上的太白金星，知道故乡人想念他，从天上回来了。这是多么动人的故事！清代的衣冠墓新中国成立前被盗掘毁坏。1963年重新维修。墓在一个幽静的小院中，封土下部用条石砌成六角形矮墙，墓碑题"唐李白衣冠墓"。周围环植香桂、冬青等树木，以为悼念。那块从天而降的陨石，现已搬放在墓旁。

出青莲乡向东行约半里许，便到李白胞妹李月圆故居粉竹楼。相传李月圆和她的女友张雪娥在这里吟诗刺绣，梳妆后的脂粉水从楼上泼下来，天长日久，楼下的竹变成了粉竹，故称粉竹楼。原粉竹楼早已毁坏，清道光年间重修，后亦遭破坏，现在只有山门照壁仍然完好。山门上有许多对联，其中一联写道："月圆徽音不远，谪仙何时归来。"山门前有清《重修粉竹楼记》石碑一通，碑文载："粉竹楼者，李青莲先生为其妹月圆所筑，自唐迄明，崇祀不绝，迨兵燹后，庙宇倾圮，墓址犹存。"粉竹楼后，有洗墨池，传说李白与其妹作诗写字后，常到此洗砚洗笔，洗墨池是口泉水井，井口二尺见方，井中泉水果然呈淡黑色。

从洗墨池返回青莲乡，再向西行，出乡镇不远，在田野中有一条清清的小溪，即磨针溪，相传这是那句著名成语"只要功夫深，铁杵磨成针"的由来之处。过溪上小石桥，上一土坡，即到陇西院。陇西院是李白故居的遗址。据宋淳化五年（994）《唐李先生彰明县旧宅碑并序》碑中杨遂撰文说："……先生旧宅在青莲乡，后往县北戴天山读书，今旧宅已为浮图者居之。"宋元符二年（1099）彰明县令杨天惠写的《彰明逸事》也说："清廉乡故居遗址尚在，废为寺，名陇西院。"陇西院坐落在天宝山脚，相传因为李白是在唐玄宗天宝元年被召见入京任翰林供奉的，后人缅怀此事，才将这座小山定名为天宝山。宋建陇西院已毁于明末战火，现在的庙宇是清乾隆五十三年（1788）重建的，大部分建筑也已毁掉，只余侧殿太白殿和山门，山门几经维修，保存完好。山门正中大门门上有竖写“陇西院”三个大字，正门两旁各有一小门。正门对联是：“弟妹墓犹存，莫谓仙人空浪迹；艺文志可考，由来此地是故居。”陇西院现为省重点文物保护单位。

陇西院后的半山腰有李月圆墓，过去的墓园及碑刻早已荒败，现在的墓园是1963年维修的，政府还指派专人护理，墓四周有许多松树，就是护墓同志精心栽种的。

由陇西院向南行约两里，有一座红墙围成的长方形大院，坐落在绿色的田野之中，这就是太白祠。现在的太白祠是清乾隆四十二年（1777）重建的，院内有两株古桂树，正殿中有江油县各界人士的书法、绘画。殿门口有清代的两块诗碑，整个祠院显得干净整洁，气氛清幽。离太白祠不远便是盘江渡口，古称“蛮婆渡”。由于新建了盘江大桥，这个渡口现已废弃。蛮婆渡如《彰明县志》记载：“涪江中泻而左旋，盘江纡回而右抱”，是当地的风景区之一。

我们遍访青莲乡，深切地感到青莲乡人民对李白的热爱。在离青莲乡不远的地方，有学士渡（又名谪仙渡），相传李白曾在此渡江，后人为了纪念他而命名，并且对来往人众，不收渡钱，作为义渡。义渡船工工资，新中国成立前由寺院庙产供给，新中国成立后由国家支付。在陇西院前有一块菜地，产量远远高于一般菜地，老乡们说，那是因为李白小时候在那里放过牛的缘故。还有李白“从天而降”的动人故事，“谪仙何时归来”的深情呼唤，都表现了人民对伟大诗人深厚、真挚的感情。这种感情也是我们中华民族感情中一个有机的部分。

在青莲乡用过午餐后，我们搭过路车到绵阳。绵阳市在成都平原的北部边缘，是金牛道超过大巴山后进入平原地区所到的第一个较大的城市。在绵阳我们看了汉代平阳府君阙和碧水寺唐代石刻造像。

十一月十日　绵阳

七曲山大庙

清晨，下着蒙蒙细雨。八时，我们由绵阳乘车，车行约两小时，到梓潼县城。用餐后，十一时，又乘车去七曲山大庙。

由梓潼开始，蜀道进入山区。七曲山是剑门山余脉，因山路七曲而达山顶，故名。当汽车盘旋而上时，四周层峦迭嶂，山势奇雄，山下潼江依山谷婉转南流，路旁山上，古柏林立，郁郁苍苍，车行其间，给人一种壮美的感觉。车向北行约二十里，便到大庙。

我们在大庙前下车，先到大庙对面山坡上的盘陀殿和应梦台。盘陀殿内有一块很大的石头，状如磨盘，故名之。殿旁是题有“应梦仙台”四字的石坊，过石坊沿阶而上，有一八角形单梁穹顶的建筑物，屋内放置石床一张。传说唐玄宗入蜀时在此床上夜梦张亚子被他点化，所以叫应梦床，或应梦台。

大庙，亦称文昌宫，始建于晋代，相传为晋人张亚子祀庙。据史料记载，张亚子为越西人，客居梓潼，仕晋战殁，后人为之立庙，曰亚子祠。唐以后的历代王朝都把张亚子视为全忠全孝的典型，唐宋时被封为英显王，元代加封为文昌帝君。明末农民起义领袖张献忠，在蜀建立大西政权后，认张亚子为宗祖，把文昌宫改作他的“太庙”。张献忠起义失败以后，梓潼人民为了纪念他，曾在大庙风洞楼上塑张献忠遗像，后被清朝统治者发现，捣毁，并刻《毁像碑记》，嵌在风洞楼后墙上，至今犹存，是研究张献忠的重要资料。

大庙是一组规模宏大的古建筑群，占地面积 12000 多平方米，现存殿宇宫阁、亭台楼阁总共 23 座，建筑面积达 5000 多平方米。其中，盘陀殿、桂香殿系元代建筑；天尊殿、关圣殿、家庆堂、风洞楼、白特殿、后圣宫等系明代建筑；其余为清代建筑。大庙建筑的内容很驳杂，道教、佛教、祭祀性、纪念性的建筑都有。这些建筑又借助古代园林的手法，依山势高低，错落有致地组合在一起，因而别具一格。这里不仅是风景区，而且为研究古建筑，特别是元明清三代的古建筑提供了宝贵的实物资料，著名古建筑专家梁思成教授所著《中国建筑史》中就曾对大庙做过著录和介绍。

大庙的另一个特点是它保存着许多巨大的铁铸艺术品，如大庙正殿中有文昌坐像及八躯侍从像，坐像高一丈四尺，立像高六尺，系明崇祯元年（1628）以生铁所铸。如桂香殿还陈设有铁铸四足鼎、花瓶及镂空花束，铭文记载为明弘治十五年（1502）所铸，还有一尊五足鼎，铭文记载是淳祐年间（1241~1252）所铸，这些造像及祭器，风格别致，工艺精美，是研究我国宋代以来冶铁工艺的珍贵资料。

从大庙回来，已是下午四点了，稍事休息，我们又去访长卿石屋和西崖寺。出梓潼县城西门，过一大桥，沿公路前行二三里，便到长卿山下。石屋在山腰一眼破旧的窑洞之中。窑洞的主人是位年过花甲的孤寡老人。窑洞深处，正壁上有隶刻“长卿石屋”四个大字，古朴苍劲。洞内潮湿、阴暗，别无他物。相传这里是西汉著名文学家司马相如（字长卿）的读书台和住宿处。倘若果真如此，当年十分清苦。从石屋再向前行，沿小路下山，便可到西崖寺。西崖寺寺庙早已毁坏无存，在陡峭的石崖上，现存石刻造像三龛。北龛上有唐贞元二十年（804）造像题记一则，可知为唐代遗物。

十一月十一日 梓潼

觉苑寺和鹤鸣山

从梓潼出发到剑阁去，车向北行二十里处，有上亭铺（古称郎当驿），据说为唐玄宗幸蜀闻铃处。现已没有什么遗迹了。白居易《长恨歌》中有“夜雨闻铃肠断声”的诗句，如果唐玄宗真的对杨贵妃一往情深，蜀道上闻铃肠断之处就绝不止上亭铺一地。

到剑阁途中的武连觉苑寺，以壁画精美著称。这里还没有对外开放，但我们事先联系过办了手续，就在去剑阁途中的新桥镇下了车。武连镇属剑阁县，距新桥五里，我们步行前往。觉苑寺始建于唐贞观年间（627~649）名弘济寺。北宋元丰年间（1078~1085）赐名觉苑寺。明代天顺初年（约 1457）净智法师和他的徒弟道芳和尚重建，更名普济寺。清代维修时，复名觉苑寺，觉苑寺现存楼殿三重，即藏经楼、大雄殿、观音殿。只有大雄殿是明代建筑。觉苑寺以大雄殿内的明代壁画最为著名。大殿四壁有壁画《佛传》（即释迦牟尼生平故事）200多幅，140多平方米。每幅画之间以山、水、云、树为界线，并有四字题记，如“树下诞生”“金刀落发”“往福天祠”等。壁画构图严谨，人物生动，色彩典雅而富丽，属工笔重彩，采用线描与沥粉堆金的传统技法，艺术效果很好。这些壁画对研究美术史和佛学都是可贵的资料。因而早在1956年即被列为四川省第一批重点文物保护单位。大雄殿内还有三尊大佛金像和泥塑二弟子立像，佛像背光以缠丝造型，图案新颖，工艺精巧，颇有特色。佛像前有一个高2米多的五层台阶式的方形大石香炉，石香炉表面浮雕着精美的花草鸟兽和60多个栩栩如生的人物，是石刻艺术中的佳品。

中午十二时半返回新桥，乘车去剑阁。下午三时许，到剑阁县城。

剑阁县的名胜古迹都荟萃在城东一里的鹤鸣山上。鹤鸣山又名东山。相传有仙鹤栖鸣其上，因而得名。我们去鹤鸣山时，特意先到顺城街看小城墙石搜镌刻的《十大政纲》，这是1933年4月红四方面军三十军驻扎县城时刻的。全幅总长11.4米，宽1.7米，后款刻“中国工农红军政治部”，是极为珍贵的革命历史文物。

鹤鸣山不算高，但山势比较陡峻，有小路可达山顶。山上有著名的唐代道教石刻造像，共有四龛，其中两龛的主像于新中国成立前被人盗走。在重阳亭碑石右侧龛内的“长生大帝”造像，高1.8米，长生大帝站在莲台之上，头戴莲花冠，身着道服，衣纹流畅。左手上扬，作招呼众生状，右手持净瓶。面部丰盈，神情肃穆，是这些造像的代表作品。唐代石刻造像以佛教造像居多，道教的还较少见。长生大帝总使我们觉得有点像观音菩萨。在道教造像旁的崖壁上，有唐代诗人元稹所撰，由著名书法家颜真卿所写的《大唐中兴颂》摩崖石刻，高3.9米，宽4米，字大如拳头。《大唐中兴颂》原刻于湖南祁阳浯溪，南宋时翻刻于此。明万历十一年（1583）因风化剥蚀，字迹不清，又曾镌刻字迹，使之恢复宋刻原貌，是国内仅存的《中兴颂》宋代石刻。石刻雄健庄重，具有颜体楷书的独特风格，古人称赞《中兴颂》的雄伟：“如驱千金骏马，倚三山而立。”山上原有唐代创建的重阳亭，现存为1983年用现代建筑材料和技术仿唐式重建的。重阳亭在唐以后毁而复建，现在已经是第五次了。但唐代著名诗人李商隐于大中八年（854）九月撰写的《剑州重阳亭铭并序》碑，现仍完整地保存在重阳亭左侧的石窟内。鹤鸣山的石刻和道教造像是很有价值的历史文物，被列为省重点文物保护单位。

站在鹤鸣山顶，我们可俯视剑阁县城。县城四面皆山，中间是一片平地，剑阁县北面剑门山中的剑门关是古来兵家必争之地，历史上在那里进行过多次战争。攻破剑门关，剑阁县便无险可守了，所以剑阁县的城墙也就造得很低。不像城防工事，像一道厚厚的围墙。

十一月十二日 剑阁

翠云廊和剑门关

蜀道上有一条美丽的翠云廊。从剑阁东至阆中，西至梓潼，北至昭化，三百多里的道路，过去都用青石铺成，路两边有很多古老而巨大的柏树，古柏翠绿的树冠彼此相接，枝芽交错，远远望去，莽莽苍苍，墨绿一片，像一朵朵绿色的云彩缭绕在山间。走在这条路上，浓荫蔽日，即使在炎夏酷暑，也凉爽宜人。这条延伸在古柏长廊之中的道路就叫翠云廊。翠云廊的确称得上是蜀道奇观。这条翠云廊是什么时候开辟？这些古柏是何人所栽呢？相传是三国时镇守阆中的张飞率兵所植。张飞是人们喜爱的著名的历史人物，这个说法流传很广，但只是传说，见诸史籍记载的，古柏是由明代知州李璧所植。如《四川通志》说：剑南驿道系明正德年间（1506~1521）剑州知州李璧所培修，又于道旁植柏树十万株，如苍龙蜿蜒，不见天日。明清以来，这条翠云廊屡遭破坏，已经不完整了。七曲山下原有古柏 4 万余株，现在仅存 2 万株。现在的柏树都已被挂牌编号加以保护。

川陕公路的走向与翠云廊不尽相同，沿公路而进，只能断断续续地看到这条著名的翠云廊。在从剑阁到广元的路上，我们特意在汉阳镇下车，那里有一段古道保存较为完好。古道在镇旁的田野中，青石铺地，宽 3 米多，蜿蜒曲折，伸向远方。路两旁，古柏森森，绿树成荫，我们沿古道步行了一段。这里没有汽车、拖拉机的噪音，公路的尘埃，喧嚣的车马，显得格外恬静、空旷，走累了，躺在大树下休息一会，听听蝉鸣鸟叫，十分惬意。我们想，这才是古翠云廊原有的风貌。

在汉阳镇，还有著名的“剑阁柏”。出镇向北行约五里，在公路两旁的柏树林里，有一株柏树是用铁栏杆围起来的。它不像陕西黄陵的黄帝柏或河南嵩山书院的“大将军”“二将军”那样以历史悠久、树干粗大而著名，在众多的柏树中，并不十分显眼，但细细看去，却与众不同。它的树干不粗，但又高又直，叶小，远看似松，近看是柏，柏树比较大，呈椭圆形。人称它为“松柏树”。1963 年，朱德同志经过这里曾在树下休息观赏，再三指示要“好好保护”。1979 年经林业科学部门鉴定，认为它是柏树中的一个新品种，命名为“剑阁柏”。剑阁柏可以说是蜀道上的一棵“奇材”。

从汉阳继续向东北走去，就到剑门关了。剑门关是蜀道上著名的关隘。在这里，大剑山峭壁中断，两崖相对如门，故名剑门。剑门关关隘长约 500 米，宽仅 20 米，两崖石壁高耸，如刀削斧劈，两崖之间设关把守，关门一闭，就很难攻入关内了。就像李白在《蜀道难》中所写的“剑阁峥嵘而崔嵬，一夫当关，万夫莫开”。史载诸葛亮为蜀相时，设立剑门关。后来，大将军姜维守关，纵使魏国大将钟会虽有十万精兵，不能越此关一步。可惜在新中国成立前修川陕公路时，已将古关楼拆毁了。

我们从前已来过剑门关，这次乘坐长途车在剑门关就没有停留。从车上可看到剑门关口有一石碑，上书“剑门关”三个大字，关隘石崖上有“天下雄关”“第一关”等碑刻。关口处有商店、饭馆及摊贩，颇为热闹。听当地同志讲，剑门关的豆腐和用豆腐做的宴席是非常出名的。车过剑门关，开始下山。我们回首关口，只见两边悬崖陡立，构成一条狭窄的通道，虽然没有关楼，形势的险要，还是一目了然的。关口附近，大剑山险峰环立，怪石嶙峋，气象森严，大剑山就像一道岩石筑成的城墙，除了剑门关一个小小的缺口而外，其他地方都难以通过。这样的地方，在战争中易守难攻，的确是入蜀的战略要地。

下午三时许，我们到了广元。

十一月十三日 广元

武则天与广元

广元，古为利州，位于川、陕、甘三省交界处，扼南北咽喉，为四川的北大门，故有“蜀门重镇”之称。广元城坐落在嘉陵江畔，紧靠宝成铁路，颇富巴山蜀水的秀丽风光，同时物产丰富，水陆交通也很便利。

广元的皇泽寺，使我们久已心向往之。因为它是历史上一个鼎鼎大名而又大有争议的人物——武则天的祀庙。皇泽寺建在广元城西嘉陵江西岸的乌龙山麓，原名乌奴寺，亦称川主庙。武则天当皇帝以后，才改名皇泽寺。现在的寺院是清代建筑，主要有大佛楼、则天殿、小南海、五佛亭、吕祖阁等。殿宇依山势布局，气势巍峨。寺中有从南北朝到唐宋不同时期的六个石窟群、四十一龛，造像千余尊，其中以唐代居多。这些造像雕刻精美，艺术价值很高，因而被列为全国重点文物保护单位。

进入皇泽寺后，我们先到则天殿，殿的四壁上布满大大小小的造像。殿正中有武则天的石雕像，头戴嵌一小佛像的宝冠，披帛从肩垂下，袒胸露臂，有项圈璎珞装饰，结跏坐于四方石台之上，作比丘尼状。石像额广鼻高，神态严肃而安详。据说唐代寺中就有武后石像，现在的石像约是五代时作品。在“文革”期间，这位“女皇”的石像被打掉了鼻子，打坏了眼睛，现已修复。武则天笃信佛教，她当皇帝，佛教是出了力、帮了忙的。所以，她当权时，大力提倡佛教，修寺院，开龛造像。她去世之后，佛门给她的石像作佛教装饰是有道理的。武则天石像的左侧，有后蜀广政二十二年（959）石碑。碑题为：“大蜀利州都督府皇泽寺唐则天皇后武氏新庙记”，是1964年出土的。碑文写道：“贞观时，父士彟为都督于是□□后焉。”郭沫若同志认为是残缺了“乃生”二字，认定这块碑所写的是武则天“无疑生于广元”的重要佐证。郭沫若同志的见解，赞成者有之，反对者更多。一般认为，武则天是山西文水人，出生于长安，她随父亲来到广元，在广元度过了童年时代，我们也持这种见解。关于武则天的籍贯和出生地点的讨论，是学术问题，是有是非的。由于人们总是对自己故乡出现的著名人物怀有特殊的感情，并引以为荣，而我们的历史悠久，著名人物众多，其中一些人就不可避免地成为被争执的对象，比如史学家司马迁是陕西韩城人，还是山西河津人，韩城与河津两县的同志就有不同的看法。在江苏淮阴市（清江市）和淮安县都有漂母祠、钓鱼台、胯下桥等古迹，但韩信的故乡在哪里，两淮人各执一词。这样的争执，除了学术观点的不同而外，也还包含着当地人民的感情，这种感情是对乡土的热爱，对祖国悠久历史文化的热爱，因而，都是应当受到尊重的。

从则天殿向上，沿“之”字形梯道可达中心柱窟，窟内造像为北周的艺术风格。从中心柱窟再向上，便可到大佛楼。大佛楼石窟在皇泽寺是规模最大的窟，大佛高约六米，体态魁伟，肃穆端庄，二弟子古朴虔敬，二菩萨面颐丰满，雍容华贵，天王、力士威武健劲。大佛背后浮雕的天龙八部，在云中若隐若现，别具一格。窟内造像的排列组合井然有序，但又不呆板凝滞，表现出艺术家造像的高超技艺，是唐代石刻中的精品。

皇泽寺内的五佛亭、小南海、吕祖阁等都各有特色，道光七年（1827）刻的“桑蚕十二事图”，把栽桑、养蚕、缫丝的整个生产过程构成十二个画面，用白描画阴刻在石屏上，给研究桑蚕生产提供了形象而真实的材料。寺内新开辟的红军标语林，则是珍贵的革命历史文物。

据说，原来皇泽寺的规模很大，现在的皇泽寺只是其中的一角。但就在这保存下来的一角之内，就包含着丰富的内容，特别是对武则天的研究，皇泽寺是重要的。对于武则天的评价，历来毁之者有，誉之者也有。如何用马列主义观点来正确评价武则天的历史作用，给予她恰当的历史地位，是唐史研究中的重要课题。皇泽寺里有宋庆龄同志1963年的亲笔题词，她写道：“武则天是中国历史上唯一的女皇帝，封建时代杰出的女政治家。”郭沫若为皇泽寺题写的对联写道：“政启开元治宏贞观，芳流剑阁光被利州。”这样的评价，我们是赞成的。在这里，也可以感受到广元人民对武则天的怀念。在离皇泽寺不远的地方，有一片肥沃而平坦的土地，历来被称为则天坝（也叫上西坝）。过去，每逢农历正月二十三为“武则天会期”（据说这一天是武则天的生日），这时广元附近的妇女，都要精心地梳妆打扮，乘船在嘉陵江里游玩，到皇泽寺来朝贺，这种乡俗叫“游河湾”，一直保持到新中国成立前。广元人民对武则天的尊敬之情，经历了悠久的年月和动荡的政局都没有改变，这是非常值得我们在评价武则天时加以深思的。

十一月十四日 广元

峭壁千仞千佛崖

蜀道上的石窟，最著名的是广元千佛崖。清乾隆时的《广元县志》说："千佛崖……峭壁千仞，逼临大江……先是悬岩架木作栈而行，唐韦抗凿石为路，并凿千佛，遂成通衢。"这就是说，唐代韦抗在开元初年修筑广元一带道路的同时，开窟造像，可见修路和开窟的密切关系，这是蜀道上石窟艺术形成的特点。据专家们研究，千佛崖的开凿始于南北朝，一直延续至明清，其中以唐代石窟数量最多。

我们看过皇泽寺之后，下午到千佛崖。千佛崖摩崖造像在广元城北 4 千米公路边的断崖上，公路的另一边，就是嘉陵江。千佛崖长达 320 米，窟集中的地方，重叠至十三层，高约 40 米，全部造像有 17000 多尊。1935 年，国民政府修筑公路时，炸毁了千佛崖南段，损坏石窟二分之一以上。现存佛龛长 150 米，佛龛 400 多个，造像 7000 余躯，是四川境内最大的石窟群。

这样众多的石窟，我们只有下午两三个小时的时间，只能选择看几个主要的洞窟：

1. 大佛洞开凿于北魏，是千佛崖最早的洞窟之一。

2. 千佛洞在释迦佛像的左、右、后壁，刻有形象不同的 1000 躯小佛，长宽大小约两三寸，相传千佛崖就因此得名。

3. 大云洞是千佛崖的中心洞窟，也是最大的洞窟。弥勒佛像只身立在洞窟正中，背后有两个凹形佛龛，内有一佛二弟子二菩萨二力士。南北两壁雕有 148 尊观音，雕塑技术很高。

4. 睡佛洞释迦牟尼涅槃像位于窟正中，引人注目的是右壁两组佛故事。一幅是在山石后面，有九个头戴风帽的人，或坐或立，都在凝神瞭望山上的烈火。另一幅是九个身穿唐代服装的妇女从险峻的山谷中走出来，她们有的回首憩坐，有的敛手合掌，姿势不同，表情各异。这两幅浮雕，层次分明，形象逼真，有很高的艺术感染力，使人觉得在这气氛肃穆沉郁的佛国里，也有生动活泼的人间气息。

5. 牟尼阁佛坛上的佛、迦叶、阿难、菩萨、力士及佛两侧的菩提树都用镂空雕刻的手法，人物形象生动，立体感强，安排紧凑，富于变化，符合建筑学原理。镂空雕刻在国内其他石窟中甚为罕见，是千佛崖造像独特的地方。

此外，莲花洞、多宝佛龛、神龙大佛、卢舍那佛龛等都很精美。上述佛龛，均为唐代开凿。

我们曾经考察过敦煌莫高窟、云冈石窟、龙门石窟等著名石窟，和这些石窟相比，千佛崖规模略小一点，但它的雕刻艺术却有自己独特的地方，作为全国重点文物保护单位，它是当之无愧的。

十一月十五日 广元

南征将士遗迹观音崖

观音崖不如千佛崖著名，它也不在大路旁，而在广元城西南三十里处，地势偏僻，交通不便，要去，只能步行。但观音崖是值得慕名而去的。上午八时，我们乘公共汽车到上溪坝火车站，下车后，穿过一片橘树林，便走上田间小路。早晨大雾，能见度很低，如果没有向导，我们连东南西北都分不清。十时多，雾才散去。即使在初冬季节，南方的原野也还是翠绿一片。这里迸丘陵地带，不断地翻山过沟，又走了一个多小时，来到嘉陵江边的一个渡口，乘摆渡船过江后，走不远，就到观音崖，已是中午时分。

观音崖，又名五佛崖。造像龛窟在由西向东的断崖上，南北仅 1 千米，原有造像 130 窟龛，现存仅 110 余窟龛，是省重点文物保护单位。观音崖有题记年代的为唐天宝十载（751）至太和七年（833）期间所造，事实上，这里开窟时间要早于天宝十年，因为在摩崖碑记《释迦牟尼佛像赞》中写道："南蛮乱，常结衅西……深入不测，宣扬圣□，感之狂酋……遂于益昌郡侧，俯临路旁，有之灵山……前规龙门，后倚剑阁，千佛万佛，大身小身，备真实之容仪，资往来之福利。范公事后无上心，去己所欲……召□□之良工，访精能之巧匠，錾凿峭壁……"其首行刻记为："摄云南郝文"，末尾题记为："天宝十载十月一日，云南招慰泸北宣慰讨击兵马处置使、朝议郎、行内侍省掖庭令、上柱国范元逸敬造，检校官朝仪郎、守益昌郡司马王立。"可见这是出征云南的将士和地方官在这里造像，而在天宝十年造像之前，这里已是佛地，"千佛万佛，大身小身"，造像极多。观音崖上的造像多为观音像，故名。在佛教里观音菩萨被称为"大慈大悲救苦救难观世音菩萨"，供奉她可免刀兵之苦，这很符合战乱中的人民和从征将士们的心理需要，因此，他们多为观音开窟造像。

观音崖造像分为三段，北段较为分散，大小龛排列不整齐，南段各龛排列整齐，分为上、中、下三层，显然是有计划的整体布置。中段十三龛，全是观音的各种造像。观音崖的窟龛都不大，但相当精美。观音像雕造得脉脉含情，婀娜多姿，像美丽的少妇少女，特别富有生活气息。观音崖的造像保存完整，即使在"文化大革命"期间也未遭到破坏。

下午一时多，我们沿嘉陵江返回广元。此时阳光灿烂，空气清新，嘉陵江水清澈而宁静，江面上不时地有运货的船只来往，江的一边是灰褐色的石崖，另一边是沙滩和丘陵起伏的绿色田野。远方，大巴山、龙门山连绵不断。秀丽的巴山蜀水，在和煦的阳光照耀下，显得山更青，水更绿，真是美得如诗如画。

巴山蜀水的自然美和石窟艺术的人工美相得益彰，这就是观音崖的特色。

十一月十五日　广元

金牛道上

由陕西入四川的蜀道有三条：一是剑阁道，即秦时的"金牛道"，经宁强、利州（今广元）、昭化、剑州（今剑阁）至梓潼入成都平原；二是米仓山道，由汉中越米仓山至四川巴中；三是阴平小道，即三国后期魏将邓艾偷渡阴平之路，从甘肃的阴平、沓中抄斜径下江油至涪城（今绵阳）。这三条路中，最古老、最便捷、最重要的是金牛道。我们从成都出发，沿现在的川陕公路走，大体上也就是沿古代的金牛道走。我们从广元动身到勉县，就踏上了金牛道入陕的最后一段，或者说，金牛道入蜀的开始一段。

关于金牛道的由来，据《华阳国志》《资治通鉴》和《战国策》等书记载，其经过是，战国中期，秦惠王欲伐蜀，作石牛五头，言其能屙金，蜀王贪财，造五丁迎牛，于是开辟了通秦的道路，称为金牛道，也叫石牛道。到了周慎靓王五年（前316）秦惠王派大夫张仪、司马错由金牛道伐蜀，从此川陕栈道便正式开通。所谓“栈道千里，通于蜀汉”，就是指金牛道。许多学者认为，在战国中期以前，蜀汉之间的交通就已经开始了。我们觉得这种看法是有道理的。

车出广元向北行驶，路过千佛崖时，天还没有亮，我们曾经仔细欣赏过的佛陀、菩萨都笼罩在黑暗之中，大约还没有睡醒吧！四周万籁俱寂，黑黝黝的大山在沉默，黑黝黝的江水也在沉默，使人觉得，仿佛时间在凝滞，我们走进了一片洪荒世界。大概千百年来，这里的早晨，都是同样的寂静。我们沿着嘉陵江边蜿蜒曲折的公路前行，江对岸就是铁路线，过了飞仙关，天已亮了。再往前去，就是著名的明月峡。嘉陵江由北向南流向广元时，经过清风峡和明月峡，两处都有古栈道的遗迹。明月峡比清风峡更长更险峻，两岸峰峦连天，悬崖壁立，江水穿峡而过，波涛汹涌，水势湍急，峡东岸绝壁上有上、中、下三排密集成四行的方形洞孔，每个洞孔约30厘米见方，深50厘米左右。这些洞孔就是古栈道的遗迹。中层孔洞用作插木梁，上铺木板以作行道，下层孔洞中插撑木，以支撑、加固中层的梁架，上层孔洞用以搭遮雨顶棚。远望栈道，就像一条悬空凌云的廊阁，所以栈道又有“桥阁”或“阁道”之称。在下临滔滔江水的悬崖之上架设这样的蜀道，其工程的艰难和危险，是可想而知的。它要比开运河、修长城困难更多。在赞叹古代劳动人民的勇敢和智慧时，我们深感蜀道难，蜀道的开通的确难。现在的川陕公路在古栈道遗迹的上方，它不像栈道那样悬于悬崖之外，而是炸开崖壁，凿在悬崖之内。公路一边是临江的悬崖，另一边和上方都是岩石，车行其间，就像走在覆巢之下，相当惊险。

穿过明月峡，在到勉县之前的川陕交界地带，全是高山峻岭，要不断地翻山越岭。在古代，山顶上都设有关卡，现在还保留有七盘关、牢固关、五丁关等地名。在山梁与山梁之间，往往有一片小小的坝子，有村庄和居民。当车在山谷中行走时，有的地方道路狭窄，两山之间，远者相距 20 米左右，近者不过 10 米，山谷间，杂树丛生，溪水潺潺，抬头仰望，只见一线蓝天。由于山势险峻，公路在山间盘旋回绕而上，坡度大，转弯急，十分艰险，车在“之”字形的公路上转好几个弯，向下望去垂直高度并没有升高多少。向四处望去，满眼是山，使人不由得想起那首写蜀道的诗：“见说蚕丛路，崎岖不易行。山从人面起，云傍马头生。”走在这样的路上，会使人感到蜀道难，在蜀道上行走的确难。

在快到勉县的一座高山上，有五丁关，离五丁关不远的地方，还有金牛峡，这些地名都是由五丁开道的传说而来的。传说蜀王派那个名叫五丁的大力士开山劈岭到秦国迎娶美女和金牛。返蜀时，途经一座高山，见一巨蟒进入穴中，力士捉住巨蟒尾猛拉，顿时雷电交加，暴雨倾盆，天崩地裂，力士、美女和金牛都被石块泥土埋没，陡峭的山崖瞬间化为五塚，险路夷为坦途。李白在《蜀道难》中写道：“地崩山摧壮士死，然后天梯石栈相钩连”，就是讲的这个传说。关于埋葬五丁的高山，有人说在七曲山南麓，那里现在还有一个“剑泉”，相传是五丁之剑化成的泉水。也有人说，五丁关在川陕交界。其实，五丁开道是个神话，神话就很难确指它发生在什么地方。但这个神话反映了蜀道开辟的艰难，表现了古代劳动人民披荆斩棘，与奇禽猛兽搏斗的大无畏精神以及舍生忘死的英雄气概。蜀道的开通，正是千千万万个无名“力士”的伟大业绩。在过去，劳动人民的伟大业绩往往被披上神秘的色彩，仿佛不是人类在征服和改造大自然，而是超自然的力量，神的力量在赐福给人类，所以，即便凡是在蜀道艰险之处都有“五丁开道”的传说，也是可以理解的。

十一月十六日 勉县

定军山下

汉水由西向东流经勉县，勉县城南不远是定军山。定军山位于汉中盆地西南边缘，控扼蜀道出入汉中的要冲，军事地理位置十分重要，历来是兵家必争之地。东汉末年，曹操与刘备之间进行了著名的定军山之战。建安二十四年（219），刘备占领了定军山，依恃山险，大败曹军夏侯渊部，迫使曹操亲帅主力沿褒斜道进入汉中，刘备聚兵守险，终于大败曹军，曹操只得退兵关中。刘备取得了汉中等地，巩固了自己在巴蜀地区的地位。不久，魏、蜀、吴相继建国，正式开始了三国时期。

在三国对立时期，蜀汉丞相诸葛亮发动了多次北伐中原的战争，都是以汉中为进军基地，并长期在定军山下屯田练兵。蜀后主建兴十二年（234）二月，诸葛亮又率军北伐，出褒斜道斜谷北口，战事不利，驻兵于岐山县五丈原。八月，病逝军中，蜀军只好退回。根据诸葛亮的遗愿，他被安葬在定军山下。

我们在勉县城西看过勉县武侯祠之后，便去访武侯墓。武侯祠在不少地方都有，武侯墓则只有在勉县可见到。这座墓在勉县城南十里的一座三院并联的大庙内。彩绘的山门前有照壁和砖砌的四方形。进山门后，是一个四合院，正殿坐西向东，殿前高悬着“异域蒙恩”的金字匾额。殿正中有诸葛亮坐像，为明代所塑，诸葛亮像前有张苞、关兴像侍立。院内左角有一株高大的古柏，树身上缠绕着凌霄藤蔓。白居易《有木诗八首》中写道：“有木名凌霄，擢秀非孤标。偶依一株树，遂抽百尺条。托根附树身，开花寄树梢。自谓得其势，无因有动摇……”就是指这种植物。我们久闻其名，这才初次见到。凌霄，别名紫葳，属蔓生木本，叶似香椿，花色有红有白，形似喇叭，每年夏秋之间，凌霄花在青翠的柏树叶间凌空怒放，格外鲜艳美丽，故有“千年古柏开红花”之咏。大殿之后，在一片开阔的庭院中，有武侯墓。墓为覆斗形，高约 6 米，墓四周有砖砌六角形矮墙围护。墓前碑一通，上刻“汉丞相诸葛亮武侯之墓”。系明万历二十二年（1594）所立。墓后有两株古桂树，树高 19 米，冠幅 25 米，直径 1 米，传为汉桂，也叫护墓双桂。汉桂浓荫蔽墓，到秋天，金红色的桂花开放，给古墓增添了动人的色彩。桂树后面，有一间小小的崇圣祠，是放置历代祭祀诸葛亮的牌位的地方。崇圣祠旁还有一座武侯墓，墓前有民国五年的石碑，上刻“汉丞相诸葛忠武侯之真墓”。这座所谓真墓，其实是假墓。原来，清嘉庆四年（1799）陕甘总督松筠来凭吊武侯墓，他的随行幕僚谭南宫自称“精于堪舆之学”，说原来的墓是假的，真墓在原墓西南约 60 米处，松筠信以为真，于是就派人筑了这座“真墓”。一个昏官，一个骗子，合起来就可以伪造历史，“真墓”一直保存着，只是作为人们凭吊武侯墓时的一点笑料。

武侯墓陵园内外，大树林立，绿意盎然。其中以松柏为多，大的古柏直径在1.5米以上，三四个人才能合抱。这样巨大的古柏原有54株，象征诸葛亮生年54岁，现在只有24株，据碳十四鉴定，有的柏龄在1700多年，当为埋葬诸葛亮时所栽。《三国志·诸葛亮传》载：“亮遗命葬汉中定军山，因山为坟，冢足容棺，敛以时服，不须器物。”诸葛亮对自己后事的安排是非常节俭的。他所以选定这里作为他的墓地，是因为定军山是他练兵的地方，汉中是他北伐的基地，葬在这里，有激励蜀国将士之意。正如崇圣祠前的楹联所说：“生为兴刘尊汉室，死犹护蜀葬军山。”对于蜀汉，诸葛亮不仅是实践了他自己“鞠躬尽瘁”的诺言，甚至“死犹未已”。

十一月十七日 勉县

石门的兴衰湮灭

汉中是蜀道上的重要地区。连接关中平原和成都平原的蜀道要越过秦岭山脉和大巴山山脉，这两座大山重峦叠嶂，险峰高耸，给蜀道的开通和行走带来很大的困难。蜀道难，就难在翻越这两座大山。两山之间，有一块狭长的平原，就是汉中盆地。当年项羽屠咸阳之后，自封为西楚霸王，并分封诸侯，为了限制刘邦的发展，把刘邦封为汉王，建都南郑（今汉中市），又把关中地区分别封给雍王章邯、塞王司马欣和翟王董翳，企图利用秦岭之险要和三王的力量将刘邦封闭在汉中盆地。刘邦迫于形势，不得不于前206年四月，前往汉中“之国”。但刘邦又不甘心于被困汉中，在那里连一个月都没有停留，当项羽引兵东还时，刘邦拜韩信为大将，发动了北定三秦的战争，“明修栈道，暗度陈仓”，出兵关中，最后战胜了项羽。

在汉中市内，至今仍有古汉台、拜将台等古迹。我们在汉中访问了这些名胜古迹。古汉台是汉高祖刘邦为汉王时的宫廷遗址，但汉代的建筑，早已无存。只有汉台东南隅的小亭中有块璞石，相传为汉时宫廷陈设的石鼓，是现存最古老的文物。汉台上有许多楼台亭阁，都是近代建筑，现已成为汉中博物馆所在地。

拜将台在汉中市城南，为南北列置的两座方形土台，台高各丈余，方圆百余步，面积 7000 多平方米。南台竖一石碑，碑上刻“汉大将韩信拜将坛”，北台有亭阁一座。

对于蜀道来说，汉中正处于中枢地带，南来北往的人，都要在这里会聚、停留，再继续前行。蜀道也由此分为南道（栈）和北道（栈），南道主要有金牛道、米仓道等，北道则主要有褒斜道、子午道、故道、骆谷道等。

在距汉中市不远的褒斜道南端，原来有一段保存得很好的古栈道，这就是原全国重点文物保护单位褒斜道石门及其摩崖石刻。石门是开凿在距褒谷口七里的七盘山中的一段隧道。北魏郦道元《水经注》中说：“褒水又东南历小石门，门穿山通道六丈有余。”即指此处。石门开凿于何时，已很难确指，一般认为开凿于东汉永平年间。但东汉灵帝时的摩崖石刻《郙阁颂》中有“嘉念高帝之开石门，元功不朽”之语。如果此说不妄，那么，至迟在汉初石门已被开凿。新中国成立后，据文物工作者的实测，石门大体呈南北向，与栈道在同一水平线上。隧道平均宽 4.15 米，两壁平均长度 15.75 米，平均高度 3.6 米，在汉代可以同时并行两辆车。石门的开凿是十分艰难的，古代劳动人民采用“火焚水激”的方法。坚硬的岩石经火焚水激，一热一冷，变得松软，然后再用斧凿开掘，所谓“积薪一炬石为坼，锤凿既加如削腐”。所以隧道内岩面修整平顺，几乎没有斧凿痕迹。由于自然和人为的原因，通过石门的栈道有时被破坏或改线，石门也被废置，为此历代进行多次修整，在洞内东西两壁上和洞外南北数里的险坡断崖上有许多记述修整过程和赞扬筑路工程的诗文题字，形成了著名的石门摩崖石刻。据专家们研究，石门是世界上用于通行车辆的最早的穿山隧道，也是世界上最早的人工隧道之一。但石门在 1970 年修建褒河水库时，已被淹没在水库中了。

我们决心去看看这个被水库淹没的石门。从汉中市乘车到褒河镇，下车后，过褒河大桥，上个小土坡，就到古代褒国所在地。古褒城的遗址处现在还有居民，有一条窄窄的小街，我们向当地老乡打听了一下，居民中已没有以褒为姓氏的人了。历史上著名的褒姒的家乡，则在古褒城北二十里褒谷内的褒姒铺。从古褒城沿山间小路绕山腰向北走，行约一小时，就可以看到褒河水库电站的大坝。褒水在两山之间流过，河两边高山峙立，峡谷很深，山呈褐色，无树，岩石裸露，岩层几乎与地面垂直。大坝北面鸡头山下一片碧绿的河水，石门应该就在这片绿水之中。我们总算来到了石门，但却无法看到它，令人扼腕叹息。我们沿水库朝深处走了许久，发现两山相对可供选择作坝址的地方还有多处，如果当初把水库大坝向北移动几十米，不就把一个具有世界水平的古迹保存下来了吗？何必把完好地保存了两千年之久的古迹毁于今天呢？

石门摩崖石刻数量多达百余方，其中“汉魏十三品”早在唐宋时期就负有盛名。在修建褒河水库时只凿下七方摩崖石刻移至汉中博物馆内。我们从石门回来后，在汉中市博物馆参观了“石门十三品陈列馆”。十三品是从东汉至北魏的刻石，其内容有两类，一是叙述褒斜道的修治和变迁的，如东汉永平六年《鄐君开通褒斜道摩崖》碑，建和二年（148）《石门颂》，北魏永平二年（509）《石门铭》等，都是我们研究蜀道历史和石门兴衰的珍贵资料。二是按景物命名的，如“石门”“玉盆”“衮雪”等。其中“衮雪”二字，传说为曹操所写。十三品具有很高的历史价值，同时，也是书法石刻中的稀世珍品。因而一向为历代史学家、建筑学家、金石学家、文学家所重视。

十一月十八日 汉中

庙台子张良隐身处

张良是帮助刘邦建立汉朝的主要谋士，当年刘邦被迫到汉中“之国”，就采纳了张良的建议，用烧绝所过栈道的办法，向项羽示意自己安于汉王封号，不想再出汉中争夺天下，从而达到麻痹项羽的目的。汉朝建立之后，张良功成身退，相传留坝县北 17 千米的庙台子，就是张良“辟谷”隐居的地方。

我们从汉中出发去张良庙，在庙台子下车，张良庙坐落在柴关岭和紫柏山之间的一个山坳里，因而，环庙皆山也。庙外群山长满了苍松紫柏，郁郁葱葱。庙前有一条发源于柴关岭的小河，庙后为一条发源于紫柏山的小河，张良庙的殿宇亭阁被青山绿水环抱，白云薄雾缭绕，景色秀丽，犹如仙境。

据说规模宏大的张良庙是东汉末年张良的十代裔孙汉中王张鲁为纪念张良而创建的。而现在的张良庙已经完全是清代的建筑了，共有殿堂楼阁 156 间，总面积为 14200 多平方米，是精美的古建筑群，也是风景名胜地。我们到张良庙时，庙内正在维修，临街正门关闭，只好从旁门进入庙内。但整个庙的建筑格局还是看得很清楚的。庙门朝东，门上篆刻横额写“汉张留侯祠”，大门与二门之间，有一木桥，名曰：“进履桥”，取张良在圯上给黄石公进履之意。二门进去是一四合院，院中有两层八角的灵官殿一座，院西为三清殿。从灵官殿向北便到大殿院，大殿院院门内有过庭，庭中两厢竖碑碣多通，是历代名人题记和翻修庙宇的碑记。出过庭，便到大殿院中，大殿坐西向东，气势宏伟，但正在落架翻修，不能进去。院中匾额，楹联很多，其中有一联写道：“壮士奋挥椎报韩已落秦皇胆，大王烦借箸筹汉终函项羽头。”

大殿左侧向东入小门为北花园，园中遍植花木，有四个砖砌小水池，花园小巧而精致。园内有一六角亭，名曰“拜石亭”，取张良拜黄石公为师之意，亭内置石桌、石几、石礅，亭中墙上嵌有明代隆庆五年（1571）礼部尚书赵贞吉所撰《怀山歌》石碑一通，歌曰：“紫柏山前车马道，道上红尘灭飞鸟。尘里行人不知老，竭来几度怀山好。年少怀山心不了，年老怀山悔不早。君不见京洛红尘多更深，英雄着地皆平沉。”据说此歌为赵贞吉被贬，由京城回四川老家，路过此地，拜谒张良庙，触景生情，感叹宦海沉浮而作，颇有些看破红尘之意。庙内碑碣中和赵诗之作就有 16 首之多，这些诗歌反映了封建官僚们内心世界的一个侧面。

从拜石亭向北经回云亭沿山间石阶盘道可到授书楼。授书楼取黄石公授《太公兵法》给张良之意。楼有上、下两层，建在用大理石、南阳玉砌筑 100 多米高的人造山顶上，因为这座人造小山背依紫柏山正中，故有“紫柏中峰”之称。授书楼是张良庙最高处，始建于清道光三十年（1850）。

从授书楼下来，可到五云楼、南花园、方丈院等处。南花园中有个大水池，池中一亭，名曰“辟谷亭”，取张良“辟谷学仙”之意。园内厢房现为招待所，我们就投宿其中。

张良，字子房，原为韩国贵族，秦灭六国统一天下之后，张良曾访求刺客，在博浪沙刺秦始皇，为韩国复仇，没有成功。后来，辅佐刘邦打败项羽，被封为留侯。他看到封建统治阶级内部的矛盾和斗争日益加剧，采取功成身退，明哲保身的态度，“愿弃人间事，欲从赤松子游”，修仙学道，隐居林泉。果然，刘邦建国后大杀功臣，在大屠杀中，张良却安然无恙，得享天年。张良的这种态度在封建社会的士大夫官僚阶层中是很有影响的，但真正做到的人却寥寥无几，张良便成为他们之中的佼佼者，受到极大的尊重。回顾历史，我们深感张良的明智。

十一月九日 庙台子

陈仓道上

昨晚月明星稀，银辉遍地，月色给张良庙涂上了一层神秘的色彩，也把张良庙秀丽的身影清晰地勾画在夜幕上。我们想拍一张张良庙的夜景，但要到后半夜，月亮才能转到适合拍照的角度。夜三时许，我们起床，出门一看，天阴了，还下着小雨，只好扫兴而归。到凌晨起床时，听见外面雨下大了，我们担心被雨困在这里。推开门一看，雨并不大，原来雨点打在屋后的竹叶上沙沙作响，再加上庙后溪水潺潺的声音，给人一种下大雨的错觉。雨不大，我们就可以继续上路。

车出庙台子镇，开始上山，这山是庙台子的风景林区，满山是松柏和杂树，松柏青青，杂树有的叶子发黄，有的发红，各种颜色交织在一起，格外艳丽，高山就像穿上了一件漂亮的花衣裳，显得年轻而富有魅力。车到山顶时，竟然飘起了小雪。从柴关岭下来，经过松林驿、连云寺、留风关等地，再往前走，就是酒奠梁。酒奠梁的得名，相传是因为汉王刘邦北定三秦行军经过此地时，曾摆酒席奠祭过当地的山神、土地。这座山梁，气势雄浑，高峻险恶。上到山顶，竟然飘起大雪，寒气逼人，路面也变得泥泞难行，车子只好放慢速度，我们则把随身带的以备万一的棉大衣穿上。山间的气候，说变就变，真是难以捉摸。在张良庙时，还是秋高气爽，来到酒奠梁却似严寒深冬，阴晴雨雪，冷热寒暑，一日之间，一山上下，变化何其大，不由得使我们想到古代的行路人，如果遇上恶劣的天气，或遇烈日当空，或遇大雨倾盆，或遇风雪交加，或遇山洪暴发，行路就很艰难了。蜀道难，也难在蜀道上气候多变，风云莫测。

翻过酒奠梁，不久，到凤县，再行三十里，到龙口，这是火车站所在地。到龙口刚十一点，去宝鸡的火车是下午三时多，中间有四个多小时，我们决定去古凤州看一看。

凤州是唐玄宗入蜀时停留过的地方。原为凤县县政府所在地。后来县政府迁往双石铺，老凤州也就成为一个冷落的小镇，距龙口车站约十里。我们冒雨来到老凤州，出小镇，在山脚处还可看到一些残余的土城墙，凤州老城的位置大约比现在的凤州更靠山一些。在凤州东边不远，有座小山叫猴山，山上的岩石十分像猴子，那裸露的岩石，像活脱脱的猴脸，那岩石上的青草，像毛茸茸的猴头。整个小山，就像一群活泼顽皮的猴子挤在一起，堆在一起，看一眼，你就难以忘却，就会由衷地赞叹大自然的神奇造化。

下午三时多，我们乘火车去宝鸡。车过秦岭时，放眼望去，只见秦岭险峻的山峰已经白雪皑皑了。秦岭山势雄伟，峡谷幽深，川陕公路在山间盘旋，就像缠绕在大山身上的一条细细的飘带。汽车走在这样的路上，都很艰难。在古代，人们只能步行、骑马，或者肩挑担、手拉车，自然会感到蜀道难。我们不由得想起李白名诗《蜀道难》。过去读《蜀道难》，总觉得李白是在用文学夸张的手法来写蜀道，看来这种想法并不对。现在的蜀道交通，要比过去方便多了。而且，随着社会经济的发展，蜀道沿途的城镇、居民点增多了，一些原始森林被开发了，一些险要地段被改造了，整个自然地理景象发生了变化，我们也用上了汽车、火车等现代化的交通工具。即使这样，我们依然会觉得蜀道难。那么在古代呢？李白发出的“蜀道之难，难于上青天”之慨叹，应该是发自现实生活的体验，他笔下的蜀道，应该是古代蜀道的真实写照。

十一月二十日 宝鸡

从宝鸡到西安

宝鸡市原名陈仓，陈仓在秦代即设县治，隋代，陈仓县治移至现在的宝鸡市。唐至德二载（757），改名为宝鸡。陈仓是古代蜀道上的重要县城。因为出长安西行，至陈仓折向西南，进入穿越秦岭的故道（因而故道亦名陈仓道）。在距宝鸡约五十里处，有雄踞于秦岭观音山上的大散关。陈仓和大散关是连接关中和汉中的故道北端路口，历来为军事要地。在这一带，曾经进行过多次战争，是著名的古战场之一。当年刘邦就是循故道北上，在陈仓一带打败了雍王章邯，从而奠定了取得北定三秦战争胜利的基础。

到宝鸡市后，上午我们去看秦汉时期陈仓古城遗址。遗址在市东郊约十五里处，一个面对渭水，背靠黄土高原的平坦台地上。从地理形势看，此处筑城便于扼守渭水边的通道。陈仓古城原为上、下两城，相距约数百米。现在地面建筑已没有了，成为一片农田。最近修铁路要经过这里，土地已被征用，文物部门只好在动工前突击清理古城遗址。已发掘出原始社会的遗址和汉代的遗址，出土不少汉代的器物和瓦当，随着建设工程的展开，陈仓遗址也将像石门一样，从地面消失了。

新中国成立前修铁路时，为保护遗址，特地开凿隧道通车，至今隧道口上冯玉祥先生的题字犹赫然在目。但这次扩建工程以后，这一切都将荡然无存，使我们不胜惆怅！

下午，我们从宝鸡乘火车到西安，车到西安，已是暮色苍茫，华灯初上的时分。

西安在明代以前，一般称为长安，是我国最著名的古城之一。它是蜀道的起点，也是蜀道的终点。在历史上，周、秦、汉、唐等许多王朝都定都于这里，所以西安及其附近的文物古迹特别丰富。大、小雁塔，碑林，乾陵，秦俑馆，半坡遗址等都是举世闻名的古迹，由于时间的限制，也由于我们生活在西安或多次来过西安，所以，不准备再去访问这些地方了，从宝鸡到西安，我们这次蜀道之行就结束了。

二十天的蜀道之行，给我们留下了非常深刻而又美好的印象，也使我们学到了许多宝贵的知识。

二十天来，对于古代的蜀道，我们仅仅是涉猎了其中很少的一部分。蜀道本身，它的路线走向，它的修筑技术，它的开闭情况，它的历史作用等许多问题，还有待于我们进一步去研究和探讨。

但二十天的蜀道之行，使我们深深感到，蜀道并不仅仅是道路，它有着远远超过道路本身的丰富的历史内容。在蜀道上，曾经发生过许多重大的政治事件、大大小小的军事战役；在蜀道上，曾经有许多杰出的历史人物活动过，他们当中有政治家、军事家，也有文学家、诗人和画家；在蜀道上，曾经出现过许多宏伟的庙宇、道观以及精美的石窟、壁画、碑刻，有的一直保存到现在；在蜀道上，汉民族和少数民族曾经发生过矛盾、斗争以至兵戎相见，但也曾经互相帮助，互相影响，为中华民族之形成和壮大作出了有益的贡献；在蜀道上，关中平原和成都平原两个经济区域建立起了密切的交往，从而大大促进了两个经济区域的发展。随着社会经济的进步，在蜀道上不断出现新的城市、村庄和开辟出新的农田。因此，蜀道是伟大祖国悠久历史的一个重要组成部分。我们只有深深地发掘蜀道丰富的历史内容，才能真正认识蜀道。

我们期待着，有机会重返蜀道，加深我们对蜀道的认识。

我们也希望，有更多的人来访问蜀道，研究蜀道。

十一月二十一日　西安

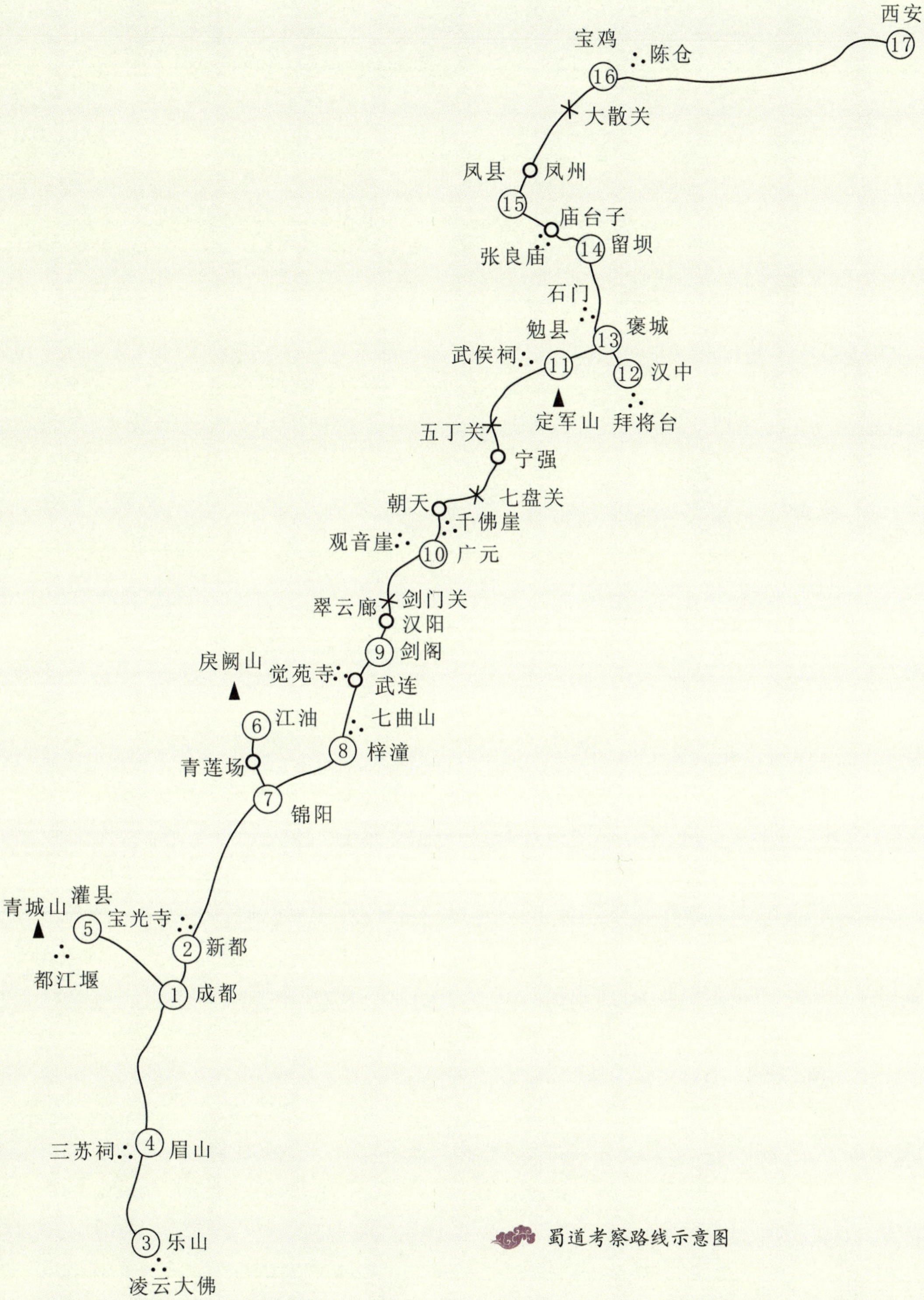

蜀道考察路线示意图

（原载李之勤、阎守城、胡戟：《蜀道话古》，西北大学出版社，1986 年，第 124~177 页。）

蜀道考察拾零

黄邦红（剑阁县文管所）

1986年夏，因工作需要，我们对蜀道古迹进行了实地考察。从陕西汉中起程，沿古蜀道进发，有时以车代步；有时安步当车，深幽访古，寻踪觅迹，始知蜀道文物、名胜，多如苍穹繁星，跋涉两月，仅拾其零星而已矣！

古蜀道是秦蜀的交通衢道，古人先后开凿了七条道路，皆可北抵长安，南达益州。“在我国历代史书中所称的蜀道，在很大程度上是指由京都长安入蜀的道路。由于自京都入蜀，必先到达汉中，因此，凡由京都到汉中的道路，诸如褒斜道、子午道、傥骆道等，皆称蜀道。”[1] 蜀道有北栈、南栈之分：蜀道北栈有褒斜道、陈仓道、傥骆道、子午道四条；蜀道南栈有金牛道、阴平道、米仓道三条。各条道路起止走向，历史佚事，各不相同（图1）。

[1] 郭荣章：《石门摩崖刻石研究》，陕西人民美术出版社，1985年。

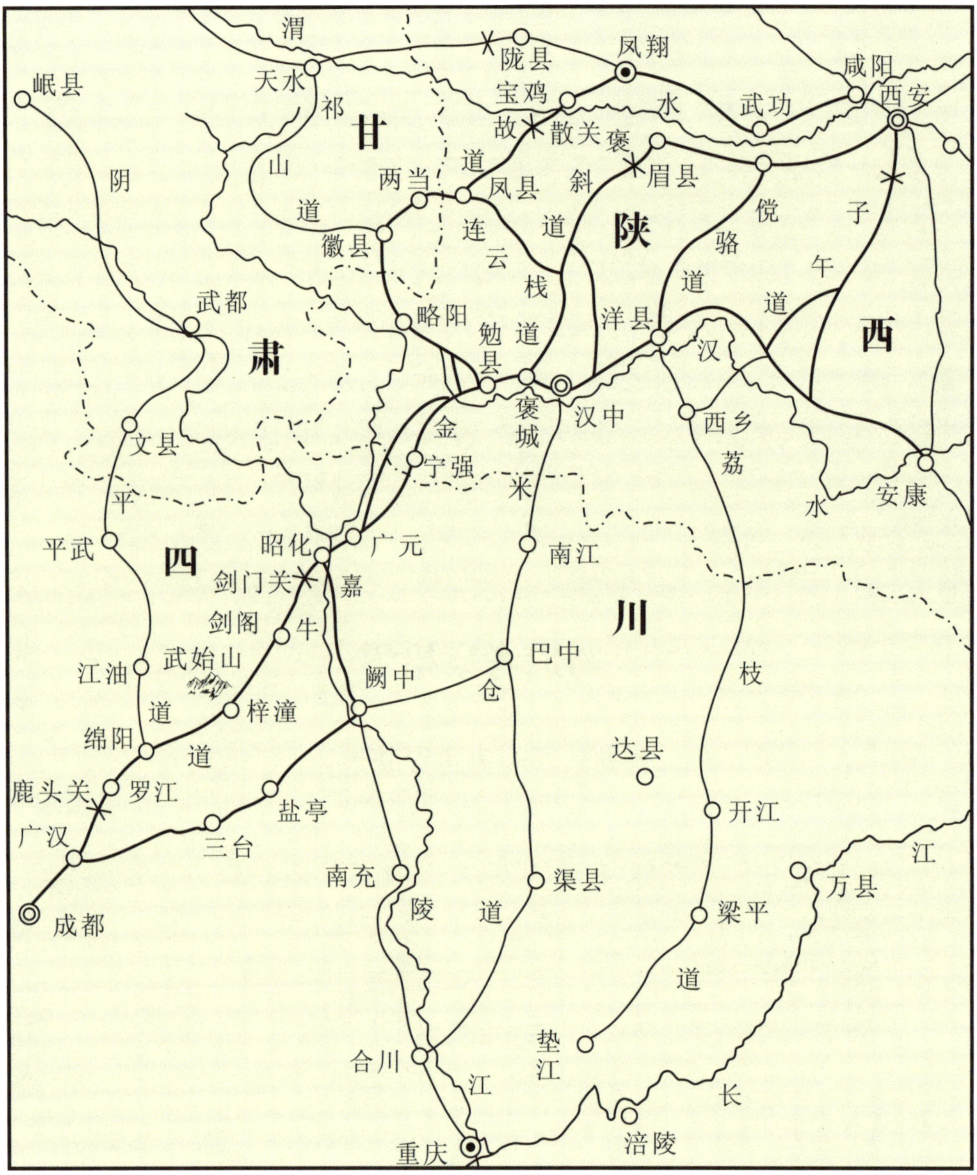

图 1 蜀道示意图

褒斜道，为蜀道北栈之主干道。其道“北口曰斜，南口曰褒，长四百七十里。同为一谷，按斜谷在郿县西南三十里，秦惠王取蜀之道也”[1]。褒谷在褒城之西端，距汉中 25 千米（图 2）。《史记·范睢蔡泽列传》有“栈道千里，通于蜀汉”

[1][清]张邦伸：《云栈纪程》卷三，清乾隆甲寅年木刻版。

的记载。即指褒斜栈道，行程千余里，直通成都。汉明帝永平六年（63），汉中太守鄐君奉明帝之诏书，在褒斜道南端的七盘山，开通隧道，是为褒斜道石门，首创了世界交通史上“最早的人工隧道”[1]。隧道开通后，漫长的褒斜道，路程缩短了约50千米。蜀汉诸葛亮第五次伐魏，即经此道。北魏正始元年（504）宣武帝元恪改修褒斜道，名为连云栈道，较前更为宽阔、平坦。此后，各代相袭，保留至今。

图2 陕西褒城城墙遗址

石门隧道，工程之浩大，气势之磅礴，历代来往之士官名流、骚人墨客，在隧道岩壁间，险坡断崖处，挥毫书丹，记事咏怀，留下了许多题刻。其间镌刻于东汉永平九年（66）的《鄐君开通褒斜道摩崖》碑，其字体形象表露出汉隶由小篆演变而来的历史过程，是研究书法史的珍贵资料。镌刻于东汉建和二年（148）的《石门颂》摩崖碑，为后世书法家公认为汉隶书法艺术之正宗。还有曹操手书的“衮雪”、汉代隐士郑子真手书的“石虎”，以及“玉盆”“石门”等汉隶摩崖，都是古人留下的书法妙笔。传神之佳作石刻有十三处，世称《石门十三品》，是中华民族对世界文明的贡献。因修建石门大水坝工程，已于1981年迁聚汉中博物馆陈列展出。被誉为书法精华，石刻的史诗，令人叹为观止！

陈仓道，由于该道北端出口宝鸡市古代叫陈仓县而得名，是古代汉中至宝鸡的重要用兵之道。公元前206年，汉大将军韩信曾巧施谋略，“明修栈道，暗度陈仓”，出兵取胜，为刘邦建立汉室，打下了基础。由于该道沿嘉陵江东源故道水河谷而行，陈仓附近有一座重要关隘——散关雄踞秦岭之脊，道中段又经过险峻泥泞的青泥岭，所以它也被称为故道、散关道和青泥道。

傥骆道，在陕西周至县西南10千米，南口在洋县北，称傥；北口称骆，长210千米。人们视其为褒斜道的支线或间道。

子午道，是古代关中至汉中翻越秦岭的重要通道，古人以秦岭分界南北，北

[1] 陕西《石门》杂志，1984年10月创刊号。

图 3 陕西褒城古金峡谷口

图 4 陕西宁强五丁山遗址

图 5 七盘关遗址

方为子，南方为午，故称子午道。唐天宝中，四川涪州（今涪陵区）给杨贵妃进贡新鲜荔枝，唐诗云“一骑红尘妃子笑，无人知是荔枝来”，即从此道，直趋长安。

金牛道，又称石牛道，是古代由秦入蜀的最早通道（图 3）。它历史悠久，文物荟萃，路程直捷，食宿方便，古人称其为“金牛入蜀之正道”[1]。公元前 337 年，秦惠文王欲伐蜀，因山高险阻，乃作五石牛，言能粪金，以赠蜀王，蜀王负力而贪，令五丁开道引之。蜀道既通，秦遣张仪、司马错引兵而入，道路通而蜀国灭。此道，因而称为金牛道。沿途历史遗迹众多：宁强有五丁关（图 4），剑阁有金牛峡，剑门关古有“五丁大力”石刻，梓潼有石牛堡、五妇岭，梓潼大庙山有五丁遗剑处，成都有金牛坝等。李白《蜀道难》说：“地崩山摧壮士死，然后天梯石栈相钩连。”歌咏了五丁开蜀道的故事。从这些遗址、史籍记录、诗人吟咏来看，金牛道开凿于先秦战国时期是可信的。又据晋人常璩《华阳国志》记载：“周武王伐纣，实得巴、蜀之师。”[2] 可见远在三千多年前的周朝，巴蜀的军队已经开辟了可通兵马的道路，

[1] [清] 张邦伸：《云栈纪程》卷四，清乾隆甲寅年木刻版。

[2] [晋] 常璩撰，刘琳校注：《华阳国志校注》卷一《巴志》，巴蜀书社，1984 年，第 21 页。

称得上是关于蜀道的最早记录。

阴平道，北起甘肃武都、文县南至四川平武、江油，全长420千米，是古代蜀道中的又一重要通道。文县汉置阴平县，故名阴平道，也称阴平小道。三国时，蜀汉炎兴元年(263)，魏大将军邓艾父子伐蜀，偷度阴平小道，直取益州(今成都)，即从此道。

另有米仓道，北自陕西南郑南至四川巴中，途径南郑西南20千米的米仓山，故名米仓道，属金牛道之间道。

漫长的蜀道，悠久的历史，给人们留下了众多的珍贵地面文物。雄关险隘，驿站亭铺，三国遗迹，盛唐掌故，沿途皆是。从褒城起，沿古蜀道入川，每10余千米、20千米，即有驿铺关隘，计有：三州八县、十一个关、十一个驿、十九个铺、一戍、一亭、一渡口，皆有文物、遗址可寻。

蜀道关隘，主要有：五丁关，传为先秦五丁力士开山凿路处，北为勉县、汉中，一马平川。从宣王坪上山，至垭口五丁关遗址，山路曲折，七盘四十二道弯，长6千米。南进下山至滴水铺，三盘峻十四道弯，长4千米，经宁强，进入四川。五丁广石碑一通，书刻“五丁开山处”。蜀道之险阻地段即此开始。沿古道前行，路临山顶，人在云端，至七盘岭，有七盘关，为入川第一关隘（图5）。七盘岭半山腰，迄今仍有古关箭楼基址、条石、柱础、大砖、青瓦残片等遗物。民国二十三年（1934）修筑的川陕公路从山麓经过，经开凿的山岩石壁上，题有“西秦第一关”五字，因岩石不坚，字已剥蚀，潭毒关在北，关东西南接米仓道，西南接金牛道。朝天关在余家梁山顶，古关楼柱石仍存。飞仙关在威凤山，“安史之乱”时，唐明皇避难入蜀从此过关。葭萌关即天雄关，在昭化牛头山临顶，关楼门洞尚存，石板铺路，古碑十一通，为清代遗物，光绪十七年碑刻“蜀道青天”，矗立如故，山下有战胜坝，传为张飞战胜马超处。剑门关在大剑山中断处，蜀汉诸葛亮立关，世称“两川咽喉”“天下雄关”，为历代兵家必争之战略要地。白马关在德阳市罗江镇，是蜀汉刘备与庞统换马的地方。蜀道至梓潼七曲山，“坡去平来”，前去成都道路平坦，险路走完。七曲山下原有“送险亭”，其遗址仍存，六角古亭已圮，仅留基石残柱。

古蜀道的路线走向，一般沿山脊开道，依山取势而行。即可减少开山土石工程，减轻徭役，节省粮饷。居高临下，有利于战事行军的瞭望、报警。蜀道北栈地处巴山、剑山地带，五丁关、牢固关、七盘关、朝天关、飞仙关都在山顶或临近山顶的垭口开路设关，而不在山麓；蜀道爬坡绕道开路，为图减少津渡。广元至剑门关一段，沿山下宽阔平坦地带开路，经走马岭、宝轮院、白田坝，仅 58 千米，但必经广元渡、郭家渡、王家渡三道关津渡口，况且木船摆渡，每年 4 月至 8 月河水暴涨，交通时常断绝，而从山上开路，经昭化、葭萌关、小剑戍，仅渡过桔柏渡一个渡口，节约了摆渡时间，阻碍减少，道路畅通；蜀道在上临高山峭崖，下临河流深潭处修造栈道。蜀道北栈有历史悠久的“褒斜栈道”，其道上倚秦岭、下临褒水。入川又有广元明月峡栈道，上倚大树梁略，状若虎口，下临嘉陵江，水势汹涌，若在山崖间修路、耗费太大，工程艰险；若在山顶修路，左右悬崖绝壁，一遇强敌，前堵后追，腹背受夹，进退两难；若在山麓修路，急流深潭，无处驻足。因而在悬崖绝壁上修筑栈道，“道路穿越险绝之处，旁山伴水，凿石架木，下撑以柱，上覆以板，是为栈阁”[1]。今明月峡栈道遗迹尚存，唯因修筑川陕公路，开山凿石，地形外貌改变，江水流量较昔日减少，峨峨险峻之势不及当年。两千多年前残留在崖间的栈道之撑柱石孔，仍历历在目，其孔宽 40 厘米、高 30 厘米、深 70 厘米，亦为难能可贵的先秦古迹。

栈道亦名阁道。栈道既可进攻，也可退守，汉刘邦曾领兵西上，开往南郑，他接受张良之计，将走过的几百里栈道全部烧毁，防御项羽。又如诸葛亮《与兄谨言赵云烧赤壁阁道书》所述：“前赵子龙退军，烧坏赤崖以北阁道”，阻止敌军追击。在宋代也曾发生火烧连云栈道截断退路的史事。

蜀道“翠云廊”，是古人植树护路的典范。在广元、剑阁境内，仍保留着植树护路的原始面貌，青石铺路，古柏合抱之大，荫翳夹道，“实为‘蜀道奇观’，举世罕见”。据《剑州志》记载，剑阁古代地方官员迁调离职时，新旧官员双方对道路、古柏要清点检查，办理交接事宜，若有毁坏短少，要追究责任；古柏又

[1] 郭荣章：《石门摩崖刻石研究》，陕西人民美术出版社，1985 年。

称“皇柏”，“官民相禁剪伐”，始得荫及后代，流芳今日。

今“剑门蜀道”已被公布为国家级风景名胜区。北起广元七盘关，经广元、剑阁、梓潼、江油、平武六县市，至平武报恩寺止。北段以川陕公路为主线，至绵阳又紧接绵江公路至江油，再接平江公路至平武，旅途全长 450 千米。由平武西行，可到被誉为童话世界的九寨沟和人间瑶池黄龙寺，饱览湖光水色。

蜀道既有众多的文物名胜，又有雄奇的风景，随着它的进一步开发，它将成为世界著名游览区，在历史记载上写下新的篇章。

绘图：朱小南

摄影：谭晓波

（原载《四川文物》1988 年第 1 期）

川陕交通路线

大　路

一、川陕西线（金牛道·石牛道·剑阁道·南栈道·四川官路·四川北路）

“金牛来而蜀道始开”[1]。曾经有一段时间，人们习惯称金牛道的开凿为狭义蜀道之始，近年有人考证，认为应以褒斜道开凿为蜀道之始[2]，主要据《华阳国志》载：“《蜀纪》言：‘三皇乘祇车出谷口。’秦宓曰：‘今之斜谷也。’及武王伐纣，蜀亦从行。《史记》：周贞王之十八年，秦厉公城南郑。此谷道之通久矣。而说者以为蜀王因石牛始通，不然也。”[3]但我们要注意，金牛道开凿的年代应早于传统说的周显王时。《尚书·禹贡》载梁州贡道：“西倾因桓是来。浮于潜，逾于沔，入于渭，乱于河。”邓少琴先生认为是经甘肃岷县西倾山沿桓

[1] 雍正《剑州志》卷三《形胜》。

[2] 徐争清：《褒斜道当为蜀道之始》，《历史知识》1982 年第 1 期。

[3][晋]常璩：《华阳国志》卷十二《序志》。

水（白龙江）下至潜水（嘉陵江）再北上经沔水（汉江）取褒斜道入渭水达黄河。如此，金牛道和褒斜道在战国以前已被开为贡道了。我们再从甲骨文和《竹书纪年》的记载中看出，商代中央政府与蜀道信使，馈赠和征战不绝[1]。《华阳国志》又载：春秋时“（蜀王）卢帝攻秦至雍（凤翔），生保子帝”[2]。则非常清楚告诉我们金牛道开凿应早于战国周显王时。

再者，《华阳国志》卷三《蜀志》：

> 周显王之世，蜀王有褒汉之地，因猎谷中，与秦惠王遇。惠王以金一笥遗蜀王，王报珍玩之物。物化为土，惠王怒，群臣贺曰：“天承我矣，王将得蜀土地。”惠王喜，乃作石牛五头，朝泻金其后，曰牛便金，有养卒百人，蜀人悦之，使使请石牛，惠王许之。乃遣五丁迎石牛。既不便金，怒，遣还之。

这段史料本身向我们说明一个问题，即“使使请石牛”“乃遣五丁迎石牛”“遣还之”三次事件都是有根据采信的。吴致华认为：“或本有小道，此特加以扩修也欤。”[3]这是十分正确的。对此，宋代蜀人吴师孟有诗曰：“《禹贡》已书开蜀道，秦人安得粪金牛？”宋人吴曾据此也认为：“则蜀与中国通道久矣。”[4]不难看出，周显王时仅是对原来古道进行的一次较大规模扩修而已。

《华阳国志》卷三《蜀志》：

> 周显王三十二年，蜀侯使使朝秦……惠王知蜀王好色，许嫁五女于蜀。蜀遣五丁迎之，还到梓潼，见一大蛇入穴中。一人揽其尾掣之，不禁，至五人相助，大呼抴蛇，山崩。时压杀五人及秦五女并将从，而山分为五岭，直顶上有平石，蜀王痛伤，乃登之，因命曰：“五妇冢山”。

这里，我们抛开其神话传说之色彩，应理解是为蜀王护迎五女的领头。这次事件，实际上是取金牛道行进途中的一次交通事故。

《华阳国志》载：“周慎王五年秋，秦大夫张仪、司马错、都尉墨等从石牛

[1] 董其祥：《巴史新考》，重庆出版社，1983 年，第 4~7 页。
[2][晋] 常璩：《华阳国志》卷三《蜀志》。
[3] 吴致华：《四川古代史》第六章。
[4][宋] 吴曾：《能改斋漫录》卷三《地理》，上海古籍出版社，1960 年。

道伐蜀，蜀王自于葭萌（昭化）拒之，败绩。王遁走至武阳，为秦军所害。”[1] 当时，五丁迎石牛使古道更通达，无疑为秦灭蜀创造了条件，故扬雄《蜀王本纪》称：“（蜀王）发卒千人使五丁力士拖牛成道，置三枚于成都，秦道乃得通，石牛之力也。后遣丞相张仪等从石牛道伐蜀。”[2] 阚骃《十三州志》称：“秦王未知蜀道……乃令五丁共引牛至之成都，秦知蜀道而亡蜀。”[3] 李泰《括地志》也称：“昔秦欲伐蜀，路无由入……乃令五丁共引牛，堑山堙谷，致之成都，秦遂寻道伐之，因号曰石牛道。”[4]

先秦金牛道的具体路线已难确考了，但考虑到古今交通路线择线都有择易而行和近捷而行的特点，则古金牛道与后来的剑阁驿道路线应基本吻合，从剑阁驿道上有关古金牛道的传说也印证了这个结论。这样，这条古道应从古南郑（汉中）经勉县西南烈金坝。烈金坝“一名金牛驿，即秦人置石牛处也”[5]。接着又入宁强东北的五丁峡（金牛峡）。其地“山如斧劈，临壁凌空，步步绠而上下”[6]，古道出五丁峡经今七盘关、龙门阁和明月峡的古栈道入古葭萌（广元昭化），再经剑门、柳池驿、武连驿、梓潼送险亭、五妇岭、石牛辅入成都。

《蜀中名胜记》载：“古老云：五丁开剑路迎秦女，拔蛇山摧，五丁与秦女俱毙于此。”[7] 知金牛道必经剑门。但是取道小剑山还是大剑山，历史上说法不一。《读史方舆纪要》：“自沔县而西南，至四川剑州之大剑关口，皆谓之金牛道，即秦惠王入蜀之路也。”[8] 此认为金牛道经今大剑山下剑门关关口。但从《舆地广记》：“小剑山有小石门，穿山通道，长六丈余，即俗所称石牛道，亦名金牛道，秦司马错由此伐蜀。”[9] 此认为金牛道经今小剑山下之后门关入。按传统

[1][晋]常璩：《华阳国志》卷三《蜀志》。
[2][3][4][清]王谟：《汉唐地理书钞》，中华书局，1961年；另来敏《本蜀论》也有类似记载。
[5][6][清]张邦坤：《云栈纪程》卷四，清乾隆甲寅年木刻版。
[7][明]曹学佺：《蜀中名胜记》卷二十六《保宁府·梓潼县》，重庆出版社，1984年。
[8][清]顾祖禹：《读史方舆纪要》卷五十六，中华书局，1955年。
[9]今本《舆地广记》卷三十二《利州路》无此话，转引自《读史方舆纪要》卷六十六。

看法是经剑门关口[1]。揭纪林同志考证认为，小剑山当为广元下寺修城坝附近之摩天岭及左右山脉[2]，据我实地考察，相其形势，参以唐于剑门北小剑关置永定关事实，觉得揭纪林之说甚妥。这样，金牛道应既取道小剑山，又取道大剑山。

金牛道经过战国的大修凿，《史记》有称："栈道千里，无所不通"，这无疑促进了巴蜀与中原政治经济文化的交流。在金牛道这次大修凿后，蜀守张若便"移秦民万家实之。当秦灭赵时，迁卓氏入蜀，夫妻推辇行至葭萌"[3]。司马错、张仪也曾多次入蜀平定叛乱。这些事件，从当时形势看，都是取金牛道的。

蜀汉时，诸葛亮对金牛道进行了一次大规模整修扩建，在剑门关附近修筑了三十里长的阁道，故以后人们多习惯称金牛道为剑阁道。

《华阳国志》载："（汉德县）有剑阁道三十里，至险，有阁尉，桑下民兵也。"[4]

《元和郡县图志》："后诸葛亮相蜀，又凿石凌空为飞梁阁道，以通行路。"[5]

《舆地广记》："诸葛孔明以大剑至此，有隘束之称，乃立剑门县。复于阁道置尉以守之。"[6]

《嘉庆一统志》称诸葛亮在剑门依崖砌石为门[7]。

《三国典略》："刘元德起馆舍，筑亭障，从成都至白水关四百余区。"[8]

看来，蜀汉时确实对金牛道作了一次大规模整修扩建。

在剑门立关置尉，设栈道以通行路；在金牛道沿线及从葭萌到景谷道白水关一线设立馆驿以便行路，这无疑对当时南北交通有很大促进作用。

[1] 川大历史系74级毕业实习小分队:《古剑门关考察记》,《四川大学学报》1977年第3期。

[2] 揭纪林：《剑门关大、小剑关考解》，《绵阳地方志通讯》1984年第4期。

[3][汉]班固：《汉书》卷九十一《货殖列传》，中华书局，1962年。

[4][晋]常璩：《华阳国志》卷二《汉中志》。

[5][唐]李吉甫：《元和郡县图志》卷三十三《剑南道·剑州》，中华书局，1983年。

[6] 今本《舆地广记》卷三十二《利州路》无此话，转引自[清]顾祖禹：《读史方舆纪要》卷六十六，中华书局，1955年。

[7]《嘉庆一统志》卷九十八《保宁府》。

[8] 道光《昭化县志》卷二十八《武备·驿传》，又见《玉海》卷二十四《地理》引《蜀志注》。

剑阁道在汉晋南北朝时期取用非常频繁，民族迁徙，军旅行进，商贾转输不绝于道。魏梁州刺史邢峦《请伐蜀表》称：“蜀之所恃惟剑阁。”足见剑阁道之重要。黄盛璋先生曾统计这个时期有六次从陕西取此道灭蜀之征战[1]。据我不完全统计应在八次以上，如果加上在古道部分段落上的征战则更多了。

战国秦汉魏晋南北朝剑阁道主要征战取用事迹表

年 代	事 迹	出 处
周慎王五年（前 316）	司马错、张仪取金牛道取蜀。	《华阳国志》卷三《蜀志》
建安十七至十九年（212~214）	刘备灭刘璋，自葭萌径自白水关，再进据梓潼，克绵竹，围洛城，败任勒于雁桥，进围成都。	《华阳国志》卷五 《公孙述刘二牧志》
景元四年（263）	钟会经关口，昭化入剑阁至成都。	《三国志》卷二十八 《三国志》卷十四
元康八年（298）	关中六郡流民由李特率领经剑阁入成都。	《华阳国志》卷八《大同志》 《通鉴》卷八十三
永和三年（347）	桓温克晋寿、葭萌、白水城，降李氏。	《蜀鉴》卷四 《通鉴》卷九十四
兴宁三年（365）	梁州刺史司马勋从汉中取剑阁道入成都。	《通鉴》卷一百三
宁康元年（373）	前秦苻坚率毛当、徐成率三万出剑阁，犯梁、益二州。	《蜀鉴》卷五 《通鉴》卷一百三
元嘉十年（433）	杨难当出袭白马，攻葭萌。	《蜀鉴》卷六 《通鉴》卷一百二十二
元嘉十八年（441）	杨难当寇汶川，攻葭萌和晋寿，围涪城。	《蜀鉴》卷六 《通鉴》卷一百二十三
建元二年（480）	李乌奴反于晋寿，王图南取剑阁，崔惠景从汉中取金牛合剿。	《读史方舆纪要》卷九十九 《通鉴》卷一百三十五
天监四年（505）	梁武帝时，北魏刑峦遣王足将军经剑阁道经涪城入成都。	《蜀鉴》卷六 《通鉴》卷一百四十六
天监十三年（514）	魏军攻蜀，沿金牛道至晋寿。	《蜀鉴》卷六 《通鉴》卷一百四十七
大宝初年（550）	氐族杨德琛入利州，益州刺史肖红遣杨乾运击败德琛于剑阁。	《读史方舆纪要》卷六十六 《通鉴》卷一百六十三

[1] 黄盛璋：《川陕交通的历史发展》，《地理学报》1957 年 23 卷第 4 期。

续表

年 代	事 迹	出 处
魏废帝二年（552）	北周伐蜀，出白马、晋寿、剑阁、潼州下成都。	《周书》卷二十一《尉迟迥传》
大象二年（580）	杨坚以梁睿讨益州总督王谦，拓拔宗取剑阁道入成都。	《通鉴》卷一百四十四

隋唐时期，是四川古代交通史上一个相当重要时期。隋唐以前，四川曾有馆驿邮亭之设，但发展极不健全。到了唐代，废督邮，以吏主驿事，各路驿道都得到很大发展，剑阁道在当时尤为突出。据我所考，唐代金牛道上的驿站有 17 个，它们自南而北是：天回、两女、金雁、旌阳、万安、巴西、奉济、上亭、汉源、方期、嘉川（嘉陵）、深渡、望云、筹笔、五盘、三泉、金牛驿。按刘禹锡《山南西道新修驿路记》载："自褒而南逾利州，至于剑门次舍十有七。"则可知唐代金牛道的驿站远不止 17 个，只是史籍遗载，多已无法征考了。

唐代金牛道行程表

唐地名	今地望	附考
梁州南郑县	汉中市	
西县	勉县南	
百牢关	勉县西南	古沮水（白马水）与汉江汇合处，原名白马关，又称阳平关。
嶓冢山	烈金坝东 28 千米	
金牛驿	烈金坝	秦置金牛处，随通谷镇，唐金牛县，宝应元年置驿。
三泉县	宁强阳平关南嘉陵江边	唐三泉县位置至今有争议，一说在今宁强县治；一说在大安驿东一里，有土城遗迹；一说在阳平关南，黄盛璋《阳平关及其演变》一文便据此说。按《寰宇记》卷一百三十三："唐天宝元年自今县西南一百二十里故县移理于嘉陵江东一里关城仓陌沙水西置，即今县理也。"又《元和志》卷二十二载三泉县在兴元府西南二百五十里，知阳平关南一说为是。
九井滩	大滩	明置有九井驿，明清又称空舵滩。
五盘驿 七盘关	在九井滩上	据《读史方舆纪要》卷六十八："七盘岭在县北七十里与陕西宁羌州接界，一名五盘，自昔为秦蜀分界处。"明清其他方志地志都取此说，我实地考察已证明清七盘关与唐位置不同。

续表

唐地名	今地望	附考
（宋）潭毒关	朝天镇北嘉陵江边	《方舆胜览》卷六十："潭毒关，在州北九十里，有御前军屯驻于此，下瞰大江，路皆滑石，登涉颇艰。"《元一统志》卷五："潭毒关，在绵谷县百余里，逾朝天，溯嘉陵江而上，下瞰大江，路皆滑石，登涉颇艰。"但清代潭毒关位置却不近嘉陵江，在广元中子区石栈垭，可见《民国广元县治稿》第五篇《武备志》等。
筹笔驿	广元筹笔乡	明清有人认为筹笔驿为当时朝天驿或神宣驿。
龙洞阁	龙洞背	
朝天岭	明月峡朝天关	宋始置朝天驿。
望云驿	楼房	又称望喜驿，清置望云铺，《读史方舆纪要》卷六十八以沙河驿为望云驿误也。
深渡驿	沙河	清设沙河驿。
石柜阁	千佛岩	
嘉陵驿	广元市内	又叫问津驿，民国《重修广元县治稿》卷三："嘉川驿，即问津驿，乃后魏嘉川县设，又曰嘉陵驿。"
桔柏渡	昭化古渡	
益昌县		南有泥溪驿，在今广元吴家店，当金牛道与东川、米仓诸道的交结站。
牛头山	牛头山	上有天雄关，又称葭萌关，在昭化西二十里。
白卫岭	白卫铺	昭化西南四十里朝阳堡，又叫大朝。
小剑戍	大木树	
方期驿	剑门关	
大剑戍		
青疆店	青树子	
汉源驿	汉源区	
税人场	石洞沟	税人场地望向无从确考，严耕望先生在《唐金牛成都道驿程考》一文中估计在今剑阁县南。按《茅亭客话》卷一《虎道屏迹》："圣朝未克蜀以前剑利间虎暴尤甚。白卫岭、石洞溪名虎名披宗文，地名税人场。"按今广元剑阁间有石洞沟阴森逼人。这样，从广元大朝到剑阁石洞沟为唐税人场之地。严耕望先生未能实地考察致误。
普安县	剑阁县	剑州至成都十二程（《通鉴》卷二百五十二《考异》）。
武连县	武连区	
上亭驿	演武乡	
梓潼县	梓潼县	
奉济驿	沉香铺	
巴西驿	绵阳市	

续表

唐地名	今地望	附考
万安驿	罗江县	又称罗江驿。
白马关	德阳白马	
鹿头关	德阳鹿角湾	
旌阳驿	德阳	
金雁驿	广汉	
两女驿	广汉、新都间弥牟	
天回驿	天回镇	
成都县	成都市	

（一）此表制作参考文献：（古文献不列入）姚家积《唐代驿名拾遗》（《禹贡》5卷2期）、林超《蜀道考》（《文史杂志》3卷5、6期）、严耕望《唐金牛成都道驿程考》（《唐史研究丛稿》1969）、冯汉镛《唐五代时剑南道的交通路线考》（《文史》14辑）、李生辉《试谈广元历代交通》（《广元县志通讯》1984，2）和实地考察资料。

（二）关于金牛道从勉县入川路线历史上有三种说法：一说认为经金牛峡、宁强县治、七盘关、朝天镇到广元、昭化。按此应为元明清的路线。一说经过烈金坝西向阳平关沿嘉陵江到朝天、广元、昭化。按这是隋唐宋古道的路线。另一说为道光《昭化县志》提出的汉晋路线，即第二说到阳平关后西南折向古白水关沿白水古葭萌（昭化），近来刘琳《华阳国志校注》也取此说，但我认为应仅局限于汉魏时代。

隋平蜀以后，隋文帝以“巴蜀险阻，人好为乱，于是更开平道，毁剑阁之路，立铭垂诫焉”[1]。《元和郡县图志》载：“剑阁道自利州益昌县界西南十里，至大剑镇合今驿道。”[2] 从此可看出元和时的驿道非原剑阁道，而是隋文帝时的新开路。《元和郡县图志》载：“又有古道，自（益昌）县东南经益昌戍，又东南入剑州普安县界，即钟会伐蜀之路也。”[3] 这里，从益昌分路一走西南为剑阁道，

[1][唐]魏徵等：《隋书》卷一《文帝纪》，中华书局，1973年。
[2][唐]李吉甫：《元和郡县图志》卷三十三《剑南道·剑州》，中华书局，1983年。
[3][唐]李吉甫：《元和郡县图志》卷二十二《山南道·利州》，中华书局，1983年。

一走东南为古道，大剑镇为普安县地界，很明显，唐古道路线即汉晋金牛道路线。在这条古道上，有个重要关卡叫泥溪，位于泥溪河入嘉陵江处，今名吴家店，其地北接昭化，东趋巴中，西走大剑镇，在清代仍是“往来通道也”[1]。后梁时王宗侃遣裨将林思谔取米仓道至中巴，西经泥溪向蜀主告急[2]。有唐人赵任巴南，也取泥溪而入[3]。

唐开成四年（839），刘禹锡、石文颖等领导修治川陕驿路，“自散关剑门凿山石栈道千余里以通驿路”[4]。对顽石“炽炭以烘之，严醯以沃之，溃为埃煤，一彗可扫”。对盘虚栈阁“枘木絙铁，因而广之，限以钩栏”。对“狭径深陉，衔尾相接，从而拓之”，从而使“方驾从容，急宣之骑，宵夜不惑；却曲棱层，一朝垣夷”[5]。通过这次修治，唐又将到阁道辟为了正驿，废弃了隋文帝以来所开的新道，故人们习惯中的唐代驿道路线仍是剑阁道[6]。唐宣宗大中年间，剑州普安县令蒋侑“大铲险道，锟石见土”，“推险为夷，大石是扛”，使剑阁古道得到整治[7]。

唐代，金牛道上栈道是十分普遍的。苏珽《夜发三泉即事》有“下奔泥栈楮，上观云梯设”之句。杜甫秦州入蜀纪行《五盘》诗描绘五盘岭是“仰凌栈道细，俯映江木疏”。岑参《自褒城同行至利州道中》称七盘关“栈道宠迅湍，行人贯层崖”；《赴犍为经龙洞背》诗有：“侧经龙洞背，虎栈透沧渡”，按北宋时明月峡栈道仍然存在，则可知唐也应存在（详后考）。杜子美入蜀纪行诗《石柜阁》：“石柜曾波上，临虚荡高壁”，可知玄宗时阁道犹存。《广元县志稿》：“秦汉架木为栈，唐韦抗乃凿石成道，立阁如柜，因以为关，今废。”[8]看来，今千佛崖曾架设木栈和凹槽石栈。从昭化经龙爪湾白卫岭、高庙到剑门一段也有栈道，

[1][清]顾祖禹：《读史方舆纪要》卷六十八，中华书局，1955年。
[2][宋]司马光：《资治通鉴》卷二百六十八，中华书局，1956年。
[3][五代]孙光宪：《北梦琐言》卷九，中华书局，1981年。
[4][宋]王象之：《舆地纪胜》卷一百八十三。
[5][唐]刘禹锡：《刘梦得文集》卷二十六《山南西道新修驿路记》。
[6]道光《昭化县志》卷二十八《武备志》。
[7][唐]李商隐：《李义山集》卷四《剑州重阳亭铭》。
[8]民国《广元县志稿》卷二十一《武备志》。

清道光时仍有栈迹，但今已不存在[1]。《元和郡县图志》称小剑山是“飞阁通衢”，称大剑山是“飞阁以通行旅”[2]。岑参《送郭仆射节制剑南》诗有“剑门乘崄过，阁道踏空行”之句。《昭化县志》便谈到道光时剑门关剑溪仍有栈存在。看来，唐代金牛道从三泉、五盘岭、龙洞阁、朝天岭、石柜阁到白卫岭、剑门关一线都有大量栈道存在。

剑阁道唐代地位相当重要。于邵《剑门山记》认为剑阁道“为全蜀之路必由”，还说：“仁者由剑门以之为福，不仁者由剑门以之生祸。”[3]又有称四川“束咽喉于剑阁”[4]。当时，达官贵人、文人骚客、富商大贾、军旅游兵往来不绝于道。我仅据《蜀中名胜记》卷二十六《剑州》所录，唐代就有张载、柳宗元、王勃、卢照邻、岑参、唐玄宗、杜甫、王维、李白、唐僖宗、李德裕、戎昱、李商隐等24人取此道出入四川。《北梦琐言》：“人有从剑门拾得裹漆器文书，乃成都具狱案牍。”[5]由此看出当时公文传递多取此道。由于当时许多人私带武器行进，宝应元年（762），曾在金牛道上严禁私客携带武器，如要携带则必须所持“过所”上注明方可[6]。贞观二十二年（648），“剑外骚然”，唐太宗遣长孙知取此道“驰驿往视之”[7]。

唐末，剑阁道一些段落荒芜为虎豺出入之地，致使古道梗阻一时。

《茅亭客话》：“圣朝未克蜀前，剑、利之间虎暴尤甚，白卫岭，石洞溪虎名披宗文，地名税人场。”[8]

《北梦琐言》：“蜀路白卫岭，多虎豹噬人。”[9]又称“唐大顺、景福已后，蜀路剑、利之间，白卫岭、石筒溪虎暴尤甚，号‘税人场’。商旅结伴而行，军人带甲列队而过，亦遭攫搏。……先是，西川监军使

[1] 道光《昭化县志》卷二十八《武备志》。

[2][唐]李吉甫：《元和郡县图志》卷二十二和卷二十三，中华书局，1983年。

[3][宋]李昉等：《文苑英华》卷八百三十四《记》，中华书局，1966年。

[4][宋]李昉等：《文苑英华》卷四百五十八《制》录《授刘崇望东川节度使制》，中华书局，1966年。

[5][五代]孙光宪：《北梦琐言》卷三，中华书局，1981年。

[6][宋]王溥：《唐会要》卷八十六《关市》，中华书局，1955年。

[7][宋]司马光：《资治通鉴》卷一百九十九，中华书局，1956年。

[8][宋]黄休复：《茅亭客话》卷一《虎道屏迹》。

[9][五代]孙光宪：《北梦琐言》卷九，中华书局，1981年。

鱼全譚进自京搬家，憩于汉源驿，其孀嫂方税驾，遂严妆倚驿门而看，为虎攫去，虽驱夺得之，已伤钩爪也。……景福、乾宁之时，三川兵革，虎豹昼行，任上贡输，梗于前迈；西川奏章，多取巫峡。大虫作暴，得非系国家之盛衰乎！”[1]

这种荒凉异常的景象，看来与唐末五代战乱是有关系的，五代时造成“自是东北商旅少敢入蜀”的现象[2]，与这是有关的。

唐五代金牛道重要取用事迹表

年 代	事 迹	出 处
天宝十四载（755）	玄宗逃蜀，从陕西经益昌、桔柏渡、白卫岭、普安、巴西郡至成都。	《旧唐书·玄宗纪》《蜀鉴》卷七
上元二年（761）	崔光远、李奂攻绵阳段子璋。	《通鉴》卷二百二十二
元和元年（806）	高崇文从兴元入川，避开剑门，经阆州、梓州、鹿头关入成都。	《通鉴》卷二百三十七
咸通—乾符之际（860~879）	南诏攻陷成都，朝廷官军从剑门入四川，南诏军败。	《通鉴》卷二百五十二
广明元年（880）至中和元年（881）	唐僖宗奔蜀，经绵州、鹿头关、汉州入成都。	《通鉴》卷二百五十四
大顺二年（891）	王建送韦昭度出剑门，即扼剑门关，回攻成都。	《通鉴》卷二百五十八
乾宁四年（897）	凤翔李继昭征王建至梓州，留偏将守剑门，西川王宗播击破李继昭。	《通鉴》卷二百六十一
天复二年（902）	王建取利州、三泉驿、金牛、黑水、西县、褒城、汉中。	《通鉴》卷二百九十三
同光三年（925）	魏王李继岌、郭崇韬领兵伐蜀，蜀王王衍率军经汉州、梓潼、剑州、剑门、白卫岭、利州，为魏军败，归断桔柏渡浮梁。	《通鉴》卷二百七十三
同光三年（925）	李绍琛入利州，修桔柏渡津梁为浮桥，经利州、绵州、鹿头关、汉州入成都。	《通鉴》卷二百七十四
长兴元年、长兴二年（930、931）	石敬瑭两次经剑门攻剑州。	《通鉴》卷二百七十七
清泰元年（934）	蜀将张业将兵经大漫天入兴元。	《通鉴》卷二百七十九

[1][五代]孙光宪：《北梦琐言》逸文卷四，中华书局，1981年。

[2][宋]司马光：《资治通鉴》卷二十七，中华书局，1956年；另同卷载：“孟知祥以朝廷恩意优厚，而董璋塞绵州路，不听遣使入谢，与节度副使赵季良等谋，欲发使自峡江上表。”看来，不仅商旅不行，连官行也受阻。

五代末年剑门关附近有两条小道可避剑门之险，叫来苏小径和人头山小径。

早在西魏废帝二年，尉迟迥从白马开平林道至剑阁，当为剑阁道旁小道，具体路线不可考[1]。

《资治通鉴》中《后唐纪》胡注称："益昌江东越大山数重，有狭径名来苏，蜀人于江西置栅守之。渡江出剑门西二十里至青疆店与官路合。"[2]《后唐明宗实录》："先是，庞福城、谢锽屯阆州北来苏寨，闻剑门陷，惧北军据剑州，率部兵千余人由间道先董璋至剑州，壁于衙城后。"[3]又《五代史·后蜀世家》："军头向韬得蜀降卒，官来苏小路出剑门南清强店与大路合。"那么，这个来苏地区位置何在呢？

《元丰九域志》载蓬州仪陇县有来苏镇[4]，《通鉴》胡注据此认为来苏小径之来苏即此，但考其地望，显然不合。按《读史方舆纪要》和《剑阁县续志》载剑阁县东南七十里[5]，但具体地望怎样呢？按此来苏径在出剑门南二十里渡江，显然不可能在剑阁县东南，只可能是东北。今出剑门南约二十里嘉陵江边（即益昌江）张王乡治，对岸为朱家渡。由今昭化渡江翻山越岭渡朱家渡经张王乡到青树子（古青疆店）仍为可行之道。此地位置和形势均与记载相合，来苏小径必此无疑。

李昊《蜀高祖实录》："己卯，东川告急，今月十八日北军自白卫岭、人头山后过，从小剑路至汉源驿出头倒入剑门，打破关寨，掩捉彦温及将士五百余人，遂相次构唤大军，据关下营。"[6]看来，此人头山道经昭化西四十里人头山入小剑道。又据《舆地纪胜》卷一百八十四《利州路》谈到孝宗时利州开马道，皆不由剑阁，别架栈道以引商贩。马道当为剑阁道旁斜径。

宋代剑阁道有了新的发展。真宗大中祥符三年（1010）以前，因为剑阁道"或经水潦，即坠石隔碍，旧路又随而废"，利州官吏便一度筹划重新修治。大中祥

[1][唐]令狐德棻等：《周书》卷二十一《尉迟迥传》，中华书局，1971年。

[2][宋]司马光：《资治通鉴》卷七十七，中华书局，1956年。

[3][宋]司马光：《资治通鉴考异》卷二十九。

[4][宋]王存：《元丰九域志》卷三《利州路》，中华书局，1984年。

[5][清]顾祖禹：《读史方舆纪要》卷六十八，中华书局，1955年；民国《剑阁县续志》卷三《事记》。

[6][宋]司马光：《资治通鉴》卷二百七十七，中华书局，1956年。

符三年，宋真宗下诏："欲修易栈阁者，具述经久利害，侍报，无得擅行。"到了大中祥符五年（1012）又下诏："剑州、利州修栈阁路。"仁宗天圣三年（1025）褒城县窦充上书认为从凤州到利州剑门关入益州有桥阁九万余间，而每年士卒修整桥阁多到远山密林采伐，甚为艰辛，建议在入川大道两旁委任专职官吏负责栽种树木，以树干随时修整桥阁。当时，仁宗皇帝不置可否，诏陕西及益州路转运司揣度行事[1]。以后是否栽种，不见记载。但清代王士禛曾谈到宋宁宗庆元三年（1197）剑阁县令何琰修凿剑阁道，沿路种松，并刻石纪之，清代仍留有《治路种松碑》[2]。

宋代剑阁道取用十分频繁。为了便于古道管理，一度设置绵汉剑门路巡检使，专司此事务[3]。还设立与州间级的剑门关行政机构。景德二年又将剑门县隶属于剑门关。梁鼎祖父梁钺曾充为剑门关使。剑门关的设置，主要是征收商税、照验公凭和守御之需要。天圣六年（1028）许多商人为躲避征税，改道从利州、葭萌沿嘉陵江到阆州出成都，以避开剑门课税，宋政府便立即又在此条道路上设置了关卡[4]。看来，宋代剑阁道商旅不断，足见四川商业之盛。"交子"首先在四川出现绝非偶然，只是宋代对四川实行榷场制，对四川商业是有影响的。当时，四川实行茶禁，古道上榷场林立，以至于"成都路客人贩茶不得过剑门，利州路客人贩茶不得过陕西"，造成了"商贾不行，百货不通"[5]，使剑阁道交通之功能受到了影响。当然，比之于前朝，剑阁道确实更加通畅。宝元年间，四川大饥荒，大批饥民沿剑阁道出川求食，政府只有下令放行出关[6]，五代时的梗阻现象在宋代不复存在，有载："岁贯纳运，使命商旅，昼夜相继，庐舍骈接。犬豕纵横，虎豹群盗，悉皆屏迹。"[7]南宋绍兴初，漕运军粮于嘉陵江，由于水路梗阻，一

[1][清]徐松：《宋会要辑稿》第一百九十一册《方域》一〇，中华书局，1957年。

[2][清]王士禛：《陇蜀余闻》，《小方壶斋舆地丛钞》，商务印书馆，1936年；另黄邦红：《剑阁古柏与李壁铜像》，《四川文物》1986年第3期，认为晋郭璞曾种松，史据欠充分，应误。

[3][宋]王珪：《华阳集》卷四十九《穆武高康王神道碑》，商务印书馆，1935年。

[4][清]徐松：《宋会要辑稿》第一百九十二册《方域》十二，中华书局，1957年。

[5][宋]苏辙：《栾城集》卷四十一《申本省论处置川茶未当状》。

[6][元]脱脱等：《宋史》卷十《仁宗》二，中华书局，1977年。

[7][宋]黄休复：《茅亭客话》卷一《虎道屏迹》。

度改行金牛道陆运[1]。又有载：“蜀号天险，秦以十月取之，后唐以七十五日取之，本朝以六十六日取之。”[2]撇开其他因素，古道陡险化平夷，无疑是使征战速度加快的重要原因。

宋代是剑阁道上栈阁由鼎盛走向衰落的朝代。

言其鼎盛，有所谓，“栈道连空，极天下之至险”之称[3]。

《舆地纪胜》载：“自（利州）城北至大安军界，管桥、栏阁共一万五千三百一十六间，其著名者为石柜阁、龙洞阁。”又引冯钤幹田：“其他阁道虽险，然在山腰亦微有径，可以增治阁道。独惟此（龙洞）阁，石壁斗立，虚凿石窍而架木其上，比之他处极险。”[4]又有载：“兴、利州至三泉县桥阁共一万九千三百八十间，护险编栏共四万七千一百零三十四间。”[5]从上我们可看出宋代栈道是非常发达的，有木栈、有凹槽式石栈。这些栈道大多应是宋代修治的。文同《嘉川》诗：“嘉川之西过新栈，几里朱栏绕青壁。”[6]言新栈，必宋所治修了。另今广元清风峡仍有许多栈孔遗迹，有石刻：“淳熙丙午年仲春，桥阁官刘君用改修。”这也明显说明宋代曾大规模修治栈道。

宋代剑门关仍设栈而过，《黄冕仲修关议》称剑门关：“中出栈道，行者如立。”司马光诗有“剑岭横天古栈微，相如重驾传车归”之句，佚名《剑阁铭》有“路由危栈，途经险阁”之称，陈宇送《中庸》诗有“剑门当石关隘，栈道入云危”之句。

但是，宋代许多栈道已遭毁坏了。南宋末成书的《舆地纪胜》卷一百八十四《利州》：“朝天岭在州北五十里，路经绝险，其后即朝天程，旧路在朝天峡栈道，遂开此道，人甚便之。”这里今明月峡（朝天峡）栈孔所立栈道至少在南宋末已被毁是可以肯定的。再考北宋初年文同《过朝天岭》一诗有“耳倚钩栏拥鼻吟”之句，似乎栈道仍存，但比其稍晚的范祖禹《过朝天岭》称：“夜上朝天晓不极，下视嘉陵千丈黑。”[7]则明显取岭上驿路而过，必知下面栈道已毁。可见，

[1][元]脱脱等：《宋史》卷三百七十八《胡交修传》，中华书局，1977年。
[2][宋]邵博：《邵氏闻见后录》卷二，中华书局，1983年。
[3][宋]王象之：《舆地纪胜》卷一百九十一《大安军》。
[4][宋]王象之：《舆地纪胜》卷一百八十四《利州》。
[5][元]耶律铸：《双溪醉隐集》卷二《述实录四十韵》。
[6][宋]文同：《丹渊集》卷十七，商务印书馆，1936年。
[7][宋]范祖禹：《范太史集》卷一。

明月峡的栈道毁于北宋初年，这样李之勤《蜀道话古》第 18 页认为明月峡栈道在宋代都存在，元代才改行朝天岭碥路是误断了。今明月峡南段无柱式壁孔径在 35 厘米左右，北面木杪斜柱式三排并列孔，孔径一般在 35 厘米～40 厘米，深在 70 厘米～80 厘米，栈孔应是北宋初的遗迹了。南宋初年陆游《自阆复还汉中次益昌》有“马经断栈危无路”之句，宋李曾伯《利州登栈道》诗有“试登危栈瞰江流”之句。看来，到了南宋，剑阁道栈道便多毁弃破烂了。当然，南宋末年金牛道栈道仍有大量存在，故仍称汉中到利州“犹有栈阁险阻”[1]。

需要指出的是，宋代栈道坏弃，与宋初灭蜀战争有关，乾德二年（964），王全斌伐蜀至三泉县，蜀军“烧绝栈道，退保葭萌”[2]。这里言烧绝，即完全中断了，破坏够大了。由于栈道被烧，王全斌只有改取罗川道三台栈道入利州，克益州。这样，形成了一条经大小漫天岭（蒿本山，也即大光坡、小广坡）、今麻柳、白杨栈、两河口到宁强的一条间道，宋元可与正道并行取用。宋代郭奕诗：“大漫天是小漫天，小漫天是大漫天。只因大小漫天后，遂使生灵入四川。”述此道之艰险。据元李祖仁《广元路复行古道记》载在元代中统年间因蒿本山道阻险异常，便改行旧路[3]，据陈奕禧《益州于役记》谈到千佛岩有《元修路碑》，则元还对旧道加以整修。但我们要十分注意，这次改用的旧路，并非完全沿袭唐宋路线经朝天沿江上宋三泉县（阳平关南），而是经朝天驿东北到镇宁站（宁强县）经金牛峡到金牛驿，则又沿用了先秦古道路线。元代改行的这条路线，一直为明清民国所沿用，即今川陕公路的路线[4]。

宋代取剑阁道征战的军旅不少。如乾德二年至三年（964~965），王全斌、史延德伐蜀，取剑阁道旁罗川、来苏道克蜀。淳化四年（993），王小波、李顺起义，攻剑州、剑门。淳化五年（994），宋派王继恩取剑道入镇压起义。征战取用最

[1][宋] 魏了翁：《鹤山先生大全集》卷三十一《督府知安吉州蒋左史》。

[2][宋] 李焘：《续资治通鉴长编》卷五《乾德二年》，上海古籍出版社，1986 年；另 [元] 脱脱等：《宋史》卷二百五十五《王全斌传》作：“断阁道。”

[3] 李生辉：《试谈广元历代交通》，《广元县志通讯》1984 年第 2 期；民国《广元县志》卷三十六《艺文》。

[4]《析津志 · 天下站名》、《永乐大典》卷一万九千四百二十六；可参拙稿《元代四川驿道站赤考》。

频繁是宋末元初。

嘉定十二年（1219），红巾军张福入利州，聂子述退守剑门，“自剑门遁”[1]。

端平三年（1236），蒙古太子阔端出大散关、阳平关，克利州、剑门趋成都。

宝祐二年（1254），“嘉陵江水涩，议者欲弃之”[2]，汪德臣为了保全蒙古军给养，两路并举，驻“扼四川之衿喉”的利州，除继续利用嘉陵故道外，沿金牛道“陆挽兴元”[3]。

宝祐五年（1257），杨大渊守剑门，宪宗以红琳为前锋从散关、宝峰入利州、葭萌。蒙古军渡白水克剑门，拔苦竹隘，攻下隆庆府[4]。

宋末，宋人对剑阁道、剑门关重视不够，“昔守三关（武休、仙人、七方），无所事此”，所谓：“栈道不烧，隘口不塞。”[5] 直到元军破利州，“议者以剑门天险，实为户枢”。“益昌之南，陆走剑而外，东西川在焉。”[6] 虽在剑阁道上置云顶、苦竹诸城寨，但仍挡不住强悍的蒙古骑兵。

元代全国广置驿站，剑阁道当正道，自然也不例外。早在至元五年（1268）五月，便“更于人头山添设驿站，庶省铺马不致失误”[7]。

现在这条线上可考之驿站有 20 个。

汉川陆站（汉中市）、褒城陆站（褒城县）、沔阳陆站（勉县治）、金牛陆站（今烈金坝）、罗村陆站（烈金坝西南滴水铺）、镇宁陆站（宁强县治）、朝天陆站（广元朝天区治）、宁武陆站（广元陆站、今广元市）、临江陆站（广元昭化）、人头山站（昭化西四十里）、剑门陆站（剑阁剑门镇）、隆庆陆站（剑阁县治）、乘泉陆站（今剑阁垂泉乡）、伯坝陆站（梓潼复兴）、绵州陆站（绵阳市）、罗江陆站（德阳罗江）、白马陆站（德阳白马）、德阳陆站（德阳市）、

[1][明]黄淮、杨士奇：《历代名臣奏议》卷九十九李鸣复《策全蜀安危疏》；[元]脱脱等：《宋史》卷四百二《安丙传》，中华书局，1977 年。

[2][明]宋濂：《元史》卷一百五十五《汪德臣传》，中华书局，1976 年。

[3][明]宋濂：《元史》卷一百六十三《李德辉传》，中华书局，1976 年。

[4][明]宋濂：《元史》卷四十四《宪宗本纪》，中华书局，1976 年。

[5][宋]吴泳：《鹤林集》卷二《论坏蜀四证及救蜀五策札子》。

[6]傅增湘：《宋代蜀文辑存》卷八十七年子才《论救蜀急著六事疏》，商务印书馆，1934 年。

[7]《经世大典·站赤》，《永乐大典》卷一万九千四百一十六。

汉州陆站（广汉市）、成都本府陆站（今成都市北）[1]。

明清时期，是四川驿道发展鼎盛时期，开辟了许多新的驿道路线，但川陕交通置驿相通的也只有剑阁道，四川人称为出蜀北路，陕西人则称为四川官路。当时，商贾转输、兵旅征伐、公文传递、皇帝下诏、官吏往返多取此道，有“各驿中尤以北路为最繁重”之称。当时从成都传递公文到京师，取此道换马不换人，17 天 ~19 天便可行一单程[2]。

明代四川北路驿站表

早馆驿，在旧大安门处，疑在今成都市成华南街附近。

新都驿（新都县）。

汉州驿（广汉县）。

古店驿（中江古店）。

五城驿（中江县）。

建宁驿（三台建林）。

皇华驿（三台县）。

秋林驿（三台秋林)。

云溪驿（盐亭县）。

富村驿（盐亭富驿）。

柳边驿（阆中柳一）。

隆山驿（阆中双龙）。

锦屏驿（阆中县）。

槐树驿（苍溪槐树）。

施店驿（昭化南一百八十里苍溪五龙）。

柏林驿（广元柏林），有柏林递运所。

圆山驿（广元梅树元山）。

[1]《经世大典 · 站赤》，《永乐大典》卷一万九千四百二十三；《析津志 · 天下站名》，《永乐大典》卷一万九千四百二十六。《析津志》载绵州至汉州站之间有临江站，而无罗江站，《经世大典》有罗江站，疑为罗江站之误。详考可参拙稿《元代四川驿道站赤考》。

[2][清] 周询：《蜀海丛谈》卷上《驿站》，巴蜀书社，1986 年。

龙潭驿（广元龙潭)。

问津驿（广元市）。

沙河驿（广元沙河）。

神宣驿（广元宣河），有神宣递运所。

黄坝驿（宁强黄坝）。

柏林驿（宁强柏林）。

金牛驿（勉县烈金坝)。

青阳驿（勉县青阳）。

顺政驿（勉县）。

开山驿（褒城县）。

汉阳驿（汉中市）。

清代北路驿、铺、关、店表

锦官驿（成都锦官驿小学）、成都底塘铺（成都剧场对面）、欢喜庵铺、天回镇铺、昆桥河铺。

新都驿（新都，又叫汉广驿）、玉皇观铺、独桥河铺。

汉州驿（广汉）、白鱼铺、小汉镇铺、大汉铺、竹林铺。

旌阳驿（德阳）、牛耳铺、孟家店铺、灵龛铺、白马关铺。

罗江驿（罗江）、大井铺、金山铺、石桥铺、皂角铺、新铺、鸡鸣铺。

金山驿（锦州驿）、滥泥沟铺、抗香铺、蔡家铺、沉香铺、铜瓦铺、魏城铺（驿）、宣化铺、万年桥、板桥铺、漏峰铺。

梓潼驿（梓潼）、水观音铺、吉阳铺、通木铺，城垣铺、上亭铺、酒店铺、演武铺、瓦子垭铺、武连铺（驿）、垂泉铺、柳池沟铺、讲书台铺、梁山铺（凉山铺）、青凉桥铺。

剑州驿（剑阁）、闻溪、抄手铺、石洞沟铺、汉阳铺、天然桥、青树子铺、五里坡、剑门铺（驿）、志公寺铺、七里坡、任家垭、高庙铺、孔道新、大木铺（大木树、达摩树、小剑戍）（驿）、竹垭铺（竹垭子，白卫岭）、新铺、天雄铺（牛头山，葭萌关，又叫天雄关）、茶亭。

昭化驿（昭化）、皂角铺、土门铺。

问津驿（广元）、磁窑铺、沙河驿、新店子、望云铺（驿）、朝天关。

朝天驿（朝天）、金堆铺、杂果铺、龙洞背、神宣驿（榆林铺）、纸厂铺、中子铺、石栈垭、转斗铺、椿树铺、七盘关。

黄坝驿（宁强黄坝）、利仙铺、土门铺。

宁羌州（宁强）。

柏林驿（宁强柏林）、浣石铺、滴水铺、五丁关、金牛峡、宽川铺。

金牛驿（烈金坝）。

大安驿（宁强大安）、打火店（长木树）。

青阳驿（青阳）、土关铺（百牢关）。

顺政驿（勉县）。

黄沙驿（勉县西）。

开山驿（褒城县）。

汉阳驿（汉中市）。

两表主要参考文献：

《明一统志》、《寰宇通志》、《舆程记》（《读史方舆纪要》录）、《驿站路程》（《小方壶斋舆地丛钞》）、《天下郡国利病书》、《四川通志》、《陕西通志》、《大清会典事例》、《明会典》、《古今图书集成》、《三省边防备览》、正德《四川志》、《剑州志》、《剑阁县续志》、《广元县志稿》、《重修昭化县志》、《蜀道驿程记》、《云栈记程》、《使蜀日记》、《蜀游日记》、《北游日记》。

金公亮《康雍二朝四川驿运》、肖明远《剑阁古驿道考略》、李生辉《试谈广元历代交通》、四川省交通厅《四川交通史志文稿》。

明清政府多次大力对此道加以整修。剑阁肖明远、罗少先同志认为历史上对剑阁道的大规模修凿仅在明清各有一次[1]，现在考证起来，在三国、唐、宋都有过许多次大的修凿，而明清两朝大的修凿远不止两次，应在九次以上。

第一次明洪武二十四年（1391）二月至二十五年（1392）一月，景川侯曹震

[1] 肖明远、罗少先：《剑阁古驿道考略》，《剑阁文史资料选辑》第三辑。

派成都后卫指挥佥事王清修凿保宁府至汉中驿道。其中千佛岩一带“古作栈阁，连岁修葺，工费甚多，相其形势，辟取山石从河镇砌，阔四五丈，自四川至陕西而无难焉”[1]。

第二次是洪武二十五年七月，普定侯陈桓修连云栈直至四川[2]。

第三次是明正德年间，剑州知州李壁自剑阁至阆中，西南至梓潼，北至昭化整修驿道，全长三百多里，多以石板砌路，有的宽约两丈，两旁植柏树十万株，这便是所谓“三百长程十万树”之称[3]。

第四次是明万历年间四川巡抚张士佩修治金牛古驿道[4]。

第五次是天启四年到崇祯元年，因明代保宁府地位重要，很长一段时间是驿路改经广元、昭化、保宁、三台、汉州到成都，即东川道。但由于这条路线被烧了三百余里，也有不少险恶之处，故天启四年在旧驿道上“凿山开径”，到崇祯元年竣工[5]。

第六次是在清初。明末清初，四川战乱不已。崇祯十年（1637），起义军攻剑门，“州吏土塞石牛道”[6]，致使金牛道“中断四十年之久，由陕入蜀，绕道苍溪、盐亭、潼川、汉州、成都”[7]。战乱以后，剑门驿道一则屡为军旅所扼，一则“栈悬斜避石，桥断却寻溪”，已难为启用。但新开的东川线比旧线远二百里，且“多崇山峻岭，盘折难行”，故康熙二十七年（1688）至二十九年（1690），四川巡抚噶尔图组织人力，利用农闲，在剑门旧线上“刊木伐石，搭桥造船，以通行旅，遂成坦途”[8]。经过这次修整，经昭化、天雄关、新铺、竹垭子（白卫岭）、孔道新、高庙铺、剑门关、剑州梓潼、绵州、汉州的古道又成驿路正线，东川道又被冷落下来。

第七次是乾隆四年（1739），由昭化县令余庆修凿。这次修凿，采取了古老

[1] 曹震：《开永宁河碑记》，《叙永文钞》。
[2]《明太祖洪武实录》卷二百二十。
[3] 同治《剑州志》录乔钵《翠云廊序》。
[4] 李之勤、阎守诚、胡戟：《蜀道话古》，西北大学出版社，1986 年，第 88 页。
[5] 道光《昭化县志》卷二十八《武备 · 驿传》。
[6] 民国《剑阁县续志》卷四《丛谈》。
[7]《四川文物志》（征求意见稿）。
[8][清] 彭遵泗：《蜀故》卷六《蜀道》。

的“火焚水（醋）激”之法，费功不少[1]。

另昭化邑令孔毓德和余英还曾治道，具体路线待详考。

第八次是乾隆四十二年（1777）四川总督李世杰修治七盘关至武连县四百里古道[2]。

第九次是在道光二十八年（1848），广元县范涞募捐修从七盘关到昭化榆线二百余里古驿道[3]。

经过明清多次修治，剑阁道可“联舆并马，足当通衢”。屡年修砌，可并行二轿四马[4]。特别是康熙、雍正后，剑阁道旧线复为正驿，称为正北路[5]，古道商旅不断，征战不绝。有“秦川道，翠柏天，商旅兵家密如烟”之称，当然，在明代古道沿途许多地方仍有虎豹出没之迹[6]。

明清时，不仅官府转输川茶取道入陕西，而且私运川茶不绝于北路，故明景泰四年政府下令“禁约私茶”[7]。

现在看来，明清时不仅四川咨陕西公文由此道传送，而且在乾隆四十年，云南到陕西公文也改由四川取道剑阁道入陕西[8]。清人王士禛、方象英、陶澍、高延第、张邦伸、吴焘等都取此道及附线东川道入蜀，分别著有《蜀道驿程记》《使蜀日记》《蜀游日记》《北游日记》《云栈纪程》和《蜀游日记》。清地方历史课本中所列川北十一险中有七险在剑阁道上，足见古道之重要[9]。

明清时取道剑阁道军旅也不少。明崇祯三年（1630），起义军“扫地王”率众两万由宁羌、广元克剑门。崇祯十年（1637），李自成率主力军自宁羌、黄坝、七盘关、昭化、江口入剑州、梓潼、绵州、新都围成都。洪承畴率军自宁羌、七盘关、朝天关入广元败义军于梓潼。崇祯十一年（1638），李自成经剑州、大安

[1] 道光《昭化县志》卷二十八《武备·驿传》。

[2][清]陶澎：《蜀游日记》。

[3]《增修广邑路碑记》；笔者实地考察录于朝天关耕地中。

[4][明]王士性：《广志绎》卷五和卷三，中华书局，1981年。

[5] 金公亮：《清代康雍两朝的四川驿运》，《驿运月刊》2卷第1期。

[6][明]杨慎：《升庵集》卷十四《朝天岭》。

[7][明]申时行：《明会典》卷三十二《户部》十七，商务印书馆，1935年。

[8]《大清会典事例》卷五百六十八《兵部·邮政》。

[9] 天眉：《蜀事答问》第六章。

奔汉中。崇祯十三年（1640），张献忠克利州、广元。顺治元年（1644），李自成余部马科入川被张献忠败于剑州而奔汉中[1]。顺治十五年（1658），吴三桂取蜀，“由沔县、大安、宁羌至朝天驿，顺流击楫，达保宁”[2]。

这条驿路在民国为川陕驿路，仍是一条十分重要的交通要道。特别是在抗日战争时，为转输抗战物资立了汗马功劳。民国二十四年修筑川陕公路时，基本上沿用古道路线，但对沿途古迹毁坏甚大，明代植柏树号称十万株，号翠云廊，但是修公路时，大量古柏树遭砍伐，只是由于当地人民纷纷反对，才使少量古柏保存下来，成为了珍贵历史文物。七曲山原有古柏四万株，今仅存两万株。至于剑阁县，今仅存千株了。剑门设关甚早，三国时设关尉，宋代设关使，明代置关楼，关楼位于今剑门关碑处，清几经培修，关楼为两层，两扇木门外包铁皮。一楼横匾：“天下雄关”四字，顶阁横匾：“雄关天堑”四字。关外凿石为梯，旁有危栏，十分险要[3]。但修川陕公路时，关楼被拆毁，今仅留有二复建的凉亭。

今天，古驿道仍留下许多遗迹可供访古探幽，如梓潼七曲山、剑阁清凉桥、拦马墙、五里坡、石洞沟、杨童庙、剑门关口、石垭口、打几岩，仍基本上保留了古皇柏驿道风貌。在广元明月峡还留有宋以前的栈道遗迹，在朝天关还留有荒榛盘绕的古驿道、道光二十八年（1848）的《增修广邑道路碑》以及残破的《修路姓氏碑》。在梓潼有七曲山五妇岭、送险亭、上亭驿（郎当驿）及光绪二十年（1894）立的《唐明皇幸蜀闻铃处》之碑。在明代，金牛道栈道大多遭坏弃，但明代剑门关仍有栈道，《明一统志》：“剑阁，在剑州北三十里，两崖峻拔，凿石架阁而为栈道，连山绝险，故谓之剑阁……”[4]《寰宇通志》载大剑山：“凿石架阁为栈道”，载小剑山：“凿石架阁不容越者。”[5]《益部谈资》称：“剑阁两崖峻拨，凿石架阁而为栈道。”[6]《蜀中名胜记》则称剑门“栈阁相望”[7]。

[1] 参见《蜀碧》《蜀龟鉴》《荒书》。

[2][清]计六奇：《明季南略》卷十五，中华书局，1984年。

[3]《乡人话剑门》《剑门老人话风物》，载《剑阁风物资料选辑》；另据我实地考察及参考历史照片。

[4][明]李贤：《明一统志》卷六十八《保宁府》。

[5][明]陈循等：《寰宇通志》卷六十三《保宁府》，中华书局，1960年。

[6][明]何宇度：《益部谈资》卷上。

[7][明]曹学佺：《蜀中名胜记》卷二十六，重庆出版社，1984年。

这些均为明人记明事，所记当属实。但是，我们阅《嘉庆一统志》、同治《剑州志》、民国《剑阁县续志》，都没有这样记载，联系到明末战乱使四川栈道败绝，可以肯定，剑门关栈道清代才最后退出历史舞台。

二、嘉陵故道（嘉陵道·故道·陈仓道·青泥道·散关道·北水路　附：陇东支线）

《禹贡》称“沱、潜既道”，又称“浮于潜”。潜，即指潜水，现一般是指今嘉陵江。周朝散氏盘有“大沽”一词，王国维考证“大沽”即“故道水”，即嘉陵江道[1]。则战国以前嘉陵江便开通为通道。

《舆地纪胜》：“《元和郡县图志》云：（阆州）在秦为巴郡阆中县也。《九域志》云：阆中古城本张仪城也。《图经》云：秦司马错执巴王以归阆中，遂筑此城，今仪庙存焉。”[2]又按《华阳国志》载：“仪城江州”，《蜀中名胜记》载阆中为“张仪伐蜀所置”。看来，张仪、司马错沿金牛道伐蜀，曾从葭萌分兵沿嘉陵江经阆中到江州，可知嘉陵江南段曾被取用。《汉书》载：“（汉王）留萧何收巴蜀租，给军粮。五日，汉王引兵从故道出袭雍，雍王邯迎击汉陈仓，雍兵败，还走。”[3]这便是所谓，暗度陈仓。王升《汉司隶校尉犍为杨君颂》称此事路线为“出散入秦”，即指刘邦从汉中西北沿嘉陵江旁故道经散关至陈仓（宝鸡）。《华阳国志》载：“汉祖自汉中出三秦伐楚，萧何发蜀、汉米万船，而给助军粮，收其精锐以补伤疾。”[4]按高祖征战取故道北上，萧何料理军队给养，理应随后，揣其形势，蜀地之粮转输应取嘉陵江北上。

汉武帝元狩年间，有人认为：“抵蜀从故道，故道多阪，回远。”所以提议整修开通褒斜道，但由于褒斜道经过整修后，“道果便近，而水湍石，不可漕”[5]。这样，褒斜道陆路取代了故道陆路成为正道，但嘉陵故道水陆道也仍然在不断整

[1] 王国维：《观堂集林》卷十八《散氏盘跋》，中华书局，1959年。
[2][宋]王象之：《舆地纪胜》卷一百八十五《利州路·阆州》。
[3][汉]班固：《汉书》卷一《高帝纪》，中华书局，1962年。
[4] 今诸本《华阳国志》无此话。此条引自[宋]郭允蹈：《蜀鉴》卷一，巴蜀书社，1984年。
[5][汉]司马迁：《史记》卷二十九《河渠书》，中华书局，1959年。

修和取用。元初二年（115），武都太守虞诩在故道通往秦州（天水）陇东支线沮（略阳）到下辨（成县）地段“烧石剪木，开漕船道”[1]。建武元年（25），公孙述派侯丹经白水关守南郑，另派将军任满经嘉陵江经阆中到江州，据捍关。建武三年（27），又派程乌出陈仓[2]。王莽旧将汉中王王嘉击侯丹，与延岑连战不已，延岑北出散关至陈仓。建武九年（33），王元经河池出陈仓[3]。建武十一年（35），米歙、盖延、马成经河池、下辨攻王元。到了东汉建宁五年（172）又曾对故道陇东支线和故道进行了一番修凿。蔡邕《郙阁颂》记载：“郡县所苦，斯溪既然，郙阁尤甚。缘崖凿石，处隐定柱。临深长渊，三百余丈。接木相连，号为万柱。过者愕啼，载乘为下。常车迎布，岁数千辆。遭遇隤纳，人物俱坠。沉没洪渊，酷烈为祸。”这里谈到的“处隐定柱”“接木相连”的栈道，是栈道中最险的一种，即无柱式。故在建宁五年（172），武都太守李伯都（翕）组织人马“醳散关之嶃漯，徙朝阳之平惨。减西瀋之高阁，就安宁之石道”。这里将“高阁”改成“石道”（碥路），无疑是一个进步。

三国两晋南北朝时取故道征战事迹相当多。

建安二十年（215），曹操征讨张鲁，从陈仓、欣关、河池、阳平关入汉中[4]。

建兴六年（228）冬，诸葛亮经沔阳、武兴（略阳）、散关围陈仓，粮尽而还[5]。

晋惠帝元康八年（298），李特率流民入蜀，由略阳先取故道入葭萌[6]。

晋永和十年（354），后秦丞相苻雄击司马勋于陈仓，司马勋取陈仓道走汉中[7]。

梁天监十五年（516），张齐北出葭萌围武兴（略阳）[8]。

梁承圣二年（553），魏尉迟迥出散关取故道、金牛道伐蜀[9]。

[1][南朝宋]范晔：《后汉书》卷五十八《虞诩传》，中华书局，1965年。

[2][南朝宋]范晔：《后汉书》卷十三《公孙述传》，中华书局，1965年。

[3][清]严如熤：《三省边防备览》卷十六《艺文》上引蔡邕《郙阁铭》。

[4][晋]陈寿：《三国志》卷一《武帝纪》，中华书局，1959年；[宋]郭允蹈：《蜀鉴》卷二，巴蜀书社，1984年。

[5][晋]陈寿：《三国志》卷二十五《诸葛亮传》，中华书局，1959年；王开《诸葛亮“六出祁山”与“木牛、流马”》，《公路交通编史研究》1985年第1期。

[6][宋]郭允蹈：《蜀鉴》卷四，巴蜀书社，1984年。

[7][宋]郭允蹈：《蜀鉴》卷五，巴蜀书社，1984年。

[8][宋]郭允蹈：《蜀鉴》卷六，巴蜀书社，1984年。

[9][唐]令狐德棻等：《周书》卷二十一《尉迟迥传》，中华书局，1971年。

隋恭帝义宁元年（617），王仁越率兵至河池郡，太守箫瑀击退之[1]。

唐代故道因翻越今徽县南青泥岭又称青泥道。其路线为宝鸡陈仓驿、模壁、三交城（益门镇）、玉女潭、遵涂驿（又叫石盘驿）、大散关（观音堂）、黄牛寨（黄牛铺）、黄花县（黄花驿）、唐仓镇、梁泉县（凤县）、（以今草店离开嘉陵江）西马岭、两当县两当驿、固镇、河池县（徽县伏家镇）、翻青泥岭（有青泥驿）、兴州长举县、盘头城、兴州顺政县（略阳）、兴城关、三泉县（阳平关），东接金牛道入兴安州，南取金牛道顺嘉陵水道到渝州接峡路[2]。据载此道以两当驿算起南到成都为三十六程，程序已难详考[3]。

嘉陵故道，在唐代得到极好整治。最重要的一次是在唐元和年间。当时，故道栗亭川、青泥岭、长举一线三百多里"崖谷峻隘，十里百折，负重而上，若蹈利刃。盛秋水潦，穷冬雨雪，深泥积水，相辅为害，颠踣腾藉，血流栈道，糗粮刍藁，填谷委山，马牛群畜，相藉物故，运夫毕力，守卒延颈，嗷嗷之声，其可哀也"[4]。特别是青泥岭一带"悬崖万仞，山多云雨，行者屡逢泥淖……"[5]李太白《蜀道难》诗中"青泥何盘盘"之句便是指此。于是节度使严砺"自（长举）县而西疏嘉陵江二百里，焚巨石，沃醋以碎之，通漕以馈成州戍兵"[6]。《兴州江运记》详细记载这条路修凿的过程，人们"转巨石，仆大木，焚以炎火，沃以食醯，摧其坚刚，化为灰烬，畚锸之下，易甚朽壤，乃辟乃垦，乃宣乃理，随山之曲直，以休人力；顺地之高下，以杀湍悍"，这样便"决去壅土，疏导江涛"。

唐僖宗入蜀，李昌符、石君涉焚毁故道和金牛道上栈道，僖宗命王建以三泉县为据点"修栈道以通往来"[7]，这也是一次比较重要的修治。

《王氏见闻录》载："秦州董城村院有红牡丹一株，所植年代深远，

[1][宋]司马光：《资治通鉴》卷一百八十四《隋纪四》，中华书局，1956年。

[2]严耕望：《〈通典〉所记汉中通秦川驿道考》，《新亚学报》第8卷第2期；李之勤、阎守城、胡戟：《蜀道话古》，西北大学出版社，1986年，第29页。

[3]《圣明混一方舆胜览》卷上，《事文类聚翰墨大全》后乙集。

[4][唐]柳宗元：《兴州江运记》，《全唐文》卷五百八十，中华书局，1983年。

[5][唐]李吉甫：《元和郡县图志》卷二十二《山南西道》，中华书局，1983年。

[6][宋]欧阳修、宋祁：《新唐书》卷四十《地理志》，中华书局，1975年。

[7][宋]欧阳修：《新五代史》卷六十三《前蜀世家》，中华书局，1974年；[后晋]刘昫等：《旧唐书》卷十九《僖宗纪》，中华书局，1975年。

（王衍）使人取之，掘土方丈，盛以木柜，自秦州至成都三千余里，历九折、七盘、望云、九井、大小漫天、隘狭悬险之路方致焉。”[1]

九井，即唐宋九井滩，明置九井驿，清名空舲滩，在今广元北一百八十里嘉陵江边。七盘，即五盘岭，又叫七盘关，唐置五盘驿，在今广元北一百七十里九井滩上。望云即望云驿，在广元北嘉陵江边。大小漫天即大小光坡，又名藁本山，西缘临嘉陵江。唯九折不可考。从成都到秦州唐代多取沿陇东支线经成州到兴州入故道。杜甫曾从成州同谷县至兴州，经木皮岭、白沙渡、水会渡、飞仙阁、五盘、龙门阁、石柜阁到广元入成都[2]。故这次转送牡丹从秦州至兴州是取陇东支线，所言经四险中尽为兴州以南之险，而无兴州北故道之险。这样，这次转送是取陇东支线连经故道（嘉陵道）、金牛道入蜀的。

唐代嘉陵故道水陆都取用甚多。元稹入蜀有《青云驿》诗：“昔游蜀关下，有驿名青泥。”知取嘉陵故道。郑谷从蜀至陕，有《兴州江馆》诗，知其取故道上，水路有江馆之设。据载唐代四方馆主王鄑从西京“挈家入蜀，沿嘉陵江下，至利州百堂寺前”[3]。可知嘉陵江水路是一条陕西入蜀非常重要的民旅道路。更有甚者，五代王衍从阆州溯嘉陵江北上陕西西县（勉县西），据载是：“自阆州浮江而上，龙舟画舸，照耀江水。”[4]唐代，嘉陵道上从今广元以下便有泥溪驿、苍溪馆、嘉陵驿等。这可想当时嘉陵水路之发达。

宋代川陕交通路线中使用最多的是嘉陵道，被置为入川正驿。而在唐代，十分繁荣的褒斜道成为入川正驿仅四年。

渝州	合州	果州	阆州	利州	兴州	凤州	宝鸡
	435 里	300 里	300 里	290 里	549 里	380 里	185 里

正因为其道是正驿，故见于史籍的修治事迹较多。

乾德二年（964）北宋灭蜀，张晖便“督兵开大散关路”[5]。命田仁朗为凤州

[1][宋]李昉等：《太平广记》卷一百三十六《徵应二》，中华书局，1961年。

[2]陇东支线元初二年虞诩整治，建安二十二年曹洪曾取用，建兴元年和七年诸葛亮一出和五出祁山均取此道。

[3][五代]孙光宪：《北梦琐言》卷二十。

[4][宋]欧阳修：《新五代史》卷六十三《王建》，中华书局，1974年。

[5][元]脱脱等：《宋史》卷二百七十二《张晖传》，中华书局，1977年。

濠砦都监，“伐木除道，大军以济”[1]。

景德元年（1004）一度在旧青泥岭道旁修白水路来代替青泥道。其路线从河池驿（甘肃徽县）到长举驿（陕西略阳白水江），长五十五里半，因经白水峡而名白水路[2]。但当地居民一再反对，主张废除新驿路[3]。故到第二年（1005）便“诏兴州青泥旧路，依旧置馆驿，并驿马递铺等”。同时又称：“其新开白水路，亦任商旅往来。”[4]这样，形成两条驿道路线并存取用局面。到了至和三年（1056）利州转运使李虞卿认为旧路青泥岭一带仍险阻非常，上奏再修白水新路，废青泥旧路，未得准允。第二年（1057）才组织人力开修新路，“作阁道二千三百九间，邮亭、管屋、纲院三百八十三间，减旧路三十三里，废青泥一驿，除邮兵驿马一百五十六余骑，岁省驿廪铺五十五，蓄草一万围，放执事役夫三十余人”[5]。后来，李虞卿调迁东川，路未竣工，转运使工部郎中田谅继续修治而成。通过这次修治，绕开了青泥险路，故道路线基本上稳定下来了，而秦汉隋唐以来的青泥道多不为人知晓了。

宋神宗熙宁年间，围绕着取金牛道上金牛驿、青阳驿经分水岭到兴州入故道，还是从褒城取褒斜新道（后连云栈道）到凤州入故道，发生了一场争论。最先，熙宁九年（1076），利州提刑范百禄就筹划以兴元府褒斜新道为大驿路入故道，废旧路。他认为兴州到秦州陇东道和兴州到河池故道虽有两万余间栈阁，但“兵士数少，难以修葺”，只不过这条路又为秦州转输川茶的必由之路，要稍加以“相度”决策；而新路金牛驿至褒城驿“悉系平川，别无桥阁”，从褒城驿到凤州武休驿也仅有鸡翁岭一处之险，应辟新路为正驿。但成都府路提刑司认为：旧路“阁道平坦，驿舍马铺完准，道店稠密，行旅易得饮食”，而褒斜新路虽少两驿二十四里，但是“随山崎岖，登陟甚难。复少居民，又无食物”。再加上“如发川纲往秦州，只从旧路行至故驿便可直入成州，如由新路，须过凤州五程至凤翔府，方

[1][元]脱脱等：《宋史》卷二百七十五《田仁郎传》，中华书局，1977年。

[2]林启东：《古代陇南山区的道路建设》，《公路交通编史研究》1985年第4期。

[3][宋]雷简夫：《白水路记》，《三省边防备览》卷十六《艺文》引。

[4][清]徐松：《宋会要辑稿》第一百九十一册《方域》一〇，中华书局，1957年。

[5][宋]雷简夫：《白水路记》，《三省边防备览》卷十六《艺文》引。

有路去秦州”。而且“今茶纲见行旧路，商客皆由此出”，故又力主照行旧路。到了第二年（1077），三泉县丞黄裳据刘忱、李稷的考察比较上奏认为：“褒斜新路视兴州旧路，虽名减两程，其铺兵递马皆增于旧，又卒亡马死相寻，官吏馆券给请亦倍旧路，虽号十程，比新路才远八里，且多平慢。”这样，皇帝才“从黄裳所请也”，仍以兴州旧路入故道为正驿路。到了淳熙三年（1176）宋政府又在这条路长举一线“乞令诸司共措置，务令经久，仍招填人马，依时修治栈道”[1]。

宋代川陕交通中嘉陵故道重要性远远超过金牛道、米仓道、洋巴道，这主要表现在嘉陵故道为川陕正驿，担负着转输茶纲入秦州，漕运军粮运入兴、凤州和转输马纲入川趋峡路的重担。当时，嘉陵故道南段又称内水道[2]，有所谓“（益昌）水走阆、果，由阆、果而去适夔峡焉”[3]和“（成都）负于陆则青泥、大散、羊肠九折之坂”之说[4]。有“商贩溯嘉陵而上，马纲顺流而下”之称[5]。

宋代利用嘉陵江漕运是在南宋初年。

原先“蜀之饷运，溯嘉陵江千余里，半年始达”，故改用转搬折运法，以致“军储稍充，公私便之”[6]。

宋代《垫江志》载：

> 始绍兴二年，都转运司于东西两川敷对籴米，岁六十余万石，即合州置转船仓，舟船篙，挽悉从官雇。凡嘉、眉、泸、叙之米，泝蜀外水至重庆，溯内水至合（州）寓于仓，又自合溯西汶水至利、阆州，谓之转搬。十六年改都运司为总领财赋[7]。

当时嘉陵江入江口的重庆有称：“控两江之会，漕三川之粟，诚为便利。”[8]据载仅绍兴四年，宣抚副使吴玠征发民夫转运米至利州十五万斛[9]。后来，又改

[1][清]徐松：《宋会要辑稿》第一百九十一册《方域》一〇，中华书局，1957年。
[2][宋]王象之：《舆地纪胜》卷一百五十九《杜甫送十五弟使蜀注》。
[3][宋]祝穆：《方舆胜览》卷六十六《利州·陈恢停厅题名记》。
[4][宋]吕大防：《锦官楼记》，《全蜀艺文志》卷三十四。
[5][清]徐松：《宋会要辑稿》，《兵》二三至二六，中华书局，1957年。
[6][元]脱脱等：《宋史》卷三百七十《胡世将传》，中华书局，1977年。
[7]《永乐大典》卷一万五千九百四十八《运》字。
[8][宋]阳枋：《字溪集·上宣谕樵隐书》。
[9][元]马端临：《文献通考》卷二十五《漕运》，中华书局，1986年。

募商人载两川米到兴州、利州、阆州，在三州设籴场。当时，籴米从利、阆州水运到鱼关，再陆运到凤州、秦州，也可直接从利州陆运到秦州[1]。

乾道年间，因川秦马纲取陆马损伤严重，故有人上言：“（秦西马从利州）上舡顺流而下不过二月可到荆南出陆赴行在，成都府路所买川马额自合州上舡顺流而下不决二十日亦可到荆南出陆。”这样，吴璘催促造船修载道，取水路转运马纲。当时，利州到峡州 28 日程，约一个月，其中从利州 3~4 日程到阆州，再 3~4 日程到果州，再 3~4 日程到合州，再 1~2 日程到恭州（重庆），约 12 日程左右。秦纲陆远到利州上船，川纲运到合州上船，顺嘉陵，下峡到荆南起陆。但后来，由于嘉陵江春冬枯水难浮重舟，峡江夏秋洪水难行，惊动军马，沿途马料短缺，再加上纲船在嘉陵江一线骚扰沿江百姓，甚至冲撞商贩船舟，干扰了绍兴年间兴起的维系四川粮饷的利、阆口买运输，故遭到各界反对。仅三年时间，嘉陵、峡路水运马纲便废止了[2]。

淳熙年间，利州提刑张囊容组织凿平了九井险滩三巨石，使嘉陵江上游水路更加通畅。开禧、嘉定年间，金人为了破坏南宋漕运，在嘉陵江上游堵截水流以使下游水枯，宋陈咸组织“疏而导之，自益昌至于鱼梁，馈运无阻”[3]。嘉定年间文州主管安蕃曾籴粮二十万一千二百石取嘉陵故道转运，共漕运四十二万三千七百六十石[4]。这种漕转还有专官护送，魏了翁有诗《送张总卿护饷益昌》可为证。当时，沿嘉陵江漕运十分困难艰险，有称：“自重兵聚关外以守蜀，饷道险远，漕舟自嘉陵江而上，春夏涨而多覆，秋冬涸而多胶。”[5]又有称：“嘉陵江水之险，以滩名者殆百。米舟相衔，遇石而碎与汩入者，皆蜀人之脂也。”[6]到了宋末元初，这条水道又成为元军辖漕军粮要道。姚枢曾“置行部秦州，顺嘉陵漕渔关沔池。转粟入利”[7]。宝祐二年（1254）汪世显住利州也曾“水漕嘉陵”[8]。

[1][宋]李心传：《建炎以来朝野杂记·甲集》卷十五。
[2][清]徐松：《宋会要辑稿》第一百八十三册《兵》二三，中华书局，1957 年。
[3][元]脱脱等：《宋史》卷四百一十二《陈咸传》，中华书局，1977 年。
[4][宋]魏了翁：《鹤山集》卷七十五《知文州主管华州云台现安君墓志铭》。
[5][元]脱脱等：《宋史》卷三百七十八《胡交修传》，中华书局，1977 年。
[6][宋]何耕：《宋故资权殿学士郑公墓志铭》，《宋代蜀文辑存》卷五十九。
[7][元]苏天爵：《元朝名臣事略》卷八《左丞姚文献公神道碑》。
[8][明]宋濂：《元史》卷一百六十四《李德辉传》，中华书局，1976 年。

宋代嘉陵江北段栈道分布甚广。早在唐末僖宗入蜀时，李昌符、石君涉焚烧故道栈道后，王建曾经修复。宋至和四年新修白水路时，便在五十五里半长的距离上建了五千三百零九间阁道。熙宁九年时，陇东支线和兴州到河池间有阁道两万间，淳熙年间宋政府还在顺权、长举间置栈阁武官，专门负责栈阁修葺和保护。当时，故道北段“阁道平坦”是较其他驿路优越之处。但明代故道栈道多遭破坏而毁弃，按唐僖宗入蜀曾历北栈道，胡三省注也谈到大散关以南均为栈道，但明《舆程记》：“陕西栈道长四百二十里，自凤县东北草凉楼驿，为入栈道之始。”则认为宝鸡到草凉楼驿一百多里栈道已破坏。但是清王士禛《蜀道驿程记》认为宝鸡南益门镇便入栈道，王圻《栈道图考》认为宝鸡南二十五里便登山入栈道[1]，是否明清时又有过修复呢？只有待考了。今天故道及陇东支线略阳、徽县双龙崖、凤县长桥（有十三个栈孔）等地都曾有栈道孔迹。

因为隋唐以来，故道为入陕正驿，军旅征战和往来取用甚多。宝庆三年（1227）元军攻汉中，宋军家属“登舟下益昌，凡百余艘”继而经益昌、阆州到果州，有称“牙樯嘉陵来，舳舻尾联属”[2]。

五代宋元取嘉陵道征战事迹表

时　间	事　　迹	出 处
光启二年（886）	王行瑜自大散关、凤州、兴州追僖宗。	《通鉴》卷二百五十六
光启三年（887）	王建沿嘉陵江伐阆州。	《蜀鉴》卷七
乾化元年（911）	岐（凤翔）沿故道经青泥岭至兴州、西县攻蜀。	《通鉴》卷二百六十八
贞明元年（915）	蜀攻岐，一路出河池、两当、凤州，一路出青泥、固镇、成州、阳川（栗亭川）。	《通鉴》卷二百六十九
贞明二年（916）	蜀攻岐，出凤州、散关、宝鸡。	《通鉴》卷二百六十九
贞明五年（919）	蜀攻岐，出凤州、散关、宝鸡。	《通鉴》卷二百七十
贞明六年（920）	蜀攻岐，出凤州、散关至凤翔。	《通鉴》卷二百七十一

[1][清]陈梦雷：《古今图书集成》卷五百三十四《方舆汇编·职方典》。
[2][宋]李曾伯：《可斋杂稿·丁亥纪蜀百韵》。

续表

时间	事迹	出处
同光三年（925）	攻蜀，自散关、凤州、长举、兴州至三泉接金牛道。	《通鉴》卷二百三十七
长兴元年（930）	伐取蜀散关，三泉入利州。	《通鉴》卷二百七十七
天福十二年（947）	蜀伐后汉，自兴州、凤州、出散关。	《通鉴》卷二百八十六
乾祐元年（948）	蜀伐后汉，一路出凤州、散关、宝鸡。	《通鉴》卷二百八十八
显德二年（955）	后周伐蜀，出散关、黄牛、凤州、青泥岭。	《通鉴》卷二百九十二
乾德二年（964）	宋伐蜀，取凤州青泥下兴州、三泉灭蜀。	《宋史》卷二百五十五《王全斌传》
开禧三年（1207）	四川忠义人与金人数战于大散关。	《宋史》卷三十八《宁宗》
嘉定十年至嘉定十二年（1217~1219）	金人在黄牛堡、大散关大安军一线与宋军战。	《宋史》卷四十《宁宗》
绍定四年（1231）	蒙古兵攻宋，南路自铁山开道出。	《通鉴长编》卷一百六十五
端平三年（1236）	蒙古军皇子与按竺迩攻蜀，出大散关，经朝天，沿嘉陵江至宝峰、阆中，沿嘉陵江两岸至顺庆。	《元史》卷一百二十一~一百二十三
宝祐元年（1253）	蒙古兵攻蜀，从散关至广元、葭萌、阆中至钓鱼城。	《元史》卷三《宪宗》

元代广元汉江水路行经站名

问津水站，广元市。

算泉水站（临江水站），广元昭化。

合水水站（江口水站），剑阁江口区。

石牛水站，地望待考。

虎溪水站，苍溪县治。

南津水站，阆中县治。

南部水站，南部县治。

新政水站，南部新政区。

州子口水站，蓬安县治。

石狗水站，南充石狗坝。

顺庆水站，南充市。

后津水站，南充青居。

石牛子水站，武胜县西关。

马石湾水站，地望待考。

金沙水站，合川县金子。

荔枝水站，合川县北五里。

朝天水站，重庆朝天门码头[1]。

元代在故道北段置有陆站从宝鸡站经东河桥站、草凉楼站、黄花驿站、凤州站然后入连云栈道的三岔站（陈仓站）、柴关站、清水站（苗峡站）、马道站（马头站）、褒城站接金牛道站赤。

明代嘉陵故道驿站十分健全，这是明代我国驿制最健全的一个表现。在故道北段，设有陈仓驿（宝鸡）、东河桥驿、草凉楼驿、梁山驿（凤县）、白水驿（略阳白水江）、嘉陵驿（略阳县）、峡口驿、青阳驿接金牛道，水路有：

嘉陵水驿，略阳县治。

阳平水驿，勉县阳平关。

九井水驿，朝天北九井滩，明末裁革。

朝天水驿，广元朝天镇。

问津水驿，广元市。

龙滩水驿，昭化西五里。

虎跳水驿，广元虎跳。

高桥水驿，苍溪县西六十里。

苍溪水驿，苍溪县治。有苍溪递运所。

锦屏水驿，阆中县治南富春门外。

盘龙水驿，南部县南盘龙。

龙溪水驿，蓬安县治。

嘉陵水驿，南充市。

[1]《经世大典》仅载有各州县所属水站名，《析津志·天下站名》也载有站名，但互有出入，难以斟别。《析津志》载有广元汉江道站名程序，但本身便有抵牾之处，且由于《元一统志》《元史·兵志》《元史·地理志》等史籍对站赤之名无载且无考，明清方志里也少见记载和考证，故许多站赤地望仍待考。详考参拙稿《元代四川驿道站赤考》。

平滩水驿，岳池平滩礼安。

太平水驿，武胜县治。

合阳水驿，合川县治。洪武八年建，成化六年重修，嘉靖四十一年火灾毁，万历后又重建。

土陀水驿，江北县土陀，今水土镇。

朝天水驿，重庆朝天门，有重庆递运所[1]。

明清时，故道驿马较完备，成为重要的大道。

崇祯元年（1628）农民起义军由阳平关趋两当、凤县，出栈道攻宝鸡[2]。崇祯十三年，张献忠由广元拟从故道入汉中，赵光远、贺人龙守阳平关以防[3]。

清代嘉陵江水运成为重要漕运大道，称北水路，有称："略阳白水江合故道嘉陵二流，可通舟楫，其越陆处经徽、凤，抵宝鸡，达渭河，程四百里，通秦陇，唐时运道。国初，巴蜀军粮亦从此转输，由白水江南下百余里至略阳县城，经宁羌阳平关入蜀境，过朝天关至广元县，水程五百七十余里。"[4]当时从略阳到保宁约千里，设有营将督理民办漕运，而保宁至重庆二千余里，全靠官船搬运[5]。同治年间，陕西甘凉道台扬烦镗在叙州、泸州、资州收集商铜从重庆溯嘉陵江运至略阳白水登陆入陕甘[6]。同治八年梁嘉麟为了平定回疆，转输川甘粮米，又在嘉陵江上整凿滩，开修纤路。光绪十七年徽县袭柄奎又领民工修凿道路，通过多次开凿，嘉陵故道更通畅了。北道曾设有一些驿站，如巴县辖境的温汤驿（今北温泉）。但是从元代金牛道改走先秦路线后，商旅兵家由川入陕多取金牛道经宁羌州、汉中府，取连云栈入陕西，故道略阳一段在明清的重要性显然不及唐宋，而明代成渝陆路驿道健全定型以后，嘉陵道南水路的地位也逐渐降低了。

[1] 主要参考《寰宇通志》《明会典》和《读史方舆纪要》等。

[2][清]张廷玉：《明史》卷二百六十《陈奇瑜传》、卷二百六十《练国事传》，中华书局，1974年。

[3] 民国《剑阁县续志》卷三《事纪》。

[4][清]严如煜：《三省边防备览》卷五《水道》。

[5][明]顾炎武：《天下郡国利病书·陕西》上引《备录》。

[6]《四川省档案馆档案》同治六年十二月二十七日《四川布政使司札》。

三、川陕中线（米仓道·大竹路·巴岭路）

米仓道是历史上从陕西汉中循濂水河谷翻米仓山再循南江河谷入四川的一条古道。

传统看法认为最早取此道行进的是东汉末年的张鲁，主要据《华阳国志》载："（建安）二十年，魏武帝西征鲁，鲁走巴山。"[1]《三国志·张鲁传》："鲁乃从汉，奔南山，入巴中。"持此说的主要是黄盛璋先生[2]。后来，王开、傅庆荣同志据《玉堂闲话》谈到米仓道称："昔汉祖不用韩信，信遁归西楚，萧相国追之，及于兹山，故立庙貌。"[3]认为米仓道首通应提前到西汉初年[4]。这里必须说明的是，以上诸位考证的仅是考证见于史籍的通道年代，诸位均未加以说明，而历史客观上的首通年代估计更早，汉代民谣《三秦谣》："武功太白去天三尺，孤云两角去天一握。"孤云山和两角山为米仓道所经高山，想汉代古道上之山已入民谣，必常为时人所行经，则米仓道开通取用也许会更早。

唐宋元时期，米仓道在军事和民间商业上都有重要地位。陆放翁诗有"孤云两角不可行，望云九井不可渡"之称，与金牛道并举，足见古道之重要。

唐宋时，众多史籍对米仓道都有明载。唐人贾耽言："兴元之南，路通巴州，中有孤云山，行者必三日始达于顶。"[5]《建炎以来系年要录》："巴之北境，即米仓山，下视兴元，出兵之孔道。"[6]《海录碎事》："兴元府之南，有路通巴州，行三日而达顶，其高处谓之'孤云两角，去天一握'。"[7]《王旦高士瑰画像记》："巴控扼梁洋，吾蜀孔道，形势绝剑阁之险，飞蹬逾栈道之危，犄角利、阆，连衡绵、剑，遮蔽东、西川，最为襟喉要害也。"[8]《张忠献奏疏》："巴

[1][晋]常璩：《华阳国志》卷二《汉中志》。

[2]黄盛璋：《川陕交通的历史发展》，《地理学报》1957年第4期。

[3][宋]李昉等：《太平广记》卷三百九十七引《玉堂闲话》，中华书局，1961年。

[4]王开：《米仓道·大竹路·二南公路》，《陕西交通史志通讯》1985年第6期；傅庆荣：《米仓道首通年代考辨》，《陕西交通史志通讯》1986年第2期。

[5]唐宋史籍均不载贾耽此话，唯在《嘉庆一统志》卷二百九十七《保宁府》有此话。

[6][宋]李心传：《建炎以来系年要录》卷六十三《绍兴三年》。

[7][8][宋]王象之：《舆地纪胜》卷一百八十七《巴州》引。

州控扼南郑，乃命知州兼管内安府。”[1]

这条古道在唐宋又称大竹路。《玉堂闲话》：“兴元之南有大竹路，通于巴州。”[2] 胡三省称：“兴元之南，有大竹路，通于巴州。其路险峻，三日而达于山顶。孤云、两角，二山名也。”[3] 又称：“巴州在三巴之中，谓之中巴。兴元之南有大竹路，路经孤云、两角，过米仓山，则至巴州。”[4] 不过，米仓道为什么又叫大竹路呢？王开认为是因为古道经过宋代的大竹镇、大竹县（渠县）而得名。但洋渠道也经过大竹县，而为什么不叫大竹路呢？看来，这种说法太牵强。我在汉中求访于杨涛同志，他认为巴山多竹，乡民多称巴山为竹山，故称大竹路。我发现有载：“小巴山，在（西乡）县西南二百五十里，上产木竹笋，贾客贩卖。”[5] 也印证了以上事实。最有说服力的是我与南江县博物馆的何家林同志徒步考察米仓道，逾米仓山，踏察荒榛甚久的古道，这个难题迎刃而解。在我们翻越米仓山过程中，但见古道两旁竹林丛生，阴森如竹洞。竹林按海拔高度垂直分布，下为乔竹，中有水竹、慈竹，山顶为木竹。再考虑到唐宋时期大巴山一带气温比今天温暖湿润，竹类一定会更多。这样，言其为大竹路，真可谓恰如其分。

这条古道又叫巴岭路。《元和郡县图志》卷二十二：“（汉中）西（应为南）取巴岭路至集州二百八十里。”《通典》卷一百七十五：“（集州）去西京取郡北巴岭路至汉中郡郭下。”《太平寰宇记》卷一百三十三：“（兴元府）南取巴岭路至集州三百里。”卷一百四十又载：“（集州）东北取巴岭路至长安一千四百里。”

这条路又称大巴路、小巴路。《玉堂闲话》载：“秦民有王行言以商贾为业，常贩盐鬻于巴、渠之境，路由兴元之南，曰大巴路，曰小巴路。”[6] 为什么又称大巴路、小巴路呢？据考证是古道路经过当时大巴岭山和小巴岭山而得名[7]。

[1][宋]祝穆：《方舆胜览》卷六十八《巴州》引。
[2][宋]李昉等：《太平广记》卷三百九十七引《玉堂闲话》，中华书局，1961年。
[3][宋]司马光：《资治通鉴》卷六十七胡注，中华书局，1956年。
[4][宋]司马光：《资治通鉴》卷二百六十八胡注，中华书局，1956年。
[5][清]陈梦雷：《古今图书集成》卷五百二十九《方舆汇编·职方典》。
[6][宋]李昉等：《太平广记》卷四百三十三引《玉堂闲话》，中华书局，1961年。
[7]蓝勇：《对“历史上的小巴简道”的商榷》，《陕西交通史志通讯》1985年第6期。

通过对米仓道的考察，见米仓道为原始森林所覆盖，人烟罕见，道路荒榛，野草齐肩。米仓道具体路线怎样，是一个棘手的问题。要搞清米仓道的路线，首先要搞清历史上截贤岭、孤云山和两角山的位置。

就现在而言，萧何追韩信的截贤岭的位置有六个地方。

一是在褒斜道的留坝马道寒溪，清代还存有碑文[1]。

一是今南江县北五十里处坪河两角山，又称韩山，据说上曾有石碑，唐代集州刺史杨师谋刻云："萧何追韩信到此。"南宋前迁到县学，后遗失[2]。

一是今南江县北一百余里截贤岭，又名流贤岭[3]。

一是今南江县玉泉乡映水坝截贤岭，据说也有碑文[4]。

一是宁强西河，据称也立有石碑[5]。

一是汉中西南廉水乡仙台山，元代又叫铁贤岭[6]。

按《史记·淮阴侯列传》对萧何追韩信有明载，当可相信。但《史记》未对路线地点作记载，后人为光耀本土，多所附会。六处截贤岭，位置零乱无章，碑文已踪迹无觅。截贤岭今何在？访于当地人，仍不能确指。这个问题早在宋元时代就有人认为，萧何追韩信于米仓山是"亦未可晓"[7]。宋代《海录琐事》有这样记载：

兴元府之南有路通巴州，行三日而达于山顶，其高处谓之孤云、两角去天一握。意者韩信逃于深僻之处，刺史杨师谋就其所逃之处而刻石焉。两角山，即非通衢，故碑亦不显，今碑在难江县学，而两角山、米仓山之间有淮阴公庙，又有截贤岭，则其迹可考矣[8]。

[1][清]张邦伸：《云栈纪程》卷三，清乾隆甲寅年木刻版；刘辉光：《截贤岭是萧何追及韩信的地方吗？》，《四川日报》1979年10月14日。

[2] 民国《南江县志》第一编；道光《南江县志》卷上；《南江地理》。

[3] 乾隆《南江县志》（不分卷）；道光《南江县志》卷上。

[4][5] 刘辉光：《截贤岭是萧何追及韩信的地方吗？》，《四川日报》1979年10月14日和笔者实地考察。

[6][宋]祝穆：《方舆胜览》卷六十六；[宋]王象之：《舆地纪胜》卷一百八十三；[元]孛兰肸等：《元一统志》卷四，中华书局，1966年；民国《南郑县志》卷五《风土志·古迹》。

[7][宋]魏了翁、方回：《古今考》卷九。

[8][宋]王象之：《舆地纪胜》卷一百八十七《巴州》。

从这则记载我们可以看出，唐人立碑是在非大道所经偏僻之处，宋人对该碑具体立于何处已不能确指，只认为淮阴侯庙和截贤岭在两角山和米仓山之间，然而，孤云山和两角山在何处，也是一个谜。

我遍查诸史，访求当地人士，加以实地考察，从收集到的资料来看，对于孤云山和两角山的所在地，也有以下六种说法：

一说孤云山、两角山在南江西北坪河乡三角山[1]。

一说孤云山、两角山在廉水县东西一百八十里（一说一百七十里），即在集州难江县北九十里[2]。

一说孤云山在褒城县南一百二十里[3]。

一说孤云山在南江县东十五里立鹄岭[4]。

一说两角山在南郑县喜神坝乡牛脑壳梁（牛头岭）[5]。

一说孤云山在南郑县小坝乡香炉山[6]。

今天，孤云、两角山的碑已踪迹无存，以上六说，甚为难辨，但米仓道必经孤云和两角山顶，众多史籍明载不容置疑。按米仓道应循难江河谷而行，坪河三角山、立鹄岭孤云山均不当道，显系后人附会。褒城县南一百二十里孤云山即南郑廉水废县之地的仙台山，又叫玉女山，依宋人记载孤云、两角山在廉水县东南一百七十里或一百八十里，这里显然不合。至于牛头岭和香炉山之说，为近人据山形附会而成，证据不足，且两山各在一道旁，相隔甚远，令人费解。现在，孤云、两角山最大可能便是宋人记载的难江县北九十里、廉水东一百七十里或一百八十里之地。按以今地望应在南江上两区以北，桃园乡和大坝以南的米仓山中，遗憾的是，岁月流逝，截贤岭和淮阴侯庙也无踪迹，而米仓山之中形似孤云、两角者举不胜举，其两山具体位置只有存疑了。

---

[1] 民国《南江县志》第一篇；《南江县地名录》；《南江地理》。

[2]［宋］祝穆：《方舆胜览》卷六十六和卷六十八；［宋］王象之：《舆地纪胜》卷一百四十和卷一百八十七。

[3]《汉南续修郡志》；《陕西通志》卷十一；《古今图书集成》卷五百二十九。

[4] 道光《南江县志》卷上。

[5] 民国《南郑县志》卷二《舆地·山脉》《南郑县交通运输资料汇编》（初稿）和考察。

[6] 民国《南郑县志》和考察。

由于截贤岭、淮阴侯庙、孤云山和两角山地望今仍无确考，加上古道荒榛甚久，故米仓道的路线一直难以确考。现在，米仓道路线有三种说法。

一是汉中杨涛认为，米仓道从南郑南牟家坝、青石关、两河口、碑坝入南江、通江。按米仓道应沿濂水和难河水河谷行进，而这条路线偏东，为入通河要道，路线似不可信。

一是西安王开认为，从今汉中濂水河谷经姚家营、草堰塘、周家坪、青树子、红庙堂、喜神坝、小坝、官仓坪、巴峪关、大坝、米仓关、关坝、上两入南江。

一是从喜神坝分路经牛头岭、台上、桃园寺到上两，即今二南公路的路线。民国时经大坝的路线荒榛，商旅多取此道，二南公路修通前当地群众也多取此路线。

据民国《南郑县志》载，南郑通南江主要有两路，一是经中渡、周家坪、喜神坝分岔一入小坝，一入台上至通江；一是经上水渡、新集、廉水废县、庙坝入南江。米仓道正途当唯此二道无疑。

按上水渡一路，有称“路极险峻”，而不经特指的大巴山（大巴岭）、小巴山（小巴岭），疑非正道；而从各方面来看应以王开同志谈到的路线为正道，只是王开同志没能提出任何证据。

从地形图来看，米仓山横亘南江北，东低西高，东窄西宽，按古代取路多取垭口和多取窄岭的规律，故古道到喜神坝后应经小坝、官仓坪入大坝、关坝、上两入南江。

从考古上来看，我们曾在大巴山大坝发现宋代窑厂以及宋代嘉定年间的16个银盏，当时人也随时有拾到马铃、铜罐之类的东西[1]，可知宋代大坝必为人烟熙熙的商旅征战大道，不然，在海拔甚高而宋代还是荒榛山林的大坝是不会有这些遗迹的。

从历史古道沿革看，明代已确载这条路线上设立关卡和巡检司，而其他路线却没有这样的记载，如巴峪关、大坝巡检司（旧米仓关，《明会典》卷一百三十九：“大坝巡检司，旧系米仓关改”），正因为有这样，故民国时许多

[1] 此考古材料系南江县博物馆何家林副馆长提供和我实地考察所获。

人都认为此路线为米仓道[1]。

米仓古道正线路线行经地

汉中市，宋兴元府南郑县。

中渡，汉中市西南。

回龙寺，中所乡回龙寺。

草堰塘，草堰乡治。

周家坪，今南郑县治。

青树子，青树乡治。

二里山，又叫二里桥。

红庙塘，红茶乡治。

五龙庵。

白杨塘。

喜神坝，红星乡治。

乌山垭，属小坝乡。

白杨关，属小坝乡。

小坝，有传说孤云山（香炉山）和龙头山汉王庙。

官仓坪。

巴峪关，明嘉靖始置关，俗称大巴关和卡门，位于大巴岭山，为川陕分界处。今关门遗址，及残破石路犹存，门楼已毁，附近原始森林遮天盖地，野草丛生，人迹罕至。

火烧岩，行人歇脚取暖餐饮之地，附近野草并肩，古路难觅。

土卡门，有吞口菩萨在崖壁上。

牟羊城，传说张飞驻军处，有民房数间。

大坝森林经营所，宋元进兵多驻此，明置大坝巡检司，今附近仍存许多房基和古墓。明米仓关旧址，在大巴山之麓。

[1] 道光《南江县志·舆图》；民国十一年《南江县志》；民国二十四年《南江县图》；民国三十一年《南江县志》；王德基《汉中盆地地理考察报告》（地理专刊）第三号。

草鞋坪垭口。

米仓关，地势险要（小巴岭山上），宋元米仓关之地，今关门荡然无存。至石羊附近林丛生。

关坝，原称官坝，传说张飞之古战场。

上两区治，孤云、两角山应在附近。

樗林关，对岸为梧桐关，有宋残碑，上有“兴元之南”等字。

南江县治，唐集州难江县。明正德在古道旁植柏树三千株直到二洞桥，称“皇柏林”，为全国四大古柏林之一。道光二年（1822），县令胡炳疏通难江至巴州河道，小舟可通巴州，使“商贾往来，资其挽载”。

下两河口，唐盘道县地。

巴中县，旧巴州治，《明一统志》称在州北五里有米仓关，疑误。唐置清水驿。

三江口，从此溯今巴河下。

曾口场，隋唐宋曾口县。

平昌县，隋唐归仁县。

渠县三汇镇，宋元三会之地。

渠县，唐流江县。

广安，唐宋广安州。

合川，唐宋合州。

钓鱼城，宋末抗蒙之城。

渝州，今重庆市。

这里，严耕望先生认为这条古道宋时曾置鹄鸣驿、恩阳驿[1]，实不察地势之误。按鹄鸣驿在今汉中西四十里汉江边，与其西南鹄鸣山完全无关，而米仓道应取南郑以南而非是在西，这是十分明了的。而恩阳驿在恩阳河之恩阳县地，与难江河谷相去甚远，何从置驿呢？实际上米仓道巴州以北山高路险，自古不曾置驿，有载：“（南江）旧设二十一铺，今旧七铺递运往来文檄，皆在县城西南通府之道，东北二处俱系山径险阻，不通大道，并无邮递。”[2] 又有载：“巴州在万山之中，

[1] 严耕望：《唐代山南境内巴山诸谷道》，《屈万里先生七秩荣庆论文集》。

[2] 道光《南江县志》卷上《驿递》。

不当孔道，无驿站马匹。”[1]

另严耕望认为古道到了清水驿后是经仪陇、营山到渠县，而不是顺巴江下渠县，按《太平寰宇记》载巴州二百一十里到蓬州，蓬州官陆路二百二十里或水路二百五十里到渠州，说明这样一条道路是存在的，但历史上的米仓道却不是取此官路到渠州，而是沿巴江河谷下渠州。《玉堂闲话》称秦民贩盐至巴、渠境，不称蓬州，则古道不经蓬州，而宋代史籍载蒙军从米仓道入经三会到渠州[2]，三会即今三汇镇，则可知米仓道必须取巴江河谷无疑了。这也符合古道多沿河谷取道之特点。

在川陕交通中，米仓道的重要性仅次于金牛道和嘉陵道，这条古道的取用黄盛璋先生在《川陕交通的历史发展》中统计仅两次，但实际上仅宋代以前就不止两次。

年 代	事 迹	出 处
西汉初年	萧何追韩信。	《史记·淮阴侯列传》《玉堂闲话》
建安二十年（215）	张鲁从汉中奔巴中。	《华阳国志》《三国志》
建安二十年（215）	张飞与张郃大战于宕渠之蒙荡山，张郃败返汉中，张飞与之战于关坝，屯粮米仓山，驻军牟羊城，北出巴峪关。	《三国志》《通江地名录》载《清道光六年墓碑》
西魏恭帝元年（554）	李迁哲、贺若敦从汉中进讨梁州取米仓道。	《魏书·贺若敦传》《魏书·李迁哲传》
五代	王仁裕、王思同取米仓道南伐巴人。	《玉堂闲话》（《太平广记》卷三百九十七）
乾化元年（911）	林思谔取米仓道到中巴、泥溪。	《资治通鉴》卷二百六十八

米仓道在唐宋是重要的民间商道和便道。杜甫诗《九日奉寄严大夫》：“不眠持汉节，何路出巴山。小驿香醪嫩，重岩细菊斑。”《方舆胜览》录此诗于巴州，此小驿即唐清水驿，则是取米仓道入。宋开禧年间吴曦之变，程松从米仓道

[1] 道光《巴州志》卷二《建置志·铺递》。

[2][宋]李曾伯：《可斋续稿·乞调重兵应援奏》；[宋]牟子才：《论救蜀急著六事疏》，《宋代蜀文辑存》中《名臣奏议》卷一百。

逃跑，紧接士大夫也多取米仓道取峡路至荆楚[1]。《玉堂闲话》载秦民王行言往返于米仓道在巴州、渠州贩盐，说明当时民间商人多取此道。五代王仁裕得人献小猿，便派人取米仓道送到孤云两角山[2]。

宋末元初，米仓道是一个重要的用兵之道。早在嘉定十一年（1218）金人大举南下，宋军在拒守剑阁道外，又退守米仓道米仓山以防范[3]。绍定四年（1231）蒙古军围兴元，郭正孙扼米仓道相防遇害[4]。嘉熙二年（1238）蒙古军攻兴元，取米仓道入，“陈隆之离兴元，见往米仓山”[5]。淳祐十二年（1252）蒙古军从米仓道经巴州、渠州三会、渠州入[6]，宝祐六年（1258）蒙古军“度米仓道，其地荒塞不通，进伐木开道七百余里”，顺渠江攻定远（武胜）七十关至钓鱼城，使“关路始通”[7]。

到了明清时米仓道曾为川盐走私贩运之道，政府为了限制私贩盐业，征收商税，多于古道上设置关卡，再加上“今驿路由沔入蜀，故米仓道由之者鲜矣”[8]。故米仓道在清代已较闭塞梗阻。从征战来讲，明正德三年（1508）保宁农民起义入汉中，崇祯十年（1637）起义军从秦州入南江、通江均取此道[9]。

清末民初这条古道仍为川盐入陕要道和私旅便道[10]。民国时有人建议沿此线修三南公路（南郑、南江、南部），但没能如愿。

这条古道十分险峻。《玉堂闲话》称：“其路则深溪峭岩，扪萝拨石，一上三日而达于山顶。行人止宿，则以绳萝系腰，萦树而寝，不然，则堕于深涧，若沉黄泉也。”又称：“危峰峻壑，猿径鸟道，路眠野宿，杜绝人烟，鸷兽成群，

[1][宋]王象之：《舆地纪胜》卷一百八十一《巴州》；李鸣复：《策全蜀安全疏》，《宋代蜀文辑存》中《名臣奏议》卷九十九。

[2]民国《南郑县志》卷七《艺文》引《王氏旧闻》。

[3][宋]魏了翁：《鹤山集》卷八十三《故太府寺兼知兴元府利州路安抚郭公墓志铭》。

[4]《南宋制抚年表》引《墓志》。

[5][宋]袁甫：《蒙斋集》卷六《乞降招抚谕四蜀札子》。

[6][宋]李曾伯：《可斋续稿·乞调重兵应援奏》；[宋]牟子才：《论救蜀急著六事疏》，《宋代蜀文辑存》中《名臣奏议》卷一百。

[7][明]宋濂：《元史》卷三《宪宗》、卷一百五十四《李进传》，中华书局，1976年。

[8][清]张邦伸：《云栈纪程》卷四，清乾隆甲寅年木刻版。

[9][清]张廷玉：《明史》卷二百六十九《侯良柱传》，中华书局，1974年；[清]彭遵泗：《蜀碧》卷一。

[10]王成敏：《广元大巴山之经济地理与经济建设》，《四川经济季刊》1卷第2期。

食啖行旅。行言结十余辈少壮同行，人持一挂杖，长丈余，铂钢铁以刃之，即其短枪也。才登细径，为猛虎逐之，乃露宿于道左，虎忽自人众中攫行言而去。”[1]据我与何家林同志实地考察，米仓道米仓山段附近森林密布，野草丛生，沟壑高深，崖路陡险，且时有野猪和狗熊出没，至今当地人仍多结伴同行。

这条古道上有栈道存在，明代曹学佺称：“按孤云、两角山及截贤岭，俱在栈道，去县二百余里。”[2]清人王径芳《大巴山行》一诗称：“凿山跨木半山腰，下有汛流乱石潭。”但清乾隆时栈道已多毁，故有载：“（截贤岭）与孤云两角俱修栈道，今则榛莽，已辟半成坦途。”[3]

米仓道历代不置驿，民国时修三南公路也没实现。今天，在南郑、南江两县人民努力下，终于修通了二南公路。

四、川陕东线（洋万涪道·洋渠道·荔枝道）

洋巴道被取用于史籍，一般认为是唐代，为杨贵妃从涪州（涪陵）传送鲜荔枝而开通置驿的。现在看来应更早。《水经注》载：“洋川者，汉戚夫人之所生处也。高祖得而宠之，夫人思慕本乡，追求洋川米，高帝为驿致长安。”[4]从上我们不难看出，这次置驿应沿今洋水（即泾阳河）而北至长安，正好是后来荔枝道和子午道的路线。又据宋代魏了翁曾认为汉代马援平交趾也是取此道南下[5]。宋代魏了翁当时必不会信口而谈。据说张飞为西乡侯时曾征战往返于这条古道，在今万源县仍有关于张飞在插旗山、关坝、望星关古村的传说，在今镇巴县有关于拴马岭、捞旗河和九阵坝的传说。这些传说不会毫无根据。

现在考证起来，所谓洋巴道并非一条，而是包括以下三条。

第一条是洋万涪道。

《元和郡县图志》卷三十《涪州》：“（涪州）从万州北开通（州）宣（汉）

[1][宋]李昉等：《太平广记》卷三百九十七和卷四百三十三引，中华书局，1961年。
[2][明]曹学佺：《蜀中名胜记》卷二十五《保宁府》，重庆出版社，1984年。
[3]乾隆《南江县志》引《旧志》。
[4][北魏]郦道元：《水经注》卷二十七《沔水注》，商务印书馆，1933年。
[5][宋]魏了翁：《鹤山集》卷一百八《师友雅言》上。

县及洋州路至上都二千三百四十里。”

《太平寰宇记》卷一百二十《涪州》：“（涪州）东至万州水路六百一十里，自万州取开州、通州宣汉县及洋州路至长安二千二百四十里。”

从以上两则史料可以看出，洋万涪道是存在的。我们再参《通典》《元和郡县图志》《太平寰宇记》和《元丰九城志》所载各州里程，可知这条路线以渝州为中心，顺水四百六十里（一说三百四十里）到涪州，三百五十里到忠州，三百九十里（一说二百六十里）到万州，然后舍舟从陆二百里（还有一百六十里、二百一十二里、二百里、二百三十二里四说）到开州，西北折向通州宣汉县[1]，再循曹水，即下浦江（今后河），北上越大巴山沿洋水到西乡县，取子午道入长安，约三千里左右[2]。天宝时洋州改治兴道县（洋县），故有一条经通州、西乡县、兴道县取骆谷入长安道，从通州计程约一千五百七十六里[3]。后唐天成三年（928），又重新修缮了这条入蜀旧路，据称比金牛官驿路近三十五驿[4]。

洋万涪道比荔枝道和洋渠道的迂回大，约两千八百里，在三线中最长，且多穿行于川东平行岭谷带，路较险阻。但这条古道取用的历史较悠久。《晋书》载：“（太和）四年，迁大将军，加大都督、假黄钺，与曹真伐蜀。帝自西城（安康）斫山开道，水陆并进，溯沔而上，至于朐䏰，拔其新丰县。军次丹口，遇雨，班师。”[5] 这则记载十分紊乱，既然是伐蜀，进军到今万县之东的朐䏰，为何又一下攻到了今临潼东北的新丰城，甚为费解。疑“新丰县”为晋汉丰县（开县）之误，如此则这次进军巴蜀地是取洋万涪道的。即大军从安康溯汉江到西乡取洋巴道到开县。万县、万县东的朐䏰。可见，这条古道取用是很早的。

[1] 众书不载开州至宣汉县具体里程，只载开州西至通州三百零八里左右，通州东北至宣汉县一百七十里，我们揣其地望，按地理角度东北角度均以45°折合，取三角原理计算，可知开州至通州宣汉县约四百零六里。

[2] 洋州至通州七百九十六里，减去通州至宣汉县里程一百七十里，知宣汉县至洋州约六百二十六里。这样，我们可合计其总里程为三千里左右。

[3][唐]杜佑：《通典》卷一百七十五《通州》。

[4][宋]王溥：《五代会要》卷二十五《道路门》，上海古籍出版社，1978年。

[5][唐]房玄龄等：《晋书》卷一《宣帝纪》，中华书局，1974年。有的专家认为太和四年魏伐蜀仅是一计划，当为一说，今暂不取。

据《元和郡县图志》和《太平寰宇记》载，不仅涪州到长安取此路，而且黔州（彭水）、夷州（凤冈）、播州（遵义）、思州（沿河）也取此道北上，想必为一出川大道。

第二条是洋渠道。按《通典》《元和郡县图志》《太平寰宇记》和《元丰九域志》所载里程，可知这条路线从渝州陆路二百里，水路一百六十里到合州，水路四百里到渠州流江县（渠县），东北经三会（今三汇西北与米仓道接）六百里陆路，或水路二百五十里至通州通川县，再七百九十六里至洋州，六百二十一里至长安，合计里程为两千六百一十七里左右。这条路线南段因多取渠江河谷而行故名洋渠道。其通州以北路线基本上与洋万涪道合。

第三条是荔枝道。

《新唐书》和《旧唐书》都载杨贵妃爱吃鲜荔枝，命置驿传递，只是历史上从何处转送荔枝，取何道而行，都众说纷纭[1]。现在，我们从使荔枝保鲜角度讲，似应从涪陵取送较合理[2]。

《方舆胜览》卷六十八引《洋州志》载：

> 杨贵妃嗜生荔枝，诏驿自涪陵由达州取西乡入子午谷至长安才三日，香色俱未变。

这则记载勾画出了荔枝道的简要路程。按蔡邕《荔枝谱》，吴曾《能改斋漫录》，范成大《吴船录》《舆地纪胜》《方舆胜览》都谈及涪州西十五里的妃子园，专为杨贵妃种有百余株品质好的荔枝。宋人吴曾还特意为此事是否属实访询了当地百姓，证实其事[3]。清咸丰年间涪州知州姚兰坡还在旧址建亭植荔枝以再现旧园，今园已不存，但还留有荔枝乡的地名。另清人著述中还谈及唐代曾在妃子园中有荔枝驿，不知据何而言。

按涪州荔枝的重要产地是在涪州乐温县，严耕望先生认为古道必经乐温县地，再循溶溪水（今龙溪河）北上梁山军（梁平县）[4]。

[1] 蓝勇：《神州何处妃子笑？》，《文汇报》1986 年 3 月 12 日。

[2] 严耕望：《天宝荔枝道考》，《大陆杂志》五十七卷第 1 期；蓝勇：《贵妃食荔自何来》，《史学月刊》1988 年第 3 期。

[3][宋] 吴曾：《能改斋漫录》卷十五《方物》，上海古籍出版社，1979 年。

[4] 严耕望：《天宝荔枝道考》，《大陆杂志》五十七卷第 1 期。

《舆地纪胜》卷一百七十九《梁山军》载梁山军有梁山驿和唐碑。《梁山军碑记》称碑为唐玄宗御制。元《经世大典》又称梁山有城站，想其地必当大道。按地势，循溶溪水北上必经梁山驿，这是无疑的。

《舆地纪胜》又载："高都山，距军北一十五里……高都驿路，乃天宝贡荔枝之路也。"[1]《蜀志补》载："方都山，在梁山县北，山中民以种姜为业，有古驿道，乃天宝贡荔所经也。"[2]《读史方舆纪要》也载："又都梁山，在（梁山）县北十五里，亦曰高都山，旧有高都驿，乃天宝中进荔之路，山壤腴而黄，民以种姜为业。"[3] 其他嘉庆《梁山县志》卷二，吴寿《川中杂识》《白云山志》等也均有类似的记载。我实地考察高都山，山腰仍有一段古驿道，只是石板驿路的修凿年代不会太久。山顶上旧房多毁。铺原有山门，门上原书"高览通都"四字，今门基犹存。

按《方舆胜览》已明载古道经达州。又按宋名立《修铁山路碑》谈到，当地人认为达州铁山古道乃"达与巴之子午道也。行人若之，非一日矣"[4]。看来，积古相传绝非信口之说。

荔枝道从今涪州荔枝驿（或就在涪陵荔枝园）北上乐温县地，沿溶溪水河谷行至梁山驿、高都驿，经通州（达州）循下蒲江翻大巴山，又取洋水至西乡县，取子午道到长安。这条路线是在洋万涪道和洋渠道之间取直而行，仅两千里左右，在三线中最短，无疑这是为了尽量缩短路程，加快鲜荔枝传送速度，以使荔枝更加鲜美，《方舆胜览》载传递贵妃荔枝三日乃至，《舆地纪胜》称七日才至，想荔枝"四五日外色香味尽去矣"，似应以三日到长安较合理。按荔枝道长约两千余里，唐制急递日行五百，三日而致，日行不足七百，也在情理之中。宋人魏了翁认为此路从南平军、涪州、达州入子午谷为七驿八百里（？）[5]，不知何据，哪七驿更无从稽考！

[1][宋]王象之：《舆地纪胜》卷一百七十九《梁山军》。

[2][明]曹学佺：《蜀中广记》卷六十三引《蜀志补》。

[3][清]顾祖禹：《读史方舆纪要》卷六十九《夔州府》，中华书局，1955年。

[4]嘉庆《达州志》卷四十六《艺文志》。

[5][宋]魏了翁：《鹤山集》卷一百八《师友雅言》上。

从现在掌握史料看，洋巴道的洋州到达州段，唐代一度是设有驿路，这是无疑的。

李复《与王漕书》载：

> 梁、洋及其东西及岐之南屏，旧有驿程。今商贩亦自长安之南，子午谷直起洋州，自洋州南至达州。若两路漕司差官会于境上，昼阁以阅，旧迹可见，但山路须有登涉。往日曾为驿程，今虽废坏，兴工想亦不难矣[1]。

隋唐和宋朝时期，这条驿路是从今陕南到川东的最重要交通线。隋末义宁元年（617），李孝恭从金川（今安康）入巴蜀便取此道[2]。唐韩翃《送巴州杨使君》一诗谈到，从南郑东关出，经南郑东之白云县到巴州的情况，则知如取米仓道则必出南关，更不可到白云县，此则必取洋巴道无疑了，唐罗邺《巴南旅泊》一诗也有“驻马白云村”之句，则也应取洋巴道行，文与可《寄子骏运使》：“西乡巴岭下，险道入孱颜，使骑到荒驿，野禽啼乱山。”此荒驿疑即为唐代废驿。宋代这条古道是重要兵旅大道，但“绍兴以来，南北兵出入并不由此路”，主要是“隘寨颓坏，久不修整”，以后“遂为商贾负贩之路”[3]。当时通川郡有称：“在诸郡中为最优，茶盐鱼米，汉中有不如者。常氏《马鸣山记》：‘水航与蜀，陆肩于雍，持金易丝枲者不绝于道。’”[4]

另白居易《雨夜忆元九诗》云“一种雨中君最苦，偏梁阁道向通州”，则可知洋巴道在唐代栈道之设是普遍的。

明清时，历史上的所谓荔枝驿道已毁[5]。但历史上的洋渠道路线仍为历代所沿用，有称“陕西入川之路，其由宁羌、广元栈道而前进者，正道也；而奇兵往往由西乡而进”[6]。崇祯五年，格里眼、蝎子块越大巴山到东乡太平。崇祯十三年，左良玉、郑崇俭从西乡取渔渡坝到玛瑙山败张献忠，都是取此道。

[1][宋]李复：《橘水集》卷三《与王漕书》。

[2][宋]司马光：《资治通鉴》卷一百八十四《隋纪》八，中华书局，1956年。

[3][宋]魏了翁、方回：《古今考》卷一。

[4][宋]祝穆：《方舆胜览》卷五十九《达州》引《朱肱记》。

[5][清]陈梦雷：《古今图书集成》卷五百三十。

[6][清]严如熤：《三省山内风土杂识》。

清代在洋渠道路线上置有铺递关卡。计其路程从西乡县经木马河、堰口、司上、面子山、杨家河、拴马岭、拉溪塘、岩寨子、定远厅（镇巴县）、周家营、毛垭塘、高脚硐、渔渡坝、滚龙坡卡子、黎树溪、官渡湾、观音峡、本城铺（万两）、大粟（黎）坪铺、青花溪（青花乡）、大茶园铺、长坝堡铺（长坝乡）、王家坎铺、罗文坝铺、大水荡铺、毛坝、胡家、蒲家场铺、罗江口铺到达县底铺，然后南下渠县、合州至巴县[1]。清代民国西乡至达州大道经常都有维修，如咸丰三年唐祖友修治今镇巴北打更坝、羊鼻梁、陈家滩、学堂坝四十余里古道。咸丰元年（1851）唐祖友又整治今镇巴北温水峡石路。咸丰十一年同知沈际清筑滚龙坡卡子。光绪三年（1877）同知余修风整修镇巴南小豆坝至杨家河道路，第二年又整治镇巴南渔洞坝、高脚硐石路十里。民国二十一年僧人修治万源北观音峡古道。

明清以至民国，这条古道为川陕重要商道。清代的陕西商人用船将盐运到绥定（南充），换小舟运到罗文坝，滩多难行舟，多起陆而行，北上陕西，故当时罗文坝盐店林立，号为一商埠[2]。渔渡坝也是一个川陕重要商业城镇，有称："当秦蜀之交，实负贩往来要道，承平时，人烟辏集，居然巨镇。"[3] 当时川陕古道交界的滚龙坡卡子是一重要关口。清咸丰十一年设卡后，每年十月初一川陕两省总镇在此会哨，商谈军务和商务。民国时，为了保护行商，镇巴、万源还派有军队在卡子驻防。据我实地考察，卡子旧有卡门和门楼，今已毁坏，唯存一段残墙，附近石路已多遭破坏。

这条古道路线被修筑西（乡）达（县）公路沿用，黄盛璋先生在《川陕交通的历史发展》一文里提出沿北线修凿铁路，这个倡议到后来襄渝线的修成变成了现实。

[1] 参光绪《定远厅志》、道光《四乡县志》、光绪《太平县志》、民国《万源县志》、民国《达县志》。

[2] 民国《万源县志》卷一《舆地·营建》。

[3] 光绪《定远厅志》卷二十五《艺文志》。

小　路

一、王谷道（大竹河道）

今天沿大竹河谷取行的大路历史上又叫王谷道、任何道。

《水经注》载："（汉水）又东迳魏兴郡广城县，县治王谷，谷道南出巴獠，有盐井，食之令人瘿疾。"[1] 广城县在今紫阳县南六十里何河旁，称谷道，即是沿任河河谷入巴山南的通道。按城口古有盐井，城口南明通区有明通井[2]，从城口有路经双音崖塘、了子口塘到通井塘。有载嘉庆道光间，许多人在城口境内常掘得五铢钱[3]，则可知古代城口一带必当行旅通道，谷道必通城口无疑。

察古审今，参以明清交通路线，可知这条古道从金州（安康）溯汉江到紫阳，经下房沟、权河塘、辛滩、大坝塘、毛坝关、二州垭、田坝河至大竹河，西取陆经庙坡、土垭子、伎货铺、邓家坝、金竹坝到黎树接洋巴道，东南经黄溪河塘、鸡公滩塘、二湾塘、坪坝塘、广线垭塘到城口营，西南经修溪坝塘、椒子垭塘、中坝子塘、两扇门塘、菜子坝塘接宁河堵水道到鸡心岭，又可由剪刀架、老本园、新田坝、万春河、西宁桥到两河口接堵水宁河道。

早在唐乾宁四年（897），荆南节度使许存便扼此道上毛坝关，屯兵塞入蜀之道，明清时这条道路为重要的商旅之道，有载此道："崖路崎岖，通西蜀，板木结筏，多由此出。"[4] 当时，任河"自城口蟠折数百里至大竹讯，始能行船，下瓦房店到紫阳城南岸入汉。由紫阳沂流至大竹汛三百六十里可行数十只小船，花布自襄樊，药材自川省，多从此载运"[5]。古道上的大竹河汛为一枢纽站，其西可接米仓道，东经城口营西至宁河堵河道，有称大竹河汛"商贾聚集，为太平通水程之所，河自东而西，可行船。山内所产药材、茶叶由此顺流而下至陕西紫阳任河口，计程

[1][北魏]郦道元：《水经注》卷二十七《沔水》，商务印书馆，1933年。
[2]严耕望先生认为是通明井，又说在宣汉境，误。
[3]道光《城口厅志》卷五《古迹》。
[4]乾隆《兴安府志》卷八。
[5][清]严如熤：《三省边防备览》卷五《水道》。

三百六十里合汉江”[1]。由上可看出，这条古道确实为一商业大道，是转运川省药材、茶叶和外省布匹的大道。

二、洋壁道

从洋州西乡县到壁州（通江）也是川陕一重要通道。

《元和郡县图志》卷二十二：“（洋州）南至壁州西（山）路五百六十里。”《通典》卷一百七十五：“（洋州）南至始宁郡（壁州）六百一十五里。”《太平寰宇记》卷一百三十八载：“（洋州）南至壁州山路五百四十里。”卷一百四十又称：“（壁州）北取洋州兴道县五百四十里。”

这条山路不仅通西乡县，还可通兴道县（洋县），只是估计这条山路唐宋历史上取用不多，故至今其具体路线仍难确考。

审察明清时的交通路线，按古道多由河谷取路特点，有两条古道路线疑为洋壁路路线。

一条路线是沿洋巴道到今镇巴西南，经长岭、索垭、仁村（过街楼）、洋芋塘、九元关、竹峪关，再沿今肖河口（古白石水，又名青水）经洪口、沙溪到通江。这条路线在明清时为商旅大道，“川陕客民，挟货贸易者，往往取道于此”[2]。在太平设置厅以前，川陕两省官员会哨不是在洋巴道的滚龙坡卡子，而是在这条路的竹峪关，每年二月率行一次，故有“会哨之路”之称[3]。想必经竹峪关的路线，当时是十分重要的。嘉庆年间，白莲教姚之富、王光祖、樊人杰便从陕西经竹峪关入通江，当取此道[4]。另一条路线从西乡经木马河、长岭风、白杨沟、柳树店、峡口、罐子山、射潭坎、钟家沟、大巴关、大斧庙、百雄关、两当口、龙池场、长坪、泥坪、泥溪、苦草坝到通江，据旧志载汉高祖曾在通江北永安得汉山屯粮以通饷道，有称“历代屯粮之处”[5]。宋理宗淳祐九年（1249）曾在得汉

[1] 陈明申：《夔行纪程》，《小方壶斋舆地丛钞》第七帙，商务印书馆，1936年。
[2][清]严如熤：《三省边防备览·杂识》。
[3] 光绪《太平县志》卷二《山川》和《三省边防备览》。
[4] 光绪《太平县志》卷五《武功》。
[5] 道光《通江县志》卷五《武功》。

山置得汉城以抗蒙古，属洋州管辖，想必当时是兵旅行进之大道[1]。在清代这条古道“林深险峻，为川陕要隘”[2]。清时曾在峡口、大巴关、龙池场置巡检和关卡。这样看来，历史上的洋壁山路正是取此道。严如熤《三省山内风土杂识》谈到这条路线是因为竹峪关路迂回才另行开辟，似这条道路历史上曾梗阻一时。

三、汉壁道

历史上从汉中南郑县至通江县也是一重要交通要道，称汉壁道。

明清时，这条古道从南郑下水渡沿冷水河谷经祖师殿、高家岭、牟家坝、马仙坝、青石关，翻大巴山经回军坝、天池梁、镇南关、羊圈关，沿碑坝河（小通江）河谷，经两河口、碑坝、朱家坝、潮水坝、平溪、板桥、青浴、涪阳，到通江。

按《雍胜略》载青石关宋始置关，明正德间曾置巡检司。羊圈关在明嘉靖中置巡检司。则可知这条古道早在宋代便存在。明清时，这条古道有称“川陕往来要隘”“通茶要道”和“自秦入蜀路”等[3]，同治二年（1863），川军援陕便是取这条路线。

四、容裘谷道

《水经注》载：

沔水又东迳西乐城北。城在山上，周三十里，甚险固。城侧有谷，谓之容裘谷。道通益州，山多群獠。诸葛亮筑以防遏。梁州刺史杨亮以即险之固，保而居之，为苻坚所败。后刺史姜守、潘猛，亦相仍守此城。城东容裘溪水注之，俗谓之洛水也，水南导巴岭山，东北流，水左有故城，凭山即险，四面阻绝。昔先主遣黄忠据之，以拒曹公……[4]

按西乐古城在今勉县西南，容裘谷即今勉县南漾家河，旁有定军山。诸葛亮、

[1] 道光《通江县志》卷二《舆地》。
[2] 道光《西乡县志》卷一。
[3] 民国《南郑县志》；《陕西通志》卷十六；道光《通江县志》。
[4][北魏]郦道元：《水经注》卷二十七《沔水》，商务印书馆，1933年。

杨亮、苻坚、姜守、潘猛、黄忠、曹操都取此道征战，可知在魏晋时这是一条重要通道。不过，这里虽在明清时仍为一通道，但现在我们已很难找到唐宋时取用此道的记载了。

（原载蓝勇：《四川古代交通路线史》，西南师范大学出版社，1989 年，第 6~77 页）

论故道在川陕诸驿中的特殊地位

李之勤

在古代，尤其是全国首都选定在陕西关中长安的秦汉隋唐等朝代，长安与汉中、四川以及西南广大地区的驿道交通特显发达。穿越南山通往汉中的一些主要谷道，曾被定为国家驿道的就有故道、秦汉褒斜道、唐宋褒斜道、傥骆道、子午道和文川道等许多条。秦汉褒斜道由今陕西眉县向西南，循石头河和褒河河谷，经太白县、留坝县江口镇，南出褒口到汉中。唐宋褒斜道亦即北魏回车道、元明清连云栈道、明清北栈道，系宝鸡市向西南，经凤县凤州城折东南，经留坝县而南出褒口到汉中。其北段凤州城以北是沿用故道线路，而南段褒河河谷则为秦汉褒斜道线路。文川道的北段江口镇以北，也是沿用秦汉褒斜道的线路，而南段则由江口镇向东南到城固县的小河口，然后转向西南，经文川镇而达汉中。这几条驿道，开辟年代的早晚，使用时间的长短，以及地理形势的险易，道路状况的好坏各不相同。而其中的故道，则是开辟时间较早，被用作驿道的时间较长的一条。早在秦汉时代它已被用为入蜀驿道之一，隋唐时期上升为入蜀诸驿道中最主要的一条[1]。而当全国首都移往河南开封的北宋时期，它仍然是从开封经关中入蜀的主要驿道[2]。可是故道的里程，以长安汉中间而论，却比其他各线都长，甚至要长上几百里[3]。不要说驿道，就是以一般道路来说，里程长短都是选线的重要标准，线路过长必然是极为不利的因素。如果仅就这点而论，故道作为驿道的条件就不算优越，其被用作驿道的时间也就难得维持长久了。但事实却又恰恰相反，彼此矛盾的两个特点紧密地结合在故道一处，这不能不引起人们的关注，并力图从各方面探求其原因，提出这样那样的解释。比如说沿线谷道平缓，便于行旅往来，更便于大宗物资转输；如说沿线州县治所和城镇较多，经济发达，供应无虞，行旅安全有保障；如说它既是从关中入川的驿路，又是从甘肃东南部入川的大路，且有嘉陵江水运之便可以利用；如此等等。但是，这些说法虽然都有道理，却不够充分。因为所有这些优点，并不能完全抵消路远这个在选线条件上的主要不利因素。而且，就以谷道开阔、道路平缓而论，也只是相对的、比较而言。实际上，在《史记》说故道"回远"的同时，也曾说它"多阪"，多阪当然是要增加道路的升降转折，使之不仅回远，而且艰于攀登。稍事考察就可看出，故道沿线要越过的分水岭甚至比褒斜道、傥骆道、子午道等线都要多。那么这条既回远而又不尽平缓的故道，何以能够在使用时间上和重要性上超过其他各条驿道呢？我觉得最重要的原因当是它既回远而又不那么回远：作为长安汉中间的驿道，它确实是里程距离最远，但作为从长安直通川蜀的驿道，却又不那么回远。因为故道有一个为其他驿道都不具备的条件，那就是它可以不经过汉中而直通巴蜀。而当它作为直通巴蜀的驿道时，其里程反有相当大的缩短。这样一来，与其他五条必须经过汉中盆地才能到达巴蜀的驿道来比，它的里程就不显得那么回远了。故道的这个既回远而又不那么回远的事实，实为故道最重要的特点和优点，故道被长期用作驿道上起着极为重要的作用。而这点在前贤考究蜀道各线的长短、优劣时，均

[1][唐]杜佑：《通典》卷一百七十五《州郡》记汉中长安间诸驿道独称故道为"驿道"。

[2]据《宋会要辑稿》记载，北宋入川大驿道采唐宋褒斜道的时间只有5年（神宗熙宁七年至元丰元年，公元1074~1078年），其他时间均取故道。

[3][唐]杜佑：《通典》卷一百七十五《州郡》记梁州汉中郡去西京取骆谷路六百五十二里，斜谷路九百三十三里，驿路一千二百二十三里。

未提及。故愿表而出之，以就正于有道。

“故道回远”之说，远在西汉时期即已出现。《史记》卷二十九《河渠书》在记当时为修褒斜道以通水陆漕运时说：

其后人有上书欲通褒斜道及漕事，下御史大夫张汤。汤问其事，因言：抵蜀从故道，故道多阪，回远。今穿褒斜道、少阪，近四百里……天子以为然，拜汤子卬为汉中守，发数万人作褒斜道五百余里。道果便近，而水湍石，不可漕。

上述资料所说的，故道的里程要比褒斜道远四百里之事，虽为建言者事先估计之词，但修筑的结果既为“道果便近”所肯定而无否定之词，所以褒斜道要比故道近四百里的事，大致是可信的。但应当特别注意的是，建言者所说的“抵蜀”的蜀字，虽可泛指巴蜀也就是今天的四川或四川的中心成都，而在这里却主要是就褒斜道的终点汉中而言的。所以所说的“近四百里”，也只是说从西汉的首都长安到汉中，取道褒斜和取道故道的里距之差有四百里，并不是说从长安到巴蜀的中心成都取道褒斜比从故道要近四百里。

唐代也有相似的记载。《通典》卷一百七十五《州郡》梁州汉中郡项下说：

汉中郡……去西京取骆谷路六百五十二里，斜谷路九百三十三里，驿路一千二百二十三里。去东京取骆谷路一千五百八十里，取斜谷路一千七百八十九里，驿路二千七十八里。

依此而论，长安汉中间的距离，驿路要比斜谷路多二百九十里，比傥骆道更多至五百七十一里。但这里所说的骆谷路的里程颇有问题，而斜谷路是指哪一条路，是秦汉褒斜道还是唐宋褒斜道，也并不清楚。如果是指秦汉褒斜道，根据有关资料，长安汉中间，褒斜谷道的南口和北口之间为四百七十里，褒城县至褒口或褒谷山为十余里或五里，褒城至兴元府汉中郡的治所南郑县三十三里，长安周至间一百三十里[1]，眉县至斜谷谷口约三十里或二十五里[2]，东至周至县

[1] [唐] 李吉甫：《元和郡县图志》卷二十二《兴元府》、卷二《凤翔府》，中华书局，1983 年；乾隆《大清一统志》卷一百八十五《汉中府》。

[2] [清] 董诰等：《全唐文》卷七百九十四孙樵《兴元新路记》，中华书局，1983 年；[清] 顾祖禹等：《读史方舆纪要》卷五十五《凤翔府》，中华书局，1955 年。

一百里[1]，合计七百六十三里或七百七十里出头，与《通典》所说的长安汉中间取斜谷九百三十三里相去甚远。如果说是指唐宋褒斜道，则据《通典》所记，长安凤翔间三百一十七里，凤翔凤州间四百里，凤州汉中间三百九十五里，合计一千一百一十二里，也与九百三十三里相差甚多。而关于凤翔凤州间四百里的记载，又与唐及以后其他史书所记均不相符，显然有误。《通典》凤州河池郡项下记凤州“去西京五百九十里，到汉中三百九十五里”，合计九百八十五里。与前引汉中郡项下所记长安汉中间的里程也有五十九里之差。核以《元和郡县图志》有关记载，长安凤翔间三百一十里，凤翔凤州间二百八十里，凤州兴元府间三百八十里，合计九百七十里。与九百三十三里虽然仍差三十七里，但已勉强可谓大致相近。所以《通典》汉中郡所说的斜谷道大致可以断定指的是唐宋褒斜道。

至于所说的“驿道”，虽然由于《通典》岐州扶风郡、凤州河池郡、兴州顺政郡所记“去西京”及其相互间的里程数字，歧异难辨之处甚多，但兴州顺政郡明记“去西京九百三十五里，南到汉中郡南郑县二百八十七里”，合计一千二百二十二里，与前引汉中郡从驿道去长安的里程仅差一里，与《元和郡县图志》所记长安汉中间一千一百九十里（京兆府至凤翔府三百一十里，凤翔府至凤州二百八十里，凤州至兴州三百五十里，兴州至兴元府二百五十里）的数字，也相差不远。所以大致也可以确定《通典》所说的驿道即指故道。

至于长安汉中间的驿程故道要比傥骆道远五百余里的事，《五代会要》卷二十五《道路》门也有类似记载：

> （后唐明宗）长兴四年正月，西京留守王思同进拟开骆谷路图。上指山险谓侍臣曰：如此之险，何以开通？左右奏曰：据兴元关内兵戍交番，及转饷大散，修开斜谷路，迂回较五百余里。如从骆谷，自雍京直抵兴元，粮戍稍便。

从引文中所说的“转饷大散，修开斜谷路”，似乎“迂回较五百余里”指的是唐宋褒斜道。但据前文所述，唐宋褒斜道的里程有九百三十三里、九百七十里、九百八十五里各数字的不同，但与《通典》所说傥骆道长安汉中间六百五十二里

[1][宋]乐史：《太平寰宇记》卷三十《凤翔府》。

的最短一种记载之差，仍不足四百里，与“迂回较五百余里”之数相差更远。所以远五百余里的记载，仍以指故道与傥骆道之差为宜。

但是《通典》关于傥骆道长安汉中间六百五十二里的记载是否确实，还有问题。因为它不仅与《通典》有关记载不一致，也与《元和郡县图志》《太平寰宇记》的记载有出入。说它与《通典》的有关记载不一致，表现于以下几点：一是汉中郡下记“去东京取骆谷路一千五百八十里”。一千五百八十里减六百五十二里为九百二十八里，比西京长安至东京洛阳间八百三十五里[1]的里距多出了九十三里。二是《通典》所记唐玄宗时期洋州洋川郡的治所在西乡县，傥骆道则经洋州兴道县而不绕西乡县。西乡兴道间的里距为一百里，兴道汉中间的里距为一百二十里[2]，《通典》记“京兆府南至洋川郡六百二十二里”，则到汉中应为六百四十二里而不是六百五十二里。三是《通典》洋川郡记“北至京兆府六百二十一里”，则汉中至京兆府应为六百四十一里。另查《元和郡县图志》卷二十二记汉中长安间的里程为“东北至上都七百六十里”，《太平寰宇记》卷一百三十三、一百三十八兴元府、洋州记傥骆道及其沿线各州县间的里程均与《通典》相同，而未顾及洋州的治所已由西乡县移至兴道县，所以其歧异矛盾之处更多。总的说来，唐代傥骆道长安汉中间的里程似以《元和郡县图志》所记七百六十里为正，《通典》和《太平寰宇记》的六百五十二里，都比实际少了一百余里。就此而论，故道比傥骆道远的距离也当为四百多里而不足五百里了。

关于文川道，据孙樵《兴元新路记》所记眉县汉中间除仙岑至芝田驿间一段缺漏具体里程，无法计算外，合计全程为五百五十多里。而眉县至长安二百三十里，总计约为八百里上下。《唐会要》卷八十六《道路》门引唐宣宗褒扬郑涯、李玭等修筑文川道的功绩时，称其比旧路“减十驿之途程”。唐时三十里为一驿，十驿的途程为三百里。八百里加三百里为一千一百里，与故道里程一千二百二十三里大致相合，也说明文川道的里程确在八百里上下。

至于子午道的里程，现存唐宋地理图籍均无具体记载，如据清代《三省边防

[1][唐]李吉甫：《元和郡县图志》卷一《关内道·京兆府》，中华书局，1983年。
[2][唐]李吉甫：《元和郡县图志》卷二十二《兴元府》和《洋州》，中华书局，1983年。

备览》《陕西南山谷口考》和汉中府宁陕、洋县等府县志的记载，以清代沿线各要地间里程累计推算，大致要超过一千里，较故道稍短而比唐宋褒斜道要长，在长安汉中间六条驿道中其长度居第二位。

以上我们讨论了汉唐时期长安汉中间各驿道的里程，故道的长度居首位，约为一千二百余里，子午道、唐宋褒斜道、文川道次之，分别为一千里、九百多里和八百里上下，秦汉褒斜道和傥骆道最短，都是七百多里。因而故道大致要比子午道、唐宋褒斜道远二百多里，比文川道远三百里，比秦汉褒斜道和傥骆道远四百多里甚至五百里。所以，从近捷这个驿道的重要条件来说，路线回远、里程最多的故道在这方面应该说是最差的。

如果我们变换一下考察问题的角度，故道在路线回远、里程最长方面的缺陷就显得不那么突出，不那么严重了。因为上述六条驿道除故道以外，作为从首都长安通向巴蜀的国家驿道，都是必须经过汉中的。而故道则可以不经过汉中，直通巴蜀的中心成都。不仅如此，故道作为长安成都间不经汉中的直通驿道，其里程还会因而有所缩短。至于可以缩短的里数，则又因所取线路的不同而有相当大的差异。

一是从长安取故道过凤翔府、凤州、兴州至兴元府的西县（今勉县西十里武侯镇，原为勉县旧城）后，不东去褒城、汉中，而折西沿汉中通往成都的金牛道直往成都，可称为西县道。据《元和郡县图志》卷二十二兴元府所载，西县“东至兴元府一百里”。这样就可以使从长安取故道去成都的里程缩短西县兴元府间往返二百里的路程，而与取子午道、唐宋褒斜道经汉中以达成都的里程相差不多了。唐代公私行旅取故道入蜀者，除必要外，多取此线而不往返枉行西县汉中间那二百里行程。《元和郡县图志》卷二十二介绍处于西县“西南三十步”的百牢关在交通方面的重要性时说“自京师趋剑南，达淮左，皆由此也”可以为证。因为西县百牢关正处于故道的“趋剑南”和“达淮左”的分岔路口。“达淮左”要继续东南行，经汉中，沿汉水而下；而“趋剑南”则可由百牢关折向西行，经利州以入剑门关，不需要东去汉中也。

二是从兴州向东南，到驿道横渡汉江上源沮水的渡口，即今勉县茶店镇附近。

这里据说是古代沮县和沮水戍的所在，又被称为上沮口，设有沮水铺。从上沮口不渡沮水去西县而顺沮水河谷南下，到沮水会合汉江的下沮口与金牛道相接，形成一条新线，可称为沮水道。《宋会要辑稿·方域·道路》：

神宗熙宁十年二月二十四日，利州路提刑司言：准朝旨送下李杞奏，成都府至凤州大驿路，自金牛入青阳驿至兴州，虽兴元府界亦有褒斜路，久来使命客旅任便往来。昨利州路提刑范百禄擘画，改移兴元府路作大驿路。

初，三泉县之金牛镇有东、北两路，北通陕西秦凤、熙河、京西诸州，以至京师，东通梁洋。熙宁七年，利州提刑范百禄建言废此路，复褒斜路。

这就是说，范百禄曾建言把由金牛镇去兴州、凤州的故道大驿路，移到由金牛镇经西县到褒城转凤州的唐宋褒斜道上去。宋代的金牛驿、金牛镇系沿唐代而来，设在唐前期的金牛县，故址在今宁强县的大安镇。唐李商隐和胡曾都有以金牛驿为题的诗篇[1]。青阳驿也是唐宋都有。唐武元衡有《宿青阳驿》诗，诗中提到“空山摇落”“萧萧风竹”，描写的当是南方景象，而不能确定其地址[2]。宋孔平仲有《发青阳驿》诗，首为“悠悠驱马汴河湾，几处邮亭略解鞍”[3]。说明他所咏的青阳驿可能位于汴河之傍，不在汉江上游，与《宋会要辑稿》所说的青阳驿无甚关系。明清时期沔县西南六十余里，大安镇东北三十余里处仍有一个青阳驿[4]。不知是否就是《宋会要辑稿》所说的宋代的青阳驿。如果就是的话，则当时从金牛驿经兴州以达秦凤、京西以至京师开封的大驿路，当是由青阳驿附近的沮口北上，溯沮水河谷至上沮口，然后折而西北以达兴州的。因为资料在金牛驿以后，只提到一个青阳驿而不再提西县，也就是今天的沔县老城武侯镇，说明此线过青阳驿后即由沮口北去，不再东经沔县。这样就可以比经过西县而不去汉

[1][清]彭定求等：《全唐诗》卷五百四十李商隐《行至金牛驿寄兴元渤海尚书》、卷六百四十七胡曾《金牛驿》，中华书局，1960年。

[2][清]彭定求等：《全唐诗》卷三百一十七武元衡《青阳驿》，中华书局，1960年。

[3][清]吴之振等：《宋诗钞·平青江集钞》，中华书局，1986年。

[4][清]严如熤：《三省边防备览》卷二《道路考》。

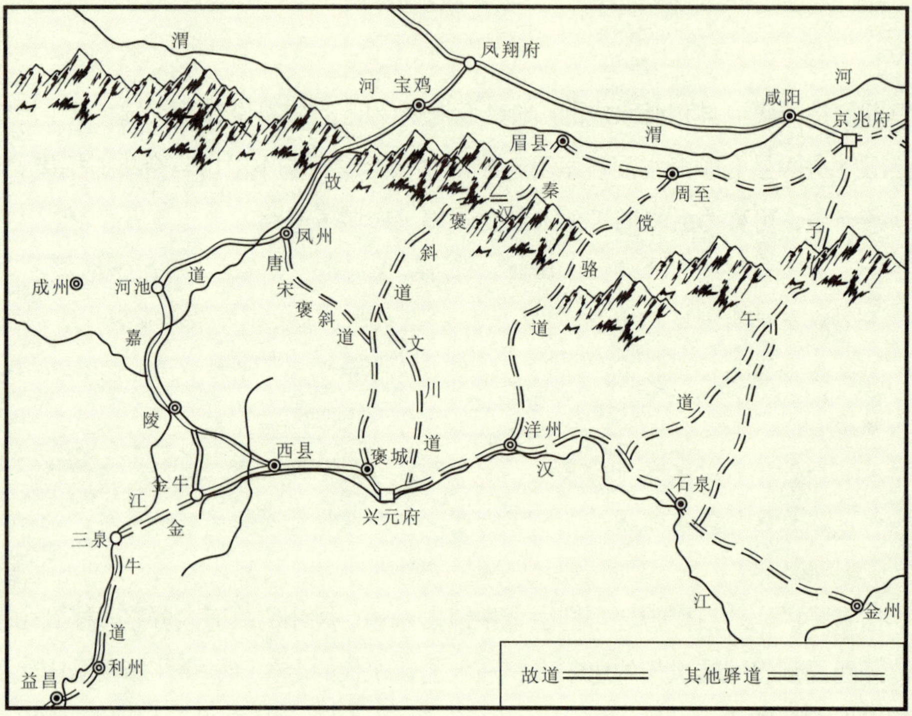

图 1 唐代故道在川陕诸驿道中的地位示意图

中的西县道缩短数十里的驿程了。因为据清代严如熤《三省边防备览》卷二《道路考》所载，当时这段道路的里程是，沔县至下沮口四十里，至上沮口，也就是茶店子六十里，合计一百里。而从茶店子顺沮水河谷南下至下沮口大约只四五十里。虽然我们现在还没有看到唐宋时期留下来的有关这段道路里程的记载。

三是从兴州东南四十里的飞仙岭向南，顺陈平水至金牛驿合金牛道，然后经三泉县去利州、剑门关以至成都，可称为陈平水道。金牛驿即唐金牛县，今宁强县大安镇。《太平寰宇记》卷一百三十三兴元府褒城县废金牛县条说它“在州（指梁州，后升兴元府，即今汉中市）西一百八十里……南临东汉水，西临陈平水”。陈平水当即发源于略阳县南，南流于大安镇附近汇入汉江北源大林河。唐苏颋有《晓发兴州入陈平路》[1] 诗，说明这位曾任宰相的大员在前往成都就任益州大都督府长史时，就是走的这条道路。飞仙岭的位置，乾隆《大清一统志》卷一百八十五《汉中府·山川》说：“飞仙岭，在略阳县东南。《方舆胜览》：

[1][清]彭定求等：《全唐诗》卷七十四，中华书局，1960 年。

在沔县东三十里。相传徐佐卿化鹤升仙之地。上有阁道百余间，即入蜀大路。《元统志》：此路旧从西县过，经由沮水。宋太平兴国五年移改于是岭。《府志》：岭在县东南四十里。”由于此线自兴州向东南只走三四十里就从飞仙岭折而向南，到离沔县以西八九十里的金牛镇会金牛道。所以当然要比到沮口戍或到西县才会金牛道的线路要更为便捷。但到底能近捷多少里程，则决定于从飞仙岭到金牛驿这段驿路的里数是多少。

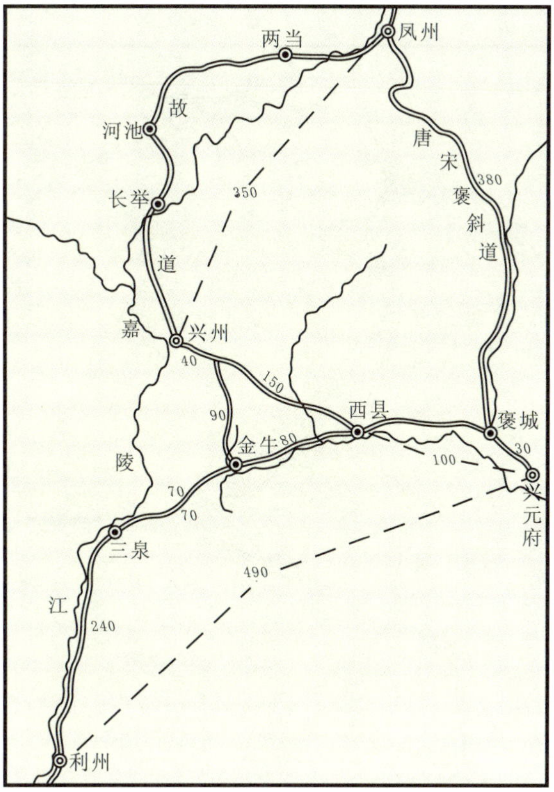

图 2 《元和郡县图志》所记凤州、利州间驿道里程示意图

由于史书散佚、文献残缺，飞仙岭至金牛驿这段驿程的确切里数，现存唐宋史籍均无记载。但从清代有关驿道和铺递路线的记载中，仍可推定其大概。《三省边防备览》卷二《道路考》和雍正《陕西通志》卷三十六《驿传》等书记载，略阳县与沔县间的铺递路程为一百八十里，这与唐宋时期兴州与西县间的驿道里程完全一致。而此路中间的接官厅在略阳东南四十里，沔县西北一百四十里。接官厅处于由略阳向东南去沔县、汉中和向正南去宁羌以至入四川的大路分岔处，附近山势崔嵬，谷道艰险，并有古代栈道遗迹，唐代的飞仙岭当即在此附近。沔县武侯镇以西九十里的大安驿、大安镇，就是唐代的金牛县、唐宋时期金牛驿的故址。去沔县武侯镇的里程也与唐宋时期金牛驿至西县八十里的记载相差不远。而从大安镇向北，有铺递道路经铁佛寺去略阳县的接官厅，里程为九十里或八十五里。既然清代略阳县至接官厅间、略阳县至沔县武侯镇间、沔县武侯镇至大安驿间的里程都与唐宋时期有关线路的里程完全相同或大致相近，那么，清代略阳接官厅至宁羌大安驿间铺递道路九十里或八十五里，也应该大致就是唐宋时期飞仙岭至金牛驿的驿道里程了。所以，如以清代有关里程计算，陈平水道又要比西县道近一百四十里，比沮水道也要近百里了。这

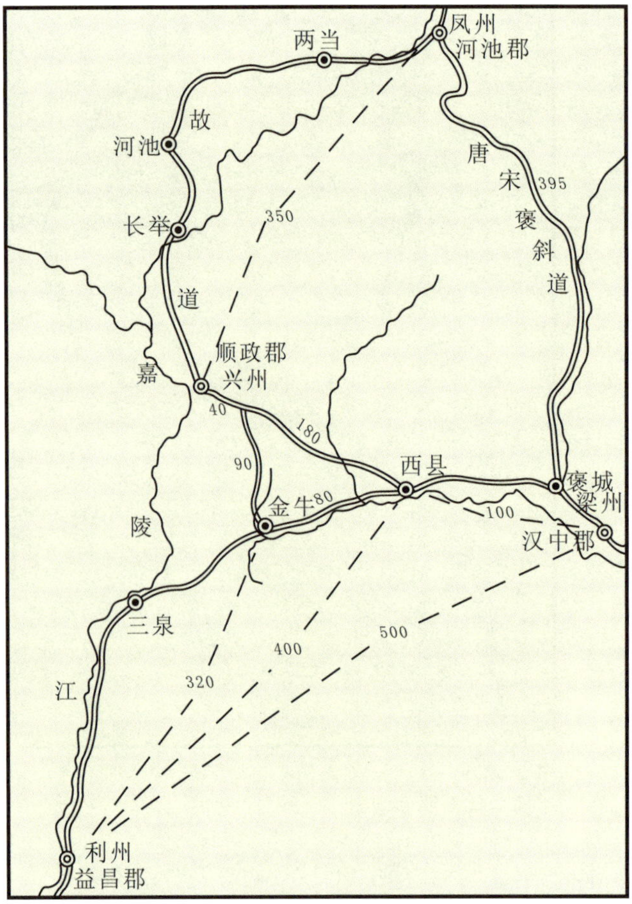

图 3 《通典》所记凤州、利州间驿道里程图

点也可以用现在的公路里程给予验证。现在的公路大致是循古代的驿道和铺递道路修筑的。从沔县武侯镇西门外约 1 千米的公路分岔点水磨湾到略阳接官厅 43 千米，到大安镇 38 千米，大安镇到接官厅也是 38 千米。取线所省的路程约 50 千米，与清代的 140 里虽然相差甚远，但是从比例关系看，却是较接近的。

飞仙岭至金牛驿之间的里程既定，我们就可以从《通典》《元和郡县图志》《太平寰宇记》等书有关各州郡“四至八到”的记载，恢复故道作为直通川陕的大驿道的里程，并进一步与唐宋褒斜道以及其他入川驿道比较其远近长短了。由于故道和唐宋褒斜道的北段是从凤州分路，而到梁州三泉县的金牛驿又复相会，本来我们只比较凤州至金牛驿或凤州至三泉县间的两线驿道里距就可以了。

但因为在唐宋史地图籍中，只是在州郡一级地方行政单位才有所谓“四至八到”的记载，所以我们的比较又不得不再向南延展至唐代的利州，也就是现在的四川省广元市。

据《通典》，凤州汉中间三百九十五里，凤州兴州间三百五十里，兴州汉中间二百四十里或二百八十里、二百八十七里，汉中利州间五百里，而汉中郡治所南郑县至西县间以及西县金牛县之间，则未记其里程。《元和郡县图志》南郑西县间一百里，西县废金牛县间八十里。所以取唐宋褒斜道从凤州经汉中到利州为三百九十五里 + 五百里 = 八百九十五里。取故道经兴州、汉中至利州为三百五十里 + 二百八十里 + 五百里 = 一千一百三十里，取故道不经汉中由西县转金牛道至利州为九百三十里，和唐宋褒斜道相比分别远二百三十五里或三十五里。取故道不经西县而由飞仙岭、陈平水到金牛驿接金牛道，仅为三百五十里 + 四十里 + 九十里 + 三百二十里 = 八百里，比唐宋褒斜道还要近八十五里。

据《元和郡县图志》，凤州兴元府之间三百八十里，凤州兴州间三百五十里，兴州兴元府间二百五十里，兴元府利州间四百九十里，褒城县至兴元府三十三里，西县东至府一百里，金牛县东至府一百八十里，三泉县东至府二百五十里。所以，从凤州去利州，取唐宋褒斜道经兴元府为三百八十里 + 四百九十里 = 八百七十里，经褒城不去汉中为八百七十里 − 三十三里 − 三十三里 = 八百零四里。取故道经兴州和兴元府到利州为三百五十里 + 二百五十里 + 四百九十里 = 一千零九十里。比取唐宋褒斜道要远二百二十里至二百八十六里。取故道经西县不去汉中到利州为八百九十里，比取道唐宋褒斜道要远二十里到八十六里。取故道不去西县经飞仙岭、金牛驿到利州为三百五十里 + 四十里 + 九十里 +（四百九十里 − 一百八十里）= 七百九十里，反比取唐宋褒斜道要近六十六里到八十里。

据《太平寰宇记》，凤州兴元府间三百八十里，凤州兴州间三百五十六里，兴州兴元府间二百八十里或二百八十七里，褒城县在府西三十三里，废金牛县在州西一百八十里，西县东至兴元府褒城县七十里，三泉县东至西县一百五十里。而三泉县去利州的里数，从“三泉县……自今县西南一百二十里故县移理”“三泉故城……属利州，在州东北一百五十里”，可知应为一百二十里 + 一百五十里 = 二百七十里。这样，从凤州取唐宋褒斜道经兴元府到三泉县为三百八十里 + 三十三里 + 七十里 + 一百五十里 = 六百三十三里。经褒城而不经兴元府则为（三百八十里 − 三十三里）+ 七十里 + 一百五十里 = 五百六十七里。而取故道由凤州经兴州、兴元府到三泉县则为三百五十六里 + 二百八十里 + 三十三里 + 七十里 + 一百五十里 = 八百八十九里，比取唐宋褒斜道要远二百五十六里至三百二十二里。取故道经西县不经汉中到三泉县为三百五十六里 + 一百七十七里 + 一百五十里 = 六百八十三里，比取唐宋褒斜道要远五十或一百一十六里。取故道经兴州飞仙岭、金牛驿不经西县到三泉县则为三百五十六里 + 四十里 + 九十里 + 七十里 = 五百五十六里。比取唐宋褒斜道还要近十一里到七十七里。

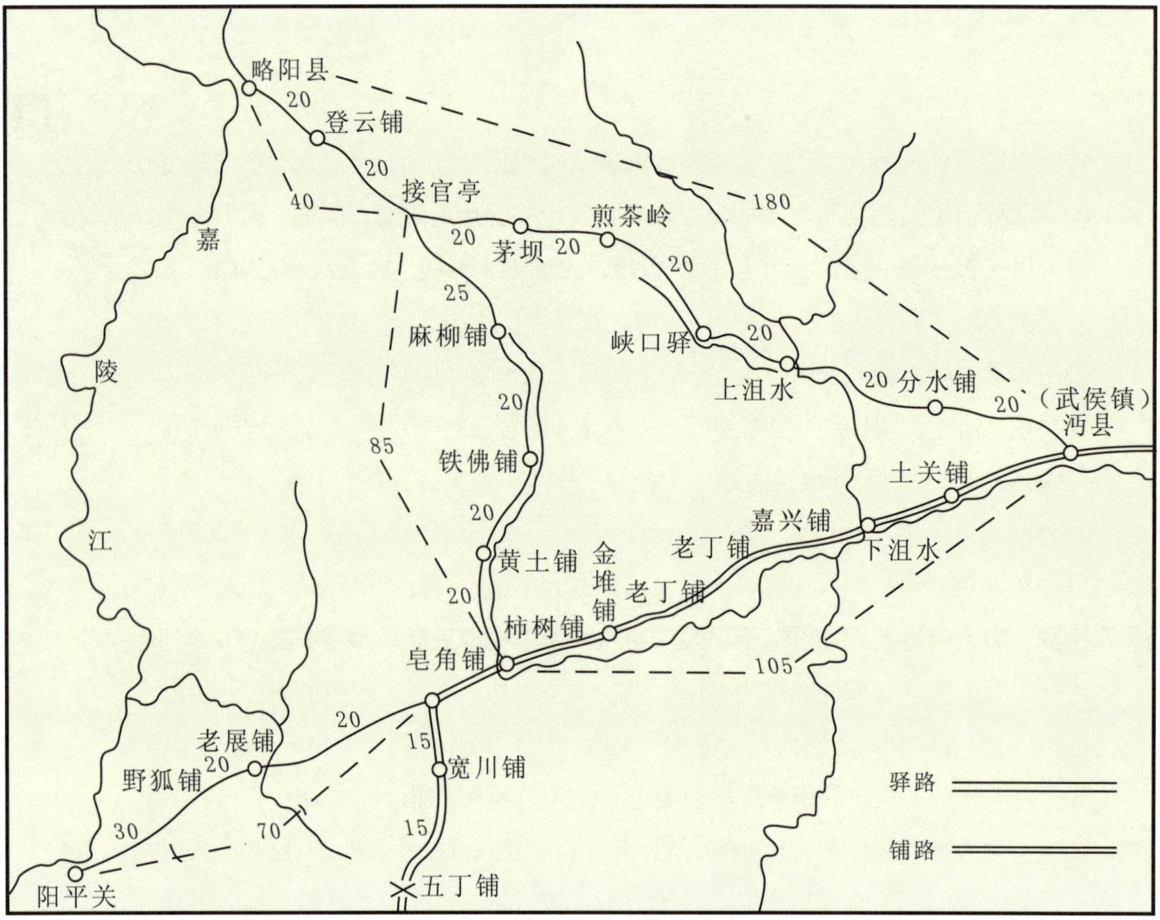

图 4 雍正《陕西通志》所载略阳、沔县、宁羌间驿铺路线里程示意图

既然取兴州飞仙岭和兴元府金牛驿的故道驿路，作为从唐代首都长安前往利州以至成都府的大驿路，其里程比从长安取唐宋褒斜道经汉中到利州以至成都府的驿道还要近，那么此线必定比取子午道经汉中、利州以至成都府的路线也要近，就是不言而喻的了。至于秦汉褒斜道，由于现存唐宋地理图籍均未记载其确切里程，进行估算比较有些困难。关于傥骆道，前已说明《通典》所载长安汉中间的里数恐不准确，而《太平寰宇记》所载长安汉中间的里数又与《通典》所记全同，也不好用作依据。《元和郡县图志》记洋州“东北至上都六百四十里”，“西至兴元府一百二十里”，兴元府“东北至上都七百六十里”，“西南至利州四百九十里”，利州“东至上都一千二百五十里”。所以，可以肯定兴元府和利州去上都长安的里程都是以傥骆道来计算的。而取故道飞仙岭和金牛驿之线的长安利州间驿程则为长安凤翔府间的三百一十里，凤翔府凤州间的二百八十里，凤

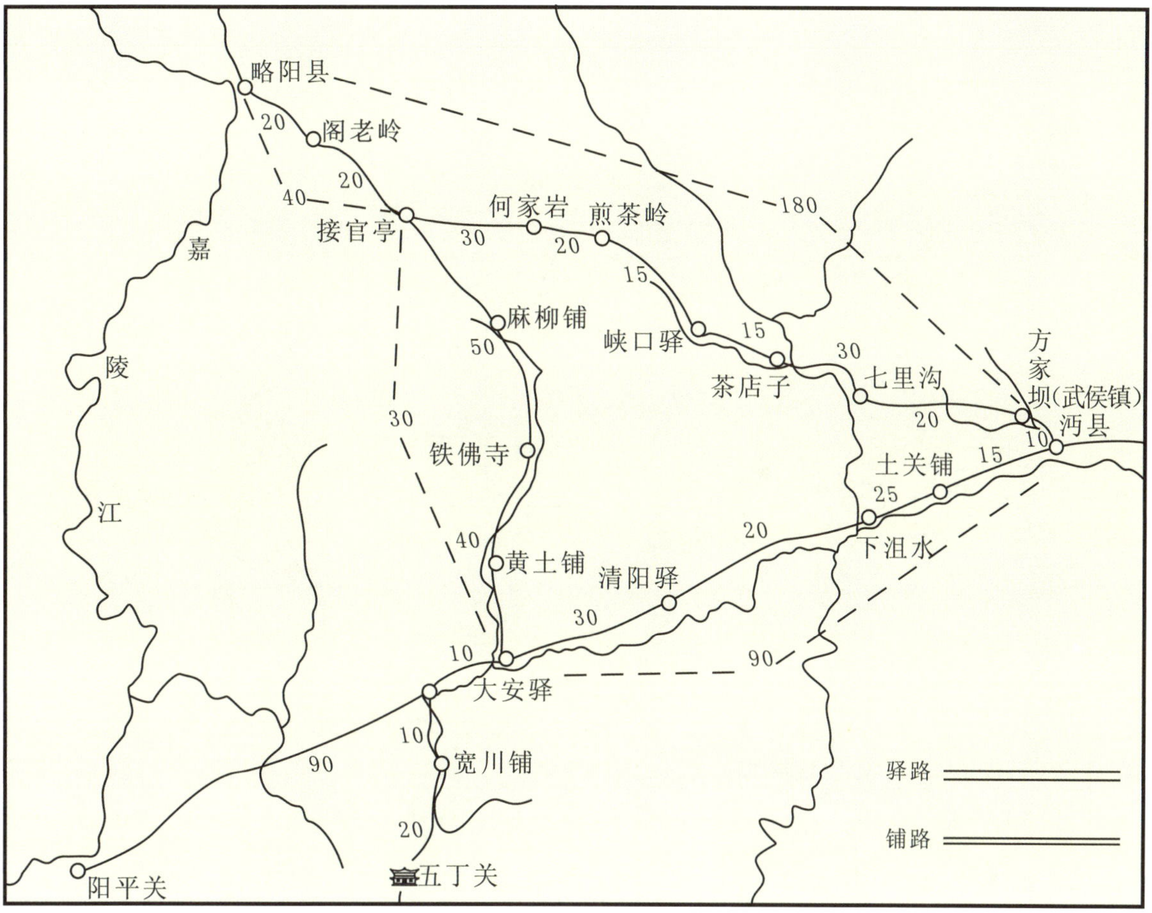

图 5 《三省边防备览》所载略阳、沔县、宁羌间驿铺路线里程示意图

州利州间的七百九十里，合计一千三百八十里。这比前述取傥骆道由长安到利州间的一千二百五十里就只多一百三十里了。

唐代西京长安至成都驿道的里程，《通典》所记为二千三百七十二里，《元和郡县图志》所记为两千零一十里，《太平寰宇记》所记为亦为两千零一十里。作为长安成都间直通驿道的故道飞仙岭至金牛驿线既然比唐宋褒斜道、子午道都要近，比最近的傥骆道也仅仅远了一百三十里。所以我们有理由说，作为长安汉中间的驿道之一，故道在南山诸谷道中确实最为回远，甚至比傥骆道要远上四五百里。但是，作为长安成都间的直通驿道，故道不仅要比经过汉中的子午道、唐宋褒斜道都要便捷，而且比最近捷的傥骆道也只远一百三十里。完全可以说它既回远而又不回远，至少可以说它并不特别回远了。

作为由故道入蜀的一条最捷线路，陈平水路的使用频率也是相当高的。前文已经提到苏颋去成都赴任即取此道，有《晓发兴州入陈平路》《兴州出行》《经

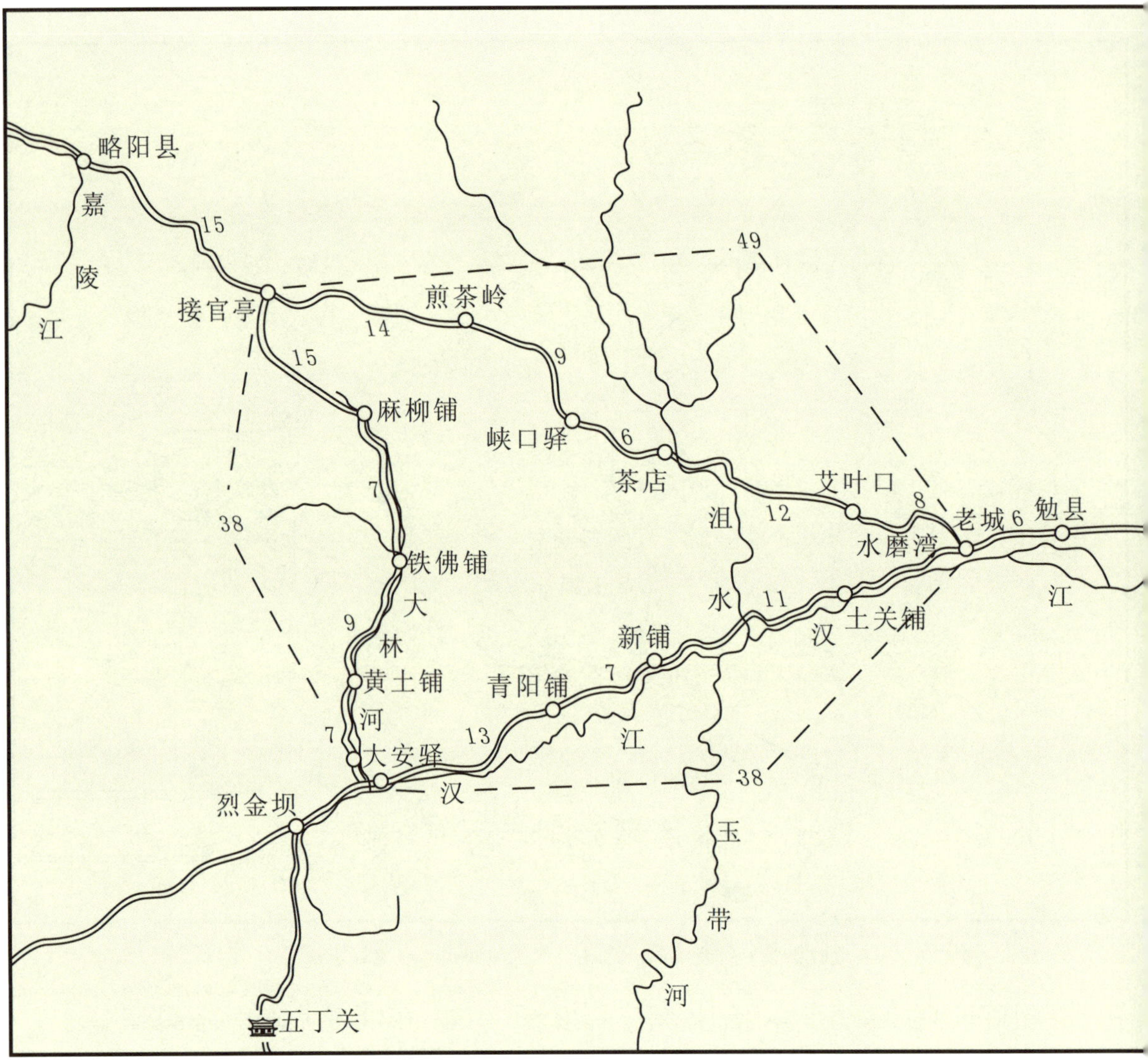

图 6 勉县、略阳、大安间公路里程示意图

三泉路作》等诗可以为证[1]。而经严耕望先生考证，安史之乱平定以后，唐玄宗从四川成都返回长安时，也是走的这条道路。根据是常衮《为李采访请驾停金牛一日表》的如下内容：

伏维陛下，回銮巴蜀，指旆咸秦。……稍移玉辇，将至金牛。汉水梁城，郡当所守；蜀门秦塞，路则居中。乃微臣厕侍从之时，宜陛下休羽仪之地。伏望小停仙跸，宽一日之程；暂奉宸居，喜千年之遇[2]。

[1][清]彭定求等：《全唐诗》卷七十三，中华书局，1960 年。
[2][清]董诰等：《全唐文》卷四百一十六，中华书局，1983 年。

严教授在指出“此当为衮代汉中郡守山南西道采访使李某所作以上玄宗者”以后，进而分析道：“玄宗由成都北来，至三泉县入汉中郡境，金牛为第二县。由金牛北向凤翔，有东北与西北两道。东北取褒斜道，西北取兴州道，皆至凤州出散关。如取西北道，则金牛为道上汉中郡境之最后一县城。如取东北道，则由金牛向东北经西县、褒城两县，皆仍属汉中郡境。两县皆较金牛为大，且距汉中郡治为近。褒城为此道上汉中郡辖境最后一县。李某当请驾留褒城一日，俾得多一日之侍奉，然后车驾离开李某辖境而北去。今不请驾留褒城一日，而请驾留金牛一日。金牛非入境之第一县，又不得以始入境为解。明金牛以后，车驾即离汉中郡辖境。是必玄宗至金牛后不向东北取褒斜路，而向西北取兴州道至凤翔府也。”[1] 所言实有道理。南宋爱国诗人陆游的话，也可作为唐宋时人都认为唐玄宗这次往来川陕都是取道陈平水路的证据。《剑南诗稿》卷三《晓发金牛》诗后的自注说：“自金牛以西，皆明皇幸蜀路。”既说“自金牛以西，皆明皇幸蜀路”，当然也就是说，自金牛以东，非明皇幸蜀路。而唐明皇这次往来川蜀的凤州河池郡和利州益昌郡之间，如果不走从金牛县向东，经西县、褒城县（或绕汉中）折北入褒谷之路，或由西县折西北经兴州顺政郡和河池县、两当县以去凤州之路，当然就只有从金牛县向北，由陈平水路经兴州顺政郡和河池、两当等县去凤州了。此外，诗圣杜甫有《飞仙阁》诗[2]，而晚唐著名诗人李商隐也有《行至金牛驿寄兴元渤海尚书》诗[3]，说明他们往来秦蜀两地，可能也是走的这条路而没有经过汉中，也就是梁州或兴元府的南郑县了。从皇帝、官员到文人学士往来秦蜀多取此途，足证此线在当时实为设备相当完善的驿道。而一般商贾、行旅为求便捷而取此途者，自然也会很多了。

（原载《中国历史地理论丛》1993 年第 2 期）

[1] 严耕望：《〈通典〉所记汉中通秦川驿道》，《新亚学报》第 8 卷第 2 期。
[2][清]彭定求等：《全唐诗》卷二百一十八，中华书局，1960 年。
[3][清]彭定求等：《全唐诗》卷五百四十，中华书局，1960 年。

嘉陵江郙阁栈道考察记

秦建明（西安文物保护修复中心）
白冬梅（汉阳陵博物馆）

摘要：本文通过对郙阁栈道遗址的考察，记录了这处著名古栈道的地理环境与遗址现状，依据历史文献与残存栈孔结构，初步分析了栈道的结构形式。发现该处栈道沿用时间较长，可以区分出三期或者三期以上的工程遗址。同时也发现古人为了防止水浸柱脚而采取的柱洞导流措施和加固柱脚的措施。这些对于我们深入认识这处栈道提供了真实的资料。

关键词：郙阁　栈道　遗址

郙阁栈道是古代秦蜀间的一处著名栈道，其旁的汉代摩崖石刻《郙阁颂》，在中国古代书法史上更是赫赫有名。但长期以来，学者对《郙阁颂》研究着墨甚多，而对于和该摩崖内容密切的郙阁栈道却少有问津。为了加深认识这处古代存留下来的珍贵交通工程史迹，公元2006年年初，特赴陕西略阳，考察了此处栈道遗址。

现将郙阁栈道有关情况简介如下。

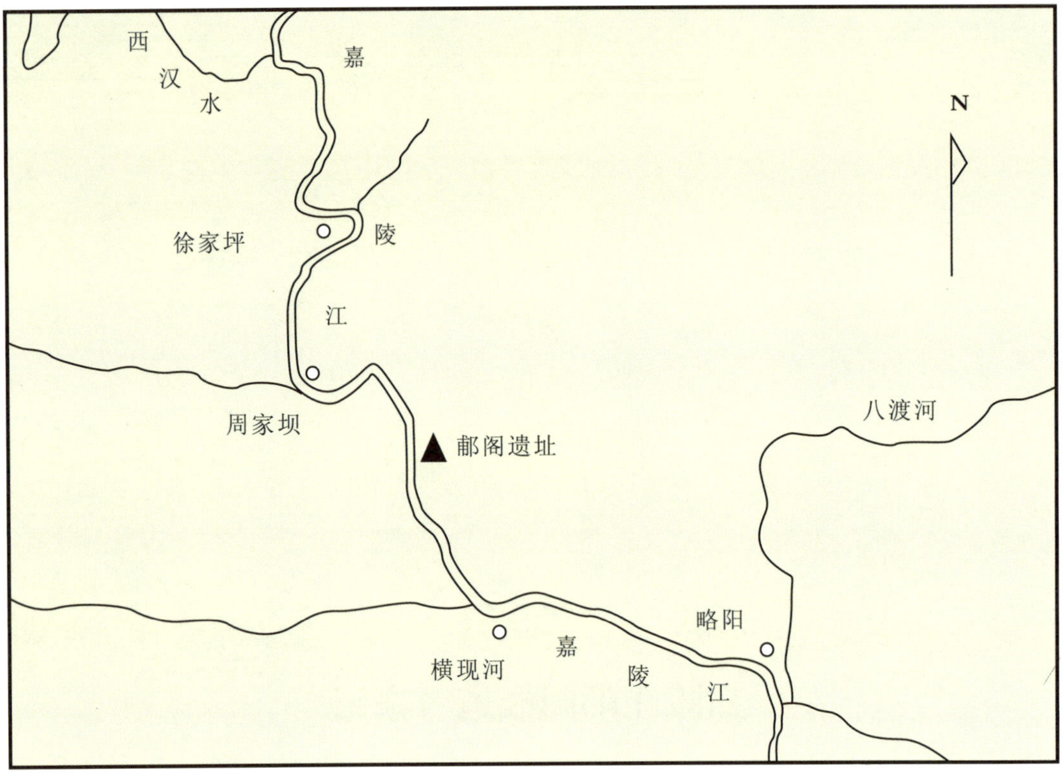

图 1 郙阁栈道位置图

一、地理环境与遗址概况

郙阁栈道地处秦岭腹地的嘉陵江畔，行政区划属于陕西省略阳县徐家坪镇周家坝村。地理坐标为东经 106° 04'，北纬 33° 22'，海拔高约 850 米。栈道开凿在周家坝下游（南侧）3 千米处的嘉陵江东岸白崖一带，东南距略阳县城约 10 千米。此段嘉陵江河谷大致呈南北走向，西岸有宝成铁路南北通过，东岸高于江面四五十米处则有新辟的沿江公路，公路穿越白崖时建有一座隧道（图 1）。

嘉陵江是长江的一条重要支流，发源于陕西凤县代王山南。自北向南穿越峰峦起伏的秦岭与巴山，流入四川盆地，至重庆注入长江，全长约 1120 千米。沿嘉陵江上源北越秦岭大梁，可通达渭水支流清姜河的河谷，出谷即可进入关中。这两条谷道，自古以来，便是沟通秦蜀两地的大通道，清姜河谷谷口为宝鸡市，古名陈仓，所以，也有称此道为陈仓道者。又因其间道路，开辟甚早，古时即名为故道，故道一词，即为老路之意，嘉陵江畔的凤州，古为故道县，嘉陵江上游，历史上亦曾称之为故道水。

郙阁栈道即处于这条古道之中。郙阁之北，有道岔入天水陇南，郙阁向南有道岔入汉中，郙阁正扼其中心，系古时交通要地。

郙阁栈道所在地系嘉陵江上游，该地江面宽约百米，两岸高山对峙，东岸尤为险峻。悬崖高耸，向河谷突出，石壁陡 80° 上下，其上草木稀少，石质为一种晶莹坚硬的石灰岩，遥望崖色泛白，即古称之白崖（图 2）。此处上有绝壁插天，下有江水拍岸，上下游道路断绝，无法通行，古人在此开凿了规模巨大的栈道，连接两道。据该处东汉摩崖《郙阁颂》记载，当时栈道“缘崖凿石，处隐定柱，临深长渊，三百余丈。接木相连，号为万柱”。其处栈道长期沿用，多有整修。20 世纪 70 年代末，当地因修筑沿江道路，在栈道所在地陡壁上炸开了一条宽 1.6 米～ 2 米、高约 2 米之石槽道，破坏了不少栈道遗迹。同时千古闻名的东汉摩崖石刻《郙阁颂》也被一并炸损，残石今存于略阳县城南之灵岩寺中。近年上部修建公路与开凿隧道抛石入江，加之河谷淤积，河谷东岸石壁多为沙石掩盖，可以见到的栈道遗迹甚少。

图 2 嘉陵江与白崖

图3 郙阁栈道遗存

今日所暴露之栈道遗迹，主要处于白崖嘴之北，分布区域长约 40 米。在此区域内，南段尚有部分栈孔存留，共十九处，其间亦发现三处柱孔和一处准备刊刻摩崖的浅槽；北段多见柱孔，柱孔大小不等，有方有圆，但未发现栈孔；中段栈道遗迹稀少。其处新炸开道路穿过遗址，道路石面有钎痕与炸痕，路面北部高于当日河面约 4 米，南部崖嘴一带也高于河面 3 米有余。

南段栈孔与柱孔遗址大部处于新开石路下部至江面间的石壁上，石壁大致面向西北，栈孔按结构可分为上下两层，上层栈道高于下层栈道 1.4 米左右。两层皆为方形孔口，尺寸较常见者为大（图 3）。

现分述遗迹于下。

南部上层栈孔

南部上层栈道共发现栈孔与孔迹七处，与之相配之柱孔三处。栈孔自东北向西南沿石面开凿，将至白崖嘴处结束。前四孔自下向上渐渐升高，后三孔基本呈水平状分布。前四孔与后三孔间相距甚远，中间当有多个缺孔。最南水平分布于路面的栈孔底高于当日江面约 3.3 米。现从上游向下游，对栈孔依次编号叙述。

第一栈孔，方孔，孔口大部为岸沙所掩。孔口宽 34 厘米，高度深度不详，孔内壁存有凿痕。

第二栈孔，方孔，与上一孔中心距 157 厘米。孔形口大底小，孔口宽 34 厘米，高 29 厘米，孔底高 18 厘米、宽 18 厘米，孔底下斜约 3 厘米。孔口左下部将一刻于石壁上的方形框槽打破。

第三栈孔，方孔，与第二孔中心距为 1.5 米。孔口宽 30 厘米、高 28 厘米、深 40 厘米，底宽 14 厘米，孔底高度因下部有淤沙覆盖而未能测量，沙面之上部分高 7 厘米。

第四栈孔，方孔，与第三孔中心距 1.6 米。孔左上部分为现代道路破坏，孔口宽 31 厘米、高 38 厘米、深 50 厘米，底高 15 厘米。

第五栈孔，方孔。已因修现代公路被炸毁，仅在路面上存栈孔底部后半部分凿痕。测得残深 38 厘米、底宽 26 厘米左右。本孔与第四孔相距六七米之遥，中间可能尚缺三四处栈孔。

第六栈孔，方孔。已因修现代公路被炸毁，仅于路面上存底部后大半部分凿痕，残深 48 厘米、残口宽 35 厘米、底宽 26 厘米左右。第五栈孔与本孔间为一突出崖角，故自本孔始，孔口方向偏转。两孔口缘崖面中心距大约为 120 厘米。

第七栈孔，方孔。已因修现代公路被炸毁，仅存栈孔底部后半部凿痕于路面上。残深 30 厘米、底宽 25 厘米左右。

第七孔向南，未见栈孔。向南的栈孔大约已因现代炸路彻底被破坏。

该处还发现三处柱孔，均处于下层栈道之下方，距离河面甚近，从其关系推测，当为上层栈道之柱孔。

第一柱孔，方形，外侧残损无有孔壁。位于下层栈道第七栈孔左下方，平面正方形，边长 24 厘米。

第二柱孔，方形，外侧残缺，位于下层栈道第七第八栈孔间的下方，与后一柱孔相邻，偏于第七栈孔一侧，边长 18 厘米。底部略高于第一柱孔之底。

第三柱孔，方形，无有外侧孔壁。位于下层栈道第八第九栈孔间的下方，偏于第九孔一侧，位置较第一柱孔稍高。柱孔平面正方形，边长 18 厘米。

这三处柱孔因与下层栈孔距离过近，上下也不能对应，同时大致可与上部路面栈道相对，故当系上层栈道的柱孔。柱孔口与上部栈孔之底两者高差 2.5 米 ~ 2.7 米。也就是说，如果该孔是上部栈道之柱孔，则其柱高当在 2.5 米之上。

但当时漏测了此孔与上部栈孔间的对应关系及水平距离，所以，栈梁的最小伸出长度暂无法估算。

此组栈孔自东北向西南先上一坡，然后水平布置。前五孔逐步升高，第二孔底部高于第一孔底部 40 厘米；第三孔高于第二孔 20 厘米；第四孔高于第三孔 40 厘米；第五孔更高，高于第四孔 45 厘米，底部已经处于上部的石槽道路面上，第六第七孔则与第五孔同高。前四孔因向南逐渐上坡，故栈孔也与坡度相应，孔口上下边都稍有一点顺坡斜度。经测量，上部栈道，上坡部分坡度接近 1 ： 5，较下部栈道坡度稍陡。

南部下层栈道

南部下层栈道遗迹共发现十二个栈孔，大都处于上层栈道孔下 1.4 米左右的高度，从东北向西南沿石面连续分布，至白崖嘴处结束。最南水平分布的栈孔高于当日江面约 1.8 米（图 4）。现从上游向下游，依次编号叙述。

第一栈孔，方孔。大部为淤沙所掩，仅露出上口缘一线，口宽约 35 厘米。此孔位于上层栈孔第三栈孔之正下方。两孔上口高差 104 厘米。

第二栈孔，方孔，口宽 38 厘米，因下部为沙掩埋，暴露高度为 27 厘米，孔深 42 厘米，底部下斜度较大。与第一孔中心距约 230 厘米。

第三栈孔，方孔，口宽 25 厘米、口高 25 厘米、深 47 厘米，底部下斜度较大。

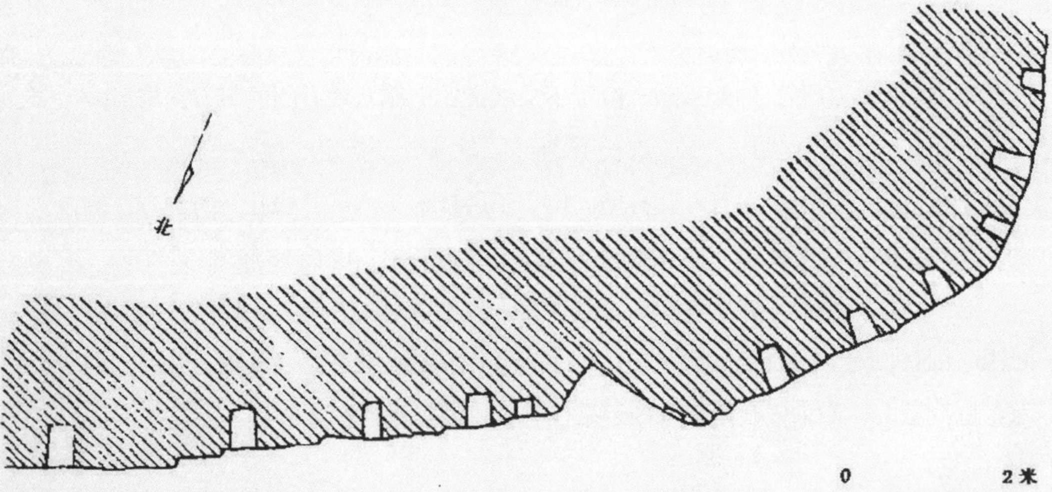

图 4 郙阁栈道遗址下层栈孔平面分布图

与第二孔中心距约160厘米。

第四栈孔，方孔，口宽33厘米、高33厘米、深44厘米，底宽28厘米，底高因沙掩不详。与第三孔中心距约130厘米。

第五栈孔，方孔。栈孔外部残缺。残口宽28厘米、高27厘米、残深20厘米，底宽14厘米，与第四孔中心距约62厘米。

第六栈孔，方孔。因石壁崩落，仅存底部正方形痕迹。底宽21厘米、底高21厘米，深度不详。与第五孔中心距约190厘米。

第七栈孔，方孔，保存较为完整。口宽30厘米、高26厘米、深55厘米，底宽20厘米，内有淤沙，高度不详。此孔有一定的向下斜度，底上线低于下口线。与第六孔中心距约105厘米。

第八栈孔，方孔，口宽34厘米、高29厘米、深45厘米，底宽30厘米，底上线与口上线平齐。此孔与下一孔间为一石面转折间的小石嘴，从下一孔始，石面方向偏西一些。与第七孔中心距约127厘米。

第九栈孔，方孔，上口残。口宽不详，口高28厘米、深45厘米，底宽21厘米、高21厘米。与第八孔中心距约110厘米。

第十栈孔，方孔。上部残毁，仅存后半部分，有凿痕，残口宽30厘米、高21厘米，残深35厘米、底宽21厘米左右。与第九孔中心距约106厘米。

第十一栈孔，方孔。口上部因修道路被炸毁，仅存底部后大半部分，内壁有凿痕，口宽31厘米、高26厘米，深45厘米之上，内有沙子，未见底。与第十孔中心距约88厘米。

第十二栈孔，方孔。孔前部已毁，内壁有凿痕，残口宽27厘米，孔下部为沙石所壅，暴露口高20厘米、残深20厘米。与第十一孔中心距约108厘米。

自第十二孔向南，石壁为沙石所壅，不见栈孔，疑南部沙石覆盖区内还有少量栈孔保存。

此组栈孔排列线路大致低于上层栈孔1.4米左右。其也是自东北向西南先上一坡，然后水平布置。前七孔逐步升高，至第八孔以后，诸孔大致平齐分布。上坡部分的栈孔，也与坡度相应，孔口上下边都稍有一点顺坡斜度。经测量，本组栈道，上坡部分坡度约 1 ： 5，较上层栈道坡度稍缓一点。

北部柱孔

北部之栈道遗迹，多为垂直向下开凿的柱孔，栈孔未见，大约与开山破岩炸毁有关。这一带乱石起伏，地形复杂，柱孔散布于石上，并无规律可循。

栈道的方形柱孔，易与一种安放栈梁的石槽相混。柱孔与栈孔的区别，是柱孔多垂直向下开凿，其凿痕也比较垂直。其次，是大多数柱孔的内侧直壁较高，这是为了给立柱凿出空间的缘故。三是柱孔的外侧有直壁，以防止柱子向外滑移，这些都是栈孔所没有的。

仅将几处典型柱孔介绍于下。

圆形柱孔一（图 5），系在石上开凿之立柱孔，平面圆形，直径为 17 厘米，孔壁内侧深，外侧浅，孔底有淤土，深度不详。位置稍低。

圆形柱孔二，系在石上开凿之立柱孔，平面圆形，直径为 15 厘米，此孔与新开凿路面同高，高于今水面约 3.5 米以上。

圆形柱孔三，系在石上开凿之立柱孔，平面圆形，边长为 19 厘米。方形柱孔一，

图 5 圆形柱孔一

系在石上开凿之立柱孔，平面方形，边长为 18 厘米。这几处北侧的柱孔有方有圆，高低不等，排列位置也不规律，因此，其可能不是同期所建。尤其值得注意的是，许多柱孔的高度甚至高于南部的栈孔。

柱孔高度应当低于栈孔，这批柱孔上部因修路被炸毁，未发现相应的栈孔。

图 6 摩崖遗迹

其他遗迹发现摩崖遗迹一处（图 6）。位于南部上层第二处栈孔南侧，系在石壁上开凿的线框与凹槽。线框是在石面上凿出浅槽线，下部为方形，上部为圆弧形，右上部残缺，右下侧为双线。高 114 厘米、宽 105 厘米。线框内又开凿出大致方形的平底浅槽一块，上角圆，下角方，深 6 厘米～ 12 厘米，高 94 厘米、宽 84 厘米，底面存有一层凿痕。细观其上凿痕，上部多为平行凿痕，左下部则与上不同，凿迹纵横宛转，错落多变，疑为文字。然一时难以辨识，仅中下部一处颇类似隶书“石”字。与工整有序的《郙阁颂》摩崖文字相比，则又显得过于凌乱，或为石工随意所刻，亦未可知。

线框与凹槽与上层第二栈孔相交处皆为栈孔凿破。

此线框与凹槽，当是古人欲刻凿摩崖之用，但其上大部为平行凿痕，可能是施工中途放弃了此位置。线框与凹槽与上层栈道孔相平，又被上层栈孔打破，说明两者不是同期之物。从高度看，其处于下层栈道路面之上。当与下层栈道为同一时代之物。但也显得位置偏低。也许，下部还有一层栈道，被埋入泥沙之中。

另发现有加固立柱柱脚遗迹一处，位于北部柱孔区（图 7）。此区有一处方形柱孔，孔外临河一侧还有一小直孔。这个小孔，是一种加固小工程，因为立柱之孔大部分开凿较浅，又处于岸坡之石上，多是内侧深，外侧浅。当外侧风化水蚀后，立柱易从孔中向外滑移，造成栈道塌陷的危险。但在栈道没有大修时，立柱还处于柱孔中，支撑着栈梁。所以在外侧加凿一孔，内插铁木之桩，用来防止立柱滑移。这种方法，大约即《郙阁颂》文中所说的“改解危殆，即便求稳”之中的后一类措施（图 8，左）。

调查中注意到，一些较完整柱孔外侧多有一道人工开凿的石槽，这种小石槽可以将平时浸入柱孔的雨水、山泉水排出。因临河栈道柱孔位置一般偏低，当发生洪水或高水位时，易为积水浸泡，水退之后，这些柱孔中的积水依然浸泡着柱脚，造成柱脚朽烂，对栈道安全构成威胁。所以发现的柱孔一般都比较浅，可能就是为了防止这种危害。同时，在柱孔外侧凿排水槽，使孔中难以积水。这种小措施，能大大地延长栈道的使用寿命（图 8，右）。

图 7 方柱孔与旁边固定柱孔

今存栈道遗址主要保存于白崖石嘴之上游，即北侧。东汉所刻《郙阁颂》摩崖即为颂扬整修此处栈道与建筑析里大桥之文（图 9）。嘉陵江旧时行船拉纤，纤绳将摩崖之右上部拉出五六道平行之绳槽。今《郙阁颂》残石上所存绳痕北深南浅，据此分析，摩崖位置当处于崖嘴最突出处之偏南侧。

二、关于栈道的分期与构筑特征

此地栈道遗迹虽然所存不多，但结构复杂，并非一期工程。就栈道结构特征

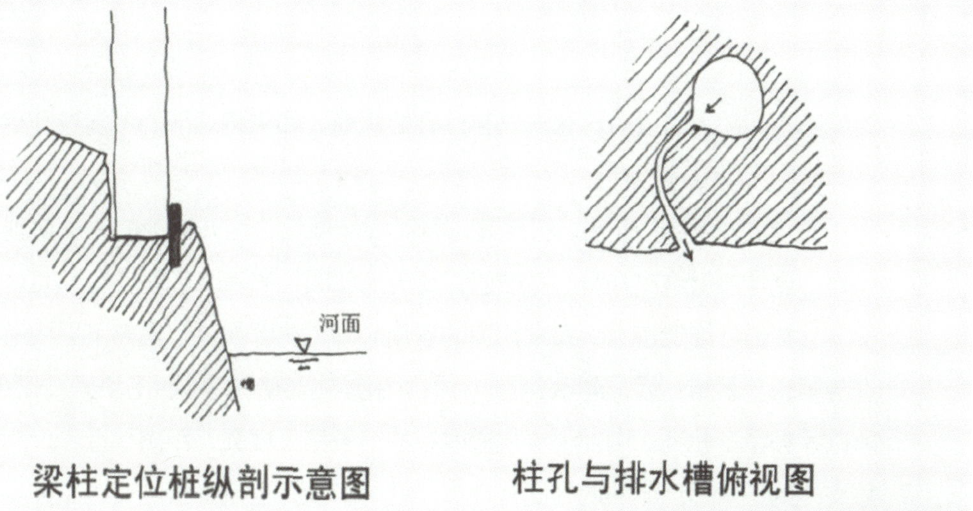

图 8 郙阁栈道遗址特殊柱孔图

图 9 汉摩崖郙阁颂残石

来看，至少应有三期工程。

首先南部崖嘴一带二组栈孔，各成体系。两层栈道路面高差仅 1 米多，栈孔上下也互不对应，不会是梁阁关系，可以断定是先后两期栈道之遗迹。再者北部所发现圆形与方形柱孔多处，柱孔方圆不同，亦可能分属不同时期的栈道。同时，这两种柱孔，很有可能与南部的两期栈道没有关系。主要原因是其柱孔位置甚高。我们知道，柱孔是支撑栈梁柱子的柱脚孔，一般来说，栈孔与柱孔间的高差至少都在 1 米之上。那么，与这些柱孔相配的栈孔，就应当比南部第一组与第二组栈孔更高。前边已经介绍，第一组与第二组栈孔均自北向南升高，北侧许多柱孔比与其相接的栈孔还高，如果两者是同一体系，这就难以解释。最大的可能性，是这些柱孔与南侧两期栈道无关，属于另一期位置更高的栈道。这样，我们就可以将这里的栈道遗迹分为三期，即南部下层栈道；南部上层栈道；北部仅存柱孔的栈道。如果将北部的不同柱孔视作两期工程，则可以分为四期。

20世纪70年代所开之石槽道，可以视作现代公路开通前的另一期越崖道路工程。要是加上这次开辟的石槽道，历史上郙阁处的道路工程当有五期之多。

从栈道补修遗迹看，每期栈道的运用时间大约都很长，南部下层栈道的第五孔与第四孔距离过近，实际上是一补孔，因其处岩壁崩塌内凹，第六孔仅存痕迹，所以才补凿了此孔。南部上层栈道残存的第一第二柱孔，距离相近，大约也是改移支柱的小工程。北部的柱孔有补加小桩的石孔，也是维修的痕迹。其实《郙阁颂》所记的就是建析里大桥与对郙阁栈道的维修改造工程。

关于各期道路时间的早晚，初步判定，南侧下层栈道最早，其次当是上层栈道，北侧柱孔可能更晚一些。因为上层栈道的栈孔打破了与下层栈道相配的摩崖石槽。另外，文后将谈及，当地河谷淤积，水面抬升，造成栈道被逼升高，也是对各期栈道早晚关系推测的依据之一。

这处栈道，是嘉陵道上必经之处，曾长期沿用。所以各期栈道之时代，难以做出准确定论。

东汉人之《郙阁颂》已经称："斯谿既然，郙阁尤甚。缘崖凿石，处隐定柱……酷烈为祸。自古迄今，莫不创楚。"能称栈道"自古迄今"，大约先秦已经建有栈道。南部这处栈道中的下层栈孔，有《郙阁颂》刻于其旁，当是东汉时代沿用着的旧栈道。而上层栈道，栈孔风格与下层相近，应当有继承关系，推测两者是从先秦至南北朝的道路遗址。

北部的柱孔，则可能是隋唐至宋元时代的遗址。

三、郙阁栈道的结构特点与其他

郙阁栈道的栈孔大，孔距近；栈孔形状口大底小，孔洞甚深；栈孔向内下斜的度数也比常见的栈孔大。其支撑的柱孔有方有圆，尺寸也不算小。这些构成了这处古栈道的特殊性。

一般来说，古代栈道栈孔细小者，间距也小，栈孔粗大者，间距也大。如大宁河栈道已经算是中国古代栈道中结构比较坚固的栈道，其栈孔一般边长 22 厘米、孔距 2.5 米。郙阁之栈孔较之更大，梁木必粗，然而孔距却非常近，平均每间距为 1.42 米左右，减去梁木宽度，平均每间距跨度不足 1.2 米。粗大的栈梁密布，再加上外侧支柱，其强度是非常高的，这也是国内能见到最坚固的古栈道遗址。《郙阁颂》所说的"常车迎布，岁数千两"，大约只是通过的官车，民间商贩往来之车，可能更多。栈道上要通过大量车马，就得运用这样密集与粗大梁木的工程，方能承载重压。栈孔过斜，栈梁不易滑脱，但却会造成路面倾斜，不便行走，必须在路面下进行铺垫，才能获得平整的路面。所以，这处栈道梁上的结构，可能比一般栈道要复杂一些。东汉郙阁栈道号为万柱，应是指其梁柱密集，上层栈道之下发现的立柱孔，与栈孔水平距离很近，也许，汉时的郙阁栈道并非一梁一柱，而是采取一梁多柱的结构。

《郙阁颂》称其地建有栈道三百余丈，号为万柱。三百余丈折今尺度 700 米之上，按 1.5 米间距计算，至少应有四五百间栈道。然今白崖栈道遗迹分布仅三四十米不长一段，且都处于白崖上游一侧，与历史记载长度显然不合。今见白崖之下游数百米处还有一突出之石崖，两崖间皆为石壁，甚陡，大约这两处向江心突出石崖与其间石壁古时皆有栈道。因上部新建公路与公路隧道向河谷大量抛石，崖脚皆为石渣掩埋，同时河岸沙石淤积甚高，如有栈孔，可能多被掩埋。再者 20 世纪 70 年代所修沿河道路，全是在石壁上开凿而出，想必也会破坏石壁上的栈道。

东汉建宁年间对此处栈道的改造，《郙阁颂》记载主要是"减西濬之高阁，就安宁之石道"。也就是将一些危险栈道拆除，新开凿出平坦石砭道替代之。只是所开石道，形状如何，处于何处，今日已难以考证。

此段嘉陵江河床两千年来有无变化，是抬升还是下降，也可以通过这些栈道来研究。从他处栈道距离水面的高度看，柱孔都在常水位之上。从下层栈道距离今枯水位仅 1 米左右看，河床应当是有所抬升，因为江水稍涨，便会将这样高的栈道淹没而无法通行。郙阁下层栈道显得过低，又不见柱孔，所以，应当为河谷淤积抬高所致。秦巴山脉有一道断层，自甘肃康县一带向东穿过略阳，其南部抬升，在略阳城南形成嘉陵江上的一处深峡，同时也造成了峡口的略阳县城常常被淹和峡谷上游的河谷淤积现象。白崖下距该抬升区仅 5 千米左右，亦属河床上升地段，下层栈道距离水面过低，后被改造，升高到 1 米多，也说明了这一点。同时，研究《郙阁颂》古拓本者都没说到摩崖上部被纤绳磨损事，直到清代才有相关记载，纤绳之位置一般稍高于纤道，所以旧时《郙阁颂》摩崖可能已经接近水面了。这也可以作为古河床抬升的旁证之一。所以，下层栈道的柱孔，也许还有时代更早的栈道，都被壅入河底泥沙之中。

近年各地建设速度加快，山区栈道遗址也不断减少，恐天长日久，遗迹残灭，特为记录，以供研究者参考。文中不当之处，亦乞大家教正。

附：汉摩崖《郙阁颂》文

郙阁栈道，曾于东汉建宁年间进行过改造，当时武都太守李翕，委派属下衡官掾仇审主持此项工程，并摩崖刻石，记功颂德。这方摩崖，对于研究古代栈道，是很有意义的。

今据《金石萃编》录文为底本，并参校略阳灵岩寺宋刻与其他文献整理如下。

析里桥郙阁颂

惟斯析里，处汉之右。谿源漂疾，横注于道。涉秋霖漉，盆溢滔□。涛波滂沛，激扬绝道。汉水逆瀼，稽滞商旅。路当二州，经用沱沮。沮悬士民，或给州府，休谒往还，恒失日晷。行理咨嗟，郡县所苦。斯谿既然，郙阁尤甚。缘崖凿石，处隐定柱，临深长渊，三百余丈。接木相连，号为万柱。过者愕啼，载乘为下。常车迎布，岁数千两，遭遇赜纳，人物俱坠，沉没洪渊，酷烈为祸。自古迄今，莫不创楚。於是太守汉阳阿阳李君讳翕，字伯都，以建宁三年二月辛巳到官，思惟惠利，有以绥济，闻此为难，其日久矣。嘉念高帝之开石门，元功不朽。乃俾衡官椽，下辨仇审，改解危殆，即便求隐。析里大桥，於今乃造。校致攻坚，结构工巧，虽昔鲁班，亦莫拟象。又醳散关之嶃漯，徙朝阳之平惨。减西濬之高阁，就安宁之石道。禹导江河，以靖四海。经纪厥绩，艾康万里。臣业鸿功，勒石示后，乃作颂曰：

上帝绥民，降兹惠君。克明峻德，允武允文。恭俭尚约，化流若神。爱民如子，遐迩率均。精通皓穹，三纳符银。所历垂勋，香风有邻。仍致瑞应，丰稔年登。居民安乐，行人怡欣。慕君靡已，乃咏新诗：

析里之陬兮，坤兑之门。高山崔嵬兮，水流荡荡。地既境埆兮，与寇为邻。西陇鼎峙兮，东以析分。或失绪业兮，至於困贫。危危累卵兮，圣朝悯怜。分符析壤兮，□命是君。扶危救倾兮，全育子遗。劬劳日稷兮，帷惠勤勤。拯溺亨屯兮，疮痍始起。闾阎充庶兮，百姓欢欣。佥曰太平兮，文翁复存。

建宁五年二月十八日癸卯□

时衡官椽下辨仇审字孔信

从史位下辨仇靖字汉德为此颂

故吏下辨□□□书此颂

时石师南□□□威明

（原载《文博》2008年第5期）

褒斜道连云栈南段调查简报

陕西省文物管理委员会
陕　西　省　博　物　馆　陕南工作组

褒斜道石门及其摩岩刻字，国务院已公布为第一批全国重点文物保护单位。为了进行管理工作，陕西省文物管理委员会与陕西省博物馆组建了陕南工作组，对褒斜道石门及在该道基础上重建的连云栈的南段，即全长二百四十余里的整个褒谷，进行了历时一个月的调查。现将连云栈的遗迹遗物调查情况简报于后。褒斜道的遗迹遗物从略。

连云栈是在褒斜道的基础上重建的，在褒谷的南端，不经石门而逾鸡头关，越山而过。现存遗迹遗物在鸡头关至留坝县境内的庙台子一段，沿今日公路两旁分区分布。

一、栈道孔迹

计天心桥之北、褒姒铺、万年桥、青桥铺、木龙沟北、马道、武曲铺。再北，由于山区无村落，只能按今日公路里程牌记，188 千米处，184 千米处，共十一处均有栈阁孔迹。这些孔迹都在公路左侧（基本上由南向北，有时因山势则由西向东），紧接褒河水面，其数量不等，最多有 80 余个，184 千米处，有十多个，也有七八个的。从倒塌的岩石看来，有些孔迹被埋没了。这些栈道孔迹均是 25 厘米见方，深度 30 厘米～ 50 厘米，间隔 1 米～ 2 米不等。在一定里程内均保持在一定的水平线上，如 184 千米~188 千米，前者紧接河面，由于上源河水较高，至 188 千米则逐渐高出河面。

按上述孔迹分布位置，同《读史方舆纪要》所载有关连云栈栈阁对证，天心桥之北可能为七盘下桥栈，褒姒铺即褒姒铺栈，万年桥即关王（阎王）栈，青桥铺即青桥栈，木龙沟之北可能为白石岩栈，马道即马道关栈，武曲铺即武曲铺栈阁。以公路里程牌计的栈阁孔迹，尚难具体确定名称。显然有些栈阁不仅在清代被废，连原有孔迹也都在 1932 年修公路时被毁了。

二、摩岩刻字、造像与碑石

按照立碑造像刻字的分布情况，我们初步分成五个区域。

1. 鸡头关区：均系清代立碑，与栈道有关者仅八种，如：清咸丰五年“濮少霞修栈道记”。其余百余通都是往来客商祈祷还愿的刻石，未登记。另有石造像一尊。

2. 天心桥区：计十五种，从类型分，清代立碑两通，明代摩岩雕刻佛龛一付。下余十二处是摩岩刻字，其中宋代一种、明代两种、清代九种。有关修桥记事的有清代“岩疆利赖”碑、天心桥碑等。

3. 马道区：计两种，均系清代立碑。有关修桥记事的有道光十五年“新建樊河铁索桥记”。

4. 万年桥区：计十四种，均为摩岩雕造。除浮雕观音像与钺斧两件外，余是刻字，约为明代三种，清代九种。

5. 武曲铺区：计三种，佛龛造像一处，约为清代遗物，摩岩刻字两处，均清嘉庆年修北栈题记。

这些立碑刻字，在内容上，基本上可分成题记、游记、诗词、纪事等几种。题记、游记、诗词是游人对地理形势、山色风光的赞赏，纪事多是记载修桥修栈或追溯以往修建栈阁的简历。书法以楷、隶为主，比较工整，但造像雕工低劣。

另外，在留坝县与庙台子之间，公路 175 千米处右侧岩上刻：“势境清莲”四字。再北 168 千米处同前位置上有龛一付，内浮雕戴冠、腰系玉带的官吏像，从雕工看，应在清代中期以后。这两处距今日路面约 4 米，同时和连云栈分区的遗迹遗物位置也不尽相同，可能是康熙年间从山腰另开新道的遗物。

这些情况颇合于《汉中府志》所载：“褒斜谷中宋时有栈阁二千九百八十间，元时有板阁二千八百九十二间，历代制作增损不定，明因故址修建，约为栈阁二千二百七十五间，统名之曰连云栈。”《褒谷古迹辑略》载：“（清朝）陕抚诸公，请发帑修路，始废尽阁道，由山膜开路，方经久不坏，以便行人。”

至于宋、元栈阁虽有记载，按我们掌握的资料尚难辨明，可能宋、元期间褒斜道已非重要的交通干线了。

关于石门开凿方法，鄐君开通碑记载着开通褒斜道石门的设置、开支以及用工数，曹魏至北魏间如石门铭、石门颂、晋泰（太）康元年修栈碑也叙述开通经过及用工数目等，但都不提石门的开凿方法。清光绪八年关中潘矩墉题记中说：“汉永平二年，汉中太守杨公孟文督修栈道，至鸡头关下乌江西岸的山石阻径，行旅苦于攀援，而石坚不受斧凿，杨公以火煅开□（应为“通”字）石门……”《褒谷古迹辑略》梁清宽《贾大司马修栈道歌》云：“……谁云天险不可移，五丁曾为施巨斧，积薪一炬石

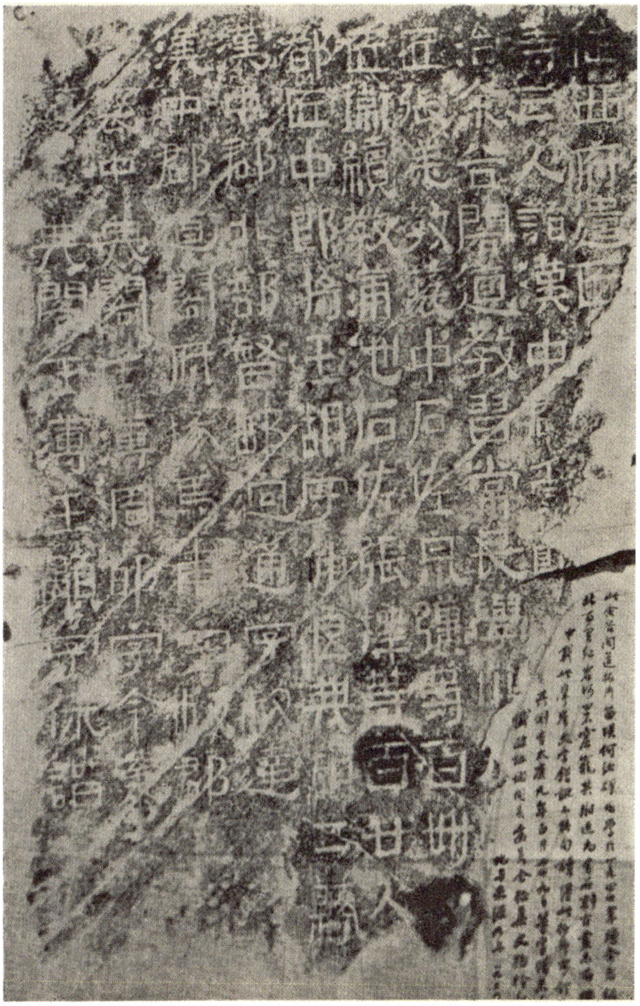

图 1 晋泰（太）康年间修栈拓片

为坼，锤凿既加如削腐……”当地人们传说，特别是一直居住在石门附近向以拓印谋生的张茂功四辈孙子张中发，仍承继祖业，不仅能拓印，而见能煅石刻字，他也谈石门开凿是用火烧原石，再以水激（亦说用醋激），然后加凿。另外《水经注》载：“诩乃于沮受僦直，约自致之，即将吏民按行，皆烧石樵木，开漕船道，水运通利……”这段虽是指略阳嘉陵江上游的工程而言，但两地同位陕南，相距不足三百里，时代仅差六百年，开石之法，可能与石门开凿之法不会相差太大。

此外还应提到的是：我们在城固县政协所得之晋泰（太）康年修栈拓片（图1），即《四部丛刊》唐人《孙樵集》中《兴元新路记》：“阁上岩甚奇，有石刻。其刻云：褒中典阁主薄王颙、汉中郡道阁县掾马甫、汉中郡北部督邮迥通，都匠中郎将王胡，典知二县匠卫绩教，蒲池石佐张梓等百二十人，匠张羌教，褒中石佐泉疆等百四十人，阁道教习常民学川石等三人，凡七十字。其侧曰：太康元年正月二十九日。案其刻乃晋武平吴时，盖由此路耳……”据收藏人张叔亮先生谈，拓片是他的学生1932年在留坝县西江口岩上所拓，此地仍呼二十四孔阁。释文如下：

汉褒中典阁主薄王颙字休谐
汉褒中典阁主薄周都字令业
汉中郡道阁府掾马浦字叙郡
汉中郡北部督邮迥通字叔达
都匠中郎将王胡字仲良典知二县
匠卫绩教蒲池石佐张择等百廿人
匠张羌教褒中石佐泉彊等百卌人
治余谷阁道教习常学川□□□□
等三人诣汉中郡受节（下缺）
征西府遣匠（下缺）

执笔者：程学华

（原载《文物》1964年第11期）

褒斜栈道调查记

秦中行　李自智（陕西省考古研究所）
赵化成（汉中市博物馆）

1962年，陕西省考古研究所对褒斜栈道曾做过调查[1]。在此基础上，陕西省考古研究所和汉中市博物馆1979年对褒斜栈道又进行了一次调查。调查工作从11月10日开始至23日止，历时14天。我们从留坝县武关驿出发，沿褒、斜二水，一直走到眉县斜峪关，行程四百余里。沿途发现了栈道遗迹22处，桥梁遗迹3处，唐代造像1处，古城址1处。这些遗迹对研究褒斜栈道颇有参考价值，现叙述于后（图1）：

一、发现的主要遗迹

（一）栈道遗迹

所发现的22处栈道遗迹，大致可分四种类型：

[1] 陕西省考古所：《褒斜道石门附近栈道遗迹及题刻的调查》，《文物》1964年第11期。

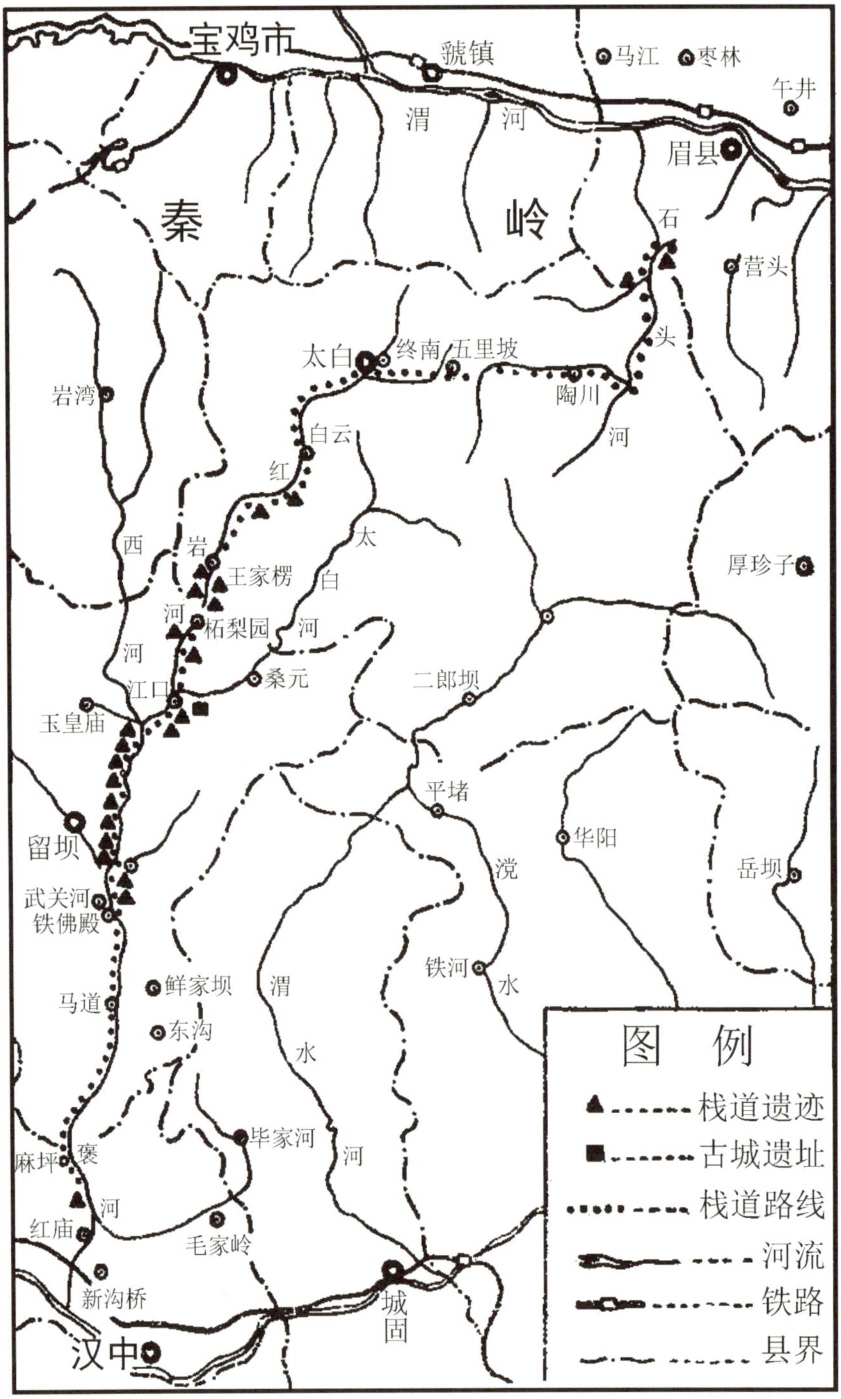

图 1 褒斜栈道路线示意图

Ⅰ这种类型最多，有黑杨坝、秧田坝、高家坝、江口、磨坪、红岩里（图2-5）等处。以黑杨坝为例：

遗迹位于黑杨坝村南褒河西岸。这里崖壁陡峭，被当地群众称为阎王砭。栈道就开凿在阎王砭的岩壁上，长约100米，距水面约5米。共发现方形壁孔27个。由于崖陡水深，难以近前，仅测得可以接近的一孔，孔口边长36厘米、深70厘米。从河对岸观察，孔的大小一致，间距1.5米～2米，处在同一水平线上。壁孔用以安插方形木梁，上铺木板，即为栈道路面。木梁的另一头有立柱承托，下面发现有柱孔13个，和壁孔相对。依地形高低不一，柱孔距水面1米～1.5米。有方圆两种，方形孔口宽29厘米、深7厘米；圆孔直径21厘米、深5厘米。有一方形孔旁另凿出一圆孔，另一孔旁凿出两个小圆孔，当为后来维修栈道时为加固立柱而附设的两个小斜柱的柱孔。从壁孔和柱孔的水平距离，估计当初栈道路面宽为3米（图2-2）。《水经注》记载："其阁梁一头入山腹，其一头立柱于水中"[1]，应是指这种形式而言。

Ⅱ属这一类型的有武关驿、江西营、韩树沟等处。以武关驿为例：

遗迹位于村东南褒河东岸。此处地形不像阎王砭那样陡险，呈斜坡状。在距今水面4米～4.5米的岩壁上有方形壁孔8个，孔宽39厘米、深81厘米～101厘米，间距1.76米～3.95米。下有柱孔6个，均为圆形，直径17厘米、深5厘米，距今水面30厘米～50厘米。壁孔与柱孔垂直高度为3.6米～4.1米，水平距离为5.7米左右。和第Ⅰ类型不同的是，在壁孔与柱孔之间还凿有一排孔，共16个，上距壁孔2.1米，下距柱孔2米，均方形，孔口宽16厘米、深16厘米，间距73厘米～105厘米，孔口向上倾斜25°～30°，当是安方形斜撑所用。这样，就使得栈道更为坚固（图2-1）。

Ⅲ这一类型仅发现磨乔湾一处。遗迹位于磨乔湾村西河对岸。此处崖壁直立，直插河中，河水紧擦崖壁流过。距今水面1米～2.5米，有方形壁孔22个，孔口长约25厘米、深约30厘米、间距30厘米～50厘米。柱孔9个，亦方形，凿于崖壁紧贴水面的地方，其大小与壁孔相当，但不垂直向外倾斜。观其地形，石

[1]［北魏］郦道元：《水经注》卷二十七《沔水》，商务印书馆，1933年。

崖近水处几乎直立，河水又深，垂直立柱似不可能，只能在崖壁贴近水面处立斜柱以支撑阁梁。

在壁孔上方约 3 米处，有方形孔 4 个。依其位置我们推测此即有关栈道记载中所提到的“阁”的孔迹。这种“阁”可能形同屋顶，以遮半山流下的泉水或滚落下来的碎石。

Ⅳ这一类型比较简单。有孔雀台、石垭子、李家庄等处。以孔雀台为例：

村东河水西岸，有一奇峰拔地而起，当地传说，很久以前曾有一孔雀落顶，从此人们便称它为孔雀台。孔雀台挺峙河岸，水流至崖下形成一深潭。在石崖距水面 3 米高的地方，有一台阶，宽度不到 0.5 米，有的地方尚可见到凿痕。紧接台阶下有一排栈孔，共 24 个，均方形。孔口宽 31 厘米、深 30 厘米、间距 30 厘米～50 厘米，下面未见柱孔痕迹（图 2-3）。这类栈道，因条件限制，仅安横梁，没有立柱，与《水经注》“千梁无柱”的记载相符[1]。推测其路面不会太宽。

（二）桥梁遗迹

共发现 3 处，分别位于留坝县的磨坪村，太白县的沟口上和古迹街。现分述如下：

1. 磨坪村：在村东河中长形磐石上，凿有柱孔 3 个，南北成一排。孔口长 15 厘米、宽 12 厘米、深 14 厘米，三孔大小一样，间距 84 厘米，肯定是架桥立柱所用。

2. 沟口上：在沟口上河水东岸，有一山梁伸入河中，接近水的地方发现有方形桥柱孔，东西两排，每排 3 个，大小相同，孔口边长 30 厘米、深 35 厘米，间距 1.2 米，两排相距 3 米。据桥柱孔间距可以推知，桥面宽度至少在 3 米以上（图 2-6）。

3. 古迹街：在古迹街南，河中有两块大石南北相对，一石上有方形柱孔 2 个，孔口边长 20 厘米、深 30 厘米，间距 3 米。另一石上留有一孔，大小与上述二孔相同，并与其中东边的一孔南北对称，估计也是当初架桥时立柱所用。

[1]［北魏］郦道元：《水经注》卷二十七《沔水》，商务印书馆，1933 年。

1. 留坝县武关驿栈道遗迹

2. 留坝县黑杨坝栈道遗迹

3. 留坝县孔雀台栈道遗迹

4. 太白县西坝栈道遗迹

5. 太白县红岩里栈道遗迹

6. 太白县沟口上桥梁遗迹

图 2　褒斜栈道遗迹

（三）唐代造像

发现于留坝县油房村北褒河西岸的崖壁上，距今水面约 5 米，凿龛一个，宽 45 厘米～50 厘米、高 55 厘米～60 厘米、深 20 厘米～30 厘米。龛内雕一佛二菩萨，佛结跏趺坐于莲座之上，二菩萨立于两旁。下有题记，可惜剥蚀严重。但开头“开元廿八年太岁□□七月十五日”尚可辨认，说明为唐代所凿。

（四）古城址

位于留坝县江口镇东二里太白河南岸第二阶地上。城作方形，每边长约 200 米。北、西、南三面有残存城墙，残高 0.5 米～3 米，其中以南面保存较好。夯层 6 厘米～9 厘米。城内早已辟为耕地。据当地群众反映，在城内耕地时常出土柱础石一类东西。《水经注》“沔水”条中说：“褒水又东迳三交城，城在三水之会。”今江口东北有太白河，正北有红岩河，西边有发源于凤县的西河，都在近处汇合。从位置看像是《水经注》中提到的三交城遗址。

二、有关褒斜栈道的起始年代及其成就

把调查中所发现的栈道遗迹连接起来，便是一张褒斜栈道路线图。褒斜栈道从今汉中西北的褒城石门算起，沿褒河上溯，经其上游红岩河，至太白县五里坡进入斜水，再顺斜水而下，至眉县西南斜峪关为止，经汉中、留坝、太白、眉县四县，总长约 250 千米。这便是历史上褒斜栈道的全程。

周原出土的甲骨文中有周王“伐蜀”的记载。公元前 11 世纪，周武王率师伐纣，“诸侯兵会者四千乘”，里边就有巴蜀的“髳”“微”等参加[1]。后来，“周幽王伐有褒”[2]。褒国在褒水下游，由褒水至关中其道必由褒谷。说明这条道很早就被人们踏出来了。但是，只有铁器的出现，才使栈道的开凿成为可能。

《史记·张仪列传》记载：“秦惠王欲发兵伐蜀，以为道险狭难至……犹豫未能决。”司马错建议说：“欲富国者务广其地，欲强兵者务富其民”，伐蜀“得其地足以广国，取其财足以富兵”[3]。秦惠王听了觉得有道理，立即下了决心，起兵伐蜀。伐蜀时司马错率领大队人马越过秦岭，伐蜀后四川大批物资源源不断运到关中，供给秦国的需要，“秦以益强富厚”。可见原来既险又狭的小路改观了，秦国当时为了政治、经济、军事上的原因，把早就存在的褒斜道换成了栈道的形式。此后，直至唐代，对栈道都有所修葺。

褒斜栈道选择褒、斜二水的河谷作为穿越秦岭的通道，这本身就是一项很大的成就。秦岭山脉位于关中平原和汉中盆地之间，层峦叠嶂，南北绵延数百里，给古代关中至巴蜀西南地区的联系带来了极大障碍。而沿着斜水往南走，至源头五里坡，仅仅上一道坡就进入了褒水上游，顺着褒水河谷经太白县、留坝县，竟然一座大山都不翻，就过了秦岭，到达汉中。充分利用了地形上的便利条件，是

[1][汉]司马迁：《史记》卷四《周本纪》，中华书局，1959 年。
[2]《国语·晋语》。
[3][汉]司马迁：《史记》卷七十《张仪列传》，中华书局，1959 年。

褒斜栈道在勘测设计上取得的一项丰硕成果。

架设栈道和维修栈道都需要大量的木材，木材从哪里来？《史记·河渠书》记载："褒斜材木竹箭之饶，拟于巴蜀。"扬雄《蜀都赋》中说"良木攒于褒谷"。褒斜二谷都出产大量的木材，在施工中可以就地取材，因材施用，这是褒斜栈道设计中的另一个特点。

另外，在工程结构上合理。栈道的四种类型，除第Ⅳ种类型因地形限制，无法安置立柱之外，其余三种类型都有梁有柱，有些还加有斜撑或横撑，梁柱和撑之间是以榫卯结合的，使栈道既坚固稳定，又能承载一定的重量。有些半山有泉流和容易滚落碎石的地段，栈道路面之上还增加一层阁，这些措施都是十分周全的。

桥梁也一样，在调查中发现三处桥梁遗迹，都是于水中立柱，上设梁木，再铺木板，属于一种梁柱桥。据此证明，在两千多年前梁柱桥这一类型已被普遍采用。我国劳动人民在褒斜栈道的开凿过程中，已经积累了一定的木构建筑经验。

最后，褒斜栈道的施工方法也有某些独到之处。其栈道不仅要在坚硬的岩石上凿出许多孔来，更有甚者，当时还出现了隧道工程，即褒谷谷口的石门。石门南北长 14 米、东西宽 3.95 米～ 4.25 米、高 4 米～ 4.75 米，是世界上最早的人工隧道。清潘矩墉在石门题记中说：此处"石坚不受斧凿""以火锻开通石门"。秦昭王时，蜀守李冰在四川大修水利就用过此法[1]。火焚水淬是我国历史上经常采用的一种方法，但其应用以褒斜栈道为最早，也应算是褒斜栈道在工程技术上的一项成就。

三、褒斜栈道在历史上的地位和作用

褒斜栈道修通后，促进了我们国家的统一。战国时，楚是秦国的劲敌。巴蜀、汉中，水皆通于楚，"得蜀则得楚，楚亡则天下并矣"[2]。褒斜栈道凿成后，秦灭巴蜀，有汉中，获得了可靠的战略基地，人力和物力得到保证，自此"秦以益

[1] [北魏] 郦道元：《水经注》卷三十三《江水》，商务印书馆，1933 年。

[2][晋] 常璩：《华阳国志》卷三《蜀志》。

强，富厚，轻诸侯”[1]。司马错“浮江伐楚”[2]，“因蜀攻楚黔中”[3]，至秦始皇时完全灭掉楚国，统一中国，第一次在我国建立了统一的中央集权制国家。

褒斜栈道在汉唐时，同样具有重要的作用。司马迁说：“汉之兴自蜀汉。”[4]诸葛亮也曾指出：“高祖因之以成帝业”[5]，刘邦把汉中作为根据地，据有栈道，进可以攻，退可以守。楚汉相争时，萧何“留收巴蜀，填抚谕告，使给军食”[6]。使刘邦的给养和兵员不断得到补充，大大加快了统一的进程。

斜栈道修通后，促进了巴蜀地区生产的发展，加强了中原和西南经济交流。自褒斜栈道凿通后，秦派李冰担任蜀守，李冰主持修建了举世闻名的都江堰，使四川成为“沃野千里”的“天府之国”。冶铁和煮盐迅速发展，使“盐铁之利，二十倍于古”[7]。汉时，巴蜀纺织业“覆衣天下”[8]，蜀布远销到印度，“邛杖传节于大夏之邑，蒟酱流味于番禺之乡”。成都“市廛所会，万商之渊；列隧百重，罗肆巨千；贿货山积，纤丽星繁”[9]。巴蜀出产通过栈道也源源不断地运到关中和中原，秦时咸阳和汉唐长安，都有许多从四川来的“贾人”，当时“商旅联槅，隐隐展展。冠带交错，方辕接轸”[10]。经济上呈现一派繁荣景象。

褒斜栈道修通后，也促进了中原和西南地区科学技术的交流和文化的发展。秦灭巴蜀，大批中央派去的官员和移民，通过栈道来到巴蜀，他们手中所掌握的文化技术也带到了巴蜀，李冰就是其中的一个。李冰“识察水脉”，是一位水利专家，领导四川人民大兴水利，同时“穿广都盐井诸陂池，蜀于是有养生之饶焉”[11]。再如，临邛有名的卓氏和程郑，都是褒斜栈道修通后从中原迁来的移民，他们来

[1][汉]司马迁：《史记》卷七十《张仪列传》，中华书局，1959年。
[2][晋]常璩：《华阳国志》卷三《蜀志》。
[3][汉]司马迁：《史记》卷五《秦本纪》，中华书局，1959年。
[4][汉]司马迁：《史记》卷十五《六国年表》，中华书局，1959年。
[5][晋]陈寿：《三国志》卷三十五《诸葛亮传》，中华书局，1959年。
[6][汉]班固：《汉书》卷三十九《萧何传》，中华书局，1962年。
[7][汉]班固：《汉书》卷二十四《食货志》，中华书局，1962年。
[8][南朝宋]范晔：《后汉书》卷十三《隗嚣公孙述传》，中华书局，1965年。
[9][晋]左思：《蜀都赋》，《文选》。
[10][汉]张衡：《西京赋》，《文选》。
[11][晋]常璩：《华阳国志》卷三《蜀志》。

到四川后“即铁山鼓铸，用铁冶富”[1]，使四川成为我国古代钢铁生产的重要基地之一，也是中原先进的科学技术促进的结果。

褒斜栈道修通后，巴蜀地区的文化也得到了发展。西汉时，皇家乐队里编制有“巴俞鼓员”，就是巴蜀地区“蹻捷善斗”的一种“武乐”[2]。长安城里“作巴俞都卢”，以飨四夷之客。当时贵人之家，“鸣鼓巴俞作于堂下”[3]，西南地区的不少文艺节目在中原也十分流行。

汉景帝和汉武帝时，“文翁为蜀守，教民读书法令”，发展教育事业。后来，司马相如以文辞显名于世，他的辞赋广博宏丽，卓绝汉代。王褒、严遵、扬雄等，皆“文章冠天下”[4]。巴蜀人才辈出，灿若群星，褒斜栈道修成后，更促进了巴蜀地区文化的发展。

总之，褒斜栈道是我国开凿最早、规模最大、沿用时间最长的一条栈道。长期以来，一直是往来秦岭南北通向西南的一条重要通道。褒斜栈道修成之后，促进了我国的统一，促进了巴蜀地区社会经济文化的发展，也促进了我国各民族的团结，在历史上起着重要的作用，在交通史上占有重要地位。在两千多年前凿通这条栈道，是一种了不起的创举。它体现了我国当时工程技术的水平，表现了我国人民高度的智慧与艰苦卓绝的劳动。这是我们可以引为自豪的。

（原载《考古与文物》1980 年第 4 期）

[1][汉]司马迁：《史记》卷一百二十九《货殖列传》，中华书局，1959 年。
[2][汉]班固：《汉书》卷二十二《礼乐志》，中华书局，1962 年。
[3][汉]桓宽：《盐铁论》卷二《刺权》，上海人民出版社，1974 年。
[4][南朝宋]范晔：《后汉书·地理志》，中华书局，1965 年。

武关驿栈道遗址研究

李　烨（汉中市文管会）

内容提要：古老的褒斜道沿途遗存了大量的栈道遗迹，为研究者提供了珍贵的资料，本文试图利用考古学的方法及工程学的理念，并结合相关文献对其中一处遗址——武关驿遗址保存的栈孔剖析，进而分期，分辨出其中汉代遗存和北魏遗存不同的表现方式，并复原出其原始式样。

关键词：褒斜道　武关驿　遗址　遗迹　栈孔　汉代　北魏

武关驿栈道遗址的自然环境

武关驿栈道遗址位于留坝县武关驿镇武关河村，褒河东岸的崖壁上。遗址所处的崖壁呈斜坡状，为一处河水长期切割后裸露的基岩。遗址周围为树林和灌木丛。北接回水湾滩涂，南为峡谷，对岸下游约 100 米处为武关河入褒河口。褒河为汉江一级支流，全长 198 千米，流域面积 3940 平方千米，遗址位于褒河的中游。

武关驿栈道遗址位于留坝县武关驿镇武关河村褒河东岸的崖壁上。遗址所处的崖壁呈斜坡状，为一处河水长期切割后裸露的基岩。遗址所在的基岩为砂砾状的页岩，结构较为松散，而且山体有裂隙现象，山坡滚石滑坡现象时有发生。

遗址周围植被丰茂，野生植物有青冈树、松树、麻柳、栎树、藤类、灌木等，以高大乔木松树为主；野生动物有野猪、蛇、松鼠等。遗址周围为树林和灌木丛。北接回水湾滩涂，下方约 100 米为武关河入褒河口。现场观察可以看到，遗址下部经常受到洪水冲击冲刷。9 月间遗址下部淹没在水下，这次是已知最为严重的一次洪水，超过了上层的栈孔。

自明清以来，因为移民的增多，秦岭山地的长期垦殖和砍伐，水土流失较为严重，导致褒河河床不断升高。这次调查中，我们没有得到有关褒河的水文资料，但是在实地考察时，我们从当地民众中了解到以下情况：褒河支流——南河的河床，从民国时期到现代大约增加了 1 米多高，其间接证明了，褒河河床在增高的推断。也可以在褒河相临湑水河上五门堰记事碑的有关清代以来水土流失的记录中得到佐证。河床的抬高是一个不争事实。我们今天看到的褒河平常水位，较之汉唐时期的水位要高得多。

武关栈道遗址的人文环境

武关驿栈道遗址位于武关河村东约 500 米，与 316 国道隔河相望。从武关河村武关驿组有一座吊桥可过褒河，有一条小路可达遗址，偶尔有钓鱼者到达遗址。当地村民以农业为主，种植小麦、玉米、油菜、土豆等农作物。兼营木耳、香菇等经济作物。最近一年多来，当地旅游部门在此开发旅游活动，设立广告标志，游人开始活动增多。

武关驿栈道遗址的文化内涵

1. 遗址概况

遗址呈带状沿河分布于山坡和崖壁上，长约 200 米，宽 3 米～ 6 米。保存的遗迹有路面、栈孔、工作面、开凿痕迹、填塞痕迹等。遗址可以分为两部分：栈孔区和道路区。栈孔区在中间，道路区在栈孔的南北两端。

2. 遗迹

（1）土石路　位于遗址的北部，长约 40 米，宽约 3 米。在河光石上用小石平整后，再用沙石铺垫。道路因为河水冲刷严重，仅能看到一个大致的走向和少量的道路遗存。南端的道路遗存确实存在，但是在调查时受到蛇类的干扰，未能取到详细数据。

（2）栈孔　位于崖壁上，分上中下三排。

上排栈孔平面呈正方形，共有 8 个，我们可以称之为大方孔。大栈孔开凿方向基本与河面平行，距离水面 4 米，边长 39 厘米、深 81 厘米～ 101 厘米，孔距 176 厘米～ 395 厘米。

中排栈孔平面亦呈正方形，共有 16 个，我们可以称之为小方孔。小方孔开凿面向上倾斜度为 25° ～ 30° ，边长 16 厘米，深 16 厘米，孔距 73 厘米～ 105 厘米。

下排栈孔位于接近水面的岩石上，共有 6 个，为上下竖式，平面呈圆形，直径 16 厘米，深 5 厘米，孔距不等。

（3）小便道　位于大方孔下方小方孔上层，为人工开凿，呈高低错落的线形分布，宽 25 厘米～ 35 厘米，表面平坦。

（4）脚窝　为本次调查的新发现，脚窝呈斜线分布，从河床向上开凿，连接到小便道。

（5）填塞遗迹　严格说应当是一种道路遗存，因为它们位于遗址的南端，即栈道与土路的结合部。人工将山石凿成斜坡形道路，形成石道，但是因为岩质的缘故，岩面上有许多大裂隙，只得用自然石将裂隙填塞起来。同时，在现场调查时还发现有一种垒壁现象的存在，只发现了一处，长 40 厘米，高 30 厘米。

（6）开凿痕迹　就是人工对自然崖壁加工后所留下的各种痕迹，亦为本次调查新发现，其现象遍布整个崖壁。

开凿痕迹是武关驿遗址特有的一种现象，出现开凿的原因推测有下几方面：

①开凿是修建栈道时必须的工作步骤。为了将梁柱固定在岩石上，就必须修整岩面然后才能钉孔，排除表面松散的岩石，是首先要做的工作。

②武关驿遗址所在山体是个小山包，临水一面形成一个内角很小的拐角，而栈道是平直的直线不易弯曲，如果随山势而走，是不易通过的；从现存的遗迹来看，当时采取了开凿岩石的方法。几乎削平了这个山体形成的拐角，从而很好地解决了矛盾。

③之所以采取开凿岩石的方法，也与石质有较大的关系。这里的岩石是一种石灰岩，砂砾性层状结构，开凿起来比较容易，可以利用岩石自身的特点大块剥离。

④还有一个重要的原因，就是这个山体较小，工作较小。

几方面的原因共同促成了这件事。

3. 栈孔遗迹间的打破关系

连续的开凿痕迹形成一个大的开凿面。现场，我们可以看到上下两个开凿面，上面的面要明显一些，历史上整个崖壁最少被有计划地进行过两次大的开凿。在上层的开凿面上保存着大栈孔，下层开凿面上保存着小栈孔。上层开凿面的下缘在多处破坏了小栈孔的连续性，破坏了下面的栈孔的完整，有些已经完全被破坏掉了。这个现象表明，两个开凿面之间存在着考古学上的打破关系。

这个打破关系表明一个事实：上层开凿面的时间要晚于下层工作面，大方孔的开凿时间要晚于小方孔。

武关驿栈道遗址的性质分析

1. 武关驿遗址的时代区间

褒斜道是指利用褒河与斜谷穿越秦岭山地的道路，有关褒斜道的研究已经很多，成绩斐然，学术界在许多方面已经达成共识：

时代区间在汉唐之间；褒斜道为驿路，也就是所谓的官道。道路沿途有官方设施、官方负责维护和管理。

唐代的褒斜道，并非一直是驿道，在唐末也基本上被废弃了；宋代，褒斜道没有被官方确定为驿道，成为民间通道，栈道、桥梁等设施因为缺乏维修资金，得不到必要维护，日渐破败，被废弃。

明代以来，修建的连云栈，其道路大部分尚能分辨，在武关河一带分布于褒河西岸，武关驿栈道遗址在东岸，武关驿栈道遗址与明清连云栈无涉。

因此，武关驿栈道遗址的主要遗迹应该为古褒斜的一部分，属于古褒斜道的众多遗迹中的一处，它的时代区间应在汉唐之间。

2. 汉唐间褒斜栈道的修建记录

汉武帝时开通褒斜水运未能成功。

汉明帝永平六年至九年（63 ~ 66），汉中郡太守鄐君主持褒斜道修建工程，里程二百五十八里。其中创建桥阁 623 间，大桥 5 座，沿途邮亭置及褒中县官寺等设施 64 处，历时 4 年，使用刑徒 2690 人，用工 766800 余人。现存石门 1 座，《大开通》摩崖 1 方，栈孔等遗迹多处。

汉顺帝延光四年（125）杨孟文倡导恢复褒斜道，诏书修复，工程情况不详。现存《石门颂》摩崖 1 方。

汉桓帝建和二年（148）汉中郡太守王升维修，新增“石籍”，分置 6 部道桥。现存《石门颂》摩崖 1 方。

汉桓帝永寿元年（155）成固县令李禹主持维修，工程情况不详。存《李君通阁道摩崖》1 方。

蜀汉后主建兴六年（228）诸葛亮第一次北伐时修复褒斜道（《三国志·赵云传》）。

蜀汉后主建兴十一年（233）再次修建褒斜道，诸葛亮以木牛流马运输军粮（《三国志·后主传》）。

魏元帝景元四年（263）荡寇将军李苞修复褒斜道。全程修复，使用军人木工石工 2000 人。存《李苞通褒斜阁道题名》摩崖 1 方。

晋武帝泰始六年（270）潘宗伯、韩景元维修，工程情况不详。存《潘宗伯韩景元通阁道题名》摩崖 1 方。

晋武帝太康元年（280）征西府及汉中郡共修复，用工匠 260 人。存《晋太康修栈道刻石》摩崖拓片。

北魏宣武帝正始四年（507）至永平二年（509），左校令贾哲（字三德）主持修复褒斜道南段，里程二百余里，历时 4 年，动用人力 10000 人，石匠 100 名。

现存《石门铭》摩崖 1 方，栈孔等遗迹多处。

西魏恭帝元年（554）九月，崔猷、刘道通、陆腾等五人，率众开通车路，凿山堙谷五百里，至于梁州。此工程情况不详，所修之道亦不详（《北史·崔猷传》）。

唐宣宗大中四年（850）六月至七月二十二日，山南西道节度使封敖及凤翔节度使修复褒斜道全程。恢复馆驿等设施（《唐会要》卷八十六《道路》）。

以上记录共 13 条，现在我们从需求和功用两方面来分析这些修建记录，是很有意思的。从需求上分析有 3 种类型。A 类中央政府政治需求有 5 条：公元 66 年、公元 125 年、公元 509 年、公元 554 年、公元 850 年。B 类出于军事需要有 5 条：公元 155 年、公元 228 年、公元 233 年、公元 263 年、公元 554 年。C 类日常维护及工匠题记 3 条：公元 148 年、公元 270 年、公元 280 年。3 种类型因需求功用的不同，必然在道路的修建质量会上出现很大的差异。A 类的要求最高，安全、通车、平稳、供给充足成为最基本需求，所以对工程质量要求极高；B 类便利快捷为基本需求；C 类又次之。

在这里特别要提到"通车"的问题。褒斜道通车是事实，前人已经有过讨论，这里不必赘述。古代车辆全靠马牛和人力作为动力，动力十分有限，再加上车辆性能亦差，所以对工程设计和质量要求极高，主要表现在坡度和平整度上。首先是选址的科学水平高，褒斜道两岸河谷深切，谷地狭窄，可供选择的路线少之又少，往往成为唯一；其次是工程工艺精良和技术革新，由于秦岭形成时间晚，地质条件恶劣，施工难度大，施工技术的要求也是高之又高。这些因素决定了褒斜道的选址基本上在古代科技条件下成为唯一。

现在，我们回过头来再看上面的 3 类记录，A 类中又可分为两类，公元 125 年、公元 850 年两次，只是恢复性修建，用时短，用工少。公元 66 年、公元 509 年两次大型修建，用时长，用工多，在历次修建中占有重要的位置。公元 509 年的修建和公元 66 年的修建相比较的话，必然是重新在技术上进行了重大革新，因为两者在选址上基本一致，只能是在建造技术了发生了较大的变化，才会出现比上次更大的工程量。

通过分析比较上述 13 次修建记录，可以初步得出下面的结论：公元 66 年和公元 509 年的修建是褒斜道道路建设史上两次最重要的修建工程，其他修建都是修补性的，只是沿用了这两次修建的成果而已。也就是说，在公元 509 年以前，没有用的是鄐君所修的道路；公元 509 年以后，沿用的是贾三德所修的道路。

3. 诸葛亮与汉代栈道

陈寿在《诸葛亮传》中评论其人“性长于巧思”，创造了木牛流马和连弩等巧妙机械。诸葛亮也十分留意栈道的建造方法，在与其兄长诸葛瑾书信中，两次详细谈到了褒斜栈道的建造方法。其所谈的栈道，从上面的分析可知，正是汉代的栈道。

前赵子龙退军，烧坏赤崖以北阁道，缘谷百余里。其阁梁一头入山腹，其一头立柱于水中国。今水大而急，不得安柱，此其穷极，不可强也。

顷大水暴出，赤崖以南桥阁悉坏，时赵子龙与邓伯苗一戍赤崖屯田，一戍赤崖口，但得缘崖与伯苗相闻而已。

诸葛亮为我们概要地描述了栈道的一些基本结构和安装位置：

栈道的支撑体近似于“T”形结构，上面的横梁插入崖壁的栈孔中，下面的立柱插进河床孔中。两个“T”形结构之间棚架木板。

从上述书信中还可推测：汉代栈道的位置较低，临近水面，所以经常受到山洪的冲击而毁坏，经常需要进行修理。如果发生洪水的话，栈道必然被冲毁，首先是立柱遗失，继而全部损失。因为栈孔在水位以下，柱孔被淹没后，找不到准确位置，同时维修人员也接近不了，所以不能修理。

4. 郦道元与北魏栈道

公元 509 年褒斜道全线贯通，为纪念这个伟大的工程，特地在褒斜道南端出口的石门勒石以纪其功，后世称之为《石门铭》。主持工程的贾哲在其旁也留下了一段话。这两个重要文件本应为我们提供第一手的工程资料，但作者一味追求辞章的华美而舍弃了真正的工程技术描述。我们来看看这段描述吧，“三德巧思机发，精解冥会，虽元凯之梁河，德衡之损蹑，未足偶其奇”。赞美是到位了，但是关于工程的细节，还是一无所知！令后世之人，只能望文兴叹。

历史总有令人意想不到的地方，在《石门铭》中没有记录建造方法，与其同时代伟大的地理学家郦道元为我们做了记录。与这次栈道修建毫无瓜葛的郦道元，在其《水经注》中，一语道破这次修建方法的天机：

汉水又东合褒水，水西北出衙岭山，东迳大石门，历故栈道下谷，俗谓千梁无柱也。

自后按旧修路者，悉无复水中柱，迳涉者浮梁振动，无不摇心眩目也。

褒斜道的维修是北魏中央政府的一件大事，《魏书·武帝本纪》中后来也记录了此次工程，可见其在当时的影响之大。当时褒斜道刚刚修好，郦道元不一定亲身经历，必然十分关心，多次探询，并做了上述描述，这些记录应该是真实可信的。

根据郦道元《水经注》的记述，北魏的栈道省略了汉代栈道结构中的立柱，更为简洁，只有一个横梁。弄明白了这个问题，我们就更好地理解了上面对贾三德的赞美之词。

5. 前人对武关驿栈道的研究

1986年杜德仁先生在调查的基础上对整个褒斜道的栈道结构进行了研究，在论文《褒斜栈道的工程技术》中提出了五种结构形式。这篇论文在“褒斜石门研究会第二次年会”上宣读，并刊载于《石门》第1期。《褒斜栈道的工程技术》中有研究武关驿栈道遗址的专门章节，为了方便起见，现节录于后：

（三）平梁直柱加斜撑结构

考察中在留坝县武关驿村东褒河东岸看到一处阁道工程遗迹，是平梁直柱加斜撑结构。

此处地形呈斜坡状，在距今水面4米～4.5米的崖壁上凿有安装阁梁的方形壁孔8个，孔宽39厘米、深81厘米～101厘米，间距176厘米～395厘米。在接近水面的地方发现有圆形柱孔6个，直径17厘米、深5厘米，这是原先用来安装立柱的。柱孔和壁孔高差为3.6米～4.1米，距离为5.7米。这便是阁道的高度和路面的宽度。和平梁直柱结构不同的是在壁孔和柱孔之间还凿有一排石孔，共16个，上距壁孔2.1米，下距柱孔2米，均为方形，孔口宽16厘米、深16厘米，间距73厘米～105厘米，孔口向上倾斜25° ～30° 。从这一排孔所处的位置，孔口斜向上的角度看，它只能斜向上安一排木件，用榫铆连接在立柱或横梁上，用来分散荷载重量，防止某立柱因受力过于集中而被折断，增加立柱和横梁的坚固程度。我把这种结构称之为平梁直柱加斜撑结构。

杜先生的研究是建立于以下的假设之上：所有的遗址遗迹都是一次工作的遗存，是同时代的栈道遗迹，也就是整个遗迹是一个整体不可分割。

根据杜先生的推测，我们将复原出一个奇特的结构图：粗大的横梁下立一个很小的立柱，这立柱半腰处还连接着一个同样粗细的斜撑。这个斜撑只能连接到立柱上，这是由它的开口角度所决定的。从力学的角度来说，这根斜撑，是完全无用的，因为它完全找不到着力点，也就是固定点；如果它要连接到横梁上，从几何学上计算，不知其要长几何，即便如此也是担不上任何的力。从建筑美学的角度来看，下面的立柱实在太细了，整个建筑梁柱比例很不协调的，在有关汉代的建筑图画遗存中，汉代的建筑水平已经相当高了，我们看到的是基本符合力学原理的梁架结构和优美外观的建筑。

因此，我们可以认为杜先生的成果是值得怀疑的。

6. 武关驿栈道遗址的性质

通过上面的分析，我们已经大体得到了汉代和北魏栈道的结构，对照武关驿遗址现存的栈孔遗迹，不妨将三排栈孔作为两处来对待：下面两个小栈孔为一组，正好与汉代栈道结构一致；上面的大方孔自成一体，正好与北魏栈道结构一致，这也与保存下来的打破关系相吻合。

上层大方孔若为北魏栈道孔，单独一根横梁是否能够承受载重车辆的压力？成为又一个关键问题。为此，作者向汉中市建筑设计院高级工程师李永江先生进行了请教，李永江先生以青冈木柱为梁，假设木梁柱向栈孔口外出2米，进行了结构力学计算，完全可以承重450千克。

武关驿栈道遗址基本遗存是正是东汉永平九年（66）和北魏永平二年（509）的遗迹。北魏在修建时将栈道位置向上进行了提升，废弃了东汉的建造方法，在技术进行了大胆革新，并取得了成功。

结　语

古老的褒斜道沿途遗存了大量的栈道遗迹，为研究者提供了珍贵的资料，本文试图利用考古学的方法及工程学的理念，并结合相关文献对其中一处遗址——武关驿遗址保存的栈孔等遗迹进行剖析，试图分辨出其中汉代遗存和北魏遗存不同的表现方式，并复原出其原始式样。

本文在形成过程中，得到了许多同志的支持和帮助，在此一并致谢。首先要感谢留坝县武关驿文物普查队的同仁们，他们是：汉中市文管会的王良、汉中市博物馆的王黎、汉中市东城开发公司的傅治强先生，陕西省西安文保中心范培松先生和王良先生，他们通读了全文，对本文提出了宝贵意见。其次要感谢汉中市建筑设计院的李永江高级工程师，对本文在工程力学和结构方面进行了指导。

因为各种原因，作者未能对褒斜栈道进行全线调查，加之水平有限，在研究方法和论证方面很不完善，特别是在北魏栈道的推测上，未能实际验证，立论或者失之偏颇。仅希望能对整个褒斜道深入的研究起到抛砖引玉的作用，恳请各位方家，不吝指正。

注：设计基于以下理由：汉代车宽 1.5 米（汉长安城及秦直道发现的车辙印迹）。青冈木抗弯强度为最高等级木材，在栈道沿途大量分布，古人亦应选用此材料。汉代大车载重约为 25 斛，折合 500 千克（《九章算术》）。

青冈木为中国树材中抗弯曲强度最高的木材之一，在褒河两侧广泛分布，取材较易，故而有此用材推断。

据当地人回忆，在 1981 年大洪水前，大栈孔里曾有石条，现在孔雀台栈道遗址中仍然可以看到，但出梁最长 1.2 米，与官驿要求不符。又，石梁虽然强度高，但抗弯曲性差，不宜作为栈道的梁材使用。同时，在本次文物普查中，我们发现了大量的清代栈道遗存，结构采用北魏形式，用石梁，宽度仅为 60 厘米左右，只供行人负重通过。因此，可以判断，武关驿大栈孔中的古梁应为清代人的东西。

（原载汉中市博物馆编：《石门——汉中文化遗产研究（2010）》，
三秦出版社，2011 年，第 17 ～ 23 页）

褒斜栈道武休关位置初探

杨连富（留坝县政协）

一、引　言

褒斜栈道从它一诞生始，就被历代人们进行着不断地改造。随着人们对自然界地不断认识和社会生产的发展，科学技术的进步，人们对它的改造也不断地发生着质的变化，由谷底通道变为栈道，又由栈道变为碥道，再由碥道变为今日的公路通衢，其间经过了近两千年漫长的历史。由于这种变化，也使得古栈道上的许多关隘的位置随着路道的变化而发生了巨大变化。褒斜栈道上的武休关就是如此。

二、褒斜道的演变

褒斜道辟为栈道，是人类征服自然界的一次伟大的创举。然“褒斜险阻，素号畏途”[1]，“道路凌云，极天下至险”[2]，其道沿途峡谷险段多且长，“或百里之内历险且千，或一程之内，涉水数四”[3]，其“阁梁一头入山腹，一头立柱水中”[4]，所有构件以木料为之，故存在着致命的弱点——易被人为焚烧和洪水冲毁，以至于一处堵塞则全道不通。

史料记载，最早烧毁褒斜道的人是张良，他在送汉王之南郑北归时，曾劝说刘邦“烧绝所过栈道，示天下无还心，以固项王意”[5]。其后张鲁、赵云、魏延，乃至后世人，为达某种目的而焚毁栈道的历史记载也并不少见。

因洪水暴发“倾发大暴出……桥阁悉坏”[6]，事更是屡见不鲜。这些栈道本身的缺点，每每某次争战不得不半途而废，功亏一篑；有时由于损坏严重，连朝廷也不得不暂时将驿道的任务交由其他驿路暂替，或另辟新驿道。历代数十次修路的记载明白无疑地证实了这一点。自然界为人类设置了障碍，反过来，障碍又启发和锻炼了人类的聪明与智慧。

为了改进这种不足，人们开始尝试着对栈道设施中主要部件用石料来替代木料，如负载全部通过重量的横梁。现存的太白县西坝处的石横梁，留坝县孔雀台处的石横梁遗迹就是例证。它不怕火，不易腐朽。但由于选材、打制、安插难度大，太长，负载能力不如木料，一切比用木料为之花费人力要多很多倍；太短了，栈道路面又窄险，流通量又大受限制，造就的栈道并不理想，故只好另辟蹊径，仅在险要峭壁处用之，即或栈道被焚，然石梁犹存。比起全木构件来说，在修复上是较容易些了。

到了唐代，一种改造道路的新方法出现了，唐德宗贞元年间，商州刺史李西华曾在武关道（陕西商县之武关道非武休关——笔者注）上于阻水涧处“别开偏路，以避水潦”[7]。

[1] [唐]陆贽：《銮驾将还宫阙论发曰状》。
[2] [唐]魏徵等：《隋书》卷二十九《地理志》，中华书局，1973年。
[3] [唐]陆贽：《銮驾将还宫阙论发曰状》。
[4] [三国]诸葛亮：《与兄瑾言赵云烧赤崖阁道书》。
[5] [汉]司马迁：《史记》卷五十五《留侯世家》，中华书局，1959年。
[6] [三国]诸葛亮：《与兄瑾言大水赤崖桥阁悉坏书》。
[7] 王开：《陕西古代道路交通史》，人民交通出版社，1989年。

偏路又称“道”“碥道”。它的主要特点是“回山取途”，在水流湍急，崖岸险峻之谷段，采取削坡茳石，于一面靠山，一面临河处用土石拥砌成道，或干脆绕山头盘旋而行，顺山坡地势、屈曲环绕而行。迂回，虽使道路加长，却避免了洪水冲毁之危险。石土拥砌之道，从各方面比之栈道可谓一劳永逸。在故道上也有过类似道路改造记载，褒斜这方面的变化也同样存在着。

据《汉南续修府志》卷一载：嘉靖七年（1528）石梯栈阁125间（北距五曲铺三里），以石易之。

《褒城县志》卷一载：嘉靖二十三年（1544），县令张庚将独架桥阁142阁，（鸡头北关八里）去编棚，砌以甓石；马道南一里处桥栈阁被邑人李瓒凿石为之；嘉靖二十八年（1549）燕子崖栈阁61间（马道北四里），被主簿伍魁捐金甃为二十四洞。现存各代统计的栈阁数字变化和有关修路工程记载也都明显反映出这一点。

从《太平寰宇记》《读史方舆纪要》记载中可知，宋时褒城至凤县接界处的“北栈”南段，“有栈阁二千九百八十九间，险板阁二千八百九十三间”，到了元代还有2892间。至明初重修时，只剩2275间。栈道的减少，就意味着碥道在增加。

清党崇雅《贾大司马修栈记》中记修道工程项目为：

修险碥凡五千二百丈有奇；

石路凡二万五千八十九丈有奇；

土路凡一千七百八十一丈有奇；

修偏桥一百一十八处，计一百五十七丈；

去偏桥而垒石以补之者，自江面至岸高三丈许。共长六十五丈二尺，凡十五处。

修水渠一百四十五道；

煅石三十二处，共一百五十六丈；

去当路山根大石二百八十九处；

修垒木栏杆一百二十三处，凡九百三十八丈有奇；

合营兵、驿夫、民夫、各匠积六万九千八十三工。

上列项目，一反以前工程记载修桥阁多少间，用木材多少。使用的建筑材料都发生了巨变。除路旁“木栏”外，已看不到木梁木板；路的长度也非“栈阁”若干间，而为“险碥”“石路”“土路”若干丈了。建筑材料以石代木，与前面目全非，这也说明昔日栈道在发生着巨大变化。

正如清人吴焘《游蜀日记》所言：“考栈道之名，由来已久。《史记》范睢相秦，栈道千里，通于蜀汉。历代屡修屡毁，增损不一。国朝因西隆用兵，屡发帑金修栈，巉岩尽辟，旧路亦多改行，遂不见所谓阁道矣。《史记》张良烧绝栈道，蜀汉时赵子龙烧坏赤崖阁道沿谷百里，武侯卒于五丈原。魏延先退焚斜谷邸阁。彼时架木为阁故可烧耳。若今之栈道，岂复能烧乎……须知今蜀之道，非古之蜀道矣！”

经过了漫长的演变，逐步的尝试，终于在唐宋时，褒斜栈道开始发生了质的变化。明清时，“一少部分路段由木栈变为石栈。一大部分路段由栈道变为碥道”[1]。所谓栈道已名存而实亡。

碥道的开辟，这一形制上的巨变，也引起了栈道路线的巨变，如有的栈道在谷底，碥道却处山腰。有的原栈道在谷底，新辟碥道却绕上了山梁，甚至彻底离开了原栈道线路。今褒斜栈道上的武休关就是如此。

三、武休关位置

武休关又名武关、武关驿、虎头关[2]。据载，关为宋代时置。

关，它的初义是“界上之门”。为驻兵戍守之要塞。“往来必由之要塞”[3]。有控制交通的一面。

唐代，凤州与褒城县的分界处在武休关。宋时，这里则是宋金争战的前哨。由褒斜栈道进入汉中，此乃必经之处。连云栈的南端也在此借用了褒斜栈道以下

[1] 王开：《宝鸡古代道路志》，陕西人民出版社，1988 年。
[2] 宋伯鲁等：《续修陕西通志稿 · 古关隘一览表》，陕西通志馆，1934 年。
[3] ［元］胡三省：《资治通鉴音注》。

路段，达于汉中。这里历代为汉中北大门，“汉中之险要咽喉”[1]要冲，多少次烽火在这里燃起。清陶澍在《蜀猷日记》中也说：“五里，武关驿，即武休关。《宋史》绍兴三年，金撒离喝破饶凤关入洋汉。未几北归，吴玠遣兵邀击于武休关，破走之是也。其后元兵攻金，亦从武休关南趋饶凤，潜行宋境巴夔山中，始出均州渡汉江以成三峰之捷。则此处尤栈中之要害矣。”

那么，这个褒斜栈道上的重要关隘的确切位置在哪里呢？

清《留坝厅志·关隘》载：“武关，东南四十五里。”

清《褒城县志》载：“武休关……即今褒城之武关河，与留坝交界。”

武休关在清乾隆三十年（1765）以前，未设留坝厅时，是褒城与凤县交界处，设留坝厅后，又是褒城县与留坝厅的交界处。

清《留坝县志·道路图》卷二中载：“凡五里，复石磴数折而上武关，关劈山巅为路，广丈余，天然隘守也。”

今《汉中地区名胜古迹》中也说，武休关在留坝县武关驿村西边山上。

今天，人们也常将留坝县武关河西的山梁垭豁称为武休关。

据清道光年间（1821 ~ 1850）贺仲瑊编纂的《留坝厅志》卷一记载：“我朝康熙三年（1664），贾大司马自煎茶坪至鸡头关，特开路于诸岭上，由是陡降而行，无复昔日之沿山架木，而栈道遂废。”从这段记载我们可推知，至少从这时始包括武休关在内的这段古栈道已基本全部变为“碥道”“栈道遂废”。设于宋时的武休关也一定因这一变化而在位置上发生了转移。换句话说，人们现在所认定的武休关很可能不是栈道上的武休关，而是碥道中的武休关。

这种可能是否存在呢？笔者通过各方面考察，认为是完全存在的。

第一，从今日仍存在的褒斜栈道遗迹走向看，武休关上游的姜窝子（古称腊鱼潭）[2]，褒水河东岸有栈道遗迹一处。有壁孔 5 个，孔径 40 厘米 ×40 厘米，深 60 厘米，距水面 5 米，为一深潭。顺水而下约三里许在今武关河口对岸的褒

[1] ［晋］陈寿：《三国志》卷十七《魏书·徐晃传》，中华书局，1959 年。

[2] 郭荣章：《论古褒斜道上栈阁的分布形制及邮驿等建筑设施》，《文博》1988 年第 5 期。

水东岸岩壁上亦存有壁孔 7 个，斜柱孔 15 个，立柱孔 6 个。

再向下游一里半处的褒水河东岸，今名猫儿沟口峭壁之上，也有栈道壁柱孔二处，共 19 个。顺东岸一直向下游，杨家河坝向南约 300 米处河边有立柱孔一个，直径 20 厘米，因河水冲刷，石为页岩而剥蚀，孔仅剩一多半。上下岩石风化严重不见孔，应该是河水浸蚀冲毁之故。再向下沿途仍有遗迹存在。

从这些遗迹均分布于褒水东岸来分析，古武休关没有避开这段路，而设在远离栈道几千米的褒水西岸山梁上。

第二，据《汉南续修郡志》卷一《栈道图考》引严如熤《汉中府志》："明洪武间重修栈道……二里至虎头关，栈阁三十八间。"虎头关，即武休关。

清罗秀书《褒谷古迹辑略·古栈道》载：明弘治间重修褒谷中这段栈道，虎头关仍存三十八间栈阁。

如武休关位置处现在的西山梁上，那么山梁起栈又有何用呢？只能说明此时关应在褒谷底，为通崖壁修栈三十八间。因此史书也如是载。

第三，《宋史·吴玠传》载："绍兴三年（1133），撒离喝入兴元，未几北归，玠遣兵邀于武休关，掩击其后，坠涧死者以千计，尽弃辎重去。"从这次激战情况看，武休关应处于褒水岸边而非西山梁上。因西山梁为山间平地，地旷几十亩，要从今日西山梁上之武休关坠入涧中，是一件不太可能的事。

第四，明代何景明写过《武关》一诗，诗曰："北转趋刘坝，西盘出武关，微茫一线路，回合万重山。天地几龙战，风云惟鸟还。关门锁溪水，日夜送潺湲。"

从文字上推测，这个武关之关门应处在两山所夹的峡谷之中，溪水从关门门前穿流，否则要"锁"定溪水，只怕是西山梁上武休关所望尘莫及的了。

明江时用有《武关驿》诗曰"匹马驱驰上七盘，扪参历井豁酡颜，藤萝倒挂三千尺，瀑布飞流数百弯。残雪已消天汉路，浮云不散古梁山。如今更觉岩廊险，几度逢人叹武关"，诗中"岩廊"就是指飞架于崖壁上如同廊的建筑——栈阁。这在西山梁上也似无所用。

第五，从前文所录贺公《留坝厅志》中的记载看，此段褒谷两岸壁立，河水湍急，要弃栈修碥道，只有离开褒河水，由武关河口逆流而上，然后过武关河水向西越今日武关河西山梁，再交原栈道，否则只有从褒谷中方可通行了。

那么这以前的武休关位置又在何处呢?

笔者为弄清这一点，曾踏勘了宝汉公路所不经过的姜窝子经武休关至铁佛殿这段褒水河谷，惊喜地发现武关河口东岸的栈道遗迹的下游，名叫猫儿沟的地方至今留存着许多古栈道遗迹。

这里两山对峙，山势陡峭，褒河水在此被挤在不到 60 米宽的峡谷之中。此处河床东低西高，水倾东岸。河面仅 20 余米宽。河水被拘束得暴跳如雷，很远就听到它的轰鸣声。在它的下游一里余的地方，有一东西宽约 100 米，南北长 300 米的二级平台，名曰杨家坝，住有二十余户人家。

在猫儿沟高出褒水面 15 米的崖壁上，有两处共计 19 个栈孔遗迹，孔大多上仰，最大的孔径 20 厘米见方，深 20 厘米。最小 15 厘米见方，深 10 厘米，圆柱孔直径 8 厘米。上游一处共 7 个，下游一处共 12 个，相距直线距离约 20 米，下游一处以下崖壁今已坍塌，上下断绝，今人为过此搭有一木棒拼成的小桥，估计此崖上当年定有壁孔，可惜崖断无存。

在这山崖的对面西边干河滩中有巨石四块，由北向南沿河道上下分布，石上皆有巨大柱孔。最南边一块上有三个圆柱孔，向北第二块上共有方柱孔五个，再上一石上有一个方孔，最后一石上有两个圆柱孔，这些孔直径均在 40 厘米以上，从此处的位置看，这些遗迹应是架桥立柱的遗址。那么，是否为栈道从这里架桥到了河西岸，然后沿河岸至铁佛殿呢?经踏勘，西岸下游几里远全为峭壁，但无任何遗迹存在。据当地老人杨正林讲，听他爷爷说，此处曾架设两桥以避猫儿沟口石壁而行，再从上游不远处的滩头终年水浅处又回到东岸。

石上遗迹何年所为?作用是什么?真如上面杨氏祖父所言?还是当年设关于此河上?有待做进一步研究。

在猫儿沟峡谷下游的杨家坝大地中，村民耕种挖出过宽 3 米～ 4 米，由河卵石砌就的长长石道。还挖有古汉砖瓦和棕色残酒壶、酒杯等物。2009 年埋设天然气管道，在这里又挖出许多汉砖。笔者量过现存的汉砖，长 34 厘米，宽 17 厘米，厚 8 厘米，正面有几何图案，底有绳纹。瓦厚 2.5 厘米，均为碎片，无一完整的。

由以上情况分析，此处开阔平坦，宜耕宜居，又处凤褒界上，可为戍边将士驻扎绝佳场所。上边峡谷山险水猛，天然险阻，是理想的设关戍守之地。再对照何景明诗中的描写，也较符合，也为吴玠于此大战金兵，使金兵纷纷坠涧提供了地理上的可能性。同时也使上下游现存栈道遗迹相吻合。峡中设关，真可谓一夫当关，万夫莫开，此处失之，汉中休矣。

综上所述，笔者认为褒斜栈道上的武休关就在猫儿沟狭谷之中，而人们现在所指的西山梁上武休关只能是明清后碥道上的武休关罢了。

（原载汉中市博物馆编：《石门——汉中文化遗产研究（2010）》，
三秦出版社，2011 年，第 24 ～ 28 页）

唐代傥骆道上的几个驿馆

知勤　肖珍

秦岭诸谷道中的傥骆道

唐代是我国封建社会经济高度发展的时期。与此相适应，当时的陆路交通也发展到相当高的水平。以唐代的首都长安为中心，一条条官驿大道放射到全国各主要城市和重要地区。其中，从长安南越秦岭通往汉中以至四川、云南的几条历史古道，如故道（又称为陈仓道、散关道、青泥道或嘉陵道）、褒斜道、子午道和联系故道北段、褒斜道南段，唐时也称为褒斜道，后来被称为连云栈的道路，都曾被开辟为官驿大道，沿途设置驿馆，以便公私行旅。

唐时被辟为官驿大道的上述几条秦岭谷道，其得名的原因，都与这些道路所通过的河谷有关。如故道或嘉陵道，因系沿曾被称为故道川的嘉陵江上游河谷而行，褒斜道主要是沿汉江支流褒水和渭水支流斜水河谷行进。傥骆道的南北出山处分别在汉江支流傥水和渭水支流西骆谷水进入汉中平原和关中平原的地方，而子午道是由北侧的子午谷进入秦岭山地的。其中褒斜道又被简称为斜谷道，傥骆道也被简称为骆谷道。全称先褒后斜，先傥后骆，可能是根据从汉中到长安所经谷道的先后而来；简称为斜谷道和骆谷道，则因为从长安到汉中，取道褒斜必先经斜谷，取道傥骆必先经西骆谷的缘故。与这些河谷的长短大小并没有多少关系。严耕望教授《汉唐褒斜道考》以为“褒斜古道，褒谷短而斜谷长”，“故以斜谷概两谷之名”，实不妥当。因为，事实恰与这种说法相反，不仅从两水的长度来说，褒水相当于斜水的三倍；就是从褒斜道所经过的两水谷道来说，褒谷段的长度也相当于斜谷段的三倍[1]。所以，褒斜道和傥骆道都不像古代学者所说那样是一谷二口，而是都经过两条以上的河谷，当中隔着一座或几座分水岭。如傥骆道就至少经过西骆谷水、黑水、湑水、酉水、傥水等五条水的河谷，翻越西骆谷水和黑水之间的十八盘岭、黑水与湑水之间的秦岭正脊、湑水与酉水之间的兴隆岭和光头山、酉水和傥水之间的贯岭梁等四座主要分水岭。其中主要的河谷是黑水和酉水河谷，而傥骆道所据以得名的傥水和西骆谷水河谷并不是主要的。因为傥骆所经过的西骆谷水河谷和傥水河谷总共不过百里，在七百多里的傥骆道中，只占很少的一部分[2]。

和故道、褒斜道、子午道等相比，傥骆道开辟的时间要晚一些[3]，沿途道路特别险峻陡峭[4]，途中又分布着一些有害的动植物[5]。但因它具有特别近捷的优点[6]，所以公私行旅仍极为频繁。唐朝中期，德宗由奉天逃汉中就是走的傥骆道[7]。

---

[1] 褒水长 198 千米，斜水也就是石头河长 69.9 千米。褒斜道沿斜水河谷口至五里坡不到八十里。五里坡以南，皆沿褒河河谷而行。

[2] 西骆谷水长 20.4 千米，傥水长 59.2 千米。但傥骆道由洋县进入傥口后不久，即向东北翻贯岭梁进入酉水河谷，实际沿傥水河谷行进的路程很短。

[3] 傥骆道正式出现于史籍在三国曹魏时期，故道、褒斜道、子午道等的开辟时间都在秦汉以前。

[4] 傥骆道的险峻艰阻；《全唐诗》卷一百九十八岑参《酬成少尹骆谷行见呈》、卷六百六章孝标《骆谷行》等诗和赵元一《奉天录》均有描述。

[5] 唐傥骆道中有毒蛇伤人见[唐]李吉甫：《元和郡县图志》卷二十二；有毒树毒花见[清]彭定求等：《全唐诗》卷四百八十李绅《南梁行》诗注，中华书局，1960 年。

[6][唐]杜佑：《通典》卷一百七十五《州郡》。

[7][宋]司马光：《资治通鉴》卷二十三，中华书局，1956 年。

唐朝末年，黄巢农民起义军迫近长安，僖宗逃四川也是走的这条路[1]。安史之乱，玄宗南逃四川，走的虽然是故道[2]，但朝臣南逃多取骆谷捷径[3]。代宗大历初年，杜鸿渐去成都[4]；宪宗元和四年，元稹去东川，来回走的也都是傥骆道[5]。元和十年，元稹再去四川赴通州司马任，走的仍是傥骆道[6]。由此可见傥骆道在秦岭诸谷道中地位之重要和行旅之频繁了。

按唐代的制度，三十里一驿[7]。七百多里的傥骆道，至少应设有 20 多个驿站了。只因记载阙落，现存唐代著作中涉及的傥骆道上的驿馆，除设在长安的都亭驿、设在汉中兴元府的汉川驿外，只见有骆口驿、滑水驿、青山驿、洋州馆等数处。当然，傥骆道沿途各州县如户县、周至县、洋州贞符县、兴道县和城固县等重要地点，当时自然是会设置驿馆的，《新唐书》卷一百三十二《刘知几传》就曾提到杜鸿渐经户县时“厨驿丰给”。可惜没有指明当时设在户县的驿馆叫什么名字。《全唐诗》卷八百六十五有窦裕《洋州馆夜吟》。这个洋州馆也有可能是泛指设在该州的驿馆，而并不是这个驿馆的正式名称。宋敏求《长安志》中提到户县设有户县驿，周至县设有周至县驿，而在周至县以南的傥骆道上，设有樱桃驿、三交驿、林关驿、和属于洋州的大望驿等[8]。但各驿之间的里程，远的多到七十五里，近的也有四十五里，与唐代三十里一驿的制度相差很远。所以它们究竟是唐代设立的旧驿，还是北宋时代新设立的，还很难断定。南宋王象之《舆

[1][2]［后晋］刘昫等：《旧唐书》卷九《玄宗本纪》下、卷十九《僖宗本纪》、卷一百一十七《崔宁传》、卷一百三十六《刘滋传》，中华书局，1975 年。

[3]《全唐文》卷三百四十一颜真卿《府君神通碑铭》：“（唐玄宗天宝年）十五年，长安陷，舆驾幸蜀。朝官多出骆谷至兴道。房琯、李煜、高适等数十人尽在。”

[4]［后晋］刘昫等：《旧唐书》卷九《玄宗本纪》下、卷十九《僖宗本纪》、卷一百一十七《崔宁传》、卷一百三十六《刘滋传》，中华书局，1975 年。

[5] 元稹于宪宗元和四年使东川来回均经傥骆道分别见《全唐诗》卷四百一十二元稹《使东川》诗、卷四百三十七白居易《酬和元九东川路诗十二首》等。

[6] 元稹元和十年去通州走傥骆道，由《全唐诗》卷四百七元稹《酬乐天东南行一百韵并序》、卷四百一十四《沣西别乐天、转载、樊宗宪、李景信两秀才、侄谷三月三十日相饯送》、卷四百二十一《紫踯躅》和《山枇杷》以及卷四百三十八白居易《沣水店》诗序等，可知，因为诗中所提到的鄠东、沣西、沣水、青山、青山驿等地名，都在傥骆道上。

[7]［宋］欧阳修、宋祁：《新唐书》卷四十六《百官志》，中华书局，1975 年。

[8]［宋］宋敏求：《长安志》卷十五《户县》、卷十八《周至县》，长安县志局，1931 年。

地纪胜》和元朝官修的《大元一统志》又引有傥骆道上的望云驿[1]，明清陕西地方志中也有关于望云驿、泰望驿、望林驿、青山驿的记载，并称这些驿站都是唐设而今废的旧驿[2]。但各书所记诸驿的方位不一致，具体位置亦难确定。目前可以肯定其确为唐驿，又能指出其设置地点的，则有骆口驿、滑水驿、白草驿等三处。但骆口驿本设在周至县西南三十里的西骆谷谷口，而严耕望教授《唐骆谷道考》却说它设在洋县以北三十里的傥谷南口，陈沅远《唐代驿制考》的《馆驿名录》则把骆口驿列于"位置无从考知"栏内，并认为设在周至西南的一个驿站名为骆驿。这样就又把骆口驿和设在奉天县的骆驿混为一谈，当成一事了。曾为僖宗驻跸要地的滑水驿，历代学者都认为设在洋县西南四十里，滑水下游的滑水镇、滑水渡，而不知道本来应设在洋县东北二百里，与周至、太白县交界处的滑水上游。至于唐代傥骆道上曾设有一个白草驿，前人还没有谈到过。特为介绍，辩证于次。

傥骆道上的白草驿

《全唐诗》卷四百一十九元稹《望云骓马歌并序》有"忆昔先皇幸蜀时，八马入谷七马疲……峥嵘白草眇难期，谣洞黄泉安可入"之句。在上述诗句之下，元稹自注说："白草、谣洞，并雒谷中地名。古谚云：谣洞入黄泉。"这诗中的先皇，指的是唐德宗，曾因朱泚、李怀光之乱，取道傥骆道由奉天去汉中。雒谷的雒为洛的别写。而洛水、洛谷，实际指的就是现在的西骆谷水。《全唐诗》卷八百七十七的题注中也说："雒谷中有地名白草、谣洞，皆难行。故谚云：谣洞入黄泉。"这说明，白草确系唐代傥骆道上的一个有名的险要去处。

《全唐诗》卷三百五十七刘禹锡《送赵中丞自司金郎转官参山南令狐仆射幕府，赵氏兄弟皆仆射幕府》诗说："绿树满褒斜，西南蜀路赊。驿门临白草，县

[1] [宋] 王象之：《舆地纪胜》卷一百九十；[元] 孛兰肹等：《元一统志》卷四，中华书局，1966 年。

[2] 康熙《汉南郡志 · 古迹》；康熙《洋县志 · 关津》；《洋县志校勘记》二百三十四《事迹考辨》。

道入黄花。”“驿门临白草”的诗句，显然可以说明白草不仅是傥骆道上的一个重要地点，而且在白草附近肯定曾设有驿馆。而这个驿馆，很可能被称为白草驿。唐代后期曾任宰相的权德舆，自山南西道节度使卸任，经傥骆道北回长安时，中途病重，死于白草驿舍。韩愈在《唐故相权公墓碑》记其事说：“上之元和五年，其相曰权公，讳德舆，字载之……在相位三年，其后以吏部尚书授节镇山南。……以疾求退，十三年某月甲子，道薨于洋之白草。”[1]这就又进一步说明了唐朝傥骆道上的白草驿处于洋州，也就是现在的陕西省洋县境内。

那么，傥骆道上的这个白草驿究竟在现在的什么地方呢？查《陕西省地图集》的洋县图中，洋县东北不远的白石大队，原名白草村。陕西省交通局编印的《陕西省公路图》，更标明白石大队位于距洋县14千米的洋县华阳简易公路上，正是古代傥骆道的必经之地。所以，唐代的白草驿估计就在现在洋县东北14千米的白石大队附近。

骆口驿不在洋县之北三十里傥骆道南段的傥口，而在周至县西南三十里傥骆道北段的西骆谷口

骆口驿是唐代傥骆道上的著名驿馆。地位重要，规模宏大。白居易和元稹等曾多次予以歌咏。

《全唐诗》卷四百三十二有白居易《祗役骆口驿，喜萧侍御书至，兼睹新诗，吟讽通宵，因寄八韵》诗中有“山馆有明月”句。卷四百三十六白居易《再因公事到骆口驿》诗说：“两度见山心有愧，皆因王事到山中。”卷四百三十七白居易《酬和元九东川路诗十二首》之《骆口驿旧题诗》写道：“拙诗在壁无人爱，鸟污苔侵文字残。唯有多情元侍御，绣衣不惜拂尘看。”卷四百一十二元稹《使东川并序》说：“元和四年三月七日，予以监察御史使东川，往来鞍马间，赋诗凡三十二章。秘书省校书郎白行简为予手写为东川卷。今所录者，但七言绝句长句耳。起骆口驿，尽望驿台二十三首云。”其中，一开头就是《骆口驿二首》。

[1] [唐] 韩愈著，马通伯校注：《韩昌黎文集校注》卷七，古典文学出版社，1957年。

而《邮亭月》一首的诗序中也说："于骆口驿见崔二十二题名处。"

上引白居易和元稹诗文，充分说明唐代傥骆道上的骆口驿应在傥骆道北段的周至县境，而不可能设在洋县境的傥骆道南段。因为白居易写上引诸诗时正任周至县尉，而元稹的东川之行，也是从周至县的骆口开始进入南山，才于驿馆中见白居易的题诗的。至于洋州境的傥骆道的南口，白居易并未到过，不可能在此题诗。

《全唐文》卷七百三十六沈亚之《周至县丞厅壁记》云："周至道巴、汉、三蜀，南极山不尽三十里。"宋敏求《长安志》周至县洛谷条云："洛谷，在县南三十里，有道入洋州。"洛谷即骆谷，也名西骆谷。西骆谷谷口设有驿站，从《资治通鉴》卷二百三十的记事中也可以得知。记事说，唐德宗兴元元年，由于朱泚、李怀光之乱，德宗准备由奉天南迁汉中。山南西道节度使严震遣大将张用诚领兵五千，到周至迎接。但张用诚私通朱泚，阴谋为乱。严震的牙将马勋急返梁州取严震的兵符，复出骆谷，执用诚于驿中。胡三省注引（德宗）实录说：德宗及其随从官员"才入骆谷，（李）怀光遣其将孟保等以数百骑来袭，为后军将侯仲庄所拒而退。遂焚驿店而去"。这都可以说明，名为骆口驿的驿馆，确实设在周至县西南三十里的西骆谷谷口。

严耕望教授断言唐代傥骆道上的骆口驿不在周至县西南三十里的骆谷北口，而在洋州兴道县以北三十里的傥谷南口，其根据也只是元稹《骆口驿二首》，从该诗第二首的"我到东川恰相半，向南看月北看云"，直接得出"知此驿在骆谷道南口之骆谷，非北口也"[1]的结论。但是，如果这里的"恰相半"是泛指，仅仅指中途、或半路上，则骆口驿在周至县西南的骆谷北口，也可以说得过去；若是实指，就是说诗中骆口驿的位置恰在元稹此行路程的正中央，距出发点的长安和目的地东川梓州（今四川省三台县）的里程完全一样，则把骆口驿安到洋县的傥口，就说不通了。因为根据《通典》等书的记载，从长安到梓州有两千零九十里，而从长安到洋州兴道县的傥口，不过六百里[2]，连全程的三分之一都不到，哪里能称为正中间的"恰相半"呢？我认为这里的"恰相半"并不是指长安、东

[1] 严耕望：《唐骆谷道考》。

[2]［唐］杜佑：《通典》卷一百七十五、卷一百七十六《州郡》。

川间的一半，而是说东川治所梓州，正处于唐朝首都长安到南诏首都大理的中间。因为从长安到东川，约两千零九十里，而从成都到云南大理，据严耕望考证，也只有两千两百多里[1]。

而且，骆口驿不在洋县而在周至，还另有确证。证据之一是元稹的《骆口驿二首》及其诗序；二是严耕望教授对傥骆道上各州、县、关、镇、驿馆位置的考证。

元稹《骆口驿二首》的原文是：“邮亭壁上数行字，崔李题名王白诗。尽日无人共言语，不离墙下至行时。”“二星徼外通蛮服，五夜灯前草御文。我到东川恰相半，向南看月北看云。”诗前有题记云：“东壁上有李二十员外逢吉，崔二十二侍御韶使云南题名处。北壁有翰林白二十二居易题拥石、关云、开雪、红树等篇，有王质夫和焉，王不知何人也。”这说明，诗中的崔、李，指李逢吉和崔韶。《唐会要》卷九十《南诏蛮》条曾记其事：“元和三年十一月，以南诏异牟寻卒，废朝三日。辛未，以谏议大夫段平仲兼御史中丞，持节充册立南诏及吊祭使……司封员外郎李逢吉副之。至四年正月，以太常卿武少仪兼御史中丞，充册立及吊祭使。”李逢吉和崔韶经傥骆道去四川云南，并在骆口驿题名，只是两个月以前的事，印象深刻，墨迹犹新，“二星徼外通蛮服”，自然是指的此事。因为古代称皇帝的使臣为星使，此处正是用二星来代表出使南诏并在驿壁上题名的两位使者。至于王、白，当是指王质夫和白居易。白居易这时正在长安担任翰林学士之职。“五夜灯前草御文”则是形容翰林白居易正作为皇帝的秘书，漏夜值班，起草公文呢！至于王质夫，则是白居易为周至尉时结交的好友，他曾在周至南山仙游寺一带隐居，与白居易常有诗文往还。白居易与王质夫有关的诗，《全唐诗》收有十多首。后来王质夫出山就仕，“佐证西幕”到四川做官，死于梓潼。白居易有《寄王质夫》《哭王质夫》等诗悼念[2]。王质夫和白居易诸诗的内容已不可得知，但从骆口驿北壁上白居易有的题诗还能推断出来。如“拥石”，当指白居易《祗役骆口因与王质夫同游秋山偶题三韵》一诗中的“石拥百泉合，云破千峰开”二句。“红树”则指白居易《再因公事到骆口驿》诗，因为这首诗中有

[1] 严耕望：《唐代成都青溪南诏道驿程考》。

[2] [清] 彭定求等：《全唐诗》卷四百一十二、卷四百二十一、卷四百三十四，中华书局，1960 年。

“今年到时夏云白，去年来时秋树红。两度见山心有愧，皆因王事到山中”之言。

元稹《使东川》二十二首中的《邮亭月》诗题记和《紫踯躅》《山枇杷》等诗中，还提到傥骆道中有一个青山驿[1]。其《望云骓马歌》中，又有“橐驼山上斧刃堆，望秦岭下堆石头。五六百里真符县，八十四盘青山驿”。说明这个青山驿当在洋州真符县境内。严耕望教授也认为“青山驿即在真符县，真符县有青山驿”[2]。而据《元和郡县图志》，真符县南距兴道县六十里。前引《邮亭月》题记又说：“于骆口驿见崔二十二题名处。数夜后，于青山驿玩月。”如果像严教授所说，骆口驿果真“在骆谷道南端之骆口”，即北距洋州真符县，南距洋州兴道县都是三十里，也被称为“骆口”的傥口，那么，元稹长安东川之行，经过骆口驿，再行数日之后，早就应该从洋县向西走出数百里，到兴元府、沔县以西的金牛道上了，怎么反会向东北倒退，退到洋县东北数十里、百余里的真符县青山驿呢！只有抛弃骆口驿设在洋县附近的傥骆道南口的臆断，承认它在周至县附近的傥骆道北口，元稹《东川行》的诗句和行程，才能得到清楚合理的解释。因为从傥骆道北口走数天山路，正好到达傥骆道的南口。

至于陈沅远根据《资治通鉴》而列于周至县境的骆驿，实在今礼泉、乾县间，与骆口驿并不是一回事。拙稿《唐关内道馆驿考略》已有说明，兹不赘述。

湑水驿在洋县东北的湑水上游，而不在其西南的湑水下游

傥骆道上还有一个著名驿站叫湑水驿。唐朝末年，黄巢起义军攻入长安，僖宗仓皇南逃时，曾经驻跸于此。并在这里颁发诏书，命令当时驻扎汉中的山南西道节度使牛勖、驻扎四川三台的东川节度使杨师立、驻扎四川成都的西川节度使陈敬瑄等预先筹备皇帝和诸王、后妃、朝廷官员们到达后的接待和安排事宜。司马光《资治通鉴考异》卷二十四“上趣骆谷，凤翔节度使（治今陕西省凤翔县）郑畋谒上于道次”条记其事说：

[1] [清] 彭定求等：《全唐诗》卷四百一十二、卷四百二十一、卷四百三十四，中华书局，1960年。

[2] 严耕望：《唐骆谷道考》。

"《续宝运录》：'戊子，帝至骆谷滑水驿，乃下诏牛勖、杨师立、陈敬瑄云：今月七日，已次骆谷滑水驿'。按此月庚辰朔，戊子九日，而诏云七日，九误为七也。《唐僖宗实录》：'辛卯，车驾次凤翔，郑畋候谒于路'，《旧唐书·郑畋传》云：'候驾于斜谷。'《新唐书·僖宗本纪》：'辛卯，次凤翔……丁酉，至兴元'。按甲申上离长安，辛卯始次凤翔，太缓；丁酉已至兴元，太速。又路出骆谷，则不过凤翔及斜谷。盖车驾涉凤翔之境，而畋往见耳，非凤翔与斜谷也。"

可是，这个滑水驿在什么地方呢？《续宝运录》和《资治通鉴考异》都没有做任何说明。元朝史学家胡三省为《资治通鉴》作注说："《九域志》洋州兴道县（今陕西省洋县）有滑水镇。"这说明，胡三省认为唐代的滑水驿设于宋代的洋州兴道县滑水镇。而宋元时代的滑水镇在今滑水下游，滑水和汉江合口的东侧。明清时代在此设有滑水渡和滑水铺，为由洋县去城固和汉中的大路必经之地。后来学者多沿胡三省之说，把唐代的滑水驿定在滑水镇。新中国成立前姚家积《唐代驿名拾遗》，更从而提出"（滑水）驿当因镇为名也"的推论[1]。严耕望教授虽曾一度怀疑滑水驿的"地望似在兴道县北"，但却又因明清时代洋县城固县间有个滑水渡和滑水铺，仍断言唐代的滑水驿"实在兴道县西北四十里至城固道上"，并得出洋县城固县间滑水渡东侧的"滑水铺，盖即古（滑水）驿也"的结论[2]。

实际上，认为唐代的滑水驿设在宋、元、明、清时代的滑水镇、滑水铺一带的结论是大有问题的。因为，宋、元、明、清时代的滑水镇和滑水铺，在今滑水南入汉江的汇合口附近，滑水东岸，汉江北侧，早已离开秦岭谷道，进入汉江上游的汉中平原。滑水铺的具体位置，西距城固县约十里，距汉中市即唐代的兴元府约七十里；东距洋县四十里，距长安则有七百里。所以，当僖宗从长安走到这里的时候，可以说已经走完了傥骆道全程的十分之九，距离他的第一个目的地汉中兴元府只剩下七十里路，不消一天就可以到达了。如果直到这时他们才想起要给驻在汉中的山南西道节度使等下诏准备接待筹备安置，显然不合情理。而且，滑水镇作为一个由附近农业、手工业集散地和滑水渡口而形成的居民聚落处，其

[1]《禹贡半月刊》第五卷第二期。
[2] 严耕望：《唐骆谷道考》。

规模当然是不会很大的，用来安排皇帝和大量随从人员的住宿，客观困难必然很多。史载，僖宗于十二月戊子次滑水驿，丁酉至兴元，前后相距十天。如果说唐代的滑水驿就在后代的滑水镇或滑水铺，那么，除去从滑水铺到汉中这不需一天的七十里行程外，僖宗在滑水铺就当停留九天之久了。实际上这是不可能的。如果真的是为了迎接皇帝移驻，兴元府准备不及，安排有困难，需要僖宗一行在中途稍为等候的话，那么，滑水铺西面四十里的洋州兴道县是比滑水铺理想得多的中途停留点。它距兴元府只有一百二十里，也只是一天的路程，朝发可以夕至，僖宗一行有什么必要早离开洋州前往滑水铺这个小驿站，并在此一停就是九天呢？所以，从傥骆道的里程和僖宗南逃的情况来看，把唐代的滑水驿定在宋代以后的滑水镇是不恰当的。

严耕望教授认为唐代的滑水驿不在洋州兴道县之北，而在"兴道县西北四十里"，也就是今洋县西北四十里，除了是因袭旧说外，还根据清代顾祖禹《读史方舆纪要》陕西省汉中府洋县"滑水驿，在县西北"，《古今图书集成·方舆汇编·职方典》"滑水渡，在洋县西四十里，东岸滑水铺，西岸汉王城。……盖入郡之大路也"等记载。但是，滑水渡附近的滑水铺和滑水镇本来在洋县的西南方向，既不在西北，也不在正西。至于严教授由此而得出的唐傥骆道"亦可能由骆谷驿（严认为唐代设立在傥谷谷口的驿站为骆谷驿，实误）向西南直至滑水驿达城固县，不经洋州兴道县"的推论，也难以成立。因为傥谷的南口也不在兴道县的西北，而是在正北偏东方向。所以，由傥口经兴道县去滑水铺和城固，本是一直向西南，并无过多绕道之嫌。

那么，唐代的滑水驿究竟在什么地方呢？我们认为应在今洋县东北、周至县南和太白县的交界处，滑水上源的都督门一带。如前所说，古代的傥骆道通过了渭水支流西骆谷水、黑水和汉江支流滑水、酉水和傥水等许多条河流的河谷，是经过滑水的上游的。从地理位置看，滑水上游都督门附近的山中小平地大致处于整个傥骆道和傥骆道上周至洋县间秦岭谷道的正中，清朝的佛坪厅和民国的佛坪县的治所，就设在都督门东南数里地的老县城村。所以，滑水上游的都督门附近，正是古代傥骆道上适于设立驿站的地点之一，而设立在这里的驿站被命名为滑水驿，也就是极其自然的事了。

另外，从当时的形势看，僖宗的仓皇逃离长安之日，正是唐朝的溃军在长安大肆劫掠，黄巢农民起义军的前锋进入长安那一天。为了迅速摆脱农民起义军追击的威胁，僖宗和随从人员昼夜兼行，仓皇逃命，由周至县西骆谷口进入秦岭后，农民起义军并未继续追赶，及至翻越秦岭正脊达到湑水上游之后，可以说已经完全摆脱了黄巢起义军追击的威胁。惊魂既定，自然会联想起下一步，也就是到达汉中和四川后的安排问题，遂有遣使持诏命令上述有关地区节度使预作安排之事。在初离长安狼狈逃命的紧急时刻，考虑不到这些问题是很自然的，但如说在已经摆脱危险之后仍然想不到这些问题，就不合情理了。

再从时间和行程上看，从长安到湑水上源约有三百余里，这包括渭河流域关中平原上的坦途一百六七十里，秦岭北坡的山间谷道一百多里。僖宗等昼夜兼行，从甲申到戊子，走了四五天，从湑水上游到汉中也是三百多里，包括秦岭南坡的山间谷道约二百里，汉江上游汉中平原上的坦途一百四五十里。僖宗等晓行夜宿，从戊子到丁酉，走了九至十天。两者相较，所走的路程大致相等，而费时后者比前者多了一倍，也是符合实际情况的。

正因如此，我们认为唐代傥骆道上的湑水驿不可能在洋县、城固县间的湑水镇、湑水铺和湑水渡一带，而应在洋县、周至、太白交界处的湑水上游都督门附近。同时，由于唐代湑水驿的存在及其得名，又可作为古代傥骆道必然经过湑水上游的一个例证，这是史书记载中未见明确交代的问题。

（原载《人文杂志》1984 年第 4 期）

傥骆古道与华阳古镇

周忠庆（汉中市洋县文博馆）

一

在我国古代，沟通关中平原与汉中盆地及巴蜀地区的古道路，从西往东数一共有四条：陈仓道、褒斜道、傥骆道和子午道。这四条古道中，唯有傥骆道最近捷，但也最险峻。全程四百八十里，步行 4 日可到。

傥骆道南口曰傥，即洋县城西的傥水河谷，简称傥谷。北口曰骆，即周至县西南的西骆峪。因该道呈南北走向跨越秦岭，故以南北谷命名，称傥骆道。傥骆道又名骆谷道，见于历史记载最早是《三国志》。实际上，早在秦汉时期，这条古道就形成了。为什么道路形成很早而历史记载却很晚呢？

自从人类诞生以后，在漫长的岁月中，原始先民们在生产生活实践中，总是在不断深化对客观世界的认识。为求得生存与发展，他们总是希望不断扩大视野；为寻求和选择更有利的生存环境，他们总是不断迁徙。限于当时的生产力水平，在迁徙过程中，他们总是循河谷而行，舍陟从夷，因谷成路。进入阶级社会，尤其是铁器出现之后，封建统治者为了经济流通或战争需要，大规模征调民力，修筑道路，或者对早已存在的古道路进行整修。因为写书的人并不修路，而修路的人又不写书。所以，凡属古道路，往往形成得很早，而见于历史记载却很迟。

和别的古道路一样，傥骆道也呈现网状分布。但是，它的主干道却是一定的。从洋县县城出发往北，经李家村、土门、孤魂庙、石山梁进入四郎乡。经四郎庙、胡家湾、茶坊庙、田家店上古路山，沿大山梁北行到偏岩子。往北经饭菜垭、支锅石上马道梁。经天池梁、太白庙下山，经水甜地、大店子到八里关乡的黑峡河谷。溯黑峡河北行经罗家滩、板桥、黑峡街、五间房、周家庄到白庙子，由此爬山翻越大牛岭下到牛岭沟，再北行经小华阳到华阳镇。从华阳镇北行经县坝、板桥、端公坝到擦耳崖。再往北行，经两河口、杉树坪上山翻越烂店子梁，下山进入太白县境。经荒草坪、四十里吊沟到都督门，进入周至县境。再东北行经九海口、大蟒河、殷家坪上山翻老君岭。下山经案子沟、茅草坪、七里关出西骆峪。平川东北行三十里，到达周至县城。

在洋县与华阳镇之间，除了前述的主干道外，还有几条间道：从洋县城出北门，上牛首山往北经大户岭、塔庙、韩家湾、冯家岭到白草村（今白石乡政府所在地）。再往北经王庄上黄牛坡到贯岭梁，下柳树趣沟到八里关。溯黑峡河北行到大庙子，与前述路线重合。另一条路线是从洋县县城出西门，往北经纸坊街过傥水河到贵民关，再往北经瓦渣梁、念佛崖、桐车坝、上河坝到马踩坪。再往北经庙垭子，峡口上山，经穆家河往北到李家店，再往北到铁冶河。从铁冶河往北经上东沟翻小牛岭到周家庄，与前述路线重合。

在华阳镇与周至县之间，也有几条间道：从华阳镇往西北经红石窑、南井街、石板垭进入太白县二郎坝。往东北经黄柏塬到周至县都督门，与前述路线重合。另一条路线是：从华阳镇往东经石塔河，窑窝沟到九池坝，再往东经佛坪县的大古坪、左家坪，往北翻母猪档梁到周至县厚畛子，再往北到大蟒河，与前述路线重合。

傥骆道在三国、魏晋南北朝时期，逐渐兴盛起来，商旅行人越来越多。唐代中期以后，成了官驿大道。沿途客舍、邮亭、递铺、驿站很多。到了南宋时期，由于宋金对峙，秦岭一线成为抗金前线，傥骆道逐渐冷落萧条。明、清时期，两地的老百姓们仍在沿傥骆道互相往来，互通有无。直至近现代，傥骆道上的行人仍然不绝如缕。因为尽管路途艰险，但它毕竟近捷得多，方便得多。

二

傥骆道自秦汉时期开通以后，尽管路途艰险，但它比其他三条古道要近捷得多。所以从三国时期开始，傥骆道上就发生了许多重大政治军事活动。

三国魏正始五年（244），即蜀汉延熙七年三月，魏国大将军曹爽想在天下树立自己的威信和名望，亲自率领十万大军从傥骆道长驱直入，企图侵犯蜀国。当时，蜀国军队的主力驻扎在四川涪县，汉中地区的守军不到三万人，分布在洋县北部的兴势山（今四郎乡马道梁汉王山）和洋县东部的黄金谷（今金水镇至金河口）。由于蜀军扼守着傥骆道南段的重要据点和子午道南段的要隘，所以魏军始终无法进入汉中盆地。加之霖雨多日，道路泥泞，魏军的粮草转运困难，曹爽只好中途撤军。这时，蜀军的援兵从涪县赶到，大将军费祎率军抢先占据涪县东北部的三岭（老君岭），截断了魏军的退路。曹爽率军拼死苦战，伤亡惨重，最后大败而归。

蜀汉延熙二十年（257），魏国的征东大将军诸葛诞在淮南反叛，魏国调关中的军队东下镇压。蜀国大将姜维趁魏国关中兵力空虚之际，从汉中率军由洋县傥谷北进伐魏，前锋到达芒水（今周至县南的黑河口），关中的魏军赶来抵挡，邓艾也从陇右派兵增援。姜维孤军深入，急于求战，但魏军却坚壁不出，姜维只好班师回汉中。

魏元帝曹奂景元三年（262）冬，司马懿集团控制魏国政权，做好灭蜀的充分准备后，兵分三路，大举进攻蜀国。其中，大将钟会统率的十余万人马兵分两路，分别从傥骆道和子午道南进。一路上没有遭到任何抵挡，很快会师于汉中盆地。原来诸葛亮在世时，曾在傥骆道和子午道南口的要害部位设置了许多“屯围”，分别驻兵把守。诸葛亮去世后，蜀将这些“屯围”撤销，将驻军都撤走了。因此，钟会南侵时，得以长驱直入，如入无人之境。

南北朝时期，东晋穆帝永和五年（349），汉中太守司马勋趁关中人民反抗羯族后赵政权的机会，领兵从洋县傥谷北进，占据了长城戍（周至县西南路水东岸），派兵向长安进攻。由于兵力不足，只好中途退回。

唐王朝建立后，高祖武德七年（624），朝廷征调民力整治疏通了傥骆道，在北口设置了骆谷关。整个唐代，傥骆道作为官驿大道，畅通无阻。在沿途置了许多驿站、邸店、邮亭、铺递等，为来往的官吏、商贾和行人服务。还在骆谷关、都督门、华阳镇等处驻扎军负责维护道路安全。

唐宪宗元和十三年（818），山南节度使权德舆向朝廷请假，要求回长安治病。他沿傥骆道回长安的途中，“道薨于洋之白草”，病死在今洋县白石乡的白草村。

唐僖宗广明元年（880），黄巢农民起义军进围长安，唐僖宗在宦官田令孜护送下，经傥骆道逃到兴元（汉中），不久又逃到成都。

宋、元、明、清以至近现代，傥骆道一直是畅通的。只是在南宋时期，由于宋金对峙，傥骆道曾一度废塞。但秦岭南北两地的老百姓，一直沿着傥骆道相互往来，直至今天仍然如此。例如清朝同治元年（1862），蓝大顺农民起义军占领洋县建立政权之后，沿傥骆道引军北出黑水峪占领周至县城。由于关中地区清军势力过分强大，义军无法扩大占领区，只好沿傥骆道退回陕南。

三

因为傥骆道是唐代的官驿大道，所以上自皇帝，下至达官显宦、骚人墨客、贩夫走卒，都在这条路上行走。其中不少著名诗人，留下许多题咏傥骆道的诗篇。

《过骆谷》（杜甫）

二十一家同入蜀，唯余一人出骆谷。

自说二女啮臂时，回头却向秦云哭。

杜甫是唐代伟大的现实主义诗人，生于公元712年，卒于公元770年。他出身寒微，生活在唐王朝由鼎盛到衰败的动乱时代，颠沛流离，饱受苦难，亲眼目睹了人民群众在社会动乱中的悲惨遭遇。这首《过骆谷》写的是二十一家人一同入傥谷到蜀地逃难，现在只剩下一个人回到秦川。说起他的两个女儿当初入骆谷时，曾相互咬臂膀，共同发誓愿：一定要双双回到秦川。但是现在这一切，都已经化作泡影！说着说着，他伤心地号啕大哭起来。

《再因公事到骆口驿》（白居易）

今年到时夏云白，去年来时秋树红。

两度见山心有愧，皆因王事到山中。

白居易字乐天，唐代著名诗人。生于公元772年，卒于公元846年。生当唐朝晚期，宦官擅政，朋党倾轧，政治十分混乱。唐德宗贞元年间考中进士，任周至尉。在仙游寺消夏避暑时，有感于唐玄宗李隆基宠爱杨玉环，导致安史之乱的历史教训，写成了托古讽今的《长恨歌》。他主张“文章合为时而著，歌诗合为事而作”。骆口驿在今周至县骆峪乡路略村。这首《再因公事到骆口驿》，说的就是去年秋天因公务来过路口驿，今年夏天因公务又来了。由两次看到在骆谷道上为生计奔波，艰苦跋涉的行人，联想到自己安享俸禄，衣食无忧，感到心中惭愧。

《望云驿》（元稹）

骆驼山下斧两堆，望秦岭下堆头石。

五百六里真符县，四十八盘青山驿。

元稹，唐代诗人，生于公元779年，卒于公元831年，字微之，与白居易是同时代人。贞元九年（793）明经及第，元和元年（806）举制科，对策第一。历左拾遗、监察御史等职。这首《望云驿》，是元稹任监察御史时，曾经傥骆道到四川公干。在漫漫旅途中，他联想到道路的艰险；从长安出发走到真符县（即今洋县华阳镇），行程五百零六里。由陕南回关中，从兴隆岭下的擦耳崖上山到青山驿（即今烂店子梁上的窝窝店），道路迂回曲折，竟达到四十八盘之多。

《骆谷行》（章孝标）

扪云袅栈入青冥，鞿马铃骡傍日星。

仰踏剑棱梯万仞，下缘冰岫杳千寻。

山花织锦时聊看，涧水弹琴不暇听。

若比争名求利处，寻思此路都安宁。

章孝标，唐代诗人，浙江桐庐人。唐宪宗元和年间中进士，任秘书省正字。唐文宗大和年间试大理评事。他曾因公务走过傥骆道。在这首《骆谷行》诗中，作者首先描述傥骆道沿途所经过的老君岭、兴隆岭和牛岭的高峻。栈道高入青冥，行人只能勒紧马缰，小心攀登。骡马的铛声傍着星星，时而步上万仞高岗，时而又下到千寻深谷。走在这条路上，似锦的山花只能偶尔看上一眼，涧水叮咚似琴声，紧张得人都顾不上听。尽管走这条路比较危险，但比起那争名夺利、尔虞我诈的名利场，却是安全得多了。

《题秦岭》（欧阳詹）

南下斯须隔帝乡，北行一步掩南方。

悠悠烟景两边意，蜀客秦人各断肠。

欧阳詹，唐代诗人，字行周，福建晋江人。唐顺宗永贞、唐宪宗元和年间，与韩愈、李观等联袂及第，当时被誉为“龙虎榜”。与韩愈同为国子监博士、助教。他的这首《题秦岭》，是抒发自己在秦岭山顶上的所见所感：南下一步，马上就把京都长安抛到身后；北行一步，岭南的风光就被挡住了。遥望北方，再远看南方，烟景悠悠，两边各不相同。北方的景象，令秦人留恋；南方的风光，又让蜀人难忘。

《傥谷》（崔觐）

高峰偃蹇云崔嵬，层崖巨壑长峡开。

龙蛇纵横虎豹乱，石栈朽灭埋深苔。

崔觐，唐代城固人，耕读传家。老年无子，就将田地和财产分给奴婢，与妻子到南山隐居。山南西道节度使郑余庆聘请他担任参谋，称他为“长者”。这首《傥谷》诗，描写的是傥水河谷的一段，即从今天关帝乡峡口石碑桥到铁冶河李家店这一段。两岸峭壁千仞，河床上乱石杂陈，气象万千，似虎豹，似龙蛇。悬崖峭壁上栈道木构架都糟朽了，有些地方还长出了青苔。

四

唐玄宗天宝十四载至唐代宗广德元年，即公元755年至763年，长达八年的“安史之乱”虽然被平定了，但是在平叛过程中，各地的节度使们拥有了军队、土地和人口；他们自行任命官吏，不向中央缴纳租税；他们的职位和权力，或互相攘夺，或父死子继，不受中央任免；他们拥兵自重，各霸一方，抗拒朝廷，形成了“藩镇割据”的局面。

大历十四年（779）五月，唐代宗李豫病死，儿子李适即位，是为德宗。他很想制裁藩镇，结束割据局面，加强中央集权，但由于处置失当，结果却惹出大乱子。

建中二年（781），成德（今河北正定）节度使李宝臣病死，其子李惟岳想继承父位，被唐德宗断然拒绝。这下子可惹恼了跋扈成性的军阀们！于是，魏博（今河北大名）节度使田承嗣的儿子田悦，淄青（今山东淄博）节度使李正已的儿子李纳，与李惟岳联合起兵反抗朝廷。

唐德宗闻报大怒，下令调兵讨伐。他先命令梁崇义出兵，梁拒不听令。这时，割据淮南的李希烈自告奋勇请求出兵，德宗以为他忠于朝廷，就很高兴地同意了。岂料李希烈攻下襄阳之后，大肆搜刮掳掠一番，就不辞而别扬长而去。

在河北战场上，政府军一时似乎占据了优势，李惟岳被部将王武俊杀了。王武俊与李惟岳的另外两个部将张孝忠、康日知投降政府军；卢龙（今北京市）节度使朱滔主动出兵援助政府军；田悦、李纳连吃败仗，唐德宗这下子可高兴了，以为天下太平指日可待！可好景不长！不久，为争夺官爵与地盘，王武俊、朱滔也搞起叛乱来了。他俩公开援助田悦，一齐把矛头指向政府军。

到了建中三年（782），叛乱愈演愈烈，叛贼们公开称王称帅：朱滔自称冀王，田悦自称魏王，王武俊自称赵王，李纳自称齐王，李希烈自称天下兵马都元帅。他们联合出兵，攻占了河南不少地方。

唐德宗一看形势不妙，顿时慌了手脚，又下令从甘肃泾原调兵增援政府军。调来的甘肃兵一进长安，满以为朝廷会重赏他们，不料却连一顿饱饭都没混上！他们在长安城中骚动哗变起来，拥戴他们原来的统帅朱泚当皇帝，称为秦帝。

这下子，唐德宗在长安待不成了。建中四年（783）十月的一天下午，德宗带着诸王后妃们从皇宫后门偷偷溜了出来，一口气跑到奉天（今陕西乾县）。幸亏大将浑瑊率军拼死苦战守住奉天城，德宗这才没被叛军抓了俘虏。不久，从河北前线赶来护驾的李怀光却与叛军朱泚勾搭上了。这下子，德宗在奉天也待不成了，只好赶紧逃命。

唐德宗从乾县跑到武功，又从武功跑到周至，觉得还不保险，于是干脆下决心钻山——从骆谷道奔汉中。

兴元元年（784）三月的一天，唐德宗一行到达洋县北部的清凉川。只见漫山遍野旌旗招展、人喊马叫，以为是朱泚的追兵到了，惊得德宗差点儿哭出声来！走近一看，原来是山南节度使严震前来接驾，这才转忧为喜，放下心来。德宗高兴得连礼仪都不顾了，让严震骑上马在前面带路。御史中丞齐映认为这样做太失皇帝的尊严，就大声呵斥严震下马，给皇帝牵马步行带路。当晚住在洋州行宫，德宗责备齐映太教条不懂得权变。齐映回答说，我这样做，就是要让山南的官兵百姓们知道皇上的尊严。德宗一听心里乐了，又反过来把齐映表扬了一番。

庚寅日，德宗一行走到洋县西部的马畅镇，他最疼爱的尚未出嫁的大女儿唐安公主病死了。此女自小聪明伶俐，善解人意，德宗视为掌上明珠。这样死于逃难途中，德宗怎能不痛哭流涕，伤心万分！因为兵荒马乱的，只好匆匆地将公主就地埋葬，又启程赶路了。

壬辰日，德宗一行到了梁州（今汉中市）。住下来之后，德宗就下令给公主举行隆重的葬礼进行厚葬。大臣姜公辅不同意这样做，他上奏说：咱们不久就会收复京都长安，公主的遗体也得搬回长安。现在皇上巡狩在外，又值非常时期，所以葬礼应当尽量简单些，把省下来的钱用来补充军需才对。德宗看到奏章虽然心里很生气，但当面也不便说什么。背后却对翰林学士陆贽说：唐安这孩子夭亡，我本来就没打算在此地给她修坟墓。只是想让就地造一座砖塔，暂厝她的灵柩。这又能花几个钱！姜公辅小题大做，我看他是别有用心！尽管陆贽一再替姜公辅辩解，但德宗一句也听不进去。过了不久，德宗就借故将姜公辅的官职撤了。

德宗在汉中只住了三个多月。不久大将李晟收复长安，德宗又经褒斜道回长安去了。临行前，让陆贽起草了一道诏书，将山南的军民人等着实表扬一番，然后宣布改梁州为兴元府，将南郑升为赤县，洋州升为望州，免除汉中地区老百姓一年的赋税和徭役，给汉中地区的大小官员人人晋升一级。皇上来了一趟，当官的与老百姓相比，当然实惠得多了。

五

唐懿宗咸通十四年（873），十一岁的李儇被宦官立为皇帝，是为僖宗。这正是贪图玩耍的年龄，一切朝政大事都操纵在宦官田令孜手中。李儇虽不会做皇帝，但随着年龄的增长，他却学会了不少的“本事”：斗鸡、斗鹅、骑驴击球、蹴鞠、骑马射箭、舞枪弄棒，样样在行。当时“藩镇割据”的局面越来越严重，朝廷控制的地盘日渐减少，财政收支入不敷出。为满足皇宫开支，田令孜一方面命人借故没收一批长安富商大贾的财产，另一方面公开卖官鬻爵。对于这一切，李儇浑然无知。到了乾符元年（874）冬，濮州（今河南范县）人王仙芝聚众数千，首先在长垣发动起义。同时冤句（今山东菏泽）人黄巢也起兵响应。两支义军很快联合起来，声威大震。乾符三年（876）秋天，起义军逼近洛阳，朝廷中一片惊慌。第二年，王仙芝战败被杀，起义军归黄巢统一指挥。他自称“冲天太保均平大将军”，改元“王霸”，确立了推翻唐王朝的明确目标。黄巢率义军转战黄淮、江淮和江南数年，于广明元年（880）再次北上，把进攻目标指向长安。

当朝廷还在为逃还是守争论不休的时候，起义军已攻克洛阳。镇守洛阳的齐克让退守潼关。齐克让向朝廷请求援兵，朝廷无兵可派，就决定派皇帝警卫部队神策军前去赴援。神策军待遇优厚，却极少征战的危险，故长安城中的富家子弟，都千方百计通过各种途径，买通宦官，在神策军中挂名。他们平时狐假虎威，欺凌百姓，现在听说真的要上前线，早已屁滚尿流。许多被征发的神策军，不惜花高价雇佣穷苦人甚至病人做自己的替身。这样的“军人”何谈战斗力！

广明元年（880）十二月二日，起义军到达潼关。几乎没有发生激战，官兵便全部溃逃。十二月五日，潼关溃兵首先进入长安，四处抢劫，城中一片混乱。看到大势已去，田令孜只挑选了数百名神策军护驾，带着诸王和后妃，保护李儇出长安西门，在混乱中秘密逃走。李儇一行逃到凤翔，节度使郑畋希望皇上住下来，以便组织兵力收复京师。但李儇已成惊弓之鸟，不敢在凤翔久停，怕起义军追来，决定跟着田令孜经骆谷道南下“幸蜀”。

李儇一行在傥骆道上经过一番艰苦的长途跋涉，终于到达兴元（今汉中市），多亏汉阴令李康组织骡子运来数百驮粮食，才解决了李儇一行的无米之炊。这时，从长安逃出的文武百官也陆续赶到这里。逃亡中的朝廷，这才逐渐恢复了一些生气。这时，才想到向全国颁布诏书，号召勤王之师努力收复京师。因为兴元地方毕竟太小，李儇不愿在此久住。早在南逃路上走到都督门时，李儇就派人给四川节度使陈敬瑄打过招呼，让他做好接驾的准备。中和元年（881）正月，李儇一行经过一个多月的艰苦跋涉，终于抵达成都。

经过四年多的流亡生活，到了光启元年（885）正月，李儇才率领流亡的小朝廷离开成都，经褒斜道于三月间回到长安。这是唐僖宗经傥骆道的第一次南逃。

回到长安，田令孜为了支撑朝廷，养活军队，千方百计想办法扩大财政收入。当时，安邑（今山西运城东北安邑）、解县（今运城西南解州）出产池盐，原属国家盐铁专卖机构管辖，历来是朝廷重要的财税来源，这时却被河中节度使王重荣控制。朝廷下令要收回王重荣的盐税征收权，王重荣坚决抗命不交。既然皇上的诏书不起作用，那就只好诉诸武力解决。

田令孜利用藩镇间互相争夺地盘和利益的矛盾，笼络邠宁节度使朱玫和凤翔节度使李昌符，让他们共同对付王重荣，并允诺以后给以好处。王重荣感到势单力薄，就向沙陀族军阀李克用求救。双方开战，朱玫、李昌符大败，李克用兵临长安城下。光启元年（885）十二月二十五日，田令孜再次保护李儇出逃，跑到凤翔，并建议李儇再去兴元，第二次“幸蜀”。这时，李儇已经二十三岁，早就不满意这十多年的傀儡皇帝生活，第一次公开拒绝了田令孜的建议。田令孜当然不愿意放弃对李儇的控制。到了光启二年（886）正月初八日夜，田令孜率兵强行劫持李儇前往宝鸡，越大散关经故道南逃，三月十七日，再次到达兴元。

唐僖宗李儇又在兴元住了整整一年。到了光启三年（887）三月，才带领随从人员离开兴元，经褒斜道回到凤翔。在凤翔住到文德元年（888）三月，李儇病了。他担心自己死在外面，就命令车驾急速赶回京师。李儇三月初六日驾崩，年仅二十六岁。

六

自古以来，交通的发展与经济的繁荣，是密切相关、互为因果的。秦汉时期开通的傥骆道，不仅促进了秦岭南北的经济交流，而且三国时期，在军事上也发挥了重要的作用。南北朝时期，南北双方在汉中地区展开拉锯战，傥骆道是北人南侵的重要孔道。唐王朝开国一百多年，由于傥骆道对促进南北经济文化交流的作用日益显现，所以被辟为官驿大道，在沿途设置了许多驿站、邸店、邮亭和递铺。华阳作为傥骆道中途的重镇，人烟辐辏，经济繁荣，引起了唐王朝中央的高度重视。为了便于就近管理，唐玄宗开元十八年（730），朝廷下令将原属兴道县管辖的华阳地区划分出来，专设了华阳县，县治设在黎园（具体地点待考）。

到了唐玄宗天宝三载（744），朝廷下令撤销了华阳县，原来为了控扼这条古道的咽喉，当时在华阳镇南端的华阳寨旁设置了华阳关，派驻军队戍守，专司稽查缉拿盗匪，维持地方治安和道路交通安全。出于军政合一、统一管理的需要，决定由军事长官管理民事，所以废除了华阳县的建制。经过几年时间的实践，发现这样做有许多不尽合理的弊端，就于天宝七载（748），又恢复了华阳县的建制。

到了天宝八载（749），朝廷调发民力，开辟清水谷（具体地点待考）道路，挖山时发现了前代皇帝祭祀太白山的玉册（玉简）。地方官认为这是天赐“祥瑞”的征兆，立即奏报朝廷。朝廷接报后很高兴，就下令将华阳县改名为“真符县”，以回应这个天赐“祥瑞”，并宣布真符县直属京兆尹管辖。可见当时在唐王朝最高统治者眼中，傥骆道的地位是多么重要，真符县的地位是多么重要。

到了天宝十一载（752），由于路途遥远，鞭长莫及，不便管理，朝廷又将对真符县的管辖权下放给洋川郡。天宝十五载（756）“安史之乱”爆发后，长安的达官贵人、富商大贾纷纷沿傥骆道南逃，来汉中地区避难。当时兴道县的外来人口剧增，行政管理与物资供应成了大问题。为了加强管理，唐王朝中央决定，将洋川郡的郡治由今西乡县移到兴道县（今洋县县治），郡、县合署办公。当时，洋川郡下辖五个县：兴道、黄金、真符、西乡、洋源等五县。

到了唐肃宗乾元元年（758），朝廷下令改郡为州，即将洋川郡改名为洋州。从此，洋县这个地方就有了“洋州”的正式名称。

七

清代道光年间，华阳镇来了一位游学先生，曾写诗一首，描写当时华阳镇的形势。其中有这么四句：“城在山头市在舟，万家烟火一船收。上有宝塔系古渡，下有将军锁石牛。”所谓“城在山头市在舟”，指的就是华阳营的官兵们住在“营城”——雄伟如山的土堡内；集市贸易在两河夹流的船形地带进行，即所谓市在舟中。

据《洋县志备考·历史》记载：“嘉庆元年冬十二月，白莲教贼高均德等初扰县境……嘉庆三年正月，高均德等东往五郎（即宁陕五郎关）。二月，齐王氏大股由西乡至……自率李全等趋北栈……嘉庆四年贼由县北往来不断。三月中，巡抚永保败于华阳……嘉庆五年四月，经略额勒登保自甘肃追杨开甲等过县境，历华阳……嘉庆六年正月，经略由宁陕追贼入境……历沙坝、桅子坝下县城往西乡。（是年设华阳营、茅坪汛）可见华阳营设立于嘉庆六年。”

关于华阳营的建制，清代汉中知府严如熤所撰《三省边防备览·军制篇》写道：“……华阳营驻扎洋县华阳，距郡城二百七十里。都司一员，千总二员，把总二员，经制外委二员，额外外员二员。马战兵八十名，步战兵二百五十八名，守兵六十二名……”

华阳营设立后，为便于驻扎部队，特地筑起土堡——即所谓“营城”一座。《三省边防备览·策略篇》中亦有记载：“……近（嘉庆六年，即1801年）于华阳地建土堡一座，添设文武官弁。而地大林深，弹压非易……”可见华阳的“营城”建于嘉庆六年（1801）。主要用于驻扎华阳营的全体官兵。据华阳的老人回忆，在营城南面的平地上，当年还有操练部队的校场。

据清光绪二十四年（1898）《洋县志》卷三《营汛志》载：“华阳营今额：都司一员，千总一员，把总二员，经制二员，外委二员，马战兵八十名，步战兵二百五十八名，守兵六十二名，岁支薪俸银……”又据《廨署志》载：“华阳营都司署在营城，千总署在营城，把总署在营城，经制署俱在营城。”

华阳的集市全在南北走向的一条街上，当年店铺鳞次栉比，清一色前店后宅，背靠河流。街北头有一座三官庙，庙门对着戏楼，庙与戏楼之间有一个广场，是当年逢庙会演戏娱乐，群众聚会的地方。街道上既有接纳南来北往行人的客栈，也有接待驮队马帮的货栈；既有酒楼饭店，也有赌场烟馆。店铺里，小到针头线脑，大到日用百货，应有尽有。

在平定白莲教起义的过程中，为了加强对华阳地区的统治，清政府继嘉庆六年（1801）向华阳派驻军队，设立华阳营，修筑营城之后，又于嘉庆七年（1802）设置华阳分县，任命县丞一名进行统治，级别为从七品。据光绪二十四年（1898）《洋县志·廨署志》记载：“华阳分县署，设立华阳上街，堂廨宇舍共二十间。”辛亥革命以后，华阳分县被撤销。到了民国十一年（1922），国民党又设立华阳分县，派县长进行统治。民国二十年（1931），由于华阳闹土匪，最后一任县长

（周至县人）被吓跑了。华阳分县也被撤销，改为华阳区。新中国成立前夕，又改区为镇。

八

华阳古镇形似一叶扁舟。东河、西河二水夹流，到古镇南端黄牛咀汇合，往下即为酉水。俗话说“二水洗铧”，将华阳古镇比喻成犁地的“铧尖”。所以说，古镇华阳既像一叶扁舟，又像一只铧尖。

在古镇南端二水交汇处的南岸山脚下，一个巨大的连山石伸入河中。石面上有八个形状各异、大小不同、深浅不一的石孔，显系人工开凿，这是作何用途的呢？据典籍考证与现场勘察，发现原来这是唐衍“得意阁”的遗址。

据南宋宁宗赵扩（1195~1224 年在位）时代的王象之所编《舆地纪胜》卷一百九十《洋州·碑记》中“华阳寨摩崖刻”下注释：“骆谷路华阳寨下有大溪，俟冬水落，则见大字刻之道旁，云：‘建中三年，造此得意阁并回河镇。同节度副使张大侠记。’”1977 年 6 月，汉中地区文物事业管理委员会的陈显远先生赴华调查红军标语，在华阳街老人的指点下，发现了这块摩崖题刻。他在《傥骆道初考》中写道：“唐代摩崖石刻，高七十五，宽四十五厘米，右行直书四行，前三行，每行六字，后一行九字，共二十七字。其文曰：‘建中三年，造此得意阁并回河镇，同节度副使张大侠，石工沈光俊记。’其左侧约一米处，又有直书二行：‘打碑本强诠’五字。”

华阳镇既是唐代傥骆古道上的咽喉要塞，又是军事重镇。从 800 年前王象之的记载看，当时得意阁紧挨华阳寨，山寨即为驻军之所，当时驻军首长级别之高，为“同节度副使”，一则反映华阳地理位置的重要，二则反映朝廷对华阳的重视程度。当时在华阳寨旁，设有“华阳关”，控扼交通要道，负责缉拿盗匪，维持社会治安及道路交通安全。

从“得意阁”的题名看似为李白“人生得意须尽欢，莫使金樽空对月”之意。“得意阁”应是当地驻军首长或自我消遣，或招待客人，隔三岔五摆酒设宴的处所。因为在寂寞的深山之中，过着单调的军营生活，高级军官们觉得很有必要不时吃喝一番，改善一下生活。

九

华阳镇南距洋县城一百五十里，它是位于秦峰南坡的山间盆地。在铁路、公路、航空尚未兴起的古代，它位于傥骆道的中途，地处咽喉要塞。丰富的资源，方便的交通，成就了它繁荣的经济。直至现代，它一直是一个十分繁华的山间商埠。

从地理位置看，洋县人去关中，无论走茅坪，走黑峡或是走铁河北上，都要经过华阳。从关中平原来洋县，无论走周至县的辛口子、走西傥峪，或是走宝鸡的虢镇，还是走岐山县的斜峪关南下，也都要经过华阳。所以说：华阳是控扼傥骆古道的咽喉要塞。

从经济资源说，华阳山区有丰富的森林资源和矿产资源，盛产木竹、药材、蜂蜜、木耳、纸张和珍禽异兽，近代华阳还有陶瓷厂，生产瓷器。所以，当年的华阳街上，商业十分繁荣。仅商人的帮会组织，就有山西帮，专门经营土产山货；河南帮，专门经营药材，收购麝香、熊胆、虎骨等珍贵中药材；四川帮，专门经营各种纸张和杂货；两湖帮，专门经营各种布匹和绫罗绸缎。街上还建有各帮商人的会馆：山西会馆、河南会馆、两湖会馆、四川会馆等。华阳街上的富商，还纷纷在华阳周围的山区投资办厂。当时有药场，种植各种药材；纸厂，以木竹、构树皮为原材料生产各种纸张；木厂，专门加工各种规格的板材出售；还有专门生产黑木耳的耳坊，生产蜂蜜的蜂坊，冶炼生铁的铁厂，浇铸铁锅的锅厂，等等。

由于华阳气候温润，地肥水美，水田为一季田，水稻生长周期长，所以“华阳米”特别好吃。新中国成立前洋县 19 个乡镇，其中 17 个乡镇的财主们都在华阳山区置有山庄，并以此作为炫耀的资本。

在华阳街上，从下街到上街，店铺鳞次栉比，品类五花八门。无论土产山货、川广杂货、布匹京货还是日用百货，应有尽有。从经营行业说，无论剃头、洗澡、赌博、抽大烟，还是喝茶、吃酒、请客、摆宴席，华阳街上都有去处。新中国成立前全国 24 省，华阳街上就有 21 个省的人在活动。从接待来往行人的客栈到接待驮队马帮的货栈；从缝制衣服的成衣铺到打制农具、钉马掌的铁匠铺；从酿造酱油、陈醋的酱园到酿制苞谷酒的烧房，等等，百工百业，一应俱全。在街上招摇过市的，既有把持地方政权、呼风唤雨、武断乡曲、包揽词讼、“吃轻巧饭”的土豪劣绅，例如“马、牛、孝，段三王，赵家户里两只狼”之流，也有无事生非、输赖赢要的地痞土棍，还有来自全国各地靠打短工、帮长工为生的流浪汉。无论智愚良莠，无论操何口音，无论来自何方，只要肯出力气，在华阳山中混碗饭吃，还是比较容易的。

（原载汉中市博物馆编：《石门——汉中文化遗产研究（2008）》，三秦出版社，2009 年，第 318 ～ 335 页）

历史上的子午道

李之勤

陕西省以子午为名的地名之多，在全国各省中是独一无二的。在陕北与甘肃交界处有一座大山叫子午岭。从山上流向东南的一条河流，现在叫沮水，历史上也曾被称为子午水。陕南的大水汉江有一条支流也以子午水为名。西安市正南秦岭北坡有一条山谷叫子午谷。从西安市通过子午谷到汉中、安康以及四川等地的一条重要道路古代叫子午道。子午道上有一座极为险要的关隘名叫子午关。另外还有两个以子午为名的市镇分布在子午道的北端和南段：一个在长安县南的子午谷口；一个在西乡、洋县、石泉三县交界处的子午水下游。现在分别是长安县和西乡县公社一级的居民点。

这些以子午为名的地名，其命名的根据多数与子午谷和子午道有关，并且与子午道在不同历史时期的变化情况有着密切的联系。

西汉平帝元始五年（5），准备篡汉的王莽借口他的已被封为皇后的女儿“有子孙瑞”，发动人役兴修了一条从首都长安“直绝南山”以通汉中的道路。因为古代以北方为子，南方为午，而这条位于首都长安正南的道路一开始就呈南北走向，所以被称为子午道。也有人说称为子午道是因为古代以子午象征水火、象征天地、象征牡牝、象征皇帝和皇后的缘故[1]。但子午谷不过只是一条长仅数十里的小河谷，而子午道也并不是全部端南端北的。它从今西安市开始向正南，沿子午谷入山后不久，即转入沣水河谷，溯谷而上，翻越秦岭，稍折西南，经旬河上游，南过腰竹岭，顺池河到汉江北岸的池河镇附近，又陡转西北，大致沿汉江北岸，经石泉县，绕黄金峡西到洋县，再西到汉中。那种认为子午谷是横穿秦岭直达宁陕、洋县的一条六百余里长的河谷、子午道始终是沿子午谷而行的说法是不符合事实的[2]。

汉魏时期，子午道的最南端在汉江支流池河下游，今石泉县的池河镇附近。新中国成立后修订再版的《辞海》等书都说汉魏南北朝时期的子午道"南口在今安康县境"[3]，实属误会。因为西晋南北朝时期的安康郡和安康县，治所都在今石泉县的池河镇附近。隋唐时期的安康县治所在石泉县的南面，汉江西岸。而现在的安康县在魏晋南北朝以至隋唐时期先后为魏兴郡、西城郡或金州的治所，县名则长期被称为西城，与池河镇是相距几百里的[4]。《辞海》这样说的根据是《元和郡县图志》卷二十二中子午"旧道在今金州安康县界"一语。但这句话本身的可靠性也是值得怀疑的。因为《元和郡县图志》的作者李吉甫生于唐肃宗乾元元年（758），而在此以前的至德二载（757），安康县就已经改名为汉阴县了[5]。

和汉魏时期相比，隋唐时期的子午道已经有了很大的变化。主要是在子午道的中段改取了较为直捷的新线，即从旬河上游向西南过腰竹岭，经今宁陕县西行，

[1] [汉] 班固：《汉书》卷九十九《王莽传》及其注释，中华书局，1962 年。

[2] [宋] 王象之：《舆地纪胜》卷一百九十；[清] 顾祖禹：《读史方舆纪要》卷五十六，中华书局，1955 年；雍正《陕西通志》卷十六；乾隆《大清一统志》卷一百八十五；道光《宁陕厅志》卷之一。

[3] 夏征农主编：《辞海》，上海辞书出版社，1979 年，第 2559 ～ 2560 页。

[4] 谭其骧主编：《中国历史地图集》第 3、4 册；乾隆《大清一统志》卷二百八十八。

[5] 姜亮夫：《历代人物年里碑传综表》，中华书局，1959 年，第 171 页；[后晋] 刘昫等：《旧唐书》卷三十九《地理志》，中华书局，1975 年；[宋] 欧阳修、宋祁：《新唐书》卷四十《地理志》，中华书局，1975 年。

顺子午河谷，沿汉江北岸，过洋县到汉中。唐朝中期玄宗李隆基为杨贵妃调取四川的鲜荔枝，从涪州经达州、西乡，驰驿七日到长安，就是走的这条路[1]。其后这道路长期阻塞不通。清朝乾隆年间，陕西巡抚毕沅为了迅速转递发自四川西部大小金川地区的战报，恢复了这条道路。而当时联系陕西和四川的官驿大道，本是从成都经广元、汉中、宝鸡、凤翔到长安的。

关于子午道这次改线的具体时间和缘由，从唐朝以来，重要历史著作如《元和郡县图志》《太平寰宇记》《元一统志》《大清一统志》《读史方舆纪要》等书，以及新中国成立前出版的《中国古今地名大辞典》，新中国成立后修订重版的《辞海》，都说是在南北朝时期，南朝梁将王神念因旧子午道沿河而行，水涨季节常被冲淹而另行修筑的"乾路"[2]。实际上，这个说法很成问题。因为整个南北朝时期，南朝的宋、齐、梁、陈各朝控制的范围，虽然有时也曾达到汉中、安康一带，但却从未达到长安附近。所以梁将王神念对子午道如果有所修整改线的话，范围也必然局限在梁朝所控制的子午道南段，即从池河镇到洋县一段，而绝不可能包括子午道北段，长安附近的沣河河谷和旬河上游。因为对他来说，子午道北段的整修改线，是既无必要也无可能的。

作为从西安通向汉中的交通要道之一，子午道与陈仓道、褒斜道、傥骆道等相比，谷道较长，路亦崎岖回远[3]。但作为从西安通向安康和四川东北部的道路，却比上述诸道都更为便捷。只是秦岭汉江几百里间，山高林密，道路险阻，居民很少，古代亦未设州县，通行中的困难是很大的。东汉《石门颂》描述子午道艰险情况说："上则县峻，屈曲流巅；下则入冥，庼写输渊。平阿湶泥，常荫鲜晏。木石相距，利磨确盘。临危枪砀，履尾心寒。空舆轻骑，遰导弗前。恶虫弊狩，蛇蛭毒蟃。未秋截霜，稼苗夭残。终年不登，匮馁之患。卑者楚恶，尊者弗安。愁苦之难，焉可具言。"[4]这是用子午道的艰险，来强调开凿褒斜道的必要的，

[1] [宋] 吴曾：《能改斋漫录》卷十五《方物》，上海古籍出版社，1979 年；[宋] 王象之：《舆地纪胜》卷一百九十《洋州》。

[2] [唐] 李吉甫：《元和郡县图志》卷二十二。

[3] [唐] 杜佑：《通典》卷十四《州郡》；[清] 顾祖禹：《读史方舆纪要》卷五十六，中华书局，1955 年。

[4] 陕西省考古研究所：《褒斜石门附近栈道遗迹及题刻的调查》，《文物》1964 年第 11 期。

可能有夸大之处。但所述子午道上的自然地理状况大致是不差的。除了自然条件的困难外，还有社会方面的不安全因素。例如唐朝中期，通过子午道的商旅、官员，仍多携带武器以自卫[1]。所以这条道路开辟的时间虽然相当早，却多次被封闭或长期阻塞不通[2]。尤其是在统一王朝分裂、地方割据政权对峙时期，如三国东晋南北朝时期，唐末五代时期，南宋与金朝、蒙古对峙时期，子午道的南北两段分别在两个政权的控制之下。他们彼此屯兵守险，互相攻击，在子午道上设置过许多关隘，有过多次军事行动。

子午道上的主要关隘有子午关、姜子关、腰竹关、马岭关、五郎关、饶风关、黄金戍、铁城，等等。

子午关在今西安市以南一百里、长安县垲子坪公社南面的沣河河谷中，是秦岭北坡子午道上唯一的关隘。两岸高山紧束沣河峡谷，狭窄峻险的山路系凿石开通。由于关上有巨石如羊，所以又称石羊关或关石。从唐宋到明清，许多历史学者都认为子午关是王莽开通子午道的时候就设置的[3]。东晋初年，割据关中地区的后秦姚苌曾命郝奴为六谷大都督，以警备包括子午谷在内的南山诸谷之险。隋朝和唐朝也都在这里设关派兵驻守。安史之乱以后，唐朝政府还曾设置过南山五谷防御使，来加强包括子午谷在内的南山谷道的防守，维护南北交通，保证首都长安的安全[4]。姜子关可能在今宁陕县江口镇附近。腰岭关则在子午道新、旧两线上各有一处。

马岭关、饶风关、黄金戍和铁城都是汉江北岸、子午道折向西北以后的重要关隘。马岭关在今石泉县东南，饶风关在石泉县西北的饶风岭。饶风岭上、下三十里，险峻崎岖。南宋金、元对峙时期，愈见其重要[5]。黄金戍和铁城都在洋

[1] [宋] 王溥：《唐会要》卷八十六，中华书局，1955 年。

[2] [南朝宋] 范晔：《后汉书》卷六《顺帝纪》，中华书局，1965 年。

[3] [唐] 李吉甫：《元和郡县图志》卷一；[宋] 乐史：《太平寰宇记》卷二十五；[宋] 宋敏求：《长安志》卷十二，长安县志局，1931 年；[清] 顾祖禹：《读史方舆纪要》卷五十三、卷五十六，中华书局，1955 年。

[4] [清] 顾祖禹：《读史方舆纪要》卷五十二，中华书局，1955 年；[唐] 魏徵等：《隋书》卷二十九《地理志》，中华书局，1973 年；[宋] 欧阳修、宋祁：《新唐书》卷三十七《地理志》，中华书局，1975 年。

[5] [宋] 王象之：《舆地纪胜》卷一百八十九《金州》；[清] 严如煜：《三省边防备览》卷一百七十五《州郡》。

县境内，居汉江天险黄金峡的北侧，扼子午道出山之口，远在魏晋南北朝时期，就已成为军事要地了[1]。

至于与子午道有关的重要政治事件和军事行动，如秦汉之际，被封为汉王的刘邦，就是从这条道路前往其都城汉中的[2]。三国时期，魏国大将曹真和其后钟会等统兵攻蜀，子午道都曾作为进军道路之一[3]。蜀国大将魏延，也曾要求领“精兵五千，负粮五千，直从褒中出，循秦岭而东，当子午而北”，进攻魏国的关中地区。认为执行这个计划，“不过十日，可到长安”“一举而咸阳以西定矣”[4]。但主将诸葛亮并没有采纳这个计划。后来还有人怪诸葛亮持重太过。其实，当时蜀国的势力范围，只能达到洋县东面不远的地方。整个关中和秦岭以南的安康、商洛地区，当时都在魏的统治之下。既然八百多里的子午道十分之九在魏国控制下，那么，魏延企图用少数兵力深入敌境，长途奔袭魏国重兵屯驻的长安，得胜的希望自然是微乎其微了。不仅如此，秦岭横亘于关中和陕南之间，呈东西走向。包括子午道在内的翻越秦岭、联系关中和陕南的几条重要谷道，都是沿着秦岭北坡的渭水支流和秦岭南坡的汉江支流而修筑的，基本上都是南北走向。根本没有，也不可能有一条沿秦岭山脊东西行的便捷通道。子午道的南口在今洋县以东，而褒中在褒斜道的南口，在今汉中市的褒河公社。魏延计划从褒斜道南口入，沿秦岭而东，从子午道的北口出，是不易行通的。讲究实际的诸葛亮拒不采纳魏延这个计划是很自然的。

东晋南北朝时期，南朝北攻关中，北朝南攻汉中、四川、荆襄，子午道经常被用为行军道路之一。在南朝各政权争夺汉中、安康的斗争中，从洋县到池河的子午道更是经常被争夺的重要对象。所谓王神念“别修乾路”的故事，正是在这种背景下出现的。

[1] [北魏] 郦道元：《水经注》卷二十七《沔水》，商务印书馆，1933 年；[唐] 杜佑：《通典》卷一百七十五《州郡》。

[2] [汉] 司马迁：《史记》卷八《高祖纪》及其注释，中华书局，1959 年。

[3] [清] 顾祖禹：《读史方舆纪要》卷五十六，中华书局，1955 年。

[4] [晋] 陈寿：《三国志》卷四十《魏延传》，中华书局，1959 年。

南宋与金朝对峙时期，公元 1133 年，金将撒离喝以多次进攻汉中被阻于大散关和仙人关，乃屯重兵于长安，扬言将由子午谷取道姜子关进攻陕南。宋朝金州守将王彦赶紧调兵池河河谷从事防御，金州以东的兵力因而薄弱。撒离喝趁机由长安向东南，出兰关，经商洛、上津，溯汉江而西，轻取金州，威胁宋军的后方。王彦经西乡退向四川的达州，金军遂经汉阴、石泉向汉中盆地进攻。宋朝亟调防守北线和尚原、仙人关的大将吴玠千里驰援，双方大战于饶风岭下。后因宋偏将通敌，金军绕攻饶风关侧背，吴玠被迫西撤。金军趁势西下汉中，进迫四川。这次战争波及了自北而南、穿越秦岭的兰武道、子午道、褒斜道、陈仓道和穿越大巴山的金牛道北段，其中子午道的南段和中段都成为战场。稍后蒙古兴起于北方并从金朝手中夺取了陕北、关中和华北各地。金朝固守潼关天险，沿黄河设防，以守卫仅有的河南地区。蒙古大将托雷避免正面攻击而采取侧后迂回战略，从凤翔南下攻取宋朝的汉中，又折东经洋州、金州、均州，绕道进攻金军的后方。禹州双峰山一战，全歼金军主力。不久金朝就在蒙古和南宋夹攻之下灭亡了。在这个有名的战役中，子午道的南段又成为重要战场之一。

长时期的历史发展，使子午道沿线出现了许多居民点。南北两端的两个子午镇就是其中比较著名的两个居民点。北段那个子午镇始设于北宋仁宗景祐二年（1035），是当时长安县境内独一无二的市镇。其形成较小居民点的时间当然更要早得多了[1]。北宋而后，历金元明清以至新中国成立前，子午镇都是长安县南境的重要集镇之一[2]。子午道南段的子午镇设置的时间稍晚一些。南宋著名学者王应麟曾说，为了防御金朝从关中进攻陕南，南宋曾在子午道的南段修筑了个阳岭寨，具体位置大概在子午河入汉江的河口附近，距洋县城约一百二十余里。同时还在洋县去安康的路上修筑了渭门寨和分水寨[3]。可见子午道南段的子午镇，在南宋时期还没有形成。在《明史》卷九十二《地理志》陕西汉中府西乡县项下，已经记载了这个子午镇，并且还特别说明，明朝政府在这里设置了一个巡检司，

[1] [宋] 宋敏求：《长安志》卷十二，长安县志局，1931 年；[宋] 王存：《元丰九域志》卷二；《宋会要稿》。

[2] [元] 脱脱等：《金史》卷二十六《地理志》，中华书局，1975 年；[清] 张廷玉等：《明史》卷四十二《地理志》，中华书局，1974 年；嘉庆《长安县志》。

[3] [宋] 王应麟：《通鉴地理通释》卷十一。

负责盘查行旅，维护治安。这个地方所以被封建统治者重视，当然不是偶然的。因此它不仅能够控制联系长安和汉中的子午道南段，而且又是从长安向西南通往西乡、四川，从汉中向东南通往安康、湖北等地的要隘，地理位置十分重要。现在看来，一省之内有两个子午镇，不仅容易导致差错，也与国务院公布实行的《关于地名命名、更名的暂行规定》要求一省之内公社不重名的条文不符[1]，理应考虑修改调整。只是这两个子午镇都有长久的历史，子午镇一名不仅为当地人民所熟悉，而且在全省和全国也有相当的影响。另改他名，也不一定妥当。变通办法，似可在两个子午镇名称之上，分别加上“南”“北”字样，而删去其后的“镇”字，称长安县的子午镇为北子午，称西乡县的子午镇为南子午，以示区别。

（原载《西北大学学报》（哲学社会科学版）1981 年第 2 期）

[1]《人民日报》1980 年 4 月 30 日。

子午道秦岭北段栈道遗迹调查简报

王子今　周苏平

子午道是古代长安地区穿越秦岭、交通陕南的重要通道。

《史记·高祖本纪》："汉王之国，项王使卒三万人从，楚与诸侯之慕从者数万人，从杜南入蚀中。"程大昌《雍录》："此之蚀中，若非骆谷，即是子午谷。"东汉《杨君孟文石门颂》："高祖受命，兴于汉中，道由子午，出散入秦，建定帝位，以汉诋焉。后以子午，途路歮难，更随围谷，复通堂光。"

许多著作，包括胡三省《〈资治通鉴〉注》、顾祖禹《读史方舆纪要》、泷川资言《史记会注考证》等多据此以为"蚀中"或即子午谷。此后又多有学者辩驳[1]，然而尚难得出确切的定论。《三国志·蜀书·魏延传》记述魏延向诸葛亮建议"欲请兵万人，与亮异道会于潼关，如韩信故事"。裴松之注引《魏略》说，其具体路线是"直从褒中出，循秦岭而东，当子午而北"，直抵长安。由所谓"韩信故事"，可知"道由子午，出散入秦"或许是刘邦分军而出，北定三秦的路线。看来，子午道在秦汉之际已经通行大致是没有疑义的。《汉书·王莽传》：

[1] [日] 久村因：《关于秦汉时代的入蜀路》，《东洋学报》第38卷。

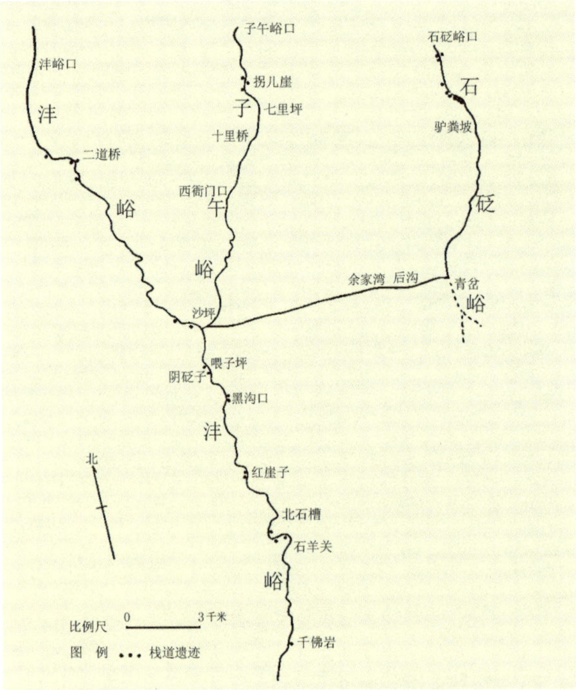

图 1 子午道秦岭北段栈道遗迹分布图

元始五年“其秋，莽以皇后有子孙瑞，通子午道。子午道从杜陵直绝南山”。

这应该是关于子午道最早的明确的文字记载。东汉末年，关中流民多由子午道南下汉中。蜀魏战争也往往取子午道为行军路线。此后东晋南北朝时期与南宋和金对峙时期，子午道都是兵家争夺的主要对象。直到近代，这条大道仍是联系川陕的重要通路。

关于子午道的走向，论者意见或有分歧。黄盛璋《川陕交通的历史发展》（《史地理论集》，人民出版社，1982 年）和李之勤《历史上的子午道》（《西北大学学报》1981 年 2 期）都论述子午道的开通和作用，李之勤先生对子午道尤其是这条道路秦岭南段的走向及沿革变迁考证备详。对子午道秦岭北段的进一步考察，或可在此基础上增进对这条古代道路的认识。现将我们于 1985 年 2 月对子午道秦岭北段栈道遗迹的调查收获简报如下（图 1）。

一、子午峪遗迹

子午峪口在长安县子午镇西南。调查时循山峪行至西衙门口，共发现三处古道路遗迹。

第一地点

在拐儿崖北 50 米处，石壁上可见台阶三级，侧面有明显的刻痕一道。

第二地点

拐儿崖有栈道遗迹跨越山溪。河南岸崖上凿出五级台阶，台阶长 62 厘米 ~ 74 厘米，宽 20 厘米。又有方形底孔 2，长宽各 20 厘米、19 厘米；圆孔 1，直径 23

厘米，其中一方孔中有残留石桩。河北岸崖上有二级台阶，最下级台阶一侧有方孔 1（图 4）。

第三地点

距第二地点 75 米处，可见圆形底孔 5，直径 12 厘米 ~ 18.5 厘米、深 13 厘米。有石阶三级，阶长约 82 厘米，加上与两侧柱洞之间的距离，可知路面原宽度在 1.4 米以上。

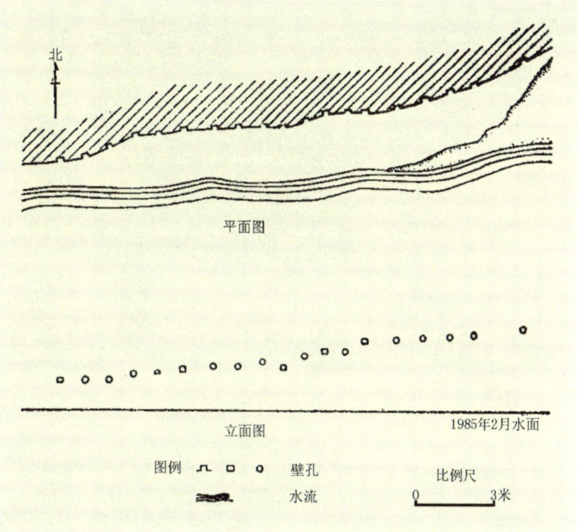

图 2 沣峪北段第二地点 I 段栈道遗迹平面、立面图

二、石砭峪遗迹

石砭峪在子午峪东，调查时行至下韭子，以南则为石砭峪水库库区。峪中现有简易公路南北通行。

第一地点

石砭峪口桥下发现栈道底孔。桥东侧圆孔 6，直径 24 厘米 ~ 28 厘米；方孔 1，边长 31 厘米。桥西侧圆孔 9，直径 24 厘米 ~ 28 厘米；方孔 1，边长 32 厘米。

河西石崖上发现双层栈道壁孔，上层距水面约 13 米，南北距离 20 米。上层方孔 31，下层方孔 32。

河东石崖上有圆形壁孔 24，直径 18 厘米、深 16 厘米，南北距离 20 米。

距河两岸遗迹南端 13 米处，河

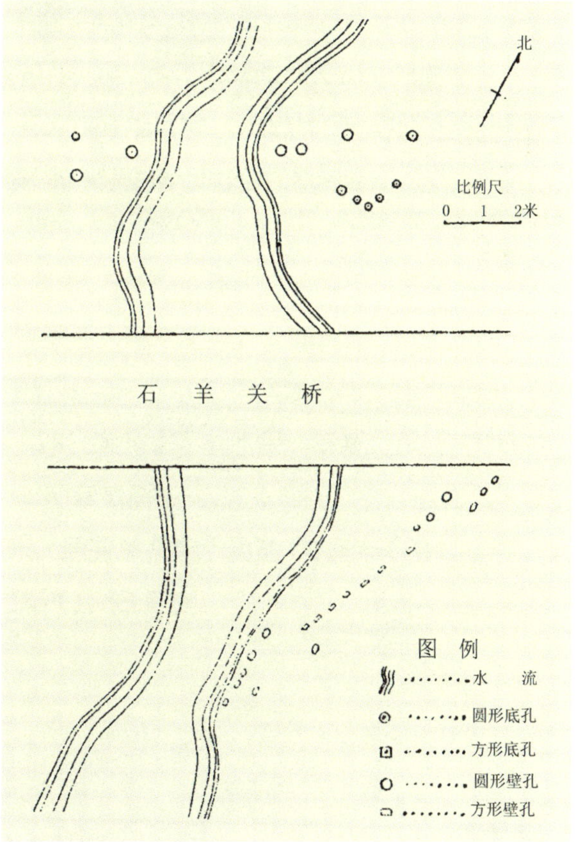

图 3 石羊关桥下栈道遗迹

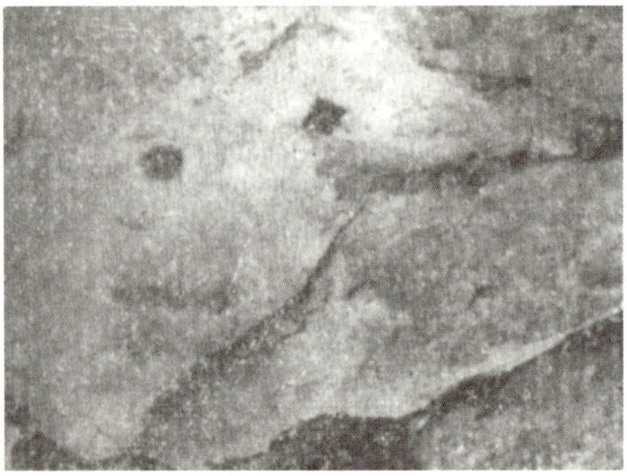
图 4 子午峪拐儿崖栈道遗迹

图 5 石砭峪第二地点栈道遗迹

图 6 石砭峪第四地点第一桥遗迹

图 7 石砭峪第四地点第二桥河西桥头遗迹

图 8 沣峪北段第二地点Ⅰ段栈道遗迹

心石上可见圆形底孔 4，当是古桥梁遗迹。

第二地点

距第一地点约 250 米，河北岸石崖有方形壁孔 29，原路面部分为现代水渠利用。此处河水东西折流，遗迹东西两端相距 35 米（图 5）。

第三地点

距第二地点 300 米处有方形壁孔 13，古路遗迹仍被现代道路利用，现路宽 2.5 米～ 3 米，原路面宽度应与此相当。

第四地点

水流西南、东北向，路在河西东折，可见并列的五处桥梁遗迹，相距各 20 米～ 30 米。以下自东北向西南记述。

第一桥　河中有在巨石上垒砌的桥墩，年代似稍晚，共发现圆形底孔 7(图 6)。

第二桥　河西石上有圆形壁孔共 3 排 21 个，方形壁孔 1，有插立石孔中，至今尚完好的石桩 2（图 7）。利用河中巨石以为桥墩，有圆孔 4，方孔 2，亦残留石桩。河东有系索石 2，其一厚 22 厘米，中有孔，直径 13 厘米（图 9），另一块系索石扑倒河中，厚 29 厘米、圆孔直径 29 厘米。桥下又有圆形底孔 1，直径 29 厘米、深 33 厘米。

第三桥　以河中巨石为墩，上可见圆形底孔 3，圆形壁孔 3，两岸桥头已不存遗迹。

第四桥　距第三桥 18 米，河中石上有圆形底孔 2。

第五桥　河西石上可见圆孔 3，河东石上有圆孔 2，方孔 2（图 10）。

并列的桥梁遗迹，说明这条道路通行年代相当长，经山水毁断后多次重修，桥址因而更迁。

三、沣峪遗迹

沣峪在子午峪西，西万公路沿此峪循沣水上秦岭。调查北至千佛崖。可以喂

图 9　石砭峪第四地点第二桥河东系索石

图 10　石砭峪第四地点第五桥遗迹

子坪为界将遗迹现象划为北段和南段分述。

1. 北段

第一地点

初入涪峪，在西万公路 32 千米处河中石上发现圆形底孔 2，直径 25 厘米、深 16 厘米，相距 101 厘米。

第二地点

Ⅰ段在二道桥附近临河石崖发现壁孔，其中方孔 5，圆孔 14。方孔边长 22 厘米，圆孔 19 厘米、直径 20 厘米～ 21 厘米，深 18 厘米～ 22 厘米。西端距 1985 年 2 月记录的水面 100 厘米，东端距水面 295 厘米，东西两端相距 17.6 米（图 2；图 8）。东端上方 8 米左右，又有栈道遗迹，可见壁孔 3，有残留石桩。

Ⅱ段亦为上下二重栈道，东西方向，西端距Ⅰ段东端 19 米。上层壁孔 8，圆形，直径 20 厘米左右，上有凿出的窄棱台。下层圆形壁孔 9，直径 21 厘米～ 24 厘米。二层壁孔间高距 8.5 米～ 8.7 米。

Ⅲ段距Ⅱ段 27 米，与Ⅱ段上层栈道遗迹遥相接应，又有壁孔 21，形制与Ⅱ段相近。

第三地点

河中石上有直径 25 厘米、深 26 厘米、相距 125 厘米的圆形底孔 2。

第四地点

在西万公路 42 千米～ 43 千米之间，与公路隔河相对，发现底孔 3，其中一孔未凿成，直径 28 厘米。

第五地点

在接近西万公路 43 千米处公路基础下侧发现圆形壁孔 9，深 13 厘米、直径 17 厘米～ 19 厘米、间距 104 厘米。

2. 南段

第六地点

在喂子坪南阴砭子河岸崖壁孔 17，遗迹延续长达 69 米。其中圆孔 6，直径 12 厘米、深 13 厘米；方孔 11 厘米、边长 11 厘米。

第七地点

发现底孔 4，分布沣水两岸，似为桥柱底孔。

第八地点

在黑沟口桥北，发现底孔 19，壁孔 6。

黑沟口桥南，河西有底孔 11，可分三组：

1 组，圆孔 3，直径 28 厘米、深 28 厘米；

2 组，圆孔 5，直径 32 厘米、深 21 厘米；

3 组，底孔 5，其中方孔 1，圆孔 4。

河西侧所见底孔与河东栈道遗迹北端集中的底孔正对，当为架设桥梁的遗迹。值得注意的是，有 3 个底孔下部向一侧凿穿，成为直径为 1 厘米～ 2 厘米的小排水孔，可知古桥梁为木质立柱，排水孔为木柱防朽用。

桥南河东，当地称韩家崖处发现整齐而密集的栈道石孔，其中底孔 8（方孔 1，圆孔 7），壁孔 99（方孔 9，圆孔 90）。可测得底孔间距 90 厘米、直径 30 厘米、深 23 厘米。有壁孔 10 可见残留石梁，长可至 80 厘米～ 90 厘米。又可见石质栈板担放于石梁上。有底孔 1，可见残留石柱，残高约 25 厘米。

第九地点

在红崖子以北、距西万公路 48 千米～ 49 千米处，尚遗存较完好的栈道路面，宽 80 厘米～ 110 厘米。南端东折过河，桥头石孔与石桩同石砭峪栈道遗迹第四点第二桥的形式相似（图 11）。河东亦可见石桩，并有未完全朽坏的木桩，可见这一段栈道被沿用直至近代。

图 11 沣峪南段第九地点栈道遗迹

第十地点

在西万公路 51 千米稍南，河中石上有圆形底孔 2。

第十一地点

在北石槽南 2 千米处，发现底孔 5。河流南北向，遗迹分布河东。最南端至最北端 35 米。

第十二地点

在接近西万公路石羊关桥处，发现壁孔 16，其中圆孔 7，方孔 9。

第十三地点

石羊关桥下有栈道遗迹，桥北侧发现底孔 12，桥南侧底孔 1，壁孔 21（图 3）。

第十四地点

在千佛崖，西万公路 56.5 千米处，发现壁孔 33，残存栈道尚可行人，长 7.5 米。

四、结　语

以往有认为子午谷横穿秦岭六百余里，直达宁陕、洋县，子午道始终沿子午谷南行的说法。李之勤先生指出："子午谷不过只是一条长仅数十里的小河谷，而子午道也并不是全部端南端北的。它从今西安市开始向正南，沿子午谷入山后不久，即转入沣水河谷，溯谷而上，翻越秦岭，稍折西南，经旬河上游，南过腰竹岭，顺池河到汉江北岸的池河镇附近，又陡转西北，大致沿汉江北岸，经石泉县，绕黄金峡西到洋县，再西到汉中。"[1] 第一次明确指出了子午道的走向和具体的经由地点，特别是对子午道秦岭北段走向的结论更是经过对沣峪栈道遗迹的实地踏勘而做出的，这比较以往对子午道的认识，无疑具有发蒙廓清的意义。然而，经过我们的实地考察，在沣峪喂子坪以北亦发现多处栈道遗迹，石砭峪中栈道和桥梁遗迹尤为密集丰富的现象，亦颇值得深思。综合以上调查资料，可以初步判断，子午峪、石砭峪、沣峪的栈道遗迹，都可能与古子午道有关，或许子午道秦岭北段历史上也曾发生改道的情形，子午道"沿子午谷入山"的认识可以得到补充。

子午峪除拐儿崖一带狭仄难行外，沿途坡度较为平缓，川道较为开阔。根据"七里坪""十里桥""西衙门口"等地名，也可以知道有古道经过。此外，

[1] 李之勤：《历史上的子午道》，《西北大学学报》（哲学社会科学版）1981 年第 2 期。

据宋敏求《长安志》，子午谷又曾称“直谷”，而汉魏子午道秦岭南段亦曾沿池河南下汉江川道，“池”或为“直”之音转，联系到秦始皇直道亦沿子午岭北上[1]的事实，可以推知子午道确曾沿子午谷入山。

考察栈道遗迹的规模和形制，可知石砭峪栈道年代较早，通行时代亦较长。石砭峪口有三段栈道遗迹并行，东侧圆形壁孔应是早期栈道遗迹，西侧双层壁孔上下相距 5 米～ 6 米，也明显为不同时代所开凿，第四地点并列的五处桥址，更说明道路使用年代长久。石砭峪栈道当时路面较宽，坡度亦适于行车。毛凤枝《陕西南山谷口考》说：石鳖谷，一名石壁谷（今石砭峪）“入谷东南行七十里至岳岬岭，为达孝义厅路；入谷西南行至苇子坪（今喂子坪）为达宁陕厅路”[2]。

可见，清代以至更晚经石砭峪仍有两条大道可南越秦岭。“入谷西南行至苇子坪”，当由青岔经后沟、佘家湾沿红草河至沙坪，转入沣峪，然后循沣河上岭，与李之勤先生考述的路线、亦与上文记述沣峪南段栈道相衔接。在后沟至红草河之间须翻越山梁，但路程不长，坡度为 20° 左右，应该说从道路选线的设计要求出发，并不违背平易可行的原则。

东汉末，王莽开通子午道，“由杜陵直绝南山”，杜陵时在汉长安城东南。石砭峪在三条谷道中位次最东，子午道曾行经石砭峪的推测正与此记载相合。《汉书·王莽传》颜师古注：“子，北方也，午，南方也。言通南北道相当，故谓之子午耳。今京城直南山有谷通梁、汉道者，名子午谷。”

宋欧阳忞《舆地广记》也说：“隋开皇三年，自汉长安故城东南移二十里，置新都。前直子午谷，后枕龙首山。”

隋唐京城“直”对南山的谷道，严格说应是石砭峪。《（嘉庆）长安县志》也引述《玉海》引吕大防《城图》云：“唐城南直石鳖谷。”

《咸宁县志》卷一《南山诸谷图》中，“石鳖峪”侧标注“竹”。“竹”，正是“子午”快读合音。宋敏求《长安志·万年》：福水即交水也。《水经注》

[1] 史念海：《秦始皇直道遗迹的探索》，《文物》1975 年第 10 期。
[2]《（民国）咸宁长安两县续志》文句与此相同。

曰：“上承樊川、御宿诸水，出县南山石壁谷南三十里，与直谷（今子午峪）水合，亦曰子午谷水。”[1]

《长安志·长安》：“豹林谷（今抱龙峪）水出南山，北流三里有竹谷水自南来会，又北流二里有子午谷水自东（疑当作“西”）来会，自北以下亦谓之子午谷水。”

几条谷道的山水汇合后仍称作“子午谷水”，而现今子午峪中水量最小，水量最大或为“子午谷水”主流的所谓“福水”“交水”，恰恰正出自石砭峪。看来，石砭峪确有可能曾称作子午谷，并作为子午道的主要通道。石砭峪口一带施工艰巨，易受水害威胁，可能是迫使道路改线的主要原因。

喂子坪乡一带有关于古代某皇后被逐出后宫，被迫与亲子分离的传说。皇后离京南行，沿途遗留有有关地名，如由石砭峪西向折入沣峪途中的“打子沟”，子午峪上行所经“拐儿崖”“找儿岭”，沣峪中的“喂子坪”等。而沣峪沙坪以北有地名“哭子沟”“离娘坪”，也在这一传说故事之中。这也可以作为子午峪、石砭峪、沣峪都曾作为子午道入山通道的佐证。据当地老农见告，知西万公路通车前沣峪、子午峪都是大路。然而考察时所见沣峪北段栈道遗迹断续零落，可能多因修建公路施工破坏。这一区段内沣河回流急促曲折，山势亦紧迫相逼，栈道施工难度大，易受破坏而难于修复。二道桥一带高差 8 米～ 9 米的双层壁孔，应是不同时代河床高度发生变化因而重建栈道的遗迹。

《元和郡县图志·关内道一》：“子午关，在县南百里。王莽通子午道，因置此关。”参考史籍记载，考察沿途形势，可知子午关遗址当在石羊关附近。由于条件所限，未及进行深入调查。此外，由石砭峪栈道向正南过秦岭当时是否有大道相通，也有必要进一步进行细致的考察。

（调查前后，得到西北大学李之勤、李健超两位老师的指教和陕西省考古研究所焦南峰、张燕同志的帮助，谨致谢忱。本文绘图刘林）

（原载《文博》1987 年第 4 期）

[1] 今本《水经注》无此文，《太平寰宇记》文与此同，未云出自《水经注》。

米仓道的踏察与考证

蓝　勇（西南师范大学历史系）

米仓道是历史上从今陕西汉中循濂水河谷入四川的一条重要通道（图 1）。虽然，这条古道在历史上曾起过十分重要的作用，但由于此道陡险难行，历代就未设驿站，至今已荒芜。又因资料短缺，故迹难寻，对它的考古研究甚为薄弱。笔者去年对米仓古道做了一次实地徒步考察，本文拟对米仓古道的历史发展作初步探索。

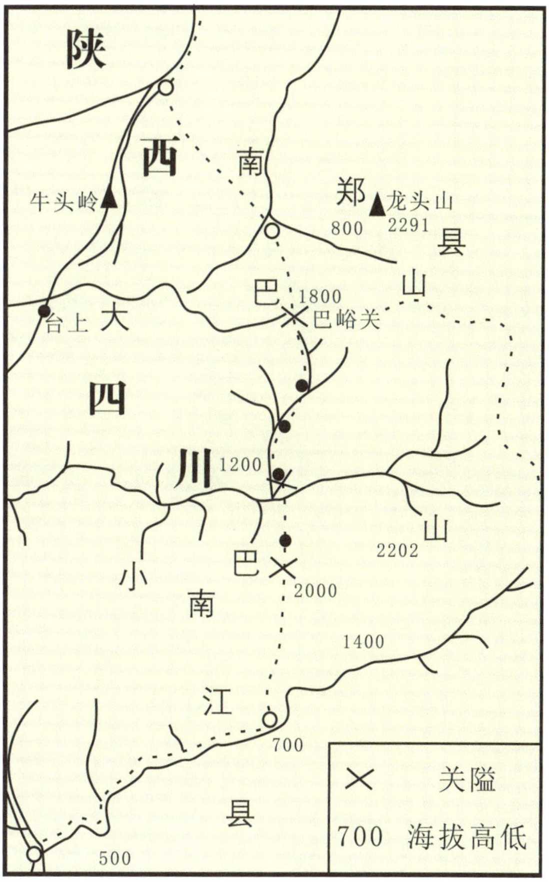

图 1　米仓道简要示意图

一、米仓道的开通与名称

据《华阳国志》记载：“（建安）二十年，魏武帝西征，鲁走巴山。”[1]《三

[1][晋]常璩：《华阳国志》卷二《汉中志》。

国志·张鲁传》说：“鲁乃从汉，奔南山，入巴中。”黄盛璋先生据此认为此道开凿于东汉末年[1]。而《玉堂闲话》一书则称：“昔汉祖不用韩信，信遁归西楚，萧相国追之，及于兹山，故立庙貌。”[2]似乎米仓道开通应在西汉初年。但这仅是史籍的记载，历史上的首通年代似应更早。汉代民谣《三秦谣》称：“武功太白去天三百，孤云两角去天一握。”孤云山和两角山为米仓道所经高山，汉代此两山已入民谣，足见其已开通甚久了。

唐宋时期，米仓道在军事和民间商业上有很重要的地位。唐人贾耽言：“兴元之南，路通巴州，中有孤云山，行者必三日始达于岭。”[3]《建炎以来系年要录》亦说：“巴之北境，即米仓山，下视兴元，出兵之孔道。”[4]《海录碎事》：“兴元府之南，有路通巴州，行三日而达于山顶，其高处谓之孤云两角去天一握。”[5]王旦《高士瑰画像记》：“巴控扼梁洋，吾蜀孔道，形势绝剑关之险，飞蹬逾栈道之危，犄角利阆，连衡绵剑，遮蔽东西川，最为襟喉要害。”[6]《张忠献奏疏》：“巴州控扼南郑，乃命知州兼管内安府。”[7]

这条古道在唐宋时又称大竹路。《玉堂闲话》说：“兴元之南有大竹路，通于巴州。”[8]胡三省称：“兴元之南，有大竹路，通于巴州，其路险峻，三日而达于山顶。孤云、两角，二山名也。”[9]又称：“巴州在三巴之中，谓之中巴。兴元之南有大竹路，路经孤云、两角，过米仓山则至巴州。”[10]不过，米仓道为什么又叫大竹路呢？有人认为是因为古道经过宋代的大竹镇、大竹县（今渠县）而名，但历史上洋渠古道也经过大竹县而为什么不叫大竹路呢？看来，这种说法太牵强。笔者在汉中市访问了杨涛同志。他认为巴山多竹，乡民多称巴山为竹山，

[1] 黄盛璋：《川陕交通的历史发展》，《地理学报》1957年第4期。
[2][宋]李昉等：《太平广记》卷三百九十七引《玉堂闲话》，中华书局，1961年。
[3]《嘉庆一统志》卷二百九十七《保宁府》。
[4][宋]李心传：《建炎以来系年要录》卷六十三。
[5][6][宋]王象之：《舆地纪胜》卷一百八十七《巴州》。
[7][宋]祝穆：《方舆胜览》卷六十八《巴州》。
[8][宋]李昉等：《太平广记》卷三百九十七引《玉堂闲话》，中华书局，1961年。
[9][宋]司马光：《资治通鉴》卷六十七《汉纪》胡注，中华书局，1956年。
[10][宋]司马光：《资治通鉴》卷二百六十八胡注，中华书局，1956年。

故有大竹路之称。《方舆汇编·职方典》中记载："小巴山，在（西乡）县西南二百五十里，上产木竹笋，贾客贩卖。"[1] 佐证了以上事实。最有说服力的是徒步逾米仓山，考察古道见古道两旁竹林丛生，覆盖如竹海。竹林按海拔高度垂直分布，下为乔竹，中有水竹、慈竹，山顶为木竹。由此可知，言其为大竹路，是名副其实的。

这条古道又叫巴岭路。《元和郡县图志》卷二十二云："（汉中）西（应为南，引者注）取巴岭路至集州二百八十里。"《通典》卷七十五说："（集州）去西京取郡北巴岭路至汉中郭下。"《太平寰宇记》卷一百三十三："（兴元府）南取巴岭路至集州三百里。"卷一百四十云："（集州）东北取巴岭路至长安一千四百里。"

这条路又称大巴路、小巴路。《玉堂闲话》载："秦民有王行言，以商贾为业，常贩盐鬻于巴、渠之境，路由兴元之南，曰大巴路、小巴路。"[2] 为什么米仓道又称大巴路、小巴路呢？据我考证主要是经过当时的大巴岭山和小巴岭山之故[3]。

二、米仓道的路线

通过对米仓道的考察，见米仓山为原始森林覆盖，人迹罕至，道路荒芜，加之史籍对具体路线无明确记载，故迹已难寻觅。要弄清米仓道的具体路线，首先要搞清历史上的截贤岭、孤云山和两角山的位置。

据笔者考察和收集的资料，称为截贤岭的地方有六处。一是在褒斜道留坝马道寒溪，清代仍有碑存[4]。二是在今南江县北五十里坪河两角山，又称韩山，据说上有石碑，唐代集州刺史杨师谋刻碑云："萧何追韩信到此。"南宋时迁到南江县学，后遗失[5]。三是在今南江县北一百余里截贤岭，又名流贤岭[6]。四是在

[1][清]陈梦雷：《古今图书集成》卷五百二十九《方舆汇编·职方典》。
[2][宋]李昉等：《太平广记》卷四百三十三引《玉堂闲话》，中华书局，1961年。
[3]蓝勇：《对"历史上的小巴简道"的商榷》，《陕西交通史志通讯》1985年第6期。
[4][清]张邦伸：《云栈纪程》卷三，清乾隆甲寅年木刻版。
[5]民国《南江县志》第一编；道光《南江县志》卷上；《南江地理》。
[6]乾隆《南江县志》（不分卷）；道光《南江县志》卷上。

今南江县玉泉乡饮水坝截贤岭，据说也有碑文[1]。五是今宁强县西宁河，据称原也有石碑[2]。六是汉中西南廉水乡仙台山，元代又叫铁贤岭[3]。

按《史记·淮阴侯列传》对萧河追韩信有明确记载，但对路线地点未作记载，后人多为光耀乡土，未经详审便附会其在本地。六处截贤岭，位置零乱，据实地考察和求访当地有关人士，各地碑文已踪迹全无。实际上这个问题早在宋元时代人们便认为萧何追韩信于米仓山是“亦未可晓”[4]。宋代《海录碎事》说：“兴元府之南有路通巴州，行三日而达于山顶，其高处谓之孤云，两角去天一握，意者韩信逃于深僻之处，刺史杨师谋就其所逃之处而刻石焉。两角山，即非通衢，故碑亦不显。今碑在南江县学，而两角山米仓山之间有淮阴公庙，又有截贤岭，则其迹可考矣。”[5]

从这则记载我们可看出，唐人立碑仅是在非道所经偏僻之处，宋人对碑的具体位置不能确指，只认为淮阴侯庙和截贤岭在两角山和米仓山之间，但是孤云山和两角山在何处却未确指。

孤云山和两角山史书记载有六种说法，一说孤云山、两角山在南江县西北坪河乡三角山[6]；二说孤云山、两角山在廉水县东南一百八十里（另一说为一百七十里），即在集州南江县北九十里处[7]；三说孤云山在褒城县南一百二十里[8]；四说孤云山在南江县东十五里立鹄岭[9]；五说两角山在南郑喜神坝乡牛脑壳梁（牛头岭）[10]；六说孤云山在南郑县小坝乡香炉山[11]。

[1][2] 刘辉光：《截贤岭是萧何追韩信的地方吗？》，《四川日报》1979 年 10 月 14 日。

[3][宋]祝穆：《方舆胜览》卷六十六；[宋]王象之：《舆地纪胜》卷一百八十三；[元]孛兰肹等：《元一统志》卷四；民国《南郑县志》卷五《风土志·古迹》。

[4][宋]魏了翁、方回：《古今考》卷九。

[5][宋]王象之：《舆地纪胜》卷一百八十七《巴州》。

[6] 民国十一年《南江县志》第一篇；《南江县地名录》；《南江地理》。

[7][宋]祝穆：《方舆胜览》卷六十六和卷六十八；[宋]王象之：《舆地纪胜》卷一百四十。

[8]《汉南续修郡志》；《陕西通志》卷十一；[清]陈梦雷：《古今图书集成》卷五百二十九。

[9] 道光《南江县志》卷上。

[10] 民国《南江县志》卷二；《南郑县交通运输资料汇编》（初稿）和我实地考察。

[11] 民国《南江县志》和我实地考察。

以上六说，甚为难辨，但米仓道必经孤云和两角山，众多史籍有明确记载是不容置疑的。米仓道应按难江河谷而行，坪河三角山和立鹄岭孤云山均不当道，显系后人附会。褒城县南一百二十里孤云山即指南郑廉水废县之地的仙台山，又叫玉女山，依宋人记载孤云、两角应在廉水县东南一百七十里或一百八十里，这里显然与宋人记载不合，当误。至于牛头岭和香炉山之说，为后人据山形附会，证据不足，且两山各遥在一道旁，相隔甚远。现在，孤云、两角山最大可能便是宋人记载的难江县北九十里或廉水县东南一百七十里或一百八十里之地。即今南江县上两区以北，桃园乡和大坝以南的米仓山中。通过实地考察，以宋人《玉堂闲话》记载相对照，证实了笔者的考证是有据的。《玉堂闲话》说："兴元之南有大竹路通于巴州……一上三日而达于山顶……复登措大岭，盖有稍似平处，路人徐步而进，若儒之布武也，其绝顶谓之孤云两角……"[1] 从考察看由兴元行三日达山顶（巴峪谷），然后路相对平缓，行至宋米仓关（今大坝）再复登大岭（今草鞋坪垭口），正好与宋人记载吻合。孤云两角山必在今大坝以南米仓山中。只是米仓山中形似孤云、两角之状者举不胜举，而截贤岭和淮阴侯庙又无踪迹，具体位置只好存疑。由于以上原因，长期以来，米仓道的路线一直难以确考[2]。

一是汉中市杨涛认为米仓道从南郑南牟家坝、青石关、两河口、碑坝入南江、通江。按米仓道应沿濂水和难江水河谷行进，而这条路线偏东，唐宋为汉壁通道，为入通江要路，不可能是米仓道路线。

一是西安市王开认为从今汉中濂水河谷经姚家营、草堰塘、周家坪、青树子、红庙堂、喜神坝、小坝、官仓坪、巴峪关、大坝、米仓关、关坝、上两入南江。

一说是从喜神坝分路经牛头岭、台上、桃园寿到上两，即今二南公路路线。

据民国《南郑县志》载：南郑通南江主要有二路，一是经中渡、周家坪、喜神坝分岔，一入小坝至南江，一入台上至南江；一是经上水濂、新集、廉水废县、庙坝入南江，米仓道正途当唯此二道之一无疑。考上水渡一路，有称"路极险峻"，

[1] [宋] 李昉等：《太平广记》卷三百九十七引《玉堂闲话》，中华书局，1961 年。

[2] 陈显远：《米仓道考略》，《文博》1988 年第 1 期，由于未经实地考察，只认为米仓道是从小坝西南米仓山（龙头山）到巴中。另龙头在小坝正东，不在小坝西南。

而又不经特指的大巴山（大巴岭）、小巴山（小巴岭）应非正道。王开同志提出的路线应为正道，遗憾的是王开同志并没提出任何证据。

我发现，从地形图和实地考察看，米仓山横亘南江县北，东低西高，东窄西宽，按古代取路多取窄岭垭口的规律，古道到喜神坝后应经小坝、官仓坪入大坝、关坝、上两入南江。从考古发现看，我们曾在大巴山大坝发现宋代窑厂，宋代嘉定年间的 16 个银盏，当地人也随时有拾到马铃，铜罐之类的东西[1]。可知宋代大坝必为人烟熙熙的商旅征战大道，不然，在海拔甚高，宋代仍是荒芜山林的大坝是不会有这些遗迹及遗物的。

从古道沿革看，历史上曾有这条路线置有关卡和巡检司，而其他路线却没有这样的记载，如明以前便在今大坝设米仓关[2]，明置大坝巡检司，又在今卡门处置巴岭关。

这样，米仓道正线应从今汉中市（宋元兴元府南郑县）经中渡，回龙寺、草堰塘、周家坪（今南郑县治）、青树子、二里桥、红庙塘、五龙庵、白杨塘、喜神坝、乌山垭、白杨关到小坝。小坝有传说孤云山（香炉山）和龙头山汉王庙。从小坝经官苍坪到巴峪关。巴峪关，明嘉靖廉访使杨舜建关，旧有官兵驻守，今俗称大巴关或大卡门，位于大巴岭山，为今川陕分界处。今关门门墙、墙碟垛及附近残破石路犹存，门楼已毁，附近原路森林遮天盖地，野草丛生，人迹罕至（图 2）。从巴峪关下至行人歇脚取暖餐饮的大烧岩至土卡门，有菩萨在崖壁上。从土卡门行至牟羊城，传说张飞驻军于此，今有民房数间。出牟洋城至大坝森林经营所，为明米仓关旧址，嘉境重修关址并在其地改置大坝巡检司，今附近仍残存许多房基和古墓。从大坝上岭至小巴岭山顶经草鞋坪垭口到宋元米仓关旧址，关门荡然无存。从宋元米仓关下至石羊，竹林丛生。经石羊下至关坝西南至上两区治到楞林关，对岸为梧桐关，有关残碑，上有“兴元之南”等字。从楞林关至南江县治，为唐集州难江县。明正德年间从县治南至二洞桥古道旁植柏树三千株，称“皇柏林”，为全国四大古柏林之一。道光二年，县

[1] 此考古资料系南江县博物馆何家林提供和我实地考察。

[2] [明] 申时行：《明会典》卷一百三十九：“大坝巡检司，旧系米仓关改。”知明以前米仓关在今大坝。

令胡炳疏通南江至巴州河道，小舟可通巴州，使“商贾往来资其挽载”。从南江县经二洞桥、下两河口（唐盘道县地）、巴中县（旧巴州治）、三江口（唐清水驿）、曾口场（隋唐宋曾口县）、平昌县（隋唐归仁县）、渠县三汇镇（宋元三会之地）、渠县（唐流江县）、广安（唐宋广安州）、合川（唐宋合州）、钓鱼城（宋末抗蒙古之城）、重庆市（唐宋渝州）。

图 2 川陕交界处明巴峪关旧址

这里，香港严耕望先生认为这条古道唐宋时曾置鹄鸣驿、恩阳驿[1]，实为不察地势未亲履其地之误。按鹄鸣驿在今汉中西四十里汉江边与其西南鹤鸣山完全无关，而米仓道应取南郑以南而非西，这里十分明显。恩阳驿在恩阳河之恩阳旧县地，与难江河谷相去甚远，不可能为米仓道上的驿站。实际上米仓道在巴州以北山高水险，自古不曾置驿开为官道。有载：“（南江）旧设二十一铺，今旧七铺递运往来文撤，皆在县城西南通府之道，东北二处俱系山径险阻，不通大道，并无邮递。”[2] 又有载：“巴州在万山之中，不当孔道，无驿站马匹。”[3]

另严耕望认为古道到了清水驿后是经今仪陇、营山到渠县，而不是顺巴江下渠县。今按《太平寰宇记》载巴州二百一十里至蓬州，蓬州官陆路二百二十里或水路二百五十里到渠州，说明严耕望谈到的古道路线是存在的。不过，历史上的米仓道却不是取此道，而是沿巴江河谷下渠州。以《玉堂闲话》称秦民贩盐至巴、渠境，不称至巴、蓬境，似就说明古道不经蓬州，而宋元史籍载蒙古军从米仓道

[1] 严耕望：《唐代山南境内巴山诸谷道》，《屈万里先生七秩荣庆论文集》。
[2] 道光《南江县志》卷上《驿递》。
[3] 道光《巴州志》卷二《建置志·铺递》。

入经三会到渠州[1]，三会即今渠县三江镇，则可知米仓道必取巴江河谷无疑了，这也符合古道多沿河谷取道之特点。

三、米仓道的取用

在川陕交通中，米仓道的重要性仅次于金牛道和嘉陵故道。黄盛璋先生在《川陕交通的历史发展》中统计这条古道取用共有两次[2]，陈显远先生在《米仓道考略》中统计有八次[3]，但据我统计仅在元以前便有十二次重大取用。

历史上取米仓道的重要历史事迹表

年　代	事　迹	出　处
西汉初年	萧何追韩信。	《史记·淮阴侯列传》 《玉堂闲话》 《太平广记》卷三百九十七引
建安二十年（215）	张鲁从汉中奔巴中。	《华阳国志》 《三国志》
建安二十年（215）	张飞与张郃大战于宕渠之蒙荡山，张郃败返汉中，张飞与之战于关坝，屯粮米仓山，驻军牟羊城，北出巴峪关。	《三国志》 《南江县地名录》载《清道光六年墓碑记》
西魏恭帝元年（554）	李迁哲、贺若敦从汉中进讨梁州取米仓道。	《魏书·贺若敦传》 《周书·李迁哲传》
后梁乾化元年（911）	林思湾取米仓道到巴中泥溪。	《资治通鉴》卷二百六十八
五代	王仁裕、王思同取米仓道南伐巴人。	《玉堂闲话》（《太平广记》卷三百九十七引）
开禧三年（1207）	丁卯吴曦之变，程松从米仓道进逃跑，紧接士大夫也多从米仓道取峡路至荆楚。	《舆地纪胜》卷一百八十七鸣复《策全蜀安危疏》（《宋代蜀文辑要》）
嘉定十一年（1218）	金人南下，宋军退守米仓道米仓山。	魏了翁《鹤山集》卷八十三《故太府寺兼知兴府利州路安抚郭公墓志铭》

[1][宋]李曾伯：《可斋续稿·乞重兵应援奏》；[宋]牟子才：《论救蜀急著六事疏》，《宋代蜀文辑要·名臣奏议》卷一百。

[2]黄盛璋：《川陕交通的历史发展》，《地理学报》1957年第4期。

[3]陈显远：《米仓道考略》，《文博》1988年第1期，由于未经实地考察，只认为米仓道是从小坝西南米仓山（龙头山）到巴中。另龙头在小坝正东，不在小坝西南。

续表

年　代	事　迹	出　处
绍定四年（1231）	蒙古军围兴元、郭正孙扼米仓道相防遇害。	《南宋制抚年表》引《墓志》
嘉熙二年（1238）	蒙古军攻兴元，取米仓道入，“陈隆之离兴元，见往米仓山”。	袁甫《蒙斋集》卷六《乞降招抚谕四蜀札子》
淳祐十二年（1252）	蒙古军从米仓道经巴州渠州三会，入渠州。	里曾伯《可斋续稿、乞调重兵应援奏》、牟子才《论救蜀急著六事疏》
宝祐六年（1258）	蒙古军“度米仓道，其地荒塞不通，（李）进伐不开道七百余里，”顺渠江攻定远（武胜）七十关至钓鱼城。	《元史》卷三《宪宗》 《元史》卷一百五十四《李进传》

米仓道在唐宋是重要的民间商道和便道。杜甫《寄严大夫》一诗称：“不眠持汉节，何路出巴山，小驿香醪嫩，重岩细菊斑。”《方舆胜览》录此诗于巴州下，此小驿疑即唐巴州清水驿，为出入米仓道的要站。《玉堂闲话》曾谈到秦民王行言往返于米仓道在巴州、渠州贩盐[1]。说明当时民间商人多取此道。五代王仁裕得人献小猿，便派人取米仓道送到孤云、两角山投放[2]。

元明清时，米仓道曾为川盐走私贩运之道，政府为了限制私贩盐业，曾在古道设立关卡，控扼出入，征收商税，再加上“今驿路由沔入蜀，故米仓道由之者鲜矣”[3]。故米仓道在清代比前朝取用较少，但绝非陈显远先生在《米仓道考略》一文中所说南宋以后“迄无记载”而“日渐闭塞以至废弃”[4]。作为军事上取用，明正德三年保宁农民起义入汉中，崇祯十年起义军从秦州入南江、通江均取此道[5]。清末民初，这条古道成为川盐入陕和私旅便道[6]也甚通畅。民国时红军撤出川陕革命根据地后，红军游击队活动于米仓道巴峪关、火烧岩、大坝一线，当时行人主要改行上两、桃园寺、台上一线。新中国成立后人们沿桃园寺一线修凿公路以前，大坝一线仍为人们行道，只是前几年二南公路修通后，米仓道大坝、巴峪关、

[1][宋]李昉等：《太平广记》卷四百三十三引《玉堂闲话》，中华书局，1961年。

[2]民国《南郑县志》卷七《艺文》引《王氏旧闻》。

[3][清]张邦伸：《云栈纪程》卷四，清乾隆甲寅年木刻版。

[4]陈显远：《米仓道考略》，《文博》1988年第1期，由于未经实地考察，只认为米仓道是从小坝西南米仓山（龙头山）到巴中。另龙头在小坝正东，不在小坝西南。

[5][清]张廷玉：《明史》卷二百六十九《侯良柱传》，中华书局，1974年；[清]彭遵泗：《蜀碧》卷一。

[6]王成敬：《广元大巴山之经济地理与经济建设》，《四川经济季刊》第一卷第2期。

小坝一线才逐渐荒废。至于青石关入通江之道，早在唐宋时就存，叫汉壁道，并非陈显远先生认为“另辟的新径”。

四、米仓道的道路情况

米仓道从巴中往北至南江上两，古道多沿南江河行进，由于修筑公路，古道已难得寻觅，唯在皇柏林、楞林关、梧桐关附近还可寻一点道基。由于古道在这段沿河谷而行，起伏盘辙不大，并不很险。从上两到关坝基本上也沿河谷而上。从关坝翻米仓山，道路盘折，路甚陡险。至石羊附近后，竹林阴森，古道为竹林所盖，如行竹洞，道路更加曲折。要至米仓关时，古道两旁森林密布，乔木高大。经过米仓关，草鞋坪垭口后，古道为下坡，道路成了运木之道，少曲折而多陡险、两旁灌木丛生。古道下至大坝，有运木小路经牟羊城至土卡门，再沿小河溪旁灌木乔木林中行进，有时需涉小溪而进。至火烧岩，野草齐肩，古路难觅。至巴峪关下，原始森林遮天盖地，灌木丛生，枯藤倒挂。关口南北有几十米长石板路，为青苔和野草覆盖，应为明时筑关所置。从巴峪关经官仓坪到小坝，路也陡险，到小坝后逐渐平缓，到喜神坝一线为丘陵地形，一出青树子后便进入了汉江平原，路甚平夷。这条古道除在巴峪关附近发现残留石砌古道外，其他几乎全为泥路，故历来就十分陡险难行。“行人止宿，则以绖蔓系腰，萦树而寝，不然，则堕于深涧，若沉黄泉也”[1]，又称“危峰峻壑，猿径鸟道，路眠野宿，杜绝人烟，鸷鸟成群，食啖行旅”[2]。据笔者实地考察，米仓道米仓山段附近森林密布，野草丛生，沟壑高深，崖路陡险，且时有野猪和狗熊出没，至今当地人仍集伙同行，其险不亚于古代。人们习惯将蜀道难指金牛道，实则米仓道之难并不亚于金牛道，由于古道陡险难行，历史上也曾设过栈道[3]。

（在考察中承蒙陕西汉中地区交通编史办、南郑县交通局、四川南江县志办，特别是南江县博物馆何家林大力支持，特此致谢。）

（原载《四川文物》1989 年第 2 期）

[1][宋]李昉等：《太平广记》卷三百九十七引《玉堂闲话》，中华书局，1961 年。
[2][宋]李昉等：《太平广记》卷四百三十三引《玉堂闲话》，中华书局，1961 年。
[3] 蓝勇：《四川古代栈道考》，《四川文物》1988 年第 1 期。

米仓道考察记

李　烨　余忠平

米仓道“自南郑而南，循山岭达于四川保宁府之巴州”[1]。它是历史上汉中与巴中地区经济文化交通的主要载体，亦是军事上用兵孔道之一。汉末建安二十年（215）张鲁兵败阳平（勉县老城），从南山奔巴中[2]一般即以此为米仓道出现之始。其实，早在此前的建安五年（200）张鲁和刘璋反目，鲁即遣兵攻取巴地[3]，与刘璋相拒。时广汉郡（广元）归刘璋，金牛道不通，汉中为鲁中心所在，巴郡与汉中之联络只有取道米仓，米仓道的开通或因此。鲁南逃，曹操即令张郃南收巴郡，结果在宕渠（渠县）蒙荡石战败，返回汉中。后魏废帝二年（553）巴西人江淹据南梁州（阆中）起事、李迁哲、贺若敦自汉中进讨，取道米仓[4]。南宋“绍兴以来，出兵之孔道”[5]。明清两代有关米仓道的记载尤多，恕不引述。

1985年南郑—南江公路修成通车后，古米仓道使命业已完成，日渐荒废。

[1][清]顾祖禹：《读史方舆纪要》卷五十六《汉中府》，中华书局，1955年。
[2][晋]陈寿：《三国志》卷八《魏志·张鲁传》，中华书局，1959年。
[3][晋]陈寿：《三国志》卷三十一《蜀志·蜀二牧传》，中华书局，1959年。
[4][唐]令狐德棻等：《周书》卷二十八《贺若敦传》，中华书局，1971年。
[5][宋]王象之：《舆地纪胜》卷一百八十七《巴州》。

然斯路虽圮，其功犹存。1993 年 8 月，汉中地区文管会组织人员，对古米仓道之汉中至南江段进行了徒步考察。这次考察没有局限于道路状况、设施等方面的调查，而是通过走访、座谈等形式，调查了米仓道通商、运输、行旅生活等情况。正是因为经济之需求才产生并逐步形成了道路，而且对后者的调查可以使我们更全面深刻地认识它。现将我们考察情况报告于后。

一、米仓道实地踏勘

米仓道中的米仓山脊，有东西中三道，北麓集结点为喜神坝，南麓集结点为上两。我们这次的考察路线属米仓道中路，徒步从喜神坝开始，汉中到喜神一段古道今天大都被现代公路覆掩，无踪可查。为了记述方便，将考察路线分作三个小段，分述于下，地名一律采用现行名称。

1. 喜神坝—焦家河　喜神坝地处米仓山口，为古米仓道北侧枢纽，米仓道由此分条：东路经双庙子、马稍岭、小坝而南；西三路经西沟、庙坝而南；中路循贾家河而南，亦为我们此次考察的路线。喜神坝现为南郑县喜神坝乡政府驻地，亦是周围农村的农贸交易点。旧有旅馆两家，当地称为店子。

自喜神循贾家河而南，经回龙咀、唐家坝、挡墙河坝（涉水 2、店子 1）、卢坝、刘文有河坝（涉水 1、店子 1）、大高桥（桥 1、桥址 2）、真子树河坝（涉水 1）、关门寺、贾家河坝（店子 1）、牛脑壳梁（店子 1）、碑梁、莲花洞（店子 1）、五里浸岩房坪（店子 2）、台上、环店子（店子 2）、铁炉坝（店子 2）、矮子店（店子 1）、栗子树碥（桥址 1）、桃园寺（店子 1）、焦家河（涉水 2、店子 2）。

喜神坝至焦家河一段，俗称“小巴山路”，长约八十里。米仓道沿贾家河两岸田坝或乱石中穿行，路宽在 30 厘米～ 65 厘米之间。抵牛脑壳梁下。牛脑壳梁其状如伏牛，临贾家河一侧崖石壁立，不得通行，乃舍河登梁。梁北侧险峻处多设石步（台阶），宽 30 厘米～ 70 厘米不等，由不规则长方形石条搭成，亦有河中卵石三两排为一列者。近人多以为此即“两角山”所在，今察其海拔仅 800 米，实一小山梁，与其他诸山相比较为最低，显然不是。台上为汉水与嘉陵江水系分水岭，亦为川陕分界点之一，自南一路下坡循卢家沟直抵焦家河。焦家河现为南江县桃园乡政府驻地，原有几户农家，现已为一大集镇。桃园原有一条小街，为当年鸦片集散地，十分兴旺，新中国成立后衰落，现仅有三户农家。

2. 焦家河—上两沿途经光洞垭（涉水 1）、麦子坪（涉水 1、店子 2）、老君崖、尖子上、火地沟、响潭子（店子 1）、五块石（店子1）、龙神店、环店子（店子 2）爬崖店（店子 2）、冒水眼河坝（涉水 2、店子 1）、三溪河（桥址 1）、茶园坝（店子 1）白庙、抽筋坡、文家梁（店子 1）、老店子（店子 1）、黄泥包、上两老街（涉水 2、店子 3），达上两。

焦家河到上两这段，俗称“大巴山路”，以海拔 1800 米的龙神店梁最高，全长一百一十里。北坡缓而长，南坡短而促，几乎步步都设有石步。在北坡的响谭子处，西路与中路相汇。从尖子上到冒水眼河坝一段，五十里内荒无人烟，山中竹木杂生，遮天蔽日，路多荒圮，陡峭处已被山水冲拉成深槽。考察适值雨后，道亦河矣，水中穿行，滑腻异常。下龙神店后，循南江支流上两河而下，多在河滩乱石中行进。抽筋坡一带，为避开险峡，多打人工石阶，直上山崖，两侧坡度极大，故称“抽筋坡”。上两老街即原上两，旧为山货药材集散地，很是繁华，公路通车后衰落，仅剩十几家农户。现在上两旧称银杏坝、中心坝，为东西中三路及现代公路交会处，现已成为一个山中闹市，过去仅有三十几户人家。

3. 上两—南江　从上两至南江城完全循南江而行，现代公路在左岸山崖下辟行，古道多在河右的乱石礁或河中穿行。全长一百一十里。由于地质原因，两岸山峡不断，悬崖势如刀切，河中多有深潭，为了避开这些险地，行旅多次涉水绕行。万不得已，只得半崖开凿碥道，以阎王偏最险。路在崖半，下距河水约 30 米，路宽仅 2 尺，长约 500 米。南江河床落差大，水流快，石头滑腻，行旅涉水困难，沿途号称“二十四道脚不干”：上两老街 2、峡里 2、油房弯 1、木竹滩 1、青渔洞 1、沙滩 2、后河里 1、谭家坝 1、马庵寺 1、红渔洞 1、天石岭 1、飞丧崖 3、豆腐渠 1、兴牵河1、渔渡坝 2、头道水 1、马跃溪 1、碾盘坝 1。南江县原名“难江县”，乃“江水难涉之意”[1]，即指此而言。

[1] 四川省南江县志编委会：《南江县志》，成都出版社，1992 年。

二、沿途的遗物遗迹

沿途发现桥梁三座，桥址四处，摩崖石刻二方，现一并介绍如下：

1. 定波桥　南郑县塘坊乡平桥村东侧。桥侧有清咸丰五年（1855）修桥碑一通。桥长 7.75 米，高 6 米，宽 3.34 米。为一单孔石拱桥，石拱卷砌法为纵联式，桥面两侧施栏杆。

2. 大高桥　南郑县喜神坝乡高桥村，时代不详。桥为一梁桥，桥址选在洪水冲刷出石质的河床上。两岸各设一码头，由条石错缝平砌成外凸的半球状，上部石条纵向出踏三次作成伸臂架式样；中间桥柱以一巨形不规则长方形卵石为墩，柱身由石条一平一顺砌成，迎水面作成迎水金刚，顶端两侧叠涩出檐。桥面由三根长条石铺成，桥面长 11 米，宽 1.2 米，高出正常水位 4.5 米。

3. 小高桥　在大高桥上游 500 米处贾家河左来支流上。为一单孔石梁桥。两岸各设一半圆形外凸码头，错缝平砌。桥面由三根石条并列而成。长 5 米，宽 1.2 米，高出正常水位 2.6 米。

4. Ⅰ号桥址　在大高桥下游 50 米处。河右岸保存一不规则长方形巨石上保留柱洞 4 个，分别编号为Ⅰ1、Ⅰ2、Ⅰ3、Ⅰ4；左岸保存去掉石皮巨石一个。Ⅰ1 平面呈长方形，长 0.18 米，宽 0.22 米，洞内残存长方形石柱一段；Ⅰ2 平面呈圆形，直径 0.22 米，深 0.2 米，底部平坦，壁上有条状凿痕，痕已磨光；Ⅰ3 平面呈圆形，直径 0.22 米，洞内残存圆形柱体一段；Ⅰ4 平面呈圆形，底部平坦，直径 0.2 米，深 0.08 米。

5. Ⅱ号桥址　位置与大高桥在同一垂直线上。在大高柱墩上保存柱洞 4 个，河床上保存柱洞 2 个，分别编号为Ⅱ 1、Ⅱ 2、Ⅱ 3、Ⅱ 4、Ⅱ 5、Ⅱ 6。Ⅱ 1 平方呈圆形，底部平坦，直径 0.3 米，深 0.22 米，大部分被压在大高桥桥柱下；Ⅱ 2 平面呈圆形，底部平坦，直径 0.16 米，深 0.16 米；Ⅱ 3 平面呈方形，底部平坦，边长 0.2 米，深 0.05 米；Ⅱ 4 平面呈长方形，平底，长 0.21 米，宽 0.2 米，深 0.04 米。Ⅱ 5、Ⅱ 6 位于河床水流方向同一直线上，形制相同，平面呈马蹄状，弧线迎水，底部平坦，尺寸相同。弧线的直径 0.23 米，弦线长 0.15 米，深 0.2 米，相距 0.7 米。

6. 栗子树碥桥址　位于南江县桃园乡栗子树附近小溪上，左岸保存码头一个，由条石错缝平砌成外凸的半球状，高 42 米。

7. 三溪河桥址　位于南江县上两乡三溪河村，在上两河左来支流上。右岸石崖上保存柱洞两个，均呈圆形，底部平坦。途中记录本落水，数据无法录此，甚憾。

8. 宋代摩崖石刻两方　位于南江县北 1 千米处的琉璃关山崖上。关左依悬崖右临江水，当米仓道入南江之冲。

宋绍兴三年（1133）摩崖。楷书直行，共两行：绍兴三年二月十五日金贼范兴元府」弓级任荣」。

宋嘉泰三年（1203）摩崖。高 0.6 米，宽 0.3 米，四周线刻方框，全文共七行，楷书直行。文曰：古道边夏水涨则」不便往来命道人何永德」鉴崖栽石以取道焉属庶」千古不朽之迹谨题琉琉关」大宋癸亥嘉泰三年秋」纠首侯南基泊当境信士」石匠赵忠顺记张刚书」。

在山崖上尚有清南江县令谕石刻 2 方；时代不详的造像 1 个，今皆从略。

三、通商及运输调查

米仓道上的贸易往来基本上分南下和北上两种。北上的货物有茶叶、药材、铁制品、纸张等种类；南下的货物有青盐、小百货、棉花布匹等。茶叶主产南江，销往甘陇；药材主产南江，品种有细辛、天麻、厚竹、杜仲、乌药等；纸张有毛打头、金表纸、黄表纸、粉白纸等；产于南江，主销汉中，还有黑木耳、银耳、生漆等土特产销往关中。从事商业活动的商人，以陕西客商最多，一般本人不来，派代理人来南江洽谈订货。

米仓道上的运输方式有两种：船运、人背。船运主要在南江到巴中段利用南江水流来运输。船只为木船，载量 1.5 吨 ~ 2 吨。巴中到南江逆水行舟，水急滩险，船工只有背拉纤绳，脚蹬河石手扒沙，一步一声号子，拉船前进，船工往往困死河滩。

南江到汉中的货物全靠人背。其工具为二夹子和单鞭。二夹子重 2 千克，长 1 米许，长短以身材高矮伸缩。它由耐折性强的圆木两根，底端烤成弓形，再用若干短木连接成。最底一根横木中间刻一凹窝，用来塞放单鞭。单鞭重 1 千克，为一坚硬圆木，上小下大，下端套铁质带尖圆套，既可助力，歇息时支撑二夹子。

背运工称“背老二”或“背二哥”，来自南江县城周围的农村，也有个别城市贫民，有些小商贩为节省起见，也自己背货。农民年龄在 20 岁 ~60 岁之间，多利用农闲季节背运，尤以冬天最多。其背力在 50 千克左右，力大者可背 75 千克，每天行走一百里左右。背运时 4 人 ~10 人一伙，其中有一个负责人，称作带稍。带稍负责接货、组织工人，途中走在最前，控制行走速度和安歇点。途中歇息称搁稍，一般以“上七下八平十一”为常。

沿途有为行旅提供方便的旅馆，俗称店子。其分布情况已见前文。店子给行旅提供食宿，设备极其简陋。一般仅供一床棉被一捆稻草，行旅席地而卧。亦有数人合一床被者，店子管吃的观旅称火号，不管吃的称干号。大部分背老二都自带干粮（米、馅馍）和豆豉、辣子等下饭菜，其生活十分困苦。店子并非专营，同时从事农业生产或其他行业。事实上，这些店子在客观上又起到驿站的作用。

背老二生活艰辛，南江一带民歌中多有咏叹，真切地反映了当年的情景，兹于下引录几首。

（一）

上两下两上下难　手持单鞭背油盐
一步一滴伤心泪　步步都与命相连

（二）

打一杵来唱支歌　人家说我好快乐
何尝有个快乐处　背子重了难爬坡

（三）

弯弯背夹一盏弓　我郎背起上汉中
日出东方就起起　日落西山不团圆

四、结束语

经过实地考察和对有关文献的查阅，我们对古米仓道有以下几点认识：

1. 米仓道一直是一条联系汉中与中巴地区的小道。早期的南北朝时后魏将贺若敦取此进行讨淹，“山路艰难，人迹罕至，敦身先将士，攀木缘崖……”的记载说明了这点；从考察中得知，现存道路遗迹宽度仅1尺~2尺，全程三百余里，土路仅占30%，而乱石礁及碥路各占到50%和20%。它仅限于单人步行，而且季节性、气候性很强。

2. 米仓道东西中三道，行旅多取中道，特别是商旅专走此道。虽然中道相对而言要难走一些，但中路要简捷四十余里，而且途中店子很多，食宿无须考虑，对商人而言更可节省财力。近代以来，中路已有取代东西二路之势。

（原载《文博》1994年第2期）

古米仓道考

梁廷保（南江县博物馆）

摘要：米仓道在中国交通史上占有重要地位。除文献记载北起汉中、南抵巴中的主干线外，还有米仓道接木门道、米仓道接金牛道的路线。米仓道具有重要的政治、军事地位，文化商旅内涵十分丰富，在国内古道网中较为罕见。

关键词：中国交通史　古米仓道　源流　路线走向

米仓道在中国交通史上占有很重要的地位，自秦汉以来历代的政治、军事、商贾、文化等活动在此曾发挥过巨大作用，诸多文献史料多有记载。然而，米仓道的源流，路线的走向，政治军事地位，文化商旅内涵等问题则反映较少，缺乏著述。笔者将实地踏勘记录梳理于后，所盼同俦惠于匡正。

一、关于米仓道的源流与路线走向

米仓道古属梁州域，是该区域人类活动、生活交往的原始通道，《通鉴》载：周显王七年（前362）楚国从汉中起，向南扩展，占有了巴州、黔中。《辞源》

中关于“米仓道”词条释文为：“自南郑经米仓山为入蜀要道，路皆险峻，古代用兵自陕入蜀，多出此道。”由此可以认定米仓道当起源于商周时代。

米仓道的路线走向，《通鉴》胡三省注云：“兴元之南有大行路通於巴州。”由此说明米仓道的范围在北起陕西汉中，南抵四川巴中之间。但是，米仓道南段的历史，很多学者却忽略了。在南江北部的米仓山内，笔者见到到处都是古道痕迹，因此对其线路走向做了一些探索。

（一）米仓道主干线的走向

从陕西汉中出发，经南郑县秦家坝、小坝、黄草坝至卡门（晚清在此修复的关隘，一式两座，相距数米，川陕巡司交叉把关，后更为官仓坪），进入四川南江的大坝铺、越草鞋坪、米仓关、官坝铺分两路至盐井坝：一路经令牌子坡、竹坝子、麻柳湾；另一路走茶坝铺、银杏坝、陈家河。到盐井坝后过阎王编，桥亭铺、鹿角垭、琉璃关进入底塘铺（今南江县城）。为米仓道北段。出底塘铺经东榆铺、石灰铺（今皇柏林二洞桥）又分两道至淘金铺（赤溪场）。一路翻山岭过八庙垭；另一条道沿南江河穿皇柏林经沙河铺。过淘金铺至马掌铺、白杨铺（今下两镇）、元潭铺进入巴中，为米仓道南段。

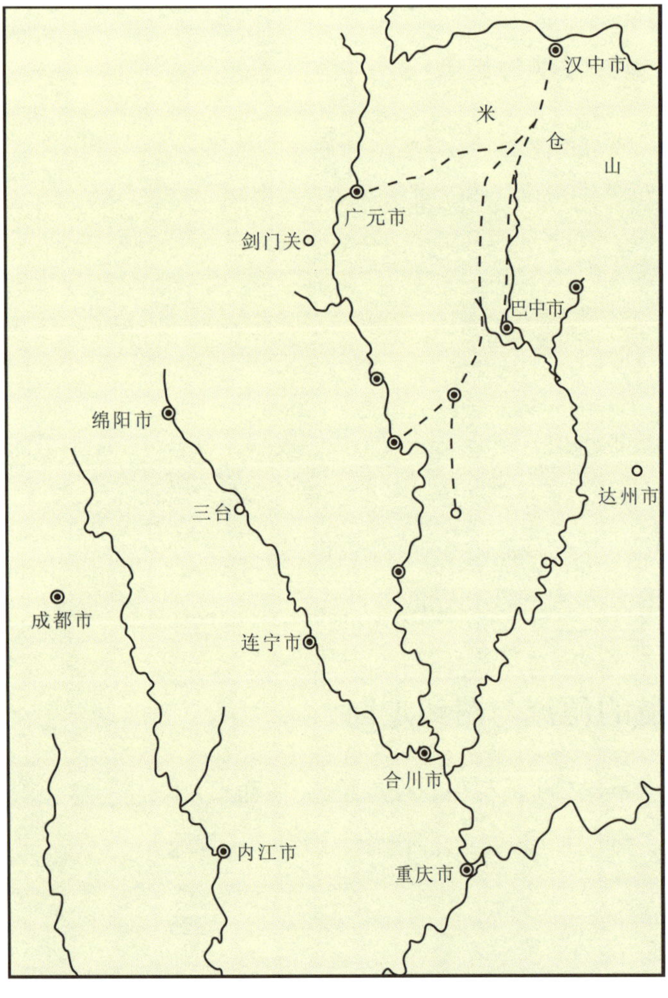

图 1　米仓道路线图

（二）米仓道接木门道的路线

出陕西小坝经巴峪关进入南江风洞岩、铁炉坝、桃园寺、老君岩垭口、店沟里、坪河铺、殷家偏、简家营至旺苍县楠木、艾家坡、普济接木门道。该路线为汉中至重庆捷路，出木门道后还可从仪陇向西经南部、三台进成都。

（三）米仓道接金牛道的路线

自桃园寺经焦家河、白头滩，进入旺苍县檬子，经八角树、正源、代家坝、燕子进入金牛道去成都。

巴中既是米仓道端点，又是米仓道重要物资集散地和南下重庆的水陆两路重要枢纽，西至成都的转折点。

二、关于米仓道的政治、军事地位

米仓道的政治、军事地位十分重要。新修《南江县志》载："秦末汉初，从南郑到四川的道路中就有米仓道，楚汉相争，汉萧何追韩信途经米仓道，至今仍保留截贤岭、韩溪等地名。"据《四川通志》载：唐集州刺史杨师谋著有《集州两角山记》记载了这一事件，并竖石碣于岭上，铭曰："萧何追韩信至此。"其两角地处平河铺，地势亦险峻，乃米仓道至木门道必经之路。

史载：东汉建安二十年（215），曹操征张鲁，鲁败退巴中时，即经米仓道。蜀魏征战，张郃守汉中，进军宕渠、蒙头、盈石（今渠县），与张飞相距五十多天，张飞率精卒万余与张郃交战，因山道狭窄，前后不能相顾，张飞遂破张郃。据《渠县志》载，有张飞碑，文曰："飞率精卒万人，大破张郃于八蒙，走马勒铭。郃弃马缘山，与麾下十余人，从米仓道退回南郑。"

隋大业三年（607），因米仓道沟通南江县治地，南江县划属汉川郡（郡治今汉中）。

唐代诗人杜牧《过华清宫》诗写道："长安回望绣成堆，山顶千门次第开。一骑红尘妃子笑，无人知是荔枝来。"据《新唐书·杨贵妃传》载：诗中所说荔枝来自四川涪陵，唐明皇为博得妃子一笑，专设荔驿，驿站备骏马健丁，从四川涪陵采摘名品“玉真子”行程数千里，紧鞭急蹄，日夜兼程送鲜荔枝到长安。米仓道是否设荔枝驿，还待考证，但重庆至长安取米仓道则是捷径。该道在历史上设递驿、馆驿多有之。

北宋以来，米仓道为宋用兵之道。南宋开禧二年（1206）、金兵入凤州（今陕西凤县），兴元帅程松亟趋米仓山，由米仓道遁入阆中。

近年来，我们在南江城东五里处的琉璃关乱石丛中发现南宋时期刻在一块巨石上的记事碑文（图 2），铭曰：“绍兴三年（1133）二月十五日，金贼犯兴元府。”落款为弓级任荣记。与以上史料相符。

图 2 琉璃关乱石丛中记事碑文

第二次国内革命战争时期，红四方面军取米仓道进入四川通江、南江。爱国将领杨虎城部与红四方面军有过密切联系。曾援助武器与药品，经米仓道运送至根据地前线，《红色交通线》记载：“每隔三十里设秘密交通站一处。”

三、关于米仓道的商旅、文化内涵

米仓道自形成至今，其商旅、文化活动十分繁荣，历代官府对这条道路的建设都很重视。《四川通志》载：历代有旧设关隘 6 处，城堡 3 处，店铺 21 处。另考察还发现仓库遗址 1 处。史载有历代官府在各关隘、店铺设驻官兵、司兵、巡司、巡检的情况。历代官府对道路的整修也很重视，有石刻碑记为证。如刻在石灰铺岩壁上的碑文曰：“天宝四载，太守郑子信此南北路移险造阁记。”（图 3）又如宋嘉靖二年刻在琉璃关石壁上的修路记事碑文和沿途建有若干指路碑，也是很好的例证。近年来沿途出土了大量有关实物资料，如 1978 年在大坝铺出土了 24 件宋代银盏，同年又在赶场黄泥堡出土制钱 50 多千克，只有半两五铢制钱两种，1982 年在八庙垭出土 20 多千克小五铢一种，1988 年在县城（底塘铺）出土开元通宝 1.1 万多枚。1999 年在桃园发现汉代砖室墓群，其墓砖分别为边长 35 厘米和 35 厘米 ×17 厘米 ×8.5 厘米的条形砖两种，澄泥质地、火候较高。还发现汉代瓦窑遗址与数十千米长的古战壕遗址等，都能说明米仓道的商旅繁荣，文化发达。

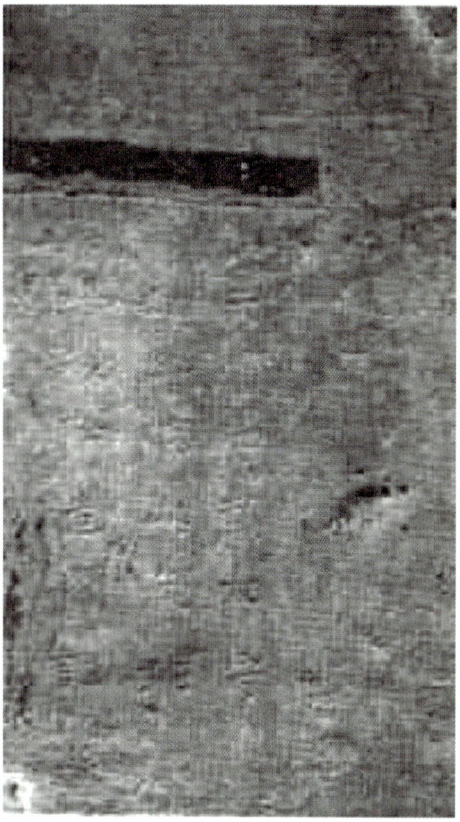

图 3 石灰铺岩壁上的碑文

米仓道历经三千多年，经久不衰，这在国内古道中实属罕见。米仓道的存在，对研究古代政治、军事、文化、商业、舆地和古代交通史，具有重要价值。

（原载《四川文物》2001 年第 3 期）

栈道考

冯汉镛

引　言

近年来，我因为各方面的关系，几乎走遍了整个的四川和陕南，在漫长的行程中见到许多栈道的遗迹，引起了我研究栈道的兴趣。参考了一些有关的书籍，使我认识到目前所存的栈道遗迹，仅是古代栈道的一些残余部分，尚有若干条栈道，其遗迹却早已湮没了。根据古籍记载和目前还存有的遗迹，我们可以了解到古代四川的北通秦陇、南通云南，都是依靠栈道联系；甚至在唐宋时代，还是同样地利用栈道。栈道在四川的交通史上，地位是非常重要的。

本文的目的有两个：一个是考证祖国这一地区约有多少条栈道；另一个是对几条重要栈道的沿革，做出一些探索，并希望能通过这一探索，在我国的交通史上，做出一些贡献。

祖国的栈道

祖国的栈道，多集中在四川省的内外。而四川省内，一共有多少栈道？以前治交通史的学者，都没有重视。因此有些人士，在谈到栈道时，也就只谈剑阁至宝鸡一栈。所以每当他们在讨论四川形势时，便夸夸其谈地说："四川东有瞿唐滟滪之险，北有剑阁栈道之雄。"殊不知四川除了这一栈道外，还有若干条其他栈道。例如在川北则有从平武到江油马阁坝的阴平栈道，这条栈道，是三国时候的名将邓艾所开创。《三国志·魏志·邓艾传》说：

（艾）自阴平道行无人之地七百余里，凿山通道，造作桥阁，山高谷深，至为艰险。

不仅平武至江油有栈道，同时在川西地区灌县至松茂一带的途程中，也有栈道。这条栈道的遗迹，至今尚残存于公路的旁边；有虚阁、石筍、龙洞等名称。《蜀中名胜记》卷六引《古今集记》说：

（灌）县西十余里，有虚阁栈道；二十五里有石筍阁道；三十里有龙洞阁道。

川西与川北均有栈道；同样的在川南地区，也有通向云南的栈道。四川通向云南的栈道有两处，一处在今荥经县所属的大相岭。《嘉庆一统志》卷四百二说：

大相公岭：县志载岭有虚阁险崖（按栈道又称阁道，所以虚阁就是栈道的别名）。明洪武二十四年（1391），景川侯曹震尝修之，以通行旅。

另一处则在从庆符通到昆明的途程中，这条栈道，相传就是唐蒙所开的僰道。《水经注》卷三十三《江水条》说：

（汉）武帝感相如之言，使县令南通僰道，费功无成，唐蒙南入斩之，乃凿石开阁，以通南中，迄于建宁，二千余里。

除上述的几条栈道外，在四川省的芦山县、内江县、长寿县以及通江县的壁山，峨嵋县的峨眉山里，均有长短不同的栈道。兹将记载这几条栈道的材料，分别地录出于后：

《芦山县志》云："芦山南十里三江渡，通天全六番，下注多功峡，入雅之平羌江，多功河上飞仙阁，为木栈道，即古漏阁也。"（《蜀中名胜记》卷十四）

内江县井坝有古栈道遗迹：绍兴间土人得碑刻于崖腹间，乃永建五年汉长安蜀青衣陈君，以此栈道陷车马，因移于崖上，过客得免颠跻。

见（现）有碑存（《舆地纪胜》卷一百五十七）。

阳关距乐温县（属今长寿县）五里，江口狭处，有栈道遗迹（《舆地纪胜》卷一百七十四）。

《壁州山寺记》：“大唐中和，岁次癸卯，丞相郑畋略曰：‘壁山（在今通江县）胜境之所，幽密乔树，葱蒨景态，元月澄日，搜索奇秘，得泉洞于西南。维凿石架篁，缭绕登降，高悬旗幡，疏为泓沼；峭壁危栈，遂来商旅。’”（《蜀中名胜记》卷二十五引，《全唐文》中不载）

又行一里，危梯峭栈，名鹁鸽攒天（蒋虎臣修《峨眉山志》卷二）。

以上的几条栈道，除峨眉山栈道，今尚屹架于黑龙潭的山沟以外，其他的均已湮没无存了。

四川省内有栈道，而在四川省外的陕甘两省内，也同样有栈道。陕西的栈道，在宁强县境内的，称为南栈道。在褒城、留坝、凤县境内的，称为北栈道或陈仓道、连云栈道。在褒斜谷中的，称为褒斜栈道。至于这几条栈道的详细情形，后面予以叙述。除此之外，在华山山中还有一条长约里许的栈道。而在壶关地方，也有以石砌成的栈道桥。又闻商洛附近，也有栈道遗迹，但未经目睹，且不见于记载，是否真为栈道遗迹，不敢断言。特记录于此，以备他日的考察。

至于甘肃的栈道，则有两条，一条在两当和徽县境内，古人称为白水道。另一条在岷县武都境内，与四川省的阴平栈道相接，所以也称为阴平道。这两条栈道，为古代陇蜀间的交通路线，在经济、文化、军事上，都起了相当的作用，其沿革情形叙于下文。除此之外，据《元和郡县图志》卷二十二，知甘肃省的大潭县（今礼县南）境内大象山顶，还有一千二百三十丈的栈道，也是古时的栈道之一。

几条重要栈道的沿革

祖国历史上的栈道，虽然很多；但在军事、经济、文化交流等方面有所贡献的，却只有川陕、陇蜀、川滇以及灌茂等少数的几条。兹将这几条栈道的沿革，分别地叙述于后：

（一）川陕栈道

四川到陕西的路线，除了栈道之外，还有从梁平县通到陕西西乡县的高都驿路。这条路是唐天宝时（742 ~ 755）涪州贡荔枝至长安的大道[1]。还有从南江经米仓山而达汉中的道路，这条路为南宋时四川出兵到陕西的要道[2]。还有经竹峪关而达陕西紫阳县，经杨关而达西乡县，经蒙坝关而达汉中县[3]，经罗川戍而达宁强县[4]等入陕的路道。至于从崎岖小径而入陕的则更为繁多[5]。不过川陕间的通道虽多，但主要的交通路线，仍旧要推栈道为第一。试观历史上，从陕西入蜀的人士，如元稹、杜甫、李商隐、王士禛诸人，都是走栈道而来到四川的。至于领兵伐蜀，如钟会、郭崇韬、石敬瑭、王全斌等，也是由栈道而进攻四川的。然则栈道在川陕交通上的地位，从这些事情，就可以想见其重要了。

川陕间的栈道，在沔县以南的，称为南栈道；在褒城以北的，称为北栈道。它的最初修建时间，可以上溯到战国，《国策·秦策》上所说的“栈道千里，通于蜀汉”就是指此南北栈道而言。

南栈道指剑门经昭化、广元、宁强而至金堆铺的一段途程，这段途程包括了历史上的石牛道和金牛道[6]，全长四百九十五里。在这四百多里中，并不是全部皆为栈道，而是在平坦处，则为泥土石块修成的驿路。在险峻处，则为用木架成的栈阁。全线的栈阁总数，不能确知。现可考出的，则有大剑镇、小剑戍等十七处。兹将这十七处栈道，用表列出，以便阅览：

名称	位置	形势	何时修建	备考
大剑镇	剑阁县北七十里	“峭壁千丈，下瞰绝涧，飞阁以通行旅”	三国时诸葛亮所修	据《元和郡县图志》卷三十三
小剑戍（即剑阁）	大剑西三十里	“连山绝险，飞阁通衢”	疑在战国时	《水经注》卷二十

[1][宋]王象之：《舆地纪胜》卷一百七十九。
[2]《嘉庆一统志》卷三百九十。
[3]《四川通志》卷二十七（嘉庆十七年修）。
[4][宋]李焘：《续资治通鉴长编》卷五。
[5][宋]李昉等：《太平广记》卷四百三十三引《玉堂闲话》。
[6][宋]乐史：《太平寰宇记》卷一百三十五及卷八十四。

续表

名称	位置	形势	何时修建	备考
马鸣阁	昭化县西北	为西蜀至汉中的咽喉要路	同上	《大明一统志》卷六十八
石柜阁	广元县北十里	“悬崖架木作栈而行”	同上	见张赓谟修《广元县志》卷二
大小漫天栈道	广元县北三十五里		同上	《续资治通鉴长编》卷五称康延泽修复阁道后，乃进击金山寨及大小漫天，故知该处有栈道
金山寨栈道	广元县北五十里		同上	同上
龙门阁	广元县北八十二里	“危途中萦盘，仰望垂丝缕”	同上	《杜少陵集详注》卷九
朝天峡栈	广元县北九十里	“路径绝险”	同上	《蜀中名胜记》卷二十四
飞仙阁	广元县北百里处	“栈云栏杆峻，梯石结构牢”	同上	见《广元县志》卷二及《杜少陵集详注》卷九
龙洞阁	广元县北一百一十里	“石壁斗立，虚凿石窍而架木其上”	同上	《蜀中名胜记》卷二十四
石栏桥	疑与龙洞相距甚近有谓即石柜阁	为南栈道中的最险处所	同上	同上
五盘山栈道	广元县北一百六十里即今七盘关地	“凌云栈道细，俯仰江木疎”	同上	《杜少陵集详注》卷九
牢固关栈道	宁强县南四十里		同上	《宁羌州志》（马毓华修）卷一
滴水铺栈道	宁强县北三十里		同上	同上
五丁关栈道	宁强县北四十五里	“连山叠嶂，一涧中流，板为险峻，其狭处不过一二丈”	同上	同上
宽川铺栈道	宁强县北五十五里	“栈道盘折”	同上	同上
金堆铺栈道	宁强县北一百零五里		同上	同上

附注：①表内所注明的根据，仅取于主要的参考书。

②自金堆铺北行，即是汉中平原，不可能有栈道。

③自金堆铺至广元的一段路程，共有组成栈道的桥阁 19318 间。护险偏栏 47134 间，见《舆地纪胜》卷一百九十一。广元以南的一段，桥阁数目不详。

以上的这些栈阁并不是自修建以来，就永恒不变，而是随时都有兴废。以大剑镇的阁道为例。唐李吉甫《元和郡县图志》称它的形势，是“凿石架空，为飞梁阁道”。而南宋王象之《舆地纪胜》则谓它是“崇墉之间，径路颇夷”，是已完全没有桥阁的设置了。其他如石柜阁栈道，本是南栈道中最艰险的一段，然自唐开元三年韦抗凿千佛功德并凿石为路之后[1]，而这一处栈道，也就消逝了。再如朝天峡栈道，唐以前本是架阁而行，但至宋时，由于阁道被毁，遂开辟出朝天岭路，而废弃了栈道[2]。还有马明阁栈道，在三国时候，刘备也曾经命令陈戒（式）毁坏过[3]，根据这些事实，就说明了南栈道的兴废情形。

这条栈道不仅有兴废，同时还有间道，间道的位置，在广元至宁强的途程中，所经过的地方，有老鼠关、杨栈、石垭栈、潭毒关等地。《县志》称为“入蜀故道”[4]。杨栈、石垭栈均以“栈”为名，则这条“故道”，自系栈道无疑了。然则广元至宁强的栈道、除了通过笔筹驿（即神宣驿）七盘山的一线外，还有通过潭毒关的一线（按广元至宁强的路径，尚有罗川路、大滩路，因不是栈道，故从略）。是两条而不是一条了。

至于北栈道为汉中通向长安的要路，有褒斜与陈仓两线。这两条路线，对秦蜀交通的沟通，都起了重大的作用。

首先谈褒斜道。褒斜道的起点为褒城北面的褒谷，终点为郿县的斜谷，全长四百七十里，它的开通时间，最迟当在战国时，《国策·秦策》上所说的“栈道千里，通于蜀汉”，就含有褒斜道在内[5]。下降到楚汉相争时，汉高祖为了要稳定项羽的猜疑起见，就命令张良在栈道上放了一把火，而把褒斜道烧毁。自张良烧绝了褒斜道以后，直到孝武帝时又才重新修建。东汉时候，更是屡次修补。然在汉末曹操南攻张鲁时，而鲁又复烧毁褒斜[6]。后来又予以修复，但修复不久，

[1] 广元千佛岩韦抗刻石（据拓本）。
[2]《广元县志》卷二；[明]曹学佺：《蜀中名胜记》卷二十四。
[3][宋]乐史：《太平寰宇记》卷一百三十五。
[4]《广元县志》卷三。
[5] 林超：《蜀道考》，《文史杂志》三卷五、六期。
[6][清]贺仲瑊：《留坝厅志》卷四。

当赵云在斜谷兵败时，复再烧栈阁，以断追兵。《水经注》卷二十七《沔水条》说：

"褒水西北出衙岭山，东南迳大石门，历故栈道下谷，俗谓千梁无柱也。诸葛亮与兄瑾书曰：'前赵子龙退军，烧坏赤崖以北阁道，缘谷百余里。其阁梁一头入山腹，其一头立柱于水中，今水大而急，不得安柱，此其穷极，不可强也。'又云：'顷大水暴出。赤崖以南，桥阁悉坏。'……后诸葛亮死于五丈原，魏延先退而焚之，自后按修旧路者，悉无复水中柱。迳涉者，浮梁振动，无不摇心眩目也。"

从《水经注》的记载，知赵云在焚烧褒斜道后，诸葛亮又予以修复，而魏延却再加烧毁。以后又有修建，然修的栈道，则仅有梁而无柱，成为了一条危险的路径。下及魏恭帝元年五月，这条危险路径，又被乐炽所焚；到了同年九月，才由崔猷再行修复[1]。隋唐时候，关中人口稠密，商业繁荣，汉中与巴蜀的货物，均向长安集中。所以秦岭南北间的交通，最为频繁，而褒斜栈道，遂被政府规定为驿道[2]，并设置驿舍，以便行旅。此后在宋、元、明三朝，对这条道路，均有所修葺。甚至下降到清朝，还有一些商人，从褒斜运送货物，而达长安的[3]。

褒斜道的沿革，既如上述，至于构成这条栈道的桥阁数目，根据现存资料，也可以考订出来。它在三国时的栈道数目，"共为五千数百所"[4]，唐时的数目不详，宋时的数目，为"桥阁二千九百八十九间，险板阁二千八百九十二间"[5]。元时则为"板阁二千八百九十余间"，明代与元代相同[6]。唯清代的桥阁数目反而不详。不详的原因，是否由于褒斜道在当时已趋于衰落，以致不为人重视，没有再加以修葺，所么记载上就付诸阙如。

其次再谈陈仓道，陈仓道又称连云栈道，它的起点为褒城的鸡头关，终点为宝鸡的益门。中经马道、留坝、南星、凤县，全长五百五十里。根据史籍记载，

[1]《留坝厅志》卷四。
[2] 据《元和郡县图志》卷二十二。
[3][宋]李昉等：《太平广记》四百三十三引《玉堂闲话》。
[4][清]严如熤：《汉南续修郡志》卷一。
[5][宋]乐史：《太平寰宇记》卷一百三十三。
[6]《大明一统志》卷三十四。

这条路道的开通时间，当在西汉初年[1]。但在那时，是否已设置栈道，则没有明确的记载，未便随意推断。唯考贺仲瑊《留坝厅志》卷四说：

北魏正始四年，开石门阁道，其道别开，不尽在褒水斜水上。

既然北魏所开的阁道，不尽在褒水斜水上，而又距褒水斜水甚近，则这一阁道，很可能就是陈仓栈道的创始。

陈仓道自开通以后，历代以来，均畅通无阻[2]，并且杜佑《通典·州郡典》，还称它是中唐以后通达剑南的驿路，而刘禹锡《山南新修驿路记》[3]也说它的沿途没有驿站，成为川陕联系上的主要干道，所以每隔一段时间，即对它有所修葺。赵宋时所修的陈仓道，称为连云栈，元明以后因而不改。至于明代，对该道站的修葺，次数甚多，其最著者，一为洪武二十五年（1392），"命普定候监督军夫，增损历代旧路，开通修建"。一为明弘治年间（1488 ~ 1505），又行重修。其所修的栈道，全栈共有栈阁二千九百八十二间，扳阁二千八百九十二间。计"鸡头关起，栈阁八十五间，前一里至石洞，桥阁三间，一里至石嘴七盘，栈阁七十二间，七里至独架桥，栈阁一百四十二间（明嘉靖二十三年县令张庾去偏绷砌以石），三里至倚云（郎响水滩），栈阁五十一间，前有石佛湾盘龙坞，二栈共八十五间，七里至老崖，栈阁三十五间，四里至堡子铺，栈阁六十处，四里至飞石崖，栈阁一百四十五间，一里至阎王碥，栈阁一百二十间，三里至架云桥，栈阁九十二间，八里至逍遥即青桥，十七里至马道铺，桥栈阁十间，十里至顺平，栈阁三十四间，十里至竹碥，阁道三十六间，今易以石。三里至三岔铺即马道驿南一里，栈阁二间，邑人李瓒凿石为之，五里至燕子崖，栈阁六十间……二十里至鸣玉（即簸箕），栈阁六十八间，二里至龙头关，栈阁三十八间，一里至上天桥，栈阁五十八间，三里至武曲桥，桥阁三间，一里至火烧碥，栈阁一百二十一间，一里至碧绡，栈阁四十五间，二里至石梯，栈阁一百二一十五间（先以木为梯，嘉靖七年易以石），七里至青云（即臈鱼沟），桥栈二间，数十步至臈鱼潭，

[1][2] 林超：《蜀道考》，《文史杂志》三卷五、六期。
[3][唐] 刘禹锡：《宾客集》卷八。

栈阁二十六间”[1]。这一些栈阁的名称和数目，都在褒城县境内。至于留坝所属的栈道名称，据《留坝厅志》所载，有武关（郎云门栈）、武关驿、八里关（即小湾栈）、新开岭（郎登坡栈）、青羊铺、画眉关、老鸦山、小留坝、乱石铺、五里铺、桃园铺、枣木栏、庙台子、柴关岭、连理亭、高桥铺、榆林铺、陈仓口、南星诸地，唯以上诸地梁阁的数目则不可考。过南星即是凤县所属，在凤县境内的栈道名称，计有废邱关、三岔驿、心红铺、凤岭、凤县、柳柳滩、王家台、白家店、武星台、草凉驿、红花铺、长桥、黄牛堡，等等。至其桥阁的数目，也同留坝县的情形一样，是不能考出的。过黄牛堡即是东林桥，越秦岭，而达益门，均有栈阁的设置，但桥阁数目，仍然不详[2]。

连云栈道除在明时迭有修建外，清代初年，也有所更改。康熙三年（1664）时，贾汉复在陕西做官时，有鉴于栈道的随时修筑和险峻，而引起行旅的困难，乃自煎茶坪（即观音碥）至鸡头关，别开新路于岭上，以免除道路的阻碍。自这一条路线的开通以后，连云栈道遂逐渐地消失，变为泥土筑成的道路了。

总结起来说，南北栈道，是川陕间的一条交通要道，这条要道，在历史上，沟通了川陕间文化和经济的交流，其意义是非常重大的。

（二）陇蜀栈道

朱子春《凤县志》卷一说：“考古栈道之所出有四：其自成和阶、文出者，为沓中阴平道。其自两当出者为故道。……其自褒、凤出者，为今之连云栈。从洋县出者为斜谷道。”按朱氏所说的前两条栈道，均在今甘肃境内。至于后两条栈道，则在今陕西境内。前面所考订的北栈道，就是朱氏所指的后两条栈道。这两条栈道，据《水经注》原文来分析，知同以褒谷为出口，而朱氏乃谓“从洋县出者为斜谷道”的说法，显然是错误的。事实上，洋县在汉中东面一百二十里。距斜谷道甚远，为子午傥骆两道（不是栈道）的出口，而不是斜谷道的出口。

至于陇蜀栈道的修建情形。陇蜀栈道共有两条：一条是朱氏所说的故道；另一条则是阴平道，兹依次分述于后。

---

[1][2][清]严如熤：《汉南续修郡志》卷一。

（甲）故道：故道以两当为起点，沿嘉陵江下行[1]，经徽县、青泥岭、白水关，和陕西省的略阳、飞仙岭、阳平诸地，与南栈道相接，而达四川的广元。这条道路的修筑时间，至迟当在西汉末。按《后汉书·隗嚣传》说：

会公孙述遣兵寇南郡，乃诏嚣当从天水伐蜀。嚣复上言曰：白水险阻，栈阁绝败。

天水距两当近而距阴平远，故知嚣所说的“白水栈阁”，就是指的“故道”而言。则“故道”的修建时间，至迟当在东汉以前——西汉末年了。

这条路线，不仅是天水到西蜀的干道，同时在两当东北行，还可达凤县，而变为四川到长安的交通线。所以《元和郡县图志》卷二十二称故道中的青泥岭，为长安入蜀的“通路”，而李白的《蜀道难》中，也咏有“青泥何盘盘”的诗句，甚至在《略阳县志》卷一里也称故道为“唐时入蜀要路”。下及宋代，李虞卿、田谅两人，把通过青泥岭的栈道，改建于白水江边，以便行旅[2]；这样一来，就促进了故道的交通，更形繁荣，成为当时的驿道，被人称为白水路[3]。白水路的栈道，到了清代由于无人修葺的缘故，就全部倾倒[4]，而至于湮塞。

不过白水栈道虽在清代湮塞，而现在宝成铁路的广元至凤县一段，却是沿着旧时白水道的线路在进行。然则古人对于这一栈道的修凿，却给今天的铁路线打下了重要的基础，其意义是非常深远的。

（乙）阴平道：朱子春《凤县志》卷一称“自成和阶、文出者”，为阴平道。谓成县有栈道实不见于他书。宋人张舜民的《画墁录》（用稗海本不分卷），仅说自岷州（岷县）至阶州（武都）有栈道。其言曰：

自岷州趋岩州（四川茂县），沿水而行，稍下，行大山中，入栈路，或百十步，复出略崖，险峑不可乘骑，必步至临江寨，得白江至阶州。

张舜民所说岷县至武都的栈道，事实上，就是邓艾所创修阴平道的一部分。其起点当为岷县，终点当为江油的马栈坝，中间所经过的地方，为临江寨、武都、

[1] 嘉陵江源有两说，一说西汉水为嘉陵江源，一说白水江为嘉陵江源。本文采取后一说。
[2]《略阳县志》卷一。
[3][4]《宋会要稿·方域》。

平武、左担等处。

这条栈道，自邓艾开创以后，历代的重修情形，都没有记载。唯《明一统志》称洪武十年（1377）曾经补葺过。按《明一统志》卷七十三说：

栈阁在司曹东，魏遣邓艾伐蜀，置秦陇阁道一十二处。本朝洪武十一年，开设松潘卫，又置飞仙等阁道二十五处。

考邓艾与洪武时所设置的三十七处阁道名称，据《嘉庆一统志》卷三百九十九所载，在平武县东面的，“曰石城，曰佛崖，曰麻园，曰墓颐，曰黄林，曰三原店，曰七里（即左担），曰飞仙”等八处。在平武东南面的“曰石回，曰兴文，曰猿臂”等三处。在东北面的，“曰秦陇，曰东阁”等二处。在北面的，“曰金鼓，曰巴蕉，曰楮林，曰卢崖，曰天井，曰桑坪，曰兜率，曰木蕊，曰飞泉”等凡九处。在西北面的，“曰金匮，曰桐油，曰龙凤，曰胡空，曰黄梗，曰刘材，曰鹅顶，曰禅峰，曰石门，曰仙女，曰马桑，曰溪坝，曰黑水，曰罗溪，曰羊肠”等凡十五处。而这三十七处栈道中，内有“墓颐”“石回”“七里”“东阁”“石城”“猿臂”“青崖（疑即上述的卢崖）”“黄林”等八处，为宋以前所修建[1]。但这八处，是否即邓艾所创的十二阁道中之八，由于古书的亡佚，已经无法考订了。

除了上述的三十七处阁道外，在阴平一线里，还有马阁山栈道。这段栈道，相传为邓艾所建修，《舆地纪胜》卷一百八十六说：

马革山，在阴平县北六十里，峻峭崚嶒，极为艰险，邓艾伐蜀，军行至此，路不得通。艾乃悬牛束马；造作栈阁，始通江油。

此外，在平武县东二十里海棠铺地方，有兴文阁道，六十五里地方，有南岩阁道，这两处栈阁，是明正德初年（1506 ~？）才开始修造的[2]，栈路平坦，很为行旅们所喜悦。

（三）川滇栈道

郑天挺先生在《历史上的入滇通道》[3]一文中，称古代四川入云南的路线有

[1][2]《嘉靖一统志》三百九十九卷。

[3]《旅行杂志》17卷第3期。

一条。唐代四川入云南的道路，有南北两条。南路是走清溪、会通；北路是走石门、鲁望。自这两路开通以后，从四川入云南的途程，不是走南路，就是走北路。郑先生的这一考证，基本上是正确的。不过他仅据《蛮书》和《唐书·地理志》而谓四川入滇的道路，在唐时只有两条。

尝考唐时，川滇间的道路，共有十条，宋王象之《舆地纪胜》卷一百四十六引张无尽《沐川寨记》说：

> 南诏常挟吐蕃以为中国患，盖其路一出大渡河（即南路），一出沐源川，一出马湖江（即北路，马湖江指宜宾附近金沙江）等。其狭邪之径，曰荣泾，曰八面箐，曰黑水，曰中镇，曰赖因，曰龙水，曰阴川。而沐川之路，常为啸集之地。

张无尽所记的十条道路，都是南诏向剑南进兵的路线。由此我们就可以认识到，唐时川滇的通道，不是两条，而是十条了。至于这十条路中的主要一条，“马湖江”路，我根据它的位置来推断，发觉出该线与汉时唐蒙所开的僰道路线相合，而僰道事实上乃川滇间的栈道。按《水经注》卷三十三《江水注》说：

> 汉武帝感相如之言，使县令南通僰道，费功无成，唐蒙南入斩之，乃凿石开阁以通南中，迄于建宁二千余里。山道广丈余，深三四丈，其錾凿之迹犹存。

《水经注》仅说明唐蒙所开的僰道为栈（阁）道，而对于这条栈道的路线，则没有明白地指出。唯据《舆地广记》卷三十一，知僰道所经过的地方有石门，与《蛮书》所载的“北路”经过的地方相同。北路即马湖江路，然则唐代四川入滇的“北路”，与唐蒙所开的僰道，本来就是一条路线了。因此我怀疑唐人所称的“北路”，实际上写作“僰路”，由于“僰”字的字形较为复杂，遂把“僰路”讹写为“北路”了。又按唐代四川入云南的北路，位置正在川南，其行进方向又是西南，如果按照方向来称呼的话，则自应称为“南路”而不应称为“北路”，疑其称为“北路”的原因，当系“僰”字之讹了。

唐蒙所开的栈道，既然就是唐代由四川到云南的北路。因此它的全部途程，我们就可从《新唐书·地理志》上观察出来。按《新唐书·地理志》戎州开边县注说：

自（开边）县南七十里至曲州，又四百八十里至石门镇，隋开皇五年，率益、汉二州兵所开。又经邓枕山、马鞍渡二百二十五里至阿傍部落。又经蒙夔山百九十里至阿夔部落。又百八十里至谕官川。又经薄啰川百五十里至界江山下。又经荆溪谷、湫溁池三百二十里至汤麻顿。又二百五十里至拓东城。又经安宁井三百九十里至曲水。又经石鼓二百二十里渡石门至佉龙驿，又六十里至云南城。又八十里至白崖城。又八十里至龙尾城。又四十里至羊苴咩城。

把《地理志》上的地名，以能够改出的为限（如开边在宜宾，曲州在庆符西，安宁井在安宁，拓东在昆明），再参考《蛮书》卷一所说的“从石门外出鲁望、昆川至云南，谓之北路”一句中的地名，按照它们的位置，摆在地图上，就可以发现出这条道路，是从四川的宜宾，经庆符、大关[1]、昭通、曲靖、昆明诸地而达南诏的首都大理的。

从庆符到大理的路线，自唐蒙开辟以后，即成为四川的要道，三国时诸葛亮南征时，有一支人马，就是从这一道路进军的[2]，以后在隋开皇五年（585）史万岁南征爨翫时，也是取道这一线。下及天宝年间，鲜于仲通，兵下南溪，还是从“北路”进军，其后仲通兵败，而此路逐告闭塞[3]。直到贞元十年时（794），俱文珍、袁滋、崔佐时等赴云南，册立蒙异牟，才把这条已经闭塞了的道路，又重新开通[4]。自此之后，南诏的侵犯四川，都要派兵从这一路线进军。根据以上的事实，就可以看出古代四川与云南的交通，主要是依靠这条栈道来联系。然则这一栈道，在川滇的交通史上，其地位也是非常重要的了。

这条栈道，在川滇的交通史上，既占有重要的地位，但是我们对于它沿途的桥阁建筑情形，则已无法探索。唯据《水经注》知道这一线为栈道。又据《蛮书》卷一，知道这一线的栈道，以石门一段为最险。“横阔一步，斜路三十余里，半壁架空，欹厄虚险”，就是它具体的描写。则其峻极萦回的状况，与川陕、陇蜀栈道相较，是没有什么伯仲的。

[1] 大关县所属的豆沙关现存有唐袁滋等入云南册封蒙异牟的刻石。

[2] 赵大煊：《诸葛武侯南征故道考》，《华西学报》二期。

[3][唐]樊绰：《蛮书》卷一。

[4][宋]欧阳修、宋祁：《新唐书·韦皋传》及《地理志》。

（四）川西栈道

川西栈道，系指灌县通向松（潘）茂（县）的栈道，它修造于何时，现已不能确知。唯松茂地区与川西平原发生密切往来的时间，当是隋唐之际吐蕃兴起以后的事情，因此灌县至松茂的栈道，就可能是唐时才修建的。

我推测这条栈道，在唐时开始修建，并不是纯粹出于想象，而是因为川西栈道最先记录于唐人的著作中。按李吉甫《元和郡县图志》卷三十一说：

> 蚕崖关，在（灌）县北四十七里，其处江山险绝，凿崖通道，有如蚕食，因以为名。

李吉甫所谓的“凿崖通道”，根据现存的遗迹来观察，知他的话就是指栈道而言。川西的栈道，既首先见于唐人的著述，因此说它是唐时所修，与事实决不会相差甚远。

这条栈道，除了蚕崖关，建有桥阁外，在灌县西十余里还建有虚阁栈道，二十五里有石笥阁道，三十里有龙洞阁道（引文见前），此外在茂县七星关地方，也有栈道。按《嘉庆一统志》卷四百一十五说：

> 七星关，在（茂）州南四十五里，唐乾符二年，高骈复戍望关，即此。关前山有小孔七，大孔一，穿山而成，如七星件月然，故名。关南栈道，临江倚阁，古称绝险。

把这几处栈阁，联系起来，就可知灌县的栈道，是通向松茂而达吐蕃的路线。至于这条路线的桥栈数目，由于资料的亡佚，目前已经不能说明了。

结　语

通过上面的一些叙述，我们对于栈道，就得出两点认识：第一，祖国西南地区的交通，在中古以前，主要是依靠栈道来推持，因此它在历史上，对西南的文化、政治、军事、经济各方面，都做出了不同的贡献。第二，栈道是由许多木架桥阁连接而成的，它的形状最初是有柱有梁，梁的一头入于山腹，一头露出山外，与柱相接，成为一“丁”字形；以后由于立在地上的柱，时有毁损，且易被山洪冲走，而修复栈道的人，为了减少麻烦起见，就把它变成了有梁无柱的形状。使行人在上面走动时，环绕在触目惊心的气氛中，而被认为是危险的路径了。

（原载《人文杂志》1957 年第 3 期）

中国蜀道

科学认知

The Shu Roads in China

Scientific Cognition

第三章

蜀道工程技术

蜀道工程技术

古代栈道横梁安装方法初探

陆敬严（同济大学）

1982 年 7 月，笔者曾赴川北，在当地文化部门有关同志陪同下，初步勘察了广元县境内的几处古栈道遗迹。该处栈道大约建于战国时期，自古以来就是沟通川陕的交通要道。现存的栈道遗迹，主要集中于广元县北约七十里处的朝天驿附近、明月峡至青风峡一带和嘉陵江两岸的岩壁上；此外，在广元县北十五里处的千佛崖下也有发现。

在明月峡和青风峡两处，嘉陵江两岸岩壁高耸，山势陡直，栈道高悬岩壁半空，一般在江面以上大约 10 米处，地形极为险峻，有“鸟道一线”“泥丸可塞”的说法。勘察时看到：该处存留的栈道横梁基孔，有的只有一排，状如图 2；有的有两排；亦偶见有三排的；还有

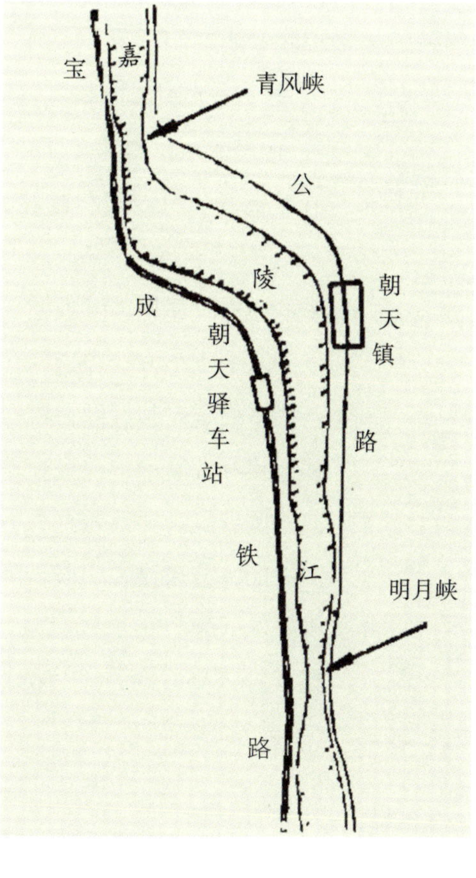

图 1 朝天驿附近栈道遗迹位置示意图

图 2 只有一排横梁基孔的栈道遗迹

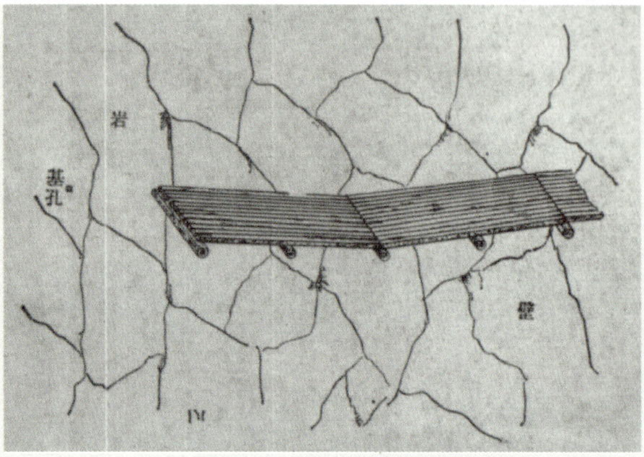

图 3 只有一排横梁承重的栈道结构推想图

的地方，一排横梁基孔与一排主柱基孔方向互相垂直，位置一一对应。这种情况，反映出该处栈道有着不同的结构。相邻基孔间距离一般为 2.5 米左右。根据基孔尺寸，通过对横梁进行的强度计算，估计该处栈道宽度约为 2 米。当地居民称栈道为“五尺道”，计算结果与此相近。总的看来，该处栈道路面较窄，位置较高，尤其是只用一排横梁支承的地段更为险峻，据笔者推断，其结构当如图 3 所示。这种栈道横梁（连同路面）何以能历时两千余年而不从岩壁基孔中脱出？这是一个值得研究的问题。

笔者曾在现场攀上陡壁，测量了明月峡一些横梁基孔的尺寸，发现横梁基孔宽度在 33 厘米 ~48 厘米，高度在 30 厘米 ~40 厘米，深度差别较大，约在 60 厘米 ~90 厘米。同时发现在基孔的底面上，靠近中间部位，另有一小方孔，长约 10 厘米，宽约 8 厘米，高约 4 厘米，距离洞口约为 30 厘米。不难看出，加工出基孔中的小方孔是相当困难的，如无确实必要古人是不会这样做的。经过分析，笔者认为基孔间小方孔乃是榫孔，它起着固定栈道横梁，防止其脱落的重要作用。现结合栈道横梁安装过程，将榫孔功用绘图说明如图 5。

栈道横梁安装前，在横梁端部加工出一榫头，位置与岩壁基孔中的榫孔位置相对应，两者尺寸关系如图 5（a）所示。王振铎先生指出，横梁端部的榫头应是另装上去的，看来这说法很正确，这种做法可节约木材，减少加工量，而且也可增加榫头的强度。

横梁插入基孔时，应将榫头置于榫孔内，如图 5（b）所示，如此则横梁上

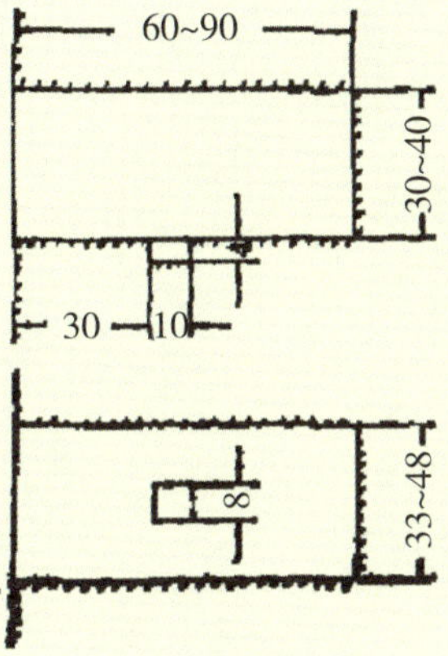

图 4 明月峡栈道横梁基孔尺寸（单位：厘米）

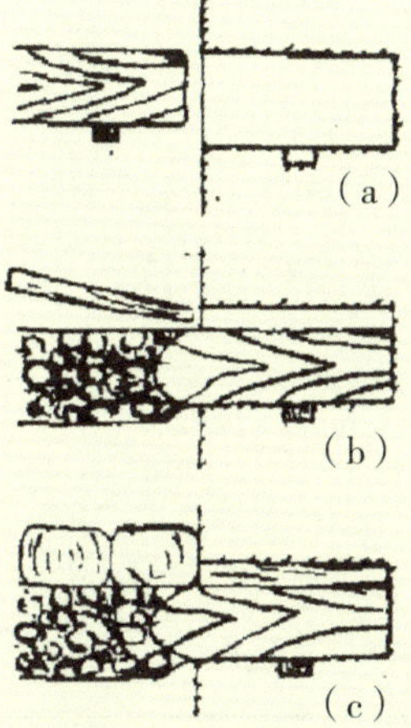

图 5 明月峡栈道横梁安装方法示意图

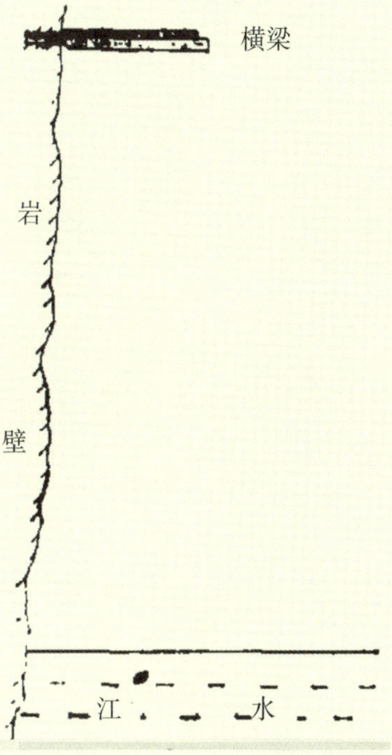

图 6 只有一排横梁的栈道剖面图

面出现的间隙，高度应接近于榫孔之高。

然后将另一木楔打入横梁上面的间隙中，即可将横梁牢靠地固定于基孔中，从而有效地防止了横梁的脱落。状如图 5（c）。

笔者曾按图 5 所示的安装过程进行模型实验，效果良好。按照上述安装方法修成的栈道，其剖面如图 6 所示。

栈道横梁的这种结构和安装方法，具有简便可靠和节省人力物力的特点，充分反映出我国古代劳动人民在当时的条件下，修建栈道工程的聪明才智和高度施工水平，直至今日还值得我们注意。但别处的古栈道是否也采用这样的结构和安装方法，以及是否还有其他有效方法防止横梁脱落，这还有待于人们继续进行调查研究。此外，笔者在现场所见的榫孔都比较规整，尺寸都比较准确，加工出这样的榫孔似不容易，不知古人用的是何种加工方法，再做调查时对此也应注意。

（原载《自然科学史研究》1984 年第 4 期）

褒斜栈道的工程技术

杜葆仁

历史上的褒斜道是沿褒斜二水穿越秦岭的一条通道，它是古时候关中通往陕南进而通往巴蜀西南各地的一条重要通道。

《国语》上说：“周幽王伐有褒，褒人以褒姒女焉。”[1] 证明西周末年这里就有可以通行的道路。后来“周显王之世，蜀王有褒汉之地，因猎谷中，与秦惠王遇”[2]。表明当时的道路不仅沟通了关中和陕南地区的往来，而且还可以继续向南延伸，通结巴蜀。

但是，褒斜道在历史上真正发挥重要作用的时期是在春秋以后。战国时，秦国为了统一巴蜀，出于政治、经济和军事上的迫切需要，把早已能通行的褒斜道建成为褒斜栈道，这是一次非常大的工程，也是褒斜道道路修建上的一次比较大的变革。《战国策·秦策》里蔡泽对范雎说：“栈道千里，通于蜀汉。使天下皆畏秦。”秦国建成这条栈道，增强了经济和军事实力，大大加快了统一的进程。秦末，该栈道曾毁于战事，但很快就修复了。

到汉武帝时，有人上书：“褒水通沔，斜水通渭，皆可以行船漕。漕从南阳

[1]《国语》卷七《晋语》。

[2][晋]常璩：《华阳国志》卷三《蜀志》。

上沔入褒，褒之绝水至斜，间百余里，以车转，以斜下渭。如此，汉中谷可致，而山东从沔无限，便于底柱之漕。且褒斜材木竹箭之饶，儗于巴蜀。”建议改筑栈道，以便漕运，汉武帝采纳，“释汤子印为汉中守，发数万人作褒斜道五百里。道果便近，而水多湍石，不可漕”。与战国时的工程相比，这次工程不仅规模大，而且选择了最近的路线。竣工后，虽未完全实现漕运的预期设想，但修通了栈道，在当时的条件下，最大限度地便利了中央政府通西南的交通。

《史记·货殖列传》里讲：“栈道千里，无所不通，唯褒斜绾毂其口。”栈道建成之后，褒斜道几成了通向巴蜀的唯一通道，犹如咽喉一样，十分重要。《华阳国志·蜀志》上说：汉世，“玺书交驰斜谷之南，玉帛践乎梁益之乡”。栈道上“商旅联槅，隐隐展展，冠带交错，方辕接轸”[1]。这条道成为历史上朝廷用来向地方传达政令的一条主干道，成为历史上贯通我国南北的一条大动脉，有力地促进了我国的统一，促进西南地区的经济和文化的发展，促进了我国各民族的团结。褒斜栈道自秦汉修筑以后，历三国晋魏下迄隋唐，在历史上发挥了巨大的作用。

褒斜栈道在历史上能起到如此巨大的作用，除了它的路线位置选择合理之外，卓越的工程技术亦为后人所道。虽然这些历史上十分伟大的工程建筑今已多不复存在，根据各种文献记载和现场残存的工程遗迹，按照当时同类工程的结构原则，仍然可以度其梗概，本文拟就褒斜栈道的工程技术作一探讨。

一、阁道工程

栈道亦称阁道。阁道，本是古代天文学上的术语。《史记·天官书》说：“紫宫……后六星绝汉抵营室曰阁道”注解中说：“阁道，北斗之轴。”古人把宫际天桥称为阁道，含有将人间帝王居处比作天上神仙的宫阙之意。实际上就是高阁式的通道，在技术功能和结构待征来说，就是一种天桥。天桥桥上有高空通道，有时桥下地上也有道，或交叉、或平行，是一种带有立体意味的古代交通设施，

[1][汉]张衡：《西京赋》，《文选》。

所以有时又称为复道。

阁道来源于阁。阁是秦汉时期一种常见的建筑，是一种架空的有梁有柱的木结构建筑，在建筑工程上阁道的形式是阁的延长和发展。

秦时阁道建筑已相当有名，《史记·秦始皇本纪》记载，秦都咸阳“自雍门以东至泾渭，殿屋复道周阁相属”。特别是阿房宫的营建，“周驰为阁道，自殿下直抵南山”。秦都建筑中的这种“周阁”和“阁道”，就是连通宫殿之间的架空木结构道路。历史上的褒斜栈道所建阁道工程也属于这一类木结构建筑物。就现场考察到的遗迹所见，其结构有下列五种形式。

（一）平梁直柱结构

在实地考察中，经常发现褒斜二水的河谷，有些地段比较狭窄。两岸岩石壁立，道路难于通过。在河流转弯处，也有这种情况。河流总是呈“之”字形向前流动，在有些弯道的凸岸，湍急的水流直扑岸边陡峻的岩石，岸上简直没有容身之地，在这些地段便会发现有阁道工程的遗迹。

如留坝县的黑杨坝村，在黑杨坝村南褒河西岸，便是一处弯道的凸岸。这里岸边崖壁陡峭，奔腾咆哮的褒水直扑岸边岩壁，紧贴岩壁流过，其水深不可测，当地群众称这里为阎王砭，长约 100 米。在这一地段距今水面 5 米高的同一高程岩壁上，凿有方形壁孔 27 个，壁孔长、宽各 36 厘米、深 70 厘米，间距 1.5 米~2 米。在这方形壁孔的下面，还发现凿有方形或圆形的石孔 13 个，方形的石孔长、宽 29 厘米、深 7 厘米，圆形孔直径 21 厘米、深 5 厘米，和上面方形的壁孔成一直线，互相垂直对应，间距约有 3 米。

1960 年~1963 年韩伟、王世和两位同志在汉中褒城石门附近考察栈道时，也发现了这类工程遗迹[1]。在石门南约半里，这里岸崖陡立，水流湍急，1 个方形壁孔凿于陡立崖石半腰，各孔间距 1.5 米~2 米，在一部分壁孔的下面，发现凿有 4 个圆形底孔，比壁孔低约 7 米，距离约有 5.5 米，圆形底孔直径 31 厘米~34 厘米、深 30 厘米~32 厘米，间距和上面的壁孔相当。其中有一个底孔，中

[1] 韩伟、王世和：《褒斜道石门附近栈道遗迹及题刻的调查》，《文物》1964 年第 11 期。

间还有一个直径 9 厘米、深 6 厘米的小孔，当为安装柱榫所用。

另外，发现褒谷口在壁立的山崖半腰还凿有三个次方形壁孔，在一个壁孔的下面，凿有一行三个圆形底孔，直径 35 厘米、深 10 厘米。其他两个壁孔下面因河沙淤积，无法寻找。

这些都是阁道工程留下来的遗迹。《水经注·沔水》条引“诸葛亮与兄瑾书云：……其阁梁一头入山腹，其一头立柱于水中”，是这种平梁直柱结构。考察中所见的壁孔便是当年安装隔梁的孔。就考察中所见，隔梁多是平的，与岩壁垂直，有少数壁孔略微上翘，隔梁按上去一头会略微向上倾斜，造成阁道路面外面高、里面低的现象。这种阁道都修在险要地段，一面依山，一面临渊，里面是靠山的一面，外面是临水的一面，外面路面略高，人走在上面就不会滑落下去，也能减轻临渊在心理上给人造成的威胁，这是有意设计的。壁孔下凿的底孔，就是诸葛亮所讲的隔梁一头立柱于水中的柱孔。立柱有单行者，也有多至三行的，数目不一，其结构原理是一样的，都是由梁柱结合起来的架空的木结构道路建筑。

从壁孔多是方形的情况看，隔梁也是方棱形的木料。底孔多是圆形，则立柱多为圆木。柱孔能起础石作用，柱孔皆凿在岩石上，则比础石能更好地固定柱子，负载后的重量通过柱子传递到坚硬的岩石上，起到承重的作用。阁梁和立柱之间的连接是用榫卯结合的，因为这在当时是通用的办法。梁架与梁架之间，铺以木板，构成路面。秦汉多高层建筑，栏杆设计亦多，有使横木数道再如直木者，称为横式；亦有全用直木者，称为竖式。秦汉时期的阁道工程，栏杆之应用亦应随之，平梁直柱结构式的阁道，则应按横式栏杆为宜。这样，平梁直柱阁道工程的结构和外观便都一清二楚了（图 1）。

图 1 平梁直柱结构阁道工程复原图

图 2 框架式结构阁道工程复原图

（二）框架式结构

在汉中市褒城石门以南，见到有一巨大山崖伸入河中，当地群众称为老虎口。在老虎口南，岸崖倾斜，坡度比较平缓，不像它处高崖陡立，而是由许多小阶梯形成的坡面。此处崖壁上找不见壁孔，但有底孔，共 42 个，较有规则的分布在崖坡的阶梯上，大致东西有四行，南北也有四行，互相对应。底孔最大直径 30 厘米，最小的只有 12 厘米左右，高差 4 米 ~5 米，宽约 4.6 米。因为没有壁孔，其阁梁也就无法插入山腹崖壁，只能在一个个底孔上立柱，由柱构成桥墩，上面安梁，由梁柱构成框架，互相连接起来，梁上铺板，构成路面，临水的一边施以栏杆，加以护卫，便形成框架式结构的阁道工程，实际上是一种接近多跨式的桥梁工程（图 2）。

（三）平梁直柱加斜撑结构

在留坝县武关驿村东褒河东岸看到一处阁道工程遗迹，是平梁直柱加斜撑结构。

此处地形呈斜坡状，在距今水面 4 米 ~4.5 米的岩壁上凿有安装阁梁的方形壁孔 8 个，孔宽 39 厘米、深 81 厘米 ~101 厘米，间距 1.76 米 ~3.95 米。在接近水面的地方发现有圆形柱孔 6 个，直径 17 厘米、深 5 厘米。这是原先用来安装立柱的。柱孔和壁孔高差为 3.6 米 ~4.1 米，距离为 5.7 米。这便是阁道的高度和路面的宽度。和平梁直柱结构不同的是在壁孔和柱孔之间还凿有一排石孔，共 16 个，上距壁孔 2.1 米，下距柱孔 2 米，均为方形，孔口宽 16 厘米、深 16 厘米，间距 73 厘米 ~105 厘米。孔口向上倾斜 25° ~30° ，从这一排孔所处的位置，孔

图 3 平梁直柱加斜撑结构阁道工程复原图

口倾向的角度看，它只能斜向上安一排木件，用榫卯连接在立柱或者横梁上，用来分散荷载重量，防止某一部件因受力过于集中而被折断，增加立柱和阁梁的坚固程度。我把这一种结构称之为平梁直柱加斜撑结构（图 3）。

（四）平梁立柱有棚盖结构

图 4 平梁立柱有棚盖结构阁道工程复原图

留坝县磨乔村西褒河对岸看到一处阁道工程遗址，此处崖壁直立，直插河中，褒河水紧擦崖壁淹过，人无法通过。在距今水面 1 米 ~2.5 米的岩壁上，有方形壁孔 22 个，壁孔宽约 25 厘米、深约 30 厘米、间距 30 厘米 ~50 厘米，下有柱孔，凿于崖壁紧贴水面的地方。柱孔亦方形，大小与壁孔相当，在壁孔上方高约 3 米的地方，还凿有方形孔 4 个，我们估计这是安装棚盖用的。

阁和阁道本是秦汉时期常见的建筑形式，在山区某些特殊环境里用阁道这种建筑形式来发展交通，借用阁和阁道的建筑形式，在阁道路面上面安上如同屋顶一样的棚盖，在技术上并非难事，因为首都附近原来建造的阁和阁道本来就是这种样子。就磨乔湾所见有棚盖结构的阁道遗迹来看，阁道路面以上加上像屋顶一样的棚盖好处甚多，它可以挡住从山上滚落下来的碎石、土块，遮住从山腰岩缝里渗出的泉水，增加阁道的安全，为过往行人增添方便，这是一种很好的方法（图 4）。

（五）平梁无柱悬空结构

在考察中，曾于留坝县孔雀台看到一处阁道工程遗迹。孔雀台村东褒河西岸，有一山峰拔地而起，临河的一面十分陡峻，水流至崖下，受阻回旋，形成一个深潭，使人无法从岸边通过。我们看到距今水面 3 米高的石壁上凿有一排孔，共 24 个，均为方形，孔口宽 31 厘米、深 30 厘米、间距 30 厘米 ~50 厘米，下面找不到柱孔，岩壁直立，其下水深莫测，估计也难于立柱来支撑阁梁，它应是一种平梁无柱悬空结构的阁道工程。据《水经注·沔水》条中记载："褒水西北出衙岭山，东南迳大石门，历故栈道下谷，俗谓千梁无柱也。"可见褒斜栈道上原来就有这种结构的阁道工程（图 5）。

这种悬空结构的阁道，和其他结构的阁道比较起来，欠缺合理。因为它没有立柱，单把阁梁插进壁孔里，上面再铺以木板，围以栏杆，人走上去很不平稳，"迳涉者，浮梁振动，无不摇心眩目也。"[1] 非常吓人。孔雀台阁道工程的壁孔凿得很密，说明它的阁梁安得也很密，就是设法想减少振动，增加阁道的坚固程度，只是限于地形，只能如此罢了。

阁道工程的种类，就考察所见到的遗迹类型，参照文献上的记载，按当时同类工程的图样，大致有以上的五种结构。除平梁无柱悬空结构外，不管是平梁直柱结构，还是平梁直柱加棚盖结构，都是阁的延长式样，和秦汉时期建在都城附近的阁道应是一样的，是一种木框架结构建筑。只是栈道上的阁道有一些减少了一边的框架，将阁道直接插入岸边的岩壁，利用岩壁代替一边的框架，这

图 5 平梁无柱悬空结构阁道工程复原图

[1][北魏]郦道元：《水经注》卷二十七《沔水》，商务印书馆，1933 年。

当然是一种创造，但更确切地说是因地制宜。其结构原理是一样的。

就栈道中的阁道工程遗迹来看，建成栈道千里，绝非易事，它需要付出十分艰苦的劳动，要解决许多复杂的技术问题，在当时是一项十分伟大的工程。

二、隧道工程

褒斜栈道上还有隧道工程。《水经注》卷二十七《沔水》条中记载："汉水又东合褒水，水西北出衙岭山，东南迳大石门……褒水又东南历小石门，门穿山通道，六丈有余，刻石言：'汉明帝永平中，司隶校尉犍为杨厥之所开'……"大石门尚未查清。《水经注》上说的小石门就是一处人工开凿的隧道工程道。

小石门今人通称石门，位于汉中市西北褒城北约3千米褒河西岸。石门这里有一高耸的山嘴，一直伸入河中，山嘴形势陡峭，近乎直立，人无法从岸边通过，便凿通山嘴，建成隧道，这就是石门。石门与河床平行，大体呈南北向，洞内东壁长16.5米、西壁长15米；南口高3.45米、宽4.2米；北口宽4.1米、高3.75米。平均起来长15.75米、宽4.15米、高3.6米。石门内岩石坚硬，表面平整，没有斧凿痕迹，有汉魏以来碑碣题刻25种，如汉《司隶校尉犍为杨君颂》《右扶风丞李君表记》《杨淮杨弼表记》《石门》摩崖，曹魏《李苞通阁道题铭》，北魏《石门铭》等，都明确记载石门是褒斜道上人工开凿出来的一条隧道工程。

关于石门隧道开凿的年代，东汉永平九年《鄐君开通阁道碑》和建和二年《石门颂》；东汉永平四年（61）汉明帝："诏书开斜、凿通石门"，永平六年（63）汉中太守鄐君以明诏"受广汉、蜀郡、巴郡徒二千六百九十人开通褒斜道"。至永平九年凿通完工，这是一说。但《郙阁颂》中却说："嘉念高帝之开石门，其元功不朽。"好像石门是西汉汉高祖刘邦所凿，这也是一种说法。南宋晏袤在《鄐君开通褒斜道石刻释文》中认为："石门基于秦、开于高帝，明帝又从而广之"，这又是一种说法。本文着重讨论褒斜栈道的工程技术，石门凿于何时，我们不准备详加讨论，反正最早认为它为秦时所开，最晚是东汉永平九年就凿通了的，说石门为秦汉时期凿通，这是不会错的。

石门这一条中国历史上最早凿出来的隧道，也是世界交通史上最早能通车辆的隧道。它是怎样凿出来的？它的开凿技术是我们在这篇文章中要着重讨论的。

石门所处的山嘴岩石很是坚硬，它的内壁平整，几乎看不出用什么工具凿辟出来的痕迹，那么它是用什么办法凿通的呢？

要解决这个问题，得回顾一下我国历史上劳动人民是如何对付石头的，如何在岩石上进行施工的。

秦昭王时，蜀守李冰在四川大修水利，据说使用了“火焚水淬”的凿石办法[1]。唐代疏通嘉陵江航道时，也用了这种方法，柳宗元在《兴州江运记》中记载：“焚以炎火，沃以食醯，摧其坚刚，化为灰烬，畚锸之下，易甚朽壤，乃辟乃垦，乃宣乃理。”《元史·河渠志》中记载，至大三年（1310）在陕西泾阳谷口修新渠时“用火焚水淬，日可凿石五百尺”。一直到清代，党崇雅《贾大司马修栈道记》中还记载，“煅石三十二处，共一百五十六丈六尺”[2]。这是我们历史上一直使用的施工方法。贾汉复在《栈道歌》中云：“积薪一炬石为坼，锤凿既加如削腐。”看来这种说法是可信的。石门这一条隧道工程大概就是用火焚水淬的方法开凿出来的。

三、凹槽形通道工程

褒斜栈道上还有许多凹槽形通道工程。在栈道遇上山嘴不便通过时，便把山嘴岩山凿开，开一道凹槽，让路由凹槽中通过。

在石门北边 15 米的地方，便有一处这样的工程遗迹。凹槽成南北向，路由槽内通过，槽底与石门隧道路面处在同一水平上。凹槽南北长 4.6 米、东西宽约 2.9 米、深约 1.5 米，它应该是和石门隧道同时开挖的一处工程。

另外，在石门以南，还有一处这样的凹槽，此处岸边有一突出的方形山嘴，将山嘴凿成凹槽，道由槽中通过。南北长 7.25 米、东西宽 3.23 米 ~3.95 米。凹槽两端连接阁道，两端都留有阁梁和立柱的孔迹，证明凹字形槽形通道工程不仅和阁道同时，也是褒斜道不可分割的组成部分。

[1][北魏]郦道元：《水经注·江水》，商务印书馆，1933 年。

[2]《宝鸡县志·艺文志》。

凹槽形通道工程，施工起来要比隧道工程容易些。因为前者是露天施工，后者是在洞内施工。秦汉时期能凿成像石门那样的隧道，要在露天挖这样的凹槽形通道，在技术上应该说是能办得到的事情。估计和凿石门隧道时用的是一样的施工方法。

四、桥梁工程

褒斜栈道上，还有许多桥梁工程，据汉《鄐君开通褒斜道摩崖》中记载："永平六年，汉中郡以诏书受广汉、蜀郡、巴郡徒二千六百九十人，开通褒余（斜）道。……始作桥阁六百二十三间，大桥五，为道二百五十八里；邮亭、驿置、徙司空、褒中官寺，并六十四所。□凡用功七十六方六千八百余人。凡三十六万九千八百四器用钱。百四十九万九千四百余，斛粟□□□□九年四月成就，益州□东至京师，去就安稳。"鄐君开通褒斜道，名曰开通，实际上只是一次修复工程。这一次就修了五座大桥，可见褒斜栈道原来大桥也不会少，桥梁也是褒斜栈道的一项工程内容。

褒斜栈道的路线并不固定，时而位于褒水左岸，时而又位于褒水右岸，依地势平缓开阔选择路线，要把河流两边的路连接起来，非得造桥不可。

1979年在调查褒斜栈道时，曾发现三处桥梁遗址，分别位于留坝县的磨坪村、太白县的沟口上和古迹街[1]。

以太白县沟口上为例，在沟口上褒河东岸，有一石头山梁伸入河中，接近水的地方发现凿有方形桥柱孔遗迹，东西有两排，每排有3个，大小相同，孔口长30厘米、深35厘米，间距1.2米，两排相距3米，它证明这座桥起码有两排桥墩，每墩三柱组成，是一座多跨梁式桥。据桥柱孔间距可以推知，当时桥面宽度至少在3米。

褒斜栈道上的桥梁工程，根据太白县沟口上残存的遗迹，最少在四跨以上，每跨长3米，由三根30厘米 ×30厘米粗的方形组桥墩，方柱柱洞深35厘米，

[1] 陕西省考古研究所、汉中市博物馆：《褒斜栈道调查记》，《考古与文物》1980年第4期。

直接凿在河床基岩之上，柱子插入柱洞之中，十分牢固。参照四川出土的汉画像砖上梁柱桥图像，复原起来应该是多跨式梁柱结构的桥梁。组成桥墩的柱上安上横梁，梁与梁间辅以木板或木料，两边围以栏杆，大致上就是这种式样的桥梁。

五、路基和路面工程

除阁道和桥梁为木结构外，一般路基即建在土上或石头上。建在土上的路基和路面，当然要夯打坚实。据《汉书》：“秦始皇为驰道，道广五十步，三丈而树，厚筑其外，隐以金椎。”金椎就是铁椎，用铁椎把土夯筑坚实。驰道上的路基路面是采用这样的方法筑成的，褒斜道在秦汉时也是非常重要的道路工程，也应该采用同样的方法修筑。

有些和阁道相连的地方，往往是斜坡地形，其宽度不够路面所需要的宽度，这时就会看到用石块垒砌起来的路基帮壁，像砌墙一样，里面填以土石，一直填到和阁道工程相同的高度和宽度时为止。这种遗迹，考察中还可见到，虽多倒塌，但堆砌的基础尚在。

关于路面的宽度，北魏《石门铭》中记载：“阁广四丈，路广六丈。”北魏时尺有四种情况，一是一尺合今 27.81 厘米，二是一尺合今 27.90 厘米，三是一尺合今 29.51 厘米，四是太和十九年（495）颁布用的大尺，东魏后魏也曾用它，一尺合今 29.97 厘米[1]。前三种是杂用尺。若按当时通用的大尺计算，“阁广四丈”，29.97 厘米 ×4 厘米 ×10 厘米 =1198.80 厘米，“路广六丈”，29.97 厘米 ×6 厘米 ×10 厘米 =1798.20 厘米，去掉小数点，四舍五入，以米计算，北魏时修的栈道，阁道工程宽 12 米，一般路面宽达 18 米。《石门铭》中所记是北魏时所施工程的尺寸，不是秦汉时期的阁宽和路宽。北魏时只是褒斜栈道的一次维修工程。一般来说，维修工程会沿用前代的规格，《石门铭》中记载的尺寸，也可能就是褒斜栈道开创时原有的尺寸。

汉长安城的考古发掘，曾发现了西汉时车辙痕迹，汉时车轨宽 1.5 米，说明

[1] 吴承洛：《中国度量衡史》，商务印书馆，1984 年。

褒斜栈道的路面宽度足容数车并行或对面相而过，不会受到影响。《石门铭》记载，当时可以“连辀骈辔而进”，就是这种意思。从中我们不难看出褒斜栈道的工程规模与我国古代交通发展的水平。

褒斜道自秦汉以来，一直是关中通往陕南和巴蜀西南各地的一条交通干线。秦都咸阳、汉都长安，实际上也是当时中央和地方联系的一条主要路线。褒斜栈道，对于维护国家统一，促进经济文化发展和增强民族团结曾发挥过很大作用。它在工程技术方面又有许多独特创造，这是我们应该加以总结的。

（原载《中国考古学研究论集》编委会编：《中国考古学研究论集——纪念夏鼐先生考古五十周年》，三秦出版社，1987 年，第 488 ～ 494 页）

中国古代栈道的类型及其兴废

蓝　勇（西南师范大学）

摘要：本文从考古和文献角度研究了中国古代栈道的产生、发展和衰亡的历史，分析了栈道类型及变化，同时指明了栈道衰亡的各种原因。

关键词：栈道类型

栈道，是中国古代特有的交通设施，在几千年华夏文明的长河中，曾起过重要的作用。但其产生两千多年后，多已荡然无存，而我们对它的研究仅局限于几条古道上栈道的调查简报，故很有必要对中国古代栈道产生与衰亡的历史、古栈道的分类与形式、分布范围等问题作一系统研究，以借鉴于今天建设。

一、栈道的产生

栈，按《说文解字》释之为竹木之车。又按《玉篇》《集韵》《韵会》《一切经音义》等释为栅、阁板、小桥、阁版板，再引申作动词便指用竹木设造，即有称编木曰栈。

颜师古注《汉书》称：“栈，即阁也，今谓之阁道，盖架木为之。”司马贞《史记索隐》又引崔浩曰："险绝之处，傍绝山岩施板梁为阁。"这即指《正韵》《广韵》里谈到的木栈道，也即典型的最原始栈道。《辞海》（缩印本）第1297页有解释："栈道……我国古代在今川、陕、甘、滇诸省境内峭岩陡壁上凿孔架桥连阁而成的一种道路，是当时西南地区的重要交通要道。"

《辞海》这个解释是值得商榷的。因为历史上是先有桥梁，栈道而后受之启发而产生。故古人称栈道为小桥、偏桥，并多将桥梁与栈阁并称桥阁。由此看来，古人更多视栈道为一种特殊的桥梁，一种交通建筑物，而不主要是道路。南宋鲍彪称："栈，棚也，施于险绝，以济不通。"[1]这个解释比较合理。现代，人们还视栈道为早期木桥[2]。这样看来，《辞海》如释栈道为一交通道路设施或交通建筑物则更能体现栈道的历史含义和特点。至于《辞海》认为栈道是当时西南地区交通要道就更不妥了。一个特定地区可称要道的道路，一定是一条较长而完整的通道。但栈道仅是交通道路设施，用于解决险峻地段的通行，在一条完整的通道中不可能占多大地段，这便是所谓："缘坡岭行，有缺处，以木续之成道，如桥然，所谓栈道也。"[3]如宋褒斜道南段一百五十里地段中有栈阁2989间[4]，按从现在考古调查看，褒斜道孔距在2米左右居多，可知当时栈道总长度不过十二里左右。如按明代2275间计，则仅九里左右。又如今大宁河栈道遗孔共有6888个，分布在罗门峡至大宁盐场近三百里地段上，除去很少双排栈孔所减长度外，栈道总长度也不过二十六里左右。由此看来，栈道不可能是一个特定大地区的重要交通要道[5]，而只是这些要道上险绝之处的交通设施。

现在所讲到的栈道其含义要广得多，这主要是以后出现了石栈。唐代李白《蜀道难》有"天梯石栈相钩连"之句。特别是明清以来，木栈多毁，石栈与碥路逐

[1][汉]刘向：《战国策》卷五《秦策三·鲍彪注》，上海古籍出版社，1985年。

[2]《桥梁史话》编写组：《桥梁史话》，上海科技出版社，1979年，第27页。

[3][清]顾祖禹：《读史方舆纪要》卷五十六《陕西·汉中府》，中华书局，1955年。

[4][宋]乐史：《太平寰宇记》载褒城到凤州一百五十里有栈阁2989间，险板阁2893间，后者应指在2989间中有2893间险峻板阁，不能以5000多合计，故《纪要》卷五十六引《汉中志》仅录有2989间。

[5]明清时人们习惯称金牛道为南栈道，连云栈为北栈道，以两条道路栈道设施多于它道之故，为特定环境特定时间的特称。

渐代替了原始的木栈道。这样，我们解释栈道时，应将石栈的因素加进去。

栈道最早兴起于何时，目前还无确切史料。以考古和民族学观点看，远古时代人们多以狩猎为主，为追逐猎物视野开阔，一般沿山脊开路，没有设栈道的必要。从栈道工程看，没有铁工具是难以施行的。大概是人们进入以耕稼为主的时代以后，对水的依赖加强，多沿山谷取行，再加上铁工具出现，栈道才有了产生的可能和必要。笔者认为：栈道应出现在战国时期，这与史书上记载当时“栈道千里，通于蜀汉”“栈道千里，无所不通”是相吻合的。

历史上栈道在中国西南及陕南秦岭大巴山山地产生和分布最广、使用最多，这是与其地理环境密不可分的。中国西南山高水险，交通回曲不便，在现代交通方式产生以前，栈道无疑是平直近捷的一种交通设施。这使得栈道产生有其必要性。中国西南许多地区属新构造地带，河谷深切，岩层分布多而裸露，再加上历史时期西南河谷地区森林众多，这些为栈道产生提供了必要的石基和栈木，使栈道产生有了可能性。

二、栈道分类和形式

栈道因原材料和环境因素，形成不同类别和形式。以往有人将栈道分成土栈和木栈两大类[1]；又有人笼统将栈道分成五种形式，即标准式、无柱式、凹槽式、依坡搭架式、斜柱式[2]。从笔者接触的史料和实地考察看，这种分法不够科学，形式也没能尽全。栈道应分成木栈和石栈两大类。

1. 木栈即将木作用于石或土而形成的栈道，共有五种形式，即标准式、悬崖斜柱式、无柱式、汀步式和木筏式。前三种形式民间亦俗称偏桥，加盖后人们又称为阁道、栈阁。

（1）标准式即木栈最基本最原始的形式。系在陡险崖壁上凿孔安木梁，水

[1] 童恩正：《古代的巴蜀》，四川人民出版社，1979 年，第 116 页；陈世松：《四川简史》，四川省社科院出版社，1986 年，第 18 页。

[2] 陕西交通史志编辑部：《褒斜栈道的特点和作用》，《公路交通编史研究》增刊。

中立木柱托梁，再在梁上铺木板成路。《诸葛亮与兄瑾书》载："其阁梁一头入山腹，其一头立柱于水中。"[1]即指这种形式。这种栈道形式的遗迹在子午道沣峪韩家崖，褒斜道黑杨坝、秧田坝、高家坝、江口、磨坪、红岩里[2]，景谷道飞鹅峡等处有存。这些地方栈道遗迹，壁孔与底孔相对[3]，底孔因水位变化时隐时露于水（图1-1）。

标准式栈道可分为简易型和加固型。简易型一般只有底孔立柱托梁，梁的另一头不凿孔安梁，仅回崖取石凿成石级搁梁。如子午道子午峪第二地点拐儿崖和故道略阳附近便是此类遗迹。加固型即在一壁孔与一底孔之间一线加凿1~6个底孔立柱托梁，或在最下面两个底孔左右凿孔立柱托梁，以加固栈道。这种形式在褒斜道武关驿、江西营、韩树沟和武关道蓝河桥Ⅲ段有存。其遗迹一般一个壁孔相对众多底孔（图1-2）。

（2）悬崖斜柱式在岩壁陡直，河水又深，无法垂直立柱托梁的地方，人们在壁孔下方凿孔立斜柱以托横梁，即悬崖斜柱式。悬崖斜柱式分成直接斜柱型和木杪斜柱型两种。

直接斜柱型是直接在悬崖上将孔凿成倾斜状以立斜柱托梁。在褒斜道柳川摩桥湾有此型遗迹存留。

木杪斜柱型清人有记载："偏桥之制，先凿穴石壁上，下二、三丈复凿穴以支巨木，木斜出杪，与上壁穴平举横木，上穴中复引其首，缀于木杪，势平后固以絙或铁或竹索，两木之间则施骄木焉，实土布以版，如是始通人行。"[4]这种形式底柱（木杪）用榫卯方式结合在横出的短下梁上，斜托上梁。其遗迹在子午道石砭峪第一地点、沣峪第二地点Ⅱ、Ⅲ段、武关道流峪河Ⅴ段、褒斜道江口北

[1][北魏]郦道元：《水经注》卷二十七《沔水注》，商务印书馆，1933年。

[2]陕西考古所：《褒斜道石门附近栈道遗迹及题刻的调查》，《文物》1964年第11期；陕西考古所、汉中博物馆：《褒斜栈道调查记》，《考古与文物》1980年第4期；王子今、焦南峰：《古武关栈道遗迹调查简报》，《考古与文物》1986年第2期；王子今、周苏平：《子午道秦岭北段栈道遗迹调查简报》，《文博》1987年第4期。本文武关道、子午道和褒斜道栈道部分考古资料出自以上四文。

[3]据笔者考察，飞鹅峡底孔在修碥路时毁。

[4][清]王昶：《雅州道中小记》，《小方壶斋舆地丛钞》第七帙，商务印书馆，1936年。

段、王家楞西坝、金牛道广元明月峡北段、景谷道南坪郭元双河塘，故道徽县双龙崖都有存。这种类型的遗迹一般留有两排相对斜孔而无底孔（图 1–3）。

另外这种木杪型还有一种变易型。以前人们对大宁河成“品”字型栈孔的栈道形式视作一迷，但后来笔者在川西夹金山下发现了残存的这类栈道，其形制：下面两孔安梁铺木板，木板正中立简易柱托上孔横出的梁，同时又在木板两边各立一柱托上面木板（图 1–4）。

（3）无柱式俗称空木桥，即《水经注》称的“千梁无柱”式栈道。这类栈道处悬崖，水又深又急，无法立直柱，而路面近水面，难于立斜柱，故采取无柱式。这种形式人行其上十分危险，所谓“迳涉者，浮梁振动，无不摇心眩目也”[1]（图 1–5）。为了安全起见，这种栈道多设勾栏（栏杆）相护，唐代曾将金牛道险栈“限以勾栏”[2]，宋人文同《过朝天岭》诗称：“且倚钩栏拥鼻吟。”有载：“山峻水急，其中多巉岩壁立，难以凿路，募匠锤石成孔，横贯巨木，上覆木板，外作栏杆绕之，如桥梁状，故名曰栈道。”[3] 这种形式的遗迹在四川大宁河、广元明月峡南段、褒斜道黑杨坝、西坝、石娅子、李家庄、子午道石砭峪第二、三地点，沣峪第二地点Ⅰ段、武关道黑龙口Ⅰ、Ⅱ段有存留。此类栈道遗迹一般只有一排壁孔、无底孔。另无柱式栈道也有一种加固型，即斜张拉型，刘禹锡《山南西道新修驿路记》载把无柱式栈道“枘木絙铁而广之”[4]。即在栈道上方凿孔安柄木用铁索拉托横梁，类似今斜张拉桥。

标准式和悬崖斜柱式栈道为了防流水与滚石和供行人休顿以避烈日雨淋，还加盖成阁，故又称栈道为阁道。古人计算栈道便以间或阁为单位。山西浑源悬空寺栈道和《名山图》上的栈道图，加盖一般在壁孔上凿一排阁孔装横栿梁，也可在上凿一排阁孔装斜栿梁以托缘板，阁梁与壁梁用木支撑相连，木与木用勾栏相接。木杪斜柱加阁式遗迹在今明月峡北段及南坪郭元双河塘、褒斜道摩桥湾有存。标准式加阁式在褒斜道武关驿，韩树沟处有存遗迹。

[1][北魏]郦道元：《水经注》卷二十七《沔水注》，商务印书馆，1933年。
[2][3][唐]刘禹锡：《刘梦得文集》卷二十六《山南新修驿路记》。
[4][清]严如熤：《三省山内风土杂记》，《丛书集成》本。

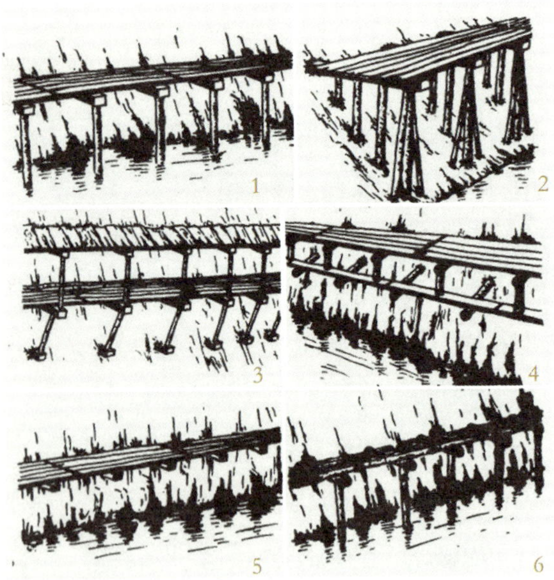

图 1 古代木栈道类型

就目前的考察资料看，木栈的基本形制为：栈道孔径，最大 80 厘米（广元飞鹅峡），最小 10 厘米（流峪河Ⅴ段），一般以 25 厘米 ~45 厘米居多。栈道孔深，最深 101 厘米（武关驿），最浅 4.5 厘米（流峪河Ⅰ段），一般以 30 厘米 ~70 厘米居多。相比之下，壁孔普遍大于底孔。从孔形看，有正方、长方、圆、椭圆、箕形、不规则棱形、梯形等，而以正方和圆形居多。相比之下，壁孔多为方形，底孔多为圆形。孔距最长达 7 米，最短仅 0.20 米，以 1 米 ~3 米居多。最高栈孔距水面 15 米，最近已入水中。从残留石梁、木梁长度，石级和壁孔与底孔垂直距离看，当时栈道路面最宽可达 6 米，最窄仅 0.90 米，以 2 米居多。

从现存栈道残柱看，多为石柱，应为明清时木栈毁弃后在原有栈孔上设造的石栈遗迹。从我们在云南盐津吊钟岩、南坪双河塘、沣峪第九地点、川西夹金山曾发现残留木栈木桩看，最远可能是唐宋遗迹，最近可能是红军长征时遗留。

根据以上考古资料，参考山西浑源悬空寺栈道和有关零散文献记载，发现最典型的木栈道系用方形巨木为梁，用圆形小木桩为底柱[1]，两者用榫卯方式连接起来（加固支撑柱不用榫卯连接），梁上用木板相合，上以土和布塞空隙以便行车马[2]。唯缘板是用木或瓦一时还难以确考。在一些山区小道上，栈道较简易、粗糙，用小圆木为梁为柱，上用圆木并成道路（图 1-6）。

为了延长栈道寿命，人们还专门在栈道上方凿纵向石槽以防流水毁坏栈道

[1] 毛起：《洪雅采木纪略》载：“凡栈必以巨石为之，下皆以树实其空窍。”巨木与树的区别，参考栈孔遗迹壁孔多为方孔且大，底孔多为圆孔且小，并以悬空寺栈道相证，知巨木即方形巨木，为栈梁；树即圆形小树桩，为底柱。

[2][清]王昶《雅州道中小记》载：在骄木间“实土布以版”；李旭旦：《白龙江中游人生地理考察》（《地理学报》第 8 卷）谈到在树上“铺覆泥石”。

（武关道蓝桥河Ⅳ段），并在底孔下凿直径 1 厘米 ~2 厘米小排水孔，以防木柱朽烂（子午道沣峪第八地点）。为了便于安置木板行路，还在壁孔上方凿横槽（窄棱台）以加固放在梁上的木板和木料。

（4）汀步式这种栈道是用木桩在沼泽和稀泥地带插入地下，人行木桩上的一种栈道，有似于古代的鼋鼍梁（今俗称汀步桥）。这种形式在四川、云南等地有存。其区别于汀步桥不同之处有二：一是汀步桥用草、土、盐、石而不用木；二是汀步桥用于济河，而汀步式栈道为越一大片沼泽地而设。

（5）木筏式这种栈道多在原始林区，主要为滑木需要，人们将木扎钉成木筏状连接起来，铺于陡险泥泞之处以滑运木材和行人。以往有人将此称为土栈，以用木作用于土得名，但以此分类，前面的木栈则都要改称石栈了。实际上古人向无土栈之称，只有木栈和石栈之称。

2. 石栈民间又俗称为碥路，原仅特指凹槽式，现总共应有凹槽、无柱、标准、堆砌四种形式。

（1）凹槽式将山崖剥凿成石槽，道从槽中通过，民间俗称碥路，是石栈中最典型和最原始的形式，产生较早。李白《蜀道难》“天梯石栈相钩连”之句，以往注释者均将“天梯”释为：山势高峻如天梯，而将“石栈”释为木栈道。实际上这里的天梯应为木栈，而石栈应为凹槽式石栈。这种木石栈相连接的遗迹在褒斜道和大宁河有发现。今瞿塘峡、武关道流峪河柿圆子有存在。

（2）标准式石栈形式与木栈标准式同，只是用石料作梁、柱、板。今子午道沣峪韩家崖、子午峪第二地点有残存。

（3）无柱式石栈形式与木栈无柱式同，只是用石料作梁和板。今芦山禁门关、陕西太白县王家楞红岩里、留坝孔雀台有存。

标准式与无柱式两种石栈不用榫卯，不加盖成阁道，是在明清以后木栈毁弃后在原址上设置的，历史一般不长。

（4）堆砌式石栈用一尺到二尺见方碎石在与水平面成 100° ~ 110° 的陡峭石壁上很少用缝合剂按几何力学堆砌而成的悬空石道。在今大宁河巫溪县城到大宁盐厂间有存留，为咸丰时开凿，年代不长。

三、栈道的分布

栈道在中国许多地方都有分布，但典型的木栈主要分布在四川、陕西、云南、贵州、西藏、甘肃等省区，而其中以四川、陕西两省分布最广，规模最大，史称“栈道千里，通于蜀汉”“栈道千里，无所不通”即指今川陕两省。

在川陕金牛、米仓、洋巴、宁河道，西山道、陇东、川甘阴平、景谷、川藏和川，飞越岭、牛头山、川滇石门、清溪道、川东峡路都有大量栈道存在，连四川盆地内的内江县汉代也有栈道[1]。至于四川边远山区“凡木之道，越岗度岭，必有飞栈焉；岩砦嵚嶔，必有偏栈焉。”甚至有“远近十里者皆浮动”之地[2]。我国现存最大的栈道遗迹在今四川大宁河。从巫山罗门峡口起至巫溪大宁盐厂近三百里中，分布着6888个栈孔，以无柱式为主，兼有悬崖斜柱式，另外还有凹槽式石栈和堆砌石栈，规模庞大，种类较全，近考栈道孔还北延伸到湖北竹溪、陕西镇坪，四川城口县，则其规模更大。

陕西境内的栈道主要分布在秦岭一线的故道、连云栈、古褒斜道、傥骆道、文川道、子午道、武关道上，分布集中，规模庞大。至今在褒斜道、子午道、武关道上，仍有许多栈孔、栈柱遗迹。

以宋代川陕金牛、故道、褒斜为例：利州—大安军，共桥、栏、阁15316间[3]，兴州—大安军—利州，桥阁19318间，编栏47134间[4]。凤州—剑门关—成都，桥阁90000间[5]。又以褒斜道连云栈一百五十里地段为例，宋有栈阁2989间，元有板阁2892间，明有栈阁2275间[6]。

以往笔者认为陕北无栈道之设，但现在看来不对，阅《宋史》载庆州泥阳罗川、

[1] 蓝勇：《四川古代栈道研究》，《四川文物》1988年第1期。

[2] 毛起：《洪雅采木纪略》，《古今图书集成》卷六百三十。

[3][宋]王象之：《舆地纪胜》卷一百八十四《利州》。

[4][元]耶律铸：《双溪醉隐集》卷二《述实录四十韵》；另李之勤等：《蜀道话古》中统计栈道时将桥、栏、阁总数误为栈阁总数，当以区分。

[5][清]徐松：《宋会要辑稿》第一百九十一册《方域》一〇，中华书局，1957年。

[6][清]顾祖禹：《读史方舆纪要》卷五十六《陕西·汉中府》，中华书局，1955年。

马岭“上构危栈，下临不测之渊，过者惴恐”[1]。知陕西西北直至甘肃都有栈道之设。

陇南一带也有栈道之设，汉代有郙阁栈道，其是“缘崖凿石，处隐定柱，临深长渊，三百余丈，接木相连，号为万柱”[2]。在白水江当时有“栈阁绝败”[3]之称。直到宋代今白水江还存有阁道。

贵州有偏桥卫、偏桥驿，知以前有栈道存在。安徽有城阳山栈道[4]，山西有浑远悬空寺栈道，河南有三门峡栈道，滇西有龙小甸山栈道。

今四川有许多旅游栈道，如大宁河旅游栈道、峨眉山清音阁栈道、乐山凌云寺栈道、青城山龙隐峡栈道和明月峡栈道。20 世纪 80 年代修复大宁河旅游栈道是大宁河盐运栈道在明末清初毁破后的第一次修复。20 世纪 80 年代末广元市又在明月峡古栈道遗址上建成了新的旅游木栈，这是明月峡栈道北宋毁后的第一次恢复。

栈道作为中国特有，历史上对南亚地区有较大影响。唐以前法显和宋云多有记载，唐代记载更详，知南亚印度、尼泊尔古代多栈道之设。

《大唐西域记》卷三《乌仗那国》载：

> （从曹揭厘城东北到乌仗那国旧都）栈道虚临，飞梁危构，椽杙蹑蹬，行千余里……（从旧都东行）飞梁栈道，履危涉险，经五百余里，至钵露罗国。

《大唐西域记》卷九《摩揭陀国》载：

> 石室侧有栈道，广十余步，长四五里，昔频毗婆罗王将往佛所，乃斩石通谷，疏崖导川，或垒石，或凿岩，作为阶级，以至佛所。

《大藏经・续高僧传》卷四《译经篇・玄类传》也载：

> （北天竺乌长国）王都东逾山逆河，铁桥栈道，路极悬险……

《释迦方志》卷上《遗迹篇》第四：

> 又东少南，度末上加三鼻关，东南入谷，经十三飞梯，十九栈道。

[1][元]脱脱等：《宋史》卷三百三十一《孙长卿传》，中华书局，1977 年。
[2][清]严如熤：《三省边防备览》卷十六《艺文》录蔡邕《郙阁铭》。
[3][南朝宋]范晔：《后汉书》卷十三《隗嚣公孙述列传》，中华书局，1965 年。
[4][汉]刘向：《战国策・齐策六》，上海古籍出版社，1985 年。

四、栈道衰亡及原因

从有关资料看，中国栈道的兴盛时代是在汉唐及北宋。这段时间对栈道多有增设，如汉代杨母在大相岭造阁、李苞修褒斜阁道，隋唐治石门关三十里阁路、晋晖修故道栈阁，五代修斜谷阁道 2800 余间，宋修白水路栈阁 2309 间。但明清以来便很少有大规模增设栈阁之举，多为毁栈为碥路的事功。这种改栈阁为碥路早在汉代就有，如东汉李翕便在郙阁一带“减西滻之高阁，就安宁之石道”[1]。王升《石门颂》也谈道：“或解高阁，下就平易，行者欣然焉。”[2] 唐代商州刺史李西华便在武关道栈阁旁吊开碥路以避水潦。今广元千佛岩，汉为栈道，唐代韦皋改为碥路，但宋又设阁道，到明洪武时曹震又将栈道改易为碥路，至于今天[3]。康熙时贾司马在连云栈开路于岭上，“由是陟降而行，无复昔日之沿山架木，而栈道遂废。”[4] 明人王士性认为：“今之栈道非昔也，联舆并马，足当通衢。”[5] 清人吴焘也载：“国朝因西陲用兵，屡发帑金修栈，巉岩尽辟，旧路亦多改行，遂不见所谓阁道者矣……彼时架木为阁，故可烧也。若今之栈道，岂复能烧乎。”[6]

从宋元开始，栈道数目急减，如前面所录褒斜道一百五十里区间从宋到明共减少 714 间。故道在唐代大散关以北多设栈道，但到宋元时仅从大散关开始入栈道[7]，到明代则从草凉楼入栈道[8]。但从唐到明草凉楼一百多里栈道已毁坏。四川大部分栈道便毁于明末[9]。

木栈道毁坏之后，除改为石栈外，多数改为碥路。改为碥路一则就近在原栈道上下开辟，如子午道一些段落和广元千佛岩、青川马鸣阁；一则是远离栈道所

[1][清]严如熤：《三省边防备览》卷十六《艺文》录蔡邕《郙阁铭》。

[2][清]严如熤：《三省边防备览》卷十六引王升《石门铭》。

[3][明]曹学佺：《蜀中名胜记》卷二十四，重庆出版社，1984 年；民国《广元县志稿》卷二十一；叙永县编史修志委员会：《叙永文钞·开永宁河碑记》。

[4]《留坝厅志》卷一。

[5][明]王士性：《广志绎》卷五《西南诸省》。

[6][清]吴焘：《游蜀日记》，《小方壶斋舆地丛钞》第七帙，商务印书馆，1936 年。

[7][宋]司马光：《资治通鉴》卷二百七十三，中华书局，1956 年。

[8][清]顾祖禹：《读史方舆纪要》卷五十六《陕西·汉中府》，中华书局，1955 年。

[9]蓝勇：《四川古代栈道研究》，《四川文物》1988 年第 1 期。

处的峡谷，改为翻山岭垭口盘折而上，如明月峡栈道在北宋初年毁坏以后、便改行朝天岭朝天关[1]。宋代石门关栈道毁弃后便改进黎山顶。清代连云栈阁毁后，贾司马便改走岭上。

栈道衰亡的原因，有人为的因素，也有自然的因素。

汉唐时期，气候比今天要温暖湿润得多，森林覆盖面积比今天要广得多，这就为大规模设立栈道提供了方便的原材料。如北宋李虞卿在修凿白水路前便先遣人“因山伐木，积于路处”[2]，后才作栈阁2309间。但是，从南宋以来，气候日趋寒冷干燥，加上人为不断砍伐，森林资源遭到极大破坏，设栈道而用的木料砍伐运输日趋艰难。如唐以前褒斜二谷林木茂盛，但北宋仁宗天圣二年（1024）褒城县窦充上书认为凤州到剑门关一线士卒修葺桥阁多要到远处深山密林采伐，甚为艰辛，建议在古道旁栽种树木，以便随时修葺栈阁[3]。南宋宁宗庆元三年（1197）剑阁县令何琰就在剑阁道沿路种松[4]。在古道两旁不断种树，说明当时栈木已十分短缺了。栈道毁坏后，一时无栈木修补，人们便以石代木，形成石栈，故今多留有石梁和石柱。

从有关航道史的研究看，由于森林面积减少，造成水土流失，河床淤升，险滩复出。大水时水流湍急，木栈多被冲毁。如宋大中祥符九年利州大水一下就漂走栈阁12800间[5]。而大部分时期河床两边干涸，人们完全可以行干涸河床，不必取栈而行遭惊险。我在四川、陕西、云南等省考察时，有时值汛期，但仍可沿栈道孔下河滩行走。这样，栈道便失去了存在的可能和必要。

栈道之优于碥路是在于可避盘折起伏之险，又可缩短路程，以利车舆行驶。但是，唐以后，人们多以人力、马力代车，栈道便失去存在的必要性。另外栈道易被水腐蚀，易为火焚，难以修葺，花费又大，如明代改千佛岩栈道为碥路就是因为栈道“连岁修葺，工费甚多”[6]。再加上栈道只能承受一定量的负荷，人马

[1] 蓝勇：《四川古代栈道研究》，《四川文物》1988年第1期。
[2][3][清]徐松：《宋会要辑稿》第一百九十一册《方域》，中华书局，1957年。
[4][清]王士禛：《陇蜀余闻》，《小方壶斋舆地丛钞》第七帙，商务印书馆，1936年。
[5][元]脱脱等：《宋史》卷六十一《五行志》，中华书局，1977年。
[6] 叙永县编史修志委员会：《叙永文钞·开永宁河碑记》。

行其上，十分危险，栈道下常是白骨累累，如汉代郙阁栈道，“常车迎布，岁数千辆。遭遇陨纳，人物俱堕。沉没洪渊，酷烈为祸。自古迄今，莫不创楚。”[1]明月峡栈道毁后，另开朝天岭碥路后，故“人甚便之”[2]。这样看来，在生产力水平提高后，人们掌握了先进筑路技术，自然要回山取途，逢岭盘折而过了。

战乱也是栈道受到极大破坏的原因。如赵云曾烧赤崖栈道。唐僖宗入蜀，李昌符、石君涉毁故道栈道。宋初王全斌伐蜀，蜀军烧绝栈道，退守葭萌。宋末吴玠为抵御元军曾烧毁栈道。元代罗罗斯士官曾撤毁栈道。明末张献忠烧毁金牛道、大宁河栈道。栈道人为毁坏后，往往得不到很好修治，栈道便日趋减少。

（原载《自然科学史研究》1992 年第 1 期）

[1][清]严如熤：《三省边防备览》卷十六《艺文》录蔡邕《郙阁铭》。
[2][宋]王象之：《舆地纪胜》卷一百八十四《利州》。

国家出版基金项目
NATIONAL PUBLICATION FOUNDATION

中國蜀道

第七卷

科学认知 下

The Shu Roads in China · Scientific Cognition（Volume 2）

刘庆柱 王子今 主编
高大伦 吕卓民 赵宠亮 编

陕西新华出版传媒集团
三秦出版社

中国蜀道

科学认知

The Shu Roads in China
Scientific Cognition

第四章

严耕望蜀道研究

严耕望蜀道研究

子午谷道 附库义锡三谷道

顾祖禹述子午道史事颇详，然有若干错误。

《方舆纪要》五六云："子午道，今新开。南口曰午，在洋县东百六十里，北口曰子，在西安府南百里。谷长六百六十里，或曰即古蚀中也。"下文列举汉高祖从杜南入蚀中以下史事。按新道为梁世所开，不得谓为"今"，盖抄录古志书之文。又北口有误，南口亦欠妥。详下文。

按刘邦封汉王，"从杜南入蚀中"。见《汉书·高祖纪》。蚀，汉初谷名，盖即后之子午谷道。是此道之开通不能迟于战国、秦世。

《高纪》颜师古注："李奇曰，蚀在杜南。如淳曰，蚀入汉中道川谷名。"《补注》："《官本考证》云，程大昌《雍录》云，以地望求之，关中南面，背碍南山，其有微径可达汉中者，惟子午谷在长安正南，其次向西则骆谷。此蚀中，若非骆谷即是子午谷。"《纪要》云："汉王之国从杜南入蚀中，去辄烧绝栈道，盖即此。"按《汉地志》，京兆杜陵县，"故杜伯国。宣帝更名"。《补注》："秦武公县杜，见《秦纪》。宣帝乐之，起陵，更名，见《宣纪》。瓒注，杜陵在长安南五十里。”按杜陵西之鄠县，鄠西之盩厔，皆右扶风属。骆谷北口在盩厔，距杜南甚远，故蚀中当以子午谷为近理。下文引《水经·沔水注》举张良烧栈道，即以子午道当之。是也。《纪要》盖从郦《注》。复考杨孟文《石门颂》（《隶释》四），“高祖受命，兴于汉中。道由子午，出散入秦”。“道由子午”者谓先自关中入汉中之道也。是汉人即以子午道为杜南入蚀中道矣，不始于郦《注》也。惟《华阳国志》云，秦惠王伐蜀由子午道；则未敢遽信。

西汉此道盖久堙，平帝元始五年，王莽复开，始名为子午道。

《王莽传上》：“其秋（平帝元始五年），莽以皇后有子孙瑞，通子午道。子午道从杜陵直绝南山径汉中。”颜注：“子，北方也。午，南方也。言通南北道相当，故谓之子午耳。今京城直南山有谷，通梁汉道者，名子午谷。”又引张晏曰：“（皇后）时年十四，始有妇人之道也。子水，午火也。水以天一为牡，火以地二为牝，故火为水妃，今通子午以协之。”又《长安志》一二长安县子午关条引《括地志》：“《汉书》，王莽以皇后有子孙瑞，通子午道，盖以子午为阴阳之王气也。”按当时命名之意义盖取阴阳为说，而其道直南山南北则不误也。

东汉永平间诏开褒斜道，子午道盖渐堙废。安帝永初间，褒斜道为羌人所破坏，复修子午以远羌患。至顺帝即位，以子午道太险恶，仍复修褒斜。汉末，张鲁断绝褒斜，时人行旅又复从子午焉。故在汉世，可谓与褒斜道迭为兴废。

按此详《汉唐褒斜道》篇。

此道北口在长安县南六十里之子午谷，又南四十里为子午关。又直南通金州安康县境。此晋、南北朝至唐代前期之安康也，至德二载更名汉阴，在今汉阴县西。梁世以沿途桥梁太多，易毁坏，乃开乾道向西南斜出，至唐之洋州，是为新道。

《元和志》一京兆府长安县目：

“子午关在县南百里，王莽通子午道，因置此关。魏遣锺会统十万余众分从斜谷、骆谷、子午谷趋汉中。晋桓温伐秦，命司马勋出子午道。今洋州东二十里曰龙亭，此入子午谷之路。梁将军王神念以旧道缘山避水，桥梁多坏，乃别开乾路，更名子午道，即此路也。”

又卷二二洋州黄金县目云：

“故铁城在县西北八十里。城在山上，言其险峻，故以铁为名。昔氐帅杨难当寇汉川，令魏兴太守薛健据黄金戍，姜宝据铁城。宋遣梁州刺史萧思话攻拔之。驿（？）即子午道也。旧道在金州安康县（今汉阴县西境）界，梁将军王神念以旧子午道缘山避水，桥梁百数，多有毁坏，乃别开乾路，更名子午道，即此路也。”[1]

合此两条观之，北端未变，南端出口旧在安康故城（今汉阴西）境，梁世新开道口向西南移至洋州之龙亭也。

又案，《元和志》惟云，子午关在长安南一百里，《寰宇记》同，皆未云关即谷道之北口。而《方舆纪要》五六述子午道云：“北口曰子，在西安府南百里。”是即以关为子谷所在，谷道之北口也。检《三省边防备览》二《道路考》宁陕厅目，官坪寺即子午谷，距西安府五十里。又《南山谷口考》云，“子午谷在长安县南六十里”。并引顾说，以为与今不合。按长安南至山区实不至百里。《新唐志》云，“京城前直子午谷，后枕龙首山”。又云长安县“南五十里太和谷，有太和宫。元和中，以为翠微寺。有子午关”。以子午谷与龙首山南北对举，太和谷在县南亦只五十里，知南山距城不过数十里，即谷道北口之子午谷亦不会远至百里也。《长安志》云：“子午镇在县南五十五里，宋景祐三年置。”（《一统志》西安府卷三关隘目引）盖即当子午谷口外而置者。知唐世子午谷与今不异。大约子午谷口在县南五六十里，关又在谷口之南四十里耳。此与骆谷口、骆谷关形势相同，《纪要》皆误以为关为谷口也（参看《骆谷道》篇）。

又李之勤《历史上的子午道》(《西北大学学报》1981年第2期)云,《元和志》“旧道在今金州安康县界”语可疑。其理由是两《唐书·地理志》皆云安康县本在今汉阴县境，唐至德二载更名汉阴。今按，今汉阴县（约E108° 35′ · N32° 55′）自晋以来长期名安康，且曾置安康郡，至唐至德二载始改名汉阴。《元和志》盖直抄旧志书原文，或书汉阴之旧名，非为大误。盖其时今之安康县（约

[1]“旧道”以下，《舆地纪胜》卷一百九十洋州景物目引《元和志》，同。而《方舆纪要》卷五十六引作颜师古语。按《王莽传》师古注无如此之详。

E109° 10′·N32° 35′）名西城，尚无安康之名。后代西城乃有安康之名，遂滋误会耳。不能据此置疑汉魏旧道南口之在今汉阴也。

大抵旧道自子午谷南行，越秦岭，再循今洵水上游之西源（郦《注》误为直水上源），经莋阁，度入直水（今池河）河谷，循谷道至安康县（今汉阴E108° 35′·N32° 55′之西）。至于梁开新道，则向西南斜出至今洋县东境，行山区，避河流也。其分歧点当在秦岭以南，但不知究在何处。

《水经注》二七《沔水注》：

"汉水又东历敖头，旧立仓储之所，傍山通道，水陆险凑，魏兴安康县治（孙校曰在今汉阴）。有戍统领流杂。汉水又东合直水，水北出子午谷岩岭下，又南，枝分东注旬水。又南迳莋阁下。山上有戍，置于崇阜之上，下临深渊，张子房烧绝栈阁示无还也。又东南历直谷迳直城西（孙校曰：《地形志》金城郡直城，今石泉汉阴界有废直城）而南流注汉。"

据《一统志》兴安府卷古迹目安康故城条，城在今汉阴县西。南北朝末期，置直州，贞观元年废（按县仍名安康）。至德二载改县曰汉阴。又直城旧县条，亦云在今汉阴厅西。据此郦《注》，直水出子午谷，南流经莋阁至今汉阴县西入汉水，古栈道亦略循直水而南。又《寰宇记》一四一金州汉阴县目云：

"直水源出永兴军乾祐县弱岭姜子关，经县理西，又南注于汉。北流（？）当终南山子午谷是路也。"

按五代乾祐县，在清孝义厅境，今柞水县境。是所述直水与郦《注》同。然《一统志》兴安府卷山川目云：

"直水在石泉县东，接汉阴县界，一名迟河，源出西安府宁陕厅北腰竹岭，南流厅治东，亦名长安河，西南流入县境。……《县志》，池河在县东五十里，源出长安县腰竹岭，南入汉江。世传其水易长难退，故亦名迟河。近河地多良沃，盖即直水，以直迟声近相而讹也。"

"腰竹岭在宁陕厅北九十里……直水源出此。"

是直水之源近在今宁陕县北九十里。检《水道提纲》一三，直水之源亦甚促。《民国地图集·陕西》两图亦然。皆去长安南之子午谷远甚。按《水经注》此段述事，与旬水有涉。检郦《注》下文又云：

“汉水又东合旬水。水北出旬山，东南流，迳平阳戍下，与（与字衍文，参前条及《一统志》洵水条引文）直水枝分东注，迳平阳戍入旬水。旬水又东南迳旬阳县与柞水合……旬水又东南迳旬阳县南……注汉，谓之旬口。”

是以直水与旬水并行，直水中途又分枝东注旬水也。检《水道提纲》一三、《一统志》及今世地图，池水即古直水，甚短促。其东旬水有三源，西为洵水，东为柞水（一称乾祐水），中为于岔河，皆出今柞水县（旧孝义厅）西北，即宋世乾祐县之西北（宋乾祐在今镇安北八十里，兼辖今柞水县地）。古今记载不同如此。此可有两种可能之解释。一则郦《注》及《寰宇记》有误。即郦《注》及《寰宇记》所举直水上源，实即今洵水西源之洵水也。盖长安南子午谷之南本出一水，即洵水。而直水所出之腰竹岭则亦当子午谷南秦岭之南，遂误以直水即出长安南子午谷之南。然谷南之水实东南与于岔河合，又与柞水合至旬口注汉水，遂又称直水“枝分东注旬水”耳。一则因河流袭夺，致古今不同。即今之旬水西源在古代实为直水上源，水发源于子午谷，至今汉阴之西入汉。但中途有枝津东注洵水。至宋以后，因河流袭夺现象，致枝津以下之主流断绝，形成现在现象。无论为袭夺作用，或郦《注》有误。然子午故道沿今洵水西源接池河至直城，事盖可信。直水易涨难退，或即王神念另开乾路之故欤？兹作洵水直水形势图如下（见下页）：

观此形势，旧道南口在今汉阴，势必沿今洵水上游而南，度入池水河谷至汉阴也。

按今子午道，由长安南行四十里子午镇，十里入子午谷口，五十里子午关，又名石羊关，三十里秦岭，二十里夹岭，二十五里沙沟，二十里高关，二十里苦竹沟，三十里东江口，又四十里徐家梁，三十里鸡公梁，三十里洵阳坝，四十里文公庙，四十里火地，二十里七佛沟，四十里宁陕老城，十五里宁陕新城，共凡五百里。沿途重山复巘，老林密布，至为难行。其中洵阳坝在宽百余里之腰竹岭老林中，为道中唯一小平坝。东江口倚峻岭，临湍溪，而四路相通，为山内交通军事要冲。

《民国地图集·陕西人文图》绘长安子午镇南经沙沟街、高关、东江口、洵

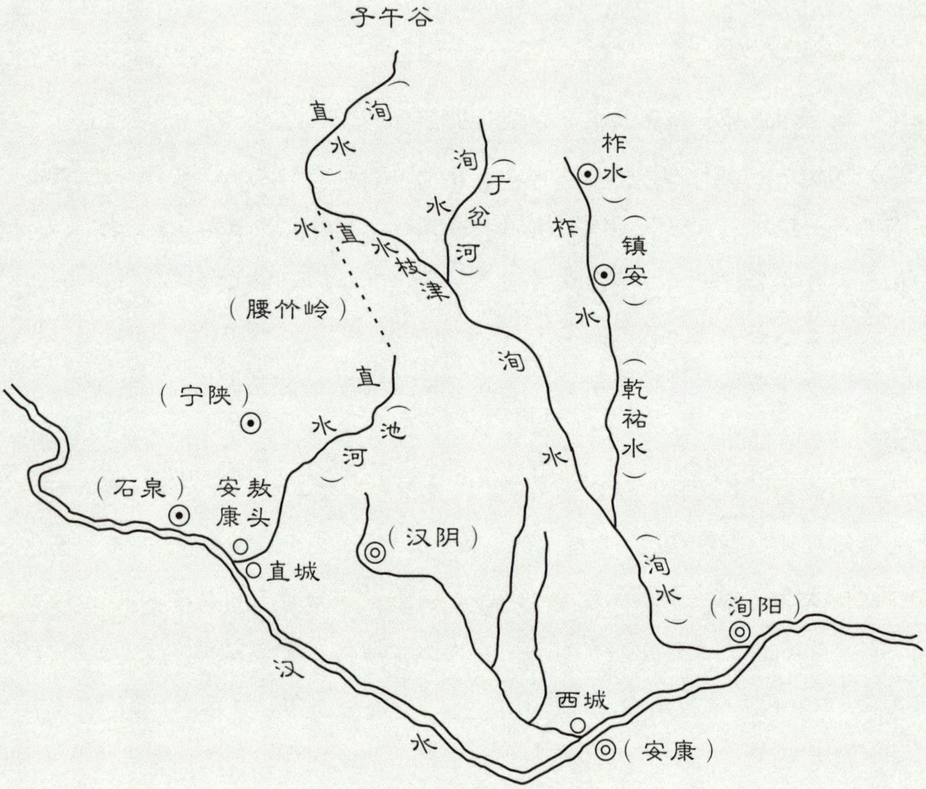

阳坝、新路、腰岭关至宁陕县之旧道甚明悉，即行洵水上源之西侧，及池水河谷之西侧。复检《三省边防备览》二《道路考上》宁陕厅条，记此道行程云：

“厅北十五里宁陕老城，二十里豹子沟，二十里七佛沟，二十里火地（岭），二十里莲花石，二十里文公庙，二十里油磨，二十里洵阳坝，三十里鸡公梁，三十里徐家梁，三十里白神庙，十里东江口，长安县主簿驻此。又三十里苦竹沟，二十里高关，二十里沙沟，二十五里夹岭，二十里秦岭，三十里石羊关，二十里渭子坪[1]，三十里官坪寺，即子午谷口，十里子午镇，十里出平原，黄粮镇，三十里西安府，共程五百里。此路腰竹岭老林宽百余里，鸡公梁、夹岭上下，老林各二十里。”

[1]《陕西南山谷口考》引作苇子坪。

又同书七《险要上》云：

"东江口营，（宁陕）厅北二百四十里。由长安峪口至五郎关（即宁陕厅城[1]），重山复巘，沿途并无平坝，而东江口为适中，倚山临水，山势陡峻，溪流湍激。……营在老林之中，四路相通，为山内扼要之区。"

"洵阳坝，（宁陕）厅北一百二十里，在腰竹岭老林内，辟开小坝，约宽十余里……为往东江口营必由之路。路从老林行走，如过青杨巷也。"

所记尤为详悉，形势了然。惟观此引《险要》两条，及《险要》另条云火地岭"山势陡险异常"。夹沟"在江口北四十里老林中，两山夹峙，由山沟彳亍而上，最为要隘"。则此道之茂林险峻，其难行可知。

宁陕以西，略循长安河（子午河东源）、子午河北岸下行，经汤平河（居民点）、青草关，至两河口（E108°10′·N33°13′），去宁陕一百八十里。又西经金水河街、西水河街至洋县，去宁陕共凡二百九十里。山僻小路，夏秋水涨，梗阻难行。

《三省边防备览》二《道路考》洋县条：

"东北五十里槐树关，二十里酉水河（街），十里青龙垭，十五里金水河（街），三十里土门垭，十五里湘子山，十里水田坪，十里扇子坡，二十里两河（口），四十里展龙垭，二十里青草关，二十里汤平河，三十里宁陕厅，共程二百九十里，山僻小路，夏秋水涨，易至梗阻。"

按此诸地名多可查见于《民国地图集·陕西人文图》，即略沿子午河北岸而行也。

又由宁陕西行道中之两河口分道渡子午河西行六十里至子午镇，在河南岸（E108°3′·N33°10′）。由镇西南渡汉水一百六十里至西乡县；由镇西南渡汉而南，又渡汉而北，一百七十里亦至洋县。此有子午镇之名，且为四县交通交会地，殆亦可谓子午道。

《三省边防备览》二《道路考》洋县条，除记洋县东北至宁陕一道如上引者外，又云县东三十里龙亭铺，东南三十里渡汉江，又六十里至渭门，十里白沙渡（盖又渡江而北），四十里至子午镇，交石泉县界。又四十里饶风岭（岭险路

[1] 此注文见《陕西南山谷口考》。

上下三十里），七十里石泉县。又《道路考》西乡条云：“东北三十里别家坝，二十里岔河子，三十里官沟，二十里渭门，六十里子午（镇），六十里两河（口），交宁陕厅界，共程二百二十里。过两河，宁陕，腰竹岭，洵阳坝，东江口，高关，夹岭，石羊关，渭子坪等处至长安子午谷，险路六百六十里。”是洋县、西乡、宁陕、石泉四县间有子午镇，为四县交通之交会点。检《民国地图集》，在子午河之南岸，约E108° 3′ · N33° 10′地点。正东微北取两河口道至宁陕一百七十里，正东微南取饶风岭道至石泉一百三十里，正西缘汉水行经龙亭铺至洋县一百七十里，西南渡汉水至西乡一百六十里。此子午镇当此一地区四县交通枢纽，必当膺子午谷道之名。故《道路考》记西乡东北经子午镇、两河口至宁陕县一路，即附述北通长安子午谷道，云“险路六百六十里”也。前引《纪要》，云子午道南口在子午镇，正此故也。

上考梁开新道，即唐人所记录子午道之行程，则由长安南行六十里入子午谷，又四十里至子午关，又三十五里至大秦岭，置大秦戍。此谷关皆即今日之谷、关，大秦岭亦即今日道中之秦岭也。

唐代谷与关去长安里数，已见前考。其即今日之子午谷、子午关，无疑。

《法苑珠林》三九：“子午关南大秦岭竹林寺。……竹林至关可五十里。当道有大秦戍，距竹林十五里。有戍主守焉。”是北距关可三十五里也。前引《三省边防备览》二《道路考上》，石羊关南至秦岭三十里，正与此合，盖唐初于大秦岭上置大秦戍为守捉处。

按子午关实不在子午谷中，而在沣水上源夹谷中，是此道虽自子午谷入山，但旋即度入沣水河谷也。两岸高山紧束，谷道窄峻，有巨石如羊，故今又名石关、石羊关。

李之勤《历史上的子午道》（《西北大学学报》1981年第2期）云，子午谷只是一条长仅数十里的小河谷，子午道由西安市南行沿子午谷入山后不久，即转入沣水河谷，溯谷而上，翻越秦岭。子午关在垲子坪南沣水河谷中，去西安市一百里，为秦岭北坡子午道中唯一关隘。“两岸高山紧束沣河峡谷，狭窄峻险的山路系凿石开通。由于上有巨石如羊，所以又称石羊关或石关。”按前引《三省边防备览·道路考上》，石羊关正在西安府南一百里，秦岭之北三十里。与李文合，李文描状子午关之形势及在沣水河谷中，当可信。

关置于唐代以前，于唐为京师四面关之一，但为中关，盖开元时代，此道不置驿也。

《唐六典》六《刑部》司门郎中条，“京城四面关有驿道者为上关；余关有驿道及四面关无驿道者为中关”。本注：中关一十三，京兆府子午、骆谷、库谷三关皆是。盖开元时代，此道不置驿，故为中关。检《元和志》一长安县：“子午关在县南百里。王莽通子午道，因置此关。”《寰宇记》二五，同。王莽置关虽有可能，但此非强证。但后引《法苑珠林》三九，子午关云云。是唐初已置。复考《隋书·地理志》，长安“有关官”。按唐京师之南，子午、骆谷、库谷皆置关，唯子午关属长安县境，则《隋志》此关官当即子午关也。此盖置关史料之最早见者矣。

然唐初则置驿，出关而南，第一驿名三交驿，当即在大秦岭、大秦戍处或稍北，盖诸道之交，故名。

《法苑珠林》三九：“子午关南第一驿名三交驿。”道宣《神州塔寺三宝感通录》卷下，同。按驿馆标准里距为三十里，故疑即在大秦岭。否则，相去必亦不远。

逾秦岭而南，又经弱岭，宋人置关，东防子午道，西防涝谷道，盖在今东江口、高关一段道中。

前引《寰宇记》一四一金州汉阴县，“直水源出水（永）兴军乾祐县弱岭姜子关，经县理西，又南注于汉。北流当终南山子午谷路是也”。又《舆地纪胜》一九〇洋州形胜目：“蒻岭关，防子午谷、豹林谷、涝谷。”是蒻关盖当子午道。乾祐县在今镇安县北八十里，则弱关地望可略知。复按，《陕西南山谷口考》，涝谷在鄠县西南二十里。“沿谷两岸，则西盩、东鄠分界也”。又《三省边防备览》二《道路考》，“由高关西北经蒿沟，八里坪，沙岭子，两郎，五丈碥，出涝峪，计程二百余里，为宁陕、东江口出鄠县小道”。按前引《备览》，高关在东江口北五十里，子午道上。《纪胜》云，蒻岭关兼防子午谷、涝谷。然则宋代此关似当在今东江口、高关一段道中，故得兼防子午、涝谷两道也。

又西南经黄金古戍城北，戍在黄金山，《南齐书》已云“张鲁所戍，南接汉川，北枕驿道，险固之极”。殆在今金水河下游金水河街（约E107° 50′ · N33° 20′）之南北地带。度此形势，盖亦经黄金县（约今金水河街与两河口之间，子午镇之北）。

子午道经铁城，黄金谷，以龙亭为道之南口，观前引《元和志》长安县目及黄金县目，已可知。《通典》一七五黄金县：“故黄金城在县西北八十里，张鲁所筑。南接汉川，北枕古道，险固之极。”所谓古道即子午道也。《新志》，洋州黄金县“有子午谷路”。即此。而《南齐书》一《高帝纪》，“皇考……攻氐伪魏兴太守薛健于黄金山，克之。黄金山，张鲁所戍，南接汉川，北枕驿道，险固之极”。此即前引《元和志》所述萧思话故事，或亦即《通典》之所本。此事在新子午道开辟之前，是此地古代已有驿道，梁世开新子午道借用之耳。

惟此黄金城之方位有可争议处。《通典》云在黄金县西北八十里。前引《元和志》二二《洋州》黄金县条亦云铁城在县西北八十里，即黄金城处。按《元和志》黄金县，“西南至州百三十里”“因黄金水为名”“黄金水出县西北百亩山黄金谷，南流经县西，去县九里。其谷水陆艰险，语曰，山水艰阻，黄金、子午”。盖指一道也[1]。今洋县东酉水之东有金水河，南流至黄金峡入汉水。观杨氏《水经注图》，即以今金水河当黄金谷戍所流之水，是也。《元和志》云黄金县在洋州东北一百三十里。检《民国地图集 · 陕西人文图》，金水河下游有金水河街，据前引《三省边防备览 · 道路考》洋县条，此街在洋县东北九十五里。则唐代黄金县当在此北或东北地带。而黄金戍故城又在县西北八十里，则当在今芳坪东北，华阳以东地区，去汉水殆百里，似难谓“南接汉川”“水陆兼险”。检《水经注》二七《沔水注》云：

“汉水又东会酉水……谓之酉口。……汉水又东迳小大黄金南。山有黄金峭。

[1]《元和志》同条下文云：“魏遣曹爽由骆谷伐蜀，蜀将王平拒之于兴势山，张旗帜至黄金谷。”似黄金谷在骆谷道者。检《蜀志 · 王平传》，平镇汉中，曹爽由骆谷伐蜀，黄金不在骆谷道上，但必有小径相通。魏兵虽从骆谷道入，然王平拒守固不能不兼虑旁道黄金之险也。逮王神念开子午新道，遂取黄金为正途矣。

水北对黄金谷，有黄金戍，傍山依峭，险折七里。氐掠汉中，阻此为戍，与铁城相对。一城在山上，容百余人，一城在山下，可置百许人，言其险峻，故以金铁制名矣。昔杨难当令魏兴太守薛健据黄金，姜宝据铁城，宋遣秦州刺史萧思话西讨……攻拔之，贼退西水矣。"

观此文意，只在汉水北岸甚近处，必不很远。杨氏《水经注图》，绘此诸地名于今金水河入汉水处，盖略近之。则《通典》《元和志》谓故戍城在黄金县西北八十里者，盖"西南"之误欤？然黄金县亦可能在今金水河街之东南至两河口之间，子午镇以北地带，于洋县亦可谓在东微北也。

又西南至洋州治所兴道县（今洋县）东二十里之龙亭，即郦《注》之龙下亭（今洋县东三十里龙亭铺），在汉水北岸，是为谷道之南口，盖自此以西，皆平川沃野矣。然古志书又谓子午道在洋州东一百六十里者，盖指子午镇而言。其地在洋县东路、西乡东北路，皆约一百六十里，玄宗诏驿涪州荔枝自西乡入子午谷，取捷径，固宜自西乡取子午镇一百六十里，入子午谷路。其时洋州正治西乡县也。

前引《元和志》谓洋州东二十里之龙亭，为谷道之南口。《舆地纪胜》一九〇洋州风俗形胜目全同。而同卷景物目下子午道条又云，子午道"去州东一百六十里"。同一卷中自抵相触。而《纪要》据《纪胜》景物目作一百六十里。考《水经注》二七《沔水注》述小成固、兴势以东形势云：

"汉水东历上涛，而迳于龙下。盖伏石惊湍，流屯激怒，故有上下二涛之名。龙下地名也，有丘郭坟墟，旧谓此馆为龙下亭。自白马迄此，则平川夹势，水丰壤沃，利方三蜀矣。度此溯洄从汉，为山行之始。汉水又东迳石门滩，山峡也。东会酉水。"

据此，龙下亭在酉水入汉水口之西，必在今洋县东甚近处，《元和志》所称洋州东二十里子午谷道南口之龙亭，当即此龙下亭，至少极相近。观郦《注》所记之景观形势，亭西为小平原，东为山岳地区，位于盆地之边缘，正当为谷道之口也。前引《三省边防备览》，洋县东道三十里有龙亭铺，在汉水北三十里，即其地矣。至于《纪胜》同一卷中，既谓子午道口在洋州东二十里，又谓在州东一百六十里者。检《纪胜》同卷景物目下子午道条云："洋州志，杨妃嗜生荔枝，诏驿自涪陵，由达州取西乡入子午谷至长安，才三日，色香俱未变。《涪州志》云，七日到长安，不同。”此必取捷径，盖不经龙亭，而东北取今子午镇经两河口至宁陕路。前引《三省边防备览》，西乡东北至子午镇正为一百六十里也。故在唐代，龙亭、子午镇皆得视为子午道口矣。

唐人志书云，自长安至洋州，六百三四十里，盖即就子午道而言。实为长安、洋州之最捷径道。

《通典》一七三，京兆郡“南至洋川六百二十里”。又一七五，洋川郡“北至京兆府六百三十一里”。时郡治在西乡。《元和志》一，京兆府西南至洋州六百三十里（南取库谷路至金州六百八十里）。时州治在兴道。《寰宇记》二五雍州目，同；惟“三十”作“四十”。观此方向，由长安至洋州里数当取子午道。《舆地纪胜》一九〇洋州风俗形胜目，“今州东二十里曰龙亭，此入子午谷之路，至谷六百六十里”。《方舆纪要》五六汉中府子午谷条，亦曰：“谷长六百六十里。”此至长安里数，“至谷”“谷长”皆小误。《纪要》又引《通典》云：“汉中入长安取子午谷路凡八百四十一里。”今检《通典》，实无此记载。姑存待考。

观其路线，可与汉魏古道及今道做一比较。秦岭以北，古今道大抵相同。秦岭以南，汉魏古道，循洵水西源及直水（今池河）西侧至安康县（今汉阴境西）。今道北段盖略相当，而南段自宁陕西循长安河、子午河北岸至洋县。梁开新道，自弱岭以北约两百里，与今道相同，西南端亦同，至于弱岭以南，宁陕前后，大约相同；但亦不无自今东江口地段向西斜出、经今子午河北源地区至汉水北岸之可能也。

按《三省边防备览》二《道路考》洋县、宁陕两目，记子午河北源地区亦有不少小道纵横通达，故梁、唐时代子午道亦不无经此一地带之可能。

唐初子午道曾置驿，玄奘由长安入蜀，即取此道。

唐初有驿，见前引《法苑珠林》。慧立《三藏法师传》云：武德元年，师至长安，“与兄经子午谷入汉川……进向成都”。是取子午道。

至玄宗开元间已不置驿。而天宝间又置驿，贡荔枝。

前引《唐六典》，子午关为四面关，但为中关。是当时此道不置驿。而前引

《舆地纪胜》一九〇洋州景物目引《洋州志》，诏驿涪陵荔枝，“由达州，取西乡入子午谷至长安才三日”事，是又必置急驿矣。

安史乱后，此道在交通上之重要性不但不如褒斜道与蓝田道，亦不如骆谷道。

《舆地纪胜》一九〇：“梁、洋控御要害之地有三：曰褒谷，曰骆谷，曰子午谷。”是与褒、骆二道并列也。然《旧》一三九《陆贽传》，疏请暂容李楚琳，曰：“勤王之师悉在畿内，急宣速告，晷刻是争。商岭则道迂且遥，骆谷复为贼所扼；仅通王命，唯在褒斜。此路若又阻艰，南北便成隔绝。”据此，则子午道在交通上之重要性又非上三谷道之比也。盖褒斜、蓝田两道为驿道，骆谷为德宗幸兴元之道，且臣民循此道来往之事例亦较多，子午不能比。

然行旅者，亦颇多。

子午关为四面关之一，见前。《会要》八六关市目：“宝应元年九月敕，骆谷、金牛、子午等路，往来行客所将随身器仗等，今日以后，除郎官御史诸州部统进奉事官任将器仗随身；自余私客等皆须过所上具所将器仗色目，然后放过。如过所上不具所将器仗色目数者，一切于守捉处勒留。”据此，子午道行旅又当亦不少。杨凝《送客入蜀》（《全唐诗》五函四册）云“剑阁迢迢梦想间”“明朝骑马摇鞭去，秋雨槐花子午关”，是唐中叶由子午入蜀之例。

至于旧道，自王神念开新道后，似亦未全废，故史料所见，颇有由子午趋上津、金州（今安康）者。然亦可能由子谷东南小道插入乾元县，与义谷、库谷道合欤？

《周书》二《文帝纪》：魏大统十六年，“太祖遣大将军王雄出子午，伐上津、魏兴”。克之。同书一九《王雄传》同。又二八《陆腾传》：“魏废帝元年，安康（今汉阴县西）贼黄众宝作乱……攻围东梁州。……诏腾率军自子午谷以援之。”魏兴与东梁州皆即金州，今安康县治。其时代皆在王神念开新道后，知旧道未废也。又《广记》四五七僧令因条：“僧令因者，于子午谷过山，往金州（出《闻奇录》）。”此唐世，盖亦循旧道欤？然亦可能向东南插入库谷、义谷道。详下文。

子午谷道之东，据《长安志》所记尚有库谷、义谷、锡谷三道，兹自东而西以次考之。

库谷在蓝田县西南五十里，长安东南八十里，有关，地位与骆谷、子午两关略均。其地又名天藏，谷口有天藏府、坊。为长安通金州之径道，凡六百八十里。

《六典》六《刑部》司门郎中条："余关（非四面关）有驿道，及四面关无驿道者，为中关。"本注，中关一十三，骆谷、子午、库谷三关皆是。则库谷关之地位与子午关、骆谷关等。《元和志》一，京兆府"西南至洋州六百三十里。……南取库谷路至金州六百八十里"。《寰宇记》一五雍州目及一四一金州目，并同。又《长安志》一，"南取库谷路至金州六百八十里"。同书一六《蓝田县》，"库谷在县西南五十里，谷有关"。《新志》，京兆府蓝田县"有库谷，谷有关"。则库谷在子午谷之东，在蓝田县西南五十里，为长安通金州径道，凡六百八十里也。检《陕西南山谷口考》，库谷"在蓝田县西南五十里，咸宁县东南八十里，为蓝田、咸宁交界处，有库谷水北入灞"。是与长安之相对位置与里距可知。下文引《道路考》，库谷西至引驾回九十里，疑里数有误。

又《法苑珠林》三九，"终南库谷……其谷名库，地名天藏，故谷口府坊皆名天藏"。岂折冲府耶？

今道由长安东南行四十里至引驾回，又九（？）十里至库谷，又二十里上秦岭，又一百二十六里至镇安县，又二百八十五里至洵阳县，又西南一百二十里至安康县，共凡六百八十一里，盖即略循唐宋旧道也。

《陕西南山谷口考》引《三省边防·道路考》，述镇安经库谷至西安之道路略云：镇安县北一百二十六里至秦岭，又二十里至库谷，又西北九十里至引驾回，又四十里至西安府城。检《民国地图集·陕西人文图》，镇安有道南通洵阳至安康，安康即唐之金州治所。复检《一统志》商州卷及兴安卷，镇安南至洵阳县二百八十五里，洵阳西至安康一百二十里。则西安取库谷路至安康六百八十一里，与《元和志》《寰宇记》《长安志》所记里数全同。盖今道即唐宋古道也。

义谷在万年县南八十里，有义谷镇。又南至乾元县（五代更名乾佑，今镇安北八十里柞水县南）及金、商等州。西南有路至兴元府。

此见《长安志》一一万年县义谷条。同卷义谷镇条："在县南八十里，入乾祐路，俗曰谷口镇。”乾佑本名乾元，五代时更名。按《通鉴》，昭宗乾宁二年，帝避李茂贞之逼，出启夏门（长安城南面东来第一门），幸莎城镇，至谷口，徙幸石门镇。《新·刘季述传》同。若此谷口为专词，应即义谷镇。当在库谷之西，子午之东。

今长安东南由引驾回，又十五里至大义谷，又七十五里上秦岭，又一百二十里至柞水（旧孝义厅），又南经镇安，洵阳，至安康。当即略循唐宋之义谷旧道也。

《南山谷口考》：“大义谷俗名大峪口，在咸宁县东南六十里，滈水出焉，西北流会镐水，又西会沣水入渭。”又引《长安志》义谷条，复作按语云：

“案今由大峪口至孝义，其正南通兴安，其西南通汉中，与古路合。惟山路峻峭，较栈道尤险。《三省边防》及《咸宁县志·道路考》，由西安省城南行二十五里，曰鲍陂，又二十五里引驾回，又十五里大峪口，又二十五里枪风铺，又二十五里板庙子，又三十里秦岭（入孝义厅界），又五十里炉子石，又三十里大山岔（即孝义老城），又三十里药王堂，又二十里孝义厅城，计程二百七十里。大峪口逼近省垣，为孝义赴西安孔道，防御未可稍疏也。严如熤曰，由咸宁引驾回进大峪口，上下秦岭七十里，山势穹窿，一径羊肠，蟠折于丛林悬岩之间，稍不戒则人马坠深涧。大山岔在秦岭南，地稍平夷，又南则孝义厅城，乃南山扼要之处。”

同书又引严如熤云，兴安汉中与长安相通山路有六。其一云：（由东数之第一路）

“由安康之琉璃沟，经洵阳北境镇安县，孝义厅，而至大峪口，兴安达西安之路也。兴安进省，由汉中大路行走共一千八百余里。后于山中开新道，由洵阳之赵家湾、两河关（关在洵阳县西北一百四十里），经过镇安，孝义，出大峪口，山程约七百里，较栈道捷甚。然鸟道羊肠，中如九里冈、琉璃沟（安康），判官岭、仙姑碥（洵阳），梅花铺、鸡上架（镇安），猴子石、大山岔（孝义），高峻险巇，辟一径于树根石角之间，稍不戒则人马均坠，非如栈道虽险而路宽也。”

观此两段，近代义谷道（即大峪口道）之行程由长安东南至引驾回，又十五里至大义谷，又七十五里至秦岭，又一百二十里至孝义厅。又南至镇安、洵阳、安康。孝义厅，民国以来改为柞水县，即五代两宋之乾祐县故治（通说如此，其实宋乾祐县当在今柞水、镇安二县间）。洵阳本唐代县，安康即金州，则此道即略循《长安志》之义谷路可知矣。

唯此义谷道与前述之库谷道，自镇安以南应原为一道。盖引驾回以南分两道。西道直南十五里入大义谷，逾秦岭，经柞水县至镇安。东道由引驾回向东南行九十里至库谷，逾秦岭至镇安。二道回合，南至洵阳、安康耳。

锡谷在万年县东南六十里，有路至归安镇，合义谷路南行。按谷在秦岭之北五十里，盖至岭已合道。

“按”字以上见《长安志》一一万年县锡谷条。《陕西南山谷口考》：大义谷“西为锡谷，一名小义谷，俗名小峪口，在咸宁县东南六十里”。是在义谷之西也。又引《咸宁县志》，“谷口南至秦岭五十里，入谷南行至板厂，有路至孝义厅”。实亦义谷道。

归安镇，在今镇安县南约五十里前后，为长安至金州间之交通要冲。五代用兵固曾重视此镇。

归安镇，《长安志》云在乾祐县南一百二十里。而《一统志》兴安府关隘目云在“安康县北五里，一名香樟坝”。《乾隆志》云据《旧志》。按宋乾祐县，通说在今柞水县（旧孝义厅）治。实当在今县南，至镇安县间。柞水至镇安九十里，镇安至洵阳二百八十余里，洵阳至安康一百二十里（详前库谷、义谷两条），《长安志》既云在乾祐南百二十里，则绝不远在安康北郊。《一统志》之归安镇明非宋旧镇所在。考《通鉴》二九四，周显德五年纪云：

“帝谋伐蜀……以户部侍郎高防为西面水陆制置使，右赞善大夫李玉为判官。……李玉至长安。或言蜀归安镇在长安南三百余里，可袭取也。玉信之，牒永兴节度使王彦超索兵二百。彦超以为归安险阻难取。……不得已与之。……十二月，蜀归安镇遏使李承勋据险邀之。斩玉。”

据此条可知两事。其一，归安一路颇为要冲，故李玉以伐蜀水陆制置使判官之身份争此道之控制权。其二，或言归安镇在长安南三百余里。纵或故短言其程，其实当亦不过四百余里，断不能在六百外之安康[1]。柞水距长安不到三百里。然则《通鉴》与《长安志》所记正相合，此镇当在今镇安县南不过五十里左右也。

综观库、义、锡三谷道之行程，由长安东南行，分别入三谷，逾秦岭，盖至归安镇前后，即今镇安县地区，合为一道，南达金州。开元时代，库谷置中关，比于骆谷、子午，盖尤为三谷道之主线欤？而前考子午谷亦得东南抵金州、上津，盖亦合归安一道耳。

参看图 1、图 2

一九六六年十二月初稿，一九六八年八月八日订正，刊《唐史研究丛稿》。

一九八四年四月十六日，增补定稿。

汉唐褒斜驿道

引　言

汉唐时代，褒斜道为秦蜀交通干线，以其险峻为全国诸道之冠，故久为史家所称述。此道本循褒斜二河谷所修建，故名褒斜。二水皆发源于郿县、褒城间之衙岭山，斜水东北流至郿县入渭，褒水东南流至褒城入汉。此道即由褒城循褒水

[1]《元和志》《寰宇记》《一统志》皆可证金州在长安南六百里以上。

河谷而上，逾衙岭山，复循斜水河谷而下出秦川也。此条路线，在汉魏时代无可置疑，然考之唐史，往往不能通解。如玄宗幸蜀，及僖宗第二次南幸，皆向西取道散关，而文史所见，或云途经斜谷。又如褒斜谷道不逾五百里，郿县至长安不过二百余里，而《通典》称汉中取斜谷道至长安九百三十三里，是亦不合。今详考史传、志书、政典、诗文、石刻、杂著，乃知唐世所谓褒斜道绝大多数指褒城至凤州（今凤县）道而言，实为北魏所开之回车道，攘褒斜之古名耳。前贤未察，因名同而误为一道，致唐史典籍反多可疑，故为之辨，并详其驿程焉。

一、汉魏褒斜古道

关中与汉水上流地区之交通当甚早，此观《国语》载周幽王伐有褒事可知。

《晋语》一，史苏曰："周幽王伐有褒，褒人以褒姒女焉。"又《郑语》记史伯述褒姒故事（《史记·周本纪》略同）。则幽王以前，褒国与关中早有交通，不始于幽王之用兵也。

战国秦惠文王时，褒汉为蜀所有，秦蜀两王曾会遇谷中，不久秦即起兵灭蜀，说者多谓即循汉世所谓褒斜道。

《史记·张仪传》："苴蜀相攻击，各来告急于秦。"秦惠王遂发兵伐蜀，兼灭苴巴。时在惠文王后九年（年份参三家注及《考证》）。是秦蜀交往必早在此前。考《华阳国志》卷三《蜀志》述秦蜀事之传说颇详。略云："周显王之世，蜀王有褒汉之地，因猎谷中，与秦惠王遇。惠王以金一笥遗蜀王，王报珍玩之物。"

"周显王二十二年，蜀侯使朝秦。秦惠王数以美女进，蜀王感之，故朝焉。"

"蜀王别封弟葭萌于汉中，号苴侯。……苴侯与巴王为好，巴与蜀雠，故蜀王怒伐苴侯。苴侯奔巴，求救于秦。""周慎王五年（秦惠二十二年即后九年）秋，秦大夫张仪、司马错……等从石牛道伐蜀。……开明氏遂亡。"

按秦蜀二王之会，未明何谷，而《十三州志》："蜀王从卒数千余出猎于褒谷西溪。惠王亦猎于山中。"（《舆地纪胜》一八三引）是言褒谷也。《水经注》二七亦以褒谷当之。又此次用兵，《水经注》以为由此道，后世地理学家多从之。然亦无确证，唯可能性较大耳。

其后范雎相昭王，又曾大修栈道。说者亦以为即褒斜道。盖可信。

《秦策》三，蔡泽说范雎曰：“今君相秦……栈道千里，通于蜀汉。”称雎之功，栈道建设为其一。后世以为此即褒斜道，如《方舆纪要》五六。观下文引《史记·高祖纪》，以陈仓道为“故道”，则褒斜为新道也。时去范雎相秦不过五十余年（雎相昭王，始于前226年），此褒斜当即范雎所修者欤?

秦代末年，褒斜道为经常往来之栈道，而称陈仓大散关道为故道。汉高祖烧绝褒斜道，其出兵关中乃从故道出散关。

《史记·高祖纪》：“汉王之国……从杜南入蚀中，去辄烧绝栈道，以备诸侯盗兵袭之，亦示项羽无东意。”

《汉书·高祖纪》：

“汉王……从杜南入蚀中。张良辞归韩，汉王送至褒中，因说汉王烧绝栈道，以备诸侯盗兵，亦视（同示）项羽无东意。”（师古曰：“栈即阁也，今谓之阁道也。”）

《史记·留侯世家》：

“汉王之国，良送，至褒中。遣良归韩。良因说汉王曰：‘王何不烧绝所过栈道，示天下无还心，以固项王意。’乃使良还，行烧绝栈道。……良至韩……说项王曰，汉王烧绝栈道，无还心矣。”

《汉书·张良传》略同。唯无末句。“行烧绝栈道”，师古释之曰：“且行且烧，所过之处皆烧之也。”据《史记·本纪》，所烧者为蚀中栈道（详《唐子午道》篇）。据《汉书·本纪》所烧者为褒中栈道。观两书《张良传》，所烧实为褒谷栈道。然汉王由长安入汉中乃取道蚀中，无可疑者，既已烧褒谷栈道，则复烧蚀中栈道，乃事所必然。故《水经注》谓汉祖烧子午栈道也。张良由褒谷道北归，又烧绝此道阁栈，示无还意，则当时必视此道为交通干线。而《史记·高祖纪》又云：

“至南郑……用韩信之计，从故道还袭雍王章邯。邯迎击汉陈仓。”

《汉书·本纪》同。亦即《石门颂》所谓“出散入秦”也。按故道即陈仓散关两当略阳道，《河渠书》所书较褒斜道迂回四百里者（详《〈通典〉所记汉中通秦川驿道》篇），盖秦旧都雍，即今凤翔县。其时秦蜀交通或本由陈仓西南经今凤县两当东南至汉中。后都咸阳，遂复开斜与褒两谷连络之褒斜道。史以“栈道千里通于蜀汉”为范雎功，或者即范雎时事欤？褒斜道开而陈仓旧道废。高祖已烧褒斜道，乃复从旧道出兵矣。

其后盖遂以“故道”为秦蜀交通之主要干线。汉人传称高帝开石门，或归美之辞欤？

李翕《郙阁颂》（《隶释》四）：“嘉念高帝之开石门，元功不朽。”按此事别无所见。《石门颂》述西汉四道，亦不涉石门事，疑归美之辞耳。

然汉都长安，旧道究迂远，不如褒斜之捷近，故武帝中叶复修褒斜栈道，且欲以通山东之漕运。通漕事虽失败，但褒斜道全长四百余里，较故道近四百里，遂复为关中通巴蜀之主要交通线，故《华阳志》云，“玺书交驰于斜谷之南，玉帛践乎梁益之乡”也。

《史记·河渠书》云：（《汉书·沟洫志》同）

“其后，人有上书，欲通褒斜道，及漕事。下御史大夫张汤。汤问其事。因言，抵蜀，从故道（《正义》引《括地志》：‘凤州两当县，本汉故道县也。在州西五十里。’）。故道多阪回远。今穿褒斜道，少阪，近四百里。而褒水通沔，斜水通渭，皆可以行舟漕。漕从南阳上沔入褒，褒之绝水，至斜间百余里，以车转，从斜下渭。如此，汉中之谷可致，山东从沔无限，便于砥柱之漕。且褒斜材木竹箭之饶拟于巴蜀。天子以为然。拜汤子卬为汉中守，发数万人作褒斜道五百余里。道果便近，而水多湍石，不可漕。”

按此事系于河东守番系言漕事后。检《公卿表》，系以元朔五年由河东守迁御史大夫。则复通褒斜事当在武帝中叶。漕事虽失败，然“道果便近”。故《史记·货殖传》云：

“巴蜀亦沃野……然四塞，栈道千里，无所不通，唯褒斜绾毂其口，以所多易所鲜。”

足见武帝末年褒斜道为秦蜀交通之最主要干线。《华阳国志》文见卷三《蜀志》。此固说西汉事，其为交通干线又得一征矣。

褒斜道之名亦始见于此时。褒斜二水皆发源于褒城（今县南十里）、武功（今眉县东四十里）间之衙岭山（今褒城北九十里），斜水北流入渭，褒水南流入汉，此道北段略沿斜水，南段略沿褒水，故曰褒斜。

此两水分流入渭、沔，前引《河渠书》已言之。《汉地志》扶风武功县，“斜水出衙岭山，北至郿入渭。褒水亦出衙岭，至南郑入沔”。按衙岭山在唐褒城北九十八里（《河渠书》正义引《括地志》及《寰宇记》一三三褒县条），即今县北约九十里。郿在今郿县东北，武功在今郿县东四十里，见《一统志》。

西汉后期有所谓武功谷口划道者，盖亦指此而言也。

《史记·田叔传》褚先生补曰：“武功，扶风西界小邑也。谷口，蜀划道近山。”《正义》：“《括地志》云，汉武功县在渭水南，今盩厔县西界也。骆谷间在雍州之盩厔县西南二十里，开骆谷道以通梁州也。按行谷有栈道也。”按《括地志》此条夺讹甚多，别详《骆谷道篇》。然《正义》以褚先生补文之谷口即骆谷口，则甚明。今按：《一统志》凤翔府卷古迹目，“武功故城在郿县东，汉置县。旧县境有武功山，斜谷水亦曰武功水。县本以山水立名也。《寰宇记》，武功故城在今郿县东四十里凤泉故县北，渭水之南”。据《通志》，今郿县盩厔相距一百里（《南山谷口考》引），则武功故城西南至斜谷较东南至骆谷为近。且斜谷水有武功之名，足见在武功辖境；骆谷则绝非辖境也。况斜谷之名至迟武帝世已著，而骆谷之见史似不能早于曹魏。故此谷口当指斜谷，非骆谷也。《正义》误。又据《史记·孝武本纪》索隐，褚少孙为宣元成时代人。

其后王莽开子午道，但褒斜未废，故光武伐蜀，一军从斜谷入。

《华阳国志》五《公孙述志》：“世祖（光武）重遣吴汉刘尚征述；又遣臧宫从斜谷道入。”按西汉承平二百年，此第一次用兵巴蜀，即利用此道，足见其为一要道。

然岁久仍不免荒塞，至东汉明帝永平四年诏开褒斜，凿通石门。盖安帝永初间，此道为叛羌所坏，乃修子午，以远羌患。至顺帝即位（延光末），复废子午，通褒斜。桓帝建和年间又见增修。并详《石门颂》，且见西汉曾修围谷（今眉县、周至间，骆谷西二十五里）、堂光（无考）两谷道。

《后汉书》惟《顺帝纪》云，延光四年十一月丁巳即位，“乙亥，诏益州刺史，罢子午道，通褒斜道”。其余历次修废不详。而《司隶校尉杨孟文石门颂》（《隶释》四）云：

“高祖受命，兴于汉中，道由子午，出散入秦。……后以子午涂路歮难，更随围谷，复通堂光，凡此四道垓隔尤艰。至于（明帝）永平，其有四年（61），诏书开余（斜），凿通石门。中遭元二，西夷虐残，桥梁断绝，子午复修。上则县峻，屈曲流颠，下则入冥，倾写输渊……空舆轻骑，滞寻弗前，恶虫蔽狩，蛇蛭毒蟳。……愁苦之难，焉可具言。于是……故司隶校尉犍为武阳杨君厥字孟文，深执忠伉，数上奏请……百僚咸从，帝用是听，废子（子午）由斯，得其度经，功饬尔要，敞而晏平。……至（桓帝）建和二年（148）仲多上旬，汉中太守犍为武阳王升字稚纪……嘉君明知……勒石颂德。”

“王府君闵谷道（缺）难，分置六部道桥，特遣行丞事西成辅服……造作石積，万世之基，或解高格（同阁），下就平易，行者欣然焉。”

据此略见褒斜子午迭为兴废之况。洪氏跋云：“《顺帝纪》，延光四年，诏益州刺史罢子午道，通褒斜路，盖从其所请也。……安帝永初元年先零羌叛，断陇道，寇三辅，入益州，杀汉中守，乃桥梁断绝时也。自明帝永平四年通石门至永初几五十年。自永初褒斜断绝至延光四年，凡十五年。”按此所论大体近是。

又《石门颂》，“更随围谷，复通堂光”。按《嘉庆一统志》西安府卷山川目仓谷条引《长安志》，“韦谷、底保谷在盩厔县西南三十里”。又引《县志》，“县境南山……极西，与郿县接界处为韦谷，俗讹为泥谷，在县西南五十里”。谷东二十三里为骆谷。又《陕西南山谷口考》：“骆谷西二十五里为韦谷，今讹为泥谷，在盩厔县西南，为盩厔郿县连界处。有韦谷水北入渭。谷南有路通佛坪。”检《元和志》二《凤翔府·扶风县》，“武德三年分岐山县，置围川县……取今县南湋川水为名，近代讹作围。……贞观……八年改为扶风”。是此韦谷之名甚早，亦作湋谷、围谷也。《石门颂》之围谷必即此谷无疑。堂光无考。《陕西南山谷口考》云，郿县东南有汤谷、潭谷，岂其地耶?

此颂外，复有《鄐君开通褒斜道》一刻，记各项数字极详。自永平六年兴工至九年完成，工程极为浩大。盖永平四年杨孟文仅兴议草创，至鄐君实成之也。

两次实为一事，故《石门颂》略之欤。

《鄐君开通褒斜道石刻》（《金石萃编》五）：“永平六年，汉中郡以诏书受广汉、蜀郡、巴郡徒二千六百九十人，开通褒余道。太守巨鹿鄐君部掾治级王宏、史荀茂、张宇、韩岑等，兴（释文作典）功作。太守丞广汉杨显将相用始作桥格（即阁或榈）六百二十三间，大桥五，为道二百五十八里，邮亭、驿置、徒司空、褒中县官寺并六十四所。凡用功七十六万六千八百余人，瓦（凡？）卅六万九千八百（以下今石已缺，仅见宋晏袤释文），四器。用钱百四十九万九千四百余斛粟。九年四月成就。益州东至京师，去就安隐。”按此刻在褒县石门。

建和稍后，永寿年间，复有增修，见于石刻。

《李寿碑》（罗季书《褒中古迹辑略》）：“右扶风丞楗为武阳李君讳寿字季林，以永寿元年中始解大台长，由其修阁道尤勤，民欢喜，行人蒙福。君故益州从事，再举孝廉，尚书，改授云安郡朐忍令，换汉中宜禾都尉。”按永寿为桓帝年号。

汉末，刘焉使张鲁据汉中，断绝谷道，以利割据，故流民南徙皆从子午道。

《华阳志》二《汉中志》：“初平中，（刘焉）以（张）鲁为督义司马，住汉中，断谷道。”《三国志》三一《刘焉传》，“遣鲁为督义司马，住汉中，断绝谷阁，杀害汉使。焉上书言米贼断道，不得复通”。当即此道，断之以利割据也。《三国志》八《张鲁传》，鲁据汉中，“韩遂马超之乱，关西民从子午谷奔之者数万家”。正以斜谷道断，故民之南徙者专从子午也。

然不久盖又修复，故建安末年，曹操得由斜谷道与刘备争汉中。

《纪要》五六，已略引述，今不详考。

其后魏、蜀交兵，屡由此道，略举如次：

（1）魏太和二年、蜀建兴六年（228），蜀诸葛亮伐魏，扬声由斜谷。

《蜀志·诸葛亮传》，建兴“六年春，扬声由斜谷道取郿，使赵云邓芝为疑军，据箕谷”。

（2）魏太和四年、蜀建兴八年（230）魏曹真伐蜀，由子午、斜谷诸道并入。

《魏志·明帝纪》，太和四年“七月……诏大司马曹真、大将军司马宣王伐蜀”。《曹真传》，太和四年，真大举伐蜀。“以八月发长安，从子午道南入。司马宣王泝汉水，当会南郑。诸军或从斜谷道，或从武威入。”（《集解》引胡三省曰：“武威当作武都。”）《蜀志·后主传》，建兴“八年秋，魏使司马懿由西城，张郃由子午，曹真由斜谷，欲攻汉中。丞相诸葛亮待之于城固赤阪。大雨道绝，真等皆还”。按此次数道并进，而所述曹真主力有斜谷、子午之异。考《魏志》二二《陈群传》，“太和中，曹真表欲数道伐蜀，从斜谷入。群以为……斜谷阻险，难以进退，转运必见钞截……不可不熟虑也。帝从群议。真复表从子午道。群又陈其不便。……诏以群议下真，真据之遂行。会霖雨积日，诏真还”。是真本拟自出斜谷，后变计自子午道也。然仍分兵出斜谷等道。

（3）魏青龙二年、蜀建兴十二年（234），蜀诸葛亮大军由斜谷道出武功至五丈原。

《魏志·明帝纪》，青龙二年四月，“诸葛亮出斜谷屯渭南”。《蜀志·后主传》，建兴“十一年多，亮使诸军运米集于斜谷口，治斜谷口邸阁”（《集解》：邸阁，储粮之所也。详见《魏志·王基传》）。“十二年春二月，亮由斜谷出，始以流马运。”《诸葛亮传》，建兴“十二年春，亮悉大众由斜谷出，以流马运，据武功五丈原。……其年八月，亮疾病，卒于军”。

（4）魏景元四年、蜀炎兴元年（263），魏锺会等分从骆谷、斜谷、子午谷等道并入灭蜀。

《魏志·陈留王奂纪》，景云四年，使锺会“由骆谷伐蜀”。又《锺会传》：“（邓）艾趣甘松、沓中……（诸葛）绪趣武街、桥头。……会统十余万众分从斜谷、骆谷入。……魏兴太守刘钦趣子午谷。诸军数道平行。”

魏、蜀在关中、汉中地区相对用兵，取道斜谷者大抵有以上诸次。惟魏正始五年（244）曹爽伐蜀。蜀延熙二十年（257）姜维伐魏，由骆谷道，余或专出斜谷道，或兼出斜谷道也。

及锺会定蜀，谋贰于司马氏，欲使姜维先出斜谷。司马昭识锺会必叛，使贾充入斜谷至汉中。

《魏志》二八《锺会传》："进军成都……威震西土。……遂谋反。欲使姜维等皆将蜀兵出斜谷，会自将大众随其后。……会得文王书云，恐邓艾或不就征，今遣中护军贾充将步骑万人径入斜谷，屯乐城，吾自将十万屯长安。"

如此针锋相对，皆以斜谷为用兵主线，尤见此道在当时交通上之地位。魏、蜀既屡从斜谷道用兵，故时见增修。

魏太和四年，曹真由子午、斜谷诸道伐蜀。《王肃传》论之曰："深入险阻，凿路而前……闻曹真发已逾月，而行裁半谷。治道功夫，战士悉作。"又魏景元四年，锺会伐蜀事。《会传》云："分从骆谷、斜谷入，先命牙门将许仪在前治道。会在后行，而桥穿，马足陷，于是斩仪。"又蜀建兴十一年，诸葛亮治斜谷邸阁，明年出兵。邸阁虽非阁道，要于道路亦不能无修建也。

今可考见于石刻者，有魏太和六年与景元四年两次。景元四年冬，魏已平蜀，故复修之，以为秦蜀交通之孔道也。

《潘宗伯韩仲元李孝章通褒斜阁道碑》：

"□□伯、韩仲元以泰□六年五月十日造□□。景元四年十二月十日荡□将军浮亭侯□□李苞……中□□□木工二千人，始通此阁道。"（《文物》1964 年第 11 期《褒斜道石门附近栈道遗迹及题刻的调查》）

晏袤《跋文》云：

"潘宗伯、韩仲元记造桥阁十九字。绍熙甲寅始见于石门之南益（崖？）其泰字下一字不显……汉魏两晋以来，泰字纪年者凡七，惟魏明帝有泰和六年……余皆一二年或三四年，则知此魏泰和六年明矣。是岁蜀建兴十年。先以泰和四年魏司马懿伐蜀，五年蜀诸葛亮围祁山……秋七月亮复军。明年亮休士作木牛流马，故魏人得入褒谷治桥阁矣。后题景元四年三十八字者，魏陈留王年号，自泰和六年至此凡三十三年，则此二号皆魏之纪年无疑。……魏荡寇将军浮亭侯李苞字孝章复通此阁道于景元四年，即蜀炎兴元年。冬十一月，魏锺会邓艾率众伐蜀……巴蜀皆平。十二月，魏分益州为梁州，褒斜阁道于是通矣。"（同上）

按碑刻于石门南约二十余米崖壁上。晏袤为南郑令，以庆元元年作跋，论此事年代盖可信。

至晋太康元年亦曾于褒中县北境修斜谷阁道，今留坝县东北之西江口（E107°·N33°·44′）尚有摩崖可考。

唐孙樵《兴元新路记》（《全唐文》七九四，参《褒中古迹辑略》）：

“二十四孔阁。阁上岩甚奇，有石刻云：褒中兴（《辑略》作典）阁主簿王颙、汉中郡道阁县（桥）掾马甫（略）等百二十人，匠张羌（略）等百四十人，阁道教习常民学川石等三人。凡七十字。其侧曰，太康元年正月二十九日。按其刻乃晋武平吴时，盖晋由此路耳。”

按通观全文，二十四孔阁在文川谷道中，东北去郿县，东南至南郑，距离略相等，而为褒中县地。复考《褒斜道连云栈南段调查简报》（《文物》1964年第11期），则此摩崖尚存，据拓本释文如次：

□褒中典阁主簿王颙字休谐

□褒中典阁主簿周都字令业

汉中郡道阁府掾马甫字叔郡

汉中郡北部督邮迥通字叔达

都匠中郎将王胡字仲良典知二县

匠卫绩教蒲池石佐张择等百廿人

匠张羌教褒中石佐泉彊等百卌人

治余谷阁道教习常民学川□□□□

等三人，谐汉中郡受节（下缺）

征西府遣匠（下缺）

据拓本收藏人张叔亮云，刻文在留坝县西江口岩上，其地今仍名二十四孔阁。此本则一九三二年所拓也。然则此年所修不但确知即褒斜道，且途程所经又得一明确据点矣。

及东晋南北朝时代，南北分立，不以南北交通干线为急务，故未见有修郿褒间谷道者。至于北魏正始四年所“开褒斜道”，乃散关回车褒城道，非复汉魏古道矣。

褒、斜本二水名，分别南入汉水，北入渭水。其分水岭之衙岭山地位偏近褒城，故斜谷长而褒谷短，谷道四百七十里，号称五百里，山谷深险，曹操称为“五百里石穴”，最能得其形势。

辛氏《三秦记》：“褒斜，汉中谷名，南谷名褒，北谷名斜，首尾七百里。”（《后汉书·顺帝纪》延光四年注引，《地理书钞》页三六二）《梁州记》：“褒谷，南口曰褒，北口曰斜，长四百七十里。”（《史记·货殖传》正义引）里数不同。考《元和志》二二、《舆地纪胜》一八三，皆作四百七十里。与《河渠书》五百里之说为近。七百里盖夺讹也。《西征赋注》：“褒斜谷……南口褒，北口斜，长百七十里。”（《续郡国志》扶风武功县注引）则又夺“四”字矣。复考《括地志》：“褒谷在梁州褒城县北五十里（《元和志》二二，作五里，疑当作‘十五里’）。斜水源出褒城县北九十八里衙岭山，与褒水同源而派流。”（《史记·河渠书》正义引。《一统志》引《括地志》，斜水褒水二名互易位）《寰宇记》一三三褒城县，“衙岭山在县西北九十八里，褒水源出此山，至县理东注汉水”。足见斜谷长，而褒谷短。

关于两谷形势。《魏志》一四《刘放传》裴注引《孙资别传》云：“昔武皇帝……自往拔出夏侯渊军，数言，南郑直为天狱中，斜谷道为五百里石穴耳。言其深险，喜出渊军之辞也。”既证七百里之讹，亦见谷道之形势。《舆地纪胜》一八三兴元府景物上褒谷条引《郡国志》：“两谷高峻，中间谷道，褒水所流。”亦见其概。

而述此谷道之详仍以《水经注》为最。据《注》，由褒城北入褒谷口，经石门，西北经三交城，赤崖，大石门，至衙岭山；自山以北，则循斜谷经五丈原（今眉县西南二十里）之东达渭川。《注》又引诸葛亮家书云，“缘谷百余里，其阁梁，一头入山腹，一头立柱于水中”。水大至，则坏。其后更“悉无复水中柱，迳涉者，浮梁振动，无不摇心眩目”。此“俗所谓千梁无柱也”。今日读此，亦感惊骇。

《渭水注》：“渭水于（武功）县，斜水自南来注入。水出县西南衙岭山北，历斜谷，迳五丈原东。原在武功西十里余。……其水北流注于渭。”

又《沔水注》：“汉水又东合褒水。水西北出衙岭山，东南迳大石门，历故栈道下谷，俗谓千梁无柱也。诸葛亮与兄瑾书云：前赵子龙退军，烧坏赤崖以北阁道，缘谷百余里，其阁梁一头入山腹，其一头立柱于水中。今水大而急，不得安柱，此其穷极，不可强也。又云：顷水大暴出，赤崖以南桥阁悉坏。时赵子龙与邓伯苗，一戍赤崖屯田，一戍赤崖口，但得缘崖与伯苗相闻而已。后诸葛亮死于五丈原，魏延先退，而焚之，谓是道也。自后按旧修路者悉无复水中柱，迳涉者，浮梁振动，无不遥心眩目也。褒水又东南，迳三交城，城在三水之会，故也。……褒水又东南得丙水口。……褒水又东南历小石门。门穿石通道六丈有余。刻石言，汉明帝永平中司隶校尉犍为杨厥之所开。……《蜀都赋》曰：阻以石门。其斯之谓也。门在汉中之西，褒中之北。褒水又东南历褒口，即褒谷之南口也。北口曰斜，所谓北出褒斜。褒水又南迳褒城东……又南流入于汉。”

按褒谷较短，郦《注》详述之。斜谷较长，郦《注》反略之，何耶，岂亦材料所限欤？

二、拓跋魏回车道

自晋室南迁，秦汉褒斜古道日就堙废，至北魏宣武帝正始中，有汉中之地。刺史泰山羊公以褒斜古道崖岸崩沦，栈阁堙废，车马不通，唯徒步攀萝扪葛可达，故转输艰阻，无以为治。遂于正始四年（507）奏开回车新道，南通褒城谷口，三百余里，阁广四丈，路广六丈，填溪栈壑，砰险梁危，俾车马“连辀并辔而进”，于是物资商货南北畅通，公私以济。按回车地在梁泉县（今凤县）南六十里。是羊公所开新道乃取陈仓、散关大道，由梁泉东南经回车以达褒城。《魏书》称此道为“斜谷旧道”，盖误书也。

《魏书·世宗纪》，正始四年九月“甲子，开斜谷旧道”。实即回车道也。魏《石门铭》（《褒谷古迹集略》）详其事云：

“此门盖汉永平中所穿，将五百载。世代绵回，戎夷递作，乍开乍闭，通塞不恒。自晋氏南迁，此路废矣。其崖岸崩沦，硐阁堙褫。门北各数十里，车马不通者久之，攀萝扪葛然后可至。皇魏正始元年，汉中献地，褒余始开，至于门北一里，西上凿山为道，峭岨盘迂，九折无以加，径途巨碍，行者苦之。……三年，诏假节龙骧将军（略）梁秦二州刺史泰山羊公建旟嶓漾。……以天险难升，转输艰阻，表求自回车以南开创道路，释负担之劳，就方轨之逸。诏遣左校令贾三德领徒一万人，将帅百人，共成其事。……起四年十月十日讫永平二年正月毕工，阁广四丈，路广六丈，皆填溪栈壑，砰险梁危，自回车至谷口三百余里，连辀并辔而进。往哲所不工，前贤所辍思，莫不夷通焉。……于是畜产炉铁之利，纨锦罽毲之饶，充仞川内，四民富实，百姓息肩，壮矣。……铭曰……西带汧、陇。东控樊、襄。……水眺悠晶，林望幽长，秋风夏超，寒鸟春伤。穹窿高阁，有车辚辚，成夷石道，牺牡其驷，千载绝轨，百两更新。……魏永平二年太岁己丑正月己卯朔卅日戊申，梁秦典签太原郡王远书。”

按据此石刻纪事，南北朝时，褒斜道废塞。北魏正始中得汉中地，“褒斜始开”，然“经途巨碍”。正始三年，羊公为梁秦刺史，“以天险难升，转输艰阻”，乃“表求自回车以南开创道路”“自回车至谷口三百余里”。按《元和志》二二，凤州梁泉县，后魏太和元年置。“回车戍在县西北六十里。梁太清五年，西魏遣雍州刺史达奚武为大都督及行台杨宽，率众七万，由陈仓路，取回车戍，入斜谷关，出白马道。谓此也。”《寰宇记》一三四，同。惟云“在县南一百六十六里”。《纪要》五六作“县南一百六十里”。按《志》云“西北”显误。当从《记》作“南”为正。里数有“一百”之差。按《元和志》及《寰宇记》，兴元至凤州（治所即梁泉县）三百八十里。褒城至兴元三十里。则褒城至梁泉盖三百五十里上下。前引《石门铭》，回车至谷口（褒谷口）三百余里。则回车至梁泉县应以六十里为正。《寰宇记》《纪要》皆误也。检《乾隆志》一八五汉中府褒水条引《府志》，“有车倒河在（凤）县东南八十里”。按“车倒”与“回车”之义为近，疑即古回车戍地区欤？则此回车与褒斜古道之北口东西相去极远，此回车道明为新开之道，非褒斜古道也。事始于正始四年十月，正与《魏书》所记为同一事。而《魏书》云“开斜谷旧道”，实误书也。

西魏大统十七年（551），达奚武曾由散关出回车道入南郑，然其所出南口，为白马城，非褒口。

《周书》二《文帝纪》，魏大统十七年十月，遣“大将军达奚武出散关，伐南郑”。前引《元和志》二二及《寰宇记》一三四梁泉县回车戍条，所记即此事。谓达奚武等“率众七万由陈仓路，取回车戍，入斜谷关，出白马道”。唯此次用兵出口为白马，非褒城。按《水经·沔水注》，“沔水又东迳白马戍南，浕水入焉。水北发武都氐中，南迳张鲁城东。……庾仲雍谓山为白马塞……东对白马城，一名阳平关。浕水南流入沔，谓之浕口。其城西带浕水，南面沔川……亦曰浕口城”。《元和志》二二兴元府西县，“百牢关在县西南三十步，隋置白马关，后以黎阳有白马关，改名百牢关。自京师趋剑南，达淮左，皆由此也”。所谓“入斜谷关出白马道”者，盖由关南行出浕口、白马城，即唐之西县也。唐僖宗光启二年幸兴元，褒谷栈道为石君涉所烧，乃变计由他道至西县，亦即此道也，详第四节僖宗西幸条。

后三年，即恭帝元年（554），此回车阁道被焚毁。同年崔猷复修通之，凿山堙谷五百余里。但南口所在不详。

《通鉴》一六五，梁承圣元年纪云：

“魏宇文泰命侍中崔猷开回车路，以通汉中。”

按《周书》三五《崔猷传》：“魏恭帝元年（即梁承圣三年），太祖欲开梁汉旧路，乃命猷（略）等五人率众开通车路，凿山堙谷五百余里，至于梁州。”（下文“即以猷为都督梁利等十二州白马傥城二防军事梁州刺史”）《北史》三二，同。皆与《通鉴》作“回车路”者异。胡三省据《北史》，以“通”字为正，云“前史盖误以通字为廻，传写者又去其旁为回也”。此论似是。然据前引北魏《石门铭》及《元和志》回车戍条，正应作“回车路”。则《通鉴》“回”字不误，而《周书》《北史》“通”字乃臆改耳。或曰，达奚武既于四五年前由此道入梁州，何以此时又重开？考《留坝府志》卷四，“西魏恭帝元年四月，乐炽焚路。同年九月崔猷修复”（《褒斜道石门附近栈道遗迹及题刻调查》页三九引）。则此路自北魏开通，至西魏恭帝元年被焚阻，同年崔猷乃复开之，达奚武事在此前，固不碍也。

综观北魏至西魏末，所开通汉中道路皆自散关经回车而南者，未尝见有循秦汉褒斜古道也。

三、唐褒城北出秦川诸道修治史

褒斜道，唐初虽曾重修，并通水运。然在前期，实未置驿。

《册府》四九八《邦计部》漕运条：“（贞观）二十二年七月，开斜谷道水路，运米以至京师。”此盖遵行汉武故事欤？未必久行。《通典》一七五，汉中郡“去西京，取骆谷路六百五十二里，斜谷路九百三十三里，驿路一千二百二十三里”。《寰宇记》一三三，全同。是前期斜谷、骆谷两谷道皆不置驿也。骆谷不置驿又见《六典》六《刑部》司门条。

中叶以后，始屡修秦川通褒城道，置馆驿；然非一线。兹以时代先后为次考述之。

（1）宪宗元和元年（806）复置斜谷路馆驿。志书称“凤翔斜谷路馆驿停废”。此时以伐西川刘辟而重置，似为北魏所开之回车道。

《旧·宪宗纪》：西川刘辟反。以长武城都知兵马使高崇文充神策行营节度使，伐之。元和元年正月“壬辰，复置斜谷路馆驿”“甲午，高崇文之师由斜谷路，李元奕之师由骆谷路，俱会于梓橦”。

《寰宇记》三〇凤翔府郿县，“按《唐书》，永贞元年，西川节度使刘辟反。先是凤翔斜谷路馆驿停废，今宜却置，命高崇文为神策行营节度使。崇文领兵马取凤翔斜谷路，李元奕领兵取骆谷路，同赴梓州。”

按《通鉴》二三七，元和元年正月“甲午，崇文出斜谷。……崇文军至兴元”云云。是所取之道南口在褒城无疑。而《寰宇记》云“先是凤翔斜谷路馆驿停废”。又云高崇文“取凤翔斜谷路”。“斜谷”上冠以“凤翔”，若此二字非《寰宇记》所误加，则入口必取散关回车戍，即回车道也。

（2）敬宗宝历二年（826），裴度奏修斜谷道及馆驿。是年裴度奏修斜谷驿道，于岐山县（今县）南界置渭阳驿，郿县（今县）北（南？）界置过蜀驿，入斜谷（今眉县南三十里）西南行至宝鸡县（今县）南界，置安途驿；皆在凤翔府境。其南循褒谷段，改甘亭馆为悬泉驿，骆驼蔫馆为武兴驿，坂下馆为右界驿。悬泉驿，盖在褒城县北九十里之甘亭关，约今马道驿地。右界驿盖在七盘岭北坂下，南距褒城二十余里。武兴驿盖在悬泉、右界二驿间。此次所修即汉魏古道无疑。

《旧书·敬宗纪》，宝历二年春正月“辛巳，兴元节度使裴度奏修斜谷路及馆驿，皆毕功”。《唐会要》六一馆驿条述此事较详云：

“宝历二年，凤翔陇州观察使上言，当管缘兴元新廻（通）斜谷路，创置驿三所。岐山县南界置渭阳驿，郿县北（南？）界置过蜀驿，宝鸡县南界置安途驿。

其月，山南西道观察使上言，当道新制斜谷。其中须置馆驿及创驿右界名者三：甘亭馆请改为悬泉驿，骆驼蔫馆改为武兴驿，坂下馆请改为右界驿。并可之。”

据此，北段凤翔府境三驿地望已明，而兴元府境三驿之地望则未悉。兹分别考述之。

甘亭馆、悬泉驿　　检《元和志》二二褒城县，“甘亭关在县北九里。今为戍”。《一统志》引亦作九里，而《隋志考证》引作九十里，不知何本。然《寰宇记》一三三，褒城县“甘亭关在县北九十里，隋开皇元年立，今为甘亭戍”[1]。是“九里”“九十里”不同。疑“九十”为正。何者？《隋地志》褒城县“有关官”，当即此关也。而《通典》一七五，褒城县“有甘泉关，隋置之”。亭泉必一字之形讹耳。又《新志》，褒城县“有牛头山，北有甘宁关”。宁亦形讹也。据《新志》，似可定关在牛头山北。《一统志》引《县志》，山在县西二十五里。唐世县治在今县南十里之打钟坝，则其时山当在县西北三十里以上。关在山北，必更远矣，故疑“九十里”为正。若仅九里，则远在石门鸡头山之南，地平坦，置关何为？甘亭馆、悬泉驿当在同一地区，盖即今马道驿地区。

坂下馆、右界驿　　《会要》此条列举凤翔境驿名，由北而南数之。兴元境驿名次序当亦同。且《蜀鉴》云：“自褒谷至凤州界一百三十里，始通斜谷。”（《通鉴》九胡注引李文子语）则甘亭馆北四十里即出兴元府境，其间不容有两驿，益证《会要》此条列举悬泉、武兴、右界三驿者系亦由北而南数之也。考褒城县北有七盘岭，详第五节。而《舆地纪胜》一八三兴元府景物目，“七盘坡在褒城县北二十里。唐元稹诗云，迤逦七盘路，坡陁数丈城”。孙樵《出蜀赋》，“陟鸡帻之险墟，下七折之峻阪”（详后第五节引）。皆即七盘岭，是固可以坡坂称之也。此处坂下馆，当即七盘岭之北坂，其处南距褒城二十余里，正当有一驿也。

骆驼蔫馆、武兴驿　　《会要》，此馆驿列排于甘亭馆、坂下馆之间。甘亭、坂下之地望既可考，相距六十余里，其间正当有一馆驿，必骆驼蔫馆无疑。且《乾隆志》一八五，汉中府境有两武兴山。其一在略阳县北，必非其地。其一在沔县东北十五里。山之北麓必在沔县东北数十里外，即褒城县西北数十里处也。此馆改名武兴驿，当即因在武兴山东北麓，褒城县西北五六十里处欤？

[1] 文海影本云“甘亭关在县北入斜谷一十里”。据下文，此似说鸡头山，岂有夺文耶？然入斜谷十里即在县城北二十里以上。且一十里通常只云十里。有“一”字即有问题。

（3）文宗开成四年（839），归融修散关至褒城道。是年，归融镇兴元，修驿道自散关至褒城凡十五驿。此亦北魏所开回车道之路线也。而当时朝野即称为“褒斜旧道”或“斜谷旧道”。

《舆地碑记目》四：兴元府有“《山南西道新修驿路记》。《集古录》，唐刘禹锡撰，柳公权书，李阳冰篆，号《三绝碑》。开成中，山南节度使归融自散关南至剑门，凿山石栈道千余里以通驿路。碑不著所立年月，在兴元”。按禹锡《山南西道新修驿路记》，尚存。兹据《全唐文》六〇六节录如次：

“开成四年，梁州牧缺……归氏……融……镇于妫墟。我之提封，踞右扶风，触剑阁千一百里。自散关抵褒城次舍十有五，牙门将贾黯董之。自褒而南，逾利州至于剑门，次舍十有七，同节度副使石文颖董之。两将受命，分曹星驰。并山当蹊，硕石万状，坳者垤者，兀者铦者，磊落倾欹，波翻兽蹲；炽炭以烘之，严醯以沃之，溃为埃煤，一彗可扫。栈阁盘虚，下临谽谺，层崖峭绝，枘木亘铁；因而广之，限以钩栏。狭径深迳，衔尾相接；从而拓之，方驾从容。急宣之骑，宵夜不惑，郄曲稜层，一朝夷坦，兴役及时，国人不知。”

按此为褒城向西北取凤州出散关至秦川之道，自不待言。是即北魏所开回车道路线。而当时朝野称为“褒斜旧道”或“斜谷旧道”，详下文（4）（5）两条。

（4）宣宗大中三年（849），郑涯开文川谷道。大中初，郑涯为山南西道节度使，以“褒斜旧路”修阻，奏开文川谷新路。三年十一月完成，较褒斜旧路减捷十驿。所谓“褒斜旧路”即十年前归融所修之散关褒城道也。

《旧书·宣宗纪》：

大中三年“十一月，东川（当作兴元）节度使郑涯、凤翔节度使李玭奏修文川谷路。自灵泉至白云置十一驿。下诏褒美”。

《唐会要》八六道路目：

“大中三年十一月，山南西道节度使郑渥（涯）、凤翔节度使李玭等奏，当道先准敕新开文川谷路，并已毕功讫。敕旨：蜀汉道，古今欹危……诚为要害。……郑渥（涯）首创厥功，李玭继成巨绩。按两路之远近，减十驿之途程……通千里之险峻，便三川之往来。”

孙樵《兴元新路纪》(《全唐文》七九四)云:

"荥阳公为汉中,以褒斜旧路修阻,上疏开文川道以易之。"

按此所谓"褒斜旧路"及"按两路之远近"之旧路,即指开成四年归融所修散关褒城间之斜谷路而言。非郿褒间之旧路也。何者?此时去归融修道恰仅十年,郑涯修文川道前,通行之道必即归融所修散关褒城道。此其一。《新路记》称"旧路修阻",敕旨称较旧道"减十驿之途程"。按郿褒古道,通常谓四百七十里,或五百里(见前);而文川道,郿褒间十五驿,五百五十里(见孙樵《新路记》,详后),则此时所谓褒斜旧道,绝非指郿褒间旧道可知。前考开成四年归融所修散关褒城间之道路为驿十五,与文川道等。又据《元和志》二,散关东北至宝鸡县五十二里,县东北至凤翔府九十里。府东至扶风县一百里,则就入京师言,文川道较散关褒城间之驿道里程减捷二百四十二里。举成数而言,可谓近减十驿矣。此其二也。第二点尤为强证,则大中初年所谓"褒斜旧道"必指归融所修散关褒城间之斜谷道,可断言矣。

文川谷新道,有孙樵《兴元新路记》,述其道途所经甚详。

孙樵《新路记》,见《全唐文》七九四。其末段云:"荥阳公为汉中,以褒斜旧路修阻。上疏开文川道以易之。……其勤至矣。其始立心……将济民于艰难也。然朝廷有窃窃之议,道路有唧唧之叹,岂荥阳公始望耶?况谋肇乎贾昭,事倡乎李俅。……而怨咎独归,岂古所谓为民上者难耶!"是此记为郑涯所开文川谷道而作无疑。

据此《记》,自扶风(今县)西南行三十里渡渭水,又十里至郿县(今县)。自郿南行二十五里至谷口,置临溪驿(临一作灵)。又南逾黄蜂岭,准岺岭,桥无定河,三十里至松岭驿。南逾八里阪,盖二十六里至连云驿,又西二十里上五里岭,下岭地平衍,凡约三十一二里至平川驿。又西并涧渡岭有阁道,约二十五里,扼路为关,北曰临洮,南曰河池。自黄蜂至河池皆故汾阳王私田,尝息马万蹄。入关行,皆阁道并涧,大桥如虹,覆盖如九衢,凡约十六七里至白云驿。又西阁道并涧二十三里至芝田驿。又阁道平行若干里至仙岭驿,水益清,山益奇,而气候甚和。又南行经鸣崖凡二十八里至二十四孔阁。奇崖上有晋太康元年修道题刻，则唐文川道此段仍取汉晋古道也。此刻尚存，在今留坝县东北九十里之西江口（E107°·N33°44′），阁名仍旧。又十五里至青松驿。自仙岑以南，涧旁地平旷，人烟相望，至此益平夷，居民尤多。又西行越小云岭，约三十五里至山辉驿。又西越长松岭，凡五十五里至回雪驿（雪一作云）。又南逾平乐坂经福溪，越黄崖，凡约二十五里至盘云驿。又西并涧行三十五六里至双溪驿。又南凡十九里至天苞岭上。自青松以南诸岭坂上下皆羊肠极峻折，往往有阁道。至此岭上，南望兴元烟霭中。下岭尤峻绝，三十里至文川驿。又南三十五里至长柳店。又十五里至兴元府治所南郑县（今县）。是自郿县西南至南郑约五百五十里左右，置驿十四。参之《会要》及《二十四孔阁摩崖刻石》，则此道南段为新开之文川道，北段二十四孔阁以北，则就汉晋斜谷道修建者。且郿县之东约十里渭水南岸尚有一凤泉驿，为扶风南行渡渭之第一驿，孙《记》今本已脱逸。

孙樵《兴元新路记》（《全唐文》七九四）为极宝贵材料，兹据《全唐文》节录其驿程，并据《褒谷古迹集略》所收孙樵《新路记略》石刻校正如次：

“入扶风（今县）东皋门十举步，折而南，平行二十里，下念济坂，下（衍？）折而西十里，渡渭。又十里至郿。……自郿南平行二十五里，至临溪驿。驿抱谷口。……出临溪驿百步，南登黄蜂岭……又登濼岑岭，盘折而上甚峻。二岭之间凡行十里。……由大路十里，桥无定河。河东南来，触西山下隳，号怒北去。……又十里至松岭驿，逆旅三户，马始食茅。自松岭平行，又三里，逾二桥，登八里阪，甚峻。下阪行十里，平如九衢。又高低行五里至连云驿。自连云驿西行二十里上五里岭，路极盘折，凡行六七里，及岭上，泥深灭踝。……凡泥行十里，稍稍下去。又平行十里，则山谷四拓，原隰平旷，水浅草细，可耕稼，有居民，似樊川间景气。又五里至平川驿。自平川西，并涧高下行十里，复度岭。上下岭凡五里，复平，不能一里，复高低有阁路，行七八里，扼路为关。北为临洮，关为河池（《记略》，“关为”作“南为”是也）。自黄蜂岭洎河池关，中间百余里，皆故汾阳王私田，尝用息马，多至万蹄。……入关行十里，皆阁道并涧。阁绝，有大桥婉婉如虹，绝涧西南去。桥盖路如九衢，夹道植树，步步一株。凡行六七里至白云驿。自白云驿西，并涧皆阁道，行十里，岩上有石刻，横为一行，曰郑准造，凡三字。不知何等人也。又一十三里至芝田驿，皆阁道，卒高下，多碎石。自芝田至仙岑（据《记略》，仙岭为驿。疑“自芝田”上有脱文），虽阁路，皆平行。往往涧旁谷中有桑柘，民多丛居，鸡犬相闻，水益清，山益奇，气候甚和。自仙岑南行十三里，路左有崖，壁然而高，出其下殷其（殷？）有声，如风怒薄冰，里人谓之鸣崖。……又行十五里至二十四孔阁。阁上崖甚奇，有石刻。其刻云，褒中兴阁主簿王禺（名略）等百二十人……凡七十字。其侧则曰，太康元年正月二十九日。按其刻乃晋武平吴时，盖晋由此路耳。又行十五里至青松驿。自仙岑而南，路旁人烟相望，涧旁地益平旷，往往垦田至一二百亩。桑柘愈多，至青松即平四五六百亩。谷中号为夷地。居民尤多。自青松西行一二里，夹路多松竹。稍稍深入，不复有平田。行五六里，上小雪岭，极峻折。岭东多泥土，疏而黑。岭西尤峻，十里百折。上下岭凡十八里，四望多丛竹。又高低行十里至山辉驿，居民甚少，行旅无庇。自山辉西高低行二十里，上长松岭，极峻。羊肠而上，十里及岭上；复羊肠而下，十五里及岭下。又高下行十里至回雪驿（《记略石刻》雪作云）。自回雪驿南行三里，上平乐坂，极峻，盘折上下凡十五里至福溪。又高下行十里至黄崖。崖南极峻折。上下黄崖六七里至盘云驿。西行复并涧行二十里即背绝小岭，上下凡五六里稍平，又行十里至双溪驿。自双溪南平行四里至天苞岭，羊肠而上，凡十五里，极峻折，往往阁路。至岭上，南望兴元烟霭中也。下岭尤峻绝，凡三十里至文川驿。自文川南行三十五里至灵泉驿。自灵泉平行十五里至长柳店，夹道居民。又行十五里至兴元，西平行三十里至褒城县，与斜谷旧路合矣。”

按此《记》已极详。复考《唐会要》八六道路目云：

“大中三年十一月，山南西道节度使郑涯（涯）、凤翔节度使李玭等奏：当道先准敕新开文川谷路，从灵泉驿至白云驿共一十所，并每驿侧近置私客馆一所。其应缘什物粮料递乘并作大专知官及桥道等，开修制置毕。其斜谷路创置驿五所。平州（川）驿一所，连云驿一所，松岭驿一所，灵溪驿一所，凤泉驿一所。并已毕功讫。”

据此，南自灵泉驿北至白云驿，即自南郑北至河池关皆所谓文川道，为新开者；自河池关以北，各驿皆就旧斜谷道重建者。《旧·宣宗纪》，大中三年条云，郑涯李玭"奏修文川谷路。自灵泉至白云置十一驿"。十一当乙。只云置此十驿，亦见此为新开文川谷道，河池以北为斜谷旧道也。然前于第一节述晋太康元年修褒斜道事，引孙樵《新路记》所载二十四孔阁太康元年《摩崖文字》，及今存《摩崖拓本》。此摩崖刻文今尚见在留坝县西江口岩上，其地今仍名二十四孔阁。据《一统志》汉中府卷关隘目，西江口在留坝县东北九十里，《民国地图集·陕西》两图，留坝东北有江口地名。是此阁今地可确指，为此道路线之极重要极准确之定点，亦为汉晋褒斜古道之极重要准确之定点。是文川道此段亦即古褒斜阁道之一段。则二十四孔阁地区以北至河池关一段当亦大体循古道而行。此处东北至郿县之里程，与东南至兴元之里程，恰略相当，故可云北段循褒斜旧道也。又孙氏《新记》，自河池关以北仅四驿。而《会要》此条有五驿。所多凤泉一驿，观其叙次，当在斜谷口临溪驿（即《会要》之灵溪驿）之北。按今存《新记》本有夺讹处。如首句"入扶风"即有问题。中间文字夺讹，前已校正数处。又驿间里距记述极详，惟芝田驿至仙岑驿无里距，且观其行文，上文显有脱逸。盖首段亦脱凤泉一驿也。疑其地当在郿县以北。检《寰宇记》五〇凤翔府郿县，"武宫（功）故城在今县东四十里，即凤泉故县北，渭水之南。《水经注》云渭水东经武功故县北"。是此驿当置于凤泉故县处，在郿县之东，渭水南岸也。然则今本孙《记》盖于"渡渭"之下、"又十里"之上脱漏此驿耳。检《乾隆志》一八三，"凤泉在扶风县北明月山西"。"明月山在扶风县北五十里……山之东接乾州界"。疑太北，此非其地。

观此驿程，北段循斜谷旧道；而南段则在褒斜旧道之东，其出口即在兴元府治南郑县，当褒谷口东三十里也。南端盖略沿文水，故称文川谷道。

《乾隆一统志》一八五汉中府山川目："文水在城固县西北。……《县志》，文水在县西北四十里。两水合流有如文字。宋（刘宋）范柏年对明帝云，臣乡有文川，即此。"考《水经注》二七《沔水注》："汉水又左会文水，水即门水也。出胡城北山石穴中。"按城固在南郑东七十二里（《元和志》），胡城在两县间。则文水正当南郑东北。《新记》之文川驿在兴元北六十里，当即文水之会欤？检

《三省边防备览》五《水道》，汉江至汉中城，又东下至桃花店入城固县，文川河北来注之。汉水至城固城东，湑水北来注之。复检 ONC-G-9 图，褒水、湑水间有一小水，自汉中之正北向南流至汉中入汉水，盖即文水。是此道南端即循此水河谷而行，故以受名。

唐宋志书，谓汉中北取太白山路至凤翔府六百七十里者，其南端盖即此文川道之所本也。

《元和志》二二，兴元府“北取太白山路至凤翔府六百里，西取斜谷路至凤州三百八十里”。《寰宇记》一三三，同；惟“六百里”作“六百七十里”。按《通典》一七五，述汉中郡北出之路，除驿路、斜谷路、骆谷路之外，又云“北至扶风郡（凤翔府）六百七十里”。亦即《元和志》《寰宇记》之太白山路也。而当以六百七十里为正。按此路，不西取褒谷，不东出骆谷，而由南郑直北行，其方位正与此处所开文川谷道之南段略相当，故疑即略循旧太白山路也。

唯新开谷道，路基不易巩固，旋为山水摧毁，难负驿道之使命，故明年复修褒斜旧道，即北魏所开之回车道也。

详见下条（5）引《宣宗纪》。

此文川新道虽失修，渐就堙废。近代有小河口北通斜谷关道，盖即略循此文川谷道而行也。今以古今两道之路线勘之：此文川道既南口在南郑，北口在郿县，中经留坝东北之西江口（E107°·N33° 44′）。检《南山谷口考》记清代小河口路之行程，起城固，西北行一百四十里至小河口，又一百二十里至西江口，又一百四十里至进口关（凤县东一百五十里），又八十五里至虢川（宝鸡县东南一百五十里），又三十五里至桃川（岐山县南一百五十里），为斜水上源。又东六十里至斜谷关，又经盩厔县至长安。共凡八百八十里。是今道亦中经西江口，北循斜谷水至斜谷关，自关北至郿县三十里；南段小河口亦有道直南通南郑；且全程里数亦略相当。而虢川、桃川有道南通汉中，又明见唐籍。故今小河口道路线大体有承唐代文川谷道之旧者，殆无可疑。至少中间一段系承唐旧，唯南北两段或有若干变动耳。

罗秀书《跋孙樵新记》，引《旧志》云：“疑即今小河口至虢川路耳。”而罗氏不以为然，曰“《旧志》释云由小河口路。古开此道并无明文可考。想仍由马道折入东沟，出文川口，避石门之险耳”。余按似仍以《旧志》为是。前考文川谷道北段实循斜谷而行，道中有二十四孔阁，南距南郑二百八十九里，北据郿县二百六十七里，即略在两县之正中间。其磨崖今地仍名二十四孔阁，在留坝县东北九十里之西江口境。今试取近代小河口道之路线观之。《陕西南山谷口考》记谷口交通诸线，其谷道南口在唐兴元府境者仅有两道，一连云道，一小河口道。连云道为交通干线，其行程详第五节引《舆程记》，即北魏隋唐之褒斜新道。小河口道为重要之间道，《留坝厅志》云“客商尚多取径于此”。故《谷口考》中数度提及之。最详之一节为斜谷条下引《道路考》云：

“由城固县东北行三十里（平原）至许家庙。又二十里（半险）鸡冠梁。又三十里（险）石堰坪。又三十里（半险）双溪。又三十里（半险）小河口。又六十里（险）桅杆石梁。又六十里（险）西江口（属留坝厅）。又三十里（险）柘栗园。又三十里（平）王家瓏。又三十里（半险）苦竹街。又二十里（平）寇家关。又三十里（险）进口关（属凤县。《通志》云，进口关在凤县东一百五十里，与宝鸡连界）。又三十里（平）上白云。又四十里（半险）方柴关（属宝鸡）。又十五里（平）虢川（宝鸡巡检驻此。《通志》云，在宝鸡县东南百五十里，路通汉中。有虢川水源出□山下，北流十里，又折而西流六十里，迳进口关，入凤县界，为紫金河上源。虢川之西北三十里有金牙关。其南通凤县，其北与岐山、郿县、宝鸡连界，亦间道也）。又十五里（半险）杜家庄（属岐山县）。又二十里（平）桃川（《通志》云，在岐山县南百五十里，其水出大山中，流为斜水，迳太白峡，斜谷关，北流入渭）。又二十里（半险）鹦哥嘴。又四十里（险）斜谷关。由关东北趋槐牙（在郿县东三十里）、亚柏（在盩厔县西二十五里），经盩厔、鄠县，平行至西安省城，共二百四十里。共程八百八十里。”[1]

按申报馆《中国分省新图》，有道由城固北经江口镇东北至郿县。即此道也。据此所记，西江口南经小河口至城固县二百六十里。北经进口关、虢川、桃川等

[1] 按今检《三省边防备览》二《道路考》，无此一段长文，盖《南山谷口考》作者综合言之，而地名前后次序有小异，又括弧中注文，亦为《备览》所无。

地至斜谷关三百二十里。据《郿县志》，斜谷在县西南三十里。检今图，即关所在。又今图，小河口东南至城固，西南至南郑之里距应略相等。检《三省边防备览》二《道路考》，南郑东北至许家庙平路八十里，是去小河口一百九十里。是则西江口南经小河口至南郑三百一十里，北经进口关、虢川、桃川、斜谷关至郿县三百五十里。取与唐之文川道相勘，则西江口以南，与唐文川道略相当；疑当承袭者。然孙《记》于二十四孔阁后屡云西行，而今代小河口道自西江口以南乃稍偏东行，故罗氏以为非一道，亦有可能。至于西江口以北，今道或较迂曲，但最北一段似亦循斜谷而行，则又似相一致。且《新唐书》一三八《李抱玉传》云：

“广德中，吐蕃入寇，帝次陕，群盗遍南山五谷间，东距虢（虢州），西抵岐（岐州）椎剽不胜计。……诏抱玉讨贼。抱玉尽得贼株柢蹊隧，分兵守诸谷，使牙将李崇客精骑四百自桃林、虢川袭之，贼帅高玉脱身走城固。”

又《寰宇记》三〇凤翔府虢县云：

“桃虢二城，《史记》云秦武公灭虢为县，谓之小虢。今虢（县）西有二城，相去十里，俗谓之桃虢川，有路通汉中。”

按虢县故城在今宝鸡县东南五十里之虢镇。虢川当即今之虢川，桃林必与今桃川相近。则今小河口道中之虢川、桃川两地南通南郑，固自唐代已然；而桃川又即斜水之上源，明今小河口道自桃川循斜谷东行之一段亦可能即古代之旧斜谷道，亦即唐代文川谷道之东北段，同样即我所谓唐斜谷道北段之东支。如有变动，当亦不大。

（5）大中四年（850），封敖修复斜谷旧道。文川谷道修建之明年，因路基未固，为山水所坏，乃令山南西道节度使封敖修复斜谷路，置馆驿。事始于是年六月宰相之奏请，七月二十即毕功。所谓斜谷旧道亦即文川道开通前归融所修之散关回车褒城道也。

《旧书·宣宗纪》，大中三年“十一月，（略）郑涯（略）李玭奏修文川谷路。……经年，为雨所坏，又令封敖修斜谷旧路”。《新》一七七《封敖传》略同。云“敖更治斜谷路，行者告便”。其详见于《唐会要》八六道路条云：

“大中四年六月，中书门下奏，山南西道新开路，访闻颇不便人，近有山水摧损桥阁，使命停拥，馆驿萧条，纵遣重修，必倍费力。臣等今日延英面奏，宣旨却令修斜谷旧路及馆驿者。臣等商量，望诏封敖及凤翔节度使观察使令速点检计料修置，或缘馆驿未毕，使命未可经通，其商旅及私行者，任取隐便往来，不得更有约勒。敕旨依奏。”“其年（大中四年）八月，山南节度使封敖奏，当道先准诏令臣检讨却置斜谷路者。臣当时差军将所由领官健人夫并力修置道路桥阁等。去七月二十日毕功，通过商旅骡马担驮往来。七月二十二日已具闻奏讫。其馆驿先多摧毁破坏，并功修树，今并已毕。臣已散牒缘路管界州县，及牒凤翔、剑南东西南（两）川观察使，并令取八月十五日以后，于斜谷路通使命。谨具如前。敕旨宜依，仍付所司。”

按《纪》云“修斜谷旧路”。《传》云“更治斜谷路”。而奏又一再言“却修”斜谷旧路。必即文川新道开通前之旧道无疑。此旧道即开成四年归融所修刘禹锡所记之散关褒城道也。以其废弃不久，故能一月毕功。

（6）僖宗光启二年（886）修栈道，亦即散关经凤州至褒城之斜谷道。

《通鉴》二五六，僖宗光启二年，为田令孜逼幸兴元。既至兴元，遣王健戍三泉，晋晖屯黑水，“修栈道以通往来”。此未指明何道。考《旧书·僖宗纪》，是年，田令孜逼乘舆幸兴元，由宝鸡入散关。“时兴元节度使石君涉闻车驾入关，乃毁彻栈道，栅绝险要。车驾由他道仅达，为邠州军踵后，崎岖危殆告数四。”《通鉴》同年《纪》云，石君涉为朱玫等所使，“栅绝险要，烧邮驿，上由他道以进……仅得达山南”。下文乃书僖宗至兴元，使晋晖屯黑水修栈道事。按黑水即褒水。石君涉所烧毁栈道邮驿即散关凤州至褒城道无疑。晋晖屯黑水，“修栈道以通往来”者，亦必此道无疑。

（7）后唐明宗天成三年（928），修斜谷阁道，亦即散关褒城道。

《五代会要》二五道路目：“后唐天成三年（928）二月，兴元府奏修斜谷阁道二千八百余间。”按此未指明为郿褒道，抑为凤褒道。然下条云：“（长兴）四年（933）三月，西京留守王思同进拟开骆谷路图。”左右奏曰：“据兴元关内兵戎交番，乃转饷大散，修开斜谷道，迂回校五百里。”此明以散关褒城道为斜谷道，则五年前修斜谷阁道二千八百余间亦属此道可知矣。

四、唐褒斜道（斜谷道）之名与实

综上所考，先秦汉魏之褒斜道由郿县循斜谷南接褒谷，复循褒谷南抵褒城。拓跋魏世，以旧道堙塞，乃由散关梁泉开回车新道，亦南达褒城，当时史家已误书为斜谷道。唐中叶以后，秦川达兴元褒城之直线交通路线，屡经修治。就中元和元年所修斜谷驿道路线北段入口不明，大中三年所修文川谷道，与褒斜之名无涉。此外，唯宝历二年裴度奏修斜谷道置馆驿，系由郿县入谷口，循汉魏褒斜古道达褒城。其余开成四年归融修散关至褒城道置馆驿，当时朝野皆称为“褒斜道”。大中四年复加修治。其后僖宗及后唐明宗又复治之。则中叶以后“褒斜道”“斜谷道”之名多指散关至褒城道，即北魏所开之回车道；而郿县、褒城间之褒斜古道，反不著矣。观历年治道史事，可得结论如上。复考之唐人志书与君主行幸，尤见其然。兹先论志书所记。《通典》《元和志》即以“斜谷路”专属之散关、褒城道，足见盛唐以下，散关、褒城道几专“斜谷道”“褒斜道”之名，为秦梁交通之重要干线，非复如先秦汉魏以郿褒间之褒斜道为干线矣。

《通典》一七五汉中郡目：

“北至扶风郡六百七十里。”（扶风郡目同）

“去西京，取骆谷道六百五十二里，斜谷路九百三十三里，驿路一千二百二十三里。”

《元和志》二二兴元府褒城县，“当斜谷大道”。又述兴元府四至云：

“北取太白山路至凤翔府六百里。”（当脱“七十”）

“西取斜谷路至凤州三百八十里。”（凤州目同）

按《寰宇记》一三三，兴元府“西北取斜谷桥阁路至凤州三百八十里”。与《元和志》同。而其去长安三道里程又与《通典》全同。惟第一条作“北至（取）太白山路，至凤翔府六百七十里”。而卷三〇凤翔府目乃云“南取太白山路至兴元府六百里”。知《通典》北至扶风即取太白山路，与《元和志》同，惟里数所述有歧耳。大中初年开文川谷道，盖与此太白山道路相当。驿道系指散关青泥道而言，详彼篇。斜谷道则所指未明。而《元和志》云：“取太白山道至凤翔，取斜谷道至凤州。”是《元和志》褒城“当斜谷大道”之大道，在唐世即指褒城至凤州经散关入秦川之大道也。而郿褒间之褒斜古道，反非大道矣。且以里数核之，郿褒间之古褒斜道四百七十里，褒城距兴元三十里，郿县北至扶风县四十里（《兴元新路记》），扶风东至京师二百一十里（《元和志》，凤翔府至京三百一十里，中经扶风。扶风在府东一百里）。若此道果畅通，则兴元府取此道至京师应为七百五十里。与《通典》取斜谷道九百三十三里者不合。而兴元经褒城至凤州三百八十里（此据《元和志》《寰宇记》；而《通典》作三百九十五里）凤州东北至凤翔府二百八十里（此据《元和志》。《寰宇记》凤翔府四至条作二百四十里，而累计其凤翔、宝鸡、散关、凤州四地距离则为二百八十二里，实与《元和志》同。《通典》作四百里，自互矛盾，误。详《汉中通秦川驿道》篇），府至京师三百一十余里（《通典》作一十七里，《元和志》作一十里），则兴元取散关道至京师应为九百七十余里，与《通典》云取斜谷道九百三十三里者略相当。若据《寰宇记》凤翔府四至条，至凤州二百四十里。则兴元取散关至京师九百三十里，更与《通典》里数全合。是《通典》所谓斜谷道至京师，即取凤州散关道也。而《元和志》《寰宇记》亦云取斜谷阁道至凤州。然则天宝、元和间所谓斜谷大道，乃自散关凤州向东南循褒谷至褒城道，非复郿县褒城间古褒斜道矣。

次论唐代君主行幸之经途。自玄宗至唐末，君主因关中事变，南幸山南、蜀中者凡四次，玄宗幸蜀，德宗幸兴元，僖宗一幸蜀，一幸兴元也。玄宗幸蜀，取道散关、河池，而或云经斜谷，是河池褒城道中经斜谷也。

《旧纪》及《通鉴》记玄宗幸蜀路线颇详，中经岐山、扶风（即凤翔府）、陈仓、散关、河池（即凤州梁泉县）、普安（即剑州）诸地。但失载一重要地名，致河池以南经顺政（兴州）抑经褒城不可晓。考李德裕《次柳氏旧闻》云：

“上（玄宗）始入斜谷，天尚早，烟雾甚晦。”（下述戒酒事）

是云玄宗取斜谷道也。又郑处诲《明皇杂录补遗》云：

“明皇既幸蜀，西南行，初入斜谷。属霖雨涉旬，于栈道中闻铃音与山相应，上既悼念贵妃，採其声为《雨霖铃曲》以寄恨焉。”

案崔道融《羯鼓诗》（《全唐诗》十一函一册）：“寂寞銮舆斜谷里，是谁翻得雨淋铃。”张祜有《雨霖铃》诗（《全唐诗》一函七册）亦咏此事。是亦谓玄宗经斜谷也。前人不知斜谷道即指凤州河池至褒城道而言，颇疑《雨淋铃》之作曲地。如王灼《碧鸡漫志》云：“予考史及诸家说，明皇自陈仓入散关出河池，初不由斜谷。”即以地理不合置疑也。

其归程亦取道凤翔。其散关凤州以南盖取兴州（今略阳）道经青泥岭，未取褒城道，更非褒斜古道也。

《旧·玄宗纪》，至德二载十月“丁卯，上皇发蜀郡。十一月丙申次凤翔府。肃宗遣精骑三千至扶风迎卫”。按若循此褒斜古道至郿县出谷口，渡渭即至扶风县、武功县，当即东还长安，无缘西至凤翔。玄宗既至凤翔郡，是必由河池散关而来，决非由褒斜古道也。复考常衮《李采访请驾停金牛一日表》，系为汉中郡守山南西道采访使李某所作以上玄宗者。时玄宗自蜀还京，驾至金牛，李某希驾停金牛一日，期得侍奉也。是玄宗回京，系取兴州至散关，若取道斜谷，则不须请驾停金牛矣。此详《〈通典〉所记汉中通秦川驿道》篇。

德宗幸兴元取骆谷道。其回程则取褒城散关道。而史亦云循斜谷入，且当时即称为褒斜道，与骆谷、商岭同视为山南通关中之三大干线，而褒斜古道不与焉。

幸兴元取骆谷道明见正史、《通鉴》，不待言。其回程，《旧书·德宗纪》兴元元年条云：

“六月……戊午，车驾还京，发兴元。是日大雨，及入斜谷晴霁。……七月丙子，车驾次凤翔府。……壬午，至自兴元。”

按此明书经斜谷，又云至凤翔，必由兴元经凤州散关而来，其理由与玄宗返京事同，是此斜谷即在兴元、凤州、散关道中也。德宗还京既系取褒城、凤州、散关道，而陆贽《銮驾将还宫阙论发日状》（《全唐文》四七一），因久雨奏请车驾缓发云：“良以褒斜峻阻，素号畏途。”与《旧纪》大雨事合。是亦当时即视褒城散关道为褒斜道之一证。复考《旧书》一三九《陆贽传》，德宗在兴元，凤翔节度使不恭，贽奏暂宽其罪云：

“勤王之师悉在畿内，急宣速告，晷刻是争。商岭则道迂且遥，骆谷复为贼所扼；仅通王命，唯在褒斜；此路若又阻艰，南北便成隔绝。”（《新传》同。

又见《全唐文》四七一、《通鉴》二三〇）

《论发日状》既确指散关褒城道为褒斜道，则贽此奏所谓“褒斜”亦必指同一道路无疑。是则散关褒城间之褒斜道与骆谷、商岭两道同视为山南通关中之三大干线，褒斜古道不与焉，此又得一强证矣。

僖宗以黄巢入潼关，西幸成都，实取骆谷道。回程经西县，又经凤翔，是与德宗回京之路线相同，亦有可能取凤兴道，但决非取汉代褒斜古道也。

僖宗此次西幸成都，实取骆谷道，详《骆谷道》篇。而《新纪》云经凤翔，《旧·郑畋传》云候驾斜谷，皆误也。参看《通鉴》二五四，广明元年条。《旧纪》，光启元年正月“己卯，僖宗自蜀还京。二月丁亥朔，丙申，车驾次凤翔。三月丙辰朔，丁卯，车驾至京师”。是亦先至凤翔也。必由凤州散关而来，惟凤州以南取褒城道抑取兴州道不可晓耳，但绝非褒斜古道也。

后为田令孜所胁幸兴元，取道散关，而史料所见，亦云经斜谷。回程取道凤翔府，与上次同。

此次出幸亦由凤翔、宝鸡、散关道，明见本纪及《通鉴》光启二年条。《新书》二〇八《田令孜传》，述逼僖宗出幸事，亦云道由陈仓、大散关。然下文述此事有云：“始帝入蜀（此次只至兴元，盖令孜本计在入蜀也），诸王徒步以从。寿王至斜谷，不能进。令孜驱使前，王谢足且拘，得马可济。令孜怒扶王，强之行。王耻之。”是亦由斜谷也。然《旧纪》云：“时兴元节度使石君涉闻车驾入关，乃毁彻栈道，栅绝险要。车驾由他道仅达。”《通鉴》二五六略同。又云：“山南西道监军严遵美迎上于西县。丙申，车驾至兴元。”是此次虽取梁泉褒城之斜谷道，然因栈道烧毁，致权在西县出口，非褒城耳。回程至凤翔，亦见《本纪》。

综观此三帝四次南幸，往还八程所经，除德宗去程及僖宗第一次去程取骆谷道外，其余六次皆取散关道，无一取褒斜古道者。就中玄宗去程由散关、河池（郡），经斜谷、褒城；回程由兴凤道。德宗归程循斜谷出散关，当时更直视为褒斜道。僖宗第二次去程由散关经斜谷；两次归程虽不知取褒城、凤州道，抑取兴州、凤州道；但绝非取郿褒间之褒斜古道，可知也。至于文士行旅所称褒斜实亦多指凤州褒城道而言。

唐代文士取褒斜道者颇多。有确知其所指者，多为凤褒道。如第五节所引孙樵《出蜀赋》，取褒斜道，而云“出大散之奥区”。又刘禹锡《送赵中丞参山南幕府》诗云：“绿树满褒斜，西南蜀路赊。驿门临白草，县道过黄花。”（《舆地纪胜》一八三引）黄花县在凤州城北六十里散关道上，详《通典所记汉中通秦川驿道篇》。是亦以回车道为褒斜道也。此皆其强证。

然则自盛唐时历中唐、晚唐，汉中褒城北出秦川之交通，以褒城至凤州散关道为干线，故诸帝往返多由之，亦称斜谷道，或迳称之为褒斜道。文士诗文所谓“褒斜道”亦多指此而言。此正与《通典》《元和志》以褒城散关道为斜谷大道之记载相应合，亦与前考栈道修治史之结论相应合。至于郿褒间之褒斜古道虽仍存在，且偶修治之（如宝历二年），然已非经常之主干交通线，可断言矣。

为欲彻底了解名实错夺之缘由，当须复考明数事如次：第一，褒谷本得通称斜谷，褒斜道一称斜谷道。

杨孟文《石门颂》，“诏书开余（斜）”。《华阳国志》五，光武征公孙述，“遣臧宫从斜谷道入”。又卷三，“玺书交驰于斜谷之南”。《三国志》记魏蜀用兵提及斜谷道凡十二次（皆见前引），无一称褒斜者。则汉魏时代，褒斜道本即一称斜谷道也。下及唐世，《元和志》二凤翔府郿县，“城南当斜谷。……斜谷南口曰褒，北口曰斜”。《寰宇记》三〇，全同。是亦以斜谷兼该褒谷也。又前引《元和志》二二兴元府褒城县，“当斜谷大路”。又府八到条“西取斜谷路至凤州三百八十里”。《寰宇记》一三三，皆全同。《舆地纪胜》一八三兴元府景物目下同。又景物目上引《皇朝郡县志》云，“褒水出太白山，由凤州梁泉南流入斜谷，下褒中，即山河堰也”。是唐宋志书皆称褒谷为斜谷，褒斜道为斜谷道也。又孙樵《兴元新路记》（《全唐文》七九四），“至兴元西，平行三十里，至褒城县，与斜谷旧路合矣”。下文又称为褒斜旧路。《唐会要》六一馆驿目：“宝历二年二月……山南西道观察使上言，当道新制斜谷，其中须置馆驿及创驿右界名者三，甘亭馆请改为悬泉驿……”按甘亭在褒城县北九十里。是唐代政书文记亦称褒谷为斜谷，褒斜道为斜谷道也。下文引《德宗纪》，亦见其然。《纪要》五六“梁乾化初，岐王李茂贞遣将刘知俊侵蜀，围安远军。蜀将王宗弼救安远，及知俊战于斜谷，败之。此斜谷当即褒谷。斜谷去安远甚远，史以褒斜相通，互言之耳”。是也。按骆傥道，“南口曰傥谷，北口曰骆谷”，故名。而“傥谷一名骆谷”，骆傥道通称为骆谷道，见《元和志》二二洋州卷。褒斜古道，褒谷短，而斜谷长，又近京师，故以斜谷概两谷之名，亦犹骆谷概傥谷之名耳。

第二，散关、凤州、褒城道之南段，亦循褒谷而行，与郿褒间褒斜古道之南段路线相同。

前引《石门铭》，北魏始开此道，南端出口即在褒城石门矣。今考前引《旧书·德宗纪》兴元元年条云，六月“戊午，车驾还京，发兴元。是日大雨，及入斜谷，晴霁。……七月丙子，车驾次凤翔府。……壬午，至自兴元”。德宗发兴元之当日决不能到达真正之斜谷。此所谓“入斜谷”者，必即入褒谷南口。此亦褒谷通称斜谷之又一强证。然此次行程实由褒城经凤州至凤翔，是即回车道，已见前论。是此道南端实循褒谷与褒斜古道之南段同一路线矣。又孙樵《出蜀赋》，由褒城之石门，陟鸡帻山，缘褒水东侧行，出散关（引详第五节）。是尤此道南段亦循褒水北行不待解释之铁证。

第三，斜谷甚长，西南端达宝鸡、梁泉县境，且有支谷纵横伸展。

《唐会要》六一：“宝历二年，凤翔陇州观察使上言，当管缘兴元新廻（通）斜谷路，创置驿三所。……宝鸡县南界置安途驿。”此次所修系褒斜古路线（详前第三节），是斜谷西至宝鸡境也。又孙樵《兴元新路记》，其北段由郿县循斜谷向西南斜出经四驿一百五六十里至河池关。所谓河池关者，当西通河池，即凤州也。足见郿县斜谷本通凤州。又《元和志》二二凤州梁泉县条：梁太清五年，西魏达奚武率七万众“由陈仓路，取回车戍，入斜谷关，出白马道”。按回车戍在梁泉南六十里，则斜谷关必在梁泉东南，相距较近，而距郿县则甚远。足见郿县之斜谷向西南伸展之远届。复考宋李文子曰：“自褒谷至凤州界一百三十里（按《寰宇记》作一百五十里），始通斜谷。斜谷在凤翔府郿县。”（《通鉴》九汉高祖元年纪胡注引，当出《蜀鉴》）按郿褒间四百七十里。则斜谷长达二百里以上，西端直抵梁泉南界尤有明征矣。又《三国志·锺会传》集解引《郿县志》：“斜谷在县南三十里，入谷口二百二十里抵凤县界，出连云栈，复百五十里出谷抵褒城。长四百五十里。”此虽非古褒斜道，然斜谷之长可知。与李文子之言相应。

以上皆本谷也。复考《水经 · 渭水注》云：

“渭水又东，与绥阳溪水会。其水上承斜水。水自斜谷分注绥阳溪，北界陈仓入渭。故诸葛亮与兄瑾书曰，有绥阳小谷，虽山崖绝险，溪水纵横，难用行军。昔逻候往来，要道通入（一作人），今使前军斫治此道，以向陈仓，足以扳连贼势，使不得分兵东行者也。”

是斜谷西南至陈仓界，更有小谷溪水流至陈仓近邻（《嘉庆志》二三五，以为在县东南六十六里），流注渭水，又小道可通行也。又《乾隆一统志》一八五，“斜谷水在凤县东二里。《通志》，一名安河，源出夫子岭，绕凤皇山南，西北流入嘉陵江。《水经注》，马鞍山水……至故道城西入故道水。即此”。按凤凰山在凤县东三里。是远至凤县近郊亦有斜谷之名矣。盖亦斜谷之支谷欤？斜谷本谷既远达凤县东南境，有斜谷关，而支谷伸展更远达陈仓梁泉之近郊，则此一带谷道宜其亦有斜谷之名也。

第四，回车戍通褒城道，中经斜谷关。是必有一段途程实循真正斜谷西端而行者。

郿县斜谷中有河池关，见前引《兴元新道记》。足见西段有路可通河池，即凤州。而凤州回车道亦南经斜谷关，见前引《元和志》二二。

斜谷既长达凤州梁泉（今凤县）南境。其北，则支谷伸展，直至梁泉、陈仓（今县）之近郊。其南，则褒斜古道南段之褒谷亦通称斜谷。故斜谷几为郿县、陈仓、梁泉、褒城间大谷之通称。而梁泉、回车、褒城道之南段又循褒谷而行，与褒斜古道之南段实采同一路线，且其北段又有一部分循真正之斜谷，经斜谷关。然则梁泉、回车、褒城道亦得窃“斜谷道”“褒斜道”之显名，固其宜矣。

梁泉、回车、褒城道既因种种条件亦可分蒙“斜谷道”“褒斜道”之名，而其险阻途程又较褒斜古道短近百里，故至迟自盛唐以来不但分“褒斜”“斜谷”之名，且已实夺褒斜古道在交通上向称干线之地位。至开成以后，又以其交通干线之优越地位进而专据“褒斜”“斜谷”之显名，郿褒间之褒斜古道反不为人所重视矣。

褒斜古道长四百七十里，全程皆被视为畏途，已见前考。而褒城至梁泉道长才三百五十里（兴元至凤州治所梁泉县三百八十里，减去褒城兴元间三十里），其险不逾于褒斜古道，而短近百里以上；至凤州以北则较坦途矣。故就入京言，此道较古道迂远二百里以上，然行者乐取此道，不取古道。帝王屡次出幸，皆不取古道，即为明证。故前考史料确然为褒斜古道者惟宝历二年裴度所修之褒斜道，自后无闻焉。

然则盛唐以下诗人经途褒斜，播为歌诗者，亦为梁泉褒城间之褒斜道，非复郿褒间之古道矣。

唐代诗人歌咏褒斜者颇多，除前引刘禹锡《送赵中丞参山南幕府》诗外，再举数例如次：

张说《再使蜀道》："渺渺葭萌道，苍苍褒斜谷。"（《全唐诗》二函四册）

王维《送杨长史赴果州》："褒斜不容幰，之子去何之，鸟道一千里，猿声十二时。"（同上二函八册）

雍陶《西归出斜谷》："行过险栈出褒斜，出尽平川似至家。"

薛能《褒斜道中》："十驿褒斜到处慵，眼前常似接灵踪。"（同上九函二册）

于邺《斜谷道》："远烟当驿炊。"（同上十一函三册）

刘禹锡《送令狐相公出镇南梁》："云树褒中路，风烟汉上城，前旌转谷去，后骑踏桥声。"

下迄五代、宋世，此种形势益见显著。称为秦蜀交通干线之"斜谷道""褒斜道"即专指梁泉褒城道而言，而真正之褒斜古道更绝不与焉。

《五代会要》二五道路目：

"（长兴）四年（933）二月，西京留守王思同进拟开骆谷路图。上指山险谓侍臣曰，如此之险，何以通道。左右奏曰，据兴元关内兵戎交番，乃转饷大散。修开斜谷路，迂回校五百里。如从骆谷，自雍京直抵兴元，粮戍稍便。"

是五代时斜谷道明指褒城凤州散关道而言，故较骆谷迂回五百里也。至于褒斜旧道，当时君臣似根本不知有其事矣。至宋世，《宋会要·方域》一〇之二：

“（庆历）三年七月二十七日，秘书丞知兴元府褒城县窦充言：窃见入川大路，自凤州至利州剑门关，直入益州，路遥远，桥阁约九万余间，每年系铺分兵士于近山采木，修整通行。”

此为褒城县所奏，则仁宗时秦蜀大路乃由凤州经褒城至利州者，非褒斜古道也。同书一〇之三又云：

“神宗熙宁十年二月二十四日，利州路提刑司言：准朝旨送下李杞奏：成都府至凤州大驿路，自金牛入青阳驿至兴州。虽兴元府界上有褒斜路，久来使命客旅任便往来。昨利州路提刑范百禄擘画，改移兴元府路作大驿路，及拨并马递桥阁铺兵级在彼。……伏睹褒斜新路，自金牛驿至褒城县驿计三程。……自褒城驿至凤州武休驿，其间只鸡翁岭一处……目下修葺宽阔，通过无阻……武休驿至凤州计三程。……又成都府路提刑司言：旧路自凤州入两当至金牛驿十程，计四百九里。……新路自凤州由白涧至金牛驿计三百八十五里。”

是神宗熙宁十年以前，大驿路已改由凤州经两当兴州至金牛驿，而褒斜路不废。至此年又改以褒斜路为大驿道。然此所谓褒斜道者，即凤州东南经白涧，武林，至褒城，转金牛驿，正为唐代由褒城循褒谷向西北至凤州之褒斜道，亦非郿褒间之褒斜古道也。

迄乎明、清，此道又称连云栈道，而褒斜古道已阻塞不通矣。

《陕西南山谷口考》述谷口交通诸线，其谷道南口在唐兴元府境者仅有两道，一连云道，一小河口道。连云道为交通干线，其行程详下节引《舆程记》。小河口为重要之间道，《留坝厅志》云：“客商尚多取径于此。”故《谷口考》中数度提及之。最详之一节为斜谷条下引《道路考》一条，上文考宣宗大中三年开文川谷道节已详引之。据彼段引文，记清代小河口北通斜谷关道之路线所经及里程极详。观其路线里程，南段由城固西北经小河口，其路线在褒谷道之东甚明。桃川即斜水之上源处，则此道之北段，至少桃川至斜谷关一段即古褒斜道之北段也。按今连云栈道之南段循褒谷，北段在褒斜古道之西，而小河口道之北段循斜谷，南段则在褒谷之东，是今此两道各分循汉魏褒斜古道之一谷，而两谷本身则无道相通矣。然《三国志·锺会传》集解引《郿县志》云：

“斜谷在县西南三十里。入谷口二百二十里抵凤县界。出连云栈，复百五十里出谷，抵褒城。长四百七十里。”

此则北段循古斜谷，南段则迳取连云道，是不经西江口之二十四孔阁，而必经武休关者。按古道经二十四孔阁，见第一节。而宋人记载屡云褒斜古道旁连武休关，明关不在道上，详后文。则此《郿志》所述非全属古道路线甚明。四百七十里之说盖亦仅就古里程言之耳。然斜谷甚长，西南通凤县，前已言之。近代由连云道向东北折入古斜谷，固有可能，然恐非重要道路，故《谷口考》引各家之说皆不及此。

又按前就小河口道与唐文川道比较，北段路线同循斜谷。南段同经西江口向东南行，亦相同。唯今道中间较迂回，又南端出口一在南郑，一在城固耳。故大体言之，小河口道与唐文川道略相一致。然则明清时代连云道、小河口道两道形势之形成亦当追溯至唐世矣。

五、唐褒斜道之行程

由前所考，唐世褒斜道可谓呈“Y”字形。南段只一线，北段则分东西两支，分达郿、凤。稍详言之，即南段由褒城循褒谷北行（确言之，当作北行偏西）盖百余里，分为东西两支。东支逾衙岭山东北达斜谷，再循斜谷向东北出郿县（今县），此即秦汉褒斜古道也。然在唐世，塞时多，通时少，不甚重要。西支则转西北经斜谷关（非今斜谷关），回车戍，抵凤州（今凤县），出散关。此即拓跋魏之回车道也，实为唐代交通干线。兹再详考两道行程所经于次：

（1）南段北行接西北支之褒斜道，即回车道。此道南段（褒谷段）由褒城县起，有褒城驿，甚宏大，中叶有天下第一之称。盖在今褒城县东南十里之打钟坝。

褒城驿屡见于唐人诗文。如元稹有《褒城驿》诗（《元氏长庆集》一四），羊士谔有《褒城驿池塘翫月》（《全唐诗》五函九册），薛能有《题褒城驿池》等两诗（同上二册）。元稹《黄明府诗序》（《元氏长庆集》一〇）：“元和四年三月，予奉使东川。十六日至褒城东数里，遥望驿亭前有大池，楼榭甚盛。”其《褒城驿》诗：“严秦修此驿（本注为军大夫），兼涨驿前池。已种千竿竹，又栽千树梨。”皆见驿之宏大。又其《遣行》云：“七过褒城驿，回回各为情。”

（《元集》一五）则见使节经过之多。考孙樵《书褒城驿壁》："褒城驿，号天下第一。及得寓目，视其沼则浅混而茅，视其舟则离败而胶，庭除甚芜，堂庑甚残。乌睹其所谓宏丽者！讯于驿吏，则曰，忠穆公，尝牧梁州，以褒城控三节度治所，龙节虎旗，驰驿奔轺，以去以来，毂交蹄劘，由是崇侈其驿以示雄大，盖当时视他驿为壮。且一岁宾至者，不下数百辈。"此尤具体说明其宏大异乎别驿也。此驿当即在褒城县近郊。《一统志》汉中卷古迹目引《县志》，唐褒城在县东南十里打钟坝。驿当在同处。而《关中胜迹图志》二二，"褒城驿在褒城县治西，今名开山驿"。疑非其地。

由驿东北行，约十里余穿石门，陟鸡帻山，下七盘岭。此段道路石磴盘纡，下临深涧，为此道北行首险。

孙樵《出蜀赋》：（《全唐文》七九四）

"越百牢而南指，憩石门之委邃……不可以久留兮，车轧轧而又东。陟鸡帻之险墟，下七折之峻阪。褒斜纡其隘束兮，左穷溪兮右重巘。绵飞栈而属危梁兮，续畏途而呀断。下临千仞之惊流兮，波澒洞而雷抃……出大散之奥区，若脱足于囚拘。"

按《寰宇记》一三三褒城县，"唐文宗时，温造为兴元节度使，赴任所，将近汉中，大雨，平地水尺余……祷鸡翁山神，疾风驱云，即时晴霁"。《宋会要·方域》一〇之三，宋熙宁十年，利州奏云"自褒城驿至凤州武休驿，其间只鸡翁岭一处"云云。皆即此鸡帻也。褒城北有七盘山，极有名于唐世。详后文。此赋所谓"下七折之峻陂"。即七盘岭无疑。是唐世褒城散关间之褒斜道，其南端仍经石门乃登鸡翁山，下七盘岭。或云唐代栈道由七盘路南上鸡头关，绕过石门之险，如《褒斜道石门附近栈道遗迹及题刻调查》（《文物》1946 年第 11 期），即作此说，似不足信。石门在今县北约三里（同上），则唐世在县北十里以上也。

关于后世之石门、鸡头、七盘路。《乾隆志》一八六连云栈条引《褒中县志》云，洪武二十五年因旧址增修连云栈，自县北鸡头关起，一里至石洞，又一里至石嘴七盘，又七里至独架桥。《纪要》五六引《褒中志》略同。是洪武所修连云栈此段，即因唐故道，至清乾隆未废也。惟先经鸡头关再至石洞，石洞当即石门，盖明清时代关在鸡头山之南麓，而山实在石门之北耳。复考倪兰畹《石门道记》（《褒中古迹辑略》）：“褒城县治在连城山之阳，平地斗城。其东门外两山夹一溪，东曰汉王城，西曰鸡头关，关之东麓有洞曰石门。夏秋水涨，没溢崖岸，不能间途。惟春冬始可挐舟而入。舟不能径达，则舍舟而步，山径溜滑，乱石纵横，几不能容。盖登陟之难如此，故斯洞为人迹所罕到。其洞面南，高一丈，阔称之，深四丈，高二丈余，南北通达。”下述石门内外刻石甚详。按郭荣章《褒谷石门小考》（《考古与文物》1982年第5期），“石门大体呈南北向；东壁长16.5米，西壁长15米，南口高3.45米，宽4.2米，北口高3.75米，宽4.1米，石门内岩石裸露，但很平，修整平顺”。此与倪记大体相符合。

《道光褒城县志》，“汉唐栈道迳由石门，今则改经七盘岭上，所谓鸡头关也”。按倪文盖作于道光末至同治初以前，其时石门道盖废弃已久。检《三省边防备览》二《道路考》，褒城县“鸡头关，石磴盘纡，下临深涧，为汉中北道要隘”。古道之险殆必过之，故孙樵《赋》“飞栈”云云。

岭在县北二十里。北陂下有坂下馆，宝历二年更名右界驿。

七盘岭屡见于唐诗。沈佺期《夜宿七盘岭》（《全唐诗》二函五册）云：“浮客空留听，褒城闻曙鸡。”岑参《送程皓元镜微入蜀》（《全唐诗》三函八册）：“蜀郡路漫漫，梁州过七盘。”《舆地纪胜》一八三兴元府景物目，“七盘坡在褒城县北二十里，唐元稹诗云，迤逦七盘路，坡陁数丈城”。是此岭亦称七盘坡，在褒城县北二十里。前引孙樵《出蜀赋》：“陟鸡帻之险墟，下七折之峻阪。”即七盘之北陂无疑。坂下馆当在岭北坡下，详第三节第（2）目。

又缘褒水东岸向北行，约三十里左右至骆驼蓦馆，宝历二年更名武兴驿。又北至甘亭关，距褒城九十里，置甘亭馆，宝历二年更名悬泉驿，盖即今马道驿地。

前引《出蜀赋》，“下七折之峻阪”下接云：“左穷溪兮右重巘。”当就其本人由南向北之行程而言。则道在褒水东岸可知也。其余馆驿关名及里距，皆详第三节第（2）目。贾岛《宿悬泉驿》（《全唐诗》九函四册）云：“晓行沥水楼，暮到悬泉驿。”按岛以文宗时贬长江主簿，正在改馆驿后不久，必即此驿也。检《三省边防备览》二《道路考》，褒城北行经鸡头关九十里至马道驿，为褒城巡检驻地。正当唐人置关地。

由甘亭西北行至武休潭，在梁泉县境，南距褒城约一百四五十里。北宋中叶置武休关、武休镇、武休驿，其驿盖承唐置。清武休关、武关驿（留坝厅南四十五里），盖即其地。

《太平广记》四二五武休潭条：

"王蜀先主时修斜谷阁道，凤州牙将白（忘其名）掌其事焉。至武休潭（出《北梦琐言》）。"

考《元丰九域志》三，凤州梁泉县有武休镇。又《宋会要·方域》一〇之三：

"神宗熙宁十年二月二十四日，利州路提刑司言……伏观褒斜新路……自褒城驿至凤州武休驿……目下修葺宽阔，通过无阻。"

"武休驿至凤州计三程。"

是北宋中叶梁泉县有武休镇，重修褒斜路时道上有武休驿，距凤州三程也。复考《云麓漫钞》一：

"凤州之东，兴元之西，褒斜谷在焉。谷口三山翼然对峙，南曰褒，北曰斜。在唐为驿路，所以通巴汉，旁连武休关。"（此仍误唐之褒斜驿路由褒城出郿县也）

又《方舆胜览》亦云：

"褒斜谷旁连武休关。……由武休以达长安，为蜀之咽喉。"（《乾隆志》一八六汉中府卷关隘目引）

同书又云：

"紫金水在河池县北一里，源出太白山，沿流至凤州武休关，入汉中，为山河堰，即褒水也。"（《乾隆志》一八五汉中府卷山川目褒水条引）

是宋世，此处又置关。其地已脱离褒斜古道而西，故云"旁连"。盖唐世褒斜道北段东西两支即分途于武休之南也。又观《胜览》第二条，关盖近凤州治所梁泉县之南界，故云至武休关即"入汉中"。考《寰宇记》一三三兴元府南郑县，"斜谷路在府西北，入斜谷路（即指褒谷）至凤州界一百五十里"。《舆地纪胜》一八三，全同。而《通鉴》九汉高祖元年纪，胡注引李文子曰："自褒谷至凤州界一百三十里，始通斜谷。”（此当出《蜀鉴》）里数小异。盖《寰宇记》及《纪胜》自兴元府治所南郑县计之，则褒城至凤州界仅一百二十里矣，故与李文子之说只十里之差。褒城去凤州梁泉县三百五十里（《元和志》《寰宇记》，兴元至褒城三十里，至梁泉三百八十里）。则武休至梁泉不能逾二百二三十里也。检《乾隆志》一八六汉中府关隘目引《府志》，“武休关在县（凤县）东南二百二十里，今置武休驿”（《嘉庆志》云在留坝厅南四十五里）。凤县即唐宋之梁泉县，观其里距二百二十里，当即宋武休关原址。《道光褒城县志》，宋武休关即今武关。是宋武休关驿东南去褒城不能逾于一百五十里，西北去梁泉不能少于二百里。《宋会要》“三程”之说，疑为五程之讹欤？宋世此处既关驿镇并置，足见重要。《方舆胜览》以为蜀之咽喉是也。今观《北梦琐言》此条，唐世已有武休潭之名，且当褒斜道（新道），必即其地无疑，亦宋道即唐道之一证也，且疑唐世已置驿矣。

此道又中经斜谷关，盖在武休地区，或稍西北。不在真斜水河谷中。唐褒斜路北段东西两支之分歧点盖即在武休及此斜谷关地段或更南。

《元和志》二二凤州梁泉县，“回车戍在县西北六十里。梁大清五年，西魏遣雍州刺史达奚武为大都督及行台杨宽率众七万，由陈仓路，取廻车戍，入斜谷关，出白马道。谓此也”。《寰宇记》一三四，同。惟作“在县南一百六十六里”。按《元和志》“西北”方向显误。《寰宇记》里数亦误，并详第二节。则斜谷关必在梁泉南六十里之回车戍南或东南也。前引《通鉴》胡注引李文子曰：“自褒谷至凤州界一百三十里，始通斜谷。”则斜谷关当在梁泉之南，邻褒城境。臆测其地望当在武休地区，或稍西北也。

又西北至白涧，南距褒城二百三十五里，北距梁泉一百一十五里。

《通鉴》二九二，周显德二年条：

“蜀李廷珪遣先锋都指挥使李进据马岭寨，又遣奇兵出斜谷，屯白涧。”

胡注：“《九域志》，凤州梁泉县有白涧镇。”按出斜谷屯白涧，实当指出褒谷而言，否则即为斜谷西端，余所谓褒斜道北段之西北支也。又《宋会要·方域》一〇之三：

"神宗熙宁十年二月……成都府路提刑司言……若新路自凤州由白涧至金牛驿，计三百八十五里。"

按所谓新路即经褒城至梁泉路也。此里程可作两种解释。一谓凤州至金牛，一谓白涧至金牛。检《元和志》二二、《寰宇记》一三三，金牛县在兴元府西一百八十里。则金牛距褒城约一百五十里。褒城至凤州三百五十里，则凤州至金牛应为五百里，超过三百八十五里之数甚远。是此里程必指白涧至金牛而言，则白涧至褒城二百三十五里也。

白涧西北五十五里至回车戍，又六十里至凤州治所梁泉县，今名凤县，即入散关大道矣。

按回车戍在梁泉县南六十里，已见前考。故其东南距白涧应为五十五里。

自褒城至梁泉全程三百五十里，盖置十驿，除前举褒城、右界、武兴、悬泉四驿外，如武休、白涧、回车当亦为置驿之所。

褒凤里程前文屡次述到，薛能《褒斜道中》诗云："十驿褒斜到处慵，眼前常似接灵踪。"（《全唐诗》九函二册）此即凤褒道无疑。复考刘禹锡《山南西道新修驿路记》（《全唐文》六〇六）："自散关抵褒城次舍十有五。"按《寰宇记》一三四，凤州东北至大散关一百四十里。《元和志》二二，凤州至凤翔府二百八十里，而散关在府西南一百四十二里，是凤州至关亦约一百四十里。则散关至凤州当有四五舍，即凤褒亦应约十舍，与薛能诗合。

按明清时代褒城至凤县之连云栈道，由褒城治所开山驿北行五十里青桥驿，又四十里马道驿，又五十里武关驿，又四十五里留坝驿（一名安山驿），又六十五里松林驿，又六十里三岔驿，又五十里至凤县治所梁山驿，共凡三百六十里，是与唐回车道即褒斜道方向全同，里距仅十里之差；而武关驿即武休关，又即唐之武休潭，宋之武休关、镇、驿处。则此道南段即唐之回车褒斜道无疑，其北段路线亦必与唐代路线大体相一致，故今沿途山半尚多汉唐遗刻也。然则三岔驿约即唐之回车戍，松林驿约即唐之白涧矣。

今道山半尚多汉唐题刻遗迹，详后引《金石萃编》五《褒斜道石刻》王氏跋文。今就里距途程论之。《方舆纪要》五六引《舆程记》云：

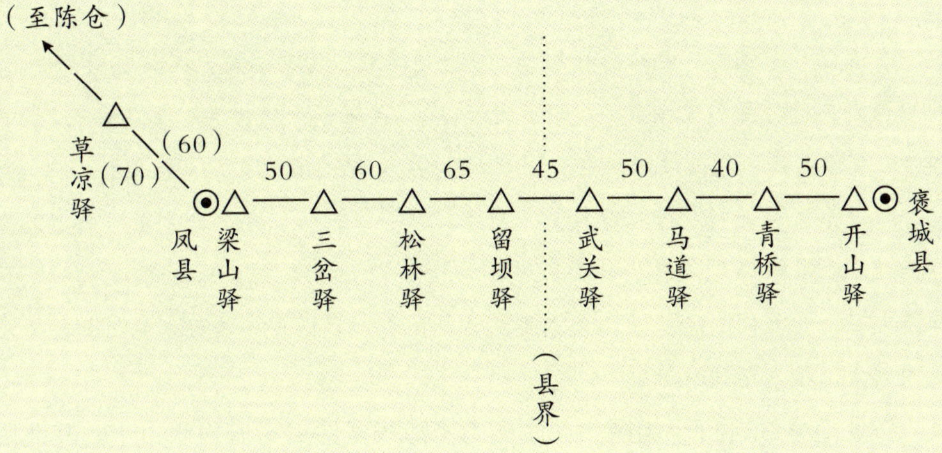

"陕西栈道长四百二十里。自凤县北草凉楼驿为入栈道之始。六十里至凤县，有梁山驿，又六十里至三岔驿，又七十里至松林驿，又南六十里至褒城县之安山驿，又六十里为马道驿，又五十二里至鸡头关，关南八里即褒城县，又开山驿。自县而南五十里有黄沙驿，至此路始平，又为出栈道之始矣。"

而《乾隆志》一八六汉中府卷关隘目连云栈条引《舆程记》云：

"陕西栈道长四百二十里，自凤县东北草凉驿为入栈道之始。南至褒城之开山驿路始平，为出栈道之始。"（《嘉庆志》同）

是两处引《舆程记》有小异，即陕西栈道全程皆为四百二十里，一云止于褒城，一云止于褒城西南五十里之黄沙驿。是凤县褒城间之距离，据《纪要》所引，止三百一十里。据《一统志》所引则三百六十里。今按《乾隆志》关隘目记驿程亦甚详，可图示如下：（《嘉庆志》同，惟留坝驿作安山驿，云在留坝厅治南）

是凤褒间相去三百六十里，与《一统志》所引《舆程记》合。且《一统志》山川目引《府志》，"有马道山在县北九十里，马道驿西"。亦与此图里程相同。《纪要》所引，马道驿至褒城仅一驿六十里，必有脱误。至于《纪要》所引《舆程记》无武关驿，或明世路线小异，本无此驿欤？姑存不论。

唐世史料所见，谷道中往往沿水穴山架木而行，即所谓栈阁。五代之世，仅褒城县境百五十里间，有桥阁、险板阁各近三千间，则全程阁数当远逾此数矣。

《史记·高祖纪》索隐引崔浩云："险绝之处，傍凿山崖，而施版梁为阁。"此似为今存材料释栈道之最早者。李文子曰："自褒谷至凤州界一百三十里。……谷中，褒水所流，穴山架木而行。"（《通鉴》九汉高帝元年纪胡注引，当出《蜀鉴》）是至宋世仍然。可征唐世。《寰宇记》一三三，兴元府南郑县"斜谷路在府西北。入斜谷路至凤州界一百五十里，有桥阁（《舆地纪胜》一八三，作栈阁）二千九百八十九间，险板阁二千八百九十二间"。所谓桥阁盖架木铺板如桥，险板阁则穴山植木而铺板者。

按此道全线皆行于山区中，西侧山峰海拔多达二千五百米以上。其北段一般等高线亦约一千五百米，而南段循褒水河谷而行，近处等高线多在一千至一千五百米，下陷为河谷，河口地带且在六百米以下，故南段溪谷尤为深峻，亦最险恶。通道逶迤于高山深谷间，或侧迳巅岩，盘阁梯天，或缀木峭壁，危耸万端，或悬梁渡豁，下临无地。如此飞栈凌空，钩栏相属，诚极天下之至险，行者上天入地，陟危崖绝壁，涉怒涧骇涛，心摇目眩，人马俱困。唐人行旅，多有道其险恶者，如陆贽、孙樵、刘禹锡等，皆极写其惊险万状，"良以褒斜峻阻，素号畏途"也。而南段石门、武休间尤甚，盖以山高谷深，海拔差距尤大；北段少深谷峻崖，道行高地，反较平夷也。

地形海拔参看ONC-G-9。孙樵《出蜀赋》，本节首段已引。刘禹锡有《山南西道新修驿路记》，引见本篇第三节第（3）目。今续引陆贽《銮驾将还宫阙论发日状》云：

"良以褒斜峻阻，素号畏途，缘侧迳于巅岩，缀危栈于绝壁，或百里之内，历险且千，或一程之中，涉水数四，若遇积雨滞浸，群峰澍流，巨石崩奔，訇殷相继，深谷弥漫，往来不通，悉非功力之所支，筹略之所遏，斯须之顷，跬步之间，仓黄遘殃，皆不可测。……"（《全唐文》四七一）

此三文皆极见此路之惊险，故备录之。五代以后，历代仍续凿修，渐夷险为平。然康熙十一年王士禛取此道入蜀，作《蜀道驿程记》，述其险峻颇详，结云"余所经历，谷中惊湍飞栈，鸟骇兽逸，殊有孙樵之赋不及详者"。则唐世之险，不能想象矣。

然褒谷栈道之开通至少已有两千数百年之历史，回车通道，亦近一千五百年之久，经历代凿修，渐见平夷。且深山幽谷中之原始森林资源逐渐开发，谷中景观形势亦渐见开朗，增加凿修之便利，栈道路线乃得渐移而就下，清代康熙初年陕抚贾汉复更由山腰开凿土石，陷凹为路，阁道多有废弃者，非复古代险阻之旧观；而仰视唐宋栈道中之题刻已高不可攀拓矣。

《褒谷古迹集略》收宋人雷简夫《白水路记略》罗秀书跋曰：

“秦汉以来，阁道自大散关至褒城六百余里，天梯石栈，相与钩连，石门、龙潭前后最为险要。陕抚贾胶候由山腰开路，以便行人，渐废阁道。此今人之陡胜昔人者，厥功伟矣。”

按《道光褒城县志》观音碥条，贾氏名汉复，康熙初年任职，有《修碥记》，云“煅石开道，自此迄宝鸡凡木石之工九百三十八丈有奇”。观音碥旧名阎王碥，称为云栈首险，殆在褒城北不远处。《志》又云龙潭坝在县北百里。是所修主要在连云道南段，亦道中最险处。又《金石萃编》五《开通褒斜道石刻》，王氏跋云：

“据县令倪学洙云，自褒城而西南（北？）凡三百余里，悬崖绝壁，汉唐题字隐见于丛莽间，连绵不绝，盖宋以前路通兴元栈道俱在山半，故汉唐遗迹最多，今栈道移而渐下，遂不可摩拓矣。”

据《道光褒城县志》卷四《职官表》，倪氏以乾隆四十五年任县令。虽在贾汉复之后，实则栈道移而渐下，必为千百年间之总趋势，至贾氏盖更下穴山腰，凹陷为道，故栈阁渐废也。

（2）北段东支，即古斜谷道。此道唐世置驿亦颇可考。盖南段循褒谷北行九十八里至衙岭山，逾山达斜谷，循谷东北经宝鸡县南界至郿县南，出谷至郿县。宝历二年修褒斜古道，于宝鸡南界置安途驿，郿县北（南？）界置过蜀驿。大中三年开文川道，其北段即循斜谷古道东北行。首河池关，东北行二十五里至平川驿，又五十一二里至连云驿，又二十六里至松岭驿，又三十里至临溪驿，当谷口。又二十五里至郿县。

以上见第三节第(2)(4)两目。衙岭山在褒城北九十八里，为褒斜两水分水岭，见第一节引《汉地志》《括地志》《寰宇记》等书。

郿县南当谷口，故一名斜谷城。

《元和志》二凤翔府郿县，“县理城亦曰斜谷城。城南当斜谷，因以为名。斜谷南口曰褒，北口曰斜”。

由郿北渡渭四十里，即接凤翔通长安之大驿道。

渡渭至扶风四十里，见孙樵《新道记》，亦引见前考文川谷道节。《通鉴》二三〇，兴元元年，“浑瑊帅诸军出斜谷……拔武功”。即此斜谷古道也。

又前考文川谷道，其河池关西南经二十四孔阁，在今留坝县东北九十里之西江口（E107°·N33° 44′）。此地自唐至今，同此阁名，且为晋斜谷道、唐文川谷道及今小河口道所俱经，则唐代斜谷旧道（即斜谷道北段东支）亦必经此阁无疑。然则孙樵所记文川谷道中，此阁东北二十八里至仙岑驿，又若干里至芝田驿，又二十三里至白云驿，又十六七里至河池关，此段路线必亦大体本之古道，亦即十年前裴度奏修斜谷道之一段，唯驿名盖有改易或徙置耳。

今留坝县东北九十里西江口二十四孔阁有太康元年《修余谷道摩崖》，则此地必为古道所经。唐修文川谷道亦经此，详见前第一节晋太康元年修斜谷道条，及第三节文川道条。然则唐褒斜道北段之东北支，即古褒斜道，当亦经此地也。文川谷道之河池关及二十四孔阁两地既即褒斜古道所经，其间三驿约八九十里，虽不能绝对肯定即为褒斜古道所经，但大致亦变动不大。又据孙樵《兴元新路记》，二十四孔阁东北距郿县二百六十七里，东南距南郑二百八十九里。其南距褒城当较距南郑稍近。则正略相当于古道五百里之里程。

又考郦《注》有绥阳溪水，自斜水分流，北至陈仓（今宝鸡）入渭，诸葛公出兵斜谷，且遣偏师由此绥阳谷道西向陈仓，以张声势，是则可谓斜谷道之一支线。唐代宝鸡东南有道通桃林（今有桃川在岐山县南百五十里，郿县西南九十里），虢川（今虢川在宝鸡县东南百五十里，桃川西南三十五里），当即此道，盖亦即汉中、凤翔间太白山道之北段耳。

《水经注》一七《渭水注》，渭水受陈仓水后，“又东与绥阳溪水合。其水上承斜水。水自斜谷分注绥阳溪，北届陈仓入渭。故诸葛亮与兄瑾书曰，有绥阳小谷，虽山崖绝险，溪水纵横，难用行军。昔逻候往来，要道通人（戴作入）。

今使前军斫治此道，以向陈仓，足以扳连贼势，使不得分兵东行者也”。是绥阳溪水与斜水同源，而分支西北流至陈仓东南、注入渭水者。按此时诸葛公循斜水谷道出斜谷，据五丈原，故遣偏师西出小谷至陈仓以资牵制也。前引《南山谷口考》，小河口道北至桃川。引《通志》云，“在岐山县南百五十里。其水出大山中，流为斜水”。绥阳溪水盖在桃川地区分流西北注耳。检 ONC-G-9 图，宝鸡东南有一小水，自东南向西北流入渭水，源头与斜水上游诚极相近，当即古绥阳水矣，诸葛偏师盖取此道。又前引小河口道，桃川西三十五里至虢川。虢川在宝鸡东南一百五十里，南通进口关至汉中。则近代仍有此小道，南通汉中，北通宝鸡也。唐宋志书，云兴元北取太白山路至凤翔府六百七十里者，其北端盖即此绥阳谷道也。考《新》一三八《李抱玉传》，广德中，抱玉讨南山贼，“使牙将李崇客精骑四百自桃林、虢川袭之。贼帅高玉脱身走城固”。“即诏抱玉权凤翔陇右节度”。盖抱玉本驻凤翔，引兵自桃林虢川讨贼，事成即授凤翔节镇也。是此道唐亦通行，正当即汉中通凤翔之太白山道之北段矣。检《民国地图集·陕西人文图》，太白山主峰虽在郿县东南（E107°40′·N34°）（ONC-G-9 有两高峰，一在 E107°30′·N33°57′，一在 E107°45′·N33°57′），然留坝之西江口东北约五六十里处有太白河镇（E107°10′·N33°50′），（ONC-G-9 有 Tai-Pai 镇名，在 E107°19′·N34°5′），盖此一地区皆太白山区（《中国邮政地图》即如此），故不害有太白山路之名也。

按斜水流程不过百余里，而沿水南岸近处太白山脉自西而东高峰叠起，海拔多达二千五百米以上，最高主峰（E107° 40′·N34°）且达四千米，北岸近处等高线亦达一千八九百米，而谷地等高线乃在一千二百米以下，地势起伏，变化太大，道通其中，自属艰险，曹操谓“五百里石穴”，盖尤指此段与南段褒谷一段而言欤？至于绥阳谷水流于海拔二千五百米高山之东侧近处，北入六百米以下之平原，其道险峻亦不待言。

综　结

综上所考，汉、唐两代，褒斜道名同而实异。

汉魏古道之开通当在战国以前。战国秦人充分利用以控制巴蜀。汉世虽偶或堙废，但经常视为关中通汉中、巴、蜀之交通干线，故屡经修建，见于石刻。其道以循褒斜两河谷而受名：由褒中（今褒城县南十里打钟坝）循褒水河谷北入石门，经赤崖，西北达褒斜二水分水岭之衙岭山（今县北九十里），经今留坝县东北九十里西江口（E107°·N33°44′）之二十四孔阁，复北循斜水河谷东北行至郿县（今县东北）南，出谷口，达秦川。谷道全程约四百七十里，多凿危崖植大木为栈阁以通人马，曹操称为“五百里石穴”，郦道元述其惊险万状，先民凿通，艰难可想。

晋室南迁以后，南北对峙，恃险为固，故少修治，道渐废塞。北魏据有汉中，乃由散关大道中梁泉县（今凤县）东南六十里之回车戍，别凿一道，东南达褒谷，亦循谷而南，出石门，达褒中，全长三百余里，称为回车道。当时史家亦称之为褒斜道，此为名实淆乱之始。

唐代前期，史料较少。汉中通秦川之驿道则迂回兴州（今略阳），逾青泥岭，经凤州（今凤县），出大散关；而褒斜不置馆驿，非主道。

自中唐至五代，褒斜道复置馆驿，为南北交通干线，史传、地志、政书、石刻、诗文、笔记中多可考见。其中惟宝历二年裴度奏修之褒斜道为汉魏古道，其余历次修治与君主行幸、时人行旅，凡称褒斜道而可确知所指者，皆属凤州至褒城道，即北魏创修之回车道，非复郿褒间之汉魏古道矣。自此回车道更以其交通干线之优越地位进而专据“褒斜道”“斜谷道”之显名，郿褒间真正之褒斜古道反被遗忘，张冠李戴，以假替真，莫此为甚。

关于唐代旧新褒斜两道之行程，可谓呈“Y”字形。即其南段只一线，即汉魏以来褒斜旧道之南段，其出口在褒水入汉水处之褒城县。北段则歧分为东西两支，东支即汉魏以来旧路之北段，东北达郿县（今县），而西支乃北魏所开之回车道，西北达凤州梁泉县（今凤县），是两支北端出口，东西航空里距达一百五十余公里之远。兹就所考，约述其路线行程如次：

此道南段，即褒谷段，由褒城县之褒城驿（今褒城南十里打钟坝）北循褒水河谷上行入石门（今县北三里），历鸡帻山，七盘岭。岭北坂下有坂下馆，宝历二年更名右界驿。又缘褒水东岸北行至骆驼蓦馆，宝历二年更名武兴驿。又北至甘亭关，距褒城九十里，置甘亭馆，宝历二年更名悬泉驿，约即今马道驿地。又西北行至武休潭，距褒城约一百四五十里，北宋置关、镇、驿，皆名武休，当有承唐者。清有武休关、武关驿（留坝南四十五里），盖即其地。又经斜谷关，盖在武休地段，或稍西北，唐代褒斜道北段东西分歧点在此地段或稍南。西支西北至白涧，南距褒城二百三十五里，盖清松林驿地。又西北五十五里至回车戍，盖清三岔驿地。又西北六十里至凤州治所梁泉县（今凤县）接兴州（今略阳）通散关驿道。

自褒城至梁泉，全程三百五十里，唐人诗文所见，盖置十驿，除褒城、右界、武兴、悬泉四驿外，如武休、白涧、回车亦当为置驿之所。此即明清时代之连云栈道也。

此道全程行于崇山峻岭间，两侧群峰海拔多在二千二百公尺以上，即近地亦多在一千二百公尺以上。北段无大深谷，路尚稍平夷；而南段褒谷，尤为深峻，落差既大，沿岸又极危耸，唐道取线不得不陟巅峦，入深谷，傍危崖，梁险豁，盘阁飞栈，惊险万状。唯经千年之开发，谷中景观渐见开朗，栈道取线亦渐见下移，清康熙时代更凿山腹，陷凹为道，栈道多废，今日仰视古代栈阁，已高不可攀，汉唐题刻亦不易摩拓矣。

至于汉晋古道，唐代亦偶经修治。其南段自褒城至甘亭关百里间，或至武休、斜谷关约一百五十里间，与前述之路线相同。其北段即余所谓北段之东支，亦即汉晋褒斜古道之北段，则与前述之路线分歧向东北行，至二十四孔阁，在今留坝县东北九十里之西江口（E107°·N33°44′），晋太康间修道摩崖刻石迄今尚存。又东北度入斜水河谷，敬宗宝历二年裴度奏修此道，置渭阳驿，在岐山县（今县）南界；置过蜀驿，在郿县（今县）北（南？）界；置安途驿，在宝鸡县（今县）南界。宣宗大中三年，郑涯奏开文川谷道；起扶风至郿县，置凤泉驿，在郿县东十里，渭水南岸。南入谷口，置临溪驿。又南逾黄蜂岭，次第置松岭驿，连云驿，平川驿，河池关。自黄蜂至此一百三十余里间，皆故汾阳王私田，尝息马万蹄。入关渡大桥如虹，覆盖如九衢。又西行，次第置白云驿，芝田驿，仙岑驿，至二十四孔阁。自郿县至此凡二百五六十里，当即唐前褒斜古道，亦裴度所修治者，路线当无大变易也。

斜谷水流经秦岭山脉中最高峰太白山（海拔约四千公尺）之北侧近处，两岸高峰插云，而谷地等高线乃在一千二百公尺以下，是以地势起伏，变化极大，道通其中，自属艰阻，曹操谓“五百里石穴”，殆尤指此段及南段褒谷而言欤？

此外所当附及者，《元和志》云兴元（今南郑）北取太白山路至凤翔府（今凤翔）六百七十里者，殆即大中三年所修之文川谷道所本。文川谷道由兴元北循文川河谷上行，经灵泉驿，文川驿，上天苞岭，又经双溪、盘云、回雪、山辉、青松五驿至二十四孔阁，去兴元二百九十里，此殆即《元和志》太白山道之南段，亦可能即今小河口至之南段。二十四孔阁又东北至河池关、平川驿。唐有虢川、桃林地名，约在此地段，西北通宝鸡，盖即太白山道之北段，亦即郦《注》之绥阳谷道，实亦斜谷道之一支线也。

今较旧新褒斜两道之里程：就汉中至京师长安言，取褒城、凤州道（即褒斜新道）全程九百三十三里，较褒城、郿县道（即褒斜古道）迂回二百余里。然褒城郿县间褒斜旧道北段之斜谷路，盖与南段之褒谷路同其险阻；而褒城凤州间褒斜新道之北段，虽行山区，但无深谷，故差坦夷。是以新道里程虽迂，而险程大为减少，此其所以能攘夺褒斜古道之显名，为汉中北通长安之交通干线欤？明清时代，汉中北通秦川之最主要驿道——连云栈道——亦即承循此褒斜新道也。

参看图 2

一九六六年十月二十五日初稿，一九六九年三月十二日增订，刊《新亚学报》八卷一期。一九八三年十一月二十四日大幅度改订。一九八五年四月十五日初校定稿。

骆谷驿道

《读史方舆纪要》五六述骆谷道凡四百余字，然不详其行程，且颇有误。

如骆谷位置及兴元取骆谷道安（至）长安里数，皆误。又八十四盘仅指青符县而言，非指全谷道而言，顾氏亦误。并分详后文。

按骆谷道之见史似始于曹爽伐蜀。当时此道之南口即在兴势（今洋县北）。

《三国魏志》九《曹爽传》："正始五年，爽乃西至长安，大发卒六七万人从骆谷入。是时关中及氐羌转输不能供，牛马骡驴多死，民夷号泣道路。入谷行数百里[1]，贼因山为固，兵不得进……乃引军还。"事又见《蜀志》一三《王平传》："延熙……七年春，魏大将军曹爽率步骑十余万向汉川，前锋已在骆谷。……平……先遣刘护军杜参军据兴势，平为后拒。魏军退还。"《爽传》裴注引《汉晋春秋》："司马宣王谓夏侯玄曰……今兴平路势至险，蜀已先据，若进不获战，退见邀绝，覆军必矣。……玄惧言于爽，引军退。"《集解》引诸家之说谓"兴平路势"当作"兴势山路"，是也。则骆谷道之南口，汉魏即在兴势，当唐代洋州之兴道县，《通典》一七五洋川郡目已明之。

稍后，姜维伐魏，锺会伐蜀，皆由此道，可谓三国时最为军家所重视。

此见《三国志》个人本传。《元和志》二二洋州兴道县，"兴势山在县北二十里，蜀先主遣诸葛亮出骆谷，戍兴势山，置烽火楼，处处通照，即此山。按三国时蜀以汉中、兴势、白帝并为重镇"。

至东晋南北朝，盖渐壅废。至隋，复开通此道，故置关官。

《纪要》述东晋史事惟永和五年南梁州刺史司马勋出骆谷破赵长城戍一事。南北朝无所闻。盖壅废已久。《元和志》二《盩厔县》，"武德七年，开骆谷道以通梁州"。又云："骆谷道，汉魏旧道也。"下述用兵故事至姜维止。《寰宇记》三〇盩厔县目云："此道近代废至，唐武德七年复开。"《长安志》一八，略同。似至唐初始复开通者。然《隋书·地理志》，京兆府长安、蓝田、盩厔三县各有关官，当即子午、蓝田、骆谷三道关口也。是隋世已复开，唐初复治之。唐人撰史，遂以复开之功专归于唐耳。

唐骆谷道北口曰骆谷，在盩厔县（今县）南三十里。《纪要》以为在县南一百二十里，误以骆谷关为谷口也。

《纪要》五六汉中府傥骆道条："北口曰骆，在西安府盩厔县西南百二十里，有骆谷关。"是以骆谷及谷道北口皆即在骆谷关也。然考《长安志》一八盩厔县

[1]《元和志》二作"三百里"，不知何据。后人皆因之。

条："骆谷关在县西南一百二十里。"（此点，《元和志》及他书皆无异说，详后）又云："洛谷在县南三十里，有道入洋州。"乍看似为两谷道。考《水经·渭水注》："渭水又东，洛谷之水出其南山洛谷，北流迳长城西，魏甘露三年，蜀遣姜维出洛谷围长城，即斯地也。"则"洛""骆"本一字甚明。《六典》六作路谷亦即一字之讹。然则骆谷在县南三十里与骆谷关在盩厔县西南百二十里者固有别。复考沈亚之《盩厔县丞厅壁记》（《全唐文》七三六）："盩厔道巴汉三蜀，南极山不尽三十里。"是县去山区正为三十里。盖谷道之口实在县南三十里，而关则在口南九十里也。复考韩琮《骆谷晚望》（《又玄集》上）："秦川如画渭如丝，去国还乡一望时。"益证骆谷即在县南三十里终南山坡口。若骆谷关已入终南山腹区，何得北望秦川渭水耶？复检《乾隆志》一七九西安府卷关隘目骆谷关条引《县志》："自骆谷南八十里为十八盘岭，又南下十里至河底，即骆谷关。"是后世骆谷口亦在故关北九十里，正即《长安志》《水经注》所云盩厔县南三十里之洛口也。《纪要》以关为谷口所在，实误。

南口曰傥谷，亦名骆谷，在洋州兴道县（今洋县）北三十里。即三国旧道之南口也。

《通典》一七五洋川郡兴道县有傥谷城。《元和志》二二洋州兴道县，"傥谷一名骆谷，在县北三十里"。"骆谷路在今洋州西北二十里，州至谷（北口）四百二十里，晋司马勋出骆谷，破赵戍，壁于悬钩，去长安二百里。按骆谷在长安西南，南口曰傥谷，北口曰骆谷。"《舆地纪胜》一九〇、《元大一统志》五三七皆引《元和志》，略同。《新志》，兴道县"有骆谷路，南口曰傥谷，北口曰骆谷"。三国旧道南口在唐兴道县已详前考。

其大略行程：自长安向西南历鄠县，盩厔，入骆谷；出骆谷至洋州治所兴道县（今洋县）。

《寰宇记》三十凤翔府盩厔县："骆谷道，汉魏旧道也。南通蜀汉……此道近代废塞，唐武德七年复开。东北自鄠县界，西南经县（盩厔），又西南入骆谷。出骆谷，入洋州兴势县界。"《长安志》一八，全同。此其大略行程也。按此段盖抄录《括地志》原文，故称"近代"，又作兴势县。至贞观二十三年已改名兴道，无复兴势之名矣。

今再详其行程如次：

由京师取骆谷道者，发自长安近郊秦川驿，西南四十里渡沣水，至秦社镇。又十五或二十里至鄠县（今县），置驿在北门内。又西经田家硙六十五里至盩厔县（今县），置驿在城内。

《寰宇记》三〇，盩厔县，“东北自鄠县界西南经县，又西南入骆谷”。《长安志》一八，同。《新》一三二《刘知几传》，孙赞“为鄠丞，杜鸿渐自剑南还，过鄠，厨驿丰给”。是鄠县置驿甚早。《长安志》一五《鄠县》，“驿在北门内，东北去本府秦川驿七十里，西至盩厔县驿七十里”。同书一八《盩厔县》，“驿在县城内，至鄠县驿七十里”。是三驿相距皆七十里也。而《元和志》二，盩厔东北至府一百三十里，鄠县东北至府六十五里。里数惟小异。

又《长安志》一二长安县，“秦社镇在县西南沣水西，四十里，入鄠县路”。疑亦当长安鄠县驿道。按同书长安目又云，“北沣店沣水渡在县西四十里。南沣店沣水渡在西四十五里”。是沣水在长安县西四十里，则秦社镇条即谓镇在沣水西，去县四十里也。

复考《通鉴》二六二，天复元年，十一月壬子，韩全诲逼帝西幸，夕宿鄠县。癸丑，李茂贞迎车驾于田家硙。甲寅，车驾至盩厔。则鄠县、盩厔间，中经田家硙。

盩厔县为谷道口外之重镇，故置镇遏使以守之。

《通鉴》二四五文宗大和九年，“李训素与终南山僧宗密善，往投之。……将奔凤翔，为盩厔镇遏使宋楚所擒”。按《通鉴》二三〇，德宗兴元元年，“上将幸梁州，山南节度严震遣大将张用诚将兵五千至盩厔迎卫。车驾入谷，李怀光遣将邀车驾至盩厔”。皆见盩厔为入骆谷道要冲。

由盩厔南行三十里抵终南山，入骆谷口，又南行十五里至樱桃驿，又五十五里至三交驿，又南二十里至骆谷关，地在河底，为谷道重镇。又二十五里至林关驿，又七十五里至真符县大望驿。此段路线大抵缘太白山东南谷地而行，太白主峰（E107°45′·N33°55′）海拔4167米，道途取线多在2000米以上，地势高峻。

先论骆谷关 《隋志》，盩厔县有关官。《通典》一七三京兆府盩厔县，“有骆口关”。《六典》六司门郎中条，“四面关无驿道者为中关”。本注，京兆府之子午、路谷、库谷皆是。路谷当即骆谷也。《元和志》二盩厔县，“骆谷关在县西南一百二十里，武德七年开骆谷道以通梁州，在今关北九里。贞观四年移于今所”。《寰宇记》三〇、《长安志》一八，皆同。《史记·田叔传》正义引《括地志》：“骆谷间在雍州之盩厔县西南二十里， 开骆谷道以通梁州也。”“间”必“关”之讹，“二十”上脱“百”字，“里”下亦有夺文。据前引《乾隆一统志》，关在骆谷南八十里十八盘岭之南十里，地在河底。亦即古关所在。

《长安志》一八盩厔县条云：

“南至终南山樱桃驿四十五里。樱桃驿至三交驿五十五里。三交驿至林关驿四十五里。林关驿至洋州真符县大望驿七十五里。”

按此驿道虽未说明为骆谷道，然唐中叶以后盩厔通洋州之驿道惟骆谷一道，不容有他，故可断此必即骆谷驿道也。骆谷口在县南三十里，已详前考。此云樱桃驿在县南四十五里，故驿在谷口南十五里。又骆谷关在县西南百二十里，故当在三交、林关两驿间。《通鉴》二三〇德宗兴元元年，山南节度严震遣大将张用诚将兵五千至盩厔迎驾。用诚有异谋，牙将马勋返梁州得震符，复“出骆谷。用诚不知事泄，以数百骑迎之，勋与之俱入驿。时天寒，勋多然藁火于驿外”。遂出符执用诚。按事本《旧》一一七《严震传》。据此，在中叶已有驿，不知何名。又《考异》引《实录》曰，车驾才入骆谷，李怀光遣其将来袭，不及，“遂焚店驿而去”。亦不知何驿也。

姜维用兵所经之沉岭，在盩厔县南五十里；长城戍在县南三十里，盖近骆谷口；皆当在唐代驿道线上。盖其道略沿骆谷水，前后变动可能不大。

《三国蜀志》一四《姜维传》：“维……率数万人出骆谷，经沉岭。时长城积谷甚多，而守兵乃少，维方到，众皆惶惧。魏大将军司马望拒之。邓艾亦自陇右，皆军于长城。”《寰宇记》三〇凤翔府盩厔县，“姜维岭，本名沉岭，在县南五十里，蜀后主延熙二十年，大将军姜维率众出骆谷经沉岭，即此”。《纪要》五三盩厔县，“沉岭，县南五十里。……今亦名姜维岭”。又：“长城戍，在县西南三十里。”下述姜维事。又云“晋永和五年石赵乱，梁州刺史司马勋……出骆谷，破赵长城戍，壁于悬钩，去长安二百里。王氏曰，悬钩在长城戍东，地险固，内控骆谷之口，外通雍豫之境”。按《水经·渭水注》，洛谷水出洛谷，北流经长城西，即姜维出洛谷围长城地也。是道沿骆谷水可知。又《三国魏志》九《曹爽传》，爽由骆谷伐蜀。《注》引《汉晋春秋》，“爽引军退，费祎进兵据三岭以截爽”。所谓三岭不知何指？要当亦在此谷道中。参看《三国志》九《曹爽传集解》。

由大望驿复南五十里以上可能百里至梨园，开元十八年置华阳县，去京兆府四百余里。天宝三载废。八年复置，因得玉册，更名真符。其地极可能在今洋县北一百五十里骆谷道中之华阳镇（E107° 30′ ·N33° 32′）。其地外绕层峦叠嶂，有四塞之固，内则酉水萦其前，沃田数十顷，而海拔在1000米以下，为深山中稀有之小盆地，盖即所谓清水谷，宜其为山县设治之所。又南逾望秦岭，至桑坪店（今洋县东北六十里），去盩厔县四百四十里。天宝十一载，南移真符县治此，改隶洋州。而华阳旧地仍置华阳关，建中三年复置回河镇，建得意阁，则仍视华阳为交通军事之要冲也。

《寰宇记》一三八洋州真符县目云：

“唐开元十八年，梁州长史韦敬祖奏于此置华阳县。天宝三载废。八载，王鉷开清水谷路，复于梨园置华阳县。其年，因凿山路得玉册，遂改为真符县，仍隶京兆府，北去府四百余里。至十一载，又隶洋州。其年，以县去州偏远，移县就桑坪店，北去盩厔四百四十里。”[1]

据此，真符本治梨园，北去京兆府四百余里。按盩厔去京兆一百三四十里，（《元和志》《长安志》）。南距真符县大望驿二百二十里（前引《长安志》），则梨园当在大望南五十里而遥。其时隶京兆府，故治所偏处县北境也。后改隶洋

[1]《元和志》卷二十二此条文简，无梨园事及徙治事。故不引。但《舆地纪胜》引《元和志》有梨园事。《纪胜》又引《续通典》，亦云其年移县就桑平店，北至盩厔四百四十里。《新志》及《舆地广记》卷三十二均记开清水谷路及县名改易事，唯较略。

州，遂南徙近州治矣。又天宝八载，王鉷奏开清水谷路，因置华阳县于梨园，则清水谷当即在梨园地段。《纪要》五六洋县目，“青谷在县东北，晋宁康初，秦苻坚使将王统等出汉川，梁州刺史杨亮拒敌于青谷败绩。……亦谓之清水谷。唐天宝中开青水谷路，得玉册，即故青谷矣”。明已无青符县，地属洋县，故云洋县东北，实则尚远在百里以外也。

《元和志》二二洋州，真符县“南至州六十里”。《纪要》五六，真符故城，今洋县东六十里。实洋县东北也。此为天宝十一载徙治桑坪店之新真符县也。真符东北有望秦岭，见元稹诗，引详下条。

梨园置华阳县之地望　《元和志》仅云去京兆府四百余里，惜无更明确里数。但参以大望与桑坪去盩厔里数，梨园去大望里数必在五十里以上，至一百里上下。检《三省边防备览》二《道路考》上，洋县西北经田家岭，汉王山，罗司滩，黑峡子，银杏坝，至牛岭，相距各二十里，共一百二十里。又三十里至华阳。“洋县县丞驻此，设华阳都司营。五方杂处，三面老林，要隘之地”。又《陕西南山谷口考》骆谷条，洋县北至华阳一百五十里，又东北行五百二十里至盩厔县，计程六百七十里。“华阳古县治，今有土堡，酉水环其前，沃田数十顷，层峦叠嶂，四塞之区。南行经大小牛岭，汉王山，至洋县城一百五十里。则今华阳地区有四塞之固，而中为平沃小盆地，宜其人口繁盛，且为一小军政中心。度其地望，略相当于开元置华阳县之梨园，盖真其地矣。华阳南之大小牛岭，盖即元诗之望秦岭欤？”

华阳关、回河镇　骆谷道中有华阳关，详页699纲文引柳《记》。《舆地纪胜》一九〇洋州华阳关条引柳文，云“今真符即华阳也”。《元一统志》五三七，同。是即以新真符县当之。然考《陕西南山谷口考》云：“华阳镇，在洋县北一百五十里华阳山下。唐于其地置华阳县，属洋州，又置华阳关。”《图书集成·职方典》五三〇，亦云华阳关在洋县北一百四十里，唐置。是其地当在唐真符县北约九十里，约即梨园，旧置华阳县处。按华阳之名本在梨园，新真符无华阳之名也。且以形势论之，梨园亦属要害，疑为近之。又《舆地碑记目》四《洋州碑记》条有“华阳寨磨崖刻”。本注：“骆谷路华阳寨下有大溪……刻之道旁云：建中三年造此得意阁、回河镇。”《元一统志》五三七，同。是其地又置回河镇，盖冲要之地，亦在华阳也。

又《舆地纪胜》一九〇洋州《风俗·形胜》目引《洋川志》，“子午、骆谷两路，重岗绝涧，危崖乱石，自古为形势之地……国家于骆谷口置石佛堡，子午口置阳岭寨”。按今地图，佛坪县正居盩厔、洋县中间，疑即石佛堡故地。堡为宋置，但石佛之名可能自唐已然，今姑存慎不书。

真符县有青山驿，八十里间，有“八十四头盘，直上千仞”。南行三五里入崆峒谷，又“直下万寻，石壁红崖，自然锦障”。道极险峻，景观亦奇胜。今华阳、洋县间山峰海拔达 1920 米，谷道盖取径于此侧近欤?

元稹《望云骓马歌》（《元氏长庆集》二四）：

“橐它山上斧刃堆，望秦岭下锥头石，五六百里青符县，八十四盘青山驿。”按“望云骓”为德宗幸兴元之御马名，稹以为诗题。《舆地纪胜》一九〇洋州目及《元大一统志》五三七洋州目均作望云驿诗，岂青山驿后因元诗改为望云驿欤?诗中地名皆德宗道途所经。《舆地纪胜》洋州景物下：“骆谷路在真符县，屈曲八十里，凡八十四盘。”是青山驿即在真符县。《奉天录》三：“六师巡狩，驾次骆谷青山，有八十四头盘，直上千仞，山势岧峣，攀萝登陟，见蓬莱之远岫，遥望五峰，似一拳之培塿，山顶无草木，直下望烟霞”“南望汉江”“从此而行，不过三五里，即入崆峒之谷，直下万寻……石壁红崖，自然锦障。……”其地高险可见。《纪胜》又云：“骆驼岭在兴道县东北三十里，形如骆驼。”真符县既在洋州治所之兴道县东北六十里，则此岭正在真符、兴道两县之间。

望秦岭，蓝田武关道中有之，见白居易诗。已详《蓝田武关驿道》篇。据元氏此诗，骆谷道中亦有之，地望无考。然此诗地名多距青符不远，疑此岭在县东北地区。今华阳镇南有大小牛岭，南去汉水已不到百里，殆其地欤?故云“南望汉江”也。牛岭见前条引书。

真符西南三十里至谷道南口之傥谷，一名骆谷。有骆口驿，诗人多所题记，盖甚宏大。

傥谷一名骆谷，在洋州治所兴道县北三十里，真符县南至州六十里，并见《元和志》等书，已详前引。则傥谷当在真符西南三十里也。

骆口驿见白居易《祗役骆口驿喜萧侍御书至》诗（《白长庆集》九）。又元稹《使东川序》云："元和四年……予以监察御史使东川，往来鞍马间，赋诗凡三十二章……今所录……起骆口驿尽望驿台。"按其《骆口驿》诗云："我到东川恰相半，向南看月北看云。"（《元氏长庆集》一七）知此驿在骆谷道南口之骆口，非北口也。据后引元氏《骆口驿》诗本注，此驿行人题诗甚多，当甚宏大。

驿南三十里至洋州治所兴道县（今洋县）。即古兴势、傥城地，山陇环护，形似盆缘，外有险道盘上数里乃及门，内为大谷，可聚兵置军实，故为兵家所必争。县北兴势山坂，即诸葛亮所戍，置烽火楼处。

《元和志》二二洋州兴道县："兴势山，在县北二十里，蜀先主遣诸葛亮出骆谷，戍兴势山，置烽火楼，处处通照，即此。"按此本之《水经注》二七《沔水注》，作兴势坂，在小成固北百二十里。《元和志》同条又云，"后魏宣帝置兴势县，理在兴势山上，以为名。……贞观二十二年改为兴道县"。《通典》一七五，洋州兴道县，"今县城即后魏傥城郡，因自然陇势，形似盆缘，外险，内有大谷，为盘道上数里及门"。其形势可见。据《寰宇记》一三八，县治有迁徙，情形不详。又云："先是移郡理就西乡县。……后以险固，贞元初又移郡于此。"按《通典》洋州即治西乡。

县北又有清凉川，盖谷道尽头之稍宽旷地区矣。

《御览》六八引《方舆记》："清凉川在兴道县北。"又引《唐史》云："德宗皇帝以朱泚之难，幸梁、洋。至此川，见旌旗蔽野，上心骇，谓泚之追兵疾路至此。见梁帅严震具军容拜马前。……上喜……顷之，上次洋州。"按此条不见两《唐书》。又《广记》一九〇严震条云，德宗幸梁、洋，"下洋州青源川，见旌旗蔽野"云云。是其地在洋州治所兴道县之北，然云"下川"，"见旌旗蔽野"，是当已出谷至平地矣。《寰宇记》一三八述德宗西幸事，与《御览》引《唐史》同。然系于西乡县下。是以为在西乡，不在兴势也。《纪要》五六西乡县条因之，云"县北十里为清凉山，山南五里有清凉川"。下举德宗幸梁洋事。《一统志》，同。《水道提纲》一三以为西乡境汉水南之洋河即清凉川，与《御览》引《方舆记》大异。按《通典》，洋州治西乡。《元和志》二二洋州兴道县目，“后魏分置兴势县，理在兴势山上……贞观二十三年改为兴道县”。又西乡县目，“武德元年置洋州，州理在西乡。后移理兴道县”。未明徙治年代。《寰宇记》一三八洋州兴道县目：“后魏宣武帝正始中分城固县地于今理西九十二里兴势山（按下文兴势山在县西北四十三里）置兴势县，兼立傥城郡。……按地记云，晋于今西泉县置晋（昌）郡，魏后（当乙）移于今县，置晋昌郡，因晋旧名也。废帝三年改为傥城郡。隋开皇三年罢郡，大业二年，县自山上移居后魏晋昌郡廨理。唐贞观二十三年改为兴道县（《元和志》同）。先是移郡理就西乡县，此为蜀邑；后以险固，贞元初又移郡于此。”是此州郡前后屡易名，其治所先在兴势县即兴道县，后移理西乡，贞元初又移理兴道也。盖清凉川本在兴势县北，后郡移理西乡县，因亦名其东北之洋水为清凉川耳。虽德宗幸梁洋时，州治尚在西乡，然其地在骆谷道口（即傥谷口）东南百里以上（西乡在兴道东南百里，见《元和志》），仓卒出幸，目的地为梁州。出傥谷口当即由兴道西趋梁州，决不致迂回东南百数十里，且渡汉水至洋州当时治所之西乡，然后再回道兴道至梁州也。且史云至此川，见“旌旗蔽野”，疑为泚军由秦岭捷径来阻御驾者，就地理情势言之，亦绝不可能在汉水之南也。德宗出骆口，至兴道，始脱危厄之运，又见城池险峻，故旋即于贞元初徙洋州治所于其地矣。

又有壻水驿者，其地望似在兴道县北，为骆口驿之异名，实则在兴道县西北四十里，至成固道上，约今湑水渡东岸湑水铺。

《通鉴》二五四，僖宗广明元年十二月，黄巢入关，“上趣骆谷……戊子上至壻水”。《考异》引《续宝运录》：“戊子，帝至骆谷壻水驿，乃下诏与牛勖、杨师立、陈敬宣云，今月七日（九日之误）已次骆谷壻水驿。”胡注引《九域志》：“洋州兴道县有壻水镇。”按诏云“骆谷壻水驿”。又在兴道县。是亦当在兴道县北骆谷左近。然骆口驿距兴道县仅三十里，中间不容再有一驿。复考《寰宇记》一三三兴元府城固县“壻水在县东九里”。《水道提纲》一三，谓城固东北有一水由西北向东南流入汉水，疑古壻水。《民国地图集》即名为壻水。则壻水在兴道、城固之间也。

按《元和志》二二，兴道西至兴元百二十里[1]。城固西至兴元七十二里。则兴道至城固四十八里。《寰宇记》作百里，误。即湑水在兴道县西三十九里也。《图书集成·职方典》五三〇，“湑水渡在洋县西四十里，东岸湑水铺，西岸汉王城……盖入郡（汉中）之大路也”。湑水铺盖即古驿地。《纪要》五六，兴道县有“湑水驿，在县西北”。盖得之，即兴道向西第一驿，过此即入城固界欤？然亦可能由骆口驿向西南直至湑水驿，达成固县，不经洋州兴道县。疑莫能定也。

由长安至洋州治所兴道县凡六百四十里，由盩厔县南三十里谷道北口之骆谷，至兴道北三十里谷道南口之傥谷（一名骆谷）凡四百四十里。

《元和志》二二，洋州“东北至上都六百四十里”“北至京兆府盩厔县五百里”。《寰宇记》一三八，同。按前引《元和志》，盩厔东北至长安一百三十里，而《长安志》作一百四十里，里距略相符。又《寰宇记》，真符县北去盩厔四百四十里，南去兴势六十里。里距亦符。谷道南北口距兴道、盩厔皆三十里，已见前。则两口里距可知也。

又梁、洋间相去一百二十里（《元和志》）。此无大问题。则梁州汉中郡即兴元府取骆谷道至京师当为七百六十里。而《通典》一七五，梁州汉中郡“去西京取骆谷道六百五十二里”；《寰宇记》一三三，同。里距有一百里之差。按《通典》此条全文云：

“去西京，取骆谷路六百五十二里，斜谷路九百三十三里，驿路一千二百二十三里。去东京，取骆谷路二千（二为一之讹，《寰宇记》不误）五百八十里，取斜谷一千七百八十九里，驿路二千七十八里（《寰宇记》作二千七百八十里误）。”

按两京距离约八百五十里，《通典》《元和志》河南府条相同，而京兆府条，一作八百三十里，一作八百三十五里，盖小讹。今就此条至东京里数减至西京里数，取斜谷道者与取驿道者，其差皆八百五十五六里，而骆谷里数之差，则为九百二十八里，明取骆谷至长安“六百五十二里”之数字必误无疑。岂“六百”为“七百”之误耶？《寰宇记》从《通典》，致误。宋白及顾祖禹（《纪要》

[1]《寰宇记》作二百二十里，盖据《通典》为说。《通典》时代，洋川郡治西乡。

五六）亦皆沿误也。

开元中，此道尚不置驿。

《六典》六司门郎中条："四面关无驿道者为中关。"本注，京兆府之子午、路谷、库谷关皆是。路谷关即骆谷关，是开元时代此道不置驿也。

大抵承平时代，京师向南交通，西南取斜谷或大散关，东南取蓝田路；子午、骆谷皆居次要。安史之乱，仓卒之间，朝士多取骆谷捷径南逃，其后遂见有大臣自骆谷来往者。行旅渐盛，盖渐置驿矣。

颜真卿《府君神道碑铭》（《全唐文》三四一）："以忤杨国忠贬襄阳丞，移河东司户，京兆士曹。十五年，长安陷，舆驾幸蜀，朝官多出骆谷至兴道。房琯、李煜、高适等数十人尽在。"适由骆谷西奔行在，又见《旧》一一一本传。足见安史乱时朝士由此西南逃者甚多。又肃宗时宰相杜鸿渐为剑南西川节度使，由骆谷赴任，见《旧》一一七《崔宁传》。后鸿渐自剑南还朝，途出于鄠，见《旧》一三六《刘滋传》、《新》一三二《刘知几传》。来稹以宝应二年正月贬播州县尉，翌日赐死于鄠县，见《旧》一一四本传。皆见安史乱后朝臣行旅颇取此道也。《唐会要》八六关市条："宝应元年九月敕：骆谷、金牛、子午等路，往来行客所将随身器仗等，今日以后，除郎官御史诸州部统进奉事官，任将器仗随身；自余私客等，皆须过所上具所将器仗色目，然后放过。如过所上不具所将器仗色目数者，一切于守捉处勒留。"足见行旅颇盛。故德宗幸兴元时，骆谷北口已置驿，见前考。

朱泚之乱，德宗由骆谷道幸兴元。自此行旅益盛，朝臣文士取此道者甚多。

元稹《骆口驿》诗《本注》（《元氏长庆集》一七）：

"东壁上有李二十员外逢吉、崔二十二侍御韶使云南题名处。北壁有翰林白二十二居易题拥石关……等篇。有王质夫和马王，不知何人。"

观此，其时行旅者之多可知。白居易《酬元九南秦雪》诗（《白氏长庆集》一四）："往岁曾为西邑吏，惯从骆口至南秦。"是白氏必数度过矣。他如欧阳詹自梁州回京经骆谷，有《与洪孺卿自梁州回途中经骆谷》诗（《全唐诗》六函一册）；韩琮自京师还乡经（北）骆谷，有《骆谷晚望》诗（《又玄集》上）；

杨玭挈家自骆谷道入洋源，见《北梦琐言》一一。

元和初，高崇文用兵西川，斜谷、骆谷两道并进。僖宗西幸，亦由骆谷。凡此皆足征唐中叶以后此道已为关中西南出山南、蜀中之要道，故沿途置驿甚繁。柳宗元《馆驿使壁记》云，“自长安至盩厔，其驿十有一，其蔽曰洋州，其关曰华阳”。则除前文所考八驿外，尚有三驿，当在大望、青山之间，华阳及其南与北各一也。

《寰宇记》三〇凤翔府鄠县条：元和元年，高崇文征刘辟，自出斜谷，别将李元奕出骆谷，同趣梓州。《通鉴》二三七，同。僖宗事，见前滑水驿条。

柳文，见《全唐文》五八〇。

然此道岭高谷深，德宗诏云，“绝栏萦回，危栈绵亘”，峻险可见；加以多毒蛇，出没竹木间，数步䝟人，行旅畏之。

《舆地纪胜》一九〇洋州风俗形胜目引德宗诏曰：“绝栏萦回，危栈绵亘。”栈阁危峻可见。《通鉴》二三二，贞元三年条：“初……上入骆谷，值霖雨，道途险滑，卫士多亡归朱泚。叔朋之子升及郭子仪之子曙、令狐彰之子建等六人，恐有奸人危乘舆，相与啮臂为盟，著行縢钉鞋，更控上马以至梁州。”亦正见其险阻也。又《元和志》二二：“骆谷路……谷中多反鼻蛇，青攒蛇，一名佳尾蛇，常登竹木上，能数步䝟人。中此蛇者，即须断肌去毒；不然立死。”此亦大碍行旅也。

至唐代末年，盖又因政治社会不安定，道久失修，而废塞。至后唐长兴四年，虽以其于长安通汉中诸道中最为径捷，有意复修，然以“险阻尤甚”，竟无成功。

《五代会要》二五道路条：“（长兴）四年三月，西京留守王思同进《拟开骆谷路图》。上指山险谓侍臣曰：如此之险，何以开通？左右奏曰，据兴元、关内兵戎交番，乃转饷大散，修开斜谷路，迂回校五百里。如从骆谷，自雍京直抵兴元，粮戍稍便，然此路险阻尤甚，以此竭力开通，将来霖雨，亦烦修葺。上勉从其奏。竟无成功而止。”

然此道终亦未废，今日骆谷道路线，由盩厔县向南微西行，经马召镇，瓦店子，佛坪县，黄草坪，华阳镇，银杏坝，八里关，黄牛坡，至洋县，大体仍与唐道相仿佛也。

今道路线，《民国地图集·陕西人文图》绘之甚明，参之《南山谷口考》记洋县东北通盩厔道，与此线略合。取与前考唐道路线相比勘，似无大差异。

参看图1、图2

一九六六年八月初稿，一九六七年一月再稿，一九六八年十月二十二日订正，刊《史语所集刊》第四十九本上册。一九八三年十一月十九日改订，增补甚多。

一九八五年四月二十二日初校。九月一日三校定稿。

《通典》所记汉中通秦川驿道：散关凤兴汉中道

《通典》一七五，汉中郡“去西京，取骆谷路六百五十二里，斜谷路九百三十三里，驿路一千二百二十三里”。下述去东京亦有此三路里程。驿路当最重要，其程回远，而所指未明。

按骆谷所指不待言，斜谷路则由褒城向西北至凤州，又东北出散关，非汉魏褒斜古道也，已详汉唐褒斜道篇。

今以里数核之，乃西北取兴州顺政郡（今略阳），凤州河池郡（今凤县），折而东北，出大散关，经凤翔府扶风郡（今凤翔），再东至京师也。

《通典》一七六，兴州顺政郡，“东南到汉中郡二百八十七里”（汉中郡节作二百八十里）。“去西京九百三十五里”。则由汉中郡西北取兴州路至京师，恰为一千二百二十二里，与前举汉中郡驿道至京里数只一里之差。是此驿道必经兴州无疑。

《通典》顺政郡目又云“北至河池郡三百五十里”。又凤州河池郡目云“去西京五百九十里”。加顺政至汉中二百八十七里，凡一千二百二十七里，与汉中郡目所言驿路里数亦仅四里之差。是此驿道又当向北经凤州也。

同书一七五岐州扶风郡目，“西南到河池郡四里”。而河池郡目作“东至扶风郡四百里”。似四百里为正。然《元和志》二二，凤州“东北至凤翔府（即扶风郡）二百八十里”。同书二，凤翔府西南至凤州里数同。又《寰宇记》三〇凤翔府，“西南至凤州二百四十里”。三书记载不同如此。检《一统志》，凤翔府“西南至凤县界一百八十里”。汉中府凤县“东至凤翔府宝鸡县界一百十里”。则凤翔至凤县二百九十里，与《元和志》略合。且《通典》河池郡目又云，“东北到扶风郡陈仓县界四十里”。《寰宇记》一三四，凤州“东北至凤翔府陈仓县大散关为界一百四十里”。与《通典》同，皆以散关为州郡界，去凤州一百四十里也。按《元和志》二，凤翔府宝鸡县“东北至府九十里”“散关在县西南五十二里”。《寰宇记》三〇凤翔府，述宝鸡与散关里数，与《元和志》全同。是凤翔府距散关一百四十二里也。则即据《通典》《寰宇记》为说，凤翔（扶风郡）至凤州（河池郡）亦应为二百八十二里。则《元和志》所记最正确无疑。

再检凤翔府扶风郡东至京兆府里程，《通典》作三百十七里，《元和志》作三百一十里，《寰宇记》作三百一十九里。可谓无大差异。即采《通典》里数计之，由京师西至扶风郡三百一十七里，又西南至河池郡（凤州）二百八十里，又南至顺政郡（兴州）三百五十里，又东南至汉中郡二百八十七里，共一千二百三十四里，与汉中至京师之驿路里数甚近。且汉中至顺政里数，《通典》本书有二百八十里及二百八十七里两说，若以二百八十里计之，共一千二百二十七里，则与前举《通典》所称驿路里数仅有四里之差，则所谓驿道者当即由汉中经兴州、凤州、凤翔府也。

复考玄宗由蜀还京，驾至金牛转向西北至凤翔，当经兴、凤二州。

玄宗入蜀，取褒斜道，已详《汉唐褒斜道》篇。至其回程，《旧纪》云，至德二载十月“丁卯，上皇发蜀郡。十一月丙申，次凤翔郡”。是亦取道凤州也。凤翔以南，取褒斜道抑取兴州道，行程不明。考常衮《为李采访请驾停金牛一日表》（《全唐文》四一六）云：

“伏维陛下，回銮巴蜀，指旆咸秦……稍移玉辇，将至金牛。汉水梁城，郡当所守，蜀门秦寨，路则居中。乃微臣厕侍从之时，宜陛下休羽仪之地。伏望小停仙跸，宽一日之程，暂奉宸居，喜千年之遇。”

此当为衮代汉中郡守山南西道采访使李某所作以上玄宗者。玄宗由成都北来，至三泉县入汉中郡境，金牛为第二县。由金牛北向凤翔，有东北与西北两道，东北取褒斜道，西北取兴州道，皆至凤州出散关（金牛向北两道，参看《金牛成都驿道》篇）。如取西北道，则金牛县为道上汉中郡境之最后一县城。如取东北道，则由金牛向东北经西县、褒城两县，皆仍属汉中郡境。两县皆较金牛为大，且距汉中郡治为近，褒城为此道上汉中郡辖境之最后一县，李某当请驾留褒城一日，俾得多一日之侍奉，然后车驾离开李某辖境而北去。今不请驾留褒城一日，而请留金牛一日。金牛非入境之第一县，又不得以始入境为解。明金牛以后，车驾即离汉中郡辖境。是必玄宗至金牛后不向东北取褒斜路，而向西北取兴州道，至凤翔府也。

再观唐代诗篇所见，文士行旅秦、蜀、兴元间，亦多有取道陈仓、凤州、兴州者。

诗篇凡仅涉凤州以北者不录，盖不知取凤兴道，抑取褒斜道也。今举涉凤州以南者。如苏颋《陈仓别陇州司户李维琛》诗云："蜀城余出守。"又《晓发兴州入陈平路》云："旌节指巴岷。"（皆《全唐诗》二函二册）是由散关取兴州入金牛道也（陈平指金牛，详《金牛成都道》篇）。元稹《青云驿》诗："昔游蜀关下，有驿名青泥。"（《元长庆集》二）青泥岭驿在兴州境，当大道，是亦取兴州道入蜀也。李嘉祐有《发青泥店至长余县西涯山口》诗（日本河世宁《全唐诗逸》卷上，云见《秘府论》）。"长余"即"长举"之音讹，亦取兴州南行也。又郑谷《兴州江馆》云："向蜀还秦计未成。……坐听嘉陵江水声。"（《全唐诗》十函六册《谷集》二）是亦取兴州北至秦、南入蜀也。而《玉谿生诗笺注》卷一有两《圣女祠》诗，一在自南山北归经《分水岭诗》之前，一在其后。《笺注》以为此诸诗乃令狐楚薨于兴元时，商隐往返山南之作。张氏《玉谿生年谱》卷一开成二年条以为《笺注》所论极碻。按分水岭在唐兴州东南八十里，圣女祠在两当河池见（详后文），是商隐往返山南皆取兴凤道也。

至唐末五代南北屡次用兵，几皆取散关、凤州、兴州至西县道。举其著者：其一，僖宗光启二年，车驾幸兴元，叛将王行瑜追乘舆，由散关经凤州至兴州，为扈从都将败于兴州南之大唐峰，乃循原路北却。

光启二年，朱玫逼乘舆，僖宗由凤翔经宝鸡，入散关，由小道至西县（小道详后考），达兴元。而玫遣将由凤兴大道追之。《通鉴》二五六述其事甚详，兹节其要云："朱玫遣其将王行瑜将邠宁河西兵五万追乘舆。感义节度使杨晟战数却，弃散关走。行瑜进屯凤州。""王行瑜进攻兴州……杨晟弃镇走据文州。诏保銮都将李铤、扈跸都将李茂贞、陈佩屯大唐峰以拒之。""九月，李玫将张行实攻大唐峰，李铤等击却之……复取兴州，进万仞寨。""十二月戊寅，诸军拔凤州。"

其二，后梁乾化元年，岐蜀交兵，进退于青泥岭、兴州、西县道上。

《新五代史》六三《前蜀世家》："以王宗侃为北路都统……以攻岐，战于青泥。宗侃败绩，退保西县。"同书四四《刘知俊传》：茂贞"以知俊为泾川节度使，攻兴元，取兴、凤，围西县……"《通鉴》二八六，后梁乾化元年条述之较详，引见后文百牢关条。

其三，后唐同光三年，魏王继岌与郭崇韬伐蜀，由凤翔入散关，经凤州，故镇，兴州，三泉，至利州，入剑门。回时经西县。

入蜀之师所经州镇，见《旧五代史》三三《唐庄宗纪》、《旧史》五一、《新史》一四《魏王继岌传》，及《旧史》七四《康延孝传》。而《通鉴》更详，后文将引述之。回程经西县，见《旧史继岌传》注引《广记》载《王氏见闻录》。

其四，后晋、后汉之际，后蜀使兴元节度使张虔钊出散关经营秦川。师至宝鸡，无功而退，至兴州卒。

《旧五代史》七四《张虔钊传》："长兴中，为山南西道节度使。……末帝起于凤翔。虔钊……送款于蜀，孟知祥待之尤厚，伪授本镇节度使。……晋开运末，蜀人闻契丹入洛，令虔钊率数万将寇秦雍。俄闻汉高祖已定中原，虔钊无功而退。行至兴州，感愤而卒。"《殿本》注引《九国志》，孟昶使虔钊等率军五万出散关，经营三秦，师至陈仓，诸将不相协，遂班师。是虔钊由兴元至宝鸡，班师时经兴州也。

其五，后周显德二年，凤翔节度使王景由大散关进兵取凤州。宋乾德二年，王全斌伐蜀，由凤州下兴州，进军三泉，入剑门。

王景由散关用兵，见《旧五代史》一一五《周世宗纪》。王全斌伐蜀路线，见《宋史》二五五《全斌本传》。

综此五事，唐灭前蜀、宋灭后蜀及其他三次南北用兵，皆取散关、凤、兴道。至于其他谷道，仅有偏师小规模之战斗，未见有大规模之军事行动。足见唐末五代时期凤兴道在交通上之重要地位。

《纪要》二六，历举子午、骆傥、褒斜三谷道在历史上之军事行动。下及五代，于骆谷道云："五季以来，骆谷渐成荒塞。"于子午道云："五代汉初，晋昌帅赵匡赞附于蜀，蜀遣将李廷珪出子午谷应援。"于褒斜道云："五代梁乾化初，岐王李茂贞遣将刘知俊侵蜀（望按实由兴州进兵），围安远军，蜀将王宗弼救安远，及知俊战于斜谷，败之。继而……岐兵……引还，蜀将唐道袭先伏兵于斜谷邀击，又败之。"按此两次皆小规模军事行动，且梁乾初事，即前举第二事之偏师。据余所留意者尚有一次，即《通鉴》二九四，周显德五年，李玉为水陆制置使判官，由长安率兵二百袭蜀归安镇，为蜀将所斩。此则子午旧道也。

是则《通典》所谓汉中至京师取驿路一千二百二十三里者，就里程核之，当指兴、凤、凤翔道而言，再参以君臣行旅与军事行动之路线，足证散关、凤、兴道为南北交通要道，其为《通典》"驿路"所指无疑。兹北起凤翔府扶风郡，南至兴元府汉中郡，详考其行程如次。至于凤翔东达长安之路线甚明，其详细驿程，详《长安通安西驿道》篇。

凤翔府（今凤翔县）为京西重镇。置驿，当甚大。

《旧·僖宗纪》，光启二年四月，"壬子，朱玫，李昌言迫宰相萧遘等于凤翔驿舍，请嗣襄王煴权监军国事"。而《新传》《通鉴》云盟百官于凤翔石鼻驿，误也。详下石鼻条。

由府西南行，经潘氏，六十里，至石鼻驿，地一名灵壁。为此道北来入山之始，故苏轼诗曰"北客初来试新险，蜀人从此送残山"也。又三十里至宝鸡县（今县），有陈仓驿，褚载有诗。

宝鸡县在府西南九十里，见《元和志》二。县古名陈仓。褚载有《陈仓驿》诗（《全唐诗》十函八册），当在县治。《纪要》五五宝鸡县，引《志》云，"今县治东有陈仓驿"。盖承旧置之。

《新》八二《嗣襄王煴传》，朱玫追乘舆不及，劫煴“驻凤翔，得台省官百余，乃胁宰相萧遘等率群臣盟石鼻驿，奉煴……监军国事”。《通鉴》二五六，光启二年“四月壬子，玫逼凤翔百官奉襄王煴权监军国事。……盟百官于石鼻驿”。据此，似在凤翔府城近郊。按《旧·僖宗纪》光启二年条，述李玫胁群臣于凤翔驿舍、请煴监军国事，不云石鼻驿。考《通鉴》同卷同年正月述朱玫追乘舆事之行程最详云：

车驾在凤翔。“田令孜……劫上幸宝鸡……邠宁凤翔兵追逼乘舆，败神策指挥使杨晟于潘氏，钲鼓之声闻于行宫。田令孜奉上发宝鸡，留禁兵守石鼻，为后拒，置感义军于兴凤二州，以杨晟为节度使，守散关。……上以传国宝授（王）建负之以从，登大散岭。李昌符焚阁道丈余，将催折，王建扶掖上自烟焰中跃过，夜宿坂下。……车驾才入散关，朱玫已围宝鸡，石鼻军溃。玫长驱攻散关，不克。……”

胡三省注：

“潘氏在宝鸡东北。石鼻在宝鸡西南，亦曰灵壁。苏轼曰：凤翔府宝鸡县武城镇，即俗所谓石鼻寨也。诸葛武侯所筑，去宝鸡三十里。”

检《纪要》五五，凤翔府宝鸡县，潘氏堡在宝鸡县东北四十余里。“石鼻城在县东北三十里”。《一统志》凤翔府卷古迹目，述潘氏堡地望与《纪要》同。其述石鼻云：“在宝鸡东。……《明统志》，石鼻寨在宝鸡县东四十里。”是潘氏在宝鸡东北四十余里当无问题。石鼻，距县三十里，惟胡《注》云在县西南，《纪要》及《统志》皆云在县东北，方向恰相反，是当进一步讨论者。

按胡三省宋人，本当从其说。然《考异》引《王建纪事》云：

“正月辛巳，次陈仓。二月辛亥，朱玫将踣跌师瑀逼行在，破杨晟于潘氏。庚申，陷虢县。三月甲午，僖宗将移幸梁洋。戊戌，邠师至石鼻。己亥，石鼻不守。庚子，寇逼宝鸡。辛丑，车驾南引。四月庚申，达褒中。”

是石鼻先陷，固当在宝鸡之东。再反观《通鉴》之文，石鼻亦当在东。且《苏东坡集》卷一有诗题云：

“壬寅二月有诏令郡史分往蜀县决囚禁，自十三日受命出府，至宝鸡、虢、郿、盩厔四县。既毕事，因朝谒太平宫（略）。十九日乃归，作诗五百言……寄子由。”

此诗本注又云：

“十三日宿武城镇，即俗所谓石鼻寨也。云孔明所筑。是夜二鼓，宝鸡火作，相去三十里而见于武城。……十四日，自宝鸡行至虢。十五日至郿县。”

观此行程，石鼻在凤翔府西南六十里，宝鸡县东北三十里，必无问题。盖宋人一般行程，每日两驿六十里，如陆游《初入西州境述怀》：“自行剑关南，大道平如席，日高徐驾车，薄暮亦两驿。”（《剑南诗稿》三）即其证。东坡职在省决囚禁，决不会出府当日之内，越过宝鸡县城，再向西南行三十里，共行一百二十里也。故《纪要》在县东北三十里之说最为正确，胡《注》“西南”必误，无疑。《方舆胜览》云：“宝鸡有石鼻寨，行人自北入蜀者，至此渐入山，自蜀趋洛者，至此渐出山。故苏轼云：北客初来试新险，蜀人从此送残山。”（《一统志》凤翔府卷古迹目引）按苏轼诗，即《石鼻城》诗，亦见《东坡集》卷一。正以当入山区之始，故以禁兵扼守为后拒。

石鼻驿在宝鸡东北三十里，不在凤翔府近郊。朱玫胁群臣，当从《旧纪》，在凤翔驿舍。《新传》及《通鉴》是年四月条以石鼻实之，盖亦误。又胡注云“亦曰灵壁”。按《通鉴》“留禁兵守石鼻”。而《旧纪》云“令禁兵守灵壁”。《新》二〇八《宦者·田令孜传》作灵壁亢。则一地异名甚明，胡说是也。又《宋史》三六六《吴璘传》，璘镇河池。金人败盟，璘又遣姚仲拒于石壁寨，败之”。当即此石鼻也。

【附箭筈岭】《通鉴》二七一，后梁贞明六年条，“十一月……癸卯，蜀将陈彦威出散关，败岐兵于箭筈岭”。胡注：“杜佑曰，岐山即今之岐山县。其山两岐，故俗呼为箭筈岭。”检《通典》无此说。且此岐兵指凤翔而言，彦威出散关，击凤翔，不当即至岐山县。《纪要》五五，凤翔府岐山县，有梁山，在“县东北五十里。又东连西安府乾州界，其最高处，为箭筈岭”。下引梁贞明出军事以实之。岭在岐山县东北五十里以上，于当时用兵路线尤不合。检《一统志》凤翔府卷山川目有箭括山，“在岐山县东北六十里，南去麟游县五十里，亦即岐山。其最高处为箭括岭，岭巅有缺，故名”。是即胡注与《纪要》所称引者。《一统志》同条又有箭筈岭"在汧阳县南十里"。下引梁贞明六年事。就当时用兵形势言，此说为正无疑。复考《宋史》三六六《吴玠传》：

"富平……大溃，五路皆陷，巴蜀大震，玠收散卒保散关东和尚原……为死守计。……绍兴元年，金将没立自凤翔，别将乌鲁折合自阶成出散关，约日会和尚原。乌鲁折合先期至，陈北山……山谷路狭多石，马不能行，金人舍马，步战，大败，移军黄牛……遂遁去。没立方攻箭筈关，玠复遣将击退之。两军终不得合。"

此亦汧阳南之箭筈，非岐山之箭括也。且亦见地当大道，陈彦威用兵路线，正可相印证。惟《一统志》，凤翔至宝鸡九十里，汧阳（唐故城在今县西数里）东至凤翔七十里，南至宝鸡六十里，岭在汧阳南十里，则自宝鸡经此岭至凤翔似不止九十里，是可能为别一道也。姑存待考。

宝鸡西南渡渭水七里至横壁。

《通鉴》二八八，后汉乾祐元年条记汉蜀交兵事云：

三月，王景崇等反于凤翔。

六月，"王景崇遣使请降于蜀"。

九月，"蜀兵援王景崇，军于散关。……李彦从袭击破之。蜀兵遁去"。

十月，"蜀主遣山南西道节度使安思谦将兵救凤翔。……丙申，安思谦屯右界（胡注：'右界，盖宝鸡西界，汉蜀分疆处也。'）汉兵屯宝鸡。思谦遣眉州刺史申贵将兵二千趣横壁，设伏于竹林。丁酉旦，贵以兵数百压宝鸡而陈，汉兵逐之，遇伏而散，蜀兵遂北破宝鸡寨。蜀兵去，汉兵复入宝鸡。己亥，思谦进屯渭水。汉益兵五千戍宝鸡。思谦畏之……辛丑，退屯凤州，寻归兴元"。

十二月，"王景崇累表告急于蜀。蜀主命安思谦再出兵救之。壬午，思谦自兴元引兵屯凤州。……戊子，思谦进屯散关，遣马步使高彦俦、眉州刺史申贵击汉箭筈安都寨破之。（胡注：箭筈，岭名，有箭筈关）庚寅，思谦败汉兵于玉女潭。汉兵退屯宝鸡。思谦进屯横壁。……食尽引去"。（次年正月书事，"思谦退屯凤州"）

《考异》引下列两条：

《蜀实录》："十月，安思谦败汉兵于时家竹林，遂焚荡宝鸡。十二月，又败汉兵于玉女潭。"《十国纪年》："蜀广政十二年正月甲寅，思谦以军食匮竭，自模壁退次凤州。"

据此，模壁当在大道上，距宝鸡不远。《纪要》五五：宝鸡县，"模壁寨在县西南七里"。盖得其实。《一统志》凤翔府卷古迹目作七十里，是在散关以西，必衍"十"字无疑。

又八九里至三交城（今益门镇）。

《元和志》二：宝鸡县，"三交城在县西十六里。司马宣王与诸葛亮相距所筑"。《寰宇记》三〇，宝鸡县，"三交故城在县西四十六里。《耆旧传》，司马宣王与诸葛亮相距于此，因筑此城。十六国苻健于此置武都郡"。按此城当亦在驿道上，而两者里数小异。《纪要》五五又云在县西三十里，《一统志》凤翔府卷《古迹》目引《通志》作四十里。歧异如此。按《元和志》，陈仓故城在宝鸡东二十里。或者《寰宇记》《纪要》等皆对故城而言欤？《记》引《耆旧传》，颇有对陈仓故城而言之可能也。今姑从《元和志》。又《纪要》有益门城，在县西南十五里，元末所筑以备川蜀，城西据益门山因名。《一统志》同。《纪要》又云："益门山在益门城西，山岩险阻，有事梁益者，必取道于此，故曰益门。"《一统志》云："益门山在宝鸡县西南十五里，即秦岭之北谷，古益州境由此而入，故曰益门。"王士禛《蜀道驿程记》上，益门镇南为入栈道之始。疑益门即古三交城地也。

又有三垒坂，当在三交以北地区欤？

《舆地纪胜》六常州景物目下："西蜀里：韦庄《蜀程记》言，至宝鸡县，过三垒板（坂），山川村落，酷似常州之义兴境物。"《重修毗陵志》二七古迹目，宜兴县，"蜀风在县西北四十六里"。下引韦庄《蜀程记》，同。

由三交城又西南至玉女潭。去县二十五里。

潭当在驿道上，详前模壁条引《通鉴》二八八，汉乾祐元年条。又见《九国志》七《安思谦传》。《纪要》五五：宝鸡县，"玉女潭在县西南二十五里"。《一统志》凤翔府卷山川目，同。

又西南至大散关（今散关），自昔为交通军事要道，为开元时代六上关之一，有栈阁。地去宝鸡县五十二里，有扞水出固道谷，东北历关入渭。宋世吴玠所守之和尚原即在关外咫尺处。

此关自东汉初年已见史。至建安已降，曹操诸葛亮皆曾由此关进出，《纪要》五二已略述之。今不详列。《渭水注》："渭水又与扞水合，水出固道谷……东北历大散关而入渭也。"此为散关见地理书之始。《隋志》，陈仓有关官，殆即此关。《括地志》："散关在岐州陈仓县东南五十二里。"（《老庄申韩列传正义》引）而《元和志》二宝鸡县，"散关在县西南五十二里"。方位小异。按《新志》，宝鸡"西南有大散关"。且以今地图核之，作西南为正。《纪要》五五，关在县西南大散岭上。《一统志》云关在县西南五十二里，则即旧址，未迁徙也。唐世为大道所经。《唐六典》卷六《刑部》司门郎中条，"京城四面关有驿道者为上关"。本注：上关六，其一为岐州散关。足见重要。其后玄宗幸蜀，僖宗幸兴元，皆经此，各见本纪。《新》二〇八《田令孜传》："中人曹知悫者：贼（黄巢）在长安，知悫以清浊二谷之人倚山为屯，不屈贼。……帝将还，因大言：我且掖众大散关下，阅群臣可归者纳之。"正以散关为必经之路也。外有栈道，见前引《通鉴》二五六，光启二年正月条述朱玫追乘舆事。

和尚原见前箭括岭条引《宋史·吴玠传》述扼守散关外和尚原事，其地亦军事要冲。《宋中兴四朝志》云："大散关属梁泉县，在宝鸡南，为秦蜀往来要道。自关距和尚原才咫尺，两山关（？）控斗绝，出可以攻，入可以守，实表里之形势也。"（《一统志》凤翔府关隘目引）又《陕西名胜志》六宝鸡县，"和尚原在县西南三十五里大散关之东"。是即在散关也。

又《通考》三二二《舆地考》，凤翔府，"和尚原在大散关之东，距宝鸡两驿，为形胜必争之地。此地一失，则路径散漫，戎马深入，无所限隔"。距县两驿是当在散关东不远处。又《云麓漫钞》一："大散关距和尚原才咫尺，彼尝凭原，下视散关仅如蚁蛭，故其势易以危。"与《四朝志》及《通考》亦合。是则此原即在大散关，故马氏云云。而《一统志》凤祥府卷山川目引《明统志》，和尚原在县西南三十五里。《纪要》五五，同。

散关东北地区有遵涂驿，可能即在关与县之正中间。又关之前后不远处有当涂驿，亦可能即“遵涂”之异名。若两名即为一驿，则当近在散关北口处。

前引《通鉴》二五六，光启二年条，正月“车驾才入散关。……石鼻军溃，玫长驱攻散关，不克”。续云：“嗣襄王煴……有疾，从上不及，留遵涂驿，为玫所得，与俱还凤翔。”胡注：“据《煴传》，遵涂驿在石鼻，亦谓之石鼻驿。”《纪要》五五宝鸡县条，“遵涂驿站旧置于石鼻城中，亦名石鼻驿”。下引光启二年事云云。当即承胡注为说。按胡注云据《煴传》为说。今检《旧书》一七五《煴传》无此两驿事。《新书》八二《煴传》，群臣盟石鼻驿，亦不足证明即遵涂驿。是胡注本不足据。

复检《旧·僖宗纪》，光启二年条书此事云：

“田令孜闻邠州军至，奉帝入散关，令禁兵守灵壁。玫至，禁军溃散，遂长驱追驾至遵涂驿。嗣襄王煴疾，为玫所得。”

按灵壁即《通鉴》之石鼻。是遵涂驿明在石鼻西南，非即石鼻也。然《通鉴》云，玫攻散关未克，则遵涂驿又当在散关东北地区。散关距宝鸡仅五十二里，中间只容有一驿，距关与县皆二十余里。故疑遵涂驿即在其地。又《新五代史》六三《前蜀世家》云：“光启元年……僖宗幸凤翔。二年三月，移幸兴元。以建为清道使，使负玉玺以从。行至当涂驿，李昌符焚栈道，栈道几断，建控僖宗马，冒烟焰中过，宿坂下。……”参之前条引《通鉴》，此驿即仅在大散关前后不远处。驿名与遵涂驿盖一字之异，疑即一驿。若然，则此驿必近在关之北口矣。

散关西南四五十里至黄牛岭，约今煎茶坪高险地段。王维称道中“深林密竹，磴道盘曲”。盖可视为散关以南驿道之总写照。

王维有诗题云：“自大散以往，深林密竹，磴道盘曲，四五十里至黄牛岭，见黄花川。”诗云：“危径几万转，数里将三休，回环见徒侣，隐暎隔林丘，飒飒松上雨，潺潺石中流，静言深溪里，长啸高山头。”（《全唐诗》二函八册《维集》一）此诗极能状散关以南道途所经之实况。按《三省边防备览》二《道路考》上，宝鸡西四十里二里关，又三十里煎茶坪，又四十里黄牛铺，又一百一十里至凤县。煎茶坪高峻，上下险路三十里，二里关即大散关，石径盘纡，甚为险峻。

则煎茶坪路较大散关为险。

关岭间有黄牛寨（今有黄牛铺），盖唐末五代所置。

《通鉴》二九二，后周显德二年，使向训及凤翔节度使王景取秦凤二州。五月“景出兵，自散关趣秦州。……拔黄牛等八寨”。六月，“西师与蜀李廷珪等战于威武城东，不利”。黄牛寨当距黄牛岭不远。胡注：“黄牛等八寨皆当在秦州界。”未见尽是。且《宋史》三六六《吴璘传》：“（绍兴）三十一年，金主亮叛盟……遣合喜为西元帅，以兵扼大散关，游骑攻黄牛堡。”时合喜南攻，意在凤、兴，则黄牛实当在散关至凤州道上。同书四〇《宁宗纪》，嘉定十一年四月“戊午，金人复犯大散关，守将王立遁。己未，金人犯黄牛堡，兴元都统吴政拒退之。癸亥，政至大散关”。亦见其在大道上。又《吴玠传》，“绍兴元年，金将没立自凤翔，别将乌鲁折合自阶、成出散关，约日会和尚原。乌鲁折合先期至，阵北山……金人舍马步战，大败，移岩黄牛”。是其地距散关必不远。检《一统志》汉中府卷关隘目：“黄牛堡在凤县东北一百一十五里，接凤翔府宝鸡县界。”《民国地图集》有黄牛铺，在散关凤县交通线上，当即其地。散关去凤县一百四十里（详下文），黄牛在凤县东北一百一十五里，则近在散关西南二十五里。与《吴玠传》合。即在黄牛岭东北地区。王景自凤翔绕道散关趣秦州，第一据点当即黄牛，故拔八寨，以黄牛为首也。而《纪要》五六谓堡在“县西北百五十里，近巩昌徽州及凤翔陇州界”。非其地。又《蜀鉴》八，王景拔黄牛寨条：“黄牛寨在凤州东。州去兴赵原四十里，原去寨十五里。”是在凤州东五十五里也。案此为下文所考之黄花县地，非黄牛寨也。

黄牛岭南为黄花川，置黄花县，去大散关八十里，后县废，仍置黄花驿，薛逢有诗。

黄花川在岭南，见前引王维诗题。又王维《青溪诗》云：“言入黄花川，每逐清溪水，随山将万转，趣途无百里。声喧乱石中，色静深松里。”（《全唐诗》二函八册《维集》一）此当即继前诗而作者。又《旧五代史》一一五《周世宗纪》，显德二年，凤翔节度使王景由散关进兵伐蜀。闰九月“壬子……王景奏大破西川贼军于黄花谷”。当即黄花川，当大道也。《通典》一七六，凤州黄花县“有黄花川，为名”。刘禹锡《送赵中丞参山南幕府》：“绿树满褒斜，西南蜀路赊。驿门临白草，县道过黄花。”（《舆地纪胜》一八三兴元府《诗》目引）是川中有黄花县，为驿道所经也。又薛能《西县途中二十韵》：“未合过黄花。”（《全唐诗》九函二册）当亦指此欤？复检《元和志》二二：凤州梁泉县，“武德元年析置黄花县，宝应元年省”。《新志》，同；而作宝历元年，显误。盖若为宝历，则元和时代仍存，《元和志》当列县目。县虽废而驿仍存。薛逢有《题黄花驿》诗云：“孤戍迢迢蜀路长，鸟鸣山馆客思乡。”（《全唐诗》八函十册）即其证。又扬发有《宿黄花馆》诗（《全唐诗》八函六册），殆亦此地。至其地望，《寰宇记》一三四，凤州梁泉县，“废黄花县在州北六十里……武德元年分梁泉县置，东有黄花川，因名之，宝历（亦应之误）元年，以其地并入梁泉”。《九域志》三，梁泉县有黄花镇。《纪要》五六，亦作凤县北六十里。与《寰宇记》同。是在散关西南八十里，正当黄牛岭之南，与王维诗全合。《一统志》汉中府卷关隘目，黄花镇在凤县东北十里。方向是，而夺“六”字。

王建于凤州东北筑威武城，为军事重镇，当即在黄花县故址。

《通鉴》屡书南北用兵威武城事，兹略举如次：

梁贞明元年，蜀攻岐，克秦凤阶三州。置武兴军于凤州。（卷二六九）

贞明五年，蜀王宗播“自散关击岐……会大雨而还，分兵戍兴元、凤州及威武城。”（胡注：“威武城在凤州北，蜀所筑也。”）（卷二七〇）

贞明六年，蜀分从散关、秦州两道伐岐，食尽引还，分屯秦州上邽及威武城。（卷二七一）

唐同光二年十一月，“蜀以唐修好，罢威武城戍。召关宏业等二十四军还成都。又罢武定武兴招讨刘潜等三十七军”“罢天雄军招讨，命王承骞等二十九军还成都”。（卷二七三）

同光三年，唐伐蜀。十月“丁丑，李绍琛攻蜀威武城。蜀指挥使唐思景将兵出降，城使周彦禋等知不能守，亦降。……得城中粮二十万斛……因倍道趣凤州。……戊寅，王承捷以凤兴文扶四州印节迎降”。（卷二七三）

周显德二年，上谋取秦、凤。五月，王景自散关，拔黄牛等八寨。六月“壬

寅，西师与蜀李廷珪等战于威武城东，不利”。（卷二九二）

据此纪录，威武城必当凤州散关道上无疑。《纪要》五六，凤县有威武城在县东北六十里。按同光三年十月丁丑，唐兵下威武城，倍道趣凤州，明日下之。则距凤州固不远，《纪要》之说近之。然则盖即黄花县旧地，亦即宋之黄花镇也。

又西南三十里至唐仓镇，当置驿。有北川水，南流入故道川。

《通鉴》二九二，后周显德二年条：

六月“壬寅，西师与蜀李廷珪等战于威武城东，不利”。八月丁未，“王景败蜀兵”。“蜀李廷珪遣先锋都指挥使李进据马岭寨，又遣奇兵出斜谷，屯白涧。又分兵出凤州之北唐仓镇及黄花谷，绝周粮道。闰月，王景遣裨将张建雄将兵二千抵黄花，又遣千人趣唐仓，扼蜀归路。蜀染院使王峦将兵出唐仓，与建雄战于黄花，至兵败奔唐仓，遇周兵，又败。虏峦及其将士三千人。马岭白涧兵皆溃。李廷珪高彦传等退保青泥岭”。

据此，凤州东北道中有唐仓镇，又东北有黄花谷，黄花谷即黄花川谷，在黄花县地区；唐仓当在县之西南。《水经注》二〇《漾水注》，“北川水……南流经唐仓城下，南至困冢川入故道水”。是唐仓之名甚古。《寰宇记》一三四《凤州·梁泉县》，“唐仓栅，旧立仓廪，至今谓之唐仓栅”。《一统志》汉中府卷古迹目引《旧志》，镇在县北三十里。《纪要》五六，同。盖可信。

又三十里至凤州治所梁泉县（今凤县）。西临大散水，即故道川。县东北去散关一百四十里，为散关驿道之重镇。州东南取褒斜道至兴元三百八十里，即回车道也。

去散关里程见《寰宇记》一三四。《元和志》二，凤翔府西南至凤州二百八十里（同书二二，同），宝鸡东北至府九十里，而散关在县西南五十二里。则散关至凤州应为一百三十八里。即可云百四十里也。《元和志》二二凤州梁泉县：“故道水出陈仓县之大散岭，西南流入故道川。今州理即故道川也。”《寰宇记》一三四凤州梁泉县：“大散水出县东界大散岭，经县西，去城十步。”是城西临大散水也。

取褒斜道至兴元，即北魏所开之回车道，详《汉唐褒斜道篇》。

由梁泉又西三十五里至马岭寨。

马岭寨，见前唐仓条引《通鉴》二九二，后周显德二年述王景伐蜀事。《九国志·李廷珪传》略同。《蜀鉴》八王景败蜀于黄花谷条云："马岭寨在凤州之西，去州三十五里。"《纪要》五六，凤县有马岭关在县西三十五里，亦曰马岭寨。《图书集成·职方典》五三〇汉中府卷关梁条亦同。而《一统志》汉中府卷关隘目作县西四十五里。盖误。

又西十五里，至两当县（今县东三十五里，约今杨家店），当置驿。北宋时代见有广乡驿。盖承唐制欤？今凤县至两当道从山沟中行，尚平坦，古道盖同。

《括地志》："凤州两当县……在州西五十里。"（《河渠书》及《曹相国世家》正义引）《元和志》二二，凤州，"两当县东至州五十里。本汉故道县地……汉高帝引兵从故道出袭雍，谓此也。永嘉之后，地没氐羌，县名绝矣。后魏变文为固，于此置固道郡，领两当广乡二县"。《寰宇记》一三四，同。《宋会要·方域》一〇《道路》：神宗熙宁十年，"成都府路提刑司言，旧路自凤州入两当至金牛驿十程"。下引元丰元年事，亦见路经两当。《三省边防备览》二《道路考》上，凤县至两当"共程一百里，从山沟中行，路尚平坦"云云。

《方舆胜览》："两当县有两当驿，东抵汴京，西抵益州，皆三十六程，故曰两当。"（《一统志》秦州府卷古迹目引。按检《胜览》今本，在卷六九）按此当承唐置，惟两当之名早在宋前，其命意殆不如此也。复按杜翁《两当县吴十侍御江上宅》诗，《详注》云北宋时两当县有广乡驿（《详注》八）。据上引《元和志》，广乡本北魏县名。颇疑此或即唐代驿名欤？

又西南一百二十里至河池县（今徽县西十五里？），因河池川受名。城西临故道水，城内有河池戍。

此并见《元和志》二二及《寰宇记》一三四。虽未明言驿道经河池县。然《宋会要·方域》一〇之五《道路》条，元丰元年，刘忱奏，"今若行河池旧路……可减河池两当二（？）里三驿"。是河池在旧道上也。城临故道水及下文比勘凤、兴、青泥路，亦其旁证。

唐末五代有固镇，当驿道，南入蜀口至成都，东北通散关至长安，西行经成州通秦州，地当三条重要干道之枢纽，为军事之重镇，故周显德六年升置雄胜军，其地即在河池附近，或稍东（盖今徽县治）。而《云麓漫钞》述南宋时代陕蜀形势，仙人关控扼蜀口要害，左自成州（即唐同谷）趋秦州，右自两当出散关，故称此关为蜀之咽喉。其地在河池、固镇东南殆不逾五里，在青泥岭东五十里，而交通形势则与唐、五代之河池、固镇相同，盖南宋内据山险为关耳。近年在徽县东南嘉陵江岸出土《安丙生祠碑》，其地高峡入云， 绝壁千仞， 江水如线， 逶迤其间，诚极险要，论者谓即仙人关故址，殆近之矣。

固镇　《旧五代史》五一《唐书·魏王继岌传》：同光三年，为伐蜀都统。"十月戊寅，至凤州。……甲申至故镇。……己丑，继岌至兴州"。同书七四《康延孝传》，是年伐蜀，"以前锋下凤州，收固镇，降兴州"。是固镇即故镇，在散关、凤州至兴州入蜀道上。又《通鉴》书五代时事，屡及固镇。兹略举如次：

后梁乾化四年十一月"癸未，蜀兴州刺史兼北路制置指挥使王宗铎攻岐阶州及固镇，破细沙等十一寨"。（卷二六九）

贞明元年八月，蜀主以王宗绾为北路行营都制置使，王宗播为招讨使，攻秦州。以王宗瑶为东北面招讨使，王宗翰为副使，攻凤州。十一月"己巳，蜀王宗翰引兵出青泥岭克固镇，与秦州将郭守谦战于泥阳川。蜀兵败，退保鹿台山。……"（同上）

后汉天福十二年，"蜀李继勋与兴州刺史刘景攻固镇，拔之。何重建请出蜀兵，与阶、成兵共扼散关以取凤州"。（卷二八六）

"何重建遣宫苑使崔延琛将兵攻凤州，不克，退保固镇"。（同上）

"蜀翰林承旨李昊谓王处回曰：敌复据固镇，则兴州道绝，不复能救秦州矣。请遣山南西道节度使孙汉韶将兵急攻凤州。……蜀主命汉韶诣凤州行营"。（同上）

"蜀孙汉韶将兵二万攻凤州，军于固镇，分兵扼散关以绝援路"。（同上）

后周显德二年十一月，"王景等围凤州，韩通分兵城固镇，以绝蜀之援兵。戊申，克凤州，擒蜀威武节度使王环（是年正月置此节度于凤州）"。（卷二九二）

据此诸条，亦足见固镇当大道，且为军事要地，不但当蜀口、兴州东北通凤州、散关之军事要道，据李昊之言，亦为兴州西北出秦州之要道也。又《宋会要·方域》一〇之三载神宗熙宁十年奏议云：

“如发川纲往秦州，只从旧路行至故驿，便可直入成州。如由新路，须过凤州，五程至凤翔府，亦有路去秦州。”

按旧路即唐代之兴州北出青泥岭河池经两当趋凤州之驿道（按此新路所指不详，似亦非下文所开白水路；若为白水路，则亦经河池也，去秦州路线无大不同）。此故驿当即故镇无疑，亦即固镇，此亦蜀口北至故镇，经同谷（宋成州）达秦州之明证。至其地望：《九域志》三，凤州河池县有固镇。《通鉴》二六九胡注，“固镇在青泥岭东北，《薛史·地理志》，凤州固镇之地，周显德六年升为雄胜军（按此事亦见《薛史·周恭帝纪》）”。皆即此。又《通鉴》二七三，同光三年胡注，“按今固镇在凤州西四程”。未详里数。《纪要》五六《凤县》，“固镇在县西百二十里，当略阳青泥岭之东北，亦近巩昌府徽州东界”。而《一统志》秦州府卷古迹目，固镇在今徽县治。据《元和志》《寰宇记》，河池东北至凤州一百七十里，若如《纪要》，固镇在凤县西一百二十里，则在河池之东五十里。通说河池在今徽县西十五里，则固镇在今徽县东约三十五里也。是《纪要》与《一统志》两说不合；而去青泥岭亦稍远，《纪要》本身亦有问题。且蜀口大道北上，至河池即分道，西至成州，东至凤州，若固镇在河池之东五十里，即非当三道交通枢纽矣。按《纪要》盖据胡注“四程”之语，推谓一百二十里欤？古代每程标准虽为三十里，但宋代驿距通常较大，或四五十里为一驿。上引《宋会要》凤州五程至凤翔府，按凤州至凤翔二百八十里，是每程五十里以上，可证。故一百二十里之说不足据；《一统志》云在徽县治，较为近是。复检日本栗棘庵所藏《宋舆地图》，固镇绘于青泥岭之北，河池县西旁，是且在今徽县之西，即唐代河池地区。以当时史证论之，固镇当兴州、青泥北行，东通凤州、西通成州之枢纽，此图所示最为准确矣。

仙人关　《宋史》三六六《吴玠吴璘传》，绍兴初，与金人大战于大散关外和尚原，后退营仙人关，为死守之计，大败金军，遂为西北防御第一重镇。《云麓漫钞》卷一云：

“自讲好，关中之地中分为界。如南关、大散、仙人、饶风、武休等皆为我有。仙人关外，分左右二道。自城州（成州，即同谷）经天水县，出阜郊堡，直抵秦州。顷年《吴璘》大军尝由此以出西道。地皆平衍，即其地为壕堑纵横，引水缕行，名曰地网，以遏奔冲。此仙人关左出之路也。自两当县趋凤州，直出大散关……此仙人关右出之路也。凤州之东，兴元之西，褒斜谷在焉。谷口三山翼然对峙，南曰褒，北曰斜，在唐为驿路，所以通巴汉。旁连武休关，又极东为饶风关，地斗入，粮运难致。异时，独倚饶风以迫控商、虢，由武休以达长安，故当关（仙人关）为蜀之咽喉。”

此条述仙人关形势极明豁，其为南宋西北军事交通重镇无疑。《纪要》五六凤县，“仙人关在县南百二十里，近略阳县界”。同卷略阳县，有杀金岭，“县西北百二十里，其旁地曰杀金坪，与凤县仙人关相近”。《一统志》汉中府卷关隘目，“仙人关在凤县西南一百二十里，接甘肃秦州徽县界”。又秦州卷关隘目，“仙人关在徽县东南六十里，接（略）凤县界”。又同卷山川目，“杀金坪，在徽县东南六十里，上有仙人关”。两书里距同，方位小异。就形势言，当以在凤县西南，接徽县界为正。则当在今凤县西南一百二十里，徽县东南六十里略阳县西北（当作北）约一百二十里也。若此里数不误，则当在固镇东南不逾五十里。又据《元和志》二二，青泥岭在兴州西北一百五十三里。兴州即今略阳县，则仙人关且在青泥东南。日本栗棘庵藏《宋舆地图》，仙人关绘于青泥岭附近，是矣。顷读史念海《河山集》二集自序略云：“仙人关城已久圮毁，故址在今徽县东南嘉陵江畔。由宝成铁路白水江车站溯嘉陵江前往，穿过三条铁路隧道即可到达。这里高峡入云，绝壁千仞，嘉陵江如线如带，逶迤其间，江左岸在陡崖之下，水深崖高，无路可行，右岸稍广，仅通一径。近年修宝成路，于此处出土《安丙生祠碑》，安丙结衔与仙人关诸字显然可辨，知为其地无疑。”滨江设险于此可见，指为关址，殆甚可信。

复按，就《云麓》所言仙人关之形势，与上考固镇形势完全相同。盖南宋于固镇、青泥之东南就山险形势，筑关为固守之基，出关即是固镇地区矣。

又据此而言，由固镇而南似先至青泥，再至仙人关者，然唐宋时代不同，殊难做如此论断。《宋会要·方域》一〇之一三驿传杂录条云：

“（真宗）景德二年九月四日，诏兴州青泥旧路，依旧置馆驿，并驿马递铺等。其新开白水路，亦任商旅往来。先是屡有言新路便近，亦有言青泥路虽远一驿，然经久，难于改移者，故下诏俱存之。”

又《褒谷古迹集略》录宋人雷简夫《白水路记略》云：

“（仁宗）至和三年冬，利州转运使李虞卿以蜀道青泥岭旧路高峻，请开白水路，自凤州河池驿至长举驿五十一里有半，以便公私之行。明年……作阁道三千三百九间，邮亭营屋纲院三百八十三间，减旧三十三里，废青泥一驿，除邮兵驿马一百五六十人骑。”

是真宗景德二年之前已开白水新阁道，以代替青泥旧阁道，但此年诏新旧两道并行；而新道实废。其后五十年，利州转运使又奏请开白水新道也。新道五十一里余，较旧道短捷三十三里，此必行青泥之东无疑。《道光略阳县志》一，青坭河在西北百五十里，白水江在县北百二十里，南流，西受青坭河，更见白水道在青泥道之东。《三省边防备览》六《险要》，青泥岭在略阳北一百五十里，白水江西五十里，是也。《云麓》所记由兴州出仙人关，盖取白水新道也。

又有神女祠，在两当县西三十五里（即今两当县）以西、河池县东十五里（即今徽县）以东之大道上，即固镇地区。

《玉谿生诗笺注》一有两《圣女祠》诗，一在《自山南北归经分水岭》诗之前，一在其后。《笺注》以为此诸诗乃令孤楚薨于兴元时，商隐往返山南之作。前《圣女祠》，乃驰赴兴元时作，后诗乃由兴元回京时作。张氏《玉谿生年谱会笺》卷一，开成二年条，以为《笺注》所论极碻。按后一诗云：“查霭逢仙迹，苍茫滞客途。何年归碧落，此路向皇都。”下云：“从骑裁寒竹，行车荫白榆。”其为令孤楚薨于兴元后奉丧北归时所作无疑。《笺注》据此诸诗谓商隐往返兴元皆取散关凤兴道，并引《水经注》述圣女神事。然未指明地望。今检《水经注》二〇《漾水注》云：

“故道水又西南历广香交，合广香川水。……故道水又西南入秦冈山，尚婆水注之。山高入云，远望增状若岭纡曦轩峰枉月驾矣。悬崖之侧列壁之上，有神象，若图指状妇人之容。其形上赤下白，世名之曰圣女神。至于福应衍违，方俗是祈。……尚婆水历两当县之尚婆城南，魏固道郡治也。西南至秦冈山，入故道水。故道水又右会黄庐山水。……故道水南入东益州之广业郡界……”

据此，圣女神在秦冈山。《一统志》秦州卷山川目，秦冈山在两当县南。太广泛。今按郦《注》，山临故道水，在广香交之西南，亦在两当县之尚婆城西南，而在黄庐山水之东或北，亦在广业郡东北边界之外。检《一统志》秦州卷古迹目，“广乡镇，今两当县治。《水经注》，广香水……其后讹为广乡。……《宋史·地理志》，两当县，至道元年移治广乡镇。《九域志》，县在凤州西南八十五里”。是广乡镇在今两当县，即唐世两当故城西三十五里也。《一统志》同目又云：尚婆城在今两当县西。是秦冈山当在今两当县西（或西南）古尚婆城之西（或西南），即唐世两当县西三十五里之西或西南颇远也。又同卷山川目：“黄庐山水在徽县东南。”是秦冈山又当在唐河池县东十五里之东。后魏广业郡，《元和志》二二云在唐之同谷县。是在今县治。然则唐世，秦冈山圣女祠当在两当县西三十五里之西，而在河池县东十五里之东，殆可断言。

河池南行二十七里至青泥岭，为军事要地。有青泥驿。岭驿“地势高峻，悬崖万仞，上多云雨，行者屡逢泥淖”，故名。又东南五十三里至兴州长举县（今略阳县西北一百二十里），在嘉陵水北十里。

《元和志》二二，兴州长举县，“青泥岭在县西北五十三里接溪山东，即今通路也。悬崖万仞，上多云雨，行者屡逢泥淖，故号为青泥岭”。《寰宇记》一三五，全同。《元长庆集》二古诗《青云驿》：“昔游蜀关下，有驿名青泥。”即此地，是置驿也。前引《宋会要·方域》一〇《驿传杂录》景德二年条云，“诏兴州青泥旧路依旧置馆驿，并骡马递铺等”。以其“经久难于改易”也。唐时已当驿道，故云经久。《通鉴》二六八，梁乾化元年，“岐王使刘知俊击蜀。……战于青泥岭。蜀兵大败，马步使王宗浩奔兴州”。又二六九，梁贞明元年，“蜀王宗翰引兵出青泥岭，克固镇”。又二九二，周显德二年，蜀李廷珪为周兵屡败于黄花谷，唐仓镇，“马岭、白涧兵皆溃，李廷珪、高彦俦等退保青泥岭。蜀雄武节度使韩继勋弃秦州，奔还成都。……成阶二州皆降”（按《九国志》略同》）。则其地不但当驿道，且为军事要地。《元和志》二二，兴州长举县，“嘉陵水去县南十里”。《寰宇记》一三五，同。按《通鉴》二七三，后唐同光三年，魏王继岌伐蜀，李绍琛为先锋，下凤州。“李绍琛等过长举，兴州都指挥使程奉琏将所部兵五百来降。……兴州刺史王承鉴弃城走，绍琛等克兴州”。是长举亦在大道上。李嘉祐有《发青泥店至长余县西涯山口》诗（日本河世宁《全唐诗逸》卷上，云见《秘府论》），长余即长举之音讹。亦当大道之证。

关于里程，前引《元和志》二二，岭在长举县西北五十三里。《寰宇记》同。今详检《通典》《元和志》《寰宇记》所记凤兴间里程如次：

《通典》一七六	《元和志》二二	《寰宇记》一三四、一三五
兴州北至凤州 350 里	凤州东（南）至兴州 330 里 兴州北至凤州 350 里	兴州北至凤州 356 里
凤州西南到兴州长举县界 190 里		凤州西南至兴州长举县青泥领为界 196 里
兴州东北到凤州河池县 150 里		兴州东北至凤州河池县界 160 里
	凤州两当县东至州 50 里 凤州河池县东至州 170 里 兴州长举县南至本州 100 里（《九域志》同） 青泥领东南至长举县 53 里	与《元和志》同 与《元和志》同 兴州长举县南至本州 80 里 青泥领在接溪山东。山东南至长举县 52 里

观上表，三书里距小异不过数里，今参校三书约定凤兴总程三百五十里，凤州西南至两当县五十里，至河池县一百七十里，至两州界即河池长举两县界之青泥岭一百九十七里。青泥东南至长举五十三里，长举至兴州一百里（《寰宇记》作八十里，盖就唐前故城言，详后引《元统志》）。则河池县南至青泥岭当为二十七里。前引宋人《白水路记略》，河池经青泥岭至长举八十四里，亦略合。

长举近处有万仞寨，下临嘉陵江。又有乾渠渡盖在万仞之北，燕子岩盖在万仞之南。

《宋史》二五五《王全斌传》，“乾德二年冬，下诏伐蜀。……十二月，率兵拔乾渠渡，万仞、燕子二寨，遂下兴州”。同书一《太祖纪》述此事云，“克万仞、燕子二寨，下兴州”。是此三地皆当在兴州以北。按《旧五代史》四六《唐书·末帝纪》，清泰元年“（冯）晖为兴州刺史，屯乾渠。蜀人来侵，晖自屯所奔归凤翔”。是乾渠当在道上。又《通鉴》二五六，光启二年，王行瑜据凤州。“进攻兴州”。九月，“金吾将军满存与邠军战，破之，复取兴州，进万仞寨”。是必亦当大道。检《一统志》汉中府卷关隘目万仞寨条及山川目宝子山条，皆引《元统志》。其宝子山条引云：“万仞山在长举废县后，苍崖架日，危峰矗云，上有白起寨，下枕嘉陵江，有关。”按长举废县即唐长举县也。乾渠渡燕子寨当亦在长举南北矣。[1]

长举县南三里有盘头故城，或当在驿道上。

《元和志》二二，兴州治长举县，“盘头故城在县南三里，因水盘屈为名”。《寰宇记》一三五，同。后魏盘头郡盖治此。《旧唐地志》，兴州长举县“本治盘头城，贞观三年移于今所”。是唐初长举县即治此城也。疑亦当大道。

又东南至兴州治所顺政县（今略阳县治），去长举县一百里。城在平地，南临嘉陵江，有江馆。地当北入秦，南入蜀，东通楚越，西趋河陇之交通枢纽，故为交通军事上之要地，在晋、南北朝时代，近区又多氐人聚居，故“晋置武兴蕃以处互市”，北魏亦置武兴镇以资震摄也。

《元和志》，长举县南至州一百里。《九域志》同。而《寰宇记》作八十里。检《一统志》汉中府卷古迹目：“《元统志》：长举废县，先在州北八十二里，唐贞观二年移治在州西一百里。至元十二年并入略阳。《县志》，在县西一百二十里。”则当作一百里。《寰宇记》八十里乃贞观以前故城耳。

《元和志》，兴州治所顺政县，“嘉陵江水经县南，去县百步”。有江馆，见郑谷《兴州江馆》诗（《全唐诗》十函六册）。诗云：“向蜀还秦计未成……坐听嘉陵江水声。”当即临嘉陵江而建者。

《通鉴》二七三，唐同光二年，伐蜀，李绍琛为先锋，下凤州。“过长举，

[1]《一统志》汉中府卷山川目有燕子河条，又西汉水条亦述及燕子河。在宁羌州，非其地。

兴州都指挥使程奉琏……来降。……辛巳，兴州刺史王承鉴弃城走，绍琛等克兴州”。及其他前已征引之史料，具见兴州为此道上军事必经必争之地。《元和志》云，兴州“即汉武都郡之沮县。……蜀以其处当冲要，遣薛舒为武兴督，守之。……即其处也。城虽在平地，甚牢实。周回五百许步，唯开西北一门，外有垒，三面周匝”。是自古为军事要地。又《旧唐志》，兴州顺政县。“晋置武兴蕃，以处互市”。是又自昔为互市中心。武兴镇见《魏晋南北朝地方制》第十一章。

自两当至兴州三百里间，沿途阁栈甚多，就中河池经青泥岭至长举八十里间山岭崎岖，栈阁盖多至四千余间，殆为此道中最险一段欤？

《道光略阳县志》一，“古栈道遗迹多在略、徽、两当，未详何时改由褒留也”。按此所记栈道，必多唐宋遗迹。前引宋人雷简夫《白水路记略》，云仁宗至和四年，以青泥旧道险远，开白水路，自河池至长举五十一里，作阁三千三百余间，是为白水道，以替之，知青泥旧路栈阁必更多。

顺政县南五里至兴城关。开元时为十三中关之一，以其当驿道也。

关在县南五里，见《元和志》二二兴州顺政县目。《寰宇记》一三五，同。当在道上。《唐六典》六刑部司门条：“京城四面关有驿道者为上关，余关有驿道及四面关无驿道者为中关。”本注，中关一十三，其一即兴州兴城关。按此关非四面关，而在中关之列，是必当驿者，即当此驿道也。

又东约三十里至飞仙阁，今县东四十里之接官亭南近处有飞仙岭，即其地也。杜翁入蜀，有《飞仙阁》诗，极写阁道高寒峻险之状，然梯石固牢，行旅众多，正见其为大道所必经也。

杜翁发同谷入蜀纪行诸诗，有《飞仙阁》一首（《详注》九、《镜铨》七）云：

“土门山行窄，微径缘秋毫，栈云阑干峻，梯石结构牢，万壑欹疏林，积阴带奔涛，寒日外澹泊，长风中怒号，歇马在地底，始觉所历高，往来杂坐卧，人马同疲劳。……”

此诗极状阁道高险，而行人颇多，观纪行诗排列次序，当在兴州以南之入蜀道中。《详注》与《镜铨》皆引《方舆胜览》，飞仙岭在兴州东三十里。今检《胜览》六九不误。而《一统志》汉中府卷山川目引《胜览》作“沔县东三十里”。“县”

为"州"之讹[1]。检《道光略阳县志》一，"飞仙岭，《旧志》在东南四十里。唐徐佐卿飞升处。上有阁道百余间，即入蜀大路，今废。采访，此岭在接官亭南。岭下有洞……洞口对岸即入蜀大路。崖间有凿孔十二间。道左碑记有'武兴之南驰三十里'数字，疑即建阁道处"。下引《神异录》记天宝中道士徐佐卿飞仙故事。杜翁所经即此地无疑。

然《一统志》汉中府卷山川目飞仙岭条，又引《元统志》，"此路旧由西县过，经由沮水。太平兴国五年，移改于是岭"。似唐代由兴州至西县之入蜀大道不由此岭者，杜翁取道此岭，或直南向金牛，非此驿道欤？按杜翁《夔州》诗云"瞿塘险过百牢关"，是必曾亲历百牢关。即其行程由兴州东经飞仙阁至百牢关，即仍是取此驿道也。《元统志》之言，未必可信。

复考《道光略阳县志》一关隘目，"接官亭在东四十里，东达沔县，南通宁羌，山路一线，颇为崎岖"。又道路目，正东经登云岭四十里至接官亭，由此而东至沔县，为赴郡（谓汉中）大道。又自接官亭东南经麻柳铺五十里至庙坝。交宁羌州铁佛铺界，为入蜀之路。按《光绪重修宁羌州志》一，州东北驿道至大安驿，又东北至沔县。另有小道，"自大安驿迤北入山，四十里铁佛寺，又十里庙坝，交略阳县界，盘折高险，尚有未辟老林"。是即《略阳志》自接官亭东南下之道至大安驿一百里也。是今日略阳东至沔县，南至大安之两道在接官亭分途。前引《略阳志》飞仙岭条，岭与接官亭同在县东南四十里，亭在岭麓，洞口对岸即北岸。大安即唐之金牛县（详《金牛道篇》），纵然此接官亭直南行达大安之小道，在唐代已通行，仍不害飞仙岭亦在兴州东通汉中百牢关之驿道上也。

越岭东南至大桃戍，去州四十九里，盖今分水岭地段。

《刘咸墓志》（《金石萃编》八九），"行兴州大桃戍主"。时在开元或稍前。考《通鉴》一二二，宋元嘉十一年，氐主杨难当据汉中，萧思话至襄阳，遣司马萧承之西讨，杨难当焚掠汉中，引众西还。令其将赵温"退保下桃城"，为坚

[1] 今略阳县本唐之兴州治所顺政县，北宋州县仍旧。开喜三年，改州曰沔州，县曰略阳。元至元十年，移沔州治铎水县，后省县入州，明初降州为县，即今沔县也。详《一统志》同卷沿革目。是宋世尚无沔县之名。

守之计。地在褒中以西，当即《刘咸志》所见者。检《元和志》二二，兴州顺政县有“大城戍，在县东南四十九里”。《寰宇记》一三五，同；惟“城”作“姚”，皆“桃”之讹误也。《一统志》汉中府卷古迹目，引《元统志》，大桃驿在县东四十五里。记程小异耳。

州东南又有大唐峰当大道，盖亦大桃戍南北欤？

《通鉴》二五六，唐光启二年七月，“王行瑜进攻兴州。感义节度使杨晟弃镇，走据文州。诏保銮都将李铤、扈跸都将李茂贞陈佩屯大唐峰以拒之。……九月，朱玫将张行实攻大唐峰，李铤等击却之。金吾将军满存与邠军战，破之，复取典州，进守万仞寨”。亦见《五代史记》三〇李茂贞传。《纪要》五六、《一统志》汉中府卷山川目皆云在略阳县东南，是也。又《宋史》二五五《王全斌传》：“乾德二年冬……诏伐蜀。……遂下兴州。”进拔石图、鱼关、白水二十余寨。……进军三泉。”同书《太祖纪》云，“下兴州，连拔石图等二十余寨”。此诸砦当在兴州以南。日本栗棘庵藏《宋舆地图》，鱼关绘在沔州东，即今略阳东，盖是。此诸地亦当在大道上者，不可考矣。

大桃戍东南至西县百牢关途中有分水岭，唐人屡有题咏，盖即今接官亭东之分水岭也。

唐人咏秦蜀间分水岭诗，就余所留意者得下列三家：

其一，《玉谿生诗笺注》卷一有《自南山北归经分水岭》诗及《圣女祠》诗。《笺注》以为自兴元北归时作，张氏《年谱会笺》亦同此说。是也。此点及圣女祠地望并已详前考。分水岭诗题意最明。则此分水岭当在兴元西行经兴凤向散关道上无疑。复按诗云：“水急愁无地，山深故有云，那通极目望，又作断肠分。郑驿来虽及，燕台哭不闻，犹余遗意在，许刻镇南勋！”其时令狐楚薨于兴元，商隐从柩北归，此当起程不久，途逢分水岭，故感慨而作。是此分水岭似不能远过汉水上流。

其二，《全唐诗》九函二册《薛能集》三收能自蜀返京途中诸诗，有《北归留题三学山》、《行次灵龛驿》、《筹笔驿》、《嘉陵驿》（三首）、《西县途中二十韵》、《西县作》、《分水岭望灵宝峰》、《水廉吟》、《褒斜道中》、

《题褒城驿》（二首）等诗。大抵按时次排列，但有误，且恐亦非皆归程所作，所取路线当由剑南至汉水上流，东北至褒城取褒斜道而还。此无疑者。能与商隐北归异道，但亦经分水岭，岭在西县前后。

其三，吴融有《分水岭》诗云：“南随去马通巴栈，北逐归人达渭城。”（《全唐诗》十函七册《融集》三）虽不晓其分水岭以北究取褒斜道抑兴凤道，然岭在秦蜀之交，则亦甚明。

按此三家中，前两家由山南北达秦川之路线不同，第三家所行路线不详，而皆经分水岭，可能为一地，亦可能为两地或三地，然必在秦蜀之交汉水上流则大同也。

检《一统志》汉中府卷山川目飞仙岭条：“分水岭在略阳县东南八十里，岭下水流分东西，因名。”又秦州卷山川目，“分水岭在两当县东十里，一岭而东西两沟”。又《道光略阳县志》一山川目，“分水岭有三：一在接官亭东，距城五十五里。一在沮水铺东，距城一百四十里，与沔县接壤，上立界碑。一在水溢沟西，距城九十八里”。又王士禛《蜀道驿程记》卷上，宁羌州南百牢关之南有分水岭（距州当在五六十里以上）。明清时代，秦蜀接壤地区，地名分水岭之可考者得六地，就中水溢沟西之分水岭方位不详。《略阳志》接官亭东之分水岭与《一统志》飞仙岭条之分水岭甚相近，当即一地。故《统志》附见于飞仙岭条也（前文已明飞仙岭在亭南近处）。是可知者凡有四地。就中两当县地位太北，定非薛能所经，亦非吴融所咏。观玉谿诗意，亦非其诗所指。宁羌南之分水岭地位偏南，薛、吴二人所指虽可能为此处（论详《金牛道篇》），然绝非商隐所经[1]。故商隐所经，惟略阳县东南接官亭东与沮水铺东二者之地望最为近似。且《略阳志》一道路目及《光绪沔县志》一道路目，记略阳至沔县之通道，由略阳东行二十里阁老岭，即登云铺，二十里接官亭，二十里茅坝，二十里煎茶铺，二十里峡口驿，二十里茶店子，过上沮水二十里分水岭，立界石与沔县分界。又二十五里至沔县。《略

[1] 宁羌州南分水岭，不但地位偏南，不可能为商隐所经，且宁羌地区又有百牢关，亦见于《驿程记》。唐百牢关在西县西三十里，而《驿程记》百牢关在宁羌州南，关南为分水岭，去唐之西县更远，疑皆宋末以后地名徙移所致。

阳志》云此为县赴郡大道，《沔志》云此为县赴甘肃、秦、阶大路。是此两分水岭又都在略阳至沔县大道上，商隐所经当为此二者之一似无可疑。

复考《水经注》二〇《漾水注》云：

“沔水出东狼谷，经沮县入汉。《汉中记》曰：嶓冢以东，水皆东流，嶓冢以西，水皆西流。即其地势源流所归，故俗以嶓冢为分水岭。”

此为汉水上源地名分水岭见于今传载籍之最早者。观其地望与《一统志》略阳东南之分水岭似颇相当。故《纪要》五六述此岭云：“或曰即水经注所出狼谷也，沮水出焉。”（略阳县飞仙岭条）

今检《水道提纲》一三，汉水有二源，一由西南出宁羌北稍西九十里之嶓冢山（此今嶓冢）；一由西北出，即沔水，亦即沮水。考《汉地志》：武都郡沮县（今略阳东）“沮水出东狼谷南至沙羡南入江。过郡五，行四千里”。《水经注》二七《沔水经》云，“沔水出武都沮县东狼谷口”。郦《注》：“沔水一名沮水……县亦受名焉。……沔水又东南迳沮水戍而东南流注汉，曰沮口。……《尚书》曰，嶓冢导漾，东流为汉。”《夏本纪》正义引《括地志》，“嶓冢山，水始出山沮洳，故曰沮水东南为漾水，又为沔水，至汉中，为汉水”。是古人以沮水亦即沔水，为汉水之主源也。《禹贡》：嶓冢导漾，东流为汉，当于沮沔求之，如郦《注》。即嶓冢山当在今略阳之东，即唐兴州以东不太远处。然《通典》一七五，汉中郡金牛县“有嶓冢山，禹导漾水至此为汉水，亦曰沔水”。《禹贡锥指》《汉地志补注》皆从此说，已成定论。按唐金牛县，《元和志》《寰宇记》皆云在兴元府西一百八十里（《寰宇记》在褒城县条下），即西县西八十里。而兴州在西县西微北一百五十至一百八十里。是金牛县城距兴州不过百里之遥（此非谓金牛在兴元与兴州线上），谓嶓冢山在金牛县境，形势固无不合。则郦《注》二〇之嶓冢山分水岭当即唐世之嶓冢山也。然《夏本纪》正义引《括地志》：“嶓冢山在梁州金牛县东二十八里。”（据《地理书钞》检）又《元和志》二二金牛县，“嶓冢山，县东二十八里，汉水所出”。

《舆地纪胜》一八三引《元和志》亦同。皆与《括地志》合[1]。是在西县金牛两县间，在西县西约四五十里，地位太偏东南。且《元和志》二二，兴州顺政县（即州治），“沮水出县东北八十二里”。《寰宇记》一三五，顺政县“沔水一名沮水，源出县东北八十二里小谷下”。此述沔水源，与前人所述全合。何以《元和志》金牛县下又云汉水近出西县西四五十里之嶓冢山？是自相乖异。且《一统志》汉中府卷山川目沮水条，引《沔县志》，“水出县北百八十里母猪山，南流经县西三十里至沮口合汉（此汉指发源宁羌之汉水南源而言）”。此即《水经注》之沮口也。是《元和志》嶓冢山之位置恰在沮口之西不远处，其非沮水之源无疑，亦绝非古人所谓导漾之嶓冢也。按古之嶓冢大山，当是一山脉名称，盖自唐兴州之东，申延至西县金牛间，仍有嶓冢之名耳，非只此一峰也。沮水之源既在今略阳东北八十里处，是《水经注》之东狼谷在此。其所称嶓冢分水岭当在县东至东南达金牛县境一带，则略阳东南接官亭东之分水岭正其地。而沮水铺东之分水岭，地太偏东，非其地必矣。由此言之，接官亭东之分水岭早在唐前已见史，唐承之以至于今耳。商隐诗之分水岭当即此地，即为当时驿道所经矣。复考《新》二二五下《黄巢传》：“（王）铎……置关于沮水、七盘、三溪、木皮岭，以遮秦陇。”盖即当沮水路置关防也。按曹操由陈仓、河池进兵击张鲁至阳平关（详后文），当即循沮水而东者。又《水经注》二七《沔水注》：“沔水又东南迳沮水戍，而东南流注汉，曰沮口。”《疏》：“会贞按，《通鉴》，晋宁康元年，梁州刺史杨亮遣子广与秦梁州刺史杨安战，广兵败，沮水诸戍皆委城奔溃。《注》，晋盖阻沮水列戍以备秦，戍在今沔县西北。”是沮水为魏晋以来之通道，唐代承沿之耳。检《水道提纲》一三，沔水有三源，中为沮水，西为浕水，东为丙水，三水俱会于沮水铺南，东南曲曲流八十余里入汉。此沮水铺殆即古沮水戍欤？

[1]《寰宇记》一三三，金牛已废。而三泉县有“嶓冢山，在县东一十八里”。与《括地志》《元和志》皆异。按《通典》，嶓冢山属金牛县。《新志》，宝应元年，省金牛县入西县。而《九域志》，三泉县，乾德五年以县直隶京师。管镇二，其一金牛，在“县东六十里，有嶓冢山”。据《元和志》，金牛县在三泉东北七十里。此云六十里，距离亦略合，是此镇即金牛废县改置者，并由西县度为三泉耳。《寰宇记》或即因此而系于三泉欤？然山亦决不在三泉县东一十里。颇疑《寰宇记》编者，将《元和志》金牛县项下之嶓冢山条直移于三泉县项下，又讹“二”为“一”耳。唐世嶓冢山在金牛县境实无可疑者。

大道又东至西县（今沔县城西近处约 E106° 40′ · N33° 10′），去兴州一百五十里，一云一百八十里。县在汉水北岸，一名白马城；置驿，一名白马驿。

《通典》一七五：汉中郡，“西北到顺政郡二百八十里”。兴州顺政郡条作二百八十七里。而《元和志》二二，兴元府“正西微北至兴州二百五十里”。兴州条，里数同。是较《通典》少三十里或三十七里。检《寰宇记》一三三兴元府卷、一三五兴州卷，各与《通典》全同。而一三三西县条又云，“西北至顺政县一百五十里”。据《元和志》《寰宇记》，西县东至兴元一百里（《元和志》西至府一百里，西字讹），则《寰宇记》又与《元和志》合。今按《一统志》，略阳县即唐之兴州，在汉中府西北二百九十里。而略阳、沔县两志所记距离又为一百五十里，则略阳至汉中又当为二百五十里。古今记录自互乖异，诚难判断，今姑书之如此。

西县　地望，据《元和志》及《九域志》，在兴元府西一百里。《寰宇记》，东至褒城县七十里，褒城至兴元三十三里。检《一统志》汉中府卷，沔县在府西一百十里。而《行水金鉴》七一，“沔县在府西稍北九十里”。是唐宋之西县当距今沔县治所不远。案《一统志》同卷古迹目，西县故城在沔县西。……《明统志》在县西四十里。只云在县西，尚与去府百里之程略相合。若县西四十里，则不合。考《水经·沔水注》：“沔阳县故城……南临汉水，北带通达。……南对定军山……诸葛亮……遗令葬于其山。”检《一统志》汉中府卷古迹目：“沔阳故城在沔县东南。……《寰宇记》，故城在梁州西八十四里，西县东南十六里[1]。……《府志》，在县东十里。”是沔阳故城在今沔县东南约十余里处。又今本《元和志》二二，定军山在西县东六十里。而《一统志》汉中府卷山川目引《元和志》，作西县东南十里。参之《元和志》八阵图、诸葛墓两条及《寰宇记》《舆地纪胜》，今本《元和志》定军山条之“六”为“南”之讹文，山实在唐宋西县东南十余里也。详下文定军山条。综此言之，沔阳故城在唐西县东南十余里，今沔县东十里。定军山在沔阳对岸，在唐西县东南十余里，亦在今沔县东南十余里。则唐宋之西县正当今之沔县，或当即在今城西近处。又按《元和志》、《寰宇记》（褒城县

[1]《行水金鉴》引亦作十六里。今本《寰宇记》作六十里，必无此距离，当是倒误。

条），金牛县在兴元西一百八十里，是在西县西八十里。《一统志》汉中府卷古迹目引《府志》，“金牛故城在沔县西南九十里”。是唐宋西县故城在今沔县西亦决不出十里，此又得一证矣。此地区古城甚多，《明统志》盖误指欤？（可能为古白马城、阳平关，详后文。）又《寰宇记》一三三引《郡县道里记》云：“西县本名白马城，因山以名县，又曰浕口城。”似唐之西县即古白马城。实盖不然，但不碍亦有白马之名，盖古白马城本在此西地区不远（详下文），就近借用，未尝不可。且西县治所亦未尝不可能有迁徙。如《禹贡锥指》：“大业初改置西县，其故城在沔县界，西去唐西县治白马城五里。”不知何据，是曾迁治也。惟《元和志》时代，西县断应在今沔县西近处耳。

西县置驿，一名白马驿，皆见元稹《诗》。《元氏长庆集》一七录使东川诗二十二首，西县驿其一。又一为《汉江上笛》，云：“今夜听时在何处。月明西县驿南楼。”有序云：“二月十五日夜，于西县白马驿南楼闻笛。”是西县驿即白马驿也。又薛逢有《题白马驿》诗云：“晚麦芒乾风似秋，旅人方作蜀门游，家林渐隔梁山远，客路长依汉水流。”又云“强指丰碑哭武侯”（《全唐诗》八函十册）。与此处地理正合。

县西南三十里有百牢关，为开元时代七下关（？）之一。本隋置白马关以黎阳先有白马关，故更名。地在沮口之东，即汉水（沔水）南北两源会流后（南源汉水出宁羌，北源沮水出凤县）之北岸，今土关铺稍西地段。此关自唐初已见冲要，为东西南北交通枢纽，盖地当凤兴道与褒斜道相会入蜀之口，即秦梁南通之总枢纽也。故史称“自京师趣剑南，达淮左，皆由此”。实则亦为由江淮西北出秦陇之捷道。加以山川险峻，为兵家攻守要冲。唐末至宋，西县地位之见重，正以此故。是以唐末五代，蜀于西县置安远军；宋初平蜀，更令西县“申奏公事，直隶朝廷”。此项体制于国史上殊为特出，正以西县百牢关地段，当交通之要冲也。

《六典》卷六《刑部》司门郎中条本注，下关七，百牢其一[1]。此关为南北交通枢纽，盖始显于唐初之《续高僧传》。《续僧传》二五《法琳传》云：

贞观中得罪，“敕徙于益部僧寺。行至百牢关菩提寺，因病而卒。……沙门

[1] 按此关当驿道，当为中关，非下关。待考。

慧序经理所苦……葬于东山之顶，高树白塔，勒铭志之，行路望者，知便泪下。序本雍州武功人，本住京辇，后移梁益。以百牢冲会，四方所归，道俗栖投，往还莫寄，序乃宅寺关口，用接远宾，故行旅赖之，咏歌盈耳”。

按此似为今传史料显示此关冲要之最早记载。至唐中叶，《元和志》二二兴元府西县目述此关云：

“百牢关在县西南三十步，隋置自马关，后以黎阳有白马关，改名百牢关。自京师趣剑南，达淮左，皆由此也。”

按金牛道在百牢关之西南，由兴元或褒斜道入剑南者必经百牢，固不待言。然《元和志》此处所谓“自京师趣剑南达淮左”者，当非指由褒斜道南来而言。盖取褒斜道南来固可由此关入剑门，但东趣淮左，则不须经此关也。前论《通典》所记汉中北至秦川之驿道系指兴凤道而言，元和以后，褒斜始常置驿，详《汉唐褒斜道》篇。《元和志》此条“自京师”南趣之道，实当就散关凤兴道而言，谓由兴州东南行至百牢关，由关或南入剑门至成都，或东经兴元，循汉水至淮左也。是则不但由兴元褒城向西，须经此关入剑南，即凤兴驿道亦东南经此关，然后再折而西南入剑南也。则此关实为蜀口，冲要可知。杜翁《夔州歌十绝句》第一首云：

“白帝高为三峡镇，瞿塘险过百牢关。”亦正以瞿塘为蜀之东门，百牢为蜀之北门也。

关当褒斜两道与凤兴驿道曾合入蜀之口既明之矣。兹续论关之位置。《元和志》云，西县西南三十步。《畿辅丛书本》《岱南阁丛书本》《聚珍丛书本》均同。《隋地志》，汉川郡西县有关官。不言关在县之何处。《通典》一七五汉中郡西县，“隋置关，在县西南。今名百牢关”。又《寰宇记》一三三西县，“百牢关在县西南。隋开皇中置，以蜀路险，号曰百牢关。一云在百牢谷”。《新志》亦只云在西县西南。是在县西南无异说。而《舆地纪胜》一八三兴元府《景物》下：“百牢关在西县三十里。”《方舆胜览》六六兴元府亦作三十里，与《纪胜》同。检《一统志》汉中卷关隘目引《元和志》《舆地纪胜》，亦分别与今本相同。是《元和志》各本均作三十步，而《纪胜》《胜览》则作三十里也。

此一问题，余经过长时间反复研究，仍以“三十里”为正，《元和志》“步”

为“里”之讹，下文稍详论之。

本篇首段考玄宗由蜀返京取道兴凤两州，引常衮《为李采访请驾留金牛一日表》，判定玄宗北返途程，经三泉、金牛两县，不经西县。其金牛北至兴州，固尚有由金牛直北取陈平路至兴州之捷径，但其道深入丛山，至今仍称“盘折高险，尚有未辟老林”，自非大道，此详《金牛道》篇。玄宗以太上皇年老优游之身份，断不至冒小径山险，故必取大路驿道，应无可疑。大道必经百牢关，若关在西县西南三十步，是玄宗必经西县矣。李采访当请其驾留西县一日，得“暂奉宸居”，不应请其驾留离郡更远，更为穷僻，又非境内最后一县之金牛一日矣。此为百牢关与西县必有一段距离之明证，故“三十里”之说，于理为长。若为“三十步”，则即在郭下，《元和志》亦殊少如此详细记程者，故今《志》文“步”必“里”之讹误也。

检《光绪沔县志》卷一山水目，汉水出宁羌州，东流经大安驿，青羊驿，又东至沮水铺，会于沮，即沔水也，以下沔汉通称。沮水铺在水北，即《水经注》之沮口，在县西三十里。汉水又东过北流之龙王沟水，在水南，在县南（观前后文意，当作西南）二十里（按此谓汉水东流，龙王沟水自南来会，会口在县西南二十里也）。“此去二里许经土关铺之南，汉水受诸水之势，为之一束。”土关铺“即古百牢关”。汉水“又东过北流之桑园沟水，在水南，在县西南十五里。……此下汉流峡中，两壁山相对不断，俗有十八罗汉山之名”。汉水又东至县城西南，过南流之白马河（按即《水经注》之浕水），在城西三十步。又检视卷首之《沔县疆域图》，土关铺在汉水北岸沮水口、白马水口之间。复考《三省边防备览》二《道路考》上，沔县西南行十五里至土关铺，又二十五里至下沮水，又二十里至青羊驿，又三十里至大安驿，凡九十里皆坦途。疑古百牢关在今土关铺之西，近沮水口处，今土关之名虽本之于古百牢关，但距古关仍有一小段距离也。据上所考，百牢关在西县之西三十里，可无问题。然考《续通鉴长编》五述王全斌伐蜀事云：

“全斌遂取兴州……（兴州）刺史蓝思绾退保西县。全斌又攻石图鱼关白水阁二十余寨皆拔之。……蜀招讨使韩保正闻兴州破，遂弃山南，退保西县。马军都指挥使史延德以先锋至，保正懦惧不敢出，遣兵数万人依山背城结阵自固，延德击走之，追擒保正及其副李进，获粮三十余万斛[1]，崔彦进与马军都监康延泽等逐北过三泉，遂至嘉川。”（参看《宋史》二五五《王全斌传》）

此条明示西县当兴元入蜀道，亦当兴州入蜀道。故兴州刺史蓝思绾退守西县，兴元节度使韩保正亦退守西县，盖图扼守道口，北可抵御宋师，南可退入剑南也。此则似为西县当秦梁两路入蜀道口之强证。前引《元统志》云，宋太平兴国五年以前，兴州入蜀大道经西县，诚不误。蜀人特置安远军者，正以此耳。《寰宇记》一三三，西县“本属兴元府，皇朝平蜀后，以此县当要冲，申奏公事，直属朝廷”。盖亦以其当兴元与凤兴两道会合入蜀之口，故特收为直隶县欤?

前云百牢关当入蜀道口。此又云西县当入蜀道口，而相距三十里，得无不合?按两地相去不远，就军事言，关据险设防，县寻坦地为治，关为防御前哨，其基地支援则在西县。用兵与行旅不同，行旅者可由兴州（今略阳）东南行过百牢关即折西南行入金牛道。用兵不但要攻下关城，且必须进一步取得西县，始能无后顾之忧。故就用兵言，仍以西县为重心，史言西县，即包括关城矣。是以此类证据仍不足难三十里之论定也[2]。

自关向西南行五十里，中经嶓冢山至金牛县，即入蜀大道也。自百牢东西至嶓冢间六十里，两壁山对立不断，汉水中流，道出其间，依山临水，至为险峻，此蜀口之形势也。

杜甫《夔州》诗：“瞿塘险过百牢关。”《镜铨》一三引《图经》云：“孔明所建，两壁山相对六十里不断，汉江水流其间，乃入金牛益昌路也。”按关在西县西三十里，县至金牛八十里，嶓冢山在金牛县东二十八里，皆见前引《元和志》

[1]《本注》：“《九国志》言，保正弃兴元保西县，王师进攻西县，遂擒保正。《十国纪年》，并《实录》载保正被擒处则三泉也。《国史》保正《进传》与《九国志》同，今从之。”今按《宋史·王全斌传》：“先锋史延德进军三泉，败蜀军数万，擒招讨使保正副使李进。……既而崔彦进康延泽等逐蜀军过三泉，遂至嘉陵。”则擒保正盖在破西县之后，占领三泉之前，故史书两歧。

[2] 黄盛璋《历史地理论集》中有《阳平关及其演变》一文。据元稹《百牢关》“嘉陵江上万座山，何事临江一破颜，自笑只缘任敬仲，等闲身度百牢关”之诗句，推记唐代后期关已西移近嘉陵江。此乃迂执诗文之过，不是深论，读古人诗文固不能如此执着也；但若有其他证据，自当别论。

《括地志》，并参《金牛成都道》篇。则所谓六十里不断者似即指关至嶓冢山之一段途程而言耳？然检《沔县志》一水目，汉水“经土关铺（本注，即古百牢关。）之南，汉水受诸水之势，为之一束”。又云“此下汉流峡中，两壁山相对不断，俗有十八罗汉山之名。《寰宇记》所谓百牢谷也”。又道路目，沔县“正西栈道十五里至土关铺，又十五里至沮水铺”。今尚为栈道，古代可知，则百牢关之下游已是峡谷，有栈阁，则两山对立之形势不限于关之上游至嶓冢山一段也。

关防冲要如此，故常见于诗人之吟咏。

见于唐人诗篇者有元稹《百牢关》两首（不同时，《元长庆集》一六、一七各一首）。其一云：“那堪七年内，五度百牢关。”又有李商隐《饯席重送从叔余之梓州》：“武关犹怅望，何况百牢关。”（《全唐诗》八函九册《商隐集》三）武元衡有诗题为：“元和癸巳余领蜀之七年奉诏征还一月二十八日清明途经百牢关因题石门洞。”观元氏诗尤见为必经之地。

百牢关地区有古城，曰白马城，一曰浕口城，一曰阳平关，故西县城、百牢关皆有白马之名。

按《水经注》二七《沔水注》云：

“沔水一名沮水。……水出河池县，东南流入沮县，会于沔。沔水又东南迳沮水戍，而东南流注汉，曰沮口，所谓沔汉者也。……沔水（即汉水）又东经白马戍南，浕水入焉。水北发武都氐中，南迳张鲁城东。……初平中，刘焉以鲁为督义司马，住汉中，断绝谷道，用远城治，因即崤岭周回五里，东临睿谷，杳然百寻，西北二面连峰接崖，莫究其极，从南为盘道，登陟二里有余。浕水又南迳张鲁治东。水西山上有张天师堂，于今民事之。庾仲雍谓，山为白马塞，堂为张鲁治，东对自马城（即戍城），一名阳平关。浕水南流入沔，谓之浕口。其城（按即白马城）西带浕水，南面沔川，城侧二水之交，故亦曰浕口城矣。沔水又东迳武侯垒南，诸葛武侯所居也。南枕沔水，水南有亮垒，背山向水。中有小城，回隔难解。沔水又东迳沔阳县故城南……其城南临汉水，北带通达，南面崩水三分之一。……南对定军山。……沔水又东迳西乐城北，城在山上，周三十里，甚险固。城侧有谷谓之容裘谷，道通益州。”

此段描述沔阳故城东西形势甚详，而县西之阳平关、白马城与张鲁城最为险要。按张鲁据阳平关以阻曹兵，见后引《三国魏志·太祖纪》建安二年（吕按：应是建安二十年）条，其后刘备据之以败曹兵。《玉海》二四：“《文选·晋纪论》，三关电扫。注：《吴志》，贺劭曰刘氏据三关之险。张莹《汉南记》曰，蜀有阳平关、江关、白水关，此为三关。”是阳平关为汉末以来之重镇。《魏书·地形志》，梁州华阳郡沔阳县有白马城。此城在南北朝世极重要，故《魏书》屡见。如卷一〇一《氐传》，杨难当据武都，称藩于刘义隆。义隆以萧思话为梁州刺史，未至。难当举兵，“袭梁州，破白马，遂有汉中之地”。又卷七一《夏侯道迁传》，为萧衍梁州长史带汉中郡守，叛附于魏，衍白马戍主尹天宝引兵围道迁于南郑，赖武兴氐军，乘虚蹑后，得败天宝。事又见卷六五《邢峦传》云，道迁内附，“白马以西犹未归顺”。据《氐传》，峦遂因衅，灭武兴，以为武兴镇。又卷七一《淳于诞传》：“孝昌初……诞行华阳郡，带白马戍。”凡此皆足见白马城戍当武兴（即唐之兴州）汉中中道之要。浕口见《通鉴》晋义熙三年条，云氐王杨盛遣军临浕口（此条据熊会贞引）。而据郦《注》，此阳平、白马、浕口三名者实为一地，今据郦《注》作图如次：

又《寰宇记》一三三西县目云：

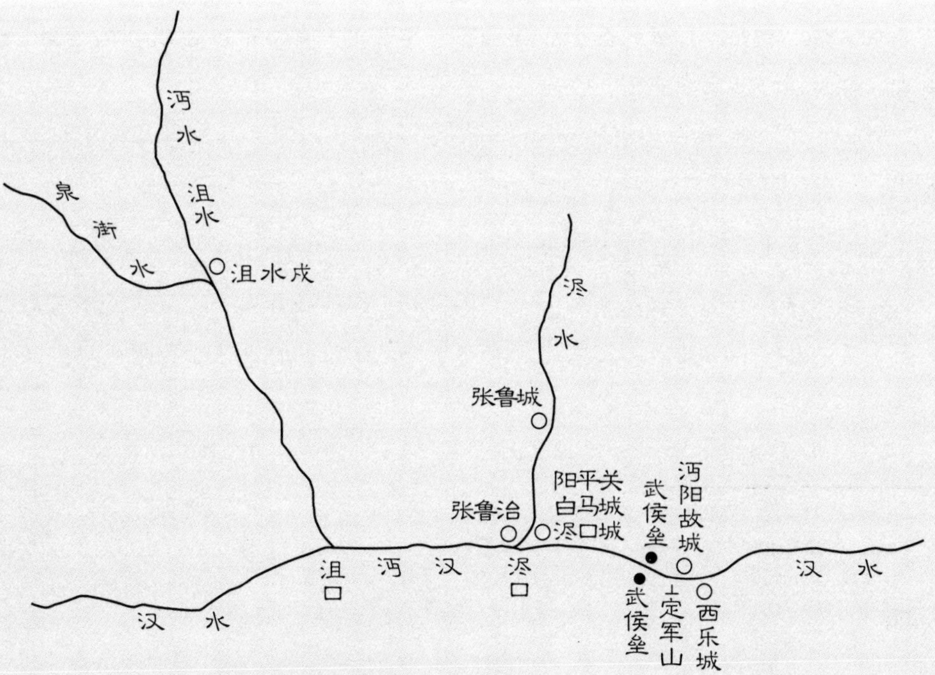

“《郡县道里记》云：西县本名白马城，因山以名县。又曰沔口城，即宋于此城偏立华阳郡，《周城（地）图记》云：后魏宣武帝正始中分沔阳县地置嶓冢县，属华阳郡。开皇三年罢郡，置白马镇于古诸葛城，县理不改。大业二年，改嶓冢县为西县，以县西南有诸葛所立西乐城，旧名张鲁城，理于此。”

“白马山。《汉水记》云，西县有白马山。又《张衡家传》云：衡于沔口升仙，时乘白马，后人遥望山中往往有白马，因而以为名。”

“沔水源出县北四十五里独石谷，南流经县西二百步，南注汉水。”

“西乐城古城甚险，因号为张鲁城，在县西十里。”

此数条亦述西县及县西形势。据此，唐宋西县即古白马城，在沔水口东岸。检《一统志》汉中卷山川目沔水条，“《府志》有龙门沟在县北一里，东有卧龙山，西有烽燧山，其中如门，故名。又云，白马河在县西三十步，出龙门沟，南人汉水[1]即沔水也”。则唐西县即在今沔县，亦即白马城一名沔口城一名阳平关之故址也。然《水经注》上段似颇有错误。据此《注》，汉水北源沮水与南源会合处为沮口，再向东流至沔阳西之武侯垒以西地区。沔水北发武都氐中，南流来会，谓之沔口，口东即白马城。水既发源武都氐中，当甚长。以今地按之，沮口以东至沔县三十里间，无大水南流入汉水，《一统志》汉中卷山川目沔水条无以为释，乃引《府志》，以今沔县北之小水龙门沟释之。前引《寰宇记》所称沔水长度亦仅四十余里。盖唐西县今沔县地区，实无相当之水以应之也。检《续行水金鉴》一四九引《皇朝通志》云：

“汉水……源出宁羌州北之嶓冢山……经沔县西南，有沔水合沔水沮水来会。”

又《水道提纲》一三汉水目云：

“汉水源出宁羌州北之嶓冢山……东北流，经沔县西南境，有大安水自西北来会，又东北经青阳铺南，又东北，有沔水会沔水沮水自北来会，曰沔口。又东

[1]《图书集成·职方典》卷五百二十九汉中府卷引《沔县志》，“白马水在县西三十里，出龙门沟，南入汉水”。又有“步”“里”之异。

经县城南。”

本注云：

“沔水上源有三，一曰涳水，出西北山，东南流经峡口北，又东南流。一曰上沮水，出北山，南流经沮水铺西南。一曰丙水，自东北山西南流至铺南。三水俱会，又东南曲曲流八十余里入汉。”

是则沮涳各为汉水南北两源中北源沔水之一上源，会合于沮水铺（盖古之沮水戍）是为沔水，东南流八十里至与汉水南源相会处，称为涳口。此种形势明此涳口即《水经注》之沮口，又前引《沔县志》，沮口在县西三十里。而《行水金鉴》七一亦云“涳水在沔县西三十里”。是涳口即沮口至明。盖沮涳会为沔水后，三名皆得通称耳。涳水之源既在沮水铺西北，故郦《注》云出武都氐中为不谬。然郦《注》所谓涳水口则无可位置矣。兹据《皇朝通志》及《水道提纲》，参之前引《一统志》涳水条，作图如次：

此图与前图显不相合。即就此图论，涳水即沮水、沔水之互名，入汉之口亦

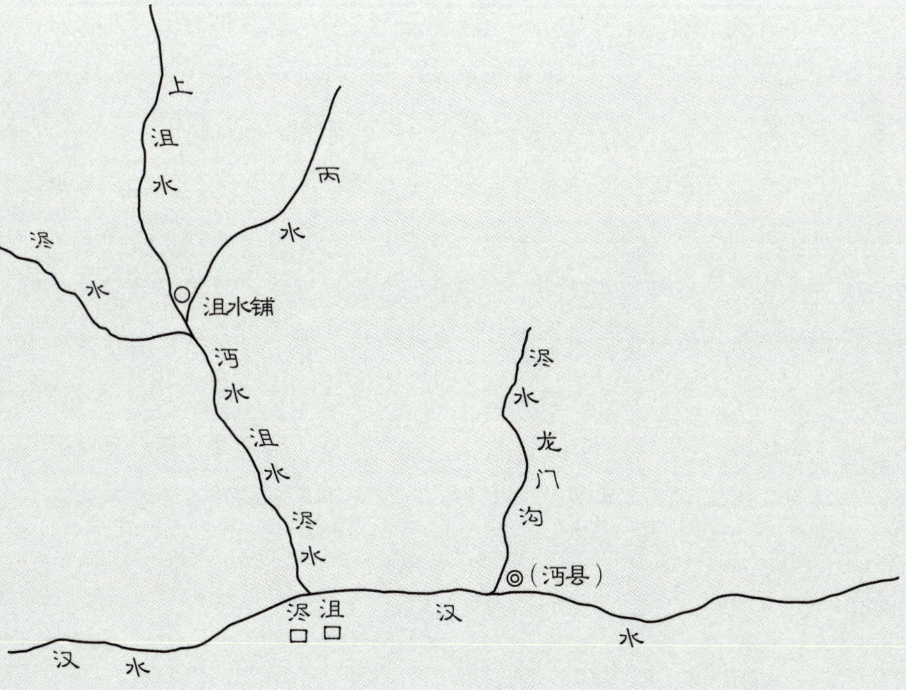

兼沔口沮口两名。而龙门沟亦被拟为沔水。其歧纷如此。前引《寰宇记》引《郡县道里记》，西县本名白马城，又曰沔口城。宋白从之（《通鉴》二五六，光启二年条胡注引）。若今之龙门沟果为古沔水。则此说是也。唐西县既即古白马城、沔口城，则张鲁城当在其北。而《通典》一七五汉中郡西县条云：

"关城，俗名张鲁城，在县西四十里。"（《元和志》，"关城"作"故关城"，又作"三十八里"。但列于金牛县目下，误。《玉海》二十四"故关城今在梁州金牛县西"。从《元和志》之误也。《寰宇记》，张鲁城在县西十里，盖脱"四"字。）

据此，张鲁城当在今沔县西四十余里，即当在今沔口（即沮口）西北十余里处，不在今龙门沟水上流也（如在沟水上流四十里，是在县北）。且关城亦屡见《魏书》。《魏书》六五《邢峦传》，夏侯道迁以汉中内附，诏峦为梁汉都督。"峦至汉中，白马以西犹未归顺。"峦遣将击之，"军锋所临，贼皆类附。……乘胜追奔至关城之下，城降。萧衍辅国将军任僧幼等三十余将率南安、广长、东洛、大寒、武始、除口、平溪、桶口诸郡之民七千余户相继而至"。又卷七四《傅竖眼传》："武兴氐杨集义反叛……攻围关城，梁州刺史邢峦遣竖眼讨之……频破走之，乘胜追北，仍克武兴。"足见关城当武兴汉中间之要道，在白马之西，不在今沔县之北，《通鉴》之说是也。张鲁城即关城，即在今沮口（即沔口）西北十余里。则郦《注》所谓白马城、阳平关、沔口城三名一地者即在汉水南北两源汇合处之沮口（即沔口），不在今龙门沟入汉处也。曹操伐鲁，自西北武都氐中来，此处固可为曹公兵路之口，张氏兄弟筑城拒守（详篇末引《魏志·太祖纪》建安二十年条），正当此时。其后遂为武兴、汉中间之军事要冲也。疑沮沔两水自古即为一水之互称（或如今日上源各为一水，汇合后可互称）。郦《注》误分为二。其所称沔口实即今之沔口，亦称沮口者，以其误分为沮沔两口为二地，后人不得已乃举沔县西郊龙门沟小水以实之耳。白马城、沔口城、阳平关三名一地既在今沔口即沮口处，前举《一统志》引《明统志》云，唐西县在今沔县西四十里者，盖亦误指此诸古城而言耳。总之，古白马城、阳平关当在今沔口一名沮口处，即唐西县西三十里百牢关处；否则，即在今沔县西数里唐西县城地区；可疑距离不过三十里耳。

《通鉴》六七建安二十年条胡注："或曰阳平关即今兴元百牢关，是也。"按此谓汉末蜀汉之阳平关也。《水经注疏》："《文选》于令升《晋纪总论注》引张莹《汉南记》蜀有阳平、江关、白水，此名三关。"谓阳平扼蜀口也。胡氏之说盖得其实。百牢关在西县西三十里，即当沮口也。

白马城，有捷道北通回车戍。唐世有所谓桑林道者，盖即此道之北段欤。有此捷径，盖亦增重西县与百牢关在交通军事上之地位。

《元和志》二二凤州梁泉县：

"回车戍在县西北六十里。梁太清五年，西魏遣雍州刺史达奚武为大都督及行台杨宽率众七万，由陈仓路，取回车戍，入斜谷关，出白马道，谓此也。"

按此云"出白马道"，必南至白马城。县"西北"当作"西南"或"东南"，详《汉唐褒斜道》篇第二节。至唐末熹宗光启二年，西幸兴元，以褒谷栈道为石君涉所烧，乃改由"他道"至西县，达兴元。当亦此道欤？详《褒斜道》篇第四节。张鲁所以沿涢水筑张鲁城，又筑白马城者，盖亦以当捷径之冲欤？

复考《太平广记》二三八文处子条云：

"有处子姓文，居汉中，……以烧炼为业，但留意于炉火者咸为所欺。……文遂夜遁，欲向西取桑林路，东趋斜谷以脱其身，出门便为猛虎所逐，不得西去，遂北入王子山……及晓……擒之。"

按《一统志》汉中府卷山川目："王子山在南郑县北，接褒城县界。"桑林当在西。又考《通鉴》二七九，后唐清泰元年条云：

"兴州刺史刘遂清……闻帝入洛。乃悉集三泉、西县、金牛、桑林戍兵以归。自散关以南，城镇悉弃之，皆为蜀人所有。"

据此，桑林又当在西县以北，兴县以东地区，正即白马通回车道地带矣。然《纪要》五六沔县白崖条云：

"百丈坡在县东北二十里。《舆程记》，由凤县南百里桑平铺而入，至此而出，路长二百里，为古陈仓道。汉高祖出故道袭陈仓，盖由此。今荒塞。"（《一统志》汉中卷山川目百丈城条略同）

按汉祖出“故道”，当为唐之凤兴道，附论于本文之后，非此道也。然此地有古道当为事实。《一统志》度水条云：“《水经注》，度水出阳平北山……南迳阳平县故城东。又南迳沔阳县故城东，而南流注于汉水。《府志》有旧州河在县东二十五里，源出百丈坡南流入汉。按元沔州治铎水县，县以铎水得名，铎度声相近，是度水即铎水亦即旧州河也。”是则此道北端起凤县南百里之桑平铺，南端至百丈坡，盖循度水，至今沔县东二十余里处为出口。桑平铺当在回车戍之南或东南。则此道与白马道之南口虽有数十里之距离，而北端盖实一道，至少极相近，后代所谓桑平者，盖即唐之桑林欤？是一间道也。文处子欲由汉中向西，取桑林道东趋斜谷者，盖即欲迂回此道，以避追捕耳。

由西县向东即为本文所考驿道。由县东行中经定军山、八阵图故迹北，凡三十里至铎水入汉处，有间道盖西北至桑林戍，与白马道会通凤州回车戍。水口盖置驿，北宋置驿水镇。

《元和志》二二兴元府西县，“八阵图在县东南十里，诸葛亮叠细石为图。诸葛亮墓在县东南八里，亮卒，遗命葬汉中定军山。贞观十一年敕禁樵采。定军山在县东六十里”。而《一统志》汉中府卷山川目引《元和志》，山在县“东南十里”。检《寰宇记》一三三，武侯冢在西县东南一十里，《舆地纪胜》一八三，定军山在西县南十余里。按既言亮遗命葬定军山，则墓与山不应相去太远，疑“六十”乃“南十”之讹。检《光绪沔县志》一，定军山在县东南十里，上则两峰对峙，下则河流环绕，中容万军。……山下则武侯墓在焉。相传八阵图亦在山北麓。则“六十”必误无疑。按《沔水注》已云八阵图“遗基略在，崩褫难识”。

《九域志》八兴元府西县有铎水镇。《一统志》汉中府卷古迹目：“铎水故城在沔县东。……《元统志》，沔州治铎水县，本西县旧镇，戊午年……改镇为县。至元二十年……移沔州来治。县东至兴元府七十里……东北至褒城县六十里。”是北宋西县铎水县在县东三十里也。又据前条引《一统志》山川目度水条，铎水即古度水，在沔县东二十五里。是镇在汉水北铎水入汉处。惟唐作铎水抑作度水，尚待考耳。就里距而言，铎水入汉处正在唐之西县东约三十里处，当置驿，正即北宋铎水镇地矣。

间道通凤州，说详前条。

又东十余里至黄沙水口，有女郎祠，在汉水南岸，为此区名胜。

《隋地志》，褒城县有女郎山。王维《送杨长史赴果州》(《全唐诗》二函八册)："褒斜不容幰，之子去何之？鸟道一千里，猿声十二时。官桥祭酒客，山木女郎祠。"足见女郎祠在褒斜入蜀道中，或距道不远，为当时名胜。考《水经注》二七《沔水注》："汉水又左得度水口……又东，黄沙水左注之。水北出远山，山谷邃险……水侧有黄沙屯，诸葛亮所开也。其水南注汉。水南有女郎山，山上有女郎冢……山上直路下出，不生草木，世人谓之女郎道。下有女郎庙，及捣衣石，言张鲁女也。有小水北流入汉，谓之女郎水。"又《魏书·地形志》，梁州华阳郡沔阳县有白马城、黄沙城。《一统志》汉中府卷山川目，"舆地纪胜，西县有青羊峡，黄沙水所出。《府志》，黄沙河在县东四十里，源出云蒙山"。则自北朝至今，皆名黄沙，在今沔县东四十里，即唐之西县东亦约四十里也。据郦《注》，女郎山即当黄沙水入汉处之汉水南岸。《一统志》，"在褒城县西南"是也。

又东至褒城县（今褒城县南十里打钟坝），距西县约七十里。有褒城驿，甚宏大。

《寰宇记》一三三，褒城县在兴元府西三十三里，西县东至兴元府褒城县七十里，是也。《元和志》二二，西县："西至府一百里。"西为东之讹。褒城县"东至府三百三十里"。盖三十三里之讹，或三十里之衍。则西县至褒城七十里或不足七十里。唐褒城位置，及褒城驿情形，已详《褒斜道篇》。

由县驿北出褒斜道至秦川。由县驿东渡褒水循汉水北岸三十三里至兴元府，有汉川驿。

出褒斜至秦川，已详《褒斜道》篇。褒城至兴元里距详前引《寰宇记》《元和志》。《元长庆集》一七使东川诸诗，其《梁州梦》，《本注》云："是夜宿汉川驿，梦……游曲江……倏然而寤。"则兴元驿名汉川。

综上所考，此线驿路所经，由凤翔府（扶风郡）向西南行至宝鸡县，渡渭水，入散关，略循故道水，经凤州治所梁泉县、两当县、河池县、青泥岭、长举县，至兴州治所之顺政县，又经兴城关，折而东南，经分水岭，渡沮水至百牢关，又东循汉水北岸，经西县、褒城县，至兴元府（汉中郡、梁州）治所之南郑县，全程约九百一十里或有零。开元时代，上关六，中关一十三，下关七，此道不满千里，竟各居其一，亦见其重要性。盖因此道驿程，较褒斜新道为平坦欤？

《宋会要·方域》一〇之三："神宗熙宁十年……成都府路提刑司言，旧路（指此文所考者）自凤州入两当至金牛驿十程，计四百九里，阁道平坦。……若新路自凤州，由白涧自金牛驿（此指唐褒斜新道）计三百八十五里，虽减两驿，比旧路只少二十四里。随山崎岖，登陟甚难……。"比较两路地势，当唐世已然。

稽之前史，曹操征张鲁即循此道。

《三国志·魏书·武帝纪》，建安二十年条：

"三月，公西征张鲁，至陈仓。……四月，公自陈仓出散关，至河池。氐王窦茂众万余人，恃险不服。五月，公攻屠之。……秋七月，公至阳平。张鲁使弟卫，与将杨昂等据阳平关，横山筑城十余里，攻之不下。……公乃……乘险夜袭，大破之……鲁溃奔巴中，公军入南郑。"

按东汉河池县在今甘肃徽县西。阳平关之地望，当在今沔县西三十里之沮口，一名浕口处，或即在沔县不远，已详前考。是曹操进兵路线，自陈仓入散关，向西南，经今徽县，又东南经今沔县至南郑也。亦即唐之散关、凤、兴、西县道无疑矣。

殆亦即汉高祖出陈仓之"故道"欤？

《史记·高祖本纪》："八月，汉王用韩信之计，从故道还袭雍王章邯。邯迎击汉陈仓，雍兵败还走。……汉王遂定雍地，东至咸阳。"《集解》："《地理志》，武都有故道川。"《考证》："故道原非地名，盖是旧有秦蜀相通之道，而栈道张良所烧者为今道。今道已烧残不通，故从故道而往也，后世因为县名耳。"所论似为正。然其道究何所指？

考张良教高祖烧绝郿褒间之褒斜道，而今褒城凤县间之连云道又为北魏所开之回车道，已详《汉唐褒斜道》篇，皆非此所谓故道也。又前引《纪要》五六汉中府沔县白崖条云："百丈坡在县东北二十里。《舆程记》，由凤县南百里桑平铺而入，至此而出，路长二百里，为古陈仓道。汉高祖出故道袭陈仓，盖由此。今荒塞。”《一统志》汉中府卷山川目百丈坡条略同，惟无高祖一句。按此为凤县南通白马城与铎水口之间道，前白马城条以详论之，道当隘小，恐亦非高祖所出之故道也。按《汉志》有故道县，在今凤县西北接甘肃两当县境（《一统志》汉中卷）。又有故道水，始见于郦《注》。《水经注》二〇云：

“浊水又东南，两当水注之。水出陈仓县之大散岭，西南流入故道川，谓之故道水，西南迳故道城之东……又西南历广香交……又西南入秦冈山，尚婆水注之。……水源北出利乔山……历两当县之尚婆城南，魏故道郡治也。西南至秦冈山入故道水。……故道水南入东益州之广业郡界……又西南注于浊水。浊水南迳盘头郡东，又南注入汉水。”

《元和志》二二凤州节亦云：

“故道水出陈仓县之大散岭，西南流入故道川，今州理即故道川也。”

“河池县东至州一百七十里。……故道水经县城西。”

是则故道水系今嘉陵江之东源，由大散岭向西南流经凤县、两当、徽县至略阳者。唐之散关凤兴道正即循此水，故疑汉祖出故道即唐世此道也。复考《华阳国志》三《蜀志》：“丛帝（开明）生卢帝。卢帝攻秦至雍。”雍在唐之凤翔，疑亦循此道。盖战国以前此道已通，后褒斜道建成，此道雍废，遂称“故道”欤？

参看图2

一九六七年三月十八日初稿，四经增订，刊《新亚学报》第八卷二期。

一九八三年十一月十五日改定。一九八五年九月一日三校定稿。

金牛成都驿道

《方舆纪要》卷五六云：“金牛道今之南栈，自沔县而西南至四川剑州之大剑关口，皆谓之金牛道，即秦惠王入蜀之路也。自秦以后，由汉中至蜀者必取途于此，所谓蜀之喉嗌也。锺会下关城趋剑阁即是道也。历南北战争以迄金元角逐，蜀中有难，则金牛数百里间皆为战场。……由金牛而南至朝天岭，岭地最高。由岭而西，自剑阁趋绵、汉，以达于成都。由岭而南，则自保宁趋潼川，以达于成都。保宁迂，而剑阁捷，故剑阁最为要冲。”按此节叙述最为简要。此道开通甚早；然其行程，盖至唐始能详考如下文。

唐世入蜀，或由汉中向西南，或由兴州向东南，皆经金牛，为入蜀咽喉。由金牛西南经三泉、利州、剑州、绵州、汉州，至成都。就君主行幸言，玄宗入蜀，由褒斜道转金牛，循此道而南。僖宗入蜀，由骆谷道至兴元，循此道南行。五代蜀主北巡秦州，则循汉、绵而北，亦此道也。

《旧·玄宗纪》述其入蜀路程，先向西至扶风郡，然后南行经陈仓县，大散关，河池郡（凤州），益昌县，渡吉柏江，经普安郡（剑州），巴西郡（绵州），至成都。《通鉴》二一八略同。其河池益昌间系取褒斜道，已详《汉唐褒斜道》篇。

僖宗入蜀，取骆谷道至兴元。《通鉴》二五四，已明述之。又云：“中和元年春正月，车驾发兴元。……辛未，上至绵州（《旧》一七九《萧遘传》，亦云车驾次绵州）。东川节度使杨师立谒见。……郑畋……遣其子凝绩诣行在，凝绩追及上于汉州。丁未，车驾至成都。”是由兴元经绵州、汉州至成都也。东川治梓州（今三台），在绵州（今绵阳）之南一百六十八里（胡注），杨师立来绵谒见，尤为僖宗非取南道经阆梓之铁证。

又《通鉴》二七三，同光三年，蜀主发成都，欲巡秦州，途经汉州至利州。“从驾兵自绵汉至深渡千里相属”。按《广记》二四一王承休条，此出《王氏闻见录》。《闻见录》又述王衍行程，出成都经汉州，上梓橦山，经剑州、剑门、白卫岭，至利州。是亦经汉、绵、剑州，至利州，即北道也。

就用军路线言，后唐伐前蜀，宋初伐后蜀，亦皆由兴州南下循此道。

后唐伐前蜀路线，取散关兴州道，已详见《〈通典〉所记汉中通秦川驿道》篇。其兴州以南，取道三泉，经利州、剑州、绵州、汉州，至成都。参见《旧五代史》三《唐庄宗纪》、同书五一《魏王继岌传》、同书七四《康延孝传》，《新五代史》一四《唐家人传》及《通鉴》二七三。

宋初灭后蜀路线，与后唐伐蜀同，《宋史》二五五《王全斌传》述之甚详，容后详考驿程时引述之。

至于前代用兵，如张仪伐蜀，锺会伐蜀，皆略循此道，然其详不悉。北朝末期，关中政权两次用兵伐蜀。其一，《周书》二一《尉迟迥传》云：

“伐蜀，以魏废帝二年春，自散关由固道，出白马，趣晋寿，开平林旧道，前军临剑阁，（萧）纪安州（唐剑州）刺史乐广以州先降。纪梁州刺史杨乾运时镇潼州（唐绵州），又降。六月，迥至潼州。”遂下成都。

其二，《隋书》三七《梁睿传》云：

“代王谦为益州总管。行至汉州，而谦反，遣兵攻始州（唐剑州），睿不得进。高祖命睿为行军元帅……讨之。时谦遣开府李三王等守通谷（唐金牛县），睿……破之……进至龙门……破之。……谦将敬豪守剑阁，梁岩拒平林，并惧而来降……睿进逼成都。”

此二事皆循此道，与后考此道之行程几绝无稍异处。而尉迟迥伐蜀，由固道经白马，更为唐世百牢关当凤兴入剑南大驿道之强证，所谓陈平道（详后考）盖捷径耳。

唯高崇文伐刘辟，由兴元而南取阆州、梓州道，经德阳至汉州，入成都。然兴元节度使严砺一军仍取剑州、绵州道，与崇文会于汉州。是南北两路并进耳，非单取阆、梓也。

高崇文由兴元引兵出阆州趣梓州，经德阳、汉州之路线，《通鉴》二三七元和元年条述之甚详。但同卷又云正月戊子，命高崇文李元弈“与山南西道节度使严砺同讨辟。……二月，严砺拔剑州。斩其刺史文德昭”。三月，“高崇文引兵自阆州趣梓州”。则严砺先已取剑州道，崇文后取阆州道也。下文又云：五月，“高崇文破刘辟于德阳……又破之于汉州。严砺遣其将严秦破辟众万余人于绵州石碑谷”（胡注：“《九域志》，汉州绵竹县有石碑镇。意州字盖竹字之误也。”）。九月，“高崇文又败刘辟之众于鹿头关，严秦败刘辟之众于神泉”。胡注：“神泉……唐属绵州。《九域志》。在州西北八十五里。”是严砺一军在北，沿剑绵线而进，崇文一军在南，沿阆梓线而进，同会汉州。南北并进，非单线进军也。

然则，唐世利州以南虽南北两道并行，至汉州会合；然主干仍在径捷之北道，即利、剑、绵、汉道，是以见于诗文之驿名亦较多。今自北而南考其驿程如次：

此道北以金牛县为道口咽喉，故称金牛道。

详情见后文考证。《会要》八六关市条“宝应元年九月敕，骆谷、金牛、子午等路，往来行客所将随身器仗等”云云。又胡曾《金牛驿》诗云：“五丁不凿金牛路，秦惠何由得并吞。”（《全唐诗》十函二册）是入蜀一道，至少其北段，以金牛为称也。而《通典》一七六，利州益昌县有“古剑阁道，秦使司马错伐蜀所由，为（谓）之石牛道”。此又一说矣。

金牛县，唐初武德二年分绵谷县之通谷镇置，取秦石牛出金故事为名。开元十八年东移四十里，置于白土店，在西县之西八十里，嘉陵江东三十里，南邻东汉水，西邻陈平水，约今大安驿地。故此县地当秦、梁入蜀之道口，道有金牛之名，自亦久为入蜀大道所经也。

《元和志》二二《兴元府·金牛县》，“东至府一百八十里。本汉葭萌县地，东晋孝武帝分置绵谷县。武德二年分绵谷县通谷镇置金牛县”。“嘉陵江经县西，去县三十里”。《寰宇记》一三二《兴元府》褒城县末附废金牛县云“县在州西一百八十里”。下文云云皆与《元和志》同。又云“唐开元十八年，按察使韩朝宋（宗？）自县西四十里故县移在白土店置，即今县是。南临东汉水（汉水南源），西临陈平水”。可补《元和志》。按西县在府西百里，约今沔县，已详《汉中通秦川驿道》篇。是开元金牛县在今沔县西八十里，汉水上源之北岸。《纪要》五六汉中府宁羌州，云在宁羌东北七十里。方向里距正相当。检《一统志》汉中府卷关隘目，“大安驿在沔县西南九十里，本名金牛驿，明初置。……南九十里达宁羌州柏林驿”。“柏林驿在宁羌州治北”。此金牛殆即唐之金牛县、金牛驿故地也。金牛县为入蜀道口，故有是名，原名通谷镇，亦见此意。考《隋书》三七《梁睿传》云，“高祖总百揆，代王谦为益州总管，行至汉州而谦反。……高祖命睿……讨之。时谦遣开府李三王等守通谷，睿……击破之……进至龙门”。谦遣大军拒守，睿复破之。剑阁、平林皆来降。是北朝末期之通谷镇即唐初金牛县者，久为入蜀大道所经之一著例也。

宝历元年，县省入西县，仍置金牛驿。后又移百牢关于此，盖唐末五代事矣，盖蜀人为缩短防线而内徙耳。

《新志》，兴元府西县，“宝历元年省金牛县入焉”。然李商隐有《行至金牛驿寄兴元渤海尚书》诗（《玉谿诗详注》四）。又胡曾《金牛驿》诗云：“山岭千重拥蜀门，成都别是一乾坤。五丁不凿金牛路，秦惠何由得并吞。”（《全唐诗》十函二册）时代皆在县省以后。盖县废驿存，为蜀道之口也。据《通鉴》二六二天复二年，胡注及其所引《舆地广记》，北宋、南宋仍置金牛驿，在三泉县东六十里。复检《寰宇记》一三三兴元府褒城县附废金牛县，“在州西一百八十里。……县废后，于故城置百牢关”。是后曾移关于此，必唐末五代时事。

由金牛向东北略沿汉水南源（今所谓汉源）二十八里至嶓冢山。又约二十二里至沮口百牢关，与凤兴兴元道会合。由关东沿汉水北岸经西县至兴元（今南郑），由关西北略循沮水而上至兴州（今略阳）。故百牢、金牛为秦、梁入蜀之总孔道。

百牢关　　杜翁《夔州歌》：“瞿塘险过百牢关。”《景宋本分门集注杜工部诗》卷四，师曰：“《图经》云，百牢关，孔明所建。故基在今兴元西县泥口化检玉观山下，傍临白马河，东自梁洋，北自武兴，西入金牛三泉，皆涉北河以济，河之西南，壁山相对，六十里不断，嶓冢汉江水流其间，与白马河合，缘江乃入金牛益昌路也，虽不甚险，而为入川之隘口。”《景宋本新刊校订集注杜诗》三二，《杜（田）补遗引图经》较略。则金牛至百牢关道当沿汉源之西岸而行。关于百牢关之位置，在西县西三十里抑为三十步，前于卷三，篇二〇《〈通典〉所记汉中通秦川驿道》曾作长达两千数百字之反复辩论，定其在县西三十里，非三十步。今观宋人所引《图经》云关“傍临白马河”，又云嶓冢汉江水与白马会合。此白马河明即今汉水南北两源中之北源沮水。《图经》指证分明如此，为鄙说之有力铁证，虽感前考不免浪费笔墨，但亦庆幸学术论辩推理之能正确也。余平生考史，往往在未得强证之前，只好征引相关史事作出推论，其后乃得强有力之证据，适如鄙说者，今此百牢关位置问题乃又一事例矣。

嶓冢山　　此山屡见于唐人诗篇。羊士谔有《赴资阳经嶓冢山》诗（《全唐诗》五函九册）云：“宁辞旧路驾朱轓。”又武元衡有《夕次嶓山下》诗（《全唐诗》五函七册《元衡集》一）云："南国独行日，三巴春草齐。漾波归海疾，危栈入云迷。锦谷岚烟里，刀州晚照西。旅情方浩荡，蜀魄满林啼。"当亦即此山。是山在入蜀道上，为行人所屡经过也。按《夏本纪》正义引《括地志》："嶓冢山在梁州金牛县东二十八里。"（据《地理书钞》检）《元和志》二二，同[1]。当即羊、武两诗所指。

按金牛县在兴元西一百八十里，西县在兴元西一百里，百牢关在西县之西三十里之沮口，故金牛东至百牢关当为五十里，嶓冢（盖南麓）至百牢约二十二里也。余已详《〈通典〉所记汉中通秦川驿道》篇。

又金牛西北，近代有艰险山道通略阳东南四十里之接官亭，据苏颋诗，其由兴州（今略阳）入蜀，似有取此山道之可能。然方骞驿者，决不在此极盘折艰险之山道中，盖在金牛以南至三泉道中欤？否则在飞仙阁以西之道中欤？

《宋会要·方域》一〇之三道路条："神宗熙宁十年（1077），二月二十四日，利州路提刑司言：准朝旨送下李杞奏：成都府至凤州大驿路，自金牛入青阳驿至兴州。虽兴元府界上有褒斜路，久来（有）使命旅任使往来。昨利州路提刑范百禄擘画，改移兴元府路作大驿路……"下文引秦凤等路提刑司言，与此同。惟"金牛"下多"驿程"二字。同书《方域》一〇之五述元丰元年（1078）十一月二十一日事。下云："初三泉县之金牛镇有东、北两路。北通陕西秦、凤、熙、河、京西诸州以至京师。东通梁、洋。熙宁七年，利州路提点刑狱范百禄建言废北路，复褒斜路。"按此两条所述史事，颇为混淆，头绪不清；但据元丰元年条，北、东两路似在金牛分途，非由百牢关分途也。而据熙宁十年条，虽有金牛至兴州路与兴元府褒斜路之别，但金牛通兴州路，中经青阳驿。宋代青阳地望，虽尚难考，然《三省边防备览》二《道路考》，宁羌州大安驿东北经青羊驿，下沮水至沔县，"坦途"八十里。《光绪沔县志》一亦云正西栈道经沮水铺六十里至青羊驿，又五里交宁羌州金牛铺界，为川陕驿道。今图有青羊驿在大安通沔县道中，疑即古青阳地。大安即唐宋金牛县，则宋道仍与唐道无大差异；两道分歧仍在金牛以北，或亦在唐百牢关也。且检《三省边防备览》二《道路考》，大安驿向北，

[1]《寰宇记》误系于三泉县，详《汉中通秦川驿道篇》分水岭条。

除东北经青羊驿通沔县“坦途”驿道外，又由大安西北行经铁佛寺，接官亭，至略阳县一百三十里，“此路自大安入山……盘折高险，尚有未辟老林”。《光绪宁羌州志》道路目述此道亦云“自大安迤北入山……盘折高险，尚有未辟老林”，则此山岭小道直至清代尚极高险荒僻难行，无论千百年前之唐宋时矣。故其时纵有此道，亦绝非大道，绝不可与金牛向东北至百牢关与西县（即宋以下之沔县）之坦途驿道相比拟。

然考苏颋有《晓发兴州入陈平路》云：“旌节指巴岷。”又云：“邑祠犹是汉，溪道即名陈。”（《全唐诗》二函二册）此前又有《陈仓别陇州司户李维深》云：“蜀城余出守。”（同上）是此二诗明示颋由凤兴道入蜀者。考《寰宇记》一三三褒县目云：

“废金牛县在州（梁州）西一百八十里……南临东汉水，西临陈平水。”此陈平水即颋诗所称之陈平路无疑，故诗云“溪道即名陈”也。陈平水在金牛县西。检《光绪宁羌州志》山川目，漾水出州北九十里嶓冢山，亦名东汉水。其水自山洞涌出，东流受五丁峡水，又东，大安河南流注之。检ONC-G-9，汉水有南北两源，会于大安之西近处。南源即汉水主源，北源盖即大安河，亦即唐之陈平水也。似苏颋所行，即由今接官亭至大安之盘折高险山道。

又《苏颋诗集》（同上）有《夜发三泉即事》。又有下列三诗：

《兴州出行》

《晓发方骞驿》：“方知向蜀者，偏识子规啼。”

《经三泉路作》

此三诗连篇，当亦皆由兴州取陈平路经金牛至三泉道上所作者。如排列次序不误，是方骞驿当在兴州至三泉道上。飞仙岭（即今接官亭）至金牛，道既山险荒僻，当不置驿，此驿似当在飞仙之北或金牛南至三泉间。检，《略阳县志》一道路目，记正东至沔县路云，县东二十里阁老岭即登云铺，又十里蹇家坝，又十里接官亭。即飞仙岭西十里路上有蹇家坝地名，是否与“方骞”有关？若此想象果为事实，则此驿当在飞仙阁以西道上也。无论在金牛、三泉间抑飞仙之西，与上引两诗句皆能吻合也。

由金牛向南行即入蜀大道。兹续详考如次：

金牛西南七十里至三泉县，在关城仓陌沙水之西，嘉陵江东岸，去江一里。当置驿。其地当在宁强县（旧宁羌州）北或西北境。地势峻险，又为水陆交通冲要，故宋初升其县直属朝廷。

《通鉴》二六三天复二年纪："西川兵请假道于兴元。山南西道节度使李继密遣兵戍三泉以拒之。……西川前锋将王宗播攻之，不克。……宗播令其众曰，吾与汝曹决战，取功名；不尔，死于此！遂破金牛、黑水、西县、褒城四寨。"是三泉当兴元入蜀之要道，而在金牛以南也。又《旧五代史》三三《唐庄宗纪》，同光三年十月，西征之师入大散关，凤州、兴州次第降。"康延孝大破蜀军于三泉。时王衍……以其军五万屯于利州，遣步骑三万逆战于三泉……大败。……奔溃。王衍闻败，自利州奔归成都，断吉柏津浮梁而去。"唐军于兴州得"军储四十万，又下三泉，得军储三十余万，自是师无匮乏，军声大振"。同书五一《魏王继岌传》、同书七四《康延孝传》，及《新五代史》一四《唐庄宗子继岌传》皆略同。是后唐伐蜀，三泉一战为关键。复考《宋史》二五五《王全斌传》，受命伐蜀，"由凤州路……遂下兴州。……先锋史延德进军三泉，败蜀军数万，擒招讨使韩保正、副使李进，获粮三十余万斛……逐蜀军过三泉，遂至嘉陵"。是宋之伐蜀与后唐伐蜀同一路线，皆以三泉一战为重要战役。而两次胜者获粮皆三十余万，盖不但就道路形势言为战略地带，且为军储重地。足见其在交通地位上之重要。《寰宇记》一三三：三泉县，"皇朝平蜀后，以此县路当要津，申奏公事直属朝廷"。此尤地位冲要之具体表现。

县当大道，当置驿；但无考[1]。苏颋有《夜发三泉即事》（《全唐诗》二函二册）云："下奔泥栈楮，上觏云梯设。摶频羸马顿，回眸惴人跌。"亦极写其道之险。县当大道，且极冲要，已如上考。兹续论其地望。《元和志》二二兴元府，金牛县"东至府百八十里"。三泉县，"东北至府二百五十里"。是三泉在金牛西南七十里。《九域志》八，三泉县有三泉镇；"县东六十里"。即唐金牛县，里距亦略合。《寰宇记》一三三，三泉县"后魏正始中置……唐天宝元年，

[1] 元稹有《三泉驿》诗。其地在洛阳西至永宁道上，非此三泉县，详《长安洛阳驿道》篇。

自今县西南一百二十里故县移理嘉陵江东一里关城仓陌沙水西置，即今县理也”。是其地西去嘉陵江仅一里。参之金牛县距江里数，皆可信。

陆游《大安病酒》诗（《剑南诗稿》一四）云：“江驿春酲半日留。”又云：“柳花漠漠嘉陵岸。”正以近江一里也。故水道上通兴州，下通利州也。详下文。至于今地，《地典》，三泉县，“唐置，元改为大安，今陕西宁羌县治”。此当据地方志为说。按《元和志》，兴元府西南至利州四百九十里。则三泉适居兴元、利州之正中间。今检《一统志》汉中府卷沿革目，宁羌在府西南二百八十里。南至广元县界一百五十里。又保宁府卷沿革目，广元县北至宁羌界一百二十里。广元即唐利州治所。则宁羌亦正居中。是今宁强县地望正当与唐之三泉县相近。然唐县在嘉陵江东一里，是必在今宁强之西北，而与今县又有相当距离，盖唐宋旧道固与今道不同也。复检《蜀道驿程记》上云：

闰七月“十二日，微雨。出沔县西门，曲折行乱山中。沔水流经其中，略如栈道。西涉沮水……暮抵大安驿，有土城废址，唐之三泉县，宋置大安军。……陆放翁有……自三泉泛舟至益昌诗。今沔沮之间阔者未丈许，狭者才二三尺，沙石磷磷，深不没踝，不可行舟，惟略阳至阳平关舟楫可通广元昭化，去三泉尚六十里”。

十三日，雨。三十里，小憩宽川铺。自大西安南，乱山益稠，至金牛驿。……金牛驿西三里有路通阳平关。稍南入五丁峡，一名金牛峡，旧传蜀王遣五丁力士所开……缪妄不稽。峡口悬崖万仞，阴风飒然。入峡即奔峭四合，猿鸟迹绝，水自峡中喷薄而出，人马从水中行，恶石如蛮象狞龙，伏水中，时时啮人。自峡口至五丁关十五里，步步悬絙，而上下峡亦如之。则伛偻循墙而走矣。传称此峡为蜀道第一险，信然。雨次宁羌州。州在乱山中，无城堞，本沔县羊鹿坪地。明洪武中，以山寇作乱，置卫于此，成化中即卫建州治。

按此大安驿去沔县才一日程，而去嘉陵江尚六十里，是即《一统志》之大安驿，地望略相当于唐之金牛县，宋之金牛驿。而云唐之三泉县、宋之大安军，误也。金牛驿自亦非唐之金牛县。盖明世以金牛峡在南，故移金牛驿名于峡北耳。地在大安驿（唐金牛县）南三十里宽川铺之南约二十里处（《一统志》，五丁山五丁峡在宁羌东北四十里），当峡口险隘之北[1]。

其地既西近嘉陵江，故北通兴州（今略阳），南达利州（今广元），皆得舟楫之利。

《元和志》二二，兴州“南沿流至兴元府三泉县一百五十里”。是兴州三泉间之嘉陵江有舟楫之利也。又陆游有《（由兴元）赴成都泛舟自三泉至益昌谋以明年下三峡》及《自三泉泛嘉陵至利州》两诗（《剑南诗稿》卷三）。则宋世三泉以南江流亦有舟楫之利。想唐当无大异。

而自三泉南通利州之陆路，大抵以沿嘉陵水东岸而行。宋人所记，凡桥阁一万五千三百余间。其行程可考者：三泉西南略沿嘉陵江东岸行约六十里至九井滩，最为险恶，为舟楫之阻，宋元祐中始凿治稍平。又十里至五盘岭，杜翁、岑参皆有诗，盖置驿。

九井滩　《广记》一三六伪蜀主舅条：“自秦州至成都三千余里，历九折、七盘、望云、九井、大小漫天隘狭悬险之路（出《王氏见闻录》）。”是唐五代，蜀道有九井之险。陆放翁有《夜梦行南郑道中》诗（《剑南诗稿》一四）云：“望云九井不可渡。”又《舆地纪胜》一九一大安军景物下：“九井山……利宪张缜奏云，大安滩险为多，而九井尤甚。”又碑记目有《九井滩记》，云：“九井滩有大石三，其名鱼梁、龟堆、芒鞋嘴，危（？）参差相望于波间，操舟之人力不胜舟，而辄为石所触，故抵于败。诚令绝江为长堤，度其南，别为河道，以分水势，则非流水益减而石出矣。以火煅醯沃金锤随击之，宜可去。如其言，治之。明年三大石不复见，而九井遂平。元祐五年转运使陈鹏记。”是宋世之名不异。检《纪要》六八广元县嘉陵江条：“又有九井滩在县北百八十里，一名空舵滩。相传旧有巨石伏水底为舟楫害，宋淳熙中始平其险。”《一统志》保宁府卷山川目九井滩条，里距以下相同。而云：“宋转运使陈鹏凿平之，有记。”考《蜀中广记》二四：“神宜驿，即古筹笔驿也。……又（北）八十里为九井驿。……碑

[1]《蜀道驿程记》下文，十四日发宁羌，过百牢关。是明末清初，自北而南有大安驿、金牛驿、百牢关。与唐世南北次序适相反。又《宁羌州志》一，“有飞仙阁在州西南三十里土门道中”。引杜翁诗。如此之类，皆宋以后地名内徙之故。

目云，九井滩，旧时有虾蟆、青牛、青塠三巨石伏水为舟楫害。淳熙间，利州提刑张曩容募降人冉得者治械为秸槔状，冶铁为杵，重千五百斤，抛掷半空而下，三石俱碎，化险为夷，有碑刻剥落。其上为七盘关，乃秦蜀分界处。”里距述事亦同。唯时间人名有异。盖宋世前后两次治之耳。按《元和志》，兴元、利州间相距四百九十里，明清时候里数为五百里，是里距略同。明清时代，九井在广元北一百八十里，则唐世当在三泉西南约六十里也。

五盘岭驿　　此岭驿见于唐人吟咏。岑参《早上五盘岭》（《全唐诗》三函八册《参集》一）：“平明驱驷马，旷然出五盘。江回两崖斗，日隐群峰攒。……松疏露孤驿，花密藏回滩。栈道溪雨滑，……不觉蜀道难。”是蜀道中有五盘，盖置驿。又杜翁秦州入蜀纪行诸诗有《五盘》云：“五盘虽云险，山色佳有余。仰凌栈道细，俯映江木疏。”（《详注》九、《镜铨》七）《详注》引鲁訔曰：“栈道盘曲有五重。”详诗意，当临江，盖即嘉陵江也。《纪要》六八广元县，“七盘岭在县北百七十里，与陕西宁羌州接界，一名五盘。自昔为秦蜀分界处”。《一统志》保宁府卷山川目，与《纪要》同。又云：“石磴七盘而上因名。”下引杜诗云云。前引《广记》一三六伪蜀主舅条：“自秦州至成都……历九折、七盘、望云……悬险之路。”盖即此五盘欤？岭在广元县北一百七十里，则唐世当在三泉西南约七十里。即九井之南十里也，故《蜀中广记》云，滩上即七盘岭。

又《蜀中广记》二四保宁府广元县目，述广元以北栈道甚详，兹简其里程如次：

“北为栈阁道……其最险者为石栏桥。……《本志》，北十里千佛崖，即古龙门阁。……又北三十里有大小漫天岭，极高峻。……又北五十里为朝天岭，路径险绝。……四十里，为潭毒关。……又二十里为神宣驿，即古筹笔驿也。又八十里为九井驿。……其上为七盘关，乃秦蜀分界处。”

按乍读此文，“本志”以下里数似当积读之，则朝天岭在县北九十里，潭毒关在县北一百三十里，神宣驿在县北一百五十里，九井驿在县北二百三十里。各较本文所引《舆地纪胜》《纪要》《一统志》里程多四十里或五十里[1]。疑“又

[1] 本文未述潭毒关。据《舆地纪胜》，在利州北九十里。

北五十里为朝天岭”之“又北”，当作“县北”，此下当积读之，不计前之“十里”“三十里”，则无不与别引史料相合。下文屡引此段，故先作解释于此。

有所谓老君祠者，当在三泉以南，九井、五盘以北地区。

杜光庭《历代崇道记》（《全唐文》九三三）：“（天宝）十五载，帝幸蜀，混元现于汉中郡三泉县黑水之侧，帝亲礼谒，遂命刻石像真容于所见之处。”又《舆地纪胜》一九一大安军古迹仙释目老君祠条，引杜光庭《验记》：“三泉县黑水老君（祠），天宝年间，明皇幸蜀，亲见老君降见于崖石之上，上下马礼谒讫，乃敕有司，示所见之状，塑于见所。”所记为一事，谓明皇幸蜀，次三泉县黑水旁，刻石为老君像也。又《剑南诗稿》卷三有《老君洞》一首，本注云：“有石刻，载唐明皇幸蜀，见老君于此。”按此诗为放翁第一次由阆中北上兴元时所作，观其排列次序（详见后嘉川条所引），当在筹笔、嘉川之北，大安（三泉）、金牛之南。即其地当在三泉之南也。而五盘岭为自古秦蜀之界，老君像既在三泉县界，即当在五盘之北欤？

由岭又西南经嘉陵江岸之嘉川驿至筹笔驿，凡七十里。唐人诗篇多咏此两驿者。

筹笔驿　此驿屡见于唐人吟咏。如李商隐（《玉谿诗详注》四，《全唐诗》八函九册《商隐集》一）、薛能（《全唐诗》九函二册《能集》三）、罗隐（《全唐诗》十函四册《隐集》三）皆有《筹笔驿》诗。殷潜之、薛逢皆有《题筹笔驿》（《全唐诗》八函十册）。杜牧有《和殷潜之题筹笔驿十四韵》及《重题绝句》（《全唐诗》八函七册《牡集》四）。陆畅有《筹笔店江亭》（《全唐诗》七函十册），亦其地。玉谿诗云：“徒令上将挥神笔，终见降王走传车，……他年锦里经祠庙，梁父吟成恨有余。”又孙樵《出蜀赋》：“眄山川而怀古，得筹笔于途说，指前峰之孤秀，传卧龙之余烈，尝杖师而北去，抗霸国而此决。”（《全唐文》七九四）盖其时已有诸葛尝驻军筹划于此之传说。然此赋及诸诗皆晚唐人所作，无中唐以前者。杜甫最服诸葛，亦无诗，疑此驿乃中唐以后所置耳。至其地望，《舆地纪胜》一八四利州景物下：“筹笔驿，在绵谷县，去州九十九里，旧传诸葛武侯出师尝驻此，唐人诗最多。”前条引《蜀中广记》二四，朝天岭在广元县北五十里，又四十里潭毒关，“又二十里神宣驿，即古筹笔驿。”则当在县北一百一十里矣。今取宋人九十九里之说，则当在五盘之南七十里。而《一统志》保宁府卷关隘目引《纪胜》九十九里之说；又云，“筹笔古驿在广元县北八十里”。又引《旧志》：“今有朝天废驿，即古筹笔驿也。自汉中府褒城县至朝天驿，四百四十里。”是据《旧志》，当在县北五六十里也。自相矛盾如此。《纪要》六八与《一统志》同，唯不引《纪胜》九十九里之说。今皆不取。

嘉川驿　亦屡见于唐人诗篇。元稹元和四年使东川诸诗（《元氏长庆集》一七）有《嘉陵江》二首。其一云：“今日嘉川驿楼下，可怜如练绕明窗。”又《江楼月》云：“嘉陵江驿岸楼中。”本注：“嘉川驿望月。”又姚鹄《嘉川驿楼晚望》（《全唐诗》九函一册）：“楼压寒江上，开簾对翠微。”是中晚唐皆有此驿，在嘉陵江岸。考《通典》一六七，利州有嘉禾县。《寰宇记》一四〇，集州嘉川县，魏恭帝元年置，“取嘉陵江所经为名”。本属利州；永泰元年割属集州，在州西二百三里。《九域志》八利州嘉川县，在州东一百一十里。唐世地望当同。《纪要》五八广元县目引《郡志》：“嘉川城在今县东百里，地名嘉川乡。”是也。顾氏自云，“嘉川城在县北东五里”。“北东”盖“东百”之讹。县在利州东百里而遥，嘉川驿似当即同地。然嘉川县在利州东，是县城似不临嘉陵江。复检《九域志》八利州绵谷县又有“朝天、嘉川二镇”。是嘉川县外又有嘉川镇，别属绵谷县也。朝天在县北约六十里（详后），嘉川当在其北。考《剑南诗稿》三，放翁至少两次来往利州与兴元道上。第一次由阆州取陆路北上经利州至兴元。回程由大安舟行至利州回阆中。第二次北行及回程至利州皆与第一次相同。兹录其纪行诗目如次：

（甲）第一次北上兴元

《果州驿》

《南池》（因杜甫《阆中南池》诗而作。）

《鼓楼铺醉歌》

《登惠照寺小阁》（据后《夜抵葭萌慧照寺》诗，知寺在葭萌。）

《雨中过龙洞阁》

《筹笔驿》

《嘉川铺》

《老君洞》

《大安病酒因小饮江月馆》

《金牛道中》

《晓发金牛》

《山南行》

《南郑马上作》

（乙）第一次南下阆中

《自三泉泛嘉陵之利州》

《木瓜铺短歌》（歌云，“鼓楼坡前木瓜铺，岁晚悲辛利州路”。）

《夜抵葭萌惠照寺寓榻小阁》

《太息宿青山铺作》

《阆中作》

（丙）第二次由阆中北上兴元

《自阆复还汉中次益昌》

《再过龙洞阁》（诗云：“天险龙门道……”）

《三泉驿舍》

《嘉川铺得檄》（《三泉》《嘉州》二诗次序倒置。）

《归次汉中境上》

《沔阳夜行》

《西县市中得羊因小酌》

（丁）第二次由兴元南下益昌

《初离兴元》

《自兴元赴官成都》

《南沮水道中》

《长木晚兴》

《长木夜行抵金堆市》

《赴成都泛舟自三泉至益昌》

《雪晴行益昌道中》

《剑门道中》

（剑门关以下不录）

据此，嘉川驿当在龙洞阁、筹笔驿之北，盖即五盘（五盘自昔为秦蜀界）、筹笔间之一驿耳。是在县北约一百三四十里欤？《续通鉴长编》五，王全斌伐蜀，“过三泉，遂至嘉川”（《宋史·王全斌传》作嘉陵）。盖此驿欤？

又南经龙门阁，杜翁有《龙门阁》诗，谓“绝壁无尺土”，极状其险峻。又南朝天岭，共约四十里。朝天岭为南栈第一高坡，孙樵《赋》所谓“朝天双峙以亏蔽”也。

朝天岭　　《舆地纪胜》一八四利州景物上：“朝天岭在州北五十里，路径险峻，其后即朝天程，旧路在朝天峡栈道，遂（《蜀中广记》二四引作“后”，是）开此道，人甚便之。文与可有《朝天岭》诗云，山若画屏随峡势，水如衣带转崖阴。……《皇都郡县志》云，朝天岭即漫天寨也。”按孙樵《出蜀赋》：“济梓橦之重江，出大剑之复关……蹇余马之不息，界峡山之逼侧……途迫高而缘深，不尺直而又曲……朝天双峙以亏蔽，中惨栗而阴翳，倏下驰而上回，若出地而天开。……”（《全唐文》七九四）是盖唐代已有朝天之名。王德昭《中原归程记》云，“朝天岭万仞陡起，为南栈第一高坡”。《纪胜》云在州北五十里。前引《蜀中广记》二四，经过解释，亦在州北五十里。而《纪要》六八广元县，“朝天岭，县北六十里”。《一统志》引《纪胜》不言里数。要当五六十里耳。然朝天程北至龙门第一洞仅十五里。朝天岭南经小漫天、深渡至大漫天，大漫南去广元三十五里（“然朝天程”以下并详后文）。则六十里之说似为强。今作六十里计，则北去筹笔驿约四十里也。

龙门阁　　亦屡见唐人吟咏。杜翁自秦州入蜀纪行诗（《详注》九、《镜铨》七）有《龙门阁》云：

“清江下龙门，绝壁无尺土，长风驾高浪，浩浩自太古，危途中萦盘，仰望垂线缕，滑石欹谁凿，浮梁袅相拄，目眩陨杂花，头风吹过雨，百年不敢料，一坠那复起，饱闻惊瞿塘，足见度大庾，终身历艰险，恐惧从此数。”

按此诗写龙门阁道险峻之极。岑参亦有《赴犍为经龙阁道》诗（《全唐诗》三函八册《参集》一），盖亦此阁[1]。又陆游《再过龙洞阁》诗云：“天险龙门道，霜清客子游，一筇缘绝壁，万仞俯洪流，着脚初疑梦，回头始欲愁……”（《剑南诗稿》卷三）参之此诗在集中排列次序（见前），即与杜诗所咏为同一地，无疑。杜诗龙门阁所在，《详注》引《元和志》，“龙门山在利州绵谷县东北八十里”（按在卷二二）。《镜铨》同。唐绵谷治今广元县。然《蜀中广记》二四，引《本志》（郡志？县志？），“广元县北十里千佛崖即古龙门阁”。且引杜诗云云。又《一统志》保宁府卷关隘目：“龙门阁在广元县北千佛崖侧。”下引杜诗云云。今按千佛崖在广元县北十余里（详后）。去《元和志》之龙门山甚远。检《舆地纪胜》一八四利州景物下有涉及龙门地名者数条：

“石栏桥在绵谷县北一里。自城北至大安军界，管桥栏阁共一万五千三百一十六间，其著名者为石柜阁、龙洞阁。”

“龙洞阁在绵谷县，详见石栏桥下。杜诗云：清江下龙门，绝壁无尺土。冯铃幹田云（按《胜览》六六，同。而《一统志》保宁府卷关隘目龙门阁条引《胜览》无田字，是），其他阁道虽险，然在山腰亦微有径可以增治阁道。独惟此阁，石壁斗立，虚凿石窍而架木其上，比之他处极险。老杜诗绝壁无尺土，谓此也。”

“龙门山，《梁州记》云，葱岭石穴高数十丈，状如门，俗号为龙门山。《元和志》，在绵谷县。《图经》云，山北有燕子谷，谷中有石磬，又有龙门洞。”[2]

“龙门洞，在绵谷县北。有三洞。自朝天程入谷，十五里有石洞，及第二第三洞。有水自第三洞发源，贯通二洞，流水出下合嘉陵江。”

是则宋人即以龙门阁在绵谷县北之龙门山，亦即《元和志》所记县北八十二

[1] 又沈佺期有《过蜀龙门》，见《全唐诗》二函五册《佺期集》一。诗云：“龙门非禹凿，诡怪乃天功，西南出巴峡，不与众山同。长宝亘五里，宛转复嵌空……流水无尽夜，喷薄龙门中，潭河势不测，藻葩垂彩虹……”似亦此地。但有“西南出巴峡”之句，姑存疑。

[2]《寰宇纪》一三五，略同。唯不云即《元和志》之龙门山。又无“有龙门洞”一句。

里之龙门山也。朝天程约在绵谷北六十里，由此向北十五里至龙门洞，正接《元和志》所记之龙门山区矣。宋人实指如此，宜可信。复考王士禛《蜀道驿程记》上云：

"十五日，雨。过七盘关，入四川保宁府广元县界。次神宣驿。上龙洞背，两山夹峙，一山如狞龙奋脊，横跨两山之间，下有洞似城门，可通九轨，水流其中，下视烟雾蓊郁，不测寻丈。自是盘折而上，骑龙背行，四望诸山如剑铓戟牙。二十里许始下山，渡河，即分水岭以西水入嘉陵江处。南山之巅为朝天关。孙樵所谓朝天双峙以亏蔽……是也。"

为此龙洞形势甚详，位于神宣驿（即唐筹笔驿）与朝天岭之间，正是唐宋之龙门。至于县北十里，盖明清后起之说耳。且老杜入蜀纪行诸诗之次第虽不无疑问，然大体可信其为由北而南按次排列。《石柜阁》诗在《龙门阁》诗之后，石柜在县北二十五里，龙门固应在其北，不得在县北十里也。

然《舆地纪胜》一九一大安军景物上又有龙门、龙洞、后洞三条。其龙门条云：

"龙门在军五里外，官道之旁，悬壁环合，上透碧虚，中敞大洞，下漱清泉，宛然天造，水帘悬夏，冰柱凝冬，真异境也。文潞公、宋景文、赵清献、王素、韩绛、田况、吕公弼、吕大防诸公皆有留题。行三里又有后洞。苏元老《龙洞记》所谓重檐夏屋深不可穷者是也。又有后龙门，其境较之前龙门极幽邃。"

是三泉附近亦有龙门之目，盖非杜翁所写之龙门。且陆游《剑南诗稿》卷三第一次北上兴元诸诗有《雨中过龙洞阁》一首，在《筹笔驿》《嘉川铺》两首之前。第二次北上兴元诸诗有《再过龙洞阁》，亦在《嘉川铺》《三泉驿》两诗之前。则所咏亦为绵谷北八十二里之龙门，非三泉附近之龙门也。

又南历望云岭，小漫天岭，深渡驿，大漫天岭，至石柜阁，共约三十五里。诸岭驿皆见唐人题诗。近人状石柜阁道云，"石崖壁立，车道断崖而成，人马经此，如行柜中，盖上下左侧（就由北向南言），尽为石壁，唯右侧直落千寻，嘉陵江奔涌其下"。此盖中古开凿之功也。

元稹有《漫天岭赠僧》，云"五上两漫天"（《元长庆集》一五）。又《题漫天岭智藏师兰若》云："僧临大道阅浮生，来往憧憧利与名。二十八年何限客，不曾闲见一人行。”（同上一九）又罗隐《漫天岭》（《全唐诗》十函四册《隐集》一〇）：“西去休言蜀道难，此中危峻已多端。到头未会苍苍色，争得禁他两度漫。”注：“岭有大漫天小漫天，故云。”又《广记》一三六伪蜀主舅条：“自秦川至成都三千余里，历九折、七盘、望云、九井、大小漫天隘峡悬险之路。”（出《王氏见闻录》）《通鉴》二七九，后唐清泰元年，兴元孙汉韶降蜀，蜀主使张业将兵一万屯大漫天以迎之。是大小漫天为入蜀道途必经之地。故孟知祥曰：“正欲径取利州……获其仓廪，据漫天之险，北军终不能西救武信（遂州）。”（《通鉴》二七七）胡注：“漫天寨在利州北，有小漫天大漫天二寨。”考《宋史》二五五《王全斌传》，述伐后蜀事云：

“逐蜀军过三泉，遂至嘉陵。……蜀人断阁道，军不能进。全斌议取罗川路以入。（康）延泽……曰：罗川路险，军难并进，不如分兵治阁道，进与大军会于深渡。……全斌然之，命（崔）彦进、延泽督治阁道，数日成，遂进击金山寨，破小漫天寨。全斌由罗川趣深渡，与彦进会。蜀人依江列阵以待，彦进遣张万友等夺其桥。会暮夜，蜀人退保大漫天寨。诘朝……又大破之，乘胜拔其寨……追至利州。”（《续通鉴长编》五，同）

此其南北次第甚明，深渡则居二岭之间。《通鉴》二七三，后唐同光二年纪，蜀主北巡，“从驾兵自绵、汉至深渡，千里相属”（据《广记》二四一王承休条，此出《王氏闻见录》）。胡注：“深渡在利州绵谷县北大漫天小漫天之间。”是也。考张说有《深渡驿》诗（《全唐诗》二函四册）。诗云：“旅泊青山夜，……高枕听江流，猿响寒岩树，萤飞古驿楼。……”是此驿临江，且当在蜀道中。检说又有《再使蜀道》诗云：“渺渺葭萌道，苍苍褒斜谷。”是曾两度入蜀，且经金牛道也。则此深渡驿必即大小漫天间之深渡无疑。是此地在唐代前期已置驿矣。复检《舆地纪胜》一八四，有漫天岭条，不言里数。《纪要》六八广元县目：“大漫天岭，县东北三十五里，峻出云表，又北为小漫天岭。二岭相连，一名高本山，蜀道之险也。”《一统志》保宁府卷山川目漫天岭条，同。今从之。则其地在朝天岭以南也。

又观前引《广记》一三六伪蜀主舅条，唐世此道中又有望云之险。又前九井滩条引陆放翁《夜梦行南郑道中》诗，宋世仍有望云之险。《纪要》六八广元县，“望云关在县北五十五里。山势高耸，与云霞相望”。《一统志》保宁府卷关隘目：“望云关在广元县北四十五里，山势高耸，上接云霄，今名望云铺。……南接问津驿，北接神宣驿。”两书里数小异。按问津驿在广元县城内。神宣驿在县北至少一百里。则此地总在广元北五十里上下。当在朝天岭南不远欤？故列于小漫天之前。

石柜阁：杜翁入蜀纪行诗，《龙门阁》后有《石柜阁》诗（《详注》九、《镜铨》七）。诗云：“蜀道多早（一作草）花，江间饶奇石，石柜曾（音层）波上，临虚荡高壁。……”当亦临嘉陵江上。《详注》引《方舆胜览》云：“石栏桥在绵谷县北一里，自城北至大安军界，管桥栏阁共一万五千三百一十六间，其著名者为石柜阁、龙门阁。”《镜铨》引《方舆胜览》，内容一字不异。今检《纪胜》一八四、《胜览》六六利州，述石柜阁，并未详其地望。检《纪要》六八广元县目龙门阁条附云：“石柜阁，《郡志》云在县北二十五里。”《一统志》保宁府卷关隘目：“石柜阁在广元县北二十五里。唐杜甫有诗。”无他异说，姑从之。

纲文近人云云，见王德昭《中原归程记》。

又南经佛龛（千佛崖）至利州治所绵谷县（今四川广元），约二十五里。佛龛始见于苏颋诗题，即千佛崖，盖北朝所创雕者。

石柜阁南距绵谷县二十五里，已详前条。

佛龛之名，余始见于苏颋诗文。诗题为“利州北佛龛前重于去岁题处作”。诗云：“重岩载看（一作戴清）美，分塔起层标。蜀守经涂处，巴人作礼朝。”（《全唐诗》二函二册）是此龛当为入蜀所经。文题为“利州北题佛龛记”。云“礼部尚书兼益州大都督府长史使持节剑南节度诸州军事许国公苏颋敬造，因寓言曰：……山兮水兮路穷崄，郁南望兮此情多。吾又见像法住世于岩之阿，百千万亿兮相观我，载琢载追兮，吾匪他……”（《全唐文》二五〇）。则当作于开元十一年至十三年间[1]。考《蜀中广记》二四广元县条引《本志》“（县）北十里千佛崖，即古龙门阁。先是悬崖架木作栈而行，后凿石为千佛像，成通衢矣”。《纪

[1] 参本传及吴廷燮《唐方镇年表》六。

要》六八广元县龙门阁条，同。又云："明洪武二十四年，景川侯曹震相视开凿，垒石为岸，益为坦途。"是此千佛崖之开凿必在明初以前。史岩云：今广元县北五公里嘉陵江东岸有千佛崖。其大云古洞外有"剑南道按察使银青光禄大夫行益州大都督府长史韦杭功德"题刻，时在开元初。又其副倅李光题记，开元十年六月七日。另有数唐刻。是千佛崖之开凿最迟在盛唐时代。故《乾隆广元县志》云："千佛崖……峭壁千仞，逼临大江。……先是悬岩架木，作栈而行，唐韦杭凿石为路，并凿千佛，遂成通衢。"然据若干洞窟佛像雕刻作风，当始于北魏（见史岩撰《关于广元千佛崖造像的创始时代问题》，刊《文物》1961年第2期）。今按史岩之说盖可信，此当即苏颋诗文所指。则唐世从无千佛崖之名，然大道所经必自唐已然。

此三泉入利州之驿道也。又自嘉川驿有险径东南行经罗川（今广元东北五十里以上）亦至深渡，此偏道也。

《宋史》二五五《王全斌传》，乾德二年十二月，述伐蜀事云：

"逐蜀军过三泉，遂至嘉陵（《续通鉴长编》五作嘉川），杀虏甚众。蜀人断阁道，军不能进。全斌议取罗川路以入。延泽潜谓彦进曰，罗川路险，军难并进，不如分兵治阁道，与大军会于深渡。彦进以白全斌，全斌然之。命彦进、延泽督治阁道。数日成，遂进击金山寨，破小漫天寨。全斌由罗川趣深渡，与彦进会。……蜀人退保大漫天寨。"

按《纪要》六八《广元县》石亭戍条："罗川戍在废嘉川县东南。"又嘉川城条："县东北五十里。"又引《郡志》，嘉川城在今县东百里，地名嘉川乡。盖自嘉川驿向东迂回，取嘉川县罗川路也。

利州绵谷县城郭在嘉陵江东岸一里，为蜀北军事重镇。

《元和志》二二利州绵谷县，"西汉水一名嘉陵水，经县西，去县一里"。其地为蜀北重镇，故隋于此置利州总管府以镇之。宋嘉祐八年陈恢《通判厅题名记》："益昌之南，陆走剑门，过剑而外，东西川在焉。水走阆、果，由阆、果而去适夔、峡焉。西则文、龙二州，东则会集、壁诸郡，故益昌于蜀，最为都会。"（《舆地纪胜》一八四利州风俗形势目引）按此"益昌"谓利州益昌郡，非指益昌县而言。然州之见重，亦正以益昌县为交通枢纽。盖县当嘉陵白水之会，故有水陆交通之利也。

有嘉陵驿，在城西一二里，濒临嘉陵江，盖入剑阁道之途也。唐人题咏今存者凡六家。

嘉陵驿屡见唐人诗篇。《元氏长庆集》一七《使东川诗序》，元和四年作。起《骆口驿》尽《望驿台》二十二首。就中有《嘉陵驿》二首（《全唐诗》六函九册《稹集》一七）。又武元衡有《题嘉陵驿》（《全唐诗》五函七册《元衡集》二。诗云："路半嘉陵头已白，蜀门西上更青天。"），雍陶有《宿嘉陵驿》（《全唐诗》八函六册），薛能有《嘉陵驿见贾岛旧题》《题嘉陵驿》（诗云："江涛千叠阁千层，衔尾相随尽室登。"）及《嘉陵驿》三首（《全唐诗》九函二册《能集》三），张蠙有《题嘉陵驿》（同上十函十册）。按《蜀中广记》二四保宁府广元县，"驿路有曰问津。《志》云：昔孔明行师于此问津，故名。按即古嘉陵驿也。在治西一里。"而《一统志》保宁府卷关隘目："嘉陵古驿在广元县西二里，唐时驿道。"又有问津驿"在广元城内"。是明清之问津，非即唐之嘉陵也。但在城西，盖临江而设，当无可疑。

由绵谷西南四十五里至益昌县（今昭化）。县东北三里有桔柏渡，杜翁有诗。即白水会嘉陵江处，架浮梁嘉陵江上，为津渡之要。故五代南北用兵，屡焚浮桥为守御之计。

杜翁同谷入蜀纪行诗（《详注》九、《镜铨》七）有《桔柏渡》云：

"青冥寒光渡，架竹为长桥。竿湿烟漠漠，江永风萧萧。连笮动袅娜，征衣飒飘摇。……西辕自兹异，东逝不可要。商通荆门路，阔会沧海潮。"

按《旧·玄宗纪》，天宝十五载，避乱入蜀。七月"壬戌，次益昌县，渡吉柏江，有双鱼夹舟而跃"。即此桔柏渡也。至唐末五代，屡见载籍：

《旧》一八四《杨复恭传》："国舅王瓌颇居中任事，复恭恶之，奏授黔南节度。至桔柏江，覆舟而没。"《通鉴》二五八，大顺二年条，略同。但作吉柏津。

《旧五代史》五一《魏王继岌传》：伐蜀。蜀主王衍督师利州。闻三泉之败，

"弃利州，奔归西川，断吉柏津浮梁而去。"《通鉴》二七三，同光三年条，同。

《通鉴》二七四，同光三年，李昭琛为继岌先锋，"至利州，修桔柏浮梁"，济江至剑州。

又二七四，天成元年，魏王继岌东还"至利州，李昭琛遣人断桔柏津"。自称两川节度。

《续通鉴长编》五，乾德二年，王全斌伐蜀，"追奔至利州北。昭远（蜀军都统王昭远）等遁去。渡桔柏津，焚浮梁，退保剑门"。

据此诸事，其为津要可知。检《一统志》保宁府卷津梁目云："《方舆胜览》：桔柏渡在昭化县。今昭化县有古柏，土人呼为桔柏，故以名潭（按《通鉴》二五八胡注略同）。《旧志》，今在县东北三里，即嘉陵、白水二江合流处。……唐宋以来皆造浮梁于此。"《纪要》六八昭化县，"桔柏津，县东三里"。"地多桔柏，因名。"关于地名之解释，似《纪要》为正。昭化即唐之益昌，则津渡在益昌县东北三里，架浮梁于嘉陵江上也。

益昌当嘉陵、白水之会，为交通枢纽，利州之见重盖以此也。当置驿。

岑参《奉和杜相公发益昌》："相公临戎别帝京，拥麾持节远横行。朝登剑阁云随马，夜渡巴江雨洗兵。……暂到蜀城应计日，须知明主待持衡。"（《全唐诗》三函八册《参集》三）此即杜相公由京入蜀道经益昌也。益昌东北通金牛道，西南通剑阁道，即今考之道也。其西北则循白水出陇西，东南则沿嘉陵至阆、合。故为川北交通重地。此地去利州嘉陵驿不到四十五里，正当置驿。但于唐无考。而《通鉴》二五八，大顺二年条，胡注云："利州益昌县有桔柏津，益昌驿有古柏，土人谓之桔柏，因此名津。"则此驿当甚古，疑即唐驿也。

由益昌西南入山区，逾白卫岭至小剑戍故城五十一里。又三十里至方期驿，圣历二年置剑门县。又五里至剑门关。又五里经开远戍至大剑山口，置大剑镇戍。此道"连山绝险，飞阁通衢"，称为剑阁道，亦曰石牛道，传为张仪伐蜀所经。

剑阁道　始见《华阳国志》二《汉中志》。志云："德阳县有剑阁道三十里，至险，有阁尉。"《一统志》绵州卷古迹目引《旧志》，汉德阳故城在梓潼县北境。则此剑阁道即指剑门阁道而言也。其后迄五代，有关剑阁道行程里距之重要材料有下列四条：

《水经注》二〇《漾水注》："清水……迳始平郡南，又东南迳小剑戍北，去大剑三十里，连山绝险，飞阁通衢，故谓之剑阁也。张载《铭》曰，一人守险，万夫趑趄。信然。故李特至剑阁而叹曰：刘氏有如此地，而面缚于人，岂不奴才也！"

《元和志》二二利州益昌县条："小剑故城在县西南五十一里。小剑城去大剑戍四十里。连山绝险，飞阁通衢，故谓之剑阁道。自县西南逾小山，入大剑口，即秦使张仪司马错伐蜀所由路也。亦谓之石牛道。"

同书三三《剑州》普安县条："剑阁道，自利州益昌县界西南十里（'十'上当夺一数目字）至大剑镇，合今驿道。秦惠王使张仪司马错从石牛道伐蜀，即此也。后诸葛亮相蜀，又凿石驾空为飞梁阁道以通行路。"

《旧唐志》剑州剑门县条："县界大剑山即梁山也。其北三十里所有小剑山。大剑山有剑阁道三十里，至剑处（？）张载刻铭之所。"

据《元和志》，由益昌西南五十一里至小剑戍故城，又四十里至大剑镇戍，《华阳志》及郦《注》、《旧志》云三十里，盖就两山间之阁道而言。剑阁道即两山间一段行程。此观郦《注》及《元和志》甚明。《寰宇记》八三绵州巴西县条："大剑镇，在剑阁口，一人荷戟，万夫莫向。"谓镇为剑阁道之南口，亦其明证。而《旧志》记述，以为剑阁仅在大剑山，盖欠妥。且《舆地纪胜》一九二剑门关景物下云：

"大剑山，在剑门县，亦曰梁山。又有小剑山在其西北三十里，又有小剑故城在益昌县西南五十里。……大剑虽号天险，有阨塞可守，崇墉之间，径路颇夷。小剑则凿石架阁，有不容越。太白所谓猿猱欲度愁攀援者，其谓是也。"

是小剑较大剑尤险，正阁道所在。《旧唐志》属辞欠妥无疑。《纪要》六八剑州大剑山条："志云，大小剑山峰峦联络，延亘如城，下有隘路，谓之剑门关。大剑路颇平，小剑则石上架阁，尤险峻。有小大剑水出于山下。《胜览》云：大剑绝顶有玉女台，峭壁千仞，下瞰古道，行人如蚁。"大抵阁道多行于两山之下。

据上所考，由益昌西南入山区五十一里至小剑戍故城，又四十里至大剑口镇戍，里距甚明。此即秦张仪伐蜀之路，所谓剑阁道也。《元和志》三三，又云剑州东北至大剑镇四十八里，至利州一百九十里。核计里程，当即此线。此线行程，尚有数地名可考如次：

白卫岭　杜光庭《历代崇道记》（《全唐文》九三三）："（天宝）十五载，帝幸蜀……又于利州益昌县山岭上，见混元骑白卫而过，示收禄山之兆，诏封其山为白卫岭。"是则岭名始于天宝末，为大道所经。又《唐诗纪事》一〇李峤条："峤《汾阴行》。……天宝末，明皇……幸蜀，登白卫岭，览眺良久，又歌是词。"计有功注："利州昭化县之南境与剑门相接，有铺曰白卫铺。"《舆地纪胜》一八四，同。是当在昭化剑门道上。又《广记》二四一王承休条，蜀后主王衍北巡，历梓潼、剑门，过白卫岭，至利周（州）（云据《王氏闻见录》）。同书四三二周雄条"仆尝行次白卫岭"云云（出《北梦琐言》）。亦皆见其在剑利间大道上。又《茅亭客话》一虎盗屏迹条："圣朝未克蜀前，剑、利之间，虎暴尤甚。白卫岭石洞溪，虎名披鬃文。"亦云在剑、利之间。是剑门利州道上有白卫岭，计有功之说是也。复考《通鉴》二七七，长兴元年条云，王弘贽等"引兵出人头山后，过剑门之南，还袭剑门，克之"。胡注引李昊《蜀高祖实录》：

"今月十八日，北军自白卫岭入头山后过，从小剑路至汉原驿出头，倒入剑门，打破关寨。"

是此岭即当小剑道上，而在小剑之东，昭化之西南也。检《一统志》保宁府卷山川目："白卫岭在昭化县西南五十里，与剑门相接。"又云"人头山在昭化县西四十里"。《纪要》六八，同。是白卫岭盖紧接小剑戍之东，而人头山盖偏北，不当正道欤？

剑门县、方期驿　《元和志》三三，剑州，东北至利州一百九十里。有剑门县，"西南至州六十里"。《寰宇记》八四，同（州东北至利州里数有两条，一作一百九十里，一作二百里）。则剑门县当在利州西南一百三十里，即益昌县西南八十五里。亦即小剑戍西南三十余里处。又云大剑镇在州东四十八里，则县当在镇东十里而遥。故今姑作小剑戍之西三十里，大剑镇之东十里处。《寰宇记》八四剑州剑门县："本汉梓潼县地，诸葛武侯相蜀，于此立剑门，以大剑山至此有隘东（《舆地纪胜》一九二引作隘束，是也）之路，故曰剑门。即姜维拒锺会于此。唐圣历二年，分普安、临汉、阴平三县地于方期驿城置县。”圣历二年以下，《旧书·地理志》剑州剑门县条同。惟临汉作永归。《舆地广记》三二，与《旧志》同。又云：“有大剑门，剑门峡，剑门关，剑阁道。”是因大剑束隘峡口为名，其地则旧有方期驿也。

剑门关　　此一地带虽久以险要名，但似未置关。《隋志》，此处亦无关官。《唐六典》六刑部司门郎中条，上中下三等关二十六，亦无此关名。然杜甫《剑门》云：“一夫怒临关，百万未可傍。”李白《蜀道难》：“剑阁峥嵘而崔嵬，一夫当关，万夫莫开。”则天宝末当已置关矣。孙樵《出蜀赋》（《全唐文》七九四），“出大剑之复关”。是且不只一关。又《通鉴》二七四，后唐天成元年，“任圜先令别将何建崇击剑门关，下之”。同书二七七，长兴元年“正月，董璋遣兵筑七寨于剑门”。五月“复于剑门北置永定关，布列烽火”。是则至五代更有增置矣。又《舆地》碑记目四剑门关碑记条有修关石刻，“在天成五年四月。又有五代敕牒甚多，皆天成长兴广政间牒也”。盖世乱关隘为重，故屡经修治。复考《九域志》八《剑门关》：“景德三年，以剑州剑门县隶关，以兵马监押主之。熙宁五年，县复隶剑州。”《舆地纪胜》一九二《剑门关》：“皇朝伐蜀，克剑门，擒蜀将王昭远。蜀平，遂以剑门县隶剑门关，兵马都监主之。”（本注：《国朝会要》在景德二年）又以剑门关直隶京师（本注：《国朝会要》云在景德三年），又引《图经》云：“剑门关，承平时，以东京兵出戍。关有路分，有驻泊，皆得进表。剑门知县亦同管关事。”“景德中，敕委剑门监押使臣兼知县事，遂移县治在剑门关寨南。”又引《剑门集》云：“景德中以县不隶于州，俾司关者兼治之。熙宁中，关县析而为二，皆隶于州。”同书一八六隆庆府（剑州）剑门县条，略同。是至宋初，益重此关，直属朝廷如三泉，不隶地方州府矣。又据此所引各条，知宋初关县不在一处，但相近耳。此当承唐而来。至景德中始移县治就关南设置。按前引《元和志》《寰宇记》，县在剑州东北六十里，而《九域志》八剑州，剑门县在“州东北五十五里”。当为移就剑门关后之位置。是则关在剑州东北五十五里；宋初以前，县在关东五里也。然则关正在剑门县、大剑镇之间，盖即大剑山峡谷之北口矣。又据此里距，是在下文所考开远戍锺会垒之东二三里处，《纪胜》称锺会“既度剑阁，居死地”。正谓已度越此处耳。

大剑镇、开远戍　　《通典》一七六剑州剑门县，“有梁山，亦曰大剑山，有姜维拒锺会故垒”。开远戍之名始见于《隋书》三七《梁睿传》。传述睿平蜀事云：“谦将敬豪守剑阁，梁岩拒平林，并惧来降。”谦将达奚惎“分兵据开远。睿谓左右曰，此虏据要，欲遏吾兵势”。是开远在剑阁之西，当军事要冲甚明。复检《元和志》三三剑州普安县目有三条专记大剑山、大剑镇、开远戍及锺会姜维故事云：

“锺会故垒，一名开远戍，在县东北五十三里，亦曰空冢戍。晋锺会军至此，即度剑阁居死地，遂掘冢为死战。既无所埋，故曰空冢。后魏改名开远戍。”

“大剑山亦曰梁山，在县北四十九里。初姜维自沓中为邓艾所摧，与张翼董厥合，还保剑门，以拒锺会。即此也。”

“大剑镇在县东北四十八里，本姜维拒锺会垒也，在开远戍东十一里。其山峭壁千丈，下瞰绝涧，飞阁以通行旅，梁时于此置大剑戍。”

是则大剑镇当在剑州东北近五十里处，又东三四里即开远戍也，《舆地纪胜》一八六隆庆府（剑州）古迹目，锺会垒“在普安县之北五十三里，三江合流。上有一峰，乃锺会屯兵之地。会至此，即度剑阁居死地，遂倒粮掘冢，为死战焉。唐人诗有：锺会垒边山月白，……”亦与此合。《元和志》第三条“开远戍东十一里”。疑有误（张氏《考证》已疑之）。

然此阁道在唐世已非驿道干线。驿道干线在此阁道之南，东自益昌与阁道分途，西至开远戍大剑镇，复合为一道。驿道较坦，盖即隋文帝初年畏忌剑阁之险，易启叛逆之心，故毁弃栈阁，而别开之平道也。

前引《元和志》三三剑州普安县：“剑阁道自利州益昌县界西南十里（“十”上脱一数字）至大剑镇，合今驿道。”是阁道非“今驿道”，甚明。而两道会合处则在大剑镇。考《隋书·文帝纪》卷首云：

“王谦为益州总管……起巴蜀之众以匡复为辞。……进兵屯剑阁，陷始州。……乃命（略）梁睿讨平之。……巴蜀阻险，人好为乱，于是更开平道，毁剑阁之路，立铭垂诫焉。”

是隋文帝鉴于王谦恃剑阁之固，乃毁阁道。别开平道，疑即《元和志》所谓“今驿道”也。此“今驿道”当在剑阁道之南，不在北。何者？前考白卫岭条，据胡注引《蜀高祖实录》记事云，北军由白卫岭人头山向北绕经小剑山至汉源驿出头。此在剑阁道之北也，明为僻道微径，非驿道。且下文考望喜驿，为唐人入蜀所常经。其地望在益昌之南，嘉陵江畔，是驿道在剑阁道之南也。卢照邻入蜀诗有《至望喜瞩目言怀贻剑外知己》及《大剑别刘右史》两首，尤驿道经望喜至大剑之明证。则驿道在阁道之南必矣。

此驿道盖由益昌向南沿嘉陵江西岸至望喜驿，屡见唐人诗篇。汉川入蜀之驿道自三泉南来，皆略沿嘉陵江而行。至此驿，江流折向东南入阆州，而入成都大驿道则离开江水向西南至大剑镇。

望喜驿屡见于唐人诗篇。如元稹《使东川诗》有《望喜驿》一首（《元长庆集》一七）。又李商隐《望喜驿别嘉陵江水》诗云：“嘉陵江水此东流，望喜楼中忆阆州。”（《玉谿诗详注》四）薛能《雨霁宿望喜驿》云：“江水依然浩浩声。”（《全唐诗》九函二册《薛能集》三）皆即此驿。又卢照邻入蜀诗有《至望喜瞩目言怀贻剑外知己》一首（《全唐诗》一函九册《照邻集》一）当亦此地。按《九域志》八利州，昭化县在“州南三十三里”。有“昭化、望喜、白水三镇”。检《一统志》保宁府卷关隘目：“望喜镇，在昭化县南，江水折而东流处。盖即唐望喜驿。”是在益昌县南。而《纪要》六八广元县筹笔驿条，“县北四十里有望喜驿，唐名也。今曰沙河马驿”。是在绵谷县北。此二说相距盖百里以上。《蜀中广记》二四广元县条：“南去有望喜驿，今废。”《玉谿诗详注》四，引《广元县志》文与此同。是一地有三说矣。据李商隐诗，商隐自北沿嘉陵江水南来，至此驿盖向西南入剑门，而江水则在此驿折而东南入阆州。复考《御览》五八三引《羯鼓录》：“永泰中，杜鸿渐为三川副元帅……及出蜀至利州西界望喜驿入汉川矣。自西南来始至嘉陵江，颇有山景致。……乃与从事杨崖州、杜亚辈登驿楼望月。”[1]此亦显示望喜驿之地望，与商隐诗合。是《一统志》以为“在昭化

[1]《广记》二百五杜鸿渐条引《羯鼓录》作望喜驿，盖形讹。而驿下有“路”字，是也。今本《羯鼓录》作望嘉陵驿，误也。

县南，江水折而东流处”。是也。《纪要》以为在广元之北，形势固不合。《广记》以为在广元县南，亦未为正。盖驿道直至益昌南尚沿嘉陵江而行也。

据此，驿道自益昌县向南行。《元和志》二二利州益昌县条述剑阁道下，又云：“又有古道，自县东南经益昌戍，又东南入剑州普安县界，即锺会伐蜀之路也。”疑隋唐驿道（至少东段）实略循此古道欤?

由望喜驿向西南至泥溪，盖三四十里。王勃有《泥谿诗》。

《通鉴》二七四，后唐天成元年，述伐蜀回程云：

“魏王继岌军还至武连。……时（李）绍琛将后军在魏城。……是日（二月丙申）魏王继岌军至泥溪，绍琛至剑州，遣人白继岌云，河中将士号哭不止，欲为乱。丁酉，绍琛自剑州拥兵西还，自称西川节度。”（参看《旧五代史》七四《康延孝传》及新旧《五代史·魏王继岌传》）

观此行程，泥溪当在剑州之东。又《通鉴》二六八，梁乾化元年，岐兵伐蜀，蜀将王宗侃退守安远军（即西县）。“蜀主如利州。……宗侃遣裨将林思谔自中巴间行至泥溪见蜀主告急。”胡注：“泥溪当在剑州北，利州界。”略得之。王勃有《泥谿诗》云：“弭棹凌奔壑，低鞭蹑峻岐。江涛出岸险，峰磴入云危。溜急船文乱，岩斜骑影移。”（《全唐诗》二函一册《勃集》二）当此地。《纪要》六八昭化县目，“泥溪河，县西四十里，下流入嘉陵江，往来通道也”。下引前两事以实之。是当在望喜驿向西南渡泥溪河处。其地即屡为君王所驻，当颇大，可能置驿，疑即在望喜西南三四十里处。

又西南至大剑镇，盖亦一驿之程欤?

前引《元和志》，剑州东北至利州一百九十里。《寰宇记》述剑州东北至利州里距有两项数字，一为一百九十里，一为二百里。一百九十里之数，与前考剑阁道各段累积之里数（一百八十五里）略合。疑二百里乃驿道里数。今核之驿道各段里数，剑州至大剑镇近五十里，若益昌经望喜、泥溪，至大剑镇三程各以三十五里计，则剑州至益昌一百五十五里，至利州恰得二百里之数。

大剑镇盖当剑门山脉在此地区之总口，称为蜀门。隋文另辟坦途，仍不得不取道于此，故与剑阁道相会也。

剑阁道及驿道会合于此。“其山峭壁千丈，下瞰绝涧，飞阁以通行旅。”皆见前引《元和志》三三。

前引《寰宇记》八四剑门县条：“诸葛亮相蜀，于此立剑门，以大剑门至此有隘束之路，故曰剑门。”此当指剑门县关至大剑镇一带十余里间而言，故此一带为入蜀必经之路。于邵《剑门山记》（《全唐文》四二九）云：

“趋蜀之路，必由是山。连峰戛天，上绝飞鸟，极于此也。峭壁不断，两崖相嵚，如门斯辟，如剑斯植。”

扼要道，势险峻，以数语足以尽之，可与《元和志》《寰宇记》相印证。其他状此山之险者尚多。兹择录四则如次：

张载《剑阁铭》：“岩岩梁山，积石峨峨，……南通邛僰，北达褒斜。……惟蜀之门，作固作镇，是曰剑阁，壁立千仞，穷地之险，世浊则逆，道清斯顺……。”（《全晋文》八五）

杜翁《剑门》：“惟天有设险，剑门天下壮。连山抱西南，石角皆北向。两崖崇墉倚，刻画城郭状。一夫怒临关，百万未可傍。”（《详注》九）

岑参《入剑门作寄杜杨二郎中》：“不知造化初，此山谁开坼。双崖倚天立，万仞从地劈。云飞不到顶，鸟去难过壁。速驾畏岩倾，车行愁路窄。平明地仍黑，亭午日暂赤。凛凛三伏寒，巉巉五丁迹。……陡觉烟景殊，杳将华夏隔。……”（《全唐诗》三函八《参集》一）

李德裕《剑门铭》：“群山西来，波积云屯，地险所会，斯为蜀门，层岑峻壁，森若戈戟，万壑奔东，双飞高阙，翠岭中横，黯然黛色（原注：剑门当中有一峰，峻岭横峙，望若列屏，此一峰为最奇，而说者未尝及之也）。树兹雄屏，以卫王国，峰拔井干，溪回沟洫，岩守重肩，隐如临敌。”（《全唐文》七一一）

观此四则，益见其峻险之状。《老学庵笔记》八：“剑门关皆石，无寸土；潼关皆土，无拳石。”唯其无寸土，故益见峻拔耳。

剑门为历代用兵要冲，《纪要》六八四川名山条所述已详，今不录。

大剑镇以南道渐平坦。约十五里至青强店，又五里至汉源驿。又由益昌南行至来苏村，渡江西行亦至青强店，此则用兵之偏道也。

陆游《初入西州境述怀》："自行剑关南，大道平如席，日高徐驾车，薄暮亦两驿。"足见大剑以南大道已较平坦。

汉源驿、青强店　　《通鉴》二七七，长兴元年条云："石敬瑭入散关。……王弘贽……引兵出人头山后，过剑门之南，还袭剑门，克之。"胡注引李昊《蜀高祖实录》云：

"北军自白卫岭人头山后过，从小剑路，至汉源驿，出头，倒入剑门，打破关寨。"

是剑门之南或西南有汉源驿。又《广记》四三二周雄条云：

"唐大顺景福已后，蜀路剑利之间白卫岭石洞溪虎暴尤甚。……西川监军使鱼全諲特进，自京搬家，憩于汉源驿。其孀嫂……倚驿门而看，为虎攫去。"（出《北梦琐言》）

此即《蜀高祖实录》之汉源驿也。又《宋史》二五五《王全斌传》（参看《续通鉴长编》卷六）述乾德三年伐蜀事云：

"（王）昭远……退守剑门。（全斌）遂克利州。……自利州趋剑门，次益光（即益昌县）。全斌会诸将议曰：剑门天险……诸君宜陈进取之策。侍卫军头向韬曰，降卒牟进言，益光江东越大山数重有狭径名来苏。蜀人于江西置寨，对岸有渡，自此出剑关南二十里至清强店，与大路合（《长编》"大路"作"官道"），可于此进兵，即剑门不足恃也。……康延泽曰：……蜀人屡败，并兵退守剑门，莫若诸帅协力进攻，命一偏将趋来苏，若达青强，北击剑关，与大军夹攻，破之必矣。全斌纳其策。命史延德分兵趋来苏……蜀人……弃寨而遁。昭德闻延德兵趋来苏至清强，即引兵退阵于汉源坡，留其偏将守剑门。全斌等击破之……遂克剑州。"

据此青强店在剑关南二十里，当大道，如以前考里数度之，约当在大剑镇南十五里。汉源坡驿又当在青强稍西南也。检《一统志》保宁府卷山川目，汉源坡，"在剑州东。旧置于坡上，曰汉源驿"。又引《旧志》，"汉源坡在州东三十里"。《纪要》六八，亦云"州东三十里。今有汉源桥"。大剑镇在州东北近五十里，则青强当在汉源之东北约五里矣。

来苏间道　　上文引《宋史·王全斌传》，有来苏趋青强店一道。又《通鉴》二七七，后唐长兴元年，伐蜀，先是西川孟知祥遣将庞福诚、谢锽屯来苏村，闻剑门失守，遽引部兵千余人间道趣剑州。度此间道即来苏趣青强店之道也。

由汉源驿西南三十里至剑州治所普安县（今剑阁县）。北依层山，南瞰巨涧，形势险要。当置驿。

《通鉴》二七七，后唐长兴元年，“十二月壬辰，石敬瑭至剑门。乙未，进屯剑州北山。（孟知祥将）赵廷隐阵于牙城后山”。胡注：“郭忱《剑州静照堂记》曰，前瞰巨涧，后倚层峦。又《春风楼记》曰：边山而立是州，一迳坡陁，中贯大溪，太守之居已在平山，内外居民悉在山上，则剑州之山川可知矣。”此州置驿无疑，不待论。王勃有《普安建阴题壁诗》云：“江汉深无极，梁岷不可攀。山川云雾裹，游子几时还。”（《全唐诗》二函一册《勃集》二）疑建阴乃普安县驿名。

剑州西南十余里或约二十里至税人场。

《广记》四三二周雄条：“唐大顺景福已后，蜀路则（剑）、利之间白卫岭石洞溪虎暴尤甚，号税人场，商旅结伴而行，军人带甲列队而过。……时递铺卒周雄者……前后于税人场连毙数虎，行旅赖之（出《北梦琐言》）。”又《茅亭客话》一虎盗屏迹条云：“圣朝未克蜀前，剑利之间虎暴尤甚，白卫岭石洞溪，虎名披鬃文，地名税人场……”是剑利之间有税人场，为大道所经。复考《广记》二四一王承休条：“蜀后主王衍……遂决幸秦之计……至剑州西二十里已来，夜过一溪山，忽闻前后数十里军人行旅振革鸣金……声动溪谷。问人，云将过视人伤，惧有鸷兽搏人。……众中有人言，适有鸷兽……于万人中攫将一夫而去。……翰林学士李浩弼进诗曰……长途莫怪无人迹，尽被山王税杀他。少主览此大笑。”（出《王氏闻见录》）云至剑州西二十里，将过视人伤，其地在州西不到二十里处。然视人伤地名不可解。观其事类、时间、地望，皆与前两条相近，疑“视人伤”即“税人场”之形讹。以其为税人之所，故李浩弼有“山王税杀”之讥，致少主览之大笑也。则税人场实在剑州之西。

又西南行至武连县（今武连驿），去剑州八十五里。

前泥溪条引《通鉴》二七四，后唐天成元年纪及《旧五代史》七四《康延孝传》，魏王继岌伐蜀东还，至武连。按武连乃剑州属县，在州西南八十五里，见《元和志》三三、《舆地纪胜》一八六。《蜀中广记》二六，“剑门东南有七盘岭。……《方舆》云，武连县在七盘山上”。若此说不误，则“东南”当作“西南”。

又西南经上亭驿（今有上亭铺），传为玄宗幸蜀，雨中闻铃声，因作《雨淋铃》曲处，罗隐有诗。又西南至梓潼县（今县）。共凡七十五里。

北朝时期梓潼当驿道，见《周书》一一《叱罗协传》。

《新五代史》六三《前蜀世家》，王衍幸秦州，“行至梓潼”又“至绵谷”。闻唐师入境。是唐末五代梓潼仍当秦蜀道也。又《寰宇记》八四梓潼县目引《图经》，玄宗幸蜀过此县。又引《唐书》，僖宗幸蜀过此县。则为大道所经无疑。检《元和志》三三、《寰宇记》八四、《舆地纪胜》一八六，梓潼县在州西南一百六十里，则当在武连县西南七十五里。孙樵《出蜀赋》：“济潼梓之重江，出大剑之复关。”（《全唐文》七九四）梓潼江即在城西。又《舆地纪胜》一八六隆庆府古迹目：“上亭驿，在梓潼武连二县之界。唐明皇幸蜀闻铃声之地。又名琅珰驿，前辈诗什极多。”又同卷诗目引罗隐《上亭驿》诗云：“山雨霏微宿上亭，雨中因想雨淋铃。贵为天子犹魂断，穷著荷衣好涕零。”则唐驿也。《纪要》六八梓潼县：“上亭驿在县北二十里，唐置。”《一统志》绵州卷关隘目：“上亭镇在梓潼县北。唐为上亭驿。宋置镇。……《旧志》在县北二十里。今为上亭铺。”度其地望盖在武连之西约五十余里欤?

又西南六十五里至魏城县（今有魏城镇）。

前泥溪条引《通鉴》二七四，及《旧五代史》七四《康延孝传》，后唐魏王继岌伐蜀，军还，继岌军至武连，李绍琛（康延孝）将后军在魏城。又《宋史》二五五《王全斌传》，乾德三年冬伐蜀，“四年正月十三日，师次魏城，孟昶遣使奉表来降”。皆魏城县当大道之证。陆游有诗题云：“绵州魏城县驿有罗江东诗云，芳草有情皆碍马，好云无处不遮楼，戏用其韵。”（《剑南诗稿》三）亦其证。按《元和志》三三，绵州东北至剑州二百九十里[1]。魏城县在绵州东北

[1] 两州至京里数之差亦为二百九十余里。而《通典》《寰宇记》，作二百八十里。今从《元和志》。

六十五里，则在梓潼西南六十五里也。

又西南三十五里至奉济驿，又三十里至绵州治所巴西县（今绵阳），有巴西驿。两驿，杜翁皆有诗。州滨绵江，有浮梁。

绵州为大道所经，前于论此道之大方向时已详引君主行幸与用兵路线以明之。《通典》一七六，巴西郡绵州"今郡城即汉潼县也，在成都东北之要"。正以交通枢纽耳。权德舆《送主客仲员外充黔中选补使序》云："今君道剑门，抵左绵。"（《全唐文》四九一）亦谓道里所经也。《通鉴》二七七，后唐长兴三年，"孟知祥以朝廷恩意优厚，而董璋塞绵州路，不听遣使入谢"。尤见当路之要。检《元和志》三三、《寰宇记》八三，魏城县在绵州东北六十五，是里距可知。杜翁有《巴西驿亭观江涨呈窦十五使君》二首（《详注》一二），是驿名亦可考。

《旧五代史》七四《康延孝传》，后唐伐蜀，延孝为前锋。"王衍自利州奔归成都，断吉柏津浮梁，以绝诸军。延孝复造浮梁以渡。进收绵州。王衍复断绵江浮梁而去。水深无舟楫可渡。延孝谓招抚使李严曰，吾悬兵深入，利在急兵……但得百骑过鹿头关，彼即迎降。如俟修缮津梁，便留数日，若王衍坚闭近关，折吾兵势，傥延旬浃，则胜负莫可知也。宜促骑渡江。因与李严乘马浮江，于是得济者仅千人，步军溺死者亦千余人……"是绵州西南跨绵江有浮桥为津渡之要也。

奉济驿，见杜翁《奉济驿重送岩公四韵》诗（《详注》卷一一）。诗云："远送从此别，青山空复情。几时杯重把，昨夜月同行。"《详注》引郭知达《本注》："驿在绵州三十里。"检《影宋本集注杜诗》卷二三，旧注正同，皆未明东西方位。按此前一首为《送严侍郎到绵州同登杜使君江楼宴》。《重送》所谓"昨夜月同行"，即指前一诗。前一诗已在绵州。盖次日严武东行，杜公又送一驿，是在州东三十里也。

又西南八十七里至万安县，天宝元年改为罗江县（今县），县西有万安驿。又有罗江驿，岂一驿异名耶?

《元和志》三三，绵州罗江县，（阙）。《寰宇记》八三《绵州·罗江县》，州"西南八十七里"。"晋于梓潼水尾万安故城置万安县。晋末乱，移就潺亭，今县是也。……唐天宝元年改为罗江县。"是县本名万安，后改罗江。考李商隐有《为河东公谢相国京兆公启》云："得当道万安驿状报。伏承遣兵马使陈朗赍币帛鞍马辟召小男者。"（《全唐文》七七六）按河东公谓柳仲郢，时为东川节度使；京兆公谓杜悰，时为西川节度使。是万安驿必为由西川之第一驿。正当在罗江县，盖县虽改名罗江，而驿仍万安之名也。《一统志》绵州卷古迹目万安故城条："万安县……唐天宝元年改为罗江。《方舆胜览》，今为万安驿，在罗江县西。《旧志》，万安驿在县西一里。"又《蜀中广记》九罗江县条："《图经》，唐明皇幸蜀至万安驿，叹曰，一安尚不可，况万安乎？乃回辇宿真明寺（按《图经》以下，见《方舆胜览》五四）。按驿在治西一里。昔有碑书一安尚不可句，云是玄宗亲笔。今亦毁蚀。"是在罗江县西一里。然唐彦谦有《罗江驿》诗（《全唐诗》十函五册《彦谦集》二）。据《全唐诗》排列，此后为奏捷西川题沱江驿。彦谦在川中甚久，此当即绵州之罗江驿也。岂一驿先后异名耶？

又西南十里至白马关，与德阳县之鹿头关相对。核之里数，盖即一关之东西口，分属两州县耳。大道自北南来，此为最后之险隘矣。

《续高僧传》二七《释慧岸传》："武德三年，科租至岷州。……蜀人……谓在天外。……众人去至鹿头，道逢敕停。"是鹿头之名甚早，当通剑北大道。又《新志》，绵州罗江县，"有白马关"。《寰宇记》八三绵州罗江县，"白马关在县西南十里，与鹿头关相对"。是必亦当大道也。

鹿头关在唐中叶以后屡见史传，极有名。今据《通鉴》录数事如次：

德宗建中四年，"剑南西山兵马使张朏以所部兵作乱，入成都。……鹿头戍将叱干遂等讨之，斩朏"。（卷二二九）

宪宗元和元年，高崇文伐蜀。"刘辟城鹿头关，连八寨，屯兵万余人以拒高崇文。六月丁酉，崇文击败之。辟置寨于关东万胜堆[1]。戊戌，崇文遣骁将范阳、高霞寓攻夺之，下瞰关城，凡八战皆捷。…… 庚子，高崇文破刘辟于德阳。癸卯，又破之于汉州。……九月……壬寅，高崇文又败刘辟之众于鹿头关。……河东将阿跌光颜将兵……军于鹿头之西，断其粮道，城中忧惧。于是辟绵江栅将李文悦、

[1] 万胜堆，此战后改名龟胜山，见《全唐文》卷七百一十六郑宗经《德阳龟胜山道场记》。又参看《纪要》卷六十七。

鹿头守将仇良辅皆以诚降于崇文。……遂长驱直入成都。”（卷二三七）

僖宗中和元年“正月，车驾发兴元”，幸成都。“（陈）敬瑄迎谒于鹿头关”。（卷二五四）

又中和四年，东川节度使杨师立反，以讨陈敬瑄为名。诏以“高仁厚为东川留后，将兵五千以讨之”。“高仁厚屯德阳，杨师立遣其将（略）据鹿头关以拒之。”（卷二五五）

又光启三年，王建在梓州，西川陈敬瑄召之，“建至鹿头关。……敬瑄悔，亟遣人止之，且增修守备。建怒，破关而进”。（卷二七四）

后唐庄宗同光三年，伐蜀。“李绍琛进至绵州。……谓李严曰，吾悬军深入，利在速战。乘蜀人破胆之时，但得百骑过鹿头关，彼且迎降不暇……或教王衍坚闭近关，折吾兵势，傥延旬浃，则胜负未可知矣。乃与严乘马浮渡江，从兵得济者仅千人……遂入鹿头关。……进据汉州。”（卷二十四）

观此诸事，鹿头关之冲要可知。盖不惟为剑绵入汉州道，且为梓州入汉州道也。然盛唐以前盖未置关。故《六典》上中下二十六关无此名。《通典》亦不载。杜翁《鹿头山》诗，亦不以关名也。其置关盖自安史乱后始。《元和志》三一汉州德阳县，“鹿头戍，在县北三十八里”。当即关城所在（《纪要》六六关在德阳县北三十里）。今以里距按之。据《元和志》三一、三三，汉州东北至绵州一百八十里。德阳在汉州东北四十五里，关戍又在县北三十八里。则关戍在汉州东北八十三里。即在绵州西南九十七里。前考白马关正在绵州西南九十七里。《寰宇记》白马关与鹿头关相对。明即一关之东西口耳。

此关既当成都东北要道，唐代文史颇能见其概。《旧》一五一《高崇文传》云：

“成都北一百五十里（按此里数当指德阳县而言）有鹿头山，扼两川之要，辟筑城以守。又连八栅，张犄角之势，以拒王师。是日破贼二万于鹿头城下，大雨如注，不克登乃止。明日又破于万胜堆。堆在鹿头之东，据堆下瞰鹿头城。”

杜翁《鹿头山》（《详注》九）：

“鹿头何亭亭，是日慰饥渴。连山西南断，俯见千里豁。游子出京华，剑门不可越。及兹险阻尽，始喜原野阔。”（《详注》引王洙曰：“自秦入蜀，川岭重复，极为险阻。及下鹿头关，东望成都，沃野千里，葱郁之气，乃若烟霞霭然。”）

此二事皆足见此地之形势。盖自北南来，此为最后之险隘。过此则平畴沃野，无复险阻，故为兵家必争之地。

又南三十八里至德阳县（今县），又西南四十五里至汉州治所之雒县（今广汉）。有白杨林镇，在州东北，盖亦为大道所经欤？

鹿头戍南至德阳县里数见前引《元和志》三一。《通鉴》二三七，宪宗元和元年，高崇文伐刘辟，辟坚守鹿头关，崇文重困之，而进破辟军于德阳，又破之于汉州，然后取关城，乃长驱入成都。又《新》一八九《高仁厚传》：陈敬瑄表仁厚为东川节度留后，讨东川节度杨师立。“师立遣大将张士安郑君雄守鹿头关。仁厚次汉州，前军战德阳。”是自鹿头关经德阳入汉州也。而《通鉴》二五七，僖宗光启三年，王建破鹿头关，败汉州刺史于绵竹，拔汉州，然后拔德阳。是自鹿头关经绵竹入汉州也。盖地势已平，军事运用，不必遵一道矣。然考《通鉴》二七四，后唐同光三年，魏王继岌伐蜀至绵州，蜀请降。继岌经德阳、汉州至成都。此时蜀已平，继岌当遵干线以进。又考《新五代史》六四《后蜀世家》，周师来伐，蜀遣赵季札为秦州监军使。“季札行至德阳。”此非军事行动，盖取经常干线。故知德阳实在干线上，绵竹则非也。

德阳西南至汉州四十五里，见《元和志》三一。而《寰宇记》七三作五十里。今从《元和志》。汉州为大道所经，前引材料已屡见，不具引。

又有白杨林镇。《通鉴》二七七，后唐长兴三年，“东川节度使董璋……谋袭成都。……孟知祥闻之，遣马军都指挥使潘仁嗣将三千人诣汉州诇之。璋入境，破白杨林镇。……兵至汉州”。胡注：“白杨林镇当在汉州界上。”此似在汉梓界上，属汉州者。然考《茅亭客话》一虎盗屏迹条：“圣朝未克蜀前，剑、利之间……白卫岭石洞溪，虎名披鬃文……绵、汉之间白杨林，虎名……”是又当在绵、汉道上，过此即至汉州。盖在州东至德阳道中欤？

州治近郊有金雁驿，见韦庄《汉州》诗，盖因金雁河桥而得名。

韦庄《汉州》诗：“十日醉眠金雁驿，临歧无恨（一作限）脸波横。”（《全唐诗》十函九册《庄集》六）诗题为“汉州”，而云醉眠金雁驿，当在州治所。

复考《寰宇记》七三汉州雒县："君平卜台，任豫记云：广汉郡雁桥东有严君平卜处，土台高数丈。雁桥，李膺记云，张任与刘璋子循守雒城，任勒兵出于雁桥，战败。"是汉州治所久有雁桥之地名。又《元和志》三一，汉州雒县，"君平卜台在县东一里。鹰桥在县南一里"。就方位与字音言，此鹰桥显即雁桥。复考《通鉴》二七四，后唐天成元年，任圜围李绍琛于汉州。"汉州无城堑，树木为栅。任圜……纵火焚之。李绍琛引兵出战于金雁桥。"胡注："金雁桥在汉州雒县东雁江上，俗传有金雁，故名。"是金雁桥即雁桥、鹰桥，在汉州近郊也。金雁驿当即因此得名，盖即在州治东南欤？（《纪要》六七，桥在州北一里）又《一统志》成都府卷山川目，"金雁河，亦名雁江，自什邡县西南发源……东南流四十里至汉州城东北，合沈犀河。《方舆胜览》，雁江在雒县南，曾有金雁，故名"。亦见金雁即因雁江雁桥得名，地在州治也。

自州西南逾五侯津，经武侯庙至鸡踪桥，去州盖十七里。又五里至弥牟镇。又十一里至八阵图，又十九里至新都县（今县）。

《元和志》三一、《寰宇记》七二皆称成都至新都四十八里，至汉州一百里。则汉州、新都间当为五十二里。其间有数地名可考：

《旧五代史》六二《董璋传》，为东川节度，袭西川孟知祥，战于汉州之弥牟镇。《鉴诫录》一知机对条，孟知祥奏董璋侵西川事云：

"董璋……五月一日骤入汉川（州），臣其日先差（衔略）赵廷隐总领三万人骑发次新都，臣自……继之。俱列营于弥牟镇。比至三日诘旦……一击而蚁溃。……"

又《五代史记》六四《孟知祥传》述之较详云：

"璋先袭破知祥汉州。知祥遣赵廷隐率兵三万，自将击之，阵鸡距（踪）桥。……兵始交……璋遂大败，走过金雁桥，麾其子光嗣请降，以保家族。"

又《通鉴》二七七，后唐长兴三年条云：

"五月……璋遂克汉州。癸未，知祥……自将兵八千人趣汉州，至弥牟镇；赵廷隐陈于镇北。甲申迟明，廷隐陈于鸡踪桥……张公铎陈于其后。俄而，璋望西川兵盛，退阵于武侯庙下。……东川兵大败……知祥引兵追璋至五侯津，东川马步都指挥使元瓌降。……是夕，知祥宿雒县。”

综此三条观之，弥牟镇在新都北。其北有鸡踪桥，桥北为武侯庙，庙北有五侯津，皆在汉州西南大道上。《通鉴》二七七胡注：“薛《史·孟知祥传》云：知祥亲帅其众与赵廷隐等逆战于金雁桥。璋军大败。按金雁桥在汉州雒县南。璋兵既败，知祥追之，夕宿雒县，岂金雁桥即鸡踪桥耶？”按辑本薛史无此段，盖原本有之。然二桥地望不同甚明。胡注疑之，非也。

《九域志》七，成都府新都县有弥牟镇。《纪要》六七新都县，“弥牟镇，县北三十里，接汉州界”。而《一统志》成都府卷关隘目，“弥牟镇在新都县北二十里，接汉州界”。里距有异。《地典》作三十里。今姑从之。且据《九域志》，汉州与成都府接界处在汉州西南二十里。此云接汉州界。亦似以三十里为正也。前云新都去汉州五十二里，则镇距汉州应为二十二里也。又《纪要》六七新都县，“鸡踪桥在县北三十五里。《旧志》云，弥牟镇北有鸡踪桥”。是去汉州十七里也。则五侯庙、五侯津以次在北可知矣。《纪要》六七，汉州湔水条，“自灌县湔堰分流经崇庆、彭县、新繁，至新都弥牟镇北而入州界，合于雒水，故亦兼弥牟河之称。……又五侯津在州西。或曰即弥牟河津济处也”。

镇南有八阵图。《元和志》三一，新都县，“诸葛亮八阵图在县北十九里”。而《寰宇记》七二，新都县，“八阵图在县北三十里。……李膺《益州记》云，稚子阙北五里，武侯八阵图土城西门，中起六十四魁，八八为行，魁方一丈，高三尺”。两书里数亦有十里之差，今姑从《元和志》。

唐初有两女驿，盖在雒县、新都间。

《法苑珠林》三八：“有天竺僧……至雒县大石寺塔所敬礼，事已讫，欲往成都，宿两女驿。”道宣《塔寺感通录》上，略同。据此，驿当在雒县成都间。然新都至成都不过四十八里，其间已有天回驿，故此驿或当在新都以北。

县南十里至毗桥。

《通鉴》二五二，咸通十一年正月“癸酉……蛮军抵成都城下。前一日，卢耽遣先锋游奕使王昼至汉州诇援军，且趣之。时兴元六千人，凤翔四千人，已至汉州。……丁丑，王昼以兴元、资、简兵三千余人军于毗桥，遇蛮前锋，与战不利，退保汉州”。胡注：“毗桥在汉州南界。”据此，地当汉州至成都道上无疑。考《华阳国志》八《大同志》，太安元年“（李）特破德阳，流次成都北上，李骧在毗桥，（罗）尚遣将张兴伪降于骧。……”是毗桥之名已久。检《纪要》六七，毗桥在新都县南十里。有毗桥河。《一统志》成都府卷津梁目亦云县南十里。

又南八里至天回驿（今天回镇）。

《云溪友议》卷中苗夫人条：“韦皋……自金吾持节西川，至天回驿，去府城三十里。”本注：“上皇旋驾日以为名。”（又见《广记》一七〇引）去府城三十里，则在新都南一十八里，毗桥之南八十里也。此驿又见《鉴诫录》五《徐后事》条，云徐后有《题天回驿》诗。少帝继题云“翠驿红亭近玉京，梦魂犹自在青城”。检《蜀中广记》三，成都北三十里有天回山、天回镇。今按成都市北三十里有天回山，山下有天回镇，道通新都县（据《地典》），即其地也。

又南二十三里至七里亭，又二里至升仙桥。

《蜀梼杌》上，王衍北巡，后妃饯于升仙桥。《通鉴》二七四，后唐同光三年，蜀主王衍北巡回。“十一月丙申，蜀主至成都。百官及后宫迎于七里亭。”（胡注：“亭去成都七里，因以为名。”）旋遣使约降于唐军都统魏王继岌。“甲寅，继岌至汉州。……乙卯，至成都。丙辰，李严引蜀主及百官仪卫出降于升迁桥。”《旧五代史》一三六《王衍传》，“魏王至成都北五里升仙桥，伪百官班于桥下，衍……面缚衔璧，舆榇于后”。是七里亭与升仙桥里距不同。《五代史记》六三《前蜀世家》，王衍出巡还成都，百官迎于七里亭。旋出降于魏王继岌，亦在七里亭。与《旧史》《通鉴》异。检《五代史记》一四《唐家人传》，魏王继岌“入成都，王衍乘竹舆至升仙桥降”。是衍之降实在升迁桥，《新史·王衍世家》作七里亭，误也。又《续通鉴长编》六宋乾德三年纪，王全斌伐蜀，“至升仙桥，蜀主备亡国之礼见于军门”。是后主降礼，亦在此桥也。考《华阳国志》三《蜀志》：成都，“城北十里，有升仙桥，有送客观，司马相如初入长安，题市门曰，不乘赤车驷马不过汝下也”。《寰宇记》七二，亦作十里，并引《华阳志》。是桥甚古，在城北十里。《纪要》六七，升仙桥在府北七里。“十”“七”当有一讹。而薛《史》明云升仙桥在成都北五里。今从薛《史》。则在七里亭南二里也。

又五里至成都府（今县）。成都有临途馆，不知是否为北行之启程处?

里距见前考。按《宝刻类编》六有卢正书《临途馆记》，会昌中立，在成都。此成都城置馆驿之唯一可考者。

综上所考，自金牛县金牛驿东北行，沿汉水南源，经嶓冢山，百牢关，东至兴元府，一百八十里。自金牛西北行，循陈平水，经飞仙岭，至兴州，盖一百数十里。自金牛西南行，至三泉县，当置驿。又南沿嘉陵江东岸行，历老君祠，九井滩，五盘岭、五盘驿，嘉川驿，筹笔驿，龙门阁，朝天岭，望云岭，小漫天岭，深渡驿，大漫天岭，石柜阁，佛龛，至利州治所绵谷县，置嘉陵驿。又西南至桔柏渡，渡嘉陵江，沿江西岸行，历益昌县，望喜驿。自此离开江岸向西南行，经泥溪至大剑镇。益昌县西有阁道，西经白卫岭，小剑戍，剑门县、方期驿，剑门关，开远戍，至大剑镇，与驿道合。由西南历青强店，汉源驿，剑州治所普安县，税人场，武连县，上亭驿，梓潼县，魏城县，奉济驿，至绵州治所巴西县，有巴西驿。又经罗江县，有罗江县又名万安驿。又西白马关、鹿头关，德阳县，白杨林镇，至汉州治所雒县，有金雁驿。又经五侯津，武侯庙，鸡踪桥，弥牟镇，八阵图，新都县，两女驿（此驿确实地望未定），毗桥，天回驿，七里亭，升仙桥，至成都府治所成都县，有临途馆。自金牛至此共凡一千零七十里。历州治四（利、剑、绵、汉），县治一十三，驿名可考者一十七。就标准驿距而言，略得其半。

自成都至鹿头关一百八十三里，道路平坦。鹿头至剑州三百八十七里，渐入山区。剑州至金牛五百里间，途极险峻，多栈阁，是为南栈阁，建设桥阁盖至数万，所谓蜀道之险，全在此段，唐人诗文已尽状摩之能事。

唐人诗篇，描写此段栈道之状况者甚多，前文考各处栈阁已随地引证。至于广泛形容之篇什：如李白《蜀道难》，固已脍炙人口。他如张文琮《蜀道难》（《全唐诗》一函八册）云：

“飞梁架绝岭，栈道接危峦。”

欧阳詹《栈道铭序》（《全唐文》五九八）云：

“秦之坤，蜀之艮，连高夹深，九州之险也。阴溪穷谷，万仞直下，奔崖峭壁，千里无土，亘隔呀绝，才才冥冥，麋鹿无蹊，猿猱相望，自三代而往，蹄足莫之能越。……粤有智虑，以全元造，立巨衡而举追氏，縋悬绠以下梓人，猿垂绝冥，鸟傍危岑，凿积石以全力，梁半空于木栅，斜根玉垒，旁缀青泥，截断崖以虹桥，绕翠屏而龙蜿。坚劲胶固，云横砥平，总庸蜀之通途，统岐雍之康庄……由是赍币以达，人神会同。……”

又如岑参《与鲜于庶子自梓州成都少尹自褒城同行至利州道中作》（《全唐诗》三函八册《参集》一）：

“前日登七盘，旷然见三巴。……栈道笼迅湍，行人贯层崖，岩倾劣通马，石窄难容车，深林怯魑魅，洞穴防龙蛇，水种新插秧，山田正烧畬，夜猿啸山雨，曙鸟鸣江花……”

凡此皆能真实写状蜀道栈阁之景象。宋世《图经》云“栈道连空，极天下之至险”（《舆地纪胜》一九一利州路大安军风俗形胜目引）。盖不虚也。

入蜀栈道，历代修营，以维交通，于唐亦然。刘禹锡《山南西道新修驿路记》（《全唐文》六〇六）云：

“自散关抵褒城，次舍十有五，牙门将贾黯董之；自褒而南，逾利州至于剑门，次舍十有七，同节度副使石文颖董之。两将受命，分曹星驰，并山当蹊，硕石万状，坳者垤者兀者铦者，磊落倾欹，波翻兽蹲，炽炭以烘之，严醯以沃之，溃为埃煤，一彗可扫，栈阁盘虚，下临谽谺，层崖峭绝，枘木亘铁，因而广之，限以钩栏，狭径深陉，衔尾相接，从而拓之，方驾从容，急宣之骑，宵夜不惑，郄曲稜层，一朝坦夷。”

此即见险峻之状，又见修缮之方。今日川北交通已化险为夷，皆历代如此凿修之功耳。

《舆地纪胜》一八四利州景物目下：

“石栏桥在绵谷县北一里。自城北至大安军界，管桥栏阁共一万五千三百一十八间。其著名者为石柜阁、龙洞阁。”

同书一九一大安军景物目上：

“兴、利州，三泉县，桥阁共千三百一十八间，护险偏栏共四万七千一百三十四间。”

按大安至兴州百数十里，不如剑门前后之险峻，则剑州至三泉（即大安）之桥阁数绝不下于两万左右。两护险偏栏不与焉！然此为南宋末期桥阁数。复考《宋会要·方域》一〇之二道路目：

“（庆历）三年七月二十七日，秘书丞知兴元府褒城县窦充言：窃见入川大路，自凤州至利州剑门关，直入益州，路遥远，桥阁约九万余间。每年系铺，分兵士于近山采木，修整通行。”

则北宋中叶凤州至剑门关（此南桥阁极少）桥阁多至九万，测计金牛剑门间当有五万以上。岂并《纪胜》所谓护险偏栏皆计入数之欤？据此上推唐世，当亦不少于此数。

参看图3、图2

一九六七年七月十五日初稿，刊史语所集刊第四十本。一九八四年十月一日增订。一九八五年十一月二日二校。复据两种宋本杜诗增订两条。《分门集注杜工部诗》师氏注引《图经》，尤为百牢关在西县之西三十里之强证。十二月八日三校毕。

附记　陆放翁《剑南诗稿》卷三，所载诸诗，见其屡次来往于兴元、益昌间。所经之地，由此而南数之，有沔阳县、沮水、长木、金牛驿、三泉驿、老君洞、嘉川铺、筹笔驿、龙洞阁、利州、益昌，此于前论嘉川地望时已详列之。后由汉中至成都，其益昌以南路中纪事诸诗，有《剑门道中遇微雨》《剑门关》《过武连县北柳池安国院煮泉试日铸顾渚》《宿武连县驿》《绵州魏城县驿有罗江东诗戏用其韵》《行绵州道中》《罗江驿翠望亭读宋景文诗》《鹿头关过庞士元庙》《游汉州西湖》。据此诸诗题，至南宋时代，兴元、成都间驿程仍存唐代之旧也。

汉唐阴平道

引　言

阴平道因邓艾伐蜀著称于史。《纪要》五九云，阶州“制两川之命，为入蜀经路者，则曰阴平道”。下引邓艾伐蜀，及后唐击孟知祥事。最后述明代史事云：

“明初，傅友德奉命征四川。阳言出金牛，而使人觇青川、杲阳，皆空虚，阶、文虽有兵垒而守备单寡，遂由陈仓攀缘山谷，间行而进，克阶州，进拔文州，遂引兵出青川、杲阳，直趣绵州，此即邓艾阴平故道也。今自阶州经隆（龙）安至绵州几千余里，其间皆重岩复涧，阁道险仄，仅而得达。”

按顾氏所述傅友德行军路线，由阶、文经青川至绵州，以为即邓艾阴平故道。就此节文字看来，如何由文州至青川未明言。乃本注引《舆程记》述阶、文南下之行程云：

“自阶州至文县二百十里，由文县而南，至四川龙安府三百三十里，又东至青川所百二十里，又东南至江油县百九十里，折而西南至成都府之绵州一百八十里。”

是自阶、文南下，先至龙安府治，再东经青川至江油、绵州也。按此为唐宋以来文、龙间之捷径，非邓艾入蜀故道。而自汉以来，阴平入蜀之真正主道实沿白水（今白龙江）至昭化；既非邓艾道，亦非《舆程记》之捷径。故阴平入蜀前后凡三道，兹详为论证如次。

一、阴平入蜀非一道

阴平道之出名，虽始于邓艾伐蜀，然此前由阴平入蜀本有通道。西汉时代，阴平道（县名，今文县西北），甸氐道（县名，今文县西）皆隔山南隶于广汉郡，即其明证。

《汉书地志》，广汉郡属有甸氐道（即县），在今文县西；有阴平道（即县），“北部都尉治”。在今文县西北。是今文县地区虽远隔在摩天岭、剑门山诸山脉之北，然在西汉必已有南行入蜀之径路，否则不能远隶蜀中之广汉郡也。

东汉羌人数反，始于阴平置郡。《华阳志》云羌人烧郡城，郡人退居白水，在今广元、昭化西北白龙江下游地区。是则阴平南入巴蜀之要道殆即沿白龙江而下者耳。至三国末期，蜀守、魏攻之计划与实际用兵之进退路线，《三国志》诸传记之甚详，尤见阴平南越大山入巴蜀，以阴平（今文县西北）东南之桥头（今文县东南）循白水河谷（今白龙江）南至白水（今昭化西北一百二十里），与汉中阳安关（今阳平关，在宁羌西北一百里）西南来之大道相会，又南向汉寿（今昭化南）至剑阁。此为正道。至于邓艾一军由景谷（在桥头南，今白水街西北）向西南斜出，“从汉德阳入江由左儋道”，至绵竹，史称为“邪径”“傍入”，“行无人之地七百里，攀山通道，造作桥阁”，“山高谷深”，“将士皆攀木缘崖”，“艾以毡自裹推转而下”，此明无道可行，自非正道。唯自艾出奇偷袭立大功，显大名，后人乃仅知有邓艾所行之阴平道，而旧日阴平正道反不著矣。

《华阳国志》二《汉中志》云：

“阴平郡本广汉北部都尉。永平后，羌虏数反，遂置郡。……安帝永初二年，羌反，烧郡城，郡人退住白水。”

按此白水无论指白水郡之白水县，抑白水关而言，皆在今广元昭化西北白龙江沿岸之白水街地区（详后文），白龙江即古白水，北由阴平流来，下入巴蜀。山地交通路线多循河谷，此条史料已暗示汉世阴平入蜀，白水地方为一中道据点矣。

复考邓艾伐蜀时事详见《三国志》，除显示邓艾入蜀道外，亦显示白水为由阴平入蜀之要道。兹稍详引录如次：

《蜀志》一四《姜维传》云：

“（景耀）五年，维……住沓中（在洮水流域，今临潭西）……六年，维表后主，闻锺会治兵关中，欲规进取；宜并遣张翼、廖化督诸军分护阳安关口（即今阳平关，宁羌西北一百里）、阴平（今文县）、桥头（今文县东南），以防未然。……后主寝其事。……及锺会将向骆谷，邓艾将入沓中，然后乃遣右车骑廖化诣沓中，为维援；左车骑张翼、辅国大将军董厥等诣阳安关口，以为诸围外助。比（盖‘化’之讹）至阴平，维为邓艾所摧，还住阴平。锺会……遣别将进攻关口（即阳安关口）。……关口已下，长驱向前，翼、厥甫至汉寿（今昭化南），维、化亦舍阴平而退，适与翼、厥合，皆还保剑阁以拒会。……而邓艾自阴平由景谷道傍入，遂破诸葛瞻于绵竹。”

《魏志》二八《锺会传》云：

“（景元）四年（即蜀景耀六年）秋……诏使邓艾、诸葛绪各统诸军三万余人，艾趣甘松、沓中，连缀维，绪趣武街（今甘肃成县西）、桥头，绝维归路。会统十余万众分从斜谷、骆谷入……至汉中。……会……西出阳安口……攻破关城（即阳安关口）……姜维自沓中还至阴平，合集士众，欲赴关城。未到，闻其已破，退趣白水（今昭化西北一百二十里），与蜀将张翼、廖化等合守剑阁拒会。……邓艾追姜维到阴平，简选精锐，欲从汉德阳入江由左儋道，诣绵竹趣成都，与诸葛绪共行。绪以本受节度邀姜维，西行非本诏，遂进军前向白水，与会合……向剑阁。”

又《邓艾传》云：

“（景元）四年秋……使艾与维相缀连，雍州刺史诸葛绪要维，令不得归。艾遣……金城太守杨欣等诣甘松，维闻锺会诸军已入汉中，引退还，欣等追蹑于强川口，大战，维败走。闻雍州已塞道屯桥头，从孔函谷入北道，欲出雍州后。诸葛绪闻之，却还三十里。维入北道三十余里，闻绪军却，寻还从桥头过，绪趣截维，较一日不及。维遂东引还，守剑阁。锺会攻维未能克；艾上言……从阴平由邪径经汉德阳亭趣涪，出剑阁西百里，去成都三百余里，奇兵冲其腹心……掩其空虚，破之必矣。冬十月，艾自阴平道行无人之地七百余里，凿山通道，造作桥阁，山高谷深，至为艰险……艾以毡自裹，推转而下，将士皆攀木缘崖，鱼贯而进，先登至江由……蜀卫将军诸葛瞻自涪还绵竹，列阵待艾。”

据此三条，汉末由秦陇入蜀之道口，除阳安关之外，其西之阴平桥头亦为要道；故姜维预先筹划阳安与桥头并重，其后魏人入侵亦正由此两道并入也。桥头为姜维出入西北洮水流域之孔道，故其退兵及廖化支援之路线皆以此为中路，诸葛绪自武街（今成县西）邀姜维，亦以此为关键也。姜维、廖化由阴平退兵，经白水至汉寿（今昭化）退守剑阁，诸葛绪亦自阴平尾追经白水至剑阁，可见此为一通行大道。而白水为必经之地，正可与前引《华阳志》云汉世阴平郡人退屯白水事相印证矣。白水当汉中经阳安关入蜀之大道，谭宗义《汉代国内陆路交通考》第一章已详考之。则其地适当阳安、桥头东西两道入蜀之会。《华阳志》二《汉中志》：“白水县有关尉，故州牧刘璋将杨怀、高沛守也。”盖以其当两道入蜀之会，地居冲要，故置关尉耳。盖当时路线，东路由汉中西行入阳安关口，西渡嘉陵江至白水；西路由阴平桥头东南行亦至白水，与东路会合，再南至汉寿入剑阁也。故当时由蜀通阴平之真正径道当为桥头、白水、汉寿道。邓艾所行乃由景谷、汉德阳亭向西南傍入江油者，故诸葛绪以为西行非本诏，而引军东行经白水至剑阁也。后世震于邓艾偏道出奇之成功，以阴平道专属于邓艾之偏道；似阴平险阻，别无道路者。其实非也。

今先考阴平入蜀之正道，次论邓艾入蜀之偏道，并附述唐以下之捷径如次。

二、阴平入蜀之正道

前论汉魏时代，秦（经汉中）、陇（经阴平）入蜀两道会于白水关，关亦为西道即阴平道之重点。其地当在白水河谷。今昭化县西北一百二十里有白水街（E105° 30・N32° 40′），濒临白龙江（即古白水），盖其地矣。

《后汉书·李固传》注引《梁州记》：“关城（阳安关即今阳平关）西南百八十里有白水关。”又《一统志》保宁府卷关隘目，白水关“在昭化县西北一百二十里故白水县界”。按白水县、白水关皆因白水受名。白水今又名白龙江，检地图，江滨有白水街，在阳平关之西南，昭化县之西北，各别距离亦约为一百八十里、一百二十里之谱。然则今白水街虽未必即古白水关、白水县之准确位置，要亦相去不远。

白水关之上游重地为桥头，乃阴平道入蜀之道口。据《水经注》，地当羌水（今白龙江）、白水（今文县河）之会（E105° 10・N32° 45′），在葭芦城（今武都东南七十里、白龙江滨）下游，白水县故城（约即白水关）西北九十里，约今文县东南六七十里至百里处。

陆游《老学庵笔记》八云：

"阴平在今文州，有桥曰阴平桥。淳熙初，为郡守者大书立石于桥下，曰邓艾取蜀路。过者笑之。"

按此谓郡守愚暗，示敌人以入侵之路也。然不明桥究何在？检《纪要》五九文县目："阴平桥在县治东南，跨白水上，即所谓阴平桥头也。"《一统志》阶州卷津梁目："阴平桥在文县南门外，跨白水上，即所谓阴平桥头也。……《通志》，在县西南一里，白水急流中有石二道，就石立柱成桥，长二十余丈。"是即在今文县近郭处。然《水经注》三二《羌水注》云：

"羌水又迳葭芦城南……又东南流至桥头，合白水，东南去白水县故城九十里。"

按桥头东南去白水故城仅九十里，则绝不在今文县近郭。又按郦《注》所谓羌水亦即今白龙江，白水即今文县河（二水会合即前文所谓白水也）。葭芦在今武都县东南七十里。桥头在葭芦之东南，当二水之会，观申报馆《新地图》及《民国地图集》，当在文县东南六七十里以上或近百里，绝非近在县郭也。复检《寰宇记》一三四文州曲水县目："武州水在县东八十里，从陇右故叠州常芬县，下入故长松县东，过入白水江，次入利州昭化县境，合嘉陵江。"《元和志》二二文州，长松县"西南至州七十里"。武州水亦即今白龙江，尤见二水之会必在文县东或东南约七八十里或近百里处也。《一统志》及其所引《通志》之阴平桥盖后代建筑位置，非汉魏之旧矣。

桥头与白水关县之地望既明，则汉魏时代阴平入蜀之径道即略沿白水而行，断可知矣。至南北朝时代，此白水道仍通行，为仇池氐王南北依违之主道，亦为南北两朝争取仇池、武都、阴平山区控制权之用兵主线。

《魏书》五一《皮豹子传》云：

"兴安二年正月，（刘）义隆遣其将萧道成（略）等入汉中，别令杨文德、杨头等率诸氐羌围武都。豹子分兵将救之。……文德谓豹子，欲断其粮运，回军还入覆津，据险自固。义隆恐其辄回，又增兵益将，令晋寿、白水送粮覆津……"

按晋寿即前文之汉寿，在今昭化县境。覆津在葭芦之北，今武都县东南白龙江（即郦《注》之羌水）上，则此正即魏蜀时代之桥头、白水、汉寿线，略循白水河谷而行者。

又南北朝时代，白水县地区曾置沙州。见《元和志》二二景谷县目（并参《纪要》六八昭化县目）。南北争武都氐地，常进出白水、沙州一线。如《宋书》九八《氐胡传》，杨难当据武都，诏遣梁州刺史刘道真等伐之，"道真到武兴（今略阳）……（遣）西安参军韦俊……别向下辨（今成县西三十里）……又遣司马夏侯穆季西取白水……并望风奔走"。是采南北包抄之战略，以取武都也。又云"后立元和为武都王，治白水"。《南齐书》五九《氐杨氏传》：元徽中，以杨广香"为阴平公，茄芦镇主。……建元元年诏曰……茄芦镇主阴平郡公杨广香怨结同族……当宋之世，举地降敌，茄芦失守，华阳暂惊。近……仰惟新之化，肉袒请附，复地千里……可特量所授……为督沙州诸军事、平羌校尉、沙州刺史"。又云："永明元年，以征虏将军（杨）灵为沙州刺史、阴平王。"灵死，子崇祖袭位为沙州刺史、阴平王。按茄芦为阴平东羌水（白龙江）上之重镇，在今武都县东南七十里，详另文。此亦均见沙州白水为通阴平茄芦之经道。《南齐书·氐传》又云：

"白水居晋寿上流，西接涪界，东带益路，北连阴平、茄芦，为形胜之地。"此诚不虚，亦正见南北朝时代，白水为由蜀北出阴平、武都之主要通路矣。

又《周书》一九《豆卢宁传》：

"弟永恩……武成元年，迁都督利、沙、文三州诸军事，利州刺史。时文州蛮叛，永恩率兵击破之。"

按文州即阴平，利州即唐之利州，今广元县，沙州居其间，当白水。是此三州皆沿白水南北排列为一直线，正藉白水为通道耳。

复考《通鉴》一六三及一六四书杨乾运击杨法琛事云：

梁简文帝大宝元年，“黎州民攻刺史张贲……引氐酋北益州刺史杨法琛据黎州，命王贾二姓诣武陵王纪，请法琛为刺史。纪深责之，囚法琛质子……。冬十月丁丑朔，法琛遣使附魏。”

“十二月……武陵王纪遣潼州刺史杨乾运……讨杨法琛，法琛发兵据剑阁以拒之。”

大宝二年正月，“杨乾运攻拔剑阁，杨法昌（一本昌作琛，皆琛之讹）退保石门。”

二月，“杨乾运进据平兴。平兴者，杨法琛所治也。法琛退保鱼石洞。乾运焚平兴而归。”

胡注以为梁之黎州即唐之利州（治今广元），潼州即梓潼（今县），平兴为法琛根据地，亦即北益州治所，唐为景谷县（此条又参《元和志》景谷县目。景谷今昭化县西北百里），石门即《元和志》景谷县西南十八里之石门关地也。所指皆正确。是石门在唐以前即为南通广元、剑阁，北出景谷、鱼老之中道矣。

抑尤有进者。《通典》一七五江由郡目云：

“江油县（今平武）……有石门山，与氐分界。《蜀都赋》曰，缘以剑阁，阻以石门，是也。”

《元和志》三三龙州江油县目云：

“石门山在县东一百三里，有石门戍，与氐分界，去仇池城四百余里。”

按唐代著作而云“与氐分界”，已可异。且照《元和志》体例，当云石门山去本州县若干里，今乃云去仇池城四百余里。仇池与龙州中隔文州，何以云然，更非常例。检《蜀中广记》一〇《名胜记》江油县目引《寰宇记》云：

“石门在江油县东百里，有石门戍。《汉水记》云，与氐分界于石门，仇池戍去石门四百余里。左思《蜀都赋》云……”

按今本《寰宇记》有此条，但《汉水记》作《汉书地理志》，显误不待言。检《隋书·经籍志》有庾仲雍《汉水记》五卷，《寰宇记》所引此条殆其遗文。

作者本末虽不详（《经籍志考证》），但为东晋南朝人则无疑。所云“与氐分界”，正亦南北朝事势也。《通典》《元和志》亦皆直接抄取《汉水记》原文，至与本书体例不合耳。景谷之石门近白水干流，白水为西汉水主源之一，故《汉水记》述事之范围涉及景谷之石门之可能性极大，至于龙州之石门，则离白水甚远，《汉水记》述事涉及之可能性甚小。且观上文引《通鉴》，氐酋杨法琛之根据地在平兴，向南进据汉人区域之黎州，后为杨乾运所败，退守石门，乾运复败之，焚平兴而还，亦正见汉、氐分界约在唐景谷县之石门关地区。疑《汉水记》之石门本指景谷之石门而言，《通典》《元和志》《寰宇记》皆误系于龙州之石门耳。《汉水记》云，石门当汉、氐分界，去仇池四百余里，正见其当北通仇池、阴平之大道。仇池、阴平在白水上流，而此石门靠近白水下流，亦证南北朝时代白水河谷为仇池、阴平向南入蜀之通道矣。

其在唐世，阴平置文州（今文县）、扶州（文州西一百六十里），其至剑南，仍以白水河谷为主要通道。其行程由文州东南盖仍取古桥头，沿白水经方维镇（今碧口镇、姚家渡地区，约E105° 20·N32° 45′），白坝镇（约古白水关，今白水街），至景谷县（今广元西北六十六里，昭化西北约百里，白水东岸）。县西南十八里有石门关，传为诸葛亮所开。又南接金牛驿道至剑阁。

文州、扶州，详《元和志》二二两州目，参《岷山雪岭地区交通网》篇。兹考其南通剑南道。考宋光葆《上蜀主表》（《全唐文》九九八）云：

“晋王攻灭朱梁。绍唐称制。……轻蔑我国，必将交恶。宜励兵选将，执戈待寇。请……命大将帅兵万人戍武威城，应援秦、凤……万人屯利州，应援文州及安远城。”

按利州在今广元；安远城即西县，在今沔阳县西。是利州北出有两道，一道东北通汉水上流之西县百牢关，一道西北通文州阴平也。利州通文州道正当循白水河谷前进，如三国南北朝时代矣。

又《旧唐书》一一七《崔宁传》云：

“其年（大历十四年）十月，南蛮大下，与吐蕃三道合进。一出茂州，过文（汶）川及灌口；一出扶、文，过方维、白坝（《吐蕃传》作白壩）；一出黎、雅过邛崃。……乃发禁兵四千、范阳兵五千赴援。东川出军自江油趣白坝，与山南兵合击，蛮兵败走。范阳军又击破于七盘，遂拔新城。”（参见《旧吐蕃传》、《唐会要》九九《南诏蛮》、《通鉴》二二六，大历十四年纪）

按由扶、文一道过方维、白坝，东川出师由江油趣白坝，似吐蕃之师由方维、白坝向江油者。然考于邵《剑门山记》（《全唐文》四二九）云：

“皇帝谅暗之初，岁在己未，渔阳公作镇之一纪也……犬戎……犯我亭障，以其控弦十万与群蛮之师出沉黎，出火井，出僰道，出仇池。边兵御之不胜；歘然有北闭剑关拒我后援，西入蜀都而全其地。……朝廷……发禁卫貔貅之旅，俾受律于公。公……分军守隘……命诸营坚壁勿战，收军入阁，示之以无人，贼……果疑有伏，莫敢前窥。……顿军数日……乃夜出精卒，捣其前营；群凶震扰……弃其矛甲者十有四五……公命缓逐，勿遏其归。既而又破之于龙安……寇悉烧营遁去。”

按岁在己未即大历十四年也。出仇池即出扶文之师。据此文，吐蕃此路军之企图为下剑阁以断剑南之后援，其路线大致当仍略循白水，非下江油也。兹就上段史料之方维、白坝两地名详为考证，以定其正确之路线。

检《新唐志》利州景谷县条云：

“武德四年，以景谷及龙州之方维置沙州。贞观元年，州废，省方维为镇，以景谷来属。……（县）西北有白坝、鱼老二镇城。”

是方维、白坝皆在景谷县之西北。《通鉴》二二六，大历十四年纪胡注亦云：“景谷县西北有白坝镇城，坝必驾反，蜀人谓平川为坝。”与《新志》合。按景谷县属利州（今广元），在州西北六十六里，今昭化西北百里，白水东岸，详《岷山雪岭地区交通网》篇。两镇又在其西北也。检《纪要》六八昭化县目，景谷废县在县西（实为西北）百里，白坝城在“县西北百三十里”。是即在景谷废县西北三十里，疑即汉魏白水关县地区，亦即今白水街地区。方维当又在其西北也。方维在景谷、白坝西北，而原属龙州，是必在龙州之东境或东北境。复考《九域志》八，文州领曲水一县。县领九乡及“扶州、永定、宕由、南路、方维五镇”。按扶州镇乃故扶州，在曲水之西一百五六十里，见《寰宇记》。五镇次序盖由西北而东南，方维既在景谷县西北，又曾属龙州，在其东境，今属文州，是必在文州东南，当文州、龙州、景谷县三地接境处，即文州东南最远处也。《九域志》又述文州四至云，“东南至本州界二百三十里，自界首至龙州二百三十里”。准此而言，方维当在文州东南二百里左右，而在龙州东北亦甚远。《纪要》七三龙安府平武县目，方维城在“府东北百二十里”。而《一统志》龙安府卷古迹目方维故城条引《县志》作县东北二百二十里。两书有一百里之差。按《一统志》同条又云：“西魏置泰兴县，并置建阳郡。隋开皇初，郡废，改县曰方维。……《水经注》，白水迳建阳郡东（按郦《注》在卷二〇，建阳或作建昌，详王氏《合校》）。方维既在文州即今文县东南二百里左右，又当白水（白龙江）西岸；检《民国地图集》，当在今碧口镇、姚家渡地区（约E105°20′·N32°50′）。又《元和志》文州卷云，东南至利州四百九十里；利州卷，西北至文州里数同。其路线当大体循白水河谷而行，即方维当在此交通线上，是方维至利州近三百里也。拟为碧口镇姚家渡地区，亦正合。是固当在今平武县东北二百里以上矣。疑《一统志》引《县志》为正，《纪要》“百”上脱“二”字。是则唐世由文州入蜀之道，盖仍由州东近百里之古桥头，沿白水东南行，经方维、白坝（古白水关，今白水街）、景谷县（在白水东岸），又南接金牛剑阁道也。

又《元和志》二二《利州·景谷县》，“石门关在县西南十八里，因山为阻，昔诸葛亮凿石为门，因名之”。《新唐志》亦云，利州景谷县“西有石门关”。按《唐六典》六刑部卷司门郎中条；下关七，利州石门为其一。即此关。《隋志》，义成郡景谷县“有关官”。殆亦指此关而言。前引《通鉴》大宝元年杨法琛由黎州退守石门，亦即此地。《元和志》云，诸葛所开，宜可信。是自汉历南北朝至隋唐皆当南北交通要道也。

三、邓艾入蜀之偏道

上节所论乃汉魏以来阴平入蜀之正道。至于邓艾入蜀，观《艾传》所记行军情形，多临时凿建，实非径道，故云“傍入”，只能谓之偏道矣。其行程盖由正道中之景谷向西南斜出。谷在唐景谷县北方维、白坝之间，由此西南斜出，经汉德阳亭，左担（在江油境），至江由（今江油东），即所谓左担道也。再沿涪水而南，与剑门西南通成都之秦陇大道相接。唯道中唯一据点之汉德阳亭地望有今梓潼县北一百二十里及平武县（龙安）东北百余里两说，故路线难定。

前引《邓艾传》，“从阴平，由邪径经汉德阳亭……至江由”，抵绵竹。《锺会传》云，艾“从汉德阳入江由左儋道诣绵竹”。而《姜维传》作：“邓艾自阴平由景谷道傍入，遂破诸葛瞻于绵竹。”又《华阳国志》二《汉中志》：“阴平郡……自景谷有步道经江由左儋行出涪，邓艾从之伐蜀。”是则盖由景谷与大道分途向西南斜出，经汉德阳亭，至江由，抵绵竹也。其关键地名为景谷、汉德阳亭、左儋道与江由。兹以次考其地望如次：

景谷　　《元和志》二一利州景谷县，宋元嘉中分白水县置兴平县。“开皇十八年改为景谷县，因县北景谷为名。”按景谷县东南至利州（今广元）六十六里，至今昭化县一百里（并详《岷山雪岭地区交通网》第五节），盖在今白水街稍南。景谷在县北，当在今广元县西北（直线交通）七十里以上，昭化县西北一百里以上，白水街以北地区。又按《隋书·地理志》，平武郡方维镇，旧曰秦兴，开皇初改名。前引《新唐志》，方维县至贞观元年始废。则开皇十八年改兴平县为景谷县时，方维县仍见在。则景谷者必在方维、景谷两县治之间，而在景谷县境。正当在今白水街西北，碧口镇东南地区也。

汉德阳亭　　《华阳志》二《汉中志》，梓潼郡有德阳县，“有剑阁道三十里，至险，有阁尉”。又卷三《蜀志》，广汉郡亦有德阳县。《三国志》所称汉德阳亭必与梓潼之德阳有关，而与广汉之德阳（即今之德阳）无涉。关于德阳亭之地望，《一统志》绵州卷古迹目德阳故城条，引《旧志》云在梓潼县北，正当马阁山下，去龙安府二百里。《纪要》七三龙安府平武县目，亦云此德阳故城在府东二百里。是也。《旧志》云汉德阳亭在马阁山下。按《寰宇记》八四，剑州有阴平县，在州西一百四十里。“马阁山在县北六十里，东接梁山，西接岷峨，昔邓艾伐蜀从景谷路出江油县，至此悬崖绝壁，乃束马悬车，造作栈阁，方得通路，因名马阁山。”《元和志》三三剑州目，亦云阴平县在剑州西一百四十里。若此为正西，则《纪要》七三龙安府平武县阴平城条引《旧志》云，“阴平城南去梓潼县六十里”。是也。此阴平县，既在今梓潼县北六十里，马阁山又在其北六十里，则在今梓潼县北一百二十里矣。德阳亭既在马阁山下，而去龙安府二百里。检视地图，正当今江油县东北龙门山区雁门坝（E105° 10′ · N32° 15′）地区。然顾氏又云阴平故城在龙安府东北五十里，疑《旧志》似误。则德阳城又当在其北或东北，约当今青川县（E105° 10′ · N32° 35′）、青川镇（E104° 50′ · N32° 25′）地段，南至梓潼当在二百里以上。前人既有两说，今亦无强确证据辨其是非。

左担　　任豫《益州记》（《御览》一五九引）云：“江油左担道，案图在阴平县北……其道至阻。自北来者，担在左肩，不得度担也。”检《隋书·经籍志》，有李氏《益州记》，无任豫《益州记》。但豫为东晋南朝人则不待言。据《元和志》《寰宇记》，剑州有阴平县，在州西一百四十里。然参上条，阴平故县所在亦不能定，惟大体方位是邓艾行军方向耳。

江由　　《通典》一七六及《元和志》三三皆以龙州治所江油县当之。即今平武县也。而《纪要》七三龙州，江油县“府东南百三十里……蜀汉置江油戍，邓艾至阴平欲与诸葛绪自江油趣成都是也”。《一统志》龙安府卷古迹目：“江油故城有四，蜀汉置江油戍，为邓艾伐蜀路，在今江油县东。”皆以今江油县当之，与《通典》《元和志》不同。考《水经注》三十二《涪水注》：

“涪水又东南迳绵竹县北。……涪水又东南与建始水合。水发平洛郡西溪，西南流屈而东南流入于涪。涪水又东南迳江油戍北，邓艾自阴平、景谷步道悬兵束马入蜀，迳江油、广汉者也。”

按同书二〇《漾水注》云，白水又东南，清水注之。水出于平武郡东北，历平洛郡东南。清水即今黄沙河，流至昭化与嘉陵江会合者。其源在今青川镇地区。则建始水当即今由青川镇向西南流至新道口注入涪水之小水，或为发源于咸草坪，经大防关至平驿铺注入涪水者。此江油戍亦即今江油县也[1]。故《纪要》《一统志》为正。

[1] 杨氏《水经注图》，置江油戍于今江油县，是也。而以建始水即今平武县北发源于草河坝崆峒山地区之小水，非矣。

然南北朝至唐有石门戍道。石门山在唐江油县（今龙安、平武）东约一百三十里。栗棘庵《宋地图》，有道自阶州、文州中经青川至龙州，称为邓艾所行之阴平道。祝穆云青川北十五里有秦陇关。按唐有青川县，在龙州东九十里，即今平武县（龙安）东百里之青川镇（E104° 50′ ·N32° 25′）。又据祝穆及《通鉴》胡注，龙州东北百五十里有青塘岭，亦云当邓艾左担道。此宋道路线，略与南北朝、隋、唐之石门道相同。青川之南，则沿涪水而南，仍称左担道也。

前段仅就《三国志》《华阳志》所记地名为中心，考证邓艾入蜀道也，而据明清志书，汉德阳亭之今地有两说。今考唐宋志书有石门道、青川道，亦称邓艾道。

唐世龙州江油县有石门山，屡见志书，已见前引。虽“与氐分界”云云，可能系景谷之石门事误系于龙州之石门（详前文）；但唐世龙州有石门戍为通道，故能有此误植也。《元和志》云，石门山在江油县东一百三里，有石门戍。《寰宇记》八四龙州江油县目云：

“石门山……其山两边有石壁相对，望之如门，邓艾伐蜀至此。”

则唐世固有邓艾入蜀经此石门之传说也。又前引《元和志》，隋唐时代景谷之名尚存，是唐世自景谷至此石门必为一通道，故邓艾经此之说始能存在。至于此石门戍之位置，《元和志》云江油县东一百三里。而《一统志》龙安府卷山川目引作“一百三十里”。又《纪要》七三龙安府平武县，弩牙山，“在府东南百六十五里，状如弩牙，相传邓艾伐蜀屯军于此。又东南五里曰石门山，山崖相对”。则是在龙州东南一百七十里矣。未知何者为正。要当在龙州东南一百里以上，或以一百三十里为正欤？观此方位，唐世景谷向西南经石门戍道，固与前考邓艾道颇相一致矣。

又日本栗棘庵所藏《宋代舆地图》，其阶州旁有说明云：

“阶州，古白马之地，南通文州，次清川，由白马油龙州（文有脱误，但影本颇清楚）。此入川之路，昔邓艾从江油阴平道下蜀，即此路也。尚有庙见存焉。”（据青山定雄著《唐宋时代の交通と地志地图の研究》后封面内袋装附图）。

是宋世阶州入蜀之道必经清川，且以为即邓艾道也。按《图书集成·职方典》六二〇，龙安府有“青川城，古马盘县地。形势险阻，古称阴平摩天岭，即此。

汉邓艾由此道伐蜀。系秦蜀咽喉，控白马诸蕃。明设守御所”。此即可为《宋图》之注脚。按《地典》，今平武县东一百里有青川镇。检今图，平武县东约百里有青川镇，又东有青川县。唐有青川县在龙州（今平武）东九十里。宋代略同。当是今青川镇地。已详《岷山雪岭地区交通网》篇第五节。

又《方舆胜览》七〇龙州治江油县有十二关，“曰秦陇，在青川县北十五里。曰兜率，在青川县”。关名秦陇，必宋世阶、文入蜀道途之所经，兜率关在青川县治，当亦此道所经也。又《蜀中广记》一〇《名胜记》龙安府目引《阴平修道记》：“龙安栈阁………在东北者曰秦陇，曰东阁。”《一统志》龙安府卷关隘目栈阁条引《明统志》：“邓艾伐蜀，置秦陇等阁道十二处。”是明人记载，有秦陇栈阁，并即视为邓艾所始建矣。

又《通鉴》二七七，后唐长兴元年纪，述石敬瑭击董璋、孟知祥事云：

“石敬瑭入散关……袭剑门……知祥闻剑门失守，大惧……令赵廷隐将万人会屯剑州。又遣（衔略）李筠将兵四千人趣龙州，守要害。……官军分道趣文州，将袭龙州，为西川（略）所败。”

胡注：

“自文州界青塘岭至龙州一百五十里。《郡志》云，自北至南者右肩不得易所负，谓之左担路，邓艾伐蜀所由之路也。”

按此注与《方舆胜览》七〇龙州左担路条相同。唐军分道趣文州袭龙州，所取之道路如何，不可知。但在宋世，青塘岭必为文、龙间之交通要道，无疑。故宋人以为亦邓艾所经也。然胡注及《胜览》只云岭在文州界，至龙州一百五十里；但方位不明。《一统志》龙安府卷古迹目清川故城条引《旧志》云：

“青川所城在府东北百二十里，周二里，当白草番后路，东抵白水、阳平关，西通白马路，抵龙安，南至椒园堡，北通青塘岭达阶、文，秦蜀襟要路也。”（《纪要》七三龙安府末附青川所条，同。）

是明之清川所当在今青川镇稍东，仍为北通阶、文之要道。青塘岭即在青川之北盖五十里左右也，殆与古景谷不相远矣。

宋人既以青塘、青川道即邓艾故道，故祝穆及胡注引《郡志》皆以左担道即此道矣。又《方舆胜览》七〇龙州六阁条，“六阁在江油县（今平武）左担路上涪水崖壁上，曰青崖，曰蟆颐，曰石回，曰七里，曰东阁，曰石城，凡六阁”。检《蜀中广记》一〇《名胜记》龙安府目引《阴平修道记》云：龙安栈道在治东者八，其一为七里阁，“即左担也”。又《一统志》龙安府卷《山川目》左担山条引《旧志》：“山在平武县东一百八十里，今七里关是也。”是此左担道，由石门，经青川，南沿涪水而下也。

总之，观《宋舆地图》与胡注以及祝穆所记，宋世由文州入蜀之主要交通线，亦即当时所谓阴平道、左担道者，必经青塘岭、秦陇关、清川县，再南沿涪水至今江油县，又南至绵竹也。明代亦然，亦即顾氏述傅友德入蜀道也。

是则唐宋以来之石门戍、秦陇关、青川县，南沿涪水而下之左担道，最为分明。疑真邓艾入蜀所始开者，则汉德阳亭（今平武东二百里）实亦在此道上。明清志书或谓亭在梓潼县北一百二十里，未可据也。

四、阶文入蜀之捷径

至于《纪要》引《舆程记》，由阶、文南经龙安（平武）折东至青川（今镇）再南行至江油（今县）之道，唐世亦已开通，即由阶州南行二百五十里至文州（今县），又南逾太白山区（今摩天岭山脉）至龙州（今平武）三百三十里，又东九十里至青川县（今青川镇），又南沿涪水而下也。唯此绝非邓艾所行者耳。

前据《纪要》转引《舆程记》，由阶、文，经龙安，东至青川，再南行至江油，其道云何？按阶、文在唐世有通道二百五十里，且置驿。别详《岷山雪岭地区交通网篇》第二节。今就文、龙间直线交通续述如次：

《元和志》云：

文州“东（南？）取山路至龙州三百六十里”。（卷二二文州）

龙州“北至渝州取（有衍误）文州路三百三十里”。（卷三三龙州）

《寰宇记》云：

文州“南至龙州四（三）百三十里”。“东南至龙州四百三十里”。（卷三四文州）

龙州“北至（至字衍）逾山至文州三百三十里”。（卷八四龙州）

比勘两书记事，各条显有衍讹，其正确情形当作“文州南逾山至龙州三百三十里”。“龙州北逾山至文州三百三十里”。按《元和志》，文州治曲水县，“太白山在县南二百五十三里。其山丛谷高深，常多霜雪，春夏不消”。所谓南逾山者，殆此山脉也，亦即今摩天岭山脉矣。故至少自唐以来，阶、文、龙三州有南北直达之通路，惟视由桥头、景谷再向西南迂回线恐更艰险耳。至于龙州东至青川，即龙州东通利州之道也，详《岷山雪岭地区交通网篇》第五节“松州通东川道”。由青川折而南行，即与前考宋、明之阴平道同一路线矣。考李翱《故东川节度使卢坦传》（《全唐文》六四〇）云：

“锦（绵）、剑一州，有通文成州路，每岁奏发二千兵以防西蕃。”

是唐代成州、文州南下绵州有通道也。《新五代史》一四《庄宗子继岌传》，统军伐蜀，大军由三泉、利州入剑门，至绵州，别军“自文州间道以入”。此所谓文州间道颇疑即龙州直北通文州捷径也。又前引《通鉴》二七七，长兴元年石敬瑭伐孟知祥事，其在文、龙间之攻守，胡注虽以邓艾道为释，但此次用兵是否取上节所考之阴平偏道抑取本节所考之阴平捷道实未能定。

由此言之，《舆程记》所述之行程，至迟自唐已实有之，唯非邓艾所经耳。顾祖禹引之以实邓艾偏道，误矣。

综　结

综上所考，阴平道实有三线。（甲）由阴平郡即唐宋之文州（今文县）东循白水（今文县河）约近百里至白水、羌水（今白龙江）会合处之桥头，又略循会合后之白水东南行，至白水县关（今白水街地区），与汉中西南经阳安关（今阳平关）渡嘉陵江之入蜀道合；是为阴平正道。（乙）由桥头东南行至景谷（今碧口镇东南、白水街西北地区）折向西南斜出，经汉德阳亭至江油，达绵州；是为邓艾入蜀道，是偏道也。惟中间唯一据点汉德阳亭之地望不能确定，故路线亦难定。然南北朝、隋、唐时代，有景谷、石门戍（今平武东一百三十里）道，与邓艾所行之阴平道方向略合，故唐人视为邓艾故道。又宋世所谓阴平道，由白水两上源会合处（即古桥头）向南行，折而西南经青塘岭（今平武东一百五十里），秦陇关（今青川镇北十五里），青川县（今镇），又西南沿涪水六阁道至今江油，达绵州，当时称为左担道，亦谓邓艾所行者。此实即前此之石门道，疑亦真邓艾所行者。（丙）由文州直南逾山至龙州（今平武），又东至青川，折而西南至江油，此为捷径。此道唐以来有之，不知汉世是否已有之，但绝非邓艾所行者。

参看图 5、图 3

一九六八年七月十二日改订稿，刊《新亚学报》第九卷二期。本常行体，一九八四年十一月六日增订改写。一九八五年九月二日初校，十一月三日二校定稿。

山南境内巴山诸谷道

引言

（一）兴元府南巴岭大竹道

（二）洋、金南越巴山诸谷道

（三）房州南越巴山诸谷道

引　言

唐代山南道境内有大巴山脉，自西徂东横贯全境，分全境为南北两部。北部为汉水流域，汉水自西向东，又折而东南流。南境为巴水（渠江）流域，巴水诸源发于巴山山脉诸岭，南流汇为一江。由汉水流域之梁、洋、金、房诸州皆有谷道分别越巴山诸岭，循巴水上源诸谷而南入巴境。惟沿途皆高山峻岭，深谷丛林，《玉堂闲话》描述大竹路云，“深溪峭岩，扪罗摸石，一上三日而达于山顶，行人止宿，则以絙系腰萦树而寝”。又复“鸷兽成群，食啖行旅”。度其艰险难行，又远逾于金牛道，然商旅仍颇盛。大竹道以东诸谷道之行程情况亦大约类此。唐末黄巢之乱，僖宗幸蜀，江汉地区之贡输与使臣往来，常取此诸谷道，如《新书·刘巨容传》，为山南东道节度使，“僖宗在蜀，公卿多因巨容护赴行在”。又云，“均之右有长山，当襄汉贡道”，巨容部将冯行袭为均州刺史，“领兵扼谷口，以通秦蜀”。是也。五代后唐更为经营巴蜀，而多所修建。如天成三年，既开洋州入蜀旧路，又开房州入夔州新路，皆其例。今分别略考此诸谷道之行程，以见山区南北交通之概况。

一、兴元府南巴岭大竹道

《方舆纪要》五六：“米仓道，自南郑而南，循山岭达于四川保宁府之巴州。”按近代此道仍通行。其在唐世，称为巴岭路，盖由兴元府（今南郑）越巴岭而南至集（今南江）、巴（今巴中）等州也。

《通典》一七五，梁州汉中郡南至集州符阳郡三百里。又云，集州符阳郡“去西京取郡北巴（岭）路至汉中郡郭下，过县，取斜谷路，一千四百二十里”。“去东京取郡内地平县至宜昌郡驿路二千六百里”。是集州至京师有北西两道，西道由利州益昌郡驿路，北道则取巴岭道也。又《元和志》二二兴元府：“西取巴岭路至集州二百八十里。”《寰宇记》一三三，兴元府：“南取巴岭路至集州三百里。”又一四〇，集州“东北取巴岭路至长安一千四百里”。是兴元府至集州交通，三书皆云取巴岭路。以下巴州、蓬州皆云取巴岭路至长安若干里（详后引）。今按《寰宇记》一四〇集州目云：

“集州……理难江……即汉巴郡宕渠县地。……后魏景明中，于巴岭南置洋州、其章、平素三郡，大统中，山南覆没。梁武帝大同中，又于巴岭侧立安宁（略）三郡，仍立东巴州。……魏恭帝二年，改东巴州为集州……寄理梁州。后周天和五年，移集州于巴岭南，即今州理。”

则此州与巴岭之关系密切。州在岭南，向北交通例取巴岭道至汉中（即兴元）也。

此道又称大竹道，至为高险，有过褒斜与金牛。《太平广记》曾两引《玉堂闲话》，极见此道行程艰险之状况，所谓“孤云两角，去天一握”也。然在唐末五代，为巴汉间官商通行之道，颇为重要。

《一统志》保宁府卷山川目孤云山条云：“唐贾耽曰：兴元之南路通巴州，

中有孤云山，行者必三日达于岭。王子韶所谓孤云两角去天一握也。”此条引贾耽，不知所据。若诚为贾耽语，则当为此道之最早记载。然仍未若《玉堂闲话》描述之具体。《广记》三九七大竹路条引《玉堂闲话》云：

“兴元之南有大竹路，通于巴州。其路则深溪峭岩，扪萝摸石，一上三日而达于山顶。行人止宿，则以絙蔓系腰，萦树而寝。不然，则堕于深涧，若沈黄泉也。复登措大岭，盖有稍似平处。……其绝顶谓之孤云两角。彼中谚云：孤云两角，去天一握。淮阴侯庙在焉。昔汉祖不用韩信，信遁归西楚，萧相国追之，及于此山，故立庙貌。王仁裕尝佐褒梁帅王思同，南伐巴人，往返登涉，亦留题于淮阴祠，诗曰：（从略。诗收入《全唐诗》十一函四册）……崎岖险峻之状未可殚言。”

同书四三三王行言条又引《玉堂闲话》云：

“秦民有王行言以商贾为业，常贩盐鬻于巴渠之境，路由兴元之南，曰大巴路，曰小巴路，危峰峻壑，猿径鸟道，路眠野宿，杜绝人烟，鸷兽成群，食啖行旅。行言结十余辈少壮同行，人持一挂杖，长丈余，銛钢铁以刃之，即其短枪也。才登细径，为猛虎逐之，乃露宿于道左，虎忽自人众中攫行言而去。……”

观此两条，知此道一名大竹道，一称大小巴山路，险峻至极，且多猛兽。然唐末五代，此为官商常行之通道，亦于此两条见其梗概。下文引《定命录》述韦处厚取道鹄鸣驿赴任开州，即其一例。

复考张祎《南龛题名记》（《唐文拾遗》三三，见《金石苑》）云：

“余……达行在。……奉命先銮辂之神都，俾缉旧纲。行次（缺）遇军变，乃间道倏通于兹郡（缺）……忽有赍函而登（缺）出天书以示，促赴行朝。……中和四年甲辰……。”

按此刻在巴州南二里，殆即《舆地纪胜》一八七巴州碑记目之《南山记》欤？由成都回长安，中途阻兵，遂间道至巴州，盖以此州有道通汉中欤？至五代时亦常以为入蜀间道。如《通鉴》二六八，后梁乾化元年，岐兵伐蜀，围安远军，守将“王宗侃遣裨将林思谔自中巴间行至泥溪，见蜀主告急”。胡注：“巴州在三巴之中，谓之中巴。兴元之南有大行（竹？）路径孤云两角，过米仓山，则至巴州。”泥溪则在益昌、剑州间之入蜀驿道上，已详《金牛成都道》篇。是亦取巴岭入巴州道也。[1]

南宋时代，与金人交争于汉水上流，此道尤为川东出兵兴元之孔道，极具重要性。

宋人记事屡及此道，仅就《舆地纪胜》所引已有下列数条：

《海录碎事》：“兴元府之南有路通巴州，行三日而达于山顶。其高处谓之孤云两角，去天一握。”（卷一百八十七巴山景物下两角山条引。又一八三兴元府风俗形胜目亦引之）

《系年录》，绍兴三年条云：“巴之北境即米仓山，下视兴元出兵之孔道。”（同上米仓山条引。按《方舆胜览》六八巴州目引《系年录》，同）

王旦《高士瑰画像记》：“巴控扼梁洋，吾蜀孔道，形势绝剑关之险，飞蹬逾栈道之危，犄角利阆，连卫绵剑，遮蔽东西川，最为襟喉要害地。”（同上巴州风俗形胜目引）

张忠献奏疏：“巴州控扼南郑要路。”（同上引）

同书一八七巴州景物目两角山条云：“两角山米仓山之间有淮阴公庙，又有截贤岭。……近者开禧逆曦之变，士大夫之逃难者，亦多由米仓以东归，此正趋荆楚之路，与大安之西走不同矣。”此外，宋人如胡三省云：兴元之南有大行（竹）路，至巴州。已详前引。足见南宋初年，此道在军事交通上之重要地位。陆放翁《夜梦行南郑道中》诗云：“孤云、两角不可行，望云、九井不可渡。”（《剑南诗稿》一四）是更以与金牛道并举。盖南郑南行，除取金牛道外，即此道为要矣。

论其行程：由兴元西南行四十里至鹄鸣驿，又六十九里至大巴岭。

综观前引诸材料，可知由兴元南行以次经大巴岭、小巴岭及孤云、两角、米仓诸山。今先论巴岭山之方位里程。

《元和志》二二南郑县：“巴岭在县南一百九里。东傍临汉江，与三峡相接。山南即古巴国。”此谓巴岭山脉也。《寰宇记》一三三《南郑县》，“大巴岭山在县西南一百九里。《水经注》云，廉水出巴岭山北，流经廉州。又《周地图记》云，

[1] 黄盛璋《历史地理论集》页二二二有两条材料可用，但对此段纲文并无影响。书留香港，未据增补。

此岭之南是古之巴国也"[1]。此殆仅指巴岭山脉主峰而言，或路途所经之岭而言。《一统志》保宁府卷山川目："大巴山在南江县（即唐难江县）北二百里……一名巴岭山，高耸千寻，岩径极险……为巴汉巨镇。"南江去汉中约三百里，是巴岭即在汉中南百里也。即汉中入巴中道所经矣。

至于方向：《元和志》述山脉，故云南郑县南，《寰宇记》举山岭，故云西南。复检《寰宇记》云：兴元府"南取巴岭路至集州"。而《元和志》云：兴元府"西取巴岭路至集州"。盖就大方向言，当作南，而自兴元起行盖实向西转南，巴岭实在兴元之西南，故史家记述，曰"南"曰"西"，曰"西南"，皆不为误。且山道行程固须越岭，然一般路线总不离水道。检《水道提纲》一三汉水卷，汉水自黄沙驿（在沔县东数十里）以东至南郑数十里间，支水自南入汉者有白岩河、高台镇水，南郑稍东又有老渚河由南来会。而此诸水之正确方向，皆由西南向东北流，入汉水。检今日地图，此处诸水果由西南向东北流，米仓山主峰及巴峪关，固亦在南郑西南，非正南也。则此一百零九里之行程实由东北向西南行必矣。

岭北行程之方向既由兴元向西南行。考《太平广记》一五五段文昌条引《定命录》云：

"兴元之西四十里有驿曰鹄鸣，滨汉江，前倚巴山，有清僧依其隈，不知何许人也。常嘿其词，忽复一言，未尝不中。……韦处厚出开州刺史……泊到鹄鸣，先访之。"

按滨汉江，而前依巴山，是必在汉水之南，不在兴元西经西县、百牢关、金牛驿入蜀之大驿道上，甚明；而韦处厚赴任开州途经其地。开州在今川东之开县，是处厚当取巴岭路至巴州再向东南至开州也。然则，鹄鸣驿当为兴元府西南入巴岭道之第一驿。检《舆地纪胜》一八三兴元府景物目，有鹤腾山，"在南郑县西南四十五里，传有仙人于此乘鹤腾空"。考《三国志》八《张鲁传》，"父陵客蜀，学道鹄鸣山中，造作道书"。《后汉书》及《水经注》皆作鹤鸣山[2]，疑鹄

[1] 二书皆作一百九里，《纪要》五六亦作西南一百九里；《一统志》汉中卷引两书作一百九十里，误。

[2] 注家以四川崇庆鹤鸣山当之，不必深论。

鸣即鹤鸣、鹤腾，皆与仙道有关，一音之变耳。盖驿在山北，而在兴元西南也。

又西县（今沔县西不出十里）之东约二十里处，汉水之南，《水经注》云有容裘谷，道通益州。当亦至大巴岭，与此道会。唐末五代仍通行。

《水经注》二七《沔水注》："沔水又东迳沔阳县故城南。……南对定军山（孙校曰：山在今沔县东南十里）。……沔水又东迳西乐城北。……周三十里，甚险固。城侧有谷，谓之容裘谷，道通益州。……俗谓之洛水也。"按沔阳故城在今沔县东约十里，而唐西县在今沔县西不出十里处（详《〈通典〉所记汉中通秦川驿道》篇）。则此谷道当在唐西县东南约二十里，距唐鹄鸣驿不远矣。前引《通鉴》二六八，后梁乾化元年，岐兵伐蜀，围安远军。守将王宗侃迁裨将林思谔"自中巴间行至泥溪，见蜀主告急"。按安远军即在西县，泥溪在益昌至剑州驿道上。林思谔当即取古容裘谷逾岭至集、巴，西转入蜀驿道欤?

逾巴岭，复经小巴山、米仓山及截贤岭，约百里。孤云、两角盖此段山路之最高处，地位偏南。又约百里至集州治所难江县（今南江）。

兴元取巴岭道至集州里程，《通典》《寰宇记》作三百里，《元和志》作二百八十里。已见前引，今姑以三百里计。

《寰宇记》一四〇集州难江县，"小巴岭在县东北一百三十里。《周地图》云，此山之南即古之巴国。其岭上多云雾，盛夏尤盛有积雪"。《一统志》保宁府卷山川目小巴山条引《明统志》："小巴山在巴州东北二百九十余里。"按《寰宇记》，巴州在集州西南一百八十里，则《一统志》小巴山之地望与《寰宇记》略合。

又《舆地纪胜》一八七巴州景物目："两角山在难江县北九十里，王子韶诗云：孤云两角，去天一握。两角山下有石刻云：汉相国萧何追淮阴公韩信至此山，大唐集州刺史杨师谋之记（下辨三泉亦有韩溪之非）。……今两角山米仓山之间有淮阴公庙，又有截贤岭，则其迹可靠矣。"又云："截贤岭在难江县北百余里（本无北字，据《一统志》引文补），相传萧何追韩信至此，因名。唐集州刺史杨师谋有题记。"则两角山即紧接小巴山，米仓山亦在同一地区。据前引诸条，孤云、两角山似为此道上之最高点。而《一统志》保宁府卷山川目小巴山条引《旧志》，“其险次于大巴，而高峻过之”。颇疑所谓孤云、两角者即小巴山之最高峰耳，而为旅行必经之路。截贤岭在两角、米仓山间，唐人立碑为记，亦必为当时大道所经无疑。皆当在集州治所难江县北百里左右。《纪要》六八南江县目引《志》云：“县南三里有孤云山，其相连着曰两角山，两峰并耸”云云。又今《民国地图集》，两角山在旺苍之西，在南江之西甚远。盖皆后起之说。

又南偏西盖略沿难江（今南江）而行，约一百一十二里至大牟县（约今两河口，E106° 45′·N32° 5′），又约六七十里至巴州治所化城县（今巴中）。盖曾置清水驿，在县南。

前引具体描述此岭之材料若干条，多云汉中至巴州，盖集州后废入巴州也。按《通典》一七五，集州符阳郡西南至巴州清化郡一百九十里。《寰宇记》一四〇作一百八十里。无大差异。又前引《通典》，集州取巴岭汉中斜谷路至长安一千四百二十里。《寰宇记》云东北取巴岭路至长安一千四百里。是亦取斜谷道也。然《通典》又云，巴州“去西京一千二百二十五里”。《寰宇记》亦云，巴州“东北至巴岭长安路一千二百二十里”。此必非取斜谷道。以里数核之，当取骆谷道。盖骆谷道六百四十里，洋州至汉中百里，汉中至集州约近三百里，集、巴间一百八九十里，其和正约一千二百余里也。足证巴州目所谓巴岭道即梁州、集州两目所称之巴岭道，非别一道。前引《通鉴》二六八，岐兵伐蜀，围安远军（即西县），守将王宗侃遣林思谔自中巴间行至泥溪，见蜀主告急。即取巴岭路至巴州，西转入大驿道矣。

《通典》一七五《集州·难江县》“有巴岭、难江”。当即今之南江，观其形势，此道当即略沿难江而行者。又《纪要》六八巴州，“清水驿旧在州南三里，唐置，今废”。此当本之《旧志》。按《寰宇记》一三九巴州恩阳县，“清水……经县北八十步，又东流入化城县界”[1]。是清水之名甚早，巴州为巴岭以南之重要州府，宜其有驿也。

关于大牟县。《寰宇记》，集州“废大牟县在州西南一百一十里……在巴州北六十里”。宋初并入难江县。里距之和为一百七十里，与《寰宇记》所记集、

[1] 今观地图，有一水由西来至南江县南，注南江，当即唐宋之清水也。

巴间一百八十里相当，故就方向里距言，当在道上，疑即今图之两河口地区。

又西南盖经恩阳县（今有恩阳河地名），约三四十里，宋世置驿。又西南一百二三十里至仪陇县（今县）。又东南六十里至蓬州治所大寅县，广德元年改名蓬池，濒临流江水（约今永兴场 E106° 30′ · N31° 20′ 地区）。

蓬州治所更名及临流江水，皆见《寰宇记》一三九蓬州目。《寰宇记》蓬州目又云："东北取巴岭路至长安一千四百四十里，取阆州路一千七百六十里"。是此州亦可取道巴岭路至长安也。必经巴州。又云"北至巴州二百一十里"。巴州目亦云"西南至蓬州二百一十里"。检《通典》一七五，巴州"西南到咸安郡（蓬州）二百二十里"。而蓬州目作"北至清化郡（巴州）二百一十里"。是多作二百一十里，偶作二百二十里。按《寰宇记》又云"巴州东北至巴岭长安路一千二百二十里"（《通典》，巴州去西京一千二百二十五里。略同）。与前引同书蓬州至长安里数相较，即巴、蓬间当为二百二十里。

又《寰宇记》一三九蓬州仪陇县，州西北六十里。"梁天监元年于此置隆城郡，因隆城山为名，及仪隆县。隋开皇三年郡废，以县属蓬州。……大历初以庙讳改为仪陇县。"是则即南北朝之隆城地。考《魏书·獠传》："朝廷以梁益二州控摄险远，乃立巴州以统诸獠。后以巴酋严始欣为刺史。又立隆城镇，所绾獠二十万户。……孝昌初……始欣见中国多事……谋将南叛。始欣族子恺时为隆城镇将，密知之……遂禽萧衍使人……表送行台。"是隆城本距巴州不远，为大镇要地。地在巴、蓬二州间，当为道途所经。仪陇在蓬州西北六十里，是在巴州西南一百六十里也。

又《舆地纪胜》一七八碑记目："唐韦苏州《送令狐岫宰恩阳县》诗，刻石于县之驿亭。"是宋时，恩阳见置驿。想唐时已有之。按恩阳县属巴州。《寰宇记》一三九，在州西北四十一里。《舆地纪胜》一八七，在州西南三十里。《纪要》六八，州西三十五里。今检《民国地图集》，巴中县西偏南有恩阳河地名。《纪胜》碑记目有唐正元石刻，云县南渡江登山为义阳旧县治。据《寰宇记》，义阳即恩阳。是新旧城夹河为治。其地居化城、仪陇间，盖道经其地，故有驿亭欤？则自此至仪陇当为一百二三十里。

又南三十五里至朗池县（今营山北颇远），有歇马馆。

《寰宇记》一三九蓬州朗池县，州南三十五里。故治在朗池，“贞元元年移于营山歇马馆为理，即今县是也”。

又一百七十五里至渠州治所流江县（今渠县）。

前引《广记》王行言条引《玉堂闲话》云，行言以商贾为业，由兴元贩盐于巴、渠之境。盖由巴岭而南通行巴州而至渠州也。《寰宇记》一三九，蓬州“南北（北字衍，一本作西北更误）至渠州官路二百一十里”。又云“西南至渠州一百九十里”。同书一三八，渠州“西北至蓬州官路二百二十里，私路一百九十里”。云官路自属大道。按《通典》一七五，渠州“西北到咸安郡（蓬州）二百里”。今姑作二百一十里。则朗池至渠州当为一百七十五里。

渠州已当巴水（即渠江）诸支流会合处，水道交通颇发达。其南向之道自以沿流为主，凡一百八十里至渠江县（今广安），又约二百二十里至合州治所石镜县（今合川）。又南一百六十里至长江北岸之渝州（今重庆）。至于渠州南行一百三十里至邻水县（今县），又三百里亦至渝州，此捷道也。

《寰宇记》一三八，渠州“东北至蓬（达）州水路二百五十里”[1]。“西北（南）至合州水路约四百里”。足见渠州上下交通以水路为主。按同卷广安军，本唐渠江县，在渠江水西北岸，北至渠州一百八十里。卷一三六，合州“北至广安军一百二十里”。“一”必“二”之讹，其和恰为四百里。故知水道所经与里程。《寰宇记》又云，合州南至渝州水路一百六十里，故渠、渝水程五百六十里，陆路更远。而同书一三六，渝州“北至渠州四百四十里”。《通典》一七五渝州目，同。此显非取合州水路。按同目又云“西（东）北至渠州邻水县二百里”。《通典》亦同。邻水即今县治，南至渝州绝不止二百里。检《寰宇记》一三八渠州，邻水县在州东南一百三十里。则“二百”必皆“三百”之讹无疑。其和四百三十里，则所谓渝州北至渠州四百四十里者，中经邻水县也。此为捷径，观今地图，疑非循水道而行。

此线纵贯山南西道之南境，沿途分歧与左右州县联络。渠州已当巴水（今渠

[1] 前已书“西北至蓬州官路二百二十里，私路一百九十里”。此条“蓬”必“达”之形讹。

水）诸支流会合处，更当有官道四达矣。

《寰宇记》一四〇集州，“东至壁州取符阳县路二百七十里”。又云：“东北至西京一千九百里；取地平县至利州驿路两千六百里。”（按此条本《通典》）则集州东通壁州；西通利州（今广元），且常取此路至长安。按同书，壁州符阳县在壁州北七十里。又《集州》嘉川县条，废通平县在州西一百一十里。武德元年置狄平县，二年改为地平县，永泰元年改通平县，皇朝乾德五年并入嘉川县。则其路线亦略可晓。

巴州西通入蜀大驿道，观前引《通鉴》二六八，述林思谔由安远军取间道经中巴至泥溪事可知。又韦处厚经鹄鸣驿至开州，当亦至巴州乃东南行也。是巴州可东西通行邻州之明证。

《寰宇记》一三九《蓬州》，云取巴岭路至长安。又云“取阆州路一千七百六十里”。是至长安亦两路并用也。

唐代此道之行程与状况可略考如此，虽非重要驿道，然亦偶置驿，或因地段不同而置驿与否，故驿馆之名尚得一二。若再上稽前代，如张鲁奔巴中，张郃进出宕渠，似亦当取道巴岭，即此道也。则至迟汉代末年已相当开通矣。

张鲁居汉中，曹操由陈仓出散关至河池，遂东南征鲁，大败之于阳平关，鲁溃奔巴中。见《三国志·魏武纪》及《张鲁传》。又《蜀志》六《张飞传》：“飞领巴西太守。曹公……留夏侯渊、张郃守汉川。郃别督诸军下巴西，欲徙其民于汉中，进军宕渠蒙头荡石，与飞相拒。……飞……从他道邀郃军……遂破郃。郃弃马缘山……从间道退，引军还南郑。”《魏志》一七《张郃传》略同。按《寰宇记》一三八，渠州，“汉初置宕渠县……今即流江县东北七十里宕渠故城是也。其城，后汉车骑将军冯绲增修，俗名车骑城”。《舆地纪胜》一六二渠州景物下，“八濛山在流江县东北七里”。下引张飞破张郃事。按流江县即渠州治所，今渠县也。守汉中，引军至此，当即取巴岭道耳。至于《玉堂闲话》及《舆地纪胜》一八七巴州景物目两角山、截贤岭两条所述萧何追韩信事，吾人只可据此诸条材料，证实至迟唐代已有此传说，未能信其真有其事也。

又《水经注》云成固南沔水上有桁，渡桁而南，经悦归馆，在涔水（今小沙河）右岸。又南渡涔水桁，至成固南城，极险固，盖有道亦南逾巴岭，殆与上考之巴岭道为一线欤？

《水经注》三二《涔水经》：“涔水出汉中南郑县东南旱山，北至安阳县南，入于沔。”注云：“涔水即黄水也。东北流迳成固南城北。城在山上，或言韩信始立，或言张良创筑，未知定所制矣。义熙九年，索邈为果（梁）州刺史，自成固治此，故谓之南城。城周七里，衿涧带谷，绝壁百寻。北谷口造城，东门傍山，寻涧五里有余，盘道登陟，方得城治。城北水旧有桁，北渡涔水。水北有赵军城，城北又有桁，渡沔取北城，城即大成固县治也。黄水右岸有悦归馆，涔水历其北，北至安阳，左入沔，为涔水口也。”《合校》引钱大昕谓果州为梁州之形讹，是也。按杨图，成固汉水南岸有一小水，指为古涔水。检康熙《城固县志》一，小沙河在城南十里，“源自巴山，北流入汉江”。即此水矣。又检《城固县志·乡土志》，城南路经五郎坝，通四川省通江县椒子坪。检《民国地图集·四川人文图》，五郎坝在E107° 20′ · N32° 50′ 处，西南逾米仓山脉即西河口，南接通江，西南接南江。盖亦古道也。

二、洋、金南越巴山诸谷道

洋州南越巴山有两道。其一道由唐代前期洋州治所之西乡县（今县）东南越巴山山脉至通州之宣汉县（今万源县西南至宣汉县间），又直南至开州治所盛山县（今开县），洋、开间盖凡八百里至八百四十里。又直南小道一百六十里至万州治所南浦县（今万县）。由万州取蜀江水道二百六十里至忠州治所临江县（今忠县），又三百五十里至涪州治所涪陵县（今县），此为一重要常行之大路，故《元和志》《寰宇记》书之甚详。

此段考证，详下《天宝荔枝道》篇“由何路至达州”条。

又由宣汉循徐曹水（今后江）西南行至通州治所通川县（今达县）。又取水道下行二百五十里至渠州治所流江县（今渠县），若取陆路，则回迂至六百里。

徐曹水见《水经注》，即今后江，参看杨氏《水经注图》。宣汉在今后江上源，而属通州，是必沿水有路至通州。《通典》一七五通州，“去西京取益昌郡

（利州，今广元）驿路二千五百里（本脱‘百’字，据《寰宇记》补），东北（本脱‘北’字，据《寰宇记》补）取洋川郡（洋州）骆谷路约有一千五百七十六里”。《寰宇记》一三七，同。即此道也。

又《通典》《寰宇记》两书之渠州、通州（《记》作达州）两目，皆记两州间交通有水陆两路，水路二百五十里，陆路六百里，无异说。陆路六百里，似太多，盖山路迂回之故欤？今日汽车道即迂回甚远也。

通州北经宣汉越巴山至西乡，西乡东北当子午谷之南口，此即宋代以下所传之杨妃荔枝道。涪陵荔枝佳者，实产于涪陵治所涪陵县西北一百一十里之乐温县（今长寿西北五十里），若自此入贡，则当取邻山县（今大竹东南邻水西岸）至通州（今达县），或取垫江县（今县）、梁山县（今县）、高都驿道至通州，此则前代志书所未明也。

关于天宝贡荔枝事，颇为复难，别详下《天宝荔枝道》篇。

洋州南越巴山之另一道，乃由西乡县直南微西约六百里至壁州。其行程盖略循洋水河谷而上八十里至洋源故县，越巴山，又循巴江上源谷地而南下，经白石县（今通江东北百里）境，至壁州治所通江县（今县）。

《通典》一七五洋州“南至始宁郡（壁州）六百一十五里”。而《元和志》二二洋州“南至壁州西（山）路五百六十里”。《寰宇记》一三八洋州“南至壁州山路五百四十里”。又一四〇壁州“北取洋州兴道县五百四十里”“北取洋州路至长安二千里”。按天宝以后，洋州治兴道县，然兴道在西乡西北百里，去壁州里数不应少于西乡至壁州。今姑从《通典》。检申报馆《新地图》，西乡至通江有一道，中经峡口，白雄关，两当口，龙池场，白杨关，长坪，泥溪，即循洋水（西乡水）、巴水河谷而行。《元和志》洋州西乡县，西北至州一百里，洋水东去县八里。是洋水即西乡水。又《元和志》，洋州“洋源县西北至州百二十里，因洋水为名。洋水去县南三百步”。《寰宇记》一三八洋州西乡县条，“洋水在今县西南三百步”。“废洋源县在州东南一百八十里，因县北洋水为名，大历元年，为狂贼烧劫，北移于西乡县二十里白湍村权置行县”。宝历元年废。又云“洋水出废洋川县东巴岭”。川为源之讹。“洋水在今县西南三百步”。则洋源县故城在洋水之源，北至州八十里，后移北六十里。由西乡南逾巴岭之道当即循洋水河谷而上行也。

今通江县境之巴水发源于东北巴山，古已名巴江，见《寰宇记》一四〇壁州通江县。检《通典》一七五，壁州"东北到郡内白石县一百里"。不云通洋州。检《寰宇记》一四〇壁州白石县在州东北一百里。"因界内白石川为名"，"青水一名白石水，东北自洋源县界流入，西南流与诺水合"。又云"县城南枕大溪，北邻小涧"。是白石县虽因水为名，但不濒临白石水。检今图，通江之巴水东源曰清水，即白石水也。《一统志》保宁府卷山川目白石水条引《旧志》，"源出西乡县，自竹浴关入（通江）县境"。正即清水也。在申报馆《新地图》所记大道之东。则古道纵不经白石县治，当经其境。

壁州西南一百五十里至巴州，壁州东南三百七十里至通州。

按壁州之南为渠州，且巴水即渠水，直通渠州。然《通典》《寰宇记》壁、渠两州目，皆不记巴州南至渠州之里数。而《通典》一七五，壁州西至巴州一百五十里，东至通州一百六十二里。巴州目亦记东至壁州里数同。《寰宇记》一四〇壁州目，西至巴州里数同，而作"东至通州三百七十里"。按壁、通间绝不止一百数十里。《通典》"一百"为"三百"之讹。

后唐天成三年四月，"洋州奏重开洋州入蜀旧路，比今官道近二十五驿"。疑与此道为近欤？

此事见《五代会要》二五道路目。

金州治西城县（今安康），南入巴境亦有两道。其一，由西城，西南经广城故县（今紫阳南六十里）至通州之宣汉县，盖取今任河谷道而行，崖路崎岖，水可通筏，即郦《注》所谓"谷道南出巴獠"者。由宣汉下渠水至通州也。

《寰宇记》一三六渝州，"东北泝流取金州路至长安二千八百一十里"。《元和志》三三，渝州"东北至上都二千八百一十里"。明所记为一路，经金州至长安也。所谓泝流，自指泝渠江水而言，是必经通州。按《通典》一七五通州，"东北到安康郡（即金州）一千一百里"。金州西南到通川郡（即通州）里数同。《寰宇记》一三七通州目、一四一金州目，亦皆相同。《九域志》八，达州"东北至本州界一千五百八十里，自界首至金州七百里”。里数虽不符，但两州间之通道则一也，亦即与渝州东北泝流经金州至长安为一路也。唐宋志书一致记载如此，知必为一相当通行之道路。盖亦由通州东北行经宣汉，又东北至金州治所西城县（今安康）。考《水经注》二七《沔水注》云：

“汉水又东迳晋昌郡之宁都县南，县治松溪谷。又东迳魏兴郡广城县，县治王谷。谷道南出巴獠，有盐井，食之令人瘿疾。”

检杨氏《水经注图》，置广城与盐井于今安康、城口之间。度此文意，盐井当在巴獠境，应即后考之宣汉盐井（今通明井），在今城口西南。复检《一统志》兴安府卷古迹目，引《通志》，广城旧县在今紫阳县南六十里。又山川目，“任河在紫阳县西南一里，源出四川夔州府大宁县，流经太平庙，又北流至县（紫阳）境入汉。崖路崎岖，通西蜀道，板木结筏，多由此出”。又严如熤《三省山内风土杂识》云：“由城口之北至两扇门通陕西之兴安，高山夹峙，中间危径一线，为川陕必守之险。”检视地图，此即任河河谷之通道无疑。按任河为此区发源巴山之唯一较大之水，广城故县在紫阳南六十里，正当在此水流域。郦《注》所谓“谷道南出巴獠”当即指此水谷道而言，河谷上源正接宣汉井，形势正契合。盖此道由今安康西经紫阳取任水河谷上行而南入巴山，又西南至今万源县南地区也。考《周书》四四《李迁哲传》，西魏末，除迁哲“直州刺史，即本州也。……令与田弘同讨信州（今奉节）。魏恭帝三年正月，军次并州”云云。按直州在今汉阴县，并州见《寰宇记》一三七通州废宣汉县条，在今万源县南。则其行军正取此谷道，唐代通州宣汉县东北至金州之道亦此道也。

金州东南行七十里至平利县（今县），县东三十里女娲山，明清时代，南通镇平，为入蜀之道。宋世，见置女娲驿，疑唐世或唐前已为通道。

《寰宇记》一四一金州，平利县在州东南七十里，治在平利川，黄洋水北。《新唐志》，平利县有女娲山。《晋书》九十八《桓温传》，温由襄阳进兵关中，命梁州刺史司马勋出子午道，勋军败，退次女娲堡。即此山也。《舆地纪胜》一八九金州古迹目，有女娲驿、女娲山。引《皇朝郡县志》云在平利县东，有祠曰女娲圣后。检《一统志》兴安府卷山川目，“女娲山在平利县西五十里”。而引《旧州志》云，“山在县东三十里。冈峦起伏，蜿蜒四十余里”。校以《纪要》五六，当以县东三十里为正。然《统志》前文误为县西五十里者亦有故。检《舆地纪胜》八六房州古迹目亦有女娲山，“在竹山县，燕子山相对”。《一统志》陨阳府卷山川目，“女娲山在竹山县西五十里”。“燕子山在竹山县西三十五里。《舆地纪胜》，在竹山县宝峰镇之左”。“宝峰山在竹山县西北七十里”。则竹山县亦有女娲山，在县西五十里。按今平利、竹山间中隔竹溪县，唐为上庸县。《纪胜》同卷沿革目，开宝初省入竹山县。检《寰宇记》一四三房州，竹山县在州西一百五十里，废上庸县在竹山县西一百里（《元和志》二一，里距相合）。并入竹山，则宋世平利、竹山接境。《一统志》引《金州旧志》，山在平利县东三十里，其山蜿蜒四十余里。盖西端在平利东三十里，东端在竹山西五十里，实一山也。《统志》兴安府卷误以竹山西里数为平利西里数耳。

上文已见女娲山之名甚早，晋人曾由子午道退屯于此，宋世且置驿，为交通据点，其山之地望亦可详明。考《三省山内风土杂识》云：

“女娲山当平利通川之路。”

“平利北连安康……东南接湖北之二竹，西南与四川之太平（即万源）大宁交界。镇平一隅尤深入川楚之中，距县治三百六十里，鸟道一线，盘折于危岩峭壁之间，鸡心岭扼夔府大宁之路。”

检《纪要》五六，“平利在金州东南九十里，南至四川大宁县六百里”。县有镇平，“志云在县东南二百里，有巡司戍守”。则明清时代，平利、女娲山实当金州南通四川之路，宋时置驿，盖矣以当此道之故。上推晋世，司马勋伐秦，兵败退屯于此，盖以东通上庸，南入蜀中，有后路耳。疑唐世此道亦通行。

三、房州南越巴山诸谷道

房州为古庸国境域，秦汉分置房陵、上庸两县，自秦至唐常为迁谪之地，盖山谷深险，民杂蛮夷，为一文化落后地区。

庸国为《牧誓》八国之首，后为楚所灭。《汉志》有此两县。始皇徙嫪毐党四千余家、吕不韦舍人万家于此，又徙赵王迁于房陵。汉徙济东王彭离、广川王孝于上庸，并详《汉志补注》。《华阳国志》二《汉中志》，汉时宗族大臣有罪，“亦多徙此县”。是也。至唐武后，仍徙中宗于房陵。按《旧唐书》一八五上《韦机传》，附曾孙《景骏传》，开元“十七年迁房州刺史，州带山谷，俗参蛮夷，好淫祀，而不修学校”。大约为一汉人较少地区。《舆地纪胜》八六房州风俗形胜目引《皇朝郡县志》云：“其民……至今安于山僻，男子烧畲为田，妇人绩麻为布，以给衣食，少从学之士。”是宋世犹然。是则其地僻在山区，蛮夷所居，文化落后，朝廷视为恶地，故以为政治贬谪之所。

然地当陕西、湖北、四川三省之交，为邓宛襄汉入蜀之捷径，唐代前期，韦景骏为房州刺史，曾致力交通建设，置传馆，其后当续有经营，至宋见有馆驿颇多。

《旧》一五八上《韦机传》，曾孙景骏，开元十七年迁房州刺史，“通狭路，并造传馆，行旅甚以为便”。《新》一九七《循吏·韦景骏传》，略同。是唐代前期在此一带从事交通建设之记录。唐末五代，盖续有修建。《舆地纪胜》八六房州景物目下，有马息驿在房陵县北六十里，独松驿在房陵县房山相连[1]。悔来馆在房陵县北三十里，绍兴十四年改名至喜馆。又诗目引曾弼《题房城驿》。具见宋世已有不少馆驿。

唯重峦叠嶂，山水险阻，仍感行旅维艰。盖汉水上游，梁、洋为小型盆地平原，中游均、房则为山岳地带，犹长江流至夔、归有巴山之阻也。

《舆地纪胜》房州卷引邵勉诗云：“房陵郡僻皆山川，竹山更在房西偏，道由房城绝险阻，高崖峻岭相绵延。”又引汪德伦《房州到任谢表》云：“山溪险阻，甚于九折之途，舟车困而行旅弗通……”此见房州及其西行道路之艰险。上论唐世，当更未辟。又《纪胜》一八九金州风俗形胜目引《图经山川序》云：“自汉中而东，则谓金多山岭，而均、房而西，则谓金多平旷。”此见汉水流域之大形势。

就道路所通而言，房州在武当山之南，境内有堵、筑（今南河）两水为较大。其外出之道，东至襄州，北至均州，皆有水陆两道。由州东行，陆路一百一十里至永清县（今保康），又三百一十里至襄州。水路浮筑水亦经永清至穀城（今县），

[1] 按房山在房陵县西南四十里，见《元和志》《寰宇记》。

转下汉水，凡五百八十四里。《水经注》云泛水东迳学城南，为梁州大道所由，又云筑阳县北阙林山为本郡陆道所由，皆见筑阳为诸道所凑。

水陆两道之里程，皆见《元和志》与《寰宇记》。《元和志》云，筑水出房陵县西北叶山，经县北二里。又经永清县北三里。永清在房陵东一百一十里，即今保康县。筑水即今南河，故此水陆道之路线可略知。考《水经注》二八《沔水注》云：

"沔水又东南迳阴县（今光化）故城西。……沔水又南，泛水（今北河）注之。水出梁州阆阳县……又东迳学城南，梁州大道所由也。……沔水又南迳阙林山东，本郡陆道之所由。山东有二碑，其一即记阙林山，文曰，君国者，不跻高堙下，先时或断山冈，以通平道，民多病，守长冠军张仲瑜乃与邦人筑断故山道，作此铭。……沔水又南迳筑阳县（今县）东。又南，筑水（今南河）注之。"

按杨氏《水经注图》，以泛水即今北河（清图余家河），筑水即今南河，绘学城于泛水口之北，阙林山于泛口、筑口之间，皆在汉水之西，皆是也。检今图，汉水之东即光化县西南滨汉水之老河口，仍为今日河南、鄂西向西南入四川之大道口，抗战时期，发挥重大作用，此仍自古以来之形势也。

由州北陆行逾武当山西侧隘道，二百六十八里至均州。又由房州西行陆路一百四十八里至竹山县（今县），由县浮堵水下汉水亦至均州。《寰宇记》称堵水舟船商贾甚盛。

均、房间陆程及房陵、竹山间里程，皆见《元和志》二一。《寰宇记》一四三，略同。《寰宇记》竹山县目云，"堵水源出金州平利县界黄牛源岭下。《图经》云，郭带堵水，水出汉江，舟船往来，商贾所凑"。可见此水道运输之盛。

唐末五代，均房渐见为山南襄汉入蜀之要道，冯行袭为均州刺史，即以维护襄汉入蜀贡道而知名。

《旧五代史》一五《冯行袭传》，武当人，以计定均州。"山南节度使刘巨容以功上言，授均州刺史。州西有长山，当襄汉贡路，群贼屯据，以邀劫贡奉，行袭又破之。"《新》一八六《刘巨容传附行袭传》云"均之右有长山当襄汉贡道，有剧贼据险劫献物"云云。又《新五代史》四二本传及《通鉴》二五六，略同。《通鉴》二五六，中和四年记此事云，“蜀道以通”。具见此为襄汉通蜀之一主要道路。《纪要》七九均州目引此事云，“或曰长山即武当山”。应可信。

均州入蜀之贡道，当由均州陆道南行至房州治所房陵县（今房县），又西至竹山县（今县）；或由均州泝汉水至郧乡县（今郧县），又西南泝堵水，亦至竹山。堵水舟船商贾之盛，盖即因楚蜀要道之故。竹山即古上庸，由此循堵水河谷而上经上庸县（今竹溪）南境，可通竹筏。由此入宣汉县（今万源西南）东境今城口（E108° 48′ · N31° 58′）地区，入蜀。此下行程虽不详，然颇疑取宣汉盐井（今明通盐井）下前江至通州（今达县）也。

竹山入蜀之道虽不详，但自宣汉东境或东北境越巴山山脉无疑。考严如熤《三省山内风土杂识》（《丛书集成》本）云：

“四川之太平厅……所管地极辽阔……厅所辖之城口，距厅三百七十里，四面高山峻岭，中间一线溪流。……”

“由城口之南，经由乾龙坪、明道（通）井、鹳鸣寺、雪泡山、高坪等处，分路往雪阳、开县，密地数百里，均未开老林。”

“由城口之东经由黄墩、旗杆山、汪家坝、桃花垭，过大团城、小团城至红池坝、老木园、宝塔，分路往夔府之大宁、奉节，鸟道羊肠，崎岖不易行。”

“由城口之北至两扇门，通陕西之兴安，高山夹峙，中间危径一线，为川陕必守之险。”

“由城口东北经黄墩、后坪，至一碗泉、中心石，南通夔府之大宁、奉节，北过偏岩子至陕西平利县之平阴。东北过蚂蝗坝至陕西平利县之镇坪，东过徐家坝、焦子垭，通湖北竹山县之巴豆园、丰溪两处。”

是清代城口实当川陕要道，故严书述其交通路线远较他处为详。就中有东通竹山、镇坪、平利三县。检今图，通镇坪、平利，即当堵河西源处。《舆地纪胜》称为南江。《一统志》陨阳府卷山川目堵水条引府志，南江河源出平利县界，可通舟筏，东流经竹溪县，竹山县，为竹山江，又东北流入房县北境，注入汉水。是镇坪、平利境之堵河上源能通竹筏，疑中古时代房州、上庸入蜀之主要行程或即取径于此水河谷。则与金州东南取平利县女娲山入蜀之道略相当矣。

严如熤所记之明道井，即明通井之讹。检图，在城口之西南，当前江上源。《一统志》太平州卷山川目，明通井旧名宣汉井。引《通志》，明通井在太平州东二百里，大山相夹，壁立万仞，数十里天如一线，中有溪即前江也。按《寰宇记》一三七，达州有宣汉盐井。《九域志》八，达州有院一，明通。"伪蜀催科税赋之地，皇朝因之。"在"州东一千二百里"（里数失之太多，《寰宇记》作一百二十里，又失之过少）。有六乡及宣汉、盐井、缊栏三场。此必为一相当大之盐井，故蜀置征科院于此，商贩贸易当颇盛，亦为一交通中心。西南有前江通达州，即唐之通州。故疑唐代均房入蜀之贡道取宣汉井沿前江河谷而下通州欤？

此由房州取堵水西行入蜀之道，其开通盖甚早。汉末，孟达为新城太守，叛魏，申仪为魏兴太守，"绝蜀道，使救不到"。盖上庸赖堵水谷道以取蜀援耳。稍后夏侯尚"自上庸通道西行七百余里"。盖亦此道也。

申仪、孟达事，见《三国志》四〇《刘封传》注引《魏略》。同书九《夏侯尚传》，尚为荆州，"自上庸通道西行七百余里，山民蛮夷多服从者……降附数千家"。是此道之一次加工也。

五代时期，后唐又由房州开新道四百里至夔州，盖亦由竹山循堵水南源之微江（今九道梁河）河谷而上，约经今官渡河、白河口（E110° 20′・N31° 40′），逾乌云顶山隘，经大昌至夔州也。

《旧五代史》三九《唐明宗纪》，天成三年八月，"房州奏新开山路四百里南通夔州，画图以进"。《五代会要》二五道路目，天成三年"五月夔州奏开新路至房州"。检视地图，此道当即略循堵水河谷而行者。考《三省山内风土杂识》云："竹山南由官渡，过白河口至红坪，西折向家坡，马鬃岭，三层岭，与老爷顶路会。由红坪西南折过顺水坪、长岭坝、阴条岭，至乌云顶，与四川夔州府之黄草坪汛、大昌营各路相通。"《纪要》六九夔州大昌县目，"东北至湖广竹山县二百七十里"。殆即此路，或略相当。检《民国地图集》湖北地形、人文两图，堵水上源大者有西源及南源。西源来自竹溪县之南；南源来自巴东，今名九道梁河。由竹山循九道梁河上行，见有官渡河、白河口，至水源处有乌云顶，又官渡河、白河口之西至镇坪县之间有马鬃岭，乌云顶之西、马鬃岭之南即大昌，去夔州已甚近。后唐所开房夔新道，当即此道之前欤？

关于微江之名，考《舆地纪胜》八六房州景物目，“微江导源自巴东，入于堵”。“又云百丈山在竹山县微江对岸”。检《一统志》郧阳府卷山川目，百丈山在竹山县西南。则宋世微江即今之九道梁河无疑。复按《一统志》同卷古迹目，有微阳故城，“在竹山县西。……《宋书·州郡志》，上庸太守领县微阳。魏立，曰建始县，晋武帝改”。盖即在微江之阳而受命。此水在晋宋之世皆有微江之名，度唐世当亦然。且《牧誓》，庸蜀羌矛微卢彭濮，旧志微在此地区，则微之名盖久矣。

又由房州南行山路五百里至归州治所秭归县（今县），此亦汉以来之古道，盖中经屈原故宅地区，循香溪而南达秭归。

《元和志》二一，房州“南至归州山路五百里”。《寰宇记》一四三房州目、一四八归州目，皆同。考《三国志·蜀书》一〇《刘封传》，“先主……以（孟）达为宜都太守，建安二十四年命达从秭归北攻房陵”。即此道。

又《续郡国志》秭归县，刘昭注引《荆州记》，“县北一百里有屈原故宅，方七顷，累石为屋基，今其地名乐平宅。东北六十里有女须庙”。又《寰宇记》一四八归州，兴山县在州北八十五里，香溪在邑界，即王昭君所游处，有王昭君宅。《舆地纪胜》七四归州，昭君封在州东北四十里。又引《元和志》，兴山有香溪水。《一统志》宜益昌府卷古迹目引《宋史·地理志》，兴山，开宝元年移治昭君院，端拱二年又徙香溪北。检今图，秭归东北兴山县在香溪河谷中，古屈原宅、女须庙盖在更北，盖古道亦循溪谷而北也。

宋初伐蜀之师，分取剑门、夔州两路。但夔门滟滪水急，船舰难进，故自“襄州西山”行深林间，取大宁路直趣夔州。虽路线不详，但夔州始程当经永清；接近夔州之一段，当与后唐所开新道之南段相近欤？

《舆地纪胜》一八一夔州大宁监碑记目，丁谓《夔州移城记》条：“太祖皇帝出师平蜀，由剑门巫峡分兵以入。而滟滪激射峻恶，楼船战舰难进易退。步骑自襄州西山裹粮兼行，林麓无际，涧壑相接，不知道路之所从。得蜀民诣王师献画，由大宁路直趣夔州。平蜀之师实取道于此也。景德三年记。”按大宁即今巫溪县。

参看图 4、图 3

一九七六年十一月二十三日初稿，一九七八年四月十六日增订。刊《屈万里先生七秩荣庆论文集》。一九八四年十月二日增订。一九八五年九月十四日初校订正。十一月九日二校定稿。

图1 唐代秦岭山脉东段诸谷道图(蓝田武关道子午道上津道及库义锡三谷道)

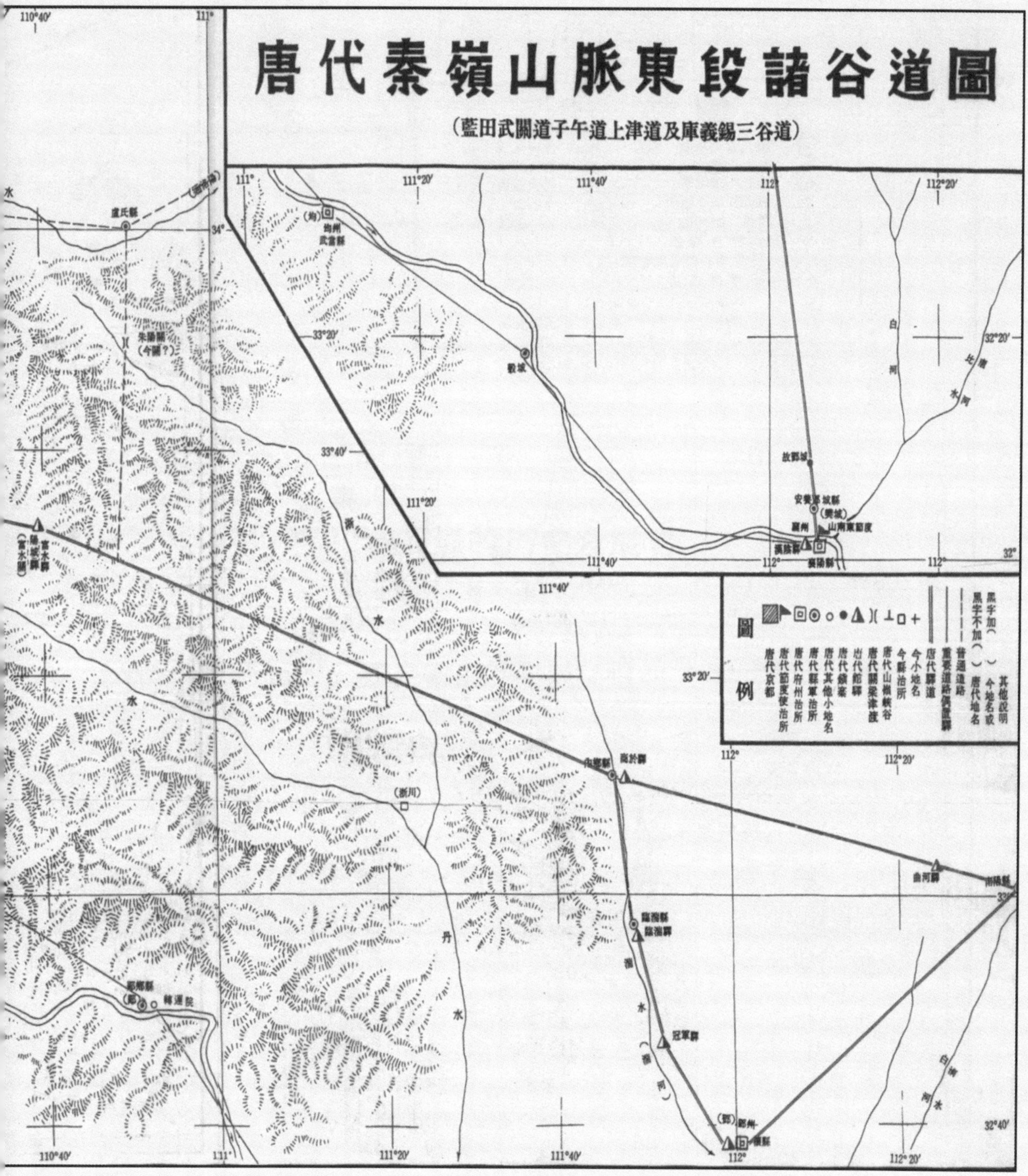
唐代秦嶺山脈東段諸谷道圖
（藍田武關道子午道上津道及庫義錫三谷道）
圖例
其他說明
黑字加（ ）今地名或
黑字不加（ ）唐代地名
普通道路
重要道路側置驛
唐代驛道
今小地名
今縣治所
唐代山嶺峽谷
唐代關梁津渡
唐代館驛
唐代鎮寨
唐代其他小地名
唐代縣軍治所
唐代府州治所
唐代節度使治所
唐代京都
盧氏縣
朱陽關
（今關？）
穀城
故鄧城
商於驛
曲河驛
冠軍驛
丹
水
淅川
110°40′
111°
111°20′
111°40′
112°
112°20′
33°20′
33°40′
34°
32°20′
32°40′

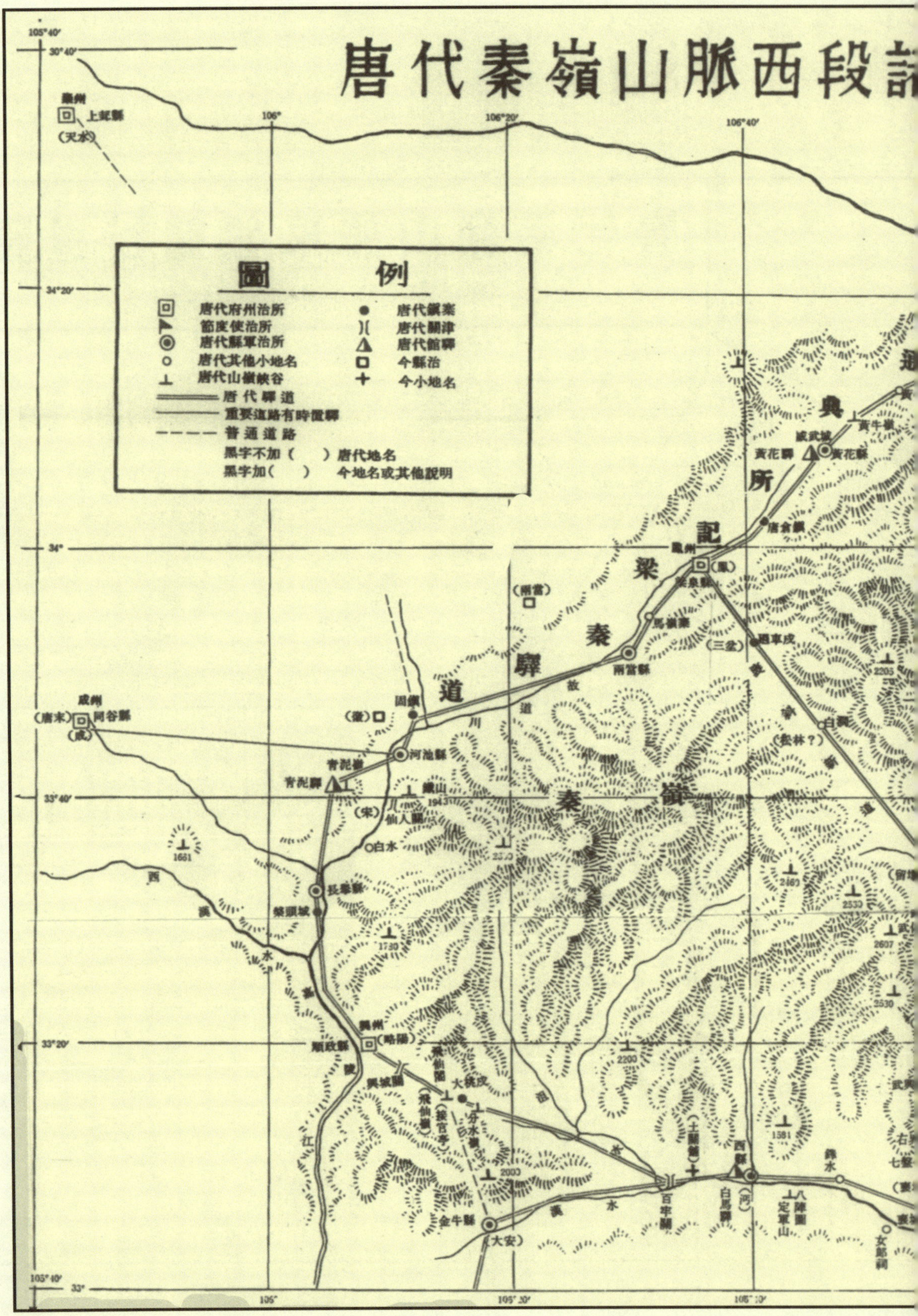

图 2　唐代秦岭山脉西段诸谷道图（骆谷道褒斜道及《通典》所记汉中通秦川驿道）

道圖（駱谷道褒斜道及通典所記漢中通秦川驛道）

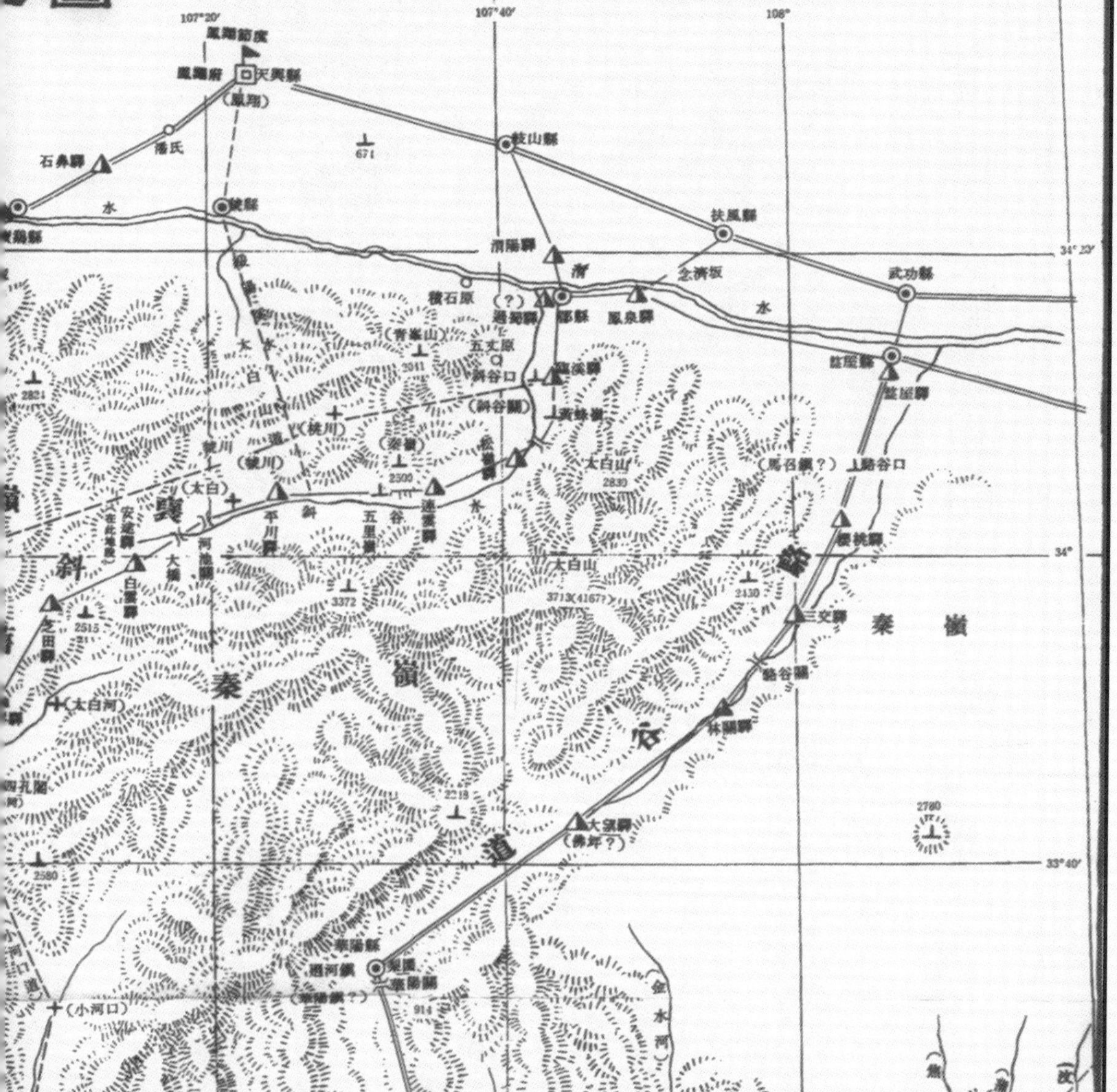

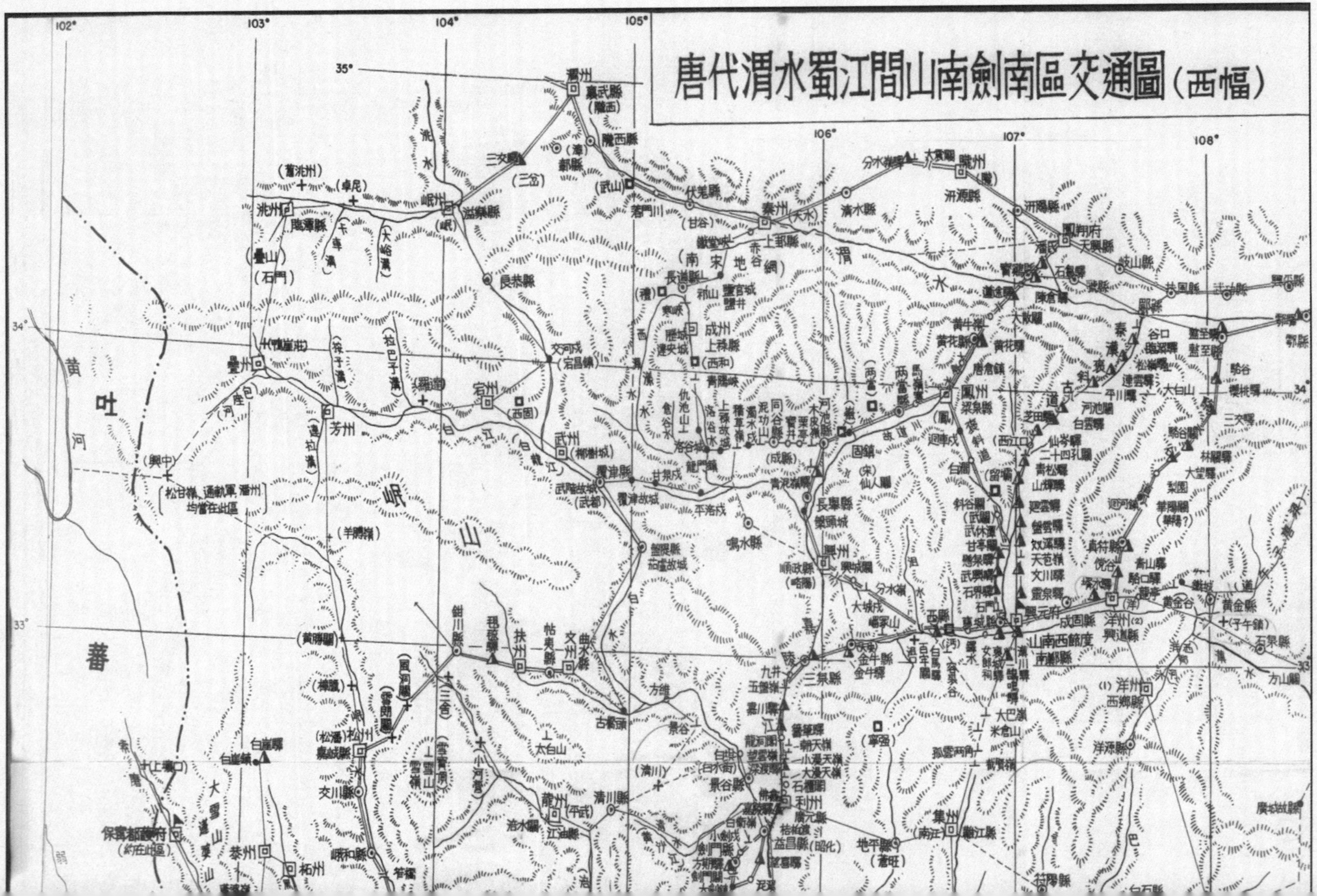
唐代渭水蜀江間山南劍南區交通圖（西幅）
102°
103°
104°
105°
106°
107°
108°
35°
34°
33°
渭州
襄武縣
隴西縣
三交驛
渭水
秦州
伏羌縣
清水縣
隴州
汧源縣
汧陽縣
鳳翔府
天興縣
岐山縣
扶風縣
鳳州
梁泉縣
兩當縣
成州
上祿縣
長道縣
武州
覆津縣
岷州
溢樂縣
洮州
臨潭縣
疊州
宕州
芳州
長松縣
長舉縣
興州
順政縣
三泉縣
利州
綿谷縣
劍門縣
益昌縣
興元府
南鄭縣
洋州
興道縣
西鄉縣
集州
難江縣
地平縣
扶州
文州
曲水縣
鉗川縣
松州
嘉誠縣
交川縣
龍州
江油縣
清川縣
景谷縣
翼州
柘州
恭州
黃河
吐
蕃
岷
山
白水
白江
大雪山
保寧都護府
黃金縣
石泉縣
洋源縣
太白山
大白山

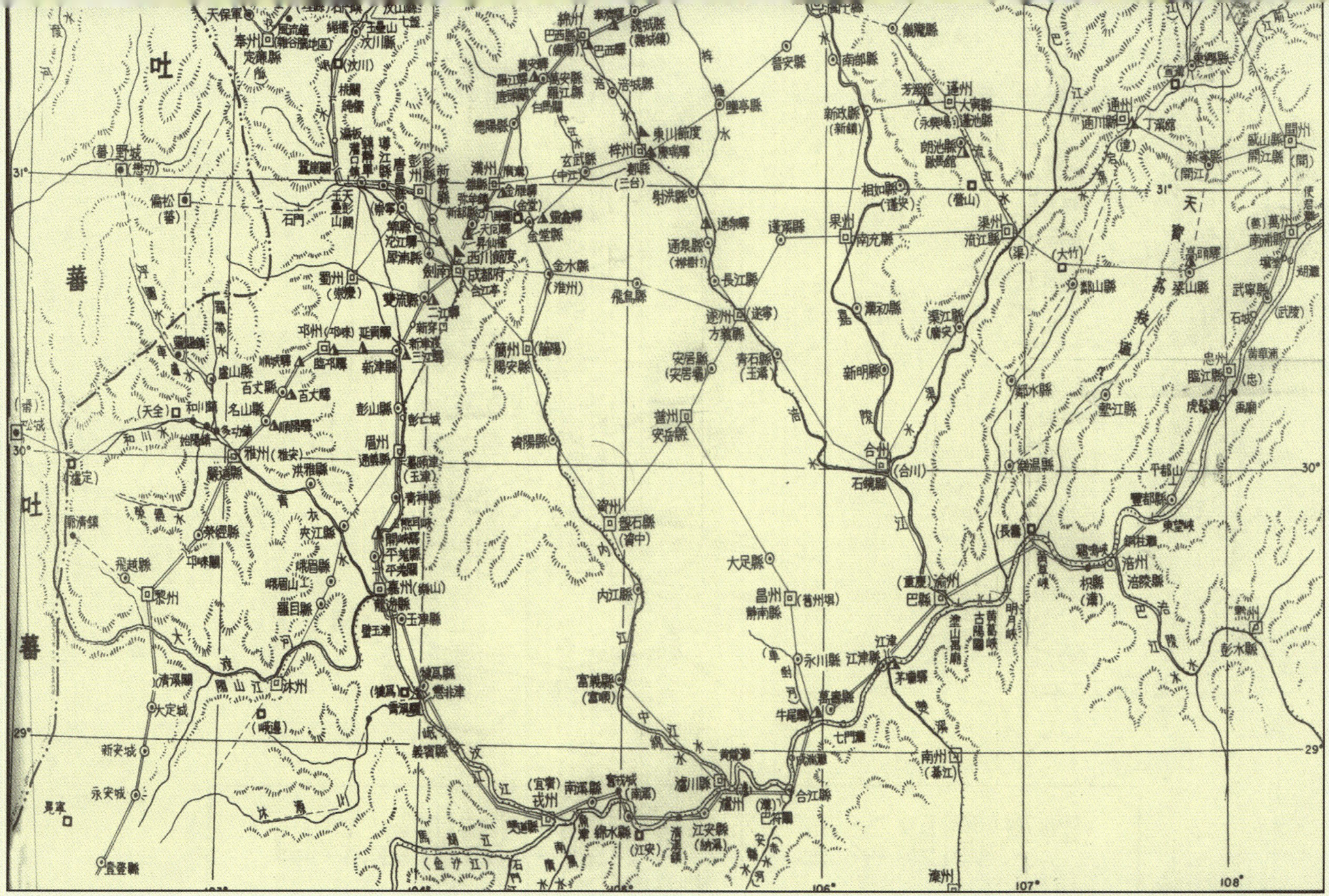

图 3　唐代渭水蜀江间山南剑南区交通图（西幅）

唐代渭水蜀江間山南劍南區交通圖(東幅)

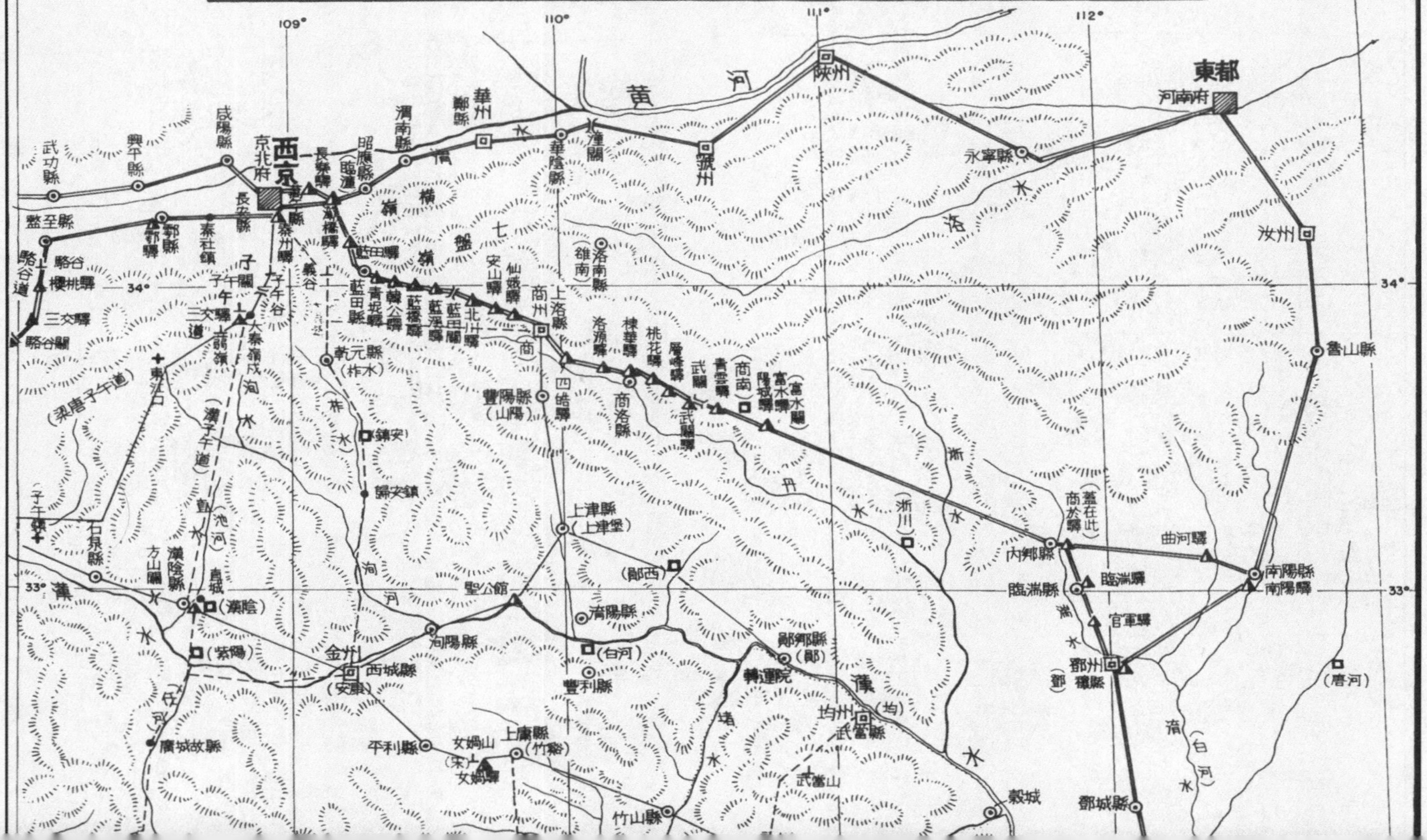

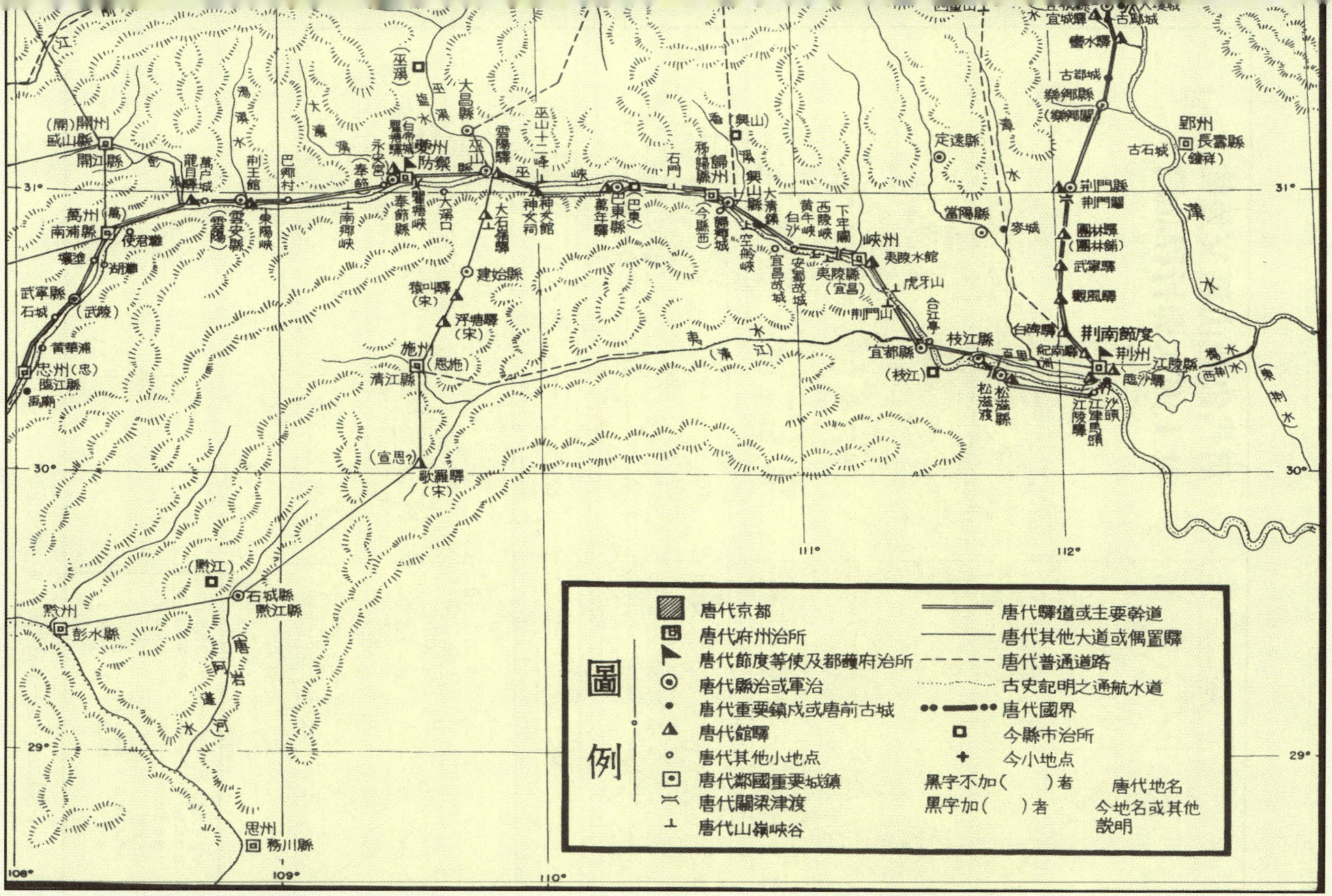

图 4　唐代渭水蜀江间山南剑南区交通图（东幅）

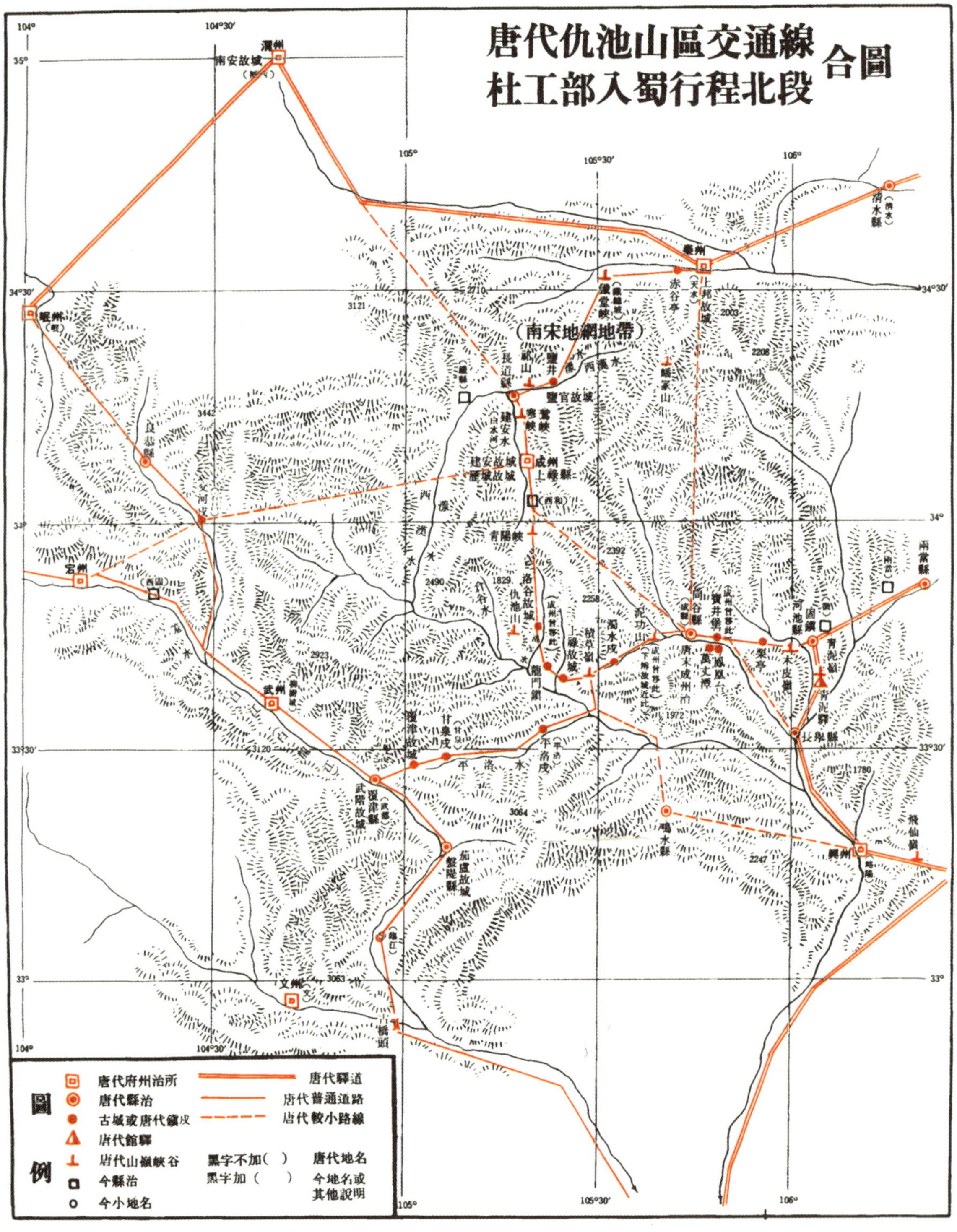

图5　唐代仇池山区交通线、杜工部入蜀行程北段合图

中国蜀道

科学认知

The Shu Roads in China
Scientific Cognition

第五章

李之勤蜀道研究

李之勤蜀道研究

再论子午道的路线和改线问题

古代的子午道，是从关中长安（今陕西省西安市）南越秦岭通向汉中以及四川的几条重要谷道之一，同时又是长安与陕南安康以及四川东部联系的重要道路，不论在军事上、政治上、经济上都有重要价值，所以历来受到重视，尤其在全国首都定于长安的汉、唐各代更是如此。当时子午道曾多次被规定为国家驿道之一。遗憾的是，关于子午道的历史资料流传到现在的为数不多。而且在仅存的有限资料中，有关史书多偏重于记载子午道上的军事活动、政治事件，而很少涉及子午道的具体路线；而历代地理图籍的记载也过于简略，甚至有传言不实、因袭失真、彼此矛盾之处。几年前笔者曾在《西北大学学报》1981 年第 1 期发表一篇题为《历史上的子午道》的短文，略述子午道的历史，讨论子午道的走向及其改线问题。文中一方面承认子午道中段的路线在汉魏时期和唐代以后可能有所不同，大致前者取道池河河谷，而后者则取道长安河、子午河河谷；同时对此项改线始于南朝梁将军王神念别修乾路的说法提出质疑。近年喜读严耕望教授《唐史研究丛稿》

中的《唐子午道考》，又幸得机缘对子午道的大部分路线进行走马观花、蜻蜓点水式的考察，增加感性认识不少。所以愿对子午道的路线走向和改线问题，再谈一点个人的看法。

一、有关文献资料和子午道路线的变化

目前我们能看到的有关子午道路线走向及其沿线地名的文献资料虽然不多，但对确定古代子午道的走向及其变化来说，却是极其重要的根据，理应给以足够的重视、认真的讨论。

子午道的出现时间当在秦汉以前，只是我们目前还没有看到这方面记载。根据现在所知资料，最早提及子午道沿线地名的当是西汉大史学家司马迁。他在史学名著《史记》卷八《高祖本纪》中说："汉元年十月，沛公兵遂先诸侯至霸上。……正月，项羽自立为西楚霸王。……负约，更立沛公为汉王，王巴、蜀、汉中，都南郑。……四月……汉王之国，项王使卒三万人从，楚与诸侯之慕从者数万人，从杜南入蚀中。去辄烧绝栈道，以备诸侯盗兵袭之，亦示项羽无东意。至南郑。……"东汉班固《汉书》卷一《高祖本纪》也有大致相同的记载。

据现存汉中市博物馆的东汉摩崖石刻《石门颂》记载"高祖受命，兴于汉中，道由子午，出散入秦"，这就是说，距离西汉不远的东汉人就已认为，刘邦从关中前往汉中"之国"的路线是走的子午道，而前面所提到的杜南和蚀中，都应当是子午道上的地名。杜南一般解释为杜县之南，也有解释为杜陵县之南的，当以杜县之南为是。因为杜陵县是西汉宣帝时才设立的"陵县"，在刘邦由关中去汉中时和司马迁写《史记》时都不存在。而杜县则是早在秦武公时就已经设置了。其位置大致在今西安市南十里的杜城村，正当由秦咸阳或汉长安南去子午峪的路上。汉代设置杜陵县以后，原来的杜县县治又被称为下杜城。这是因为杜陵县作为专门管理汉宣帝杜陵的陵县，其治所设在杜陵以北五里的杜陵原上，而原来的杜县县城则位于杜陵原西侧的潏河川道中的缘故。蚀中究竟在何处尚难肯定，古代注释家认为就在杜南，是从长安去汉中道路上一条"川谷"的名称。蚀音力，是一种酒器，形状似壶。长安汉中道上的川谷而以蚀中为名，可能是川谷的形状

和名蚀的酒器相似的缘故。

稍后又有王莽修子午道的记载。《汉书》卷九十九《王莽传》说，汉平帝“元始五年……其秋，莽以皇后有子孙瑞，通子午道。子午道从杜陵直绝南山，径汉中”。颜师古注释说：“子，北方也，午，南方也，言通南北道相当，故谓之子午耳。今京城直南山有谷通梁、汉道者，名子午谷。”这是子午谷一名见于史籍之始。子午道的得名，颜师古解释为因此道南北相当，呈南北走向，但可能与此道北段通过南北走向的子午峪也有关系。子午道的起点是长安，而这里说王莽修子午道从杜陵开始，也有些令人费解。前已言及，西汉的杜陵县城在汉宣帝杜陵北五里，即今西安市东南十余里处，距汉代的长安城约三十里。而作为子午道入山之口的子午峪北口，则在汉长安城南约六十里处。子午道如果经过杜陵县城，则须先向东南，后转西南，绕道十余里，路线甚不合理。所以这里所说的杜陵，应指杜陵县境而不是指杜陵县城。至于汉中，也似应指当时汉中郡的辖境，或汉中郡的治所西城县，即今安康县，而不一定指今汉中市，当时的南郑县。因为南郑县既非当时汉中郡的治所，自不好作为汉中郡的代表。而且南郑县的位置远在长安的西南，在此前后几百年间，取子午道从汉长安到南郑，都是先向南，后转西，有些路段甚至要绕向西北行的。这与王莽为应符瑞而修以子午道为名、南北相当、直绝南山的道路的原意，是不大符合的。

魏晋南北朝时期，割据政权此兴彼衰，子午道上战争时起。史书上提到过的战地和险隘，有黄金戍、铁城、阳都板、寒泉岭等，而池河河谷的蓰阁和直城尤为著名。

《南齐书》卷一《高帝纪》说：南朝宋文帝元嘉“十年，萧思话为梁州刺史，皇考（指南朝齐太祖萧道成之父萧承之）为其横野府司马、汉中太守。氐帅杨难当寇汉川，梁州刺史甄法护弃城走，思话至襄阳不进。皇考轻车前行，攻氐伪魏兴太守薛健于黄金山，克之。黄金山，张鲁旧戍，南接汉川，北枕驿道，险固之极。健既溃散，皇考即据之”。郦道元《水经注》卷二十七《沔水注》也说：“汉水又东，经大、小黄金南，山有黄金峭，水北对黄金谷，有黄金戍，傍山依峭，险折七里。氐掠汉中，阻此为戍，与铁城相对。一城在山上，一城在山下，可置百许人。言其险峻，故以金铁制名矣。昔杨难当令魏兴太守薛健据黄金谷，姜宝据铁城。宋遣秦州刺史萧思话西讨，话令阴平太守萧垣之攻拔之，贼退西水矣。”以上两条所说当系一事。黄金水就是现在的金水河，黄金山与黄金戍均在今洋县东的金水镇附近，金水河经此处南注汉江，周（周至县）城（城固县）公路沿金水河河谷南来至此，折西去洋县、城固。其东不远山梁上有险隘名铁锁关。登高瞭望，但见山岭坡陀，道路逶迤。东可见土门垭，西可见青龙垭。古代的铁城戍，可能即在此一带。由“南接汉川，北枕驿道”之言，可知在南朝刘宋和北朝北魏对立时期，子午道的南段仍然维持着官驿大道的地位。当然，此时这段驿道已不可能是由南朝控制的汉中、安康地区通向北魏控制的关中长安，而是由汉中经洋县、石泉到池河下游的马池镇，也就是古代的直城，再一直向东南，经安康、襄阳等地，通往南朝的首都建康，也就是现在南京市的大驿道。

《水经注》又说：“汉水又东，合蘧蒢溪口。水北出就谷，在长西安南。其水南流，迳巴溪戍西。又南，迳阳都坂东。自上及下，盘折十九曲，西连寒泉岭。《汉中记》曰：自西城涉黄金峭、寒泉岭、阳都坂，峻崿百重，绝壁万寻。既造其峰，谓已逾嵩岱，复瞻前岭，又倍过之。言陟羊肠，超烟云之际；顾看向涂，杳然有不测之险。”文中的蘧蒢溪，就是现在的子午河，所说的寒泉岭、阳都坂相当于现在的什么地方，虽难确指，当都在洋县金水镇与西乡县南子午镇间汉江左侧的子午道上。《汉中记》虽把它们列为西城（今安康）汉中大道上的险阻，实际上也是子午道南段的险阻。因为从汉中通往长安的子午道与从汉中通往安康的西城路，其西段，即从汉中到石泉县马池镇一段，在当时是完全相同的，本来是一路而两用。

《水经注》又说：“汉水又东，右会洋水。川流漫阔，广几里许。洋水导源巴山，东北流，迳平阳城。《汉中记》曰：本西乡县治也。自城固南入三百八十里，距南郑四百八十里。洋川者，汉戚夫人所生处也。高祖得而宠之。夫人思慕本乡，追求洋川米，帝为驿致长安，蠲复其乡，更名曰县，故又目其地为祥川，用表夫人载诞之休祥也。城即定远城矣。”洋水即今牧马河，定远城大致在今西乡县南。这说明，汉高祖刘邦为了驿致西乡出产的洋川米以应宠姬戚夫人的需要，曾在西乡西安间设置过驿传。当时驿致洋川米的道路是由西乡先向西北到汉中，再取褒斜道或故道至长安，还是由西乡直接向东北取子午道入长安，记载不详，难以肯定。如果是取子午道，那么，子午道始为驿道的时间就将提前到西汉初年，而不是西汉末年的王莽当政时期或东汉年间了。

《水经注》又说："汉水又东，历敖头，旧立仓储之所。傍山通道，水陆险凑，魏兴安康县治，有戍，统领流杂。汉水又东，合直水。水北出子午谷岩岭下，又南，枝分东注旬水。又南，迳蓰阁下。山上有戍，置于崇阜之上，下临深渊。张子房烧绝栈阁，示无还也。又东南历直谷，迳直城西，而南流注汉。"在这里，郦道元既把直水所过的蓰阁指为汉王之国途中接受张良建议而烧毁的栈道，自然也认为通过直水河谷的这条道路就是古代的子午道了。因而文中所说的直水下游的直城，蓰阁北面的旬水河谷和子午谷岩岭，也都是子午道所经过的地方。直水今称池河，又称迟河。称为直水，可能因其河道基本上呈南北方向，没有太大的转折弯曲。称为迟河，则是因为其下游将入汉江处，流向由向正南突转为向西北，每逢大雨，河水暴涨，下流宣泄困难，水位下落很费时日，交通因而常受阻碍的缘故。称为池河，当是直、迟二字的音转。直城在今石泉县马池镇附近，现在还有故城遗迹。附近的谭家湾，还有一个被称为汉王城的地方，传说是汉王在之国途中曾经驻扎休息之地。北魏时期曾在这里设过直城县。蓰阁当在今池河发源的东腰竹岭古山蹬。这里东西高山耸峙，南北两水分流，山高崖陡，地理形势与郦道元《水经注》的描写极为相似。至于郦道元把直水的发源地说成在"子午谷岩岭下"，并言其"枝分东注旬水"，则是因为对秦岭南北的山势水系不甚清楚，误认为直水和子午谷水分别发源于秦岭正脊的南北两侧，而直水又有支津与汉江的另一条支流旬水相通。并不知道直水的发源地就在蓰阁附近的腰竹岭，离秦岭正脊分水岭还有一二百里；发源于秦岭南侧，被认为是直水上源而又有支津与旬水相通的，实际是旬水的上源；而子午峪中的子午水长仅二三十里，发源于喂子坪以北的土地岭。土地岭只是秦岭北坡的一个浅山支阜。从北面翻过土地岭，直到秦岭正脊，子午道所经过的地方，已都属于丰河河谷了。在交通不便、文献不足、地理知识比较缺乏的古代出现这类问题，本来是常有的事，是不应苛求的。

《水经注》成书之后不久，北魏分为东西。西魏的宰相宇文泰既连年与东魏争夺河南等地，又积极与南朝的萧梁争夺陕南的汉中、安康以及四川，因而子午道上曾发生过多次战争。直州人乐炽就曾为阻挠西魏贺若敦的进攻，而焚毁直谷中的子午道的栈道。《周书》卷四十四《李迁哲传》记其事说："李迁哲，字孝彦，安康人也。……（梁武帝太清四年）迁持节、信武将军、散骑常侍、都督东梁洵兴等七州诸军事、东梁州刺史。……（西魏）大统十七年，（北周）太祖遣达奚武、王雄等略地山南，迁哲率其所部拒战。军败、遂降于武。……魏恭帝初，直州人乐炽、洋州人田越、金州人黄国等连结为乱。太祖遣雁门公田弘出梁汉，开府贺若敦出直谷。炽闻官军至，乃烧绝栈道，据守直谷，敦众不得前。太祖以迁哲信著南山，乃令与敦同往经略。炽等或降或获，寻并平荡。……除直州刺史，即本州也。"这说明，池河河谷的子午道这时仍作为重要军事通道而被使用着。

隋唐时代，子午道又被规定为国家驿道。严耕望教授《唐子午道考》引《法苑珠林》卷三十九《神州塔寺三藏感通录》说"子午关南第一驿名三交驿"，附近大秦岭上有大秦戍。《新唐书》和《元和郡县图志》关于子午道及子午道上的关隘和城镇记载甚详。

《新唐书》卷三十七和卷四十《地理志》明言"京城前直子午谷"，长安县"有子午关"，洋州黄金县"有子午路"。同书卷七十六《杨贵妃传》说："妃嗜荔支，必欲生致之，乃置骑传送，走数千里，味未变，已至京师。"而唐朝诗人杨凝《送客入蜀》诗又有"明朝骑马摇鞭去，秋雨黄花子午关"之句。这说明经过子午关的子午道是人们从长安去四川常被选用的重要道路之一。

《元和郡县图志》卷一和卷二十二关于子午道的记述有："子午关，在（长安）县南百里。王莽通子午道，因置此关。……今洋州东二十里曰龙亭，此入子午谷之路。梁将军王神念以旧道缘山避水，桥梁多坏，乃别开乾路，更名子午道，即此路是也。"

黄金县……因黄金水为名。黄金水，出县西北百亩山黄金谷。南流经县西，去县九里。其谷水陆艰险。语曰：山水险阻，黄金子午。……故铁城在县西北八十里。城在山上，言其险峻。故以铁为名。昔氐帅杨难当寇汉川，令魏兴太守薛健据黄金山，姜宝据铁城，宋遣梁州刺史萧思话攻拔之。驿即子午道也。旧道在今金州安康县界，梁将军王神念以旧道缘山避水，桥梁百数，多有毁坏，乃别开乾路，更名子午道，即此路是也。

现在，子午道所经过的子午关、龙亭等地名犹在，黄金戍、铁城的确切位置虽难确指，而大略地望可知，前已言及。不过上面两段记载也还存在不少问题。除了南朝梁将王神念所修的乾路起自何处、经过何地、具体走向如何并未交代清楚以外，还有：一、“王莽通子午道，因置此关”。这是子午道上的子午关正式见于历史记载之始。但查《汉书·王莽传》，其中只记通子午道之事，并无设置子午关之言。是否在修道的同时即已设关，并不清楚。按《隋书·地理志》的京兆郡长安县下注有“有关官”三字，所说设有“关官”的关当即子午关。这说明子午关的设置时间纵使不在西汉末年，但在唐代以前已有子午关之设，当是没有问题的。古代的子午关现在叫作石羊关，又叫关石。称为石羊关，是因为子午关旁的高山之巅，有一个大石远望如羊。而关石一名，则由传说汉将李广猎于南山。突遇猛虎，弯弓射虎，虎变为石，而箭已射入石中的故事而来。二、“今洋州东二十里曰龙亭，此入子午谷之路。梁将军王神念……别开乾路，更名子午道，即此路是也”。这是古代史籍正式肯定子午道的南端出口在洋县境的最早记载。看后半段文意，似乎认为在王神念改修乾路的南北朝以前，洋县龙亭并非子午道所经，这是与史实不合的。因为在秦汉时期，从长安去汉中的子午道和南北朝时期从建康经襄阳、安康通往汉中的驿道西段，都是非经洋县龙亭一带不可的。三、“旧道在金州安康县界”一语，也存在着明显的问题。因为据《旧唐书·地理志》和《太平寰宇记》所载，金州安康县早在唐肃宗至德二载（757）二月，就已经改名为汉阴县了。《舆地纪胜》且明言其改名的原因是“以犯安禄山姓故也”。所以，李吉甫在唐宪宗元和八年（813）撰写的《元和郡县图志》，是不应当仍称安康县而不称汉阴县的。

此外，南宋王象之《舆地纪胜》卷一百九十除引《元和郡县图志》上文以外，又说“子午道，去州一百六十里。……《洋川志》云，杨妃嗜生荔枝，诏驿自涪陵由达州取西乡入子午谷路，至长安才三日，色香俱未变。《涪州志》云七日到长安，不同”。这说明，唐代的荔枝路与子午道相接处，在宋代的洋州兴道县东一百六十里，今西乡县南子午镇附近。此地距宋代，也即现在的西乡县也是一百六十里，而西乡县则是唐代中期和前期的洋州治所。从西乡向东北经南子午镇溯子午河及其支流长安河而上，到子午道新旧两线分岔处的今宁陕县江口镇，比从西乡县向西北到洋县，折东北转东南经南子午镇、饶风岭、石泉县、直城，再转北经古山磴、月亮坪到江口镇，直线距离将缩短二分之一。比绕洋县到南子午镇后转新线到江口镇，也要缩短三分之一的距离。比由西乡向东行至石泉县城接旧线，也要缩短四分之一的距离。所以，目前虽然还没有确切根据，料想唐代的荔枝道可能就是从今西乡县南子午镇接子午道新线的。所以，循子午河、长安河河谷而行的子午道新线，似于荔枝道置驿前就已经出现了。

北宋时期，子午道已经失去国家驿道的地位，但作为关中和陕南的重要经济通道，使用还是相当频繁的。当时对子午道沿线地理情况的了解，也比以前要详细、准确多了。而在偏安江南的南宋与统治黄河流域的金朝隔秦岭而对峙，连年交兵的时期，子午道的军事意义就又显得突出了。

北宋乐史编写的《太平寰宇记》卷一百四十一《汉阴县》说：“直水源出永兴军乾祐县弱岭姜子关，经县理西，又南注于汉。北流当终南山子午谷路是也。”弱岭，有的记载称为蒻岭，就是现在的东腰竹岭，为池河与旬水支流月河的分水梁，姜子关也当在其附近，这就纠正了《水经注》对直水发源地的误解。永兴军路是北宋的一个相当于现在省级的地方行政区域，辖境大致包括今除陕南和宝鸡地区以外的陕西省其余部分以及甘肃省的庆阳地区、山西省的运城地区、河南省的三门峡地区。其治所在京兆府，也就是现在的西安市。乾祐是京兆府属县之一，因五代后汉高祖和隐帝的年号得名，治所在柞水县的旧县关，是永兴军路辖区中位于秦岭以南的唯一一个县。

南宋李焘《建炎以来系年要录》卷六十二说：“绍兴三年正月乙丑……是日金人陷金州。……金州之西有姜子关，乃承平时商旅由子午谷入金洋之路。金声言取姜子关路入汉阴县，故彦颇分兵守之。既而萨里罕自上津疾驰，不一日至洵阳境上。……（彦）即尽焚储积，退保石泉县。金人入金州，彦退趋西乡。”卷六十三："二月庚寅，是日，陕西都统制吴玠遇敌于真符县之饶风关。先是，知兴元府刘子羽闻金州陷，即遣统制官田晟守饶风关，拒敌来路，且驰檄召玠。……玠即复驰与敌遇。……金房镇抚使王彦自西乡以八字军来会。……（金人）自蝉溪岭绕出关背……乘高下阚饶风，以精兵夹击王师之背。王师尽却，玠斩之不能止，凡六日关陷。……己亥，萨里罕入兴元府，经略司刘子羽焚其城而遁。"这次战争的主要攻守重地，如金州、姜子关、石泉、饶风关等都在子午道旧线上。而饶风关之战，战前王彦从西乡前去饶风关，战争过程中金兵由蝉溪岭绕攻饶风关背后。当分别取道子午道新线和荔枝道的一部分。

王应麟《通鉴地理通释》卷十一说："洋有子午、骆谷、饶风关，为蜀门户。国家于骆谷口置石佛堡，子午谷口置渭门、分水等寨，皆备御之要也。"《舆地纪胜》卷一百九十洋州条又说："梁洋控御要害之地有三，曰褒谷、曰骆谷、曰子午谷，而骆谷与子午俱在洋。……今州东二十里曰龙亭，此入子午谷之路，至谷六百六十里。""八关：白椒关防东骆谷，曰五渡、曰水碓关防黑水谷，曰桐木关防子午谷、风谷、洋谷、涝谷，蒻岭关防子午谷、豹林谷、涝谷，三岭关防子午谷、豹林谷、风谷，重阳关防长安经由东义、西义、石鳖、炭谷。以上八关，并总于青座寨。"从这里可以看出子午道及其新旧两线上的险隘在南宋抗金战争中的重要地位，以及南宋方面在这个地区的军事设施。这里所说的国家指的就是南宋。可惜阳岭寨的确切位置现在还搞不清楚。唐代文献只说洋州有子午谷路，而宋代文献上又说有子午谷，这是二者的不同处。

元代关于子午道的记载甚少。在元朝政府编修的《大元一统志》中，关于子午道的记载基本上是照抄《太平寰宇记》的有关部分，只是把永兴军路乾祐县按元朝的地方行政区划改为安西路乾祐废县，因为宋代的乾祐县在元朝初年已被撤销而不复存在了。明朝时期，陕西省官员曾经重修子午道，但尚未见到有关其具体线路或经过地名的记载。只知道除了子午道北段长安县境有个子午镇和子午关以外，在南段的洋县、石泉、西乡三县交界处又出现了一个子午镇，附近的一条汉江支流也被称为子午河，在子午道支流长安河上又出现了一个名为五郎坝的居民点。明朝政府在古子午道新旧两线上的子午镇、五郎坝、饶风关、池河镇等地，都曾设置过巡检司，用以盘查行旅，维持地方治安。这说明通过子午河、长安河河谷的子午道新线在当时的重要性，已大大超过了通过池河河谷的旧线。到清代，旧线虽仍然作为安康、汉阳、紫阳等县入省大路被继续使用，但子午道之名似乎已被新线专用了。而且从汉中、洋县取子午道赴西安，在过洋县东北的金水镇以后，也不再折向东南去南子午镇，而是一直往东到两河口进入长安河河谷。南子午镇只保留西乡西安间和汉中安康间两条大路交会处的地位。清中叶严如熤在《三省边防备览》中对有关各线及其里程记载甚详。

卷六《险要》说："西乡……东北之子午谷，在西乡者为午谷，在长安者为子谷，南北相对，通谓子午。谷势逼仄，河流一道，夏秋可行小船。东至石泉饶风关四十五里，北至两河口五十里，南至洋县渭门镇六十里。汉南要隘。"

卷二《道路考》记子午镇与西乡间的里程："西乡……东北三十里别家坝，三十里岔河子，三十里官沟，二十里渭门，六十里子午，六十里两河口交宁陕厅界。共程二百二十里。至长安子午峪，过两河、宁陕腰竹关、洵阳坝、东江口、高关、夹岭、石羊关、渭子坪等处，险路六百六十里。"

同卷又记从西乡子午镇至西安的里程及其主要地名是："六十里两河口，四十里展龙垭，二十五里青草关，二十里汤平河，三十里宁陕厅。以上山僻小路，夏秋水涨，易至梗阻。十五里宁陕老城，二十里豹子沟，二十里七佛沟，二十里火地，二十里莲花石，二十里文公庙，二十里油磨，二十里洵阳坝，二十里鸡公梁，三十里徐家庙，三十里白神庙，改设都司营驻地。十里东江口，长安主簿驻此。三十里苦竹沟，二十里高关，二十里沙沟，二十五里夹岭，二十里秦岭，三十里石羊关，二十里渭子坪，三十里官寺坪，即子午口。十里子午镇，出平原，十里黄粮镇，三十里西安府。从宁陕到西安共程五百里。腰竹岭老林百余里，鸡公梁、夹岭上下老林各二十里。"

从洋县到西安，清代已不是绕汉江黄金峡大湾向东南的子午镇，而是基本上向东直去两河口，经过的主要市镇和里程是："东三十里龙亭铺，二十里槐树关，二十里酉水河，十里青龙垭，十五里金水河，三十里土门垭，十五里湘子山，十里水田坪，十里扇子坡，二十里两河。共程一百八十里。也多山僻小路，夏秋水涨，易至梗阻。"

从安康、汉阴、紫阳进西安省城，则仍多走池河河谷的旧道。所经过的主要市镇和关隘有筷子铺、平定寺、石佛寺、迎风坝、梧桐寺、铁炉坝、龙王街、太山庙、东腰竹岭、古山磴、月河坪、沙坪、白神庙，至东江口与从宁陕来的新线相会，北上西安。

二、再论子午道新线不可能为梁将军王神念所改修

前已提到，几年前笔者在《历史上的子午道》一文中，曾对子午道新线的出现是梁将军王神念改修说提出过质疑。当时所持的理由主要是："整个南北朝时期，南朝的宋、齐、梁、陈各朝所控制的范围，虽然有时也曾达到过汉中、安康一带，但连秦岭以南的商洛山区都为其势力所不及。更不要说关中地区的长安附近了。"因而认为"对于南朝的王神念来说，子午道北段的整修和改线，是既无此必要，也无此可能"的事。如果梁朝的将军王神念对于子午道的路线有所整修和改线的话，"其范围必然局限在梁朝所控制的子午道南段，即从马池镇到洋县这段道路，把这段道路上因距江岸太近而易被洪水冲淹的部分提高、改线至洪水淹不到的山坡上"。

现在看起来，当时对子午道改线（即子午新线出于王神念别开乾路一说难以成立）所进行的论证，还是很不充分的。如果进一步考察，就可发现，不仅现存关于王神念的传记资料中，并未发现王神念曾在子午道所在的今陕西省西安、汉中、安康等地任职的记载，而且在王神念任职南朝萧梁政权期间，汉中地区和安康地区的西部，包括池河流域在内，都不属萧梁政权的范围，而属于和萧梁对立的北魏政权的管辖范围了。

关于王神念的主要事迹和历任官职，《梁书》卷三十九《王神念传》有简要介绍："王神念，太原祁人也。少好儒术，尤明内典。仕魏起家州主簿，稍迁颍川太守。遂据郡归款。魏军至，与家属渡江，封南城县侯，邑五百户。顷之，除安城内史，又历武阳、宣城内史，皆著治绩。还除太仆卿，出为持节都督青、冀二州诸军事。……普通中大举北伐，征为右卫将军。六年，迁使持节、散骑常侍、爪牙将军，右卫如故。遘疾卒，年七十五。……子遵业，仕至太仆卿。……次子

僧辨，别有传。”

北魏的颍川郡治所在今河南省的长葛县东北，南朝萧梁的安城国（相当于郡）治所在今广西壮族自治区的宾阳县东北，宣城国的治所在今安徽省的宣城县。武阳在何处未见记载，尚不清楚。而青冀二州的治所则在今江苏省连云港市以东，当时还是与大陆不相连的海岛上。内史相当于郡太守，为封地相当于郡的王国的行政长官。梁武帝萧衍的七弟萧秀曾被封为安成王，简文帝的太子萧大器曾被封为宣城王，但时间都已在王神念死后了。而被封为武阳王的都有哪些人也不得而知。根据上述资料，不论在北魏还是在梁朝，似乎王神念都没有在今陕西省任职的经历。

王神念的卒年在南朝梁武帝萧衍普通六年（公元525年，北魏孝明帝孝昌元年）或其以后不久，而其弃魏投梁之年本传不载。《梁书》卷四十五《王僧辨传》有“天监中，随父（即王神念）来奔”之言，亦未指明在梁武帝天监那一年。但《资治通鉴》卷一百四十七明确地说：“天监七年，春正月魏颍川太守王神念来奔。”而在此以前的天监四年（505）由于梁朝的梁州长史汉中太守夏侯道迁叛梁降魏，原属梁朝的汉中地区已经转入北魏之手。北魏的军事力量且曾一度南入剑阁，进攻涪城（今四川省绵阳市）。据《资治通鉴》记载，梁朝的“梁州十四郡地，东西七百里，南北千里”，皆入于北魏之手。其范围包括了今陕西西南部，甘肃东南部和四川东北部。但对于子午道所在的池河和长安河一带的归属问题，却没有明确的交代。

二十多年以后，北朝的北魏和南朝的萧梁之间爆发了争夺直城的战争。《资治通鉴》和《魏书》均载其事。“普通六年三月，北凉州刺史锡休儒等自魏兴侵魏梁州，攻直城。魏梁州刺史傅竖眼遣其子敬绍击之，休儒等败退。”（《资治通鉴》卷一百五十）胡三省在注释中说“梁置北梁州于魏兴，凉当作梁。魏收《志》：东梁州金城郡，领直城县。《五代志》：金州安康县，萧詧改直州，盖因直城以为名。西魏以其地出金，改郡曰金城，州曰金州”。

“傅竖眼……转梁州刺史，常侍、将军如故。……其子敬绍，阴暴不仁，聚货耽色，甚为民害，远近怨望焉。寻假镇军将军督梁、西益、巴三州诸军事。萧衍遣其北梁州刺史锡休儒、司马鱼和、上庸太守姜平洛等十军，率众三万，入寇直城。竖眼遣敬绍总众赴之，倍道而进，至直城，而贼袭据直口。敬绍以贼断归路，督兼统军高彻、吴和等与贼决战，大破之，擒斩三千余人。休儒等走还魏兴。”（《魏书》卷七十《傅竖眼传》）

这说明，从天监四年夏侯道迁背梁降魏之后，包括秦汉魏晋子午道所经过的池河流域，一直都在北魏的统治之下，并不属于南朝萧梁的统治范围。

在这次直城战役结束以后3年，北魏又提高了直城地区的政治地位，使之由安康郡而升格为东梁州。《魏书》卷七十一《淳于诞传》记其事说：“淳于诞……孝昌初，（行台魏）子建以诞行华阳郡带白马戍。二年，复以诞行巴州刺史。三年，朝议以梁州安康郡阻带江山，要害之所，分置东梁州，仍以诞为镇远将军、梁州刺史。永安二年四月卒。”

东梁州的管辖范围，《魏书》卷一百六《地形志》说：“东梁州，领郡三、县四，户一千二百二十二。金城郡，领县一，户二百八十六，直城；安康郡，领县一，户六百一十八，安康；魏明郡，领县二，户三百一十八，汉阳、宁都。”

直到南朝梁武帝萧衍大同元年（公元535年，西魏文帝大统元年，东魏孝静帝天平二年），梁朝才趁北魏统治阶级内部矛盾激化，分为东魏和西魏，相互争战，无暇南顾之际，又攻取了北魏的北益州、东梁州和梁州，恢复了对四川北部和包括直城在内的陕西西南部的统治。《资治通鉴》卷一百五十七记其事说：“大同元年秋七月，益州刺史鄱阳王范、南梁州刺史范文炽合兵围晋寿（今四川省广元市昭化老城），魏东益州刺史傅敬和来降。……十一月，北梁州刺史兰钦引兵攻南郑，魏梁州刺史元罗举州降。”

至于南朝萧梁政权的北梁州与北朝北魏的梁州安康郡或以后的东梁州的分界线，大致就在今池河下游的石泉县马池镇以东。因为北宋乐史编写的《太平寰宇记》卷一百四十一说：“金州安康县，本汉安阳县，属汉中郡。有安阳故城，在今县西二十四里，即今溆口东十里，汉江之北故城是也。晋太康元年更名安康县。《太康地记》及《太康志》、臧荣绪《晋书·地理志》并属魏兴郡，宇文周始从旧县移于今所。唐至德二载改安康为汉阴。”

“梁门山，在今县东十八里，即月川水之源也。”

“直水源出永兴军路乾祐县弱岭姜子关，经县理西，又南注于汉，北流当终南山子午谷路是也。”

“汉水，在县南二里东流。”

所以，北宋的汉阴及其治所，完全因袭了先前的安康县和唐朝后期的汉阴县及其治所，其位置当在今石泉县马池镇以西，池河与汉江汇合口北面不远处，而梁门山当即为今马池镇以东的池河与月河的分水岭。现在汉白公路经过的分水梁上，还有名为高梁铺和平梁铺的市镇，公路修筑前本为古代设立递铺的所在，与马池镇相距的里程恰为二十里左右。

与此有关的是南宋王象之《舆地纪胜》卷一百八十九关于金州汉阴县的记载：“汉阴县，中下，在州西一百六十里。元和郡县志云本汉安阳县……晋武帝太康元年更名安康县，属魏兴郡。……后魏置东梁州，萧詧改直州。《新唐志》云：武德元年，以县西置西安州，二年曰直州。贞观元年废直州，以犯安禄山姓故也。绍兴二年，王彦以县去州二百里，请移治新店，以旧治为镇。”

“梁门山，《元和郡县图志》云：在汉阴县东八十里，梁将五神令开拓承境，梁门为界之也。”

“月川水，《元和郡县图志》：出汉阴县东梁门山，水出麸金。”

与前引《太平寰宇记》的记载相比较，两书所说的月川水、梁门山以及唐代和北宋年间的汉阴县的治所，当均为一地。虽然关于梁门山距汉阴县治所的里程有十八里和八十里之异。但这可能是资料传抄中产生的讹误，也可能是由于作为月河分水岭的梁门山，本是一条南北走向的山梁，而月河的发源地也因其南北支流而地点不一，以致计算里程会发生歧异来解释“五神令”可能就是“王神念”之误，“承”字和“也”字，也可能分别为“城”字和“地”字之讹。这样，通过对上述资料的剖析可以说明，在南北朝时期，北朝的北魏和南朝的萧梁，其统治区域的分界线当在今池河和月河的分水岭上，即现在陕西汉阴县高梁铺所在的南北走向的山梁上。因而秦汉魏晋时期的子午道的全程，基本上都在北魏的统治之下，而不属南朝萧梁的统治范围。所以，纵使真的萧梁政权的将军王神念曾在南朝的北梁州或魏兴郡担任过职务，也不可能越过梁朝的统治区域，到北魏的控制地区去对子午道进行整修或改线的。所以说，那种认为南北朝时期的梁朝将军王神念把池河河谷的子午道旧线改为通过长安河河谷的子午道新线的说法，是与历史事实不符的。

另外，前面我们也已提到，关于通过长安河、子午河河谷的子午道新线，究竟是在什么时候，什么情况下，由什么人负责开通的这个问题，目前我们还说不清楚。因为我们还没有看到任何能做确证的文献记载或实物资料。当前史学界所以做出此道始于南北朝时期的梁将军王神念的论断，其主要资料依据就是我们前面已引过的唐朝宰相李吉甫《元和郡县图志》中的两段话。但是，认真分析一下前述引文，其内容也不过说子午道的北段系由长安城向南入子午谷，经子午关攀越秦岭，而南段则系由洋县东二十里的龙亭入山，经黄金、铁城而东，并没有明确地说中间一段到底是经过池河河谷或长安河、子午河河谷。也或许《元和郡县图志》原本对此已有交代，由于今本残缺，金州部分全佚，我们已无从了解了。但是，从《元和郡县图志》成书以来的千余年间，读者何啻千万，未见有人由此直接引出南朝将军王神念别开乾路，即为子午道由池河河谷改线至长安河、子午河河谷的明确结论。虽然对子午道新旧两道南端出口的位置，学者们的认识并不一致，历史地理著作的论述亦多歧异之处。例如，清初著名历史地理学者顾祖禹在《读史方舆纪要》卷五十六中认为洋县东一百六十里处的子午镇为明代新开的子午道的南口，而梁将军王神念所开的乾路则在洋县东二十里龙亭，清朝官修的乾隆《大清一统志》卷八百一十五也认为王神念所开的乾路在洋县东三十里的龙亭，但却称从洋县东一百六十里的南子午镇出口的是汉魏故道，而在卷八百一十五中又说旧子午道在汉阴县境。

1957 年，黄盛璋先生在《地理学报》第二十三卷第四期发表《川陕交通的历史发展》一文，其附图中始把六朝以后的子午道标在从秦岭经东江口、旬阳坝到长安河河谷的腰岭关至宁陕城一线。而在宁陕县城之南，则标成直南去石泉县城，而不是沿长安河、子午河河谷向西南，去西乡县的子午镇。而古子午道则被标在从池河河谷向东北，溯旬河支流而北抵秦岭。20 世纪 60 年代，严耕望教授撰《唐子午道考》，遂根据《元和郡县图志》前述引文，论证子午道“北口在长安县南六十里之子午谷，又西南四十里为子午关，又直南通金州安康县城（唐又名汉阴县，在今汉阴县西）。梁世以沿途桥梁太多，易毁坏，乃开乾道向西南斜出，至唐之洋州，是为新道”。“南端出口旧在安康故城（今汉阴县西），梁世新开道遂向西移至洋州之龙亭”，“行山区避河流也”。并以“直水易涨难退，或即王神念另开乾路之故欤”提出问题，作为解决问题的参考。20 世纪 80 年代重新编印的《辞海》和《辞源》等书关于子午道、子午谷的条目，也都改变了原来的提法，采用此说，如新版《辞海》明确说：“子午道，古道路名，从关中到汉中的南北要道，略向西移，自今西安市而至宁陕县。”《辞源》也明确说：“子午道，古隘道名。……南朝梁时，以原道桥多有损坏，更开新路，即今新线。”而旧版的《辞源》《辞海》和《古今地名大辞典》是均无新线比旧线略向西移，经今宁陕县等内容的。

也许有人会说，《元和郡县图志》是古代地理名著，李吉甫以当朝宰相著名学者编著当代地理典籍，焉能毫无根据地杜撰。但是，智者千虑，难免一失，尽信书则不如无书。即令李吉甫当时撰写《元和郡县图志》中有关子午道内容实有所本，但如果他所本的图籍本身有问题，而自己又一时审核不清的话，问题也难免会发生。像这样的失误之处，《元和郡县图志》中也是时有出现的。

例如，与洋州同在一卷的凤州梁泉县条说：“回车戍，在县西北六十里。梁太清五年，西魏遣雍州刺史达奚武为大都督，及行台杨宽率众七万，由陈仓路入斜谷关，出白马道，谓此也。”按陈仓路即由今宝鸡市入大散关、凤县的道路。此路从凤县向西南，经甘肃两当、徽县和陕西略阳县，可至汉中或四川；从凤县向东南经留坝、褒城，也可以到汉中或四川。斜谷关在宝鸡市东南二百里、凤县东北二百余里的眉县西南三十里处，是由关中平原西部沿斜水（今石头河）取褒斜道进入秦岭山区之口。白马当指白马城、白马关，隋唐时期改称为百牢关，在今勉县之西十余里凤县东南四百余里，扼从四川沿金牛道向东北、从关中平原沿陈仓道向西南，从陇西沿祁山道向东南进入汉中平原的要冲。如果《元和郡县图志》这段记载没问题，则这次战争，西魏的进军路线岂不是从宝鸡先向西南，再转东北，又折西南，使本来只有七百多里的路程，竟转折为一千数百里！实际上怎会有这样行军作战的道理。据《北周书》卷三十三《王悦传》，参加这次战争的王悦曾建议并接受了达奚武的命令，说降梁朝的武兴城和白马城的守将，因得顺利进围汉中。武兴就是现在的略阳县城。所以这次进军的道路，当是沿陈仓道也就是故道而行，与褒斜道和褒斜道上的斜谷关并无关系。而且梁武帝萧衍的太清年号只有三年，并没有五年。回车戍的位置，《太平寰宇记》又说在凤州梁泉县东南一百六十里，而不是其西北六十里。所以《元和郡县图志》上条记事有问题或错误是可以肯定的。

又如，同卷成州上禄县下说："鸡头山，在县东北二十里。后汉来歙从山道袭得略阳。隗嚣出不意，使将王孟将兵塞鸡头道，即此也。"按成州上禄县在今甘肃天水市西南二百多里的礼县与西和县间，略阳在今天水东北约二百里的秦安县陇城镇，而隗嚣割据政权的统治中心则在今天水市一带。如果鸡头山确在今天水市西南的成州上禄县，那么，后汉将军来歙袭据天水东北的略阳，隗嚣发兵塞天水市西南的鸡头道作什么用呢？所以，隗嚣使王孟将兵阻塞的鸡头道，肯定不在成州上禄县的鸡头山。再查《元和郡县图志》卷三原州平高县，又说："笄头山，一名崆峒山，在县西一百里，即黄帝谒广成子学道之处。……《汉书》曰幵头山，在泾阳西，《禹贡》泾水所出。……又《后汉书》隗嚣使王孟塞鸡头道，即此也。"这个笄头山的鸡头道，才是隗嚣使王孟所塞的道路。其确切位置，似应在今甘肃省平凉县西，而不在原州平高县，即今宁夏回族自治区固原县西。因为据《后汉书》卷四十五《来歙传》称，这次战争，他"伐山开道，从番须，回中，径至略阳，斩嚣将金梁"。《后汉书》卷四十三《隗嚣传》则说，隗嚣听说的略阳失陷，"惧更有大兵，乃使王元拒陇坻，行巡守番须，王孟塞鸡头道，牛邯军瓦亭，嚣自悉其大众围来歙"于略阳。章怀太子李贤《后汉书注》解释说，陇坻、番须、回中并在汧，也就是现在陕西的陇县，而鸡头山在甘肃平凉西，瓦亭也在平凉县西北。说明这次战争的攻守要地，均在今天水市东北的陇山一线，与天水市西南的礼县和西和县并无关系。《元和郡县图志》置王孟所塞的鸡头道于成州上禄县的鸡头山，显系误释。

和上述二例相似，《元和郡县图志》把通过洋州龙亭和黄金县的子午道说成是南朝梁将军王神念所修的“乾路”，也应是误记或误释。而当前一些著作更进一步，把王神念“别修乾路”解释为将子午道由池河河谷转移到通过长安河、子午河河谷的路线变化，就更成问题了。

三、考察所见子午道新旧两线的地理形势与栈道遗迹

子午道新旧两线所经过的地区，现在大部分已经修建了柏油公路或土石路面的简易公路。因而我们的子午道考察，也多是乘汽车沿公路而行。由于古今条件不同，子午道与现在的公路选线也颇有差异之处，说明它们之间的异同，不论对了解历史上子午道的线路变化还是对介绍我们的考察情况来说，都是有帮助的。

从北段起，现在的西万公路（西安至四川省万源县）是从西安市向西南，由沣河出山的沣峪口入山，沿沣河河谷向东南，经喂子坪到关石，又折而西南上秦岭梁。秦岭梁古称大岭，今为西安市长安县与安康地区宁陕县的交界处。古子午道则从汉、唐长安城向正南，由子午镇西南的子午峪北口入山，翻土地岭进入沣河河谷，到喂子坪与西万公路相合。

大岭南侧已属汉江流域。西万公路系顺汉江支流旬河上源的旱沟而南，经广货街转而正西，又经沙沟街、高关场到铁索桥，由此折西南至江口镇。为了与褒斜道上的要隘之一，今留坝县北的江口镇相区别，这个江口镇又被称为东江口，而把那个江口镇称为西江口。古子午道则在过大岭后继续西南行，不久就离开旱沟，翻越小岭，经乍乍口、息马台、鸳鸯树等地，至沙沟街与公路相会。

东江口镇地当旬河及其支流江河交汇处，前面所说的子午道中段新旧两线，就是从这里开始分路的。旧线由东江口顺旬河河谷稍向东南，经新城至沙坪街，又折而西南，沿旬河西侧支流大堰沟翻月河梁，顺七里沟至月河坪。在这里过旬河另一支流月河，沿月河支流金毡河河谷而上，翻东腰竹岭的古山蹬，进入池河的发源处。然后顺池河河谷，大致循正南偏西的方向，先后经过营盘街、胭脂坝、东腰岭关、火炼砭、太山庙（现名新矿）、龙王街、铁炉坝和石泉县的梧桐寺、迎风镇、青泥涧、筷子铺、大坝等地，至马池镇。马池镇即古直城所在地，又曾

设过直州。子午道旧线至此，或向东南经汉阴县去安康，即古之西城、金州，或向西北经马岭关、石泉县、饶风岭至西乡县的子午镇。然后继续向西北，绕汉江黄金峡大湾曲而西，经洋县、城固而达汉中市。新线则由东江口镇转而向西，沿冷水沟至关帝庙，折南翻鸡公梁，顺另一条七里沟进入月河上游，循西南方向经旬阳坝，翻平河梁，顺子午河支流长安河河谷而下，经火地塘、西腰岭关、宁陕县老城、宁陕县城（又称关口）、汤平河入石泉县境，再过斩龙垭、两河口至西乡县南子午镇。现在的西万公路在东江口至月河坪段、饶风街至石泉城段基本上依旧线，七里沟口至两河口段基本上依新线，而两河口至饶风街，月河坪至七里沟口两段，则为古子午道所未经。月河坪至新矿现在修有月太简易林区的公路，新矿铁炉坝间的简易公路，则为宁陕县关铁简易公路（从宁陕县城关口至铁炉坝）的一部分。石泉县境从马池镇到迎风镇、梧桐寺间也已修筑了简易公路，与汉白公路（汉中至白河）石泉县城至马池镇段相连，称为石迎公路（石泉县城至迎风镇）。综观古子午道新旧两线，公路未通的部分只有东江口至七里沟一段约 40 千米，两河口至南子午镇间一段约 30 千米，而旧线则只有铁炉坝至梧桐寺间 40 来千米了。

子午道南段，从汉中市往东经城固、洋县县城至金水河镇，分别为汉白公路、周城公路（周至县至城固县）的一部分。由金水河镇向东去石泉县的两河口，或向东南去西乡县的南子午镇，以及由南子午镇去石泉县的饶风街，目前还都没有公路。

我所参加的子午道考察，从 1986 年 9 月到 1987 年 6 月，陆续进行了四次。大致是 1986 年 9 月底到 10 月初，与陕西省交通厅公路交通史编办王开等同志沿西万公路、汉白公路、月太公路、关铁公路、石迎公路考察了沿线地理形势和古道遗迹，还徒步攀登了宁陕县的东西两个腰岭关和石泉西乡两县间的饶风岭，凭吊南宋名将吴玠与金将撒离喝饶风岭大战的古战场。11 月初，又趁去四川广元参加唐史学会年会之便，归途绕道汉中、城固、洋县，考察子午道南段龙亭、槐树关和金水河镇附近形势，不顾雪水路泞，爬上铁锁关，东望土地垭，西望青龙垭，了解金水河南入汉江处的古道和地形。12 月间，又抽一日之暇，与王开等同志考察了子午道北段黑沟口、红岩子附近的栈道遗迹，并由喂子坪徒步北越土地岭，顺子午峪而下，进行考察，在距子午谷北口数里的拐儿岩附近，不仅见到古代桥栈的遗迹，还发现水边巨石上刻有正楷大字甚多。由于石高难攀，石面半斜，字体横侧，又被风化剥蚀，看不真切，难知内容。只能由仿佛可辨“子午谷”“终南山”“兴修（？）碑”等字，估计可能与子午道的修建有关。可是由于天色已晚，不能久留，只得怏怏离去，不能释怀。1987 年 6 月，又会同王开同志和西安市、长安县交通局的同志，携带木梯，再往考察。至此，古代子午道新旧两线全程的十之七八，幸得亲履。虽然多是乘车一过，观察难得详细。但深感到与不到，看与不看，情况大不相同，而徒步考察部分，印象尤为深刻。

通过以上实地考察，对古子午道沿线的地理形势有了粗略的了解，对古子午道选线的优胜之处及其改线问题，也有了进一步的认识。以古子午道北段而论，入山口的数十里间取子午峪而不取沣河河谷，是很有识见的。因为沣河河谷之线不仅绕向西南，增加了里程，还要在数十里峡谷中开凿悬崖峭壁以修栈道，这从当时施工的技术水平说是很难做到的；从需用的人力物力的巨大数量说，又是很难、很不经济的。而由子午峪翻土地岭的道路，北侧虽然除七里坪附近外，大都崎岖逼仄。但南坡道路蜿蜒于沣河东侧诸支流上源缓坡间，农田相连，村落相望，与沣河出口一段不见农田村落的情况大异其趣。喂子坪以南，黑沟口至石羊关的一段，为古子午道北段的峡谷险隘。栈道最多，工程最巨。石羊关以上直到大岭，海拔高度虽然逐渐增大，但相对说来，河谷也已逐渐开阔，坡缓路平，比以北两段好走多了。翻过大岭，公路又逐渐进入峡谷。直到广货街，又转入旬河上游的川道中，自此直到东江口，谷道开阔，间有水田，村落不断。现在的公路系顺旬河右侧而行，而古子午道则有时也转向左岸。

东江口地当旬河与其重要支流江河的交汇处。东南顺旬河可通镇安、旬阳，西北可通户县、周至，南通汉阴、安康、紫阳，西南通宁陕、石泉。交通四达，地位冲要，为军事重地。宁陕置厅以前，此地原属长安，委派县丞、主簿驻此。古子午道的新旧两线，即由此分途。

旧线顺旬河河谷继续南行，经新城而至沙坪街。新城原为白神庙，清中期一度派重要武官参将驻守，建有城垣，故名新城。后来则改驻职位稍低的都司。现在城垣的残迹犹存。从沙坪街向西南，沿大堰沟越海拔1400米~1900米的月河梁，下七里沟至月河坪，一路谷狭坡陡，道路盘折、崎岖。月河坪以前，旧线进入月河支流金毡河河谷，亦甚狭险难行。但作为月河与池河分水岭的古山磴，夹在腰竹岭高峰崇山间，海拔虽有1800米~ 1900米，但实为一个平缓的山垭。过古山磴，古子午道逐渐进入河谷比较开阔的池河中游，岸边山坡，上下参差地分布着水田和旱地，形成众多村落，还有比较大的市镇如营盘街、太山庙、火炼砭、龙王街、铁炉坝、迎风镇等。耕种、居住和交通条件都比较优越。地区的开发和道路开通的时期自然也会比较早。迎风镇以南，又进入一个峡谷险段，现在的公路环绕在山腰，古子午道则顺河傍崖，左右盘折，上下登陟而行。过大坝，逐渐进入池河下游海拔只有500米的平地中。由此向东南越高梁，顺月河平川可达安康；转西北；过马岭关，经汉江右岸的九里十八弯山道可达石泉县城。由县城向西北沿饶风河平川到饶峰街，越饶风岭，顺牛羊河谷可到南子午镇。

古子午道新线从东江口沿冷水沟西行，折南越鸡公梁。鸡公梁海拔1600米~1800米，上下山的道路当比月河梁的旧线更为陡峻绵长。进入月河上游旬阳坝附近，路途稍为平夷。再往南越平河梁，海拔2200米~ 2400米，比旧线上的古山磴高出三四百米。平河梁顶虽然比较平旷，但山高林密，气温甚低，不宜农耕，居农极少。直到清朝中期，还是被称为“老林”的原始森林地带。严如熤在《三省边防备览》卷六《险要》文中描写这一带“数百里间古木丛篁，茂密蒙蔽，狐狸所居，豺狼所号，人烟零星，荒凉特甚，官吏视为畏途”，并说人行老林山路，如入青巷之中。甚至说“翻山越岭，必需裹毡束马而行”。这些话虽然有些夸大，言过其实，但由此也可以看出新线所经过的地区，其自然条件的艰苦超过旧线许多。而且此线在翻过平河梁以后，所经过的长安河河谷也较为狭窄，只是在宁陕老城、关口、汤平和堰平附近，河谷才稍为开阔些。所以说这条路线被开辟的时间比旧线为迟，也是可以理解的。但是，此线具有一个旧线无法比拟的优点，就是它基本上维持了从东北到西南的方向，与西安和汉中的相对方位接近，因而比旧线之先往南，后转西，甚至大段转西北，道路里程缩短了许多。这当是新线最终取代旧线的最主要原因。

不论在古子午道的新线还是旧线上，考察过程中都发现了一些与古代道路有关的古迹、遗址。

在古子午道新线的西腰岭关附近，至今还保存着一段数里长的傍山险路，蜿蜒曲折在山腰丛林中。部分路段的石板路还保存完好，有些路段则是许多五六尺长的铺路石条散乱堆积在路旁。据说由于公路修通，旧路废弃，被附近居民拆走的石条更多。附近路旁一块略呈圆形的自然石上，刻有清代留下来的修路题记。内容是："陈祥云修，道光三十七年三月立。"陈祥云是怎样一个人，为何在此修路，尚未查清。岭顶垭口处有原来设关守卫的建筑遗迹，自然石被凿为整齐的凹形，横宽 2.24 米，进深 1.88 米，四角尚有四个直径 23 厘米、深 15 厘米的圆孔，应是当时为修关门竖立柱而凿的。只是古代的栈道梁孔和桥柱孔，在这条线路上发现不多，可能是在修筑公路时被炸毁了。

在池河河谷的子午道旧线上，梁孔、柱孔等栈道遗迹保存的较多。太山庙、东腰岭关、火炼砭、手扒崖等处比较集中，月太公路 38 千米处尤其突出，公路对岸的崖壁上、河中的巨石上分散的梁孔、柱孔极多，或方或圆，大小不等，排列形式和相隔距离也不一致，说明是多次在其处修桥、修路留下的遗迹，附近还有在河边石岩上凿出台阶数级，摩崖石刻文字遗存也有数处。一处在宁陕县月太公路 35 千米处的对岸，数十米石阶路旁的崖壁上刻有"西安府长安县贾村里住人马虎、口""白水石匠郭世口"等大字，虽然石刻未署年月，但肯定当为明清时期修路人的题记。因为西安府作为一个地方行政单位的名称是明朝初年开始的。另据雍正《陕西通志》、乾隆《西安府志》、嘉庆《长安县志》等书所载，现在长安县（即韦曲镇）西南十里的贾里村，以往曾被称为贾村、贾村镇、贾村里。所以这些摩崖石刻的刻写时间，似不应迟至清代中叶以后。另一处摩崖石刻位于石泉县迎风镇以北，在屯子沟古桥北侧简易公路基下的石崖上，下临深潭，周围全为树丛所遮盖。石刻有长方形界线，上方左右两角斜抹。由于石质粗松，年久风化，字迹已经模糊不清，隐约可见第一行两字为"圣旨"，第二行顶格为"大明"，最后一行为"嘉靖三十七年"等字样，具体内容就无从得知了。在此摩崖石刻以北的梧桐寺村，还见到已被改造为石臼的古代六角经幢一节，是古梧桐寺的遗物，字迹也已模糊难辨。还有一节倒在稻田里，刻字一面朝下，石重未能翻来细看，据说还有数节沉在池塘里。另外，据说宁陕县胭脂坝附近，也有一处关于许家修路的石刻，在修筑公路时被炸毁了。而观音山的唐高祖武德年间的石刻，则因距离公路太远，没有来得及去看。

秦岭北侧古子午道上的栈道遗迹，保留下来的比池河河谷的还要多，沣河河谷的千佛崖、红岩子、石羊关、黑沟口和子午峪的拐儿岩可为代表。千佛崖附近西万路对岸，有短短一段古栈道遗迹。单人尚可攀缘而过，带石栏杆的残存石阶下至水边。红岩子附近的公路对岸，削坡垒石堆砌成的山腰古道，现在还被附近农民利用，曲折蜿蜒，缓缓远去。南端尽头处为古代修桥处，河中大石上的立柱圆孔仍在，崖壁上还有斜插在栈孔中的残留石栈。石羊关的隘口两旁矗立着几乎是由两块光滑石柱构成的高山，绝壁千仞，不可攀登，也无法绕越。古人在这里凿崖架桥，工程极为艰巨。现在公路大桥附近河中的大石上和沣河两岸的崖壁上，还残留着古代的桥栈洞孔数十个。黑沟口附近的桥栈洞孔，比石羊关附近更多。公路桥南面的沣河东崖上尤为集中。它们或方或圆，有大有小，随山水形势排列远去，逐渐斜上，与上面崖壁的青苔绿树，下面河中的白色激流相映成趣，极为壮观。子午峪的拐儿岩附近，也有新修的简易公路桥一座。古代的子午道当亦由此处架桥而过，附近尚有桥孔、栈孔和凿刻为阶的痕迹。水侧一块大石，据说由附近高崖塌下，上面刻有楷体大字 15 行，每行约 20 字。下正中刻“兴隆碑”三字，前面有几行小字，高下长短不一，字迹模糊不辨。后面“刊石”两字以上，也有模糊不辨的小字一行。大字可以辨认的约有一半，经核对，前五行半为唐朝大诗人杜甫作的《玄都坛歌寄元逸人》诗，第五行下半以后，是以《金可记传》为题的有关记事。元、金二人都是曾在子午谷隐居修炼的著名文人、道士。结合附近高崖上尚有“万福之地”的石刻题字，传说汉武帝修建的玄都坛可能就在附近。而元逸人和金可记都曾在子午谷的玄都坛隐居修炼过。金可记是新罗人，入唐后曾擢进士第，博学善文，沉静好道。数年后一度回国，后又入唐，宣宗大中十二年卒。《全唐诗》卷五百六有章孝标《送金可记归新罗》诗，《全唐诗逸》

卷中收有金可记《题游仙寺》诗两句，《太平广记》卷三十五金可记条记其事迹甚详。两相比较，此石刻之《金可记传》文字比较简练，而内容则与《太平广记》略同，不知二者有无先后因袭关系，也无从确定石刻的刻写年代。但不论如何，也应是子午道北口的名胜古迹之一，并在中朝文化交流史上占据一定地位，极应加以保护和研究。

在考察过程中，我们还听到一些与古子午道上的地名有关的传说、故事。例如，在古子午道旧线的石泉县马池镇谭家湾村，有一个名叫汉王城的地方，传说因汉王刘邦从关中前去汉中“之国”时曾屯驻于此而得名，还说当时汉王住宿的地方仍在，而因此地曾住过皇帝，以后就一直不见咬人的蚊子、跳蚤之类害虫。这当然是不足置信的，但是我们还是特地去看了一下。一幢卧室与厨房相连的低矮农舍，阴暗潮湿，已无任何古代遗迹了。再向北到石泉县清泥涧和迎风镇之间的万家堡，附近由于山岭隔阻，池河形成“U”字形急弯，古路取捷攀崖而过。此崖当地称为盔甲崖，附近又有以军营、弓箭谷、将军蚊、罗汉寨、钻天梁为名的地点。传说古代有一位将军领兵驻扎此地，其后将军打了败仗，把弓箭丢弃在谷中，将盔甲挂在崖上，自己跳崖而死，部下堆土为坟，葬之此处，当地还传有一副对联吟咏此事，上联是“将军骑白马，手持弓箭，射得罗汉，钻天无路”，下联失传了，将军的姓名和时代也已不清楚。在宁陕县的池河发源处，有营盘街、胭脂坝、石擂台、戏楼台等地名，传说都与宋将杨八姐在附近的活动有关。古子午关北段的石羊关和洋县东北的青龙垭，传说都是杨八姐驻守之地，而杨八姐则是正史不见的传说中的人物。石羊关附近的万花山、喂子坪、枣儿岭、碌礴坪等地名，传说都是由于万历娘娘的故事而来。据说喂子坪的得名由于万历娘娘在此奶过自己的孩子；碌礴坪本名搂子坪，万历娘娘在此搂抱自己的孩子；枣儿岭原名栽儿岭，万历娘娘的孩子在此跌了一个跟头，如此等等。当然，这些都是民间的传说，不能信以为真。但它们也在某种程度上反映了子午道有着悠久的历史和文化。再联系到现在的宁陕县境内，古子午道的旧线和新线上各有一个名为腰岭关的关隘，为了便于区别，当地人以其所处的方位分别称之为东腰岭关和西腰岭关，而在这两个腰岭关附近的大山也分别被称为东腰竹岭和西腰竹岭。另外，七里沟和鸡公梁等地名也都有两处，分别处于古子午道新旧两线上。旧线上的七里沟在月河梁南侧，西南行至月河坪附近会入月河，鸡公梁则为月河坪以南的，月河支流金毡河西岸的险隘。新线上的鸡公梁则在东江口与旬阳坝之间，为旬水支流冷水沟与月河的分水岭，另一条七里沟系由鸡公梁南侧发源，流至七里沟口注入月河。古子午道新旧两线的短距离中出现如此众多的相同地名，当不会是偶然的现象。合理的解释，应当说是腰竹岭、腰岭关、鸡公梁和七里沟本来都是旧线上的地名，及至新线出现，又被搬到新线上来了。这也可以作为池河河谷的子午道旧线的开辟时间早于长安河河谷的子午道新线的一个佐证。

（原载《西北历史研究》1987 年号，三秦出版社，1989 年）

川陕古道中的青泥路和白水路

一、青泥驿、青泥岭和青泥路

唐代是我国古代邮驿交通发展的重要时期，从首都长安到全国各地区的主要城市，都修筑有官驿大道，设置的水陆驿站有 1600 余处之多，其中以青泥为名的重要驿站就有两处：一个在从长安向东南通往荆襄、江南以至岭南地区的大道上，距首都长安很近，因青泥城（今陕西省蓝田县）而得名，一个在从长安向西南通往四川、云南的大道上，陕西与甘肃交界处的嘉陵江上游，因附近有一座被称为青泥岭的大山而得名。

青泥岭是被称为“故道”（或称为陈仓道或散关道）的古代川陕大道上的险要地段，附近山势峻拔，又多云雨，道路特别崎岖陡峭。长期风化的青绿色页岩被雨水冲刷侵蚀，使得沿途布满青绿色的泥浆，攀越通过非常困难。青泥岭和青泥驿的得名，就如实地反映了当地这种自然特点。

在穿越秦岭，沟通长安和汉中以及四川、云南的几条主要谷道，如故道、褒斜道、傥骆道、子午道、文川道和后来被称为连云栈（联系故道北段和褒斜道南段的一条新路，大致相当于今天的宝鸡、汉中公路）的几条重要道路上，唐朝政府都曾设置过驿站。在这几条驿道中，故道的里程虽然比其他各条道路都迂曲漫长，可是由于沿途的河谷比较开阔，坡度比较平缓，居民也比较稠密众多，州、县、市镇相连，行止供应都很方便。所以论其重要性，故道远出其他各道之上，公私行旅的过往特别频繁。唐朝中期安史之乱，唐玄宗仓促从长安逃往四川，就是走的这条路。以后唐德宗、僖宗从汉中、四川返回长安，也都是走这条路的北段[1]。作为这条官驿大道上的险要地段的青泥岭和青泥驿，因而更负盛名，成为当时文人学士吟咏的重要对象。

唐代大诗人李白的《蜀道难》写道“青泥何盘盘，百步九折萦岩峦，扪参历井仰胁息，以手扶膺生长叹”，“蜀道之难，难于上青天”[2]！这些激动人心的名句，就是形容青泥岭上的道路如何艰险难行的。正因如此，武元衡在《同洛阳诸公饯卢起居》一诗中有“暮宿青泥驿，烦君泪满缨”[3]之句。其他歌咏青泥岭和青泥驿的诗句，还有元稹《青云驿》“昔游蜀门下，有驿名青泥”，史瑜《青泥山》“溪从沮水流嶓冢，岭接青泥入剑天”，辛长伯《军中行路难》“途危紫盖峰，路涩青泥坂”，李嘉祐“千峰鸟路含梅雨，五月蝉声送麦秋”[4]。它们分别从地理位置、山川形势、物候特点和历史典故等各个角度，描述了青泥岭地区的各个侧面及其特点。

唐代以后文人学士歌咏青泥岭和青泥路的诗还有北宋赵振《青泥驿》诗“老杜休夸蜀道难，我闻天险不同山”，见《甘肃通志》卷四十《艺文》。李虞卿《咏青泥岭》诗“上岭浑如鱼贯柳，下山恰似雁排空”，见嘉靖《略阳县志》卷三十五。

[1] 唐玄宗入蜀的路线，唐朝就有不同说法，有人说经骆谷，有人说经斜谷。但《旧唐书》卷九《玄宗本纪》明确记载说经过扶风郡（今陕西凤翔县）和河池郡（今陕西凤县）。卷一百一十一《高适传》也说安史之乱中，高适追及唐玄宗于河池（唐河池县，在今甘肃徽县），《全唐诗》卷五百六十七郑嵎《津阳门》诗又有“青泥坂上到三蜀”之句，可证唐玄宗入蜀是走的故道或陈仓道，由长安经咸阳、凤翔、宝鸡、凤县、两当、徽县、略阳、宁强、广元、剑门而达成都。唐僖宗和唐德宗经过路线分别见《旧唐书》卷十三《德宗本纪》和卷十九《僖宗本纪》。

[2][清] 彭定求等编：《全唐诗》卷一百六十二。

[3][清] 彭定求等编：《全唐诗》卷三百一十六。

[4][清] 彭定求等编：《全唐诗》卷三百九十七、卷七百九十五、卷百六十三，《全唐逸诗》卷上。

作为交通要道的青泥岭，同时又是兵家必争的军事重地，在控制关陇的政权和割据四川的政权之间发生战争时，青泥岭常常成为双方攻守、争夺的要隘，它的得失对战局的发展常常起着重要的作用和影响。以唐末五代时期的战例而论，公元 911 年（后梁乾化元年）以凤翔为根据地割据关中的藩镇李茂贞命大将刘知俊进攻割据四川的前蜀王建，大败蜀将王宗侃等于青泥岭，继而进攻安远（今陕西勉县境）、金牛（今陕西宁强县境），威胁四川。公元 915 年（后梁贞明元年）蜀将王宗播北攻李茂贞，引兵出青泥岭，攻克固镇（今甘肃徽县）后，乘胜夺取凤州（治今陕西凤县凤州城）、宝鸡，又北取秦州（治今甘肃省天水市）、陇州（治今陕西省陇县），进而两路合围凤翔。公元 955 年（后周显德二年）世宗柴荣命王景等从凤翔越秦岭进攻前蜀，蜀将李廷珪败于黄花、唐仓，退守青泥。周兵遂克凤州，筑城固镇，断蜀援兵。后蜀的秦州、成州（治今甘肃成县）、阶州（治今甘肃武都县）都投降了后周。北宋乾德二年（公元 964 年）、赵匡胤命将分道伐蜀，北路军王全斌等就是从凤州取青泥关路南下，连陷兴州（治今陕西略阳县）、利州（治今四川广元县）入剑门关而首先到达成都的[1]。李焘《续资治通鉴长编》卷五还记载了在这次战争的准备和进行过程中，宋朝的凤州团练使张晖因整修包括青泥岭在内的散关、河池间的道路而受到嘉奖的事实。

这样名闻天下的青泥关、青泥驿和青泥岭上的驿路，在北宋中期，由于开辟了一条白水路而被废弃了。积时既久，青泥岭和青泥驿就很少见于记载，后来人们甚至连它们的具体位置都不清楚了。明清以来的重要地理著作如《大明一统志》、乾隆《大清一统志》、《读史方舆纪要》等，不是笼统地说它在陕西略阳县西北，就是说它在甘肃徽县南。更由于和李白齐名的大诗人杜甫《泥功山》诗中有“朝在青泥上，暮在青泥中。泥泞非一时，版筑费人功。不畏道涂永，乃将汩没同。白马如铁骊，小儿成老翁。哀猿却远坠，死亦力所穷。寄语北来人，后来莫匆匆”的描述和咏叹，许多人又把杜甫诗中的泥功山和青泥岭混为一谈，当作一个地方[2]。

---

[1]《续资治通鉴》卷四；《宋史》卷一《太祖本纪》，卷二百五十五《王全斌传》。

[2]《读史方舆纪要》卷五十六《陕西汉中府》；乾隆《大清一统志》卷二百一十；《杜诗详注》卷九；《北周地理志》。

再加现在陕西略阳县北的白水江镇附近，有一条从西北方甘肃境内流来注入嘉陵江的河流，清代和现在出版的地图上都称为青泥河，客观上也引人不由自主地到略阳县的西北和甘肃徽县西南去寻找古代的青泥岭和青泥驿，这就更增加了问题的混乱。新中国成立前后编写的《中国地名大辞典》《辞海》《辞源》和十多种关于唐诗、李白诗、杜甫诗的选注中，大多把青泥岭和泥功山混为一事，对青泥岭和青泥驿的位置，则不是重复甘肃省徽县南、陕西省略阳县西北的旧说，就是离事实越来越远的引申和推断，如说它在陕西略阳县境，在略阳县西北五十里、一百五十里，甚至说在陕西勉县境或甘肃成县境[1]。却没有一种能够正确地指出青泥岭在今甘肃徽县东南，青泥驿就在徽县东南二十多里的青泥店附近。

二、青泥岭和泥功山不在一地，不是一事

青泥岭和泥功山并非一事，不在一地，唐代宰相李吉甫在其编写的《元和郡县图志》卷二十二《山南道》中本来说得很清楚："兴州长举县……青泥岭，在县西北五十三里接溪山东，即今通道也，悬崖万仞，山多云雨，行者屡逢泥淖，故名青泥岭。""成州……本属陇右道，贞元五年，节度使严震奏割属山南道。今于同谷县西界泥功山上权置行成州。"

唐代兴州长举县的县治，大约在现在的陕西略阳县白水镇东北十里长峰村或其以北，紧邻陕西、甘肃两省的交界，与略阳基本上是正南、正北方向，相距一百多里。所以，说青泥岭在略阳县西北已嫌勉强。青泥岭和青泥驿又在长举县的东北，与长举县相距五十多里，已在甘肃境内而不属于陕西了，说它在略阳县的西北，或西北五十多里、西北一百五十多里都是不恰当的。青泥驿所在的青泥店在徽县的东南方，长举县则在徽县的正南而稍偏东，所以说青泥驿在长举县的西北或徽县之南也不够恰当。至于说它在甘肃成县或陕西勉县境内就更不正确了，因为成县还在徽县的西面，而勉县更在略阳县的东南。

唐代成州治上禄县，今在甘肃西和县和理县间，成州同谷县的治所则是现在

[1] 文学研究所编：《唐诗选》；舒芜编：《李白诗选》；傅友华编：《李白诗》；《大明一统志》卷三十四；《古今图书集成·职方典》卷五百三十三。

的甘肃成县县城。《大明一统志》卷三十五和乾隆《大清一统志》卷二百一十一成州部都说："泥功山在成州西二十里。"《读史方舆纪要》卷五十九则说在"成县西三十里"这都是指明清时代的成州，也就是现在的甘肃成县而言，《杜诗译注》引《杜臆》也说泥功山与凤凰台为成州八景之二，所以，成县泥功山距徽县东南的青泥岭当有二百华里，二者根本不是一回事，不在一个地方。杜甫从秦州经成县入四川，走的是从今天的甘肃天水市向西南，经西和县折南而东，到达唐代的成州同谷县，有杜甫所作的《赤亭》《盐井》《寒峡》诸诗可以作证。这段道路就是古代所说的祁山大路，所以要经过成县以西的泥功山，而不会路过徽县东南的青泥岭。杜甫在成州一带稍事停留，作了《同谷七歌》等诗之后，南下前往四川，走的是经徽州西南的木皮岭，也没有向东绕道到青泥岭。杜甫《发同谷县》诗后有《木皮岭》诗，诗中有"首途栗亭西，尚想凤凰村。冬季携童雅，辛苦赴蜀门。南登木皮岭，艰险不易论"可以为证。因为栗亭、凤凰村都在成县之东徽县之西。所以，由于杜甫有"朝行青泥上，暮在青泥中"的诗句，就认为杜甫歌咏的泥功山就是青泥岭，把相距二百里的两个地方硬拉在一起，认为是一地二名，完全属于误会。而且，从自然景观说，由杜甫"白马为铁骊"的诗句，可知泥功上的青泥应为铁青色、铁黑色，与青泥岭的青绿色并不一样。至于说成县的东面和西面各有一坐泥功山，更是没有根据的臆断了。

三、白水路的兴修和青泥路的废弃

从唐朝到北宋前期，青泥岭上的青泥路，一直都是川陕间的主要通道，公私行旅，往来频繁。北宋时期的名臣赵抃在《青泥岭》诗中，有"青泥岭上青泥路，二十年来七往还"[1]之句，可为一证。但是，到北宋仁宗至和二年（1055），由于在凤州河池县（治今甘肃徽县）和兴州长举县（今略阳县白水江镇之东）间修筑了一条沿白水江（嘉陵江的支流，又称浊水，现名洛河）河谷而行的被称为白水路的新道路，青泥驿和青泥岭上的官驿大道就被废弃了。白水路修筑的经过，

[1] 冯至选编：《杜甫诗选》，作家出版社，1956 年。

宋朝人雷简夫《大宋兴州新开白水路记》有比较详细的记载。此文的摩崖石刻现仍保存在陕西略阳县和甘肃徽县交界处，地名大石碑，南距略阳县白水江镇约十华里，清人王昶《金石萃编》卷一百三十四录其全文，《陇右金石志》《汉中府志》《略阳县志》等书也均有著录。兹据《金石萃编》摘录其文如次：

至和元年冬，利州路转运使主客郎中李虞卿以蜀道青泥岭路高峻，请开白水路，自凤州河池驿至兴州长举驿五十一里有半，以便公私之行，具上未报，即预画材费以待其可。明年春，遣兴州巡辖马递铺殿直乔达领桥阁并邮兵五百余人，因山伐木，积于路处。遂籍其人，用兴是役。又请知兴州军事虞部员外郎刘拱，总护督作，一切仰给，悉令为具。命佥署兴州判官厅公事太子中舍李良祐、权知长举县事顺政县令商应程度远近，按视险易，同督斯众。知凤州河池县事守殿中丞王令图首建路议，路占地且十五余里，部属陕西，即移文令图通干其事。至秋七月始可其奏，然八月行者已走新路矣。十二月诸功告毕。作阁道二千三百九间，邮亭、营屋、纲院三百八十三间，减旧路三十三里，废青泥一驿，除邮兵、驿马一百五十六人骑。岁省驿廪、铺粮五千石，畜草一万围，放执事役夫三十余人。路未成，会李迁东川路。今转运使工部郎中集贤校理田谅至，审其绩状可成，故喜犹已出，事益不懈。于是斯役实肇于李而遂成于田也。嘉祐二年三月，田以状上……朝廷依其请。

初，景德元年（1004），尝通此路，未几而复废者，盖青泥土豪辈唧唧巧语，以疑行路。且驿废则客邸、酒炉为弃物矣，浮食、游手安所仰耶！小人居尝争半分之利，或睚眦抵死，况坐要路，有无在我，迟行人一切之急，射一日十倍之费，顾肯默默耶！造作百端，理固然尔。响使愚者不怖其诞说，贤者不惑其风闻，则斯路初亦不废也。大抵蜀道之难，自昔以青泥路称首。一旦避险即安，宽民省费，斯利害断然易晓，乌用听其悠悠之谈也！

上述石刻文字，不仅详细叙述了白水路修筑的经过，还告诉我们白水路开辟的目的主要是为了便捷，以避免青泥岭旧路的既高峻险阻，又崎岖回远，绕三十余里的缺点。它还告诉我们，兴修白水路这条便捷新路以代替青泥岭旧路的建议，在至和二年以前的50多年，即宋真宗景德年间就已经提出并付诸实行了，不过后来因遭到反对而没有坚持下来而已。关于这件事，《宋会要辑稿》新版第 7481 页方域门的《驿传杂录》和《续资治通鉴长编》卷六十一都有比较详细的记载。《宋会要辑稿》的原文是："景德二年九月四日，诏兴州青泥旧路依旧置馆驿并驿马、递铺等。其新开白水路亦任商旅往来。先是，屡有言新路便近，亦有言青泥路虽远一驿，然经久难于改易者，故下诏俱存之。"

四、白水路的历史变迁

白水路代替青泥路成为大驿路不到 20 年，公元 1074 年（宋神宗熙宁七年），利州路提典刑狱范百禄曾建议废除包括白水路在内的，从凤州经兴州到金牛镇转利州的大驿道，改由"褒斜道"，又称"褒斜新道""褒斜旧道"或"兴元府路"，也就是元明清时期统称为连云栈的由凤州经褒城到金牛镇的道路。但是，"褒斜道"代替白水路为大驿道不过 3 年，李杞就指出这种改变的不便之处了。《宋会要辑稿》方域道路门记其事说：

李杞奏：成都府至凤州大驿路自金牛入青阳驿至兴州，虽兴元府界亦有褒斜路，久来使命客旅任便往来，昨利州路提刑范百禄擘画改移兴元府路作大驿路，及拨并马递桥阁铺兵级在彼。今兴州一路直通秦州以至凤州河池界首，甚有桥阁，约两万间，兵士数少，难以修葺。况今收买川茶，正由此路。乞除秦凤、利州路系原相度外，别路选差官再行相度新旧路经久利便，令逐路提刑司相度利害具合措置事状。

宋朝政府把李杞的建议发交有关单位讨论的情况是，利州路和秦凤路的官员主张维持已为大驿路的"褒斜新路"，而成都府路和可以直接向朝廷申奏文书的三泉县的官员都极力主张恢复包括白水路的凤州、兴州、金牛镇之路为大驿路：

神宗熙宁十年二月二十四日，利州路提刑司言：……伏睹褒斜新路自金牛驿至褒城县驿计三程，悉系平川，别无桥阁。自褒城驿至凤州武休驿，其间只鸡翁岭一处，虽系山路，目下修葺宽阔，通过无阻，创置驿铺，费用不少。勘会未移路前，递年科拨兴元府洋州人户苗税，往兴州旧路沿路送纳，累路程驿差官受纳，监驿支遣，地理遥远，住滞人户。今新路口有曲滩驿一处差官监程外，褒城等县倚郭程驿，兴元府洋州人户只就是仓送纳，别无阻滞，县司官员兼管勾支驿，亦不妨职事。其褒斜新路于沿线铁钱界经久委是隐便。所有铜钱界武休驿至凤州计三程，系秦凤等路，本司不见彼处利害。

秦凤等路提刑司言：成都府至凤州大驿路自金牛驿程入青阳驿至兴州，虽兴元府界亦有褒斜路任便往来，去年改兴元府路作大驿路及并马递桥铺兵级在彼，今兴州一路直通秦州以至凤州河池县界首，桥阁约两万余间，兵士数少，难以修葺。……本司相度得旧路道里远近若不相较，驿程只减一程。如从初不开新路，即省得工费。今既施工修盖马铺驿舍，用钱不少。如却行旧路，即虚废工费。兼新路已修完备，实宽得兴元、洋州百姓远输，而旧路四处溪江或遭泛涨，即阻节过往，及飞石中行人，常有死伤者，新路并无此患。

成都府路提刑司言：旧路自凤州入两当至金牛驿十程四百九里，阁道平坦，驿舍马铺完备，道店稠密，行旅易得饮食，不为艰苦。新路自凤州由白涧至金牛计三百八十五里，虽减两驿，比旧路只少二十四里，随山崎岖，登陟甚难，复少居民，又无食物，人情以此厌劳。如发川纲往来秦州，只从旧路行至故驿，便可直入成州。如由新路，须过凤州五程至凤翔府，方有路去秦州，缓急应付边需，亦恐非便。今茶纲见行旧路，商客皆由此出，惟请券驿马各不获已。二者较之，利害甚明。若谓新路兴功不少，驿铺已成，未欲遽更，深虑久远人言不更，则旧路阁道已隳，异时修完烦费。

元丰元年十一月二十一日，卫尉寺丞知三泉县庄黄裳言：本县当益、梓、利、夔四路之冲，昨议者请废北路，复褒斜故道以减驿路，宽汉中输纳之苦。今日较之，为害甚于前日。

在各地区意见分歧的情况下，北宋政府委大臣刘忱、李稷比较利害，研究得失。刘忱、李稷经过调查分析之后，也以恢复旧驿路为便。《宋会要辑稿·方域·道路》记其事说：“忱等言：褒斜新路视兴州旧路虽名减两程，其铺兵递马，皆增于旧。又卒之马死相寻，官吏馆券给请亦倍。旧路虽号十程，比新路才远八里，且多平慢。新路虽减科发洋州税米四千余石，乃移拨兴元府凤州税米二万余硕。今若行河池旧路，迁复马递馆舍亭驿，略加修缮，即自如故，兼可减河池、两当、二里三驿。诏三驿不减，余并从之。”因此，终北宋一代，白水江路得以保持大驿路的地位。

50年后，北宋钦宗靖康二年（1127）宋朝被从东北兴起的女真族建立的金朝所灭亡，宋高宗赵构逃到南京、杭州，史称南宋，继续统治着长江流域，以秦岭、淮河为界，与占据着黄河流域的金朝南北对峙。凤州、兴州都是南宋统治下的边防要地，白水路和青泥路由于军事上的需要而仍被重视，并不断被争夺、被使用。如公元1132年宋金仙人关之战，金朝元帅宗弼（亦作兀术），从铁山凿崖开道，进攻仙人关，青泥岭和白水江路一带都是战场。公元1131年宋金饶风关之战，金将完颜杲（亦作撒离喝）由汉中沿“褒斜道”撤回凤翔，坚守河池、仙人关一带的吴玠就是通过这些道路中道截击的[1]。但在南北割据的形势下，青泥道和白水道，都已不是也不可能是四川和陕南地区联系关中、陇西的官驿大道了。

公元1234年，金朝被从北方兴起的蒙古和南宋的联军所灭亡，蒙古和南宋间的大规模长期战争也随之而开始。公元1236年蒙古窝阔台汗之子阔端率军由关中和甘肃南下，经兴、凤诸州进攻四川，也是沿白水路进攻的[2]。元朝统一全国之后以及其后的明、清各朝，则都把宝鸡、凤州、褒城间的连云栈和金牛道、剑阁道等作为从首都北京通往四川、云南、贵州以至西藏的官驿大道[3]，白水路仍然保持着自四川、汉中通往陇右的省际重要交通线的地位，不仅行旅众多[4]，而且在明代还曾设置过驿站。如，嘉靖《略阳县志》卷二《邮驿》就曾记载了在今略阳白水江地区明太祖洪武年间设有白水驿的事。其后明神宗万历年间，以山西道御使而巡视“陕西茶马”的钟化民且曾捐金凿崖铺石，改修白水路。被改修的白水路重点工段，就被称为钟公路。在略阳县白水江以北的石碑附近，还有《钟公路》的大字摩崖刻石存在。道光《汉南续修郡志》卷六《古迹》亦记此事，道

[1]《宋史》卷三百六十七《吴玠传》；《续资治通鉴》卷一百十二、卷一百十三。

[2][清]毕沅：《续资治通鉴》卷一百六十八。

[3]《永乐大典》卷一万九千四百二十六引《析津志·天下站名》；《明会典》卷一百四十六《驿传》；雍正《陕西通志》卷三十七《驿传》。

[4]道光《略阳县志》卷一《舆地·山川·青泥岭》“《旧志》：青泥岭，古栈道也，悬崖绝壁，行人所难。宋李虞卿、田谅改道于白水江。今通川大道在褒城。白水江乃徽、略大路”；卷四《艺文》四《续白水江路记》诗有“蜀门秦塞原辛苦，何故行人日似梭”之句，可见来往行旅之众多。

光《略阳县志》卷之四《艺文》所收郭元桂作的《白水石路记》，且盛赞道路修成后“舆马仆卒，履若坦途。自下望之，恍然云霄之上，盖奇迹也”。

清末民国以来，随着近代交通工具火车、汽车的出现，铁路和公路的兴修日多，川陕间的交通情况已发生翻天覆地的变化。但截至目前，从关中通向汉中、四川的宝成铁路，虽然大致沿故道也就是古陈仓道的兴州、凤州线而行，不过在与古青泥道和白水道相近的凤县略阳段，却未循古道过两当县和徽县县城，而是紧沿嘉陵江也就是古代的故道川修筑。川陕公路则自宝鸡向西南过秦岭，至凤县后，即先折东南经留坝、褒城，又折西转西南经勉县、宁强、广元、剑阁以至成都，基本上是沿元、明、清三朝的驿道旧线。从甘肃东南部古秦州通向汉中、四川的公路，系由天水市直往东南，越秦岭至徽县，再折东转两当、凤县接川陕公路，或由天水市往西南，沿古祁山大道经礼县至武都，再由武都转东南经文县至四川昭化接川陕公路。都是既不经白水路，也不经青泥岭。作为古代川陕大道上重要驿站的青泥店，已成为一个不通公路的山村，而白水路也仅被改修为一条不通公共汽车的简易公路，从徽县城通往陕西略阳县的白水江车站，作为徽县与宝成铁路相联系的一条次要通道。因为现在徽县与宝成铁路相联系的主要公路是从徽县向东南通往谭家庄车站（又称嘉陵车站或徽县车站）的公路。而从徽县欲乘汽车去略阳县，则不是西绕成县、康县，就要东绕陕西凤县、褒城、勉县，多走三四倍或五六倍的路程。所以，从发展生产、方便群众、加强甘肃南部和陕南、四川以及湖北等地的联系考虑，把古代的白水江路，也就是今徽县至白水江火车站的简易公路修筑成主要公路并延伸到略阳县城，还是很有必要的。因为这样就可以把从略阳向东南到勉县、汉中，从徽县向西北到天水的主要公路联系起来，使甘肃与陕南以及四川间有一条比上述两条路线都更为便捷的主要公路相通了。

（原载西北大学《西北历史资料》1982 年第 2 期）

凤县陈仓沟和韩信北定三秦的路线问题

一、凤县陈仓沟和有关传说

陕西凤县南星公社的连云寺村，地当宝鸡汉中公路线上，本是古代川陕大道连云栈（也称为北栈或秦栈）的必经之地。发源于柴关岭的野羊河从村旁流过，一条小支流从南面流入野羊河。这条小支流及其流经的河谷被称为陈仓沟。陈仓沟虽然短而且窄，但却是南经三道河、茅坝、百丈崖通向勉县的道路的起点。故老相传，这里就是西汉名将韩信“明修栈道，暗度陈仓”，从汉中北定三秦时所经过的“陈仓道”。现在连云寺村还有一块清朝立的石碑，上刻“对面陈仓道”几个大字。进入陈仓沟二三里，又有一块刻着“陈仓古道之墓”的清代石碑，碑后有一个小小的土丘，坐落在山坡。当地群众称之为樵夫墓，传说是韩信问道斩樵夫的地方。在清代编写的一些地方志和游记等书中，也有类似的记载，还把这附近的山称为陈仓山，称这条沿陈仓沟而行的道路为“古陈仓道”或“陈仓古道”。连云寺西北的留凤关，以前曾长期被称为废丘关，关前还曾有刻着“项羽封章邯处”的石碑，附近的野羊河也被称为废丘水，附近的山也被分别称为汉王山和项王山。从废丘关向西北通往凤县的一条山沟和山口，则被称为酒奠沟和酒奠凹、酒奠梁，传说汉王刘邦北定三秦时曾经过这里，并备酒祭奠过山神。

以上这些传说的出现，说来也有相当长的历史了。因为现存宋代的民间说唱文学《前汉书评话》中，已谈到韩信“明修栈道，暗度陈仓”之事[1]。元人杂剧中更有一出专门描写韩信如何“明修栈道，暗度陈仓”大败项羽的杂剧，剧名就叫做《韩元帅暗度陈仓》。剧中曾多次介绍当时“明修”的就是“八百里连云栈”，而“暗度”的则是与连云栈有关的“陈仓古道”[2]。还有一出《汉公卿衣锦还乡》，曾借用剧中人萧何的口，说经他三次推荐得拜元帅的韩信“用兵有法”，“明修

[1]《前汉书评话续集·吕后斩韩信》，上海古典文学出版社，1955年，第13页。

[2]《孤本元明杂剧》，中华书局影印本。

栈道，暗度陈仓”，“席卷三秦，水淹废丘”[1]。另一出《气英布》中的汉王刘邦也有“孤家用韩信之计明修栈道，暗度陈仓”，“攻定三秦，劫取五国”的话[2]。在元朝的官书中，凤县东南连云栈道上的一个驿站，也已经被称为“陈仓”[3]，这可能与上述民间传说、说唱文学都有关系。但是，认真考究历史记载，分析当时形势，不难看出，这些传说的真实性还是大可怀疑的。

二、韩信北定三秦的路线是由“故道”

首先我们考察一下韩信北定三秦的行军路线。

从沟通关中和汉中的秦岭诸谷道开辟的历史来说，故道、褒斜道和子午道的出现都是比较早的，至少在秦代就已存在了，而联系故道和褒斜道的连云栈的出现，却是比较晚的。但至少到唐代后期，它已成为凤翔、汉中间的官驿大道之一，而在元、明、清各朝，它又上升为陕西、四川间，同时也是从首都北京或西北各省区通往云南、贵州等省的最重要的官驿大道了。既然作为主要通道的连云栈在汉秦之际尚未出现，则从勉县北上与此道相连的支线的开辟，当时就没有多大的可能和必要了。何况这一路至今仍是山深林密，人烟稀少，道路崎岖狭窄，还要翻越好几座高耸险峻的分水岭，连适于较多军队宿顿的村镇都难找到，沿途供应和安全都成问题，而韩信、刘邦这次出征三秦，又不是小部队短距离的奇兵突袭，而是十余万大军的出征，从汉中通向关中的便捷要道褒斜道虽然已因张良的建议被烧毁，但比较平坦易行的故道仍然存在，韩信有什么理由偏偏选择这个艰难、险阻、迂曲而当时尚未开辟的“陈仓古道”呢？

至于韩信北定三秦所走的路线，古代史书已给我们提供了重要线索，足以说明不是由勉县北上取道陈仓沟，而是走的“故道”。其证据是：

《汉书》卷一《高帝纪》说：“元年五月，汉王引兵从故道出袭雍。”这里

[1]《孤本元明杂剧》，中华书局影印本。

[2] 臧晋叔：《元曲选》。

[3]《永乐大典》第一百七十五册驿站条引《析津志·天下站名》，中华书局影印本。

所说的故道，可以解释为沿故道川而行的古代道路，也可以解释为以故道为名的县一级地方行政单位的治所。秦汉故道县的地理方位，清王谟《汉唐地理书钞》辑梁载言《十道志》卷上说："故道，今两当县是。"唐代张守节《史记正义》引唐高宗太子李贤领衔编写的《括地志》说："凤州两当县，本汉故道县，在州西五十里。"唐朝丞相李吉甫编写的《元和郡县图志》卷二十二山南西道凤州河池郡下也说："两当县，东至州五十里，本汉故道县地，属武都郡。汉高帝引兵从故道出袭雍，谓此也。"北宋乐史编写的《太平寰宇记》卷一百三十四凤州项下，除在两当县条中重复了《元和郡县图志》上述引文外，又在梁泉县条中明确指出："梁泉县本汉故道县地，故道今两当县是。"而唐代的两当县，在今陕西凤县和甘肃两当县交界处的红崖河河谷中，杨家店和张家窑之间。既然秦汉时期的故道县治所在今陕、甘交界处，远在陈仓沟的东北方，所以韩信北伐三秦的路线，如经过陈仓沟，就不会再经过故道县，既出故道县，当然只能从故道县沿故道川向东北，经今凤县，越秦岭而下宝鸡，不需要，也不可能再折向东南，绕到陈仓沟去了。

《史记》卷五十四《曹相国世家》说："平阳侯曹参……从至汉中，迁为将军。从还定三秦，初攻下辩、故道、雍、斄。……击章平军好畤南……东取咸阳……以将军引兵围章邯废丘。"《汉书》卷三十九《曹参传》的记载也与此相同，只是少了一个"初"字。在"从还定三秦"的过程中"初攻"，说明曹参是作为大军的前锋，是先向上述地区发动进攻的。因而曹参在北定三秦的战争中，应是与汉王刘邦、主将韩信的主力在一起，沿着同一条道路前进的。假如曹参是自率一军，另出一路，那么，按《史记》和《汉书》的笔法，就要用"别将""别击"的字样，以与主力军相区别了。例如，刘邦从南阳经武关进攻秦王朝的首都咸阳时，大将郦商"别将"一军，西攻旬关，平定汉中。《史记》卷三十九和《汉书》卷四十一的《郦商传》都记为"别将攻旬关，西定汉中"。在北伐三秦的战争中，大将樊哙别领一军，进攻雍军于西县的白水。《史记》卷九十五和《汉书》卷四十一的《樊哙传》都记为"从入汉中，还定三秦，别将击西丞白水西"。同卷《靳歙传》也记"靳歙……从定三秦，别击章平军于陇西，破之，定陇西六县"。

这都可以作为曹参是与汉军主力同路前进的反证。既然如此，前面又说过曹参的进军路线是从汉中依次进攻下辨、故道、雍、斄、好畤、咸阳、废丘，说明刘邦、韩信所统帅的汉军主力，其进军路线当然也是由汉中而下辨、故道、雍、斄、好畤以至咸阳和废丘了。除故道前已说明在今陕西县凤县和甘肃省两当县的交界处外，秦汉时期的下辨在今甘肃成县西北，雍县治今陕西凤翔县南，斄县治今武功县西，好畤治今乾县东，废丘治今兴平县南。这就说明韩信北攻三秦的路线，不是从勉县向正北，经现在凤县的陈仓沟，再折向西北，沿宝鸡汉中公路到凤县，而是由勉县向西北，至甘肃成县，折而东北，经徽县、两当县、陕西凤县，越秦岭，出散关，进攻宝鸡和凤翔，再由凤翔东攻武功，追败章邯于乾县东，南围章邯于兴平。

《史记》卷九十三《淮阴侯列传》和《汉书》卷三十四《韩信传》记汉王刘邦拜韩信为大将，并按韩信的军事计划部署进军之后说："汉王东出陈仓，定三秦。"这个陈仓并不是指凤县的陈仓沟，而是指当时的陈仓县。陈仓县是秦始皇统一六国以前就有的县，地点在今宝鸡市东二十里千水西侧，正当从陕南越秦岭、过散关、去凤翔的大道上。而凤县的陈仓沟，却在勉县正北的深山中，既不是向"东"，又难以说"出"的。即使过了陈仓沟，要到凤县或凤翔去，也不能向东，而是要折向西北的。与陈仓县有关的陈仓山，是宝鸡市南四十多里秦岭北侧的一座山峰，以形似雄鸡得名，又称鸡峰山，并不在凤县的陈仓沟附近。陈仓道，实指从凤翔经宝鸡、过散关、越秦岭，经凤县、两当、徽县、略阳而入汉中以至四川的一条大路。这条大路被称为陈仓道，是因为这条道路的北端，入山之口，在陈仓县境的缘故。又因这条道路有很长一段沿故道水而行，并经过一个故道县，所以也称为故道。由此可知，本文开头介绍的那些传说以及地方志和游记的记载，可能是出于后人的附会而并不是事实。

关于废丘关的传说也是一样，因为秦汉之际的废丘，是雍王章邯的都城，地点在今兴平县以南。章邯是秦朝被推翻后，项羽所封的三秦王中势力最大的一个，其他二王是塞王董翳都栎阳（今陕西临潼县北），翟王司马欣都高奴（今陕西延安市北）。韩信北攻，连败雍王章邯及其弟章平，进围废丘，董翳和司马欣相继投降，关中大定。于是汉王命将四出，迅速攻取了陕北、陇西、晋南和河南大部分地区，一直进攻到项羽的都城彭城（今江苏省徐州市）。十个月后，水淹废丘，章邯败死。整个战役，与凤县的陈仓沟及其附近的废丘关并无关系。这点前人也早有察觉，所以在清朝同治年间，就抛弃了废丘关之名而改为留凤关了[1]。

另外，也有人认为韩信北定三秦是由褒斜道或连云栈进军的。这种说法也不可靠。因为作为关中汉中间最便捷的褒斜道，当时已被张良烧绝而无法通行了。联系褒斜道南段和故道北段而成的连云栈则尚未开辟。在当时的技术条件下，要在短期中修复栈道是根本不可能的。而刘邦于汉元年四月“之国”去汉中，不久就拜韩信为大将领兵北伐。下辨、故道获捷后，八月间就打到了关中平原西部的陈仓，根本没有给修复栈道留出一点时间。所以韩信自己没有可能从褒斜道或北栈道进攻关中。可以说明这一点的还有，如果韩信由褒斜道进攻，则与雍王章邯阻击部队接触的地点，理应在褒斜道北口的斜峪关和眉县一带，而不应出现在故道北口的陈仓了。

三、韩信去汉中走的是子午道

与韩信经陈仓沟北伐三秦的传说同样流行的，是韩信弃楚归汉，前往汉中时在陈仓沟问路斩樵夫的传说。似乎因为韩信去汉中投奔刘邦时走过这条路，所以在北伐三秦时，为了麻痹、迷惑章邯和项羽，采取了“明修栈道，暗度陈仓”的策略，又一次选择了这条路。其实这也是同样不可靠的。因为韩信并不是在刘邦到了汉中之后，才一个人经凤县陈仓沟去汉中，而是在刘邦去汉中之前就弃楚归汉，并和刘邦一道经子午道而去汉中的。所以不可能有韩信在陈仓沟问路斩樵夫的事。

刘邦去汉中是不是走的子午道，虽然也是众说纷纭，意见很不统一，但历史的记载还是比较明确，可以肯定的。《史记》卷八《高祖本纪》在记述刘邦前往汉中的经过时说：“元年四月，兵罢戏下，诸侯各就国。……汉王之国，从杜南

[1] 清朝同治元年毛震孝《废丘关记》石碑说“废丘之名虽古，释意未慊于心……访察地势，界乎留凤之交，即以留凤二字题于关。”

入蚀中。”按秦朝被推翻以后，势力最强的项羽大会诸侯、分封十八王的地点在戏水附近的鸿门（今陕西省临潼县东），而刘邦驻军的地点则在霸上（今西安市东郊白鹿原一带），而杜县则在西安市南郊的杜城附近。史籍说刘邦从杜县之南入南山，显然走的是长安正南的子午道。如果走的是褒斜道或故道，就应说从霸上或杜县西行而不应说南入了。另外，东汉汉中太守王升为表彰杨孟文重开褒斜道而在石门刻的《故司隶校尉杨君颂》也曾明言“高祖受命，兴于汉中，道由子午”。北魏郦道元《水经注》卷二十七沔水条谈到直水河谷的子午道上的栈道时，有“张子房烧绝栈阁，示无还也”的话。郦道元认为刘邦委托张良烧绝的栈阁在子午道上，并不正确。但他认为刘邦去汉中是走的子午道，并说子午道上也有栈阁，却是符合事实的。

韩信投奔刘邦的时间在刘邦去汉中以前，可由《史记》卷九十二《淮阴侯列传》记述韩信弃楚归汉的经过中看出来。《列传》说：“汉王入蜀，信亡楚归汉，未得知名。为连敖，坐法当斩。其辈十三人皆已斩，次至信。信仰视，适见滕公，曰：上不欲就天下乎，何为斩壮士。滕公奇其言，壮其貌，释而不斩。与语，大悦之。言于上，上拜以为治粟都尉，上未之奇也。信数与萧何语，何奇之。至南郑，诸将行道亡者数十人。信度何等已数言上，上不我用，即亡。何闻信亡，不及以闻，自追之。”从韩信被任命为汉王部下的连敖、治粟都尉都在汉王“至南郑”以前，可见韩信归汉的时间不在汉王至南郑以后。从韩信在汉王去南郑的路途中犯“法当斩”，并能多次与滕公、萧何接触而受到他们的赏识与推荐，可见韩信之去南郑，是与汉王、萧何、滕公等一路前进的。当然，由于项羽持势骄傲专横，不能用人，而且违背“先入关者王之”的成约，把刘邦贬逐于巴蜀，把义帝贬逐于湖南郴州，所以对项羽不满而投奔刘邦的人并非少数。《汉书》卷一《高帝纪》中就说过，跟随刘邦去汉中的有“楚子、诸侯人之慕从者数万人”，再加刘邦所部十万人，项羽派来“从汉王”之国的军队三万人，当时经子午道南去汉中的几乎是近二十万的大军了。道路险阻，食宿困难，自然是难免的。但是安全方面还是比较放心的。这不仅因为除了项羽之外，汉王刘邦是当时势力最大的一个武装集团，而汉中、巴蜀又已被公认为刘邦的封地，而且包括汉中在内的整个陕南地区，实际上早已在刘邦的有效控制之下。因为刘邦在从武关西攻咸阳时，就已派大将郦商，别统一军，西攻旬关，夺取汉中了。

四、“明修栈道，暗度陈仓”之说，当系后人渲染附会

传说韩信出兵北攻三秦时，曾经采取“明修栈道，暗度陈仓”的策略。用“明修栈道”来迷惑、麻痹项羽和三秦的头目章邯等，为主力出陈仓作掩护。前面我们已经说明韩信兵出陈仓的陈仓，并不是现在凤县的陈仓沟而是当时的陈仓县，即现在的宝鸡市。下面还想谈谈所谓“明修栈道”的问题。

“明修栈道”的前提自然是因为栈道已被烧毁。褒斜栈道被烧毁倒是实有其事的，这是刘邦到汉中后采纳张良的建议，并委托张良来执行的。《史记·高祖本纪》和《留侯世家》关于此事的记载简单、含糊，且有互相抵牾之处。《汉书·高帝纪》则记载得较为精确。事情的大致经过是：汉王刘邦之国时，张良特地送刘邦到汉中。张良辞归韩，刘邦又送张良到褒中（今汉中市褒河公社）。分别时张良“因说汉王烧绝栈道，以备诸侯盗兵，亦视项羽无东意”。刘邦采纳张良的建议，并委托张良在归途中，就便烧绝沿途的栈道。既然张良和刘邦分别的地点是褒中，也就是褒斜道的南口，那么以刘邦委托张良烧毁的栈道自然只能是褒斜道无疑了。

与褒斜道栈道有关的还有一个萧何追韩信的传说。据说韩信弃楚归汉，到达南郑后，因为得不到刘邦的重用，曾经愤而出走。萧何闻讯，也顾不得报告刘邦，就急忙亲自去追赶。一直赶到马道驿，才赶上因寒溪夜涨、被阻而未得渡的韩信。韩信终于被萧何劝回，被汉王拜为大将，一举北定三秦，东灭魏、赵、齐等国，大破项羽于垓下。萧何追韩信也是实有其事的。但是，韩信出走、萧何追赶的路线在什么地方，说法却存在着分歧。有的说是从汉中向南，有的说从汉中向北或向东北。至于说追到正北的马道驿，就更成问题了。因为马道驿正在褒斜道上，距褒河公社约九十里。这九十里是褒斜道上岸陡水急，道路最险，栈阁最多，工程最为艰巨的地段。既然褒斜道已被张良烧绝，那么，韩信的出走，萧何的追赶，怎么可能取道褒斜道呢？怎么可能沿着尚未修复的褒斜道险段走到马道驿呢？可

见这个说法是不正确的。

从前述一系列事实，不能不令人发生如下联想：在“明修栈道，暗度陈仓”这个历史典故中，所谓“明修”和“暗度”，都有可能是出于后人的渲染、夸张、附会，实际上是不一定真有其事的。因为如前所述，刘邦于四月间离开关中前往汉中，到汉中不久，就命韩信统兵北上，攻取下辨、故道，八月间就与章邯大战于陈仓。如果说要迷惑、麻痹章邯和项羽的话，采纳张良的建议烧绝褒斜道上的栈阁，就已经起了这方面的作用。如想再用“明修栈道”的行动，增收一部分麻痹敌人的效果，那总还得留出一定的时间，使对方有机会得到自己正在整修栈道的消息才行。事实上，刘邦连这点时间也等待不及，就发兵北上了。退一步说，韩信真的采取了“明修栈道”的策略，而且也留了必要的时间使章邯、项羽等得知，所得的效果也有可能是完全相反的，即可能引起章邯和项羽的警惕而不是麻痹。因为这种修复栈道的行动，不是显然和不久之前烧绝栈道的行动截然相反，说明刘邦不仅念念不忘关中，而且有与项羽争天下的野心吗？至于“暗度陈仓”的“暗度”，也不完全是事实。因为与汉中地区相邻很近的下辨、故道等地，在秦朝本属陇西郡，秦朝灭亡后则是雍王章邯的辖境。韩信、刘邦的军队一出汉中进攻下辨，汉和三秦间的大战就已正式爆发，建都关中废丘的章邯自然很快就会得到报告，从而加强西边的防务。于是从甘肃东南部的下辨，经故道、越秦岭至陈仓间数百里地区，就只能用武力争夺，而不可能“暗度”了。实际上，如前所述，韩信、刘邦所以能取得这些地区，也和取得陈仓、雍、斄、好畤、废丘等地一样，都不是通过“暗度”取得，而是依靠曹参、樊哙等将领奋战力攻来夺取的。

（原载《西北大学学报》[哲学社会科学版]1985年第3期）

诸葛亮北出五丈原取道城固小河口说质疑

公元234年（蜀后主刘禅建兴十二年，魏明帝曹睿青龙二年）旧历二月，诸葛亮亲率大军十万，从汉中北出斜谷，发动了对曹魏的最后一战，即著名的五丈原之战。为了争取这次战争的胜利，诸葛亮曾做了两年多的准备。《三国志·蜀书·后主禅传》说：“（建兴）十年，亮休士劝农于黄沙，作木牛流马毕，教兵讲武。十一年冬，亮使诸军运米集于斜谷口，治斜谷邸阁。”但是，关于这次进军的具体路线，史书却没有明确交代。

汉中地区文化局最近编印的《汉中地区名胜古迹》一书认为，诸葛亮进军的路线是从当时的乐城以通眉县的小河口路，“诸葛亮集米的斜谷口在汉中北二百一十里，城固县北一百四十里的小河口”。而乐城则是城固县北三十余里“庆山西南的赤土坡城”。既认为明清以来有关地方志把诸葛亮所筑的乐城定在今城固县西十八里“不足信”，也不同意《中国历史地图集》把乐城定于城固东六里的汉王城附近。

《汉中地区名胜古迹》一书，说诸葛亮这次出师取道小河口的根据是清朝嘉庆年间严如熤的《汉南续修郡志》，其中有如下记载：

诸葛武侯行兵所由斜谷，当时栈楼阁道共五千数百所，工亦巨矣。今考其路，斜谷在眉县，而武侯治乐城，今城固，即小河口趋斜谷路，计至长安，较褒谷捷二百数十里。

按斜谷即小河口路。武侯之筑乐城，以取道于此也。

小河口，（城固）县北百四十里，即古斜谷口。小径出岐山、眉县，较汉中自褒（城）留（留坝）栈道前进者，少程二百里。

而严如熤则是根据明代何景明的《雍大记》。雍正《陕西通志》卷四《山川》引《雍大记》说：

予从入蜀汉道观之……从城固、洋县出者为斜谷道，武侯屯渭上由之。按斜谷即今小河口路，武侯之筑乐城，以取道于此也。

但是，不论《汉南续修郡志》还是《雍大记》，都没有举出它们作出这种判断的资料依据。个人估计，这可能与古代著名历史地理学者郦道元把诸葛亮进军经过的黑水列于城固县北一事多少有些关系。《水经注》卷二十七沔水项下说：

沔水（即汉水）东过南郑县南。

汉水又左会文水，水即门水也。出胡城北山石穴中。长老云：杜阳有仙人宫，石穴，宫之前门，故号其川为门川，水为门水。东南流，迳胡城北，三城奇对，隔谷罗布，深沟固垒，高台相距。门水右注汉水，谓之高桥溪口。

汉水又东，黑水注之。水出北山，南流入汉。庾仲雍曰：黑水去高桥三十里。诸葛亮笺云：朝发南郑，暮宿黑水，四五十里。指谓是水也。道则百里也。

又东过城固县南……常璩《华阳国志》曰：蜀以城固为乐城……涔水出西南而东北入汉，左谷水出西北，即湑水也。

唐李吉甫《元和郡县图志》卷二十三、宋乐史《太平寰宇记》卷一百三十三、欧阳忞《舆地广记》卷三十三和王象之《舆地纪胜》卷一百八十三等，与上记载大致相同。但是，细查地图，在今城固县附近，文水和湑水之间，不仅找不到一条以黑水为名的河流，而且并无发源于北山深处、长度接近百里的汉江支流。而且汉中至城固县和文川镇都是七十里，距文水入汉江处的高桥溪口也在五十里以上，距湑水汇合汉江的三水口则有八十多里。以黑水距高桥溪口为三十里计算，则黑水注入汉江处当在城固县以东的三水口附近。而这里却是湑水而非黑水汇合汉水之处。所以，《水经注》所说的黑水位置以及去汉中四五十里的说法，与城固附近的地理形势根本不合。清初著名历史地理学者顾祖禹就曾对《水经注》所说黑水的位置提出怀疑，认为它可能就是褒水。《读史方舆纪要》卷五十六汉中府城固县项下说：

黑水，在县西北。《水经注》：黑水出北山，南流入汉。北山，王日休以为即县北太白山也。或云：褒水一名黑龙江，县西北接褒城界。此即黑龙江矣。武侯笺云：朝发南郑，暮宿黑水。北魏元英曰：据襄阳之城，断黑水之路，皆谓此也。唐置黑水寨。光启二年，田令孜劫上幸兴元，遣神策军使王建帅兵戍三泉，晋晖等屯黑水，修栈道以通往来。天复二年，西川将王全播攻兴元，破黑水、褒城等寨。是黑水即褒水矣。

所以，根据郦道元《水经注》黑水在城固县北的记载而断定诸葛亮出斜谷取道小河口，证据是不充分的。

严如熤断定诸葛亮此次出兵取道小河口路，还因为他认为诸葛亮驻兵汉中期间，以乐城为治所。而其修筑乐城，就是为了北伐曹魏时取道小河口路。《汉中地区名胜古迹》采用其说，认为诸葛亮“修乐城于城固的目的”，就是为了“防御魏兵由斜谷来侵汉中，以及作为自己将来由汉中出斜谷之要冲”。作为“由城固赴小河口必经之地”，“具有军事价值”的“庆山西南三里的赤土坡城，即是诸葛亮所筑的乐城无疑”。这种说法也有问题。

郦道元沔水条在介绍汉中地区的山川形势和诸葛亮的活动时说：“沔水又东，迳武侯垒南，诸葛武侯所居也，南枕沔水。水南有亮垒，背山向垒，中有小城，回隔难测。沔水又东，迳沔阳故城南，城旧言汉祖在汉中萧何所筑也。……南对定军山。……山东名高平，是亮宿营处，有亮庙。”又说：“沔水又东，迳西乐城北。城在山上，周三十里，甚险固。城侧有谷，谓之容裘谷，通道益州。山多群獠，诸葛亮筑以防遏。……城东容裘溪水注之，俗谓之洛水也。水南导巴岭山，东北流。水左有故城，凭山即险，四面阻绝。先主遣黄忠据之，以拒曹公。溪水又北，迳西乐城东，而北注于汉。”《三国志》的蜀后主刘禅传和诸葛亮传中的资料也说明，诸葛亮平定南中，移军汉中之后，最初驻于今勉县附近汉水北岸的阳平石马，后来又迁于汉水南岸定军山下的原上。为了迎击曹魏曹真、司马懿、张郃等从子午、傥骆、褒斜三道进攻，诸葛亮虽曾一度移军于“城固赤阪”（历代学者多认为赤阪在今洋县东北。因为当时尚无洋县的设置，此地属城固县管辖）。但魏军退后，诸葛亮也就引军而西，并未在乐城久驻，或以之为治所。尤其是在建兴十二年统军出斜谷以前，诸葛亮屯田积谷、休士讲武、制造木牛流马，都是在今勉县附近的黄沙镇一带。此地正当秦汉以来由关中长安向西南沟通蜀汉的官驿大道上，距褒斜道的南口只有四五十里。由此沿褒斜道北上向关中，不过二百里就可到褒水上源三水之汇的江口镇，与小河口北去斜谷的道路相会合。既是通途大道，又特为近捷。通过修整过的栈道、邸阁，用木牛流马运送粮食和军用物资，本甚方便。如果取道小河口路，则要从黄沙镇一带向东先行一百多里，经汉中而城固，再由城固折北一百四十里，越湑水和文水的分水岭光头山到小河口。到小河口后，又要转向西北行一百二十里，越湑水与褒水的分水岭桅杆石或摩天岭等大山，始达江口镇，全程接近四百里，沿途都是从未辟为驿路的山间小道，又要越过许多大山。既然小河口和褒斜道在江口镇以北之线完全相同，而江口镇以南两线所经过的地区又都在蜀国的控制之下，所以实在看不出有什么必要舍褒斜大道不行，而要取道既崎岖难行，又里程倍加的小河口路。所以，如果不是另有准确有力的证据，说诸葛亮此次出师取小河口路是难得令人心服的。至于说诸葛亮修筑乐城和汉城的目的在于防御北方的魏军由斜谷入侵汉中，也不一定符合实际。赤土坡城和城固故城都离今城固县城很近，已在汉中盆地的平原上。放弃几百里秦岭险隘不守而驻军此地，对保卫汉中、四川是不会起多大作用的。三国末年，魏将锺会伐蜀时，蜀放弃外围关隘险阻不守，而令王含守乐城，蒋斌守汉城。锺会不战而入汉中平原，分兵围攻二城未下，径率大军过汉中、取关口、攻剑阁。蜀国不久也就灭亡了。后来的事实，也可说明乐城的修筑对防御魏军的进攻并不会起多大作用。说到西乐城的修筑，其主要目的则是为了加强对汉中南部巴山一带少数民族的统治，而不是为对付北方曹魏军队的进攻，前引《水经注》的记载，已经说得十分清楚了。

何景明和严如熤认为小河口路即斜谷路，小河口即古斜谷口。《汉中地区名胜古迹》沿用其说，也说“诸葛亮集米的斜谷口，在汉中东北二百一十里，城固县北一百四十里的小河口”。并据以批评近来通史教材“把褒斜二谷混为一谈，以致把诸葛亮集米的斜谷口，误为汉中正北五十里，原褒城县北十里的褒谷口”。这种说法和批评也不甚妥当。

首先，把小河口路称为斜谷路的资料依据是什么，持此说者均未能提供，当然无法令人信服其正确。历史上从洋县出汉中盆地穿越秦岭以通关中长安的道路，有先向东折东北和正北的子午道，有先向北后折东北以至正东的傥骆道。从城固县向北，经通关山沿湑水北通关中之路，据称在西汉初年萧何已经开辟、修筑，但是否曾经修通，史无记载，其中段和北段的具体走向也不得而知。后代的小河口路，其南段则是从小河口以南，沿湑水至城固转汉中，或向西南越光头山经文川镇去汉中。从小河口向北，越摩天岭或桅杆石等几重大山到褒河中游的江口镇。江口镇往北，则溯褒河中源红岩河河谷经柘栗园、王家楞、上下白云、太白县，下五里坡进入斜水中游的桃川谷地。为绕白云峡，再越老爷岭一个不大山梁，折北由斜谷关出山进入关中平原。其沿湑水河谷和褒水河谷而进的里程，比沿斜水河谷而进的里程要超出一倍多。而且，汉唐时期也从没有把它称为斜谷路的。相反的，从汉代以来，斜谷路却总是沿褒河河谷和斜水河谷而进的褒斜道的简称、代称。这可能是因从当时的首都长安去蜀汉，取褒斜道一定要先入斜谷，后入褒谷的缘故。例如，作为褒谷石门十三品的东汉石刻《石门颂》，就有“余谷之川，其泽南隆”，“至于永平，其有四年，诏书开余，凿通石门”之言。“余”是“斜”的简写，金石文字中多有此例。凿通褒斜道的南端，褒谷南口的石门，并修建附近的栈道桥阁，却被称为“开余”，说明斜谷道一名可以代表整个褒斜道，说斜谷也就包括了褒谷。到三国时期，情况就更加明显了。据王天良编《三国志地名索引》，陈寿的《三国志》，包括裴松之的注在内，提到斜谷、斜谷道、斜谷口之处共有二十次。其中也有个别确实是指真正意义上的斜谷、斜谷道、斜谷口，也就是褒斜道北段的斜水河谷、斜谷口和沿斜水河谷而行的道路。但多数是泛指整个褒斜道、褒斜谷和褒谷与斜谷之口的。古代人也把褒斜两条相连的河谷视为一条河谷，而有所谓褒斜二水“同源而派分”，“一谷二口”，“北口曰斜，南口曰褒”。有时还把这南北两个谷口都泛称为“谷口”（《三国志·杨仪传》），或分别用北谷口和南斜口来加以区别（《三国志·魏延传》），却从来没有用褒谷道或褒谷来代表整个褒斜道或褒斜谷的。《三国志》和裴松之的注释中似乎也从没有出现过褒谷、褒谷道、褒谷口等字样。

既然褒斜道和褒斜谷都可称为斜谷道或斜谷，所以，褒斜谷的南口褒口和其北口同样也被称为斜谷口，就是很自然的了。诸葛亮出师伐魏前命诸军运米屯粮的斜谷口，实在非褒谷口而莫属。因为，在魏蜀对立的三国时代，褒斜谷道的北口，也就是真正意义上的斜口，是在曹魏控制之下的。虽然兵马未动，粮草先行，诸葛亮也不可能在大军出动之前，把自己辛辛苦苦积聚起来的粮草物资，都运到军事前沿，甚至都运到敌方的控制区去。张澍辑《诸葛亮集》引《岐山县志》，认为岐山县和眉县交界的斜谷关附近有个怀贤阁，就是诸葛亮出师伐魏前遣军集米修建邸阁的故址，同样也是属于牵强附会。

如果把褒斜道所经过的五里坡，也就是斜水河谷与褒水上游红岩河河谷接界处称为斜谷口，即由褒谷入斜谷之口，当然也是可以说得通的。但是古代却无此种说法，而且此地距斜谷道北口的斜谷关只有一百里，虢川盆地和桃川谷地也仍是曹魏的势力范围。诸葛亮大军出动之前，如在此附近屯粮积谷，岂不是把自己的军事秘密，都提前透露给曹魏吗？一生谨慎的诸葛亮，当然不会作出这种蠢事，何况前引资料还把“治斜谷邸阁”置于“运米集于斜谷口”之后，这在修复赤崖以南被水冲毁的栈道以及赤崖以北被赵云、邓芝退军时焚毁的栈道和沿路邸阁之前，蜀军是根本无法做到这一点的。

至于城固县北一百四十里的小河口，从地理位置上看，处于汉水支流湑水中游的东岸，与褒斜道南段所通过的褒水河谷，中间还隔着摩天岭、桅杆石、鹅凤包、天台山等一系列高耸的分水岭，西南距褒谷南口的褒口也有一百多里，北距褒水上流三水之汇的江口镇一百二十里，距褒斜道进入斜水河谷的五里坡已近三百里了。所以，把这个距斜谷遥远而又与褒斜道无关的地方称之为斜谷口，显然是不恰当的。

那么，诸葛亮此次出师攻魏。究竟从哪条道路进军的呢？我认为还是走的褒斜大道，也就是沿褒水河谷和斜水河谷而行。关于这点，诸葛亮自己的话是最权威、最有力的说明。

张澍辑《诸葛亮集》卷二引自《太平御览》的诸葛亮《师徒远涉帖》，内容是：“师徒远涉，道里甚艰。自褒及斜，幸皆无恙。使还驰此，不复具。”通观诸葛亮六次北伐曹魏，两次出祁山，一次出建威（祁山和建威都在今甘肃省西和县附近），一次出陈仓（在今陕西省宝鸡市），一次屯赤阪（赤阪据云在今陕西省洋县境，系为迎击从子午道和傥骆道来攻的魏军），五次出兵，均未走褒斜道。所以这里所说的“自褒及斜，幸皆无恙”之言，自然应当是说的诸葛亮最后一次出兵时的情况了。这可作为诸葛亮最后一次出兵伐魏系由褒斜道进军的确证。

另外，前引《水经注》有“诸葛亮笺云：朝发南郑，暮宿黑水，四五十里”的话，我们已经论证这里所说的黑水就是褒水，而“朝发南郑”一句，更可说明诸葛亮帅军出发的地点就是现在的汉中市。从南郑出发而沿褒水河谷前进，也可证明诸葛亮此次出师是由褒斜大道前进无疑了。

（原载《西北大学学报》[哲学社会科学版]1985 年第 3 期）

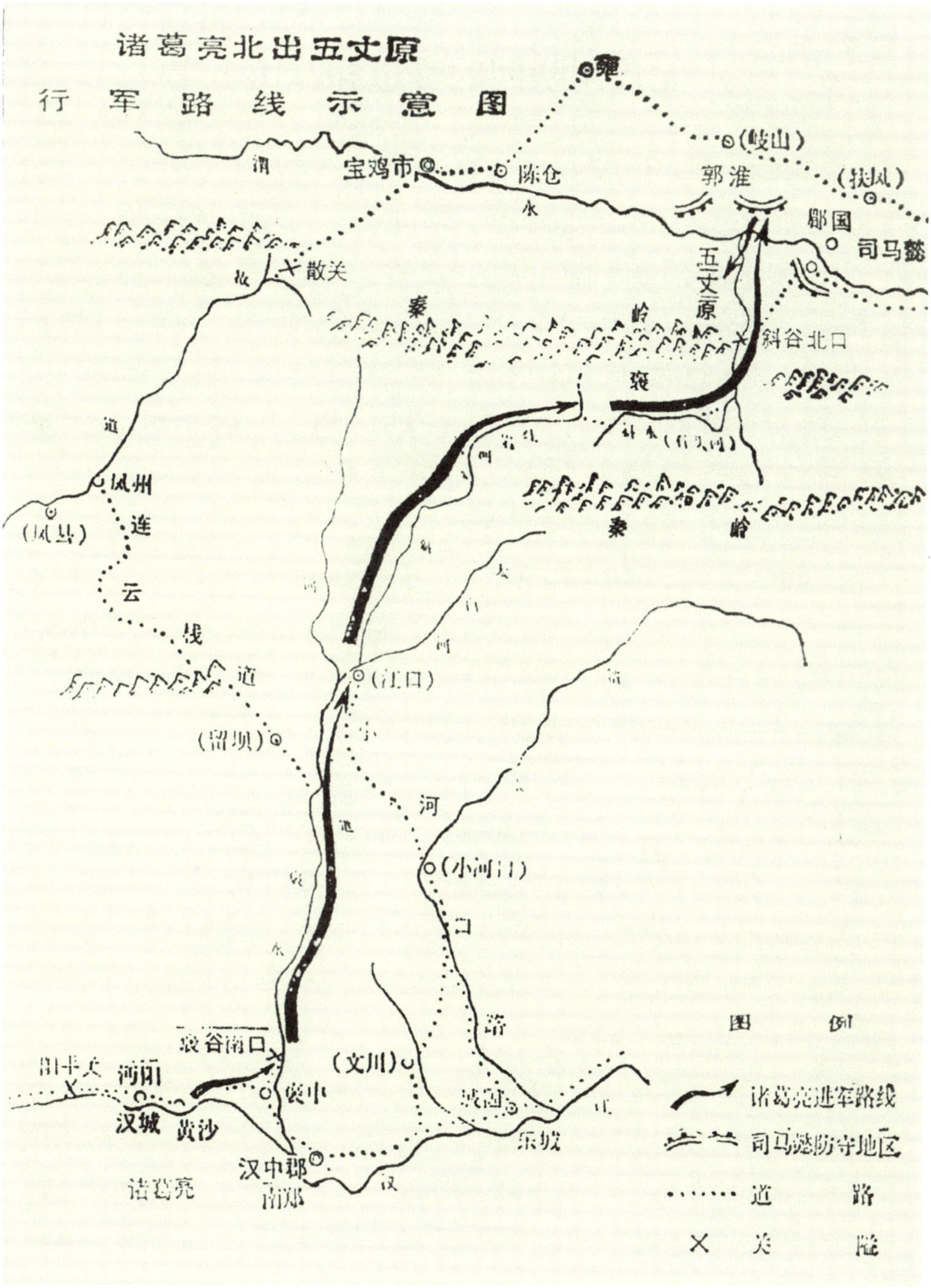

图1　诸葛亮北出五丈原行军路线示意图

元代川陕间的驿道和驿馆

在中国历史上，以统治区域的广狭而论，元代可以说是最广的，与这种情况相适应，对加强全国各地区间政治、军事、经济、文化联系有重要作用的邮驿事业和邮驿制度，当时也有了相应的发展。元朝政府官修的《经世大典》和元人熊孟祥编写的《析津志》，对此都有比较详细的记载。《经世大典》和《析津志》二书虽然早已散失不存，但其关于邮驿制度和驿道、驿馆的记述，幸被部分地保存在明朝编纂的类书《永乐大典》卷一万九千四百六十二和卷一万九千四百二十二至一万九千四百二十三中，为我们研究元代邮驿事业的发展，包括当时的川陕驿馆等问题，提供了方便。

《析津志》关于元代全国驿站的记载，是从当时的首都大都，也就是现在的北京市向四面八方辐射的驿道干线，来逐一记录沿线的驿站名称以及相邻驿站之间的里程的。由于在这些驿道干线的某些重要驿站上常常分出支线，需要在分出支线的驿站下分别叙述支线上的驿站，所以对干线上和先分出的支线上诸站的顺次记录，常因记录支线上的驿站而被分割成许多路段。

例如，《析津志》关于川陕驿道的奉元（今陕西省西安市）至凤翔（今陕西省凤翔县）段，就先后有从奉元向北分出经延安去察罕脑儿、从兴平向西北分出经灵州去沙州、从凤翔向北分出经平凉去兰州、向西分出经秦州去临洮等好几条支线。删除与川陕驿道关系不大的驿道上的驿站。《析津志》所记元代川陕驿道上的驿站名称和里程顺次如下：

奉元，正西五十咸阳、五十兴平，正西九十武功、六十扶风、六十岐山、六十凤翔，正南九十宝鸡、九十入连云栈、草亭楼、凤州，南七十五陈仓、柴关，八十苗峡、七十五马头、七十五褒城、四十五沔阳、九十金牛，西南五十罗村，正西偏南镇宁，正西朝天，正南七十广元，正西六十临江、剑门、隆庆、乘泉、伯坝、绵州，正西偏南九十临江、汉州，西南一百成都。

上述元代从今西安至成都的驿站共30处。各驿站间的里程记录并不完备，间有阙漏。就现存而言，里距远者一百里、九十里，近者四十五里、五十里，平均在六七十里之谱。这与《永乐大典》站赤门引《丹墀独对》说元代邮驿之制，“每十五里为一邮亭，每六十里为一驿馆”的话相差不远，也与当时西安成都间大路两千余里的总里程大致符合。

《经世大典》关于元代驿站的记述方式与《析津志》却不相同，它是按当时的地方行政区域，即按中央中书省直辖区和地方各行省所辖路府州军等，分别记录其境内的水陆驿站名称，并列举各站所有交通工具的种类和数目。由此可以大致推断各驿站的规模和驿道的重要程度。《经世大典》所记陕西和四川行省与川陕驿道有关的驿站数目也比《析津志》为多，共33处。列举如下：

陕西行中书省所辖

安西路本府站马253匹

草凉楼站马100匹

咸阳站马104匹

扶风站马115匹

兴平站马136匹

宝鸡站马100匹

武功站马69匹

朝天站马59匹

凤鸣站马200匹

镇宁站马59匹

岐山站马111匹

罗村站马58匹

东河桥站马137匹

金牛站马57匹

沔阳站马55匹

清水站马56匹

汉川站马21匹

柴关站马 58 匹

褒城站马 56 匹

三岔站马 54 匹

马通站马 56 匹

凤州站马 63 匹

四川行中书省所辖

成都路本府站马 60 匹、牛 30 只

伯顷站马 40 匹、牛 20 只

汉州站马 45 匹

垂泉站马 40 匹、牛 20 只

德阳站马 34 匹

宁武站马 60 匹

罗江站马 40 匹、牛 30 只

临江站马 40 匹

绵州站马 40 匹、牛 20 只

剑门站马 40 匹

文钉站马 40 匹、牛 20 只

比较上述两种记载可以看出，名称完全相同的驿站有十八处，即咸阳、兴平、武功、扶风、岐山、宝鸡、凤州、柴关、褒城、沔阳、罗村、镇宁、朝天、临江、剑门、绵州、汉州、成都。

其中咸阳、兴平、武功、扶风、岐山、宝鸡、凤州、绵州、汉州、成都等站，大致分别设在同名的当时州县治所，它们的位置和名称多数至今未变。只是当时咸阳县的治所较现在的咸阳市要偏东，武功县的治所在今武功县东北的武功镇，凤州的治所在今凤县东北二十里的旧凤州城，绵州已变为现在的绵阳市，汉州则变为现在的广汉县了。朝天站和剑门站分别设在四川省广元市的朝天镇和剑阁县的剑门镇，名称和地点现在均未改变。柴关站当在今留坝县柴关岭附近的张良庙，又名庙台子。褒城县在新中国成立后已被撤销，其原来的治所也就是褒城站的所在地，则在汉中市河东店镇褒河对岸的旧褒城，现在属勉县管辖。沔阳站当设在今勉县东的旧州铺，当时沔州铎水县的治所。设在铎水的驿站却被命名为沔阳，可能也系沿袭宋代之旧。陆游《剑南诗稿》卷三就有一篇《沔阳夜行》诗。临江站，从它既是陆站又是水站看，当设在当时的昭化县。昭化县新中国成立后也被撤销，成为广元县的一个镇。旧昭化县城位于嘉陵江及其重要支流白水江交汇处，江水绕城三面，城东门外就是有名的桔柏渡，又称桔柏江。江上架有浮桥。历代川陕驿道多由此过嘉陵江，水驿则南通重庆以合长江。史言唐玄宗、唐僖宗入蜀，均由此渡。五代后唐伐前蜀，前蜀主王衍亦曾断桔柏江浮梁以阻挡进攻四川的后唐军。罗村站可能设在陕西宁强县县城附近的罗村坝。宁强原名宁羌，始于明代初年设卫，后成为州，又由州改县。在元代并不是州县治所。唐朝末年的诗人郑志有《擢第后入蜀经罗村路见海棠盛开偶有题咏》诗，载《全唐诗》卷六百七十五。《旧五代史》卷十三《刘知俊传》注，也记载了刘知俊由凤翔、略阳进围西县，也就是现在的勉县老城时，割据四川的前蜀王建派大将王宗鐬从广元经罗村北上救援，大败刘军之事。这说明从唐代以来，罗村就处在汉中广元间的一条要道上。明朝末年冯从吾等编修的《陕西通志》卷十一，还提到勉县西南一百九十里有罗村河、罗村堰等地名，都是由此罗村而来。镇宁站在现在的什么地方，尚难肯定。估计在今陕西四川交界的黄坝驿至神宣驿之间，当时属广元路绵谷县管辖。《广元县志》卷三十三《艺文志》中的李祖仁《广元路复行古道记》曾提到在广元县北的藁本山路上，元代曾设置过这样一个驿站。

名称虽不相同，实际仍为一地的有六七处。其中有传抄之误，也有一地而二名。

一地而二名者有奉元与安西、凤翔与凤鸣、广元与宁武。因为元代的奉元路本为唐宋时代的京兆府。元世祖忽必烈至元十六年改为安西路，仁宗皇庆元年又改为奉元路，见《元史》卷六十《地理志》。除奉元站和安西路本府站这两个名称外，设在这里的驿站还有另一个名称：秦川驿。元末李好文《长安志图·奉元城图》上，就在城西北角标有秦川驿。北宋宋敏求《长安志》中也几次提到秦川驿，并称之为本府秦川驿。追本溯源，这个驿名的出现当在唐末五代时期。因为五代后唐庄宗李存勖灭前蜀之后，征前蜀主王衍及其宗族大臣等赴洛阳，同光四年三月又命宦官向延嗣诛杀王衍一家于秦川驿。则此驿名的出现当在以前。但最早也不应早于朱温胁迫唐昭宗迁都洛阳之时。因为在唐朝建都长安时，设在首都的驿馆本名都亭驿而不叫秦川驿。元代广元路的治所绵谷县，本来是唐末五代时期的利州治所，又是昭武军节度使的驻地。昭武军节度在北宋仁宗景祐四年被改为宁武军节度使。所以利州又被称为昭武或宁武。南宋王象之《舆地纪胜》卷一百八十四就引用过一部名为《宁武志》的地方志。这当是元代在广元绵谷县设立的驿站取名宁武的依据。凤翔府设立的驿站名为凤鸣驿，当系沿袭宋代之旧。北宋在凤翔府城设有凤鸣驿，苏轼曾有专文记述。《经进东坡文集》卷四十八《凤鸣驿站》说："始余丙申（宋仁宗嘉祐元年）举进士，过扶风，求舍于馆。……其后三年，为府从事，至暇日，谒客于馆……吏曰：今太守宋公所新也。自辛丑八月而公始至，既至逾月而兴工，五十有五日而成。……其明年，县令胡允文具石请其事。"文中所说的扶风，实指北宋时期的凤翔府扶风郡，也就是元代的凤翔府，现在的凤翔县，并不是宋元明清以至现在的扶风县。《考古与文物》1987年第 1 期所刊赵从苍同志《金元明印章五方》一文，介绍了陕西省凤翔县博物馆最近征集到的元代凤鸣驿站官印一方。该印印面阳文篆书"凤鸣驿蘸之印"；印背右侧边款两行，分别为"行中书省发""至元四年十月日"；左侧边款二行，分别为"监造官王斌""铸印匠武铨"等字。按元代有两个皇帝曾用过至元年号，一个是元朝第一个皇帝世祖忽必烈，一个是元朝最后一个皇帝元顺帝脱欢帖木儿。前者的至元四年为公元 1267 年，后者的至元四年为公元 1338 年。这枚驿站官印到底是哪一年铸造的，单凭年号还难断定。蘸字音与站字同，意思是"以物没""以物没水中便出"。此处当为"站"字的同音假借。这枚官印"驿站"二字连书，对我们了解元代驿站制度具有重要的意义。因为古代驿道上的宿顿地点，通称为驿或馆，而元代一般称站或站赤。《经世大典》和《元史・兵志》中都列有"站赤"一门，而《析津志》介绍"大都东西马步驿"的专节也称为《天下站名》。各站的命名方式，大都是在作为地方行政域区的各路府州县镇村名之后再加一个站字，称为"×× 站"。如果地名改变，则站名也随之改变。如陕西行省的安西路被改为奉元路后，安西本府站也就改称奉元站了。《析津志·天下站名》中唯大都称驿，可以视为例外。《经世大典》则有很少一部分站赤不以当地路府州县的地名为名而另起站名的，如凤翔府称凤鸣站、兴元府称汉川站、沔州铎水县称沔阳站都是。在地志、史籍和元人诗文集中，又时有不称站、站赤而称之为驿的，或另有驿名的。如三岔站、柴关站，《元史·文宗纪》中称为“三叉、柴关等驿”，奉元站，李好文《长安志图》中称之为“秦川驿”，等等。这使人们对元代制度到底是称驿还是称站，说不清楚；对资料所记与各路府州县名称不一的驿站名称是否为官定正式称名，也不敢肯定。今据此印，可知当时的制度，“驿站”二字并称才是全名，才是官府规定的正式名称。而单称一个驿字、站字的可能都是简称。而秦川、凤鸣、汉川、沔阳等与当地路府名称不同的驿站名称，也是官定正式名称，而不是当时人随便使用的雅称或俗称。至于它们得名的由来，则可能是沿袭前代旧名，因为像前面提到的秦川驿、凤鸣驿、汉川驿、沔阳驿，大多是唐宋时代就有的驿名。

因传抄而致误的则有金牛与金中，罗江与临江，马头与马通，乘泉与垂泉，伯坝与伯顷。草亭楼与草凉楼如果不是一地而二名，也当属于此类。因为直到现在，汉中宝鸡公路的凤县西北还有一个名为草凉驿的市镇，历元明清各代，始终都为川陕驿道上的重要驿站之一。金牛与金中，当以金牛为正，金中误，“中”“系”“牛”字形讹。临江站则当系罗江站之误，因为在三百里的近距离内，本不应当有两个同名的驿站，而罗江县的治所，正好在“绵州西偏南九十里”。马头与马通，可能都是指的马道。至今在留坝县南汉中以北的褒河峡谷中，还有一个马道镇，也是川陕路上的重要驿站。传说就是寒溪夜涨、韩信被阻、为萧何追及的地方。乘泉当为垂泉之误。现在四川剑阁县的柳沟镇与武连镇之间，川陕公路西侧，还有一个名为垂泉的居民点。伯坝、伯顷均当为百顷之误。现在四川梓潼县西北的复兴镇，又名百顷坝。北宋王存《元丰九域志》卷八剑州普安郡阴平县已有百顷镇，南宋王象之《舆地纪胜》卷一百八十六利州路隆庆府景物门百顷条说：“百顷坝，七曲山上可以望见，地极平衍而膏腴。”顾祖禹《读史方舆纪要》卷六十八剑州梓潼县五妇山条说：“七曲山，在县北十五里。山腹有路，盘转七折。西北有百顷坝，一望平衍，极为膏腴。”

仅见于《析津志》而为《经世大典》所未载者则有陈仓、苗峡和隆庆三站。

陈仓站位于凤州站和柴关站之间，北距凤州也就是今凤县东北二十里的旧凤州城七十五里。而柴关就是现在宝汉公路上的险段柴关岭。为了来往官员商旅住舍方便，作为堠馆的驿站当然不一定设在柴关岭的高处，而极有可能设于岭南的张良庙，即庙台子附近。现在凤县和庙台子之间宝鸡汉中公路经过的南星镇之南数里野羊河畔，有一个连云寺村，一条名为陈仓沟的小河从左侧流入野羊河，溯沟而向西南，有条小路可以直通勉县，相传这就是楚汉相争之时韩信为北定三秦“明修栈道、暗度陈仓”的陈仓道。当地人还说它是韩信问道斩樵夫的地方。至今沟口还有一通清代建立的刻有“对面陈仓道”几个大字的石碑，沟内还有一个被称为樵夫墓的土丘。所以，《析津志》所说的陈仓站可能就在凤县的南星镇或连云寺村。

苗峡站设在现在的什么地方，目前尚难确定。不过它既然北距柴关站也就是庙台子八十里，南距马道镇七十五里，恰在二地之中；按明清时代的驿道里程计算，当在今留坝县城与武关河之间的青羊铺附近。因为庙台子至马道镇约一百五十余里，青羊铺正处二者之中，北距庙台子，南至马道镇都是七十多里。

隆庆站当设在今四川省剑阁县城，因为剑阁县在南宋绍熙二年以后曾为隆兴府治。事见王象之《舆地纪胜》卷一百八十六。

仅见于《经世大典》而为《析津志》所未载者，则有东河桥、三岔、清水、汉川、德阳、文顶六站。

东河桥站设在今宝鸡市与凤县交界处的老街。地当秦岭梁南侧嘉陵江上游二支流东河与西河相汇处，即今宝成铁路秦岭车站附近、宝鸡汉中公路36千米处。历史上著名的大散关、和尚原都在附近，为故道也就是陈仓道上的要地，明清以来均在此设有驿站。

三岔站在凤州东南六十里，位于凤县南侧吁峪河畔。在汉中宝鸡公路修筑以前，历明清至民国，此地都是川陕驿道上的重要驿站，并曾设有驿丞驻扎。三岔站又称为三叉驿。《元史·文宗纪》载文宗天历元年十一月四川行省平章囊加台自称镇西王起兵烧绝栈道。“二年二月壬辰，囊加台据鸡头关，夺三叉、柴关等驿。”宝成公路修筑时，为了避免翻越凤岭，减少盘山险道，取道凤州、双石铺、酒奠梁、废邱关之线，此处遂不当公路。

清水站的具体位置不详。

汉川站当为兴元府的本府驿，设在今汉中市区。兴元府为川陕驿道上仅次于安西和成都的较大城市，而元代驿站规制特小，仅有马二十一匹，不到安西的十分之一，也不到成都马牛总数的四分之一。这可能与兴元府并不当川陕大驿道，该站驿马所司路程仅为兴元与褒城站之间的三四十里支线有关。宋元之间，由于多次战乱，此地残破不堪。元初汪元量《增订湖山类稿》卷四《兴元府》诗曾描述此地“下马荒驿依竹门”，“市井萧条似破村。官吏不仁多残虐，逃民饿死弃儿孙”。至于兴元府之驿而以汉川为名，当系沿袭唐代旧制。《全唐诗》卷四百一十二元稹《梁州梦》诗有“亭吏呼人排去马，忽惊身在古梁州”之句。诗题原注：“是夜舍汉川驿。”可以为证。

文顶站的确切位置亦难肯定，估计当在绵州即绵阳市东北的文顶山附近。同治《绵州志》卷七山川门说：“文顶山，在旱山之东。”“九龙山，《省志》：一名旱山，（在）治北九十里。”

德阳站当在德阳县城。德阳县从元到今，名称和地点均无变化。

综合上述《经世大典》和《析津志》关于元代川陕驿道和驿站的记述，可以大致肯定当时川陕驿道上设置的驿站，除了相对位置也难确定的清水站以外，至今应有如下 34 处：

奉元站（安西路本府站、秦川驿）—咸阳站—兴平站—武功站—扶风站—岐山站—凤翔站（凤鸣站）—宝鸡站—东河桥站—草凉楼站—凤州站—三岔站（三叉驿）—陈仓站—柴关站—苗峡站—马道站—褒城站—汉川站—沔阳站—金牛站—罗村站—镇宁站—朝天站—广元站（宁武站）—临江站—剑门站—隆庆站—垂泉站—百顷站—文顶站—绵州站—罗村站—德阳站—汉州站—成都站。

搞清楚元代川陕驿道上各驿站的具体位置，以及由这些驿站所确定的驿道走向，有助于我们把它与前后各历史时期的川陕驿道进行比较，考察它与以前各朝代川陕驿道的不同之处，分析它对此后各朝川陕驿道的影响，从而论证元代川陕驿道在整个川陕驿道发展史上的地位和作用，以及川陕驿道的发展变化与全国驿道体系变革之间的联系。

我们知道，在元代以前的战国秦汉时代，联系川陕交通的主要驿道是北段的褒斜道和南段的金牛道。北段的故道与子午道虽然也曾一度被辟为驿道，但是为时甚短，其重要性无法与褒斜道相比。当时褒斜道的走向大致是从首都长安沿渭河平原而西，从今眉县西南三十里的斜谷关进入秦岭山区，沿渭水南侧支流斜水河谷与汉水北侧支流褒河河谷而到汉中。金牛道的走向大致是从汉中向西，沿汉水上游谷道而行，逾嘉陵江而西南，顺白水河谷南下，过剑门关经绵阳而进入成都平原。隋唐时期，从首都长安通往剑南两川的驿道，是经凤翔府、凤州、兴州直接入川，或折经汉中而转入四川。在其北段的长安汉中间，褒斜道、傥骆道、子午道、文川道等，都先后被辟为国家驿道，出现了历史上川陕驿道北段最为繁荣的局面。宋元以来所谓连云栈道亦即从故道北段凤州沟通褒斜道南段武休关的新线，也就是现在的汉中宝鸡公路，在唐代后期也已被选为国家驿道。刘禹锡《刘梦得文集》卷二十六《山南西道新修驿路记》述文宗开成四年修筑川陕驿道北段“自散关抵褒城，次舍十有五”即指此路。隋唐川陕驿道的南段，从汉中南越米仓山去巴州的米仓道和从西乡南越巴山去通州的荔枝道虽曾被辟为国家驿路，但其重要性却无法与金牛道相比。而隋唐时期金牛道的线路，也已与秦汉魏晋时有所不同，金牛剑阁间已不取嘉陵江西侧的白水道，而改由三泉县（今宁强县阳平关附近）南下沿嘉陵江至利州，复折西南经益昌入剑门关。此外，从利州向南，又开辟了沿嘉陵江东侧山区去阆州（今阆中县），复折西南经盐亭到东川节度使治梓州（今三台县）的支线。此线从梓州往西，经中江至汉州，即今广汉县，与经剑州而去成都的川陕大驿道相接。北宋王朝以黄河下游的开封为首都，关中的长安失去了全国政治中心地位。川陕驿道及其在全国驿道结构中的地位也发生了很大变化。不过当时联系川陕交通的主要驿道仍然是故道和金牛道。汉魏褒斜道和子午道皆被废罢，失去了国家驿道的地位。傥骆道的北段宋敏求《长安志》还记载了户县驿、周至县驿和周至县南的樱桃驿、三交驿、林关驿和南段的洋州大望驿等几个驿站，说明此道在北宋时期还曾被利用，但目前还未见到有关此道通驿的其他文献记载。至于连云栈道，虽也曾一度被定为代替故道的大驿道，但为时极短，不过四五年时间，大驿道又被改移至故道线上去了。宋与金对峙时期，关中长安和四川汉中地区被分割在南北对立的两个政权统治之下，联系川陕交通的各条驿道当然都被阻截不通。元朝统一全国之后，始确定以连云栈道为川陕驿道北段的唯一驿道，也称为北栈道，而称川陕驿道的南段为南栈道。南栈道金牛朝天线路唐宋时经三泉嘉陵江之线改为罗村镇宁线，这就奠定了以金牛道和连云栈道作为西南各省与首都大都联系的主要驿道的格局，完成了与全国政治、军事中心由关中长安东移开封，再北移大都相适应的全国驿道网络的变化和调整。从此以后，明清以至民国初年的川陕驿道南段的广元以南，一度选取里程较远而沿途稍为平缓的阆中、盐亭、三台线。但此线的大部分也仍是沿用元代从广元南通顺庆（今四川省南充市）和从成都东通顺庆的驿道。清代的川陕驿道，也仅是在绵州东北的百顷、文顶附近与元代川陕驿道稍有出入。直到20世纪30年代兴建宝鸡汉中和川陕公路时，对清代驿路南北最长的一段改线也仅只有陕西凤州至留风关间七八十里一段，还占不到川陕驿道全程的二十分之一。元代川陕驿道在选线上的科学价值于此可见。在伴随着由秦汉隋唐至宋元明清全国政治军事中心转移而出现的全国驿道结构变革中，元代川陕驿道的重要地位、作用和意义是十分明显的。

（原载《中国历史地理论丛》1988年第1期）

“故道”释名与考地

中国古代历史上的故道，是指从今天的陕西省宝鸡市向西南，溯清姜河河谷，越被称为大散岭的秦岭正脊，顺嘉陵江上游河谷而下，经凤县、两当县、徽县、略阳县，然后折向东南，经勉县而达汉中、通四川的一条国驿大道。不仅在首都定于关中长安的周、秦、汉、唐各朝代，它是全国政治中心长安经凤翔往汉中、四川和西南各省区的主要驿道，就是首都迁到河南洛阳和开封的时代，它作为全国主要驿道的地位仍然保持未变。新中国成立初期修建的联系西南地区与西北、华北地区的钢铁大动脉宝成铁路，也是基本上沿此线修筑的。

但是，有关故道的历史资料保存下来的不多，而史学界关于故道的历史及其作用的论述则更少。例如，在古代，从事史书注释工作的学者们仅注意到故道是一个县级行政区及其治所的名称，而忽略了它同时又是一条道路的名称[1]。专论古代地理沿革和军事形势的名著《读史方舆纪要》，在其论述川陕通道部分也只介绍了褒斜、傥骆、子午、金牛、米仓诸道，并未论述故道。而且也没有区别古书中所说的褒斜道、斜谷道有秦汉褒斜道与唐宋褒斜道之分，竟把发生在故道上的某些军事行动，都列于褒斜道的名下[2]。抗战初期林超、孙承烈等先生撰《蜀道考》[3]，近年黄盛璋先生撰《川陕交通的历史发展》[4]，严耕望先生撰《〈通典〉所记汉中通秦川驿道考》[5]，故道的具体走向及其在川陕古驿道中的历史地位，始得到系统的论述、深刻的分析。可是需要讨论和有待于补充的地方仍然不少。本文仅就故道的名称及其线路方位等问题，稍作阐述。

一、故道诸名及其得名诸说述评

作为我国古代川陕间重要驿道之一的故道，除有故道这个名称以外，还被称为散关道、陈仓道、青泥路、白水路、沮道、嘉陵道、散关兴凤汉中道、利州兴州达凤翔之路等。它们或被用作概括故道全线的总名，或仅为特定路段的专名。而其命名根据和得名缘由，则大抵来自故道沿线的要地、关隘或著名的山岭、河流。只是上述所有名称都存在着这样或那样的问题、局限，不能取代故道作为这条重要驿道的主要名称的地位。

散关道一名，始见于东汉末年曹操的著名诗篇《秋胡行》。诗中一再出现“晨上散关道，此道当何难”之句[6]。曹操所说的散关道的确是指故道。因为公元 219 年曹操统兵攻张鲁，取汉中，就是“自陈仓以出散关，至河池”，由故道

[1]《史记》卷八《高祖本纪》；卷二十九《河渠书》；卷五十四《曹丞相世家》。《汉书》卷一《高帝纪》；卷二十九《沟洫志》；卷三十九《曹参传》。

[2][清]顾祖禹：《读史方舆纪要》卷五十六陕西省汉中府褒斜道条。

[3] 林超、孙承烈等：《蜀道考》，载《文史杂志》卷五，1944 年 3 月第 5~6 期。

[4] 黄盛璋：《川陕交通的历史发展》，《地理学报》卷二十三，1957 年 11 月第 24 期。

[5] 严耕望：《〈通典〉所记汉中通秦川驿道考》，《新亚学报》第 8 集，1967 年 3 月第 2 期。

[6][清]严可均：《先秦汉魏南北朝诗》，中华书局，1983 年合订本。

进军以“入南郑”的[1]。汉代的陈仓县在今宝鸡市东10千米，河池县在今甘肃省徽县，南郑就是现在的汉中市，散关则在宝鸡市西南25余千米的大散岭上。可是，散关只是故道北段的一座关隘。而且不仅是故道，借用故道北段，由凤州（今陕西省凤县东北10千米旧县城）折向东南，经留坝县而去汉中的唐宋褒斜道，也就是元明清时期的连云栈道或称北栈道，以及由故道上的河池向西去仇池（在今甘肃省西和县南、成县西的大桥乡）、向西南去武都等地的大道，由故道上的兴州（今陕西省略阳县）直去四川的大道等，也都是要借用故道北段并经过散关的。因而这些道路也都可以称为散关道了。所以，用散关道来概括、来代表故道是不恰当、不合适的，容易引起误会。

陈仓道的得名，当因位于故道北端出口处的宝鸡市及其前身宝鸡县，在唐代以前本名陈仓县而来。如果用作故道这一驿道的总名，它与散关道存在着同样的缺点，即这一名称可以适用于同经故道北段而分别通向汉中、仇池、武都和从略阳直入四川的几条道路。如前面提到的《蜀道考》，就把唐宋褒斜道、元明清连云栈道称为陈仓道，而《川陕交通的历史发展》一文中的陈仓道却是指的故道。此外，明清时代的一些地方志又把陈仓道、陈仓古道、古陈仓道、陈仓故道作为同义语，专指从勉县东北10千米的百丈坡（今称关山梁），到凤县东南50千米的桑平铺的一条深山间道，也就是传说西汉初年刘邦用韩信为大将，明修栈道，暗度陈仓，北伐三秦之路。其具体线路大致是从今天勉县城向北，经关山梁、长沟河、茅坪和留坝县的营盘、闸口石，越尖锋垭入凤县境，过瓦房坝、黄土梁，出陈仓沟到连云寺村附近，与连云栈道、唐宋褒斜道，也就是今天的汉中—宝鸡公路线相接[2]。这么一来，陈仓道也是一名而包括三条道路，使用起来容易引起误会，造成混乱。

青泥路、白水路和沮道，都是唐宋川陕大驿路故道线的一段，不能概括故道

[1][晋]陈寿：《三国志》卷一《魏书·武帝纪》。

[2][清]顾祖禹：《读史方舆纪要》卷五十六汉中府凤县桑平铺条；宁羌州沔县百丈坡条；乾隆《大清一统志》卷一八五陕西省汉中府山川门；嘉庆《重修汉南郡志》卷二《古迹》；光绪《凤县志》卷一《山川》《栈道》；张邦绅《云栈纪程》卷三。

全程，不宜作为故道全路的总名。

青泥路位于唐宋凤州河池县和兴州长举县（今略阳县白水江镇东北，与甘肃省徽县接界处的长烽村）交界处的青泥岭。青泥岭在徽县东南，山体为青绿色风化岩石构成，高险峻拔，道路盘折，受雨水冲刷，泥浆皆呈绿色。所以古书曾说它“悬崖万仞，山多云雨，行者屡逢泥淖，故号青泥岭”[1]。唐朝中期，安史之乱爆发，潼关失陷，玄宗仓皇逃往四川，就是取故道过青泥岭的。晚唐诗人郑嵎《津阳门》诗的“马嵬驿前驾不发”“青泥坂上到三蜀”[2]等句，可以为证。诗仙李白《蜀道难》中的“青泥何盘盘，百步九折萦岩峦”[3]之句，咏叹的就是这一地区险峻壮丽的景色。北宋赵抃“青泥岭上青泥路，二十年来七往还”[4]，也是歌咏的这个地方。在青泥岭的北侧，唐宋时期还设有一个名为青泥驿的驿馆，其位置大致当在今徽县东南的青泥店子附近。唐代诗人元稹就有“昔游蜀门下，有驿名青泥”[5]的诗句。李嘉祐则有《发青泥店至长余县西涯山口》诗[6]，“长余”即“长举”的音讹。

白水路是北宋仁宗至和二年（1055）为避青泥岭路段的险阻，而在其西侧开辟的一条捷径。“首建路议者”是当时的凤州河池县知事王令图，主持其事者是前后两任利州路转运使李虞卿和田谅。新修的白水路从河池驿到长举驿长25.75千米，比青泥旧路减少了16.5千米，还省去了一个青泥驿。不仅方便了来往的官员、行旅、商贾，而且节省了政府的开支，减轻了附近人民的徭役负担。这在雷简夫撰写的《大宋兴州新开白水路记》中有着比较详细的介绍[7]。

“沮道”一名始见于东汉末年。《三国志》卷二十五《魏书·杨阜传》称，杨阜“拜武都太守……会刘备遣张飞、马超等从沮道趣下辨”。东汉时期的下辨

[1][唐]李吉甫：《元和郡县图志》卷二十二山南西道兴州长举县。
[2][清]彭定求等：《全唐诗》卷五百九十七，中华书局，1989年。
[3][清]彭定求等：《全唐诗》卷三十九，中华书局，1989年。
[4]嘉庆《徽县志》卷七《艺文》。
[5][清]彭定求等：《全唐诗》卷一百六十二《青云驿》诗，中华书局，1989年。
[6][日]河世宁：《全唐诗逸》上，中华书局，1989年。
[7][清]王昶：《金石萃编》卷一百三十四《白水路记》。

县在今甘肃省成县境，是当时武都郡的治所。沮县为武都郡的属县，治所一般认为在今陕西省略阳县城或其东南的沮水下游一带[1]。所以这里所说的沮道，当即汉唐川陕大驿道故道的南段，略阳和勉县境的一部分。在杨阜以前，曾为武都太守的虞诩也曾经整修过从下辨到沮县的道路。刻于略阳以北的白崖附近的《郙阁颂》，记载了此次开路、建桥、修栈等事[2]。白崖当为沮道，也就是故道南段上的重要险阻之一。

嘉陵道、散关凤兴汉中道和利州兴州达凤翔之道等，都是鉴于散关道、陈仓道等名称不免含混之弊，力求确切反映这条路线的实际情况而提出来的。这三个名称提出来的时间都比较晚[3]。也都既有优点，又有其不足之处。例如，嘉陵道一名突出了故道基本上循嘉陵江上游，也就是沿故道水河谷而行的特点。但在唐代及其以前，今日被称为嘉陵江的嘉陵江东源，长期被称为故道水，而并未被称为嘉陵江。恰恰相反，在嘉陵江的西源西汉水流域，远在西汉时期就曾设立过一个县级行政区嘉陵道[4]。散关凤兴汉中道和利州兴州达凤翔之路中的凤州、兴州、利州（今四川省广元市），也都是唐宋时期的地名，不能代表以前的秦汉和以后的明清等时期。

和上述诸名相比，“故道”一词出现的时间是最早的。西汉著名史学家司马迁在《史记》中就已多次提及，东汉史学家班固《汉书》的有关部分，也有大致相同的记载。如：

“（元年）八月，汉王用韩信之计，从故道还，袭雍王章邯。”（《史记》卷八《高祖本纪》、《汉书》卷一《高帝纪》略同）

“其后有人上书欲通褒斜道及漕事，下御史大夫张汤。汤问其事，因言抵蜀从故道，故道多阪，回远。今穿褒斜道，少阪，近四百里。”（《史记》卷二十九《河

[1][南朝宋]范晔：《后汉书》卷八十八《虞诩传》刘昭注；乾隆《大清一统志》卷一百八十六汉中府古迹。

[2][南朝宋]范晔：《后汉书》卷八十八《虞诩传》；[清]王昶：《金石萃编》卷十四《李翕析里桥郙阁颂》。

[3] 嘉陵道一名见于黄盛璋的《川陕交通的历史发展》；散关凤兴汉中道之名见于严耕望的《〈通典〉所记汉中通秦川驿道考》；利州兴州达凤翔之路见于林超、孙承烈的《蜀道考》。

[4][东汉]班固：《汉书》卷二十八《地理志·武都郡》。

渠书》、《汉书》卷二十九《沟洫志》略同)

“平阳侯曹参。……从还定三秦。初攻下辩、故道、雍、斄。”(《史记》卷五十四《曹相国世家》、《汉书》卷三十九《曹参传》略同)

“武都郡……县九:……故道(莽曰善治)……沮、下辩道。”(《汉书》卷二十八下《地理志下》)

上引资料,除重复者外,曾四次提到故道这个地名。其中第一、第三两处显然指的是一条道路,第二、第四两处则是指的一个县级行政区及其治所。而且,不论是作为道路名称,还是作为县级行政区治所的名称,都在汉朝建立以前的秦代就已经出现了。考虑到大量文物考古材料已经证明,远在新石器时代和殷商、西周时期,生活在黄河中游、渭水流域的人们与生活在长江支流汉江和嘉陵江流域的居民之间,就已存在着相当密切的文化、经济联系。考虑到兴起于陇西的秦国,在秦襄公十二年(前766)就已把其势力扩展到关中的西部,从此以凤翔为中心,“隙陇蜀之货”;武公十年(前688)开始设县;厉共公二年(前475)蜀人来赂;厉共公十八年(前459),命“左庶长城南郑”等史实[1],则故道这个县级行政单位的设立时间,很有可能早在秦始皇统一六国以前的战国时期,甚至春秋时期。

故道除了是一条道路名称和县级行政区及其治所的名称外,同时还是水名和山名。作为山名,故道山出现的时间最晚。北宋初年成书的《太平御览》在谈到两当县的得名时曾有“或云县西有两山相当故名之”的话。明清时代的地方志更有故道山在甘肃省两当县之说[2]。作为水名,则早在南北朝时期郦道元《水经注》卷二十《漾水篇》中就有比较详细的说明:“汉水又东南,于盘头郡南与浊水合。水出浊城北。……浊水又东南,两当水注之。水出陈仓县之大散岭,西南流入故道川,谓之故道水。……西南迳故道城东……与马鞍山水合。……西南流,北川水注之。又西南历广香交,合广香川水。……又西南入秦冈山,尚婆水注之。……又右合黄芦山水。……故道水南入东益州之广业郡界,与沮水支津合。……浊水南迳盘头郡东,而南合凤溪水。……浊水又南注汉水。”

[1] [汉]司马迁:《史记》卷五《秦本纪》;卷十五《六国表》;卷一百二十九《货殖列传》。

[2]《太平御览》卷一百六十七州郡部凤州条;《读史方舆纪要》卷五十九,陕西省徽州两当县天门山条;乾隆《大清一统志》卷二百,甘肃省秦州山川门。

这里的漾水、汉水都是指的西汉水，也就是今天的嘉陵江西源犀牛江；故道水、两当水都是指今天的嘉陵江东源。而其所说的浊水，其方位和流向大体与今天的横川或称泥阳河、洛河相似，而更源远流长。再加上浊水的下游既纳故道河，又纳河池水（今田家河）、凤溪水（今青泥河），与今日这个地区的地形和水系颇有出入[1]。如果不是由于郦道元对此处地理形势了解不清而误记，当是这里的地形曾经发生过足以造成河流改道那样巨大的变化。而实际上历史时期并无关于发生此种变化的记载。

故道水一名虽然始见于南北朝时的《水经注》，但并不能因此就断定故道作为水名的时间也始于北魏，比其作为道路名称和县级行政区名称出现的时间晚。所以，故道作为道路名称、县级行政区名称和水名这三者，到底哪一个出现的时间最早，哪一个是本名，故道一词最初由何而来，还是颇难断定的事。前已提到，中国古代的史书注释家在故道作为一条道路名称出现时，就当作一个行政区的名称来解释，实有所偏。而且，就是以县级行政区的名称而论，颜师古“故道属武都郡，有蛮夷，故曰道”的话，也只是解释了故道县的通名部分，即“道”字的某一种政治意义，而对其专名部分，即“故”字，并未作任何解释。

正因如此，晚近学者更倾向于故道一词首先是由道路而来，最先作为一条道路名称出现，其后才扩展为县级行政区名和水名。即道路名称是其本名，行政区名和水名、山名是由道路名称引申、扩展而来。

在肯定故道一词首先是作为一条道路名称出现的学者之中，对故道的含义，故道得名的缘由，又存在着两种不同的见解。

一种以王国维、黄盛璋为代表，认为故道一词系由“周道”演变而来。因为民国年间在宝鸡地区出土的《散氏盘》中有“封于周道”及浇水、大沽等地名，而《水经注》卷十七《渭水篇》又说渭水的支流扞水“出周道谷北，迳武都郡故道县之故城西。……又东北历大散关而入渭水也”。所以王国维认为《散氏盘》中的“散氏者，即《水经注》渭水注大散关、大散岭之散。又铭文中浇水即渭水注中之扞水，周道即周道谷。大沽者，即漾水注中之故道水”[2]。黄盛璋先生更

[1]《甘肃省地图集》徽县、两当县。

[2] 王国维：《观堂集林》卷十五《散氏盘跋》。

进一步论证说："嘉陵江有一支流，上源发源于大散岭。在大散岭的北面有一条扞水（今名塔河），流入渭河。……《水经注》扞水出周道谷，在故道县南。而西周铜器中亦有周道。根据王国维考订，周散国就在散关一带，周道即《水经注》周道谷之周道。可见此道甚古，故道县与故道水，都该因此而得名。汉初因称此道北部为故道，我们现在统叫嘉陵道。"[1] 周道被称为故道，可能为周朝东迁，秦国势力进入关中并日益强盛之后的事。

另一种意见以日本学者中井积德为代表。寓居香港的著名史学家严耕望教授亦持此说。他们认为"故道"系与"今道"，即褒斜道相对而言，由一般名词变为专有名词，成为一条具体道路的名称。中井积德在《史记会注考证》卷八《高祖本纪》"从故道还"下的注释中说："故道原非地名，盖是处有秦蜀相通之道，而栈道张良所烧者为今道，今道已烧坏不通，故从故道而往也。后世因为县名耳。"卷二十九《河渠书》"抵蜀由故道"项下的注释也说："道谓通行道路，入蜀之道有古今也。……后世因以名县耳。不当以县名为本义。"严耕望先生在论及汉高祖出陈仓经故道时，认为中井积德"所论似为正"，并引常璩《华阳国志》卷三《蜀志》"从帝生卢帝，卢帝攻秦至雍"等记载，论证说："盖战国以前此道已通，后褒斜道建成，此道壅废，遂称故道欤！"[2] 严耕望教授的学生谭宗义先生又进一步发挥说："所谓故道者，秦汉通汉中道也。秦本都雍，自雍经陈仓渡渭出散关、武都，入汉中，即秦原有通汉中之道。后以迁都咸阳，另开褒斜，原有之道即成故道。……汉武都有故道县、故道水，其名殆本此。"[3] 这种故道是与今道相对而言，后来才由一般名词转为专有名词，成为一条具体道路名称的说法，虽可言之成理，但也有其不足之处。那就是要使这种说法成为一个无懈可击的定论，必须有一个前提或条件，即在秦代及其以前，秦蜀相通的道路只有两条，一条是后来的故道，其开辟的时间在前，一条是褒斜道，开辟的时间较前者为晚，褒斜道的开辟改变了故道作为秦蜀间唯一大道的局面。而这个前提条件是否存在，

[1] 黄盛璋：《川陕交通的历史发展》，《地理学报》1957 年 04 期。
[2] 严耕望：《〈通典〉所记汉中通秦川驿道考——散关凤兴汉中道》。
[3] 谭宗义：《南郑武都道》，载《汉代国内陆路交通考》，香港新亚研究所，1967 年。

却是目前难以确证的。因为据史书所载，汉高祖在灭秦之后，从关中“之国”去汉中，是“从杜南入蚀中”，取子午道而行的。从汉中北定三秦的行军路线是取故道。而张良送汉王到汉中后，北返关中前往韩国时所烧毁的则是褒斜道上的栈道[1]。这说明，在秦代，关中汉中相通之道已有故道、子午、褒斜三条。而东汉摩崖石刻《石门颂》“高祖受命，兴于汉中，道由子午。由散入秦，建定帝位”之言，也说明当时关中汉中间至少已存在散关道即故道和褒斜道、子午道等三条重要道路。如果说其中的一条道路褒斜道为新道或今道，则散关道和子午道都可以称为故道或旧道了。可是我们并未见有古人称子午道为旧道或故道的记载。何况，基本上沿清姜河、嘉陵江河谷而行的故道和沿石头河、褒河河谷而行的褒斜道的开辟时间，到底哪一条早，哪一条晚，目前也还没有定论。如果说故道即周道，其开辟的时间不应晚于西周时期，则《史记》和《国语》所载有关褒姒的故事，都发生在周宣王和周幽王年间，似乎可以作为褒斜道在西周时期就已经被利用的旁证[2]。严耕望教授等因《华阳国志》“卢帝攻秦至雍”的记载而作的，战国以前故道已通，后来褒斜道建成，故道湮废，因而被称为故道的论断，则忽略了《华阳国志》在“卢帝攻秦至雍”的记载以前，还记载了“有王曰杜宇……号曰望帝，更名蒲卑。自以为功德高诸王，乃以褒斜为前门，熊耳、灵关为后户。……禅位于开明。开明立，号曰丛帝。丛帝生卢帝”等事实。这就说明，以巴蜀的历史传说而论，如果战国时期巴蜀的卢帝攻秦至雍是走故道的话，那么，褒斜道的出现时间更要远在卢帝攻秦至雍以前很久，而不是在其以后。至于谭宗义先生，在《汉代国内陆路交通考》的《褒斜道的沿革》一节中，本已根据《国语·周语》《华阳国志》等书的记载，论证了褒斜道的开通，“似在西周末”年，而巴蜀杜宇之“以褒斜道为前门”，当为战国初期之事。肯定褒斜道的开辟及其被秦蜀两国利用，均早在秦国迁都咸阳以前。所以“迁都咸阳，另开褒斜道，原有之道即成故道”的推论，其根据并不充分，因而其可靠性和说服力，也就不免要大受影响了。

[1][汉]司马迁：《史记》卷八《高祖本纪》，卷五十五《留侯世家》；[东汉]班固：《汉书》卷一《高帝纪》，卷四十《张良传》。

[2][汉]司马迁：《史记》卷四《周本纪》；[春秋]左丘明：《国语》卷七《晋语》、卷十六《郑语》。

二、故道北段经地区和故道沿线要地方位辨证

在故道发展的历史上，虽然没有像子午道、褒斜道那样大规模的线路改变发生，但短距离改线的事，也还是存在的。下列二事可以为证：

一是东汉桓帝建宁五年（172），原来刻于略阳县北嘉陵江崖壁上，现已被移置于略阳县南灵岩寺的摩崖石刻《郙阁颂》，在记述武都太守李翕修治武都郡下辨与沮县，即今成县与略阳县间的道路时，有“又醳散关之嶃漯，从朝阳之平惨；减西□□高阁，就安宁之石道”[1]之言。不仅反映了东汉末年故道的散关一带线路有所改变和修整，而且说明在今略阳以北，故道当是沿嘉陵江而行。明清以来，从略阳北去白水江以至甘肃徽县、成县的官道，却是沿嘉陵江东侧支流磨坝河和麻柳河的河谷行进了[2]。

二是唐代及其以前的故道在凤州河池县和兴州长举县间是要翻越青泥岭的。通过青泥岭的这段险路被称为青泥路。到北宋时期，河池县和长举县间的这段驿路就躲过险峻泥泞的青泥岭，改循比较平缓而又近捷的洛河河谷。由雷简夫撰写的摩崖石刻《大宋兴州新开白水路记》曾详细记述了这次改线的经过及其意义[3]。

除了上述改线的例证以外，故道北段宝鸡市至大散岭间究竟循清姜河河谷还是循塔稍河河谷行进，也一直存在着不同的意见。关于这段线路的经由，《水经注》卷十八《渭水篇》本有比较详细的记述：“渭水东入散关。……渭水又东，迳西武功北，俗以为散关城，非也。……渭水又与扞水合。水出周道谷北，迳武都故道县之故城西，王莽更曰善治也。故道县有怒特祠。其水又东北历大散岭而入渭也。渭水又东南，右合南山五溪水，夹涧流来注之。”可是这段记载的疑点很多。如散关、散关城、大散岭，似为三地，相距颇远，三者的关系若何？这种情况是怎样形成的，说明什么问题？作为渭水支流的扞水，当然不会发源于秦岭的南侧。位于秦岭以南的武都郡，其故道县的故城，竟设在远离武都郡治所五六百里的秦

[1][南朝宋]范晔：《后汉书》卷五十八《虞诩传》；《金石萃编》卷十四《李翕析里桥郙阁颂》。

[2] 雍正《陕西通志》卷三十七《驿传》。

[3][清]王昶：《金石萃编》卷一百三十四《白水路记》。

岭之北，也很不合情理。从实际情况来看，在宝鸡市南秦岭北坡几条短促河流的谷道中，也并无稍为宽阔可以作为一个县级治所的居民点。所以，如果说上述关于散关位置的记载，有可能是因不同历史时期散关设置的具体地点曾有变动造成的话，而其关于西汉故道县城位置的记载，就很可能是由于对这一地区的地理形势、水道系统了解得不够确切所致了。

不过，《水经注》的上述记载，毕竟给我们提供了一条重要的线索。那就是当时的大散关位于渭水支流扞水河谷中，而扞水的入渭之口，当在今宝鸡市南。东距汉代的陈仓县城还有 10 多千米。

可是《水经注》所说的扞水相当于现在的哪条河流，学者们的认识又有所不同，并因此而形成对故道北段经由地区的两种不同看法。

一种看法是扞水即塔河，今称塔稍河。黄盛璋先生和清代一些地方史志的作者均持此说。

“嘉陵江上游有一支流发源于大散岭，大散岭的北面有一条扞水（今名塔河）。……从宝鸡到凤县，秦岭跟陇山之间形成一条隘道，我们叫作宝凤隘道。位于大散岭的大散关是掌握这条通道的枢纽。”（黄盛璋：《川陕交通的历史发展》）

“渭水又东，扞水北注焉。《水经注》……水出周道谷北……又东北历大散关而入渭水。今水自凤县来，北流迳大散岭故古关，又北入于渭，俗称塔河也。渭水又东，迳县境南。……则清涧河出煎茶坪山顶。其水奔涌东北注渭。《水经注》所谓渭水合南山五溪水，夹涧流注之者也。”（孙彤：《关中水道记》卷三《渭水》）

“又西为大散岭，古名散谷，在宝鸡县西南五十二里，汉中府凤县东北百二十里。有大散关在岭上，为秦蜀之襟喉。岭北之水名塔河，一名扞水，北入渭河。岭南之水曰故道河，西南流迳凤县境，又迳甘肃两当、徽县境，至陕西略阳县境入西汉水。”（毛凤枝：《南山谷口考》，第 29 页）

塔稍河是宝鸡市附近渭水的南侧支流之一，全长约 25 千米，发源于秦岭北侧支脉将台山北坡的大福崖[1]。它与发源于秦岭主脉煎茶坪、大王山、玉皇山，

[1]《陕西省地图集·宝鸡市市区图》。

先向西北流，后折东北流，于宝鸡市南注入渭河的清姜河，夹将台山的大福崖、益门山、王家山等遥遥相对。如果认为扞水即塔稍河，那就是说古代故道的北端是从宝鸡市西南塔稍河口入山，溯塔稍河河谷而上，攀大福崖，南下至清姜河上游河谷，再越煎茶坪附近的秦岭正脊，进入嘉陵江上游。清朝乾隆年间编印的《宝鸡县志》就持这种说法，把宝鸡西南的栈道分为今古。认为古栈道沿塔稍河河谷，经八弓原、和尚原、大散关而达黄牛铺。今栈道，即明清时期的栈道则是沿清姜河河谷，经桑园铺、益门镇、玉女祠、杨村铺、二里关、观音堂等地，然后越煎茶坪，过东河驿而去黄牛铺。

"邑之……阻隘最险者厥唯大散关。唯大散关宋金相持之际，纷纷战垒矣。旧栈道在邑之西南，由大散关、和尚原以达于黄牛堡。《元史》史天泽朝宪宗于散关，是宪宗必由兹以入蜀。今栈道在邑之南，历益门镇、二里关至煎茶坪以达黄牛堡。李思齐进筑益门以讨四川，则不复由散关矣。今旧栈道既废，人迹罕通。而明时有二里、散关之名，几以二里关为大散关矣。旧志虽别列二里、散关为二，亦不能拨山通道，寻其故址。夫水则易迁，山则不易。乃自元至今上下数百年间而险易难考如此。"（乾隆《宝鸡县志》卷四《关梁》）

"今宝鸡非陈仓旧治，而二里关、益门镇亦非散关故道。自元及今有益门而无散关，其地遂为人迹所罕至。"（同上书卷十三《录史》）

认真考察一下宝鸡西南的地理形势就可以发现，上述把塔稍河当成古代的扞水，认为故道北段循塔稍河河谷行进的说法，实是难以成立的。因为把扞水当成塔稍河的几家，同时又都认为大散关所在的大散岭，既是扞水和故道水，即塔稍河和嘉陵江的分水岭，又是作为渭河、黄河流域和长江流域分界线和秦岭正脊。但实际情况并非如此。现在塔稍河的发源地大福崖只是秦岭北侧支脉将台山的向北延伸部分，只能说是同为渭水南侧支流的塔稍河和清姜河的分水岭，而渭河、黄河与嘉陵江、长江的分水岭秦岭正脊，则在庙岭大梁、煎茶坪、大王山、玉皇山一线。所以把塔稍河认作扞水是既与当地实际情况、又与大散岭为渭河与嘉陵江分水岭的前提不合的。更不要说这样以来，故道的北段既要无谓地多绕许多路程，又要多翻一座海拔 1500 米的山岭，与古代驿道的选线原则相悖了。何况现在塔稍河河谷一带，也没有发现古代栈道和有关遗迹。至于上引《宝鸡县志》作者的议论，则是在没弄清古代大散关、和尚原等地的确切位置的情况下，误把它们置于塔稍河一带所致。现在陕西的文物考古工作者经过反复调查研究，已经确定了古代的大散关就在秦岭正脊煎茶坪北侧的东峪口附近，而宋代的和尚原则在煎茶坪之东，东河北侧的八卦庙附近[1]。扞水即今塔稍河，故道北段经由塔稍河河谷而行的说法之不能成立，就是很显然的了。

另一种说法以著名历史地理学者杨守敬为代表，他们认为古代的扞水就是现在的清姜河（即清涧河）。故道的北端系由宝鸡向南，通过清姜河河谷，于煎茶坪翻越秦岭，进入嘉陵江上游河谷。故道所经过的大散关也当在煎茶坪附近。杨守敬在《水经注疏》卷十七为渭水支流扞水而作的按语中说："今清涧河出宝鸡县西南煎茶坪，当即扞水，惟扞水入渭在楚水后，今清涧河于宝鸡西南入渭，则在金陵河入渭之前，盖下游有变迁矣。"前引文物考古和史志工作者对于大散关遗址的发现，和现存清姜河河谷中有关古代道路遗址、遗物以及益门、神岔、二里关、煎茶坪等古代地名，都可说明古代故道北段是取清姜河河谷，而今天的清姜河也当是《水经注》中的扞水，所以杨守敬的结论无疑是正确的。不过，上引杨守敬的话也有不甚确切之处。例如，他把从西北向东南、流经宝鸡城东而入渭河的金陵河，当作《水经注》中流经长蛇戍、南由县而入渭河的楚水、长蛇水，也就是今天的香泉河。因而无法解释扞水入渭处何以不在楚水之前，而在其以后，遂进而怀疑二水的下游曾有变迁。其实这些大山间的小河谷，在没发生剧烈地壳活动的情况下，是不会也没有发生大的变迁的。

由于故道长期被作为国家驿道使用，因而沿线有许多古代地名沿用至今。其中始见于秦及其以前的地名有故道县、散关、沮水、沮县、汉中[2]，始见于魏晋南北朝时期的有凤州、两当县、黄沙城、大散岭、唐仓城[3]，隋唐时期的有青泥岭、黄牛岭、马岭寨[4]，宋代的有略阳县、神岔（今讹为神沙）、方石铺（今讹为双

[1] 尹盛平：《大散关与和尚原考实》，载《中国考古学研究论文集》，三秦出版社，1987年。

[2]《汉书》卷一《高帝纪》；卷二十八《地理志》；《后汉书》卷四十四《顺阳侯嘉传》。

[3]《三国志》卷三十五《蜀书·诸葛亮传》；《魏书》卷一百六《地形志》；《水经注》卷十七《渭水》；《隋书》卷二十九《地理志》。

[4]《元和郡县图志》卷二十二，山南西道兴州长举县；《全唐诗》卷一百二十五王维《自大散以往，深林密竹，磴道盘曲，四五十里至黄牛岭，见黄花川》；《九国志》卷七《李廷珪传》。

石铺）、二里关、虞关、仙人关、置口[1]，元代的有永宁县、徽州、益门镇[2]等等。严耕望先生《〈通典〉所记汉中通秦川驿道考》历述唐代故道行程及其沿途要地，从宝鸡向西南依次为：模壁、三交城、玉女潭、大散关、黄牛岭、威武城、唐仓镇、凤州凉泉县、马岭寨、两当县、固镇、仙人关、河池县、青泥岭、长举县、兴州顺政县、兴城关、大城戍、分水岭、西县、百牢关、黄沙水口、褒城县，至兴元府入汉川驿，考证十分详悉。个别地名的确切位置及今地未能指明，实因古代文献简略，又限于条件，既未见详细地图，也不能亲历查勘之故，不应苛求。但仍愿就个人所知，稍事订补。

三交城，严文据《元和郡县图志》“三交城在（宝鸡）县西十六里，司马宣王与诸葛亮相距所筑”及《读史方舆纪要》《大清一统志》等书所说益门山、益门镇在宝鸡西南十五里，为南入栈道之始的记载，推断三交城即今益门镇。我觉得理由并不充分。因为三交城的位置，在《元和郡县图志》《太平寰宇记》《读史方舆纪要》和《大清一统志》中，本来就有在宝鸡县西8千米、23千米、15千米、20千米等四种不同记载，四者均明言在“城西”，其中后二书又在记三交城的同时，分别记载了益门山、益门城和益门镇，并都说它们均在“城西南”而不是在“城西”[3]。方向距离均不相同，显系两地。至于《元和郡县图志》说三交城为曹魏司马懿与蜀汉诸葛亮对军时所筑，当和《太平寰宇记》一样，也是根据《耆旧传》。《耆旧传》一书虽已不在，但这个记载之不可靠是很明显的。因为史书所载司马懿与诸葛亮对垒交兵只有两次，而两次的战地都不在宝鸡之西或其西南[4]，并无在这一带修城筑垒的必要。诸葛亮倒是曾经从西南进攻宝鸡，那就是公元228年冬诸葛亮第二次北伐曹魏，出散关、围陈仓之役。可这次作战的主要战场是今宝鸡市东的陈仓故城，对手是魏将郝昭而不是司马懿。郝昭倒是在战前就修筑了宝

[1][元]脱脱等：《宋史》卷八十九《地理志》；卷三百六十六《吴玠吴璘传》、卷四百七十五《吴曦传》；《建炎以来系年要录》卷一百九十二；《元丰九域志》卷三陕西路凤州凉泉县；《金史》卷九十八《完颜纲传》。

[2][元]脱脱等：《元史》卷六十《地理志》。

[3]《元和郡县图志》卷二关内道凤翔府宝鸡县；《太平寰宇记》关西道凤翔府宝鸡县；《读史方舆纪要》卷五十五陕西省凤翔府宝鸡县；乾隆《大清一统志》卷一百八十四陕西省凤翔府古迹门，卷一百八十三，山川门。

[4]据《三国志·诸葛亮传》和《晋书·宣帝纪》并未在宝鸡西南相持。

鸡市东的陈仓城，但无在西南筑城的记载[1]。

唐仓镇，严文认为在唐凤州东北，嘉陵江东岸，故道线上，实不正确。因为唐仓镇就是北魏时的唐仓城，即今天的唐藏镇。从方向上说，是在唐凤州城的正北而稍偏西，并不在东北。《读史方舆纪要》和汉中府及凤县等地方志都说它在“县北三十里”，还大体近似[2]，置于东北就相差太远了。唐仓镇也不在嘉陵江干流河谷中，更不在其东岸，而是在嘉陵江的西侧支流小峪河河谷中。小峪河就是《水经注》中的北川水，“经唐仓城下，南至困冢川”，也就是在今天凤县县城双石铺附近，汇入嘉陵江。嘉陵江与小峪河之间，隔着双石岭、卞家山、鸡冠山、孔家梁等一连串山岭[3]。虽然唐仓的东北也有通向红花铺、黄牛铺等地的道路，但它与循嘉陵江河谷而行的故道并非一事。因为取故道由黄牛铺经红花铺、凤州到双石铺，并不需要经过唐仓镇。如果要经过唐仓镇，那就是从红花铺起，到双石铺止，取道小峪河河谷，不取道故道川，即嘉陵江河谷，因而也就不会经过凤州城了。而凤州城却始终是故道上非经不可的一个重要城市。

马岭寨，严文置于嘉陵江左岸，实在凤县西南 10 千米嘉陵江与其右侧支流红崖河交汇处的右岸。附近群山攒聚，河谷狭窄，一道基本上南北向的山岭，矗立于嘉陵江与红崖河之间，阻隔着通行于嘉陵江右侧的故道。今天从天水经凤县到汉中的公路在此处系由红崖河和嘉陵江右岸绝壁上凿崖绕行，而古代的故道则攀越山岭而过。高岭即名马岭，又称马岭山。古人在山上构筑的军事设施即称为马岭寨和马岭关[4]。唐末五代和宋金对立时期，此地常为南北军事集团争夺的要地。现在有的地图上讹为马岭观。

两当县，严文附图中置于马岭寨西南方的嘉陵江左岸，亦误。应在嘉陵江右侧，马岭关西北方的红崖河河谷平地中，陕西省凤县张家窑、龙家坪和甘肃省杨家店之间。东北距凤州城约 25 千米，西北距今两当县城不到 20 千米。现在的两当县

[1][晋]陈寿：《三国志》卷三十五《蜀书·诸葛亮传》；卷九《魏书·曹真传》。
[2]《读史方舆纪要》卷五十六；光绪《凤县志》卷三。
[3]《水经注》卷二十《漾水》；《陕西省地图集》凤县、太白县。
[4]光绪《凤县志》卷一《山川》。

城本是唐代的两当县广乡镇，北宋太宗至道元年（995），始由故治移往广乡[1]。光绪《凤县志》卷三古迹门有“县西单家河铺龙家坪犹有城隍庙及县署旧址”的记载，不过已因当地人民的误传，把这些遗址错认为是“古河池县”的故址了。

河池县和固镇，严文把河池县和固镇看成紧邻故道川，也就是嘉陵江的两个地方，说固镇在水右，河池在水左，亦不正确。河池县是西汉时期就已有的旧县，属武都郡。唐宋时期属凤州河池郡，元时改为徽州，清代改为徽县[2]。《宋史》卷八十七《地理志》秦凤路凤州河池郡河池县下的注释说：“开宝五年，移治固镇。”《元丰九域志》卷三陕西路凤州河池郡河池县条说，有“二乡，河池、高桥、固三镇。……有固道水、河池戍”，说明在开宝五年以前的隋唐五代时期，河池县的治所不在固镇。固镇与河池镇、河池戍不在一个地方。乾隆《大清一统志》卷二百一十秦州古迹门说：“固镇，今徽县治。”又引旧志说：“河池故城在今县西十五里。”嘉靖《徽郡志》卷一古迹门则说“在县西北十里银杏村”。所以，《读史方舆纪要》卷五十九徽州项下说“河池废县”就是“今州治”的说法并不正确。现在的徽县县城，也就是宋代以前的固镇，在嘉陵江右侧支流田家河的中游东岸，东南距田家河入嘉陵江之口在 25 千米以上。所以河池和固镇都不在嘉陵江岸上。严文以为河池县“西邻故道水”，当据《元和郡县图志》和《太平寰宇记》山南西道凤州河池县下，“故道水，经县城西，去城三十步”的记载。但这个记载也并不可靠。因为同书还说：“河池戍，在县城中。”而据《水经注》，河池戍在故道水支流河池水（当为今田家河）的东岸，并不在故道水，即嘉陵江的东岸[3]。

青泥岭和青泥驿，严文附图均置于河池县西南，嘉陵江的东西两岸，青泥岭在江东，而青泥驿在江西，实误。青泥岭在唐人诗文中又称为青泥山、青泥阪[4]。《元和郡县图志》和《太平寰宇记》均称其位于兴州长举县东北 20 余千米，凤

[1][2] 乾隆《大清一统志》卷二一〇甘肃省秦州建制沿革。

[3][北魏]郦道元：《水经注》卷二十《漾水》。

[4]《柳宗元文集》卷二十六《兴州江运记》；《全唐诗》卷六十三辛长伯《军中行路难》，卷五百六十七郑嵎《津阳门诗》。

州河池县南 10 多千米[1]。明清以来的地方志和新版《中国历史地图集》均认为唐代的河池县在今徽州西北数千米，长举县在今陕西略阳县和甘肃徽县交界的长烽村，位于从东北向西南流的嘉陵江的右岸，而徽县则位于嘉陵江右侧支流田家河的中游左岸，两地南北相距数十里，中间隔着海拔 1600 多米的千子山。千子山可能就是明清时期的巾子山，宋代的铁山，唐代的接溪山，而青泥岭则为千子山的一部分。古代从河池县去长举县的驿道基本取南北方向穿山越岭而过，并非从东北而西南顺嘉陵江河谷而下。至今在徽县以南约 15 千米的田家河南侧支流河谷中，还有一个名为青泥店子的居民点[2]，当为古代从北而南翻越青泥岭的官驿大道的起点，青泥驿的所在地。《全唐诗逸》卷上李嘉祐诗句“千峰鸟路含梅雨，五月蝉声送麦秋”后，原有“发青泥店至长余县西涯山口”的注释，可见青泥店一名在唐代已有，而长余县则显然为长举县之误。值得注意的是，唐代从凤州经两当县到河池县的驿路，稍偏西北，而由河池县到长举县的驿路，又稍折东南，与故道全线由东北而西南的基本走向距离颇大。所以从河池经青泥岭至长举县的道路，既有青泥岭的泥泞盘道和铁山栈道之险，又因绕路而增加了里程，从时间、精力和经济等各方面说，都增加了行人的负担。及至北宋时期把河池县治迁到固镇，而又在青泥岭之西开辟了白水路以代替青泥路之后，就比唐时的驿路方便了。

仙人关，在今徽县和青泥岭以南的嘉陵江右岸，宝成铁路虞关车站与白水江车站之间的吴王城。严文置于河池县和青泥岭的东北，亦误。关于仙人关的得名缘由，嘉庆《徽县志》卷一古迹门称：“东崖石壁高阔，若排列仙人，眉目须鬓，疏然可数，有自然飘动之致。”道光《略阳县志》也说：“仙人古关，距青泥岭二里，石峰高阔，若列群仙。”而吴王城则显然是因南宋抗金名将吴玠、吴璘兄弟驻兵于此而得名。此处背依高山，南濒嘉陵江，前有仙关沟，形势极为险要。但吴王城内现在已无居民，古代建筑遗迹亦少。仅留一座半埋于土中的巨碑，可

[1]《元和郡县图志》卷二十二山南西道兴州长举县；《太平寰宇记》卷一百三十五山南西道兴州长举县；卷一百三十四凤州河池郡四至八道。

[2]《甘肃省地图集》徽县、两当县；嘉靖《徽郡志》卷一《古迹》。

以作为此处即仙人关吴王城旧址的见证[1]。据说这是因为清代一次地震造成严重山崩，吴王城旧址已被崩塌的山石所覆压的缘故。仙人关距河池县约六七十里[2]，两地之间又隔着青泥岭。所以严文所谓仙人关与固镇即宋代的河池县、现在的徽县县城“似为一地”的推论是不能成立的。至于严文“岂仙人关即因圣女神像而得名耶”的疑问，也不可能得到肯定的回答。因为据所引《水经注》卷二十《漾水篇》的记述，圣女神因秦冈山“悬崖之侧，列壁之上”，有“若图指状妇人之容”而得名。这与《徽县志》所说的“石壁高阔，若排列仙人，眉目须鬓，疏然可数，有自然飘动之致”的描述，存在着男女之别，显然不能混为一谈。而且从其所处的地理位置说，圣女神像所在的秦冈山，在尚婆水与故道川当即今流经两当县城的庙河与嘉陵江的汇合处。这与徽县以南的吴王域相距已有50余千米了。

长举县，前已提及，唐宋时期的长举县治在今陕西略阳县与甘肃徽县交界处的长烽村附近，嘉陵江的西北侧。明清有关地方志言其南距略阳50余千米，北距徽县35千米[3]。严文亦引《元和郡县图志》《太平寰宇记》和《旧唐书·地理书》称“嘉陵水去县南十里”，唐太宗贞观三年以前的长举旧治盘头城，“在县南三里”。均可证明唐宋及其以前的长举县治实在嘉陵江之北。但严文在附图中却把长举县、盘头城均列于嘉陵江与其西侧支流青泥河、西汉水相汇处之间的西岸，实不妥当。因为对青泥河和西汉水《太平寰宇记》在长举县下都有记载，明言它们分别在“县西南七里”和“县西南五十里”，青泥河不在长举县以北[4]。

从长举县向南到兴州顺政县，也就是南宋后期所改的略阳县以后，故道就转向东南，离开嘉陵江干流河谷，溯其支流东度河，过沮水至勉县老城（今武侯镇）与金牛道相会，东达汉中，并且在略阳东南的接官厅附近，还开辟有一条支线，南至今宁强县大安镇与金牛道相接，成为从长安不经汉中和勉县，直入四川的捷径。

（原载《西北历史研究》1989年号，西北大学出版社，1991年）

[1] 碑额篆书《仙人关重建宣相安公生祠碑》，刻于南宋宁宗嘉定十四年（1221）。宣相安公至南宋平定吴羲叛乱的四川宣抚使安丙。

[2] 嘉靖《徽郡志》卷一《舆地》；嘉庆《徽县志》卷一《古迹》。

[3] 嘉靖《徽郡志》卷一《舆地》；乾隆《大清一统志》卷二百八十六汉中府古迹。

[4][宋]乐史：《太平寰宇记》卷一百三十五长举县。

关于褒斜道的名实问题

在穿越秦岭、联系关中和汉中、巴蜀的几条古代驿道中，褒斜道是相当重要的一条。由于这条循渭水支流斜水（今石头河）和汉水支流褒水（今褒河）河谷而行的道路，里程较短，中途又几乎不需要翻越高峻的分水岭，所以它被开辟的时间比较早，被使用的时间也比较长。据说在西周时代人们就发现并利用这条道路了。到汉代，它的重要性已显然凌驾于其他谷道之上而被列为主要的官驿大道。在唐代，它也是从首都长安沟通汉中、巴蜀和西南各地的几条重要驿道之一，而且它的南段和北段，还分别与其他驿道的有关线段相联系，构成新的驿道。元明清各代，它的南段仍然是从首都北京通往西南地区的官驿大道的一部分。近现代火车、轮船、汽车等新式交通工具及与之相适应的铁路、公路出现后，这一部分又率先被改修为通行汽车的公路，至今仍是西南地区与中原和西北地区相联系的公路干线。它的其他各段，除留坝县江口镇至武关河间不到一百里的路段以外，也先后被改修成地方各级公路或公路专用线，在经济、政治、军事等各方面都发挥着重要作用。

新中国成立以前，关于褒斜谷道，我们几乎看不到多少有分量的论著。新中国成立以来，随着社会主义建设事业的发展和褒斜道石门及其摩崖石刻被列为全国重点保护文物，以及褒河水库的修建、石门摩崖石刻的搬迁，关于褒斜道的研究日益被重视。20 世纪 50 年代末和 60 年代初发表了一系列的调查报告和研究文章。而现居香港的著名史学家严耕望教授撰写的《汉唐褒斜道考》尤为体大思精之作。最近几年，随着地方史志编纂工作的开展和调查研究的深入，这方面的研究又有了新的进展。但仍然有一些重要问题有待于进一步研究，甚至某些基本事实还需要澄清。褒斜谷道在发展中的名实问题就是其中之一。

一、褒斜二谷的长短与褒斜二水的发源地衙岭山

褒斜道的得名，主要是因为这条道路循褒斜二水的谷道行进，这本是古今公

论，并无异辞。至于其命名方式的先褒后斜，当与人们从巴蜀、汉中等地循此道北入关中的长安时，必先入褒谷而后进入斜谷有关。褒斜道又被简称为斜谷道或斜谷。如陈寿《三国志》及裴松之的注释，记载与褒斜道有关的军事行动二十余处，均称之为斜谷而不称褒谷，其所以如此，可能与秦汉魏晋时期的全国政治中心在长安与洛阳，而从长安或洛阳取褒斜道去汉中和巴蜀，必先入斜谷而后进入褒谷有关。严耕望教授作《汉唐褒斜道考》，在考证褒斜道的名实演变时，虽也曾以斜谷“又近京师”为古人“以斜谷概两谷之名”的原因之一，但却着重论述了“褒谷短而斜谷长，斜谷长达二百里以上，西端直抵梁泉南界”，“支谷伸展，更远达陈仓、梁泉之近郊”，等等。以此作为斜谷一名得以概括褒斜两谷的主要根据和褒斜道所以被简称为斜谷道的主要原因。实则“褒谷短而斜谷长”，斜谷及其支谷远达梁泉、陈仓县及其近郊的说法，都是与事实不符的推断，不能作为论证斜谷一名可以概括褒斜二谷的论据。

关于褒斜二谷的长短问题，古人早已注意。明清之际的顾祖禹在其历史地理名著《读史方舆纪要》卷五十六中就已正确指出：“大约褒之流长而斜之流短。”清代以来直至民国年间编印的各种地图，如通行的《皇清一统舆图》《中国新舆图》《中华民国地图》《中国分省新地图》等，也都正确地反映了斜谷短而褒谷长的真实情况。

近代地理科学先进技术的测量结果，则是斜水长 69 千米，褒水长 198 千米。如果除去两河上源各约十千米未被褒斜道采用的河谷段不计，只算褒斜道选用的河谷里程，则褒谷的长度就相当于斜谷三倍了。所以“褒谷短而斜谷长”的说法实际上是把事实弄颠倒了。

至于说斜水河谷的“支谷纵横伸展”，“直至梁泉、陈仓之郊”，检核一下上述通用地图，也可发现其为不可能的事。因为，梁泉县是隋唐凤州河池郡的治所，处于嘉陵江上游故道水之滨，即今陕西凤县东北二十华里的凤州城，距斜水河谷的最西端，今太白县东的五里坡，已有二百多里。它与斜水河谷中间隔着斜水与褒水、嘉陵江以及褒水上游支流间四道大的分水岭，根本不属于一个水系。流经凤州东郊一二里的嘉陵江支流安河，在清代虽也有斜谷之名，但应是另一斜谷，不属石头河水系，不是斜水支谷。而隋唐以前的陈仓县的治所，在今宝鸡市东十余里，远处渭河北岸，与斜水即石头河河谷间还隔着作为斜水与褒水，褒水与清水河、马尾河、磻溪河、伐鱼河等水分水岭的秦岭正脊，相距里程也在一百五十里以上。所以《水经注》关于绥阳溪水“上承斜水，水自斜谷分注绥阳溪，北属陈仓入渭”之言，也不能说明今石头河的河水，在当时能北越秦岭正脊，或绕五丈原的北麓上溯百里，流至汧渭交会以西的陈仓县城之南。如果解释为绥阳溪水的上游与褒河上游诸水均发源于秦岭，由秦岭向南北分流，彼此相距很近，有山中小路相通，还可勉强说得过去。

那么，这种与事实不符的“褒谷短而斜谷长”的说法，又是如何出现的呢？估计当与“褒斜同谷”“褒斜同源”之说以及对被认为是褒水和斜水共同发源地的衙岭山的定位有关。

关于褒斜两河同源说，如果解释为两条自然河流共有一个源头，或发源于某地的一条河流，不久就自然地分别流向两个不同的地方，形成两条河流，这种情况在自然界中是很少见的。如果把它理解为两条流向不同的河流发源于同一地区，即某一山、某一岭，则是可以理解的，例证比比皆是。对于“褒斜同源”说，我们也应当如此理解。较早的历史地理典籍也是这样记录的，只说他们都发源于衙岭山，并没有说它们共有一个源头。如：

“斜水出衙岭山，北至郿入渭。褒水亦出衙岭山，至南郑入沔。”（《汉书》卷二十八《地理志》武功县条）

“渭水又东过武功县北。渭水于县，斜水自南来注之。水出县西南衙岭山，北历斜谷，迳五丈原东……北流注于渭。”（《水经注》卷十八《渭水》）

“汉水又东，合褒水。水西北出衙岭山，东南迳大石门，历故栈道下谷，俗谓千梁无柱也。……又东南历三交城，城在三水之会故也。一水北出长安，一水西北出仇池，一水东北出太白山，是城之所以取名矣。……褒水又东南历小石门……门在汉中之西，褒中之北。褒水又东南历褒口，即褒谷之南口也。……又南迳褒县故城东……又南流，入于汉。”（同上书卷二十七《沔水》）

但是，衙岭山在什么地方，这些史籍都未作说明，留下了疑问。到唐代，始有傥岭山位于汉中褒城县境以及褒斜二水“同源而派流”的说法。

“斜水源出褒城县西北九十八里衙岭山，与褒水同源而派流。”（《史记正义》引《括地志》）

“褒水源出（褒城）县西衙岭川。斜水与褒水同源而派流。”（《元和郡县图志》卷二十二，山南西道兴元府褒城县条）

“衙岭山，在（褒城）县西北九十八里，褒水源出此山，至县境东注汉水。斜水源并出西北衙岭山。”（《太平寰宇记》卷一百三十三，山南道兴元府褒城县条）

上述记载，内容有傥岭山与傥岭川，县西与县西北之异，但都定其在褒城县境。“同源而派流”一语，意思虽然比较含混，但仍可以两河发源于同一地区，相距甚近而流向不同来解释。褒斜谷道的里程，史籍明言为四百七十里或约五百里。而唐代的褒城县则在褒口以南约十余里的打钟坝村。如依上述记载所说傥岭山在褒城县北九十八里，那么它距褒谷南口也就是九十里下上，还占不到褒斜谷道四百七十里或五百里的五分之一。当然可以说是“褒谷短而斜谷长”了。

但是，实际情况并非如此。作为褒斜二水共同发源地的傥岭山不应在也不会在褒城县西北九十里的地方。检查地图可见斜水上游有二源：北源出秦岭青峰山南侧，南源出秦岭主峰太白山西支鳌山北侧，二者于五里坡东合流东去，会为桃川河，也就是石头河或斜水的上游。而二源之中，又以发源于鳌山的一支为斜水正源。褒河上游则有三源：即发源于太白县南鳌山南侧的太白河；发源太白县北秦岭南侧的红崖河和发源于凤县以北秦岭以南的西河。如果再加上发源于凤县和留坝县交界处的蒿坪河，也可以说是四源了。这三源或四源的会合地点在留坝县西江口附近，古代的三交城就在此地。这里距褒谷南口约二百里，而原褒城县北九十里的马道镇距此还有百余里，怎么能说马道镇附近就是褒水之源呢？在褒水上源三支流或四支流之中，西河和蒿坪河位置偏西，距斜水的发源地甚远，可不具论。太白河与斜水的发源地相距很近，又分别处于太白山西支鳌山之南北两侧，与古代史籍描述的褒斜二水发源于一地、同源而派分的情况甚为符合。似乎可以认为古书上的傥岭山就是现在的鳌山了。但是，太白河在褒谷三源中是最短的一个，斜水发源的鳌山主峰高达 3476 米，北坡山高，坡陡、谷窄、攀越困难，无路可通，不甚符合官驿大道的选线条件。不仅古代无在此开路的记载，而且至今仍不当大道，很少居民。所以，虽然《水经注》中明言褒水上游三源中有一源出于太白山，而宋代以来的史地著作中也多以发源于太白山附近的太白河为褒河正源，但确指太白山或其西支鳌山为衙岭山的却很少见。只有岐山等少数县志坚持此说。另一个被指为衙岭山的地方是太白县东的五里坡，古代称为五里岭或分水岭。它处于褒水最长支流红岩河与斜水相距最近处。坡东为海拔约 1000 米 ~1300 米的桃川谷地，坡西为海拔 1500 米 ~1700 米的虢川平地，即今太白盆地。东西看来基本上是一个东低西高的一面坡，南北看来则是一道绝对高度和相对高度都比较低的山岭，联系着南北两段东西平行的秦岭正脊。使秦岭山脉在这里基本上呈“工”字形，而五里坡则是“工”字二横当中的一竖。北面一段自西而东是从大散岭来的代王山、玉皇山和青峰山等，南面一段从东到西依次是秦岭主峰太白山、走马岭、太白梁和鳌山。把五里坡作为衙岭山的有利条件是，这里确是褒水和斜水的分水岭的一段，两水在这里东西分流。在褒斜二水各分水岭中这里又是海拔最低，坡度最缓的一段，因而成为联系虢川、桃川二平地，联系褒斜两谷最便捷的通道，长期为人们所选用。至今当地人民中还保存着此地为古衙岭的传说，在新中国成立前此地还有一座衙岭庙。当然，把这里看作衙岭也有其不易说通之处。因为一，这里既不是斜水也不是褒水或其支流红岩河的发源处。红岩河发源于它北面以及西北面一二十里外的秦岭南坡，南流过其西侧。斜水发源于鳌山北坡，北流过其东侧。两者的发源地相距有二三十里，并不在一地也并非一山。两水各从其发源地迎面相向而流，与古籍所记褒水和斜水发源于同一个衙岭山，一条向北，一条向南，二者背对分流的说法正好相反。二是在五里坡附近，红岩河与斜水都转了个九十度的大转弯。红岩河的流向由南流转而为向西，斜水的流向由向北而转为向东。二者以五里坡为界，东西分流，与古籍中褒斜二水南北分流的记载也不符合。所以，如果把它作为褒斜二水发源地的衙岭山，还得把有关历史资料作相应的解释，那就是解释为斜水发源于衙岭山的北端，沿岭东侧北流东折，再转而北流入渭；褒水源出衙岭山的南端，沿岭西侧南流西折，再转向西南流入汉水。

至于与“褒斜同源”说有联系的“褒斜同谷”说，其出现的时间也相当早。

《后汉书·顺帝纪》延光四年“罢子午道，通褒斜道”条的注释说：“褒斜，汉中谷名，南谷曰褒，北谷曰斜，首尾七百里。”东汉班固《两都赋》“右界褒斜陇首之险”条注释说：“褒斜，谷名，南口曰褒，北口曰斜，在今梁州。”西晋左思《蜀都赋》“良木攒于褒斜谷”条注释说：“斜谷水源在北，南流经褒中，故北口曰斜，南口曰褒。同一谷耳，长四百七十里。”唐李吉甫《元和郡县图志》卷二关内道凤翔府郿县条说：“县理城亦曰斜谷城，城南当斜谷，因以为名。斜谷南口曰褒，北口曰斜。”南宋王象之《舆地纪胜》卷一百九褒斜条说：“褒斜谷，北曰斜，南曰褒，同为一谷，故曰褒斜。”《蜀鉴》卷一记张良说汉王刘邦烧绝栈道条说：“褒口在褒城县北。北口曰斜，南口曰褒，同为一谷。自褒口至凤州一百三十里，始通斜谷。斜口在凤翔府郿县。”依现在自然地理学的观点看来，“褒斜同谷”说无视褒水和斜水分属两个水系，竟把它们经流的两条河谷说成是一条河谷，当然是不正确的。只是由于作为褒斜二水分水岭的五里坡并不是一座高耸的大山，而基本上是一个不大的一面坡。几里坡道联系着桃川、虢川二平地，构成秦岭深山中少有的近百里平坦大道，因而在地理学不发达的古代，把它说成是一个河谷，也是不足为怪的。而这种并不科学的“褒斜同谷”说的出现，又显示了褒斜二水在此并无巨大艰险的分水岭隔阻，为衙岭山可能即今五里坡的论断提供了佐证。

当然，在古代也并不是人人同意“褒斜同谷”说，对这个不科学的观点也曾有人提出过异议。如曾在陕西任职的明代著名学者何景明在所著的《雍大记》卷一十考迹门中，就明确指责“旧志谓骆谷、傥谷同一谷，褒谷斜谷同一谷”之说为“非是”，而提出了由秦入蜀的所谓“三谷四道”说。所谓三谷，指褒谷、骆谷、斜谷；所谓四道，指阴平道、故道、连云栈道和斜谷道。由于何景明对连云栈道以外的关中、汉中间秦岭诸谷道并未亲履，对它们的位置、走向和相互关系也了解得不很清楚，造成“三谷四道”说的不少矛盾。如把褒谷置于西南，又说褒谷从洋县入等，受到眉县志的作者明人刘绍周的指责。但是，何景明不赞成褒斜同谷论的主要观点还是正确的，熟悉本地情况而又赞成、维护褒斜同谷说的刘绍周，对这个主要观点也未能提出什么有力的理由来反驳。

以上我们论证了作为褒斜二水发源地的衙岭山，只可能是今太白县的五里坡或鳌山，而绝不可能在距褒谷南口八九十里的留坝县的马道镇附近。“褒谷短而斜谷长”的说法并不符合事实。这就说明褒斜道被简称为斜谷道的原因归结为“褒谷短而斜谷长”的论断并不足信了。同时也引出一个令人难解的问题，那就是严耕望教授对褒水和斜水河谷的地形并不是不了解，对秦汉褒斜道沿线的古今地名及其相互间的里距，更是如数家珍。肯定知道马道镇附近是褒河的中游，西江口处于褒河上游的三水之汇，而五里坡东的桃川为“斜水上游”，“其水出大山中，下流为斜水”。可又为什么那么相信《括地志》等书不确切的记载，反复肯定衙岭山在距褒谷口九十里马道镇附近，从而使斜水的发源地及其河谷向上延伸到五里坡以西呢？既然肯定衙岭山在马道镇附近，褒斜二水均于此发源，在《唐代秦岭山脉西段诸谷道图》中却又不在马道镇附近标上衙岭山之名，而把褒水的水道向北延伸距褒口一百多里的武休关以及二百多里的西江口之北呢？在西江口以北的三源之中太白河河道里距最短，而红岩河和西河都比较长。图中却把太白河绘的最长，其他二河均绘的较短。又把秦汉褒斜道行经的红岩河河谷只画到仙岭驿附近。似乎褒斜二水的分水岭衙岭山就在此地，仍然不标衙岭山之名。于是留下了更多的矛盾和疑问。

二、史籍所记的斜谷并非全指褒斜道

严耕望教授还根据《石门铭》等摩崖石刻论证了北魏世宗宣武帝正始四年，梁秦二州刺史羊祉奏开一条从凉泉县（今凤县凤州城，唐代为凤州梁泉县）到回车（在距褒谷南口二百余里处）的新驿道。这条被称为回车道的新线北连故道北段，南接秦汉褒斜道南段，贯通关中和汉中，大致相当于元明清时期的连云栈道和现在的宝鸡汉中公路。严文还根据《通典》《元和郡县图志》《太平寰宇记》诸书所记，唐朝玄宗、德宗、僖宗诸帝所经，学士官员们文章所论，以及诗歌所咏，说明至迟至盛唐以后，这条与真正的斜水河谷并无关系的回车道，“已实夺褒斜古道在交通上向称干线的地位，并进而专据褒斜、斜谷之显名，而郿褒间之褒斜古道反不为人所重视”。

严教授的上述结论无疑是正确的。虽然唐宋时人们已习惯于把褒斜道、斜谷道、斜谷等名从真正沿斜水河谷行进的秦汉褒斜道移用于回车道上，但并不能把历史文献上出现的斜谷统统视为褒斜道（不论是秦汉褒斜道或以后的回车道）。因为有些史书上记载的发生在“斜谷”的战争，实际并非全都发生在秦汉褒斜道或回车道即唐宋褒斜道上。请看下面四个例证：

（一）公元442年（南朝宋文帝元嘉十九年，北朝魏太武帝太平真君三年）北朝与南朝仇池之战。

仇池是东晋南北朝时期氐族首领杨氏以甘肃南部的仇池山为根据地建立的一个割据小政权。势力最大的时候，曾占有甘肃东南部，四川北部和陕西汉中各地。它依违于南北各大国之间，叛服不常。公元442年，南朝刘宋大将裴方明等攻仇池，仇池主杨难当逃奔北魏，北魏借口为杨难当报仇，助其复国，向南朝刘宋发动了大规模的军事行动。《宋书》卷九十五《索虏传》转载的北魏镇东将军武昌王宜勒库莫提在其致南朝地方政权的檄文中说，北朝北魏太武帝命令“使持节侍中都督雍、秦二州诸军事西安将军建兴公吐奚爱弼，率南秦王杨难当自祁山南出，直冲建安；……使持节侍中都督，雍、梁、益三州诸军事西安将军启，开府仪同三司淮阴公皮豹子，员外散骑常侍平南将军南益州刺史建德公库拔阿浴河引出斜谷，阨白马之险，散骑常侍安南将军雍州刺史南平公娥后延出自骆谷，直截汉水；……出子午，东袭梁汉……南趋寿春……东趋广陵，南至江口……直趋济南。十道并进，连营五千，步骑百万”。明言作为十路大军之一的皮豹子、库拔阿浴河的进军路线就是斜谷、白马、仇池。在《魏书》卷四《世祖太武帝纪》和卷五十一《皮豹子传》中，则明言皮豹子一军是由关中过散关沿故道或称为陈仓道进军的。

进军过程中的主要战地则依次为乐乡、下辨、浊水、高平和仇池。白马在今陕西勉县西的武侯镇附近。仇池在今甘肃省西和县南的大桥乡，处于西汉水与其支流洛谷水相交处。下辨在甘肃成县西北。浊水在仇池与下辨之间，西距仇池八十里，而高平又在浊水与仇池之间。乐乡地址不详，从战争过程分析，当在成县以东。由上可知，这次南北朝仇池之战，皮豹子一军的进军作战地区都在故道及其以西的地区。与褒斜道，不论是秦汉褒斜道还是北魏回车道（或称唐宋褒斜道），都相去甚远，彼此并无关系。所以皮豹子进军的斜谷，如果不是记载有误的话，应是另一谷道而不会是前述褒斜道的两线之一。

（二）公元494年（南朝齐明帝建武元年，北朝魏孝文帝太和十八年）北朝进攻南朝围汉中之战。

关于这个战役，唐朝李吉甫《元和郡县图志》卷二十二说："萧齐明帝时，后魏大将元英率兵十万，通斜谷，围南郑。刺史萧懿拒守百日，不拔而退。"宋乐史《太平寰宇记》卷一百三十三和欧阳忞《舆地广记》卷三十三等皆同。宋司马光《资治通鉴》卷一百四十说："齐明帝建武元年夏四月……魏主之在钟离，仇池镇都大将梁州刺史拓拔英请以州兵会刘藻击汉中，魏主许之。……遂围南郑……围城数十日，城中汹汹。……会魏主召兵还，英使老弱先行，自将精兵作为后拒，遣使与懿告别。懿以为诈。英去一日，犹不开门，二日乃遣将追之。英与士卒下马交战，懿不敢逼。行四日四夜，懿兵乃返。英入斜谷，会天大雨。士卒截竹贮米，执炬火于马上炊之。……全军还仇池。"却指斜谷为元英从南郑解围后的撤军路线。顾祖禹《读史方舆纪要》亦据以列为发生在褒斜道上的战事。

但是，认真分析一下原始历史资料，可知这个战役，不论元英的进军路线还是退军路线，都没有取道褒斜道，不论是秦汉褒斜道还是唐宋褒斜道。

"南安王祯……子英……高祖（即魏孝文帝）时为平北将军武川镇都大将假魏公。未几，迁都督梁益宁三州诸军事南安将军，领护西戎校尉池镇都大将梁州刺史。高祖南伐……英率众备寇境上。英以大驾亲动，势倾东南，汉中有可乘之机，表求进讨，高祖许之。师次沮水，萧鸾将萧懿遣将军尹绍祖、梁季群等领众两万，徼山立栅，分为数处，居高临下，隔水为营。英……于是简兵三面腾上，如果不相救，既破一处，四营俱溃，生擒梁季群，斩三千余级，俘七百人。鸾将白马戍将其夜逃溃。乘胜长驱，将逼南郑。汉川之民以为神也，相率归附。梁州民李天干等诣英降，待以国士之礼。天干等家在南郑之西，请师迎接，英遣迎之。萧懿闻而遣将姜修率众追袭，逮夜交战，颇有杀伤。修后屡败，更请军，懿遣众赴之。迎者告急，英率骑一千倍道赴之，未至，贼已退还。英恐其入城，别遣军元拔以随其后，英徼其前合击之，尽俘其众。懿续遣军，英不虞贼至，且众力已疲，军少人惧，咸欲奔走。英乃缓骑徐行，神色自若，登高望贼，东西指麾，状似处分，然后整列而前，贼谓有伏兵，俄然贼退，乘势追歼，遂围南郑。……攻围九十余日，战无不克。被敕班师。先遣老弱，身勒精卒留后，遣使与懿告别。懿以为诈也，英还一日，犹闭门不开。二日之后，懿乃遣将追英。英亲自殿后，与士卒下马交战，贼众不敢逼，四日四夜然后贼退，全军而还。会山氐并反，断英归路。英勒众奋击，且战且行，为流矢所中，军人莫有知者。以功迁安南大将军，赐爵广武伯。在仇池六年，甚有威惠之称。”（《魏书》卷十九《南安王桢传附子英传》）

“伪南安将军梁州刺史魏郡王元英十余万通斜谷，寇南郑。梁州刺史萧懿遣军主姜山安、赵绍宗等数军万余人分据角弩、白马、沮水拒战，大败。英进围南郑……攻围自春至夏六十余日不下……懿遣氐人杨元秀还仇池，说氐起兵断虏道。氐即举众攻破虏历城、兰睾、骆谷、仇池、平洛、苏勒六戍。伪尚书北梁州刺史辛黑未战死。英遣军副仇池公杨灵珍据泥功山……英退保浊水。闻氐众盛，与杨灵珍复俱退入斜谷。会天大雨，军马含渍截竹煮米，于马上持炬炊而食之。英至下辨……”（《南齐书》卷五十七《魏虏传》）

根据上述记载，北魏元英此次进攻萧齐的汉中之战，系由其驻地仇池起程，进军过程中的魏齐交战要地有角弩、沮水、白马和南郑以西的某地。而其退军路线和萧齐在其归途阻截之处，除所说的“斜谷”外，又有下辨、浊水、泥功山与历城、兰睾、骆谷、仇池、平洛、苏勒等戍。而据《中国历史地图集》第四册和《读史方舆纪要》等书考证，北魏梁州刺史仇池都大将的治所为骆谷城，在今甘肃省西和县南，成县西北。角弩在今陕西略阳县西北。白马在陕西勉县武侯镇附近，而仇池山在今甘肃省西和县南的大桥乡。下辨故城在成县西北。浊水和平洛、泥公山均在成县之西，骆谷城和仇池山的东南。兰睾当为兰皋之误，在略阳县西北，去仇池二百余里。这就可以说明，不论是元英的进军路线还是他的退军路线，都在沟通甘肃南部与汉中西北部的祁山大道及其附近一带，与从汉中北上以达关中的秦汉褒斜道、唐宋褒斜道都方向相左，相去甚远。因而这里所说的“斜谷”，不论是进军时所经，还是退军时所经，如果记载不误的话，也应当是另一个斜谷，与眉县褒城之间或凤州褒城间的斜谷道即褒斜道，都不是一回事。

（三）公元 551 年（西魏文帝大统十七年，梁元帝太清五年，太清系梁武帝年号，为梁元帝继续沿用，这年十一月，改元承圣），北朝达奚武攻南朝取汉中之战。

唐李吉甫《元和郡县图志》卷二十二山南西道凤州梁泉县回车戍条记事说：“回车戍，在县西北六十里。梁太清五年，西魏遣雍州刺史达奚武为大都督及行台杨宽率众七万由陈仓路，取回车戍斜谷关，出白马道，即此。”北宋乐史《太平寰宇记》卷一百三十四回车戍条，除改“县西北六十里”为县南一百六十里外，其他内容与《元和郡县图志》均同。而《读史方舆纪要》卷五十六回车戍条，则又改太清五年为太清中，而删去了“雍州刺史达奚武为大都督及行台”、杨宽“率众七万”及“出白马道”等内容。其后许多史志图籍多依此说。《汉唐褒斜道考》据此认为，“达奚武曾由散关出回车戍入南郑”，并进而断定，由回车戍道去南郑，“中经斜谷关”，“斜谷关盖在武休地区”，即“梁泉县南六十里回车戍南或东南”。

但是，对《元和郡县图志》关于达奚武和杨宽此次进军汉中之役的记载稍加考核，就可发现其中问题甚多，矛盾重重。除了关于回车戍的具体位置，在凤县西北说不如在凤县东南说与《石门铭》摩崖石刻中“自回车至谷口二百余里”之言更为接近、可信外，还有：从“由陈仓路”，说明达奚武等此次进军的路线，北段取宝鸡、散关的故道线，而未取秦汉褒斜道，未经斜谷关。因为秦汉褒斜道上的斜谷关在眉县西南三十里，处于西魏凉泉县也就是唐宋凤州城西北二百多里以外。凤州以南的回车路上是否有个斜谷关，在其他史籍均未见记载。如果此次战争取回车路出褒斜，则从谷口向东南四十里便是南郑城，不应当再向西绕白马城，往返多走一百多里路，贻误战机。有确切历史资料可以说明，达奚武等此次进军的主要战地，既不在眉县褒城间的秦汉褒斜道上，也不在凤州褒城间的唐宋褒斜道上。

“（西魏文帝）大统十七年冬十月，太祖（指宇文泰，西魏丞相，后被尊为北周太祖文皇帝）遣将军达奚武出散关伐南郑。魏废帝元年夏四月，达奚武围南

郑。月余，梁州刺史宜丰侯萧循以州降，武执循还长安。”（《北周书》卷二《文帝纪》）

“达奚武……十七年，诏武率兵三万，经略汉川。梁将杨贤以武兴降，梁深以白马降，武以兵守其城。梁州刺史宜丰侯萧循困守南郑。……会梁武陵王萧纪遣其将杨乾运等将兵万余人救循。（达奚武）恐援军之至，表里受敌，乃简精骑三千迎击乾运于白马，大破之……循知援军被破，乃降，率所部男女三万口入朝。自剑门以北悉平。明年，武振旅还京师。”（《北周书》卷十九《达奚武传》）

“王悦……又领所部兵从达奚武征梁汉。军出，武令悦说（武兴）城主杨贤……贤遂降。悦白武云：白马要冲，是必争之地。今城守寡弱，易可图也。若蜀兵更至，攻之实难。武然之，令悦率轻骑七百径趋白马。悦亦先示祸福。其将梁深以城降。梁武陵王萧纪果遣其将任奇率步骑六千欲先据白马，行次关城，闻已降，乃还。”（《北周书》卷三十三《王悦传》）

“（西魏文帝大统）十六年，初，宽兼大丞相府司马，朝议欲经略汉川，而梁宜丰侯萧循困守南郑。十七年，宽从大将军达奚武讨之。梁武陵王萧纪遣将杨乾运率兵万人救循。武令宽督开府王杰、贺兰愿德等邀击之。军至白马，与乾运合战，破之，俘斩数千人。”（《北周书》卷二十三《杨宽传》）

上述史料说明，西魏达奚武和杨宽等此次攻取南郑之战的进军路线和主要战地，在凉泉以南就是武兴和白马。而梁朝救援南郑的援军，则是从四川出剑门，经关城而至白马的。武兴即今陕西省略阳县，白马在今陕西勉县西武侯镇，关城在今陕西宁强县阳平关。所以，整个战争也都与眉县褒城间的秦汉褒斜道、凤州褒城间的唐宋褒斜道无关。看来《资治通鉴》在叙述此次战争时删掉《元和郡县图志》中有关进军路线，《读史方舆纪要》也删去了“出白马道”等内容，都是有道理的。

（四）公元 911 年（五代梁太祖朱温乾化元年，前蜀王建永平元年）岐蜀安远军之战。

这次战争的情况，《资治通鉴》卷二百六十八记载甚详：

八月，岐王（李茂贞）使刘知俊、李继崇将兵击蜀。乙亥，王宗侃、王宗贺、唐道袭、王宗绍与之战于青泥岭。蜀兵大败。马步使王宗浩奔于兴州，溺死于江，道袭奔兴元。先是，步军都指挥使王宗绾城西县，号安远军。宗侃，宗贺等收散兵保之。知俊，继崇追围之。众议欲弃兴元。道袭曰：无兴元则无安远，利州遂为敌境矣，吾必以死守之。蜀主以王宗鐬为应援招讨使，定戎团练使王宗播为四招讨马步都指挥使，将兵救安远，壁于廉让之间，与唐道袭合击岐兵，大败之明珠曲。明日，又战于凫口，斩其成州刺史李彦琛……王宗侃遣裨将林思鄂自中巴间行至泥溪，见蜀主告急。蜀主命开道都指挥使王宗弼将兵救安远，及刘知俊战于斜谷，破之。十一月，蜀王宗弼败岐兵于金牛，拔十六寨，俘斩六千余级，擒其将郭存等。丙申，王宗鐬、王宗播败岐兵于黄牛川，擒其将苏原等。丁酉，蜀主自利州如兴元。援军既集，安远军望其旗，宗侃等鼓噪而出，与援军夹攻岐兵，大破之，拔二十一寨，斩其将安廷志等。己亥，岐兵解围遁去，唐道袭先伏兵斜谷邀击之。庚子，蜀主西还。

青泥岭在今甘肃省徽县东南。兴州为今陕西省略阳县。安远军即西县，在今勉县西。金牛在今宁强县北金牛镇。廉水、让水为汉中勉县间汉江的南侧支流。黄牛川在汉中西南的黄牛山下，兴元即今汉中市。利州为今四川省广元市。所以，《资治通鉴》所记岐蜀安远之战涉及的地区，双方进军路线和主要战地是很明晰的。岐军刘知俊等的主力由李茂贞的根据地关中凤翔，经宝鸡、散关、凤州沿故道南下，青泥岭一战，大败蜀军，遂经略阳而进围蜀军于勉县西面的安远军。并同时东攻兴元，西取金牛，以扩大战果。蜀主王建的援军则分为两路，一路王宗鐬等由广元经宁强铁锁关，循玉带河谷而至杨家河、廉水河河谷一带，夺取汉江以南诸地，以东援兴元，西援安远。一路王宗侃由利州北出取金牛镇，沿汉江以北的大道东下，直趋安远，进攻岐军主力。内外夹击，大败岐军。所以如果说在这次战争中，唐道袭伏兵于斜谷以邀击败退的岐军的斜谷，还有可能指凤州褒城间的唐宋褒斜道或其南段的褒河河谷的话，而把王宗侃在金牛之役以前破刘知俊于斜谷的斜谷，也说是远在二百里以外的褒斜道、斜谷道或褒河河谷，就未免太牵强了。《读史方舆纪要》的作者顾祖禹明知“斜谷去安远甚远”，这样解释有问题，但还是对这两处的斜谷不加区分，用“史以褒斜相通，互言之耳，盖在斜谷道中也”来解释已嫌牵强；而《汉唐褒斜道考》也赞成此说，称之为“是也”，实欠妥当。

以上四次战争，前二者在北魏开回车道以前，后二者已在回车道被开辟以后。事实说明，史籍所载与此四次战争有关的斜谷，都既不在秦汉褒斜道所经行的眉县褒城线上，也不在唐宋褒斜道所经的回车道即凤州褒城线上，而在故道南段以西，即宝鸡、散关、凤州、兴州、汉中线的兴州以西或以南地区，也就是从汉中往西北通往祁山或西通关城的路途中。所以，虽然如《汉唐褒斜道考》所说，唐宋以来几乎把褒斜道或斜谷道视为凤州褒城线的“专名”，但并不能把史籍所记关于斜谷的众多史实，都安在唐宋褒斜道，也就是凤州褒城线上。《读史方舆纪要》等书和《汉唐褒斜道考》对于这个问题的解释和处理，显然是失之偏颇，不甚妥当的。

（原载《成都大学学报》[社会科学版]1989 年第 1 期《古道论丛》）

唐敬宗宝历年间裴度重修的斜谷路及其所置驿馆

在古代，作为长安汉中间主要通道之一的褒斜道，曾被简称为斜谷道或径称之为斜谷。但秦汉时期的褒斜道或斜谷道系指由今眉县经太白县和留坝县江口镇沿渭河支流石头河（古称斜水）和汉江支流褒河河谷而行的道路，而唐宋时期的褒斜道或斜谷道则多指由今宝鸡市经凤县的凤州城和留坝县城等地，联系故道北段和秦汉褒斜道南段的一条新线了。所以，唐代史籍所记有关整修褒斜道或斜谷道记载，以及有关褒斜道或斜谷道上的政治军事活动，如无其他资料为佐证，就很难断定它究竟是发生在眉县、太白、江口线上，或者是发生在宝鸡、凤州、留坝线上。

例如，唐代著名文学家王勃曾于高宗年间南游东川，《全唐文》卷一百八十《入蜀纪行诗序》中曾记其行程说：“总章二年五月癸卯，余自常安（即唐代的首都长安，今西安市）观景物于蜀，道出褒斜之隘道。”明言自己所走的是褒斜道。但《全唐诗》卷五十六载有王勃《始平晚息》《扶风昼届离京浸远》《散关晨度》《晚留凤州》等诗。唐代的始平县就在今天的兴平县，扶风县今仍名扶风，而岐州扶风郡的治所则在今凤翔县。散关在唐代的宝鸡县即今宝鸡市西南50余里。凤州的治所凉泉县就是今凤县（治双石铺）东北二十里的旧凤州城。以上诸地都在故道或称陈仓道的北段，说明王勃入蜀所走的路线当是宝鸡、凤州、留坝线的唐宋褒斜道，而不是眉县、太白、江口线的秦汉褒斜道。

又如，建中四年因泾原兵变而由长安逃到奉天（今乾县）的唐德宗，在得知勤王大将李怀光与叛军勾结时，又由奉天仓皇逃往汉中。及至兴元元年五月，李晟收复长安，唐德宗乃由汉中返回长安。其返回时所走的路线史称取道斜谷。《全唐文》卷四百七十一所载随驾大臣陆贽在德宗出发前所上的《銮驾将还宫阙论发日状》中也有“褒斜峻阻，素号畏途”的话。而同书卷四百六十三所载陆贽为唐德宗起草的《重优复兴元府及洋、凤州百姓等诏》却郑重宣布“其兴元府、凤州界内知顿及修道路、阁桥州县官、将士等，并委严震类例功效，具名奏闻”。严震这时正在汉中兴元府任山南西道节度使。从《全唐文》卷五百五所载权德舆为严震撰写的墓志铭也称其“先事备戎，赢粮积甲，北达于骆谷；功成翼从，除道执勒，西至于散关。属车以安，重险斯济。明智一德，合于宸衷”。这说明唐德宗回京时所走的斜谷或褒斜道，也都是唐宋褒斜道宝鸡、凤州、留坝线，而不是眉县、太白、江口线的秦汉褒斜道。

再如唐宣宗大中三年，山南西道节度使郑涯等曾新开文川道。孙樵《兴元新路记》记其北段由眉县西南二三十里入秦岭，溯河身堆满大石的石头河（古斜水）河谷，越五里坡进入褒河河谷。文中又一再把北段沿斜水和褒水河谷而行的这条文川道与所谓的“褒斜”和“斜谷旧路”，即唐宋褒斜道对举。可以断定文川道的北段必循眉县、太白线，而不由宝鸡凤州线。第二年，文川道因山水暴发，“摧损桥阁，使命停拥”，朝议以修复势必倍费功力，改命新任山南西道节度使封敖等复“修斜谷旧路及驿馆”，以通使命。其所复修的“斜谷旧路”，自系唐宋褒斜道宝鸡、凤州、留坝线无疑。其所以能在两个月的极短期间毕工，自当因驿道移至文川道的一年间此线并未全废之故。

至于唐德宗兴元元年（784）朱泚叛据长安时，大将浑瑊率诸军“出斜谷”以“拔武功”的斜谷，宪宗元和元年刘辟叛据西川，神策军大将高崇文率军“出斜谷”，经兴元以趋梓州的斜谷，要说明它们究竟是指眉县、太白、江口线，还是宝鸡、凤州、留坝线，就显得文献不足，无从取证，难以确指了。

唐敬宗宝历年间山南西道节度使裴度重修的斜谷路，究竟是眉县、太白、江口线，还是宝鸡、凤州、留坝线，抑或既非前者，也非后者，而是其他另一线路呢？也是需要仔细研究的事。

关于裴度修路之事，《旧唐书》卷十七《敬宗纪》中有简单记载：“宝历二年春正月己巳朔。……辛巳，兴元节度使裴度奏修斜谷路及馆驿皆毕工。壬辰，裴度来朝。……二月丁未，以山南西道节度观察处置等使光禄大夫守司空同中书门下平章事兴元尹上柱国晋国公裴度守司空同平章事，复知政事。”辛巳是正月十二日，而且它还更可能是唐朝政府收到裴度关于重“修斜谷路及驿馆皆毕工”的奏报的日子。所以裴度重修褒斜道及复置馆驿的时间，应在宝历二年以前。至于裴度所以重修褒斜道，《册府元龟》卷六百七十八曾明确指出，目的是为了避开傥骆道的艰难险阻：“裴度为兴元节度使，奏修斜谷路及造驿馆毕。自京师抵汉中，列邮传于骆谷久矣。而艰难险阻，人尝病之。度既到镇，因访故老，熟其制害，遂决请移路于斜谷。桥梁馆宇，刻期而就，人心大惬。”《唐会要》卷六十一御史台馆驿门更进一步介绍了此次修复斜谷驿道过程中，分别在南北两段所设置的驿馆六所：“宝历二年二月，凤翔陇州观察使上言，当道缘兴元新回斜谷路创置驿三所：岐山县南界置渭阳驿，郿县北界置过蜀驿，宝鸡县南界置安途驿。其月，山南道观察使上言，当道新置斜谷，其中须置馆驿及创驿右界名者三：甘亭馆请改为悬泉驿，骆驼蔫馆请改为武兴驿，坂下馆请改为右界驿。并可之。”

这时的凤翔陇州观察使是王承之。王承之的事迹附见于《旧唐书》卷一百四十二《王武俊传》，内容简略。并未言及其重修褒斜道和设置驿馆事。但从此段各驿馆分别设于眉县和岐山县境内，可以断定这次所修的“新回斜谷路”当为秦汉褒斜道，即由西安经户县、周至、眉县、太白、留坝县江口镇、旧褒城县以至汉中之线，而同时又修有支线从眉县经岐山县以达凤翔。渭阳驿这个名称显示了设驿的地点当在岐山县境内的渭河北岸，因为山南和水北为阳。而过蜀驿也当在眉县西北，因为在正北就嫌绕道过远了。这两驿都在去凤翔的支线上。宝鸡县界的安途驿位于何处，颇费考究。因为秦汉褒斜道眉县、太白县、江口镇线经过的太白盆地（位于褒河支流红岩河的上游，古称虢川）一带，在元、明、清各代虽然属于宝鸡县管辖，而在唐、宋时期则于今宝鸡县的治所虢镇设置了一个虢县，当时宝鸡县和虢县在这一带的分界线究在何处，颇难断定。因而宝鸡县境的安途驿设于何处，也不易考究了。估计应在今太白盆地的南沿，鳌山的北侧。

南段山南西道境内的三个驿馆，由甘亭馆改设的悬泉驿、骆驼蓦馆改设的武兴驿和由坂下馆改设的右界驿，又都设于何处呢？寓居香港的严耕望教授在《汉唐褒斜道考》中断定："悬泉驿盖在褒城县北九十里之甘亭关，右界驿盖在七盘岭北坂下，南距褒城二十余里，武兴驿盖在悬泉、右界二驿间。"即认为这三个驿馆都处于褒斜道南段接近褒口的褒河下游峡谷段。这一段正是秦汉褒斜道和唐宋褒斜道都要经过的共用部分。

我认为严耕望教授的说法很成问题。

悬泉驿被定于褒城县北九十里，是因为它原名甘亭馆，而甘亭馆与史籍上褒城县境的甘亭关、甘宁关、甘泉关，又被认为可能是一个地方，即所谓"亭、泉必有一字之形讹"，"宁亦形讹也"。甘亭关的具体位置史籍所记有在"县北九里"和"县北九十里"二说不同，严耕望教授又断定当以"九十里为正"。根据是《新唐书·地理志》褒城县项下的注释说"有牛头山，北有甘宁关"，因而"似可定关在牛头山北"。又说"《（大清）一统志》引《（褒城）县志》（牛头）山在县西北二十五里。唐世县治在今县南十里之打镜坝，则古时当在县北三十里以上。关在山北，必更远矣。故疑九十里为正。若仅九里，则远在石门鸡头山之南，地平坦，置关何为"？这里的问题是，虽然甘亭关与悬泉驿的前身甘亭馆名称相同，但要确定悬泉驿与甘亭关就是一地，还需要另有证据才行。而前引企图证明甘亭关和悬泉驿在褒城北九十里处的资料，都没有提供这种证据。"有牛头山，北有甘宁关"的记载，依从《新唐书·地理志》的体例，本来是说的两件事：一件是褒城县有一座牛头山，另一件是褒城县北有一个甘宁关。并不能把二者联系起来，解释为甘宁“关在牛头山北”。因为《新唐书·地理志》对各州县的山川和关隘，在记述方式是有区别的。对山川仅注其名称，而对关隘和城镇则多注明其方位以及与县城的里距。如与褒城县相邻的南郑县项下，注以“有旱山、玉女山、中梁山”。这三座山的方位，乾隆《大清一统志》卷一百八十五陕西省汉中府山川门有明确记载：“中梁山在南郑县西。”“旱山在南郑县西南。”而玉女山也就是米仓山，又名仙台山，“在南郑县南”。与褒城县相邻的西县（今勉县）项下注为“西南有百牢关”，兴州顺政县（今略阳县）项下注为“南有兴城关”。利州景谷县（今四川省广元市西南）注为“西有石门关，西北有白坝、鱼老二镇城”。这些都可为证。退一步说，即令甘亭关在牛头山以北二十五里与九十里之间，又有多少山峦存在，怎能直接联系在一起呢？更何况古代褒斜道的南端都是循褒河下游河谷以出褒口，褒城以西二十多里的牛头山与褒河下游河谷间又隔有多座山峦，不当大道。循褒河河谷而行的褒斜道上的驿馆，哪能会设到远离驿道的崇山深处去呢？所以，如果说甘亭关在褒城北九十里，就应在今留坝县南褒河河谷中的马道镇，也就是元、明、清时期的马道驿附近。但现在马道驿只有关于萧何追韩信和樊哙修栈道、桥梁的传说，却不见古代设关的遗迹。马道镇北五十里的姜窝子，正当褒河与其支流北栈河的交汇处，也是秦汉褒斜道眉县—太白—江口线和唐宋褒斜道宝鸡—凤州—留坝线的交会点、分岔处和共用线段的北端。宋、元、明、清时期的武休镇、武休驿就设在附近，而著名的险隘武休关和武休潭则在武休镇南数里的褒河与武关河交汇处。

右界驿严耕望教授列之于七盘岭的北坂下，理由是《唐会要》记载山南西道所辖悬泉、武兴、右界三驿的顺序，当与记载凤翔陇州观察使所属渭阳、过蜀、安途三驿之由此而南相同，并用甘亭馆北四十里即出兴元府界，“其间不容有两驿”，反证其顺序不能由南而北。又说唐褒城县北二十里有七盘岭，“固可以坂、坡称之”，二十余里又“正当有一驿”。但是，《唐会要》关于山南西道三驿的记载顺序是否确为自北而南，并无确据。距唐代褒城县二十余里的七盘岭北坡，虽然基本上符合唐代三十里设一驿的条件，甚至在这里可能真的设有一个驿馆，但它是否会因为处于七盘岭的北坂下即以坂下为馆名，也从无确证。至于说把甘亭馆定在褒城北九十里处，再往北四十里即出兴元府境，其间不容有两驿的话，更不妥当。因出兴元府境虽即进入凤州境，而当时的凤州仍属山南西道管辖。循唐宋褒斜道由马道镇到凤州北境大散关有三百多里，循秦汉褒斜道由马道镇到凤州东境河池关（今太白县西南二十余里的关山街）也有近二百里。按唐制三十里一驿计，就可设六驿或竟至十驿，岂止两驿而已！

至于骆驼蔫馆与武兴驿，严耕望教授因其处于甘亭馆悬泉驿和坂下馆右界驿的中间，推定其处于勉县东北十五里的武兴山北坡，“褒城县西北数十里处”，更不妥当。因为前已说明，把甘亭馆定于褒城北九十里，把坂下馆定于七盘岭北坡均有问题。根据所定二馆的位置来推断的武兴驿的位置当然也难视为确论。至于武兴山的位置，乾隆《大清一统志》卷一百八十五说它“在沔县东北十五里，东临旧州河。西接百丈坡”。“百丈坡在沔县东北二十里”，今名关山梁，在勉县城（治桑园子，西距清代的勉县城即武侯镇八里）正北。旧州河，以流经勉县东南的旧州铺汇入汉江而得名，又称度水或铎水。同书又说：“度水在沔县东。《水经注》：度水出阳平北山。……《汉中府志》：旧州河在县东二十里，源出百丈坡，南入汉。”关山梁与褒谷南口及其附近的褒城县城基本上处于同一纬度，而相距将近百里。如果说武兴驿设于这一带，也就是说褒斜驿道南段的线路，从褒口以北九十里的褒河河谷中的马道镇，舍褒河河谷南下汉中的直线，而却跋山越岭，先向西南到关山梁一带，再转东南到汉中，多绕一百多里路程，究竟是为了什么，实在令人费解。

此外，按照唐朝的制度，设于国家正式驿道上驿馆称为驿，而不当驿道的馆舍则称之为馆。既然《唐会要》明言在这次重修褒斜道的过程中始把甘亭馆、骆驼蔫馆和坂下馆分别升格为驿，并另取驿名，应当说以前这三处馆舍并不当驿道。即不在秦汉褒斜道眉县、太白、江口线上，也不在隋唐褒斜道宝鸡、凤州、留坝线上。前面我们已经谈到，唐宪宗元和元年，西川节度使刘辟叛乱，唐王朝命神策军大将高崇文为帅领兵南伐，主力取褒斜道经兴元赴梓州，并为此而重修褒斜道，“复置斜谷馆驿”。不论高崇文入川所走的褒斜道是秦汉褒斜道眉县、太白、江口线，还是唐宋褒斜道宝鸡、凤州、留坝线，褒斜道的南段，即从武关驿至褒口以达汉中的两线共用部分百余里驿道，都是非走不可的。也可以肯定在这次整修过程中设置了正式的驿馆，以供军需。战事平息后当然即转而供应来在的官员、使者食宿。既然已是设在国家正式驿道上的驿馆，当然应是为驿而不会再称之为馆了。因此，在二十年后裴度重修褒斜道时，自然不会在这段驿道上发生馆舍升格和另取驿名之事。现在竟然有馆舍升格另取驿名之事，也可反证这三个由馆改驿的驿馆的具体位置，并不在褒斜道南段，即从武关驿经褒口到汉中这一段上。

既然宝历重修的褒斜道上山南西道境内的三个驿馆不在武休驿以南的褒河下游河谷道中，那么它们究竟在什么地方呢？限于资料，目前尚难得肯定的结论。但也不妨联系有关情况略作推断。

前已提到，宪宗元和元年平定西川刘辟叛乱时，唐王朝曾经重修褒斜道并在沿途复置了馆驿。不论那次修路置驿的褒斜道是唐宋褒斜道宝鸡、凤州、留坝线，还是秦汉褒斜道眉县、太白、江口线，这三馆、三驿不可能在两线共用的武休驿以南的褒斜道南段。至于武休驿以北的线段，如果元和元年修路置驿是在眉县、太白、江口线，则该线的中段也应和武休驿以南的两线共用段一样，早已置驿而不会再有宝历修路山南西道三馆升驿并改定驿名之事了。而由宝历所修的褒斜道北段从眉县向西北去岐山又修了一条支线以通凤翔，又可以说明宝历修路所置三驿以及作为这三驿前身的三馆，不可能在宝鸡、凤州、留坝线上，因为此线是由宝鸡直通凤翔，而不需绕经岐山、眉县的。如果元和元年修路置驿是在宝鸡、凤州、留坝线上，则宝历修路所置的山南西道三驿，也不可能在宝鸡、凤州、留坝线中段的武休驿至散关间。至于眉县、太白、江口线的中段，即武休驿以北的红岩河河谷段，倒是有其可能的。但是，据唐代文学家孙樵的《兴元新路记》，山南西道管辖的范围远至河池关，也就是今太白县西南二十余里的关山街一带。此地北距褒斜道的北口斜峪关约一百四十里，而褒斜道的全程史籍明言四百七十里或约五百里。在全程中除去南段两线共用的一百三四十里和北段关山街至斜峪关间属于凤翔府管辖的一百四十里以外，循褒河上游红岩河河谷而行的秦汉褒斜道中段还有近二百里，相当于唐代六驿的里程。在六驿的里程中只设三个驿站自然是不够用的。不可避免地会因这段驿距过远造成卡脖子现象，严重影响全线的交通，给往来的官员、使者、商旅带来困难，引起不良反应。而《册府元龟》中所反映的宝历修路置驿的结果却是“桥梁馆宇，刻期而就，人心大惬”。主持此次修路置驿之事的山南西道节度使裴度也在修路置驿工程完竣的当月即奉诏入京，重执朝政。所以估计不会有在六驿里程间只设三驿的情况存在。因而不能不令人怀疑此次宝历修路是否在眉县、太白、江口线的中段有部分改线，即并非完全如秦汉褒斜道那样完全循红岩河河谷而行，而是另辟一段新线。因为《唐会要》所载凤翔陇州观察使的奏报就称这次重修的褒斜道为“兴元新回斜谷路”，山南西道观察使的报告也说：“当道新置斜谷，其中须置驿馆及创驿右界。”“新回”“新置”和“创驿”等词，透露出其中当有一段本非原来驿道，以前未曾正式置驿的消息。

如前所述，古代褒斜道的南段是循褒河河谷而行的。武休驿以北的西江口，古名三交城，褒河上游三条主要支流在其附近相汇。这三条支流一名红岩河、一名太白河、一名西河。三条河谷分别形成三条重要通道。红岩河河谷为秦汉褒斜道所经，不仅现在尚存有众多的古代栈道遗迹，而且在史籍中也有明确记载。如《三国志》和《晋书》中都曾提到曹魏与刘蜀交兵中褒斜道上有个重要军事据点赤岸，赤岸就指今太白县西南百余里的王家楞至红岩村一带。又如唐代文学家孙樵《兴元新路记》记其文川道之行时，也明言途中曾见西晋太康元年整修褒斜道的摩崖石刻，就在今留坝县江口镇以北十余里的红岩河河谷中。至于通过西河和太白河河谷的通道，现在也有不少古代栈道遗迹和反映古代曾被用作军事通道的地名存留。如凤县和太白县的平墓、空棺子、大棺子、小棺子、方才关等地名，据说都与诸葛亮和五丈原之战以后蜀军的撤退路线有关。可是西河的位置偏西，如自江口镇取此路出斜峪关入关中，绕道过远。而太白河与红岩河的支流虢川（今名小河）都发源于太白山主峰的西支鳌山。太白河由鳌山向东南流，至江口镇附近汇红岩河入褒河。虢川由鳌山向北流进入太白盆地，于太白县城附近汇入红岩河。于是沿太白河和虢川小河河谷，翻越鳌山，形成一条捷径。从江口镇沿此路去太白盆地、桃川谷地和斜峪关等处，比之取道秦汉褒斜道所循行的红岩河河谷，虽然要多一番翻山越岭之苦，但里程较短，可以节省时间。而且太白河谷地也比较开阔、平直。宝历年间修路时如作局部改线，舍红岩河河谷的峡谷险段而改取此线是很有可能的。唐代李吉甫《元和郡县图志》中介绍过一条从汉中通往凤翔的“太白山路”，估计当亦指此线。因为太白河发源的鳌山，实为秦岭主峰太白山的西支，从郦道元《水经注》以来，众多史地志籍都把褒河上源三支流之一的太白河作为褒河的正源，并称太白河发源于太白山，而且把太白河之得名也归之于它发源于太白山。

从里数和设驿数目上来考察，也可看出上述推测颇有道理。因为从太白盆地的太白县城或拐里村到留坝县的江口镇约一百四五十华里，大致是四驿的路程。如果鳌山北侧的太白盆地当时属于凤翔府的宝鸡县（太白设县以前是属宝鸡管辖的），而安途驿又设于这一带的话，那么鳌山南侧的太白河河谷正好可以设置三个驿馆，与史籍所载裴度重修斜谷路时此段原有三处馆舍而升格为三驿的情况是相符合。

有关斜谷路宝历新线的文学作品，目前见到的只有诗人贾岛的一篇五言绝句《宿悬泉驿》：“晓行沥水楼，暮到悬泉驿。林月值云遮，山灯空愁寂。”诗中虽未明言“沥水楼”和“悬泉驿”究竟在何地，但推断这里的“悬泉驿”当为宝历年间重修褒斜道上的悬泉驿，大致是不错的。因为据目前所知，唐代以悬泉驿为名的驿馆有三处：一处是西域路上的悬泉驿，在今甘肃省西北角的敦煌县境，见于《沙州都督府图经》；一是文川道上的悬泉驿，在今汉中市东北，通向城固县文川镇的路上，见于孙樵《兴元新路记》；再一个就是宝历重修褒斜道上的悬泉驿了。据《新唐书》卷一百七十七《贾岛传》，贾岛于唐武宗会昌初，“以普州司仓参军迁司户，未受命卒”。李嘉言《贾岛年谱》和姜亮夫《历代人物年里碑传综表》都定为贾岛卒于会昌三年。本传中并未提及贾岛有出游西北边塞之事。通观贾岛遗诗，亦未见有关这方面的痕迹。而《宿悬泉驿》诗中所描绘的“沥水楼”“悬泉”“林月”“山灯”，也都是雨量充沛、水泉众多、空气湿润、植物茂密的暖温带山区的自然景色，而绝无西北边疆沙漠、草原、绿洲的气象。所以贾岛所宿的肯定不会是敦煌地区悬泉驿。而文川道的修筑，则在唐宣宗大中年间。这时贾岛早已死去，自然也不可能前来投宿和吟诗了。前两个悬泉驿既不可能，剩下就应该是宝历重修褒斜道上的悬泉驿了。不仅如此，还有贾岛事迹和诗作可为旁证。据《新唐书·贾岛传》，贾岛曾于唐文宗大和年间“坐飞谤被贬为长江主簿”。长江是唐代剑南东川道遂州所属的一个县，在今四川省遂川县北。而贾岛之从长安前往四川赴任，是取道褒斜道的。所作《寄令狐绹相公诗》中的“驴骏胜羸马，东川路匪赊。……话言声及政，栈阁谷离斜”之句，可以为证。而裴度重修褒斜道的完成之年就是敬宗宝历二年，宝历二年的下一年就是文宗大和元年。这就是说，贾岛是在褒斜道宝历新线完成不久被贬官长江，并经由新修的褒斜道前去东川的。其自必经过因改线而由甘泉馆升格的悬泉驿当是无疑了。

（原载《中国历史地理论丛》1990 年第 3 期）

唐代的文川道

在唐代，从首都长安南越秦岭通往汉中、四川的驿道，除了故道（又称陈仓道、散关道、嘉陵道）、褒斜道和联系故道北段、褒斜道南段，后来被称为连云栈的散关褒城线以外，还有一条文川道。这条驿道所以被称为文川道，是由于它的南段从汉江支流文川河河谷穿出秦岭山区，进入关中平原的缘故。

一

唐代文川道的开辟、置驿的经过，《唐会要》《旧唐书》和唐末著名文学家孙樵的文集中都有记载：

“唐宣宗大中三年）十一月，东川节度使郑涯、凤翔节度使李玭奏修文川谷路，自灵泉至白云置十一驿。下诏褒美。”（《旧唐书》卷一八《宣宗本纪》）

“大中三年十一月，山南西道节度使郑渥、凤翔节度使李玭等奏：当道先准敕新开文川谷路，从灵泉驿至白云驿共一十所。每驿侧近置私客馆一所。其应缘什物、粮料、递程、并作大专知官及桥道等，开修制置毕。其斜谷路创置驿五所：

平川驿一所，连云驿一所，松岭驿一所，灵溪驿一所。凤泉驿一所，并已毕功讫。敕旨：蜀汉道古今艱危。自羊肠九屈之盘，入鸟道三巴之外。虽限隔戎夷，诚为要害；而劳人御马，常困险难。郑渥首创厥功，李玭继成巨绩。校两路之远近，减十驿之途程。人不告劳，功已大就。偃师开路，只为通津；桂阳列亭，止于添驿。此则通千里之险峻，便三川之往来。实为良能，克当寄任。宜依所奏，仍付史馆。”（《唐会要》卷八十六《道路》）

“荥阳公（指郑涯，称之为荥阳公，是因郑涯系郑州荥阳县人）为汉中，以褒斜旧路修阻，上疏开文川路……谋肇乎贯昭，事倡乎李依。”（孙樵《孙樵文集》卷五《兴元新路记》）

上述资料，虽然记载详略不同，但对唐代文川驿道开辟的经过，介绍的可以说已经相当清楚了。只是略有几处矛盾和不一致之处：

其一是关于倡议并负责兴修文川驿道的人，一作山南西道节度使郑渥，一作东川节度使郑涯，二者皆不正确。据吴廷燮《唐代方镇年表》及其考证，当是山南西道节度使郑涯。“涯”“渥”二字系因形状相近致误。而且，在大中三年至大中五年，剑南东川道本有节度使周墀在任，郑涯也从没有担任过剑南东川节度使。

其二是关于文川道南段山南西道境内所设驿馆的数目同题，一作十一，一作一十，当以十一为是。因为在孙樵《兴元新路记》中，除了列有山南西道境内文川道上九座驿馆的名称，并详细地介绍各个驿馆及其附近的情况之外，还提到一个名为“仙岺”的地方。文中虽没有直接称“仙岺”为驿，但由其后的“驿自仙岭以南”一语，可以推断“仙岺”也应当是文川道上的一个驿馆。而在《褒谷古迹辑略》所收孙樵《兴元新路记》的刻石中，“仙岺”二字之下，也是有“驿”字的，合计正符十一驿之数。

其三，《唐会要》所载凤翔节度使所辖的“平州驿”“灵溪驿”，孙樵《兴元新路记》分别作“平川驿”和“临溪驿”。似以孙樵所记为是。“川”与“州”可能因字形相似而致误，而“灵”和“临”则因字音相近而致误。

“偃师开路，只为通津”，当指《唐会要》卷八十六道路门所载：“（唐玄宗天宝）七载，四月，河南尹齐擀奏于偃师县东山下开驿路，通孝义桥北坡义堂路”一事。而“桂阳列亭，止于添驿”，据说指《后汉书》卷四《和帝纪》如下一事：“旧南海献龙眼、荔枝，十里一置，五里一堠，奔腾阻险，死者继路。临武长汝南唐，县接南海。乃上书陈状。帝下诏曰：远国珍馐，本以荐奉宗庙。苟有伤害，岂爱民之本！其敕太官勿复受献，由是遂省焉。”临武东汉时为荆州桂阳郡属县，治今湖南省郴州市。南海为交州属郡，治今广东省广州市。桂阳郡临武县与之邻界。传送龙眼、荔枝，深受其累。故唐因而上书陈情。只是此处“桂阳列驿，止于添驿”之言，概括并不准确。

至于“校两路之远近，减十驿之途程”。按唐代三十里置一驿的制度，就是说文川道比原来的驿路缩短了三百多里的路程。但这个旧驿路究竟是指的那一条道路呢？严耕望教授《汉唐褒斜道考》认为指的是相当于现在的宝鸡汉中公路的、唐文宗开成年间归融所修的散关褒城线驿道。他说：“郿褒古道通常谓四百七十里或五百里，而文川道眉褒间十五驿五百五十里，则此时所谓褒斜旧道决非指眉褒间旧道可知。前考开成四年归融所修散关褒城间之道路为驿十五，与文川道等。又据元和志二，散关东北至宝鸡五十二里，县东北至凤翔计九十里，府东北至扶风一百里，则就京师而言，文川道较散关褒域间之驿道里程减捷二百四十里。举成数而言，可谓近减十驿矣。”由此可知，严耕望教授因文川道与散关褒城线都设有驿馆十五处，而散关至扶风间尚有二百四十里，因而就认为“减十驿之途程”是文川道与归融所修散关褒城间的驿道相比。不知孙樵《兴元新路记》所介绍的自己考察文川道之行，虽自扶风开始，但文川驿道本身实未从眉县延伸到扶风，或由扶风再向东延伸到京师长安。而是从眉县径直折东经凤泉驿一百里到周至县，合傥骆道驿路，经户县一百四十里而至京师长安。所以，从汉中到长安，取散关褒城道为十五驿再加二百四十里之外，还要再加扶风到京师长安间的二百一十八里，而文川道从汉中到京师则只要十五驿再加二百四十里。因而，实际上文川道比散关褒城道所近减的途程只有二百一十里之数，并未达到三百里或二百四十里，与“减十驿之途程”的话并不符合。严耕望教授认为是与散关褒城线相比是不正确的。

如不以两道设驿数目而以实际里程计算，也可说明严耕望教授的论断不正确。据《元和郡县图志》卷二十二，取散关褒城道从汉中兴元府到凤州三百八十里，凤州至长安六百里，合计九百八十里。取文川道，兴元至眉县约五百五十多里或更多一点，眉县长安间为二百四十里，合计约八百里。二者相较，相差约一百八十里。这与“减十驿之途程”的记载，相差的就更多了。

那么，这里所说的“减十之途程”到底是指文川道与哪一条驿道相比而言呢？我认为应当是和长安汉中间的大驿道，即经散关、凤州、兴州而至汉中的故道相比而言的。因为据《元和郡县图志》卷二十二，取故道从长安到汉中，汉中兴州间二百五十里，兴州长安间九百八十里，合计一千二百三十里。与文川道的八百里稍多相比较，相差正是三百里强，举成数而言，恰符合“减十驿之途程”的话。

二

关于唐代文川道沿线的地理情况，包括山川形势、气候物产、居民生活、道路夷险、驿馆分布、供应情况以及关隘、桥阁、名胜、古迹，等等，在前面提到的《兴元新路记》中，孙樵曾以实地考察、深入研究的资料，作了极为详实的记述。这些记述，对我们研究唐代文川道的路线和驿馆位置很有帮助。所以择要摘录如下，并就一些具体问题加以简要说明。

入扶风东皋门十举步，折而南，平行二十里，下念济坂。折而西，行十里，渡渭。又十里至郿。……

扶风，县名，即今陕西省扶风县，唐时属凤翔府。从“入扶风东皋门”这句话中的一个“入”字，就可以看出，孙樵当时是从京师长西安行，沿长安凤翔间的驿道，从东面进入扶风县城，以开始其文川路之行的。但扶风并不是从京师长安取道文川路去汉中的必经之地，更不能认为是文川驿道的起点。严耕望教授把“自扶风西南渡渭水至眉县四十里”算在文川道的里程内，怀疑“入扶风”一语文字有误，指责《兴元新路记》今本脱逸了凤泉驿，且进而认为文川道上的“凤泉驿当在眉县、或扶凤县以北”五十里的明月山附近，实属误会。因为，唐代的文川驿道，由汉中往东北到眉县以后，就折而向东，沿渭河南岸的平原，经周至、户县而去长安。文川道上的凤泉驿，当设在今眉县以东三四十里，横渠乡西北的旧城附近。据《太平寰宇记》卷三十《关西道》和雍正《陕西通志》卷十《山川》，唐朝初年曾一度在这里设置过一个凤泉县，县和后来的驿都因附近有一个名为凤泉汤的温泉而得名。唐玄宗开元初年曾亲幸此地，并作有《幸凤泉汤诗》，大臣张说、苏颋均有诗作，分别见《全唐诗》卷三、卷七十四、卷七十八。《旧唐书》卷十八《玄宗本纪》、《唐会要》卷二十八《蒐狩》和《唐大诏令集》卷八十《酬赏凤泉汤知顿官及百姓敕》《放围兵敕》等，也均记载唐玄宗幸凤泉汤之事。周至县以东，本有傥骆道的驿馆。文川驿道开辟后，于凤泉故城置驿以与周至县境傥骆驿道相联系，本是很方便的事。如果由眉县北经扶风去长安，既要多绕路程，又要两次渡过渭河，有何必要呢？就是由汉中去凤翔，也应当由眉县往西北经岐山县前去，而不必由眉县向东北绕道扶风的。至于说唐代的凤泉驿在扶风县以北五十多里，远离长安凤翔间驿道的明月山，就更不合情理了。因为据乾隆《大清一统志》卷一百八十三和一百八十四，明朝初年才在扶风县县城设立凤泉驿。而在扶风县北的明月山附近，虽有一个凤泉，但并未设立过驿馆，也不当大道。

自眉南平行二十五里，至临溪驿。驿扼谷口，夹道居民皆籍东西军。

出临溪驿百步，南登黄蜂岭。平行不能百步，又登潗潗岭。盘折而上，甚峻（自注：潗潗岭并涧可为阁道，平出潗潗南，可罢潗潗岭路）。下潗潗岭，岭稍平。二岭之间，凡行二十里。自临溪驿有支路直绝涧，并山，复绝涧，蛇行碛上十里，合于大路（自注：秋夏此路当绝）。下黄蜂岭复有支路并涧，出潗潗岭下，行乱石中，五六里，与涧西支路合（自注：秋夏此路亦绝）。

现在眉县西南十六千米处，斜谷河出山口之东侧，有一个名为斜谷关的居民点，与临溪驿“驿扼谷口”的记载完全符合。唐代的临溪驿当在其附近。与唐代的文川驿道之越斜峪河西侧的黄蜂岭、潗潗岭而行不同的是，明清以来的大路均沿斜峪河东岸的山边绕行，略同于孙樵《兴元新路记》中所说的“支路”。由于在斜谷口修建了大型水库，今天的简易公路已经提高到半山腰，凿崖绕岭而行。原来的道路已经淹没水底了。

由大路十里桥、无定河。河东南来，触西山下騖，号怒北去。河中多白石，磊磊如斛。又十里，至松岭驿。逆旅三户，马始食茅。

“河多碎石，磊磊如斛”。现在的斜峪河还是如此。除被水库淹没部分外，上百里的斜峪河河槽中，充满着白色的大石头，被河水冲刷得滑溜溜的。所以在当地群众中，斜峪河被称为石头河。目前的大小地图中，也都标注为石头河，而斜水和斜峪河的本名倒被隐没不彰了。

自松岭驿平行三里，逾二桥，登八里坡，甚峻。

从“自松岭驿平行三里，逾二桥，登八里坂”，可知松岭驿的位置，当在今太白县鹦哥咀乡或其以南的上寺院附近。所过二桥，当为斜峪河及其东侧支流三才峡上的桥梁。八里坂现名老爷岭，因为岭上有老爷庙，即关羽庙而得名。但清代记载中还称之为八里漫滩，而且在岭西侧，至今还有个居民点叫八里湾。可能就是由八里坂转来的。在这附近，从西面来斜峪水因老爷岭之阻，突折东南，又转东、转北、再转西北，形成一个被称为白云峡的“U”字形的急湾。湾中两山壁立，形成峡谷，急水冲崖，古人无法通过，所以道路不得不离开河谷，越山而行。新中国成立以后，已经沿峡凿崖，修成了通往桃川、太白的简易公路。

下坂行十里，平行如九衢，又高低行五里，至连云驿。

文川驿道越过老爷岭，上下十里，就进入东西长约三四十里、南北宽约二三里的一块山间平地。斜峪河穿流平地中而稍偏北，所以水南平地要宽一些，农田和村落也相应多一些。处于盆地中央的灵丹庙，现为太白县桃川乡所在地。唐代的连云驿可能就在这里。这里距太白县城约 27 千米，东距鹦哥咀乡 18 千米。

自连云驿西平行二十里，上五里岭，路极盘折。凡行六七里及岭上，泥深灭踝（自注：行者多苦于此，可为栈路以易之。路旁树往往如挂缨，缅缅而长，从风飘然。讯于薪者，曰：此泥榆也。岂岭长泥而树有此名乎？）

凡泥行十里，稍稍下去。又平行十里，则山谷四拓，原隰平旷，水浅草细，可耕稼，有居民，似樊川景象。又五里，至平川驿。

“五里岭”这个地名，直到现在仍被当地人民沿用着。上岭要爬五六里的陡坡，而不见关于下坡的记载，等到岭顶又是泥深灭踝，一派沼泽沮洳地带的景象。这种情况，没有亲历其境的人是很难理解的。一般来说，作为两条河流的分水岭，哪能只有上坡而没有下坡，分水岭上竟出现一片沼泽地呢？但在这里，一千多年以前孙樵所描绘的，却是千真万确的实际情况。据说直到新中国成立以后修筑公路时，为了保持路基稳固，路面坚实，以免积水浸塌，曾把几尺深的淤泥挖出，填以大石，然后再修路面。因为这里并不存在一个中间特高，两侧低平的分水岭，而主要是一个五六里长的一面坡。坡的东面也就是下面，是斜水中游的河谷平地（也被称为桃川），坡的西面也就是上面，是褒水支流红岩河上游的河谷盆地，也被称为虢川。

这后一盆地东西最长约三四十里，南北最宽处约五六里，比桃川要宽广平旷些。孙樵《兴元新路记》中所作的描绘，“山谷四拓，原隰平旷，水浅草细，可耕稼，有居民，似樊川景象”，确为实录。太白县的治所咀头镇，就坐落在这个平地的中间稍偏西北处。

唐代的平川驿，可能就在咀头镇附近，并且因为处于这块山间平地中而得名。桃川和虢川这两块高低悬殊的山间河谷平地，很可能远古时代本来是一个，后来因断层作用而被分开的。所以在这里，由东而西，由桃川而虢川，由斜水河谷而褒水河谷，必须上五六里的陡坡而不下坡。但如由西而东，由虢川而桃川，由褒水河谷而斜水河谷，情况完全相反，几乎没有上坡，只有五六里的下坡了。

自平川西，并涧高下行十里，复度岭（自注：岭渡涧可诣为阁道，平行五十里出岭西，亦古道）。上下岭凡五里，复平。不能一里，复高低，有阁路。行七八里，扼路为关。关北为临洮，关南为河池。

自黄蜂岭洎河池关，中间百余里，皆故汾阳王私田。尝用息马，多至万蹄。今尽为飞龙租入地耳。

入关行十里，皆阁路。并涧阁绝，有人桥，蜿蜿如虹。绝涧西南去。桥尽，路如九衢。夹道植树，步步一株，凡行六七里，至白云驿。

从平川驿也就是太白县治所嘴头镇附近往西，平原呈锐角三角形，逐渐变窄。红崖河和简易公路皆逼近北侧陡坡，有时凿崖开路。据云修公路前，有一段是越山而行，与孙樵所记相符。五六千米，至红崖河及其支流七里川的交汇处，地名两河口。由两河口折南经关山、马鞍桥、上白云，至下白云，即太白县白云乡所在地。上下白云之间，河谷稍为开阔。而上白云与两河口间，谷狭路险。距两河口两千米的关山街，可能就是唐代“河池关”的所在地，古代的褒斜大道从南来，在这附近分路。或东沿红崖河谷去斜峪关，或沿七里川东北过秦岭去凤翔。七里川为比较平坦的高山河谷，明清时代仍为商贾驮运要道。而自关山往西，又有路经进口关、平木、顺安河而达凤县。所以，这里的地理位置和形势都是很重要的。唐代的河池关，可能就设在这里。现在的关山一名，很可能是由唐代的河池关沿袭而来。关名河池，则与现在的凤县在唐代被称为凤州河池郡有关。唐代的凤州河池郡属山南西道。而不属于关内道的凤翔府。“关南为河池，关北为临洮。”说明河池关处于关内道与山南西道的分界处。过此关后，就入河池郡境了。至于临洮何所指，尚不清楚。因为唐代虽有一个洮州临洮郡，却远在现今的甘肃省境，又不属于关内道而属于陇右道了。

“白云驿”，前已提及，在太白县西南三十里的红岩河畔，有上白云和下白云两个居民点，下白云又是白云乡的所在地，唐代的白云驿就在这里。除这里以外，唐代文川道上的驿名，被当作地名保存到现在的还有两处。一处是双溪，一处是文川，现在都在城固县境内。

自白云驿西，并涧皆阁道。行十里，岩上有石刻，横为一行，曰：“郑淮造”，凡三字，不知何等人也（自注：人以为准，盖视之误）。又一十三里至芝田驿，皆阁道，卒高下，多碎石。

自白云往南，沿现在的简易公路而行，约十千米至古迹街，为只有几家铺面的山中小街道，又称苦竹街。再西南经瓦店子、高桥沟、寇家关至元坝子，又10余千米。此20千米间，公路都是沿着红崖河狭窄弯曲的谷道劈山凿崖修建的，弯多坡陡，未修公路前，自更崎岖难行，非修栈道不可。这与孙樵文中描写的“皆阁道，卒高下、多碎石”，是完全一致的。但孙樵所说的白云驿以南六七里处的“郭淮造”的石刻，虽在当地多方访问、寻觅，却没得到任何线索。而孙礁所说的唐代芝田驿的位置，也难确定，估计在古迹街西南一带。

自芝田至仙岑，虽阁路，皆平行，往往涧谷中有桑柘。民多聚居，鸡犬相闻。水益清，山益奇，气候甚和。

自仙岑南行十三里，路左有崖，壁然而高出，其下殷其有声，如风怒薄水，里人谓之鸣崖。岂石常鸣耶？抑俟人而鸣耶！

又行十五里，至二十四孔阁（自注：古阁名也）。阁上岩甚奇，有石刻。其刻云，褒中典阁主簿王颙、汉中郡道阁椽马甫、汉中郡北部督邮向通、都匠中郎匠王胡、典知二县匠卫绩教、蒲池石佐张梓等百二十人，匠张羌教、褒中石佐泉强等百四十人，阁道教习常民学川石等三人（一本作川五），凡七十字。其侧则曰：太康元年正月二十九日。案其刻乃晋武平吴时，盖晋由此路耳。

又行十五里至青松驿。驿自仙岭而南，路旁人烟相望，涧旁地益平旷，往往垦田至一二百亩，桑柘愈多。至青松，即平田五六百亩，谷中号为夷地，居民尤多。

二十四孔阁和纪念西晋太康元年修建栈道的石刻，是我国古代宝贵的文化古迹，是关于交通建筑、科学技术、文化艺术史的宝贵实物资料，可惜“文化大革命”中修筑简易公路时被炸毁了。现在只存拓片。对照拓片，可知孙樵所记，虽有省略和个别讹误之处，但大体正确。至于二十四孔阁及摩崖石刻所在的确切地点，则在留坝县北十五里，锅厂与方家湾之间的柏树沟口，红岩河向西转弯的石崖上。这里石壁矗立，下临深潭，崖壁上有一条曲折石纹，形如龙蛇。对岸高山，远望似虎，当地有石龙对石虎之谚。在接近常水位的地方，整齐排列着许多古代为修建栈道而用的石洞，当地群众称之为四十八窟窿，这就是孙樵所说的二十四孔阁了。既然唐代文川道上的青松驿距二十四孔阁，也就是四十八窟窿十五里，而且附近“路旁人烟相望，涧旁地益平旷”，“桑柘愈多”，有“平田五六百亩，谷中号为夷地（即平地）”的青松驿，与作为褒水上游三大支流会合处的留坝县江口镇附近的地形、位置又完全符合。所以，唐代的青松驿就设在江口，是毫无疑义的。而距二十四孔阁十五里的鸣崖，当在距青松驿（也就是现在的江口）北三十里的留坝县拓栗园乡。只是在拓栗园乡并没有访问到有关鸣崖的传说，却有一个名为擂鼓台的地名。

自青松西行一二里，夹路多松竹。稍稍深入，不复有平田。行五六里，上小雪岭。岭极峻折。岭东多泥，土疏而黑；岭西尤竣，十里百折。上下岭凡十八里，西望多丛竹。又高低行十里，至山辉驿。居民甚少，行旅无庇。

自山辉西高低行二十里，上长松岭。极峻，羊肠而上，十里及岭上，复羊肠而下，十五里及岭下。又高下行十五里至回雪驿。

自回雪驿南行三里上平乐坂，极盘折。上下凡十五里。至福溪（自注：自福溪有路并自山下由大雪岭平行五里，上长松岭北，与山辉大路合。盖古所通，乃坦途也。禅将将开此路，都将贾昭争功，且欲折之，遂开长松岭路）。又高下行十里，至黄崖。崖南极折。上下黄崖六七里，至盘云驿。

西行，复并涧行二十里，即背绝小岭。上下凡五六里，稍平。又行十里，至双溪驿（自注：自盘云驿西，有路并涧出白城西，又平行三里至城，又行六十里至兴元。亦古所通，尤坦途也。城固之要道。出其县，遂略开长天岭路也）。

自双溪南平行四里，至天苞岭。羊肠而上，凡十五里，极峻折，往往阁路至岭上。南望兴元，烟霭中也。下岭尤峻折，凡三十里至文川驿。

自文川南行三十五里，至灵泉驿。自灵泉平行十五里至长柳店，夹道居民。又行十五里至兴元。西平行三十里至褒城县，与斜谷旧路合矣。

从青松驿到兴元府以至褒城县间的唐代文川道南段，作者还没得机会亲临其境访问考察，所以驿道的具体走向和某些驿馆的确切位置，还说不清楚。但是，根据孙樵《兴元新路记》的叙述和大比例尺地图所反映的当地地形、地貌，还是可以推断其概况的。北端青松驿、山辉驿、回雪驿之间约一百里地段，一连越过小雪岭、长松岭两座高山，孙樵都说是向西，“西行”“西望”“岭西”等一连用了四个西字。说明这段驿道大致当沿今江口镇向西南的褒河干流方向行进。至于在什么地方离开干流河谷而折向南去，还不能断定。在接近兴元府、城固县的这条驿道的南端，唐代的双溪驿和文川驿就在现在城固县的双溪乡和文川乡一带，当是没有什么问题的。

双溪一地，康熙《城固县志》列于城北二百七十里，嘉庆《续修汉南郡志》列于城固以北一百二十里。双溪以北三十里就是小河口，小河口以北是盘龙乡。现在与城固都有简易公路可通。城固至双溪 42 千米，双溪至小河口 9 千米，小河口至盘龙约 10 千米。因而，孙樵所说的双溪驿北面三十里的盘云驿，就应当在小河口或其以北不远的地方。另外孙樵《兴元新路记》还说“自盘云驿西，有道并涧出白城西，又平行三里至城，又六十里至兴元。亦古所通，尤坦途也。城固之要道，出其县，遂略开长天岭路也。”这与小河口附近的情况也是符合的。而白城，有可能是北城之转，《舆地广记》卷一百八十三说：“古北城，在城固县东南十八里，汉中记谓即成固也。城北及东皆临聋（同壻）水。旧经刘丰（封）所筑，与南城相对，故名北城，俗谓之汉城。”这里的东南十八里，应为八里之误。因为城固县北距汉江，南距湑水都不过数里，如果是十八里，就不可能在湑水岸上了。《读史方舆纪要》卷五十六和乾隆《大清一统志》》卷一百八十六也都说古代的城固县有南北二城。其中的北城就是今城固县东数里的汉王城。汉王城与双溪、小河口、盘龙都在湑水岸上，有路相通。据《水经注》卷二十七《沔水注》载，相传秦朝灭亡后，楚汉相争。萧何曾由此修路以通关中。这也可以作为唐代的盘云驿当在小河口附近的证据之一。现在的简易公路则由小河口经双溪、石堰坪、橘园、许家庙、原公，基本上沿湑水而至城固县，与汉中白河公路、城固周至公路相接，西可通汉中、四川，东南可通金州、湖北，东北经周至与关中相联系。

由小河口及以北不远的元坝子和盘龙乡，现在仍有山路北通留坝县的上南河，上南河再北又和江口镇有路相通。小河口和上南河之间有名为桅杆石、马鞍山和转角石的分水岭。分水岭东南侧的河流都流入湑水，西北侧的河流都流入褒河支流上南河。而从马鞍山、桅杆石向西北流入上南河的一条小支流，现在还叫作文川河，与从城固西北秦岭中流出，向南经文川镇而流入汉江的文川河同名。在这个较小的文川河与上南河交汇处，还有一个名为文川河的居民点，清代以来的地图，如《续修陕西通志稿》等都有著录。现在的《陕西省公路图》仍有这个居民点，有简易公路东北通上南河，西南通姜窝子，与宝鸡汉中公路干线相联系，南通汉、北通宝鸡。这个小居民点和小河的得名，当与唐代的文川驿道有关。估计唐代的文川驿道就是从汉中向东北，经文川折北，溯文川河谷，越大光山，经双溪、小河口，又转西北越桅杆石、马鞍山等褒河和湑水河流域的分水岭，沿向西北流的文川小河至上南河，再北达江口。《地理学报》第23卷第4期发表的黄盛璋先生《川陕交通的历史发展》一文认为，文川道的南段系由褒河下游的马道附近向东南，越鹅凤包沿向南流的文川河而达汉中，我认为是不正确的。

《兴元新道记》的作者孙樵根据他亲身实地调查，经过深入研究，并与被称为褒斜道的散关褒城线进行比较之后，给文川道以极高的评价。他充分肯定文川驿道的优点，又指出了需要改进之处和补救之方。他说："荥阳公为汉中，以褒斜旧路修阻，上疏开文川道以易之。""其始立心，诚无异于古人，将济斯民于艰难也。然朝廷有窃窃之议，道路有唧唧之叹。岂荥阳公之始望也！""议者多谓此路不及褒斜，此言不公耳。樵尝淑中褒斜，一经文川。至于山川险易，道路迹悉得条记。尝用拨校，盖亦折衷耳。苟使贾昭尽心于荥阳公，如樵所条注，诚逾于褒斜路矣。"

作为长安汉中间的重要通道，文川驿道虽然具有许多优点，尤其是比较便捷。但从眉县临溪驿到城固县文川驿，尤其是中段平川驿到四十八窟窿，蜿蜒于红岩河中流的深山狭谷中，急流陡崖，险阁危栈，困难万重。而在青松驿以南，又要连续翻越好几座高峻的分水岭。山深林密，野兽出没，居民稀少，供应困难。仓促修成的道路，基础不固，设备不周。暴雨水涨，山塌水冲，桥阁摧毁，修复费时，常致道路阻绝，使命中断，行旅不通。所以修成之后，使用不到一年，就被废弃，而仍改用散关褒城线的旧驿道了。《旧唐书》和《唐会要》记述文川驿道被废弃的经过情况时说：

（宣宗大中三年）十一月，东川节度使郑涯、凤翔节度使李玭奏修文川谷路，自灵泉至白云置十一驿，下诏褒美。经年为雨所坏，又令封敖修斜谷旧路。（《旧唐书》卷十八《宣宗纪》）

大中中（封敖）历平卢、兴元节度使。初，郑涯开新路，水坏其栈。敖更治斜谷道，行者告便。（《新唐书》卷一百七十七《封敖传》）

大中四年六月，中书门下奏：山南西道新开路，访闻颇不便人。近有山水摧毁桥阁，使命停拥，馆驿萧条。纵遣重修。必倍费力。臣等今日延英面奏，宣旨却令修斜谷旧路及驿馆者。臣等商量，望诏封敖及凤翔节度观察使令速检点，计料修置。或缘驿馆未毕，使命未可经通。其商旅及私行者，任取稳便往来，不得更有约勒。敕旨依奏。（《唐会要》卷八十六《道路》）

其年八月，山南西道封敖奏：当道先准诏令臣检讨却修复斜谷路者。臣等当时差军将所由领官健人夫，并力修置道路桥阁等。去七月二十日毕功，通过商旅骡马担驮往来。七月二十二日，已具闻奏讫。其馆驿先多摧毁破坏，并力修树，今并已毕。臣已散牒缘路管界州县，及牒凤翔、剑南东西两川观察使，并令取八月十五日以后，于斜谷路过往使命。谨具如前。敕旨宜依，仍付所司。（同上）

郑涯之被罢职和封敖之继任山南西道节变使，估计可能与兴修的文川驿道不甚理想有关。罢职的时间，当在大中四年春天以后。因为据《资治通鉴》卷二百四十八，大中三年十二月还有“山南西道节度使郑涯奏取扶州”的记载，而山水冲毁桥阁，亦应在春末夏初多雨季节到来之后也。

三

作为京师长安与汉中间的官驿大道之一，唐代的文川驿道虽然昙花一现，通用不久便被废弃了。但是，作为沟通关中和陕南的交通要道之一，文川道却仍具有相当重要的地位。文川道的各段开辟的时间也是相当早的，而且在长时期中行旅往来相当频繁，不论在经济上、军事上都发挥过相当重要的作用。

关于唐代文川道中双溪、小河口及其以北一段道路的开辟，至少可以溯源到秦末汉初。郦道元在《水经注》卷二十七《沔水注》说：“左谷水出西北，即壻水也。北发听山，山下有穴水。穴水东南流，历平川中，谓之壻乡水，曰壻水川。……湑水南历壻乡溪，出山东南流，经通关势南。山高百余丈。上有匈奴城，方五里，濬堑三重。高祖北定三秦，萧何守关中，欲修此道通关中，故名为通关势。”通关势后代又称为通关山。其地理位置，《元和郡县图志》卷二十二说“在（城固）县东北九里”。《读史方舆纪要》卷五十六说在城固“县北百三十里”。乾隆《大清一统志》卷一百八十五引《汉中府志》云“在（城固）县北三十里”。虽然对通关势的确切位置，说法不一，而且这条道路是否已经完全修通，如果修通了，其北段沿哪条谷道前往关中，也缺乏记载。但湑水沿岸唐文川驿道的中南段的开辟，至少应在秦末汉初之际，应是无疑的了。而唐代文川驿道的中段和北段，也就是留坝县江口以北的红岩河谷和斜峪水河谷，本来就是沿用的古代褒斜道的一段。远在先秦时代，它就与故道一样，成为沟通关中和陕南、四川的重要交通线了。两汉、三国、西晋、北魏时期，都曾被辟为主要驿道，多次修建。前述西晋年间二十四孔阁的磨岩刻石和至今保存在沿线各处的古道残迹，都是宝贵的实物见证。至于发生在这条道路上的军事行动，更是指不胜屈。仅以三国时期而论，诸葛亮五丈原之役，曹操救汉中，曹真攻蜀，锺会、贾充经营四川均由此道。而承平时期褒斜道上公私行旅往来的频繁情况，常璩《华阳国志》卷三“玺书交驰于斜谷之南，玉帛践乎梁益之乡”的话，则作了如实的描绘。降及唐代，除泛言褒斜道、斜谷道的事迹不计外，李抱玉平南山“群盗”一事，即与唐代文川驿道南北各段都有关系。据《旧唐书》卷一百三十二《李抱玉传》：“（唐代宗）广德元年冬，吐蕃寇京师，乘舆幸陕，诸军溃卒及村閭亡命相聚为盗，京师南面子午等五谷群盗颇害居人，朝廷遣薛景仙领兵为五谷使招讨，连月不捷。乃诏抱玉兼凤翔节度使讨之。抱玉探知贼帅行止之处，先分屯诸谷，乃设奇潜使精锐数百，南自洋州入攻之，贼帅高玉方与诸偷会，遽为锐卒数十人掩擒之，因大搜获偷党尽斩之，余党不讨自溃，旬日内五谷平，以功迁司空。”《新唐书》卷一百三十八《李抱玉传》则说：“更诏抱玉讨贼，抱玉尽得贼株柢蹊隧，分兵守诸谷，使牙将李崇客精骑四百自桃林、虢川袭之。贼帅高玉脱身去城固。山南西道张献诚擒以献，悉索支党斩之。”对比两者，虽然进攻路线和溃逃路线不同，但桃川、虢川、城固，都在唐文川道上。而且自隋唐以来，城固洋县的辖境，都是骑湑水下流分界，所以自洋州攻入虢川桃川与自桃川虢川败逃城固经过的本是同一条路。所以，这说明，唐代文川驿道的十分之九的线段，在文川道正式开辟为官驿大道之前，已经作为关中、汉中间的重要交通线而存在了。《太平寰宇记》卷三十关西道凤翔府虢县下有桃虢二城一条，云“桃虢川有路通汉中”，说明这条道路在北宋时期也在继续被使用。南宋与金、蒙古对立时期，秦岭为南北分界。包括文川道在内的秦岭诸谷道多被阻塞，分属于南北两个政权管辖。但这些道路上的军事行动，仍时有发生。据《宋史纪事本末》卷九十蒙古取汴条记载，公元十三世纪初，蒙古大将拖雷假道南宋进攻金朝控制的河南，即是从凤翔“入大散关，攻破凤州，径趋华阳，屠洋州”。又说蒙古兵由“武休开生山，截焦崖，出武休东南，遂围兴元”。武休即武休关，在江口以南褒水西岸、上南河入褒河的河口附近。从武休关向东南，先屠洋县，后围汉中，说明在这个战役中，蒙古军队的

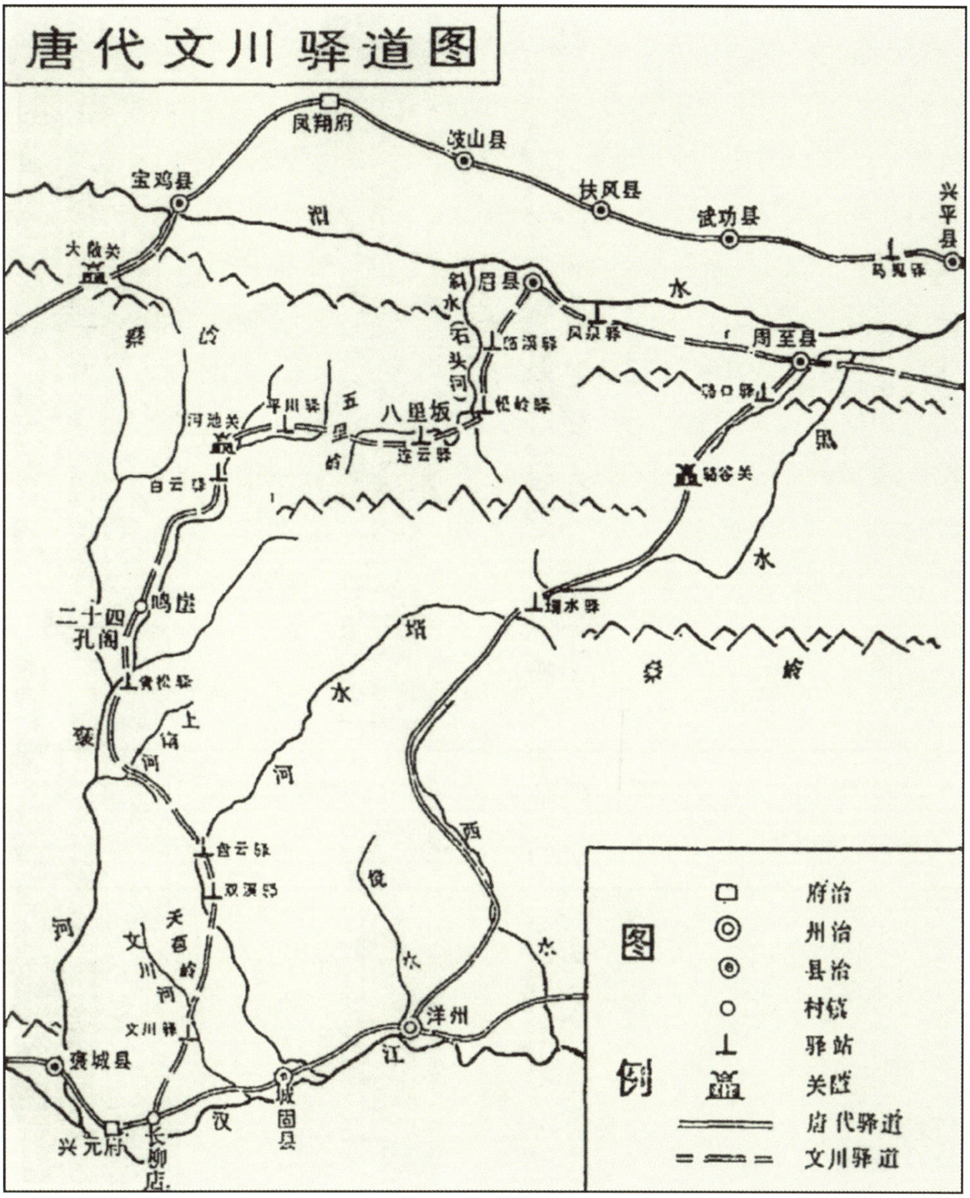
唐代文川驿道图
凤翔府
岐山县
宝鸡县
扶风县
武功县
兴平县
大散关
渭
水
周至县
斜
水
石
头
河
八里坂
连云驿
平川驿
河池关
五
里
岭
白云驿
骆谷关
鸣崖
二十四
孔阁
青松驿
褒
河
上
河
湑
水
河
西
水
傥
水
天
苍
岭
文
川
河
文川驿
褒城县
兴元府
长柳店
城固县
汉
江
洋州
秦
岭
图
例
府治
州治
县治
村镇
驿站
关隘
唐代驿道
文川驿道

图 1　唐代文川驿道图

行军路线，也是取道于文川道的南段、文川河谷的。明朝初年，割据四川的夏政权派大将吴友仁领兵围攻汉中。明朝的大将军徐达由西安屯军宝鸡益门镇，命前锋傅友德领兵三千，星夜驰援。傅友德由连云栈“趋黄龙江，夜袭木槽关，攻斗山寨”。“令军中人持十炬燃于山上。友仁军望见，大惊，乘夜遁”，汉中围解（《明史纪事本末》卷十一《太祖平夏》）。据《读史方舆纪要》卷五十六、乾隆《大清一统志》卷一百八十六和《续修汉南郡志》卷四《山川》、《城固县志》卷一《山川》等记载，斗山寨在城固县西北二十里，则此次傅友德进军的路线，也当是由武休关或其南的马道驿向东南出文川河谷。此后，在明清和民国年间，由城固经小河口入长安的小河口的道路，仍是陕南和关中间的重要通道。其经过的路线和里程，清中叶曾为汉中知府的严如熤在所著《三省边防备览》的《道路考》中说：“由城固县东北行三十里，平原，至许家庙。又二十里，半险，鸡冠梁。又三十里，险，石堰坪。又三十里，半险，双溪。又三十里，险，西江口，属留坝厅。又三十里柘栗园。又三十里，平，寇家关。又三十里，险，进口关，属凤县。又三十里，平，上白云。又四十里，半险，方才关，属宝鸡。又十五里，平，虢川。又十五里，半险，杜家庄，属岐山县。又二十里桃川。又二十里，半险，鹦哥咀。又四十里，半险，斜峪关。由关东北趋槐芽、亚柏，经周至、户县，平行至西安省城，共二百四十里，共程八百八十里。”道光《续修汉南郡志》卷三说这条道路“可通留坝厅及郿县、周至等处，为出西安省城捷径”。

毛凤枝《南山谷口考》也谓此路“较褒谷路，即汉中赴省大路捷二百数十里，客商尚多取径于此”。只是南段直趋城固，不经文川，中段系由寇家关绕进口关至上白云，稍有不同耳。

（原载《中国历史地理论丛》1990 年第 1 期）

傥骆古道的发展特点、具体走向和沿途要地

作为古代长安汉中间的重要通道之一，傥骆道虽然开辟和置驿的时间比故道、

褒斜道、子午道等为晚，但却以特别近捷和艰险著称，在军事上、交通上的地位甚为突出。有紧急公务的官员和轻装旅客多取此途。只是，关于傥骆道的历史记载保留至今的尤为稀少。清初顾祖禹作《读史方舆纪要》，其陕西省汉中府有关傥骆道的记述，不论在全面和系统上都远过前贤，然亦仅四百余字，尚不及褒斜道的三分之一。二十世纪六七十年代，严耕望先生《傥骆谷道考》，广征博引，详考其行程，纵论其兴废，而且订正了《读史方舆纪要》等书的某些重要讹误，读后受益良多。但所言亦间有可议之处；如骆口驿本置于傥路道北段西骆峪之口，而误认为在南口；樱桃等驿是否确为唐驿，情实可疑；傥骆道沿西骆峪河谷的行程不足百里，附图却将西骆峪河延伸到周至西南三百里外的佛坪老县城；而沿黑水支流及湑水、酉水等河谷行进数十里甚至上百里的傥骆路段，均并未表现。数年前曾撰《唐代的傥骆道和傥骆道上的几个驿馆》，就傥骆道沿线的地理形势和骆口、湑水等驿的地望，略述己见。由于当时未得身临其地，只能仅就历史文献和有关地图立论，难免有粗略之处。20 世纪 80 年代末，有幸分别到洋县、周至实地考察。虽然由于时间的限制和天雨路泞的影响，所亲历的南、北、中三段，仅为洋县、周至两县间傥骆道山程五百里的一半左右，但登高遥望，目击颇远。兹结合读书所得，略述傥骆道的具体走向于后，并就几个重要历史时期傥骆道的发展特点及其沿线若干重要地名的定位问题，谈谈个人的看法。

一、两次考察所得和傥骆古道的走向

一九八六年十月底，中国唐史学会在四川省广元市召开第三届年会及武则天讨论会，归途绕道宁强、汉中、洋县，考察傥骆道和子午道南段。对子午道南段曾经龙亭至金水河镇，上铁门关，傥骆道南段则曾去八里关、华阳镇，访得意阁桥栈遗址，远眺牛岭垭口。唯由洋县北上清凉川、汉王山之行，因天雨路泞，未克实现，仅登孤魂庙附近土坡遥望而已。一九八九年秋，应陕西省交通厅和西安市交通局史志编纂委员会之邀，前往周至考察傥骆道一周。北段由西骆峪口进至茅草坪，山路七八十里，涉水七八次，得见古栈道遗址近十处，而谢窑湾附近百余米间有栈道残柱，柱孔八十八余和石砭、栈桥遗址，甚为壮观。由茅草坪眺望西南，古骆谷关所在的官岭梁群峰叠翠，山路盘折，直上云霭间。唯唐骆口驿所在的西骆峪出口处，已为水库淹没，遗迹不存。次日复由辛口峪入山百余里，由官岭梁顶西行。北见西骆峪谷底之茅草坪，南望傥骆道所穿过的黑河支流陈家河河谷，以及对岸老君岭北坡盘山古道。官岭梁南侧的废墟官城子，当系唐骆谷关和明十八盘关遗址，近在数里之内。因天晚未得亲临一观，不胜遗憾。官岭梁和官城子的官字，当均系与关字音同而致误，而关字即由古骆谷关而来。中段之行，系乘汽车由黑河东侧的周城公路及其支线至厚畛子。然后由此步行向西南，溯黑河谷七十里，经钓鱼台、都督门至老佛坪县城。沿途观音崖、黄泥坡、秦岭梁等地，均有明清或其以前修路遗迹，如碑石、摩崖石刻和砭道、石栈、栈孔等。都督门、老县城附近为秦岭深处、湑水上游山间一小盆地，东北西南向，长十里有余，宽仅二三里。南面财神岭、兴隆岭、光头山等，均为三千米左右的高山，过山即为傥骆古道南段重镇洋县华阳。由厚畛子向东北登父子岭，艰险过于秦岭正脊。远望东北，可见西老君岭、卡发梁古傥骆道越岭垭口。下父子岭进入黑河支流大蟒河谷。老场以东的简易公路大桥处，本为古代桥梁遗迹，南岸和河中大石上尚有柱孔梁孔数处。再东至殷家坪南之鼓轰滩，水流如瀑，轰声如雷，亦为古代架桥处，留有架桥柱孔数十。两岸且有石柱残存，高一米有余，似为固定桥索者。殷家坪东北大蟒河支流八斗河谷的麦场、稻钩湾等地，据云亦有古代栈孔残存。

根据以上实地调查和访问资料，结合明清以来地理图籍有关资料和大比例尺地形图，可以推断周至洋县间傥骆古道在秦岭深山中的大致路线是：

从周至县城向西南，平路三十里至西骆峪村入山，循西骆峪河谷经七里关、碾子坪、茅草坪、西沙沟上海拔 2000 多米的官岭梁。下梁数里经官城子进入黑河西侧支流陈家河河谷。渡陈家河后，继续向西南上西老君岭，经马地、洛阳宫。洛阳宫当为傥骆道上的重要道教宫观之一。今已破坏无余，马地亦已无人居住。西老君岭海拔 2300 米，过岭即进入大蟒河支流八斗河河谷。经称钩湾、下营、八斗河、麦场、麻池子等地。再爬海拔约 1700 米的卡发梁。下梁至山间平地阴家坪，据传因东汉光武帝刘秀阴皇后而得名。由阴家坪南下，过大蟒河折西至老场，又折西南上父子岭。相传岭由父子二人为光武帝开山修路而得名。此段未见古道遗迹，可能为周佛简易公路而破坏。下岭循西九沟而至厚畛子。厚畛子今为乡政府所在地，当黑河上游四五条支流汇合处，形成一个山间狭长谷地，现在公路班车通周至县城，在古代当亦为傥骆道上的重要居民点和驿馆所在。

由厚畛子继续西南行，沿黑河上游河谷而上，经沙坝、观音崖、钓鱼台上秦岭梁。此梁为秦岭山脉正脊，是黑河与湑水河，同时也是渭河与汉江两大流域的分水岭，但海拔高度仅 1900 余米，低于北面的官岭梁、西老君岭和南面的财神岭、兴隆岭。越秦岭梁即进入湑水上游的一个山间盆地，西北起都督门，东南过老县城，长约十里，宽约二三里。老县城为清朝道光年间所设的佛坪厅以及民国初年的佛坪县的治所，旧城轮廓和三座城门仍在。但其位置略偏东南，估计古代傥骆道当由都督门直向西南，不一定绕行老县城。

从都督门向西南，傥骆道沿湑水支流吊沟而上，越财神岭、兴隆岭，由周至、太白两县交界地区进入洋县境。南循汉江另一支流酉水上游河谷而下，经西河口、板桥、红桥而至华阳滇。华阳为一山间盆地，是唐代的华阳关、华阳县及其改称的贞符县县治所在。从华阳南上牛岭，顺酉水支流八里河上游河谷向东南，经周家庄、银杏坝、黑峡、螺蛳滩至大店子，折南上汉王山，下坡经古路山、田家岭、四郎庙、光子山入傥水下游河谷，出土门，过纸坊，到洋县县城即古洋州兴道县治。

以上所说的是周至洋县间傥骆古道的主要线路。当然，随着时间的推移，自然环境和社会条件的变化，傥骆古道的线路也不免会发生变化。例如，在北段，出山之口就曾由西骆峪河谷转向新口峪河谷，其具体走向是陈家谷北上骆谷关，登官岭梁之后，沿梁东行。经唐家梁，三官池至青岗砭；成顺陈家河谷而东，经宽河台、半面街至樊家台，北由新店子上青岗砭，然后顺新口峪出山。官岭梁地高路平，视野开阔。新口峪谷直径捷，部分道路缘坡引进。比之西骆峪中峡谷幽险，道路曲折，频繁涉渡优胜许多。

在南段，唐代曾于今洋县东北三十余里的白草村设有驿馆，说明当时驿道亦曾由四郎庙、汉王山之线，东移至白草村、八里关，然后折而西北溯八里河上牛岭。唐德宗由奉天（今陕西乾县）经周至奔梁洋，则取马踏坪、清凉川，说明驿道亦可能曾选取汉王山以西的溢水河谷向西北，从铁治河附近翻越大小牛岭。在中段，南宋曾于老佛坪县城附近筑石佛堡，清朝更设置佛坪厅，因而经过都督门的大道也可能发生稍向东移的现象。而在唐洋州兴道县之南，又出现了通往西乡，以连接荔枝道通向川东的驿道。《五代会要》道路门记后唐明宗天成年间“洋州重开入蜀旧路，比今官道近三十五驿”。既称“旧路”，则此道当然在唐代已有。而所谓的“今官道”，当指从长安取故道和金牛道至山南道的利州、阆州，而再转往其东的巴州、蓬州、渠州、开州、夔州等地的驿道。因为如从利州、阆州向西南去成都或直南至合州、渝州（今四川重庆），无论如何是近捷不了三十五驿，即上千里的路程的。

二、三国两晋南北朝时期的傥骆道

——三岭、沈岭和长城、悬钩

关于傥骆道的最早记载，始见于三国时期。洋县北的汉王山，古称兴势坂，蜀国曾筑兴势以御魏，《水经注》指为“诸葛亮出洛谷，置烽火楼处”。魏曹爽出兵攻蜀和蜀费祎反击截曹爽军，就发生在傥骆道上，其后蜀姜维又曾出骆谷以攻魏。魏末锺会三路伐蜀，主力亦出骆谷。东晋司马勋也曾从汉中北出骆谷以攻后赵石氏。刘裕伐后秦姚氏，主力攻潼关，而武关、子午、骆谷出也都出兵配合。南北朝时北朝魏太武帝与南朝刘宋争夺仇池（今甘肃成县西，西和县南），曾命将致书南朝，称将十道并进，步骑百万，连营五千以攻宋。其中一路即“出自骆谷，直截汉水”。北魏在夺取汉中之后，曾于傥骆道南段兴势山设置兴势县，西魏升为傥城郡。又设有傥城戍，后周改称傥城防。所以傥骆路从出现之始，就以其在军事交通方面的作用显示其重要性。而三岭、沈岭、兴势、长城、悬钩，则为这时期军事活动所涉入的军事要地。

三岭一名始见于《三国志》及其裴松之注所记魏曹爽攻蜀之役。魏齐王曹芳正始五年，也就是蜀后主刘禅延熙七年（244），曹爽“西至长安，大发卒六七万人，从骆谷入”。“入谷行数百里，贼因山为固，兵不得进”。蜀军方面汉中守将王平与刘敏，“据兴势，多张祈帜，弥互百余里。大将军费祎由涪（今四川绵阳市）来援，截击于三岭。”“爽争险苦战，仅乃得过，失亡略尽，关中为之虚耗”。

文中的“发卒六七万人”，《资治通鉴》作“十万”，“入谷行数百里”，《元和郡县图志》作“深入三百里”。兴势，诸书多谓即今洋县北的汉王山。而对三岭的地望，唐代及其以前的史籍均无交代。南宋祝穆《方舆胜览》在利州东路洋州形势项下说洋州“要地有三，置关有八”，其中一关即名三岭关，而未言其地望。王象之《舆地纪胜》利州路洋州八关条则谈：“三岭关防子午谷、豹林谷、风谷。”子午谷和豹林谷皆在长安县正南，风谷可能即丰谷之讹。丰水河谷在今长安西南与户县交界处出山，与今洋县中间隔着户县、宁陕、佛坪等县数百里秦岭山路。如果古代三岭关的设置是为了防备由上述三谷穿越秦岭通往洋县和汉中的道路，则其位置当在今洋县东北方向而且距洋县又应有相当远的里程，就不可能在傥骆道上了。因为傥骆道是由洋县向北，并稍绕西北，出华阳镇后才转向东北去周至的。其北口西骆峪距丰谷、子午谷、豹林谷均尚有百余里之遥。宋末元初的学者胡三省注《资治通鉴》，始称：“自骆谷出扶风，隔以中南山，其间有三岭：一曰沈岭，近芒水；一曰衙岭；一曰分水岭。”其中沈岭所近的芒水当即今黑河，为渭水重要支流，周至县城之东汇入渭水。顾祖禹《读史方舆纪要》虽然在注释中也说：“一云骆谷有三岭关”，但对三岭的解释实际偏重于胡三省所谓三岭为三地、为三座山岭之说，并具体说明这三座山岭的名称和地望分别是“沈岭，在（盩厔）县南五十里。蜀景曜初，姜维率众出骆谷，经沈岭，向长安，即此。今亦名姜维岭”。“衙岭山在（郿）县南三十里，褒水出其南，斜水出其北，雍梁之间，称为阻隘。俗谓之马鞍山”。“分水岭，在（武功）县南，界盩厔郿县之境。胡氏曰：分水岭与沈岭、衙岭为三岭。蜀汉延熙五年费祎据三岭以截曹爽军后，即出此三岭云”。但是，这个三岭为以上三座山岭的说法，比三岭关在洋县东北的说法更不可信。因为武功县南的周至、眉县交界处，实在渭水之滨的关中平原上，为魏军后方腹地，当无所谓分水岭，费祎截击曹爽也不可能深入到此。衙岭，古书均谓褒斜二水发源之处，实在今太白县东的五里坡，当地人称附近有衙岭庙。为桃川谷地和虢川盆地分界处，东北距眉县已近二百里。它与褒斜二水的关系，也不是褒水出其南，斜水出其北。而是斜水发源于其南而后鳌山以北，北流至五里坡东侧，折而向东。褒水发源于其北的秦岭正脊以南，南流至五里坡西侧，折而向西，形成褒斜道中唯一的分水梁。它根本不在傥骆道上，也不当此次曹爽攻蜀之路，费祎自亦无由来此截击曹军。至于沈岭，《三国志》称，蜀后主延熙二十年（257）即魏高贵乡公曹髦甘露二年，“征东大将军诸葛诞反于淮南，分关中兵东下”，姜维乘虚向秦川，“率数万人出骆谷，径至沈岭。时长城积谷甚多，而守兵少。……维前往芒水，皆依山为营……数下挑战”，魏大将军司马望与邓艾会军长城“傍渭坚围”固守不战。诸葛诞既败，维亦退军。这里的芒水，各书均谓即黑河。沈岭，《元和郡县志》和《长安志》都说又名姜维岭，在周至县南五十里。谭其骧主编的《中国历史地图集》第三册置于芒水西侧，北纬30° 以南的陈家河附近，与当时形势殊不相合。因为从周至县城向南二十里即入秦岭，此地已在深山之中，又不在傥骆道上。清《周至县志》则称沈岭即姜维岭，在周至县西南，西骆峪口外西侧。南北向长岭一道，突起于丘陵重岗之上，形势险要，视野开阔，传说又称为姜维阅兵台。占据此岭，既可抗拒东西来犯敌军，保证蜀军退路安全。东距黑河，也就是芒水出山之口约二十里，与传文姜维“前往芒水，皆依山为营”的形势亦合。只是它与周至县城的相对方位已是西南而不是正南，距离也不足五十里，费祎截击曹爽，也是不可能深入到这里的。所以上述三岭为彼此相去甚远的沈岭、衙岭、分水岭说，实不可信。

那么，三岭究竟应在什么地方呢？虽然书阙有间，已难详考。但仍可从此次蜀魏战争的攻守形势中推定其大体方位。作为进攻一方的魏军曹爽从西骆峪南下，深入数百里或三百余里，当已至秦岭正脊以南的都督门、老县城一带。从事防御的蜀军王平、刘敏屯军洋县以北数十里的汉王山，“多张旗帜，弥亘百余里”，则其防区范围当已至距洋一百五十里的华阳镇，及其以北的兴隆山一带。所以此次战争中两军相持，争夺之地，当为湑水上游都督门、老县城以南的财神岭、兴隆山一带山险。而从都督门向西南沿湑水而下，可经太白县地黄柏塬、二郎坝，洋县的平堵河，至城固县的小河口。从小河口沿湑水而下，经桔园、原公，为去城固大路之一。西汉初年，被封为汉王的刘邦北定三秦。萧何留守汉中，曾由城固向北，沿湑水河谷而上，开辟越秦岭以通关中的道路，附的山也因而被称为通关势，可能即循此线。向西南越光头山经文川镇到柳林镇，亦为直去汉中大道。

唐朝的文川驿道，其南段即取此途。所以费祎率蜀援军由涪到汉中后，很可能取捷径由此二道插至都督门、老县城一带，截击曹军后路。所以三岭当在今都督门、老县城一带。因为，如果费祎援军由汉中直东经城固到洋县，然后所北而出兴势，那就是和王平、刘敏等军会合，正面抗击魏军，而不可能是截击魏军后路，并迫使其主将曹"爽争险苦斗，仅乃得脱"了。至于秦岭正脊以北的钓鱼台、厚畛子及其以北各地，更当非蜀军主力费祎所能到达，三岭也不应该在这些地方，更不用说本为魏军后方的周至西骆峪口一带或关中平原各地了。

据《三国志·蜀书·姜维传》，姜维出骆谷以伐魏之役，其重要战地为芒水和长城戍。顾祖禹《读史方舆纪要》和有关地方志均称其在周至县西南三十里，谭其骧主编的《中国历史地图集》则定位于周至西南的西骆峪河谷中。辛德勇同志《水经·渭水注若干问题疏证》一文（载《中国历史地理论丛》第三辑）已根据确实资料论证其实在周至之东的渭滨平原上，兹不再赘。

离长城戍不远，还有一个与傥骆道北段有关的军事要地悬钩。《晋书·司马勋传》和《资治通鉴》均记东晋永和五年，后赵石虎死，北方大乱。司马勋出骆谷北伐关中。"破后赵长城戍，壁于悬钩，去长安二百里，使治中刘焕攻长安，斩京北太守刘秀离"。既而，司马勋释悬钩，出武关，拔宛城而南归。《读史方舆纪要》引宋人王应麟的话说："悬钩在长城戍东，地险固，内控骆谷之口，外通雍豫之境。"按长城戍在周至县东，西距骆谷之口已三四十里，悬钩更在长城戍之东，如何"内护"西骆峪之口？周至县城东距长安不过一百三四十里，悬钩既在周至和长城戍之东，则悬钩东"距长安二百里"之说，也很成问题。

三、隋唐时期的傥骆道

——骆谷、华阳二关和青山等驿

在傥骆道的发展历史上，隋唐五代是个重要时期。作为首都长安和山南、两川之间的重要驿道之一，傥骆道在这一时期使用最频繁，作用最显赫，政治地位大大提高，皇帝、朝臣皆曾往来此途，文人学士屡有诗歌题咏。如德宗建中末年，泾源兵变，朱泚叛据长安，勤王大将李怀光与之勾结，威胁德宗所在的奉天（今陕西乾县）。德宗被迫仓促由此道南逃汉中。唐末黄巢起义军攻破潼关，僖宗也由此路南逃汉中以至成都。宪完元和初年，四川节度使刘辟叛据成都，大将李元谅由以此路入川，配合主力高崇文攻破东川、西川，平定叛乱。朝臣取此路往来者，如肃宗时宰相杜鸿渐为西川节度使，岑参赴嘉州刺史，宪宗元和时旧相权德舆罢山南西道节度使。武少仪、李逢吉等出使南诏，曾留题于此道骆口驿；元稹为监察御史去东川查办案件及其后被贬通州，留诗数十篇。著名诗人杜甫、白居易、欧阳詹、章孝标、韩琮、崔观、李绅等，均有歌咏骆谷道的诗篇。

唐沿隋制，于傥骆道北段周至境内设有骆谷关，南段洋州兴道县境又增设华阳关，而骆谷关更有新旧两处。《元和郡县图志》等书称，旧关在新关南九里。康熙《周至县志》卷一称，旧关明清时期名河底店，在今周至西南黑河东侧支流陈家河的河谷之中。唐太宗贞观初年，北移数里为新关，今名官城子，在官岭梁南侧半山高处。官城子、官岭梁的官字。当均系“关”字的音转，由骆谷关而得名。由于此处山高坡陡，登岭道路盘旋十八折，所以官岭梁也被称为十八盘岭，骆谷关也被称为十八盘关。华阳关则置于洋县北一百五十里的华阳镇。此处为汉江支流酉水上源的一小盆地。南有大小牛岭，北有兴隆岭等高山，西通平堵，东达茅坪，西塞险固。唐玄宗时设华阳县，后又改为贞符县。德宗时又设回河镇，驻有“同节度付大使”。而柳宗元《馆驿使壁记》且说这条道路上的华阳关，为京师西南的屏蔽，军事作用极为重要。与设关、置县相适应，傥骆道在隋唐时期也曾得到多次修整治理。仅史书所记，即有唐高祖武德年间，太宗贞观年间，玄宗天宝年间、宪宗元和年间和后唐明宗长兴年间等五次。

《元和郡县图志》和《太平寰宇记》等书均记京兆府周至县至洋州兴道县间，傥骆道山路共五百里。依唐代三十里置一驿的规定，应设有十六七驿。但今知其名者，仅骆口、青山、白草、滑水等数驿而已。其他诗文史籍所提到的傥骆道此段的地名，还有谌洞、黄泉、骆驼岭、望秦岭、石臼岭、梨岭、梨园、回河镇、桑平店、清水谷、清凉川、崆峒之谷等。谌洞、黄泉、清水谷究竟在何处，已无线索可考。桑平店，也就是南移以后的贞符县治所，究在何地，是否仍当驿道，也不清楚。骆驼岭，南宋《舆地纪胜》谓在洋州兴道县“东北三十里，形如骆驼，与郡山相接”。清修洋县志则指为后代的骆驼山，“在洋县东北八十五里”。似距傥骆道线路过远，不一定正确。清凉川，历代史志都说即今清凉寺，在今洋县北三四十里，又名观音堂。梨园、回河镇当与华阳关、华阳镇同为一地，即今洋县华阳镇，而梨岭又可能与梨园有关。石臼岭在千仞以上的“半天”“浮烟”之中，可以西望梁州，也就是今汉中一带，望秦岭可以眺望秦岭或秦岭以北的关中山川，似都应在今洋县周至交界的兴隆岭、财神岭一带。如以严文定于今华阳以南的牛岭，虽然也可以南望汉江之滨的洋县县城一带，北望秦岭，就隔着更高一千米的兴隆岭，一点可能也没有了。崆峒之谷则在青山之南。

傥骆道上唐时骆口、湑水、白草诸驿的位置，前述拙文《唐代的傥骆道和傥骆道上的几个驿馆》已作说明。这里再讨论一下青山驿。青山驿在青山上，当因青山而得名。关于青山和山上的青山驿，唐朝诗人元稹《使东川》组诗二十二首中的《邮亭月》诗题自注和《紫踯躅》《山枇杷》《望云骓马歌》，赵嘏的《发青山》诗，都曾盛情歌咏。名句如“槖它山上斧刃堆，望秦岭下多石头。五六百里真符县，八十四盘青山驿”。“迢迢远在青山上，山高水阔难容足”。赵元一《奉天录》记唐德宗由奉天南逃梁洋的情况时，更有详细的描写。“六师巡狩，驾次骆谷青山，有八十四盘，直上千仞，山势岧峣。攀萝登陟，见蓬莱之远岫；遥望五峰，似一秦之培塿。山顶无草木，直下望烟云”。“空山万仞，石壁千寻，草木不生，罕逢人迹。南望汉江，仲春草青，俯临细水，目送归鸟。南行不过三五里，即入崆峒之谷，直下千寻。风水潺似鸣琴之逸韵，云梦郁状仙洞之出栖。石壁红崖，自然锦幛，猿声鹤唳，过客伤心”。所指即傥骆道上的最险路段，青山驿附近的山势和驿道而言。《舆地纪胜》亦称“骆谷路在青（应为贞或真）符县，曲屈八十里八十四盘”。又说“青山，在青符县西北一百八十里”。从所描写其高深幽险情况和距贞符县的里程判断，青山和青山驿当在今洋县华阳镇以北的兴隆岭一带。严文疑为今洋县华阳间的牛岭，恐不恰当。因为牛岭的海拔高度不足两千米。傥骆道所过牛岭垭口处现有大树一株作为标志，从三十里以外的华阳镇南门桥头得意阁故地摩崖石刻附近，就可以远远望见。既非草木不生之地，亦无多达八十四盘的八十里攀山险路，与前引诗文关于青山和青山驿附近自然景观的描写殊不相合也。

四、两宋时期的傥骆道

——樱桃等驿和石佛堡

北宋时期，全国的首都东移汴梁，长安的政治地位迅速下降，唐代曾设驿置邮的秦岭诸谷道如子午、褒斜、蓝武等，都失去了驿道的地位，而傥骆道和故道却都仍然置驿。宋敏求《长安志》记此道北段京兆长府设本府秦川驿，户县设户县驿，周至县设周至县驿，而从周至县驿向南“南至终南山樱桃驿四十五里，樱桃驿至三交驿五十五里，三交驿至林关驿四十五里，林关驿至洋州大望驿七十五里”。但论其所重，似乎仍在于军事。曾知洋州事的著名文学家文同，即曾为了加强洋州和傥骆道上的治安问题，而两次建议朝廷修城添兵。

“臣又窃见管内三县疆境绝为旷阔，高山深林，蔓衍重复，直与巴、达、金、凤、永兴、凤翔等处唇齿相密。其远者有至五六百里，近者亦不下三五百里。中间如子午、骆谷之数，斜通直达，径路不少。私商暗旅，出入如织，匿奸隐罪，萃为渊薮。……因全无防守，所以难为检遏。……是知如此与他州别郡封壤按接之处，平时常宜预设保御之方。……臣今欲乞朝廷特赐详酌，更添置武宁一指挥，或且先于诸处挪屯三五百人，常令驻此，不许差出，以备缓急驱使。如此则上可以纾朝廷之忧，下可以慰百姓之望。”（文同《丹渊集》卷三十四《奏为乞修洋州城并添兵状》）

“（文同）还判登闻鼓院。数月，乞郡东南，除知湖州。神宗召见延问。公条对有绪，建言二事。一曰洋与秦凤壤相比，往时凶盗剽掠境上，人不得安。急则逃匿山谷，恐一旦啸聚呼白地，剑外当小警。请置吏于五丈原，否则骆谷与华阳镇相援以绝诸偷”。（范百禄《宋故尚书司封员外郎充秘阁校理新知湖州文公墓志铭》，载文同《丹渊集》前）

北宋灭亡，南宋与金在陕西秦岭而对峙，傥骆道的军事作用更为突出。这从爱国诗人陆游的诗篇中屡次提到骆谷，就可想见。如《频夜梦至南关小益之间，慨然感怀》云："客枕梦游何处所，梁州西北上危台。雪云不隔平安火，一点遥从骆谷来。"《怀南郑归游》云："千艘粟漕鱼关北，一点烽传骆谷东。"《纵笔》三首之三云："千艘冲雪鱼关晓，万灶连云骆谷秋。"《冬夜闻雁有感》云："从军昔戍南山边，传烽直照东骆谷。"《夏夜》二首之二云："我昔在南郑，夜过东骆谷。"从南宋为加强防御而在傥骆道的南段修建石佛堡，亦可看出。《舆地纪胜》利州路洋州风俗形势门引"洋川志云，子午骆谷两路，重岗绝涧，危崖乱石，自古为形势之地。至于西城路黄金戍、铁城、兴势，皆设天险。国家于骆谷口置石佛堡，子午谷口置阳岭寨，西城路置渭河、分水寨，皆备御之要"。严文谓石佛堡之名"自唐已然"。是否如此，不可具知。但其方位当在今周至县老佛坪城，严文的推测合理。老佛坪城在清代设厅以前，本名佛爷坪，或讹作佛叶坪。佛爷坪的得名由于此地有座佛爷庙。光绪《佛坪厅志》的建置门称："佛爷庙，在（东关）关帝庙后，碑碣无存，莫考所目。居民相传，佛坪之名，实自此始云。"最近地方史志编写和文物普查人员也曾发现其地至今尚有残破的石佛造像存在。所以，南宋的石佛堡建于此地，清代以来的佛坪厅、佛坪县也均由此庙中的石佛而得名，当无问题。

除了石佛堡的修筑之外，傥骆道北段的线路，这时可能也稍有变化。其一是北段的出山之口，可能曾移至新口峪，或称辛口峪，因为其位置较西骆峪稍东，所以也称为东骆峪。前引陆游诗句已有东骆谷之名。《舆地纪胜》利州路洋州风俗形势门洋州八关条也曾说："白椒关防东骆谷。"北宋宋敏求《长安志》周至县在记载骆谷关和骆谷道之后，又记"西骆谷，在县南三十里"，"洛谷，在县南三十里，有道入洋州"。后一个洛谷，当即指东洛谷，也就是新口峪。新口峪路的优越之处，在于从骆峪关也就是今官城子向东，取线比较宽平而视野开阔的官岭梁上，新口峪内的道路又多为山腰砭道，较汉唐傥骆道旧线，既可免蹚行阴暗幽深的峡谷陡崖之间，又可免多次涉渡之劳。其二，清绘《陕甘总图》于黑河西侧支流陈家河以南标绘了一个樱桃驿。不知北宋时期傥骆道北段驿路是否曾移至新口峪以东的从周至县城南经马召、金盆、桃李坪以至更南之线，略似今日之周城公路沿黑河西侧攀山南行。

最后再考察一下《长安志》所记傥骆道上户县、周至县、樱桃、三交、林关、大望诸驿的设置时间，初步认为它们可能都是宋驿而非唐驿。理由有二：一是从名称看，唐代对各县数治所所设各驿，多另取驿名而不沿用县名。即使用县名为驿名，亦不加县字。如，个人曾粗略统计《全唐诗》的涉及的唐代驿馆名称三百多处，辑为《全唐诗驿馆录》，其中驿馆设于县治而即以县名为驿名者不过二十余处。而二十余处之中，驿名中又有县字者仅西县驿与宜城县驿两处。西县驿为元稹《使东川》组诗22首之第18首诗题，又见于第11首《江上闻笛》末联“今夜听时在何处，月明西县驿南楼”。但此诗题下作者自注明言“二月十五日于西县白马驿南楼闻笛，怅然……”，则此西县驿本为西县白马驿之泛称或简称，并非西县所设之驿的正式名称。宜城县驿的情况可能也与西县驿相同，出自韩愈《题昭王庙》诗的作者自注“襄州宜城县驿东北有井，传是昭王井，井东北数十步有昭王庙”。另外，查陈沅远《唐代驿制考》所附《馆驿名录》，所收录的关内道一百五十余处驿馆，其中驿名与县名相同的仅五处，绥州龙泉县龙泉驿，京兆府醴泉县醴泉驿，云阳县云阳驿，同州韩城县韩城驿，鄜州三川县三川驿。但查其根据，核其事迹，原书中所说的龙泉驿、韩城驿在潞州，醴泉驿在恒州，云阳驿在襄州，并不与同名的县设在一处。二是从驿距看，唐制三十里一驿。虽然由于驿务繁简不同，也略有些变通，如京兆附近，驿务繁众，长安灞桥间三十里，又增设长乐一驿，长安咸阳间四十里，亦曾设临皋一驿。而在偏远山区，驿距亦容或有超过三十里者，但总不会相差太远。后代为惜费而省驿，驿距遂逐渐增长。如《长安志》所载傥骆道上，京兆府至户县驿七十里，户县驿到周至县驿七十里，周至县驿南至樱桃、三交、林关和洋州大望驿间的驿距分别为四十五里、五十五里、四十五里和七十里。显与唐朝制度不合。而且周至城至西南三十里的西骆峪口，唐代本已设有谷口驿，白居易、元稹诸诗中曾多次提及，何容于更南十五里之处，另设一樱桃驿。周至西南一百二十里有骆谷关，按里程正当设驿之处，何容于其北十五里处，增设一林关驿。从以上两点判断，周至、樱桃诸驿，当系宋代驿名而非唐代所设。前几年撰《唐关内道驿馆考》，亦曾把樱桃等驿视为唐驿，今天看来，似应更正。

五、明清时期的傥骆道

——经济作用的增强和沿途集镇

明清时期，早已失掉全国驿道地位的傥骆道，进入其发展史上的一个重要转变时期。那就是，一方面以军事政治作用为主的情况未变，封建统治者的统治力量随着沿线地区军政机构的增加而增强；另一个方面，沟通民间经济联系的作用日益显著，沿线山区人口日增，垦辟益广，经济迅速发展，村落和集镇逐渐增多。

军事作用的发展表现在明末农民起义、清初平定吴三桂叛乱和清朝中后期的三省白莲教起义、三门峡木工起义、太平天国起义军和云南李兰起义军入陕活动中，傥骆道和道上的关隘、要地都多次成为争夺的战场。兴起于云南的李永和、兰朝柱等农民起义军，经四川攻入陕南以后，在洋县建立政权，自称显汉王。与第二次入陕的太平军陈得才等部联合作战，攻克汉中，并以洋县为根据地，沿傥骆道北上，经华阳、佛坪、厚畛子出黑水峪，攻下周至县城，曾多次打败清军，并击毙前来镇压的清朝钦差大臣多隆阿，给清朝统治者以极大打击。在坚守周至四个月以后经八斗坪南撤。为了巩固其统治，镇压人民的反抗，明朝统治者在傥骆道北段，设置了驻守十八盘巡检司，驻守十八盘关。清朝统治者则在镇压了三省农民起义之后，在傥骆道中段增设了相当于县级而地位更高、军事性质更强的佛坪厅，由武官佛坪营守备、把总驻守，文官同知管民政。另设分防千总驻厚畛子、黄柏原，巡检驻袁家计。洋县华阳镇也另置县丞分管，由华阳营都司驻守。统治者在傥骆道沿线的军事政治力量，都比前代大大加强了。

从傥骆古道的发展历史看来，其作用虽偏重于军事政治方面，但商贾往来，物资交流，实际上也随着傥骆道的开辟而出现，随着傥骆道的发展而发展。至少到北宋时期，这种作用，已发展到相当的规模。知洋州的文同在《丹渊集》卷三十四《奏为乞修洋州城并添兵状》中描绘当时洋州经济贸易兴盛的情况时就曾说：“本州守治之所，正属汉水之上，川陆平衍，广袤千里。东北诸山，萦带联属，径路盘曲，隙穴深远。上通荆楚，旁通岐雍。所产济人急用之物，品目甚众。旦夕赢替，道路不绝。闾甍井邑，百货填委。实四方商机质易毕至之地。衣被秦蜀，有足倾者。”其后南宋与金朝夹秦岭而对峙者一百余年，接着又是数十年的蒙古与南宋交兵。山区经济残破，人口稀少。明初又一度实行禁止人民入山开垦的封禁政策，山区经济恢复缓慢。清代康乾时期，招民开垦，四方人民入山谋生者日多。森林采伐加工业、矿业开采冶铸业、造纸业和木耳、香蕈、药材等经济作物的种植加工业相继发展。据道光初年的统计，周至县共有男女三十万口，其中山内客民即达十五万有余。“设有大木厢三处，板厢十余处，铁厂数处，供厢之人甚多”。洋县华阳镇有“纸厂二十余座，厂大者匠作雇工必得百数十人，少者亦得四五十人”。一个大园木厂所雇用的“匠作水陆转运之夫，不下三五千”。较小的枋板、猴材厂也“匠作转运人夫，大者每厂数百人，小亦数十人”。铁厂则“稍大厂分常川有二三千人，小厂分三四炉，亦必有千数百人”。黑水河及其主要支流成为漂运木材、枋板的主要通道。厚畛子、佛坪、华阳成为各种商人、匠作聚集的交通要地。例如《三省边防备览》和毛凤枝《南山谷口考》分别介绍说：“由华阳至厚畛子二百八十里，由厚畛子至盩厔县城二百四十里，皆要隘也。华阳古县治，今有土堡。酉水环其前，沃田数十顷。南经大小牛岭、汉王山到洋县一百五十里。其北经厚畛子至盩厔县城五百二十里，东北接盩厔之太古坪，其西北接盩厔之二郎坝，其正北接佛爷坪。层峦叠嶂，四塞之区。”“新设之佛坪厅，《三省边防图》作佛叶坪。由佛坪厅城西北可达郿县，东北可达盩厔，亦要地也。”沿线形成的集镇还有周至县的马召镇、天青镇、都督门镇、大蟒河、太古坪，洋县的茅坪、铁冶河、纸坊、平堵，太白县的黄柏塬、二郎坝等。而在北口的西骆峪，新中国成立前也有街道和土城存在。

六、赘　语

新中国成立以来，原佛坪县黑河上游和湑水上游地区，都已划归周至县管辖，山区的交通和经济，都已获长足发展。但新修的周城公路，系缘黑河西侧陟岭壁劈山而南。厚畛子通周至县的简易公路，则循黑河上游谷道东接周城公路。古傥骆道北段，有20世纪50年代开始修建而又半途下马的周至县城到佛坪老城的公路，系由新口峪入山，沿官梁西行，绕一脚踏三县山脚，南折，越西老君岭、卡发梁，至父子岭下而止。骆峪口内只修有四十里的简易公路，为采运白云石而用。

南段华阳到洋县的简易公路，则沿西水河谷东绕茅坪而下，会周城公路于洋县城东。所以整个傥骆道，因修公路而遭的破坏较小，大部分基本保留着古来面貌，自然和人为的损失尚不甚大。这与秦岭山区其他古道，如故道、褒斜道、子午道、蓝田武关道等栈道已基本上为改建公路、兴修水库而大部分受损的情况有所不同。理应视为古代陆路交通历史方面的珍贵文化遗产，给以适当保护，并及早组织调查研究，进行开发利用，以便为祖国社会主义建设作出新贡献。

（原载《文博》1995 年第 2 期“蜀道及石门石刻研究专号”）

金牛道北段线路的变迁与优化

在我国古代历史上，尤其是秦汉隋唐等封建王朝盛世，从古都长安穿越秦岭、巴山，通往西南重镇成都的国家大驿道，以汉中为中心分为南北两段。北段穿越秦岭的主要驿道有故道、褒斜道、傥骆道、子午道等多条并行，南段穿越巴山的主要驿道则只有以石牛粪金、五丁开道而得名的金牛道或称石牛道一条。适应两千多年社会经济发展和政治、军事方面的需要，北段各线长安、汉中间各驿道的线路大都发生过重大变化、改易，相互间也出现过诸多横向联系，并因而形成一些新的驿道，使驿道数目增多，彼此联系更加紧密，交通更加方便。如子午道的中段先是沿汉江支流直水河谷而南，后改为沿长安河谷向西南。故道南段先是从略阳向东南去勉县老城，后改为向南去去宁强县的大安镇。傥骆道的北段有沿西骆峪河谷与新口峪河谷之分，南段则或沿傥河上游铁冶河谷，或沿酉水支流八里河谷。从今凤县以北秦汉凤州城南越凤岭、柴关岭，顺野羊河和北栈河河谷至武休关与褒斜南段相连，形成一条被称为回车道或连云栈道、北栈道、唐宋褒斜道的新线。而褒斜道的南段也曾一度取线于汉江另一条支流文川河谷，因而被称为文川道。到元明清时期，从首都北京通往成都的官驿大道，其长安汉中间唯取连云栈道一线，其他各线都失去了官驿大道的地位。而民国年间的宝鸡汉中公路即循此连云栈道线修筑。这种发展变化，显示了古代长安汉中间驿道优选的过程和结果。南段汉中成都间金牛道驿路优选变化的情况，却与北段有明显的不同。自秦汉以来，两千多年的历史发展中，除了明代和清初很短（约 300 年）的一段时间外，其他时期都是取道于剑门关的。即金牛道的南段是由成都向东北，经广汉、德阳、绵阳、梓潼、剑阁出剑门关。北段由汉中褒城向西经勉县至宁强县大安镇附近的烈金坝，而大安镇、烈金坝至剑门关之间的线路，历史上则曾经多次变迁，秦汉、唐宋和元明清时期各不相同，用另一种方式体现了线路的优选。

一

金牛道的开辟时间可能远在秦秋战国时期，而得其名，则源于石牛粪金、五丁开道的传说。所以也被称为石牛道，又称南栈道或蜀栈。石牛粪金、五丁开道的传说，最早见于西汉末年著名学者扬雄所作的《蜀王本纪》，其后阚骃《十三州志》、常璩《华阳国志》、郦道元《水经注》等书均有记载。大意是说战国时期，蜀王已有“褒汉之地”，因猎谷中，而适与秦惠王相遇。其后秦欲攻蜀，在二王相会之处列置了几头石牛，在石牛的尾巴下边置放了一些黄金，扬言石牛能粪金。蜀王贪金，命五丁力士率千余人修路迎牛。秦王遂使张仪、司马错循道出兵，灭了蜀国。关于秦置石牛和黄金的地点，历史记载不一。有的直言在褒谷，有的则说在金牛县，即今宁强县大安镇。大安镇西南数里五丁峡亦称金牛峡的峡口，现在尚有一个以烈金坝为名的居民点，当地人传说是由于曾在这里用烈火炼牛粪以取金而得名。至于五丁修路地段，也有多种说法，有谓即褒谷南段石门附近的道路，有谓指四川剑门关附近的道路，有谓在宁强金牛峡、五丁关附近的道路。

从元代开始，历明清两代，学者们多认为川陕间的官驿大道金牛道，以前也是从陕西宁强县的大安镇、烈金坝折而向南，溯金牛峡，越五丁关，经宁强、黄坝驿、牢固关、七盘岭进入四川，再经神宣驿、龙洞背、朝天镇、顺嘉陵江至广元，由广元折西南入剑门，或直南经阆中以达成都。因而在其北段宁强县出现了一些如金牛驿、金牛站、金牛峡、五丁驿、五丁峡、五丁关、五丁铺等与石牛粪金、五丁开道有关的地名。

元代汉中褒城县至成都间的驿道，据明代编纂的《永乐大典》引元人熊梦祥撰《析津志·天下站名》称：

褒城45（指里数，引者），沔阳90，金牛西南50，罗村正西偏南，镇宁正西，朝天正南70，广元自此分三路，一路正南由临江至成都……正西60，临江，剑门，隆庆，垂泉，百顷坝，绵州正西偏南90；临江，汉州西南100成都。

这里的褒城为原褒城县，在褒谷南口褒河西岸的旧县城，今为勉县褒城镇。沔阳在今勉县旧州铺，金牛站在今宁强县大安镇和烈金坝间的金牛驿，罗村即今宁强县城东郊的罗村坝，朝天站在今广元县朝天镇，而镇宁站的位置尚难确定，从朝天位于镇宁的正西推测，大致在今神宣驿一带。《广元县志·艺文志》所收元代李祖仁《广元复行古道记》也提到在广元县北藁本山曾设置过一个以镇宁为名的驿站。临江站在今广元西南原昭仕县城，隆庆站在今剑阁县，绵州即今绵阳市，汉州即今广汉市。

明代的川陕驿道较之元代有所变化，主要是在广元以下直南，经阆中再转西南去成都，不经剑门之险。黄汴《天下水陆路程》记其沿路驿站里程为：

褒城县开山驿东50里至汉中府，南50里黄沙驿，40里沔县顺政驿，60里青阳驿，40里五丁峡金牛驿，60里柏林驿，10里宁羌州，50里黄坝驿，并属沔县，60里过七盘关界神宣驿，70里朝天驿，60里沙河驿，70里龙潭驿，65里柏林驿，40里施店驿，50里槐树驿，75里保宁府阆中县锦屏驿。……

上述驿站，褒城、金牛、朝天地址仍旧，黄沙驿设于勉县黄沙镇，顺政驿设于勉县旧城武侯镇。青阳、柏林、黄坝、神宣、沙河、槐树和阆中等名、地均未改变，沿用至今。宁羌州即今宁强县，龙潭驿在今广元市南六七十里。就是同为利州卫和广元县治所在的驿名被漏掉了。稍后憺漪子编辑的《天下路程图引》就补了龙潭驿北六十里的利州卫和龙潭驿南的园山驿了。

由于从广元向南经阆中以去成都的驿道只有明代和清初短期使用，对金牛道北段线路变化影响不大，可不具论。而同时由广元经剑门关去成都的道路，仍为当时交通要道之一，《天下水陆路程》和《天下路程图引》均曾详细记载其沿线要地和里程。

清代康熙年间，川陕大驿道就又转移到剑门一线上来了。王锡祺《小方壶斋舆地丛钞》第一辑所收《驿站路程》载：

褒城县开山驿50里至沔县黄沙驿，40里至沔县顺政驿，90里至沔县大安驿，90里至宁羌州柏林驿，45里至宁羌州黄坝驿，60里至广元县神宣驿，50里至广元县望云驿，40里至广元县问津驿，40里至昭化县昭化驿，40里至昭化县大木树驿，40里至剑州剑门驿，60里至剑州驿。

这里大安驿设于宁强县大安镇，昭化驿设于广元市昭化旧城，大木树地名仍在，剑门驿设于剑门关，剑州驿设于剑阁县。褒城广元间驿道与明代比较无大变化。金牛驿一名为大安驿代替，但二者相距仅数里。而烈金坝、金牛峡、五丁关、七盘关等地名仍旧，见诸《大清一统志》《陕西通志》等书。

但是，这种把从陕西烈金坝到四川朝天驿间的元明清驿道当作古代的金牛道，当作秦汉、隋唐时代的汉中、成都间国家驿道的看法，可能并不正确。因为：

第一，前述驿道上与金牛道有关的诸多地名，大都是元代及其以后的明清时期出现的，在此以前的史志图籍中均不见记录。这说明在元代以前，这条路本非大道，更不是驿道。所以，它的开辟时间不会太久，不可能是春秋战国时期的大道。

例如，这条道路上的金牛峡、五丁关、五丁驿、五丁铺等，均始见于明代图籍。现存古代地理书如唐李吉甫《元和郡县图志》、宋乐史《太平寰宇记》、王存《元丰九域志》、欧阳忞《舆地广记》和唐杜佑《通典·州郡典》、元马端临《文献通考·舆地考》等书均未著录。

又如，这条驿道上的七盘关及其所在地七盘岭，也被称为五盘岭。唐代诗人岑参《早上五盘岭》诗曾有“平旦驱驷马，旷然出五盘。江迅两崖斗，日隐群峰攒”之句。杜甫《五盘岭》也说：“五盘虽云险，山色佳有余。仰凌栈道细，俯映江木疏。地僻无网罟，水清反多鱼。”都说明唐代的五盘岭、七盘岭应位于水势浩荡的嘉陵江岸边。而现在的黄坝驿、神宣驿间七盘关所在的七盘岭，却位于嘉陵江以东数十里的深山之中了。

只有罗村这个地名出现的时间比较早。唐末郑谷有《擢第后入蜀经罗村，见海棠盛开，偶有题咏诗》，载《全唐诗》卷六百七十五，说明其虽在由长安入蜀的路上，而未言其当驿道。现在宁强县东十里的罗村当即其地。唐末宋初罗村及其附近的地区、道路，已成为南北战争关注之地。公元 911 年，盘踞陕西凤翔一带的岐王李茂贞谋复汉中，使刘知俊破清泥岭（今甘肃徽县南）、兴州（今陕西略阳县），围安远军（今陕西勉县老城武侯镇）。盘踞四川的前蜀王建统兵北援，大将王宗秽“自罗村得向导，沿山谷行数百里，与另部王宗播会于铁谷，合军出汤头，解西县（即今勉县老城武侯镇）之围”。其行军路线，大致当为从今宁强县沿玉带河谷向东北，过铁门关以趋勉县老城。946 年，宋太祖赵匡胤命大将王全斌等进攻后蜀，由散关进克鱼关、兴州，逐北至三泉（今宁强县阳平关西十里唐渡村或称唐家坝）。蜀军烧绝栈道，大军不得进。“议取罗川路入蜀”。此罗川路如果经过今罗村，不知系从今金牛峡、五丁关之路，还是取阳平关附近的三道河、南沙河河谷。但结果相同，就是宋军一部分仍从三泉正面沿嘉陵江向南进攻，一部分东绕罗川至深渡（在广元北朝天镇南）两路会师，大败蜀军。

第二，即令烈金坝附近的确是秦王列置石牛和黄金的地方，然而从汉中去四川，烈金坝正处于两条道路的分岔点。一条就是元明清时期的驿道，从烈金坝折而向南，溯金牛峡，过五丁关，经宁强以去广元。另一条则是从烈金坝继续西南行，至阳平关折向南行，顺嘉陵江河谷经朝天驿去广元。两条道路在广元朝天镇会合。所以，这后一条道路也有被称为金牛道的资格，金牛道并不是前一条道路所专有的名称。单把它称为金牛道而不承认后一条，排除后一条的资格是不公正、不恰当的。何况正是这后一条道路，在元明清时期以前的隋唐五代和两宋时期，独享金牛道之名而成为汉中成都间的主要驿道呢！

二

唐宋时期，人们对金牛道的认识，以及当时作为国驿大道的金牛道北段的具体走向，都与元明清时期有所区别。这时金牛道上的金牛驿至朝天驿间，不取南折金牛峡、五丁关、七盘岭之线，而是从金牛驿继向西南至三泉县，才折南顺嘉陵江河谷至朝天驿，再南经利州（今广元市）、益昌（今广元市昭化旧城）入剑门、去成都。有关历史地理图籍也均以褒谷南口和剑门关附近的道路为金牛道、石门道。如：

益昌，古剑阁道，秦使司马错伐蜀所由，谓之石牛道[1]。

褒斜道，一名石牛道。张良令汉王烧绝栈道，示无还心，即此道也[2]。

昭化县，本葭萌之地。秦使司马错自剑阁道伐蜀，即此路也。亦为石牛道。……小剑城，在益昌县西南五十一里。《水经注》云：小剑城去大剑城三十里，连山绝险，巨阁通衢，故谓之剑阁也。……石牛道，秦使张仪、司马错伐蜀所由，亦谓之石牛路也。

褒城县……阳平关在西北。有石牛山，山有小石门，穿山通道六丈有余。昔秦欲伐蜀而不知道，乃作五石牛，以金置尾下，言能粪金，欲以遗蜀。蜀王负力而贪，令五丁开道引之。秦因使张仪、司马错以兵寻路灭蜀，谓之石牛道。

至于传说秦国刻牛置金的具体地点《舆地纪胜》卷一百九十一《利州路·大安军》景物门称其地名为石牛头，位于“金牛镇市之西百步”。宋代的金牛镇即唐代的金牛县，大致位于今宁强县的大安镇附近。明万历《宁羌州志》称金牛卧处在大安东北里许。而当地人们则传说在大安镇、金牛驿以西数里的烈金坝。

南宋著名学者王应麟《通鉴地理通释》卷八巴蜀条论五丁凿石开道的巨大工程时，曾引唐代诗人陈子昂的话说：

昔蜀与中国不通，秦以金牛、美女啖蜀侯。蜀侯使五丁力士栈褒斜，凿通谷，迎秦之魄。秦随以兵而地入中州。

陈子昂的原话是：

蜀昔时不通中国，秦惠王欲帝天下而并诸侯，以为不平賨，不取蜀，则未可举。乃用张仪计，饬美女，谲金牛，因间以啖蜀侯。蜀侯果贪其利，使五丁力士凿山通谷，栈褒斜，置道于秦。自是险阻不关，山谷不闭。张仪蹑踵乘便，纵兵大破之。蜀侯诛，賨邑灭，至今蜀为中州[3]。

王应麟认为，陈子昂所说的五丁力士凿石开道工程包括了“栈褒斜”和“凿通谷”两件大事。“栈褒斜”是说在褒斜道上修筑栈道，以改善汉中与关中间的

[1][唐]杜佑：《通典》卷一百七十六《州郡六·利州益昌县》。
[2][唐]李吉甫：《元和郡县图志》卷二十二《兴元府·褒城县》。
[3][清]董诰等：《全唐文》卷二百一十二。

交通。不属于金牛道的范围，可不具论。陈子昂所说的“凿山通谷”，则可作两种解释。一是说“凿山以通谷”，通字作动词用，谷为普通名词，指一般的山谷。一是“凿山于通谷”通字作名词用，通谷就成为一个具体地理实体的名称了。个人以为似以后一种解释为宜。因为作为具体地理实体的名称，除了唐宋时期的金牛县、金牛镇在隋代就被称为通谷镇，通谷已是一个军镇的名称外，通谷同时还是一个自然地理实体，即山谷、河谷的名称。通溪、通谷、通谷水等名称，均曾见于北魏郦道元的《水经注·漾水篇》：

汉水又东，迳武兴城南，又东南与北谷水合。水出武兴东北，而西南迳武兴城北，谓之北谷水。南转迳其城东，而南与一水合。水出东溪，西流注北谷水。又南流注汉水。汉水又西南迳关城北，除水出西北除溪，东南流入于汉。汉水又西南迳通谷，通谷水出东北通溪。水上承漾水，西南流为西汉水。汉水又西南，寒溪水注之。水出寒川，西流入汉。

这里的汉水指西汉水，也就是现在的嘉陵江。武兴城即今陕西省略阳县城，关城在今宁强县西北的阳平关附近。两地之间，嘉陵江水的较大支流，自北而南依次为八渡河、乐素河、黑水河。而三道河、韩家河则自东南而流向西北，紧傍阳平关镇的西南汇入嘉陵江。八渡河发源于略阳县东北，南流由城北绕城东，再绕至城南汇入嘉陵江，而其支流东渡河自东南而西北，于略阳县城东南汇入北渡河。所以，八渡河和其支流东渡河，当即《水经注》中所说的北谷水及其及其支流一水、东溪。乐素河为嘉陵江西侧支流，汇合于嘉陵江处在八渡河口以南数十里，当即《水经注》中所说的除水。黑水河亦为嘉陵江东侧支流，汇入嘉陵江处在较乐素河更偏南。其上游三源均与汉江北源“同源异派”，只隔着仄仄的一条高不过海拔一千米的分水岭。从分水岭到金牛峡口的烈金坝不过十里，到大安镇也不过二十里。所以，这一条黑水河当即《水经注》中所说的通谷、通谷水和通溪。而作为唐代金牛县治的通谷镇的得名，也当与这条通谷有关。

在《水经注》之后，此地的通谷还见于宋代的史志图籍。而黑水一名，也曾于唐代书籍中多次出现。

如《方舆胜览》卷一百九十一《大安军》引《大安志》说：

崇道观，在军东三十里通谷之前，依山为层级。至老君坐之后，即所谓（老君）洞者，石穴耳。

老君祠，杜光庭《集验记》（应为《道教灵验记》）云：三泉县黑水老君，天宝间明皇幸蜀，亲见老君降于岩石之上。上下马礼讫，乃饬有司示所见之状，堑于见所。

上述《崇道观》条所说的老君坐像后的石洞，也被称为老君洞。陆游《老君洞》诗题下的自注就曾说："有石刻载唐明皇幸蜀，见老君于此。"而且，与黑水老君有关，直到清朝时期，黑水河上游的三源交汇附近，还设有一个以老君铺为名的递铺地方政府的通讯机构。直到如今，老君铺仍被沿用为当地一个居民点的名称。

又如，《资治通鉴》卷三百五十七记，唐僖宗光启二年（886），藩镇邠宁节度使朱玫、王行瑜等攻长安、凤翔，宦官田令孜携僖宗南逃汉中，"遣王建帅部兵戍三泉，晋晖及神策军使张造帅四都兵屯黑水"。准备再逃去西川。昭宗天复二年（902），朱全忠为与李茂贞争夺对皇帝的控制权而进攻凤翔，盘踞西川的王建借口勤王，声言将假道于李茂贞控制的汉中北上。"山南节度使李继密遣兵戍三泉以拒之"。王建的前锋王宗播攻破金牛、黑水、西县、褒城四寨及马盘寨，李继密以汉中降王建。这里所说的黑水寨，亦当在今黑水河谷，即古代的通谷一带。前贤多以褒河亦名黑龙江，而指此黑水寨当位于褒河河谷的秦岭山区，恐非事实。因为不论唐僖宗由汉中南去西川成都，或王建从西川成都北上攻汉中，都与远在汉中以北的褒河河谷不会发生任何联系也。

关于唐代通谷镇和金牛县的地望，学者多径称在今宁强县东北二十六千米（古代或记八十里、九十里）的大安镇附近，而忽略了《太平寰宇记》卷一百三十二《山南西道·兴元府·褒城县》的如下记载：

废金牛县，在州（指梁州，后改兴元府，即今汉中市）西一百八十里，本褒县地。唐开元十八年，按察使韩朝宗自县西四十里故县移在白土店置，即今县是。南临东汉水，西临陈平水。其旧县即汉葭萌县地。东晋孝武分葭萌置绵谷县，唐武德二年分绵谷县于通谷镇金牛县。县废后于故城置百牢关，唐人废入褒城焉。

上述资料都说明，唐代金牛县的治所，曾经先后分处两地。从武德二年始设到开元十八年（619 ~ 730）的治所在通谷镇，从开元十八年到被撤销的宝历二年（730 ~ 826）的治所在白土店。白土店位于汉江及其支流陈平水，今称大林河的交汇处，即今大安镇。故县所在的通谷镇则在白土店，也就是大安镇以西四十里，烈金坝以西三十里，今黑水河上游三源交会处附近。这里现在有一个乡级居民点代家坝，附近还有一个以老君铺为名的村庄。核以《元和郡县图志》卷二十二《山南西道·兴元府·金牛县》所记“嶓冢山，在县东二十八里”，“汉水所出”，“嘉陵江经县西，去县三十里”，“故关城，俗名张鲁城，在县西三十八里”，等等，通谷镇和金牛县始设时的治所也应该在这一带，而不应在其以东四十里的白土店，即今大安镇。

也许人们会提出疑问，此处为一狭仄山凹，居民不多，物产不丰，西距阳平关和三泉县城三四十里，作为新设县级行政单位的治所恐非适中之地。实际当时金牛县的辖地，既包括今大安镇以南的今宁强县境，而其以西的三泉县的治所，当时也尚在今四川广元县境。位于阳平关西十里的三泉县治，依《太平寰宇记》卷一百三十三《山南西道》兴元府三泉县条所载，系在金牛县治东迁白土店以后的天宝元年（742），才从“今县南一百二十里”的“故县移理于嘉陵江东一里关城仓陌沙水西”，也就是今阳平关西十里的唐渡村附近的。所以在唐高祖武德二年创设金牛县而以通谷镇为治所时，并没有与其西面的三泉县县城逼近的问题。

通谷镇创始始于何时，也难以详考。但最晚至南北朝的末年，通谷这个居民点已作为军事要地而存在了。《隋书》卷七十七《梁叡传》和卷五十五《张威传》都说，在北周最后一个皇帝静帝的大象二年（580），杨坚以外祖父出任丞相，总揽大权。益州总管王谦以其不利于周室，起兵反抗，命开府李三王领兵据通谷，旋为杨坚所派梁叡、张威等战败。其后杨坚代周，建立隋朝，通谷遂成为一个重要军镇。唐高祖武德二年新设金牛县，即以通谷镇为治所，并于附近设立金牛驿，政治地位更有所提高。唐玄宗开元年间，金牛县治东移于四十里外的白土店，天宝年间金牛驿也相应东移。三泉县治也从故县北移一百二十里，到达东距通谷镇三四十里的新址。通谷镇的政治军事地位就大大降低了。但在以后的唐宋时期，此地仍为全国主要驿道所经。就是在元明清三代，全国主要驿道移至金牛峡、五丁关、龙洞背之线以后，此地仍为陕南重镇汉中与川陕水陆交通要冲阳平关间重要交通线的必经之地。

上述种种情况，说明陈子昂关于五丁力士开辟金牛道的看法并非一人独见，而是反映了当时人们的共同认识，反映唐宋时期人们普遍认为五丁力士所开的金牛道在通谷，而不是象元明清时期人们认为的那样，五丁力士所开辟的金牛道是沿金牛峡、五丁关、龙洞背之线。

三

关于今陕西宁强县大安镇与四川广元朝天镇之间的，以金牛道为名的唐宋国家驿道的走向，前已言之，大致当为经烈金坝、分水岭至阳平关，再折南顺嘉陵江河谷以达朝天镇。这段驿道的长度大约为二百多里[1]。按唐代三十里一驿的制度，应有八九驿之设。可惜现存历史图籍中，既不见有关此段驿道驿程的具体记载，沿途所设驿馆也仅见金牛驿、三泉驿、筹笔驿等几处。所幸由于唐宋时期皇帝、官员以及文人学士往来川陕，多取此途。所以沿途要地，如县治、驿馆、市镇、关隘以及有关名胜古迹、自然景观，频为旅行此途的文人学士反映于诗文当中，给我们提供了唐宋金牛道唯取此线而不由金牛峡、五丁关、龙洞背之线的若干证据。

唐宋时期，封建皇帝取金牛道入蜀的只有两次。一次是安史之乱，唐玄宗取故道、金牛道逃往成都。一次是唐朝末年黄巢起义，僖宗取傥骆道、金牛道逃往成都。他们在金牛道上的金牛驿至朝天驿段究竟取哪条路线，经过哪些地方，现存史籍中均不见明确记载。但是，从前引杜光庭《道教灵验记》的引文可知，关于唐玄宗的入蜀路线，唐末人已称其是取金牛县、三泉县一线。而南宋时期曾经

[1] 马以愚：《嘉陵江志》第四章嘉陵江航道“陕西水利局谓：白水江至阳平关为一百七十千米，阳平关至广元为一百六十千米”。而广元朝天关间里程则有五十里、八十里、六十里、九十里诸说之异。

数度往返于巴蜀、汉中间的爱国诗人陆游，在其所作的《晓发金牛》一诗的诗题自注中就曾说：“自金牛以西，皆明皇幸蜀路。”自金牛驿向西的道路，当然是指从大安镇经阳平关，折南向朝天镇以及广元之线。如果取金牛峡、五丁关、龙洞背之线，那就要先折南而不是继续向西了。此诗中又有“阿瞒狼狈地，千古有遗伤”之句。阿瞒就是指的唐玄宗，也就是唐明皇李隆基的小名。狼狈地则是指由此线逃往成都一事。陆游在《老君洞》诗的诗题自注中，也曾说黑水上游存有纪念唐明皇于此见老君的纪念石刻。

留有歌咏此线自然风光和名胜古迹诗篇的唐朝宰相有苏颋、武元衡和元稹等。苏颋唐玄宗时为相，其诗《经三泉路作》和《夜发三泉即事》，诗中言及当地的泥栈、云梯、飞梁、绝磴，以描写这段道路的艰险。武元衡唐宪宗时为相，有《元和癸巳，余领蜀之七年，奉诏征还。二月二十八日清明，途经百牢关因题石门洞》和《夕次嶓山下》等诗。嶓山当指大安镇附近的嶓塚山，传为汉江的发源处。百牢关的地望先后曾有多次变化迁移。前引《太平寰宇记》的褒城县曾言及天宝以后的百牢关在原金牛县的旧址通谷镇。但同书同卷的西县条又说“百牢关，在县西南，隋开皇中置。以蜀路险，故曰百牢关。一云置在百牢谷”。杜佑《通典》和李吉甫《元和郡县图志》也有相似的记载。百牢谷不知在何处，而隋朝时期的西县，则位于今勉县西的老县城，今称武侯镇。但是到了宪宗元和年间，就又西迁到嘉陵江边，也就是今阳平关附近了。穆宗长庆年间出任宰相的诗人元稹，在元和年间所写的诗篇可为说明。元稹曾于九年之间五次往来于金牛道上，每次都要经过百牢关，故其《百牢关》诗有“那堪九年内，五度百牢关”之叹。而其组诗《东川行》的《百牢关》和《夜深行》二首的如下诗句：“嘉陵江上万重山，何事临江一开颜？自笑只因任敬仲，等闲身度百牢关。”“夜深犹自绕江行，震地江声似鼓声。渐见戍楼疑近驿，百牢关吏火前迎。”都可以作为当时的百牢关位于嘉陵江边的确证。

唐末文人孙樵的《出蜀赋》也把百牢关、石门洞与嘉陵江联系在一起说：“朝天双峙以亏蔽，中惨栗而阴翳。倏下驰而上回，若出地而天辟。越百牢而南指，憩石门之委邃。”从朝天而百牢，驿路是溯嘉陵江河谷北上的。赋中所说的石门，当即前引武元衡诗题中提到的石门洞。也被称为石洞、龙门或龙门洞，位于三泉县的南郊。北宋苏元老《龙洞记》曾极言龙门三洞山水风光之胜，“奇冠天下”；“自蜀至京，行四千余里，几半天下。山水之可喜者，莫如利三泉；自利至兴，行五百里，几半蜀道，岩洞之可喜者，若如龙洞。”还指出龙门洞的具体位置是“自三泉西行大道不能二里，又自大道南行支径不能百步。”《舆地纪胜》卷一百九十一曾记洞有唐代沈云卿、宋代文彦博、宋祁、赵抃、王素、韩绛等名人题记诗文和苏元老的上述《龙洞记》碑。明赵崡《石墨镌华》亦曾著录此碑。《一九四三年宁强县经济调查团全县经济调查报告》载：“龙洞寺在龙洞沟口外，宋宣和四年，眉山苏在廷氏撰书之碑记尚存”。《汉中地区名胜古迹》称：“此碑刻解放后移至唐渡公社保存。一九七七年春乃移至宁强县文化馆保存。”南宋诗人陆游佐四川安抚使王炎幕府前后，也曾多次往来于巴蜀、汉中间，并写有歌颂沿途风光的诗歌十首。不但断言此段驿道为金牛道，而且提到过这段驿道上的重要地名如嶓冢、金牛、三泉、龙门、老君洞、九井滩、潭毒关、筹笔驿，等等。上述情况，说明唐宋时期的金牛道确系由大安镇继续西行至阳平关附近，才折南顺嘉陵江河谷而下。并不像元明清时期那样，取金牛峡、五丁关、七盘岭、龙洞背以去朝天镇之线。

关于唐宋金牛道上金牛驿至朝天驿间的要地，如县城、驿馆、市镇、关隘、名胜古迹等等，唐代诗文中反映的有金牛县、金牛驿、金牛镇、百牢关、三泉县、三泉驿、石门洞、五盘岭、筹笔驿、朝天岭等，宋代诗文中又增加了大安军、老君洞、九井山、九井滩、潭毒关、朝天关等。分别简述于后。

金牛县（开元十八年以后）、金牛驿、金牛镇。前引《太平寰宇记》所记，东移后的金牛县治，“南临东汉水，西临陈平水”。东汉水即汉江。“汉江南源之一的金牛峡水，北流于烈金坝出峡折东北流，至大安镇附近与汉水北源之一的大林河，即陈平水相会。相会处的大安镇即东迁后的金牛县的所在地，而金牛驿亦当移设此地。金牛县被废之后，此地改称为金牛镇。而大安镇之名，据说是南宋时期由三泉县升格的大安军曾一度迁治此地而得名。也有说元代曾于此设大安州、大安县的。现在大安镇与烈金坝间仍有一个以金牛驿为名的村庄，当是后来适应金牛驿道改线于金牛峡、五丁关之线的情况迁置于此地的。唐人咏金牛道、金牛驿的诗篇有李商隐《行至金牛寄渤海尚书》、胡曾《金牛驿》等。宋人诗篇有文同的《晚泊金牛》《金牛相别呈诚之》和陆游《金牛道中遇寒食》，等等。其《夜行》诗自注也曾说："顷自小益还南郑，夜宿金牛驿，时方大寒，人马俱欲仆，今十二年矣"（分别见其文集）。

通谷镇、金牛县（武德二年至开元十八年）、百牢关、黑水老君洞、老君祠。隋代和唐初的通谷镇在今宁强县代家坝一带，前已谈及。金牛设县，此地即为县治。县治东移，此地改设百牢关均见前引《太平寰宇记》。附近的黑水老君洞和老君祠亦见前引《舆地纪胜》和陆游的诗题。百牢关的地望，历史图籍已有西县、三泉县、通谷镇三说，前亦说明。而西县说之中，又有在西县西南及县西南三十步、三十里、六十里诸说之异。所以学者们推测唐宋时期百牢关的设置地点有多次变更。但从唐末到南宋，百牢关当仍都设在三泉县的嘉陵江边，恐无疑议。因为除前引武元衡、元稹、孙樵的诗文外，唐末于武陵的《过百牢关贻舟中者》诗说："蜀国少平地，方思京洛间。远为千里客，来度百牢关。帆影清江水，铃声碧草山。不因名与利，尔我各应闲。"当时金牛驿道的汉中广元间，可以航行船只的河流只有嘉陵江和汉水两条。而汉江只是在接近汉中平原的西县附近才能通小船。于武陵过百牢关时所见的，穿行于碧草山间与马帮驼铃相映成趣的清江帆影，自应是出现在嘉陵江峡谷中，而非汉江平原上。这与百牢关在三泉附近说正相合，说明唐代末年百牢关仍在三泉附近的嘉陵江畔。而南宋地志《舆地纪胜》卷一百九十一和《方舆胜览》卷六十八分别有"百牢关，今（三泉）县西古关是也"，"百牢关在（三泉）县西，汉于此设关"的记载，则说明到南宋时期三泉县附近的百牢关已不存在，所以称为古关。当然指百牢关为汉代的关隘是不正确的。

三泉县、三泉驿、大安军、阳平关、龙洞。和金牛县相似，唐代三泉县的治所也有过变迁。《太平寰宇记》卷一百三十三记其事云："三泉县，本汉葭萌地，后魏正始中分置三泉县，以界内三泉山为名。唐天宝元年自今县南一百二十里故县移理嘉陵江东一里关城仓陌沙水西置，即今县理也。"又说："三泉故城，唐武德四年置，以县北二十里山下有三泉水为名。属利州，在县北一百五十里。"

这里所说的县指利州绵谷县，即今广元市。广元市北一百五十里的唐代三泉县故城究竟在今什么地方，已不清楚。而北迁后的三泉县治在今阳平关西十里唐渡乡擂鼓台，则已由新中国成立后发现的宋代石刻三泉县地图得到确证。由三泉县升格的大安军仍治此地，而以三泉为名的驿馆当然是设在县城或城郊。有关三泉县和三泉驿的诗篇，除前引唐代苏颋、元稹等诗作外，宋代陆游也有咏《三泉驿舍》诗。“小驿孤灯早闭门”之句，反映驿馆规模不大。但从《大安病酒半日，王守复来召，不往。送酒解醒，因小饮江月馆》诗，以及诗中“江中春醒半日留”“柳岸漠漠嘉陵岸”等句，则反映了临嘉陵江而建造的三泉驿，馆舍优雅，风景颇佳。

关于阳平关，则有古今之分，地望不同。古阳平关又称阳安关，在今勉县旧城武侯镇，扼汉中平原西口。今阳平关位于古阳平关以西二百里的嘉陵江右岸，相当于汉魏时期关城的位置，为古阳平关的外卫。二者对维护汉中平原的西方安全，都有重要作用。阳平关何时由东迁西，不见历史记载。但最迟南宋初年，阳平关已处于今址了。郭允韬、李文子所编的《蜀鉴》曾引古地志称，古阳平关“在今梁州褒城县西北”，在“今西县”。又说“今大安军五里亦有阳平关，颇险要”。“阳平关在三泉县西五里”。唐宋褒城县治在明清汉中府褒城县城以南十里的打钟坝村附近。西县治在勉县武侯镇，大安军和三泉县同治唐渡村擂鼓台。《舆地纪胜》曾引古图经论大安军、三泉县的形势之要说：“东北通秦陇，西南控川蜀。”“介居二大国之间，冠盖往来之冲”“栈道连空，极天下之险”这些话，同时也是对阳平关形势险要的说明。南宋时期，此地为蜀口三关之一，关系汉中和四川的安危。在此曾先与金、后与蒙古、元朝发生过多次战争。公元 1236 ~ 1237 年阳平关之战，宋大将曹友闻战殁，阳平关失守，蒙古军队趁势沿嘉陵江南下，取利州、入剑门，两个月之内就攻下了成都。

天下奇景龙门洞就在大安军、三泉县城郊数里，前已言及。除北宋名人文彦博等曾于此题诗立碑外，南宋诗人陆游亦曾多次来游。写有《壬辰十月十三日自阆中还兴元，游三泉龙门。十一月二日自兴元适成都，复携儿曹往游赋诗》及《次韵张季常题龙门洞自三泉泛嘉陵至利州》等。

九井滩、九井山、九井驿。九井滩是嘉陵江著名险滩之一，位于今广元市和宁强县交界的大滩附近。五代宋初著名文人王仁裕《王氏闻见录》曾把它和秦州成都道路上的险隘七盘、九折、大小漫天并提。《舆地纪胜》卷一百九十一《大安军·碑记》所载北宋哲宗元祐五年（1090）利州转运使陈鹏的《九井滩记》曾历述其艰险和整治情况说："九井滩有大石三，其名鱼梁、龟堆、芒鞋。觜危参差，相望于波间。操舟之人力不能胜而舟辄为石所触，故抵于败。"后经筑堤绝江，暂改水道，三石暴露，以火煅、醯沃、金锤之法，使"大石不复见，而九井遂平"。但限于当时的技术条件，治理仍难彻底。九井滩附近的山名九井山，为陆路险隘。明代在其附近设有九井水驿，不知是否为沿袭唐宋归制。

五盘岭、七盘岭、七盘关。唐代三泉、利州间的五盘岭当在今阳平关和朝天镇间的嘉陵江边，前已引杜甫、岑参诗句证明。元明清时代的七盘岭和七盘关当为驿道改线后所另起，亦为不争的事实。明人曹学佺《蜀中广记》保宁府广元县项下称七盘关位于九井滩上，不知所据。

潭毒山、潭毒关。明《永乐大典》卷一万三千零八十四引《元一统志》称："潭毒关在绵谷县（即今广元市）百余里，逾朝天，泝嘉陵江而至。"《舆地纪胜》卷一百八十四《利州路》景物门称："朝天岭，在州北五十里。""潭毒关，在州北九十里江西观山，有御前军屯驻。""下瞰大江，路皆滑石，登陟颇艰。"南宋高宗绍兴初年与金饶风关之战，吴玠兵败，兴元失守，撒离喝进至金牛。吴玠退保仙人关，刘子羽退至三泉，以潭毒山上宽平，有水泉，可以防守。遂"屯兵于此，以保蜀口"。说其位于嘉陵江西侧，扼陆路之冲。陆游往来阆州汉中间，北上遵陆，南下乘船，往来均经此地。有《予行蜀汉间，道出潭毒关下，每憩罗汉院山光轩。今复过之，遂怆然有感》诗。

筹笔驿。在今广元县朝天镇以北的嘉陵江航道的筹笔滩附近。唐宋均于此置驿，驿与滩皆因传说诸葛亮领兵北伐，曾在此筹划军略而得名。筹笔滩亦为嘉陵江险滩之一，明清时期的记载或讹为锄背滩或愁背滩、愁悲滩。唐朝殷潜之、杜牧、李商隐、薛逢、罗隐和北宋文同、南宋陆游，都有关于筹笔驿的诗篇。其中文同诗"君看筹笔驿江边，翠壁苍崖起画烟。正是峡中绝佳处，土人休再作畲田"。殷潜之诗"山秀携英气，川流入妙诗"。罗隐诗"惟余岩下多情水，犹解年年傍驿流”等句，都说明唐宋时期的筹笔驿是傍嘉陵江而设。而孙樵《出蜀赋》于历述“朝天双峙”“龙堂牙牙”之后，始“眄山川而怀古，得筹笔于途说。指前途之孤秀，传卧龙之余烈。尝杖师而北去，抗霸图而此决。曾尺疆之不辟，徒赍志而灰灭”。又说明筹笔驿确在朝天镇之北。现在朝天镇北嘉陵江的筹笔滩左岸，还有一个名为军师庙的居民点，可能就是筹笔驿的所在地。而在军师庙南不远的三滩，也曾被称为筹笔公社。自明清以来，人们把元明清驿道上的神宣驿称为唐宋时期的筹笔驿，当系不明唐宋时驿道与元明清时驿道线路不同而妄事附会。

从筹笔驿南至朝天镇，元明清时驿道就与唐宋时期的驿道合而为一，越朝天岭，过龙洞阁，南至广元。明代有关图籍多说从朝天镇向西北或西分出一条支路通往剑门关，亦属误会。因为剑门关本在朝天镇的西南，不在正西，更不在西北。实际上明代驿道到广元后才分为两支，大驿道继续向南至阆中折西南去成都，支线转西南经昭化入剑门。而唐宋时的金牛道，就是沿这条支线而行。

四

汉魏南北朝人们对金牛道的认识大致与唐宋时期相似，因为前引唐宋时期史地图籍的有关记载，大都沿袭汉魏南北朝时期学者的著作，如扬雄《蜀王本纪》、阚骃《十三州志》、常璩《华阳国志》、郦道元《水经注》等而来。但是，关于当时金牛道的走向、经过地点的记载，传世极少，不得而详。当然，也不是毫无蛛丝马迹可寻。

关于从首都长安、洛阳或陇右南下巴蜀并言其经历金牛道上白水关、白水县等地名的事例，仅见有如下三条：

范晔《后汉书》卷九十三《李固传》称：“李固字子坚，汉中南郑人。……拜议郎，出为广汉令。至白水关，解印绶还汉中。”唐章怀太子李贤注引《梁州记》：“关城西南百八十里有白水关，昔李固解印绶处也。故关城在今梁州金牛县西。”

常璩《华阳国志》卷十《先贤仕女总赞》下：“景毅字文坚，梓潼人也。……以子顾师事少府李膺，膺诛，自免。久之，拜（武）都令，迁益州太守。上事吏民涕泣送之，至沮者七百人，白水县者三百人。值益州乱后，斗米千钱。毅至，恩化畅洽。比去，斗米八钱。”

《后汉书》卷四十三《隗嚣传》：“会公孙述遣兵寇南郑，（光武帝刘秀）乃诏隗嚣当从天水伐蜀，因此欲以溃其心腹。嚣复上言：白水险阻，栈阁败绝。又多设支阂。帝知其终不为用，叵欲讨之。”李贤注曰：“白水县有关，属广汉郡。栈阁者，山路悬险，栈木为阁道。”

东汉时白水县属益州广汉郡，益州和广汉郡的治所均在雒县，即今四川省广汉市。白水县的治所在今四川省青川县东北、白水江西岸的白水故城。白水关当设在白水县附近的，通往关城的大道上。而关城则在今陕西省宁强县北的阳平关附近，东汉时为武都郡的辖地。武都郡的治所在今甘肃省成县，其所辖的县级行政单位武都道位于今成县之西，西和县之南。沮县位于今陕西略阳县的东南，汉江北侧支流沮水中游，武都郡通往汉中平原的大道上。就此而论，东汉时期，不仅从首都洛阳经关中、汉中前往成都，就是由陇右的天水、武都等郡前往成都，也是要先向东南到沮县，然后从汉中平原折西，经关城、白水关、再折南入剑门，过雒县以去成都的。

从四川成都北上汉中需要经过白水关的例证有：

《后汉书》卷四十三《公孙述传》：“述遂使将军候丹开白水关，北守南郑。将军任满从阆中下江州，东防扞关。于是尽有益州之地。”李贤注曰：“（白水关）在汉阳西县。《梁州记》曰：关城西南有白水关也。”按汉阳，东汉郡名，治所为冀县，在今甘肃省甘谷县。西县，治所在今甘肃礼县以北，与武都郡临界。系西汉末、东汉初割据陇西各郡的隗嚣的都城。这个西县的白水关与广汉郡白水县的白水关当无多少联系。如果西县真的也有一个白水关的话。

陈寿《三国志·蜀志·先主纪》：建安十六年，先主入益州，至涪。……（刘）璋自出迎，相见甚欢。……璋增先主兵，使击张鲁。又令督白水军。……是岁，璋还成都，先主北到葭萌，未即讨鲁。……明年，曹公征孙权……（先主）乃从璋求兵万及资实欲东归。……璋勅关戍诸将，文书勿复关通先主。先主大怒，召璋白水军督杨怀，责以无理，斩之。乃使黄忠、卓膺勒兵向璋。先主径至关中，质诸将并士卒妻子，引兵与忠、膺等进到涪，据其城。……建安二十四年……先主遂有汉中……为汉中王。……还成都，拔魏延为都督，镇汉中”。裴松之注引《典略》曰：“备于是起馆舍，筑亭障，从成都至白水关四百余区。

《华阳国志》卷二《汉中志》：梓潼郡……县五：……白水县，有关尉，故州牧刘璋将杨怀、高沛守也。

上述资料说明，两汉三国时期从成都向东北去汉中、关中和中原，也是要出剑门向北，经过白水关的。白水关是当时巴蜀北部的交通要隘，割据巴蜀的军事集团据有白水关，进可以向北发展，夺取汉中、关中、陇右。退可以为重险剑门关的前卫，拒敌于国门之外。三国时吴国人贺邵曾说刘氏“据三关之险，守重山之固”。所谓三关，就是指白水关与阳平关、江关。白水关也被称为关头。法正给刘璋的书信中曾说：“鱼复与关头，实为益州祸福之门。”这些言论，突出显示出白水关在当时川陕交通和军事上地位的重要性。

白水关再往南，当时的驿道经大小剑戍及其阁道以趋成都。小剑戍位于剑溪汇入白水江的支流清水，即今下寺河处。《水经注·漾水》记剑门及其附近的情况云：

白水又南，清水注之。……水出平武县北。……东南经小剑戍北，西去大剑戍三十里。连山绝险，飞阁通衢，故谓之剑阁也。张载铭曰：一人守险，万夫趑趄，信然。故李特至阁而叹曰：刘氏有此而见缚于人，岂不奴才也。小剑水西南流出剑谷，东北流，迳其戍下，入清水。清水又东南入白水。……白水又东南流注汉水。

刘备据蜀后，丞相诸葛亮曾凿石修道，设县置尉以据守。

汉德县。有剑阁道三十里，至险，有阁尉。桑下民兵也。后诸葛亮相蜀，又凿石驾空为飞梁阁道，以通行路。

诸葛孔明以大剑山至此，有扼束之称，乃立剑门县，复于阁立关尉以守之。

西汉时期，金牛道北段一带，人口稀少，生产落后。汉中郡治所南郑以西，武都郡治所下辨（今甘肃省成县）以南，广汉郡治所梓潼县（今四川省阆中市）以北，广汉郡阴平道，也就是东汉广汉属国阴平道（今甘肃省文县）以东，东西南北直线距离数百里的广大地区，只有沔阳、白水和葭萌三个县级行政单位。三国和西晋时期，也只增加了一个德阳县，在今剑阁县与剑门关之间。而葭萌则先改为汉寿，后改为晋寿。东晋南北朝时期，南北政权多次更迭，相互争城夺地，交兵数百年。人民流离，土地荒芜。而州郡县道各级行政机构，以及侨州侨郡（在辖区内为从敌境逃来人民用原来州郡名称设置的州郡）、遥领州郡（在辖区以敌方州郡为名设置机构准备武力夺取者）及军镇关戍却大量增加。名目繁多，变更频繁。例如，在唐宋金牛道上的利州治所绵谷县，东晋时期始设兴安县，南齐时期升为东晋寿郡，北朝后魏攻取升为东益州，南朝梁复得改称黎州，西魏再取改称利州，隋朝改称义城郡，唐朝又改利州，升为总管府、都督府。又如，西汉的白水县，这时期也曾被升为白水郡、西益州和沙州的治所。北魏白水郡的太守且曾兼任小剑戍主，负责剑门关一带的防务。而到全国统一的唐代，白水就维持不住一个县级行政单位的地位，被废为胤山县（治今广元东南）的一个镇。到北宋时期，又被与胤山县一起合并于后起的益昌县、昭化县了。这种变化，可能与北周末年当政的丞相杨坚，也就是后来的隋文帝，废除通过小剑戍及其附近的剑阁道，也就是隋唐金牛驿道的部分改线有关。《隋书》卷一《文帝纪》记其经过的缘由说：

大象二年五月……宣帝崩，静帝幼冲，未能亲理政事……拜高祖假黄钺左大丞相，百官总已而听焉。……上柱国王谦为益州总管，既见幼主在位，政由高祖，遂起巴蜀之众，以匡国为辞。高祖方以东夏、山南为事，未遑致讨。谦进兵屯剑阁，陷始州。至是乃命行军元帅上柱国梁叡讨平之，传首阙下。巴蜀险阻，人好为乱。于是更开平道，毁剑阁之路，立铭垂诫焉。

这里所说的毁剑阁之路，当指废弃从关城经白水关、小剑戍通往大剑镇的剑阁旧道，“更开”的“平道”，当即唐宋元明清各代沿用的，从利州向西南，经益昌县入剑门以赴成都的金牛道。二线会合的地点，当在剑门关稍北的志公寺附近。此地两汉魏晋唐宋元明清时期均当驿道，清代时还设有一个以志公寺为名的地方通讯机构递铺。南宋诗人陆游从汉中赴任成都时，取当时驿道而行，即曾经过此地，并作有一首《志公寺》诗。和汉魏时期相似，现在的 316 国道亦沿剑溪峡谷而修，适于此处和从昭化西南来的唐宋元明清金牛驿道相会合。

五

综前所述，关于战国时期秦国刻牛列金，蜀国五丁开道的确切地点和金牛道的具体走向，虽然众说纷纭，并无定论。但秦汉魏晋、唐宋、元明清三时期，汉中成都间大驿道的线路有所变化，则是明显的事实，虽然它们在当时都被称为金牛道。那么，金牛道北段线路的这种变化是如何形成的，它又有什么样的作用和意义呢？应当说，这种情况的出现是社会经济不断发展的必然结果，它体现了金牛道北段线路的逐步选优，便利了汉中、巴蜀间以及中原和西南广大地区的交通，加强了相互间的联系。

一般说来，交通道路的选线条件，主要有三个方面：一是距离远近，里程多少；一是地形险夷，修筑通行和维护难易；一是当地社会经济发展水平高低，物资供应和安全保障条件好坏。三者之中，第一点是受客观条件严格限制的常数，在技术相对落后和发展进程比较缓慢的古代不同历史时期，也不可能有多大的变化。第二点虽然也受自然条件的限制，但却是人力可能改造克服的，至少可以改造克服一部分，哪怕是很少的一部分。第三点的差别变化就大了。随着社会经济的发展，技术的进步，不同地区、不同时期会发生极不相同的变化。先进和落后，优势和劣势，有时甚至会颠倒过来。

不妨按上述三项标准，对金牛道北段三线的情况作一比较：

从距离远近、里程多少看，白水关线应当说是距离最远，里程最长的。其次是沿嘉陵江河谷线，而以金牛峡、五丁关线的距离为最短，里程最少。

从道路夷险、修筑、通行、维护难易说，白水关线虽有大小剑戍附近飞阁险道三十里，而清水江和白水江河谷，除个别段落外，一般较为平坦易行。嘉陵江河谷线则广元阳平关间二三百余里，全为峡谷峭崖，如杜甫诗句所说：“绝壁无尺土。”虽有顺流水运之利，陆路却高山峡谷，崎岖盘折，飞阁险碥，极不易行。占全程三分之二的朝天镇至阳平关段，至今尚无简易公路的修筑。地形条件在三线中可以说最差。五丁关、金牛峡线，虽有金牛峡、五丁关、七盘岭、龙洞背等险段，但里距不长，山岭海拔不高，而玉带河、黄坝河、潜水河河谷，相对开阔平坦，形成宁强县、黄坝驿、神宣驿山间谷地，颇便于行。

从当地社会经济发展情况、旅途供应和安全保障条件看，不同历史时期三线的变化甚大，区别尤为明显。

西汉时期，金牛道北段经过的陕西西南、甘肃东南部和四川北部一带，属于人口稀少，经济落后，又为少数民族分布地区。东北起汉中郡的沔阳县，西南经剑阁至曾为广汉郡治所梓潼县近千里的道路间，只有白水和葭萌两个县级行政区居民点，而葭萌县又偏在剑门以东的嘉陵江河谷中，白水县同时又当从巴蜀北通武都、陇西等郡的大道。所以，结合上述道路夷险、修筑、通行、维护难易、物资供应和安全保障条件等，对联系汉中和巴蜀的驿道选择这么一条白水关线，就不会令人感到奇怪了。

三国两晋南北朝时期，县级居民点增加了剑门附近的一个汉德县。西晋灭亡后的东晋南北朝时期，南方的东晋、宋、齐、梁、陈，与北方的五胡十六国以及北魏、东魏、西魏、北齐、北周，南北东西分裂割据数百年，大巴山南北的汉江和嘉陵江上游地区，是南北交兵、互相争战的重点地区之一。北方势强，常越秦岭而南，取汉中，入剑门，下成都。南方势强，也常出剑门、取汉中、北窥关陇。而聚居于陇东南的氐族首领，这时也以仇池（今甘肃西和县南、成县西的大桥村）为中心，建立起断续三百年之久的几个地方政权，依偎于南北两大势力之间，伺机发展，扩大其控制范围。并曾多次东取汉中，南入剑门，北出祁山，威胁天水。在这种错综复杂的政治军事形势下，金牛道北段地区的重要性，突显提高。南北各政权为了争夺或巩固对这一地区的控制，竞相增设地方行政机构和军事设施。新的州郡县道、镇戍关隘，名目繁多，指不胜屈。隋代统一之后，逐渐省并。到唐代中期，曾为沙州及白水郡治所的白水城，也变为景谷县的县治，后来又被省废为白水镇。而在嘉陵江河谷中，则出现了一个利州益昌郡和绵谷县、益昌县、三泉县等一个州郡级和三个县级行政单位了。说明这时社会经济的发展和军事政治方面的优势，都已从白水河谷转移到了嘉陵江河谷。在这种情况下，就是没有隋文帝毁废通过白水关和小剑戍的驿道之举，汉中成都间的金牛驿道之必然会从白水河谷转移向嘉陵江河谷，也是没法扭转的发展趋势了。

至于金牛峡、五丁关至朝天镇沿线地区的情况，唐代以前，似不见一处有关

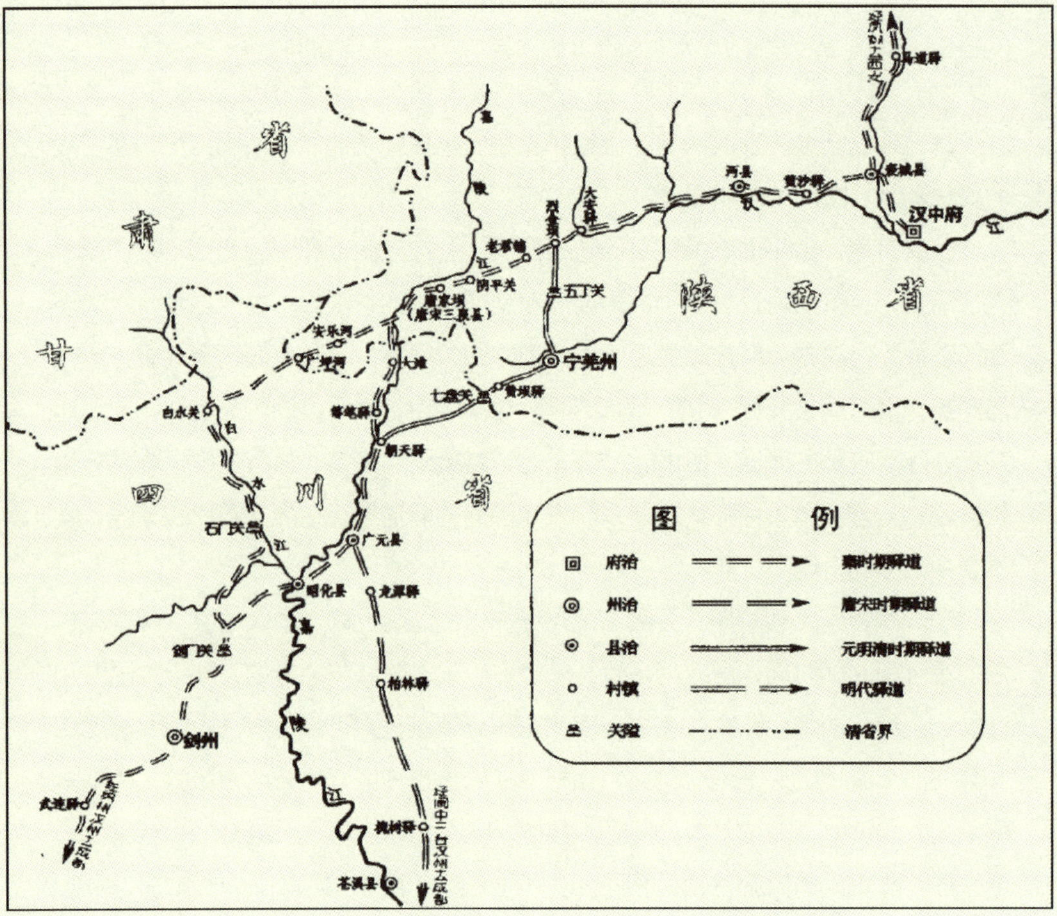

图 1 金牛道北段路线变迁示意图(依清代行政区划编绘)

地名。唐末五代之后，举子赴京考试来回，南北战争攻守迂回，均曾提及曾取道于这一地区的罗村，并有罗川路之名出现。可知当时此线已成汉中利州间的间道之一。但受到人们重视而列入地理图籍的地名，仍只有被称为龙洞的自然奇观，即今文家河，古称潜水从山下连穿三洞于朝天镇附近流入嘉陵江，而不见反映当地社会经济发展的记述。元代曾在这一带增设过一个名为镇宁的驿站，明初于此设立了一个相当于州级的军政机构宁羌卫，以及后来沿线出现的牢固关、五丁关、七盘关等关隘，都说明明代统治者对这一地区治安情况的重视。而宁羌卫在明代中期又增设高于县级的行政单位宁羌州，则反映了当地社会经济有所发展和人口日益增多的事实。于是唐宋金牛道上的大安州、三泉县都被废弃了。所以，此线在元明清时期所以能取代嘉陵江河谷线而成为汉中广元间的主要驿道，近捷和有利地形虽为主要原因，当地社会经济日益发展也是重要条件。因为前二者是早已存在的客观事实，而起了重要作用的正是唐宋以来当地社会经济的逐渐发展。

总之，历史上金牛道北段线路的变化，是人们长期实践优选的结果，其科学性、优越性已被现在科学技术证实，并得到了继承和发展。民国年间修建的川陕公路褒城广元段即全循元明清金牛驿道线修筑，新中国成立后新修的宝成铁路阳平关广元段则全循唐宋金牛驿道线。只是在广元以南，公路铁路均转向西南，越白水江，循清水河谷而行。至剑溪与清水河交会的剑门峡北口，公路折南进入剑门峡，即沿古代小剑城、大剑镇之间，南经剑阁、绵阳去成都，而铁路则继续溯清水河，即今下寺河河谷往西南，经江油、绵阳，会古道以去成都了。

（原载《中国历史地理论丛》2004 年第 2 期，原文有删节，本文已补齐）

元明清连云栈道创始于北魏迴车道说质疑

在穿越秦岭联系关中和陕南的诸多公路中，宝（鸡）汉（中）公路是兴修最早的一条。它是 1934~1936 年间修筑的，基本上沿着元明清时期从首都北京经陕西西安通向四川成都的国家驿道即陕西省宝鸡至汉中段。这段驿道当时被称为连云栈道，或称为秦栈和北栈道，以与基本上处于四川省境的金牛道，或称为蜀栈和南栈道相区别。

作为元明清时期国家驿道的一部分，连云栈道是在修筑了一段新线以连接秦汉时期从首都咸阳或长安（今西安市）南越秦岭，通往汉中的两条驿道——故道和褒斜道而形成的。汉代的故道是从长安经今凤翔、宝鸡，折西南循渭河支流清姜河谷（古称散谷）而上，越秦岭（此处秦岭正脊古称大散岭），顺长江支流嘉陵江而下，经凤县、徽县，折南到略阳，再转东南经勉县到汉中。由于谷道的北口秦汉时期设有一个陈仓县（位于宝鸡东郊），大散岭上又设置过一个大散关或称散关，所以故道也被称为陈仓道或散关道。汉代的褒斜道是由长安向西，经今户县、周至、眉县折西南，循渭河支流石头河（古称斜水）河谷向南转西，越五里坡（或称五里岭，古称衙岭山），顺汉江支流褒河河谷而下，经太白县、留坝县境和勉县的褒城镇（古为褒中县或褒城县）而南达汉中。连接故道和褒斜道而开辟的新线，则是北起故道上的今凤县凤州乡（唐宋凤州梁泉县治），东南越凤岭，经三岔、南星，越柴关岭，入留坝县城至武关驿镇，与褒斜道相合。然后沿褒斜道南段褒河河谷去汉中。由于这段新线连接故道和褒斜道而形成宝鸡汉中间的新驿道，在唐宋时期它也被称为褒斜道、斜谷道、斜谷或斜谷大路。为了便于区别，近来学者多称之为唐宋褒斜道，以与眉县汉中间的秦汉褒斜道相区别。而到元明清时期，它又取得了连云栈道这个专名。

如果对长安汉中间这三条驿道，即故道、秦汉褒斜道、唐宋褒斜道也就是元明清连云栈道进行对比，可以看出，在自然条件方面，可以说是各有千秋，优劣互见。故道史称“多阪，回远”，除大散岭外又有青泥岭等险峻分水岭，里程又最长，长达一千二百余里，其中谷道约占七百余里。不过嘉陵江及其支流的河谷颇多宽阔之处。秦汉褒斜道的里程约为七百五十余里，谷道约占四百七十里，中间只需翻一座被称为五里岭或五里坡的秦岭正脊衙岭山。但沿线峡谷险段甚多，道路维修维护不易。连云栈道里程九百三十余里，谷道约占五百里，不论总里程、谷道里程和道路的艰险程度都居于三线的中间。

但从社会经济发展情况和政治条件来看，则三线的区别就大了。连云栈道虽然仍居中流，却随着时代的演进，其优越性越来越明显。如故道线的陈仓、勉阳（治今勉县东旧州铺）间已有县级地方政区治所三处：故道（治今凤县西南张家窑杨家店间）、河池（治今徽县）、沮县（治今略阳东南）。而秦汉褒斜道的武功（治今眉县东）、褒中（治汉中北）间和连云栈道的陈仓褒中间，都没有一个县级地方政区治所。唐代故道线的宝鸡、西县（治今勉县西武侯镇）间共有州县治所七处：凤州和梁泉县治今凤州乡、兴州和顺政县治今略阳，黄花县治今凤县东北，两当县治今凤县西南，河池县仍沿汉唐故址。连云栈道线的宝鸡、褒城（今褒城镇南、汉中北）间设有州县治所三处：凤州和梁泉县、黄花县。而秦汉褒斜道的眉县（今眉县东北）褒城间仍然连一个县级治所也没有。清代故道线的宝鸡、勉县（今勉县西武侯镇）间有县级治所四处：凤县（治今凤州乡）、两当县、徽县、略阳县。连云栈道的宝鸡、褒城（治今褒城镇）间有两处：凤县（治今凤州乡）、留坝厅。而秦汉褒斜道的眉县、褒城间仍无一处。沿线所设州县行政治所的数目多，当然就能反映该处人口较多，生产发达，经济繁荣，政府统治力量也较强，对道路的修筑养护、往来人员的安全和供应，都能提供有力保证。正因如此，所以唐宋以后，连云栈道的作用和地位越来越显重要，终于发展到凌驾于西安汉中间其他各线之上，而成为西安汉中间，同时也是首都北京与四川成都间最重要的一条国驿大道。

至于连云栈道一名的由来，可能与“栈道连云”“栈道与云齐”“栈道连空，极天下之极险”等古代文人学士们的描绘、赞颂时隐时现、连绵于云雾缭绕的川陕深山峡谷之中、急流洪涛之上、悬崖峭壁之侧的众多栈道壮丽景色的动人文句有关。北宋石介《徂徕石先生文集》卷四《赴任嘉州初登栈道题姜潜之读易堂》诗中，就有“连云栈道”一词出现。但石介此次前去西蜀赴任，实取故道。这由文集所收前后诸诗提及宝鸡境的散关、略阳境的飞仙岭等地名可知。所以诗中所说的连云栈，当泛指故道及诸多蜀道上的栈道，而非专指唐宋褒斜道和元明清时期的连云栈道。也就是说连云栈道在唐宋时期可能还未成为宝鸡汉中间驿道的专名。但至少到元代，连云栈道已经成为宝鸡汉中间这段驿道的专名了。证据是明《永乐大典》卷一万九千四百二十六站部所引元人熊梦祥《析津志·天下站名》的宝鸡站后，有一个小字注释“九十（里）入连云栈”。

那么，这条连接故道北段和秦汉褒斜道南段，唐宋时期袭用褒斜道之名，而到元明清时又被改称连云栈道的新驿道，又是何时由何人主持开辟的呢？史籍未见明确记载。20 世纪 70 年代，严耕望先生撰《汉唐褒斜道考》（刊于《新亚学报》第八卷第 1 期），始据《魏书》卷八《世宗纪》和褒斜摩崖《石门铭》的记载，提出在距今 1500 年前的北魏世宗文成帝正始四年至永平二年（507~509）间，龙骧将军都督梁秦诸军事梁秦二州刺史羊祉，曾“别凿”一条名为迴车道的新线，北“由散关九道上梁泉东南之迴车戍”，“东南达褒谷。亦循谷而南，出石门，达褒中”，成为唐宋褒斜道和元明清连云栈道的前身。此说一出，学者响应，或更进一步补充论证，几成定论。但个人认为此说存在不少问题，似难成立。

与北魏迴车道一名相近，还有一个“回车路”的问题。《资治通鉴》卷一百六十五曾记南朝梁元帝承圣三年，也就北朝西魏恭帝元年（554），西魏丞相“宇文泰命侍中崔猷开回车路以通汉中”。虽然“迴”“回”二字音同意同，古今都可通用。但这个西魏回车路与北魏摩崖《石门铭》中两次提到的迴车一地无关，二者并非一事。分析《资治通鉴》关于回车路的记载，可能是依据《周书》卷三五《崔猷传》（《北史》卷三十二《崔猷传》略同）的如下记载改编的。

魏恭帝元年，太祖（指丞相宇文泰，北周代西魏后被尊为太祖文皇帝）欲开梁汉旧路，乃命猷督仪同刘道通、陆腾等五人，率众开通车道，凿山堙谷五百余里，至于梁州。即以猷都督梁利十二州、白马、傥城二防诸军事、梁州刺史。

查汉晋时期，从关中长安南越秦岭通往汉中和巴蜀的主要道路，先后有故道、秦汉褒斜道、傥骆道和子午道等多条。在三国和南北朝分裂割据时期，穿越秦岭的几条大道，却都既由于政治军事方面的原因而被人为阻截，又因自然方面原因而遭破坏。及至北朝的西魏丞相宇文泰攻占了汉中和巴蜀之后，遂又有派崔猷等修路之举。但他们所修的五百余里的车马大道，究竟是另开一条新线，还是修复了原来几条中的一条，修复的是哪一条？史无记载。《资治通鉴》把“通车路”改为“回车路”，不知何据。元人胡三省在为《资治通鉴》作注释说：“此特因旧路广之以通车耳，前史盖误以‘通’字为‘迴’字，传写者又去旁为‘回’也。”前史当然是指的《资治通鉴》。所言虽有道理，但也是推测之词，并未提供资料依据。

严耕望先生不同意胡三省的解释，而根据北魏褒斜摩崖《石门铭》和唐李吉甫《元和郡县图志》卷二十二山南西道凤州梁泉县迴车戍条的记载说：应作回车路，则《通鉴》“回”字不误，而《周书》《北史》“通”字乃臆改。还引用了清人贺仲瑊、蒋湘南编写的《留坝厅志》关于“西魏恭帝元年四月乐炽焚路，同年九月修复”的记载来说明。其实《资治通鉴》本文已明言此次乐炽起兵的地点在直州，即今石泉县东南汉江支流池河下游的池河镇。池河镇位于秦汉子午道的南口，并不在秦汉褒斜道上。所以宇文泰才命王雄率军“出子午道”南讨。王雄与乐炽的战事自然发生在子午道上，乐炽焚烧以拒王雄的栈道也只能是子午道上的栈道了。《留坝厅志》误把子午道上发生的事拉到留坝厅的连云栈道，严先生习而不察，误加引用，实无补于其“回”正“通”误之说。

既然《资治通鉴》对这次崔猷所修从关中到汉中的通车“旧路”的走向，以及为什么把它写作回车路都未做任何交代，而《周书》和《北史》也未对崔猷所开的“梁汉旧路”的走向，包括起讫地点、沿途经过的州郡县镇、山川、关隘的名称也全无记载，而从关中通往汉中和巴蜀的旧路又本有多条。而严先生在肯定崔猷等所开的可以通车的“梁汉旧路”就是北魏羊祉所修的廻车道，“《通鉴》回字不误，而《周书》《北史》通字乃臆测耳”时，也未举出任何资料，缺乏物证，自难令人首肯。

具体分析严先生关于北魏羊祉廻车道“非循褒斜古道”，而是“开新道取陈仓、散关大道，由梁泉南经廻车以达褒城”之说，其难以成立的原因，个人以为主要是下述两点：

第一，“开新道”说与当时摩崖石刻以及历史文献中“开创旧路”“开斜谷旧道”的记载相矛盾。

现在有关此次羊祉修路记载只有两则。一则见于褒斜摩崖《石门铭》，现存于汉中博物馆；一则是《魏书》本纪部分。本纪是正史中依年月日记载各朝皇帝在位期间全国发生的各种大事的。而《石门铭》则是由羊祉的下属梁秦点签王远执笔撰写的，专门论述羊祉此次修路的背景、目的、过程，并颂扬其修路功德的文字和实物，可以说是关于此次修路最详细、最直接的第一手资料。但上述两者都称此次羊祉所修的是“旧路”“旧道”。谨摘部分原文于下，以便后文分析论证。

（北朝魏世宗文成帝）正始四年（南朝梁武帝天监六年，507年）九月甲子，开斜谷旧道。（《魏书》卷八《世宗纪》）

此门盖汉永平中所穿，将五百载。世代绵远，戎夷递作，乍开乍闭，通塞不恒。自晋氏南迁，斯路废矣。其崖岸崩沦，涧阁堙褫，门南北各数里，车马不通者久之。攀萝扪葛，然后可至。

皇魏正始元年，汉中献地，褒斜始开。至于门北一里，西上凿山为道。峭岨盘迂，九折无以复加。经途巨碍，行者苦之。……三年，诏假节龙骧将军都督梁秦诸军事梁秦二州刺史泰山羊公建旟嶓漾，抚境绥边。……以天险难升，转输艰阻，表求自迴车以南，开创旧路。释负担之劳，就方轨之逸。诏遣左校令贾三德领徒一万人，石师百人，共成其事。三德巧思机发，精解冥会。虽元凯之梁河，德衡之损蹑，未足偶其奇。起四年十月十日，讫永平二年正月毕工。阁广四丈，路广六丈，皆填溪栈壑，砰险梁危。自迴车至谷口二百余里，连辀并辔而进。往哲所不工，前贤所辍思，莫不夷通焉。王生履之，可无临深之叹；葛氏若存，幸息木牛之劳。……壮矣！自非思埒班尔，筹等张蔡，忠公忘私，何能成其事哉！乃作铭曰：

兹岩乃穴，肇自汉皇；导此中国，以宣四方。

其功伊何？既逸且康。去深去阻，匪阁匪梁。……

穹隆高阁，有车辚辚。咸夷石道，驷牡其駰。

千载绝轨，百辆更新。敢刊岩曲，以纪红尘。

（北魏摩崖《石门铭》，载《汉魏十三品》，陕西人民美术出版社，1988 年，第 172 ~ 251 页）

上述可靠历史文献和文物资料不仅明确指出，此次羊祉“开创”的是秦汉时期的“斜谷旧道”，而且还可以进一步说明，这条秦汉褒斜旧道，在褒斜石门附近有上下两条路线同时存在：一条是从下面通过石门洞的木质傍崖低平栈阁桥道；一条是主要攀越石门洞以上七盘山顶的陡峭盘山土石碥道。在通过石门洞的桥阁栈道畅通时，人们当然乐于选择低平易行的桥阁栈道。而在石门洞开通以前和石门栈阁堙塞毁坏时期，人们就只有不辞辛劳，攀越高险而漫长的七盘山土石碥道了。

“自晋氏南迁，斯路废矣”的“斯路”，当然是指的秦汉褒斜道，包括石门栈道和七盘山碥道。但也不能说上述两条路线已经全废。通过石门洞的栈阁“旧道”虽然是“崖岸崩沦，涧阁堙褫”，但也只是“门南北数里车马不通”而已，一般轻装行人，“攀萝扪葛”，还是可以通过的。而七盘岭上的土石碥道，除了因对立割据政权政治军事方面的限制外，单身轻装行人当然也是可以勉强通行的。

《魏书》卷七十一《夏侯道迁传》所记先前曾经背魏降梁，被任命为南朝梁的梁秦二州长史兼汉中太守的夏侯道迁，又叛梁降魏，曾“遣黄甫选由斜谷道以事启闻”就是明证。因为这里所说的“斜谷道”就是秦汉褒斜道。而黄甫选作为夏侯道迁的使者循秦汉褒斜从汉中前往北魏首都洛阳汇报，当然不会是一人独行，而是有大批随从的。

“汉中献地，褒斜始开”，反映在夏侯道迁叛梁降魏之后，秦汉褒斜道就即刻得到了一定程度的整治、修复。而首先被整治的对象就是七盘岭上的盘山土石碥道，而不是通过石门洞的桥阁栈道。正因通过秦汉褒道上的七盘山碥道已经有了相当程度的修复。所以，以北魏刑部尚书而被任命为使持节都督征梁汉诸军事、征西将军邢峦所统帅的魏军主力，才得以比较顺利地通过秦汉褒斜道驰援汉中。并进而指挥统军王足、龙骧将军羊祉等从汉中南下，克剑门，围涪城（今四川绵阳），一度夺取了南朝萧梁的巴蜀十二郡，南北千里、东西七百余里的土地（《魏书》六十五《邢峦传》）。

由于未经整治的通过石门洞的低平桥阁栈道“车马不通”，整修后的七盘山碥道仍然是“峭岨盘迂，九折无以复加”，成为“经途巨碍”，致使“转输艰阻”。所以继任梁秦二州刺史的假节龙骧将军都督梁秦诸军事的羊祉才进而“表求自迴车以南，开创旧路”。也就是整治修复通过石门洞的低平桥阁栈道，使之成为可以通行车马的宽平大道，以“释负担之劳，就方轨之逸”，便于物资转输。

结果在羊祉和贾三德的领导和主持下，经过“石师百人”“徒一万人”，一年零四个月的辛勤劳作，“填溪栈壑，砰险梁危”，修建成“从迴车至谷口二百余里”，“阁广四丈，路广六丈”的木架桥阁栈道与土石碥道相配合的宽平车马大道。在记述羊祉修路的背景、目的和过程之后，进而着重赞颂这次重修工程解决了许多“往哲所不工，前贤所辍思”的难题，使“千年绝轨”的秦汉褒斜道一改旧观，面貌全新。一批一批成百辆满载着盐铁、纨锦等物资的大车，在宽阔平整的木阁石道上顺利通过，取得“四民富实，百姓息肩”的效果。还称如果汉代的王阳经过此地，也不会像他面对西蜀九折坂时那样，畏难而退；如果诸葛亮复生，也不再需要为运输军用物资而劳心苦思，去制造木牛流马等交通工具了。既

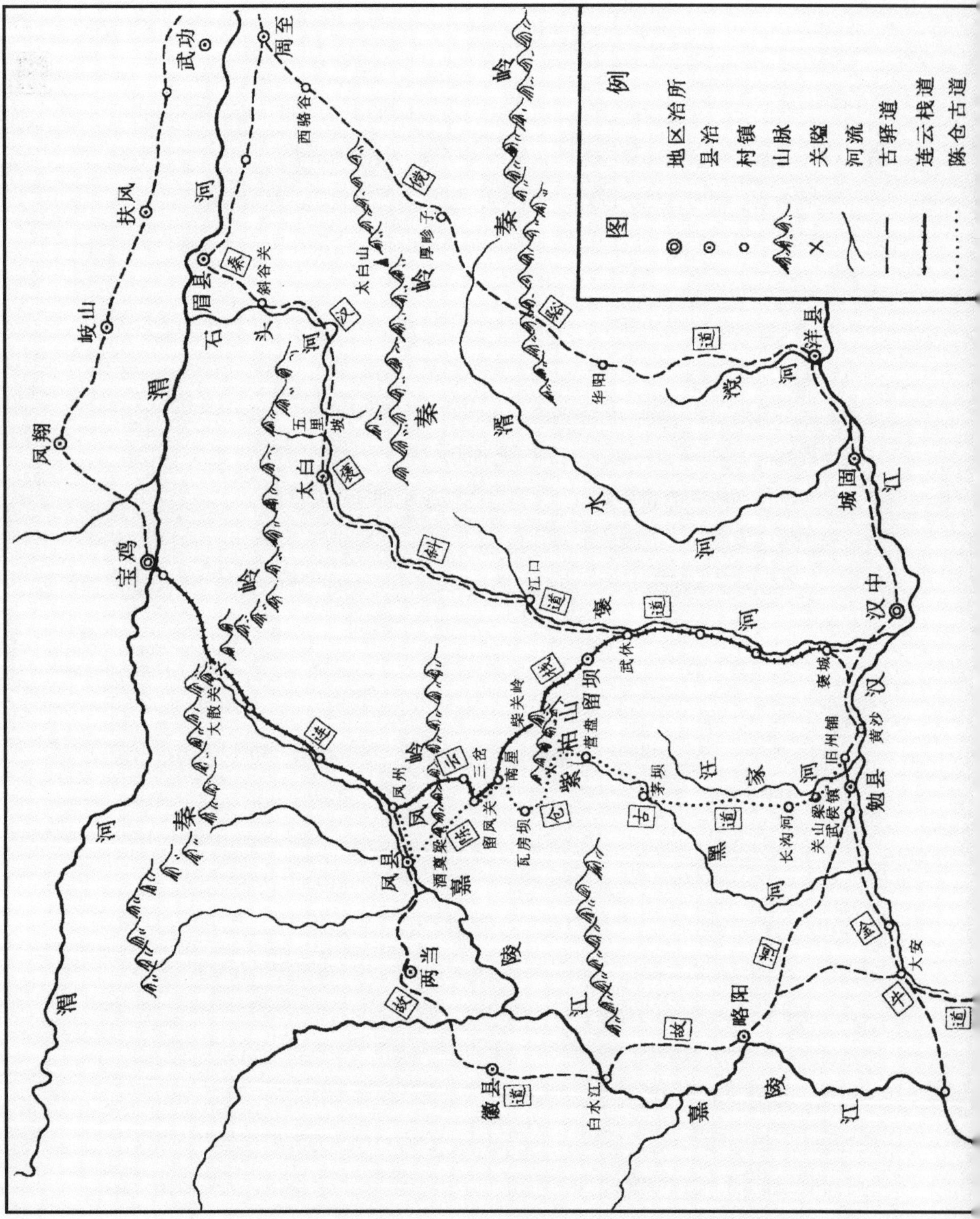

图1 元明清连云栈道与故道和秦汉褒斜道关系示意图

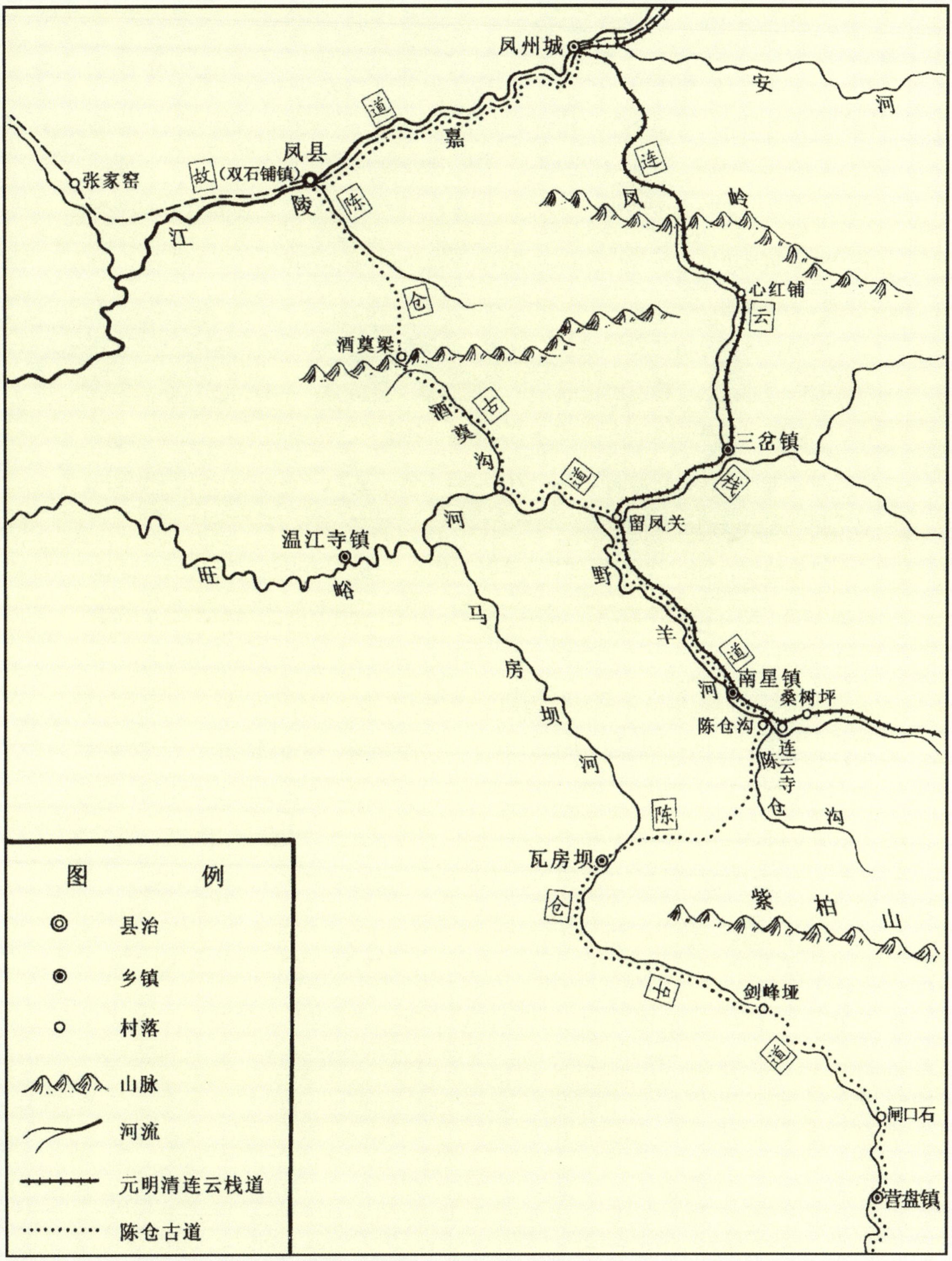

图2 陈仓古道与元明清连云栈道重叠示意图

特别赞美贾三德的巧思绝技，超过了曾经创建黄河洛阳大桥的西晋杜预，曾经改良织机的三国马衡，以及古代的能工巧匠、科学技术发明家鲁班、王尔、张衡、蔡伦等，又着重称颂主持修路全局的羊祉的“忠公忘私”，与他的祖先西晋名臣羊祜一般受人景仰。甚至把羊祉此次修路之功，比作大禹凿龙门以治洪水，汉帝开石门以通蜀道。

但是，认真分析《石门铭》的内容，通篇都是关于秦汉褒斜道南段石门洞一带桥阁栈道的重修、修复的记载，并无脱离秦汉褒斜道。在秦汉褒斜道线路以外的一个名为“迴车”的地方，“别开”一条“新道”，以通向故道，或称陈仓道、散关道，造成秦汉褒斜道的改线，改出一条“迴车道”，成为以后的唐宋褒斜道，或元明清连云栈道前身的内容。

还应注意，在古代记述道路修筑时，如果是废改旧线而另修新线，鲜有不特别标明“新”字的。如唐宣宗大中年间，山南西道节度使郑涯（或误作渥）奏准兴修一条从汉中北经汉水支流文川河谷和渭水河谷，连接秦汉褒斜道以通长安的文川谷路。著名文学家孙樵曾为此撰写《兴元新路记》（见《全唐文》卷七百九十四）。郑涯和凤翔节度使李玭联合上奏皇帝，报告修路大功告成的奏疏中也说“准敕新开文川谷路”，都特别标注一个新字。北宋仁宗至和年间，主客郎中利州转运使李虞卿奏开白水江路，以代替故道青泥岭段的攀山险路，雷简夫为作《大宋兴州新开白水江路记》，立碑志盛。碑额篆书《新修白水路记》，一文二题，特标两个新字。不仅改线要标明“新修”“新开”，就是不改线而仅重修、整修工程，也不乏标以新字的例子。因为不论重修或修复，与先前的创修、始修，甚至重修、修复、修整相比，也都已是后来的事，也都是此新彼旧，一新一旧。唐文宗开成年间，山南西道节度使归融大修辖境内从散关到剑门关的川陕驿道，著名文学家刘禹锡为作《山南西道新修驿道记》（见《全唐文》卷六百六），就是一例。因为记文中曾明言，归融到任之后，“咨于群执事，求急病者先之。咸曰：华阳黑水，昔称丑地。近者尝为王所，百态丕变。人风邑屋与山水，俱一都之会，自为善部矣。惟驿遽之途，欹危隘束，其丑尚存。使如周道，在公颐指耳”。于是归融遂定修路之议，其后“因年有秋”而兴工。工程的内容自当是就旧有驿道加以改善，记文中也并未言及改线，却也标明一个新字，古今读者也都不以这个新字为非。所以，如果此次北魏羊祉重修秦汉褒斜道时，确实脱离旧道而另辟新线，以连接故道，作为下级的王远撰写颂扬羊祉修路功德和贡献的《石门铭》摩崖中，有可能一字不提吗？有可能仅以“开创旧路”实行淡化、加以贬低吗？连修复秦汉褒斜道南段石门洞一带的旧路，《石门铭》都美之为“开创”，对另开新路，《石门铭》怎可能匿而不书呢！

第二，将迴车定位于梁泉县以南六十里，远离秦汉褒斜道一百五十余里（清代驿递里程）的今凤县三岔镇一带，无确证，问题大。

既然北魏羊祉此次修筑的是秦汉褒斜旧道，则距褒谷口以北二百余里的迴车这个地方，自然应该位于秦汉褒斜道旧线上，本是无可置疑的事。正是因为它位于秦汉褒斜道旧线上，所以在羊祉修复了从谷口通过石门洞以至二百余里，包括“阁广四丈，路广六丈”的秦汉褒斜旧道后，才使得“驷牡其骃，百辆更新”，轻车急使和载重辎车，都能“连辀并辔而进”，通过秦汉褒斜道而安抵汉中。如果迴车不在秦汉褒斜道旧线上，而在远离秦汉旧道一百五十多里的今凤县三岔镇附近的话，北去梁泉县城还有五六十里路程，而且基本上是一座海拔高程近两千米的凤岭两侧的坡道、盘道，羊祉是如何修成可以并行两辆大车的道路以利转输的呢？《石门铭》摩崖中怎么一字未提呢？如果不修这段翻越凤岭的道路，被严先生称为另开辟的新线迴车道，又是如何完成，通往梁泉县与故道相连接的？如果要修这段新线，其需要施工的困难程度，不是要比整修石门洞上海拔高程约千米的七盘岭线的难度更需加倍吗？而羊祉和贾三德当是考虑到凿修翻越七盘岭的通车大道更为困难，才决定整修通过石门洞的木质桥阁栈道和土石碥道，来贯通秦汉褒斜道的。怎么可能在避开了整修七盘岭车道的困难，重修了通过石门洞的可通车马的秦汉旧路以后，再去另修一条比修筑七盘岭越山车道困难加倍的翻越凤岭的车道呢！

具体考察严先生关于迴车路应在梁泉县南六十里今凤县三岔镇附近的论证，更深感其证据不足，缺乏具体的历史资料。

严先生首先引用了唐人李吉甫《元和郡县图志》卷二十二山南西道凤州梁泉

县的迴车戍条说：“迴车戍，在县西北六十里。梁太清五年，西魏遣雍州刺史达奚武为大都督，及行台杨宽率众七万，由陈仓路，取迴车戍，入斜谷关，出白马道，谓此也。”除前述《石门铭》外，这是现存有关迴车戍的最早、最重要的史料。接着严先生又介绍了宋乐史《太平寰宇记》和清初顾祖禹《读史方舆纪要》等与《元和郡县图志》内容略同的记载，不过“县北六十里”分别变成了“县南一百六十六里”和“县南一百六十里”了。严先生就此作出结论说：《元和郡县图志》“云西北显误，当从《太平寰宇记》，‘作南为正’”，却并未提供可以证明先出的“西北”说错误，而后出的“县南”说正确的任何资料依据。接着严先生又指出关于迴车戍距梁泉县的里数，“西北”说和“县南”说之间“有一百（里）之差”。遂以《元和郡县图志》和《太平寰宇记》都说凤州汉中间驿路三百八十里，汉中褒城间三十三里，而《石门铭》称“迴车至谷口三百余里”，得出“迴车至梁泉县应以六十里为正，《寰宇记》《纪要》皆误”的论断。实际上严先生所根据的《石门铭》旧拓本和录文的“三”字是“二”字之误，现存于汉中博物馆的《石门铭》摩崖原刻和新拓本照片，“二”字尚清晰可辨。因而严先生关于迴车戍距梁泉县的里数“应以六十里为正”的论断，也就难保其正确了。

更为严重的问题是，严先生是把北魏《石门铭》中的迴车与西魏达奚武、杨宽等夺取南朝汉中时所经过的迴车作为一地，来论证迴车戍的定位的。而它们是否确为一地，是否同在一条道路上，却都是并无确切史料可以证明的事。细考达奚武、杨宽等南攻汉中之战，《周书》《北史》的《文帝纪》《达奚武传》《杨宽传》《王悦传》和《资治通鉴》等书，此次进军经过的地点有散关，而主要战地是武兴（今略阳）、白马（今勉县武侯镇）和汉中等地，三地都位于故道上，而不在后来的唐宋褒斜道或元明清连云栈道上。所以把迴车戍定位于故道上的梁泉县西北倒有其可能性，定位于唐宋褒斜道、元明清连云栈道上的梁泉县东南，就不大可能了，绕道太远，不是通向汉中以西的白马而是通向汉中以北的褒城了。

而且，作为一个地名，迴车、斜谷等也都非一地所独有，异地同名的现象相当普遍。除《石门铭》中的迴车、《元和郡县图志》等书中的迴车外，《魏书》卷六十五《邢峦传》称其部属统军王足从汉中南攻巴蜀的途中，还曾攻取过一个迴车栅。北魏皮豹子从关中取故道，出散关，南攻仇池（今甘肃西和县南）时，史称其“出斜谷，扼白马之险”（《魏书》卷五十一《皮豹子传》、《宋书》卷九十五《索虏传》）。北魏元英从仇池取故道东攻汉中，史称其“通斜谷”，连克角弩、沮水等戍（分别位于略阳东北和东南），“围南郑”，即汉中（《魏书》卷十九《元英传》，《南齐书》卷五十七《魏虏传》）。而角弩、沮水、白马也都是故道，而非唐宋褒斜道、元明清连云栈道上的要地。另据清代有关地方志的记载，位于故道线的凤县近郊，也还有一个斜谷。所以严先生把达奚武、杨宽取故道攻汉中经过的斜谷关定位于唐宋褒斜道也就是元明清连云栈道的“武休关地区或其西北”，也并不恰当。

正是由于上述原因，个人认为严先生北魏羊祉在梁泉褒城间开辟一条经迴车以连接故道和秦汉褒斜道的新线，这条被称为迴车道的新线就成为唐宋褒斜道、元明清连云栈道的前身的说法，是难以成立的。如果非要把北魏羊祉此次所修的栈道命名为迴车道的话，迴车道也只能是秦汉褒斜道的一段，从褒谷口至迴车间二百余里的南段。

当然，在讨论迴车路的问题时，我们也应当了解、体谅，严先生所以作出这种结论，是与其所根据的历史资料：《石门铭》摩崖旧拓本及其录文，存在着严重错误有很大关系。作为北魏羊祉修路最详细、最准确的第一手资料的《石门铭》摩崖，原来刻于褒谷幽暗阴湿的石门洞内。石面本来就凹凸不平，且有裂纹。限于客观条件和当时的工艺水平，刻字前未能将石面清理平整，文字笔画的深浅宽窄亦自然难以处理得当。再加年深月久，自然风化，人为破坏，以致有关拓片中颇多字迹模糊难辨，甚至部分残破乃至整字缺失的情况，有关录文或由于误判、臆补而产生严重错误。如开创旧路的“旧”字误判为“道”字，迴车的“车”字误判为“万”字，二百余里的“二”字误判为“三”字，石师误判为“将帅”，门南北各“数里”误判为“数十里”，百辆误判为“百两”等。严先生所根据的拓片和录文，亦大体如是。尤其是“旧路”误为“道路”，“二百里”误为“三百里”，对严先生将迴车定位于梁泉县南六十里的唐宋褒斜道、元明清连云栈道上，而否定其应位于秦汉褒斜道旧线上，并因而力主羊祉修路为别开新线，断言《魏书》所说“开斜谷旧道”之言“实误”等，确实起了极为重要的作用。现在，保存于汉中博物馆中的《石门铭》摩崖原石上，“开创旧路”的“旧”字，其中部的“隹”字和下部的“旧”字，都依稀可辨，“自迴车至谷口二百余里”的“二”字，以及两次提到的迴车的“车”字，都极为清晰。先前影响严先生的《石门铭》摩崖的旧拓本及其录文，不会再影响我们和后人了。

既然严先生关于北魏羊祉所修的迴车道为连接故道上的梁泉和秦汉褒斜道上的武休关的驿道新线为唐宋褒斜道和元明清栈道的前身，而非秦汉褒斜道旧道，非其南段的说法，与严先生所根据的《石门铭》旧拓本及其录文存在的错误有关，现在，拓本和录文中的主要错误均已经查核《石门铭》摩崖原石而得到改正，严先生的论断与历史实际不符，难以成立。值得注意的是，学者们仍多沿其说，甚或另出新意，为之弥缝。如提出西汉刘邦韩信从汉中出兵北定三秦时，曾“明修栈道，暗度陈仓”。其进军路线是从今勉县东旧州铺向北，取“陈仓古道”，经今凤县以南南星镇附近的陈仓谷口（或称在连云寺，或称在桑平铺。连云寺为清代出现的地名，在陈仓沟口东南一里，连云寺南一二里有桑树坪村，可能即明代的桑平铺所在，铺系古代政府为传递文报而于大道上设置的交接点，一般十里二十里设一铺）。再由陈仓沟口转向西北，出散关，入关中，灭三秦。于是就把秦汉褒斜道上的迴车定位于南星镇附近的陈仓。这样一来，北魏羊祉从褒谷口修路至陈仓，就可以接上刘邦韩信北定三秦时所走的“陈仓古道”，而不需要另修新路。因而其北魏迴车道为唐宋褒斜道和元明清连云栈道前身说的一个大缺陷，就可以得到弥补了。

但是，这种补充论证，也存在一系列严重问题，实无助于严先生北魏羊祉创修迴车道为唐宋褒斜道、元明清连云栈道前身说的确立。试分析其问题如下：

第一，还是迴车与秦汉褒斜道的关系问题。如果持此论者不能举出确切有力的史料，证明《魏书·世宗纪》“通斜谷旧道”和《石门铭》“开创旧路”的两个“旧”字都是“误书”，也就无法证明迴车一地根本不在秦汉褒斜道上，而可能位于远离秦汉褒斜道百余里的另一个地方的话，其说也就失去了存在的可能。

第二，是关于迴车一地的具体定位问题。持此论者根据《太平寰宇记》迴车戍在梁泉县南一百六十六里的记载，将《石门铭》中的迴车定位在元明清连云栈道上的今凤县南星镇附近的陈仓沟口，其里距与唐宋以来有关地理图籍的记载均不相合，相去甚远。如前引唐《元和郡县图志》称迴车戍在凤州梁泉县东北六十里，二者相矛盾，方向里距均不相合。宋代《太平寰宇记》等书记迴车戍在凤州梁泉县南一百六十余里，凤州距汉中兴元府三百八十里，汉中褒口间约四十里，褒口武休关间一百五十里，则联系凤州梁泉县至武休关间的驿道就只剩下一百九十里了。如果再减去《太平寰宇记》所说的梁泉迴车戍间的一百六十六里，则迴车戍与武休关间只剩下三十余里，当位于今留坝县以南了。而据清代驿递里程，南星至武关驿间是有一百五十余里路程的。元代《析津志·天下站名》记陈仓站在凤州站以南七十五里，比《太平寰宇记》所言一百六十六里少了九十余里。明代儋漪子《天下路程图引》记凤县至南新店儿（清代改称南星镇）间的驿程一百里，比一百六十六里少六十六里。清代雍正《陕西通志》驿递门记凤县南星间里程为八十五里，与一百六十六里也少八十多里。所以，虽然各代关于凤州南星间里程的记载有十里二十里的出入，但都不似与《太平寰宇记》所记那样，相差竟至三分之一、二分之一以上。

第三、持刘邦韩信北定三秦取陈仓古道说者对陈仓古道开辟创筑的情况毫无交代，而其北段的走向也与连云栈道有出入。陈仓古道一名大致出现在元代，元杂剧《韩元帅暗度陈仓》中曾特别解释说，韩信“明修”的是“八百里连云栈”，而“暗度”的则是“陈仓古道”。但却对这条陈仓古道的具体线路，如起讫地点，经过的山川关隘、县镇村落，未作任何交代。明清时代的地理图籍，始有零星的介绍。其走向大致是从汉中西北的勉县旧州铺向西北，越王家河谷，折北攀关山梁（当即古百丈坡），溯黑水河谷上游，过留坝县营盘镇、闸口石，折西北，越紫柏山支峰剑锋垭，顺瓦房坝河谷西绕北折，转东北至陈仓谷口，再折西北经南星镇、留凤关、酒奠梁至凤县，又折东北顺嘉陵江河谷至凤州乡。全长约四百里，谷道约三百里。其中从陈仓沟口至留凤关一段与元明清连云栈道重合，而从留凤关至凤州间翻越凤岭一段，则与元明清连云栈道稍有距离。这就给持刘邦韩信北定三秦取陈仓古道说者、给严先生北魏迴车道为唐宋褒斜道、元明清连云栈道说所作的弥补出现漏洞。即北魏迴车道留凤关以北的线路如循陈仓古道，经酒奠梁，则凤岭线又是何人、何时、为何而修？如取凤岭线，则陈仓古道并未能为北魏迴车道弥补上其北段无创修开辟记录的缺陷。再进一步说，既然刘邦韩信北定三秦取陈仓古道，自是陈仓古道在刘邦韩信北定三秦以前就已存在。但这条大致应与北魏迴车道规格相似，可供十万大军顺利通过的三百余里车马大道，又是在何时、由何人、为何而创建开辟的却不见记载。如果是刘邦韩信专为北伐三秦而兴修，则刘邦于其被封汉王的元年四月从关中去汉中之国，五月就与韩信统兵北伐，一月之间，如何能完成如此浩大艰巨的工程？而且史籍也根本没有刘邦为出攻三秦而先修此路的记载。

第四、刘邦韩信“明修栈道，暗度陈仓”的说法实出于宋代说唱文学话本的渲染、演绎，并非历史事实，拙文《凤县陈仓沟和韩信北定三秦的路线问题》（载《西北大学学报》社科版，1985 年第 3 期）已有所论述，兹不具赘。元杂剧《韩元帅暗度陈仓》中解释说，当时“明修”的是“八百里连云栈”，而“暗度”的是“陈仓古道”，其本身就包含着矛盾和问题。因为元明清时期的连云栈道、唐宋褒斜道严先生认为即为北魏羊祉所开的迴车道，而它与陈仓古道的北段相距甚近，而其陈仓沟至留凤关间甚且重合。如果在连云栈道这些路段上“明修栈道”，同时又要在这些路段上行军，怎能达到“暗度”的目的呢！

具体审视连云栈道凤州武休关段和陈仓古道上的地名，唐代以前两条路线上连一个地名也不见。唐代《元和郡县图志》凤州梁泉县南只见一个因三棵古柏而得名的长松山，距城三里，却未交代它是否位于唐宋褒斜道上。宋代《太平寰宇记》始称凤州梁泉县南有个迴车戍，方位和里距都与《元和郡县图志》不同。元代《析津志·天下站名》中记载了这段线路上设有三岔、陈仓、柴关等站，《元史》的顺帝纪中有记载曾在这段线路的留坝镇设过一个留坝巡检司，却都没提陈仓古道之事。明代连云栈道上增加了松林驿、安山驿（今留坝县）、废丘关、南新店儿、桑平铺。黄汴《天下水陆路程》卷一《北京至陕西四川路》后的说明中，特别介绍说：“四川至陕西，一由连云栈，一由陈仓，即韩信暗度者，道在凤县南一百里，桑平铺而入，至沔县百丈坡而出。路长二百余里，今荒塞不通，非今之陈仓驿（在今宝鸡——引者）。百丈坡至沔县二十五里。”王士性《入蜀记》亦称“发三岔三十里……午抵陈仓口，路险峨，仅容单人。西行二百余里，可径达沔之百丈坡。韩淮阴‘明修栈道，暗度陈仓’者也”。《读史方舆纪要》卷五十六凤县桑平铺条亦引“《舆程记》曰：在县南百里，此为古陈仓道。”废丘关的得名当源于元杂剧《汉公卿衣锦还乡》中萧何吹他推荐的元帅韩信“用兵有法”，“明修栈道，暗度陈仓”，“席卷三秦，水淹废丘”。但是当时作为三秦之一的雍王章邯，其都城废丘实在今兴平市南，不在秦岭深山之中。而南新店儿，当为明时傍驿道而兴起的可供行者休息食宿的居民点，到清初就被音转雅化为南星镇并设置了巡检司。作为驿站递铺地名，清代凤县武休关间已增加十五处，而另外与陈仓古道有关的地名也增加了陈仓山、汉王山、项王山、废丘山、酒奠沟、酒奠梁、酒奠凹以及樵夫墓、陈仓古道碑、对面陈仓道碑、项羽封章邯碑等众多人文景观，还有汉王山的白皮松为汉王后宫脂粉所染等故事传说。全然不顾项羽封章邯等十八王系在临潼附近戏水之滨的鸿门，废丘本在兴平之南，韩信背楚归汉系与汉军同循子午道南下，并无在连云栈道和陈仓古道交会处问道斩樵夫之事。如果用这些宋代说话人渲染演绎出来的“明修栈道，暗度陈仓”的故事附会编造出来地名，来论证两千多年前就已在秦岭深山之中开辟创筑了这条三百多里的陈仓古道，韩信刘邦率领的十万大军就是从这条陈仓古道北定三秦的，岂能令人信服?

第五、刘邦韩信从汉中北定三秦的进军路线实为故道而非陈仓古道。关于刘邦韩信北定三秦进军路线和过程，《汉书》卷一《高帝纪》称：“汉元年四月，诸侯罢戏下，各就国。……汉王既至南郑……五月，汉王引兵从故道出袭雍。雍王章邯迎击汉王陈仓。雍兵败走，战好畤，又大败，走废丘。汉王遂定雍地。……围雍王废丘。”褒斜摩崖《石门颂》则有“高祖受命，兴于汉中，道由子午，由散入秦”之言。这里的散关、陈仓都是故道北段的地名。而故道，则既是一条道路名称，又是一条水名（嘉陵江上游），还是秦汉时期一个县级政区及其治所的名称。作为当时县级政区的治所，唐张守节《史记正义》引《括地志》说：“凤州两当县，本汉故道县，在州西五十里。”清王谟《汉唐地理书钞》辑唐梁载言《十道记》卷上称：“故道，今两当县是。”宋《太平寰宇记》卷一百三十四山南西道凤州两当县条说："两当县，本汉故道县也，属武都郡。《汉书》曰：高帝引兵从故道出袭雍，谓此也。"同卷梁泉县条也说："梁泉县，本汉故道县地。故道县，两当县是。"而唐宋时期的故道县治，清代地方志和凤县文物部门均称在今凤县西南与两当县交界处的张家窑、杨家店间，处于嘉陵江支流红崖河下游河谷中。所以，不论从水、从陆，还是从县级政区治所来理解，刘邦和韩信北定三秦的进军路线，都应该说是循故道，而不是循陈仓古道。

既然刘邦韩信北定三秦是从故道进军，而不是从陈仓古道，人们也举不出任何史料说明陈仓古道在刘邦韩信北定三秦以前就已存在，陈仓古道上的地名又多是元明清时期的人们根据宋代说书人"明修栈道，暗度陈仓"的演绎附会编造的，与历史事实不符。而且陈仓古道的北段线路又与元明清连云栈道相近，甚至有部分线路重叠，致使"明修"和"暗度"地点相近，甚或可能是同一地点，必然产生矛盾。所以，提出把迴车戍定位于凤县南星镇附近的陈仓沟口，韩信刘邦北定三秦取陈仓古道的说法，来为严先生北魏羊祉所开迴车道为唐宋褒斜道、元明清连云栈道前身的说法为之弥缝，也是徒劳无益，不能成立的。

至于元明清连云栈道、唐宋褒斜道到底是由何人主持、于何时开辟的，目前史学界尚未得出答案。但是，大致可以说，在唐朝初年它可能已经存在了。可以作为旁证的是，作为唐初四杰之一的诗人王勃曾出游西蜀，事后并辑其旅途诗作为《入蜀记行诗》一卷。书已不存，而序言仍在。序中有"（唐高宗）总章二年五月癸卯，余自长安观景物于蜀。遂出褒斜之隘道，抵岷峨之绝境。超元溪，历翠阜，追弥月而臻焉"（《全唐文》卷一百八十）等语，明言其取道褒斜。查现存王勃诗，仍有《扶风昼届离京浸远》《散关晨度》《晚留凤州》诸题，始平即今兴平，扶风今仍为县，散关位于今宝汉公路的秦岭之巅，凤州在今凤县凤州乡。它们都是故道和唐宋褒斜道、元明清连云栈道及其延长线上的地名，与秦汉褒斜道并无关系。而王勃又明言他前往西蜀是取褒斜道。这样，我们自然可以说这时唐宋褒斜道已经存在，从故道北段的凤州梁泉县到秦汉褒斜道南段武休关间的连接线已经被开辟、被创建了。

（原载《历史地理》第 21 辑，上海人民出版社，2006 年）

试论蜀道北段的陈仓古道

在蜀道北段，陕西关中、汉中间的众多谷道中，有一条被称为陈仓古道或陈仓故道、古陈仓道的谷道。其走向大致是从今陕西省汉中市勉县以北的关山梁（古称百丈坡）向北，溯汉江支流汪家河、黑河（古称度水和沮水）上游河谷，经两河口、秧田坝、汪家河、高平场、茅坪、火烧关、营盘（古称铁炉川）、闸口石，转西北越剑锋垭，顺瓦房坝河谷经大石崖、瓦房坝，再折东北越分水岭，顺白岩河（古称陈仓沟水）河谷至陈仓沟口，渡野羊河至连云寺村。或再折西北顺野羊河河谷过南星、废丘关、酒奠凹，越酒奠梁，至凤县县城双石铺镇。然后再折东北顺嘉陵江上游（古称故道水）河谷折东北，经凤县、宝鸡、凤翔以去西安。

这条从关山梁到陈仓谷口，或再延长到双石铺的道路之所以被称为陈仓古道或陈仓故道、古陈仓道，当然是为了与陈仓道相区别的。而人们通常所说的陈仓道，则是指从汉中市向西，经勉县、略阳、甘肃徽县、两当及陕西凤县，越秦岭以达宝鸡、凤翔、西安的。在古代以西安、洛阳为首都的秦汉、隋唐时期，它是中央与西南广大地区联系的主要驿道之一。然而，以陈仓道作为这条驿道的专名，还是存在着某些缺陷或不够周严之处的。一方面，这条驿道所以被称为陈仓道，是由于在其北端入山口附近曾经设置过一个陈仓县（治今宝鸡市东郊）。可是又因为它的北段要翻越秦岭正脊大散岭，古代在岭上设置过一座大散关，所以它又被称为散关道。还因为它的大部分线路是顺嘉陵江上游河谷而行，所以又被称为故道。这就是说，这一条道路有三个不同的名称。另一方面是，后来由故道北段连接秦汉褒斜道南段而成的唐宋褒斜道，也就是元明清时期的连云栈道，其北端的入山之口也在陈仓县境，也要翻越大散岭、过大散关，也有相当长的一段线路顺嘉陵江上游河谷而行，也被有的人称为陈仓道、散关道和故道。这就又出现了两条道路、两个地理实体同用三个名称的现象。一条道路三个名称再加上两条道路同用三个名称的复杂混乱的现象，当然不符合地名应为专名，作为专名应当尽量避免一地多名、多地重名的命名原则，同时必然又会给人们造成认知方面的困惑，并带来诸多不必要的麻烦和不应有的损害。所以严耕望先生在所著《〈通典〉

所记汉中通秦川驿道考》讨论这条驿道时，特别在标题之后附加了一个副标题，称它为“散关、兴、凤、汉中道”。可这个名称又忽略了其北端的一个重要地理实体——陈仓。

单从字面上看，陈仓古道、陈仓故道和古陈仓道等名称，它所代表的是地理实体、一条道路，其被开发利用的时间好像要比陈仓道早。但实际上，不论从其名称还是从这条道路来说，它所出现的时间都比陈仓道要晚许多。陈仓道也就是故道，是古代西安汉中间被开发利用时间最早的谷道之一，在先秦时代就已经出现了。而陈仓古道、陈仓故道和古陈仓道等名称的出现，据我所知，则是元代及其以后的事。宋代民间说唱文学《前汉书评话》和元杂剧《汉公卿衣锦还乡》中，虽都曾一再提及刘邦韩信从汉中出兵北定三秦时，曾有“明修栈道、暗度陈仓”之举。但还未出现陈仓古道、陈仓故道和古陈仓道等名称。而在杂剧《韩元帅暗度陈仓》中，不仅“明修栈道，暗度陈仓”之语被重复了数十次，陈仓古道一名也出现了十几次。而且，全剧描绘的整个战役都发生在连云栈道一线。韩信派大将樊哙明修的是“八百里连云栈道”，项羽派桓楚等把守的也是连云栈道，其被韩信“领大军暗度陈仓古道，抄了后营，截了大路”，“被杀得片甲不归，折军大半”，也都是在连云栈道上。樊哙修栈道当然是在距汉中较近的连云栈南段，桓楚“在连云栈把守”以“提备”汉军北上的“大营”自在其北，而韩信暗度陈仓古道以抄桓楚大营，截其归路的陈仓古道与连云栈道交会处，又当在桓楚大营和两军交战的战场以北。剧中描绘的陈仓古道与连云栈道的相互关系与元代的实际情况完全相同，只是没有说出陈仓古道和连云栈道交会处所在什么地方。而元代的连云栈道也就是唐宋褒斜道，是唐初或其稍前开辟利用的，秦末汉初楚汉交兵时期并不存在，项羽的兵将也从未到过这个地方。

明初编纂的《永乐大典》卷一万九千四百二十六站字部收录的元末熊梦祥编《天下站名》中始出现陈仓站一名，并把它列于凤州站与柴关站之间。

凤翔，正南九十，宝鸡，九十入连云栈，草亭楼，凤州，南七十，陈仓，柴关。

这里的凤州站设于今凤县双石铺镇东北的凤州镇原凤县城，柴关站设于凤县与留坝县交界的柴关岭或岭下的茶店子（附近有庙台子，又有留侯张良庙）。由此反映出元代末年人们已经认定陈仓古道的北口，其与连云栈道的交会处在今凤县南境了。

元代末年置陈仓站于此处，认为是陈仓古道的北口，可能是受了宋代平话和元代杂剧的影响。在此以前的元朝官书《经世大典》的站赤门（载《永乐大典》卷一万九千四百一十六至一万九千四百二十三）统计当时中央中书省和地方九行省的水陆驿站及其设备时，在陕西省的站名中却未见有陈仓站。而在明朝有关全国驿站的官书如《明会典》《寰宇通志》中，则不仅不见凤州附近有陈仓站，而且还把元代设于宝鸡的宝鸡站重新改用其唐宋时期的旧名陈仓驿了。

清代也仍把设在宝鸡的驿站称为陈仓驿。好像是在显示对元末置陈仓站于此处不妥当。

到明代中后期和清代，史地图籍中关于陈仓古道、陈仓故道、古陈仓道的记载才逐增多起来，其内容也因递补而越来越详备。

明代宗景泰五年至七年（1454~1456）官修的《寰宇通志》卷九十九陕西凤翔府古迹门称：

陈仓道，在沔县治东北，由百丈坡入山。

这是我所见到的关于陈仓古道见于历史文献之始。径称为陈仓道而不称陈仓古道、陈仓故道或古陈仓道。只提到作为道路南口的百丈坡。当时的沔县县治则在今勉县驻地勉阳镇西十里的武侯镇。

英宗天顺二年至五年（1458~1461）官修的《大明一统志》卷三十四陕西凤翔府古迹门称：

陈仓道，在沔县东北二十里，由百丈坡入山。今荒塞。蜀汉诸葛亮出散关围陈仓，曹操自陈仓出散关，即此。

这就既增加了勉县至百丈坡间的里程和关于当时路况的描绘，又补充介绍了曾在这条道路上发生的重要战事。但其所说的诸葛亮“暗度陈仓”和“曹操自陈仓出散关”均取此道之说于史无据，均非事实。因为当时的陈仓县治今宝鸡市东，为诸葛亮此次进攻的重点和兵锋所至的终点。而陈仓故道南口的百丈坡和北口的陈仓沟，不论在战前或战后都在蜀汉统治区内，为蜀军的后方。蜀军北征何须暗度！而且就是宋元说唱文学平话、杂剧中也不见诸葛亮暗度陈仓之言。至于曹操自陈仓出散关，《三国志·武帝纪》明言是为镇压以五斗米教组织农民起义割据汉中地区的张鲁政权。其作为进入秦岭山区出发点的陈仓是当时的陈仓县即今宝鸡市，途中曾经屠河池（今甘肃徽县），战阳平（今勉县西武侯镇），都在陈仓道上，与被称为陈仓故道的勉县以北百丈坡至凤县陈仓沟间的谷道并无任何关系。

嘉靖《陕西通志》卷三十三《土地》古迹门汉中府凤县项下称：

陈仓故道，在县南一百里。自桑平铺山口入，至沔县百丈坡出。其路二百里，荒塞不通。

此书已不用陈仓道之名，而称之为陈仓故道，以显示其与以古陈仓县为起点的陈仓道的区别。又补上了作为陈仓故道南口的桑平铺，和桑平铺在凤县南一百里、陈仓故道全程二百里以及其路已荒塞不通等情况。可以说是对陈仓古道最早的扼要介绍。

查《凤县地图》（1971年编印，比例尺1 ：125000），在白岩河汇入野羊河处。河左岸夹角处有陈昌沟村。村对岸野羊河右侧稍偏上游处有连云寺村。连云寺下游有南星公社，上游有桑树坪村。据1951年就在凤县人民政府工作，曾经参加调查研究并负责编写《凤县志·建置沿革志》（包括行政区划和主要村镇）和《凤县地名志》的老同学魏广瑗兄相告，南星镇在316国道凤县东南33千米处，东南去连云寺村2千米，连云寺村南1千米为桑树坪。而桑树坪只是一个地点的名称，当地空无一户居民，实非村庄。不知它与明代的桑平铺有无关系，不知桑平是否为桑树坪的简化，而又因古代有递铺设于此地遂在后面加上一个铺字。此地距陈仓沟口比南星镇还要近。元代的陈仓站也可能设于此地。连云寺村距野羊河岸甚近，地势偏低，我曾经过目的元明两代图籍中均未见其存在。

明代著名地理学者王士性在其所著《入蜀记》（载上海古籍出版社《王士性地理书三种》的《五岳游草》和《王恒叔近稿》）中，记其关于万历十六年（1588）奉命典试四川，路过陕西宝鸡、凤州一带的经历时说：

记蜀道者当自宝鸡始。宝鸡，古陈仓也。七月四日乙卯，出县南门。……晚宿冻河（即今凤县东河桥，宝成铁路秦岭站）。……丙辰，饭东新店（即今北星），始过偏桥……是日宿草凉驿（元时为草凉楼站）。明午过百岁村……凤州解鞍焉。又一宿上凤岭，上下五十里……暝宿三岔（元时为三岔站，又称三叉驿）。三岔者，一去凤，一去褒，一去郿。郿道在丛山枯壑中，众谓孔明出斜谷即此。已未发三岔，午抵陈仓口。路险巇，仅容单人，西行二百里可达沔之百丈坡，韩淮阴“明修栈道，暗度陈仓”者是。又三十里松林宿。……庚申，行十里上柴关。

王士性所说的陈仓口就在今南星镇与连云寺村之间。所以元代的陈仓站，也可能就设在连云寺村和南星镇附近。另从上述引文可知，王士性对于陈仓古道的方位、起讫、里程的记述，都用肯定语气，而对诸葛亮出斜谷攻曹魏的五丈原之战也取道陈仓古道经三岔站以趋眉县的说法，则是用“众谓”字样，不持肯定态度了。这当然是因为五丈原之战，诸葛亮与其兄诸葛谨的书信中明言系取褒斜道，而连云栈道，也就是连接故道北段和秦汉褒斜道南段而成的唐宋褒斜道，当时还没有出现的事实有关。

清时张澍辑《诸葛亮集》曾引明李应祥、俞安期编纂的《雍胜略》说：

陈仓故道，在沔县东北二十五里。汉诸葛亮出散关，暗度陈仓，曹操自陈仓出散关，即此。

李应祥，宜兴人，曾任陕西参议、督学，俞安期，无锡人，与李应祥为万历五年同榜进士，又是南直隶（即今江苏省）同乡。《雍胜略》则刊印于万历二十五年（1597）。所记陈仓故道南口百丈坡至勉县的里程则较前少了五里。至于其所谓诸葛亮“暗度陈仓”和“曹操自陈仓出散关”均取此道之说于史无据，均非事实，前已说明，不再重复。

明末徽州商人黄汴的《天下水陆路程》（又名《一统路程图记》）卷一第四北京至陕西四川路条，在依官书顺次照录陕西凤翔府凤翔县岐阳驿、宝鸡县陈仓驿、东河桥驿、凤县草凉楼驿、梁山驿、三岔驿、松林驿之后，又提出评述，对元代的陈仓站与明代的陈仓驿，同时也对陈仓道与陈仓故道，作了明确的区隔。

四川至陕西，一由连云栈，即韩信明修之道。一由陈仓，即韩信暗度者。道在凤县南一百里，桑平铺而入，至沔县百丈坡而出。路长二百余里，今荒塞不通，非今之陈仓驿也。百丈坡至沔县二十五里。

清初著名历史地理学者顾祖禹的《读史方舆纪要》卷五十六陕西汉中府沔县和凤县项下关于古陈仓道的记载是：

百丈坡，在（沔）县北二十里，《舆程记》：由凤县南百里桑平铺而入，至此而出，路长二百里，为古陈仓道。汉高出故道，袭陈仓由此。今荒塞。

桑平铺，《舆程记》：在（凤）县南百里，此为古陈仓道。

此书正式提出古陈仓道之名，而且两次引用了《舆程记》的记述。《舆程记》不知为何人、何时所作，《读史方舆纪要》曾数十次引用此书，而所引《舆程记》的记载，多与黄汴的《天下水陆路程》基本相同，古陈仓道即是一例。两书在百丈坡与桑平铺间均不见一个地名。

清代中后期严如熤的《三省边防备览》《汉南续修郡志》以及其后的《凤县志》《沔县志》等书关于陈仓古道、陈仓故道、古陈仓道的记载，虽也多沿前人旧说，但对这条谷道一带的情况则记载的越来越详细。仅就沿线的山水、险隘、村落、集场、关津、塘汛等自然和人文地理实体就记有二三十处，重要的有关山梁、两河口、秧田坝、汪家河、高平场、茅坪、火烧关、铁炉川（今称营盘）、闸口石、剑锋垭、大石崖、油房嘴、瓦房沟、分水岭、陈仓沟（今称白岩河）等。这反映了随着山区人口增多、社会经济发展、人们对山区资源开发利用程度的提高，对山区环境的认知也越来越细。同时大量与韩信“明修栈道，暗度陈仓”这一历史故事有关的地名如陈仓沟、陈仓山、汉王山、项王山、废丘水、废丘关、酒奠凹、酒奠沟、酒奠梁等地名的出现，有关人造景观如樵夫墓和陈仓古道之墓碑、对岸陈仓道碑、项羽封章邯处碑的建立，更反映民间说唱故事韩信“明修栈道，暗度陈仓”的影响也越来越深，人们对它的渲染附会也越来越离谱了。

虽然陈仓古道、陈仓故道、古陈仓道等名称是在元代及其以后的明清时期才出现，但作为一个地理实体、一条谷道，其方位和走向、里程到明代才有确切记载，却还不能说它被开发利用的开始时间就是在元明清时期。纵观西安汉中间秦岭诸谷道被开发利用的历史，故道、秦汉褒斜道、蓝田武关道和子午道的旧线在先秦时代都早已出现了，且秦汉时期都曾被选为国家官驿大道。魏晋南北朝时期出现了傥骆道，秦汉褒斜道南段出现了从三交城（在今留坝江口镇附近）西通仇池（今凤县以西甘肃南部的徽县、成县、武都等地），东通太白山（实指今太白山西南的鳌山一带）的谷道，其北段的箕谷、绥阳谷（当指今伐鱼河、磻溪河、马尾河等河谷）也已成为蜀魏交兵的重要通道。子午道南段西侧据称也已开辟了唐代称之为荔枝道的新线。隋唐两宋时期，对秦岭诸谷道的开发利用，更前进了一大步。仅是贯通秦岭南北的官驿大道就有故道、秦汉褒斜道、子午道、库谷道、蓝田武关道，还有故道北段和秦汉褒斜道南段连接而成的唐宋褒斜道即元明清连云栈道，循秦汉褒斜道南通滑水、文川水河谷的文川道，等等。这些官驿大道的某些段落又曾改道而构成驿道新线或延伸而成驿道支线。如故道南段的略阳之南出现支线陈平路以通宁强县大安镇与金牛道相接，略阳以北与甘肃徽县间官驿大道，北宋时期越青泥岭的青泥路改线为濒白水江的白水路。秦汉褒斜道中段唐代重修时曾把部分沿河线改为越山路。傥骆道的南段唐代曾先后改行东侧的白草驿或西侧的清凉川，北段宋初不见骆口驿、骆谷关而改行樱桃驿、林关驿，出山之口也曾增添了一个被称东骆峪的新口也称辛口。蓝田武关道北段除行青泥岭、蓝田关外，又出现了玉山路和经大昌关的石门路，南段也出现了由商州南经山阳漫川关、湖北郧西上津堡与汉江水陆联运的上津路。国家大驿道的发展变化如此，与国家官驿大道相连为适应临时政治军事需要和便利州县地方的次要谷道被开辟利用的自然会更多。前者如唐代宗广德年间，吐蕃内侵，代宗东逃陕州，郭子仪率部曲数百人取灞水上游倒回谷路入卫，中途南越秦岭集商州武关诸军收复长安。还有此时群盗趁乱啸聚南山五谷，朝命薛景仙平之，久不克，又命李抱玉。群盗由秦汉褒斜道上的桃川、虢川南逃城固、洋州。以及南宋与金和蒙古对峙时期，蒙古大将拖雷强行假道于宋以攻金，取唐宋褒斜道“入大散关，攻破凤州，迳趋华阳，屠洋县”，并“开生山，截焦崖，出武休关东南，遂围兴元”。后者如北宋初乐史《太平寰宇记》卷一百三十三记山南西道兴元府有太白山路北通关西道的凤翔府，唐末孙樵《兴元新路记》在评述文川道南段线路优劣时曾提出，“自（文川道上的）福溪有路，并自山下，由大雪岭平行五里，上长松岭北，与山辉大路合。盖古道所通，乃坦途也”。又说“自盘云驿西有路并涧出白城西，又平行三十里至城，又行六十里至兴元。亦古所通，尤坦途也”。估计这条被称为陈仓古道、陈仓故道、古陈仓道的谷道，可能也是这一时期开辟的支线道路之一。它的特点是可以缩短凤州和沔县间的里程，尤其是对沔县来说，缩短其北经凤州以达关中和长安的里程。因为从沔县经西线兴州到凤州，按清代递铺道路为五百三十里。

沔县凤州间东绕褒城取金牛道和连云栈道，清代驿道里程三百五十里，至南星则为二百七十里。而从勉县经百丈坡到南星不过二百三十里，到凤县不过三百一十里。依前者节省二百一十里，依后者亦节省四十里。至于因在应战争需要而绕道出奇时，其作用和价值就不能以数字计算了。

关于陈仓古道、陈仓故道或古陈仓道作为一个地理实体出现的时间，可能不会早于唐宋褒斜道，更可能它的出现是以唐宋褒斜道的存在为前提的。除前引元杂剧和明清记载都表示陈仓古道、陈仓故道或古陈仓道是从连云栈道上的陈仓沟附近通向勉县这一事实外，严耕望先生《〈通典〉所记汉中通秦川驿道考》（载香港《新亚学报》第八卷第二期）中曾引用过《太平广记》卷二百三十八所载下面一个唐末五代时期的故事。

有处子（明钞本作士）姓文，不记其名。居汉中，常游两蜀侯伯之门，以烧炼为业。但留意于炉火者咸为所欺。……文遂夜遁，欲向西取桑林路，东趋斜谷以脱其身。出门便为猛虎所逐，不得西去。遂北入王子山各溪谷之中。……及晓，官司逐捕者……擒之，斩于炼药之所。

《太平广记》称此则故事“出《王氏闻见》”而作者不详。虽列于唐人著述范围内，但《太平广记》所引《王氏闻见》十余则故事，大部分记载的都是唐末尤其是五代前蜀先主王建、后主王衍时之事，个别更涉及五代后唐末帝潞王李从珂。是其作者生活时间已由唐末延至五代中期。唐末五代时期，唐宋褒斜道已成为蜀道中的主要驿道，而且当时常被简称为斜谷。其走向是从今汉中市向北经褒城入褒谷，至武休关转西北，经留坝、南星至今凤县东北凤州镇原凤县城。而陈仓古道是于汉中之西的勉县向北至闸口石转西北、经瓦房坝转东北出陈仓沟，正好与唐宋褒斜道即连云栈道相接。所以文处士从汉中“欲向西取桑林路东趋斜谷”，可能就是欲循陈仓古道入连云栈道亦即唐宋褒斜道北逃。因而《王氏闻见》所说的桑林路可能就是后来所说的陈仓古道、陈仓故道、古陈仓道。谷道以桑林为名，当是要经过一个以桑林为名的地方，这个地方一定要在这条谷道上，更有可能处于桑林路末端，即其与唐宋褒斜道即连云栈道的结合处、会合点。

不仅如此，桑林这个地方还是唐宋褒斜道上驻兵防守的军事据点。《资治通鉴》卷二百七十九曾记：

（清泰元年四月），帝之起凤翔也，召兴州刺史刘遂清，迟疑不至。闻帝入洛，乃悉集三泉、西县、金牛、桑林戍兵以归。自散关以南城镇悉弃之，皆为蜀人所有。

清泰是五代后唐潞王李从珂称帝后的年号，元年为934年。上文所记为李从珂以潞王的身份瓦解了后唐闵帝李从厚众将围攻，从驻地凤翔东入洛阳、夺取帝位前后的有关事迹。兴州治今略阳县。三泉为唐时兴元府辖县，先治今四川广元市北，后迁今宁强县西北阳平关镇附近。金牛唐初亦曾为县，后废为镇，在今宁强县大安镇。西县唐时亦属兴元府，治今勉县西武侯镇。桑林所在史无记载，推测当在今凤县南星镇附近的桑树坪。现在的桑树坪和明代桑平铺的得名，可能都源于唐末五代的桑林戍。前述在唐宋褒斜道亦即元明清连云栈道出现以后出现的，与陈仓古道、陈仓故道、古陈仓道有关的地名，如桑林戍、陈仓站、陈仓口、桑平铺、南星镇、连云寺、陈仓沟等地名，也可作为这一条谷道出现的时间应当晚于唐宋褒斜道，并以唐宋褒斜道为前提的说明。作为唐宋褒斜道上的军事要地之一，桑林设戍驻兵的开始时间虽无可考，推测最晚也应是唐代的事。因为在唐末僖宗时就有重大政治军事事件在其附近发生了。据《资治通鉴》卷二百七十二所记，僖宗光启元年（885），宦官田令孜专权，因与河东节度使王重荣争盐利战败，二年正月携僖宗奔凤翔，又不顾丞相、百官，携僖宗离凤翔奔宝鸡，取陈仓道越散关奔兴元。丞相萧遘召邠宁节度使朱玫领兵追夺皇帝，朱玫命驻兴元的山南西道节度使石君涉“栅绝险要，焚邮驿”。唐僖宗等被迫“由它道以进。山路崎岖，邠军迫其后，危殆者数四，仅得达山南。”三月石君涉弃镇逃归朱玫，山南西道监军冯翊严遵美迎唐僖宗于西县，即清时的沔县，今勉县武侯镇。“栅绝险要，焚邮驿”，《旧唐书·僖宗纪》作“毁撤栈道，栅绝险要”。《新唐书·田令孜传》作“焚阁道”。即烧毁唐僖宗去兴元所要经过的唐宋褒斜道上的栈道，并在险隘处设置阻碍唐僖宗等通行的军事工事，迫使唐僖宗等不得不绕行“他道”，可能就是从唐宋褒斜道上的桑林戍转入陈仓古道，经百丈坡以达西县。西县正处于从褒城或汉中前往成都的蜀道南段金牛道上。由于山南西道节度使石君涉已经弃镇叛逃，所以才由山南西道监军严遵美前来迎接。而僖宗到兴元不久，就循金牛道再一次逃往成都去了。

在蒙古与南宋对立时期，陈仓古道上也曾发生过重要军事行动。元代姚燧《牧庵集》卷二十四《武略将军知弘州程公神道碑》记蒙古将领程介福的事迹说：

岁辛亥，宋四川制置使余玠潜遣偏将火栈道木阁，身将大军攻围兴元。城方孤围，公将兵五百人从元帅都尔苏入援。及绝，无从得途。值三人从围所归，许贳其死，令导由他山出陈仓。玠以为自天而下，焚围宵遁。其年宪宗继位。……戊午，宪宗进讨两川，乘舆入凤翔，多其津梁馆餽廪饩修治丰洁，赐金币五，白金为两百五十。

辛亥是蒙古定宗贵由汗海迷失后称制当政的第三年，也是蒙古蒙哥汗继位元年，南宋理宗淳祐十一年（1251）。《宋史》卷四百十六《余玠传》也曾记淳祐十年（1250）冬，“玠率诸将巡边，直捣兴元，大元兵与之大战”。所称大元，实为蒙古，因为改国号为大元是蒙哥汗之弟忽必烈继位以后多年的事。当时南宋四川制置使的驻地在重庆，北上千里巡边，围兴元府，命偏将烧毁的“栈道木阁”，当是在蜀道北段南部的褒水河谷一带，而不可能到作为蒙古军队后方的今宝鸡一带。所以蒙古将领程介福在驰援兴元途中，进至宋军烧绝栈道之处，由败逃军士“导由他山出陈仓”的陈仓，自非蒙古军队后方今关中平原西部的宝鸡市古陈仓县境，而必为后来被称为陈仓古道的北口今陈仓沟一带无疑。所以其进援兴元的行军路线，也一定是由唐宋褒斜道上的桑林戍附近转入陈仓古道无疑了。

由于明代实行禁山政策，不准外地贫民进入秦岭山区垦荒种地，所以陕南山区包括陈仓古道所在的凤县、勉县、褒城、留坝等县交界地区数百里间，多为荒山老林。陈仓道口与百丈坡间，有关地图上全为空白，不见一个村落。在经历了明末农民起义、清军入关、三藩叛乱数十年战争之后，山区更加残破、荒凉，成为“狐狸所居，豺狼所号”之所。迫使清政府不得不发布三年、六年以至十年免征的政策来奖励开荒，恢复生产。又实行“地丁合一”“摊丁入地”“滋生人口，永不加赋”等政策，全国人口因而迅速增加，湖广、四川、河南、山东、安徽等地的贫民，纷纷进入南山，佃地垦荒，增加了大量外来人口。“留坝厅境，土著十无一二”，凤县也是“新民甚多，土著稀少”。山区的森林采伐业、矿山开采冶铸业、造纸业，木耳、香菇、药材种植加工业等，也因富商大贾巨额资金的进入而得到发展。据嘉庆年间严如熤《三省边防备览》和道光时陕西巡抚卢坤《秦疆治略》所记，当时的大园木厂一厂所用“匠作、水陆挽运之人不下三五千”，枋板、猴材厂“匠作水陆挽运人夫，大者每厂数百人，小者亦数十人”。“铁厂一炉所用人夫须百数十人。如有六七炉，则匠作佣工不下千人。铁既成板，或就近作锅、作农器，匠作搬运之人，又必千数百人。”当时仅凤县一地，即有“铁厂十七处，柴厢十三家”。而陈仓古道经过的铁炉川（今称营盘）更是铁厂集中之地。其“稍大厂分常川有二三千人，小厂分三四炉，亦必有千数百人”。产品除供应陕南和关中各地外，还远销甘肃天水以及河西走廊等地，换来宁夏、青海、甘肃等地的食盐、药材等。陈仓古道上出现村落、集场、关隘、塘汛等地理实体二三十处，人背马驮，来往不绝，呈现一番异常繁忙兴旺景象。光绪《凤县志》卷一《地理》曾记其情况说：

自双石铺进沟，逾酒奠梁，进东岔沟，三道河、剑锋垭至闸口石，为先年自甘肃赴此运铁之路。今铁厂衰微，贩者间或自留坝之连云寺进陈仓沟，每春时驼盐者到此运铁回转。近日树木砍伐略尽，土人谓黑山多而红山少，故铁厂不兴旺也。

资料最后关于黑山、红山及其相互关系的解释似不确切。因为黑山当地实指炭厂所在之山，采伐青㭎木烧成木炭以供冶铁制器之用之山。红山则指出产赤铁矿砂以供冶铁制器之山。而“铁厂不兴旺”的主要原因，实不在红山出产矿砂之不足，而在于附近森林砍尽，烧制木炭以供冶炼的青㭎木材不足的缘故。

在山区人口大增、产业兴旺的情况下，清政府划凤县、勉县、褒城、略阳交界部分地区特设一个相当于县级而地位较高军事性更强的地方政区留坝厅来加强管理，征收赋税。又在铁炉川设置一个铁炉川营，驻军三百，与设在凤县的兴凤营、留坝厅的留坝营，同归汉中镇兵总统辖，以从事弹压。但是好景不长，资源掠夺型的粗放生产方式难以持久。山区高寒阴湿，水田极少，低处多种苞谷，高处只能种燕麦、荞麦、洋芋等，每值秋雨连绵，“包谷清风”，也就是有棒无子，颗粒不收，不仅农民乏食，厂矿也多因无粮而停工，成千上万贫民、佣工，流落在荒山野岭，不堪政府加派征科，胥吏土豪、不法厂商压榨盘剥迫害，奋起反抗，铤而走险。成为阶级矛盾激化、社会动荡不安的重要因素。清中期坚持八九年、波及陕西、四川、湖北、河南、甘肃五省的白莲教农民起义，起于岐山、眉县，波及凤翔、汉中两府的三才峡木工起义，都与这种情况有着密切的联系。而陈仓古道一线的畸形兴旺，此后也再次沦入沉寂。

新中国成立以来，在党的正确领导下，经过当地人民的辛苦劳作，百般经营，山区各项建设事业突飞猛进。交通方面，连云栈道凤县汉中段已成为316国道公路，故道凤县、略阳、勉县、汉中段更有宝成铁路、阳安铁路与108国道公路和省际公路并行。而在陈仓古道沿线，显示在2003年人民交通出版社出版的《中国公路里程速查详图》上的，还是只能见到一些断头县乡简易公路符号。凤县的瓦房坝向北只能经三道河、分水岭出陈仓沟到连云寺以接316国道；勉县的汪家河向南只能经白云寺到勉县城接108国道以联汉中，留坝县的火烧关也只能北经营盘、闸口石到茶店子以接316国道。公路联系，凤县勉县间还是要东绕留坝、褒城或汉中，西绕两当、徽县和略阳。留坝略阳间，也是只能或北绕凤县、两当、徽县，或南绕褒城或汉中、勉县。是否需要修通陈仓古道一线公路，以改善凤县勉县间、留坝略阳间的交通，增强相互间的联系，促进当地生产发展，提高人民生活水平，还是有待于四县会商和上级有关部门的研究、规划、协调来解决的一个问题。

（原载汉中市博物馆编《石门汉中文化遗产研究》2007年号，三秦出版社，2007年）

中国蜀道

科学认知

The Shu Roads in China
Scientific Cognition

第六章

其他学者论蜀道

其他学者论蜀道

川陕交通的历史发展[1]

黄盛璋

一、川陕之间的地形跟交通的关系

川陕疆界毗连，历史上川陕间的关系也最为密切，可是两省间的天然障碍却是相当大的，古今通道的分布及其分合变迁，跟地形有密切的关系。

大巴山跟岷山系横亘在四川的北面，一般说来，山脉都很完整，几乎要把盆地北边完全密闭起来。嘉陵江从陕甘两省边界地方奔腾而来，切穿了秦岭，切穿了大巴山，到了昭化以后，又汇来一支来自西固、武都的白龙江，流势就更加浩大，把盆地的北缘在广元、昭化附近切开了一个缺口，除了这条大水以外，就没有第二条河切穿巴山与岷山山地。

[1] 本文系在拙著《历史地理上秦岭通道》与《历史上四川与秦陇间通道的发展》两文的考证的基础上对川陕间通道的形成及其在历史时期应用情况做一全面的考察，关于各通道的考证工作具详上述两文，除必要做略简交代外，一般不在本文纠缠。

四川盆地大致呈梯形状，昭化是这个梯形的一个顶点，盆地内跟盆地外高度悬殊是相当大的，北面的缺口既然在广元、昭化间，因此盆地内通往秦陇两省的道路，就得利用这个自然的便利条件。嘉陵江到了昭化后就流向东南，往阆中、南充、合江等地汇合涪江、巴水诸水在重庆的对面流入长江。由盆地东部北上本可一直沿着嘉陵江谷，可是盆地古时的经济跟政治重心一直是在西部的成都，由成都北出秦陇就得另辟道路。从成都到昭化差不多是沿着盆地的边缘，高山既然都在北面，因此大部分要走山路。昭化附近两旁山势还是一直向南绵延，直到剑阁附近才渐趋破碎，就在昭化西南约三十五里，从破碎的山脉中裂开了一条隘路，其位置正好在成都通昭化的一条直线上，有名的剑门关就设在这里。剑门关东西两旁的山峰都很高峻，古今通道一般都要通过剑门，剑阁道一直是川陕间最重要的一条道路。

巴江是嘉陵江一条大支流，巴江虽没有切穿巴山，可是它的上源的源头跟汉江的支流有的就只隔着一条巴山的分水岭，沿着巴江谷道也有好几条道路。其中最主要的一条就是沿巴水西源经巴中、南江翻越巴山，巴江西源过去认为是巴江之源，此水的对面恰恰有一条汉江支流濂水，北流到南郑汇入汉江，沿着这两条谷道古代称作米仓区，因这一带巴山古代叫作米仓山而得名。米仓道也是著名的入川通道，但它跟剑阁比起来，那相差很远。还有一条洋巴道沿着巴江东源经达县、宣汉、万源翻越巴山，中间通过较长的分水岭到达镇巴，然后再沿洋河以出西乡，这条路在历史上已有记录，但其重要性又在米仓道之下。川陕间翻越巴山的通道，历史上主要就是上面这三条，以地位的重要、应用的频繁、历年的久远，以及所起的作用而论，只有剑阁道够得上称川陕通道，其他两道都是远不能比的。

从四川盆地到关中盆地，越过巴山还要翻越秦岭，秦岭是东西走向的山脉，从甘肃西来，经陕西横亘于渭河南面，恰好遮隔了四川至关中的去路。狭义的秦岭西起嘉陵江，东到丹、灞河谷，在这之间秦岭山脉最为完整，是正干所在，一般山峰的高度都在两千米左右，宽度达四百千米，要翻越这样高山当然比巴山更要困难。秦岭的形成是由于断层作用，渭河沿断层而下降，秦岭沿断层而上升，因之秦岭北坡最为陡急。北坡之水都流入渭河、南坡之水流入汉江，切穿秦岭的河流是没有的，因此古代人民为了利用地形上的便利条件就不得不选择：（1）比较长一点河谷道，（2）南北两坡有水源相对应的河流。

南坡最长的河流就是嘉陵江，嘉陵江有一支上源发源于大散岭，在大散岭的北面有一条扞水（今名塔河）流人渭河。秦岭在宝鸡附近的地势好像有所中断，古人以为“秦岭终于大散，又西则陇首特起”[1]，不再叫作秦岭而叫陇山，从宝鸡到凤县秦岭跟陇山之间形成一条隘道，我们叫做宝凤隘道，位于大散岭的大散关正是掌握这条通道的枢纽。嘉陵江一方面既切穿大巴山，在广元、昭化一带给四川盆地打开了一个缺口，另一方面在它的北端形成很有利的地形条件，因此古代关中入川的道路，最早应该就是这一条。《水经注》记扞水出周道谷在故道县南，而西周铜器之散氏盘中亦有周道，据王国维考订，周散国即在散关一带，周道即《水经注》周道谷之周道，可见此道甚古，故道水与故道县都该因此而得名（故道水即嘉陵江上源），汉初因称此道北部为故道，我们现在统叫做嘉陵道。

巴山跟秦岭山脉间有一个陷落的盆地——汉中盆地，此盆地西起勉县，东到洋县，其中心就是南郑（汉中）。汉中盆地是川陕间的中顿地带，跟四川、关中两方面的关系都很密切。盆地的北面有一条较长的河流经褒城的南部流入汉江，名古褒水，现在叫黑龙江。褒水的北面有一条斜水（今名石头河）跟它对应，自秦岭北坡经眉县附近流入渭河。褒、斜水的源头相去只有几十里，沿着这两条河谷古代就叫作褒斜道。褒斜道所翻越的秦岭山地很是陡急，远没有陈仓道那么平易，但它的好处有两点：（1）取道近捷，不像陈仓道那样环秦岭外围绕了很大的弯子；（2）可以把关中盆地的重心西安跟汉中盆地的重心南郑联结起来，由此通达四川。

汉中盆地的东端是洋县，有两条道路是集中洋县，然后再在南郑会合褒斜道。一条是来自北面沿傥水跟骆水的傥骆道，傥骆两水也是互相对应的河流，但水流比较短促，绝水地带也远比褒斜长；另一条是来自东方沿着汉江的子午道，子午道通过秦岭，也沿着若干河谷地带，但都比较破碎。

[1]《读史方舆纪要》卷五十二陕西“散关”下。

总结起来，秦岭中入川通道共有四条：陈仓、褒斜、傥骆、子午，这四条都是历史上著名的通道。

以上说明了川陕间地形对交通的关系以及各道路分布的情形，至于各道的兴衰演变，那当然不是地形所能决定，除地形的因素外，它还跟社会历史发展有密切联系。川陕间交通发展应该从秦岭中入川通道与巴川通道在历史上应用情形分别加以考察。

二、秦岭中入川通道的各期发展

秦岭中入川道路主要为嘉陵、褒斜、傥骆、子午，其中嘉陵褒谷的开辟都远在先秦。秦岭通道的历史发展可以分为六个时期来考察，第一个时期是两汉，据《汉杨君孟文石门颂》：

高祖受命，兴于汉中，道由子午，出散入秦，建定帝位，以汉诋焉。后以子午，途路歮难，更随围谷；复通堂光，凡此四道，垓隔尤艰[1]。

要是加上碑文所记石门道（即褒斜道），那么汉代秦岭通道应该有五条，除堂光不详所在外，余四道即上述之入川四道。据《史记·高祖纪》：“汉王之国（南郑），由杜南入蚀中”，如碑文所说，蚀中即子午道。又汉王出定三秦，用韩信计，从故道，战陈仓（宝鸡）、好畤（乾县）又战废丘（兴平东南十里），遂东至咸阳。如碑文所说，山散入秦所从之故道，实即嘉陵道。此外汉王还用张良计，烧绝栈道，以示项王无还心，此栈道实即先秦时代的褒斜道[2]。围谷不见于史，但韦谷（即围谷）在骆谷附近，相去很近，古通道或由出韦谷，这条路当即骆谷道的前身。总之，这四条道路在汉初即已形成为通道，那是没有多大问题。

汉代嘉陵、褒斜都修有栈道，《水经注》卷十七《渭水篇》：

[1] 此碑及下“鄐”各碑都在褒城北十里之石门，即古褒谷之口，据《褒谷古迹考》。

[2]《史记·高帝纪》：“汉王之国……从杜南入蚀中，去辙烧栈道。”据此所烧栈道乃是子午，实际这里叙述是有些错误，《史记·留侯世家》跟《汉书·高帝纪》都说张良在褒中相别，张良因建议烧栈道以示项羽的无东来还意，高帝因托他因归韩之便办理此事，既然路出褒中，所以无疑是褒斜道。

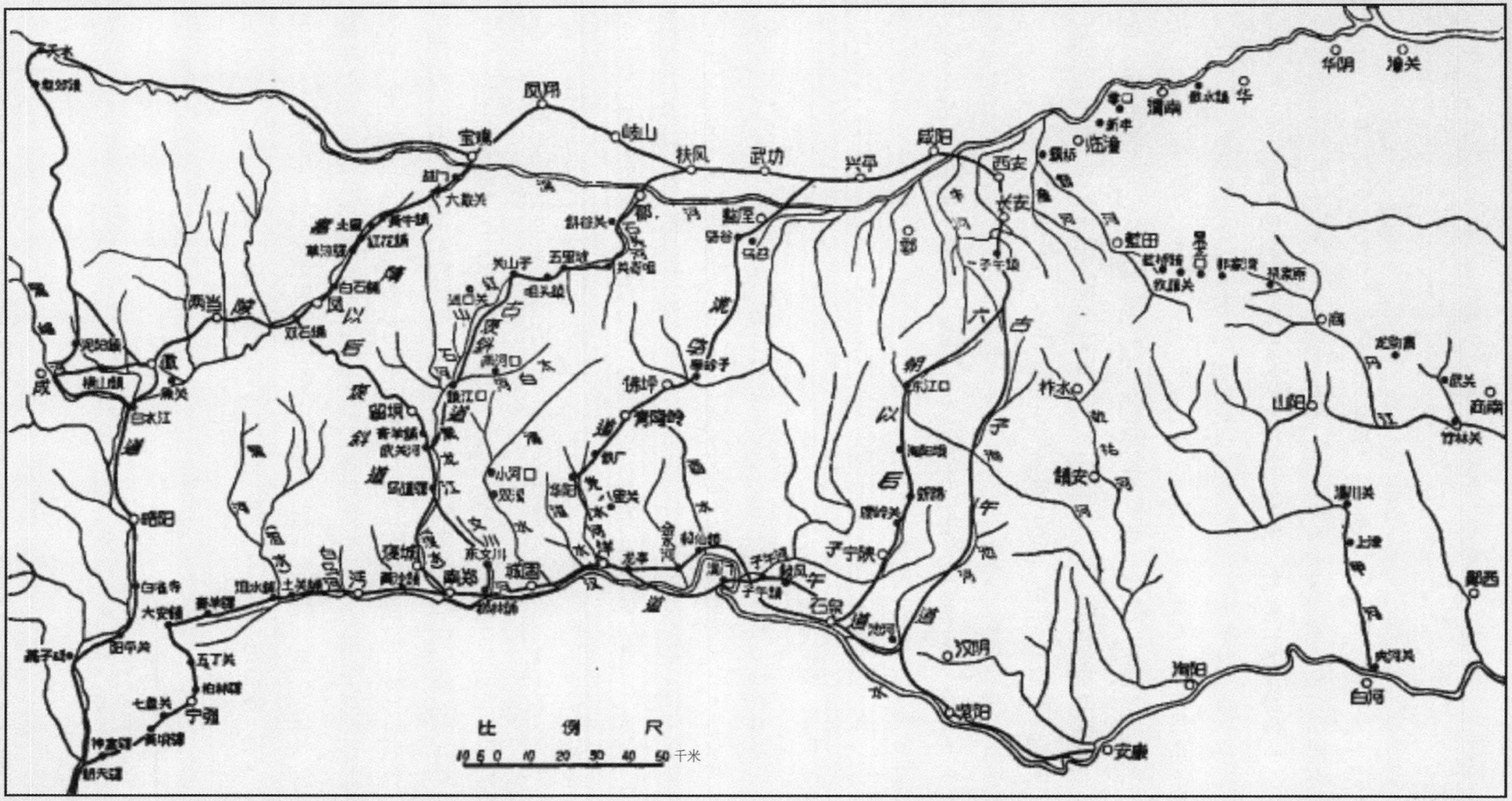

图 1 历史上通过秦岭的入川要道

渭水又东迳西武功县北，俗以为散关城，非也。褚先生乃曰“武功，扶风西界小邑也，蜀山栈道近山无豪易高者”是也。

这是嘉陵道入川栈道；又《后汉书》卷四十三《隗嚣传》：

会公孙述遣兵寇南郑，乃诏嚣当从天水伐蜀，因此欲以溃其心腹。嚣复上言：“白水险阻，栈道败绝。”

这是嘉陵道陇西支线通往天水的栈道。至于褒斜道远在范雎相秦时即修有栈道，汉代修筑更为频繁。兹节录汉中太守《鄐君开褒斜道碑》中一段，以见当时修褒斜的工程浩大，以及此道与益州的关系：

永平六年汉中郡以诏书受广汉、蜀郡、巴郡徒二千六百九十人，开通褒余（斜）道。……始作桥格（阁）六百二十三间，大桥五，为道二百五十八里，邮亭驿置徒司空、褒中县官寺并六十四所。凡用功七十六万六千八百余人，瓦三十六万九千八百四十，器用钱百四十九万九千四百余斛粟。九年四月成就。益州东去京师，去就安稳。

广汉、蜀郡、巴蜀都在四川，从碑文也可以看出褒斜道是当时的入川驿路。汉代秦岭中入川通道主要就是褒斜跟嘉陵，《史记·河渠书》说武帝元狩年间有人上书欲通褒斜道及漕事，武帝令张汤问其计划，他说过去的漕运抵蜀，从故道，多坂，回远；现在穿褒斜道少坂，近四百里，褒水通汉，斜水通渭，都可以行船漕。武帝果然按照他的计划，发卒数万人，作褒斜道五百里。此后汉代修筑褒斜道据石门谷所存修道碑刻的记载还有四次，至于汉嘉陵道的修筑虽乏明确的记载，但据河渠书，可知此路为粮运所从出，连汉中的贡赋也都通过这里输往长安。

子午、傥骆见于记载都比较晚，傥骆道第一次在历史上出现那已经是三国时代。公元 244 年，曹爽自骆谷伐蜀；子午则为西汉末年，“王莽以皇后有子孙瑞，通子午道，从杜陵直绝南山，径汉中”[1]。此次开凿或即沿汉高祖由汉中之旧路，但本意并非为交通之便而开。东汉曾经有一个很短的时期把子午道当作入川通道，《后汉书·顺帝纪》，“延光四年诏益州刺史罢子午道，通褒斜道”，上引之石

[1][东汉]班固：《汉书》卷九十六《王莽传》。

门颂纪杨孟文建议修复褒斜道正是此时事，碑文明确记载过去所以取子午代替褒斜是由于“西夷虐残，桥梁断绝”，据《后汉书·安帝纪》，元初二年先零羌叛，断陇道，寇三辅，入益州，杀汉中太守，这次羌祸前后一共达十四年之久，既断陇道，又入益州，据汉中，则嘉陵、褒斜两道都要受到影响，所以势必要恢复子午，子午所以能通行十多年，只不过因西边道路为西羌所绝，原属于临时性，所以等到延光四年羌乱一平就立刻恢复褒斜罢子午道事。

嘉陵、褒斜都各有特点，嘉陵道关系秦陇两区，又有嘉陵水运之便，四川的物资北运秦陇，就得取道嘉陵。《后汉书》卷八十八《虞诩传》：

（元初二年）迁武都太守……先是运道艰险，舟车不通，驴马负载，僦五致一。诩乃自将吏士，案行川谷，自沮至下辨数十里中，皆烧石翦木，开漕船道，以人僦直，雇借佣者，于是水运通利，岁省四千余万。

四川的布谷利用嘉陵水运可以运到沮县（略阳），以上就有两个去路：一是沿着嘉陵江支流黑峪河经下辨（成县）运到武都、天水等地，这就是虞诩所开的船道，另一条则先出散关、陈仓远往长安，汉析里桥《郙阁颂》：

惟斯析里，处汉之右……汉水逆瀼，积滞行旅，路当二州，经用由沮。……常车迎布，岁数千两。

析里的郙阁即今略阳西二十里的临江崖[1]，这里的汉水为西汉水即嘉陵江，沮就是现在的略阳。四川一向以布帛著名，“常车迎布，岁数千两”，跟上引虞诩传漕布谷集中沮县情形符合。

铭文中的“路当二州”，其一指益州，其二则指凉州（陇西、武都诸郡）。铭文最后提到李翕派人造析里大桥，“醳散关之崭漯，从朝阳之平燥”，这就是指由沮县北上嘉陵道出散关到关中的道路情形，由此可以证明沮县是当时四川布谷集中之地，从这里然后分散到陇西跟关中地区。

最初沿嘉陵谷道的陈仓道对陇西地区的关系比对关中重要得多，据《汉书·地理志》，沿嘉陵道上嘉陵江上游诸县如沮（略阳）、下辨（成县）、河池（徽县）、

[1]《嘉庆重修一统志》卷二百三十七《汉中府·古迹》郙阁下引《略阳县志》。

故道（凤县）都属于武都郡而不属于汉中郡，属扶风郡的只有一个陈仓县（宝鸡）。嘉陵道差不多全偏重在陇西，这个原因不难理解，一则长安跟成都交通原不限于嘉陵一线，可是成都跟陇西的交通由于要利用广元、昭化间那个缺口，一般必得取道嘉陵，二则关中区物资支援主要有东方的平原，可是陇西一带，山地为多，食粮的支援，那就全靠四川了。

褒斜道路近捷，又直接跟汉中盆地的重心南郑联系。近捷是交通上一个便利的条件，所以平时交通，一般就容易采取褒斜。汉代驿路设在褒斜，同时汉代褒斜道修路次数也相当多，这说明往来是频繁的。嘉陵迂远，可是路较平坦，又兼有嘉陵水运之便，一遇战争，嘉陵道马上就重要起来。自汉高祖从汉中出定三秦，东汉初刘嘉跟延岭战，冯异跟吕鲔、李育等战，直到汉末曹操自长安收降汉中占领者张鲁，在汉中一带总共发生了四次战争，而每次战争都一律取道嘉陵。其中只有刘嘉跟延岭战斗是发生在汉中、武都、天水之间，其余三次都是汉中跟长安间的战争。

第二个时期是三国南北朝。这是历史上一个大分裂时代。关中、汉中、四川间战争特多，秦岭通道用兵最为频繁，那时候南郑是一个很重要的军事重心。一向不见于战争记录的子午、傥骆、褒斜都因这个关系经常在战争中出现，但出现次数最多的还是嘉陵道及其支线陇西道。这一时期可分为前后两期，前期为三国时代关中与汉中间的战争，第一次是建安十九年（214）曹操自陈仓出散关，经河池，克阳平以消灭汉中占领者张鲁，第二次是建安二十二到二十四年刘备率主力攻汉中，并分遣张飞、马超、吴兰等屯下辨与操将曹洪战，不久皆为操兵所没，可见当初用兵都在嘉陵道。建安二十四年汉中既为刘备所占，操即自将，自长安出斜谷，军遮要以临汉中。这是褒斜道第一次见于战争记录之始。此后诸葛亮自汉中北伐，两出祁山，一出嘉陵，都是属于嘉陵线上，只有最后是出斜谷。此外甘露二年（257）姜维还有一次自骆道伐魏。魏伐蜀前后三次，两次是分数道出兵，一次出骆谷，其中子午、褒斜、骆谷占两次，列表如次（表中出处所列数字为《通鉴》卷数，下同）：

路线	蜀攻魏	出处	魏攻蜀	出处	次数
嘉陵道	（1）建安二十四年张飞等屯下辨与曹洪战 （2）同年诸葛亮出陈仓，围散关	68 71	魏年二十年操自陈仓，出散关经河池、阳平破南郑	59	3
嘉陵支线	（1）太和二年诸葛亮攻祁山，败于街亭 （2）太和五年诸葛亮复回祁山，战上邽青封	71 72			2
斜谷道	青龙二年亮自斜谷拔武功、营五丈原	72	（1）太和四年曹真出斜谷 （2）公元 263 年锺会分兵出斜谷，会汉中	71 78	3
骆谷道	甘露二年姜维自骆谷，出长城、军于芒水	77	（1）正始五年曹爽出骆谷，进据三岭截爽 （2）景元四年锺会出骆谷	74 78	3
子午道			（1）太和四年张郃出子午 （2）景元四年锺会分兵出子午，会汉中	71 78	2

后期为南北朝，自永嘉乱后，氐族杨氏割据称王，初据仇池，后据武兴，沿嘉陵江与汉江向西南两个方向扩展他的地盘，使汉中一带战争更为复杂，前后大小战争十多次，几乎全部沿嘉陵江线，不过大都没有全部走通。南北朝关中跟汉中间的战争走通全线的共有七次，其中嘉陵道跟陈仓道陇西支线各出两次，骆谷、子午各一次，有一次中间路线不详，可能是褒斜，兹列表如次：

路线	战争经过地点	出处	次数
陇西道	（1）宋元嘉十九年宋裴方明等自汉中攻武兴，下辨、白水，战浊水，取赤亭，平仇池，杨难当奔上邽依魏	123	2
	（2）同年，魏犯仇池，分两道，古弼等督陇右诸军，自祁山南入，俱会仇池	124	

续表

路线	战争经过地点	出处	次数
嘉陵道	（1）元嘉十九年宋犯仇池，皮豹子等督关中诸军自散关西入，击东乡，进下辨，战浊水，克仇池，宋兵败还南郑	124	2
	（2）梁大宝二年魏达奚武出散关，降武兴、白马，进围南郑	164	
骆谷	晋永和五年司马勋南自郑攻长安，拔长城戍，壁于悬钩	98	1
子午	晋永和十年桓温伐秦，遣司马勋出子午谷，向长安	99	1
褒斜道	晋永和七年司马勋自南郑入秦川，苻健御于五丈原，勋败还南郑	99	1

第三个时期是隋唐。隋唐都定都长安。汉中、成都为唐帝国的一个大后方，长期没有战争。长安、南郑、成都间交往最为频繁，秦岭交通要算此时最为发达。上述的入川四道，唐代都一起开放，但其中轻重的情形是不一样的，最重要的是褒斜道，唐褒斜道是入川官驿，从唐人诗文中考察，入川四道中占次数最多的就是褒斜。天宝十五载玄宗入蜀所取道路也是褒斜道。据今所知，褒斜道在唐代至少修过四次。大中三年郑涯等自文川谷路（即古褒斜道）创置十一驿，“并每驿附近，置私客馆一所”。入川官驿即自褒斜改由文川道，大中四年中书门下奏论这条路很不便“使命停拥”，应令封敖重修斜谷旧路。这年八月封敖奏斜谷旧路已经修好，“已散牒缘路管界州县，及牒凤翔、剑南、东西两川观察使，并令取八月十五日以后，于斜谷路过使命”[1]，从这一事实可以看出当时官驿即褒斜道为唯一秦蜀官道，使命往来都得通过褒斜。

嘉陵道在唐代也曾采取做驿道，《通典》卷一百七十五《州郡·兴元府》：

> 去长安取骆谷路六百五十二里，斜谷道路九百三十三里，驿路一千二百二十三里。

严如熤曾谓“所谓驿路，即今宝凤留褒之道也”[2]，此说殊误，宝凤留褒之

[1] 以上俱详《唐会要》卷八十六道路条。

[2][清]严如熤：《三省边防备览》卷二。

道乃唐褒斜道。详见拙著《历史地理上秦岭通道》，这里所谓驿道实嘉陵道。同书同卷下“符阳郡：去西京取郡北巴路至汉中郭下，过南郑县，取斜谷路一千四百二十里，去东京取郡内地平县益昌郡驿路二千六百里”，又书同卷“通川郡”下也有“去西京取益昌驿路二千五百里”，益昌即今昭化，通典把益昌驿路跟自南郑的斜谷路分别开来，驿路取益昌，而斜谷路则取南郑。驿路显然跟斜谷路有分别，这里所谓昭化的驿路不成问题就是嘉陵道。陈仓道在唐代所以能跟褒斜一样通行，一方面是由于嘉陵水运，汉虞诩所开凿的黑峪河水道（通往成县的），唐贞元间严砺又重新加以开凿，四川粮食就借这条水运运到关中和陇西。尤其是中唐以后，陇西为对付吐蕃用兵之道，军粮大半要靠川陕供给；另一方面嘉陵道支线又是成都通往天水一带最重要的通道，杜甫在乾元二年（759）自秦州赴成都，就是采取成县、昭化、剑阁一线的。

骆谷道唐代曾开凿过两次[1]，中唐以后由于它是入川道中最捷近的一条，此路突然重要起来，建中四年（783）德宗避乱南郑跟广明元年（880）僖宗自长安入蜀，都是从骆谷道。柳宗元在贞元间作《馆驿使壁记》，列举当时长安对外交通的驿路，入川通道独举骆谷[2]。元和初，高崇文讨西川刘辟，曾派李奕出兵骆谷，这说明骆谷道在德宗时代是相当盛行的，再从唐代诗文中考察，骆谷见于吟咏之多，仅次褒斜，直到晚唐骆谷道并未稍衰歇。

子午道在诸道中最为冷落，天宝中贡生荔枝，自涪陵入达州，取子午路入长安，曾一度辟为通道。涪陵差不多在长安的正南，涪陵、洋县、长安又差不多同在一直线上，取子午路，在距离上最为便捷，为使荔枝色香不变，不可能绕道成都，也不可能采取南郑之褒斜道，这次子午开驿，原有其特殊目的，而非为一般交通上的便利。子午关在《唐六典》中列为下关，从唐代诗文中，几乎很难找到有关子午道的歌咏记述。

总括来说，隋唐秦岭中入川通道以褒斜、嘉陵最为重要，傥骆道曾盛行一个

[1] 一次在唐武德七年，通骆谷道，一次在天宝八年王珙奏开清水谷路即骆谷道均见《唐会要》卷八十六《道路》。

[2]“自长安至于盩厔，其驿十有一，其蔽曰洋州，其关曰华阳。”（《注释音辩唐柳先生集》卷二十六）

时期，相比之下不很盛行的要算子午道。

第四个时期是五代，战争路线差不多全沿嘉陵线上，褒斜道只有一次，而且并非主力，子午道也有一次，也不是主力，至于傥骆道自后唐长兴四年开凿一次未成以后，即不见记载，兹将有关诸道之战争路线列为下表：

路线	战争经过地点	出处	次数
嘉陵道	（1）光启二年王行瑜自大散关、凤州、兴州追击僖宗（兴元）；（2）乾化元年岐（凤翔）攻蜀，败蜀于青泥岭，即自兴州进围西县；（3）贞明元年蜀两路攻岐，东北路：河池、两当、凤州；（4）同光三年灭蜀，自散关、凤州、长举、兴州、三泉……；（5）长兴元年伐蜀、取散关、三泉、利州路；（6）天福十二年蜀伐后汉，自兴州取固镇、凤州，分兵扼散关；（7）显德二年周伐蜀，出散关扼黄牛，围凤州，蜀败走青泥岭；（8）乾德二年宋灭蜀，取凤州青泥关路、下兴州、三泉、遂入蜀	（1）256 （2）268 （3）269 （4）273~274 （5）277 （6）286 （7）292	8
嘉陵道北段	（1）贞明二年蜀两路攻岐：一自凤州，出大散，攻宝鸡、凤翔；（2）贞明五年蜀攻岐，自凤州，出大散，渡渭，攻宝鸡；（3）贞明六年蜀两路攻岐：一自凤州、散关、箭筈关攻凤翔；（4）乾祐元年蜀攻后汉，分二路，主力自凤州出散关，攻宝鸡、凤翔及陇州	（1）269 （2）270 （3）271 （4）288	4
嘉陵道通秦州路	贞明元年蜀两路攻岐：北路经青泥岭、固镇、泥阳川、底台山、金沙谷、成州、上梁坊、秦州	269	1
褒斜道	乾祐元年蜀自青泥，败趋西县及兴元；岐分兵出斜谷围兴元	268	1
子午道	乾祐元年攻后汉，主力出自凤州、散关，另分兵出子午谷	268	1

第五个时期是宋元，也可分为前后两期，前期为北宋。北宋之入川大驿路即陈仓道，自散关出凤州，经河池、两当、兴州、青阳驿、金牛镇、三泉合剑阁道。当时收买川茶以易熙河之马也由此路。至于唐代的褒斜通道虽亦任使命客旅往来，但并非官驿。熙宁七年（1074）利州提刑范百禄曾擘画改移兴元府路，废嘉陵驿

道取褒斜为大驿路，但在元丰元年（1078）为黄裳所奏罢[1]。自此入川正驿仍回至旧日的嘉陵线上，褒斜道采作驿路，前后才不过四年。

后期为南宋和元。金、元侵略四川大抵皆沿嘉陵道。宋兵拒战最初在散关及和尚原，后来移至路略阳北面的仙人关。仙人关有左右两道：左道自成州经天水，出皂郊堡，直抵秦州；右道则自两当趋凤县，出散关以至宝鸡、凤翔[2]。金、元兵侵略皆有两个根据地，东路出长安，西路则自秦州、巩昌，大散关及和尚原只能抵御东来之师，不能防备西来之敌，所以后来宋兵不得不自动撤退到当两路之冲的仙人关[3]。当时大小数十战，大抵皆在此两线上，而大散关一线尤为重要。褒斜道在宋金战争中只出现一次[4]，宋元战争中出现过两次，但这两次元出兵都是分嘉陵、褒斜两道。从这两次的用兵的形势看，嘉陵、褒斜颇有主从之别，并不是平等的[5]。

子午、骆谷在战争记录中都未出现，宋为防御金、元的侵袭，曾于子午、骆谷的谷口置若干碉堡，又嘉定十三年（1220）安丙曾计划一个分道大进军，命兴元统制田冒出子午谷，但后来并未见诸实行。

第六时期为明、清。元中叶以后的入川正驿，又改用褒斜。明清时代所谓连云栈，就是承元而来。洪武三年（1370）徐达曾遣傅友德等由略阳，金兴旺由凤翔，入连云栈，合兵攻汉中[6]，前者由嘉陵道，后者取褒斜道。洪武二十五年命普定侯沐英重修连云栈，因旧路基础改为栈阁，弘治间重修，嘉靖间一部分易木为石，清康熙三年贾汉复将全部换为碥路（石路），二十八年迈思泰又加以修治，历乾嘉两朝都有所整顿，这就是明清时代的所谓北栈，为明清官驿所经，川陕交通一般即采取此路，不复走嘉陵道。嘉陵道，自明阳以下除通行水运以外，陆路

[1] 关于宋代入川驿路及其变动，俱详《宋会要稿》191 册《方域》十。

[2][宋] 赵彦卫：《云麓漫钞》卷一。

[3][元] 脱脱等：《宋史》卷三百六十六《吴玠传》。

[4] 嘉定十二年，金人破凤州，乘胜攻武休关，入兴元府（据《宋史·宁宗记》）。

[5] 绍定四年拖雷自宝鸡入大散关，破凤州，分东西两军，东军入兴元，西军则自沔州（略阳）取大安军路，入四川境。又端平三年、阔端等侵蜀，至凤州后，主力攻沔州、阳平关，另分兵攻武休关，入兴元，后阳平被阻，才自兴元横冲大安，入川，从其主力看，两次都在陈仓道上。

[6][明] 邓士龙辑：《平夏录》。

交通运不如褒斜，但一遇战事，嘉陵道又立刻出现。明末李自成的农民起义兵，即数数（路）自四川取嘉陵道，出阳平关，或往关中宝鸡一带，或往甘肃巩昌一带。清初向四川进攻，嘉陵江为军糈运道，进军也曾走嘉陵道。

综上所述，秦岭中入川四道，子午、傥骆都只通行一时，只有嘉陵跟褒斜一直是川陕间交通要道，平时以取道褒斜为多，战争进行就常在嘉陵道上。交通的发展一直注重这两条。嘉陵跟褒斜所以能并行不废，是有几方面的原因的：嘉陵迂远，可是道路较为平坦，褒斜近捷，但坡度甚为险峻；嘉陵道关涉陕西跟甘肃两省，褒斜直接联系汉中，彼此都不能互为代替。近捷是交通上一个最有利的条件，所以褒斜道上设驿置邮，以及平时修道的记载远较嘉陵为多；可是一遇战事，情况就显然不同，行军用军必须考虑道路的险易、军粮的供运以及军营的住宿等问题。嘉陵道有嘉陵水运之便，谷道较为平坦，沿线州县众多，而褒斜情况适得其反，清代只有一留坝，清以前连一个县也没有。嘉陵道所以在战争中特别出现频繁，除了因它关涉陕甘两省、有些战争必须取道嘉陵外，主要原因还是在上述那几种情形。有两个例子最能说明这个问题：（1）当诸葛亮第一次自汉中北伐时，魏延曾经建议分别从子午、褒斜两道出兵，魏延以精兵五千取子午北出，而亮率大军出斜谷会师长安，诸葛亮终以为这样很冒险，不如取陇道平易。他四次北伐，三次都采取嘉陵线，只有最后一次出斜谷；（2）汉中以取道褒斜为便，可是很多有关汉中的战争，也都取道嘉陵。

三、巴山通道各线的发展

巴山中川陕通道，剑阁通往成都，米仓道通往巴中，沿巴江可至川东南诸地，诸道目的不同，不像上述秦岭通道目标都朝着一个，所以必须分道考察。

1. 剑阁道　剑阁道是巴山通道中最重要的一条，也是历史上联系成都、长安间最主要一条交通动脉。秦岭入川通道都会于剑阁道，其合并之点，汉、魏、六朝在葭萌，隋、唐、五代、宋在三泉，元、明、清则在广元之神宣驿，神宣驿以北分为两条道路：一趋汉中，接古褒斜、傥骆、子午；一趋阳平关、略阳，接古陈仓道；神宣驿以南就只有一条主线从广元、昭化以及嘉陵江切穿的那条缺口进入四川盆地，中间穿过剑门山以出剑阁，经梓潼、绵阳、罗江、德阳、广汉以至成都。剑阁道又称金牛道或石牛道。秦惠王十三年（前 325）苴、蜀相攻，张仪、司马错等灭苴并蜀。苴建都葭萌，蜀在成都，张仪等所采取灭蜀的道路就是剑阁道。汉建安十七年到十九年（212~214）刘备灭刘璋，自葭萌径至白水关，进据涪城，克绵竹，围雒城，败任勒于雁桥，遂围成都。葭萌故城在广元南，白水关在昭化北，涪城即绵阳，古称绵州，绵竹在今德阳附近（为德阳前身），雒城为今广汉，古称汉州，雁桥就在广汉西门外，刘备自葭萌进攻成都的道路，显然跟明清时代的南栈（蜀栈）完全一致。

剑阁道很早即修有栈道，剑阁相传为诸葛亮所修。此外又有马鸣阁远在刘备取汉中以前就已存在，川陕历来可考之设驿置邮之官路无一不由剑阁。唐玄宗、僖宗自长安入蜀就是走剑阁道。唐宋都有修造剑阁栈道的记载。明清以来所谓南栈，实际上是自唐宋元发展而来。

剑阁道有一条支线自昭化分路沿嘉陵江到阆中、南部，然后折西经盐亭、三台、中江，合剑阁道于德阳（或新都），或自剑阁分路，取道三台在新都附近跟剑阁道合。两线均须过三台，三台古为潼川，为唐东川节度使的治所，常驻重军，因此我们推想此路之辟为通道，或在唐至德二载分剑南道为东西川之前，因交通之故，使潼川成为重镇。元和元年（806）高崇文自长安讨伐西川（成都）刘辟，兵分两路，严砺自汉中出剑阁道，而高崇文则自长安取斜谷道，至汉中后即取道阆中、梓州（三台）、玄武（中江）、绵江以攻鹿头关。于此，合栈阁道过德阳、汉州以入成都，这是走通全线最早的一个记载。元和以后东西川间常常用兵，此县渐趋重要，在战争中出现过两三次，完全走通的则为光启三年（887）王建自葭萌沿嘉陵江而下，进袭阆州，后又自阆州经梓州、鹿头关、汉州进攻成都。南宋蒙古兵入侵成都，此路也曾在战争中出现过两次：嘉熙三年（1276）蒙古将塔海自新井（南部）入攻成都取汉、邛等州，走的就是此路西段；又端平三年（1236）蒙古阔端等自兴元横冲大安，杀曹友闻，降利州、潼川等路入成都，中间的路线不详，但经过三台是肯定的。根据栗棘庵所藏宋代舆图，入川道路从隆庆府（剑阁县）起，原绘有两支：一支经汉州以至成都，即古剑阁道；另一支则自隆庆府经潼川府（三台）、怀安军（金堂县东南新都附近）以至成都。阔端等入成都，或即由此线。此外宝祐六年（1258）蒙古主自昭化攻打剑门，后又转兵沿嘉陵江攻阆中跟合川，目的在围攻重庆。明末以来入川通道也分为两条：一线即剑阁，另一线则自昭化取道阆中经三台之线，此路有舟航之便（自广元、昭化可以一直来直流至阆中），又可以避剑门之险，但因绕道太远，终不能跟剑阁道并驾齐驱。

历史上自秦陇入四川成都原有三道：一即剑阁，二即剑阁道潼川支线，三是阴平道。阴平道是间道，只有出奇不备，才取阴平。历史上自陕西取蜀共有十一次，其中剑阁占九次，剑阁道潼川支线跟阴平道各占两次，列表如下：

路线 朝代	剑阁道	剑阁道支线	阴平道
汉	建安十七年刘备自葭萌经涪城、绵竹、雒城灭成都刘璋。（《通鉴》66~67）		
魏	景元四年锺会、邓艾等伐蜀，会取道汉中、剑阁、涪城（后入成都）。（《通鉴》78）		邓艾自阴平、江油、涪城入成都。（同左）
晋	元康八年李特帅流民自汉中经剑阁入成都（《通鉴》83）。兴宁三年司马勋自梁州经剑阁攻入成都。（《通鉴》103）		
西魏	废帝钦三年尉迟迥自梁州经剑阁攻入成都。（《通鉴》165）		
后周	大象二年梁睿自汉中经利州、剑阁、成都伐益州王谦。（《通鉴》174）		
唐	元和元年高崇文、严砺讨西川刘辟，砺自汉中经剑阁（剑州）、绵州，配合高崇文进攻成都。（《通鉴》273）	高崇文自汉中取道阆州、经梓州、玄武、鹿头关、汉州入成都。（同左）	

续表

路线 朝代	剑阁道	剑阁道支线	阴平道
后唐	同光三年李继岌、李绍琛等自陈仓道经剑州，桔柏津、剑州、绵州、鹿头关、汉州、成都，灭蜀。（《通鉴》273~274）		
宋	乾德二年王全斌灭蜀，取剑阁道经魏城、绵州入成都。（《宋史·王全斌传》）		
		瑞平三年元阔端、汪世显等自汉中冲文安，招降利州、潼川等路，入成都。（《元史》）	
明			洪武四年傅友德平玉珍，自陈仓、阶州、绵州、汉州入成都。（《平夏录》）
次数统计	9	2	2

凡是出阴平道的都是出奇兵，邓艾与傅友德之事，史传都有明确的交代。在出剑阁道支线的两次中，第一次实是两路进兵，余一次情况不详。古来战争多发生在剑阁（有的没有走通全线），大小不下数十次，无论战争或平时，它的重要性都不是四川其他通道所能比的。

2. 米仓道　米仓道在历史上出现只见于三个朝代：一是汉末建安二十年曹操破汉中张鲁，鲁奔南山入巴中，一般即以此为米仓道出现之始，不久操将张郃又自汉中南徇三里，进军至宕渠（渠县）之蒙头、荡石，为张飞所败，走返汉中[1]；二是后魏废帝三年巴西人谯淹据南梁州（阆中），李迁哲跟贺若敦自汉中盆地进讨，迁哲先至巴州（巴中）[2]；三是南宋宝祐五年（1257），李进从蒙古主侵蜀，

[1][晋]陈寿：《三国志·蜀志》卷六《张飞传》。

[2][唐]令狐德棻：《周书》卷二十八《贺若敦传》，又卷四十四《李迁哲传》。

道陈仓，入兴元，度米仓关，沿巴渠江一直攻打到武胜，目的在配合蒙古主围攻合川跟重庆[1]。此外唐代从巴州、集川（南江）去长安、南郑也都采取此路，米仓之名就是在唐代出现的。

米仓道在地形上有其便利条件，米仓道沿巴江上源跟汉江支流濂水的谷道，濂水跟巴江互成对应；巴渠水系跟汉江水系中源头最相接近的就是这两条河。但米仓道并非川陕间主要通道，一则时间短促，再则就用兵次数论，米仓道一共只有三四次，不能与剑阁道比，而且连剑阁道支线也还远比不上。米仓道所以不能发展成为川陕间交通道，有两个原因：一是米仓道主要是联系南郑跟巴中的交通，而巴中僻处山区，并非四川盆地内很重要的政治、经济的重心，远不能跟成都相比；二是米仓道分水岭米仓山一带险陡高峻，历来都感到崎岖非常不好走，《魏书·贺若敦传》："山路艰难、人迹罕至，敦身先将士，攀木缘崖……"，《元史·李进传》也说："……度米仓关，其地荒塞不通，进伐木开道七百余里"，而《玉堂闲话》中有两则记唐代之米仓道，情形尤为险绝，一则说"其路则深溪峭岩，扪萝摸石……行人止宿则絙蔓系腰，萦树而寝，不然则堕于深涧"，一则说："危峰峻壑，猿径鸟道，路眠野宿，杜绝人烟。鸷鸟成群，食啖行旅。"唐代人自长安至巴中有时并不采取米仓道，仅而从陈仓或褒斜道，沿嘉陵江到达阆中后再转巴中。

3. 洋巴道　洋巴道是洋县、西乡通往万源、达县、万县以至重庆、涪陵等地的一条道路。其路沿渠江一上源后江跟洋川河两对应谷道，在镇巴附近翻越巴山，过去向无专名，见于记载亦晚，据我们所知，唐天宝间贡生荔枝，自涪陵入达州，由子午谷路至长安就是走洋巴道[2]。明末左良玉自西乡、汉阴追张献忠的农民起义兵，曾经在这条路线及其附近的任河谷道发生过一次战争[3]。明清以来洋巴道仍为洋县西乡至万源间的"川陕要道"[4]。抗战期间所修之自南郑至重庆的汉渝公路，西乡以下即采取此路，旧路跟公路的不同只是在翻越巴山分水岭的一小段，

[1][明]宋濂等：《元史》卷一百五十四《李进传》。
[2][南宋]王象之：《舆地纪胜》卷一百八十三利州路兴元府《子午谷下》。
[3][清]张廷玉等：《明史·左良玉传》。
[4][清]严如熤：《三省边防备览》卷二《道路·西乡下》。

约一百华里。

洋巴道分水岭绝水地带比米仓道要长，分水岭也相当高峻，而且它联系的两端点洋县、西乡跟万源，地位更不及米仓道南郑跟巴中的重要，所以洋巴道比起米仓道来又差一步了。

四、近代川陕通道的形成及今后发展的展望

综上二、三两节所述，在秦岭入四川道中，三道集中南郑，沿汉江谷道，一道出略阳跟阳平关沿嘉陵江谷道，汉江谷道跟嘉陵江谷道到了广元以后又会而为一。集中南郑的三道中，历来都以褒斜道最占优势，唐以后沿汉江谷道入川大路可以说只有褒斜。历史上褒斜跟嘉陵是最主要的入川通道，设驿置邮的官路非彼即此，或者两者并行，而隋以后的褒斜道北端又在凤县跟陈仓道合并，只在中间一段（自广元到凤县）沿嘉陵江跟沿汉江及褒河的不同，而其首尾则一，严格说来也可以看成一条总线，中间歧分为两条支线。秦岭中入川通道变迁虽多，但发展的结果，南端一定要通广元的缺口，北端则应采取“宝凤隘道”，这个发展的趋势是相当清楚的。

巴山中川陕主要交通路线只有一条总路线——剑阁道。川陕、甘肃的交通干线都得利用广元、昭化间嘉陵江给四川盆地打开的那个缺口；而盆地的政治、经济重心一向是在成都。成都、剑阁跟昭化差不多是在同一直线上，秦岭中入川四道既都集中广元、昭化间的那个缺口，而通往盆地的政治、经济重心的成都又必须通过剑阁，这个形势很能说清楚为什么巴山通道跟秦岭通道情况有所不同，为什么巴山中川陕通道总干线只有一条，而米仓道跟洋巴道都没有发展成为川陕间的主要通道。

总括几千年来川陕间通道的历史发展，首尾腰三段大致到了近代渐趋固定，腰段即广元、昭化间的那个缺口，这是掌握川陕通道的枢纽之点，由缺口向南，总干线只有一条，通过剑阁，但中间一段也可以有采取另一种走法，通过三台以避剑阁之险，由缺口北去，路线可以有沿嘉陵江跟汉江两条，但北端必须通过“宝凤隘道”。嘉陵道较为平坦，因此绕路较多，褒斜近捷，但路途险峻。承平的时

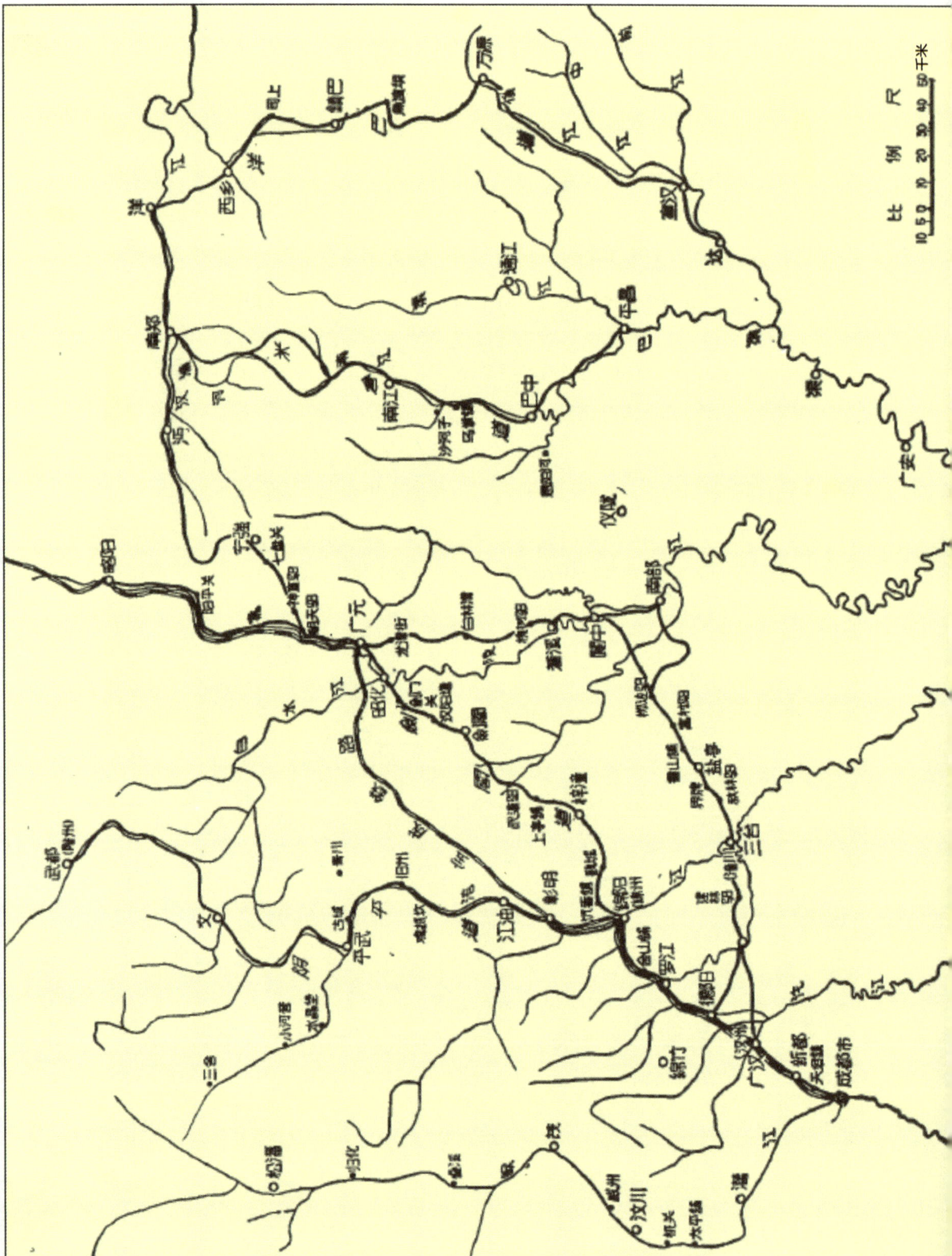

图2 通过大巴山的入川要道(图中宝成铁路仅绘与剑阁道不同之部)

候常走褒斜，一遇战争就差不多全取道嘉陵，从此可以看出，褒斜较不适宜于行军、用军，当然大量的运输也就不很适宜。

近代的川陕通道的形成，到了明清时代的南北线渐并分歧于统一，主线渐趋固定，但广元、昭化缺口以南仍有剑阁跟阆中的不同，而广元以北也有汉中或阳平关两线，虽然阆中与阳平关都不是主要路线。现在川陕交通的大动脉是宝成铁路。宝成是通广元、昭化那个缺口，南段大致即旧日剑阁道，但自广元至绵阳有一段的道路。为避免路径险陡，绕道会避过剑门关，跟明清南线略有不同[1]；北段大致即沿嘉陵道，但自略阳出凤县采取直线，不经过徽县跟两当。嘉陵道关联陕、甘两省，其道路又绕秦岭的外围并且较为平坦，比起褒斜道要直穿秦岭正脉，当然更便于修建铁路。宝成线的选线是有相当根据的，我们只要研究一下川陕交通的历史发展，就不难知道现在川陕通道的绕线应该是采取嘉陵道，而不能取褒斜道。

研究过去主要是为了将来。历史上的情形，只能供参考和借鉴。情况不同，当然就不能一样，现在的措施应该根据实际需要和当前条件。总结川陕通道的历史发展以后，下面我们试依这个原则对发展今后川陕间交通提出几点意见：

四川盆地的政治重心过去长期是在成都，因此交通的开发都是以成都为主，川陕间的交通更不能例外。四川省面积本来很大，现在西康省并入四川以后面积更大，近代一般对四川的概念是有川东、川西之分，中间的界限大致是依嘉陵江。要是依照地域论，四川是可以分为川西、川东两个重心，川西（其范围包括金沙江东的旧西康省部分）的重心是成都，川东（嘉陵江以东的原四川省部分）的重心是重庆。川陕间交通应该分两大部分考虑。

过去川陕交通发展几乎全偏在四川西部，四川东部跟重庆的联系就相当缺乏。从远景的建设来说，川东的重心重庆跟陕西省的联系应该有一条通道。这条通道的修筑当然要尽量利用旧有的基础，旧日的洋巴道路线可以考虑利用，一则因为后江谷道跟洋河谷道地形上有其便利的条件，再则过去曾修筑过汉渝公路，略有

[1] 此线系沿旧路而筑，这条道路亦系古道，清朝尚残存若干栈道遗迹，宋代的记载中才提出此线修有栈道。这些栈道可能为宋代或其稍前时代所筑。《续昭化通》说此道为汉魏古剑阁道，而以明清南线为唐代剑阁道，这是错误的，详见拙著《历史上四川与秦陇间通道的发展》。

基础。全线的详细选定，将来可以通过精密的勘查。

川西跟陕西的联系已经有宝成铁路，这条路的北段即昭化以上可以考虑修两条支线：其一是从略阳到天水线，因与川陕间交通无关，讨论从略；其二是从广元到南郑的支线，过去褒斜所以能跟陈仓道平行，即因褒斜道主要作用是联系关中、汉中跟成都的交通，非陈仓道所能直接代替。要是修筑这条“广南支线”，就可以发挥跟褒斜道同样的作用，而汉江上游地区的物资就可以跟四川及关中地区“互通声气”了。这条支线过去一直是入川大路，修筑起来不致有很大的困难。

（原文发表于《地理学报》1957 年第 4 期）

关中与汉中古代交通试探

高景明　林剑鸣　张文立

陕西关中地区与汉中地区的古代交通是一个大题目，远非一篇短文所能论述清楚，本文只是想在这个题目下就手头的资料做点抛砖引玉的工作，以期引起人们的研究兴趣。

一

现有的文字记载资料中，最早记述关中与汉中联系的是《禹贡》。它说，夏禹治水时，“浮于潜，逾于汉，入于渭，乱（治）于河”。有人考证这一记载后，得出了夏禹时“汉江与渭河之间就有相互通达的道路”的结论。当然，这一结论还可以进一步研究，但说沿汉江流域而上达到渭河流域的交通不会迟于夏禹，却不无道理。

从考古资料来分析，在原始社会，古代先民从云梦地区出发，沿汉江流域到达今四川、甘肃、关中地区的历史是可以置信的。据已有的考古资料判断，我国公元前 7000 年左右的早期石器时代文化遗存，大致可以分为三种类型：裴李岗文化、磁山文化、大地湾文化。前两种文化向后发展为仰韶文化。而后一类型的文化，从建筑遗存、埋葬风俗、农业生产，特别是陶器形制、纹饰等方面来看，包括了关中、陇东及汉中、安康这一地域范围内的陕西华县老官台、临潼白家文化、甘肃秦安大地湾文化和西乡县李家村文化。而这些文化的下延，便形成了半坡——北首岭类型的文化。而从这些考古文化遗址中发现的经济情况来看（农业生产已占主导地位、制陶工艺较为原始，磨制工具已相当发达，居住区一般在 1 万平方米~2 万平方米，文化层较薄等），已处于发明了原始农业和开始相对定居的时代。这一时代，与中国古代传说中的神农氏时代的特点十分相似，而神农氏时代最富有典型意义的代表性传说人物便是炎帝和黄帝。

在古代传说记载中，炎、黄部族最早活动地区也当在今陕南、四川、甘肃及关中地区。

“少典妃安登，游于华阳，有神龙首感之于常羊，生子，人面龙颜，好耕，是为神农”（一说炎帝）（《路史》后纪注三引《春秋纬元命苞》）。华阳，据《禹贡》记载：“华阳，黑水、梁州。”梁州即今陕南地区，胡渭在《禹贡锥指》中认为华阳指今陕南商洛地区。如果我们不拘泥于现代人的“定居”及“行政分区”的意识，我们便可以说，神农氏时代的炎帝部族是从陕南进入关中地区的；而向后发展，黄帝部族也基本上是活动于四川（包括汉中）、关中及甘肃东部这一地区。据记载，“黄帝娶于西陵之女”，生二子：青阳、昌意；“青阳降居江水”“昌意降居若水”，而“娶蜀山氏女”（《史记·五帝本纪》）。这西陵、江水、若水等均在四川，“蜀山氏”在巴蜀亦无疑义。而另有记载说黄帝又活动于轩辕（今甘肃）、陈（宝鸡）等地。

这些传说与考古资料结合起来，可以得出这样的结论：一是原始先民们很早（约公元前七千至前五千年左右）就活动于今陕南东部地区。以后他们沿秦岭南麓逐渐西迁，来到汉江流域及巴蜀地区，在这里逐渐定居，并发明了原始农业，成为我国最先进入神农氏时代的部族之一；二是来到汉江流域及巴蜀地区的原始先民并不是长期定居在一地，他们往往逐野兽及宜农地而居，其中一部分沿嘉陵江而上，到达更适宜农作的黄土地——甘肃及关中地区。他们是最早开辟沿嘉陵江逾秦岭到达渭河流域交通道路的先锋。

由于原始人类的反复迁徙，从关中地区到巴蜀地区（先秦的巴蜀地区的概念，包括今汉中地区，本文所用巴蜀地区的概念即此）的道路便比较固定起来，而《禹贡》所说的“逾于汉，入于渭”，正说明了这种情况。而从夏及殷、周，渭水流域的关中地区与巴蜀地区的联系一直未曾中断。《汉书·礼乐志》中曾记载在汉成帝时，“犍为郡于水滨，得古磬十六枚”。古磬，据我国乐史专家考证，为殷人乐器，犍为郡在今四川宜宾市境；而新中国成立迄今，考古学家在四川新繁、彭县、广汉等县境先后发现一大批殷周时代的青铜器，在宝鸡地区的周原发现的先周甲骨文中也有关于周人与蜀交往情况的记载。这些地下出土的考古资料都雄辩地说明在先周以前，关中与巴蜀有密切的来往，而其交通孔道当为沿嘉陵江北上越秦岭而到古陈仓之道，这便是后来人们所说的“故道”。

故道最早的称呼为周道，为周人对其命名，见于周初《散氏盘》铭文。据王国维先生考证，《散氏盘》上的“周道”就是汉代时人们所说的故道。

从《散氏盘》所记时代以后，人们对于从蜀入雍（今宝鸡地区）的记载便频繁起来，周武王伐纣时，有“彭、蜀、庸、濮、髳、微、卢、羌”八国参加，据孔安国说，髳、微、蜀在巴蜀，而庸、濮在江汉之南；《国语·晋语》记载，周幽王伐褒，得美女褒姒，据《汉书·地理志》考证，褒即汉中地区的褒地；而到春秋时，秦据有“岐西之地”，“及秦文、德、缪居雍，隙陇、蜀之货而多贾”（《史记·货殖列传》）；秦穆公后期，蜀王开明氏二世之卢帝“攻秦至雍”；及至战国时代，秦蜀关系又有改善，秦厉公二年（前 475），蜀人“来赂”，与秦修好，二十六年（前 451），秦人开始派“左庶长城南郑”，将汉中纳入自己的版图（《史记·六国年表》）。

从这些记载来看，先秦时代关中与巴蜀的道路已基本固定。特别是到秦国入主岐西，秦国与蜀国的来往日见密切，经济交流已甚为频繁，及至战国时代，秦人的政治势力已达汉中，并将其纳入秦国的版图。

但从另一个角度来看，尽管这条周道（秦时也称秦道）在先秦时期已基本固定，由于频繁交往使嘉陵江边及秦岭山麓上已经踏出了明显的通道，但它依然只是沿江及攀崖的崎岖小道，并未经过人工的修筑，所以《史记》上才说“隙陇、蜀之货物多矣”。“隙”，即夹隙小缝，此处指攀越山间小道而行。

从现有记载来看，对于从关中入巴蜀的道路最早的人工修建，当在秦惠文王时（前 337~ 前 311）。对此，《史记》《太平御览》《十三州记》等均有记述。秦惠文王初更九年（前 316）曾对蜀人采取了一次较大规模的军事行动，"击蜀，灭之"（《史记·六国年表》），并于十二年（前 313）封秦"公子繇通于蜀"（同上）。这次战役规模较大，秦人为了进行这一战争，对于秦蜀道路当进行修整，《史记》未具体记述修整道路情况，但《太平御览·蜀王本纪》却有详尽的描述：

五丁共引牛成道，致之成都。

秦惠王时，蜀王不降秦，秦亦无道出蜀，蜀王从万余人传猎褒谷，卒见秦惠王"。由于蜀王致秦王之礼太薄，惠王大怒，欲伐蜀，但也苦于无行军之道，便"刻五石牛，置金其后，蜀人见之，以为牛能便金，蜀王以为然，即发卒千人，领五丁力士拖牛成道，置三枚于成都。秦道乃得通"。

尽管这种说法有附会之词，但在秦国后期才由蜀国修整从蜀入关中之路，却从此可以透出信息。

由于道路的修整，秦与汉中的来往便更为方便。公元前 301 年，蜀反，秦司马错诛蜀守煇，到前 294 年，秦昭王便正式将汉中划为秦之汉中郡，"任鄙为汉中守"。在这以后，秦人不论从军事角度，抑或是政治、经济角度考虑，都不能不改善从雍（秦当时的政治、军事、经济中心，今宝鸡市凤翔县）入蜀、汉的交通道路的状况。因此，我们认为，故道（周道、秦道）在秦统一之前已成为关中与汉中地区的通衢大道。及至秦始皇统一全国后的前 218 年，印度僧人宝利防等十八人亦从这一道路进入咸阳见始皇帝（《秦会要订补》，载《丝绸之路漫记·陕西分册》，第 20 页）而汉高祖从汉中还定三秦时也从"故道还"。

有人认为，"褒斜道当为蜀道之始"，论证从川蜀入关中最早的道路应为褒斜栈道，这种意见当然可以讨论，但他们用来支持自己这一意见的材料中却有误解。他们认为《国语》中所说的"周王伐褒国"之褒国为褒城，而"周显王之世，蜀王有褒汉之地，因猎谷中，与秦惠王遇"（《华阳国志·蜀志》）"蜀王从率数千余出猎于褒谷西溪，惠王亦猎于山中"（阚骃：《十三州志》）"蜀王以万余人传猎褒谷，卒见秦惠王"（《太平御览·蜀王本纪》）等，其中均提到"褒"（褒谷），而此"褒""褒谷"，便是褒斜道之南端，因此，便说明幽王、秦惠文王等是从褒斜道入汉中的。

这是一种误解。在先秦时，汉中先一直为蜀国所领，而雍一直为周、秦的发祥地和经济、政治中心。因此，双方的主要交通孔道当为从雍入蜀的故道较合理。另外，这里所说的“褒”“褒谷”并不是指汉代所开之褒斜道南端的褒河东谷，而为褒河西谷，即《十三州记》中所明确指出的“褒河西溪”，这里应将褒河上游之水系稍加说明。褒河上游的一级支流有三条：南溪河、北栈河、南河。北栈河发源于留坝西北之紫柏山南麓，东南流向，到姜窝子与从东北流入的南河相汇，再流至武关驿与从西而来的南溪河相汇，成为褒河主流而南流入汉江。一般来说，南溪河、北栈河均可称为“褒河西（谷）溪”，而南河为褒河东谷（溪）。褒河东谷为汉代所开之褒斜道南端，南溪河、北栈河可以说是蜀王与秦惠文王相会之“褒河西溪”。今凤县至汉中的公路即循北栈河而行，应该说，这一段原为故道所经之道。因此，蜀王、秦惠文王“通褒”所走之路应为故道的一段。以“通褒”来证明褒斜道开通的说法是有片面性的。

二

褒斜道的开辟，是比较晚的。它见于记载的是汉武帝时代。

当然，任何一条道路一般来说并不是突然开辟的，特别是古代道路，可能早就有人来往于这一条路，但由于它缺乏军事特别是经济价值，因此长期不为人们所重视，它也未形成所谓的交通道路。

春秋之前，军事、经济、政治、文化的中心在黄河流域。巴蜀由于秦岭、巴山的阻隔，一直处于闭塞的状况，及至秦人建国雍地，与巴蜀的来往才逐渐加强。“秦自文、德、缪居雍，隙陇、蜀之货物而多贾”，秦从德公迁雍，一直到孝公迁都咸阳，政治、经济、军事、文化中心一直在宝鸡地区。而不论从千陇（今陇县）、平阳（今宝鸡县）、雍（今凤翔县）等入蜀，经由故道均最为便捷，人们当然没有必要舍近求远，绕道褒斜道了。所以秦在秦岭南麓只设置故道县，正说明故道到秦统一一直为关中通蜀、汉的主要孔道。及至秦孝公迁都咸阳，政治、经济、军事中心虽已东移，按说可以走褒斜道入蜀、汉，但从记载中可以看出，秦人并未这样做，因为这时秦人主要的政治、军事目标并不在偏远的蜀汉（何况这时蜀、汉已为秦人所有），它主要是东出函谷关以吞并六国。要入蜀、汉，故道已很现成，它在戎马倥偬中当然不会再去寻另一条入蜀、汉的新路了。及至秦始皇统一天下，只有短短十五年时间，在咸阳附近他又有了蚀中道以入汉（蚀中道的开辟年代不详，但从项羽咸阳封王后，汉王从蚀中道入汉来看，此道开通当在秦统一咸阳之后，为建阿房宫而从蜀、汉运送木料等而设），他也没有去开辟褒斜道。

汉高祖刘邦入长安后，关中成为汉代的政治、经济、文化中心。由于高祖、文、景数代的“与民生息”政策，汉代呈现了“太仓之粟陈陈相因，至朽腐不可食”的繁荣景象，而这时的蜀汉经过长期开发，加上其自然条件的优越，已经十分富裕。长安人繁费钜，极需“汉中之谷”[1]，而从长安入汉要绕道故道，显然有些迂远，人们需要另外寻找一条更为便捷的交通道路。同时，从山东远送漕粮入长安，要经黄河之砥柱，经常覆船，人们希望通过汉江、褒河、斜水以绕道入渭水。正是在这种经济利益的考虑下，汉武帝元朔年间（前 128~ 前 123）长安朝廷中修建褒（水）斜（水）道的呼声越来越高。而从这种呼声中，我们似可看出，人们当时并不是把褒斜道当作一条陆路栈道来考虑的，他们是从褒水和斜水可以相连的角度来设想的，换句话说，他们并不是因为这里已有一条栈道而提议利用旧道，而是要新辟一条水路航运通道。这从当时的朝议过程中看得很清楚。

元朔年间，河东郡守番系上书谈及漕运的困难及艰险后，有人便提出“通褒斜道”来解决河东漕运问题，汉武帝对此十分关注，便将此事交“御史大夫张汤，汤问其事，因言：‘抵蜀从故道，故道多阪，回远，今穿褒斜道，少阪，近四百里，而褒水通沔（按：沔即沔水，汉水之另名）斜水通渭，皆可以行漕船。漕从南阳上沔入褒，褒之绝水入至斜（水）间百余里，以车转，从斜水下渭，如此，

[1] 蜀、汉在汉初经济比较发达。物产较为丰富。这可从汉初每逢关中饥谨，即就食蜀汉之事说明。《汉书 · 食货志》记载：“汉兴，接秦之弊，诸侯并起。民失作业而大饥馑，凡米石五千，人相食，死者过半。高祖乃令民得卖子，就食蜀、汉。”［东汉］班固：《汉书》卷二十四《食货志》，中华书局，1962 年，第 1127 页。

汉中之谷可致，山东从沔无限，便于砥柱之漕。且褒斜林、木之饶拟于巴蜀。’天子以为然，拜汤子卯为汉中守，发数万人作褒斜道五百余里，道果近便，而水湍石大，不可漕。”（《史记·河渠书》）

这里所说的“褒之绝水”，指的是褒河东侧之一级支流南河水。它发源于太白山，与斜水发源地之衙岭山（太白山之一岭）不远，从秦汉之“地图”（藏于内史）上看是很理想的相连之地，但实际上两水发源地之跌差较大，而且斜水“水湍石大”，根本无法通航；这种实际情况与原来设想的差距，可以说明人们对此道的陌生，但是，这一条交通线在“发数万人作褒斜道五百余里”[1]而修通后，却的确比从长安出发经故道要“近四百里”；而且，由于汉武帝“发数万人”，大规模修筑此道，因此，这一新辟路线不仅比故道要近四百里，而且也比故道要好走得多。正如《史记》所说，“道果近便”。而我们从这一记载中也可以看出，褒斜道的正式开通为汉武帝时，而其总负责人为武帝近臣张汤之子张卯。

褒斜道的开辟是因为经济发展的需要，因此，它的开辟具有很强的生命力。它将富裕的巴蜀（含汉中盆地）与繁荣的长安三辅地区以最短的距离连接在了一起。从此之后，“玺书交驰于斜谷之南，玉帛践于梁益之乡”（《华阳国志·蜀书》），长安三辅地区高度发达的文化经由此道南下梁、益，使中原地区与巴蜀地区文化互相融合，而梁益二州的丰富物资也从此道源源不断地运往关中。正如《史记·货殖列传》所说：“武、昭治咸阳，因以汉都长安诸陵，四方辐凑并至而会……南通巴蜀。巴蜀亦沃野地饶（卮、姜、丹砂、石、铜、铁、竹、木之器），南御滇僰（僰僮），西近邛笮（笮马、旄牛），然四塞，栈道千里，唯褒斜绾毂其口。”

这条连接西南与三辅地区的道路从此便代替了其他从关中入汉中的道路。由于这条交通动脉的经济、军事价值极为重要，所以从汉代开始，多次被统治者修理、完善，始终保持着畅通无阻的局面。而这些修理、完善的工程中最为引人注

[1] 褒斜道初开，全长当为四百七十里，五百里为概数：《三国志·魏书·刘放传》注引曹操之语说褒斜道“五百里石穴”；《史记·货殖列传》正义引《梁州记》说：“褒谷，南口曰褒。北口曰斜，长四百七十里。”《元和郡县图志》（卷二十二）、《舆地纪胜》（卷一百八十三），均记作四百七十里。

目的是东汉明帝永平四年（61）的“诏书开余，凿通石门”（见《石门颂》碑文）。

石门在褒城北五里许，被誉为“世界上最早用人工开凿的穿山隧道”（汉中地区文化局编：《汉中地区名胜古迹》，第14页）。它通长16.3米，通宽4.2米，于永平六年初正式开工，动用“广汉、蜀郡、巴郡徒二千六百九十人”，一直到永平九年才竣工。尽管这条石门隧道从现在科学技术发展水平来看，已是微不足道，但它在人类文明发展史上，却有着不可磨灭的贡献。它所采用的“火焚水激”开石法，直到清代还是人们凿山劈石的主要方法（见党崇雅：《贾大司马修栈记》说“煅石三十二处”，煅石即火焚水激法）。它是人类征服大自然的一个伟大创举，应该受到历史的尊重。

这次修整后四十年，由于“先零羌、滇零称天子北地……南入益州，杀汉中太守董炳”（《后汉书·安帝纪》）而使“桥梁断绝”。褒斜道一度衰废，人们改由子午道入汉。但是，人们不愿放弃这一“便近”之路，当形势稍一安定，汉中太守杨孟文便力请修复褒斜道，“帝用是听，废子（午）由斯（褒斜）。得其度经，功饬尔要，敞而晏平”（王升：《石门颂》），褒斜道经顺帝时（126~144）的修整，更加宽敞平展。

从历史记载来看，褒斜道最后一次大规模修整，当为康熙三年贾汉复所为。从党崇雅《贾大司马修栈记》（《宝鸡县志》）来看，直到明代，褒斜道仍然为秦蜀往来的主要通道。明末变乱，这一道路便“梗塞，羊肠一线，仅供猿狐出没”，贾汉复要巡视汉南，深感此路多阻，才发动凤翔府与汉南巡使共同谋划，“捐金募工”。于九月开工，“修险碥凡五千二百有奇，险石路凡二万三千八十九丈有奇，险土路凡一千七百八十一丈有奇，修偏桥一百一十八处，计一百五十七丈”。以上工程相当于二百里，占栈道总长二分之一弱。可以说是对褒斜道的一次较大规模的修整。

应该说明的是，贾大司马所整修的褒斜道并不完全是汉代的原褒斜道，而是合褒斜与故道各一段的新褒斜道，这一道路也就是人们一般所说的连云栈道。

连云栈道始见于魏《石门铭》。而其名之初提出为《三国志·锺会传》集解引《眉县志》：

斜谷在县西南三十里，入谷口二百二十里抵凤县界，出连云复百五十里出谷抵褒城，长四百七十里。

这一段道路与原褒斜道并不一致，它在北端出斜口以后一直走向凤县，与原故道重合，后循褒河西溪走向进入褒城。据史籍记载，这一道路为魏正始四年（507）由“左校令贾三德领徒一万人，共成其事”（北魏《石门铭》）。到唐文宗开成四年（839）又由山南西道节度使归融重新修整。由于此道在南端经由靠近甘肃，有利于沟通陕西与西域之间的联系，北端又省却了绕道宝鸡，与长安距离较短，因此，唐代一直较为兴盛。唐代以降，它的道路状况不断完善，到明朝时，“屡年修砌，可并行二轿四马”（明王士性：《广地绎》），成为“四川官路”“川藏通衢”。《金川琐记》卷三述其繁盛状况为“商旅满关，茶船遍河”。

从关中入汉中的古代交通道路，当然远不止故道和褒斜道，有些道路的出现时间甚至更早。比如子午道（蚀中道），“高祖受命，兴于汉中，道由子午，出散入秦”，刘邦由子午道进入汉中；还有更为近捷的傥骆道、堂光道（王升：《石门颂》）以及黑水蒲河道。这些道路尽管为了某种需要在某些朝代曾被修整过，也曾兴盛一时，但是都没有成为主要孔道而冷落萧条了。究其原因，大致有二：一是这些道路从自然条件来看，均崎岖险峻，不利行旅。比如东汉时褒斜、故道皆因被羌人占据而中断。“子午复循”，但子午道“上则县（悬）峻，屈曲流颠；下则入窦，庼（倾）写输渊；平阿淖泥，常荫鲜晏；木石相距，利磨确磐。临危枪砀，履尾心寒”（王升：《石门颂》）。如此险峻逶迤，泥泞曲折，山石嶙峋、锋利刺人，人行其上，如履虎尾一样胆战心惊，除迫于行军外，商旅行人如何可行？直到1934年，陕西省建设厅与全国经济委员会确定修建关中通汉中的公路，派国内外专家勘察路线时，他们也觉得“傥骆最短，但山高路险，行旅鲜绝。子午及黑水蒲河道，崎岖峻拔，工程过大”（杨涛：《宝汉公路修建过程述略》，《石门》1988年1月），不便利用。二是社会价值的原因。子午、傥骆诸道在关中与蜀、汉军事对垒时，作为军事道路曾多次被利用，但从经济价值来考虑，却有很多不利条件。故道西近甘、宁、青，南接川蜀，可收西域与“天府之国”之利；褒斜道虽稍偏东，但确为从关中三辅地区之扶风郡连接蜀、汉最为近捷之路；而子午、黑水蒲河道则太偏东，西接甘、宁、青不便，而到汉中又全为峻峭险阻之路；因此，当国内统一，特别是秦、蜀之间和平统一，道路交通无人为之患时，人们便会自动地选择故道、褒斜之道，其他通道也就自然而然地默默无闻了。这大概也可以说明交通本身最终是人类经济活动的产物这一道理吧。

（原文发表于《成都大学学报》1989 年第 1 期）

贡杨妃荔枝路线考

冯汉镛

一、贡品来自巴蜀

《新唐书·礼乐志十二》说：“帝幸骊山，杨贵妃生日，命小部张乐长生殿，因奏新曲，未有名。会南方进荔枝，因名《荔枝香》。”又《新唐书·后妃传上》说：“（杨）妃嗜荔支，必欲生致之，乃置骑传送，走数千里，味未变已至京师。”这两条资料，前者出自咸通年间袁郊《甘泽谣》[1]，后者则源自李肇《国史补》。据此可知，唐宫廷中吃的荔枝，都是从“南方”运来；只是宋代乐史撰《杨妃外传》，却将“南方”改为“南海”。这一改法，究竟有无根据，还须研究，才能肯定。

按蔡襄《荔支谱》说：“唐天宝中，（杨）妃子尤爱嗜。涪州（治所在今重庆涪陵）岁命驿致，时之词人，多所称咏。张九龄赋之以托意，白居易刺忠州（治所在今重庆忠县），既形于诗，又图而序之。”接着蔡襄就总结运荔枝的历史说：“洛阳取于岭南；长安来自巴蜀。”洛阳是东汉都城，用以表示东汉时，荔枝是从岭南运来。而长安是唐代京师，其荔枝则来自巴蜀。至于巴蜀的位置，同岭南一样，都在长安之南。故《甘泽谣》中的“南方”，明显是指涪州与忠州。乐史改为“南海”，当然是错误的。

其次是巴蜀出产荔枝，汉世即有盛名。司马相如《上林赋》有：“荅遝离支

[1][宋]程大昌：《考古编》引，辽宁教育出版社，2000 年。

（荔枝）”句；左思《蜀都赋》则云：“旁挺龙目，侧生荔枝。”后来的杜工部也吟道：“忆过戎泸摘荔支。”而《图书集成·草木典》卷二百七十七引《巴志》说：“江州西有荔支园，至熟时，二千石常设厨膳，命士大夫共会树下。”又引《蜀志》说：“唐天宝中，取涪州荔支，自子午谷内进入。”这些材料，表明唐代宫中吃的荔枝，都是四川进贡的。且杨妃生长都在四川，吃惯了川产，虽后来贵为帝妃，仍以川产为适口，故宋珏《荔支谱》依据这些情况，就总结说：“唐世进荔支，贡自南方，《杨妃外传》以为贡自南海，杜诗亦云南海及炎方。惟张君房以为忠州，东坡以为涪州，未得其真。近阅《涪州图经》及询土人，云：涪州有妃子园荔支，盖妃嗜生荔支，以驿骑传递……此实录也，后人不需置喙矣。”

二、运荔枝路线

荔枝贡品，既然来自忠州与涪州，因而有必要研究一下它的运输路线。据文献称，此物都是从子午谷运进长安。子午谷全长一千零四十里，北口距长安甚远，无须深究。而南口则有两个，分列东西。东口在今陕西安康市（唐称金州），西口则在今陕西洋县。故巴蜀运荔枝到子午谷南口的道路，应该有两条，兹分述如下：

先谈东口的金州线。这条路在唐时，是入川的道路。《太平广记》卷三百一十二引《北梦琐言》说：“僖宗幸蜀，滑能将赴行在（成都），欲取金州路入。”就是明证。此线的途程，首先要经紫阳，接着就是大竹坪。《蜀水考》卷三说：“竹浴关在通江县东北二百八十里，为陕西紫阳入蜀之路。”距通江二百八十里的竹浴关，就是今距四川万源市八十里的大竹镇。其地在南北朝时即已得名。《北史·氐》说：“赵昶乃简轻骑，出其不意，径入厨中，至大竹坪，连破七栅。”指的就是这里。过大竹镇，就进入万源地。然后经罗文坝、毛坝诸地，即到四川达州。达州唐时叫通州。《春明梦余录》卷四十三说：“自涪陵至达州，取西乡路入子午谷，至长安才二日。”虽所云“取西乡路”有误，但谓要途经达州，却是正确的。由达州至梁平约二百里，再行百里，即抵荔枝产地忠州。

其次谈的是西口洋县。洋县行不足百里即到陕西汉中。汉中在唐代，又叫兴元。《太平广记》卷三百九十七引《玉堂闲话》说：“兴元之南，有大竹路，通于巴州（治所在今四川巴中）。”这条路，研究起来，在曹操进军汉中，张鲁逃入南山时，就已经开通了。不过南山，究竟是指大巴山或小巴山，或两座山都指，现在已搞不清楚了。但大、小巴山路，都是进入四川之路，则不成问题。至于小巴路，则比较便捷，运送荔枝取此线的可能性较大。《永乐大典》卷一万一千九百八十引《寰宇记》说：“小巴岭在集州难江县东北一百三十里，《周地图》曰：此山之南，即古巴国，其岭上多云雾，盛夏犹有积雪。又有北水，源出此山。”难江即今南江，唐孙思邈来川，即从此路进入[1]。其洗药的遗迹，至今尚存。在南江沿河南行，就到巴州，道光《巴州志》卷四说：“州城外，唐宋古迹最多，相传为当时人入京之路，不知何由出此。今南江道中，夹植古柏，离奇轮困，皆是官树，与剑州（治所在今四川剑阁）同，云是古道，似不诬也。唐之君臣，玄宗、僖宗、严武、张祎，均曾往来经此，岂剑阁、巴山，固两径也。”按《巴州志》说剑阁、巴州是两条路，是完全正确的，而谓玄宗曾往来于此，则是错的；只要你知晓《雨霖铃》曲的作曲过程，就可以明白。

图 1

自巴州沿河下行，经响水滩到土地垭，就进入四川营山县的大蓬山。大蓬是因风景优美，同于蓬莱而得的名。其处古迹文物很多，除李特的天子读书台、安禄山的佛龛石刻外，还有僧法显的《天马洞》诗，又有“天宝碑”与唐昭宗时建

[1] 冯汉镛：《孙思邈的游踪》，载《陕西卫生志》1994 年第 2 期。

的景福寺碑。而营山城南紫极宫后殿，还有金铸唐明皇像。[1]至于这条路的开通时间，从李特曾在那里避难而留有天子读书台，说明最迟当在西晋。下至北魏，赵文表又辟了一条山路。《北史·僚传》说：“僚中先有二路，一路稍平，一路极险。俄有生僚酋帅数人，来见文表曰：我恐官军不识山川，请为乡导。文表谓之曰：此路宽平，不烦导引，乃遣之。文表谓其众曰：向者僚帅，谓吾从宽而行，必多设伏险道，若从险路，出其不意，僚众自离散矣。于是勒兵从险道进，其有不通者即平之。乘高而望，果见其伏兵。僚既失计，争携其妻子，退保险要。文表顿军大蓬山下，示祸福，遂相率来降，后除文表为蓬州刺史。”

任乃强先生《华阳国志校补图注》卷二谓大蓬山还有一个名瓦口的称呼。其言曰：“曹操取汉中，置三巴太守。刘备命张飞进军宕渠。张郃驻军瓦口以御之，瓦口即今之大蓬山。”最初我比较赞同此说，但仔细一想，瓦口当是大巴山某处，不会是大蓬山。因当时曹军未尝越过大巴山也。

再从大蓬山东南行，经黄渡河抵达渠县境，境内有地名大竹渡，接着前行，即到三汇。在三汇经木头石，沿大竹水上行，就抵大竹。《蜀水考》卷三说：“泸溪源出梁山（梁平）县宝泉山，西合龙泉山之水为双溪，又西受大竹水入渠。”大竹水就是流经木头石的这条水。而今的大竹县，唐时不叫大竹。唐时的大竹县在渠县境；若非现在的三汇，就应该是大竹渡。

从大竹经垫江，就到涪陵，疑涪州产的荔枝，就是从这条路运到长安的。由于这两条线，前一条要经过大竹坪（镇）；而后一条要经过大竹渡及大竹水，因此都可称为大竹路。《全唐诗》卷七百三十六载王仁裕《玉堂闲话》说：“兴元之南，有大竹路，通巴州。深溪峭岩，扪萝一上，三日达山顶。”就是指的这两条线。

说到这里，我想起金振声先生（现为四川省人民政府参事）曾说：吴佩孚驻军大竹时，曾谓大竹不典，乃买数匹白布缝合后，于布上画了几根大竹子，以增加典故。这一作法，虽然可笑，但却给大竹县添了佳话。

[1][南宋]王象之：《舆地纪胜》卷一百八十八，上海古籍出版社，1995年。

三、杨妃之死有三说

以前介绍大蓬山时，曾因那里有安禄山石刻，因而我推断杨妃虽在马嵬被缢，但被缢之后，却又返魂逃到大蓬山藏匿。这推测，反对的人较多，所以我也不十分坚持。可是近年以来，接连发现杨妃之死相关资料，各家说法不同，兹分别叙述如下：

（一）缢死。此说首见于陈鸿《长恨传》，略谓“请以贵妃塞天下之怒……上使牵而去之。仓皇辗转，竟就绝于尺组之下”。其后《旧唐书》和《新唐书》都因袭此说，《国史补》更进一步说是被高力士“缢贵妃于佛堂梨树下”。因而缢之说，流行最为普遍。但缢死的“佛堂”，却无禅院名称。至于梨树，也未见有人吊杨妃时，以之为题咏。且瘞杨妃于马嵬道周之说，发掘时，又只见其香囊而不能辨认尸首。种种迹象，都堪怀疑。

（二）吞金死。《刘禹锡集》卷八《马嵬行》说：“贵人饮金屑，倏忽蕣英暮。”明确提到她是吞金死亡的。但沈涛《瑟树丛谈》下说：“杨贵妃缢死马嵬，传记无异说。刘梦得诗‘贵人饮金屑’，乃用《晋书·贾后传》赵王伦矫遣尚书刘玄等，赍金屑等赐后死故事，以喻当日贵妃赐死情事尔。或遂疑贵妃实服金屑，误矣。”陈寅恪《元白诗笺证稿·校补记》说：“沈说固可通，但吾国昔时贵显者，致死之方，多种兼用，吞金不过其一。杨妃缢死前，或曾吞金，是以里中儿传为此说，亦未可知，故不必认为仅用古典已也。”

（三）兵刃死。《若溪渔隐丛话·后集》卷二十三说：“张文潜《中兴颂》诗，疑秦少游作，第‘玉环妖血无人扫’之句为病。盖李遐周诗曰：‘若蓬山下鬼，环上系罗衣。’贵妃之死，高力士以罗巾缢焉，非死于兵刃也。然余以杜诗有‘血污游魂归不得’之语，亦指妃子。张文潜盖本此也。”今按《丛话》所引杜诗，乃其《哀江头》中语，显然在杨妃死时，就传言她是被乱兵杀死的。

以上三种说法，以杜甫的“兵刃死”说为最早，而其余两说，皆出于德宗贞元时。如这三种说法，都是出于传言，则其可信程度甚微。《诗话总龟》卷二十三还说：“唐明皇幸蜀回，居南门，梦见妃子于蓬山太真院，作诗遗之，使焚于马嵬山下。”实际是明皇回长安之后，即遣人发掘杨妃瘗处，改葬他所，因此“使焚于马嵬山下”云云，并不能证明什么。而所称“梦见妃子于蓬山太真院”，后人往往因《长恨歌》的“忽闻海上有仙山”语，以致释蓬山为蓬莱山。殊不知营山县的大蓬山，才是正解。而大蓬山对面近十里处有小蓬山，山上有庙宇，为尼姑住所，这个住所很可能就是杨妃逃匿居此的遗迹。至于杨妃何以知道往大蓬山逃？可能是她当年嗜荔枝时，了解到这条运路吧！

由于杨妃曾逃匿至大蓬山，因而管辖大蓬山的营山县，也藏有唐明皇金像。而宋代章涛随郑亨仲入蜀，到巴州野庙，自然就会发现杨妃的血书《心经》；同样《坚瓠秘籍》卷五也记下了此物[1]，辗转流传，始得今日才解开了这一疑团。

（原文发表于《文史杂志》2002 年第 5 期）

诸葛亮兴兵攻魏所走的褒斜栈道

郭荣章

诸葛亮最后一次攻魏，史称“由斜谷出”[2]。这里所说的斜谷，通常指褒斜道而言，如汉《石门颂》摩崖中有“斜谷之川”和“诏书开斜”之句，其“斜谷”和“斜”皆为褒斜道之简称。此道累见于史，且为今人考古调查所证实[3]。其南起汉中褒城，北至眉南之斜峪关，因褒斜二谷而得名，全长四百七十余里。但诸葛亮治乐城，乐城在城固，征之于史，其出兵五丈原，当取道城固，而不经褒谷。为了说明这个问题，就得考订一下整个三国时期褒斜栈道变迁的一段历史。现分节概述于后：

一、由张鲁断道说起

历史上的褒斜栈道累废累修，通塞不恒。东汉以前，姑且不论，仅在东汉时就有过几次较大的修治，诸如汉明帝永平六年（63）汉中太守鄐君奉诏承修褒斜

[1]《稗海汇编》卷六十七也记有此事，唯将《心经》写为《金刚经》。
[2][晋]陈寿：《三国志》卷三十五《诸葛亮传》，中华书局，1959 年，第 925 页。
[3]《褒斜栈道调查记》，《考古与文物》1980 年第 4 期，第 42 页。

道[1]；东汉安帝延光四年（125），诏益州刺史罢子午道，通褒斜道[2]；桓帝永寿元年（155）右扶风丞李君修褒斜道[3]。自灵帝之后，朝政日非，时有益州牧刘焉“抚纳离叛，务行宽惠，阴图异计。张鲁母始以鬼道，又有少客，常往来焉家，故焉遣鲁为督义司马，住汉中，断绝谷阁，杀害汉使”[4]。张鲁断谷道在汉献帝初平中[5]，其所断者即为褒斜道。刘焉命张鲁断道，原为自立，但刘焉在献帝兴平元年（194）去世，其子璋袭位，因张鲁骄恣，故杀鲁母及弟。自此张鲁与刘璋为仇。张鲁既绝于北，又仇于南，“断绝谷阁”也有利于他在汉中的割据。张鲁以鬼道教民，颇得人心，以致“雄据巴汉，垂三十年”[6]。在此期间，被张鲁所断的褒斜道，自然是不会修复的。韩遂、马超之乱，关西之民数万家从子午谷奔汉中；建安二十年，曹操经故道取汉中，皆避褒斜之险也。

建安二十四年（219），夏侯渊与刘备战于阳平，为备将黄忠所杀，当年三月，曹操闻讯后，“自长安出斜谷，军遮要以临汉中”[7]。其“遮要”二字，胡三省注曰：“斜谷道险，操恐为备所邀截，先以军遮要害之处，乃进临汉中。或云遮要，地名。”[8]皆非也。考《三国志·魏书·刘放传》裴注引《孙资别传》记曰：“昔武皇帝征南郑……数言‘南郑直为天狱，中斜谷道为五百里石穴耳’。”栈道本缘崖凿石架木而成，“其阁梁一头入山腹，一头立柱于水中”，若阁梁和立柱皆无存，则唯见石穴外露，恰如曹操所言。所云“遮要”者，是对险绝处的临时遮护之意。曹操迫于军情，既不能另取别道，又不能对已被破坏的褒斜道予以修治，万般无奈，遂以“遮要”而了之。这显然是战时的权宜之计，求其应急，而不求其持久。既然如此，张鲁断道的创伤是不会根治的。此后，刘备夺取汉中，褒斜之险阻，亦堪为蜀汉之屏障；况蜀国初立，战火未熄，仓廪空虚，也不可能致力

[1] 见陈列在汉中市博物馆的汉《鄐君开通褒斜道摩崖》。
[2][南朝宋]范晔：《后汉书》卷六《顺帝纪》，中华书局，1965年，第251页。
[3] 见陈列在汉中市博物馆的汉《李君表摩崖》。
[4][晋]陈寿：《三国志》卷三十一《刘二牧传》，中华书局，1959页，第866~867页。
[5][晋]常璩：《华阳国志》卷二《汉中志》，线装本，第3页。
[6][晋]陈寿：《三国志》卷八《张鲁传》，中华书局，1959年，第263页。
[7][晋]陈寿：《三国志》卷一《武帝纪》，中华书局，1959年，第52页。
[8][宋]司马光：《资治通鉴》卷六十八，中华书局，1956年，第2158页。

于整修栈道。褒斜栈道栈阁被毁道路湮塞的情况还将持续下去，这既是史实，也是研究三国时期褒斜栈道变迁的一个重要的起点。

二、诸葛亮治汉、乐二城的战略意义

以刘备为首的新生的蜀汉政权，在内政、外交上曾发生过一些重大的波折：荆州之失，关羽阵亡，蜀、吴联盟的破裂，紧接着又是夷陵之战的惨败，使蜀国几陷于一蹶不振之困境，刘备本人也在白帝城丧生。刘备死后，诸葛亮作为托孤辅臣，“事无巨细，亮皆专之”[1]。在诸葛亮的精心治理下，蜀国转危为安，并逐渐富强起来，乃至“田畴辟，仓廪实，器械利，蓄积饶，朝会不华，路无罪人”[2]。而且平了南越，又恢复了与东吴的联盟。在这一新的形势下，诸葛亮为实现他“兴复汉室”的夙愿，遂向后主刘禅上书北伐。建兴五年春，诸葛亮出屯汉中，设营于沔北之阳平石马[3]。

沔阳故城在今勉县西 5 千米处，一名诸葛城，即今之勉县老城。城北为古阳平关，有白马城，亦名石马城，又名浕口城，西带浕水（一名沮水），南面沔州，扼故道之出口。建安二十年七月，曹操至阳平，“张鲁使弟卫与将杨昂等据阳平关，横山筑城十余里”[4]即指此，战略地位十分重要。自沔阳北出白马城，经沮县至武兴（今略阳），溯嘉陵江东北行可至陈仓；溯西汉水西北行，经下辨（今成县西北）、历城（今西和县北，礼县东）可达祁山。是诸葛亮攻陈仓，出祁山的要道。建兴六年（228）春，诸葛亮出祁山，是年秋又攻陈仓，进退皆由此。基于交通上的考虑，诸葛亮攻魏以沔阳为战略要地，是在所必然的。

诸葛亮原指望自沔阳出军，一举可克敌制胜。他在临出发前向后主刘禅上书中有“愿陛下托臣以讨贼兴复之效；不效，则治臣之罪，以告先帝之灵”[5]。这段话，

[1][晋] 陈寿：《三国志》卷三十五《诸葛亮传》，中华书局，1959 年，第 930 页。

[2][晋] 陈寿：《三国志》卷三十五《诸葛亮传》注引《袁子》，中华书局，1959 年，第 935 页。

[3][晋] 陈寿：《三国志》卷三十三《后主传》，中华书局，1959 年，第 895 页。

[4][晋] 陈寿：《三国志》卷一《武帝纪》，中华书局，1959 年，第 45 页。

[5][晋] 陈寿：《三国志》卷三十五《诸葛亮传》，中华书局，1959 年，第 920 页。

可资证明。但，实际的战争，出乎他意料之外，建兴六年的祁山之役和陈仓之役都未得寸土，可谓“师劳无功”。战争的实践告诉他，蜀魏之战将是旷日持久的，战线也不仅仅局限于祁山和陈仓一带。早在建兴六年春，诸葛亮自率大军攻祁山的同时，又遣赵云、邓芝为疑兵，据箕谷，魏大将军曹真督军军眉以拒之。当时实际的战线已经是由祁山到眉南的斜谷，东西绵延千余里。祁山在西，斜谷在东。可惜在建兴六年的祁山之役中，诸葛亮对斜谷这个东方的战略要地还缺乏应有的重视。诸葛亮并非神人，他的才干也是在实践中增长的。他从失败的教训中认识到斜谷这个东方的战略通道的重要意义。建兴七年，诸葛亮“徙府营于南山原上，筑汉、乐二城”[1]就是一个极好的例证。所称“南山”二字，出自陈寿之笔，陈寿系西晋史官，依时俗称秦岭为“南山”，对汉中而言，“南山”实为北山。汉城在沔阳，前已述及。乐城在城固，志云在今城固西十八里，以地望观之，当在城固西北许家庙附近。此处地势较高，又距北山较近，似合于“南山原上”之说。诸葛亮何以要在此治乐城呢？究其原因有二：

第一，由今城固许家庙入北山，经小河口有小径可通江口，再由江口溯红崖河而上，越衙岭山入斜谷，可至眉县。此道素通，特别在张鲁断道之后，褒谷栈阁被毁，因其水深流急，绝壁凌空，难以修复，经由此道出斜谷，正可避褒谷之险。建兴六年春，赵云、邓芝为疑兵，据箕谷，进退皆由此道。这里涉及箕谷这个地名的考订。历来注者但称箕谷在褒城西北；或陈仓之南、汉中之北；或在眉郧[2]。皆误。诸葛亮《与兄瑾言赵云烧赤崖阁道书》云：“前赵子龙退军，烧坏赤崖以北阁道。”[3]这说明箕谷还在赤崖以北。赤崖今名红崖里，在留坝县柘梨园乡以北十五里处，笔者曾履其地，见山石皆红，方知所称赤崖者，实因其红色而得名。就连缘崖而流的一条河也叫红崖河。自箕谷而北，必向眉县，否则诸葛

[1][晋]陈寿：《三国志》卷三十三《后主禅传》，中华书局，1959年，第899页。

[2][宋]司马光：《资治通鉴》卷七十一《胡注》，中华书局，1956年，第2240页；[宋]朱熹：《通鉴纲目》卷十五《集览》《质实》，线装本；臧励龢：《中国古今地名大辞典》“箕谷”条，商务印书馆，1931年，第1116页。

[3][三国蜀]诸葛亮：《诸葛亮集·文集》卷一，中华书局，1974年，第25页。

亮攻祁山，赵云、邓芝为疑军，何疑之有？“魏明帝遣曹真督军军郿”[1]以拒之，亦无从得解。由箕谷而南，经赤崖、柘梨园即到达江口。可见箕谷是由汉中出斜谷的必经之地。而当时出斜谷只能取道城固，这是三国时的一条重要通道。诸葛亮治乐城，既便于扼守其口，又便于沿此道出兵向魏。

第二，作为蜀魏间的东方防线，除褒斜而外，还有子午、傥骆两条通道，这是蜀魏两方在所必争的。子午道由长安入秦岭，经今宁陕、石泉，至汉中洋县西。傥骆道自周至入秦岭，经佛坪至汉中洋县北。沿此二道进入汉中，都必经城固。建兴八年（230）秋，魏使司马懿由西城，张郃由子午，曹真由斜谷，欲攻汉中，诸葛亮待之于城固、赤阪[2]。后因大雨道绝，未及交兵，魏军退还。就蜀国而言，诸葛亮待之于城固、赤阪，是有其一定用意的。所云城固，当是建兴七年所治的乐城。赤阪在何处。胡三省注曰：“赤阪在今洋县东二十里龙亭山，阪色正赤[3]。清光绪二十四年编修的《洋县志·古迹志》记曰：“赤阪，县东三十里。司马懿寇蜀，武侯出次赤阪御之即此，在龙亭山。”此二说基本一致，当为可信。今洋县龙亭山设置龙亭乡，其地南屏汉江，为水陆交通之要口。魏军数道并入，诸葛亮设防于赤阪，可遏西城（安康）和子午两路之敌。至于待之于城固，既可扼斜谷之守，又可作为东方之屏障。诚不失为兵家万全之计。

建兴十一年冬（233）诸葛亮使诸军运米，集于斜谷口，治斜谷邸阁[4]。建兴十二年春，亮悉大众由斜谷出，以流马运。据武功五丈原，与司马懿对于渭南[5]。当初，诸葛亮治乐城，目的就在此一举。这时的乐城，就成为头等地位的战略要地。诸葛亮与司马懿相持百余日，一面分兵在渭滨屯田，为久驻之基；一面靠来自乐城的补给，保证前线的用度。诸葛亮的战略部署，较之以前大有改观。不幸的是他在这年八月病逝于军中，仍然未取得预期的功果。

[1][晋]陈寿：《三国志》卷九《魏书·曹真传》，中华书局，1959年，第281页。

[2][晋]陈寿：《三国志》卷三十三《蜀书·后主禅传》，中华书局，1959年，第896页；《三国志》卷九《魏书·曹真传》，中华书局，1959年，第282页；《三国志》卷二十二《魏书·陈群传》，中华书局，1959年，第635页。

[3][宋]司马光：《资治通鉴》卷七十一，中华书局，1956年，第2262页。

[4][晋]陈寿：《三国志》卷三十三《蜀书·后主禅传》，中华书局，1959年，第897页。

[5][晋]陈寿：《三国志》卷三十五《诸葛亮传》，中华书局，1959年，第925页。

综上所述，乐城的战略地位不言而喻。及至诸葛亮死后，但逢蜀魏交兵，仍以乐城为要冲。景耀二年（259），姜维议令诸围皆敛兵，退就汉、乐二城，随即令将军王含守乐城，护军蒋斌守汉城[1]。景元四年（263），钟会“统十余万众，分从斜谷、骆谷入……蜀令诸围皆不得战，退还汉、乐二城守[2]。钟会平蜀后欲谋叛，司马昭即“遣中护军贾充将步骑万人，径入斜谷屯乐城”[3]。这些事例足以说明，在蜀魏争雄期间，乐城始终是兵家所注目的战略要地。

三、诸葛亮出斜谷的具体路线

诸葛亮攻魏，取道城固出斜谷似无可疑，但其具体路线正史未详，后之论史者尝以传统的褒斜道而代之，未能阐明史实真相，好在方志中对这一问题的记载有所补益，可资借鉴。然，方志浩繁，冗杂，且多舛误，在采择中须加留意。

明嘉靖三十二年（1553），汉中郡丞张良知（一名幼养）所修的《汉中府志》卷一，《舆地志》山川斜谷条记曰：“从城固、洋县出者为斜骆道，武侯屯渭上由之。”这显然把眉南之斜谷与周至以南的骆谷混为一谈了。虽成书较早，但不足为据。

民国十三年（1924），汉中道尹阮贞豫编修的《汉南续修郡志》卷之一，《栈道图考》称：“诸葛武侯行兵所由斜谷……即小河口趋斜峪路。”并述及此路沿途之地名和里程，兹予照录：

城固三十里，平，至许家庙，二十里，半险，鸡冠梁，三十里，险，石堰坪，三十里，半险，双溪，三十里，半险，小河口，六十里，险，桅杆石梁，六十里，险，西江口（属留坝厅），三十里，险，柘栗园，三十里，平，王家塄，三十里，半险，苦竹衔，二十里，平，寇家关，三十里，险，进口关（属凤县），三十里，平，上白云，四十里，半险，方柴关（属宝鸡县），十五里，平，虢川，十五里，半险，杜家庄（属岐山县），二十里，平，桃川，二十里，半险，鹦哥嘴，四十里，险，斜峪关。

[1][晋]陈寿：《三国志》卷四十四《蜀书·姜维传》，中华书局，1959年，第1065页。
[2][晋]陈寿：《三国志》卷二十八《魏书·钟会传》，中华书局，1959年，第787页。
[3][晋]陈寿：《三国志》卷二十八《魏书·钟会传》，中华书局，1959年，第792页。

《汉南续修郡志》系承清嘉庆十八年严如熤所撰《汉中府志》而重辑的，又称《重刻汉中府志》。严如熤还著有《三省边防备览》一书，其书卷十二，《策略》一节云："小河口一路，史称武侯于汉中筑汉、乐二城，乐城今城固，当亦师行之道。北为斜谷，但在南者为湑水河口，非褒谷也。"这里所说的"小河口一路"，即《汉南续修郡志》所称的小河口出斜谷路。严如熤的《汉中府志》，虽较明嘉靖版的《汉中府志》成书晚，但其条理甚明，似可为据。

上述记载所述的由城固出斜谷的路线，可分为两段来加以探讨：自江口而北至斜峪关，此为北段，本属褒斜旧道，向无争议，姑且不论。自江口而南至城固为南段，此道自古有之，迄今犹通。今由城固到小河口有班车可乘，小河口至江口徒步可达。现据《汉南续修郡志》卷一所载《城固县疆域图》和《留坝县疆域图》绘制了三国时期褒斜栈道南端城固至江口路线示意图，另据原陕西省革命委员会民政局于 1973 年 9 月发布的《汉中地区地图》绘制了《诸葛亮攻魏出斜谷

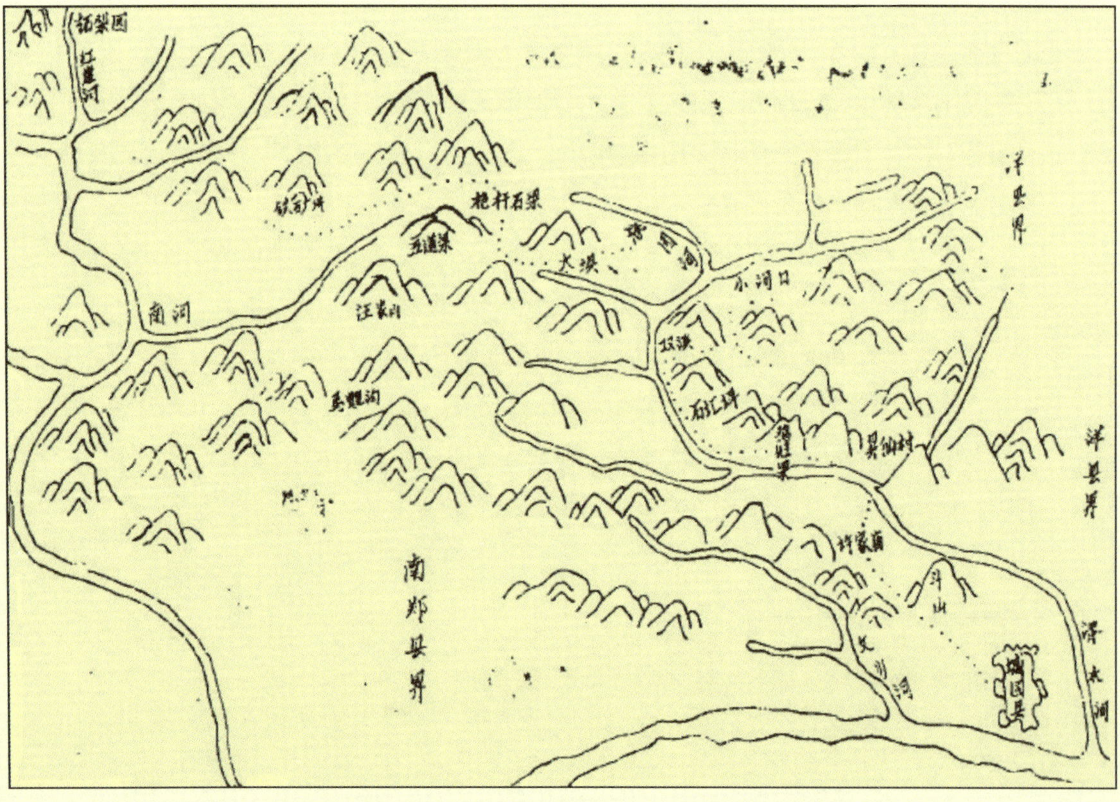

图 1 三国时期褒斜道南端（城固至江口）示意图

栈道南段示意图》附后，供参阅。这两图虽所据不同，有些地名也不尽一致，但所表示的山河大势是相同的。凡古今山道皆因水而成，几无水成道。褒斜二谷源远流长，缘此二谷所成之道为褒斜之正道，自江口至城固者为其支道。此支道自城固而北，基本上沿湑水而成，由湑水至褒水，其间有一分水岭，图中的桅杆石梁就是分水岭的一座山峰，上下各六十里，就在这一百二十里中，也是沿着褒、湑二水的支脉行进的。这在图中不难看清，这是辨别山地道路是否可通的一个重要因素。这说明江口至城固的道路是合于一般山道的自然规律的。记载中所云系诸葛亮行兵所由，当是可信的。

四、三国时褒斜栈道通塞的依据

三国时的斜谷栈道，虽不由褒谷，但仍以褒斜栈道名之，蜀、魏双方累用兵于此道，其修护事亦常由兵家自理。见于记载的修葺，先后计有五次：第一次，赵云、邓芝据箕谷，必然治道，否则何以得至？赵云自箕谷退军，既烧赤崖以北之阁道，这段阁道毁于张鲁，必为赵云进军时所重修。诸葛亮《与兄瑾言赵云烧赤崖栈道书》云："缘谷百余里，其阁梁一头入山腹，一头立柱于水中。"此指栈道原貌，即今人所称的"标准式"。又云："今水大而急，不得安柱。"意谓修治之后的栈道，不再有水中柱了。此修必在赵云退军之后，当是诸葛亮所为之。第二次，魏太和四年（230），曹真伐蜀，数道并入。《三国志·魏书·王肃传》论之曰："深入险阻，凿路而前……治道功夫，战士悉作。"其数道并入，自应包括褒斜在内，治道亦不例外。第三次，建兴十一年（233）"亮使诸军运米，集于斜谷口，治斜谷邸阁"。所称"邸阁"一词，见于《三国志·魏书·王基传》："基以攻形，而实分兵取雄父邸阁，收米三十余万斛。"可知邸阁是屯粮之所。诸葛亮所修的斜谷邸阁，距蜀境远而距魏土近，此必在蜀国兵力所及且运粮得以保障的情况下才有实效。由此可见当时道路之通畅。建兴十二年春，诸葛亮由斜谷出，始以流马运[1]。这可能是此道的鼎盛之时。这年八月，诸葛亮去世，在退

[1][晋]陈寿：《三国志》卷三十三《蜀书·后主禅传》，中华书局，1959 年，第 897 页。

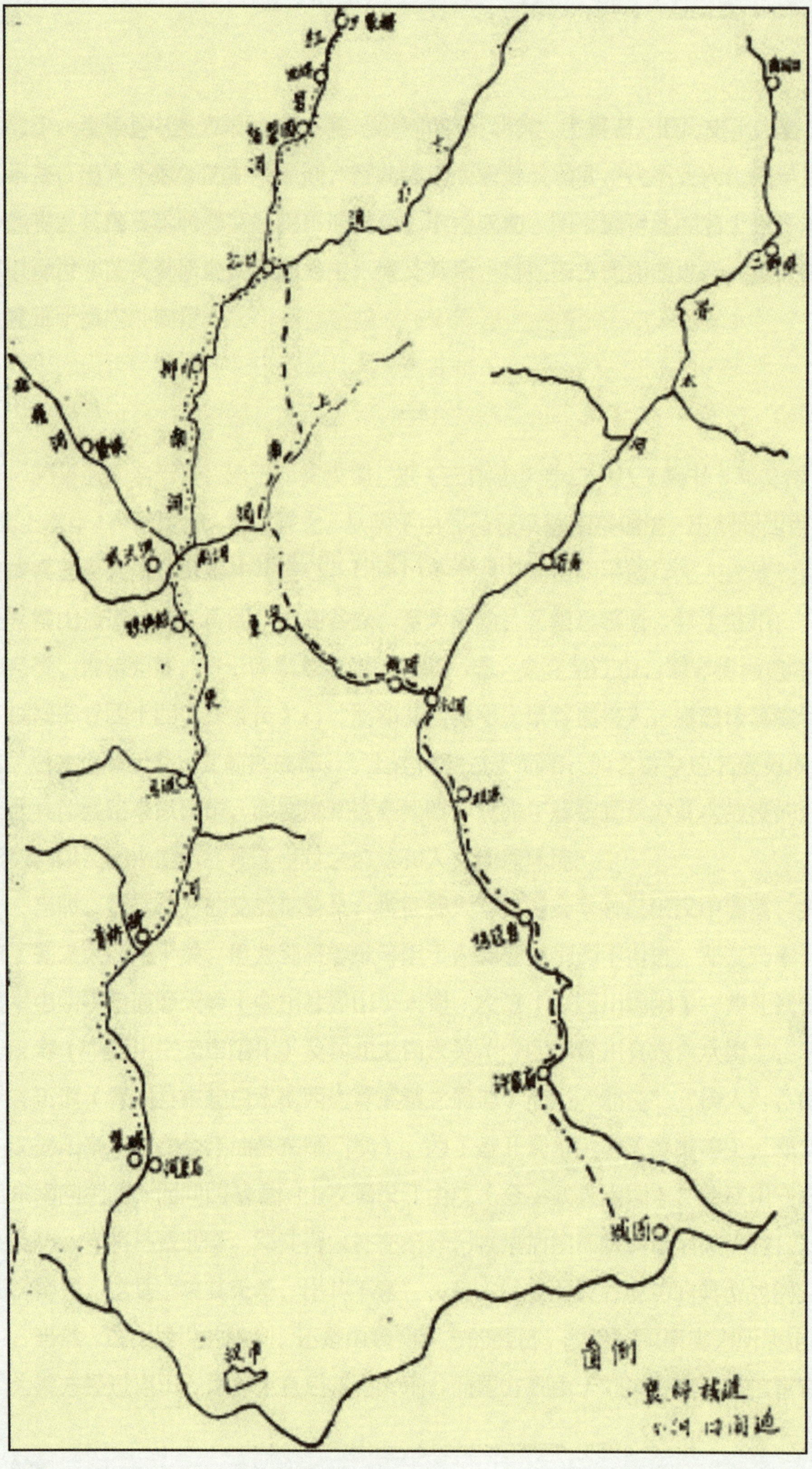

图 2 诸葛亮攻魏出斜谷栈道南端示意图

军中魏延又烧绝阁道，使之重归湮塞。十年之后，即延熙七年（244），魏大将军曹爽伐蜀，前锋已在骆谷。蜀将王平、刘敏屯兵兴势（今洋县北）且兼顾黄金（洋县西）以拒之[1]。兴势当骆谷之口，黄金当子午之口。皆与城固无涉，其时斜谷不通于此可徵。至后，蜀国是否有过修道之举，已无从稽考。但乐城仍为防守重地，似乎道路还是存在的。第四次，景元四年（263）锺会伐蜀，“分从骆谷、斜谷入，先命牙门将许仪在前治道，会在后行，而桥穿，马足陷，于是斩仪”[2]。许仪所治者未详何道，但既从斜谷入，必有褒斜无疑。第五次，景元四年（263），魏荡寇将军、浮亭侯李苞通阁道。镌于石门北口崖壁间的《李苞通阁道题名》曾记其事。原刻断裂，隋唐之季，有人恐其泯灭，乃将全文重刻于石门南口的山崖上。此重刻之摩崖共38字：“景元四年十二月十日，荡寇将军浮亭侯谯国李苞字孝章，将中军兵石木工二千人，始通此阁道[3]。”所云“景元四年十二月十日”，时值魏平蜀之初，名为曹魏而实为司马氏执政的封建朝廷，为了维护其南北统一的新局面，乃有此治道之举。其刻石在褒谷，治道也必为褒谷。自张鲁断绝谷阁之后，褒谷栈道久经湮塞，至此又予复通，故刻石云“始通此阁道”。

在以上先后五次修治中，第一次是蜀人为医治战争和洪水的创伤而修；第二、四两次，皆为魏人在伐蜀过程中随军治道；第三次是诸葛亮出兵五丈原之前所修；第五次是魏人于战事平息之后所修。前四次所修者皆为取道城固出斜谷之道，最后一次是复通褒谷栈道。随着褒谷栈道的复通，传统的褒斜道的路线又得以恢复。

（原文发表于《汉中师院学报》1980年第2期）

褒斜道改道至回车考辨

郭荣章

历史上的褒斜道，在北魏正始四年到永平二年（507~509）期间，有过一次

[1][晋]陈寿：《三国志》卷四十三《蜀书·王平传》，中华书局，1959年，第1050页。

[2][晋]陈寿：《三国志》卷二十八《魏书·锺会传》，中华书局，1959年，第787页。

[3][清]王昶：《金石萃编》卷二十四；[清]徐延钰等：《褒谷古迹辑略》，同治甲戌年线装本，第11页。

较大的改道。在改道前，褒斜道自汉中的褒谷口上溯，越衙岭山交斜谷，再顺流而下至关中眉县以南的斜峪关。《史记·河渠书》所称，汉武帝时“发数万人作褒斜道五百余里”者，即此。改道后，其南仍由褒谷上溯，但不入斜谷，而转向回车；其北也不到眉县的斜峪关，而到陈仓。记述这次改道的摩崖石刻《石门铭》说：“自回车至谷口二百余里，连辀骈辔而进……莫不夷通焉！”此处的谷口系指汉中的褒谷口，可见这次改道工程只涉及回车至褒谷口这一段。对于改道至回车之后道路的去向与归属，则为《石门铭》文所未详，今试就这一问题及其他有关的问题考辨如下：

一、回车的名称与方位

“回车”二字，始见于《石门铭》：“（正始）三年，诏假节龙骧将军督梁秦诸军事梁秦二州刺史泰山羊祉……以天险难升，转输难阻，表求自回车已南开创旧路。”又云：“自回车至谷口二百余里……”这两处“回车”，显系地名。但在《北史·崔猷传》中却易“回车”为“通车”，其文云：“魏恭帝元年（554），太祖欲开梁汉旧路，乃命崔猷、仪同刘道通、陆腾等五人，率众开通车路，凿山堙谷五百余里，至于梁州。”《周书·崔猷传》所记与此同。《通鉴》卷一百六十五，《梁纪·元帝承圣三年》又记曰：“魏宇文泰命侍中崔猷开回车路以通汉中。”胡三省针对上述记载中“回车”与“通车”之别辨之曰：“《北史·崔猷传》：泰欲开梁汉旧路，乃命崔猷开通车路，凿山堙谷五百余里，至于梁州。此特因旧路开而广之以通车耳。前史盖误以通字为回，传写者又去其傍‘回’也。”胡三省的意思很明确，他是以“通车”为正的。他的依据便是《北史》和《周书》中的崔猷传，他所云的前史自然是指司马光的《通鉴》了。他可能未见到《石门铭》的原刻或其拓本，《石门铭》出自北魏梁秦典签王远之笔，当时人记当时事，不会把“通”字误作“回”字的。《石门铭》原刻迄今完好。“回”字也清晰异常。司马光在《通鉴》中以“回”字为正，即肯定“回车”是对的。此说有《石门铭》为据，而胡三省所谓“前史盖误以通字为回”字之辨，则属臆断耳。以此推知，《北史》和《周书》的崔猷传中所称“开通车路”者，其“通”

字自应属“回”字之误。

对于“回车”之名，唐李吉甫《元和郡县图志》卷二十二，《凤州》梁泉县条亦有所记，文曰：“回车戍在县西北六十里。梁太清五年[1]，西魏遣雍州刺史达奚武为大都督及行台杨宽，率众七万，由陈仓路，取回车戍，入斜谷关，出白马道，谓此也。”宋乐史《太平寰宇记》卷一百三十四《山南西道》凤州梁泉县条所记与此略同，唯称“回车戍在县南一百六十里”。这两处记载中所称的“回车戍”，自然是源于回车的。戍作为古代的军事要口，常有驻军把守。西魏时既在回车置戍，足见回车已为当时的军事要地。既然如此，回车之为地名，似可由此而自见分晓。

关于回车的位置，《元和郡县志》称它在梁泉县西北六十里。《太平寰宇记》又称它在梁泉县南一百六十里。唐宋时的梁泉县，即今凤县凤州乡所在地（在凤县东北十一千米）。《元和郡县图志》和《太平寰宇记》并称：兴元至凤州三百八十里，兴元至褒城三十里，则褒城至凤州三百五十里。减去褒城至回车二百余里，则凤州至回车应是一百五十里左右。回车在凤州东南，此与《太平寰宇记》所云“在县南一百六十里”较相近。《元和郡县图志》所称“县西北六十里”，显误。《地名大辞典》从《太平寰宇记》，亦谓“回车在陕西凤县南”。

考《周书·文帝纪》，西魏大统十七年，“冬十月，太祖遣……大将军达奚武出散关，伐南郑”。《元和郡县图志》所记，达奚武“由陈仓路，取回车戍，入斜谷关，出白马道”者，即此也。白马道在沔县，达奚武何不由回车径取南郑，而绕道沔县呢？其原因有二：第一，在达奚武率众进逼之际，梁将梁深已以白马城降魏，而南郑却有南梁的梁州刺史萧循固守[2]。达奚武若径取南郑，必然受阻，因而绕道白马城，以便从西面取大道进击南郑，第二，当时的回车与白马城有道可通，此时即刘邦北定三秦时暗度陈仓的道路。其南由沔北的沮水上溯，越紫柏山西侧的分水岭箭峰垭，交凤县盰峪河东侧的一条支流，在此支流上源有一小村，即今凤县南星乡连云寺村，此村为当年刘邦进军必经之地，迄今仍有“古陈仓道”石碑为证。此村也是褒凤与沔凤两路的交会点，是故回车所在地，达奚武由此而

[1] 太清五年有误，实际应为大宝二年。

[2][唐]令狐德棻：《周书》卷十九《达奚武传》，中华书局，1971年。

得至白马城。今由汉中至宝鸡的公路经过此村，并在此村设有短途停车站。以今之公路里程计，自褒城至连云寺村，为一百零一千米，这与《石门铭》所述“二百余里”恰巧相合。这是决定回车的具体位置的一个直接依据。

二、改道的起因

要探寻改道的起因，必先了解一下这次改道的全过程。对此，《石门铭》记述颇详，兹以《铭》文顺序述之于后。

《铭》文云：“自晋氏南迁，斯路废矣。其崖岸崩沦，间阁堙褫，门南北各数里车马不通者久之，攀萝扪葛，然后可至。”这是对堙塞已久的褒斜栈道残破景象的描述。征之于史，褒斜道在晋武帝太康元年（280）修治[1]后，到北魏正始元年（504）汉中归附北魏之前，未见有再次修治的记载，特别到东晋之后，随着南北隔绝，道路废塞达百余年之久。由于长期失去养护，原来的路基和栈阁遭到惨痛的破坏。此为北魏朝廷在交通上所面临的一大难题。为了解决这一难题，北魏朝廷不得不着手治道，诚如《铭》文所云：“皇魏正始元年，汉中献地，褒斜始开。至于门北一里，西上凿山为道，峭阻盘迂，九折无以加，经途巨碍，行者若之。”所称“正始元年，汉中献地”者，系指夏侯道迁叛梁投魏之事。《通鉴》卷一百四十六，梁纪武帝天监四年记曰：“初，谯国夏侯道迁以辅国将军从裴叔业镇寿阳[2]，为南谯[3]太守，与叔业有隙，单骑奔魏。魏以道迁为骁骑将军，从王肃镇寿阳，使道迁守合肥。肃卒，道迁弃戍来奔，从梁、秦二州刺史庄丘黑镇南郑，以道迁为长史，领汉中太守。黑卒，诏以都官尚书王珍国为刺史，未至，道迁阴与军主考城[4]汪忱之等谋降魏。”自此北魏遂有汉中。因《石门铭》出自魏人之笔，故有“汉中献地”之说。《魏书》称正始元年闰十二月癸卯朔，夏侯

[1] 见《晋太康修栈道石刻》，此刻原在江口，为《孙樵集》所录。[唐]孙樵：《唐孙樵集》，四部丛刊本，民国二十五年（1936）。

[2] 楚之寿春，晋武帝避讳改曰寿阳，今为安徽寿县。

[3] 南朝梁置，故城在今安徽省巢县东南。

[4] 今河南考城县东南。

道迁据汉来降。是岁，值梁天监三年，而《梁史》书魏陷梁州于二月，即天监四年之二月，《通鉴》据《梁史》，故将这段史实记入天监四年。自夏侯道迁降魏之后，魏人始得入梁汉，从而使中断百余年的褒斜道得以复通。但是，褒斜道南端长达十五米的石门隧道，却被泥土湮塞，短时不能通行，为使南北交通不致中断，只好于门北一里西上凿山为道。此道盘旋于山巅之间，百步九折，很难行走。加之，道路的全线“崖岸崩沦，涧阁堙褫”，给往返行旅造成极大的困难。基于此因，“龙骧将军督梁秦诸军事梁秦二州刺史泰山羊祉……表求自回车已南开创旧路”。朝廷从其所请，诏贾三德兴工以成之。

由以上的记述中可知，久经湮塞的褒斜道，在北魏正始元年，随着汉中的归附北魏而得以复通。但由于这条道路残破不堪，难以应急，因此羊祉才疏请自回车以南开道。这就涉及原有路线的改变，对此，《铭》文未曾说明原因。

前已述及，羊祉上疏之后，诏遣贾三德率领工徒修通了自回车至谷口二百余里的道路，后来崔猷又踵其迹“凿山堙谷五百余里”。始知崔猷所修者为全程，贾三德所修者约为半程。探明这个全程和半程的关系，当是回答改道起因这一问题的关键。

单就时间而言，贾三德改道在前，崔猷治道在后，这说明贾三德改道时，自回车而北，越散关，到陈仓，已有道可通。这段已通的道路，作为交通上的一个有利因素，为褒斜道改道至回车，提供了可能的条件，也是羊祉疏请改道的依据。如果没有自回车到陈仓这段已通的道路，羊祉疏请改道至回车，就失去实际的意义。也正因为有这段已通的道路可资利用，所以在改道中省去回车以北到陈仓这二百余里的工程。这不仅节约了人力和财力，更主要的是，能在较短的时间内，保证南北之间的畅通，有利于北魏政权向汉中乃至巴蜀的开拓，这当是改道的主因。

三、改道之后道路的归属

贾三德既改道至回车，必取回车以北原有的一段道路到陈仓，这段原有的道路，自应是改道之后道路的归属了。为了说明这一问题，还得追溯这段原有道路的历史。

前引《元和郡县图志》所述及的回车戍云：达奚武“由陈仓路，取回车戍，入斜谷关，出白马道，谓此也”。所称陈仓路，即指刘邦北定三秦时所走的道路，其南自勉北溯沮水而上，越分水岭箭峰堙，交凤县连云寺，即古之回车，再由回车而北越散关抵陈仓。回车是这条路中段沔凤与褒凤两路的交会点，是一个三岔路口。自回车往北，可到陈仓，往南可到勉县，往东南可到汉中褒谷口。羊祉疏请改道，即由褒谷口经留坝县的姜窝子到回车之道。由于自褒谷口到姜窝子，属汉魏古道的路线，《石门铭》所云“开创旧道”者，即此义也。至于自姜窝子到回车这一段，因其地势较开阔，原本有道可通，此为“开创旧道”之另一义。改道后的道路，既与陈仓道相合，自然是以陈仓道为归宿的。

陈仓道是连接勉县与陈仓之间的道路，其起、止地点与汉时的故道相同，因此，人们将此二道合二为一，即既称陈仓道，又称故道。然而，这两条道的路线并不完全一致，在凤县以南到勉县这一段，它们是东、西各异的：东则勉、凤之道，即上述由勉北溯沮水而上，经回车到凤县之道；西则勉、略、徽、凤之道。它们交会于凤县，由凤县越散关，到陈仓，则合为一道，可谓异途同归。

值得注意的是，自古回车即今连云寺到凤县这一段，以里程计，将有百里之遥，其间有凤岭之险阻，是回车到凤县的必经之地。北魏时改道至回车，证实这段道路的通达，也是古陈仓道存在的重要依据之一。在这一点上似无可疑，而古今的论述中尚有歧见。其理由是刘邦北定三秦，取勉、略、徽、凤间的故道，而非勉、凤间的陈仓道。持此论者的唯一根据是《史记·曹相国世家》和《汉书·曹参传》中的一段记载。兹择录于后：

《史记·曹相国世家》：“从还定三秦，初攻下辩、故道、雍、斄……”

《汉书·曹参传》：“从还定三秦，攻下辩、故道、雍、斄……”

这两段记载，《汉书》少了一个“初”字，余则一致。

论者以为曹参攻下辨、故道、雍、斄，便是见之于史的刘邦北定三秦的路线。下辨故城在今甘肃成县西北。故道在今甘肃两当县。雍在今陕西凤翔县南。斄在今陕西武功县南。曹参既攻下辨、故道，必取勉、略、徽、凤路以进。《史记·河渠书》：“抵蜀从故道，故道多坂，回远。”其云“故道”者，即此路也。建安二十年，曹操征张鲁亦由此路。此路之通达已久，毫无可疑，但说刘邦所率的汉军主力取此道北定三秦不合情理。

试想，曹参攻下辨、故道之后，即将兵向雍，其间有陈仓之阻，此为章邯重兵拒守之地，曹参何以能径越陈仓而至雍呢?

请看《史记·高祖本纪》：“汉王用韩信之计，从故道还，袭雍王章邯。邯还击汉陈仓。雍兵败，还走……”这里的故道系指地名，秦末汉初，今凤县所在地皆为故道县所辖，凡出散关者皆在所必经。刘邦所率的汉军主力，从故道越散关之后，便在陈仓同章邯军对垒，并击败章邯军。曹参之所以能经越陈仓，是由于在此以前陈仓战役已结束。这说明刘邦的主力是抢先至陈仓的，其进军之神速，便体现了“韩信之计”。

大凡军事上的秘计是不外扬的，后人原其意而有“暗度陈仓”之说并见之于有关的记载。如顾祖禹《读史方舆纪要》五十六《沔县》白崖条云：“……百丈坡，在县东北二十里。舆程记：由凤县南桑平铺而入，至此而出，路长二百里，为古陈仓道，汉高帝出故道袭陈仓盖由此。”又如严如熤《汉中府志》卷三，关隘条云：“自百丈坡经土地梁、火神庙、王家河、九台子、火烧关、铁炉川、大石崖、陈仓沟出口，相传为淮阴侯暗度陈仓故道。”凡此等等，不胜枚举。这些记载中所述及的路线，正是陈仓道的南段。

羊祉疏请改道至回车，对经回车可到陈仓的路径是了如指掌的，北魏朝廷也早已洞察此情，时人记其事，常对人所共知的情况略而不述，这可能是《石门铭》未予述及的一个原因。而今访古探踪，就绝不能对此有所忽视。笔者的宗旨，正是在这一点上提醒人们注意。

（原文发表于《文博》1986 年第 6 期）

阴平道初探

鲜肖威

阴平道是汉晋时阴平郡境内之陇蜀通道。这里山高谷深，原始森林茂密，人烟稀少，为蜀道中至为艰险的一条，至今尚鲜有研究、考察者。但历史上本着“攻其不备，出其不意”的军事原则，行此险地而取得成功者，代不乏人。较早且最著名者，首推三国时邓艾经阴平道伐蜀，取得成功。阴平道自此闻名于世。本文将以探讨邓艾伐蜀所经阴平道为主，旁及其余，对这条古代通道进行初步探讨，以就正于海内外同行。

一

阴平道闻名于世，始于邓艾伐蜀。据《三国志》卷二十八《魏书·邓艾传》：“艾上言：‘今贼摧折，宜遂乘之。从阴平由邪径经汉德阳亭趣涪，出剑阁西百里，去成都三百余里，奇兵冲其腹心。’……冬十月，艾自阴平道行无人之地七百余里，凿山通道，造作桥阁。山高谷深，至为艰险，又粮运将匮，频于危殆。艾以毡自裹，推转而下，将士皆攀木缘崖，鱼贯而进。先登至江由，蜀守将马邈降。”又据同书卷四十四《姜维传》：“而邓艾自阴平由景谷道傍入，遂破诸葛瞻于绵竹。后主请降于艾，艾前据成都。”上述记载过于简略，加之古今地名变更很大，因此具体线路难以确定，而要确知这条线路，需先了解魏蜀双方此次战役的总体形势，以及阴平道所经地区当时之自然和人文地理环境。

当时，魏蜀双方的交战形势是，魏征蜀大军由锺会率领已破汉中要塞，并攻破了蜀之大门阳平关，但为蜀将姜维等阻于入蜀要道剑阁不得进。邓艾乃率一部魏军由阴平险道摩天岭（今川甘界山）入蜀，攻涪（今四川绵阳）。为此就要避开汉寿（今四川广元市昭化）及其北之白水关（今四川青川县东白水街），不经景谷正道（青川县东起白水街西达青溪镇之通道）而经“邪径”“傍入”，南下到汉德阳亭（应在今江油县东雁门坝）。为了避开蜀军主力（姜维等），邓艾不自东南向剑阁，而向西越龙门山攻蜀汉江由戍（今平武县南坝），使江由守军猝不及防，守将马邈迎降。邓艾得以补充给养，收集后续部队，最后破绵竹，下成都，蜀亡。这是“攻其无备，出其不意”，避实就虚而最后成功的典型战例。

当然，这次战役的胜利，还是由魏蜀双方的经济、政治和军事实力所决定的。因为魏方经过屯田、休养生息后实力大增，而蜀方则由于刘禅昏庸，宠信宦官，政治腐败，军心不齐，降将累出；蜀军主力在剑阁力拒锺会，遂使邓艾出奇兵得以长驱直入成都。

阴平之战表明天险不足恃，必须有守险的兵将，天险才能固若金汤。此外，像邓艾那样一支不大的轻装军队，要“行无人之地七百里”，又要经过天险摩天岭、龙门山，如果没有熟悉当地环境的向导指路，要在这万山丛中直插江由，是不可能的，何况还要斩将夺关，攻占要塞。

历史是不会完全重复的，但大体相似的历史事件却时有发生，由阴平道进兵四川就是如此。这是距邓艾渡阴平的1100多年后：

洪武四年……分道伐蜀。（汤）和帅廖永忠等以舟师攻瞿塘，友德帅顾时等以步骑出秦陇。太祖谕友德曰：“蜀人闻我西伐，必悉精锐东守瞿塘，北阻金牛，以抗我师。若出不意，直捣阶文，门户既堕，腹心自溃。兵贵神速，患不勇耳”。友德急驰至陕，集诸军声言出金牛，而潜引兵趋陈仓，攀援岩谷，昼夜行。抵阶州，败蜀将丁世珍，克其城。蜀人断白龙江桥。友德修桥以渡，破五里关，遂拔文州。渡白水江，趋绵州。……初，蜀人闻大军西征，丞相戴寿等果悉众守瞿塘。及闻友德破阶文，捣江油，始分兵援汉州，以保成都。……（友德）遂拔汉州，进围成都。[1]

以上引文并未明提阴平、景谷、德阳亭等汉魏地名。但明代文州即古阴平郡，而“过白水江”，“捣江油”，“趋绵州”（即汉涪城）等，可见行军路线是阴平道无疑。这又是一个出敌不意，经阴平道攻下成都、统一四川的战例，与邓艾渡阴平甚为相似。可惜记载过于简略，无法了解具体线路。

1936年红四方面军在川西北行军作战的路线是从川北老区出发后，西渡嘉陵江经广元、昭化等地西进，大致沿景谷正道即白水街—乔庄—青溪—平武，最后进入阿坝州与一方面军会合，与上述两次由北向南的线路交叉。解放战争时，一野六十二军也是经阴平道自北而南由甘入川的，剑阁川陕公路上之敌军不战而溃，遂围成都。当然，解放西南的主力军是从川东南直趋重庆，最后与一野共围成都，解放全川的。

[1][清]张廷玉等：《明史》卷一百二十九《傅友德传》，中华书局，1974年。

以上都是由秦陇经阴平道入川的一些例子，其中以邓艾入川为最早，故本文主要讨论这条路线。

二

为了深入探讨阴平道的具体线路，有必要先了解这个地区的自然环境，尤其是地势地貌、河谷川坝和气候等因素（图 1）。

阴平道所经地区包括今甘肃文县和四川平武、青川两县及江油北部、广元西部山区。这里占总面积 95% 左右的是海拔 500 米 ~3000 米的中山、河谷川坝，而 3500 米以上的高山较少。主要河谷海拔 500 米 ~1000 米，相对高差 1000 米 ~2000 米，山岭高耸入云，坡陡谷深，林森草茂。主要山脉有自北向南绵亘于甘川界上的摩天岭，大致呈西北一东南向，西段高峰达 3500 米左右，而东段碧口以南则降为 1700 米左右。摩天岭为一系列山岭的总称，但习惯上将文县南和青川县青溪北之间的山岭、东至碧口以南和青川县乔庄之间的山岭都称为摩天岭。这是需要着重说明的。摩天岭山脉之南为龙门山脉，走向大体为东北一西南，高度比摩天岭大为降低，最高峰仅 1600 米 ~1700 米，相对高差却达 1000 米左右。在这两条山脉间，有一条东西向的丘陵谷地，即青川县白水街一乔庄一青溪一线，为古今主要交通线所经，很可能即《三国志·邓艾传》所称的景谷道。龙门山南即剑门山，为川陕间大道，高度也与龙门山相似。在龙门山和剑阁山之间也有一条构造线，正好是一些较小河流所经，如青川、广元间的黄沙河（现名下寺河），此河在昭化至雁门坝一段正好是宝成铁路所经。这三条山脉大多为石灰岩、板岩、页岩所构成，山峰陡峭、高耸，河谷深切、险峻，不易攀登。

这个地区较大河流东有白龙江，自北而南由碧口流向昭化入嘉陵江。这条河的河谷正是古代白水一葭萌（今昭化）大道，即陕甘入川孔道，今为甘川公路所经。西端大河为涪江，自北向南由平武流向江油，也是古今一条较重要的河谷通道。

全区整个地势是西北高而东南低，北高而南低，垂直差异大，气候为典型的山地气候，冬季寒冷干燥，尤其 2000 米以上山地冬季严寒，大雪封山。夏秋虽然凉爽，但秋季雨涝时期长，年降水量达 1000 毫米上下，大部分集中夏秋，往

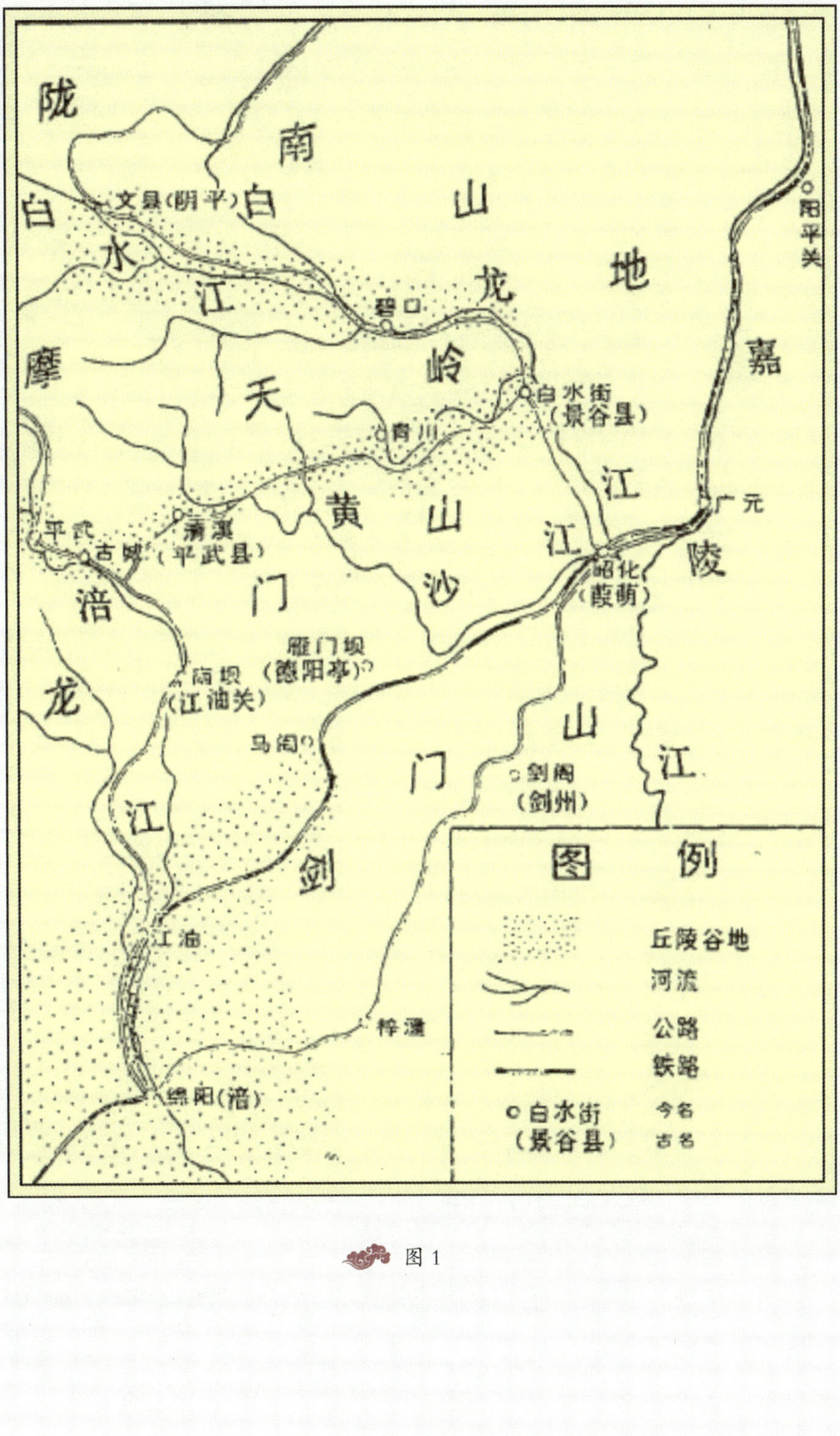
文县(阴平)
碧口
阳平关
白水街
(景谷县)
青川
广元
清溪
(平武县)
平武
昭化
(葭萌)
雁门坝
(德阳亭)
南坝
(江油关)
马阁
剑阁
(剑州)
江油
梓潼
绵阳(涪)
图例
丘陵谷地
河流
公路
铁路
白水街
(景谷县)
今名
古名

图 1

往长达一个月左右，当地叫“令雨”，即时令雨之意。此时，山洪暴发，滑坡泥石流多，也是路断人稀，交通受阻。除摩天岭西段山地因海拔较高（2500米以上）外，其他大部分地区交通以冬春干旱季节较易通行，故邓艾选在“冬十月”行军，是有其道理的。

三

本区从古至今，主要交通线路有以下几条：

1. 文县碧口—青川县白水街—乔庄—青溪—平武县南坝—江油线

这是穿过本区较为平缓易行的道路，我们不妨称为阴平正道。全线大多沿河谷或构造线而筑，有时，为了尽量减少渡河架桥，不得不在山崖间“凿山通道，造作桥阁”，故又称为“栈道”。此线仅在青溪南坝间翻越龙门山脉一座高峰，名为桥子顶（海拔2300米），是20世纪40年代前，由甘入川的主要驿道，但逢夏秋令雨不能通行。新中国成立后在此已建成公路，但青溪—南坝间为避开桥子顶高峰，改为青溪—白草沿小河谷而行。此线白水街—乔庄—青溪一线可能是蜀汉之景谷正道；南坝（古江油戍）—江油线为沿涪江大道。

2. 碧口—乔庄—青溪—南坝—江油线

此线实为1线之支线。其差别仅在于前者从碧口出发，先沿白龙江河谷东南行，至青川县白水街后再转而向西到乔庄；后者从碧口南下（地形上实为南上），越摩天岭到乔庄（或到青川县青溪）。此线较上一路线要短得多，但需翻越天险摩天岭，险峻难行。

3. 碧口—乔庄—雁门坝（汉德阳亭）—南坝—江油线

此线碧口—乔庄一段与2线同，南坝—江油线亦与上述1、2线同。仅乔庄—雁门坝—南坝段与上述1、2线有异，选择万山丛中的山野小路，既没有大山岭阻挡，也没有关隘和较大居民点，故很可能是当年邓艾避实就虚，“行无人之地七百里”所经的阴平道。

另一种说法是，邓艾由景谷傍入所经汉德阳亭是今马阁坝而非雁门坝[1]。实

[1] 蒲孝荣：《四川政区沿革与治地今释》第四章《三国蜀汉》，四川人民出版社，1986年。

际上，从乔庄南下马阁坝后，应沿今宝成铁路线西南趋向今江油县（即中坝）、绵阳。此线马阁坝以西地势开阔平坦，似不必再迂回又西北向翻越山岭取蜀汉江由戍（今平武县南坝）。但《太平寰宇记》则谓："马阁山在阴平县北六十里……邓艾伐蜀……乃束马悬车作栈阁，方得路通，因名马阁山。"今宝成铁路广元—江油间有一较大车站名马角坝，应为马阁坝之音讹。四川方言角与阁同音，马阁则可，马角则谬，此理至明。如果要解释邓艾由青川南下到马阁山（汉德阳亭所在之又一说），转而西北向翻越山岭至江油戍，舍平坦近道不走，反而迂回越山，只能有一个解释，即邓艾到"汉德阳亭"（即今马阁坝）后，闻西北方江由戍有守军，但守将马邈无能又无备，不如迂道先攻江由戍，作为后方，补充给养，并收集后续部队，再南下攻绵竹、成都。军事行动有时出没无常，行动诡秘，何况邓艾渡阴平为出奇兵偷袭，也不排除此种可能。

4. 文县—青川县唐家河—青溪—南坝—江油线

此线具体线路为自今甘肃文县城（即蜀汉阴平郡治）东南向翻越高 2300 多米之摩天岭隘口（碧口—齐庄向摩天岭隘口不足 1500 米）到青川县青溪镇北的唐家河，再到青溪；后一段线路与上述三线同。

此线从文县到摩天岭北之刘家坪、岭南唐家河至青溪已有林区公路，翻越摩天岭之隘口，当地叫切刀背，为石灰岩之陡峭崖壁，异常险峻，易守难攻。当年红四方面军为阻止国民党胡宗南部南下，曾在此血战死守，双方伤亡惨重，后因红军向西转移，对方始得南下。可见天险如有勇士把守，才是真正的天险。当时是 1936 年 5~6 月，雨季刚来，但不到"令雨"时，而邓艾伐蜀是"冬十月"，那时这条线路是冰天雪地，无法行军。何况当时青溪为蜀汉平武县治，邓艾为偷袭，不能过此，否则开始行军即暴露于敌，显然是不会有此下策的。

四

近年拜读了香港严耕望先生《阴平道辨》[1] 一文（以下简称严文），其汇集

[1] 严耕望：《阴平道辨》，《新亚学报》第 9 卷第 2 期。

了大量史料，对阴平道进行了考证辨析，发前人之所未发，有结论为：“综上所考，阴平道实有三线。（甲）由阴平郡即唐宋之文州（今文县）东循白水（今文县河）[1]近百里至白水关水（今白龙江）会合处之桥头，又东循会合后之白水东南行，至白水县关（今白水街地区），又东南与汉中入蜀道合，是为阴平正道。（乙）由桥头东南行至景谷（今碧口镇东南、白水街西北地区）折向西南斜出经汉德阳亭至江由，过绵州，是为邓艾入蜀道。唐代景谷石门戍道与此方向略合，故唐人视为邓艾故道。宋朝时代，阴平道由白水之两上源会合处向南行，折向西南循涪水至江由，达绵州，亦即略循邓艾故道也。（丙）由文州直南逾山至龙州（今平武县），又东至青川，折向西南至江油，此为捷径。此道唐宋以来有之，但决非邓艾所行者耳。”（图 2）

上述结论（甲）（乙）二线大体不差，（丙）线则闭门造车。显然，严先生未经实地调查，又无从参阅新中国成立后大陆刊行之有关图籍，故有此误。笔者不仅原籍阴平郡，且在此地还作过一些考察，理应就严文加以讨论。

1. 关于阴平道之“正道”

严文以为阴平道之正道为阶州（今武都）南下阴平（今文县），再沿白水江东南下经白水街到四川昭化（今广元宝轮院）与由汉中入川大道会合，这就是现在甘川公路的一段，笔者以为既是阴平正道，自应单独入川，若大段线路与汉中入川道路相同，则阴平道将失去其单独存在之价值！实际上武都—文县—碧口—白水街为阴平正道之一段是正确的，而白水街以下不必南下广元，也可西去乔庄—青溪—南坝—江油如本文三之 1 线，应即阴平道之正道。此路穿行于摩天岭南北及龙门山南北之丘陵谷地，除青溪—南坝间要翻龙门山行 2000 余米之较高山峰外，其他路段大多沿江河而行，不太险峻。而青溪—南坝间今名桥子顶之高山可能即古代所称左担山，因旧时挑夫至此，“右肩不得易所负”，其山路险窄可想而知！但和阴平道其他路线相比较，其险峻则较逊色，为古今出入本区之主要通道，故称阴平正道。不应似严文所述白水街以下即与川陕大道（剑阁道）合，否则阴平道不穿过阴平郡全境，只在其边沿经过，是不通的。

[1] 现名白水江—鲜注。

2. 关于邓艾入蜀之阴平偏道

严文认为邓艾入蜀之阴平偏道由“桥头（白水江与白龙江汇合处）至景谷（据严文附图在左担山一带）至江油，过绵州”，是为邓艾入蜀道，并认为唐代景谷道和宋朝阴平道亦即略循邓艾入蜀之故道。严文此处所述邓艾入蜀之阴平偏道实过于简略，笔者谨补充于下。

首先，未将蜀汉江由戍（约当今平武县南之南坝）与今江油“辨”清楚。蜀汉名江由，即涪江所由。此地正在涪江上游较开阔的平坝中，交通发达，故成重镇。西魏时改江由为江油，其址仍未变。南宋宝祐六年（1258）始移治今江油县武都西北之雍村坝[1]。

其二，汉德阳亭应在龙门山脉之马阁山一带，具体地点应为今江油马阁坝（今讹为马角坝）或雁门坝。左担山应为今青溪—南坝间大山，即旧驿路所在，而不在此山僻小路上。

其三，唐代景谷道和宋明阴平道应是本文上述之1线，即阴平正道，不应是邓艾所经阴平偏道。因为邓艾是奇兵偷袭，出敌不意的行军，应绕开正道而行，而当时正道与偏道是不一致的。此乃严先生不谙阴平正道，而将其并入剑阁道所致。

3. 严文所称阴平捷径不能成立

首先，文县城南下直接到今平武县城其间要翻越三列以上高达3500多米的大山，从古至今都无路可通。其二，当时龙州在今平武县城东南之古城，而非今平武城。其三，唐宋行军如果到了今平武县城，可沿涪江大道南下直取江油戍，不必再翻越山岭向东到青溪又西南转入涪江河谷之江由戍。因此，严文所谓阴平捷径根本就不存在。

五

在结束本文之前，有几个问题需要概括说明。

[1] 蒲孝荣：《四川政区沿革与治地今释》，四川人民出版社，1986年，第340页。

1. 青川秦墓与秦人迁川

1979~1980 年青川县城乔庄附近发现 300 多座战国末期的秦墓，发掘清理了其中 70 多座，出土了大量秦代文物和简牍[1]。据初步研究，这些墓葬为公元前 4 世纪之前由秦地迁川，移住今昭化、青川一带秦人的墓葬。墓葬之多和文物之丰富，可推想在邓艾过阴平前五六百年之战国秦时，乔庄所处之丘陵与平坝区东至白水街、西至青溪已有不少人居住。邓艾"行无人之地七百里"必定要避开这条景谷正道，否则是会暴露目标的。

2. 汉德阳亭

东汉益州广汉郡德阳县即蜀汉德阳亭。据《华阳国志校注》[2]："汉德阳亭'出剑阁西百里'，当即今江油东北宝成路侧之雁门坝"。而《四川政区沿革与治地今释》则称："在今江油县东北小溪坝公社阴平大队"[3]。上述两地均在宝成线上，后者即在马阁坝，两地相距约 50 千米。笔者以为前说较为合理，理由已如前述。

3. 景谷道

《三国志·姜维传》称："而邓艾自阴平，由景谷道傍入，遂破诸葛瞻于绵竹。"《水经注·涪水》："涪水又东南迳江油戍北，邓艾自阴平景谷道悬兵束马入蜀迳江油广汉者也。"查唐代利州有景谷县，高祖武德四年，以景谷及龙州、方维二县置沙州。太宗贞观元年（627）沙州废，省方维县为镇，以景谷来属。今青川县东沙州公社（旧名白水街）有西隍坝[4]。《元和郡县图志》卷二十二利州景谷县称："本汉白水县地，隋开皇十八年改为景谷，因县北景谷为名。"同治《昭化县志》谓即今青川县白水镇西之青川河（《水经注》称西谷水）河谷。

六

根据上述讨论，我们可以得出以下结论。关于三国时邓艾灭蜀之阴平道的具

[1] 于豪亮：《释青川秦墓木牍》，《文物》1982 年第 1 期。
[2][晋] 常璩撰，刘琳校注：《华阳国志校注》，巴蜀书社，1984 年，第 170~172 页。
[3][晋] 常璩撰，刘琳校注：《华阳国志校注》，巴蜀书社，1984 年，第 340 页。
[4] 蒲孝荣：《四川政区沿革与治地今释》，四川人民出版社，1986 年，第 236 页。

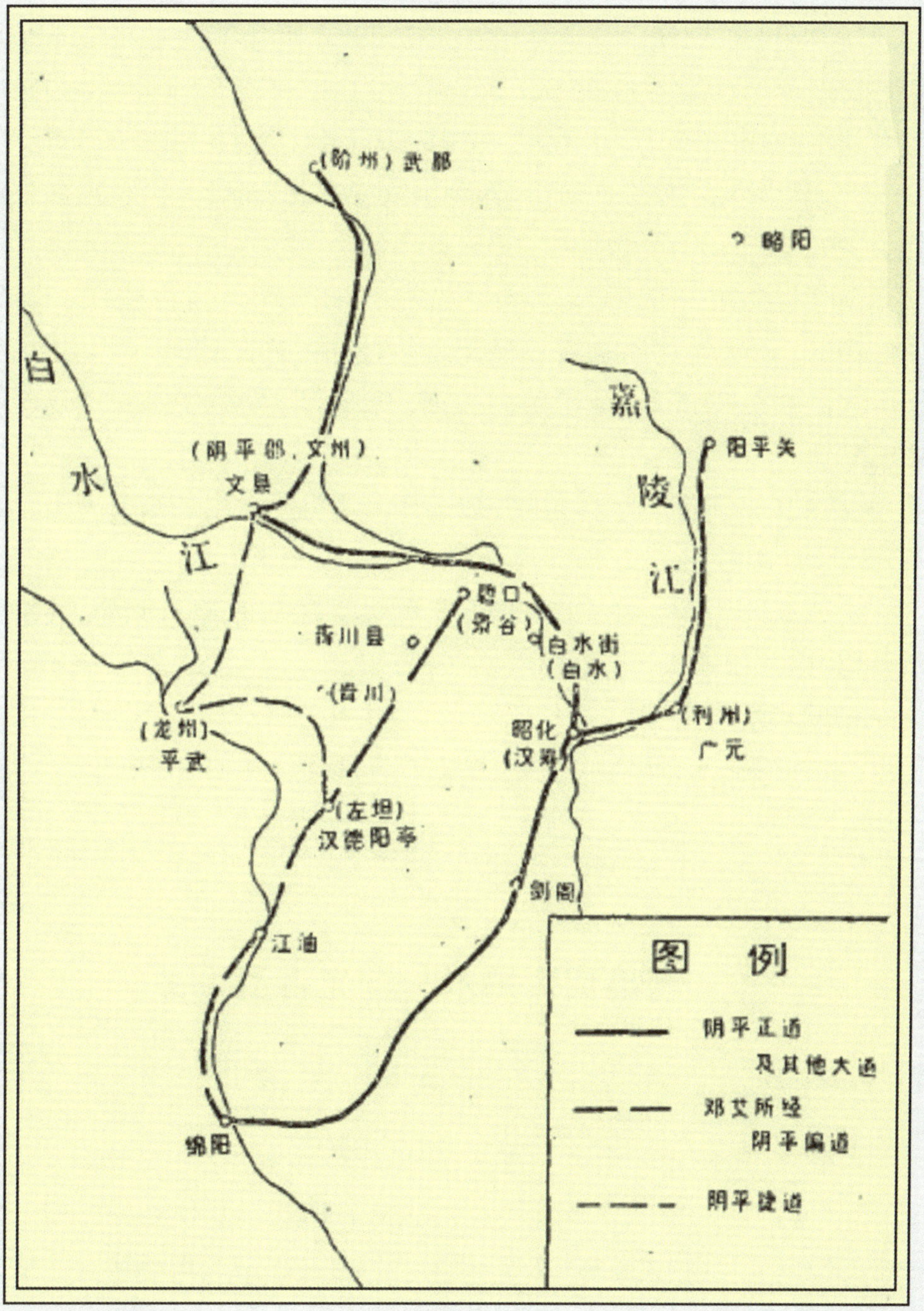

（阶州）武都
略阳
白
水
江
（阴平郡，文州）
文县
嘉
陵
江
阳平关
碧口
（景谷）
青川县
白水街
（白水）
（青川）
（龙州）
平武
昭化
（汉寿）
（利州）
广元
（左担）
汉德阳亭
剑阁
江油
绵阳
图 例
阴平正道
及其他大道
邓艾所经
阴平偏道
阴平捷道

图 2

体路线是：

1. 从古阴平郡（甘肃文县境内）碧口一带出发，南下翻越摩天岭到达今青川县乔庄附近的青溪即从景谷道旁入，再沿黄沙江（即今下寺河）南下到青川县关庄乡一带，翻越山岭到达今江油县东雁门坝地区（蜀汉德阳亭，“剑阁西百里，去成都三百里”），再沿一小河谷向西翻山岭攻取蜀汉江油戍（今平武县南坝）然后长驱南下，破绵竹，下成都。

2. 景谷道应即古今阴平道，其路线应先沿今甘川公路从文县白水江、白龙江东南下碧口、白水街，再东向沿一较平坦之丘陵谷地西向青川县乔庄、青溪，翻越山岭至平武县南坝，再沿涪江大道下江油、绵阳。此路即近代驿路，现已有公路可通。

3. 从文县东南向翻越摩天岭到青溪，再西南下翻越山岭到南坝，最后沿涪江南下今江油、绵阳（蜀汉之涪），是为阴平捷径。但此路由文县经青溪、南坝入川仅 400 余里，与“行无人之地七百里”相差太大。且此路所经地区海拔较高（2000 米 ~3000 米），冬季冰天雪地，无长途行军的可能。

据此可知阴平道应有上述三条路线，邓艾所经以第 1 线为可能性较大者，且与三国志有关记载吻合，而本地区主要交通线应为第 2 线即阴平正道，现已筑公路[1]。

（原文发表于《中国历史地理论丛》1988 年第 2 期）

《禹贡》黑水与堂光古道

王子今

《禹贡》分划九州地域，关于雍州与梁州区界都说到黑水：“华阳黑水惟梁州。”“黑水西河惟雍州。”对于《禹贡》黑水的理解，历来歧议纷纭。阮元以为此二黑水一在雍州一在梁州，名同而地异[2]。黄以周则以为并“导黑水，至于

[1] 本文是鲜肖威教授向 1987 年 8 月西安国际历史地理学术讨论会提交的论文。

[2][清]阮元：《云南黑水图考》，载《经室续集》卷一，中华书局，1993 年。

三危，入于南海”语，“《禹贡》三言黑水，同属一地，不得分为两处”[1]。陈澧也认为“不能分为二也。”[2] 各地多有以“黑水”命名的河流。《水经注》中所见称“黑水”者即多达十数例。《禹贡》孔颖达疏引郦道元《水经》：“黑水出张掖鸡山，南流至敦煌，过三危山，南流入南海。”《隋书·地理志上》说到同昌郡（开皇七年改曰扶州）“有黑水”，即今四川南坪白水江上游。宋代学者程大昌《禹贡山川地理图》驳《隋书》扶州黑水之说，以西洱河贯叶榆泽者为黑水，即今澜沧江[3]。唐樊绰《蛮书》卷二《山川江源》又曾以丽水合涨诺江为黑水，杜佑《通典》则曾以漾鼻江经会川县者为黑水。宋薛季宣《书古文训》又认为黑水即泸水。汪之昌亦证说金沙江即泸江“固黑水之遗”[4]。李绂认为黑水应即怒江上游[5]。沈丙莹也以藏语地名分析为据，指出黑水即潞江（怒江）上游哈喇乌苏，据说：“蕃语‘哈喇’，黑也；‘乌苏’，水也。”[6] 似乎《禹贡》黑水所在，已成千百年学者未能明断的疑案。

历来探寻黑水的努力，往往求之于荒远绝域。其实，《禹贡》时代中原人的地理知识大约并不能超逾华夏文化圈的有限区域。这部早期地理书作为战国时魏人的作品[7]，所谓“黑水”当不至于远至藏北高原或横断山区。

从界定雍梁二州的意义认识“黑水”，或许有助于揭示学界悬疑多年的谜底，同时对于古代交通史研究亦可以提供新的线索。

《史记·夏本纪》：“华阳黑水惟梁州。”裴骃《集解》：“孔安国曰：‘东据华山之南，西距黑水。’”张守节《正义》：“《括地志》云：‘黑水源出梁州城固县西北太山。’”《水经注·沔水上》：“汉水又东，黑水注之，水出北山，南流入汉。庾仲雍曰：‘黑水去高桥三十里。’《诸葛亮笺》云：‘朝发南

[1][清]黄以周：《黑水考》，载《诂经精舍三集》卷二，商务印书馆，1936年。
[2][清]陈澧：《黑水说》，载《东塾集》卷一，光绪十二年刻本。
[3][清]顾祖禹：《读史方舆纪要》卷一百二十三《云南·澜沧江》，中华出版社，1955年。
[4][清]汪之昌：《梁州黑水辨》，载《青学斋集》卷二，民国辛未（1931）汪氏青学斋自刻本。
[5][清]李绂：《黑水考》，载《穆堂初稿》卷十九，清乾隆无怒轩刻本。
[6][清]沈丙莹：《黑水考》，载《诂经精舍三集》卷二，商务印书馆，1936年。
[7] 从史念海先生说。参看史念海：《论〈禹贡〉的著作年代》，载《河山集》第二集，生活·读书·新知三联书店，1981年。

郑，暮宿黑水，四五十里。’指谓是水也，道则百里也。”此所谓“黑水”，可能即今灙水。灙水河谷又写作“傥谷”[1]，“旧置傥州郡”[2]。“党”写作“黨”，字本从“黑”。《说文·黑部》：“黨，不鲜也。从黑，尚声。”

认识《禹贡》雍州、梁州黑水，还应当注意到陕西周至北流入渭的黑河。俞正燮考论《禹贡》黑水所在时曾经写道：“自南山黑谷北流，于盩厔西南入就水者，亦名黑水。后魏正光末，秦州贼东侵岐、雍，军于黑水，魏将崔延伯军马嵬以拒之，又西渡黑水向贼营。”[3]然而俞正燮认为此黑水“非雍州、梁州两界之黑水也”[4]。其实，秦岭南坡南流入汉之黑水与秦岭北坡北流入渭之黑水，都可以看作雍州与梁州界分的标志，同时南北正相对应的两条黑水谷道，又构成了雍州与梁州之间相互交往的主要通道。而华阳长期以来正是雍州与梁州之间古道上的重要关镇。这条古道，正与后来所谓骆谷道、傥骆道走向大体一致。

《说文·黑部》：“黑，北方色也。火所熏之色也。从炎，上出窗。”“黑”有正对北方的文化象征意义，因而形成“黑是北方正”[5]的观念定式。“黑水”命名，或许即由于梁州人起初视此为北上交通雍州的正道。《元和郡县图志·山南道三·兴道县》：

傥谷，一名骆谷，在县北三十里。后主延熙二十年，诸葛诞反于淮南，分关中兵东下，姜维欲乘虚向秦川，率数万人出骆谷，闻诞已破，遂还。[6]

骆谷路，在今洋州西北二十里，州至谷四百二十里。晋司马勋出骆谷，破赵戍，壁于悬钩，去长安二百里。[7]

按骆谷在长西安南，南口曰傥谷，北口曰骆谷。

秦岭南北两条黑水大致相对应，形成南北交通要道的情形，恰与子午道上秦

[1][清]顾祖禹：《读史方舆纪要》卷五十六《陕西·汉中府》，中华书局，1973年。

[2][唐]魏徵：《隋书》卷二十九《地理志上》，中华书局，1973年。

[3]《魏书·崔延伯传》：“贼众甚盛，进屯黑水……延伯结垒马嵬……选精兵数千，下渡黑水，列陈西进以向贼营。”[北齐]魏收：《魏书》卷七十三《崔延伯传》，中华书局，1974年。

[4][清]俞正燮：《黑水解》，载《癸巳类稿》卷一，商务印书馆，1959年。

[5]《礼记·玉藻》：“衣正色。”孔颖达说：“玄是天色，故为正。”皇侃说：“黑是北方正。”

[6][晋]陈寿：《三国志》卷三十三《后主传》、卷四十四《姜维传》，中华书局，1959年。

[7][唐]房玄龄：《晋书》卷三十七《宗室列传·济南惠王遂曾孙勋》，中华书局，1974年。

岭南北各有以“直水”命名的河流大致相对应[1]同样。“直”，音近“子午”快读合音。而秦岭子午道又与北行子午岭上之秦始皇直道遥相接应。由此亦可以认识古人方位观念的某些特征。

又“黨”与“當”古字相通。《庄子·天下》：“公而不當。”陆德明《经典释文·庄子音义下》：“不當”“崔本作黨，云至公无黨也”。黄焯《经典释文汇校》：“景宋本古逸本作党。”又《战国策·魏策二》：“忠不必當，當必不忠。”姚宏本注：“一本作黨。”鲍彪本改字：“‘當’，作‘黨’”。《说文·田部》：“當，田相值也。”段玉裁注：“值者，持也。田与田相持也。引申之，凡相持相抵皆曰當。”《说文·人部》：“道，持也。”段玉裁又解释说：“值，持也，引申为當也。凡彼此相遇相當曰值，亦持之意也。《史》《汉》多用直为之，姚察云：‘古字例以直为值。’是也。”联想汉时“直”字确实有“正见”的涵义[2]，可以体味到古黑水通路与子午道之间，似存在某种表现出规律性的共同之处。

辛德勇先生曾据《杨孟文石门颂》中“高祖受命，兴于汉中，道由子午，出散入秦，建定帝位，以汉氏焉。后以子午，途路涩难，更随围谷，复通堂光，凡此四道，阂隔尤艰”诸语，以为所谓“堂光”中的“堂”应当就是“党（浵）”的同音假借字。他又指出，“在傥骆道的北口围谷口外稍西的渭河的南岸，有西汉武功县城。”[3]《汉书·王莽传上》：“以武功县为安汉公采地，名曰汉光邑。”[4]《汉书·地理志上》又说到武功县“莽曰新光”。“‘党光’中的‘光’，应该就是指这个‘汉光’，或‘新光’。”因此，堂光道应该就是傥骆道的前身。除名称有所差异而外，堂光道与傥骆道的取线也略有不同，即堂光道在秦岭北坡走

[1][宋]宋敏求：《长安志·万年》：福水“与直谷水合，亦曰子午谷水”。而汉晋子午道南段，据李之勤先生考定，曾沿今池河南下汉江川道（李之勤：《历史上的子午道》，《西北大学学报》哲学社会科学版1981年第2期）。“池河”应即“直河”音转。

[2][东汉]许慎：《说文·乚部》：“直，正见也。”中华书局，1977年。

[3]今按：现今眉县横渠镇西北之古城村，或许即与西汉武功县遗址有关。

[4]王莽采地择定武功，与“武功长孟通浚井得白石上圆下方，有丹书著石，文曰：‘告安汉公莽为，皇帝’”有关。《汉书·王莽传上》记载：“符命之起，自此始矣。”

围谷（韦谷，即今泥河），傥骆道走骆（洛）谷（即今西骆峪）[1]。

辛文关于“堂光道”的讨论发前人所未发，予研究者以重要启示，然而某些具体见解仍可进一步商榷。

“围谷即韦谷”，辛文从黄盛璋先生说[2]。其实，由傥水谷道北上，在华阳镇西南有地名称“围子坝”，或许所谓“围谷”，本是指与此相近的谷道。此外，所谓“堂光”中的“光”应与“汉光”或“新光”有关，然而何以确定“堂光”道名取自“汉光”或“新光”地名，则所据不详。现在分析，似乎不能完全排除“汉光”或“新光”地名确定于后，而“堂光”道名应用于先的可能；也不能完全排除这条古道路虽未必早已定名“堂光”，然而实际开通却先于“汉光”“新光”地名的可能。

这样，辛文所谓“现在最早只能把傥骆道有据可依的开通时间上限定在西汉平帝元始五年十二月以后”的意见，其认识基础似已动摇，其结论，可能亦失之于保守。

那么，这条道路定名“堂光”之所谓的“光”，有没有可能是另有所据呢？

褒斜道定名取义褒谷与斜谷。堂光道除定名用字先南后北的形式与褒道相同外，可能也取河谷名称而不用行政地名。

今发源于太白山南麓折行东北，在周至县东入渭的黑河，先曾称芒水。《水经》：“（渭水）又东，芒水从南来流注之。”《水经注·渭水》：“芒水出南山芒谷。北流迳玉女房，水侧山际有石室，世谓之玉女房。芒水又北迳盩厔县之竹圃中，分为二水，汉冲帝诏曰：‘翟义作乱于东，霍鸿负倚盩厔芒竹。’[3]即此也”。“芒”正与“光”相通。《史记·天官书》：“岁阴在酉，星居午。以八月与柳、七星、张晨出，作作有芒。”“芒”即“光”。又《文选》卷十五张衡《思玄赋》：“扬芒熛而降天。”李善注：“芒，光芒也。”“光”与“芒”

[1] 辛德勇：《汉〈杨孟文石门颂〉堂光道新解——兼析傥骆道的开通时间》，载《中国历史地理论丛》1990年第1期。

[2] 黄盛璋：《褒斜道与石门石刻》，载《历史地理论集》，人民出版社，1982年。黄先生又推定“围谷开辟或在汉初。”

[3] 本孺子婴居摄二年（7）诏，见《汉书》卷八十四《翟方进传》，文句略有不同。

通假之例，又有《老子·道经》十四章："是谓间忽恍"，傅奕本、范应元本皆作"芴芒"。蒋锡昌《老子校诂》说"'惚恍'，或作'芴芒'"，"双声叠字皆可通用。盖双声叠写以声为主，苟声相近，亦可通假"。又《老子·道经》二十一章："道之为物，唯恍唯忽，忽恍中有象，恍忽中有物。"恍、忽，傅奕本、范应元本均作"芒""芴"。其中"恍"，马王堆汉墓帛书《老子》甲本乙本均填作"望"，其字从亡[1]，亦通于"芒芒"[2]。《庄子·至乐》："芒乎芴乎，而无从出乎！芴乎芒乎，而无有象乎！""芒""芴"，成玄英《疏》即以"恍惚"释之。

王莽时代更改地名往往取原义而变换文字。仅三辅地区就有长安改称常安、粟邑改称粟城、谷口改称谷喙、临晋改称监晋、郁夷改称郁平、漆改称漆治、好畤改称好邑诸例。"汉光""新光"地名用"光"字，有可能取义于"芒水""芒谷"之"芒"。如果"堂光道"定名确与芒水有关，则王莽专政前可能先自有名，其路线之北段当经由今黑河谷道。《水经注》所谓"玉女房""石室"，说明"水侧山际"存在交通道路。而《汉书·翟方进传》所谓负倚芒竹，《魏书·崔延伯传》所谓军屯黑水，都说明黑水谷道以战略地位之重要久已为军事家所看重。此外，《三国志·蜀书·后主禅传》"延熙二十年，闻魏大将军诸葛诞据寿春以叛，姜维复率众出骆谷，至芒水。"《姜维传》："维前往芒水，皆倚山为营。"[3]卢弼《三国志集解》引梁章钜曰：

> 《盩厔县志》：黑水谷在县东南，即芒谷也。水黑色，亦名黑水谷。

《新唐书·逆臣列传下·黄巢》记载："朱玫以泾、岐、麟、夏兵八万营兴平，巢亦遣王璠营黑水，玫战未能胜。"可见芒水即黑水谷口以据交通之要隘，历来往往兵家必争。

---

[1]《说文·亡部》："望，出亡在外，望其还也，从亡，望省声。"［东汉］许慎：《说文解字》，中华书局，1977年。

[2]《孟子·公孙丑上》"芒芒然归"，又同篇"望望然去之"，或以为古字通假之例。又《大戴礼》第六十三篇《帝系》："敬康产句芒，句芒产蟜牛。"《史记》卷一《五帝本纪》、《汉书》卷二十《古今人表》均作"句望"。

[3]《三国志》卷四十五《蜀书·杨戏传》也说到："延熙二十年，随大将军姜维出军至芒水。"［晋］陈寿：《三国志》卷四十五《杨戏传》，中华书局，1959年。

被认定为骆谷的西骆峪以东与黑水谷之间的东骆峪和辛口峪也多有战事发生，说明先期曾称堂光道，后期则称骆谷道；傥骆道的这条古代道路的北段，可能曾先后有多条通路。《宋史·高宗本纪》：绍兴十年（1140）秋七月，“辛未，金人犯周至县，王俊逆战于东洛谷，却之”。据《流芳集》记载，同治二年（1863）十月初七日，太平天国将领蓝大顺率众千余由洋县出辛口峪直逼邑城，城陷。

史籍又可见直接经由黑水谷道路行军作战的记载。崇祯九年（1636）七月，明末农民起义军著名领袖高迎祥就在这条古道上遇强敌围攻，兵败被俘。据清吴伟业撰《绥寇经略》记载，“当时是，贼乱关中有名字者以十数，高迎祥最强”，孙传庭部“击迎祥于周至之黑水峪，擒之”。孙传庭《鉴劳录》记此战事有“扼峪奋剿，四日三捷”语，叙述当时兵争黑水战役之激烈。章泰纂修《周至县志》（康熙二十年刻本）又曾记述：康熙十五年（1676）六月，“伪总兵王进孝、副将李成栋等出黑水谷，屯仙游寺，俱大掠”。也说明黑水谷道路于历史兵要地理和历史交通地理的重要地位。

《隶释》卷四《李翕析里桥郙阁颂》所谓“路当二州”一语，正可用来借以说明黑水谷古道路的特殊作用。在明确得名“堂光道”之前，这条可能久已开通的古道不妨称之为“黑水道”。由这一分析出发理解《禹贡》所谓“华阳黑水惟梁州”，“黑水西河惟雍州”，或许也可以得到接近历史真实的认识。

（原文发表于《文博》1994 年第 2 期）

汉《杨孟文石门颂》堂光道新解

——兼析傥骆道的开通时间

辛德勇

东汉桓帝建和二年冬在汉中石门镌刻的《汉司隶校尉杨君（孟文）石门颂》

（下简称《杨孟文石门颂》）[1]，是研究川陕间秦岭通道历史发展的一项重要依据，川陕之间穿过秦岭的通道虽然在历史时期曾有一定变化，但总的来说变化不是很大，基本上一直是散关道（又称陈仓道、故道、嘉陵道）、褒斜道、傥骆道和子午道这四条道路。《杨孟文石门颂》中，明确讲述了褒斜道、子午道和散关道的情况，另外铭文中还提到有“围谷”和“堂光”两处与道路有关的地名，对此迄今尚无通解。铭文有关部分如下（铭文据《褒谷古迹辑略》所著原碑摹本录，又据《褒谷古迹辑略》及《金石萃编》卷八所辑诸家考释，将汉隶改为今体通行字）：

惟坤灵定位，川则服躬，泽有所注，川有所通。斜谷之川，其泽南隆，八方所达，益域为冲。高祖受命，兴于汉中，道由子午。出散入秦，建定帝位，以汉氏焉。后以子午，途路涩难，更随围谷，复通堂光。凡此四道，阂隔尤艰。至于永平，其有四年，诏书开斜，凿通石门。

对于上文中“围谷”和“堂光”的理解，是与对铭文中“凡此四道，阂隔尤艰”的“四道”的理解联系在一起的。陈明达先生将铭文理解为：“汉高帝时又曾因子午道难走，开辟了围、谷、堂、光四道。”[2] 在散关、褒斜、子午等道路之外另辟四条道路穿越险峻的秦岭，这是没有任何必要，也是根本不可能的。黄盛璋先生则以为所谓“凡此四道”不包括铭文开头提到的褒斜道，是指子午、散关、围谷和堂光四条道路[3]，“围谷即韦谷，在骆谷附近，最初大概是出韦谷，所以此道即傥骆道；‘堂光’不详所在，以后来道路推之，当是汉中与略阳间联系道路”[4]。黄盛璋先生认为围谷（按即今泥河）通道就是当时的傥骆道的北段，这是十分正确的；但是他推测“堂光”是汉中与略阳之间的道路，却既无任何依据，又与《杨孟文石门颂》的文意相悖。因为《杨孟文石门颂》是为纪念杨涣修治褒斜道沟通秦蜀而作，为此所作的铺陈叙述讲的都是和褒斜道同样的跨越秦岭的秦蜀通道的情况，无由旁及汉中、略阳间的路线。因此，“堂光道”何在，仍

[1] 杨孟文名涣，孟文为字，石刻中原只载涣字而未著其名。杨涣事迹见《华阳国志》卷十中，宋洪适《隶释》卷四已有考证。

[2] 陈明达：《褒斜道石门及其石刻》，《文物》1961 年第 4、5 期合刊。

[3] 黄盛璋：《川陕交通的历史发展》，收作者文集《历史地理论集》，人民出版社，1982 年。

[4] 黄盛璋：《褒斜道与石门石刻》，收作者文集《历史地理论集》。

是一个悬而未决的问题。

仔细审核《杨孟文石门颂》的内容，我认为铭文中的“凡此四道”是应该包括褒斜道在内的。《杨孟文石门颂》中讲到，东汉明帝永平四年修治褒斜道石门，是由于散关、子午等四道“阂隔尤艰”。那么，褒斜道是否是因为其他道路通行困难而新辟的一条通道呢？这显然不是。因为不仅大量文献记载可以证明褒斜道先秦即已有之说（详黄盛璋《褒斜道与石门石刻》），而且《杨孟文石门颂》也开篇就说道“斜谷之川，其泽南隆，八方所达，益域为冲”，可见褒斜道本是秦蜀间往来频繁的一条大道。这样看来永平四年诏开褒斜石门时这条道路也应在“阂隔尤艰”者之列了，不然又何须重施功力去“开”呢？石门石刻中别有明帝永平九年《汉中太守巨鹿鄐君开通褒斜道碑》（下简称《鄐君开道碑》）[1]，记永平六年至九年三月间汉中太守鄐君某奉诏修治褒斜道事。此役上距永平四年诏修褒斜石门，时仅两年，疑二者本为一事而《杨孟文石门颂》误“六年”为“四年”。据《鄐君开道碑》所记，永平六年修路时，前后共“作桥阁六百三十三间，大桥五，为道二百五十八里，邮、亭、驿、置、徒司空、褒中县官寺并六十四所[2]，凡用功七十六万六千八百余人，瓦三十六万九千八百四，器用钱百四十九万九千四百余斛粟”，至此，“益州东至京师”始“去就安稳”。不管这次施工与《杨孟文石门颂》所记永平四年事是否为一事，其工程量之大，足以说明在此之前褒斜道也是颇有“阂隔”的。如果是永平四年刚刚修治过就又接着大动土木，那就更可以说明永平四年之前褒斜道的“阂隔”状况是十分严重的了。

[1][清]徐廷钰等：《褒谷古迹辑略》，同治甲戌年线装本；[清]王昶：《金石萃编》卷五。

[2] 此句黄盛璋先生在《川陕交通的历史发展》一文中引述时读作：“邮亭驿置徒司空、褒中县官寺并六十四所。”文义不够明畅。今案邮、亭、驿、置均为官方所设驿递止宿之所，功用基本相同。徒司空应为官名，虽未见称于《汉书》卷十九《百官公卿表》及《续汉书·百官志》，但《百官公卿表上》宗正寺属官都司空令丞下如淳注云：“律，司空主水及罪人。贾谊曰‘输之司空，编之徒官’。”如淳所云“司空”当为专主水利或罪徒人的官职。《汉书》卷二十八《地理志》京兆尹下有船司空县，颜师古注云：“本主船之官，遂以为县。”此船司空当即主水之“司空”，而《鄐君开道碑》之“徒司空”则当为主罪徒之“司空”，即贾谊所谓“徒官”。在这里为徒司空设立官寺是为了管理修治道路的罪徒（据《鄐君开道碑》，这次开道共征发“广汉、蜀郡、巴郡徒二千六百九十人”）。

褒斜道既然已属《杨孟文石门颂》之秦岭“四道”之内，那么散关、褒斜、围谷（即傥骆）、子午四者已足其数，“堂光”一道又当何属呢？审读《杨孟文石门颂》的文辞，可以看出，“堂光”与“围谷’应是指的同一条道路。“更随围谷，复通堂光”，意即“又沿着围谷，重开了堂光通道”。傥骆道在秦岭主脊南侧沿傥河谷地北行；在秦岭北侧，如《杨孟文石门颂》所述，最初是取道骆（洛）谷附近的韦谷，大致在汉魏之际才改走骆（洛）谷[1]。傥字从水党声，而党与堂声符相同，均从尚声[2]，古今音都很接近[3]，因此“堂光”中的“堂”应当就是“党（傥）”的同音假借字（另外，党字在碑刻中有作“當”者[4]，与“堂”字形也已十分相近）。古代文献中“堂”“党”相通假的其他例证虽然目前我还没有检得，但《诗·秦风·终南篇》云“终南何有，有纪有堂”，清王引之考证认为“纪”为“杞”的假借字、“堂”为“棠”的假借字[5]。“堂”“棠”亦均从尚声，与“堂”“党”情形相同，《杨孟文石门颂》借“堂”代“党”正与此相类。事实上《杨孟文石门颂》中这类假借情况比比皆是，如以“辽”为“僚”、以“充”为“冲”等[6]。其他汉碑中这种情况也是十分普遍的。据《水经·沔水注》，傥河（《水经注》误为洛河）入汉江处有“傥城”。《杨孟文石门颂》可能是以“堂”字代指傥河，也可能是代指傥城。在傥骆道的北口围谷口外稍西的渭河南岸，有西汉武功县城[7]，《汉书》卷九十九《王莽传上》载元始五年十二月，王莽以安汉公居摄践祚，“以武功县为安汉公采地，名曰汉光邑”。《汉书·地理志》又载武功县“莽曰新光”，谭其骧先生以为“盖新室既建，复更此名”[8]。王莽将武功改名新光，至东汉立国，撤省此县，以后直到鄐君修治褒斜道期间，才在明帝永平八年复设武功[9]。“堂光”中的“光”，

[1] 骆谷作为通道见称史籍，始于曹魏正始五年曹爽由骆谷伐蜀，事见[晋]陈寿：《三国志》卷九《曹爽传》，中华书局，1959年。

[2][东汉]许慎：《说文解字》黑部、土部，中华书局，1977年。

[3] 郭锡良：《汉字古音手册》，北京大学出版社，1986年。

[4] 秦公辑：《碑别字新编》，文物出版社，1985年。

[5][清]王引之：《经义述闻》卷五，江苏古籍出版社，1985年。

[6][宋]洪适：《隶释》卷四《司隶校尉杨孟文石门颂》释文，中华书局，1986年。

[7][北魏]郦道元：《水经注》卷十八《渭水中注》，商务印书馆，1971年。

[8] 谭其骧：《新莽职方考》，收作者文集《长水集》，人民出版社，1987年。

[9][晋]司马彪：《续汉书·郡国志一》，清金陵书局刻本。

应该就是指这个“汉光”或“新光”。就在王莽改武功为汉光的同一年稍前几个月，王莽曾“以皇后有子孙瑞，通子午道”[1]。子午道实早已有之，《杨孟文石门颂》云“高祖受命，兴于汉中，道由子午”，讲的就是秦末汉初刘邦由子午道入汉中的事。不过当时子午道本来称作“蚀中”[2]，王莽改名子午，不过是取其名义吉祥。同样王莽将通过其采地的围谷通道命名为堂光道也是十分合乎情理的。

其次，据《杨孟文石门颂》，可以肯定通围谷和整治行用堂光道是由于子午道“途路涩难”。在散关、褒斜、傥骆、子午四条道路中，散关道最为平易，同时也最为迂远；褒斜道的平易、迂远程度均次于散关道；傥骆、子午两条路相对来说是比较捷近的，但同时路途却也都比较艰涩。《杨孟文石门颂》云因子午道路途涩难而“更随围谷，复通堂光”，这显然已经揭示出这次修路是要重新修治一条与子午道同样捷近的道路，不然何不取途本来就比较坦易的散关道或褒斜道？因此，堂光道应当是一条比褒斜道要近捷一些的道路，而围谷通道与此正相吻合。以后代情况和秦岭的自然地理情况而论，在傥骆道与子午道之间的地段内，也不可能再辟其他路线穿越秦岭。从这一点上而言，堂光道与围谷通道也只能是同一条道路。如果像黄盛璋先生那样把堂光道定在汉中与略阳之间，那么它就与子午道涩难与否没有丝毫关系了，《杨孟文石门颂》何必要将其与沟通围谷事联系在一起？

因此，堂光道应该就是傥骆道的前身。除名称有所差别外，堂光道与傥骆道的取线也略有不同（图 1），即堂光道在秦岭北坡走围谷（韦谷，即今泥河），傥骆道走骆（洛）谷（即今西骆峪）。

关于傥骆道（包括其前身堂光道）的开通时间，黄盛璋先生曾以为“围谷开辟或在汉初”[3]，其说所据未详。推敲起来，或即由《杨孟文石门颂》将围谷通道与高祖出入汉中的散关、子午等道放在一块论述臆断而来。据前文所论，可知围谷“堂光道”之得名，最早不能超过元始五年十二月改武功为汉光时，而铭文

[1][东汉]班固：《汉书》卷九十九《王莽传上》，中华书局，1962 年。

[2][汉]司马迁：《史记》卷八《高祖本纪》，中华书局，1959 年。

[3] 黄盛璋：《褒斜道与石门石刻》。按拙稿《石汉至北周时期长安附近的陆路交通》（载《中国历史地理论丛》1988 年第 3 辑），也曾援依黄盛璋先生此说。

中“后以子午，途路涩难，更随围谷，复通堂光”很可能讲的就是堂光道初得名时的整治情况。当然，初得名未必就是初开，“复通堂光”也可能含有“重新开通旧路”的意思。但根据《杨孟文石门颂》，现在最早只能把傥骆道有据可依的开通时间上限定在西汉平帝元始五年十二月以后，下限则至迟也要在东汉明帝永平八年复设武功县以前（永平八年以后就无论如何也不应沿用新莽“新光”旧名

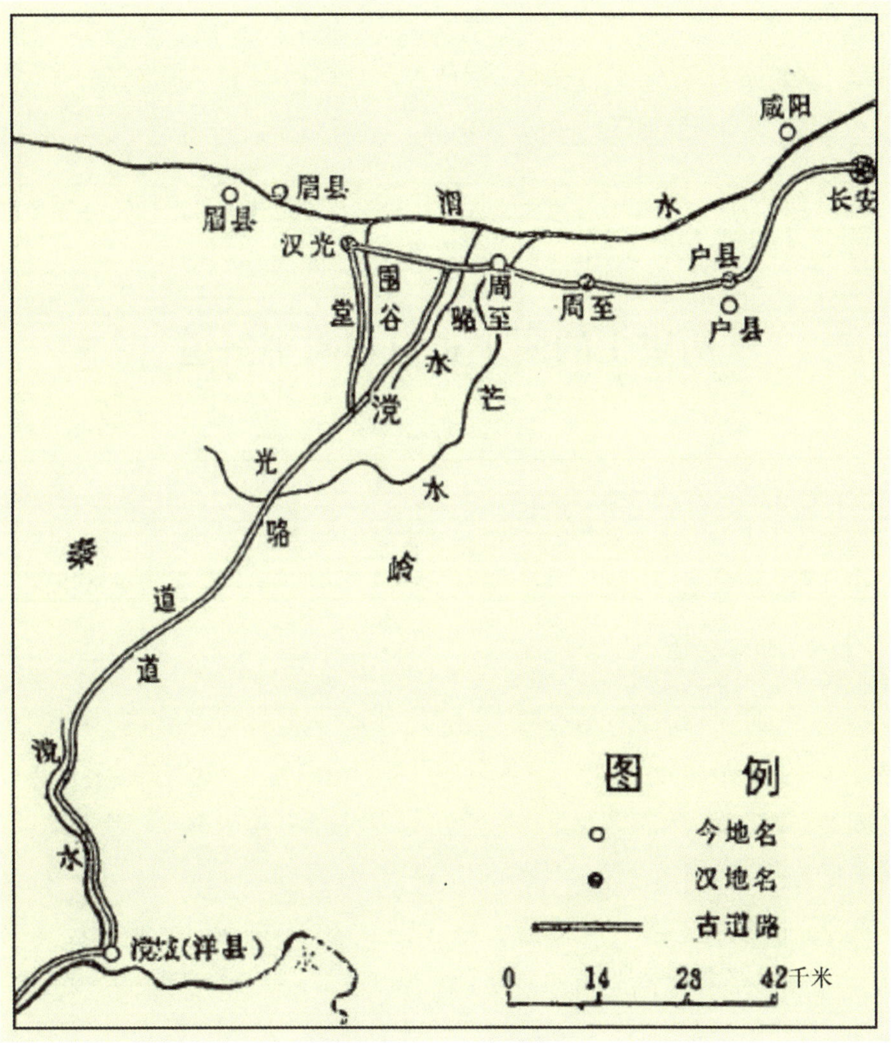

图 1 堂光道路线示意图

命名道路了），一般说来应在新莽覆亡之前仍行设汉光县或新光县这一期间内。

根据上面所推论的堂光道的命名原因和开辟时间，还可以解释清楚为什么要在围谷开辟通道而不是像后来那样走骆谷。这是因为尽管走骆谷去长安比围谷要便捷一些，但开辟堂光道与王莽具有密切关系，从道路的命名来看，开辟这条道路首先考虑的是汉光或新光与汉中的联系问题，汉光或新光就在围谷口外，显然沿着围谷出入南山是最为便捷的。

《杨孟文石门颂》“用字简省，复务舛谬”（《集古录》语），宋人即以通解为难，而“堂光”一词尤为隐晦。窥前人所作诠释，于铭文原意似均有抵牾，故试为新说，求正于方家。

（原文发表于《中国历史地理论丛》1990 年第 1 期）

历史上的阴平正道和阴平斜道

蓝 勇

关于历史上的阴平正道和阴平斜道的路线问题，史学界一直没有统一的认识。笔者在此在实地考察的基础上再对这个问题作一探索，以期得到方家的批评。

（一）阴平正道

历史上的阴平正道又叫景谷道、白水道。所谓阴平正道即从古扶州（南坪）、古阴平（文县）沿文河（白水江）和从古武都郡沿白龙江而下，经景谷、景谷县（白水关与碧口间）和白水关（五里垭）入昭化接金牛道的古道。因经景谷和白水而有景谷道和白水道之称。

阴平正道上最重要的关隘即白水关，以往认为白水关在广元朝天镇，又有人认为在广元白水镇，据说还有邓艾之苍坪[1]。现在看来白水关即关头，据近人考

[1][清]陈梦雷：《古今图书集成》卷五百九十八，中华书局，1934 年。

其地在今青川县白水五里垭[1]。汉晋时阴平正道的地位十分重要，晋张莹《汉南记》有载：“蜀有阳平关、江关、白水关，此为三关。”[2] 这里将白水关与峡路的江关和金牛道的阳平关并称，足见阴平正道的重要性。又称：“鱼腹与关头实为益州福祸之门，今二门悉开，坚城皆下。”[3] 更可见阴平正道与峡路均为维系四川的要道。

汉晋南北朝时期取阴平正道行进之事迹记载不绝于史籍：

建武六年（30），隗嚣从天水伐蜀。隗嚣认为“白水险阻，栈阁败绝”，又在白水上“多设支阂”[4]。安帝永初二年（108），羌人据阴平郡城，郡人退住白水[5]。后李固自洛阳到广汉行至白水关解印绶返汉中，廉范从葭萌返长安经白水关抱父柩沉水，都是取此道而行[6]。建安十七年到十八年（212~213），刘璋故将白水军督杨怀、高沛握强兵据守白水关，刘备沿金牛道入葭萌回击白水关，斩二将，复取剑阁道南下，攻取成都[7]。建安二十二年（217），刘备派陈式沿白水进兵汉中，“绝马鸣阁道”，魏将徐晃追破陈式，建兴七年至八年（229~230）孔明、陈式平武都、阴平二郡，疑取此道北上。后主炎兴元年（263）魏伐蜀，蜀将姜维估计魏军在取金牛道南下同时，也会取景谷道入，故上表求守阳平关时也守桥头（碧口）。在沓中的姜维受挫于魏将邓艾，廖化取景谷道援助姜维。失守阳平关的蜀将张翼也取景谷道与姜维合，但在桥头受阻于扰姜维后路的魏将诸葛绪。姜维只有沿景谷道经阴平、桥头、白水关、葭萌退至剑阁，共防锺会。东晋永昌年间，李雄部将李稚、李玲从白水道击武都杨难敌。咸和六年（331）李寿又北击武都至阴平。元嘉九年（432）武都杨难当曾攻取阴平，被益州刺史刘道济击破。元嘉十九年（442），刘道真一取陇东道，一派司马夏侯穆季取白水路入武都。元嘉二十年（443），杨文德为武都王出景谷道上葭芦城（在武都至

[1]《白水关故地考》，《四川地方志通讯》1988 年第 4 期。
[2][宋]王应麟：《玉海》卷二十四《地理·蜀汉三关》，浙江书局重刊本。
[3][晋]陈寿：《三国志》卷三十七《法正传》，中华书局，1959 年。
[4][南朝宋]范晔：《后汉书》卷四十三《隗嚣传》，中华书局，1965 年。
[5][晋]常璩：《华阳国志》卷二《汉中志》，四川人民出版社，1957 年。
[6][南朝宋]范晔：《后汉书》卷三十三《李固传》、卷三十一《廉范传》，中华书局，1965 年。
[7][晋]常璩：《华阳国志》卷三《蜀志》、卷五《公孙述二牧传》，四川人民出版社，1957 年。

碧口白龙江间）。兴安二年（453），杨文德率兵围武都，魏将皮豹子在葭芦北覆津拒险守卫，又沿景谷道从晋寿和白水等地转送军辎于覆津。梁天监十五年（516），梁张齐与魏战故道，张齐退守白水关，攻葭萌。梁简文帝大宝二年（551），杨法深从黎州（广元）取景谷道退保石门（在唐景谷县西南十八里）。周武成元年（559），督利、沙、文三州军事卢永思取景谷道平定文州民族动乱[1]。

到了唐代，这条通道仍是十分重要的。唐代此道上的石门关被《唐六典》列为全国二十六要关之一，足见其重要。又《宋光葆上蜀主表》提出："万人屯利州，应援文州及安远城。"[2] 从利州援文州，揣其形势，自依应取阴平正道，即景谷道。唐大历十四年（779），吐蕃攻唐，其中一路便是出扶、文二州，经方维（碧口）、白坝（白水）入[3]，即从阴平正道入。

从宋元以后，由于取青塘岭的阴平斜道得到整修，使阴平正道的重要性相对减弱，故历史上也难以找到大规模取此道的事迹。明清时，这条古道仍是川甘商旅大道，特别是古道上的碧口东三十八里的行店为水运的终点站，铺店栈房林立，人烟熙熙，为川甘物资散集地和转运枢纽。

这条古道历史上有大量栈道存在，关于这一点，我在《四川古代栈道初步研究》一文中已作了较多探索[4]。这里要说的是所谓马鸣阁，即今四川昭化粗石栈，也即今广元市七里乡的七里碥，又叫鲁班岩。前面我谈到陈式沿白水进兵汉中，"绝马鸣阁道"。又据说曹操经过这个阁道说："此阁过汉中之阴平，乃咽喉之要路。"道光《昭化县志》卷十六载："马鸣阁在治北五十里白水之岸……按即今白水岩粗石栈之碥桥也，古之阁道，三国时军旅往来经此。"又其志卷三载其处："山径窄径，临崖最险，河岸有故栈迹数处，鲁班峡在焉。"今其地还有数方型栈孔，孔径较大。在栈孔下方为清代乾隆年间陕西凤翔王道人修凿石梯路。

[1] 主要据《三国志》《华阳国志》《蜀鉴》《魏书》。
[2][清]董诰：《全唐文》卷九百九十八《宋光葆上蜀主表》，中华书局，1983年。
[3][后晋]刘昫等：《旧唐书》卷一百九十六《吐蕃传》，中华书局，1975年。
[4] 蓝勇：《四川古代栈道初步研究》，《四川文物》1988年第1期。

（二）阴平斜道

一般认为这条古道开凿于三国，即邓艾的“缒兵阴平，为千古之创事也”[1]。现在看来，可能更早此道便有取行。《三国志》卷九裴松之注引《魏略》载在至正年间夏侯霸先于邓艾奔蜀“南趋阴平而失道……蜀闻之，乃使人迎霸”。似先便有取行。

在上面一部分里我谈从汉代以来景谷道是四川与甘肃、陕西的重要通道，但景谷道和金牛道合于葭萌后，都要受制于剑门关，这对于攻取巴蜀之师来说，在军事上诸多不利。

蜀后主炎兴元年（263），魏军五路伐蜀，从狄道（临洮）至沓中（舟曲），攻破阴平郡（文县），闻姜维固守剑阁，锺会军久不能克，邓艾估计如取景谷道入也会受到剑阁的制约，奏效不会太大，便取小道“自阴平由景谷道旁入”[2]。据载邓艾“自阴平道行无人之地七百余里，凿山通道，造作桥阁。山高谷深，至为难险……艾以毡自裹，推转而下。将士皆攀木缘崖，鱼贯而进，先登江油”[3]。

对于邓艾取行的道路历来争议甚大，如香港严耕望先生认为邓艾从景谷道之景谷（白水与碧口间）西南向今梓潼北一百二十里的德阳亭、马阁山和左担道[4]取道。有的先生则认为，邓艾所经的马阁山和德阳亭均在今江油雁门坝和马角坝一带，邓艾是在翻越了今摩天岭以后到达青溪，再沿今下寺河到青川关庄一带翻山到雁门坝地区（蜀汉德阳亭），再西沿一小河到蜀汉江油戍（今平武南坝），然后长驱南下绵竹和成都[5]。

关于这条路线从各方面来看都十分令人费解。其一，从地图看，这条线路在翻过青塘岭后的线路十分曲折回绕，甚至往回退，毫无目的。其二，军事上的一般常识告诉我们，出奇制胜贵在争取时间，若以上面的路线来看，没有一点这方面的意图。其三，从实地考察来看，到青溪以后完全可以南下经今高庄林场直趋

[1][清]顾祖禹：《读史方舆纪要·四川方舆纪要序》，中华书局，1955年。
[2][晋]陈寿：《三国志》卷四十四《姜维传》，中华书局，1959年。
[3][晋]陈寿：《三国志》卷二十六《邓艾传》，中华书局，1959年。
[4]严耕望：《阴平道辨》，《新亚学报》9卷第2期。
[5]鲜肖威：《阴平道初探》，《中国历史地理论丛》1988年第2期。

南坝，何又要东折到关庄，南下马角坝又西北翻大山到南坝，在崇山峻岭中无目的地绕一个大圈！须知到了马角坝之地后已进入浅丘平原地区，有什么理由再西北绕群山又折向南坝呢？其四，历史地名的考证必须遵循史源学的基本方法，对历史地名追根溯源，对于明清，特别是现代地名要作史源探求，不能轻信。这样，对于左担道、德阳亭、马阁山等地名今天的地望均应做更深的探索。

左担道：任豫《益州记》载："江油左担道，案图在阴平县北，于成都为西。其道至阻，自北来者，担在左肩，有不度担也。邓艾束马悬车处。"香港严耕望先生认为这个左担道在剑州阴平县（梓潼县北）。但必须指出的是，任豫系两晋南北朝时期的人，其时以阴平名郡县的有三：一是晋永嘉以前置的汉阴平郡县，在今甘肃文县；一是永嘉后晋孝武帝时置的阴平郡县，在今四川梓潼县北；一是刘宋元嘉置的北阴平郡县，在今四川梓潼北。这里任豫指那一个阴平郡县并没有说明，但其言"于成都为西"，按我国古代方位习惯一般以成都为中心将今四川阿坝、甘孜和甘肃、青海统称为西方，如言剑州则习惯上称北方。从以上我们不难看出任豫这里指的阴平郡县是在今甘肃文县一带。

实际上关于左担道早在宋代起就有了比较明确的记载：

《方舆胜览》载：

"右担路，自文州界青塘岭至州百五十里。《地理志》：自北至者右肩不得易所负，故云左担也，则邓艾伐蜀路也。"[1]

宋代胡三省则认为：

"自文州界青塘岭至龙州一百五十里，自南而北者，右肩不得所负，谓之左担路，邓艾伐蜀所由之路也。"[2]

《元一统志》载：

"青塘岭，在龙州。《图经》：'北至文州，以青塘岭为界，即阴平道，去龙州四百五十里。'"[3]

[1][宋]祝穆：《方舆胜览》卷七十《龙州》，上海古籍出版社，1986年。
[2][宋]司马光：《资治通鉴》卷二百七十七附《通鉴胡注》，中华书局，1956年。
[3][元]孛兰肹等编，赵万里辑：《大元一统志》卷五，中华书局，1966年。

《阶州直隶州志》载：

"青塘岭，在县东南二百八十里，由此入龙州为左担路，即邓艾入蜀之道。"[1]

从以上的记载中我们可看出所谓左担道必在青塘岭与龙州江油县之间。宋代龙州江油县治今平武南坝。《通鉴胡注》明确称"自北而南者"，其所指方位则十分明确了。又按《阶州直隶州志》："青塘关，在文县南一百八十里。"[2] 又《龙安府志》载："摩天关，在（平武）县东北一百九十里，魏遣邓艾寇蜀由此。"[3] 则可看出摩天岭即宋代的青塘岭。今摩天岭正好在古龙州江油县（平武南坝）北一百五十里左右，基本上与宋人的记载相吻合。摩天岭原有孔明碑，1935 年已毁于兵火。再《方舆胜览》卷七十载："六阁，在江油县左担路上涪水崖壁上。"则明载左担路应在古江油县（今平武南坝）北面，即今平武县南坝以北的涪江边的高庄、金凤等地都应是左担路的地段。再者清人认为左担山在龙安府（今平武龙安镇）东北一百八十里的七里关[4]，又称七里阁，与前考左担路在摩天岭于江油县之间的地望基本吻合。

从地理环境来看，从今摩天岭南下青溪到南坝一线山高水险而崖石壁立，作阁成左担路正在情理之中，相反，今江油雁门坝一带地势相对平缓，完全没有作栈阁的必要。显然，目前学术界认为左担路在今梓橦北一百二十里或认为左担路在今江油雁门坝一带是值得进一步推敲的。

马阁山：关于马阁山的位置从宋以来史籍记载就十分混乱，如《太平寰宇记》卷八十四、《明一统志》卷六十八、《寰宇通志》卷六十三等史籍均载邓艾所经马阁山在梓潼北阴平县境，不过有的称在阴平县北六十里，有的则认为在梓橦县北六十里，咸丰《梓潼县志》卷一则认为马阁山在其县西北一百二十里接平武界，而《龙安府志》《嘉庆一统志》《嘉庆四川通志》则载马阁山在平武县东南与梓潼县接界处，没有确指，但光绪《阶州直隶州志》卷二则认为马阁山在甘肃文县

[1][清]叶恩沛修，[清]吕振南纂：《光绪阶州直隶州志》卷二《山川》。

[2][清]叶恩沛修，[清]吕振南纂：《光绪阶州直隶州志》卷十二《关隘》。

[3][清]邓存咏纂修：道光《龙安府志》卷二《舆地·关隘》。

[4]《嘉庆一统志》卷三百四《龙安府》、[清]邓存咏纂修：道光《龙安府志》卷二《舆地》、[清]常明修、[清]杨芳灿纂：《嘉庆四川通志》卷十五、[清]顾祖禹：《读史方舆纪要》卷七十三，中华书局，1955 年。

境内。

实际上关于这个问题早在宋以前就有明确的记载。

李膺《益州记》：

昔邓艾伐蜀，从景谷路经龙州之江油县，至此悬崖绝壁，乃束马悬车作栈阁方得路通，因为马阁山。

从这则记载我们看出所谓马阁山应在龙州江油县以南。另外我们参考《方舆胜览》《明一统志》《皇舆考》等记载邓艾曾置有12个栈阁，其中在古江油附近涪水岸作六个栈阁。目前这12个栈阁中据可考有秦陇、青崖、墓颐、石回、七里、东阁、石城七阁，主要分布在古龙州涪水两岸[1]。由此可见，所谓马阁山应为古江油城今南坝一带涪水两岸之山。至于有人认为马阁山即今江油马角坝，关键在于马角坝的地名兴起十分晚，连明清时的史籍都不见著录，显然是近人据我们已能涉及的有限的资料推断而命名的地名。

汉德阳亭：还有一个汉德阳亭的问题，《三国志》卷二十八曾谈到邓艾上言欲“从阴平由邪径经汉德阳亭趣涪，出剑阁西百里，出成都三百余里……”。同卷又谈到邓艾“欲从汉德阳亭入江油左担道诣绵竹，趣成都……”。有的学者以这里“出剑阁西百里”而认为汉德阳亭在今江油小溪坝或雁门坝，但这里十分令人费解。若将德阳亭定在小溪坝或雁门坝，仅到成都的直线距离都在四百至五百多里，与上面显然不合，另三国时的汉德县在今剑阁汉阳，但从上面来看汉德县治地与阳亭应系两地，应理解成“汉德县的阳亭之地”，有人认为这里应指“蜀汉的德阳县”，但在东汉，析梓潼县置的德阳县在东汉末已经移到今遂宁龙凤，阳亭与德阳并无必然的联系。而从语气上来看，这里言“出剑阁西百里，出成都三百余里”倒是好像指的是“涪”地的位置。又蜀汉江油戍在今平武南坝，左担路也在其附近，故才有称“江油左担道”，但若先到位于今小溪坝或雁门坝的德阳亭后再长距离西北方向绕到今平武南坝，其路线实在是令人难以相信。实际上这个德阳亭从唐宋以来史籍均未有明确的记载，只是清人认为在梓潼北阴平县之地。面对这笔糊涂账，我们对于德阳亭的位置还有必要做进一步的研究，才能定

[1] 蓝勇：《四川古代栈道初步研究》，《四川文物》1988年第1期。

出确切的位置。

需要指出的是大概从唐宋以来人们便对汉代阴平郡县与后来晋宋时期的侨置北阴平郡县位置有所混淆，地名的考证多有混乱。对此早在宋代的《方舆胜览》卷六十七中谈到马阁山为阴平道所经时便作了如下纠正：

古阴平道，邓艾所出古阴平道在今文州，汉阴平也。其地与江油为邻。此阴平县自晋宋始置北阴平郡，非邓艾之阴平地。

看来，从唐宋以来的许多史籍载邓艾伐蜀故迹在梓潼北的阴平县是很大程度上忽略了这一点，才造成了以上如此多的混乱。

现在综合起来考察邓艾伐蜀的阴平斜道，应从沓中（舟曲）至武都鲁贯崖至阴平县（甘肃文县），再分兵三路，一支渡文县南阴平桥，一支渡文县尚德乡龙津桥，一支从阴平桥（文县玉垒乡境）南下至海拔2227米的摩天岭垭口[1]，再经九道拐、南天门、北雄关过秦陇栈阁（写字岩）至青川所（青溪区治），再经箐青山（靖军山）出涪江东岸，沿涪水边的左担道、马阁山至江油关（平武县南坝）经石门山（龙门山）达涪县（绵阳）入成都。

唐代阴平小道成为了一条要道。

《元和郡县图志》载：“文州南取山路至龙州三百六十里。”又载“龙州北至渝（应为武）州取文州路三百三十里”[2]。唐代此道上的关口龙州涪水关（平武南坝）被列为唐代二十六要关中七下关之一[3]，足见此道之重要。唐宋时吐蕃攻唐曾有天井一路[4]，查《阴平修路记》有天井栈阁，似吐蕃取阴平道出入。后唐长兴元年（930）石敬瑭取文州、龙州击西蜀，即取此道[5]。

宋代在阴平小路的基础上开凿了青云岭（青塘岭）大道，抵成都共12程。据载：“龙州北逾山至文州三百三十里”[6]，即指此道。最初，有人建议整修这

[1] 从分县分兵三路主要据青川县交通局王新：《阴平道再析》，《广元市志通讯》1986年第12期。

[2][唐]李吉甫：《元和郡县志》卷二十二《文州》和卷三十三《龙州》，中华书局，1983年。

[3][唐]李林甫等：《唐六典》卷六《刑部司门郎中》，中华书局，1991年。

[4][唐]于郡：《剑门山纪》，《文苑英华》卷八百三十四。

[5][宋]司马光：《资治通鉴》卷二百七十七，中华书局，1956年。

[6][宋]乐史：《太平寰宇记》卷八十四《龙州》，清光绪金陵书局刻本。

条道路到陕西，但是文州通判蒲卣认为“自文州出江油，邓艾取蜀故道也。曩时鬼章从此窥蜀，畏其险隘而止。夏人志此久也，可为之通道乎”[1]，故加以阻止。到南宋孝宗时，文州才组织人开凿了青云岭大道，其路“不由剑阁，别驾栈道”，目的是为了“以引商贩，冀收其算”。但不久宋地方政府以“边境蒙隙，奏悉撤之”[2]。胡蒲规《修造记》称龙州“通阶秦路，严禁出入，与剑门关为比”，足见宋代此路的重要。其时在通道上置有秦陇、涪水、兜率等关隘。宋代之所以堵塞此道完全是出于军事上抗御西夏和金人的目的考虑。难怪高琮认为：“敌兵若从宕昌（甘肃岷县南）、清川以入，将孰御之。”[3] 故其时有称：“今天下根本在蜀，蜀屏翳在文州。”[4] 不过，从商业上来讲，这条大道从北宋到南宋都十分重要，北宋初年宋琪便谈到清川、龙州入川大路，谈到还有邓艾庙存在[5]。南宋时，曾在龙州和阶州设立榷场，经营蜀茶织锦易马贸易，成为一条茶路[6]。

这条道路可北经阶州、宕州至岷州。张舜民《画墁录》谈及：“凡自岷州趋宕州，沿水而行。稍下，行大山中，入栈路，或百步十复出。略崖嵌崟，不可乘骑，必步。至临江寨，得白江。至阶州，须七八日。”

宋末元初，这条通道成为蒙古军入川要道。魏了翁谈到蒙古军取蜀之路称：“今若取道西蕃，径抵文、龙，竞上则绵、汉内郡指日受兵，而成都已在掌股中矣。邓艾由引捣蜀，犹是缒崖攀木。今伐山通道已久，又多造大斧，所至斫开，可容骑卒。”[7] 果然，端平三年（1236），按竺迩率军从宕昌、阶州、文州渡白水到龙州入蜀[8]，事过一年，依按竺迩建议，在阴平道阶州两水（武都西北）拆去交通站台，严加巡逻。后其儿子国宝又上奏在“控庸蜀，扼吐蕃”的文州筑城

[1][清]武丕文等修纂：光绪《江油县志》卷二十三《外纪志》。

[2][宋]祝穆：《方舆胜览》卷七十《龙州》，上海古籍出版社，1986年。

[3][元]脱脱等：《宋史》卷四百四十九《忠义》，中华书局，1977年。

[4][宋]祝穆：《方舆胜览》卷七十《文州》引《古今记》，上海古籍出版社，1986年。

[5][南宋]李焘：《续资治通鉴长编》卷三十五《淳化五年》，中华书局，1979年。

[6][元]脱脱等：《宋史》卷一百八十四《食货志》，中华书局，1977年。

[7][宋]魏了翁：《鹤山先生大全集》卷三十一《督府书·知安吉州蒋左史》，上海书店，1989年。

[8][明]宋濂等：《元史》卷一百二十一《按竺迩传》，中华书局，1976年；[南宋]李曾伯：《可斋续稿·乞调重兵应援奏》。

屯兵。淳祐十年（1250），文州王德新从阶州叛走江油，又取此道行进。在元代人们仍认为："若出景谷达江油，又蜀地之噤喉也。"[1]可知此道仍十分重要。

明太祖洪武四年（1371），明太祖令傅友德伐蜀，告诉傅友德，蜀人必以峡路瞿塘和金牛道为防御重点，宜取阶、文从阴平道入。这样，傅友德一方面扬言取金牛道，而大军从阶州设浮桥渡白龙江越青塘岭入蜀，再经青川杲、阳关入江油、绵州。在这次取用以后，这条通道便逐渐成为川甘重要商道。嘉靖元年（1522），镇压白马民族，一路便是从陕西、甘肃由阶、文入。

这条古道从文州经青塘岭至青川一段，人烟稀少，"路最崎岖"[2]，但在清末民国时经营川甘驿运时，仍置有驿站。此道到了青川所后，西南可与龙松大道与松茂驿道接。其路线经马转关铺、高树铺、古城驿、长会湾、东皋至龙安府接龙松大道。此道到了古城驿后，东南经皂角树铺、白草铺、老蛇湾铺、黑水沟铺、石溱坝铺、新道口铺、黄连树铺、旧州铺（古江油关）、沙湾铺、大水沟铺、响岩坝铺、煽铁沟铺、阁子铺、平驿（古西平驿，又名平渡驿）、椒子园铺、桑园子铺、白石铺、柳林子铺、王显庙铺、江油底塘铺、松抱柏铺、女儿堰铺、中坝场，经单明县、绵州入成都。

（原文发表于《文博》1994年第2期）

唐代褒斜道交通初探

梁中效

在唐代繁荣的蜀道交通体系中，褒斜道的交通最为发达，"为汉中通往关中第一孔道"[3]。本文试图从唐代社会盛衰的背景和唐朝经济运行的轨迹出发，探讨唐代褒斜道动态变化，请专家同好指教。

[1][元]孛兰肹编，赵万里辑：《大元一统志》卷二十一引《文州志》，中华书局，1966年。
[2][清]严如熤：《三省山内风土杂识》。
[3]黎锦熙：《方志今议》，商务印书馆，1940年。

唐代褒斜道的交通可分为三个时期。唐高祖武德元年（618）—唐玄宗天宝十四载（755），属前期。唐玄宗天宝十四载—唐宣宗大中十三年（859）是中期。唐懿宗咸通元年（860）—唐昭宣帝天祐四年（907），为后期。

一、前期褒斜道的交通

前期正当唐王朝国力强盛，经济繁荣，域内交通异常发达之时。从长安经褒斜道到成都以达南诏，是国内最主要的交通干线之一。

隋朝末年群雄并起，杨士林据山南，邵江海据岐州，褒斜道阻隔。李渊攻占长安后，于公元617年十二月任命李孝恭为山南招慰大使，但他只能“自金州出于巴蜀”[1]，从陕西安康方向完成统一汉中、巴蜀的任务。公元618年赤排羌“与薛举叛将钟俱仇同寇汉中”[2]，被唐秦州总管窦轨击败。同年底，唐朝扫除了关陇和巴蜀的割据势力之后，为褒斜道交通的恢复创造了条件。十二月，羌族豪酋旁企地，“帅其众数千叛”“自长安南山诸谷出汉川”[3]，可能经褒斜道到汉中。为了统一全国，唐王朝进一步加强了对后方基地益、梁二州的控制[4]，出现了“蜀道初开”[5]，交通畅达的局面。全国统一之后，褒斜道的交通条件大为改观，贞观“二十二年（648）七月，开斜谷水路，运米以至京师”[6]。这是唐朝对褒斜道的第一次大治理，目的是把巴蜀、汉中地区富饶的资源运到京师。这次开凿褒斜道和汉武帝时期整治褒斜道一样，在褒斜道交通史上具有极为重要的意义。所以，在唐太宗、高宗时期，虽然有“梁山镇地险，积石阻云端”的艰阻，但却出现了“飞梁架绝岭，栈道接危峦”的景观[7]。“贞观之治”的决策由此远播大西南，富饶的蜀、汉财富经褒斜道源源不断地运到京师长安，对唐朝社会经济的恢复和

[1][后晋]刘昫等：《旧唐书》卷六十《李孝恭传》，中华书局，1975年。

[2][后晋]刘昫等：《旧唐书》卷六十一《窦轨传》，中华书局，1975年。

[3][宋]司马光：《资治通鉴》卷一百八十六，武德元年十二月，中华书局，1956年。下称《通鉴》。

[4][宋]司马光：《通鉴》卷一百八十八，中华书局，1956年；[后晋]刘昫等：《旧唐书》卷六十四《汉王元昌传》，中华书局，1975年。

[5][后晋]刘昫等：《旧唐书》卷六十三《皇甫无逸传》，中华书局，1975年。

[6][宋]王钦若等：《册府元龟》卷四百九十八《漕运》，中华书局，1960年。

[7][清]彭定求等：《全唐诗》卷三十九，张文琮《蜀道难》，中华书局，1960年。

发展起了重要作用。在女皇武则天统治时期，长安、洛阳更加繁荣，成为文人学子向往的胜地。“京洛风尘远，褒斜烟露深”[1]。“浮客空留听，褒城闻曙鸡”[2]。“子牟怀魏阙，元凯滞褒城”[3]。他们在褒斜道上南北往还，各遂所愿，尽情饱览“京洛”与“天府”的繁华盛景。在唐玄宗的“开元全盛日”，褒斜道的交通更发达。据唐代著名史学家杜佑所述，开元时期全国形成了四通八达的交通网[4]。长安通往汉中的“斜谷路九百三十三里，驿路（陈仓路）一千二百二十三里”[5]。斜谷路比驿路缩短途程二百九十里，所以在那“斑白之老”未睹干戈的太平盛世，文人生徒、僧侣道士、富商大贾、一般行旅等，大都取道褒斜道，以达汉中、蜀川。被誉为盛唐“大手笔”的文豪张说，多次在褒斜道上留下了他的足迹。他的《再使斜道》一诗云“眇眇葭萌道，苍苍褒斜谷”[6]。畅通的大道，沿路的店肆，使得行人“言笑忘羁旅，还如在京华”[7]。

从唐朝创立到玄宗天宝年间，褒斜道的交通由恢复到正常通行，始终没有间断。特别是贞观二十二年，“开斜谷水路”，使得褒斜道的交通、通信能力空前提高。此时大唐帝国生机勃勃，国内安定，政令通行。褒斜道的畅通在一定程度上是唐帝国繁荣富强、交通发达的一个标志。它对国家的统一巩固，经济的振兴、繁荣，文化的昌盛、发达等，都起了极大的作用。但是，此时全国政治、经济、文化的重心仍在关中和中原地区，西南虽有“蜀汉沃饶”[8]，其地位终究没有中唐以后显著，因而前期褒斜道的作用也就没有中期重要。

二、中期褒斜道的交通

唐玄宗天宝十四载到唐宣宗大中十三年，是唐代褒斜道交通最为昌盛的时期。长达 8 年的“安史之乱”使本来已经发展迟缓的北方地区残破不堪，而巴蜀和江

[1][唐] 卢照邻：《卢照邻集》卷二《送梓州高参军还京》，中华书局，1980 年。
[2][清] 彭定求等：《全唐诗》卷九十六，沈佺期《夜宿七盘岭》，中华书局，1960 年。
[3][宋] 李昉：《文苑英华》卷二百九十，崔湜《褒城即事》，中华书局，1966 年。
[4][唐] 杜佑：《通典》卷七，中华书局，1984 年。
[5][唐] 杜佑：《通典》卷一百七十五，中华书局，1984 年。
[6][清] 彭定求等：《全唐诗》卷八十六，中华书局，1960 年。
[7][清] 彭定求等：《全唐诗》卷一百九十八，中华书局，1960 年。
[8][宋] 王钦若等：《册府元龟》卷四百八十六，中华书局，1960 年。

淮地区却有了长足的进步，褒斜道南北方的经济地理面貌发生了根本性的变化，并对政治、文化地理的分布产生了不可估量的影响。与此同时，北方藩镇战火连年不息，而南方特别是巴蜀却显得比较平静，唐朝皇帝三次逃奔蜀汉避乱，中期就有两次。南北方经济、政治和文化布局的巨大变化，是唐代中期褒斜道交通发达的主要社会背景。

公元 756 年，安史叛军攻破长安的东大门潼关，唐玄宗带领亲信经陈仓道逃到成都。叛军占领长安后，“兵力所及者，南不出武关，北不过云阳，西不过武功”[1]，但子午道、傥骆道北口都在叛军控制之下，南北交通只有褒斜、陈仓道了，大批逃难者自然通过近捷的“斜谷路”到达汉中、巴蜀。特别是肃宗上元二年（761）年二月，党项“寇宝鸡，焚大散关”“陷凤州，杀刺史萧愧”[2]。在这种情况下，陈仓道很难通行。由于叛军占领洛阳，江淮漕运受阻，江淮赋税又能自襄阳沿汉水运道抵梁、洋，再通过褒斜道陆运至扶风（今陕西凤翔）。这条运输线就成为唐王朝赖以生存的生命线，对收复长安和平定安史之乱起了重要作用。从此之后，唐王朝历届政府都非常重视褒斜道，一方面派重臣充任山南西道和凤翔节度使，加强对长安—凤翔—汉中—成都这一线的控制，另一方面把褒斜道作为道路修建的重点，尤其是唐德宗之后，锐意经营，不断开凿，并增建了馆舍驿传，使交通建置日臻完备。

公元 783 年，泾原兵变，唐德宗仓皇之间逃到梁州。当时形势非常危急，“凤翔衙将李楚琳乘泾师之乱，杀节度使张镒，归款朱泚。及奉天解围，楚琳遣使贡奉。时方限阻，不获已，命为凤翔节度使。然德宗忿其弑逆，心不能容，才至汉中，欲令浑瑊代为节度。（陆）贽谏曰：‘楚琳之罪，固不容诛，但以乘舆未复，大憝犹存，勤王之师，悉在畿内，急宣速告，晷刻是争。商岭则道纡且遥，骆谷复为贼所扼，仅通王命，唯在褒斜，此路若又阻难，南北便成隔绝。……倘楚琳发憾，公肆猖狂，南塞要冲，东延巨猾，则我咽喉梗而心膂分矣，其势岂不病哉？’”[3] 陆贽这段话，充分说明此时褒斜道是秦岭南北唯一的交通要道，此路不通，“南

[1][宋] 司马光：《通鉴》卷二百一十八至德元年，中华书局，1956 年。
[2][宋] 欧阳修、宋祁：《新唐书》卷六《肃宗纪》，中华书局，1975 年。
[3][后晋] 刘昫等：《旧唐书》卷一百三十九《陆贽传》，中华书局，1975 年。

北便成隔绝”，唐王朝就会“咽喉梗而心膂分矣”。正是由于褒斜道的畅通，不但可以把沿汉水而上的江淮赋税转运到关中，而且德宗可以坐镇汉中，“急宣速告”，指挥“悉在畿内”的“勤王之师”，对迅速平定叛乱起了决定性作用。后来德宗经过褒斜道回到长安，“乍驾还京发兴元，是日大雨，及入斜谷晴霁”[1]。证明此时褒斜道宽畅易行，馆驿设备较好，能使皇帝及众多护从人员顺利通过。贞元三年（787）至贞元四年，京师长安连续发生十余次地震，尤其是贞元四年正月，金房地区地震，“江溢山裂，庐舍多坏，居人露处”[2]。这许多次地震中的几次大地震，震中都距褒斜道很近，对于穿行山间的栈道和驿馆可能有较大的破坏。

宪宗元和元年（806）正月，“复置斜谷路馆驿”[3]。说明此前褒斜道馆驿毁坏。不过，这次修筑的斜谷路已改为经凤州与原来的陈仓道相衔接。据元和八年（813）撰写成的《元和郡县图志》记载，兴元府“西取斜谷路至凤州三百八十里，北取太白山路至凤翔府六百里”。“褒城县，古褒国也，当斜谷大路”[4]。说明当时人们把通过褒谷经凤州出散关的道路称为“斜谷路”，这与前期《通典》所记载的斜谷路名同而实异。新修的斜谷路，它既排除了原来褒斜道的途程险峻，又避免了故道的回远曲折，因而交通能力大为提高。刘辟据蜀反叛，平叛的唐军主力“高崇文之师由斜谷路”进军[5]，显示出斜谷路巨大的负载能力及完善的交通设施。但是，宪宗晚年和穆宗统治时期，在腐败、黑暗的社会环境笼罩下，斜谷路遭到严重破坏。

敬宗宝历二年（826）正月，著名政治家兴元节度使裴度，“奏修斜谷路及馆驿，皆毕功”[6]。经过这次修复，又维持了十多年。文宗开成四年（839），“以吏部侍郎归融检校吏部尚书，充山南西道节度使”[7]。归融到任后，为了改造斜谷路艰险隘束的交通条件，他选择了“军逸农隙”之际，并做好了充分准备之后，对

[1][2]［后晋］刘昫等：《旧唐书》卷十二、十三《德宗纪》，中华书局，1975年。
[3][5]［后晋］刘昫等：《旧唐书》卷十五《宪宗纪》，中华书局，1975年。
[4]［唐］李吉甫：《元和郡县图志》卷二十二，中华书局，1983年。
[6][7]［后晋］刘昫等：《旧唐书》卷十七《敬宗纪》，中华书局，1975年。

斜谷路进行了大规模的整修开凿。在开凿时，采用了火烧醋激的先进方法，“炽炭以烘之，严醯以沃之，溃为埃煤，一彗可扫”。在悬崖峭壁上修建了栈阁，并配有栏杆，保证交通安全。经过这次大规模彻底的修造工程之后，驿站“自散关抵褒城，次舍十有五”。“急宣之骑，宵夜不惑，郃曲棱层，一朝坦夷”。交通条件显著改观，交通能力空前提高。“由是驶行者忘其劳，吉行者徐其驱，挈行者家以安，货行者肩不病，徒行者足不茧，乘行者蹄不刓”。[1] 这次修造之后，又维持了十多年，宣宗即位后，令山南西道节度使封敖修斜谷旧路及馆驿，到大中四年（850）竣工。从此由散关经故道到凤州折向褒谷到汉中的斜谷路，成为最重要的入蜀通道。大中八年（854），诗人雍陶自长安到成都，所行经的就是这条斜谷路。他的《到蜀后记途中经历》诗云：“剑峰重叠雪云漫，忆昨来时处处难。大散岭头春足雨，褒斜谷里夏犹寒。”[2] 像雍陶这样无数的行旅、信使、驿卒等，都在散关至褒城间的道路上留下了他们的足迹。这条路也就成为后来宝汉（宝鸡至汉中）公路的前身。

唐中期褒斜道交通发达，修造频繁，道路走向完全改变，这一切都与本期内唐王朝急骤变化的社会现实有关。安史之乱后，不但黄河中下游地区衰落，唐王朝的财政主要依靠巴蜀和江淮，而且唐朝在周边各族中的威望也一落千丈，西北边防线南移，吐蕃、党项等少数民族贵族不断入侵西北边境，严重威胁国都长安。这些变化的结果：首先使褒斜道的交通、运输量大增。唐玄宗和唐德宗逃到蜀、汉时，褒斜道成为全国最为繁忙的交通线。溯汉江而上的江淮赋税经此转运到关陇地区，皇帝的诏命、政府的决策、各地的奏报也经此传递，信使驿卒的“急宣之骑，宵夜不惑”，络绎不绝，货流量、信息量剧增。其次，引起了褒斜道北段道路走向的变化。从褒河河谷折向凤州去的道路，早在南北朝中叶就已通行，但很少使用。由于斜水河谷狭窄，河水湍流多，夏秋水涨，行旅不便，而且还有“泥深灭踝”的泥沼之地[3]，已经成为中期褒斜道交通发展的巨大困难。特别是斜谷

[1][唐]刘禹锡：《刘禹锡集》卷八，中华书局，1990年。
[2][清]彭定求等：《全唐诗》卷五百一十八，中华书局，1960年。
[3][清]董诰等：《全唐文》卷七百九十二，《兴元新路记》，中华书局，1983年。

口远离西北军事基地，对于转运粮饷，支援西北边防军作用较小。而从散关至凤州段的故道，不但河谷开阔，而且道路平缓。因此，当时的政治、经济、军事形势要求褒斜道与故道相连接，这也是道路演变的自然规律。再次，加强了对道路和馆驿的整修。随着褒斜道交通地位的日益提高，中央王朝和地方政府都非常重视对褒斜道的管理和修筑。通过不断的、有效的整修，保证了褒斜道的畅通无阻，交通能力空前提高。所以说，中期褒斜道的交通是大发展的时期，也是大变化的时期。

三、后期褒斜道的交通

从懿宗咸通元年到唐朝灭亡，唐王朝的统治日益危机，内有宦官擅权，外有藩镇跋扈，政治更加腐朽。在这种背景下，褒斜道不但得不到整修，反而破坏严重。在唐懿宗统治的十多年间，尽管统治阶级日益奢侈腐化，阶级矛盾更加尖锐，但唐朝的统治秩序还能维持，因而此时褒斜道大体上通行无阻。薛能的《褒斜道中》一诗，描绘了这时褒斜道的景象："十驿褒斜到处慵，眼前常似接灵踪。江边旋入旁来水，山豁犹藏向后峰。鸟径恶时应立虎，畲田间日自烧松。行吟却笑公车役，夜发星驰半不逢。"[1] 朝廷的"公车"使者，能够"夜发星驰"，说明褒斜道的交通条件还比较好。不过，此时褒斜道的馆驿设施，已开始遭到破坏。薛能的《褒城驿有故元相公旧题诗因仰叹而作》云："鄂相倾题应好池，题云万竹与千梨。我来已变当初地，前过应无继此诗。敢叹临行殊旧境，惟愁后事劣今时。"[2] 懿宗咸通十五年（874），唐末农民大起义爆发，战争的硝烟主要弥漫在中原和江淮，西北、西南远离战火，褒斜道的交通无大的影响。当农民义军占据中原后，褒斜道的交通逐渐繁忙起来，江淮赋税又再次通过褒斜道运输。特别是僖宗广明元年（880）十二月，黄巢大军占领潼关后，僖宗于中和元年（881）正月逃到兴元府，后又逃到成都。此时唐朝"京西四面诸军行营都统"郑畋，以凤翔为大本

[1][2][清]彭定求等：《全唐诗》卷五百六十，中华书局，1960年。

营，击败了五万农民义军，护卫着褒斜道的入口[1]。所以唐朝统治者盛称，“非畋扼贼之冲，褒蜀危矣”[2]。后来接替郑畋的王铎，“将两川、兴元之军屯灵感寺”[3]，证明褒斜道已是重要的军事交通线。光启二年（886）正月，由于李克用等人声讨田令孜，田令孜逼迫已到凤翔准备回京的僖宗逃往兴元。时兴元节度使石君涉得知僖宗入散关，“乃毁撤栈道，栅绝险要”[4]。这是一次对褒斜道的大破坏。僖宗到兴元后，命晋晖驻军黑水，“修栈道以通往来”[5]。黑水即褒水，说明修筑的是褒斜道。自这次修建工程之后，由于无人管理、整修，褒斜道逐渐毁败。晚唐文人孙樵记载，“褒城驿号天下第一，及得寓目，视其沼则浅混而茅，视其舟则离败而膠，庭除甚芜，堂庑甚残”[6]，一派荒凉景象。到唐朝灭亡前夕，军阀争战，连年不息，褒斜道遭到严重破坏，蜀道有些地段成为虎豹的天下。“景福、乾宁（892~898）之时，三川兵革，虎豹昼行，任土贡输，梗于前迈，西川奏章，多取巫峡”[7]。褒斜道完全衰落，蜀与中原的交通只得取道巫峡，经荆、襄以达。

总之，后期褒斜道的交通是一个由被破坏到衰落的过程，这是晚唐社会现实在交通史上的反映。南北军阀为争夺对唐王朝的控制权和争夺地盘，在褒斜道等秦岭南北交通要道上，进行了许多次战争，不仅使秦岭南北的“生民日益困”“户口日益破”，而且多次焚烧、拆毁栈道等交通设施，使褒斜道的交通日趋衰败。尽管如此，在唐代历史上褒斜道的交通仍具有极为重要的作用。它是连接西北、西南的主要渠道之一，是唐代西部能量、信息转换的孔道，是唐王朝赖以生存的生命线。

（原文发表于《汉中师院学报》1992 年第 1 期）

[1][宋]司马光：《通鉴》卷二百五十四，中和二年，中华书局，1956 年。
[2][后晋]刘昫等：《旧唐书》卷一百七十八《郑畋传》，中华书局，1975 年。
[3][宋]司马光：《通鉴》卷二百五十四，中和二年，中华书局，1956 年。
[4][后晋]刘昫等：《旧唐书》卷十九《僖宗纪》，中华书局，1975 年。
[5][后晋]刘昫等：《旧唐书》卷十九《僖宗纪》、《考古》1983 年第 10 期，晋晖墓铭。
[6][清]董诰等：《全唐文》卷七百九十五，《书褒城驿壁》，中华书局，1983 年。
[7][宋]孙光宪：《北梦琐言·遗文》卷四，中华书局，1960 年。

贾汉复修复连云栈道

陈显远

古褒斜栈道，南起原陕西褒城县北之褒谷口（今汉中市北 20 千米之石门水库），北迄陕西眉县西南 30 千米的斜谷关，贯穿秦岭，凿石架木，为联系关中平原与汉中盆地之交通要道。至北魏时，褒斜栈道南段未变，北段出现歧路。如由汉中北上，至今留坝县姜窝子改向西北行（原路由姜窝子向东北行），经今留坝县城柴关岭、凤州，入宝鸡大散关至关中，形成了褒斜栈道的别道，名曰："连云栈道"，亦名北栈。它南起原褒城县北 5 千米之鸡头关（石门西侧之山），北至原宝鸡县西南之煎茶坪（即古大散关）。长凡 250 千米。连云栈道形成后，商旅往来，货物交流，成为联系大西北与西南的主要交通纽带。

连云栈道虽较褒斜栈道优越，但仍然是山高水深，秦岭为阻，历代不断修复，不断损毁。至明洪武二十五年（1392），做了一次大的修复，约为栈阁 2275 间。故有明一代，连云栈道上商旅贸易络绎不绝，经济发展上了一个新台阶。

讵料明末战乱，秦岭南北战火纷飞，连云栈道频遭破坏，不堪行走，商旅裹足，视为畏途，贸易不畅，经济萎缩。入清以来，在顺治十八年中，统治者忙于用兵，消除反对势力，无暇顾及修复连云栈道之事，对人民要求修复的呼声，置若罔闻。

清康熙三年（1664），朝命陕西巡抚贾汉复（字胶侯，号静庵，山西曲沃人），踏勘被战争破坏了的汉中府城，准备重修。贾汉复由西安经宝鸡入连云栈道，赴汉中视察。他目睹了连云栈道之残破险状，耳闻了人民要求修复之迫切呼声，乃顺应人心，俯从舆情，命凤翔、汉中两府，宝鸡、凤县、褒城三县，大举修复连云栈道。于同年九月动工，十二月竣事，使残坏的栈道得以恢复。秦蜀货物大量交流，尤以道中许多险点化作坦途，行旅有了安全感，百姓讴歌载道。

连云栈道险点很多，而最险处在今留坝县青桥驿乡南十里，今道边尚竖一碑。上刻"云栈首险"四个大字。此处石崖壁立，下临深渊，约有三十丈之遥，行人至此，别无他途，只得在崖壁上作猿猱攀拊而过。稍一闪失，即坠深渊，每年葬身鱼腹者，不知凡几，故人们名其地曰"阎王砭"。顾名思义，行人经此稍不留意，便有丧生去见阎王之虑。

阎王砭经贾汉复修整后，化险为夷，行人称善，贾为之改名曰“观音砭”，取观音为“济世慈航”之意。贾本人曾撰写了《修砭记》镌于崖壁，记曰：“云栈中，砭为最险，有燕子砭、甜竹砭，而阎王砭最险。工日凿之，不能以寸，烈火沃醋，应手坠落，不三月告成，广倍于前，而砭失其险。易阎王之名为观音，人无不知观音之为济世慈航也。”

观音砭既为云栈首险，究竟险到什么程度？清王士禛（字贻上，号阮亭，别号渔洋山人，山东新城人）著的《蜀道驿程记》载：“（康熙十一年，1672 年闰七月）初七日，发马道，渡青桥河，食青桥驿，再渡沙河，自马道至此，山顽劣少竹。至观音砭（旧名阎王砭，贾中丞汉复易今名）。奇石插天，犀竹林立，飞湍箭激，凝为深渊，其色黝黑，潭而不流。凭高下瞰，令人魂悸。有旧碑在道左，大书‘云栈首险’，近陕抚贾中丞煅石开道，自此至宝鸡，凡木石之工九百三十八丈有奇，又于此刻大石，置栏楯，行旅便之。”

王士禛又于康熙三十四年（1695）四月，再度过此。对观音砭之险状，进一步作了更生动的描述，在其《蜀道驿程记》中载：“初九日，过仙人关（关系沟讹——笔者注），食青桥驿。又二十里，夹江两岸，石色如铁，壁立千仞，时有大石牴牾，横道如巨丈夫，颓冠落佩。两山忽合，疑若无路，从石罅螺旋而下，有桥跨水，才通人骑。过桥，石壁益险怪，略如蔺相如持壁睨柱，发尽上指，又如樊将军拥盾裂眦，拔刀割彘肩，愤怒郁勃，不可殚形。予意必观音砭（原名阎王砭）。问之果然。

贾汉复修复连云栈道竣工后，许多文人，名士相继撰写诗文，刻石纪功，以颂其德。

如户部侍郎、国史院大学士党崇雅（陕西宝鸡人）撰刻于鸡头关上的《大司马胶翁贾老公祖抚秦修栈咏》：

听说从来蜀道难，凭虚直上入云端。
似缘似息猿回顾，旋集旋翔鸟刷翰。
蹬石如何火化烬，悬崖又见斧随刊。
不知心盲参天地，一转横开万里宽。

康熙甲辰冬岐周党崇雅。

又如保和殿大学士梁清宽（河北正定人）撰刻于鸡头关上的《贾大司马修栈道歌》：

君不见栈道高去天尺五，马尽缩足人咸伛。

山前白骨野火燐，江岸积骸泣无主。

中丞巡边山侧然，濬川炼石何今古。

谁云天险不可移，五丁曾为施巨斧。

积薪一炬石为坼，锤凿既加如削腐。

隘者已澜几者平，民尽利涉杂商贾。

昔日百里无人烟，行役更多豺虎苦。

中丞极意尽经营，伐木成栋茅作宇。

凤岭鸡冠似坦途，中夜酣憩为安堵。

回程不用愁王阳，开辟功足补大禹。

吁嗟乎天下险阻宁止此，人心岭崖难尽数。

对面戈矛不可避，翻手为云覆手雨，吁嗟乎安得中丞此大力，平尽世间险巇之处长无途。

特别是由当时大文豪著名诗人宋琬（字玉叔，号荔裳，山东莱阳人）撰的《栈道平歌》，行文流畅，语言豪放，文采奕奕，千古佳作，并由当时著名书法家、翰林院侍读学士沈荃（字贞蕤，号绎堂，江苏华亭人）书字，时称双绝。在观音砭西侧崖间，并排刻了八方摩崖碑，因而此地又名“八个碑”。现全录如下：

君不见梁州之谷斜与褒，中有栈道干云霄。仰手可以扪参井，下临长江浩瀚凶波涛。大禹胼胝恐未到，帝遣五丁开神皋。巨灵运斧地维坼，然后南通巴蜀西羌髳。蛇盘萦纡六百里，悬车束马，弗克以径度。飞腾绝壁愁猿猱。汉家留侯真妇女，烈火一炬嗟徒劳。噫嘻！三秦之人困征伐，军书蜂午如猬毛。衔枚荷戈戟，转粟穷脂膏。估客尔何来，万里兢锥刀。须臾失足几千仞，猛虎蝮蛇恣贪饕。出险洒酒始相贺，磷磷魂火闻呼号。泰运开，尚书来，恩如雨露威风雷。一呼集畚锸，再呼伐薪柴。醇醯浇山万夫发，坐看巉岩削尽为平埃。噫嘻乎！益烈山泽四千岁，火攻莫救苍生灾。昔也商旅鱼贯行，今也不忧狼与豺。昔也单车不得上，今也康庄之途足以走连槎。僰僮巴舞贡天府，桃笙賨布输邛崃。歌豳风，击土鼓，贾父之来何晚哉！丰功奕奕垂万祀，经济不数韦皋才。中朝衮衣待公补，璿玑在手平泰皆。西望剑阁高崔巍，侧身欲往空徘徊。大书深刻告来世，蛟龙岌嶪磨青崖。金穿石泐陵谷徙，我公之功不与伏波铜柱同尘埋。

关于宋撰沈书的《栈道平歌》，王士禛在《蜀道驿程记》中，给予了高度的评价："……余在京师时，友人宋荔裳琬作《栈道平歌》纪其事，语最豪健，沈绎堂荃书之，时称二绝，今已陷石嵌碑。余踏危石奔浪，仰视，略见仿佛，因赋诗怀二君。"

王士禛怀宋、沈二君所赋之诗，收在《渔洋山人诗集（续编）》卷三《壬子稿》中，题为《观音砭》（自注：本名阎王砭，贾中丞改今名。壁间有宋荔裳赋《栈道平歌》，沈绎堂书），诗曰：

观音砭险绝，连山列天仗。
奔峭凶波涛，大石如龙象。
造物郁磊砢，及兹乃一放。
急瀑何砰訇，盘石成巨防。
渟为千丈湫，潭潭不流宕。
怪物中屈蟠，岂无锁纽状？
俨然牛渚犀，穷此精灵状。
颇闻贾中丞，于此铲叠嶂。
故人推沈宋，诗笔各雄长。
星宿森光茫，虬龙怒涛强。
解鞍苔石滑，高歌一神王。
更须巨灵手，运斤出天匠。
铲我《郙阁铭》，敌彼小海昌。

贾汉复修复连云栈道竣工后，除了上述诸人题咏刻石纪功外，党崇雅还撰了一篇《贾大司马修栈记》，详记此次修复各种险点若干处以及所费工、料、钱、粮数字。同样刻了两通碑，各高 172 厘米，宽 83 厘米，厚 21 厘米，于南端鸡头关，北端煎茶坪，各竖一通。煎茶坪之碑，下落不明。鸡头关之碑，露出山巅，三百多年来，剥蚀较重，幸汉中市博物馆于 1985 年收存保护。为存历史实物资料，现以碑对照《褒城县志》录文，相互参补。全文录下：

康熙三年秋九月，尚书公奉天子命，巡视汉南城垣，渡渭入栈，喟然叹曰："是昔魏武所谓五百里石穴者也。行人骑蓄，经其地者，大则有命之虑，小亦有颠扑之患。自五丁粗开山径以后，数千年于兹矣。降至明季，逆闯横肆，秦蜀梗塞，羊肠一线，仅为猿狐出没。幸天佑皇清，我朝更新，救无辜于水火之中，奠元元于衽席之上，爰登大宝，传及圣明。天下一统而西服朝宗，必以栈道为咽喉。顾乃深洞隘窍，使亿万年皇星驰骋之路，弗克共游荡平。今栈落成，务使巉岩尽削，辟成坦途。庶几负填抚之任。虽然，吾不忍以逸人者劳人，必也，计口授食，计食授钱，乃克有成功。"因捐金募工，指授方略，进关南巡使范公而谋之，乃命参戎李君，司李曾君□董其事。于是，修险砭凡五千二百丈有奇，险石路凡二万三千八十九丈有奇；险土路凡一千七百八十一丈有奇，险砭桥一百一十八处计一百五十七丈。去偏桥而垒石以补之者，自江面至岸高三丈许，共长六十五丈二尺。凡十五处。修水渠一百四十五道，煅石三十二处，共一百五十六丈六尺。去当路山根大石二百八十九处。垒修木栏杆一百二十三处。凡九百三十八丈有奇。合营兵、驿夫、民夫、各匠，积六万九千八十三工。是役也，不三月而告竣。成功之速，若有神助。夫自有云栈以来，阅历数千载，其间不无豪杰佐命之士，痛惜行路之难，思欲平险为易。然皆逡巡，不敢施工者，以云栈地连雍、梁二郡，宝、凤、褒三邑，绵亘六百里，高者出云霄，下者临无地置足，靡所举手□□，乃欲寸寸□□而易之，嘻，其难也！尚书公独不以为难，奋焉图之，一举而二郡三邑六百里蛇盘狙栈之区，无尺寸不坦若康庄，诚不朽盛事也。

汉中去京兆数百里，尚书公开府尊重。设非奉敕南巡，必不远涉栈砭，是查城之役，天实假之，以令尚书公竟亿万年未竟之业也。夫人之勋业□□，泽及一时，犹戛戛难之，尚书公一巡行间，体念忠君爱国之心，开万古荡平之绩，其志虑为何如乎！余老矣，不能复游褒斜，深幸亿万年难见之业，赖尚书公克底厥成也。而余以衰老颂扬嘉绩载名其上，荣莫大焉。因记其事而刻诸石，一置鸡头关，一置煎茶坪，志功所自始与所自成也。尚书公姓贾讳汉复字胶侯，号静庵，山西曲沃人。范公讳发愚，河南河内人，李君讳承恩，北直大兴人，曾君讳王孙，浙江秀水人。

特进光禄大夫太保兼太子太傅内翰林国史院大学士、前户罚二部承恩存回通家治生党崇雅顿首拜撰。康熙三年岁次甲辰季冬谷旦。汉凤二郡绅士、兵、民勒石。

按：《栈道平歌》以文采取胜，《贾大司马修栈记》以纪实见长，一摩崖，一刻碑，同为主持修复连云找道的贾汉复歌功德佳作。惜撰书双绝的《栈道平歌》八方摩崖，被淹没在石门水库之中，屈指二十余年矣，水浸沙蚀，日见损坏，长此下去，必为水沙所浸腐，珍贵文物，世再难觅，诚为可惜。切盼有关单位采取措施，速将这八方摩崖凿下，迁置路面，妥加保护，为研究我国古代交通史和书法艺术史留一件珍贵的实物资料，是为至幸。

民国二十五年（1936），在连云栈道的基础上，扩建为宝（鸡）汉（中）公路。行至褒城，又折西南经沔（勉）县、宁强、广元、绵阳而达成都，成为“川陕公路”。翌年，抗日战争爆发，这条唯一联系大西南与大西北的川陕公路，起了抗战的巨大作用，八年中，为前线输送军队和军用物资，多赖此路，它为战胜日本帝国主义，立下了不朽的功勋。时至今日改革开放，它又成为汉中北上的主要公路，行人往来，物资交流，所立新功，不可限量。

（原文发表于《文博》1995 年第 2 期）

中国蜀道

科学认知

The Shu Roads in China
Scientific Cognition

第七章

蜀道文化研究

蜀道文化研究

论古褒斜道上栈阁的分布、形制及邮驿等建筑设施

郭荣章

褒斜道循褒、斜二谷而成。褒谷在汉中之北，斜谷在眉县之南。褒斜道又称斜谷道，盖由关中南向而言，犹如傥骆道之称为骆谷者也。此道通达已久。《华阳国志》卷十二，《序志》引《蜀纪》云："三皇乘祇车出谷口，秦秘曰：今之斜谷也。及武王伐纣，蜀亦从行。""黄帝乘祇车出谷口"之说，姑且不论，"武王伐纣，蜀亦从行"大概不会有问题。《华阳国志·蜀志》云："七国称王，杜宇称帝，号曰望帝……以褒斜为前门，熊耳、灵关为后户。"时当战国初期，七国争雄于中原，蜀国如欲北出，必经褒斜，故以褒斜为前门，可证褒斜之间是有道可通的。熊耳在今四川省青神县西十五里，灵关在今四川省西昌县。《太平寰宇记》称灵关"四面峻险，一夫守之，可以御百"，自西南入蜀，灵关首当其冲，熊耳紧居其后，同为蜀国西南之屏障，故有"后户"之誉。《战国策·秦三》记蔡泽说范雎："栈道千里于蜀汉，使天下皆畏秦也。"时为秦昭王五十二年（前

255）。栈道之名见之于史者，当以此为早。其所云的栈道，并未署名，以情理推之，当指北面的褒斜道与南面的金牛道。这两条道路连接起来，构成自秦都入蜀之要道。因有千里之遥，故曰栈道千里。褒斜道之为栈道，是道路形制、结构方面的一种质的变化，研究这一变化的规律，是整个褒斜道研究中的一个重要问题。本文试所论述者，即此。

一、褒斜道栈阁的分布

褒斜道之所以为栈道，是因为有栈阁。何谓栈阁？即在陡峻的山崖间，凿石架木，下撑以柱，上覆以板所构成的通道。史称汉武帝时“发数万人作褒斜道五百余里”[1]，这五百余里的栈阁是如何分布的？今试就这一问题，列举有关资料而述之。

1. 褒谷下游的查勘资料

据陕西省考古研究所1962年的调查报告所述，自褒城起，沿褒河西岸北行，过褒惠渠水坝不远，开始发现古栈道遗迹。再北行3千米至石门以北横跨褒河的混凝土大桥处，共有栈道壁孔56个，柱孔190个。壁孔凿于陡立的崖壁间，高出水面8米~9米（以1962年冬季水位为准）。口部见方0.4米~0.43米，深0.8米~0.9米。口部略高于底部，使插入孔内之木梁略微上翘[2]。

又据陕西省文管会和陕西省博物馆陕南工作组于1961年的调查报告所述，由石门以北，溯褒谷北上，先后在天心桥、褒姒铺、万年桥、青桥铺、木龙沟北、马道、武曲铺和公路188千米、184千米处等地，皆发现栈道孔迹，其数量不等，多至80余孔，少至七八孔，间隔1米~2米，在一定距离内，各孔保持在同一水平线上。从岩石崩塌的痕迹判断，有些孔迹已被埋没[2]。

以上两次调查中所发现的栈阁，分布于褒谷口以北到公路184千米处的地段中，自褒谷口到184千米处共57千米，此段正当褒谷下游，古时唯赖栈阁以通往来，因而是栈阁密布之地。

[1][汉]司马迁：《史记·河渠书》，中华书局，1959年。
[2]陕西省考古研究所：《褒斜道石门附近栈道遗迹及题刻的调查》，《文物》1960年第11期。
[3]程学华：《褒斜道连云栈南段调查报告》，《文物》1964年第11期。

2. 记载中所述及的褒谷下游的栈道情况

据《汉南续修郡志》卷一，第25页，《栈道图考》引严志所记，明洪武间，重修栈道，自鸡头关起，栈阁八十五间。前一里至石咀七盘栈七十二间，七里至独架桥栈阁一百四十二间。三里至倚云即响水滩栈阁五十一间。前有石佛湾、盘龙坞二栈，共八十五间。七里至老君崖栈阁三十五间。四里至堡子铺栈阁六十间，四里至飞石崖栈阁一百四十五间。一里至阎王碥栈阁一百二十间。三里至架云桥栈阁九十二间。八里至逍遥即青桥。十七里至马道铺桥栈阁十间。十里至顺平栈阁三十四间。十里至甜竹碥阁道三十六间。三里至三岔铺即马道驿南一里，栈阁二间。五里至燕子崖栈阁六十一间。二十里至鸣玉即簸箕栈阁六十八间。二里至虎头关栈阁三十八间。一里至上天桥栈阁五十八间。三里至武曲栈阁三间。一里至火烧碥栈阁一百二十一间。一里至碧绡栈阁四十五间。一里至石梯栈阁一百二十五间。七里至青云即腊鱼沟栈阁二间。数十步至腊鱼潭栈阁三十六间。褒之所葺者，止此。

上述栈阁合计1526间，是明洪武时由褒谷口到腊鱼潭的栈阁数。腊鱼潭之地名今已不存，由其南距马道驿四十一里推之，必为今之姜窝子无疑。自谷口到姜窝子，系褒谷之正道，由姜窝子折向西北径凤县越散关抵宝鸡，是明代连云栈之路线，已与褒谷无干，故云“褒之所葺者，止此”。

以上之记载和调查，都有助于说明褒谷下游古时栈阁密集之状况。虽然栈道发展到明代，已将不少栈阁易为石碥路，以求持久也，但明代残存的栈阁数仍是可观的。

3. 关于褒谷中、上游的查勘资料

1979年秋，陕西省考古研究所和汉中市博物馆又在前两次调查的基础上，对姜窝子以北到斜谷口这段遗迹做了调查，共发现栈道遗迹22处，其中姜窝子南一里的武关驿有二处，往北南河乡倒林湾一处、黑杨坝二处，孔雀台一处，柳川乡的林家坝、韩林沟、磨桥湾各一处，江口乡的西营村一处，江口镇南二里一处，石堰子村东西两岸各一处，柘梨园乡的李家庄、磨坪村各一处，太白县王家楞乡的西坝二处，红岩里二处，上坪村一处，龙窝乡的三神店村一处，眉县斜峪关一处。

以上22处，有些仅存壁孔，柱孔湮没；有些仅见柱孔，壁孔无存。至于壁孔、柱孔全不存者，就无从确知了。就在这些仅有的遗迹中，亦可窥见栈阁分布的一般规律：即在两谷上源及分水岭地带几无所见有栈道遗迹；褒斜谷比较起来，斜谷栈阁极少；褒谷中游的栈阁以上南河到王家楞一带居多，尤以红岩里及古之赤崖南北比较集中；栈阁壁孔与水面的距离自南而北逐渐缩减，南面的黑杨坝等处，都在4米~5米，北面的王家楞仅1.5米~2.5米[1]。前所述及的褒谷口的栈阁壁孔与水面的距离在8米左右，南北悬殊竟如此之大。

4. 三国故事中有关褒谷中、上游栈阁的资料

蜀汉建兴六年（228），诸葛亮命赵云、邓芝“为疑军，据箕谷”[2]，自率大军攻祁山。据毛凤枝《南山谷口考》第45页所记，箕谷在宝鸡县东南六十五里，有箕谷水，北入渭。自箕谷而北，可扼眉县之守，自箕谷而南，可达汉中。所以魏明帝派曹真屯军于眉县，以拒云军，此为疑之何在也。赵云去箕谷前必先治道，自然要将沿途的栈阁予以复修。不料，街亭之失，导致蜀军败退，诸葛亮所率主力自祁山退还汉中。赵云、邓芝这路偏军也遭魏军追击，只得烧赤崖以北之阁道以拒敌。此后，诸葛亮《与兄瑾言赵云烧赤崖阁道书》云：“前赵子龙退军，烧赤崖以北阁道。缘谷百余里，其阁梁一头入山腹，其一头立柱于水中，今水大而急，不得安柱，此其穷极不可彊也。”[3]诸葛亮又《与兄瑾言大水赤崖桥阁悉坏书》云：“顷大水暴出，赤崖以南桥阁悉坏。时赵子龙与邓伯苗，一戍赤崖屯田，一戍赤崖口，但得缘崖与伯苗相闻而已。”[4]从这两封信中，亦可想见赤崖南北栈阁密集之情景，这与今人的查勘大体相合，值得深思的是，褒谷中下游栈阁遍布，既遭大水，下游栈阁毁坏者尤甚，诸葛亮的两封信中，何以累云赤崖栈阁而未及其他？史称诸葛亮治乐城，其出兵盖由城固，而不经褒谷，此说当有依据。

[1]《褒斜栈道调查记》《考古与文物》1980年第4期。

[2][晋]陈寿：《三国志》卷三十五《蜀书·诸葛亮传》，中华书局，1959年。

[3][4][北魏]郦道元：《水经注》卷二十七《沔水注》，商务印书馆，1971年。

以上四个方面的资料，互相对照，五百里褒斜道的栈阁分布的基本状况便不难廓清，在这一问题上，古今的研究中，单就方法而论，曾有两种偏向：一是唯书是从，埋头于故纸堆中，难免以讹传讹，如明代何景明的“三谷四道说”和今人严耕望的“斜谷长、褒谷短”[1]之说等等；一是唯察是信，贬抑记载的借鉴性，过分夸大调查的作用，从而导致另一个片面性。如留坝县柘梨园乡以南的“二十四孔阁”，又称“四十八窟窿”。每一窟窿即为一栈阁之壁孔，两孔合为一阁，故名“二十四孔阁”，也是二十四间栈阁。今已不存，查勘中自然未被列入，显然是个缺漏。类似情形，又岂止于此？为有利于今后的研究，此弊宜予戒之。窃以为凭借于书和付之于查的本身都不是目的，这两者只能是研究的方法，既是方法，何以不能结合起来呢？

二、褒斜道栈阁的形制

探讨栈阁之形制，亦应从实地查勘和检阅资料两方面入手，兹分述于后：

1. 今人的查勘

陕西省考古研究所对褒谷石门附近的栈道进行调查的结果，设想了以下三种模式：（1）以长约 6 米，径约 40 厘米的方形横木插入壁孔中，再以圆形立柱一至三根立于其对应的柱孔中，作为此横木的支撑，即如诸葛亮所述：“其阁梁一头入山腹，其一头立柱于水中”。这种栈道分布于褒谷口和石门南半华里处以及石门近侧三处，称其为标准式栈道。（2）在呈斜坡的崖面上，但见高低相间的许多底孔，而无壁孔，度其原貌，当是以不同高度的立柱置于底孔之中，使柱顶在同一水平线上，顶端以横木衔接，再于各横木间覆以木板。此结构谓之斜坡搭架式，见于石门南老虎口地段。（3）在石门南老虎口之北侧，有一低矮山嘴，当中有凹槽，宽 3.23 米 ~3.95 米，底部距水面 8.5 米，槽之东壁临河，高 1.42 米，西壁傍山，高 4.5 米。栈道与此槽相连。在石门北面也有类似凹槽一段，南北贯通，

[1] 严耕望：《汉唐褒斜道考》。

称此为凹槽式[1]。

陕西省考古研究所和汉中市博物馆秦中等三行人，对武关驿到斜峪关之间的栈道调查结果，除上述标准式之外，另有斜撑式（磨乔湾村西河对岸）、千梁无柱式（孔雀台、石堙子、李家庄）和立柱与斜撑相间式（武关驿、江西营、韩树沟）三种类型。此外，还在磨坪村、沟口上、古迹街等地发现桥梁柱孔。若将各柱孔之立柱以横木衔接，上覆以板，则谓之桥栈。这也是栈道组成的重要部分。

2. 有关的记载

《史记·秦始皇本纪》："自雍门以东至泾、渭，殿屋复道周阁相属。"《史记·留侯世家》："上在雒阳南宫，从复道望见诸将。"裴骃《集解》引如淳曰："上下有道，故谓之复道。"按：这两段史料中的复道，其形制类似于栈道，是为帝王所设，其功用当与栈道有别。

《史记·高祖本纪》"去辄烧栈道"注引崔浩云："险绝之处，傍凿山崖，而施板梁为阁。"《汉书·张良传》："汉王之国，良送至褒中……良因说汉王烧绝栈道。"师古曰："栈道，阁道也。"《后汉书·隗嚣传》："白水险阻，栈阁绝败。"李贤注："栈阁者，山路悬险，栈木为阁道。"

上述之栈道、阁道、栈阁，名异而实同。皆指在山崖上凿石架木所构成的道路。这种道路，历代皆有不同之形制。

镌于东汉建宁五年（172）的《郙阁颂》，可反映东汉时的栈阁形制。其文云："凭崖凿石，处稳定柱，临深长渊，三百余丈，接木相连。号为万柱。"这种在山崖上凿孔插梁，以立柱作支撑的栈道，可能是早期的栈道模式。因其立柱常被洪水冲毁，故在汉代就曾以砌石而代之。汉《石门颂》中记载汉中太守王升于桓帝建和二年（148）修石门道之事，堪为佐证。其文云："王府君闵谷道危难……造作石积，万世之基，或解高阁，下就平易，行者欣然也。"限于当时的条件，砌石为道不如凿石架木来得容易，因此，大规模的栈道仍然保留了原始的模式。及至三国时，诸葛亮屡为水患所苦，乃取其立柱，而成"千梁无柱式"。诸葛亮不用砌石之法，亦可见此法之不易。

[1] 陕西省考古研究所:《褒斜道石门附近栈道遗迹及题刻的调查》,《文物》1960年第11期。

王远《石门铭》中记述了北魏时的栈道，有“阁广四丈，道广六丈”之句。按后魏一尺合 0.8343 市尺折算，阁广四丈，当为 11.124 米；道广六丈，当为 16.686 米。道广姑且不论，单以阁而言，已相当于简易公路之宽度。此虽指规模，但也涉及形制。以阁而论，11 米宽的路面，当是两根横木衔接而为梁，其下的立柱当以山坡之高低，依次布于横木之下。最低处的立柱也必以数根木柱衔接而成，由于这种立柱过高，其两侧需以斜柱支撑。这类结构在调查中不易见到，而《石门铭》是记实之作，应据此予以补之。

唐代的栈道，见于记载者，多以险峻为特色。李白有“蜀道之难，难于上青天”的名句。陆贽《銮驾将还宫阙论发日状》云：“良以褒斜险阻，素号畏途，缘侧径于巅崖，缀危栈于绝壁，或百里之内历险且千，或一程之中涉水数四，若迁积雨滞浸，群峰澍流，巨石崩奔，訇殷相继，深谷弥漫，往来不通，悉非功力之所支，筹略之所遇。”[1] 这段话是唐代褒斜道艰险之写照。其中“缘侧径于巅崖”，系指山巅之间的石碥路；“缀危栈于绝壁”，则是凌空之栈阁。具有重要的参考价值。

唐宋之后，随着人们开山技能的提高，以砌石代阁之法更为普遍。明代自鸡头关到腊鱼潭即今之姜窝子，就有以下五处栈阁被石路所取代：（1）独架桥栈阁（南距鸡头关八里）124 间，明嘉靖二十三年，县令张庚去编绷，砌以石。（2）甜竹碥栈阁（北距马道驿四里）36 间，以石易之。（3）三岔铺栈阁 2 间（马道驿南一里），邑人李瓒凿石为之。（4）燕子崖栈阁 61 间（马道北四里）巨石横亘，江潆崖溜，明嘉靖二十八年，主簿伍魁捐砌为二十洞。（5）石梯栈阁 125 间（南距武曲铺三里）明嘉庆七年易以石[2]。看来，以开山砌石取代栈阁，反映了栈道发展变化的趋势，这是因为石路比栈阁坚牢。值得注意的是，明代的栈阁曾出现一些新的形制，如明嘉靖二十三年，县令张庚所废弃的“编绷”和嘉靖二十八年主簿伍魁捐砌的“二十洞”。前者显系以葛藤、绳索编织的板状物，以代木质栈阁；后者则直接以石质拱式的建筑物取代栈阁。这表明原有的栈阁已在衰落之中。

[1][清]董诰等：《全唐文》卷四百七十一，中华书局，1983 年。
[2][清]严如熤：《汉南续修郡志》卷一《栈道图考》。

通过查勘现状和检阅记载这两个途径，不难探明数千年的栈道发展、衍化的规律。就方法论而言，这两个途径的结合，是至关重要的。那种拘泥于一方面而排斥另一方的态度，是不足取的。

三、褒斜道的建筑设施

褒斜道作为历史上的交通要道，不仅有雄伟的栈阁，而且有完备的用于邮驿的建筑设施。据《周礼》卷三十八,《秋官·行夫》所记,“行夫掌邦国传遽之小事”。郑玄注曰：“传遽若今时（汉）乘传骑驿而使者也。”可知在周代已有邮驿。不过各代对邮驿的称谓不一。记载浩繁，且有抵牾，甚难深考。所幸东汉明帝永平九年镌于汉中褒谷的《鄐君开通褒斜道刻石》，可为考查汉代褒斜道的建筑设施，包括邮驿等，提供一个较为翔实的资料。其文云：“永平六年，汉中郡以诏书受广汉、蜀郡、巴郡徒二千六百九十人，开通褒斜道。……始作桥阁六百二十三间，大桥五，为道二百五十八里，邮、亭、驿、置、徒司空、褒中县官寺并六十四所。”文中所称“桥阁”，当系栈阁，亦称板阁，即插梁于山腹，上覆以板或阁而为之。“大桥五”，系指横跨褒谷桥梁和会入褒水中较大的河口两岸间的桥梁。“为道二百五十八里”，系指修治里程。褒斜道五百余里，由刻石之地推知，此次修治所涉者为褒斜道之南段、约为全程之半,就在这半程之中,也兴修了“邮、亭、驿、置、徒司空、褒中县官寺”等建筑物共64所，这批建筑物都直接或间接与邮驿有关，兹逐一释之于后：

邮：《史记·白起传》：“武安君既行，出咸阳西门十里，至杜邮。”唐司马贞《索隐》按：“故咸阳城在渭北，杜邮在今咸阳城中。”唐张守节《正义》引《说文》云：“邮、境上行书舍，道路所经过。今咸阳城，本秦之邮也，在雍州西北三十五里。”由于杜邮在秦咸阳城西十里，而唐咸阳城又恰在秦咸阳城之西，因此，杜邮才有可能在唐咸阳城中。杜邮设于秦时由咸阳西去的交通要道上，既是“行书之舍”，又可作为官员外出的行止之所。《后汉书·百官志五·亭里》记曰：“亭有亭长，以禁盗贼。”梁刘昭注引《汉官仪》曰：“设十里一亭，亭长、亭候；五里一邮，邮间相去二里半，司奸盗。”这里的“亭”和“邮”，皆为“司奸盗”而设。可见秦汉两代的邮，职能似有不同。

亭：《说文》谓“民所安定也”。段注：“周礼三十里有宿。郑云：‘宿，可止宿若亭。’亭有长……《后汉志》曰：‘亭有长，以禁盗贼’。《风俗通》曰：‘亭，留也。盖行旅宿会之所馆。’《释名》曰：‘亭，停也。人所停集。’按云：‘民所安定者，谓居民于是备盗贼，行旅于是止宿也。’亭有楼，从高省。”《史记·李将军列传》：广“屏野居蓝田南山中射猎……还至霸陵亭，霸陵尉醉，呵止广，……止广宿亭下”。此为西汉武帝时之亭。《汉书·酷吏·尹赏传》有“瘗寺门桓东”之句。如淳曰：“瘗，埋也。旧亭传于四角面百步筑土四方，上有屋，屋上有柱出，高丈余，有大板贯柱四出，名曰桓表……”师古曰：“即华表也。”《太平御览》卷二百九十七引晋人崔豹《古今注》曰：“今之华表，以横木交柱头，壮如华，形似桔槔（一种井上搭架悬以汲水桶之器械），大路交衢悉置焉。”显然，亭之功用在于防盗，亦可供行人止宿。其特点是有便于登高瞭望的楼台建筑。

驿：《说文》谓“置骑也”。段注：“言骑以别车也，驲为传车。驿为置骑。二字之别也。《周礼》‘传遽’注曰：‘传遽若今时（汉）乘传骑驿而使者也。’盖乘传谓车。骑驿谓马。《玉藻》注云：‘传遽，以车马给使者也。’车谓传，马谓遽。浑言则传遽无二。析言则传遽分车马。亦可证车骑从古而有，非经典所无。”《汉书·郑当时传》：“当时以任侠自喜……孝景时，为太子舍人。每五日洗沐，常置驿马长安诸郊，请谢宾客。”此为西汉驿马之一例。是驿必有马之证。至后，凡行旅止宿之馆舍，皆谓之驿，又称驿站。设驿丞掌之。主送往迎来，伺候车马事。转达公文及以王事出入者，须经驿往还。此外，西汉初，兼有“传”之设置。《汉书·高帝纪下》：“上恐其久为乱，遣使者赦横（田横），曰：‘横来，大者王，小者侯；不来，且发兵加诛。’横惧，乘传诣雒阳。”如淳曰：“律，四马高足为置传，四马中足为驿传，四马下足为乘传，一马，二马为轺传。急者，乘一马曰乘也。”师古曰：“传者，若今之驿，古者以车，谓之传车，其后又单置马，谓之驿骑。”又，《史记·文帝纪》曰：“乃命宋昌参乘，张武等六人，乘传诣安。”凡此，可证西汉时传之设置较为普遍。这种传与驿是极为相似的，似可视其为驿之前身。

置：始于春秋，秦汉时因之。《孟子·公孙丑上》引孔子曰："德之流行，速于置邮而传命。"朱熹集注："置，驿也；邮，驲也，所以传命也。"《晋书·刑法志》引《魏新律亭》曰："秦世旧有厩置，乘传、副车、食厨。汉初，承秦不改。"应邵曰："汉改邮为置，置者，度其远近之间置之也。《史记·孝文本纪》《汉书·文帝纪》皆记曰："太仆见马遗财足，余皆以给传置。"《史记·索隐》按：《广雅》云："置，驿也。"《汉书》师古注曰：置者，置传驿之所，因名置也。"《后汉书·和帝纪》："旧南海献龙眼、荔枝，十里一置，五里一候。"而《舆服志》和《续汉书》皆云："驿马三十里一置。"类似记载说明，置似早于传驿，其功用与传驿略同，及至传驿流行，置仍存其名。至于置间之里程，或云十里，或云三十里，宜待考。

汉以后，史籍中常有邮置、传舍、邮亭、邮驿等名称出现，察其功用，与"邮，亭、驿、置"类同。如《汉书·西域传·论》曰："立屯田于膏腴之野，列邮置于要害之路。"《汉书·郦食其传》："沛公至高阳传舍，使人召食其。"《史记·西南夷列传》："上罢西夷，独置南夷，夜郎两县一都尉。"《集解》引徐广（晋人）曰："元光六年（前 129），南夷始置邮亭。"《史记·淮阴侯列传》："汉王出成皋，东渡河，独与滕公俱，从张耳军修武。至宿传舍。"《后汉书·循史·卫飒传》："飒乃凿山通道五百里，列亭传，置邮驿。"《后汉书·舆服志·载车》云："驿马三十里一置。刘昭案：东晋犹有邮驿共置，承受傍郡县文书，有邮、有驿、行传以相付。"

从上引资料中，不难判明，"邮、亭、驿、置"与"邮亭""邮驿""传舍"等名称，虽无本质的差异，但却反映了事物的变化由单功能向多功能发展的趋向。后世统名之驿站或驿馆，就是依照这一趋向演化而成的。

徒司空："徒"有二义：一为给役使者也。《周礼·冢宰》："胥十有二人，徒百有二十人。"《疏》曰："胥有才智为什长，徒给使役，故一胥十徒。"一为被刑谓之徒。《唐书·刑法志》："用刑有五，其三曰徒。"取此二义，皆合于文理。唯以"徒司空"并称而论，则后者被刑之义，更为适宜。

“司空”系古之官名。《后汉书·百官志一》：“司空，公一人。本注曰：掌水土事……世祖即位为大司空。”应邵《汉官仪》曰：“绥和元年（前8），罢御史大夫官，法周制，初置司空。议者又以县、道官狱司空，故复加‘大’为大司空，亦所以别大小之文。”以议者所言，可知汉时的县、道曾有狱司空，系主管囚徒之官员。《汉书·伍被传》：“益发甲卒，急其会日。又伪为左右都司空、上林中都官诏狱书，逮诸侯太子及幸臣。”晋灼曰：“《百官表》，宗正有左右都司空，上林有水司空，皆主囚徒官也。”《后汉书·章帝纪》：元和元年（84）八月，“丁酉，南巡狩，诏所经道上，郡县无得设储跱[1]，命司空自将徒支柱桥梁。”这里的司空，则直接是设于郡、县的徒司空了。由“将徒支柱桥梁”推之，其使命系主管刑徒劳役之事。取此义似可合于文义，但后文续以“六十四所”，则知此处的徒司空，系指这一官员的住所，而非指官员者本身。

褒中县官寺：《华阳国志·汉中志》褒中县条记曰：“褒中县官寺，孝昭帝元凤六年（前75）置，本都尉治也。”时之县治在宋世以后的褒城县东南十里的打钟坝[2]。按：其地今名打钟寺，属汉中市新沟桥乡，北距褒谷口约十里，宋以前的褒城县或褒中县的县治皆置此。时为入栈首驿，有“褒城驿，号为天下第一”之说[3]。“官寺”泛指府县一级之官衙。《汉书·元帝纪》：初元二年，“二月戊午，地震于陇西郡“坏败豲道县城郭官寺……”。师古曰：“豲道属天水，凡府庭所在皆谓之寺。”《后汉书·光武帝纪下》：“壬申，幸南阳，进幸汝南南顿县舍……父老前叩头言：‘皇考居此日久，陛下识知寺舍’。”注引《风俗通》曰：“寺，司也。诸官府所止，皆曰寺。”明乎此，则知“褒中县官寺”自指褒城县县衙无疑。

值得深思的是，在六十四所中，褒城县官寺仅居其一，而其余六十三所各占几何?

这里，先说徒司空。前已述及，徒司空系郡、县一级管理囚徒之官员。褒中

[1] 储，积也；跱，具也。言不预有蓄备。
[2]［清］严如熤：《汉南续修郡志》卷二《建置》汉褒中县条。
[3]［唐］孙樵：《孙樵书褒城驿壁》。

县自应有徒司空的职衔和官舍，又因褒中县恰为入栈之首驿，故在治道过程中，既修褒中县官寺，又兼修褒中县司空之官舍。如此说来，徒司空在六十四所中亦属其一，其所在地应当在褒中县。

很明显，在六十四所中，减去徒司空和褒中县官寺，所剩六十二所，皆系邮、亭、驿、置了。如以五里一邮，十里一亭，三十里一置计算，二百五十八里中，应有邮五十一所，亭二十六所，置八所，合计八十五所，较六十二所多出二十三所。这就说明了邮、亭、驿、置不是单一而存的，很可能是“邮亭”“驿置”并称。其间的里程也不会泥于五里、十里、三十里之限额。

至于汉时分布于褒斜道全程的每一邮亭、驿置的名称，苦于史籍未详，而今无从稽考。东汉末，褒谷栈阁为张鲁所焚。三国时，诸葛亮出斜谷攻魏，其出兵自乐城（今城固）经小河口以达，盖避褒谷之险也。又在斜谷道北段新辟绥阳小谷道[1]。征之于史，诸道虽存，而邮驿无考。

北魏永平二年（509），羊祉、贾三德改道[2]，使褒斜道北越散关，抵陈仓，而非越衙岭山到斜峪关。魏恭帝元年（554）崔猷治道[3]，使褒谷口到陈仓间的五百里山道进一步得以贯通。史籍中仍称此道为褒斜道或斜谷道，但涉及邮驿者，寡矣。

记述褒斜道之邮驿者，唐史中颇多。据刘禹锡《山南西道新修驿路记》所载，唐文宗开成四年（839），山南节度使归融，自散关南至剑门，作山崖栈道千余里，以通驿路。其间自散关抵褒城次舍十有五，牙门将贾黯董之[4]。唐宣宗大中三年（849），山南西道节度使郑涯（一作渥）、凤翔节度使李玭奏开文川谷道[5]。其北循汉魏古道入斜谷，南循小河口道至文川，再由文川至兴元。此道亦曾置驿，孙樵《兴元新路记》记之甚详。可惜被山洪冲毁。次年，即大中四年（850）诏

[1][北魏]郦道元：《水经注》卷十八《渭水注》，商务印书馆，1971年。

[2]北魏《石门铭》。

[3][宋]司马光：《资治通鉴》卷一百一十五，梁承圣元年纪，中华书局，1956年；[唐]令狐德棻：《周书》卷三十五《崔猷传》，中华书局，1974年。

[4][清]董诰等：《全唐文》，中华书局，1983年。

[5][后晋]刘昫等：《旧唐书》卷十八《宣宗纪》，中华书局，1975年。

封敖复通褒谷至陈仓之道[1]。仍以褒斜道名之，迨宋、元两代亦然。

自唐代起，褒斜道的邮驿设施，但称次舍或馆驿，而未见有“邮、亭、驿、置”之名。唐代自汉中北行，至褒中县治打钟坝有褒中驿。再北行十里，进入褒谷口。又二十里，越七盘山有坂下馆。又三十里，至骆驼蔫馆。又四十里，至甘亭馆。唐敬宗宝历二年（826），山南西道观察使上言：“……甘亭馆请改为悬泉驿，骆驼蔫馆请改为武兴驿，坂下馆请改为右界驿，并可之。”[2]其中坂下馆在七盘山之北，其余二驿，以里程度之，武兴驿即后之青桥驿，悬泉驿即后之马道驿。再北行三十里，即武关驿，唐时称武休潭。由武关驿折向西北，经斜谷关、白涧、回车戍，至凤州梁泉县，再北行抵散关，共置十驿。自散关至陈仓，尚有百余里之遥，未云置驿，当为史之疏漏。实际上全程又何止十五驿?

迨至明清时的连云栈，仍沿唐宋褒斜道路线置驿。《读史方舆纪要》卷五十六，引《舆程记》曰：“陕西栈道长四百二十里。自凤县北草凉驿为入栈道之始。六十里至凤县，有梁山驿。又六十里，至三岱驿。又七十里，至松林驿。又南六十里，至褒城县之安山驿。又六十里，为马道驿。又五十二里，至鸡头关。关南八里即褒城县，有开山驿。”这个记载将草凉驿作为入栈道之始，不妥。其所云的沿途驿站，较之以前，不仅起始点不同，驿间的距离也有所增加。

通过以上的论述，似可理出这样一个脉络：即早期的道路，因沿途地旷人稀，行旅的食宿乃至人身安全，皆仰赖于官办的邮驿设施，故使这种邮驿设施具有多种职能，其数量之多、名目之杂就是这样形成的。后来，随着沿途居民点的增多，许多私人客舍也应运而生，在这种情况下，原有的官驿逐渐转向专一化，其数量势必比过去减少。又由于道路和交通工具的改进，因此，驿间的距离势必有所增加。愚以为数千年的褒斜栈道，其邮驿之变化，自有一定的规律，对此，尚须作进一步的探索。

（原文发表于《文博》1988年第5期）

[1][后晋]刘昫等：《旧唐书》卷十八《宣宗纪》，中华书局，1975年；《唐会要》，中华书局，1955年，第86页。

[2][宋]王溥：《唐会要》卷六十一馆驿条，中华书局，1955年。

汉魏蜀道石刻史料研究

陶喻之

前　言

栈道是大约出现在中国先秦时期的一种古老的道路交通建筑。它主要分布在古代人们为翻越横亘于中国中西部的秦岭、巴山山脉而缘河循谷开辟的蜀道上。《史记》卷七十九《范雎蔡泽列传》“栈道千里，通于蜀汉，使天下皆畏秦”；卷一百二十九《货殖列传》“然四塞，栈道千里，无所不通，唯褒斜绾毂其口，以所多易所鲜”的记载，就是当时蜀道交通以栈道为主的如实写照。

由于栈道在古代既是承平时期经济流通与行旅南来北往的必由之路，更为战争期间南征北伐的兵家所必争；加之它以凿石架木形式依山傍水构筑，每逢水潦、兵火，赖以进出的过往交通即告阻塞，所以，对于这种山地道路交通建筑物的维修、保养工程显得尤为重要。

自汉代以来，在出秦入蜀的栈道沿线峭壁上，镌刻有为数相当可观、以记载当初栈道修治实况为主的摩崖石刻，其中尤其以中国历史上开凿时间最早的人工穿山隧道之一、陕西省南部汉中褒城褒斜栈道南口一汉代石门隧洞内外，包括著名的东汉《大开通》（即《鄐君开通褒斜道》）、《石门颂》（即《故司隶校尉楗为杨君颂》）和北魏《石门铭》等在内的摩崖石刻群最为集中。其他还有与之临近地区的汉中略阳东汉《郙阁颂》、甘肃成县东汉《西狭颂》等摩崖石刻。这些石刻文字为我们研究汉魏时期蜀道走向、治理规模等情况，提供了历史文献所缺略或较之史籍记载更为翔实的内涵，堪称一份不可多得的古代道路交通建设史料。因此，“褒斜道石门及其摩崖石刻”于 1962 年 12 月 9 日被国务院作为“古建筑及历史纪念建筑物”，公布为第一批全国重点文物保护单位之一[1]。

值得注意的是，广义的汉代蜀道石刻涵盖面，事实上远远不止石门石刻群和“汉三颂”（《石门颂》《郙阁颂》和《西狭颂》）。它应当既指以“三颂”为

[1]《第一批全国重点文物保护单位名单》，《文物》1961 年第 4、5 期合刊，第 13 页。

代表的称颂秦岭干线栈道整治主持者的摩崖石刻，同时也包括所有记述巴蜀山区道路修葺的石刻文字。而且从某种程度上说，将后者冠以“蜀道石刻”这一称谓似乎更加名副其实。汪庆正先生在《东汉石刻文字综述》“交通建筑史料”部分论述中，就在列举“汉三颂”之外，又钩沉索隐，向我们介绍了今四川境内已佚的其他十多种山地道路工程石刻[2]，这显然极有启示性。本文拟继汪先生后而增其所缺，详其所略，就两汉、魏晋以及北魏时期所有蜀道石刻文字关于栈道修建历史等问题加以爬梳、整理和研究。

一、蜀道线路与石刻分布

中国历史上的政治中心主要在秦岭、巴山以北的关中（长安）、中原（洛阳、开封）和河北（北京）的北方地区。从历史演变来看，“蜀道”常常成为特指由上述政治中心经关中而南越秦巴山地进入“天府之国”四川盆地的道路。更有甚者还只限于把连接关中长安城同蜀中锦官城（成都）的道路称为“蜀道”。这在蜀道交通研究方面其实是一个很大的误区。“蜀道”，就其地域而言，顾名思义，是指蜀地范围和蜀地通往临近地区的所有道路（包括水路）的总称。就汉魏蜀道石刻文字涉及的蜀道而言，它们就并非只分布在自北方入蜀必经之地的陇南、陕南山区，同时也包括沟通四川与云南的交通干道，以及川东、蜀中地区的地方交通线路。所以，研究汉魏蜀道石刻，理所当然地要兼顾到四川境内的一些交通线路；何况现知最早的三种汉代蜀道石刻都事关川西山区栈道治理。以下就川、陕、甘三地蜀道线路与相关石刻分布略作梳理。

四川境内以成都为中心出入蜀中的南北交通干道，主要有向南连接滇越地区的灵关道和向北连接陇南的阴平道、连接陕南的金牛道，其他大多属地方交通性质的道路，汉晋蜀道摩崖石刻就分布在这些道路沿线峭壁上。其中四川盆地西部山区略计有 8 种，川北仅有《剑阁铭》1 种，川东和四川中部地区仅见《汉安长陈君阁道碑》《刘镶阁道题字》等 3 种；《张休崖涘铭》属于不明具体地点所在

[1] 汪庆正：《东汉石刻文字综述》，《上海博物馆馆刊》第一期，第 66 页。

的摩崖石刻。

四川盆地西部山区的 8 种汉代蜀道石刻涉及的路段是川甘、川陕和川滇干道的重要组成部分或支线。它们分别位于成都平原西北、邛崃山以东的灌县，成都平原以南、大相岭东北岷江、青衣江流域的荥经、雅安、夹江以及成都平原东北的广汉地区。

原在灌县西约二十里紫坪铺的《建平郫县碑》和近在咫尺的两种治路记，是关于相继在西汉元寿元年（前 2），东汉永平元年（58）、永元六年（94）营建蚕崖山道的石刻[1]。佐以《古今集记》“县（灌县）西十余里，有虚阁栈道。二十五里，有石笋阁道。三十里，龙洞阁道”和《青城外史》关于“（蚕崖）关去县二十里。实汶川地，有巨石，高丈余，峙山之麓。土人云：此蚕崖石也，关以此得名”以及《堤堰志》“关当县西岷江之北，松茂驿路之冲。……石路巉棱，如簇蚕，因名”的记述，推见两汉时期蚕崖关一带是一段屡兴修治之役的险道。由于此道北通连接陇南和川西北的阴平道，所以汉代以降也多有修缮，沿线相关的道路石刻文字尚有 1929 年在理县发现的隋文帝开皇九年（589）《通道记》摩崖[2]。我们姑且把这段道路视为通往松潘茂汶道路的一个路段。

荥经县西三十里景谷崖间《蜀郡太守何君阁道碑》、县东三十里铜山峡中《广汉属国辛通达李仲曾造桥碑》、雅安县东三十里金鸡山崖间《青衣尉赵孟麟羊窦道碑》[3] 涉及的蜀道，则是秦汉时期业已存在、西汉元光五年（前 130）司马相如复通的灵关道及其支线上的各个险段，所以东汉前后常兴工增修加固。如何君

[1][明]曹学佺著，刘知渐点校：《蜀中名胜记》卷六《川西道 · 成都府六 · 灌县》，重庆出版社，1984 年，第 83 页。“《碑目》云：‘距紫屏山二里许，道旁有汉石刻三，皆治道记也。其一曰：建平五年，孝哀时刻也。其二曰：永平元年，孝明时刻也。在范公平磨崖之西。’”[元]陶宗仪《古刻丛钞》：“在范功平磨崖之西五十余步”有东汉刻石，即永元六年修道石刻，见《石刻史料新编（十）》，新文丰出版公司，1982 年，第 7615 页。

[2] 高文、高成刚编：《四川历代碑刻》，四川大学出版社，1990 年，第 93 页。

[3][明]曹学佺著，刘知渐点校：《蜀中名胜记》卷十四上《川南道 · 雅州》：“宇文溥《新路赋》：‘惟天下之至险，有严道之漏阁焉。孤峰上绝于青天，湍波下走于长川。断崖横壁立之岸，飞溜溅千尺之泉。’”，第 205 页。同卷《芦山县》：“《志》云：‘芦山南十里，三江渡，通天全六番，下注多功峡，入雅之平羌江。多功河上飞仙阁，为木栈道，即古漏阁也。’”，第 209 页。

倡修的尊楗阁附近有杨氏倡造的杨母阁。东晋常璩《华阳国志》卷三《蜀志》汉嘉郡载："邛崃山本名邛筰，邛人、筰人所由来也。有九折阪，岩阻峻回，曲九折乃至山上。凝冰夏结，冬则剧寒。"足见此道跋涉登攀之难。同卷严道县又载："道通邛笮，至险。有长岭……之难，杨母阁之峻。昔杨氏倡造作阁，故名焉。"南宋祝穆《方舆胜览》卷五十六载："又有邛崃关，距州七十里，昔有杨氏妇造阁道上。"而同一地点唐玄宗天宝六载（747）还有《邛崃关开路记》石刻[1]。很显然，上述汉、唐、宋、明历代石刻、诗文、志乘涉及的灵关道，自秦汉以来一直是四川通往云南的一条要道[2]。因此，西晋张载《剑阁铭》和南朝陈阴铿《蜀道难》诗分别有"岩岩梁山（今剑门大剑山、小剑山）……南通邛僰"和"王尊奉汉朝，灵关不惮遥。高岷长有雪，阴栈屡经烧。轮摧九折路，骑阻七星桥。蜀道如此难，功名讵可要"的诗句。

《南安长王君平乡道碑》载："平乡明亭大道，北与武阳，西与青衣、越巂通界……"据地望推考，由此连接的是犍为郡通向蜀郡的一条地方道路或者灵关道上一段岔路。

《广汉长王君石路碑》记述的是北接褒斜道或故道出入蜀中的交通干道——金牛道广汉路段治理情况。金牛道该路段与《石门颂》记述的王升增修褒斜栈同时，综合此后不久的《右扶风丞李君通阁道记》《广汉属国辛通达李仲曾造桥碑》等蜀道石刻文字分析，可以发现东汉桓帝在位期间，自长安经汉中到成都进而南下滇越的褒斜、金牛、灵关道干线经过一次乃至多次维修。

川东地区东汉陆路交通治理的石刻文字，至今我们仅知章帝建初二年（77）忠县修道记一种[3]，这可能跟川东地区历来水路交通相对发达等原因有关。

《汉安长陈君阁道碑》是有关四川中部内江地区地方道路治理的石刻文字。

[1][明]曹学佺著，刘知渐点校：《蜀中名胜记》卷十四上《川南道·雅州·荥经县》，第208页。

[2]蓝勇：《南方丝绸之路》第八章《南方丝路的杰出交通设施·栈道》，重庆大学出版社，1992年，第221页。

[3][明]曹学佺著，刘知渐点校：《蜀中名胜记》卷十九上《川东道·重庆府三·忠州》，重庆出版社，1984年，第273页；[南宋]王象之：《舆地碑记目》卷四《忠州碑记·修道碑》"字亦漫灭，有建初二年等十二字"，见粤雅堂丛书本《石刻史料新编（二十四）》，第18571页。

《冯君阁道碑》，今见《隶续》著录，文字脱漏，宋郑思《宝刻丛编》卷二十仅谓“凡六十九字，纪其披山开道，人民欢悦之利，末有曹吏孔固三人题名”。不详立石地点。《汉安长陈君阁道碑》文末“又称邑丞冯君与掾史钦承遵宪之美”[1]。由于《汉安长陈君阁道碑》与《冯君阁道碑》并列于《隶续》卷第十五，《冯君阁道碑》仅存碑目，所以《汉安长陈君阁道碑》文末所及“冯君”可能即《冯君阁道碑》褒奖的“冯君”。

经陇南、陕南山区往来蜀中的栈道，自西向东依次有阴平道、故道、金牛道、褒斜道、傥骆道、荔枝道和子午道等多条干线，有关蜀道修建情况的石刻文字就镌刻在其中的一些栈道沿线山崖上。其中陇南汉代蜀道石刻均位于成县正西二十余里天井山峡谷南北山崖间，计有《西狭颂》《武都太守李翕天井道碑》《武都太守耿勋碑》3 种，它们是目前汉代蜀道石刻文字中保护得较为完整的摩崖石刻。除《武都太守李翕天井道碑》今不明所在外，《西狭颂》与近在咫尺（约 300 米）的《武都太守耿勋碑》均处于与山石融为一体的摩崖原始状态。《西狭颂》堪称目前所见“汉三颂”中字迹保存得最为清晰的石刻文字；不仅如此，就在石刻下方 10 米的崖壁间，尚残存着东汉时期营造西狭栈道凿留的 6 个栈孔，沿响水河下游崖间另有两处栈道遗迹[2]。鉴于经西狭栈道南下既可抵川北昭化接金牛道入蜀；又东距先秦时期业已形成、沿嘉陵江入蜀干道的故道（亦名陈仓道或嘉陵道）不远。因此，陇南汉代蜀道石刻涉及的几处道路，我们既可将它视为古之阴平道的一个组成部分，也可将它看作是故道的一条支线或岔路。

陕南汉代蜀道石刻分别位于略阳西北三十里嘉陵江西山崖上和汉中北三十里褒城褒河谷口石门隧道内外崖壁间。

略阳汉代蜀道石刻唯《郙阁颂》一种，它记述的是嘉陵江析里郙阁桥栈险段工程的治理情况。原刻到南宋末年因露处嘉陵边既久，受风雨侵蚀，剥落日甚，文字漫漶；加上船运牵痕斑斑，几难成诵，是“汉三颂”中石刻文字保留得最不

[1][南宋]洪适：《隶续》卷十五《汉安长陈君阁道碑》洪适跋语，见《石刻史料新编（十）》，新文丰出版公司，1982 年，第 7174 页。

[2] 汉中市蜀道及石门石刻研究会、汉中市博物馆合编，郭荣章主编：《汉三颂专辑》，内《汉（西狭颂）文字考释》三“《西狭颂》”中所记述的西狭栈道，陕西人民美术出版社，1993 年版。

理想的一种。1977年11月因当地修建公路被自崖间剥离，1979年7月迁往略阳城南灵岩寺，镶嵌于前洞侧崖边，与南宋绍定三年（1230）五月沔州太守田克仁为使原刻文字不致泯灭而仿刻的《郙阁颂》石刻毗邻而立[1]。原刻所在地8米以下嘉陵江河床巨石中析里大桥立柱孔宛然犹存，号为“万柱”的栈阁孔迹也依稀可辨[2]。

析里郙阁桥栈是由大散关沿嘉陵江上游南下接金牛栈入蜀的干道——故道南端的一段重要组成部分；同时也是经武都（汉代武都郡址即今成县）去陇西、天水的必经之路。《史记》卷二十九《河渠书》载：“故道多坂，回远。”《郙阁颂》也谓该道常遭嘉陵江水害，一如至今沿昔日故道线路而建造的宝成铁路和川陕公路夏秋多遇塌方、水患影响行车安全。尽管如此，该道沿线村落市集众多，居民稠密，秦汉时期沿线山区设有故道、河池、沮县等3个行政单位治所，唐以后又设置了凤州和兴州两个地区级别的行政单位治所，县级单位治所增加为6个[3]。所以故道成为历史上仅次于褒斜道的一条入蜀交通大动脉，汉代以降屡兴修治之役，如北去《郙阁颂》石刻百里以外的甘肃徽县青泥岭就有北宋嘉祐二年（1057）《大宋兴州新修白水路记》摩崖石刻[4]。南宋时期，故道更成为川陕抗金前沿部队向大散关、和尚原、仙人关一带军事要隘调兵遣将和运送军需物资的战略生命线；因此，淳熙八年（1181）在这条道路上还刻有一块类似于军事交通管制性质的《仪制令》石刻，文曰：“贱避贵，少避长，轻避重，去避来。”[5]至今宝成铁路也循故道走向并在《郙阁颂》摩崖原址附近掠过。汉魏蜀道石刻文字涉及的许多古代道路路线与后代乃至当今道路（公路、铁路）的大致相同甚至完全重叠，充分反映了古今道路工程建设在选线上的共同规律。

[1] 陕西省汉中地区文化文物局编、陈显远执笔：《汉中地区名胜古迹》，陕西人民美术出版社，1988年，第183页。

[2] 郭荣章主编：《汉三颂专辑》附图，陕西人民美术出版社，1993年。

[3] 李之勤、阎守诚、胡戟：《蜀道话古》，西北大学出版社，1986年，第30页。

[4] 陈显远：《北宋摩崖题刻（新修白水路记）简介》，载《考古与文物》1987年第4期，第108页。

[5] 陕西省汉中地区文化文物局编、陈显远执笔：《汉中地区名胜古迹》，陕西人民美术出版社，1988年，第171页。

汉中石门石刻群是现存汉魏蜀道石刻最多、最集中，反映栈道发展变迁关系最为详尽，记载汉魏蜀道交通史料最为丰富，涉及的石刻文字体裁最为全面，也是最有研究价值之所在，共计有东汉《大开通》《石门颂》《右扶风丞李君通阁道记》、三国曹魏《荡寇将军李苞题名》、西晋《潘宗伯韩仲元造桥格题字》、北魏《石门铭》等 8 种摩崖石刻。它们较系统地记述了入蜀主干道——褒斜道自东汉永平九年（66）复通，历经安帝延光四年（125），桓帝建和二年（148）、永寿元年（155），三国曹魏元帝景元四年（263），西晋武帝泰始六年（270），太康元年（280）数次大小修葺，直到北魏宣武帝永平二年（509）继“晋氏南迁，斯路（褒斜）废矣……门（石门）南北车马不通”[1] 后彻底贯通的大致脉络。倘若加上此后的唐宋乃至清代修栈石刻，则石门蜀道交通石刻的总数将在 10 种以上。而现存的魏晋、北魏蜀道石刻则系汉中石门石刻群所独有。

汉中石门石刻群之所以在汉魏蜀道石刻研究上占有无可替代的一席之地，显然跟石刻文字所反映的褒斜道作为中国历史上开凿时间最早、入蜀最为便捷、持续沿用时间最长的主干道地位有密切关系。四川境内南宋时尚存或破土而出的汉代蜀道石刻因散处各地，加之蜀中历代开发性建设较诸陕南、陇南山区为剧，所以，到清代，那些石刻几乎全部都毁佚不存了。唯独汉中的石门石刻群由于位于崇山峻岭深处的秦岭腹地，因此到 20 世纪 60 年代中期以前尚在石门原址与石门山体及附近依山傍河的栈道景观保持和谐统一的历史风貌。虽然此后石门隧道原址及栈道遗迹俱没于褒河石门水库，绝大部分汉魏珍贵石刻也被及时凿迁汉中市博物馆陈列。这也正是清代金石学家和现代文物工作者以及海内外书法文字、道路交通研究人员注重“汉三颂”和石门蜀道石刻群研究并在近年达到一个高潮的重要原因。

二、栈道规模与营造法式

栈道工程就其架设目的而言，无疑是限于古代工程技术条件，为了消除与减

[1] 北魏《石门铭》文字。

轻深山大泽的峡谷地带大规模凿崖开山、去除大面积土石方带来的工程难度；同时也为了避免险段远距离绕行增加道路里程而取其平道近捷，避开泥泞难行路段。诚如唐司马贞《史记索隐》卷八《高祖本纪索隐》引北魏崔浩所云，“险绝之处，傍凿山岩而施版梁为阁”。《后汉书》卷十三《隗嚣传》唐李贤注又云，“栈阁者，山路悬险，栈木为阁道”。唐末亲自踏勘考察新修通文川道的孙樵，对于秦岭五里岭“泥深灭踝”就有“行者多苦于此，可为栈路以易之”的建议[1]。另外像尊楗阁、杨母阁、三处阁、神水阁等栈阁也都是为避险就易而于险绝处施行的架木造阁举措。由此说明蜀道全程往往险易交错，遇险辄架设栈道加以克服，逢夷则尽量利用前人业已踏就的现成道路（土路或石路）。所以早期蜀道虽号称“栈道千里”，其实并非全程皆栈，只是由于翻越秦岭、巴山天险的干道崎岖，到处是非架栈难以通行的崇山峻岭，因而陇南、陕南蜀道上栈阁分布密度、长度较诸四川境内蜀道路段要来得集中漫长。如故道南端的郙阁栈道长300余丈，“接木相连，号称‘万柱’”[2]。再如“素号畏途”的褒斜栈横越秦岭山区，进而在《大开通》中留下“作桥阁六百二十三间……为道二百五十八里”的记载。按两个栈孔合为一间栈阁计算[3]，当时褒斜栈全程平均每里设有2.4间栈阁，安插栈梁的石孔有1246个，平均每里将近有5个栈孔。足见工程之浩大可观。另据《三国志·魏书》卷十四《刘放传》注引《孙资别传》载：“昔武皇帝（曹操）征南郑（即汉中）……数言‘南郑直为天狱中，斜谷道为五百里石穴耳’。”所谓“石穴”，可能就是安插栈梁而破损出露所见的部分石孔。由此可以想见当年褒斜栈阁密集程度。至于明初自褒谷上溯褒河中游姜窝子段栈阁更多，达1526间，按两孔合为一阁计，该路段沿线崖间栈孔分布当在3000个以上[4]。

由于褒斜栈系汉代通往蜀中的南北交通大动脉，加之栈阁密布，所以维修频

[1][唐]孙樵：《兴元新路记》，见《孙可之文集》第四卷，上海古籍出版社，1979年。

[2]东汉《郙阁颂》文字。

[3]陕西汉中留坝县二十四孔阁（即孙樵《兴元新路纪》中提及者），当地俗称“四十八窟窿”，由此推算二孔合称一阁。

[4][清]严如熤纂修：嘉庆十九年（1814）《汉南续修郡志》卷之一《栈道图考》。

繁自然难免。见诸汉魏蜀道石刻的重大维修约计有4次。第一次大修是《大开通》记载的永平六年到九年。这次大修共调集广汉、蜀郡、巴郡三地民工2690人次，用功766800余，耗费1499400余斛粟，工程历时3年才得以完成。通过这次大修，不仅架通了与道路交通相关的栈阁，而且还构建了与邮驿通讯有关的邮亭、驿、置、徒司空、褒中县官寺64所。第二次即《石门颂》记载的延光四年（125）杨涣与建和二年（148）王升两次较彻底的大修，从而使褒斜道取代子午道再度成为入蜀主干道，栈路“敞而晏平。清凉调和，蒸蒸艾宁”。第三次大修在三国曹魏景元四年（263）底，经荡寇将军浮亭侯李苞率2000军民共同参与工程，褒斜道南段重新恢复了沿褒河由褒谷出栈（此前蜀汉北伐部队一度经小河口南下城固出栈）的褒斜栈正线走向。第四次大修在北魏永平二年，经羊祉、贾三德派遣万人之众改道大修，褒斜道“自回车至谷口（褒谷口）二百余里，连辀骈辔而进，往哲所不工，前贤所辍思，莫不夷通焉”。因而《石门铭》称“王升履之，可无临深之叹，葛氏（诸葛亮）若存，幸息木牛之劳”。其余各时期石刻文字涉及栈道工程，多系因一时自然灾害（水毁）或战争缘故而造成褒斜栈暂时阻塞后的临时或小规模修补加固工程。而四川境内的汉代栈道险段在整条道路上所占比例相对于前者而言就较少，设栈长度较之秦岭栈道为短，工程规模较小。如蚕崖道工程仅长25丈，尊楗阁道长55丈；内江阁道长200余丈，费用仅30余万。就整个汉魏蜀道石刻文字涉及的栈道工程而言，以东汉永平年间褒斜栈规模最大。其他历时三年左右的蜀道工程有《蜀郡太守何君阁道碑》涉及的灵关道部分路段工程，《广汉长王君石路碑》涉及的金牛道广汉段工程。参与工程人数较多的有《荡寇将军李苞开阁道碑》与《石门铭》涉及的褒斜栈工程。

总结汉魏蜀道石刻文字反映的道路营造法式大致有以下三种。

一种是为避免原路迂回取线，盘山难登而凿崖开辟的直达捷径。如《汉蚕崖石刻》载：“攻此石省三处阁”，可能就意在取其近捷。又如《南安长王君平乡道碑》载：“由涪山上，随治回曲，坭□危难，经随□险，登高望天，车马不通。……”遂由南安长王君“取崖通道，车马驱驰，无所畏难。”再如《青衣尉赵孟麟羊窦道碑》载：“羊窦道旧，故南上高山，下入深谷，危骏回远，百姓患苦。”遂由赵孟麟穿崖易道，“行人去危即安”。另如《石门铭》载：“至于门北一里西上凿山为道，峭岨盘迂，九折无以加，经途巨碍，行者苦之。”遂由左校令贾三德“咸夷石道”。至于灵关道上的尊楗阁、杨母阁等也是为避岭岩阻峻回，曲九折乃至山上的九折阪而修建的。

第二种形式是为避免“难于上青天”的登攀之累而降低路基，重新凿崖开道。这种道路形式有凹槽式与石积式两种。如《郙阁颂》谓武都太守李翕造析里大桥“校致攻坚”，又“减西□□之高阁，就安稳之石道”。《石门颂》谓汉中太守王升增修褒斜栈“造作石积，万世之基，或解高格，下就平易，行者欣然焉”。所谓“石积”，有人认为是“石级”，还有人主张是凿崖开路而成的“石路”[1]。均不尽精当。据实地踏勘的结论是：“石积”实际上是利用原有的栈道梁架，在上面叠压石片交错覆盖而成的石道，有别于凹槽式石道[2]。任乃强先生在《华阳国志校补图注》中谓“积”与“藉”字通，意谓“砌石基垫平”，是言之有理的。[3]

第三种道路施工目的是为拓宽狭窄区段消除瓶颈路段。《广汉长王君石路碑》载：“冲路危险，侠石盘岩，□道人马□行。”遂由广汉长“攻治破坏”，扩充原路交通流量。又如《西狭颂》《武都太守李翕天井道碑》及《武都太守耿勋碑》涉及武都郡西狭道“危难阻峻。缘崖俾阁，两山壁立，隆崇造云，下有不测之溪，阨芒促迫，财容车骑。进不能济，息不得驻，数有颠覆陨隧之害。过者创楚，惴惴其慄”。“斯道狭阻，有坂危峻，天井临深之。临冬雪则冻，渝夏雨滑汰。顿踬伤害……过者战战。”遂由武都太守李翕“鐉锤西坂”，自天井山上拓宽路基达“人（入字）丈四尺”[4]。终于使得险径“坚无臽溃，安无倾覆，四方赖之，民悦无疆”。

[1] 陈奇猷：《读〈汉碑偶识〉质疑》，《考古》1991 年第 2 期，第 159 页。

[2] 郭荣章：《蜀道之谜新探》三，蜀道的形制结构（六）石积式栈道，《文博》1994 年第 2 期，第 33 页。

[3][晋] 常璩撰，任乃强校注：《华阳国志校补图注》卷十中《广汉士女 · 七》注⑤，上海古籍出版社，1987 年，第 588 页。

[4][南宋] 洪适：《隶续》卷十一《武都太守李翕天井道碑》文字，载《石刻史料新编（十）》，新文丰出版公司，1982 年，第 7146 页。

由于栈道为木构建筑，“缘崖凿石，处稳定柱，临深长渊”[1]，牢固耐久性较差。兼以风吹、日晒、雨淋、水冲等自然因素与人畜践踏、车辆碾压等人为因素影响，极易造成承受作用力的路面木板腐朽损坏，进而使得路面穿空，行旅失足。为防止类似事故发生，汉魏蜀道石刻文字中还有许多关于在栈阁木板以下填充土石加固栈阁框架结构的记载，这在当时栈阁建筑史上堪称一项改革[2]。如《汉安长陈君阁道碑》载“惟此故道，险阻危难，根阁阨□，临江缘山”，“穿陷坏绝，车马僵顿”。陈君“躬自案行……省去根阁，令就土著”。至于《石门颂》中提到的“石积”，其实也是在原有阁梁以下填加石片加固栈道路基的一种应急措施。又如《西狭颂》与《武都太守李翕天井道碑》关于西狭天井山栈路“鑃烧破析，刻臽崔嵬，减高就埤，平夷正曲，柙致土石，坚固广大，可以夜涉……鑃山浚渎，路以安直”和“坚无臽溃”的记载，也反映了因栈梁下以笼装土石填压终使路基“坚固广大”，“坚无陷溃”的事实。再如《石门铭》载：“阁广四丈，路广六丈，皆填磢栈壑，砰险梁危……去深去阻，匪阁匪梁”仍属于这一情况。按北魏一尺合 0.8343 市尺折算，阁广四丈当为 11.124 米，道广六丈合计 16.686 米。单以阁而言，其宽度已相当于现今简易公路规模。所以，倘若栈壑不夯填土石加以充实，十多米宽的高阁便无“去深去阻，匪阁匪梁”形制。正因为“穹隆高阁”“咸夷石道”（即阁梁下填土石），“皆填磢栈壑，砰险梁危”，才使栈道路基得以坚固。

鉴于栈道形制远望如长桥凌波，部分栈道上方还设有加盖遮蔽风雨和防护崖壁坍塌坠石伤人的顶棚，远望形似空中楼阁。因此栈道又有“栈阁”“阁道”“桥阁”“飞阁”“云栈”等名称。南宋洪适云：“栈路谓之阁道，非楼阁之阁也。”[3]《大开通》中关于褒斜栈工程有用“瓦卅六万九千八百四器”的记载。据分析，这些瓦器除了用于加盖沿途“邮亭、驿置、徒司空、褒中县官寺并六十四所”外，很可能还包括用以部分栈阁棚盖的覆盖。桥阁之“阁”，汉代蜀道石刻常写作“格”。

[1] 东汉《鄐阁颂》文字。

[2] 汪庆正：《东汉石刻文字综述》，载《上海博物馆馆刊》第一期，第 66 页。

[3] [南宋] 洪适：《隶续》卷四《蜀郡太守何君阁道碑》洪适跋语，载《石刻史料新骗（九）》，新文丰出版公司，1982 年，第 6795 页。

如《大开通》作“桥格”，《石门颂》作“高格”，《广汉属国辛通达李仲曾造桥碑》作“格路”皆然。“格”实为“阁”的假借。桥阁之“桥”，叶昌炽《语石》卷五认为：“此自陇入蜀架阁之梁，非渡水之略彴也。”案，《大开通》中“始作桥格六百二十三间”之“桥格”，《石门颂》中“桥梁断绝”之“桥”，《潘宗伯韩仲元造桥格题字》中“造此桥阁”的“桥阁”确属栈阁而非渡河桥梁。但《大开通》中“大桥五”之“桥”，《郙阁颂》“析里大桥”之“桥”，《广汉属国辛通达李仲曾造桥碑》中“桥坏求正”之“桥”，则均非泛指栈阁之“桥阁”，而是指横跨有一定宽度的河流桥梁。前两种石刻文字涉及的大桥分别系指跨越褒河、嘉陵江的桥梁，后者涉及的也是“跨据川险”的桥梁。

蜀道工程不论是修建栈道还是石道，由于其凿石架木和凿山开道均有一定的施工技术难度，所以，汉魏蜀道治理除动用大量民工外，还常常专门配备有一支训练有素的土木工程技术与管理队伍。《华阳国志》卷二《汉中志》梓潼郡汉德县（故址即今剑阁县）载：“有剑阁道三十里，至险。有阁尉，领桑下兵民也。”所谓“阁尉”即司统领民兵护卫栈阁之职。阁道防火甚严，且须随时维护修补，木材、人力宜取近便。故蜀汉免除阁下民户他种徭役，专护栈阁，称为“桑下兵民”，意谓居家耕种，兼应阁尉征遣之民军[1]。这在汉魏蜀道石刻文字中也有所反映。如《建平郫县碑》和《荡寇将军李苞开阁道碑》分别有“使石工毂徒”和“将中军兵石木工二千人”的记载。西晋太康元年修栈道石刻文字中还有两名主要工匠教导栈道沿线 260 名石佐修栈道的记载。另外《石门铭》中除载有“工徒万人”外尚有石师百人。很显然，匠与石师是具有相当技术水平和施工能力的专业工程技术人员。而《汉安长陈君阁道碑》中“邮亭掾”“道桥掾”、《武都太守耿勋碑》《武都太守李翕天井道碑》中“西部道桥掾”、《石门颂》中“六部道桥”则无疑是道路工程主持官员的属官，专司栈道、桥梁的维护管理事务。

川陕、陇蜀之间举凡栈路无不依山傍水构筑，所谓“其阁梁一头入山腹，其

[1][南宋]洪适：《隶续》卷十五《广汉属国辛通达李仲曾造桥碑》洪适跋语，载《石刻史料新编（九）》，新文丰出版公司，1982 年，第 6909 页。

一头立柱于水中”[1]。所以，除非枯水时节可保栈道往来通行无虞，一旦遭遇洪水则栈阁必有受水害冲击可能。秦巴山区夏秋每多霖雨，诱发大水，酝酿塌方，因此缘谷循河而建的交通建筑设施——栈阁首当其“冲”成为普遍现象，这在汉代史籍及蜀道治理石刻中，我们可以找出许多记述栈阁被大水毁坏的例子。如《后汉书》卷十三《隗嚣传》云：“白水险阻，栈阁绝败。”《汉安长陈君阁道碑》载：“道有根阁……临江缘山，险阻危厄，秋雨水潦，穿陷坏绝，车马僵顿，行旅苦之。”[2]《郙阁颂》载：嘉陵栈道“处汉之右。溪源漂疾，横柱于道。涉秋霖漉，盆溢涛涌，涛波滂沛，激扬绝道。汉水逆瀼，稽滞商旅。……斯溪既然，郙阁尤甚。……人物俱堕，沉没洪渊，酷烈为祸，自古迄今，莫不创楚”。《武都太守李翕天井道碑》谓天井山栈道“夏雨滑汰，过者战战”。再如唐末宣宗大中三年（849）十一月山南西道节度使郑涯议废褒斜栈开文川道以取其近捷。但文川新道辟通不足一年即“为雨所坏”[3]。北宋王溥《唐会要》卷八十六道路门载：“（大中）四年六月，中书门下奏：山南西道新开路，访闻颇不便人。近有山水摧损桥阁，使命停拥，馆驿萧条。”

鉴于上述天气、水文地理条件等因素，汉魏蜀道石刻文字反映的栈道整治工程时间大多在春冬雨季，绝少在夏秋发水时节之前，否则必然事倍功半难以为继。这在三国魏蜀南征北伐战争期间就有覆车之鉴。太和四年（230），即蜀汉建兴八年秋七月，曹真拟大举伐蜀。当时褒斜栈赤崖以北栈阁已于两年以前的建兴六年春赵云为拒曹真追兵时焚毁，这就是诸葛亮与兄瑾书中所谓“前赵子龙退军，烧坏赤崖以北阁道。缘谷一百余里”[4]。因此曹真欲长驱南下势必要架通这段断栈以便行军。《三国志·魏书》卷十三《王肃传》载：“闻曹真发已逾月而行裁半谷，治道功夫，战士悉作。”从这段记载可以发现魏军修栈已万事俱备，跃跃

[1][晋]常璩撰，任乃强校注：《华阳国志校补图注》卷二《汉中志》十一《汉德县》注（21）（22），上海古籍出版社，1987年，第96~97页。

[2][北魏]郦道元：《水经注》卷二十七，四部丛刊初编缩本，第371页。

[3][南宋]洪适：《隶续》卷十五《汉安长陈君阁道碑》洪适跋语，载《石刻史料新编（十）》，新文丰出版公司，第7174页。

[4][后晋]刘昫等：《旧唐书》卷十八《宣宗本纪》，中华书局，1975年，第625页。

欲试。但“会大霖雨三十余日，或栈道断绝”[1]，“大雨道绝，真等皆还”[2]。众所周知，木构建筑最忌火焚水冲，所以魏军修栈之举虽方兴未艾，但栈道经前后水火轮番并作，魏军用工始终无济于事，逾月仅边修边行边毁五十余里。足见工程、行程进展缓慢困难程度，最终无功而返，褒斜栈道创伤依旧，仍陷于瘫痪状态。此诚如诸葛亮在建兴十一年（233）秋北伐曹魏之际为恢复本系北拒强敌天然屏障的这段褒斜栈北部断栈时强调指出的那样：“顷大水暴出，赤崖以南桥阁悉坏”，“今水大而急，不得安柱，此其穷极不可强也”[3]。

另据1979年地当川、陕、甘三省交界处的川北青川县战国墓出土的秦武王二年（前309）十一月木牍田律记载，其治道修桥时间也与此后汉魏蜀道石刻文字记载的蜀道兴工修造时间不谋而合。牍文云：“九月，大除道及阪险。十月，为桥……非除道之时，而有陷败不可行，辄为之。”案，除，意修治。《礼记·曲礼下第二》：“驰道不除”注：“除，治也”可证。阪险，道路险峻之处。《吕氏春秋·孟春纪·孟春》“阪险原隰”注：“阪险，倾危也”，可证。青川墓群多数墓葬可能与“秦民移川”有关[4]，其木牍田律所涉路、桥建设虽看似与栈道工程无关，但由此亦略可推见早期蜀道雏形治理的时间表。它与《管子》卷十四《四时》第四十有关春正月“端险阻，修封疆，正千伯（阡陌）”及汉魏蜀道石刻文字记述栈道工程夏秋无计可施、春冬大兴土木的事实，充分揭示出古代道路治理在气象、水文、季节变化方面的普遍规律。

三、石刻体裁与兴工人物

汉魏蜀道石刻文字体裁约有“颂”“表”“铭”“题记”或“题名”四种。“题记”表述的特点是直截了当、言简意赅，没有无关紧要的冗言赘语，更没有“颂”“铭”体歌功颂德的溢美之词，但却有“颂”“铭”体罕见，反映栈道工

[1][4][北魏]郦道元：《水经注》卷二十七，四部丛刊初编缩本，第371页。
[2][晋]陈寿：《三国志·魏书》卷九《曹真传》，中华书局，1959年，第282页。
[3][晋]陈寿：《三国志·蜀书》卷三十三《后主传》，中华书局，1959年，第896页。

程规模、预算、施工队伍状况的详尽数字。所以，从某种意义上说，其简明扼要的史料价值远远高于拖沓冗长的“颂”“铭”等石刻文字体裁。《汉石刻治道记》《蜀郡太守何君阁道碑》《大开通》以及《荡寇将军李苞开阁道碑》《建平郫县碑》《西晋太康元年修栈记》等皆然。

“颂”这种文体顾名思义用于歌功颂德。南朝梁萧统《文选·序》云：“颂者，所以游扬德业，褒赞成功。”刘勰《文心雕龙·文体论·颂赞第九》云：“至于秦政刻文，爰颂其德。汉之惠景，亦有述容，沿世并作，相继于时矣。……原夫颂惟典雅，辞必清铄，敷写似赋，而不入华侈之区；敬慎如铭，而异乎规戒之域。”“颂”体被运用于咏颂汉代蜀道建设的石刻文字，旨在突出工程主持者的伟绩丰功[1]。诚如《石门颂》序文所云：“推序本原，嘉君明知，美其仁贤，勒石颂德，以明厥勋。”而且行文格式规范，前为表述序语，后为铺叙颂文。循此标准在“颂”体之列的汉魏蜀道石刻除“汉三颂”外，尚有《汉安长陈君阁道碑》和《广汉属国辛通达李仲曾造桥碑》。

“表”这种文体在汉魏蜀道石刻文字中亦旨在标表栈道工程主持人，但较诸“颂”体，文字表现形式上略显详实而简洁自如，辞赋部分颂文可有可无，且以不缀加颂文居多。如《广汉长王君石路碑》“文不满百”[2]，《右扶风丞李君通阁道记》仅 70 字；遣词造句也无“颂”体文采典雅，似仅为“颂”体“颂文（辞赋）”之前陈述作颂缘由部分的序文。循此命题规律，在“表”体之列的汉魏蜀道石刻文字尚有《南安长王君平乡道碑》《青衣尉赵孟麟羊窦道碑》《冯君阁道碑》《武都太守李翕天井道碑》《司隶校尉杨淮碑》等。

“铭”这种文体实与“颂”或“赋”别无差别。颂文雅正美好，文辞清澄而有文采；铭语则更趋严谨，或称功德，或申鉴戒。汉魏蜀道石刻中《石门铭》属纪功铭，《张休崖涘铭》与《剑阁铭》则与前及“颂”“表”体以人物为表述对象不同，这两段铭文记述的对象是崎岖难行的剑阁栈路，诵之令人肃然审慎。

就汉魏蜀道石刻文字体裁总体演化轨迹而言，“记”体最早，“表”“颂”“铭”

[1] 四川省博物馆、青川县文化馆：《青川县出土秦更修田律木牍》、于豪亮：《释青川秦墓木牍》、李昭和：《青川出土木牍文字简考》，载《文物》1982 年第 1 期，第 1~27 页。

[2] 陶喻之：《“汉三颂”正名》，《大公报》1996 年 1 月 12 日，艺林版第 1206 期。

诸体依次随后。当然，上述文体并无明确的时间过渡界定，题记在东汉之后的蜀道石刻文字中就不乏其数。表、颂二体于汉代蜀道石刻约出现在东汉中期以后，命名也没有很严格的区分标准，有时甚至混用不别，如《西狭颂》《武都太守耿勋碑》均有颂文铺陈的辞赋部分文字，但题额分别为《惠西安表》和《汉武都太守耿□表》。表、颂在东汉之后演变成志、铭。

汉魏蜀道石刻文字中于史有名或有传者分别见诸"表""颂""铭"三种文体，汉代早期蜀道石刻题记中涉及职位较高的工程主持者如蜀郡太守何君、汉中郡太守鄐君均史逸其名，履历难详。《蜀中名胜记》卷之十二上川南道眉州彭山县引唐开元《十道要略》云："汉何斌为蜀郡太守，理于此。"何斌为汉蜀郡守不见于《华阳国志》记载，不知此蜀郡守何斌是否即系建武中元二年造尊楗阁的蜀郡太守平陵何君？待考。

见之于史的东汉司隶校尉杨涣及其孙杨准、武都太守李翕、西晋蜀郡太守张收之子张载和北魏龙骧将军、梁秦二州刺史羊祉五人，除《晋书》卷五十五张载本传详陈其入蜀作《剑阁铭》并由晋武帝传旨镌刻于剑阁山崖的本末原委外，其余四人与蜀道工程的关系，有关他们的史传如《华阳国志》卷十《广汉士女》《益梁宁三州先汉以来士女目录》、《后汉书》卷六十五列传第五十五《皇甫规传》和《魏书》卷八十九列传第七十七《羊祉传》均只字未提他们分别倡修褒斜、陇南、故道之举。值得庆幸的是，主要记述杨涣、李翕、羊祉治理蜀道交通功绩的"汉三颂"与《石门铭》等六种石刻文字弥补了上述史籍记载的缺略；而且这种裨补缺佚还不仅仅表现在反映他们主持蜀道工程方面。如追述故司隶校尉杨准、杨弼政绩的《司隶校尉杨准碑》反映杨准、杨弼官职、生平、仕历等方面史料，就较之《华阳国志》详尽。同时，透过《华阳国志》关于"汉安初（142），郡守太尉李固荐准累世忠直，拜尚书"的记载，我们似乎可以从中得出这样一个结论：即身为"栈道之乡"汉中城固人的忠臣太尉李固推荐杨涣之孙杨准的原因，很可能是有感于杨准之祖、已故的司隶校尉杨涣"辅主匡君，循礼有常。咸晓地理，知世纪纲。言必忠义，匪石厥章。恢弘大节，谠而益明。揆往卓今，谋合朝情"的为人，及其于安帝延光四年（125）"深执忠伉，数上奏请，有司议驳，君遂执争。

百僚咸从，帝用是听。废子（子午道）由斯（褒斜道），得其度经”[1]复通褒斜故道的事迹而竭力举贤任能的。另外，通过《石门铭》文字考察羊祉生平，我们还发现有这样一种可能，即《魏书》羊祉本传不书羊氏“重开褒斜”，是出于政治原因而施以“隐善扬恶”的修史曲笔的[2]。因为羊祉名列《酷吏传》被贬焉“性刚愎，好刑名……侵盗公资，私营居宅，有司案之抵死……天性酷忍，又不清洁。坐掠人为奴婢……好慕名利，颇为深文，所经之处，人号‘天狗下’”。

李翕其人，《后汉书·皇甫规传》谓其于延熹五年（162）前后“多杀降羌……不遵法度”，为中郎将皇甫规“悉条奏其罪”。但据《西狭颂》《郙阁颂》与《武都太守李翕天井道碑》关于他在建宁四年（171）和熹平元年（172）身体力行，修治陇南、故道三处栈路，以致“四方赖之，民悦无疆”“行人欢悀，民歌德惠”“行人夷欣，慕君靡已”的事实，似已有洗心革面、立地成佛之志。因此时人以《惠西安表》为额，旨在表彰颂扬他施恩于郡西之民，使其得以安宁。此诚如清赵绍祖《古墨斋金石跋》卷一所云：《后汉书·皇甫规传》有属国都尉李翕多杀降羌为规所奏而免。“以时考之，疑为一人。困于心，衡于虑而后作；征于色，发于声而后喻，则李翕之前忍而后惠，未始非皇甫威明之所激而成也。”

更值得一提的是，关于李翕事迹，《西狭颂》堪称其个人评传，几详述其大半生仕历，全篇内容明显较之《后汉书·皇甫规传》中涉及他的只语片言全面。如石刻文字称翕“督邮部职，不出府门，政约令行，强不暴寡，知不诈愚。属县趋教，无对会之事。徼外来庭，面缚二千余人”，就足与《皇甫规传》所载史实相印证且更足以信。另外，《西狭颂》正文旁“五瑞图”左侧有两行刻字云：“君昔在渑池修崤岭之道，德治精通，致黄龙、白鹿之瑞。故图书其像。”这段石刻文字也足以弥补《皇甫规传》有关李翕政绩之不足。诚如北宋曾巩《元丰题跋》就《西狭颂》所云：“翕治崤嵚、西狭、郙阁之道有益于人而史不传，则颂之作

[1][南宋]洪适：《隶续》卷四《广汉长王君石路碑》洪适跋语，载《石刻史料新编（九）》，新文丰出版公司，1982年，第6798页。

[2] 东汉《石门颂》文字。

所以备史之缺，是则传之亦不可以不广也。”[1]

《西狭颂》题额以下有“黄龙”“白鹿”“甘露降”“承露人”“嘉禾”“木连理”六画像及相应的刻字。因“甘露降”与“承露人”合为一瑞，故《西狭颂》俗称《五瑞图》。凡此五瑞皆古时瑞应之物。郭荣章先生在《汉三颂专辑》内《汉〈西狭颂〉文字考释》四、《〈西狭颂〉文字考释补遗》二中“关于《五瑞图》之释”认为：“史籍中所述及之瑞应，多系隐喻帝王之仁德，李翕作为地方官，能否有此殊荣盛誉，是值得惑疑的。”检《蜀中名胜记》卷之十二上川南道眉州彭山县载：“《碑目》云：‘汉刻《黄龙甘露之碑》，在彭山黄龙镇。’”[2] 据此说明，瑞应之物于汉代石刻文字恐并非《西狭颂》仅见，它是以地方官吏的卓越政绩和地方上所呈现的祥瑞现象来隐喻或归功于帝王仁德的。本着不因事废人和苛求古人的品评历史人物原则，李翕“除患蠲难，心乎惠民”[3] 更造三处艰难蜀道的德政被书刻于《惠西安表》（即《西狭颂》），应当说是名副其实，值得肯定的。

余　论

通览汉魏蜀道石刻文字不难发现，两汉时期蜀道干线治理多与当时政治需要，即位于中国北方的封建中央集权政府加强对西南地区的统治，巩固政局的稳定有密切的关系。以入蜀主干道褒斜道为例，除《史记》《华阳国志》《后汉书》等汉代史籍分别论及其在政治、军事、经济上的重要性外，蜀道石刻文字中也不乏类似记载。如《大开通》载：自褒斜道恢复通行后，“益州东至京师，去就安稳”。《石门颂》载：自褒斜道重新启用后，“自南自北，四海攸通。君子安乐，庶士悦雍。商人咸喜，农夫永同”。它反映了统治阶级出于政治、军事、经济等需要而频繁利用蜀道交往进而对交通治理引起的高度重视。

[1] 舟子：《羊祉“重开褒斜”及其仕迹考评》，载《成都大学学报》（社科版）1989 年第 1 期，第 127 页。

[2]《石刻史料新编（二十四）》，新文丰出版公司，1982 年，第 18014 页。

[3][明] 曹学佺著，刘知渐点校：《蜀中名胜记》，重庆出版社，1984 年，第 193 页；[南宋] 洪适：《隶续》卷十六《黄龙甘露碑二》，载《石刻史料新编（十）》，新文丰出版公司，1982 年，第 7176 页。

由于蜀道治理往往分区段进行，所以，涉及某些险段修治还常常与发展地方交通、巩固地方治安、保持辖境稳定、考察地方官吏政绩联系在一起，这在不少汉代蜀道石刻文字中有所反映。如《南安长王君平乡道碑》载：“贼盗区止，车马驰驱，无所畏难……百姓如愿……恩及子孙，去危就安，万世无患。”《青衣尉赵孟麟羊窦道碑》载：“除去危难，行人万姓，莫不蒙恩，传于无穷乎……穿崖易道，盗贼征止，老弱往来，无患时典。”《汉安长陈君阁道碑》载：“长无劳费，为万世基，百姓行人，欢悦歌咏……恩惟俭约，所以利民……百姓安乐，不劳不烦，又有此阁，就乎平便，民无经赋，行人离患。”《右扶风丞李君通阁道记》载：“万民欢喜，行人蒙福。”如此不一而足。上述汉代蜀道石刻文字在遣词造句上虽或有些许言过其实的溢美之词，但总体上如实反映了道路交通的畅通与恢复，客观上确实对于东汉封建王朝在相对平和时期的社会进步和长治久安，发挥过相当重要的促进和推动作用。而魏晋时期蜀道石刻反映的栈道治理，则显然是曹魏和西晋统治者出于迅捷调兵遣将、加紧灭蜀伐吴一统天下战略部署的军事需要。

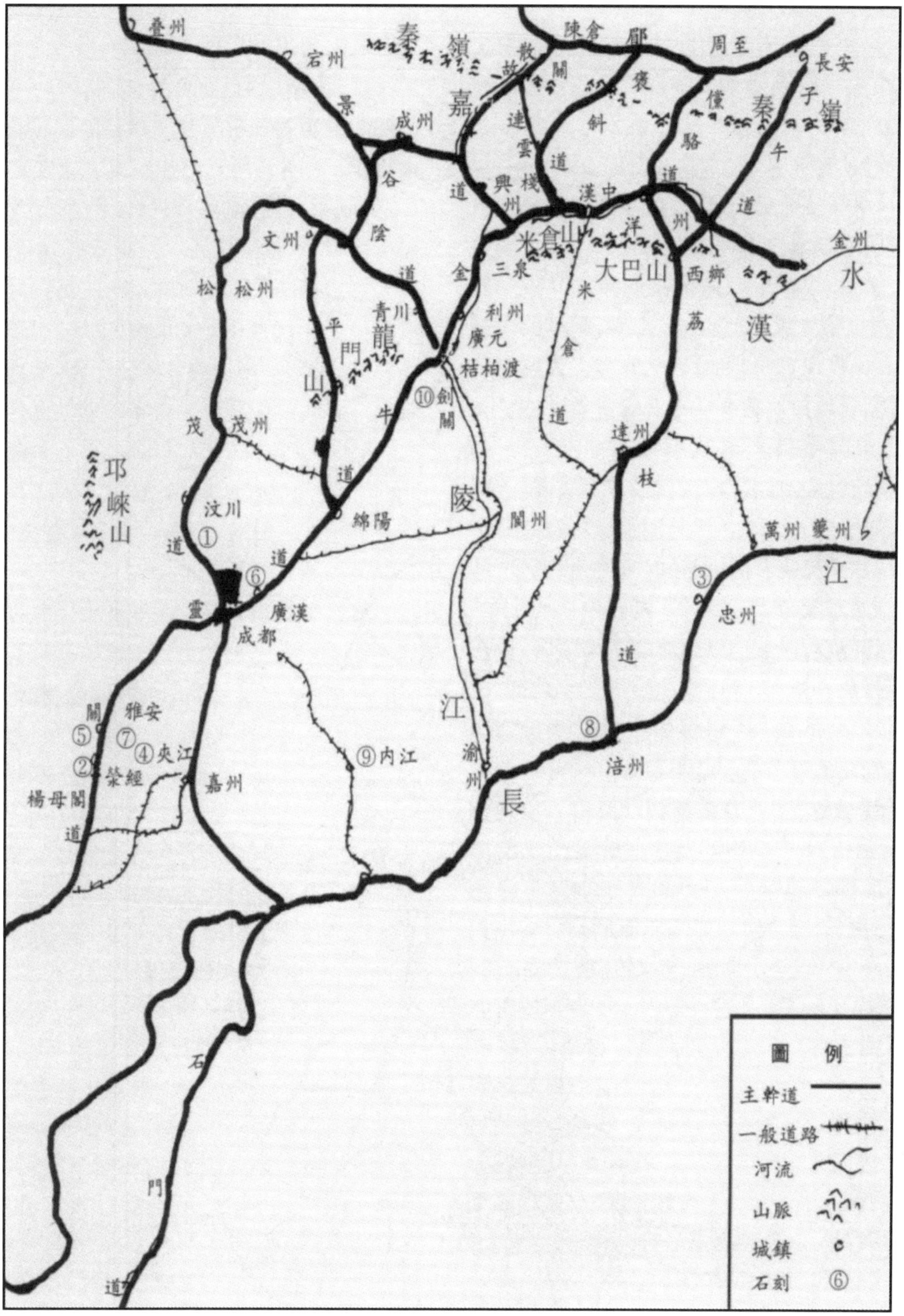

①建平郫县碑、汉石刻治道记 ②蜀郡太守何君阁道碑 ③修道碑 ④南安长王君平乡道碑 ⑤青衣尉赵孟麟羊窦道碑 ⑥广汉长王君石路碑 ⑦广汉属国辛通达李仲曾造桥碑 ⑧刘让阁道题字 ⑨汉安长陈群阁道碑 ⑩剑阁铭

图1 蜀道南段线路及摩崖石刻分布图（四川）

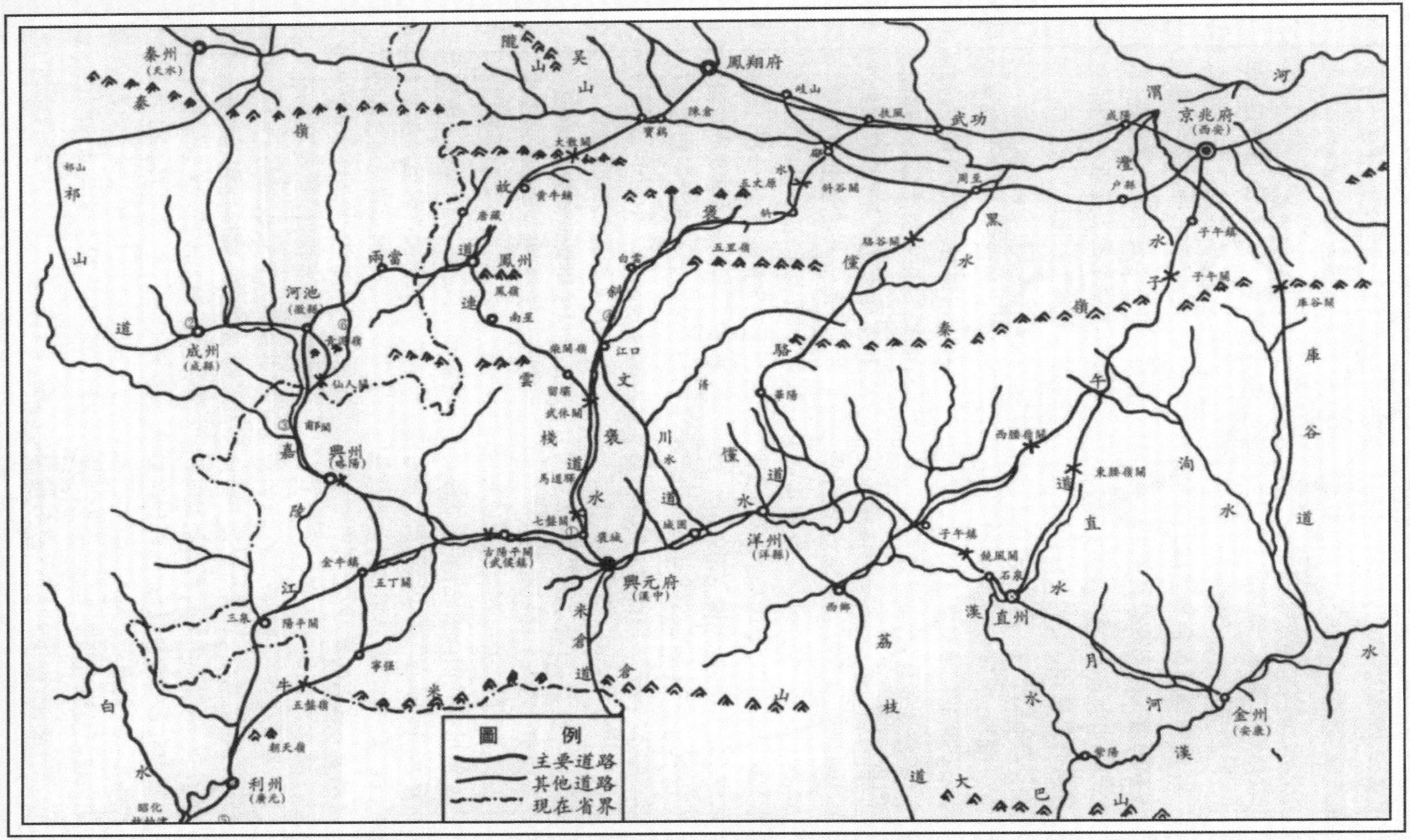

① 石门摩崖石刻群　② 西狭摩崖石刻群　③《郙阁颂》摩崖石刻　④ 西晋太康元年修栈道记摩崖石刻

⑤《剑阁铭》摩崖石刻　⑥《大宋兴州新修白水路记》摩崖石刻

图 2　蜀道南段线路及摩崖石刻分布图（陕西　甘肃）

附表：汉魏蜀道石刻一览表（左）

时代	帝系	立石时间		石刻名称	工期或竣工时间	立石地点	石刻现状	相关道路
		年号	公元纪年					
西汉	哀帝	建平五年（元寿元年）	前2	建平郫县碑	六月	四川灌县（今都江堰市）	已佚	松茂路
东汉	光武帝	建武中元二年	57	蜀郡太守何君阁道碑	建武三十、三十一年到建武中元二年六月	四川荥经	已佚	灵关道
	明帝	永平元年	58	汉石刻治道记		四川灌县	已佚	松茂路
	明帝	永平九年	66	汉中郡太守鄐君修桥格碑（俗称“大开通”）	永和六年（63）到九年四月	陕西汉中褒城石门	今凿迁汉中市博物馆陈列	褒斜道
	章帝	建初二年	77	修道碑		四川忠县	已佚	
	和帝	永元六年	94	汉石刻治道记		四川灌县	已佚	松茂路
	和帝	永元八年	96	南安长王君平乡道碑	永元七年（95）十月到八年四月十日	四川夹江	已佚	灵关道或连接犍为与蜀郡的道路，亦名“平乡明亭大道”
	安帝	永初六年	112	青衣尉赵孟麟羊窦道碑	十一月九日	四川雅安	已佚	灵关道支线，亦名“羊窦道”
	安帝	延光四年	125	司隶校尉杨君石门颂（俗称“石门颂”）	年底	陕西汉中褒城石门	今凿迁汉中市博物馆陈列	褒斜道

汉魏蜀道石刻史料一览表（右）

缘河	越岭	工程规模	道路形式	主持人职官	姓名表字	备注
岷江	紫屏山	长二十五丈，价二万五千斛粟	栈阁	郫县五官掾	范功平	南宋洪适《隶续》卷三著录
	大相岭	长五十五丈，用功千一百九十八日	阁道	蜀郡太守	何斌？	因到建武中元二年已用功千一百九十八日，故兴工当在此前的建武三十年（54）或建武三十一年（55）。洪适《隶释》卷四著录
岷江	紫屏山					南宋王象之《舆地碑记目》卷四永康军碑记存目；石原在《建平郫县碑》旁
褒河	秦岭	动用广汉及巴、蜀三郡工徒二千六百九十八人，完成桥阁六百二十三间、大桥五，为道二百五十八里，通讯设施六十四处，用功七十六万六千八百余人，用瓦三十六万九千八百四器，用钱百四十九万九千四百余斛粟，历时三年	栈阁及大桥	汉中郡太守	鄐君（史逸名字）	南宋晏袤有《鄐君开通褒斜道摩崖释文》刻石，今搬迁汉中市博物馆。本石刻名称出自晏氏释文；因绍熙五年（1194）始重见天日（见南宋娄机《汉隶字源》），故该摩崖刻石不为洪适著录。建和二年（148）《石门颂》“至于永平，其有四年，诏书开斜，凿通石门”，即指《大开通》所及栈道工程
长江						《舆地碑记目》卷四忠州碑记存目
岷江	紫屏山					《舆地碑记目》卷四永康军碑记存目；石原在《建平郫县碑》旁
青衣江			取崖通道	南安长	王君（史逸名字）	《隶续》卷十一著录
青衣江			穿崖易道	青衣尉	赵孟麟	《隶释》卷四著录
褒河	秦岭			司隶校尉	杨涣字孟文	《隶释》卷四著录；建和二年《故司隶校尉楗为杨君颂》（即《石门颂》）载：杨涣“数上奏请，百僚咸从，帝用是听（即请重开褒斜道）”。终于“废子（子午道）由斯（褒斜道），得其度经”。《后汉书》卷六《顺帝纪》：延光

续表一（左）

时代	帝系	立石时间		石刻名称	工期或竣工时间	立石地点	石刻现状	相关道路
		年号	公元纪年					
东汉	顺帝	永建五年	130	汉安长陈君阁道碑	孟春	四川内江	已佚	
	桓帝	建和二年	148	司隶校尉杨君石门颂(俗称"石门颂")	冬	陕西汉中褒城石门	今搬迁汉中市博物馆陈列	褒斜道
		和平元年或元嘉元年	150或151	广汉长王君石路碑	建和二年冬到和平元年或元嘉元年	四川广汉	今佚	金牛道
		和平元年	150	冯君阁道碑			今佚	
		永寿元年	155	右扶风丞碑		陕西汉中褒城石门	今搬迁汉中市博物馆陈列	褒斜道
		延熹二年	159	张休崖涘铭		四川	今佚	
		延熹七年	164	广汉属国辛通达李仲曾造桥碑	三月到五月	四川雅安	今佚	灵关道
	灵帝	建宁元年	168	刘让阁道题字	十月上旬	四川涪陵	今佚	
		建宁四年	171	武都太守李翕西狭颂(俗称"西狭颂")	建宁三年二月到次年六月十日	甘肃成县西狭	在西狭原址	阴平道北段或故道南段支线
		建宁五年(熹平元年)	172	李翕析里桥郙阁颂(俗称"郙阁颂")	二月	陕西略阳北宜口	今搬迁略阳灵岩寺	故道(嘉陵道、陈仓道)

续表一（右）

缘河	越岭	工程规模	道路形式	主持人职官	姓名表字	备注
						四年“诏益州刺史罢子午道，通褒斜道”。案，顺帝于安帝延光四年十一月即位
沱江		原栈阁长二百余丈，岁岁发民修治，费用三十余万斛粟。现省阁就土，长无劳费	栈阁	汉安长	陈君（史逸名字）	《隶续》卷十五著录；《舆地碑记目》卷四资州碑记另有《陈君德政碑》目
褒河		造作石积，或解高格，下就平易，行者欣然焉	栈阁	汉中郡太守	王升字稚纪	《隶续》卷四著录；本石刻有题额作双竖行“故司隶校尉楗为杨君颂”
		开间道，功夫九百余日	石路	广汉长	王君（史逸名字）	《隶续》卷四著录；功夫九百余日完工，完工当在三年之后。本石刻题额有一“表”字
		披山开道			冯君（史逸名字）	《隶续》卷十五存目；宋陈思《宝刻丛编》卷廿“凡六十九字”。
褒河	秦岭	修阁道	阁道	右扶风丞	李禹（寿）字季休（士）	清王森文《石门碑释》著录；本石刻题额有一“表”字
			栈阁		张休崖	《隶续》卷十九著录
青衣江			大桥	广汉属国	辛君字通达（史逸其名）李君字仲曾	《隶续》卷十五著录
长江？乌江？			阁道		刘让	《隶续》卷十六著录
响水河	天井山	因常繇道徒，鐉烧破折，刻臽崔嵬，减高就埤，平夷正曲，柙致土石，坚固广大，可以夜涉	栈阁	武都太守	李翕字伯都	《隶释》卷四著录；本石刻题额作竖行“惠西安表”，另有“五瑞图”“正文”和“题名”三部分图文组成
嘉陵江	秦岭	原栈阁长二百余丈。号为“万柱”。李翕造析里大桥，校致坚固，减除高阁，就安稳之石道	栈道	武都太守	李翕字伯都	《隶释》卷四著录

续表二（左）

时代	帝系	立石时间		石刻名称	工期或竣工时间	立石地点	石刻现状	相关道路
		年号	公元纪年					
东汉	灵帝	建宁五年	172	武都太守李翕天井道碑	建宁三年二月到五年二月十八日	甘肃成县西狭	今不明所在	阴平道北段或故道南段支线
		熹平二年	173	司隶校尉杨淮碑		陕西汉中褒城石门	今搬迁汉中市博物馆	褒斜道
		熹平三年	174	武都太守耿勋碑	四月	甘肃成县西狭	在西狭原址	阴平道北段或故道南段支线
		景元四年	263	荡寇将军李苞开阁道碑	十二月十日	陕西汉中市褒城石门	今搬迁汉中市博物馆陈列	褒斜道
西晋	武帝	泰始六年	270	潘宗伯韩仲元造桥格题字	五月十日	陕西汉中市褒城石门	今搬迁汉中市博物馆陈列	褒斜道
		太康元年	280	晋泰康修栈道碑	五月二十九日	陕西留坝江口西江营	今佚（存拓片）	褒斜道
		太康初年	280~284	剑阁铭		四川剑阁	今佚	金牛道
北魏	宣武帝	永平二年	509	石门铭	正始四年（507）十月十日到永平二年（509）正月	陕西汉中褒城石门	今搬迁汉中市博物馆陈列	褒斜道

续表二（右）

缘河	越岭	工程 规模	道路 形式	主持人 职官	姓名 表字	备注
响水河	天井山	拓宽路面八丈四尺。鏁鎚西坂，安无倾覆		武都 太守	李翕 字伯都	《隶续》卷十一著录
褒河	秦岭			司隶 校尉	杨准字伯邳 杨弼字颖伯	《隶续》卷十一著录；本石刻是卞玉过石门因见颂扬杨准祖父杨涣开通褒斜道的《石门颂》石刻有感而详述其门阀
响水河	天井山	修治狭道		武都 太守	耿勋字伯瑋	《隶续》卷十一著录。有题额作竖行“汉武都太守耿□表”
褒河	秦岭	中军兵石木工二千人参与工程	栈阁	荡寇将军 浮亭侯	李苞字孝章	清钱大昕《潜研堂金石文跋尾》卷二著录
褒河	秦岭		桥阁		潘宗伯韩仲元	《潜研堂金石文跋尾》卷二著录；南宋晏袤有《魏潘宗伯韩仲元李孝章通阁道碑阴》石刻，今亦迁汉中市博物馆
褒河	秦岭	匠二人，石佐二百六十人参与工程	栈阁			清万方田、罗秀书《褒谷古迹辑略》著录。“泰康”当为“太康”之讹；“太康”改元在四月，故原著称录“正月二十九日”恐系“五月二十九日”之讹
	巴山			著作郎，太子中舍人，乐安相、弘农太守	张载字孟阳	《晋书》卷五十五张载本传著录；本铭系张载过剑阁以蜀人好恃险为乱而著以作诫
褒河	秦岭	工徒万人，石师百人参与工程。阁广四丈，路广六丈，皆填碾栈壑，穹隆高阁，咸夷石道	栈阁	龙骧将军、梁秦二州刺史、左校令	羊祉字灵佑 贾哲字三德	此次工程复通壅塞的石门隧道，褒斜道也由此改由回车折而往西北合故道，走向经散关出栈。清王昶《金石萃编》卷二十七著录

（原文发表于《上海博物馆集刊》第七期，上海书画出版社，1996 年）

外国学者笔下的汉中古道

周　郢

汉中境内褒斜、连云、金牛、米仓等古道，都是古代沟通秦蜀的主干栈道，在古代交通史上有着重要地位。汉中古道，不仅载誉中国史册，而且亦深为外国学者所瞩目，在他们的文史著作中，屡屡留下了关于汉中古道的记载。当前，“中国研究外国，外国研究中国，中国再研究外国人对中国的研究，变得十分自然而迫切，不可避免而需要自觉”。随着学术视野的扩大，搜集、整理、研究外国学者对汉中古道的记录、评述，应是“石门学”中的一个崭新的课题。

笔者在读书中发现了罗马尼亚学者米列斯库及日本学者竹添井井有关汉中古道的记叙，深感这两份资料对蜀道史及石门学的研究有着较高的参考价值，故撰此小文简作介绍，并作为开拓“石门”研究领域的一个尝试。

一、米列斯库笔下的汉中府及其道路

十七世纪罗马尼亚学者尼·斯·米列斯库（N·Spataru Mileseu）在所著《中国漫记》（Descrierea Chinei）中曾对汉中府及其道路作过记叙和评价。

米列斯库（1636~1708）生于罗马尼亚，其在俄国任职时，曾被委任为出使清国使节，并于康熙十五年（1676）进京觐见了康熙皇帝。《中国漫记》便是米氏在清期间撰写的一部记述中国历史地理的著作。其书考察细致、材料丰富，被后人誉为“中国古老文明的一幅才华卓绝的壁画”（《漫记》有今人蒋本良汉译本，系据罗马尼亚文译出）。

在《漫记》第二十八章《陕西省其他六大城市》中，载有关于“汉中府”的一段文字。全文录于下：

陕西省第三大城市叫汉中府（Han-hung），位于两条河的汇合处，其中一条叫汉水。虽然四周有崇山峻岭环抱，但土地十分肥沃，到处精耕细作。这里山区盛产蜂蜜，也有麝香、硫化汞，野兽中有鹿、山羊，长得都很肥壮，熊也很多，中国人把熊掌视为最珍贵的佳肴。

这个府下属十六个小城镇，全部位于山区。汉中府人口密集、守卫坚固，由于四面环山，林木茂盛。城里有五座雄伟的寺庙。其中一座尤为金碧辉煌，是一位大臣捐建的。他还修筑了从首府西安到本城的公路，穿山越岭，盘桓险峻，如果绕山而行，要走约两千里路，而翻越山岭，则只有八十里的路程。据说，这位大臣在此不远的地方曾带兵同敌人打仗，敌军绕山而逃，他为了追上敌军，逢山劈山，逢水搭桥，沿途山峰壁立，仅见一线天。就这样，他终于赶上了敌军。这条道路修得十分宽畅，能容四匹马并驾齐驱。栈道既高且险，为便路人安全，桥两边装有扶手，并填土垫稳，以消行人之惊惧。今天，中国人仍十分注意保护这条道路，经常维修，路边建起了村庄和客栈，这样的工程实为其他帝国所罕见。所以，中国人为这位大臣修了庙宇，永志纪念。有座山上雕有一尊绝世佳人像。有一座山名叫“布国”，山上的红土犹如丹铅，中国人用这里的土炮制一种药，名“疼阻”，能清热解毒。这种药欧洲医生尚不知道。附近有两条河流经过，一条叫“东汉水”，另一条叫“西汉水”。

米列斯库对汉中府的地理、形势、物产、古迹、水系以及交通都作了详细载录，虽然米氏并未亲至汉中，所记间有传闻失实之处，但其中提供的一些记叙和论断，仍是研究汉中古道的有用资料。

其一，对汉中栈道作了高度评价。米氏笔下“从首府西安到本城的公路”，当即指的是连云栈道。连云道是褒斜道的变种，北口在宝鸡，南口在汉中褒谷。清康熙三年（1664），陕西巡抚贾汉复曾对此道进行大规模整修，连云道遂成为有清一代的入蜀交通干道。米列斯库称“这样的工程实为其他帝国所罕见”，高度评价了这条栈道在世界交通史上的重要地位，诚可谓慧眼独具。米氏这一论述，应是历史上外国学人较早关于汉中栈道的评说。

其二，米列斯库记录的汉中府及其道路的情况中不乏重要资料，有的可以补汉籍缺漏，有的则可与汉文史籍相互印证。如所记“有座山上雕有一尊绝世佳人像”，这一古迹，便未见于方志载录。据陈显远先生研究，米氏所谓“绝世佳人像”应是指连云栈上的观音碥造像——雕观世音，康熙陕抚贾汉复治道时所置。米氏为研究这一古迹提供了有用资料。又如记汉中的“公路”是一位大臣在作战中开辟的，按兴修汉中栈道用于军事行动，历史上曾有数次（参郭清华《谈谈褒斜道在历代战争中的运用》，《石门》第 2 期）。米氏所指究指哪一次战役，虽目前尚难于指实，但可为这一问题的研讨提供参考。再如称“（汉中）府下属十六个小城镇”，考米氏来华之时，汉中府下辖宁羌州及南郑、城固、洋县、西乡、凤县、勉县、褒城、略阳诸县，又辖兴安一州（今安康地区），州下领县有六，为汉阴、石泉、旬阳、白河、平利、紫阳，合计共十六州县。米氏的记述极为准确，可印证汉文史料，其他如所记栈道的设置和保护、汉中的五大庙宇、物产的名称，也都颇有研究价值。限于篇幅，此不赘述。

二、竹添井井笔下的汉中南北栈道

如果说米列斯库笔下的汉中古道，还仅是得诸传闻和采于资料，那么在其二百年后的日本学者竹添井井，则以其亲身经历，在其书中为我们留下了一幅生动真实的十九世纪末期汉中南北栈道的风物长卷，这一资料，值得后人珍视和研究。

竹添井井（1842~1917）是日本明治时代汉学家、文学博士。本名进一郎，字渐卿，号井井，肥后（今熊本县）天草人。初从学于熊本的藩儒本下铧村门下，明治维新后出任外交官，官至朝鲜公使。其在任时，因明治十七年（1884）朝鲜发生甲申事变，负咎去职。其后任东京帝国大学教授，从事创作和研究，直至逝世。其经学造诣深厚，主要著作有《左氏会笺》30 卷。此外，他还擅长汉诗文的创作，是明治时代屈指可数的大家，所著诗文于大正元年（1912）集为《犹抱楼诗文稿》刊行于世（以上竹添生平，主要摘译自日本平凡社版《世界大百科事典》第 19 册，神田喜一郎先生撰“竹添井井”词条）。

明治八年（1875），竹添井井随日本驻清公使森有礼常驻中国。翌年五月，竹添开始了在中国的旅行，此行由北京出发，历经河南、陕西，进入四川，复由三峡出蜀，前后历时四月。竹添根据旅途闻见，用汉文著成《栈云峡雨日记》两卷。在其书的上卷里，便叙及其取道汉中北南栈道的一段旅行经历。

竹添井井行经汉中的路程如下：先取道北栈（连云道）由宝鸡入汉中，复由汉中行南栈（金牛道）入川。其前后经过是：六月十四日至留坝厅—十五日逾画眉关—十六日过青桥驿—十七日发褒城—十八日抵沮水铺—十九日逾武丁关—二十日过牢固关入蜀境。而在汉中六天中，竹添井井对所经道里、所见景观风物都作了细致描述，文笔恣肆酣畅，记述翔实准确。今将《日记》中有关道路里程、山川胜迹、文物古迹、风物习俗四个方面的文字略作征引，以见其书价值之一斑。

道路里程：竹添井井对所过道路、驿站、关隘、地名均作了详细记录，对今天了解古栈风貌很有帮助。

关于号称“云栈首险”的观音碥一段道路，作者作了这样的描述：

（卧龙桥）西为阎王碥，贾中丞（引者按：指康熙间陕抚贾汉复）毁石辟路处。盖栈中之险，有岭有关，皆以十数，而碥之为最；碥之险，有燕子、有火烧、有小鬼、有青石，亦以十数，而阎王为之最，自中丞辟之，险变为夷，石栈如砥，置佛像焉，更名观音碥。

这一大段文字，叙及古栈道的各种地理名称，是很有价值的地名资料。

又如写宁羌境内的栈道，也写得十分具体：

过烈金铺，路歧为二，左出走阳平关者，为松龙捷径；取右路而行，抵大宽川铺（引者按：此“左”“右”二字应互置）。两壁相辏，视天一线。水溅足，潺潺然。五丁关，古五丁辟山处，岩峦陡峻，乱石嵯峨，路广不过数武，秋潦一下，波流激湍，纵横回转，行旅病于经涉。抵滴水铺，峭壁翼张，有水滴滴不绝，因得名。经溪流数道，抵浣石铺，过柏林驿，又经小河十道，宿宁羌州。

读了这节文字，便可对号称“蜀道最险”五丁关有了充分认识。百余年前的“蜀道难”景象，宛然目前。

《日记》中还每每叙及止宿驿站、沿途茶亭以及栈道上的各种交通工具，均为后世研究交通史提供了重要史料。

山川胜迹：“一水萦纡通汉勉，万峰回合控褒斜。”（明杨一清《出连云栈》）南北栈道上的山川胜迹，为历代词人墨客所赞叹不已。竹添井井足迹所至，更是探幽发奇，饱览秀色，一发之于记文。其模山范水，不独有精细之观察，且擅优美之意境，绘影绘声，惟妙惟肖。且看其状写画眉关至樊河一带的水色山光：

十五日逾画眉关，乱石耸起，欲压人而坠。……武曲铺道旁大石，题“千古烟霞”四字。山嶂有瀑，裊泻下，风来扬之，如撒明珠。褒之水涿者则蘸蓝，奔则滚雪。奇岩怪石，如蟠龙，如奔马，栈道一线，通于其间。行旅皆在图画中矣。

这一节文字，读之真令人心荡神驰，不可名状。最奇者，竹添描摹褒水用了“衮雪”二字，与此前千年魏王曹操留题的“衮雪”二字瑰词，同一机杼，真可谓“英雄所见略同”。

再看新开岭的一段描写：

抵新开岭，为栈中第一胜境，山皆如巨石砌成，风箐露篨，弥缝罅隙，垂秉欲坠。其下则褒水纡曲，汇为潭者，漾青蓄碧，深不可测。沿岸皆平沙，一白如雪，与山岚水蔼相映带。……（观音）碥有危耸自（观音）像背，横划数十丈，日光不至，水滴滴下，幽阴凄冽，夏而秋矣。崖转路回，怪石攒矗，有顶相抵者，有肩相倚者，有腹裂而喷沙，有股跨而夺路，盘旋始能得过。

前段状写褒水景色，文笔雅似（柳）柳州。而文末写观音碥怪石，连用四个比喻，绘声绘色，刻画欲活，非身至其境者不能道。

竹添色彩纷呈的妙笔，受到日本文坛的高度评价。桐云评其武曲铺一节：“景奇而笔亦奇，妙在能达得出。”朗访庐评曰：“画亦不及。”由观音碥乱石一节，紫黼更在评语中调侃道：“古称谢灵运为山贼，此恶谑也。今读此文，探幽凿险，如画如活，恐山贼尚不能尔尔。一笑。”（见《栈云峡雨日记》眉批）皆十分恰当地道出《日记》山水文字的特色。

更为重要的是，竹添还对栈道的关山险阻、水系分合都作了些调查研究。如关于樊河与樊河桥的调查，沮水源流的探讨，都很有参考价值。百余年前的一位日本人，竟对汉中山川了如指掌，确实令人惊叹！

文物古迹：汉中号称“天汉”之区，历代遗存的文物古迹极为丰富。作为汉学名家的竹添井井，自然对中华文化无比倾慕，故其虽行色匆匆，仍不忘吊古瞻故，《日记》中便多处留下了他流连光景的文字。

过鸡头关时，竹添特别留记了一段“白石神像”的文字，值得重视。关于白石神像，曾见于宋人题名，云：“登峻岭，拜白石神像，观石门汉刻。”（见《石门题名十八段之宋积之题名》）但这一褒谷胜迹，在此后的汉中、褒城方志中均未载录，以至像为何神，设于何处，皆考证为难。而在《日记》中，却有十分详细的介绍：

（鸡头关）隔溪山腹有白石，莹然照映，相传为汉时山神所化。道光中二炼师就关西偏，依山架木，设像奉之（引者按：像宋时已有，此处当作“移像奉之”），过者多进香，白石上地庙。发逆之乱（引者按，指同治二年太平军入汉中之役），罹灾，同治中再造，轮奂映日。

这是多么难得的文史资料。

日本学者敬宇曰：“蜀之名高天下，由于宋玉、司马相如、诸葛武侯、杜子美、苏家父子，而武侯为之魁，何得不详述乎？”难怪竹添井井不仅专程拜谒了武侯祠、墓，且敬瞻侯像，感“严然仪型”，为之改容，表达了一位日本学人对诸葛亮的一片崇敬之情。

不仅如此，竹添还在游武侯祠墓日记中，留下了一段考辨诸葛墓真伪的内容。在武侯墓园内，又有一处所谓“武侯真墓”，过去均认为这座“真墓”的始作俑者，乃是清嘉庆四年（1799）陕甘总督松筠的幕宾谭炳（南宫），其实不然。今据竹添的记载，作俑之人应是早于谭氏的明人赵健。《日记》云：

万历中，赵健来相地势，指侯墓为伪，遂就墓后数武更立一碑，东北面，题曰“汉丞相诸葛忠武侯之墓”。按《蜀志》曰：“因山为墓，不起坟陇。”《水经注》又云“国即地势，不起坟陇”。惟深松茂柏，攒蔚川阜，不知茔墓所在。夫北魏时距侯没不甚远，而道元之言即如此，不知赵健所何据而得实之。

竹添据亲见赵健碑址著录，应无谬误。而由于后人将赵健碑移置双桂前大墓之亭中，此问题遂滋繁扰，今据《日记》乃可一清疑案。无怪陈显远先生称“这段资料，极为重要”，使他大开眼界，并表示日后在著作中将采用竹添氏之说。

除此之外，对沿栈其他文物古迹，如武休关、褒姒铺、黄沙镇、阳平关等，竹添井井也都作了简考和介绍。

竹添井井往褒城时，由于所走路线是鸡头关上，绕过了鸡头关下的石门，所以未能观摩石门内外的汉魏摩崖。亦因此故，《日记》中关于石门及其刻石的著录有些错误。如谓“岭下二大石临溪对峙，所谓石门也”，其实褒谷石门乃是人工隧道，而并非大石对峙。又谓‘汉熹平中，杨淮曾作颂”，其实应作“汉熹平中，卞玉曾作杨淮颂”。作为一代汉学大家的竹添氏，未曾一览石门刻石，不能不说是他汉中之行的一大憾事。

风物民俗：汉中物产丰富，民风朴厚，竹添行旅之暇，观风问俗，亦多有载录。其过留坝厅时，记道："冬天多获豹皮，极贱。"这一记载，为留坝物产志上，留下了可凭资料。汉中谚曰："鸡头关石碑数不清。"鸡头关为秦蜀必经的要道，行人过此，率多留题，故历代题诗极多。此一风俗，亦见录于《日记》之中：

祷福之碑，累累相依，数里不绝，甚矣人之好怪也。

竹添还于行文之中，著录了一条汉中地方俗谚：

大安驿至黄坝百四十里，溪涧沟渠甚多，所谓"七十二道脚不干"者……过宁固关，抵黄坝驿，所谓"脚不干"者至此而尽矣。

这实是民间文学的宝贵文献。新编《宁强谚语集成》应予取资。

值得重视的是，《日记》中的这部分内容，往往是中国官书不详记或不屑记的，竹添所录，可补史书之缺，实有裨于地方风俗史研究。

以上从四个方面对《日记》汉中内容作一介绍，从中可以了解其书所具有的史料价值和文学价值。难怪《日记》书成后，立即风行日本，而竹添井井文名由此闻于天下（据日本《世界大百科事典》）。以笔者愚见：竹添井井的《栈云峡雨日记》，实可与中国王士禛（渔洋）《蜀道驿程记》相媲美，同为栈道文学中的佳作。其文学成就、艺术风格及史料价值，都值得日后作进一步研究、探讨。

然竹添《日记》除了有其文史价值，还曾对汉中历史文化传播到日本起过不可低估的作用。盖明清时期，汉中偏处西部，对外基本处于封闭状态，外国学人对其历史文化较少留意。迨明治十三年（1880）中国书家杨守敬携带大量碑拓入日，石门诸刻亦在其中，由是石门碑学大盛于东瀛，至被更为书界"必修之古典"（见日本牛丸好一《褒斜道石门摩崖石刻》）。就在"杨守敬旋风"席卷日本之时，竹添井井的《栈云峡雨日记》也由奎文堂刊版问世，此书首次向日本读者系统介绍了秦蜀古栈风貌，一开本国学坛之眼界，引起了学者的广泛注目，当时对此书进行批、评的汉学家、诗人、作家不下十余家，极一时之盛。此后日本褒斜石门研究大兴，学者辈出，研书考史之佳作迭见，推其始源，则杨守敬与竹添井井两公有力焉。

三、余　论

窥斑见豹，通过对米列斯库与竹添井井著述的简略评价，可以窥见其书之重要价值。当然，叙及汉中古道的域外著作绝非仅此两种，大量的外国资料都还有待于研究者的挖掘和整理。如果有条件的话，可否考虑组织编译《外国学者论褒斜道与石门石刻》一书，将有关域外学者的记叙、评论、考证文章尽萃一书，以资利用。这不仅使我们可学习到外国的有关研究成果，更可进一步促进汉中与海外的文化交流，谨附拙见，聊为一映。

（原文发表于《文博》1995 年第 2 期）

蜀道文化遗产保护纪实

陶喻之

这是一段已尘封的历史，一处甚至被遗忘的文物故址，一个文物保护功德牌、警世牌与文物破坏耻辱柱并存的地方；而这儿最应该成为的，是一方开展和进行爱护文物现场教育的遗址公园。

人们有理由期盼这样一个结局：由于一位 75 年前保护蜀道文物的公路建设先驱者奉献出流动的追忆、执着的牵挂、清晰的影像，乃至陪伴、安息于此的拳拳善举，而将它重新激活唤起。因为它曾经是史上最早人工开凿并通行车辆的穿山隧道；曾经庇佑过民族存亡之秋故宫文物源源安然南渡幸蜀；曾经保存着东汉至近代约百八十方摩崖石刻；曾经是国务院公布的首批全国重点保护文物单位；曾经完全有可能与万里长城、京杭大运河并称古代工程建筑史上的伟大奇迹而申报世界文化遗产。然而，这一国之重宝却因为四十多年前那场文化浩劫和无知决策失误，无情地被摧残、埋没殆尽……

站在充满世事沧桑的历史和时间节点上，今天，如何善待和评价这一处具有两千年历史的古遗址和为保护古遗址而绕行的近代遗址，既关乎古往今来无数金石学家、书法文字学家乃至土木工程专家尊重传统文化的情感问题；也考验着作为文化传人的后来者们，如何接过前辈递来的薪火——可持续传承文明的历史甚至政治智慧；更关乎我们能否坚持科学发展与推进和谐建设的责任心、使命感及文化自觉性。

入　蜀

我国古代的入蜀陆路交通由架设在陕南、川北崇山峻岭间条条栈道为载体。而栈道苦旅险峻泥泞，高路入云端，故古往今来举凡涉足秦蜀栈道者，无不以此说事而赋诗作文。直到1936年宝汉公路全线竣工通车，才彻底改变这种依靠人畜背驮、步行出入四川的落后面貌。

宝汉公路是指由关中平原西端的宝鸡，翻越秦岭山脉到达陕南富庶区域汉中盆地的一条近现代意义上的交通捷径，其前身是自古往还秦蜀两地的著名蜀道——宋元褒斜栈与明清连云栈。根据古来出秦入蜀无数行旅过客诗文、日记中有关褒斜道和连云栈的众多记载表明，这是一条大体南北走向、亘古未变的蜀道干线；甚至汉唐时期褒斜道南段也与之重叠，故开凿于东汉、我国乃至世上最早的通车隧道——石门，就位于褒斜栈南口的汉中褒城。

宝汉公路开通前，人们沿古栈道演变而来的山道、土路，背负、驮运、骑马或步行，从宝鸡越秦岭而达汉中，快则三四日，慢则五六天。1932年9月，陇海铁路管理局发起并组织社会贤达参加的"陕西实业考察团"陕南组员，从褒城坐滑竿徒步北返宝鸡就差不多用了一个礼拜，可见当年陕南交通之闭塞与蜀道行旅之难。为此，1933年出版的《建设公报》和同年陕南实业考察组《对于陕南交通之考察并附整理意见》均备及汉中交通滞后状况，同时表达了就修筑连接宝鸡与汉中公路寄予的迫切期望。因为一旦这条公路修成，将对改变汉中乃至整个陕南以至西北、西南地区经济落后面貌产生巨大影响。

公　路

1934到1936年，全长254千米宝汉公路的修建，从初步立项到全面完工通车，前后历时三年左右，过程纷繁而千头万绪。先是1933年9月全国经济委员会常务委员宋子文率公路处副处长赵祖康等一行为开发西北公路事宜赴陕、甘、青三省实地考察；次年全国经委会将西安到汉中公路列为开发西北交通设施之一，此举开了中央直接投资修建公路之先例；同年4月23日，波兰籍国联顾问奥金斯基和经委会公路处工程师孙发端等组成勘察团着手开展线路踏勘，5月12日结束后在西安会合。本着经济、造价、国防政治比较匡算的定线原则，最终决定基本循原连云栈道路走向。1934年6月，经委会组织测量队，由总工程师吴必治带队进驻宝鸡、凤县、留坝三段工地。11月，由张佐周等三人任总段长，下设分段、监工站，当月集中在秦岭一线施工。1935年春，三段全线开工；6月，当局下令加紧赶工，限年内完工通车；9月，“鸡头关大桥工程处”成立；10月18日，大桥开工兴建；12月26日，全线铺通试行车。1936年5月1日，新石门隧道打通；6月底，随着当年陕西境内唯一一座单跨径钢梁结构公路桥，也是陕西跨径最大（45.7米）、建造时间最早的钢桁穿式桥——鸡头关大桥落成，宝汉公路全面竣工开通。

文　物

从进入施工到路基成型勉强试通车，宝汉公路建设工期约一年时间，最初设计标准也只是通行单车道的简易公路。但公路南端的新石门隧道和鸡头关大桥，从最初立项到开工兴建直到正式贯通，却占了整个工程进度一大半工期。鉴于当年日军侵华形势日趋严峻，宝汉公路作为唯一在建的、由华北通向华西的公路，其军事作用陡然凸显。为此，蒋介石曾于1935年6月严令务必年底限期通车，以便一旦无力抵抗日寇大军压境，向西南转移预留一条战略生命线。那么，在此危难时局面前，公路建设方又是基于什么考虑，在取线决定走向时未选用避险就易的有效方案，反而要增加施工难度和工程预算，延长施工时间去凿洞架桥呢？这还要从位于公路南端著名的国宝级文物石门及其摩崖石刻说起。

石门是东汉开凿于褒斜栈汉中褒城、我国乃至世界最早的通车隧道，其洞底路面跟北上的褒斜栈路基处于同一水平线。镌刻于石门内西壁、东汉建和二年

（148）的《石门颂》摩崖描述了开凿时间、规模和功能；而北魏永平二年（509）镌刻于东壁的摩崖《石门铭》则记述了工程规模和通塞情况。此外，位于石门内外崖壁间围绕隧道开凿和记录栈道通塞情况的汉魏著名摩崖，尚有东汉永平六到九年（63~66）《鄐君开通褒斜道》、永寿元年（155）《右扶风丞李君通阁道记》、熹平二年（173）《杨淮杨弼表记》和曹魏景元四年（263）《李苞修阁道记》以及“石门”“玉盆”“衮雪”等汉隶大字为主体的十余种重要石刻；至于两宋、明清时期赴石门访碑留题的刻石更不胜枚举。据石门研究专家、汉中博物馆老馆长郭荣章撰著《石门石刻大全》权威统计，整个褒谷地区东汉至近代摩崖多达 177 品。其中东汉 8 品，魏晋南北朝 5 品，唐代 4 品，两宋 48 品，元代 1 品，明代 7 品，清代及民国初年 104 品，是为我国蜀道变迁研究的石刻史料宝库。正是基于该遗址在我国和世界交通文化史上具有无可替代的重要价值，1961 年“褒斜道石门及其摩崖石刻”作为古建筑及历史纪念建筑物类文物，被国务院公布为首批全国重点文物保护单位。

保　护

20 世纪 30 年代中期，宝汉公路取线、测量，在留坝和青桥铺路段起，始终位于褒河西岸。按此规划利用褒河以西石门隧道而出褒谷直下汉中平原，本属最省时、省工、省资的最佳选线方案。但面对石门内外和周边山崖间密集的摩崖石刻，特别是像《大开通》《石门颂》《石门铭》《杨淮表》等在书法、交通史上弥足珍贵，对蜀道历史演变研究极为重要的石刻文献，以赵祖康、张佐周为首的工程技术人员，为确保石门古迹文物不受施工破坏，顶住一切压力，宁可违抗上峰旨意，毅然决定将公路由石门以北调整架桥过河改走东岸，并在鸡头关石虎峰下连续新凿三条隧道，哪怕增加施工难度、延长工程周期和追加资金投入，也要竭尽全力设法保护石门遗址和摩崖石刻完好无损。

赵祖康先生在回忆保护石门文物这段经历时曾欣慰地表示：“这一路段古迹较多，我和张佐周等商量，既要把工程做好，也要妥善保存石门栈道等古迹，为此公路改在鸡头关上游建桥过河，经石虎山脚处开凿了两个全长 66 米山洞，筑成后我请交通界老前辈叶恭绰写了‘新石门’三字刻在山壁上。还有一位姓钱的工程师写了一首诗‘绝壁森森立，寒波咽咽流。削平石虎脚，直下古梁州’，借以描绘该处工程艰险。1936年12月26日公路举行试车，当第一辆卡车驶抵汉中，当地行政督察专员张笃伦向蒋介石报功，获得蒋的传令嘉奖。”

1988年4月下旬，张佐周先生在时隔半个多世纪后重回汉中，于第三届褒斜石门学术研讨会上，也深情追忆早年修建宝汉公路保护石门文物的峥嵘岁月：“当年受赵老和吴老（吴必治）委命，我代理留坝到汉中段测量队长。当测到鸡头关下，为了避免破坏石门古迹，在褒姒铺以下建桥过褒河，走石门对岸石虎峰下。又恐损虎形山体，遂特地在其下部开凿连环三洞，称为‘新石门’。沿河岩石坚硬，山势险峻，是宝汉公路最艰巨的一段，也是最有历史和文化纪念意义的一段路程。”

后来，当陕西作家王蓬为撰写颂扬我国公路建设先驱者们保护石门文物事迹的长篇纪实文学《功在千秋》，专程赴上海采访张佐老时特地问起“你们几位对架桥改道，保护石门有无争论”，张老不假思索地回答：“没有争论，大家一致认为石门是祖先留下的国宝，保护是理所应该的事情。压根儿就没有想到要去碰石门！”

这是多么理性睿智的选择啊！诚如王蓬报告文学中指出的：“恰是没有争论，恰是这样一种一致性，体现出一种眼光、胸怀与文化；体现了一种达到一定境界与文明程度的修养。同时正如作为一种文化自觉，尽管新石门内并无像古石门内树碑立传的《石门颂》《石门铭》那样记载有宝汉公路开拓者们的功绩碑；然而，当年建设者们的无量功德，其实早已在人们心目中默默矗立起一座必将载入文物保护史册的丰碑。”

南　渡

几乎跟上述有识之士酝酿修筑新石门、保护古石门和摩崖石刻同时，另一批有识之士也在进行着殊途同归的传世国宝保护行动，这就是史无前例的大规模、长时间、远距离故宫文物大迁徙。到1938年初，这一行浩荡车队一路向西朝着宝汉公路方向滚滚而来……

原来，日寇挑起“九一八”事变后华北局势告急。1933 年 2 月 5 日夜，北平全城戒严，装载着故宫博物院庋藏 13491 箱传世珍稀文物的车队，悄然从故宫神武门广场出发，随后被一箱箱抬上了两列由荷枪实弹军警严阵护卫的专列，一路绿灯神秘地往南驶去……装运这批故宫珍宝的火车昼夜不停，经平汉、陇海、津浦各线，开始了辗转华北、华东、西北、西南，历时 10 余年的南渡西迁的艰辛历程……

故宫文物南渡是敌强我弱民族存亡之秋，为保全民族文明菁华不致重蹈八国联军劫掠火烧、丧失殆尽覆辙，被迫进行战略转移的权宜之计。幸好当时宝汉公路已率先修筑通车，这无疑为这批国宝的重重迁徙征途，提供了渡尽劫波的完善道路保证。虽然之前为赶工期，公路建设总体标准比预计方案有所降低，汽车通行特别是上坡和弯道依然需要减速缓行，但至少文物南渡已不必人挑驮运。总之，借助现代化交通工具汽车克服秦岭天堑，明显加快加大了文物装载运输的进度与流程。

据曾参与过故宫文物南渡秦岭，并曾亲自押运过两个回合的台北故宫博物院那志良先生回忆：到 1938 年 4 月 10 日，历时 48 天，把全部文物 7000 多箱分别运到汉中与褒城是相当迅速的。足见正是由于宝汉公路在 1936 年及时抢通并经过差不多两年的运行磨合，才使得故宫文物得以借助汽车运输、快速有效地南渡蜀中成为可能，它是安全顺利转运的交通保障。

不仅如此，差不多在故宫文物南渡同时前后，1937 年 9 月，北平大学、北平师范大学和北洋工学院西迁西安，组成西安临时大学。随着时局进一步恶化，该校于次年又南迁至汉中城固、南郑和勉县三地，设立文理、法商、师范、工、医、农六学院，改名西北联合大学。当时包括北平师范大学校长、西北师范高等教育的拓荒者李蒸等知名学者在内的联大教员、学生组成的师生团队，也通过宝汉公路以集体野营拉练行军方式到达汉中。一时间，秦巴山区间这块平坝文化鼎盛，曹靖华、黎锦熙、许寿裳、许德珩、罗章龙、牛汉、吴世昌、李达和曾参加过陕南实业考察任组长的冶金学家胡庶华等一大批文化精英云集汉中，联大校本部所在地城固古路坝与重庆沙坪坝、成都华西坝齐名，被学界誉为中国文化“三大坝”。另外，像黄宗江、黄裳等众多抗日文化界人士，也正是通过乘坐木炭汽车取道宝汉公路进入四川、转道山城重庆投入抗日文化运动的；至于一批批抗战军事、生活物质，更是由宝汉公路源源不断地输入抗日大后方。

水　库

宝汉公路自柴关岭以下沿褒河上游北栈河曲折蜿蜒南下，一路山光水色，风景壮美。兼以沿途有张良庙、相传西汉萧何追韩信处、褒斜栈道遗迹等古迹名胜，行车其间，常令人发思古之幽情，大有唐诗中咏叹的“人世几回伤往事，山形依旧枕寒流”般意境。特别是当车行褒谷石门附近，但见水流湍急，山石肖形，古栈道迂回凌空，可谓既有山水自然风光，又有石门石刻等人文景观，实乃汉中郊外一处绝佳风水宝地。

然而1969年，一道水库大坝在“文化大革命”高潮中被无知人士“恰到好处”地选在了石门遗址上，理由是此处山谷狭窄成峡，石门恰与石虎两峰对峙，以此起坝建库，优点是省工、省时、省钱，且库容量高达1.05亿立方米，比由此上溯建坝节省资金，施工方便，库容量却成倍增长。而汉中盆地乃陕西重要的米粮川，水稻种植面积占全省一半以上，按上述标准兴建水库，有效灌溉面积累计可达45万亩，占整个汉中水稻种植面积四分之一多，将多生产优质商品粮支援国家建设。在这种决策思想的指导下，在一切服从政治的“左”倾思潮支配下，国家级文物让位于农业水利建设的草率决定，终于在1969年2月陕西省革委会下达的一纸红头文件中一锤定音，事先既未跟国家、省地文物部门联席协商，也未组织、征求文物专家论证意见，不足两百来字的文件只强调注意战备，丝毫未提及石门文物将何去何从的议题。就这样，几乎在文化主管部门完全缺位的“缺席审判”下，“褒斜道石门及其摩崖石刻”将遭遇沉沦茫茫褒河的噩运。一时间，建筑施工队伍满怀豪情地进驻石门工地，摆开开工架势，褒谷原生态人文景观不再，石门和石刻文物命悬一线，危在旦夕。

正当历两千年之久的国宝即将毁于一旦之际，一封有识之士紧急呼吁“炮下留石”的匿名信，摆到了陕西省文管会石刻保护专家刘最长的办公桌上。刘闻讯与同事迅即奔赴石门，见来信反映属实，即刻电告国保管理机构、当时的文化部文物局，希望在回天乏术情况下最大限度地抢救石刻精华。但回电“无人受理，已下干校农场”。最后经多方奔走斡旋，才由陕西省革委会政工与生产两组联合出具介绍信，责成与汉中地区联系折中补救方案。在反复晓以利害后，原来声称“死人要给活人让路”、负责水利建设的区革委会副书记兼石门水库建设领导小组组长态度有所改变，也支持临时成立文物易地搬迁安置小组；随后经省、地、市几家研究决定，在不影响工程资金、进度和人力前提下，精选凿迁十三方汉魏摩崖。这样从 1969 年秋到 1970 年冬，随着一块块石刻从石门原址被切割剥离，以及石门大坝这座当时国内同类型最高的双曲拱坝水位的不断抬升，千年石门艺术宝库连同附近褒斜栈道遗迹和其他一百几十方历代摩崖石刻，统统黯然沉没在浩渺褒河水底；30 多年前公路先驱者们苦心经营的石门文物保护成果横遭彻底颠覆……

追述与归宿

从“文革”时期的石门沦丧到整治“文革”创伤的百废待兴，“褒斜道石门及其摩崖石刻”这一国之重宝几乎完全淡出人们的印象将近 11 年之久。直到 1981 年，国家拨专款在汉中博物馆修建起“汉魏石门十三品”展室，将凿迁的十三块摩崖拼接展览，并复原石门和栈道模型，似乎才又重新勾起人们几乎忘却了的古道记忆。人们开始反思、追问石门被破坏的责任。在此期间，汉中文物界相继举办了四次石门学术研讨；而对石门感情最为强烈而复杂的，莫过于当年修筑宝汉公路为保护石门而不惜改道架桥开洞的有识之士。

1988 年 4 月下旬，第三届褒斜石门研究会在汉中举行，张佐周先生应汉中博物馆馆长郭荣章邀请，在睽违石门 51 载后第二次回到汉中。他激动地谈及此行观感说：“我在褒城施工历经三个春秋，自从 1937 年离开后距今已经五十有一载。所以一下火车就迫不及待去褒河大坝，只见高坝背后烟水茫茫，石门已沉沦于水中。昔日之奇伟风光，褒河的激流湍急已成过去。深感兴修水利是件好事，但美中不足将石门淹没，未免遗憾千古。如果大坝向上游移若干距离，则既兴修了水利，又保护了宝贵的文物，岂不两全其美？”

自从故地重游返沪后，早年抢修公路、保护石门的蹉跎岁月如电影般萦绕在张佐老心头挥之不去，以致 2005 年 2 月 1 日，当他走完富有传奇色彩的九十六载春秋，临终遗愿还表示要葬在宝汉路边。后经汉中各界特别是市委老领导郭加水运筹协调，同年秋天，张佐老终于如愿以偿长眠于自己开辟的新石门隧道上方石虎峰山崖间。这里西面古石门，下瞰新石门和宝汉公路旧址，临水枕山，有一种令人高山仰止的神圣庄重感；跟张佐老从事的事业与追求的精神境界亦相契合，实在是他的理想归宿和最能体现当初保护文物理念的纪念地点。

与此同时，张佐老早年拍摄并辗转保存下来的一批珍贵的老汉中和宝汉公路建设照片捐赠展在汉中博物馆举行，其中他当初在建造鸡头关大桥和新石门隧道时，为石门传拓世家、著名拓工张懋功传人张金城留下的唯一一张拓制摩崖石刻的背影，后来成为张家 2009 年成功申报陕西省非物质文化遗产“张氏摩崖传拓技艺”难得的图像资料佐证……

蓝　图

“褒斜道石门及其摩崖石刻”是我国古代人工修建的长距离、大规模山地土木工程建筑的一项伟大创举和绵延两千年的石刻书法艺术宝库。2010 年川陕两省联袂发起蜀道“申遗”倡议和调研，标志着这项工作业已正式启动。而如果从 1970 年石门水库坝起水蓄而高峡出平湖起算，它淹没水下抵今正好 40 个年头了。近 20 年来，随着国家对文物事业的高度重视和投入加大，石门文物因“文革”时期建设性破坏而毁在无知者手中的历史教训，无时不在拷问与挑动人们，特别是汉中人敏感而沉痛的神经。尽管木已成舟，万劫难复，但如何最大限度地挽回石门水库对文物名胜造成的损失，如何弘扬早期宝汉公路开路先锋们既顾全大局，又竭尽全力保护古迹文物不受工程破坏的敬业精神和爱国热忱，一直是文物工作者注目探讨的话题。

譬如，在石门遗址附近尚有一处幸存的重要近代交通旧址，始终由于管理归属等问题，未能引起有关部门足够的关注和重视。这一区域就是当年为保护古石门遗址而过河开凿的新石门隧道和一段宝汉公路路基，它们由于地处横亘褒河的水库大坝泄洪孔底而侥幸被保存下来。在这石虎峰新石门隧道南北两侧，我国公路建设界前辈赵祖康当年为美化人文环境、体现公路文化而题书的“虎视梁州”摩崖，北侧“新石门”“石虎”两题，邀请陕西籍民国元老于右任草书“进步”摩崖，曾任民国交通部、铁道部长叶恭绰应赵祖康请所作题跋摩崖均存无恙，堪称当初为保护石门故址而传承至今的唯一见证。

有鉴于此，笔者以为这三洞一路数摩崖原生态景观的保护、利用和开发迫在眉睫，其被打造成中国近代公路建设暨文物保护的一处文化遗址公园具备可操作性。目前当务之急是有关各方摒弃矛盾分歧，在国家、省市文物部门协调指导下，重新整合既有文物资源，整肃现有死角环境，制定相应抢救性保护措施规划，将此处开辟成纪念、展示和再现我国近代公路建设，尤其是反映古蜀道历史变迁，包括故宫文物由此南渡等古近重大历史事件的蜀道交通遗址类公园或博物馆。这比眼下水库上下单纯架设的几段仿古栈道景点，无疑将发挥更为有效的宣教作用；而且比大坝西岸业已新辟的诸多主题游览的古今历史人物雕塑群、制造视觉污染的空中飞索等人造景观，显然要更有历史深度和文化内涵。它不仅能令人为“文革”时期无知起大坝使石门沉沦而扼腕痛惜；同时还会为当年公路建设者们在困难重重条件下保护文物举动而钦佩赞叹；而且此举也是对今人能否进一步尊重、还原历史真实，是否具备实事求是和知耻近乎勇的胆量、姿态与气度的一种考验；是我们敢不敢让历史告诉未来的一种证明，同时，此举也更符合新近“文化遗产近在身边”的认知宣传命题。

刍荛献芹，当局察焉。

（原文发表于《中国文化遗产》2010 年第 6 期）

对蜀道及石门石刻研究的几点看法

王翰章　卢桂兰

第四届蜀道及石门石刻国际学术讨论会的召开，标志着蜀道及石门石刻研究工作跨入了一个新的阶段。来自国内八省市和日本的学者相聚在汉中，共同研究和探讨在我国交通史乃至世界交通史上占有极其重要的地位的蜀道及石门石刻的有关问题，这不仅对我国的考古事业有所推动，而且对蜀道沿线的旅游业和经济开发也将产生一定的影响。

蜀道，应该说有广义与狭义之分，广义的蜀道包括四面八方通往古代蜀地的道路，有自三峡溯江而上的水道，由云南入蜀的僰道，有自甘肃入蜀的阴平道和自汉中入蜀的金牛道、米仓道、荔枝道，等等，也包括蜀地范围内的道路。无论古代与现代，蜀道在我国历代经济和文化的发展中均占有举足轻重的地位，尤其在海上交通不发达的周、秦、汉、南北朝的漫长历史时期里，蜀道是历代王朝政治中心——京都通往西南乃至通往与西南邻近国的要道，它与连接东西的丝绸古道具有同样重要的意义。所以广义的蜀道是一个内涵极其丰富的大概念。而通常学术研究中提到的“蜀道”，则是指狭义的概念，即由关中通往汉中的褒斜道、子午道、故道、傥骆道（堂光道）以及由汉中通往四川的金牛道、米仓道等。这些道路的本身在历史上对我国经济的发展、民族的团结、文化的交流和政权的巩固都曾起过重大的作用，而蜀道沿线的历史文物更是国之瑰宝。

对于石门石刻的研究，我们的前辈早已作出了不少的工作，从北魏郦道元起，特别是到了金石学大兴盛的宋代，欧阳修、赵明诚、洪适以及明清时代的诸多金石学家，他们都在研究方面作出了不少贡献，有不少成果已载入了史册，这是应该充分肯定的。但是由于历史条件的限制和诸多因素的影响，很多从事这方面研究的前辈们，大都没有到过褒斜道，更没有亲眼看过石门石刻，而是靠间接的资料进行研究，即便是亲自到过褒斜道或石门的古代学者，也限于山高路险、河流隔阻、条件艰苦，无法作深入的考察和细致的记录，正如清人吴大澂写给王懿荣的信中所说：“石门访碑甚苦，亦甚乐。……时值风雪满山，未得以手亲自摩挲”，“峡谷严寒非天气稍好不能取拓”[1]。证明吴大澂是到过石门的，但由于山崖险峻，连用手摸一摸的愿望都不能实现，怎能仔细地取得资料呢？据说，以前还有人为

[1][日]牛丸好一：《摩崖之研究》见《古道论丛——褒斜道石门及其石刻研究会论文选集》，《成都大学学报》第1期，第103页。

访碑而坠入山崖中[1]。

由于褒斜道和石门石刻是处于险峻的峡谷中，所以在新中国成立前的长时期里，虽有不少有志于研究的学者，但有分量的研究文章却一直不多。新中国成立后，党和政府对文物考古事业十分重视，在二十世纪五六十年代，陕西的文物考古部门，对褒斜道及石门石刻，曾组织专人进行过多次的调查，1961年国务院又将这一文化遗存公布为第一批全国重点文物保护单位，而从事这方面研究的人员也不断增多，不少人写出了有一定水平的研究文章。而石门石刻研究的光辉时期，应该说是褒斜道及石门石刻研究会成立以后的事。1983年，褒斜道及石门石刻研究会成立以后，首先是汉中地区的同志，他们这一方面的研究工作大大地向前推进了一步，做出了令人瞩目的成就。在省、地、市各级领导的重视和支持下，曾多次组织人员跋山涉水进行调查，反复琢磨，专人精拓，广泛收集资料，在深入研究的基础上，写出《石门汉魏十三品》（陕西人民美术出版社，1985年）、《石门摩崖石刻研究》（郭荣章著，陕西人民美术出版社），经过三次学术研究会，编辑出版《古道论丛——褒斜道石门及其石刻研究会论文选集》（《成都大学学报》1989年第1期）。这些著作和论文在研究的深度和广度上均超过了前辈学者，诸如对石门石刻字形字义的考辨、缺损字迹的匡正和重新评价书法艺术的价值以及纠正前人谬误等方面，均有一定的突破。在研究工作中，汉中博物馆名誉馆长、蜀道及石门石刻研究副会长郭荣章同志的贡献，是值得我们学习的，对于他的治学精神、研究方法，正如杨培均同志在《石门汉魏十三品》一书的序言中所说："郭荣章同志，以抱病之身，怀不懈之志，一面尽力搜集前人遗著，徜徉于书海之中，一面徘徊于碑石之间，反复摩挲原刻。他多次亲赴栈道故址勘察，饱尝山野之苦，遍历登陟之劳，多少个寒暑往来，无数个日出日落，集古籍精粹，辨著录之错谬，补先辈之阙漏，探疑窦之原委……"我们认为杨培均同志对郭荣章同志的评价是恰如其分的，在这里之所以要用杨培均同志的这段话，目的就在于我们认为无论是古人或现代人对任何历史遗迹或历史文物的研究，其中有一点，就是调查研究工作是非常重要的，特别是遗存于人迹罕至的深山峭壁中的历史文物，

[1][日]牛丸好一：《摩崖之研究》见《古道论丛——褒斜道石门及其石刻研究会论文选集》，《成都大学学报》第1期，第103页。

要有权威性的研究成果，必须先作实际调查，不能只依靠前人遗留下来的文字资料。如关于石门的开凿时间问题，《石门颂》中已记载“至于永平，其有四年，诏书开斜，凿通石门。”未云何人所开[1]，而北魏郦道元则说成是“永平中司隶校尉杨孟文所开”。经考，杨孟文是东汉顺帝时人，与开石门并无关系[2]。《石门颂》中的“中遭元二，西夷虐残”，至今“元二”的“二”字，仍是长笔大“二”字，而唐章怀太子李贤注《后汉书》时将其解释为“中遭元元”[3]。再如，《潘宗伯韩仲元通阁道》摩崖刻石，记载晋武帝泰始六年（270）修栈道事，而南郑县令晏袤于南宋绍熙五年（1194）至褒谷考察石刻将上述的“泰始”二字写为“太和”，这一字之差，时间相差一百多年，实际上“泰始”的“泰”字，至今仍可辨识。古人由于条件限制，未能仔细考察石门石刻内容，所以贻误后人，致使历史上的金石著录和今天发表的文章中所引的石门石刻录文，有时不免发生一些错字和缺字，如王昶《金石萃编》将《石门颂》“恢弘”的“弘”字误作“讳”，《金石文考》将“复循”的“循”字误作“修”，《三省边防备览》和《褒谷古迹辑略》都将“川泽股躬”的“股”误作“服”[4]，等等。

多年来，我们感到对碑石的研究，仅仅依靠拓本是不够的，如果原石尚存，最好能亲眼观看，反复摩挲，无论从书法艺术的角度或从历史研究与考古的角度研究，均应如此，因为研究书法艺术反复观察原碑，才能看出作者的运笔技巧和书法，大凡搞书法艺术研究的人，看拓本与看原碑是截然不同的两种感受。如果将碑石内容作为历史资料或文学作品去研究，仔细观察原碑也是十分重要的。据我们观察和体会，无论古代或现代，拓工的技术有高有低，拓印中有用心和不用心之分，如果不认真去拓，有些笔画较浅或漫漶的字，就很难清楚，特别是拓贾为了赚钱，这种情况时有所见，这样就对研究工作造成一定的困难。如关中地区保存的唐陵石刻，不少因自然和人为的破坏，有些字从拓片上很难看清楚，而仔

[1][北魏]郦道元：《水经注》卷二十七《沔水》，商务印书馆，1971年。

[2][南朝宋]范晔：《后汉书》卷十六《邓骘传》唐李贤注：“臣贤案：元二即元元也，古书字当再读者，即于上字下为小二字。”中华书局，1965年。

[3]郭荣章：《石门摩崖石刻研究》，陕西人民美术出版社，1985年。

[4][日]牛丸好一：《摩崖之研究》，载《古道论丛——褒斜道石门及其石刻研究会论文选集》，《成都大学学报》第1期，第103页。

细观察原石，结合上下文义，往往可以通读。像保存在西安碑林的《大秦景教流行中国碑》，碑上用叙利亚文刻的僧人名字，其中有一个是铲去的，如果从拓本上看，则很难看清，但仔细审察碑石，仍可看出它的字痕。对于上述问题，日本学者牛丸好一先生说得好："即使谈论拓本的新旧，倘若不知道在现场风土中存的古典作品原石的状态，就不能理解其本质的东西。"

对石刻的研究要重视实地考察，而对蜀道的研究更应是这样，蜀道遗迹虽被破坏得甚多，但尚存者不少，随着时间的推移，能够保留下来的遗迹，当会越来越少，因此，我们建议学会应筹集资金，最好能成立"蜀道及石门石刻研究基金会"，争取海内外有志于这一事业的研究者予以支持，在资金条件允许的情况下，学会每年可组织一两次专门调查和研究，利用现代科学的手段进行调查研究，果能如此，诸如褒斜二谷的长短问题、褒斜二水的渊源问题，是不难解决的。据说近几年来，已有人开始从事这方面的工作了，他们曾亲自勘察了几条古道，这是个人所为，值得称赞。从学会来讲，应该有一个统一规划，而且应广泛地访问一些有关人士，据一位九十多岁高龄的研究专家讲，摩崖石刻不仅褒谷有，斜谷也有，新中国成立前曾有人从斜谷拓出碑帖，在西安出售，有人问及来处，答复多在斜谷山林草莽中，拓之不易。

关于研究方法问题，我们意见应向纵深发展。蜀道和石门石刻，内容涉及面比较广，包括很多学科，有交通、建筑、商贸、军事、文化艺术以及各个历史时期的兴衰等情况，如此众多的学科，需各有关方面的专家参加，同时学会每届会议应突出重点，集中讨论一两个课题，文章要应时而作，蜀道及石门石刻的研究，也要和当前的经济建设和开发旅游资源相结合，果能如此，我们的研究工作才会有一定活力，也会得到社会有关方面的重视和支持。

最后，我们还建议学会应整理编一套系统的、包括古代和现代人研究石门石刻及蜀道的论文集，可以名之曰《蜀道及石门石刻资料汇编》，供从事这方面学者参考。

（原文发表于《文博》1995年第2期）

历史时期蜀道地带森林的分布与变迁

马　强

传统意义的蜀道是指我国历史上翻越秦岭、巴山，沟通关中平原、汉中盆地与成都平原几条古驿道的合称，主要有关中越秦岭通往汉中盆地的故道（又称陈仓嘉陵道）、褒斜道、傥骆道、子午道，统称北栈，以及由汉中平原西端经百牢关、五丁关南去入蜀的金牛道，由汉中越米仓山通往巴山南麓巴中地区的米仓道和由汉中西乡越巴山去四川达县、涪陵的荔枝道，即所谓南栈。因蜀道途中多深山峡谷，许多路段须凿石架栈通行，故蜀道又常被称为古栈道。蜀道连接秦、陇、蜀三地交通，纵贯我国南北地理分界线和秦岭、巴山两大山系，历史时期蜀道所经地带曾分布着丰富的森林资源，具有良好的生态环境，今日沿途却大多是濯濯童山，少数地段残存某些次生灌木林，水土流失严重，洪旱灾害频繁，国家已把秦巴山区列入长江防护林重点植树造林地区。本文试从历史地理角度对蜀道地带的森林历史变迁进行初步探讨，以期对秦巴山区生态资源的恢复与保护提供历史借鉴。

一

在有文献记载的历史早期，蜀道沿线森林资源十分丰富。先秦时秦岭、巴山几乎尽被森林覆盖，天然植被郁郁葱葱，秦岭森林早在西周及春秋战国已屡见载于《诗经》《山海经》《禹贡》等文献，被提及的树木有桑、杞、栲、枸、条、梅、栎、棣、松、荆、棕、楠、柞、棫等十多种[1]，巴山北麓一带也是气候湿润，林木茂盛，《诗经·大雅·旱麓》称“瞻彼旱麓，榛楛济济”，据历代《诗》注家笺注诠释，这反映的就是巴山北麓今南郑县境内汉山的自然景观[2]；《尚书·禹贡》所载梁州贡物中有“熊、罴、狐、狸”等动物，当猎自战国时秦巴森林。秦汉时期史书文献对蜀道森林已有较多记载。《汉书·地理志》曰：“巴、蜀、广汉本南夷，

[1] 周云庵：《秦岭森林的历史变迁及其反思》，《中国历史地理论丛》1993 年第 1 期。
[2]《诗经》郑玄注及朱熹《诗集传》注，王夫之《诗经稗疏》卷一。

秦并以为郡，土地肥美，有江水沃野、山林竹木蔬食果实之饶。”所说山林竹木当包括蜀道沿线地区。著名的褒斜道沿途森林草木茂密繁芜，且多良材名木，司马迁奉使西征巴蜀以南往返皆曾取褒斜道，亲见褒谷林木之盛，故《史记·河渠书》说：“褒斜材木竹箭之饶，拟于巴蜀。”秦岭北坡包括子午道、傥骆道北栈入口一带也被大面积森林遮掩，“户杜竹林，南山檀柘，号称‘陆海’”[1]“崇山隐天，幽林穹谷”[2]，生态环境良好。东汉时故道嘉陵江上游两岸也是古木密布，东汉初武都太守虞诩疏导嘉陵江水道时“自沮至下辨数十里中，皆烧石剪木，开凿船道”[3]。魏晋南北朝时蜀道所经地带森林植被似呈原生状态，尽管文献记载寥寥，仍可窥其一斑。潘岳《西征赋》提出斜谷北口一带“林茂有鄠之竹”，即眉县、户县一带生长着茂密的竹林；左思《蜀都赋》则以“良木攒于褒谷，嘉鱼出于丙穴”赞美汉中物产之盛，可见两晋时褒斜道仍以生长良材名木闻名天下。南北朝西北、西南军事战争频繁，蜀道沿线山地尚未出现大的经济开发，秦巴山地森林基本未遭破坏，原始森林仍然覆盖着群山峻岭，今洋县黄金峡一带北朝时“山丰野牛野羊，腾岩越岭，驰走若飞，触突树木，十围皆倒”[4]，森林动物十分活跃，沔阳定军山下也是“深松茂柏攒蔚川阜”[5]北魏时陈仓故道数百里间“古树参天，稠蔽峡岭”[6]，以至某些地方可以隐蔽千军万马。

唐宋时秦蜀之间政治、经济联系进一步加强，蜀道交通发展出现繁荣，沿途秦巴山地出现零星垦殖开发，但蜀道地带森林资源整体上并未受到大的破坏，许多地方仍然是森林隐天，草木茂盛，这从许多登临者的诗文中可以反映出来。从大诗人李白诗中看，自故道兴州（今陕西略阳）青泥岭到剑州剑门关一线，“但见悲鸟哀枯木，雄飞雌从绕林间”，“古松倒挂倚绝壁”[7]，一派万年古森林景观，故道钟阳驿外山岭，“落花赴丹阳，奔流下青嶂。葳蕤晓树滋，滉漾春江涨”[8]；

[1][东汉]班固：《汉书·地理志》。
[2][东汉]班固：《西都赋》。
[3][南朝宋]范晔：《后汉书·虞诩传》。
[4][北魏]郦道元《水经注》卷二十七引《汉中记》。
[5][北魏]郦道元《水经注》卷二十七《沔水》。
[6][北齐]魏收：《魏书·氐杨难敌传》。
[7][唐]李白：《蜀道难》，载《全唐诗》卷一百六十二。
[8][唐]卢照邻：《奉使益州至长安发钟阳驿》，载《全唐诗》卷四十一。

金牛道嘉陵驿外所见也是“稠树蔽山闻杜宇”[1]；剑门关一带“翠岭中横，黯然黛色，树若旌屏，以卫王国”[2]。而褒斜道沿途更是林木葱郁，植物茂盛，唐代诗人常以“绿树满褒斜”[3]“苍苍褒斜谷”[4]“云树褒中路”[5]“千里绿峨峨”[6]的美丽诗句描绘之，俨然一派绿色王国景色。可以肯定，唐代褒斜道分布着丰富的南亚热带常绿森林。

两宋时期山南川北几度被军旅杀伐，栈道也屡修屡毁，消耗了沿途某些林木，有的地段森林减耗已较严重，尤其是修栈架阁对森林损耗较大（后文将详述）。但伐林砍木多在林区边沿，加之宋代蜀道沿线州府官员较为重视栈道两旁植树表路，补种树木，蜀道沿线森林恢复转快，许多地方森林景观与唐代相仿。如嘉陵江兴州虞关“夹道林木阴翳，猿啼起伏不绝”，凤翔府一带“竹木流水，弥望无际”[7]，三泉县“州宅如在山林”[8]。由汉中南越巴山通四川通江，阆中的米仓道因地处荒僻险峻，人烟罕至，唐宋时林木灌丛几将古道淹没，行旅甚为不易。五代王仁裕《玉堂闲话》载：“兴元之南有大竹路，通巴州，深峪峭岩，扪萝以上。”王氏由汉中入蜀途中曾在巴山深处孤云岭韩信祠题诗，中有“一握寒天古木深”之语[9]，可知大马山唐末五代尚为原始森林所覆盖，无垦殖迹象。南宋宝祐六年（1258），蒙古军劲旅一支越米仓山伐蜀，因米仓道山大林密，榛莽阻道，遂“伐山开道七百余里”[10]才进入蜀中。另据南宋舆地志书载，当时巴州山野“古木森立”“万木森翠”[11]，大巴山南北坡几乎全为原始林区。

元代蜀道森林状况散见于意大利来华旅行家马可·波罗的游记散文。元世祖

[1][唐]薛能：《嘉陵驿》，载《全唐诗》卷五百六十。
[2][唐]李德裕：《剑门铭》。
[3][唐]刘禹锡：《送赵中丞参山南幕府》，《刘梦得文集》卷九。
[4][唐]张说：《再使蜀道》，载《全唐诗》卷八十六。
[5][唐]刘禹锡：《送令狐相公镇梁州》见《舆地纪胜》卷一百八十五《兴元府》。
[6][唐]于武陵：《斜谷道》，载《全唐诗》卷五百九十五。
[7][宋]郑刚中：《西征道里记》，收《金华丛书》。
[8][宋]祝穆：《方舆胜览》卷六十八《大安军》。
[9][清]彭定求等：《全唐诗》卷七百三十六。
[10][元]脱脱等：《元史·李进传》。
[11][南宋]王象之：《舆地纪胜》卷一百八十七《巴州》。

时马可·波罗曾自西安府越秦岭循褒斜道经汉中、成都前往昆明旅行，其游记对褒斜道沿途所见作如是记述：入山以后，“由于森林密布，所以这里的人以打猎为生，林中有许多野兽，如虎、熊、山猫、黄鹿、羚羊、赤鹿，以及其他各种动物……道路蜿蜒盘旋在群山、峡谷和密林之中”，出褒斜道后“一直延伸到两个驿站远的地方，接着又是高山、峡谷和森林”[1]。按其行程、方向取道金牛道入川无疑。可见元代蜀道森林分布还是颇为广泛的。

明朝时国家都城继续东迁，定都北京，西南地区远离政治中心，蜀道交通较之汉唐相对冷落，史书文献对蜀道交通与沿途生态记载很少，但从有限的游记、方志来看，蜀道沿途森林分布仍然不少，其中森林资源仍然保持良好状态的有褒斜道，傥骆道、子午道、米仓道、金牛道天然森林减耗较多，但人工植树成效颇为可观。明嘉靖进士，曾先后在川、陕两省为官的张瀚万历年间曾从成都至西安有过一次蜀道全程旅行，其游记作品真实、生动地记下了其蜀道之旅沿途所见自然、人文景观，其中就有金牛道、褒斜道森林分布的记述：“入关西界，即为汉中之宁羌府（今宁强县），行经滴水崖、五丁关，峡中凄凄生寒，五月如深秋，路虽崎岖，然在山麓无险。茂林峭壁，怪石鸣泉，亦可观也。金牛、青阳，路皆平坦，仅过小山。至沔县，有百丈峡，褒城乔木夹道，中多虎豹，所登山渐高险，所谓鸡头关也。”[2]从张瀚的这段记述看，金牛道北段与褒斜道南段仍然生长着茂密的森林，只是已呈段落性分布而不再连成一片了，其中秦岭南坡褒河两岸林木最为茂盛，《读史方舆纪要》也说“自凤县至褒城……其间乔木夹道”[3]，与张瀚游记互为印证。另据研究，明代位于秦、巴山地的汉中府林木，以珍贵的良材楠木闻名全国。在明代至清初中国有楠木地理分布的23个府中，汉中府榜上有名，且名列榜首[4]。楠木系中国西南名贵木材，明清两代一度成为皇家专营之物。明清皇室近乎疯狂地在西南地区采办楠木，致使楠材资源急剧减少，至雍正

[1][意]马可·波罗：《马可·波罗游记》第42、43章，陈开俊等译，福建科学技术出版社，1981年。

[2][明]张瀚：《松窗梦语》卷二《西游记》。

[3][清]顾祖禹：《读史方舆纪要》卷五十六《汉中府》。

[4]蓝勇：《历史时期中国楠木地理分布变迁研究》，《中国历史地理论丛》1995年第4期。

时已近乎空竭[1]。今日蜀道所经秦巴山区除人烟罕至的腹地深处尚有少数残存外，大部分山地已难寻楠木踪影了。

明代蜀道沿途仍能保持较多的树木，也是沿途州县官吏注重植树表路并推行保护、补种行道表路树的结果。明正德年间剑州知州李壁动员官民在金牛道沿线大规模地种植柏树，“自剑阁南至阆州，西到梓潼，三百余里……以石砌路，两旁植柏数十万”[2]。至明末清初，终于形成百里翠云长廊这一金牛道宏伟景观，据载，到清康熙时，金牛道南段两旁翠柏“今皆合抱，如苍龙蜿蜒，夏不见日”[3]。清代前期对蜀道地带林木继承明朝“官民相禁剪伐”的禁令，严禁民间砍伐。剑州州官离上任交接时，以交行道树清单为必须履行手续之一。据嘉庆《四川通志》记载，清前期剑州地区还实行沿途古树登记、编号、挂牌示谕等管理制度，这使得直到清中期以前，蜀道沿途尚能保持良好的交通生态环境[4]，并且能使金牛道百里翠云长廊度过战争与垦殖劫难，局部幸存至今。

二

今日蜀道沿途山区大多是荒山秃岭，很多地段森林已荡然无存，生态环境较历史时期大为恶化。秦岭北坡原始森林消失殆尽，历史上长期具有丰富森林分布的褒斜道今日所见只有一些次生幼林和灌木草丛，金牛道沿途多见童山濯濯，米仓道所经的大巴山唐宋时还是森林密布，至今森林也是少有保存，北坡许多山峰竟荒石累累，草木稀疏。现在古蜀道所经地区只有傥骆道洋县华阳、佛坪自然保护区、褒斜道深处太白山国家森林公园和子午道宁陕县境内还保存着面积有限的原始森林。

一定区域生态环境的变迁，一般要经历一个较长的历史过程，除地质构造运动和地球气候冷暖变迁等因素外，人类的经济活动在其中起着直接的作用，而森林资源形成不易，破坏则并非难事，人类交通拓展与经济开发对蜀道森林破坏历

[1] 蓝勇：《历史时期西南经济开发与生态变迁》第二章，云南教育出版社。
[2] 康熙《剑州志·道程》。
[3][4] 刘长荣：《蜀金牛道中行道树》，《三秦论坛》1993年第6期。

时已久，但蜀道地带森林真正大规模地减耗、消失，还是近二百多年来的事，考其原因，这主要有以下几种因素：

（一）蜀道交通发展与森林变迁

蜀道交通以许多陡险峡谷峭壁架木修栈著称于世，修栈木料一般就地取材，这使蜀道近旁森林首先遭到砍伐，从战国到明清历代都有修栈之举，有的朝代还屡毁屡修，且往往工程规模大，消耗树木数量不少。东汉明帝永平六年（63）汉中太守鄐君所修褒斜栈道“始作桥阁六百二十三间，大桥五，为道二百五十八里”[1]，应该说此次修栈仅二百多里，工程量尚不算大。唐代仅金牛道三泉县至绵谷一带即有栈阁19318间，护险偏栏47134间[2]，若算上其他几条栈道用料，消耗林木难计其数。另据北宋嘉祐二年雷简夫《新开白水路摩崖石刻》所记修凤州河池县至兴州长举驿之间栈道，“作阁道二千三百九间，邮亭、营屋、纲院三百八十三间”[3]，其费工、费料堪称可观，路程仅二百余里。清康熙二十九年四月，四川巡抚噶尔图对剑阁道进行大规模整治，“自广元县迤南，历园山等十二站始达汉州，计程八百二十里，多崇山峻岭，曲折难行……刊木伐石，搭桥造船，以通行旅，遂成坦途”[4]。不过明清时蜀道筑修已发生重大变化，修成的道路已逐渐由木制栈阁演变为土石路面的坡道、碥道[5]，像噶尔图这样“刊木伐石，搭桥造船”的老方式已不多见。

历代伐木修栈，对蜀道地带森林资源显然是一个严重损耗。早在北宋中期，蜀道一些地段修葺栈道用料已很难就地取用，须去纵深数十里才能伐木。宋仁宗庆历三年（1043）兴元府褒城县丞上疏朝廷：“窃见入川大路自凤州至利州剑门关，直入益州，路遥远，桥阁约九万余间，每年系辅分兵士于近山采木修整通行，近年添修，所使木植万数浩瀚，深入山林三二十里外。”[6]因而建议沿途驿卒于

[1] 东汉《鄐君开通褒斜道碑》现存汉中市博物馆。
[2][南宋]王象之：《舆地纪胜》卷一百九十一《大安军景物目上》。
[3] 陈显远：《汉中碑石》，三秦出版社，1996年。
[4][清]彭遵泗：《蜀故》卷六《蜀道》。
[5] 李之勤等：《蜀道话古》，西北大学出版社，1996年，第89页。
[6][清]徐松：《宋会要辑稿·方域》。

蜀道路旁栽种树木，以备修栈取用。鉴于蜀道修栈用木确实困难，仁宗下诏准行。这一作法南宋时依然承袭，宁宗庆元年间，剑阁县令何琰还率众在剑阁道旁种松表路，并重刻西晋尚书郎郭璞《种松柏》于县衙门前，将蜀道植树列为地方官吏职责之一[1]，这从侧面反映出南宋剑阁一带森林的减少。南宋中期故道与金牛道北段林木已不复有唐代诗人笔下那种林木葱郁、蔽山遮日的胜景，萧瑟荒凉之景已随处可见，如益昌一带“马经断栈危无路，风掠枯茅飒有声”[2]，三泉一带山坡也是“麦陇雪苗寒剡剡，柘林枫叶暮飕飕”[3]。尽管陆游蜀道诗所涉及季节似为冬季，状描景物自然萧条些，但毕竟反映出蜀道森林已不复昔日繁盛的信息。

明清时期蜀道交通相对衰落，大规模伐木修栈减少，加之蜀道某些地段开始舍弃木制旧栈，顺循坡势削山、砌岸、铺石填土、筑为土石路——“碥路”。如明代王士性所说“今之栈道非昔矣……特开路于诸岭之上。由是陟降以行，无复昔日之沿山架木，而栈道遂废”[4]。改栈道为碥路，是筑路技术的重大变更，对蜀道森林来说也是一大幸事，此一时故道，褒斜道森林有所恢复。明末清初，川北陕南地区兵荒马乱，战乱频仍，栈道交通荒凉冷寂，森林获得短暂的恢复，以致蜀道沿途虎豹成群，肆虐成患[5]。但不久以后，移民进入秦巴山区引发垦殖山林高潮，使蜀道地带森林遭到空前消耗。二十世纪蜀道历史发生重大变迁，抗日战争前夕抢修的川陕公路、汉白公路，五十年代和六七十年代相继修成的宝成铁路、阳安铁路、襄渝铁路，结束了千年“蜀道难”的历史，但由于当时只注重建设速度，忽视生态环境保护，使蜀道森林再次遭到重大损失。

（二）蜀道地带农业开发对森林的影响

蜀道沿途除渭河平川、汉中盆地和广元、绵阳丘陵地区及成都平原历史上农业开发较早外，山地农业开发始于唐代。唐代汉水上游秦巴山地农业经济与生产

[1][清]王士禛：《陇蜀余闻》，见《小方壶斋舆地丛钞》第七帙。
[2][3][南宋]陆游：《剑南诗稿》卷三。
[4][明]王士性：《广志绎》卷三《江北四省》。
[5]蓝勇：《清初四川虎患与环境复原问题》，《中国历史地理论丛》1994年第3期。

力水平尚十分落后，史载“梁汉之间，刀耕火耨，民以採稆为事”[1]，与关中平原和蜀中平原差距很大。汉中盆地虽开发较早，稻麦兼收，但平川面积狭小，随着人口的增加，平川所产粮食已难满足社会需求，加之一些民户逃避赋税，藏匿深山，这样秦岭深处栈道沿线便出现零星的以“畬”形式开始的山地农业开发。唐代秦岭山区畬田经济，正史文献失载，唐蜀道诗中有零星反映，如岑参自汉中入蜀途中曾看到“水种新插秧，山田正烧畬”的初夏农忙情景，薛能《褒斜道中》诗也有“鸟径恶时应立虎，畬田闲日正烧松”[2]的诗句，应是在秦岭深处目击所记，欧阳詹羁留金牛道益昌时，也看到当地“人类遍畬田，莳稼无闲坡”[3]。关于“畬田”农业，北宋初被贬谪到商州山区的王禹偁《畬田词小序》曾作描述：“其民刀耕火种，大抵先断山田，虽恶崖绝岭，树木尽仆，俟其乾且燥，乃行大焉，火尚炽，即以种播之”[4]。可见是一种典型的刀耕火种式粗放农业经营方式，其对山地森林的破坏显然是直接的。另据晚唐孙樵文集所记，位于秦岭中的褒斜道旁支文川道沿途“往往涧旁谷中有桑柘，民多聚居，鸡犬相闻”，“自仙岭而南，路旁人烟相望，涧旁地益平旷，往往垦田至一二百亩”[5]。秦岭深处的这些人口聚落和田地应是山区移民“畬田”的结果。蜀道沿途的畬田经济在宋代仍继续存在。文同、陆游等人诗中继续有所反映。据学者研究，唐宋时蜀道地带农业开发程度较大者当属南栈，金牛道人烟相对稠密，垦殖率较高，森林损失也相应严重，益昌、广元一带许多河川平坝、浅山丘陵多已垦殖出来[6]。前引陆游“麦陇雪苗寒剡剡”的诗句，也是三泉一带畬田农业的反映。元代马可·波罗西南旅行途经秦蜀栈道，游记中也提到秦岭山民垦荒耕种和狩猎活动[7]。明代蜀道驿站士卒靠就近种粮解决粮饷问题，王士性经过褒斜道时发现“其站皆军夫，以百兵为廒，置长，军无饩廪，惟自种山田数亩而已”[8]。这种驿道旁军事性的屯田，

[1][后晋]刘昫等：《旧唐书》卷一百十七《严震传》。

[2][清]彭定求等：《全唐诗》卷一百九十八。

[3][清]彭定求等：《全唐诗》卷五百六十。

[4][宋]王禹偁：《小畜集》卷八。

[5][唐]孙樵：《孙可之文集》卷四《兴元新路记》，又见《全唐文》卷七百九十四。

[6]蓝勇：《历史时期西南经济开发与生态变迁》，云南教育出版社。

[7][意]马可·波罗：《马可·波罗游记》第42、43章，陈开俊等译，福建科学技术出版社，1981年。

[8][明]王士性：《广志绎》卷三《江北四省》。

加之日常烧菜、取暖等用度，都会对栈道沿线森林造成长久消耗。

历代修栈和山田畲田农业开发对蜀道森林的变迁无疑都起着缓慢的消耗作用，但蜀道森林真正大规模地遭到破坏和急剧减少，则是在清代中叶长达百年之久的流民大量涌入秦巴山区进行近乎疯狂的伐林垦殖时造成的。大约从乾隆时开始，大批外省流民潮水般涌入秦巴山区，“江、广、黔、楚、川、陕之无业者，侨寓其中，以数百万计，垦种荒地，架屋数椽，即可栖身，谓之棚民”[1]。这些棚民深入秦岭巴山腹地，无节制地大规模砍伐垦殖，“虽蚕从峻岭，老林幽谷，无土不垦，无门不举”[2]。外地流民伐林垦荒当自蜀道两旁展开，渐向纵深发展，伐林后广种玉米、番薯等收获期短、产量高的农作物。嘉庆时汉中知府严如熤在《三省山内风土杂识》中说棚民“画地开垦，伐木支椽，上覆茅草，仅蔽风雨，借杂粮数石作种，数年有收。典当山地，方渐次筑土屋数板”。对于这种破坏性极大的伐林垦殖方式，清代地方志载之甚详：“山中开荒之法，大树巅缚长缅，下缒巨石，就根斧锯并施，树既放倒，本杆听其霉坏，砍旁作薪，枝叶晒干，纵火焚之成灰，故其地肥美，不须加粪，往往种一收百，间有树干中挖一大孔，置火其中，树油内注，火燃不熄，久之烟出树顶，而大树成灰矣。”[3]米仓道通过的大巴山多巨松高柏，大量流民涌入伐林烧炭，“冬春之间藉烧炭贩炭营生者数千人”[4]。流民盲目垦殖造成森林植被急剧减少，水土流失严重，生态环境日益恶化，这种现象早在嘉庆时即已暴露出来，严如熤说“山民伐林开荒……至四五年后，土既挖松，山又陡峻，夏秋骤雨冲洗，水痕条条，只存石骨，又须寻地垦种”[5]。川陕千里蜀道两旁的古老森林就这样被砍伐殆尽，望之皆成裸石荒山。道光时所修《陕南志辑要》说道光年间秦岭腹地留坝厅褒斜道所经地区“皆川楚客民开垦种地，焚烧林木，一望了无可观”。汉中府南郑一带到嘉庆末年“昔之深山大林概为熟地”[6]，到清末民国初年，自南郑向南深入巴山六十余里，才能见到一些残

[1]《清宣宗实录》卷十《卓秉恬奏折》。

[2][清]魏源：《古微堂外集》卷六。

[3]嘉庆《续修汉南郡志》卷二十一《山内风土》。

[4][清]严如熤：《三省边防备览》卷九《山货》。

[5][清]严如熤：《三省边防备览》卷十一《策略》。

[6]转引自赵冈：《清代的垦殖政策与棚民活动》，《中国历史地理论丛》1995年第3期。

存森林[1]。

清代中叶以来秦巴山地森林资源蒙受空前惨重的损失，从此再未恢复旧观。加之二十世纪五十年代全民动员大炼钢铁运动和六七十年代陕南进山垦田，以及农村普遍的进山砍柴活动，致使一些次生幼林也遭到毁灭性砍伐，终于形成蜀道沿途多处岩石裸露、濯濯童山的荒凉景观。

人类的经济开发活动是一柄双刃剑，既可征服自然，改造自然，为人类获得更多的生存环境和满足日益增长的生活需求，但同时也对自然生态资源造成破坏，乃至浩劫。历史时期蜀道地带森林资源所蒙受的巨大损失，都是人类不合理的开发利用与无节制的盲目索取造成的恶果。这个沉痛的教训，值得后人认真汲取，不要重蹈覆辙。

（原文发表于《中国农史》2003 年第 2 期）

秦人的蜀道经营

王子今

回顾华夏文明初步萌生的历史，可以看到秦岭巴山是几大基本文化区之间相互联系的最大的天然屏障。可以说，穿越秦岭巴山的早期道路，是我们民族文化显现出超凡创造精神和伟大智慧的历史纪念。而秦岭巴山古道路系统中，连通重要区域方向的蜀道地位尤其重要。在中国古代道路中，蜀道在经济联系、文化沟通、政令宣达、军事攻防等方面的历史作用，乃至工程规划组织水准所体现的领先性和代表性，都是历史学者和地理学者应当认真关注的研究课题。

新石器时代秦岭南北的重要遗址已经表现出共同的文化面貌[2]。周时期蜀道

[1] 民国《续修南郑县志》卷一《舆地志》。

[2] 对于新石器时代大地湾文化的分布区域，考古学者指出："主要分布于甘肃的陇东地区和陕西的关中地区，以渭河下游地区较为密集，另外，陕南的汉水上游地区也有分布。"汉水地区的遗址包括西乡李家村、何家湾，紫阳白马石、马家营，南郑龙岗寺等。仰韶文化的分布，"包括关中—陕南—晋南—豫西区"。半坡文化的典型遗址包括南郑龙岗寺、西乡何家湾等。见中国社会科学院考古研究所编《中国考古学·新石器时代》，中国社会科学出版社，2010 年，第 114~115、208~209、211、215 页。

已得早期开通[1]。周原甲骨所见“（克）蜀”文字（H11：97）[2]，也证明了蜀道交通条件已经得到初步开发的事实。周武王伐纣，从行有“蜀”人[3]。《水经注·渭水上》有扞水“出周道谷北，迳武都故道县之故城西”。而西周中晚期铜器散氏盘铭文中亦有“周道”。据王国维考定，周散国在散关一带，此“周道”即《水经注》“周道谷”之“周道”[4]。可见这条道路的开通年代相当早。至于影响周王朝命运的褒姒的故事，更是人们熟知的[5]。春秋战国是我们民族文化得到显著跃进和空前积累的时期，这一山地通道的建设又实现了新的历史进步。对于蜀道交通的历史贡献，以秦人最为突出。

一、“怒特祠”与相关传说

秦人有重视交通的传统，秦先祖的事迹中多有交通能力优胜的情节。费昌“为汤御”。孟戏、中衍亦才技不凡，“帝太戊闻而卜之使御，吉，遂致使御而妻之”。而“蜚廉善走”，“以材力事殷纣”。其后造父更是交通史上著名的人物。据《史记》卷五《秦本纪》：“造父以善御幸于周缪王，得骥、温骊、骅骝、騄耳之驷，西巡狩，乐而忘归。徐偃王作乱，造父为缪王御，长驱归周，一日千里以救乱。”而后来居于犬丘的非子，则以“好马及畜，善养息之”，为周孝王“主马于汧渭之间”，以“马大蕃息”深受信用。秦人立国，也直接与一次重要的交通活动有

[1] 有学者指出：“在四川三星堆文化中，虽然主要的铜器，如大型的青铜人像、人头像、大小面具以及青铜树等与中原商文化的铜器有极大的差别，但是，从其文化总体来考察，也不乏类似于中原商文化的器物，如铜器中的尊、罍、盘、瓿、器盖，以及青铜兵器中的戈、钺等。这些类似于中原商文化的成分，只能理解为是商文化向外辐射的结果。”见宋新潮《殷商文化区域研究》，陕西人民出版社，1991 年，第 262 页。

[2] 曹玮：《周原甲骨文》，世界图书出版公司，2002 年，第 71 页。

[3]《尚书·牧誓》：“王曰：‘嗟！我友邦冢君，御事司徒、司马、司空，亚旅、师氏，千夫长、百夫长，及庸、蜀、羌、髳、微、卢、彭、濮人，称尔戈，比尔干，立尔矛，予其誓。’”

[4] 王国维：《散氏盘跋》：“‘散氏’者即《水经·渭水注》‘大散关’，‘大散岭’之‘散’，又铭中‘瀗水’，即《渭水注》中之‘扞水’，‘周道’即‘周道谷’，‘大沽’者即《漾水注》之‘故道水’。”见王国维《观堂集林》卷十八。

[5]《国语·晋语一》：“周幽王伐有褒，褒人以褒姒女焉，褒姒有宠，生伯服，于是乎与虢石甫比，逐太子宜臼而立伯服。太子出奔申，申人、鄫人召西戎以伐周，周于是乎亡。”

关，即“周避犬戎难，东徙雒邑，襄公以兵送周平王。平王封襄公为诸侯，赐之岐以西之地”。据《毛传》，《诗·秦风》中数见体现秦人“有车马之好”的诗句。《史记》卷二十八《封禅书》记载秦时四方诸祠，唯地处关中者有车马之祭，谓“此皆在雍州之域，近天子之都，故加车一乘，骝驹四”。雍地四畤祭祀，“畤驹四匹，木禺龙栾车一驷，木禺车马一驷，各如其帝色”[1]。天水放马滩秦墓出土年代大致为战国中期的木板地图，鲜明标识道路和关隘[2]，也体现出秦人对交通建设特别重视。

对于放马滩秦木板地图交通道路的走向，学者有不同意见。据日本学者藤田胜久的研究，以为所表现的是“通往南方的路线”[3]。雍际春也发表了“这条交通线乃是从天水经西汉水至武都的交通线”[4]的认识。这样的判断值得重视。这一交通线路，也可以归入“蜀道“交通体系之中。

秦人的扩张呈向东发展的基本趋势，但是不能排除秦人曾经进行多方向寻求发展空间，选择进取路径的试探的可能。沿这一思路，我们应当关注秦人在“南山”“武都”的表现。《史记》卷五《秦本纪》记载：“（秦文公）二十七年，伐南山大梓，丰大特。”裴骃《集解》写道：

徐广曰：“今武都故道有怒特祠，图大牛，上生树本，有牛从木中出，后见丰水之中。”

张守节《正义》引《括地志》则有另外的说法：

大梓树在岐州陈仓县南十里仓山上。《录异传》云：“秦文公时，雍南山有大梓树，文公伐之，辄有大风雨，树生合不断。时有一人病，夜往山中，闻有鬼语树神曰：‘秦若使人被发，以朱丝绕树伐汝，汝得不困耶？’树神无言。明日，病人语闻，公如其言伐树，断，中有一青牛出，走入丰水中。其后牛出丰水中，使骑击之，不胜。有骑堕地复上，发解，牛畏之，入不出，故置髦头。汉、魏、

[1] 王子今：《秦国交通的发展与秦的统一》，《史林》1989 年第 4 期，第 6~9 页；王子今：《秦统一原因的技术层面考察》，《社会科学战线》2009 年第 9 期，第 222~231 页。

[2] 甘肃省文物考古研究所：《天水放马滩秦简》，中华书局，2009 年。

[3][日] 藤田胜久：《战国秦的领域形成和交通路线》，载秦始皇兵马俑博物馆《论丛》编委会：《秦文化论丛》第 6 辑，西北大学出版社，1998 年，第 373 页。

[4] 雍际春：《天水放马滩木板地图研究》，甘肃人民出版社，2002 年，第 145 页。

晋因之。武都郡立怒特祠，是大梓牛神也。”

张守节按：“今俗画青牛障是。”其实，也有可能《录异传》的这段文字为张守节《正义》直接引录，而并非由《括地志》转引[1]。

对于这一“大梓牛神”传说的发生地和祠祀纪念地，有“武都故道”和“岐州陈仓县南十里仓山上”“雍南山”等不同的说法。“武都故道”明确可知是蜀道的一条线路。所谓“岐州陈仓县南十里仓山上”“雍南山”等，应当也可以和蜀道联系起来考虑。

特别值得注意的是，这一传说中“牛”“青牛”“大牛”“大梓牛”以及“大特”“怒特”等情节，都使人联想到后来蜀道“石牛”传说。

二、“石牛”“五丁”故事

秦与蜀的交通往来，有久远的历史记录。《华阳国志》卷三《蜀志》说，蜀人传说时代的先王“卢帝”当政时，曾经“攻秦，至雍”。春秋战国时期，这种联系更为频繁。《史记》卷五《秦本纪》记载：“厉共公二年，蜀人来赂。”又秦惠公十三年（前387），“伐蜀，取南郑”。同一史实《史记》卷十五《六国年表》则写作“蜀取我南郑”。又《秦本纪》载惠文君元年（前337）“蜀人来朝”。《六国年表》则写作“蜀人来”。

《华阳国志》卷三《蜀志》记录了反映秦巴山地道路早期开通的著名的“石牛”“五丁”故事：

周显王之世，蜀王有褒汉之地，因猎谷中，与秦惠王遇。惠王以金一笥遗蜀王。王报珍玩之物。物化为土，惠王怒。群臣贺曰：“天承我矣，王将得蜀土地。”惠王喜，乃作石牛五头，朝泻金其后，曰：“牛便金。”有养卒百人。蜀人悦之，使使请石牛，惠王许之。乃遣五丁迎石牛。既不便金，怒遣还之。乃嘲秦人曰：“东方牧犊儿。”秦人笑之曰：“吾虽牧犊，当得蜀也。”

秦王和蜀王“褒汉”“谷中”之遇，反映蜀道的早期开通已经具备了比较好

[1] 王子今：《秦汉民间信仰体系中的“树神”和“木妖”》，载黄留珠、魏全瑞《周秦汉唐文化研究》第3辑，三秦出版社，2004年，第80~91页。

的通行条件。《水经注·沔水》引来敏《本蜀论》：

秦惠王欲伐蜀而不知道，作五石牛，以金置尾下，言能屎金。蜀王负力，令五丁引之，成道。秦使张仪、司马错寻路灭蜀，因曰“石牛道”。

所谓“使使请石牛”“遣五丁迎石牛”和“令五丁引之，成道”，体现出因交通需求的变化，道路形制有所进步。

《华阳国志》卷三《蜀志》中，又可以看到这样的记载：“周显王二十二年，蜀侯使朝秦。秦惠王数以美女进，蜀王感之，故朝焉。惠王知蜀王好色，许嫁五女于蜀。蜀遣五丁迎之。还到梓潼，见一大蛇入穴中。一人揽其尾，掣之，不禁。至五人相助，大呼曳蛇。山崩，同时压杀五人及秦五女，并将从；而山分为五岭。直顶上有平石。蜀王痛伤，乃登之。因命曰五妇冢山。川平石上为望妇堠。作思妻台。今其山，或名五丁冢。”蜀使朝秦，秦王嫁女，五丁迎之，都是秦蜀交通过程。堠，是古道路记程的土堆[1]。因而这一传说，也可以与“蜀王负力，令五丁引之，成道”之说对照理解，看作蜀道早期开通的历史真实的反映[2]。

通过相关传说“蜀王有褒汉之地，因猎谷中，与秦惠王遇”“秦惠王欲伐蜀而不知道，作五石牛”“蜀王负力，令五丁引之，成道”，以及秦惠王“许嫁五女于蜀，蜀遣五丁迎之”等情节，可知早期蜀道的开通，是秦人和蜀人共同的历史功绩。然而由“石牛”“五女”谋略之设计，可以得到秦人可能发挥了更多的主动性这一认识。

三、蜀道与秦兼并蜀地的战争

秦惠文王时期，秦完成了对蜀地的占有。秦人兼并蜀地，是秦首次实现面积

[1] 古代交通道路管理曾经有以所谓“封堠”划界分程的制度，据说“十里双堠，五里只堠”。有的学者引据经典，指出黄帝游幸天下时，“道路有记里堆”，因而以为“封堠”之制，启始于黄帝时代。见杨慎《丹铅总录》卷二《地理类》“封堠堰埒”条。

[2]《华阳国志》还有其他有关“五丁”开路的传说。卷二《汉中志》：“梓潼县，（梓潼）郡治。有五妇山，故蜀五丁士所拽蛇崩山处也。”卷三《蜀志》：“时蜀有五丁力士，能移山。”“武都有一丈夫，化为女子，美而艳，盖山精也。蜀王纳为妃。不习水土，欲去。王必留之，乃为《东平》之歌以乐之。无几，物故。蜀王哀之。乃遣五丁之武都担土，为妃作冢，盖地数亩，高七丈。”其中“遣五丁之武都担土”情节也反映了交通过程。

达数十万平方千米的大规模的领土扩张，为后来统一事业的成功奠定了最初的基础。通过这一历史过程，我们也可以看到秦文化在与其他地域文化体系相互融合、相互影响时，保持主动地位、体现积极态势的事实。

秦惠文王确定出兵伐蜀的战略决策之前，最高统治集团中曾经就此发生争论。据《史记》卷七十《张仪列传》记载："苴、蜀相攻击，各来告急于秦。秦惠王欲发兵以伐蜀，以为道险狭难至，而韩又来侵秦，秦惠王欲先伐韩，后伐蜀，恐不利，欲先伐蜀，恐韩袭秦之敝，犹豫未能决。司马错与张仪争论于惠王之前，司马错欲伐蜀，张仪曰：'不如伐韩。'"司马错则说："臣闻之，欲富国者务广其地，欲强兵者务富其民，欲王者务博其德，三资者备而王随之矣。今王地小民贫，故臣愿先从事于易。夫蜀，西僻之国也，而戎翟之长也，有桀纣之乱。以秦攻之，譬如使豺狼逐群羊。得其地足以广国，取其财足以富民缮兵，不伤众而彼已服焉。拔一国而天下不以为暴，利尽西海而天下不以为贪，是我一举而名实附也，而又有禁暴止乱之名。"秦惠文王对于司马错的见解表示："善，寡人请听子。"予以赞同。

可以看到，司马错作为秦人，张仪作为关东人，各自的政见在某种程度上表现出不同的地域文化的传统。而前者尤以务实为基本特色。还应当指出，关东人张仪的政治视野，主要为关东地区的大政治舞台所占据，而作为秦人的司马错，却并不对所谓"西僻之国而戎翟之伦"的蜀地存有文化偏见。事实上，秦地与蜀地之间原本也具有若干文化共性。

秦人似乎并不掩饰其进取蜀地的意图。据《史记》卷六十九《苏秦列传》，世人其实很早就已经注意到"秦有举巴蜀并汉中之心"。尤其应当关注的是，秦惠文王进行决策时有"欲发兵以伐蜀"，又"以为道险狭难至"的考虑。蜀道的通行条件，影响着秦国国君的战略思维。对于秦兼并蜀地这一重要的历史事实，可根据《史记》的记载做如下列表（表1）。

表 1 秦兼并蜀地史实一览表

时间	史事	出处
秦惠文王更元九年（前 316）	一、司马错伐蜀，灭之 二、击蜀，灭之 三、起兵伐蜀，十月，取之，遂定蜀，贬蜀王更号为侯，而使陈庄相蜀	《秦本纪》 《六国年表》 《张仪列传》
秦惠王文更元十四年（前 311）	四、蜀相壮杀蜀侯来降 五、蜀相杀蜀侯	《秦本纪》 《六国年表》
秦武王元年（前 310）	六、诛蜀相壮 七、诛蜀相壮 八、蜀侯煇、相壮反，秦使甘茂定蜀	《秦本纪》 《六国年表》 《樗里子甘茂列传》
秦昭襄王六年（前 301）	九、蜀侯煇反，司马错定蜀 十、蜀反，司马错往诛蜀守煇，定蜀	《秦本纪》 《六国年表》

注：其中八与九、十有关“蜀侯煇”“蜀守煇”的记载相互抵牾，当有一误，疑八中“侯煇”二字为衍文[1]。

从起初一、二、三的“伐蜀，灭之”“击蜀，灭之”“伐蜀……取之，遂定蜀”，到九、十之最终“定蜀”，秦人征服蜀地，都必然通过蜀道路线进军。

“蜀侯煇”，《华阳国志》作“蜀侯恽”。据说蜀侯恽死后，“蜀人葬恽郭外”。《华阳国志》卷三《蜀志》又记载了这样的神奇故事：

（周赧王）十七年[2]，（秦昭襄王）闻恽无罪冤死，使使迎丧入葬之郭内。初则炎旱，三月后又霖雨；七月，车溺不得行。丧车至城北门，忽陷入地中。蜀人因名北门曰咸阳门，为蜀侯恽立祠。其神有灵，能兴云致雨，水旱祷之。

[1] 王子今：《秦兼并蜀地的意义与蜀人对秦文化的认同》，《四川师范大学学报》1998 年第 2 期，第 111~119 页。

[2] 今按：公元前 298 年。

《太平御览》卷十一引《蜀本纪》则写道：

秦王诛蜀侯恽，后迎葬咸阳，天雨，三月不通，因葬成都。故蜀人求雨，祠蜀侯必雨。

二者参照，可能“后迎葬咸阳”之说较为接近史实，“炎旱”及“霖雨”连续数月之久，正形成对柩车远程行进的阻碍。而所谓“名北门曰咸阳门”，也因为成都北门是北上通向咸阳道路的起点。这两则传说所谓“车溺不得行”“忽陷入地中”“三月不通”，都可以理解为蜀道交通艰难的象征性表述。

秦军伐蜀行进道路，《史记》卷七十《张仪列传》，张守节《正义》引《华阳国志》：“秦遣张仪从子午道伐蜀。”今本《华阳国志》卷三《蜀志》：“周慎王五年秋，秦大夫张仪、司马错、都尉墨等从石牛道伐蜀。”究竟是“从子午道伐蜀”还是“从石牛道伐蜀”呢？任乃强《华阳国志校补图注》说：“《史记正义》引作‘从子午道伐蜀’，当是张守节据误本。宋刻‘从石牛道’，与上文相应。石牛道，谓自汉入蜀之西道。其路线，自汉中入阳平关，循水道至葭萌，自葭萌溯清水河谷，逾马鸣阁（今马角坝）至江油（今彰明），历涪、雒，至成都。与今宝成铁路线同。”[1] 所谓“马鸣阁”者，不排除“阁”是指“阁道”，即栈道的可能。

其实，“从子午道伐蜀”和“从石牛道伐蜀”两说并不矛盾。秦的伐蜀路线可能经过秦岭“从子午道”，再由巴山南行“从石牛道”。

蜀道为秦兼并蜀地的军事行动提供了条件。秦军进取蜀地对于最终实现统一有重要的战略意义。

四、蜀道对于秦实现统一的意义

战国秦汉时期，关中称“天府”。《史记》和《汉书》六见“天府”的说法，其中五次都是指关中。如《史记》卷九十九《刘敬叔孙通列传》娄敬语：“秦地

[1] 任乃强注还写道：“马鸣阁，秦汉梓潼县地。五妇冢山在其侧，为梓潼水源。梓潼水蜿蜒似蛇行，《汉志》称为‘虵水’。故蜀人有五丁曳蛇（同虵）之说也。”见常璩撰，任乃强校注：《华阳国志校补图注》，上海古籍出版社，1987 年，第 127 页。

被山带河，四塞以为固，卒然有急，百万之众可具也。因秦之故，资甚美膏腴之地，此所谓‘天府’者也。”通过相关论说，可以得知关中与巴蜀交通的方便也受到重视[1]。自汉末起，已经能够看到巴蜀亦称“天府”的史例。如《三国志》卷三十五《蜀书·诸葛亮传》：“益州险塞，沃野千里，天府之土，高祖因之以成帝业。”又《三国志》卷三十七《蜀书·法正传》：“资益州之殷富，冯天府之险阻，以此成业，犹反掌也。”

蜀道使得关中平原和四川平原这两处公认的最早的“天府”相互连接，形成了中国西部相当长的历史时期内的文化优势和经济强势。直到江南得到开发以后，仍有所谓“扬一益二”[2]之语，显示出四川平原富足实力外在影响的长久。而这种影响也是通过蜀道实现的。

蜀道高效能使用，使得中国西部连通为一个实力雄厚的整体。就天文与人文的对应关系而言，出现了所谓“（蜀地）星应舆鬼，故君子精敏，小人鬼黠；与秦同分，固多悍勇”[3]的说法。所谓蜀地“与秦同分”，与所谓“巴、蜀亦关中地也”[4]可以对照理解。秦汉“关西”“山西”也就是“大关中”区域因此成为统一帝国成立之基础[5]。兼并蜀地之后，秦国虽然尚未征服东方文化基础深厚的地区，但是已经远远超越其他六个强国，成为版图面积最大的国度。秦国领土南北纵跨纬度超过12°，这是战国七雄中其他国家无一能够相比的。对包括畜牧区、粟麦耕作区和稻米耕作区的广大区域的综合管理，自然可以提高秦国领导集团的

[1] 如《史记》卷六十九《苏秦列传》苏秦语：“秦四塞之国，被山带渭，东有关河，西有汉中，南有巴蜀，北有代马，此‘天府’也。”又《史记》卷五十五《留侯世家》张良语：“夫关中左殽函，右陇蜀，沃野千里，南有巴蜀之饶，北有胡苑之利，阻三面而守，独以一面东制诸侯。诸侯安定，河渭漕挽天下，西给京师；诸侯有变，顺流而下，足以委输。此所谓金城千里，天府之国也。”

[2]《资治通鉴》卷二百五十九，唐昭宗景福元年条：“时人称‘扬一益二’。”胡三省注：“言扬州居一，益州为次也。”《全唐诗》卷八百七十七《盐铁谚》：“唐世盐铁转运使在扬州，尽筦利权，商贾如织。天下之盛，扬为首而蜀次之。故谚曰‘扬一益二’。”

[3][晋]常璩撰，任乃强校注：《华阳国志校补图注》，上海古籍出版社，1987年，第113页。

[4][汉]司马迁：《史记》，中华书局，1959年，第316页。

[5] 王子今：《秦汉区域地理学的“大关中”概念》，《人文杂志》2003年第1期，第86~91页；王子今、刘华祝：《说张家山汉简〈二年律令·津关令〉所见五关》，《中国历史文物》2003年第1期，第44~52页。

执政能力，为后来统一帝国的行政提供了预演的条件。在军事扩张的历程中，秦国将士表现出善于“远攻”的特点，秦人较早创大军团长距离远征，“径数国千里而袭人”[1]的历史记录。秦统一战争中，往往调动数十万人的大军连年出击，无疑也需要凭借强大的运输力量保证后勤供给。秦国最终能够完成击灭六国、实现一统的伟业，有强劲的交通实力以为倚助，也是重要因素之一。秦征服蜀地的战争，使包括运输能力在内的军力经历了考验。蜀道，可以看作秦国军运能力的试验场和考场。

秦汉帝国的崛起，影响了东方史的方向，也影响了世界史的格局，而蜀道对于这一具有世界意义的历史变化的作用是十分显著的。

五、秦代的蜀道建设

秦始皇实现统一之后，随即进行了大规模的交通建设。《史记》卷六《秦始皇本纪》记载，秦始皇二十七年（前 220），“治驰道”。驰道的修筑，是秦汉交通建设事业中最具时代特色的成就。通过秦始皇和秦二世出巡的路线，可以知道驰道当时已经结成沟通全国陆路交通网的基本要络。

据《史记》卷八十七《李斯列传》，曾经作为秦中央政权主要决策者之一的左丞相李斯被赵高拘执，在狱中上书自陈，历数功绩有七项，其中包括“治驰道，兴游观，以见主之得意”。可见修治驰道是统治短暂的秦王朝中央权力机构行政活动的主要内容之一。

《史记》卷八十七《李斯列传》可见对秦政严酷导致社会危机的批评：“又作阿房之宫，治直道、驰道，赋敛愈重，戍徭无已。于是楚戍卒陈胜、吴广等乃作乱，起于山东，杰俊相立，自置为侯王，叛秦。”虽然现在并没有秦王朝“治驰道”交通工程涉及蜀地的明确记载，但是秦执政者无疑是不会忽略蜀道交通的。

秦汉之际史籍所见穿越秦岭山脉的道路的通行效率，可以体现秦代蜀道建设也是受到充分重视并且取得了显著成功的。《史记》卷八《高祖本纪》记载，汉

[1][汉]司马迁：《史记》，中华书局，1959 年。

王之国，“从杜南入蚀中”。程大昌《雍录》：“此之蚀中，若非骆谷，即是子午谷。”《资治通鉴》胡三省注、《读史方舆纪要》、《史记会注考证》都据《司隶校尉杨君孟文石门颂序》所谓“高祖受命，兴于汉中，道由子午，出散入秦”，以为“蚀中”应当就是子午谷。《三国志》卷四十《蜀书·魏延传》记述魏延曾经向诸葛亮建议，“欲请兵万人，与亮异道会于潼关，如韩信故事”。裴松之注引《魏略》说，其具体路线是“直从褒中出，循秦岭而东，当子午而北”，直抵长安。由魏延所谓“韩信故事”，可知“道由子午，出散入秦”或许是刘邦分兵而出，北定三秦的路线。看来，子午道在秦汉之际便利通行大致是没有疑义的。而程大昌以为刘邦南下所经“若非骆谷，即是子午谷”的说法，说明他认为当时傥骆道具备行军条件。另外，故道又称嘉陵道，是刘邦自汉中“出散入秦”的通道，秦有“故道”县，县治在今陕西宝鸡市南。综上可以推知，秦代这条蜀道线路的开通和养护，也应当未曾废止。

（原文发表于《咸阳师范学院学报》2012 年第 1 期）

蜀道文化线路的保护与申遗中的几个问题[1]

林　向

一、“蜀道”的含义问题

先要为“蜀道”正名。“蜀道”一词为各类辞书如《辞海》《辞源》《现代汉语词典》等所不收。有的只收古乐府相和歌之名《蜀道难》，写过《蜀道难》

[1] 本文参加 2011 年 9 月在广元召开的全国政协文史和学习委员会、政协四川省委员会、政协陕西省委员会主办的“蜀道文化线路保护与申遗研讨会”，并在 9 月 8 日的大会上作为专家发言。本文的撰写得感谢四川省政协冯晓露女士、四川省文物局朱小南先生和贺晓东先生的帮助。特别是成都博物院王毅先生和张擎先生，提供了他们在为“古蜀国遗址”申报世界文化遗产的工作中的心得和体会，谨表谢忱。

的名人不少，早的如南北朝时梁简文帝、刘孝威，陈的阴铿等都有歌辞传世。到了唐代因大诗人李白名篇《蜀道难》而闻名于世。《蜀道难》既是流行歌辞，“蜀道”一词必有来历。

近查《四库全书》得“蜀道”2477条，与道路有关最早记载的是《后汉书·张霸传》。张霸，成都人，官至会稽太守、颍川太守，老年任京官，卒时七十，“遗敕诸子曰：今蜀道阻远，不宜归茔，可止此葬”，“诸子承命，葬于河南梁县”。这里讲的“蜀”是成都，“蜀道”是由中原的“入蜀之道”。此后“蜀道”一词不绝于书，但除“道路”义之外，还统指以蜀（成都）为代表的“地区”——“蜀地”，如《新唐书》有“蜀道米价腾涌”、《宋史》有“令蜀道织锦茵”等的记载。

现在提出的“蜀道”并非新词。首先指的也是“出入蜀地的道路”，第二也应有“地区”的意思，因为既称为“蜀道文化线路”，按2008年国际古迹遗址理事会第十六次大会通过的《文化线路宪章》，要包含沿线所在“地区”的文化和文物等（详下节），这与我国自古以来对“蜀道”一词的训诂含义暗合。

出入四川盆地的道路众多，不可能都来保护和申遗。我们认为“蜀道”应该是从号称“十三朝古都”的西安通向“西南大都会”成都的“官道”。它可能是从民间商旅通道升级为官道的；官道衰微后又可能退回成商旅通道。什么是“官道”？官道要由官府管理维护，有官设的驿铺邮传，主要服务于军政人员、物资、信息的传输，同时也是商旅行进的主要干道。我们要找的是古今相承、长期使用、文化内涵丰富的“蜀道”。

据此，入选的陕西境内的“蜀道”有：陈仓道、褒斜道、傥骆道、子午道。四川境内的“蜀道”有：金牛道、嘉陵道、米仓道、荔枝道。

二、四川“蜀道”的路线问题

四川境内“蜀道”有四条：

1.“嘉陵道”，因其古老称为“故道”，又名“青泥道”“散关道”“北水路”。北接秦岭上的“陈仓道”，入川后向南，陆路在古葭萌（昭化）汇入“金牛道”；水路顺嘉陵江经阆中通向重庆方向。

2.“金牛道”，又称“石牛道”“剑阁道”“南栈道”“四川官路”“四川北路”。北接汉中“褒斜道”，勉县烈金坝有“金牛驿”，向南经五丁峡、七盘关、龙门阁、明月峡入古葭萌（昭化）；过剑门关，经梓橦、绵阳、德阳入成都。以上两道各朝代都曾设立驿铺邮传、路政管理。其路线为现代川陕公路、宝成铁路等交通干线承袭。

3.“米仓道”，又名“大竹路”“巴岭路”。北接古兴元（汉中南郑），相传当年萧何从此道追韩信，向南过巴峪关、米仓关，到巴中、渠县，向西过阆中，接剑阁道，入成都；向南过合川、通渝州（重庆），此路自古“并无邮递，驿站马匹”，但为重要的军旅商道，明清时为川盐走私之道。现代南郑至南江的二南公路承袭此道。

4.“荔枝道”，《方舆胜览》：“杨贵妃嗜生荔枝，诏驿伺涪陵由达州取西乡入子午谷至长安才三日，香色俱未变。”不过对此道分歧较多，有称“洋万涪道”，由涪陵、万州、宣汉、越大巴山到西乡，取“子午道”入长安。又称“洋渠道”，由涪陵水道过重庆、合川到渠县，接“米仓道”。据此，笔者认为“四川蜀道”当以“金牛道”含“嘉陵道”（北段）是主干为是。试申述，供讨论。

“四川蜀道——金牛道”在史前即有踪迹。早在新石器时代汉中盆地的宝山遗址与成都平原的宝墩文化具有相同的文化因素。蜀道七盘关上有中子铺遗址，下山来有广元的张家坡、邓家坪遗址，再下来蜀道上有绵阳的边堆山遗址，再下来进入蜀道目的地成都。成都平原上的宝墩文化城址群，与上面这些史前遗址的内容都显示有密切的文化往来，紧密的联系。

夏商周时期“蜀道”成为“贡道”，《禹贡》记梁州的“贡道”“西倾因桓是来，浮于潜，逾于沔，入于渭，乱于河”，这是夏代即有“官道”的书证。交通路线存在的地下例证就是成都平原的三星堆、金沙遗址与汉中的成固铜器群、陈仓故道附近宝鸡纸坊沟強国墓地都有惊人相同的遗物出土。前者被学者称为早期蜀文化，后者甚至被学者理解为“強”与“蜀”同族。而且，在陈仓故道一端的周原遗址出土的甲骨卜辞中，曾记载有“伐蜀”“克蜀”，先周时是否取此道伐蜀，值得探索。东周时蜀王遣五丁迎石牛开路，“金牛道”从此扬名，战国修整后的蜀道是“栈道千里，通于蜀汉”，秦军并由“蜀道”南下兼并巴蜀，并据此东进兼并六国。

秦末，汉高祖沿蜀道北攻关中而成就帝业，萧何督粮运于“故道”。秦汉时大量移民通过金牛道，卓氏入蜀“夫妻推辇行”至葭萌，即栈道通畅的明证。汉武帝时，太史公司马迁曾亲历此“蜀道”南下考察巴蜀西南夷，发出感叹道：“巴蜀亦沃野……然四塞，栈道千里，无所不通，惟褒斜绾毂其口。”陕西“陈仓道”上的《郙阁铭》和褒斜道上的《石门颂》，更是这条“蜀道”干线的铁证。

三国时诸葛亮对“金牛道”进行大规模扩建，在剑门立关置尉，修筑三十里长的阁道，所以从此后人多惯称“金牛道”为“剑阁道”了。金牛道上不仅军旅商贾不断，也是主要的战争通道，有学者统计，自公元 212 年到公元 580 年这 368 年间，有史书记载的重大战事就有 14 次，即每 26 年就要打大仗，有些仗要连续打两三年，这些战争大都与“三国文化”有关。

剑阁道在唐代地位显赫。被唐人称为“全蜀之路必由”“束咽喉于剑阁”。杜甫的入蜀《石柜阁》诗：“蜀道多草花，江间饶奇石。石柜曾波上，临虚荡高壁。”写的就是广元千佛崖的古栈道。

北宋剑阁道大盛。据明时《蜀中名胜记》载，达官贵人、文豪骚客、富商大贾、军旅将领不绝于道。不过宋时的《北梦琐言》载“人有从剑门拾得裹漆文书，乃成都具狱案牍”，看来大量行走的还有差役公人。有褒城县人窦充上书说，从凤州到剑门关有桥阁九万余间，修整须大量木材，建言在道旁植树供应。宋代置“绵汉剑门巡检使”管理关道、收税，南宋时茶商为避关税，改从成都经阆州沿嘉陵江到葭萌。至此，剑阁道由盛极而衰，南宋时阁道败坏，曾经“细雨骑驴入剑门”的陆游在《自阆复还汉中次益昌》诗中则有“马经断栈危无路”句，似乎也绕过了剑门关。

元代整修剑阁道，添设驿站，从汉中到成都的驿站在 20 个以上。明清时称为“四川北路”“四川官路”。军政官吏，公文传递“各驿中尤以北路为最繁重”，清代从成都呈递公文到北京，从此道换马不换人，17~19 天可到。

民国时北出四川的川陕公路、共和国时北出的宝成铁路、最近的高速公路……都是在“陈仓道”“金牛道”的线路基础上修建的，是名副其实的“现代版的蜀道”。

鉴于上述事实，笔者认为从四川而言，“金牛道”或“剑阁道”最符合我们要找的古今相承、长期使用、文化内涵丰富的“蜀道”。“金牛道”或“剑阁道”无疑应该是要“保护与申遗”的“蜀道文化线路”中间的干线。

三、四川“蜀道”的文物保护问题

首先是四川现存的“蜀道”线路本体的文物保护，要包括路面、道路设施、行道树木等；同时包括位于蜀道道路上的关隘、铺驿等遗址。散见各处的纤夫石、拦马墙、石凳、石磨盘、饮马槽、井泉、拦马墙、拴马石孔等。

广元市已发现的现存栈阁还有龙门栈阁、观音飞阁、清风飞阁 3 处遗迹。关隘有七盘关、朝天关、飞仙关、天雄关、剑门关等 5 处。现存古镇有利州古城、昭化古城、剑阁古城 3 处，铺驿 30 余处，古桥 18 处，渡口水驿 2 处。这些是“蜀道”线路本体文物的重头，尤其是木栈道孔、碥栈道和关隘，最为珍贵，已发现的务必严加保护，不宜轻易改装开发。未发现的要进行文物细查，有些埋没的遗迹还要进行考古发掘，这些都可配合申遗做好规划，分步实施。

绵阳市现存与蜀道有关的文物主要集中在梓橦，比较有影响的有 7 处，即七曲山大庙、七曲山水观音古蜀道遗迹、剑泉、送险亭遗址、望水亭石板道、唐明皇幸蜀闻铃处碑、演武铺等。这些“蜀道文化线路”本体的遗存十分珍贵，文物部门已着手保护，有的保护已斥巨资，难能可贵。建议进一步清理登记保护，分批纳入省市“十二五”规划。四川还有其余 5 市，相信也正在做清理保护工作。

此外，蜀道沿线的自然景观、非物质文化遗产亟待保护。笔者提醒还有相关的另一些蜀道文化的文物值得收集保护，如马具、轿子、背篼、脚码子、兵器、税票、“过所”（通关文书）、族谱、老照片等，这些也亟须抢救保护。

四川“蜀道”上已经有大量的文物保护单位。据初步统计，四川“蜀道”七市境内已有全国重点文物保护单位 59 处，省级文物保护单位 233 处，市县级文物保护单位 2063 处，其中的剑门蜀道遗址、三星堆遗址、金沙遗址、罗家坝遗址、广元千佛崖摩崖造像、皇泽寺摩崖造像、南龛摩崖造像、七曲山大庙、渠县汉阙等都是“四川蜀道国宝”，是最珍贵的文化遗产。文保单位的分布情况见下表：

地区	国家级	省级	市级县
南充	8	56	520
广元	4处（16个点）	22	220
绵阳	8	30	249
德阳	5	19	94
成都	26	76	353
达州	4处（10个点）	25	332
巴中	4处（18个点）	15	295
总计	59处	233	2063

这些都是“蜀道文化线路”的文化灵魂，如果失去了它们，“蜀道”就会只剩下躯壳，我们要加倍地珍视和保护，切不可掉以轻心。因为自然灾害会夺走它们，善良的人们会因无知损毁它们，盗贼会牵挂它们，不当的建设也会对它们造成破坏。尤其是申遗出名之时，更要提防宵小不测。最近互联网上网友们埋怨最多的是为利益驱使的过度开发，甚至破坏性开发，更是值得我们深思和切实纠正。

再者，近年来“长江上游的文明中心”的提出，改变了中华文明的总体格局，是一件影响深远的大事。而“蜀道”范围正是在夏商周时期的“古蜀文明文化区”、东周时期“巴蜀文化区”的核心地区。前者已发掘出三星堆遗址和金沙遗址，后者已发掘出成都商业街船棺墓地和宣汉罗家坝遗址，已成为国内外关注的学术热点之一，它们应列为“蜀道文化线路保护和申遗”的重要文化内容，定能为申遗加分。

四、“蜀道”的文化申遗问题

“蜀道”作为重要文化线路具有申报世界文化遗产的潜在价值，有必要组织多学科的学术研究队伍对“蜀道”的申遗进行深入的探讨和研究。对照申报世界文化遗产必须具备的标准，个人认为“蜀道”符合申报世界文化遗产标准的下列5条相关规定。

蜀道文化线路符合世界文化遗产标准（I）：“人类创造精神的代表作。”“蜀道”以奇险栈道著称于世，留存至今的悬崖峭壁上的栈道、碥道和石门隧道是人类罕见的建筑史上的杰出作品。

蜀道文化线路符合世界文化遗产标准（II）：“展现了在一段时期内或世界某一文化区域中人类观念的相互交流，体现于建筑、技术、古迹艺术、城镇规划或景观设计之发展。”蜀道自产生以来，就是中国南北间文化交流融合的重要通道，在以中原和关中地区为中心的华夏文明与四川盆地古蜀文明和云贵高原地区的古代文明间的文化交流中发挥了十分重要的桥梁通道作用，蜀道沿线的诸多史迹和遗址就是这种文化交流的见证。

蜀道文化线路符合世界文化遗产标准（III）：“独特地，或至少是非同一般地见证了一种尚存的或者已经消失的文明。”蜀道是中国南北民族交流融合的重要通道，它在华夏文明不断团聚融合周边其他文明，特别是古蜀文明和云贵高原地区古代文明的过程中发挥了十分重要的作用，见证了华夏文明形成和发展的过程。

蜀道文化线路符合世界文化遗产标准（Ⅳ）：“是一种建筑、建筑整体、技术整体及景观的杰出范例，展现了人类历史上一个（或几个）重要阶段。”蜀道是中国历代王朝政治中心——京都通往西南乃至通往与西南邻近国家的重要通道，对于历代王朝统治中国西南地区发挥了重要作用，历代王朝对蜀道的不断修葺，展现了蜀道对于中原王朝的重要性。

蜀道文化线路符合世界文化遗产标准（VI）：“与具有突出的普遍意义的事件、活传统、观点、信仰、艺术作品或文学作品有直接或实质的联系。”蜀道作为中原和关中地区通向西南地区的重要通道，还与历史上的诸多重大政治军事事件，如秦灭巴蜀，汉武帝开发西南夷，三国时期蜀与魏、吴之间的战争等相联系。

我们认为蜀道申报世界文化遗产应注意几个方面的问题：

1. 蜀道文化线路的空间范围，应明确是特指蜀地北面的通道，不是蜀地与外地联系交流的所有通道，有一个明确界定，就不易使人产生误会。

2. 蜀道文化线路的时代问题，特别是要详细考定各条线路的产生时间，线路具体经过哪些地方，线路上重要史迹的修建或产生时间，例如沿途众多的栈道凿孔如何断代，这是蜀道文化线路申报世界文化遗产工作的难点所在。专业的考古调查与发掘显然应该先行。

3. 蜀道文化线路的保护问题，一方面文化线路分布地域辽阔，牵涉四川、陕西两省；另一方面各条线路的保存状况千差万别，有些路段已被现代公路、铁路所覆盖，有些路段被水所淹没，有些路段现今还在使用，有些路段又人迹罕至，等等，如何保护和监测是蜀道文化线路申报世界文化遗产必须解决的问题。

4. 各地方政府的统一协调问题，蜀道文化线路牵涉面太广，涉及四川、陕西两省十一个重要城市，在地域如此广大、政府机构如此众多、各地方政府的经济发展水平又相差较大的情况下，需要做大量细致的协调工作，建立一个统一高效的协调、联络、管理机构，将是决定蜀道文化线路申报世界文化遗产工作成败的关键。

5. 蜀道文化线路的重要价值不仅体现在华夏文明的进程中，更要在人类文明发展进程中体现出来，这就需要开阔的国际视野，对其价值做进一步的提炼升华。

五、蜀道与中国其他文化线路的比较

1994 年，西班牙马德里召开的文化线路世界遗产专家会议上，与会者一致认为应将“路线作为我们文化遗产的一部分”，第一次明确提出了“文化线路”的概念。它的主要对象是道路、河流等实体存在的交通线路。从此，文化遗产的内涵和外延得到进一步拓展，保护对象由遗产本体扩展到周边环境、视线走廊，遗产的规模由点状发展到线状和面状，遗产类型由静态向动态和活态发展。

2008 年，国际古迹遗址理事会第十六次大会通过了《文化线路宪章》，标志着文化线路正式成为世界遗产保护的新领域。文化线路是指“任何交通线路，无论是陆路、水路，还是其他形式，拥有实体界限；以其自身所具有的特定发展动力和历史功能为特征，以服务于特定的、十分明确的用途，且必须满足以下三个条件：（1）它必须是产生于，也反映了人们之间的相互往来，以及贯穿重大历史时期的人类、国家、地区甚至大陆间的货物、思想、知识和价值观的多维度的持续的相互交流；（2）它也因此必须促进了其所影响文化在时间与空间上杂交融合，并通过其有形的和无形的遗产反映出来；（3）与线路存在的相关的文物和历史关系，必须已经组成了一个动力系统”。

目前世界上已有八条文化线路入选《世界文化线路遗产名录》，包括西班牙的圣迪亚哥·德·卡姆波斯拉朝圣之路、法国的米迪运河、荷兰的阿姆斯特丹防御战路、奥地利的塞默林铁路、印度的大吉岭铁路、阿曼的乳香之路、日本的纪纪依山脉圣地和朝圣之路、以色列的香料之路等。

丝绸之路（中国段）、大运河等已进入中国申报世界文化遗产预备名单之中，大运河已被国家文物局列为 2014 年中国申报世界文化遗产项目。

蜀道与大运河、丝绸之路共同构建了中国东部、西南部、西部三条重要的文化线路，在中国历史上都占有十分重要的地位。蜀道与大运河、丝绸之路比较，有一定的优势，那就是牵涉范围相对较小，蜀道牵涉两省十一市，跨度不大，相对集中；而大运河跨越七省市；丝绸之路牵涉范围更广，涉及多个国家，且很多地段已经消失，调查耗时长、难度大。更主要的是蜀道与大运河、丝绸之路比较，具有较强的独特性，大运河主要是一条水路运输通道，丝绸之路主要是一条陆路商贸通道，而蜀道主要是一条沿着河谷而行的陆路文化交流通道。

总之，蜀道申报世界文化遗产是一项十分庞杂的系统工程，考察、研究、协调、保护与监测都不是一蹴而就的，是一项长期而艰巨的工作。蜀道申报世界文化遗产并不是最终目的，未来申报世界文化遗产成功也并不代表着蜀道保护、研究任务的结束，而是通过申报世界文化遗产的行动，使蜀道文化线路得到有效保护，并建立起日常保护和监测的长效机制。

（原文发表于《地方文化研究辑刊》第五辑）

蜀道线旅游资源的开发

马　强

旅游业作为我国方兴未艾的新兴“朝阳产业”，在国民经济、区域开发以及人们精神文化生活方面已具有日趋重要的意义。一般说来旅游资源可归纳为三大板块：历史文化古迹、自然山水生态和现代城市工业文明景观，其中前两者比重最大。蜀道作为我国历史上沟通西北与西南地区的交通主网络，诸道沿线不仅以奇险栈道著称于世，也以其悠久丰富的历史文化遗存，奇特珍贵的自然景观及珍稀野生动、植物资源为海内外游客所向往。此外，千里蜀道还是我国当代西部开发中重要的工业科技走廊，具有重要的旅游文化地理价值。

一、蜀道线的历史文化旅游资源

蜀道旅游资源上最重要的财富是悠久辉煌的历史文化遗产，这些历史遗产又分有形的山川名胜、历史遗迹和无形的文学艺术等。自商周之际巴蜀诸国沿“周道”（即故道）赴周原会师东征伐纣到二十世纪六七十年代“备战备荒”期间的三线建设，三千多年间漫长历史中蜀道上风云际会、南北征战，加之农业开发、商贾贸易、诗人壮游、使节往还、贬臣流逐、兵家运筹……密集的历史事件和众多的历史名人在蜀道上留下了数量十分可观的文化遗迹，使千里蜀道成为得天独厚的历史文化之旅。从旅游开发角度看，蜀道历史文化之旅可大致根据蜀道历史发展的阶段性特征划分为以下几条历史文化旅行线：

1. 早期文明旅行线。此线开发以史前、先秦川、陕西省考古文化为依托，结合古代巴蜀富于神话色彩的历史传说，让旅游者能身临其境感受上古秦、蜀古老文明的神奇魅力以及华夏文明的源远流长。此线分布的重点上古遗存有四川广汉三星堆殷商青铜文化遗址、陕西城固湑水流域商周青铜群遗址、宝鸡北首岭、汉中南郑龙岗旧新石器遗址和宝鸡周原岐周文化遗址等高品位、高知名度的上古历史文明遗迹；神话传说则有古巴蜀开明杜宇的传说，蚕丛、鱼凫开疆建邦的传说、《诗经》《楚辞》中有关汉水女神（“汉有游女”）的传说以及宁强嶓冢山大禹治水、褒谷口美女褒姒复仇入周的传说等。这些神话传说与历史相互交杂，又与若干全国性重大历史事件相关联，且具奇妙诡谲、悲怆动人的艺术魅力。如果开发得当，宣传得力，将是海内外游客蜀道之旅的新亮点。

2. 秦汉、三国旅行线。秦汉、三国都是中国古代著名的历史时期，蜀道地带分布的有关历史遗迹有秦伐灭巴蜀的金牛道，楚汉初项羽封刘邦为汉王的南郑城（今汉中城），刘邦就国汉中间的历史遗迹古汉台，拜韩信为大将军的拜将坛，樊哙驻守城固时的樊哙台，萧何驻守汉中时督修的山河堰、流珠堰等古代水利工程遗址，城固许家庙东汉唐公房饮药升仙处[1]，东汉末张鲁在汉中施行五斗米教时的张鲁城、阳平关、张鲁女庙，三国时期曹操西征汉中时的“衮雪”摩崖，黄忠大战夏侯渊的古战场定军山，刘备登坛为汉中王的沔阳旧州铺，诸葛亮屯兵汉中时创造发明木牛流马以及一代名相诸葛亮长眠地和祭祀地的勉县武侯墓、武侯祠，魏延、杨仪发生火并的褒谷口和汉中石马坡，以及褒斜道北端诸葛亮病殁之地岐山五丈原等；蜀道南段则有萧何月下追韩信的米仓道米仓山截贤岭，金牛道上广元境内的筹笔驿，蜀汉后期姜维严防死守的剑门关，诸葛亮儿孙诸葛瞻、诸葛尚英勇战死的绵竹（今绵阳）古城。至于成都，更是三国历史遗迹集大成之地，既是三国蜀汉之都城，又是蜀道南端终点，其三国历史文化地位早已蜚声海外。

“三国之旅”早在二十世纪七十年代末中国对外开放之初即成为日本、泰国、新加坡、韩国、马来西亚等东南亚国家来华旅游的一个重要因素。后来，随着国内川、陕、鄂、鲁、陇等省文博、旅游部门三国与诸葛亮研究与宣传的蓬勃展开，以及大型电视剧《诸葛亮》《三国演义》的播放，再度在海内外掀起“三国热”。国家旅游局 1985 年即把三国旅行线列为当年重点推进创汇的旅游干线。近年来随着国内民众收入的增加和假日休闲时间的增多，三国历史故地也成为国内游客趋之若鹜之地，成都、襄樊、南京、汉中、许昌等当年三国重镇今日已纷纷成为三国旅游重点城市，游客逐年增多。三国历史文化有其特有的文化内涵和公众旅游市场，其传奇性、普及性、智慧性、伦理性等特质不仅在中国民间具有源远流长的巨大影响，而且在亚洲儒家文化圈国家拥有大量的喜爱者、崇拜者。如日本，从政界到商界，从普通民众到学者专家，都有不少“三国迷”和三国专家，每年都有不同层次的“三国之旅”访问观光团来华旅游。20 世纪 80 年代以来蜀道三国之旅一直是旅游热线，去成都、广元、汉中、宝鸡等地的旅游者大多也是奔看

[1] 城固许家庙唐公房升仙传说由来已久，在南北朝《神仙传》《水经注》中均有记述。20 世纪 70 年代初在湑水流域发现的东汉《唐公房碑》也完整地记载了这一故事，这一仙话故事还派生出了“一人得道，鸡犬升天”的典故。

三国古迹而来的。现在存在的问题是，地处蜀道南北两端的川、陇、陕三省地的旅游决策部门缺少必要的协作以共同实施联合开发。除成都市外，蜀道沿线交通设施、服务配套项目尚十分落后，基本上还处于守株待兔、各自为战的状态。对蜀道三国历史文化缺少进一步深掘和宣传，已有的研究成果大部分沉睡于刊物书籍或仅在少数专业学者手中传阅，而蜀道沿线文博旅游部门现有的宣传品和讲解内容又往往不能满足不同层次旅游者的需求，从而形成了研究、宣传、需求三者之间的严重脱节。

3. 唐宋诗歌画廊之旅。唐宋时期是中国文化之繁盛期，也是蜀道交通繁荣期。众多诗人名士往返秦蜀千里栈道并创作有数量十分可观的蜀道诗（也有一定数量词）[1]，唐宋著名诗人沈佺期、王勃、骆宾王、岑参、李白、杜甫、元稹、杜牧、李商隐、刘禹锡、韦庄、郑谷、张诜、苏轼、苏辙、文同、陆游、范成大、辛弃疾、吴泳、员兴宗、汪元量等或亲历蜀道状景抒情言志，或送别友人远赴蜀、汉，他们极尽想象以描绘栈道之奇险峥嵘，其中有不少为脍炙人口的唐宋名篇，如初唐诗人沈佺期之《夜宿七盘岭》、盛唐诗人李白著名的《蜀道难》、北宋苏轼与文同（宋神宗时任汉中洋州太守）唱和的《洋州三十咏》、南宋爱国诗人陆游的《南郑行》和《剑门道中遇微雨》、辛弃疾《木兰花慢·席上送张仲固帅兴元》等。这些为蜀道增色添辉的著名诗篇，是蜀道历史文化遗产的重要组成部分[2]。但与蜀道闻名遐迩的三国历史文化相比，唐宋诗人蜀道之旅及其作品尚属偏冷领域，除对李白《蜀道难》知之者较多而外，对整个唐宋时期繁盛空前的诗人蜀道之旅及其诗歌了解者寥寥无几。

唐宋蜀道诗不仅典型地折射了唐宋文人士大夫多善仗剑去国远游、沿途又善吟哦赋诗的时代风尚，他们的蜀道诗也写尽了蜀道沿途奇丽的山川风光以及对沿途自然、人文胜迹的咏叹，同时还常有秦岭山中、川北陕南风俗民情的反映，而且诗人作为古代众人瞩目的名士阶层，本身就颇具传奇色彩和名人效应，他们笔

[1][2] 参见马强《唐宋诗所反映的蜀道历史地理》和《论唐宋蜀道诗的文化史意义》两篇论文，分别刊载于《文博》1994 年第 2 期和《成都大学学报》1995 年第 3 期。

下所咏哦过的山水草木、城镇村落、山川形胜等也都是后人眷恋向往的旅游胜地。可以说，像蜀道这样有如此密集的诗人群游历歌吟过的古道在我国十分罕见。据载，浙江省几年前已采纳专家意见和文史考证成果，将浙东余姚地区的剡溪开发成一条“唐诗之路”旅游专线，经传媒炒作后游者络绎不绝，成为浙东黄金旅游线。实际上无论从历史跨度、自然景观的层次分布以及旅历诗人数量而言，剡溪都无法与蜀道相比，因为这条所谓“唐诗之路”在唐代也仅仅是孟浩然、李白、刘长卿等少数诗人走过，留下诗篇并不多。但问题是这条古典唐诗旅游线的开辟本身，恰好说明浙江省旅游部门与地方政府旅游开发思维的敏锐，相比之下，真正属于“唐诗之径”“宋诗之路”的蜀道，由于有关省地旅游决策部门开发意识的明显滞后，至今让一份可以在旅游产业中大获其利、前景看好的古典资源沉埋于尘封灰蔽的故纸堆，又不能不是蜀道旅游资源的巨大浪费和闲置。

4. 近现代革命历史资源。蜀道近现代革命历史旅游资源包括明清以来经略蜀道的农民起义（如李自成、张献忠农民军及白莲教起义转战陕南川北）转战地、蜀道沿线各省份响应武昌辛亥革命的活动地、第一次国内革命战争时期红军建立在川北陕南红色根据地，以及米仓道川陕秘密“红色交通线”有关故址和抗日战争国共合作期间重庆—成都—汉中—宝鸡—延安沿线有关重要故址等。其中尤以红军时期与抗战时期的蜀道上有关团体和军政要人活动故址最富革命历史教育意义与文化旅游价值。1932 年至 1936 年徐向前、张国焘、陈昌浩等率领的红四方面军以米仓山南麓通江南江为大本营，创建了著名的川陕鄂红色根据地，同时与驻扎在汉中的国民党杨虎城十七路军达成抗日合作的秘密协定，古老的米仓道此时又成为陕南川北国共要员及双方交通员频繁往来的“秘密红色交通线”[1]，为西安事变发生后国共合作抗日统一战线的形成做出了重要的先期贡献。如今虽经六十多年变迁，但红色交通线沿途的许多故址如汉中么儿拐巷、南郑油坊街、牟家坝以及四川通江红军总部院落基本上都得以保存下来，稍经修复，即为完整的现代革命历史遗存。而沿着当年“红色交通线”之旅，又可领略纵深百里大巴山

[1]“红色交通线”是 1932 年至 1936 年间红四方面军与杨虎城国民革命军十九路军之间一条秘密地下交通线，从汉中越米仓山至四川通江。20 世纪 50 年代著名女作家袁静据此创作了著名的长篇小说《红色交通线》，曾闻名一时。

的雄奇峻峭和古米仓道沿线深山山民奇异的民情风俗。

悲壮的八年抗战期间，也是川陕蜀道交通空前繁忙时期。抗战前夕，鉴于当时面临的外敌入侵东部压力，国民政府已考虑将政治、经济重心西迁，为此十分重视西南与西北地区的交通建设，并责成交通部抓紧勘测、修建川陕公路。1936年宝（鸡）汉（中）公路、汉（中）广（元）公路先后抢修成功，旋即又修通汉（中）白（河）公路，为抗战初期华北、东南军政、教育机构及东部沿海重要工厂企业西迁赢得了宝贵的时间。整个抗战期间，桂林、重庆、成都、汉中为国民政府四大军事、文化后方重镇，在古老褒斜道、金牛道旧路基础上修成的千里川陕公路线上，大批热血青年和军援物资源源不断地运往陕晋前线，国共双方党政要人如周恩来、陶铸、蒋介石、李宗仁、于右任、陈诚、卫立煌等也几度在蜀道沿线视察，国民政府还在汉中设汉中行营，陈诚、李宗仁、胡宗南等都曾任汉中行营主任；蒋介石、蒋经国父子也曾两度莅临汉中，至今汉中天台山石堰寺还保存着蒋介石的别宫和地下避弹室；国民党军大批将士驻防蜀道有年，至今不少分散在台、港以及侨居欧美海外国家，每年万里返蜀汉访寻故地者仍不乏其人；此外抗战初期平津华北不少大中专院校纷纷内迁宝鸡、汉中、成都等地，如在汉中就有北京师范大学、天津工学院、西北大学联合组成的西北联大，许多文化名人如黎锦熙、李约瑟（英）、许寿裳、吴世昌、李蒸等在此讲学。当年抗战国难期间在此求学的莘莘学子现在相当一部分仍然健在，海内外都有。如果能将当年蜀道沿线抗日战争的重要机构所在地和名人活动旧居加以适当整修，对外开放，则又是一项蜀道旅游资源的开发内容，不仅具有爱国主义的教育意义，而且对旅居海外仍时时眷恋抗战旧地的同胞及其后代有很大吸引力，对扩大蜀道旅游层面、增加旅游项目以及创汇收入也无疑是有所裨益。

二、蜀道线的生态旅游资源

回归自然、亲和自然是人类固有的天性。在工业文明突飞猛进、生活节奏日趋加快、城市人满为患、空气噪音普遍污染的今天，生态旅游作为一种新兴旅游项目已显示出前所未有的前景。从蜀道沿线所分布的生态资源来看，秦岭、巴山是我国中西部重要生态旅游资源基地。千里蜀道大部分路段蜿蜒于秦、巴山区的高山峡谷、急流险江之间，清澈的溪流、雄奇的山水风光使得蜀道具备了优越的生态旅游资源。目前在古褒斜道、金牛道北段、中段，陕西省已开辟了太白山（秦岭）国家森林风景区、天台山国家森林风景区、张良庙紫柏山风景区和宁强白龙湖水上风景区，因颇具自然野趣，游客已日渐增多。1994 年 4 月，陕西省旅游局还在古城汉中举行了“99 生态旅游节”开幕式。实际上这也仅仅是零星开发。从宏观上看，蜀道生态旅游资源和项目可分为以下几类：

1. 森林旅游资源。秦、巴山区曾是我国原始森林覆盖率最高、保存时间最长的地区之一，尽管今日蜀道地带森林资源已无法与明清以前相比，但褒斜、陈仓、米仓、傥骆、子午诸道仍段落性地分布着一些原始森林，保留着某些太古风貌和气息。位于秦岭腹地的太白山林区经陕西省旅游局与太白县政府联合开发成森林公园后，已成为每年春夏时节西安、兰州及关中各地厂矿机关群众的旅游胜地；此外像褒斜道所经的留坝张良庙紫柏山风景区、傥路道所经的洋县华阳自然保护区、米仓道所经的陕西南郑碑坝和四川通江、巴中一带山区，也仍有一定面积的森林分布，目前的旅游业尚基本上处于待开发状态。森林是生态旅游的第一资源，有森林就会有富含氧离子的清新空气，就会有以森林为依托的野生动植物，为旅游者带来健康和愉悦。从旅游开发事业而言，目前对蜀道现有森林资源一是要采取有力措施严禁继续砍伐并严加保护，二是开辟通往林区的小公路，修建富于森林情趣的森林客栈，在不破坏森林资源的前提下适当开发一些小型森林度假村，设置一些娱乐旅游项目。这样，一方面既满足了旅游者回归大自然恬静天籁的需求，同时也可以以林养林，以旅游业收入资金反过来保护森林资源，达到森林与旅游的良性循环效应。

2. 蜀道沿线珍稀野生动物资源。位于中国内陆腹地的秦、巴山地至今保存着极为丰富的野生动物资源，被列入国家一级野生保护动物者约有二十余种，其中如朱鹮、大熊猫、秦岭金丝猴、羚牛、大鲵、华南虎等都已属世界濒危珍稀动物，其中又以朱鹮、大熊猫最为珍贵。朱鹮更是世界鸟类奇珍，目前仅在古傥骆道所经的陕西洋县北部山区有少量生存。1999 年夏江泽民主席访问日本时曾应日本朝野的请求，送给日本国政府两只朱鹮作为中日两国人民友好的象征，这两只朱鹮即来自陕西洋县。从旅游生态资源开发角度看，如果能在蜀道沿线建设若干有区域特色的野生动物保护站（区），让旅游者蜀道之旅同时能亲眼目睹秦、巴山区的奇禽异兽，近距离观察它们的外形特征、生活习性，不仅可以增强野生动物保护意识，同时也可使蜀道旅游内容丰富化，可谓两全其美。

3. 开发漂流、洞穴探险、登高攀岩等新兴休闲旅游项目。蜀道所经大部分在峡谷险江之中，嘉陵江、汉江、褒水、渠江历史上都曾长期通航，现在适当投资置办一些漂流工具即可展开水上漂流项目，其中以嘉陵江漂流条件最为优越。蜀道沿线山区还有不少地质时期天然形成的溶岩山洞，如《水经注》中提到的“丙穴”即在褒斜道上。此外，像金牛道上的白龙洞喀斯特溶洞，其中石笋、石针等钟乳石造型千姿百态，堪称举世神奇，近年已吸引不少游人前去游览；米仓道中南郑县牟家坝大佛洞更是深不可测，且有暗河深入其中，相传可从陕南通往四川，明清以来即香火旺盛，游人如织。这些天然洞穴稍加开发，加强安全保护措施，即可成为天然探险资源。至于登高攀岩，蜀道沿途高山峭壁随处可见，登山攀岩完全可以办得丰富多彩。这些利用蜀道沿途大自然鬼斧神工天然造化的各种自然地貌，也是蜀道赐于今日蜀道之旅的宝贵财富。

需要指出的是，蜀道生态旅游开发中，必须注意加强生态资源及其环境的保护，力求保证生态资源保护与旅游业开发繁荣的双向良性发展，以避免像四川九寨沟、湖南张家界风景区近年来因旅客增多、保护不力而造成的环境污染。具体保护措施应该有：（1）制定适用于蜀道地带的地方旅游法规，加强对旅游者的预先提醒教育。（2）珍贵古树木和奇花名草设栏栅挂牌保护，如四川剑阁道百里翠云廊古柏群、褒斜道上的灵芝群、傥骆道上的云杉群、陈仓道上的古代野生茶树林等，今日来看都是殊为珍贵的蜀道植物资源，不仅有重要的旅游观赏价值，更有重要的科学研究价值，一旦破坏，就难再生。应将保护责任落实到沿线有关主管部门，旅游部门则应积极配合，以确保其安全无虞，必要时还可实行认养、认保制度。（3）对已有的自然保护区，则应在对游人开放的同时，进一步加强安全保卫措施，以防珍稀野生动物、植物受到破坏。可适当请保护区专家举办科普讲座或摄制成科教电视片，使游客在接受科普教育后再亲身体验蜀道生态之旅的感受，寓环境科普教育于旅游娱乐之中。目前蜀道沿线已开辟出留坝紫柏山保护区、洋县朱鹮保护区和佛坪大熊猫保护区，局部开始对海内外游客开放，因游客尚少，尚未出现环境污染问题。一旦蜀道生态旅游全面展开，生态资源及其环境保护必须予以高度重视。

三、蜀道现代工业文明旅游资源

20 世纪以来随着川陕公路、宝成铁路、阳安铁路、襄渝铁路的相继修通和二十世纪六七十年代我国电子、机械、国防工业布局的调整，古老的蜀道焕发了新的青春活力，沉睡千年的蜀道地带已成为我国中西部一条重要的工业科技千里走廊。蜀道北端的西安、宝鸡目前已是我国中西部重要的重工业基地和电子科技城市。汉中早在 20 世纪 70 年代已是国家三部委国防工业 012 基地及其系列企业所在地；广元、绵阳则是我国当代重要的电子城。蜀道地带这些工业文明景观，大都分布在蜀道沿线历史文化名城及其附近，这些文化名城又基本上是蜀道线上重要的旅游城市，因此文化资源与工业文明景观资源可以有机地结合起来，在旅游业开发上取得一箭双雕的效应。两者结合的开发目前尚处于空白状态，旅游与工业部门总的说来还是不相往来。我们认为，在加强有关国防企业保密与不影响工厂生产的前提下，一些著名企业的厂区和自动化流水生产线都可以对游人开放。游客在游览完蜀道上古老的历史遗迹以后再步入现代化的厂区，可以亲身感受历史的沧桑巨变和古今蜀道迥然不同的面貌景观，从而加深对祖国与时代的热爱。当然，这方面的开发需要川陕决策部门、旅游部门及工业部门三方面的宏观默契与友好协作，以及具体操作过程中协议责任，蜀道全线的信息传递联网和利益分成原则、方法等。如果合作成功，开发得当，将是对蜀道现代资源的进一步合理使用。

结　语

综上所述，千里蜀道蕴含分布着极为丰富的旅游资源，历史文化、自然生态、工业景观是蜀道旅游资源的三大主体成分，其潜在的旅游经济前景是十分可观的。

如果蜀道南北川陕陇三省旅游部门抓住我国西部大开发的历史机遇，从宏观思路到具体操作提出切实可行的方案，尽快付于实施，蜀道之旅必将跨入一个新的繁荣阶段。

（原文发表于《成都大学学报》[社科版]2000年第3期）

宋代蜀道城市与区域经济述论

梁中效

宋代“在中国城市发展史上，是继春秋战国之后的第二个高峰时期。人们甚至认为在北宋时期，产生了一次‘城市革命’”[1]。宋代也是“我国城镇体系发展的一个十分重要的历史阶段。在这一时期内，由于城乡商品经济的发展，促进了城市经济职能普遍加强，草市向商业集镇的演化和港口商业贸易城市的大量出现，从而导致了城镇等级规模结构日趋完善，基本上形成了州县两级城镇网”[2]。正是由于这样良好的发展态势，宋代城市在地域结构上出现了四大城市带：运河沿线城市带、蜀道沿线城市带、通往河北大道沿线城市带、东南沿海港口城市带。蜀道沿线城市带虽然地处闭塞的西部，但其发展势头强劲，不仅是西部城市发展史上的高峰时期，而且对今天的西部大开发也有莫大的启迪意义。

一、蜀道沿线城市带的自然人文环境

“蜀道”一词在宋代是一个特殊的地理概念，宋人常用它来指称蜀道沿线，秦岭南北的川、陕接壤地区或四川。苏辙说：“若弃兰州，则熙河必不可守；熙河不守，则西蕃之马无由复至，而夏戎必为蜀道之梗。”[3]宋代著名史学家

[1] 许学强、周一星、宁越敏：《城市地理学》，高等教育出版社，1997年，第85页。
[2] 顾朝林：《中国城镇体系》，商务印书馆，1992年，第101页。
[3][宋] 苏辙：《栾城集》卷九十九，中华书局，1987年。

李心传在《建炎以来朝野杂记·郡守铨量》中说："故事，诸道守臣皆临遣。淳熙末，上以岭南、蜀道遥远。""大抵川、陕道远，守臣奏事者多以为劳。"这些是宋代正式文献中"蜀道"一词的含义。宋人笔记小说中，蜀道的概念与此一致。洪迈《夷坚志》补卷第十九刘幻接花条说："宣和初，京师大兴园圃，蜀道进一接花人曰刘幻，言其术与常人异，徽宗召赴御苑。"由此可知，宋代"蜀道"一词不仅仅是指交通线，而且是指由交通网络连接起来的一个广大的地理空间区域。

宋朝蜀道沿线的外部环境与汉、唐时期迥然不同，西部疆域不仅大大缩小，而且蜀道的外围地区成为宋朝的边防前沿。蜀道的西南方有吐蕃、大理政权称雄，蜀道的西北方有西夏、回鹘政权扬威。南宋更是直接与金国、蒙古政权相争于蜀道。北宋末年政治家唐重主张"镇抚关中，以固根本，然后营屯于汉中，开国于西蜀，此为策之上"。"若引兵南渡，则国势微弱，人心离散，此最无策。"（《唐重传》）南宋人认为"天下者，常山蛇势也，秦蜀为首，东南为脊。今以东南为首，安能起天下之脊哉？将图恢复，必在川陕"[1]（《汪若海传》）。正因为如此，无论北宋或南宋，都非常重视蜀道城市带的建设，以便带动西部经济的繁荣，保证王朝的安全。

北宋由国都开封经洛阳、长安以达汉中、成都的大驿路是经大散关、凤州、两当、兴州（陕西略阳县）、三泉（陕西宁强县），过利州（四川广元市）至成都。宋朝极为重视蜀道在南北经济流通中的巨大作用，把商旅的行路方便、赋税的输纳远近和"川茶""解盐"等大宗商品的运输便捷等方面，视为整修道路、取舍新旧驿道的首要条件。宋神宗熙宁十年（1077）二月，利州路提刑司言："成都府至凤州大驿路自金牛驿入青阳驿至兴州。虽兴元府界亦有褒斜路，久来使命客旅任便往来。昨利州路提刑范百禄擘画改移兴元府作大驿路，及拨并马递、桥阁铺、兵级在彼。""旧路自凤州入两当至金牛驿十程，行旅易得饮食，不为艰难。若新路自凤州由白涧至金牛驿，计三百八十五里，虽减两驿，比旧路只少二十四里。随山崎岖，登陟甚难，复少居民，又无食物，人情以此厌劳。如发川纲往秦州，只从旧路行至故驿，便可直入成州。如由新路须过凤州五程至凤翔府，方有

[1][元]脱脱等：《宋史》卷四百四十七《唐重传》，上海古籍出版社，1987年。

路去秦州，缓急应副边需，亦恐非便。今茶纲见行旧路，商客皆由此出，惟请券驿马不获已，二者较之利害甚明。”[1] 经过一段时间的试行（1074~1078），元丰八年（1085）又复旧路。主要原因在于商旅供给易办，茶纲等输往西北重镇秦州（甘肃天水市），由旧路更捷近。蜀道沿线的地方政府和官员，深知发展交通、兴修道路、是招商引资、繁荣地方经济的首要条件，是官员政绩的最好表现，所以纷纷奏请修建蜀道，甚至在蜀道干线上乱开支线。针对这种情况，宋朝政府建立了严格的蜀道修筑报批制度。宋真宗大中祥符三年（1010）正月九日，“诏利州路转运司：自今命官使臣欲修易栈阁者，具述经久利害待报，无得擅行”[2]。南宋商品经济比北宋更发达，蜀道沿线地方政府“架栈道以引商贩，冀收其算”[3]的念头更强。反映出在商品经济大潮冲击下，蜀道沿线修路的观念发生了很大变化，城市之间的网络交通道路四通八达，加强了城市之间的联系和辐射带动作用，“岁贡纲运，使命商旅，昼夜相继，庐舍骈接，犬豕纵横，虎豹群盗，悉皆屏迹”[4]，呈现出一派繁荣兴旺的景象。这是蜀道城市带兴起繁荣的经济基础。

宋人比唐人有更加深刻的环境意识。唐代的气候大体上温暖湿润，宋代的气候则波动较大，南宋更是进入了一个较长的寒旱期。蜀道穿越我国最著名的南北自然地理分界线秦岭，成为暖温带半湿润气候向亚热带湿润气候的过渡地区。由于蜀道沿线地貌条件复杂，气候变化多样，垂直地带明显，也构成了动植物区系的南北过渡区，成为中国最大的“基因库”之一。宋代蜀道沿线的自然环境比较好，全线都有大面积的森林草地分布。蜀道北端的秦陇地区自然环境比现在优越得多，有大面积的原始森林。从今天陕甘交界的关山林场，向西跨越甘肃省的天水、陇西等市县，数百里山峦起伏，森林密布，“多产良木”。宋太祖建隆三年（962），朝廷派高防知秦州，高防建议在本州“置采造务，辟地数百里，筑堡据要害，戍卒三百人，自渭北则属诸戎，自渭而南则为吾有，岁获木万本，以给

[1][2][清]徐松：《宋会要辑稿·方域》，中华书局，1987年。
[3][南宋]王象之《舆地纪胜·利州》，道光岑氏刊本。
[4][宋]黄休复：《茅亭客话》，津逮秘书本。
[5][宋]李焘：《续资治通鉴长编》，建隆三年元月条，上海古籍出版社，1986年。

京师”[5]。在蜀道南端的汉中地区，因修建栈道，把沿线浅山区的森林砍伐殆尽，褒城县知县窦充言：“窃见入川大路自凤州至利州剑门关，直入益州，路遥远，桥阁约九万余间，每年系铺分兵士于近山采木修整通行。近年添修，所使木植万数浩瀚，深入山林二三十里外，采斫辛苦。欲乞于入川路沿官道两旁令逐铺兵士每年栽种地土所宜林木，准备向去修葺桥阁，仍委管辖使臣，逐年令佐提举栽种。年终栽到数目，批上历子，理为劳绩。免致缓急阻妨人马纲运。”[1]窦充的建议既实际又科学，既“栽种地土所宜林木”，又进行年终考核，是一个切实可行的建议，很快得到朝廷的批准。宋代在蜀道沿线植树造林，主要目的是从蜀道交通建设的经济效益、社会效益和生态效益出发的。

二、蜀道沿线城市带的地域结构

宋代成都府路、梓州路的成都平原，利州路的汉中盆地，永兴军路、秦凤路的关中平原，是西部经济最发达的地区，畅通的蜀道将它们连接起来，形成了经济上联系密切、优势互补的蜀道经济带。

宋代的川峡地区，如《宋史·食货志》所云，“地狭而腴，民勤耕作，无寸土之旷”。成都平原更是“蜀地膏腴，亩千金，无闲田以葬”的繁华局面。“惟剑南西川，原野衍沃，氐庶丰夥，金缯紵絮，天洒地发，装馈日报，舟浮辇走，以给中府，以赡诸塞，号居大农所调之半，县官倚之，因以为宝薮珍藏云。”[2]这是蜀道经济带上最繁荣的地区。其中心城市是成都府、梓州或称潼川。

汉中盆地是蜀道的总枢纽和中继站，这里也是“厥田沃衍，其俗富庶”[3]“川陆宽平，鱼稻丰美”[4]的鱼米之乡，平陆延袤，凡数百里，壤土衍沃，堰埭棋布，桑麻粳稻之富，引望不及[5]。与成都平原、关中平原有密切的经济联系，其繁荣程度仅次于成都府，中心城市是兴元府、洋州。

[1][清]徐松：《宋会要辑稿·方域》，中华书局，1987年。
[2][宋]文同：《丹渊集·成都府运判万宴思堂记》，四部丛刊本。
[3]《汉南续修府志·艺文》，民国十三年刻本。
[4][宋]文同：《丹渊集·谢就差知兴元府表》，四部丛刊本。
[5][宋]文同：《丹渊集·奏为乞修兴元府城添兵状》，四部丛刊本。

关中平原虽失去了汉唐时期经济中心的地位，但仍不失为全国最重要的经济基地。“秦地披山带河，持戟百万，陆海之富，甲于四方。”[1]“今自陕以西，关中之地，沃野千里，古之所谓天府也，丰岁粒米狼戾，有司窘于钱帛，无以广籴。”[2]西北沿边地区也是“人户庄园物业繁富”，以致“陕西路并边丰稔”“民户不能蓄积，以待商贾”[3]。此时关陇地区的自然资源和生态环境状况较明代为好。其中心城市是京兆府、秦州。

上述三个地区经济发展水平大体相当。在商品货币大流通的过程中，蜀道畅达的交通、开放的交通网，为商品流通提供了良好的条件。以京兆府、秦州为中心的西北市场和以成都府、梓州为中心的川蜀市场，相互间密切的经济联系和强大的经济辐射力，导致了以兴元府、洋州为中心的区域小市场的出现，从而促进了以蜀道为轴线，以成都府、梓州、兴元府、洋州、京兆府、秦州等三府三州为支点的蜀道城市带的繁荣发达。成都自古以来就是西南的商业中心。宋代成都是蜀道线上的交通枢纽，通向各地的水陆道路四通八达。成都及其附近地区农业和手工业生产发达，成为蜀道城市带上最大的粮食、茶叶、纺织品、纸张、书籍等商品的集散地，是西北地区的物资供应基地。富商大贾云集成都，《宋史·食货志》云：“河东富人多弃产而入川蜀。”这里是“万井云错，百货川委，高车大马决骤于通逵，娥□靡曼，裙联袂属；奇物异产，瑰琦错落，列肆而班布市；黄尘涨天，东西冥冥，穷朝极少，颠迷醉昏”[4]的大都会，是蜀道城市带上最大的经济中心城市。

梓州是宋代新兴的经济中心城市。梓州虽然多丘陵，少平原，但农业、手工业生产都很发达，是著名的纺织基地和食盐供应基地，有“机织户数千家”。又是川中地区的交通枢纽，商贸相当繁荣，是“江山形胜，水陆之冲，为剑外一都会，与成都相对”[5]。又说“潼川（即梓州）弁冕三蜀，方率十八州，山川形胜，

[1][宋]孙觌：《鸿庆居士集》卷二十六《张深除龙图阁直学士京兆路安抚使》，常州先哲遗书本。

[2][宋]李纲：《梁溪集·御戎论》，四部丛刊本。

[3][宋]李焘：《续资治通鉴长编》元丰七年七月条，上海古籍出版社，1986年。

[4][明]杨慎编：《全蜀艺文志》卷三十四。

[5][南宋]王象之：《舆地纪胜》卷一百五十四，道光岑氏刊本。

衣冠人物，贡赋织织，民庶繁夥，望成都不肯低一线气”[1]，是经济实力较强的繁华都市。

地处汉中盆地的兴元府和洋州，是联系西南与西北的枢纽，受蜀道城市带的影响最大。李新的《跨鼇集·上家提举书》说“梁（兴元府）、洋（洋州）间厥田上上，衣食为一路本源”。

兴元府地处穿越秦岭、巴山的陈仓道、褒斜道与金牛道、米仓道等道路的交会处，商业繁荣，经济发达，“邑屋富盛，人民繁庶”“一城之中，民屋错比，连甍接宇，可数万计”[2]。“自三代已来，号为巨镇。疆理所属，正当秦蜀出入之会。”“远通樊邓，旁接秦陇。贸迁有无者望利而入。旧制中州之人，不得久居于此，今复弛禁，一切不问，故四方来者，颇自占业。殊习异尚，杂处闾里，天下物货，种列于市，金缯漆枲，衣被他所。近岁洮河所仰茶产巨意，公关私贩，辇负不绝。”[3] 是蜀道线上重要的经济中心。洋州濒临汉水，又是傥骆道、荔枝道必经之地，“地通蜀汉之饶，俗兼秦陇之劲”，也是一个经济发达的都市。“汉唐之际，已名重郡”，“正居汉水之上，川陆平衍，广袤千里，东北诸山，萦带联属，径路盘屈，隙穴深远，上通荆楚，旁出岐雍，其中所产济人急用之助，品目甚众，旦夕羸辇，道路不绝，闾巷井邑，百货填委，实四方商贾质易毕至之地，衣被秦蜀，有是仰者”[4] 的繁华都市。

关陇经济区虽然失去了全国经济中心的地位，但仍然是中国西部与川蜀经济区相媲美的繁华之地。《宋史·地理志》说：“鄠、杜、南山，土地膏沃，二渠灌溉，兼有其利。”《宋浴室院碑》说关中中部兴平县一带“咽喉甸服，襟带神皋，田畴上腴，民物丰富”。所以，宋人普遍认为“陕右乃天下之根本”[5]“秦中之强弱，常为天下之轻重”[6]。关陇地处中原与西域及大西南的交通要冲，是蜀道城市带西北各族和西域地区贸易的窗口，边境贸易非常活跃，许多少数民族商人“多缘

[1][宋]李新：《跨鼇集》，四库珍本本。

[2][3][4][宋]文同：《丹渊集》卷三十四，四部丛刊本。

[5][宋]徐梦莘：《三朝北盟会编》卷一百八十，光绪三十四年刻本。

[6][宋]汪藻：《浮溪集》，四库丛刊本。

互市家秦陇间”。大军云集关陇，需求旺盛，市场广阔，蜀商和陕西商人最为活跃，其他各地商人也络绎不绝。“关陇以西至沿边诸路，颇有东南商贾，内如永兴军、凤翔府数处尤多。”[1]

京兆府长安城虽小于唐代，但人口仍有十几万，仍是“长安四塞，天府之国”[2]“英豪之流，例入京兆”[3]。《善感禅院新井记碑》说长安城内“衣冠豪右错居其间，连甍接栋”。居民生活习尚，仍不失故都之风。城内商贾如云，富商“家累巨万”，甚至发生了商人两次罢市现象。长安城仍是西北地区的经济中心城市。

秦州是西北边防重镇和边贸中心，既有官方的茶马贸易，更有民间的互市贸易。“蕃中物货四流而归于我者，岁不知几百千万，而商旅之利，尽归民间。”[4]秦州也有发达的农业和手工业，《宋会要辑稿·食货》云：“仁宗天圣八年四月，陕府西转运司言，秦州每岁造曲用麦数万石，止合于在州及近郊水硙户分配变磨。”秦州驻军多，粮食加工业格外发达。由于工商业发达，秦州城内的人口迅速增加，有些人和军队一起住在城外，“州之东西民居及军营仅万余家皆附城而居，无所捍敝”。守臣韩琦“因请筑外城凡一十里，计工三百万，自十月起至是（庆历二年正月二十七）成之”[5]。另外，秦州城周围还有七寨三堡一监（太平监），像卫星城一样护卫着秦州，使秦州成为西北地区的大都会。

在繁荣的大都市辐射带动之下，蜀道城市带上还有众多的地区性都市、县城、镇市和草市，共同构成分布密集、大小不同、功能各异的城镇网络体系。

利州（四川广元市）地处蜀道交通要冲，农业虽不发达，但它是川北的交通孔道。这里“控二蜀之要，耕桑不足而贾有余”[6]。故宋人称其“为小益，对成都之为大益也”[7]，是蜀道线上商业贸易繁荣的著名都会。绵州（四川绵阳市）

[1] 李焘：《续资治通鉴长编》，元丰七年七月条，上海古籍出版社，1986年。
[2][南宋]李心传：《建炎以来系年要录》，建炎元年元月条，中华书局，1956年。
[3][宋]李焘：《续资治通鉴长编》，至道三年九月条，上海古籍出版社，1986年。
[4][5][清]徐松：《宋会要辑稿·食货》，中华书局，1987年。
[6][宋]苏辙：《栾城集》卷二十九，中华书局，1987年。
[7][南宋]王象之：《舆地纪胜》卷一百八十四，道光岑氏刊本。

的情况与利州类似，“处二蜀之会，人饶地腴，赋货繁茂”。遂州（四川遂宁市）地处涪江中游和川中平原，农业和纺织发达，又是四川和全国的甘蔗和糖霜生产基地。三泉县（陕西宁强县），位于川陕咽喉之地，北宋初年曾直隶京师。“北至兴州仙人关外，地理不远，东接梁洋一带，水陆冲要，系四川喉襟要害之地。”商业发达，经济繁荣。

兴州（陕西略阳县）虽大山环抱，但因是蜀道必经之地，经济也很繁荣。兴州矿产资源丰富，真宗景德三年在此设济众铁钱监，铸造铁钱，是蜀道城市带上的铸币基地，号称“利西之巨镇”[1]。

凤翔府是联系西南与西北的交通枢纽，是西北地区的经济都会之一。郑刚中在《西征道里记》中说：“壤地饶沃，四川如掌，长安犹所不逮。岐山之阳，盖周原也，平山尽处，修竹流水，弥望无穷，农家种尤盛。”凤翔府的斜谷，是北宋造船基地之一，其造船数曾居全国第二位。

在这些地区经济都市之下，还有许多镇市和草市，限于篇幅，不再陈述，可参看《元丰九域志》和《宋会要辑稿·食货》。

宋代全国著名的经济都市不下四五十处，仅征收商税在十万贯以上的就有 42 个城市，以这些城市为主形成了四大城市群带，即蜀道沿线城市群带、运河沿线城市群带、通往河北大道上的城市群带和东南沿海港口城市群带。全国商税额超过 20 万贯的只有 8 个城市，蜀道线上就占了 6 个；蜀道沿线城市群带与运河沿线城市群带东西辉映，成为贯通中国南北方的两大城市群带，这在中国城市发展史和西部经济发展史上是非常罕见的。

三、蜀道沿线城市带的统一市场

城市与城市之间是否具有密切的经济联系，是否具有统一市场和更加发达的经济一体化，是城市带形成和发展的重要条件。而蜀道沿线城市群带有着密切的经济联系，形成了统一市场。北宋为防御西夏，关陇地区大军云集，形成庞大的

[1][宋]吴泳：《鹤林集》卷二十，四库珍本本。

消费市场，而川蜀地区则是其最大的商品物资供应基地，加强了蜀道城市带南北之间的经济联系；同时蜀道北段属于暖温带气候，南段则是亚热带气候，南北方的物产、商品有较大的互补性，也增强了蜀道城市带的向心力。

北宋时期陕西曾在粮饷上支援过四川。淳化五年（994），四川旱灾，适逢王小波、李顺起义，官军入川镇压，军粮即由陕西所出，“时关中率民负粮以饷川师，道路不绝”[1]。宋神宗时，解盐通商，“陕西诸州客旅。无问老少，往来道路，交错如织，担负盐货”[2]，进入川蜀地区。但关陇地区是边防重地，军队“四五十之人，坐而仰食”[3]，主要依赖四川支援。四川钱帛就是经蜀道转运到陕西和京师的。宋真宗天禧元年（1017）三月，陕西转运使段惟几说：“所部发给诸军衣绢二百万，皆自川峡辇输而至。”[4]《宋史·食货志》记载，仁宗朝，“自西边用兵，军需绸绢多出益、利、梓三路”。神宗熙宁年间，“诏移巴蜀羡财，市布帛储于陕西，以备边，省蜀人输送及中都漕挽之费”。这充分说明，蜀道城市带内部的经济联系是非常密切的，这是整个经济带能共同走向繁荣的内在经济动力。但军需物资主要靠国家调拨，对经济带内部的商品流通影响不大。促进蜀道城市带走向繁荣兴盛的还是茶马、茶盐贸易。

（一）茶马贸易的影响

宋代茶马互市渊源于唐代。北宋初年用铜钱买马，太平兴国八年（983）罢铜钱买马，“自今以布帛、茶及它物市马”[5]。真宗、仁宗两朝，“自西北宿兵既多，馈饷不足，因募人入中刍粟”“以茶赏之”[6]。商贾贩茶到西北，获利丰厚。茶商在从事茶叶贸易时须持有政府发放的凭证——茶引，所谓“引与茶必相随”。买马地主要在陕西，买马用茶只能就近取给于川蜀。川茶正式用于陕西买马是在英宗治平元年（1064）。当时的陕西买马官薛向建议，“秦州山外蕃部至原、渭州、

[1][宋]朱熹：《五朝名臣言行录·张咏》。
[2][清]徐松：《宋会要辑稿·食货》，中华书局，1987年。
[3][宋]李焘：《续资治通鉴长编》，康定元年十二月条，上海古籍出版社，1986年。
[4][宋]李焘：《续资治通鉴长编》，天禧元年三月条，上海古籍出版社，1986年。
[5][宋]李焘：《续资治通鉴长编》，天禧元年十一月条，上海古籍出版社，1986年。
[6][宋]马端临：《文献通考·榷茶》，中华书局，1999年。

德顺军、镇戎军鬻马，充豪商钱，至秦州，所偿止得六百。今请于原渭州、德顺军，官以盐钞博易，使得轻赍至秦州，易蜀货以归，蜀商以所博盐引至岐雍，换监银入蜀，两获其便"[1]。"蜀货"主要是茶叶，是西北少数民族最喜爱的商品。《宋史·食货志》说："宋初，经理蜀茶，置互市于原、渭、德顺军三郡，以市蕃夷之马。"蜀商将茶叶等商品运到西北供朝廷买马，又从政府手中换取食盐、白银。这样就开启了蜀道经济带茶马、茶盐贸易的先河。由于茶、盐、马都是对国计民生至关重要的大宗商品，所谓"邦国之本，财赋攸先，山泽之饶，茶荈居最""国之大事在兵，兵在马"，所以茶马、茶盐贸易，在蜀道经济带上形成了宏大的商品流通潮，将蜀道城市带纳入了这一广阔市场。

茶叶在四川地区的生产历史悠久。北宋"益、利路所在有茶，其间邛、蜀、彭、汉、绵、雅、洋等州，兴元府三泉县人户，以种茶为生"[2]。这些地方出产的茶叶，泛称川茶。茶叶的生产和销售成为川蜀重要的经济活动和财税来源。如"洋州西乡县茶，旧与熙河、秦凤路蕃汉为市，而商人私贩，南入巴达州，东北入金州、永兴军、凤翔府"[3]。这对地方经济的发展和朝廷财政收入都有利。"自后朝廷始因民间贩茶，量行收税，所取虽不甚多，而商贾流行，为利自广。"[4]因为在贩茶的同时，商人还把食盐、药材、瓷器、布匹、纱罗，甚至牲畜等商品运输贩卖，促进了整个蜀道城市带的商品大流通。"两川物帛、绫、罗、锦、绮、绢、布、绸、绵，每日纲运甚多，递铺常有压积。其余药物更有水陆纲运，不可胜记。"[5]这样，在蜀道城市带上出现了"商旅通行东西，诸货日夜流转。所得茶税、杂税钱及酒课增羡，又可得数十万贯"[6]。特别是在茶马、茶盐贸易中互有巨额的货币周转，"蜀中旧使交子，惟有茶山交易最为浩翰"[7]。说明中国乃至世界上最早的纸币交子，它的产生就是蜀道城市带繁荣的茶马、茶盐贸易的结晶。

[1][元]脱脱等：《宋史·兵志》，上海古籍出版社，1987年。
[2][4][6][7][宋]苏辙：《栾城集》卷三十六，中华书局，1987年。
[3][5][清]徐松：《宋会要辑稿·食货》，中华书局，1987年。

（二）茶盐贸易的影响

“国家利源，鹾茗居半。”“解盐之法，是为边备根本。”“量入计出，可助边费十分之八。”[1] 所以宋朝政府对食盐的生产和销售相当重视，一直实行比较严格的专卖政策。《宋史·食货志》云：“天下盐利皆归县官。官鬻、通商，随州郡所宜。”西夏政府以盐州（今宁夏盐池县北）出产的青白盐至秦陇诸州换取米麦充食。宋朝为了与西夏争利，允许商人贩河东出产的解盐。陕西的京兆、秦州、凤翔府、镇戎军等就属于通商州军。到仁宗庆历八年（1048），朝廷任命范祥为陕西提点刑狱兼制置解盐事，使其改革盐法。其中一条改革就是“旧禁解盐地一切通商，盐入蜀者亦恣不问”，大大促进了蜀道线上的茶盐贸易。此前，蜀道线上的“盐禁”是非常严格的。如太宗的太平兴国五年（980）七月，“西川转运使聂泳言，‘蜀民不知盐禁，或买三二两至五七斤，酌情止为供食，自今请十斤以上押送赴阙。’从之”[2]。其后，慢慢放宽了“盐禁”。太宗端拱元年（988）七月诏曰：“西川编户繁庶，民间食盐不足，自今关西阶文青白盐，峡路井盐，永康崖盐等，勿复禁，许商旅贸易入川以济民用。”[3] 到了宋神宗熙丰年间，蜀道城市带进一步被纳入了解盐的销售市场。熙宁三年（1070）十一月二十二日诏：“陕西转运司以西川四路物帛内变转见钱二十万缗充制置解盐司钞场本钱，又诏陕西转运选官与成都府路转运司划刷年计外，见在钱货物帛并余物尽数发至陕西转运司变转，充西盐钞场本钱外，封桩以备边费。”[4] 在解盐通商的问题上，京兆府与成都府的经济联系更加密切。秦州除了是川茶输往西北的重镇之外，在茶盐贸易上也与川蜀联系密切。熙宁七年（1074）正月二十四日，“永兴、秦凤等路察访李承之言，庆历、皇祐中，秦州以盐钞、川交子令民变卖，至今尚负钱万余缗，乞特蠲放，以宽边民”[5]。陕商和蜀商也在茶盐贸易中获利丰厚。熙宁九年（1076）四月二十二日，“体量成都等路茶场利害刘佐言，询究得陕西客人兴

[1][元]脱脱等：《宋史·食货志》，上海古籍出版社，1987年。
[2][3][4][5][清]徐松：《宋会要辑稿·食货》，中华书局，1987年。

贩解盐入川买茶，于陕西州军货卖，获利甚厚”[1]。商人往来贩卖，地方政府也从中获得了大量税收。“陕西商旅皆以解盐及药物等入蜀贩茶，所过州军，已出一重税钱，及贩茶出蜀，兼带蜀货，沿路又复纳税。”四川富饶的物产被贩运到西北，陕西的食盐、药物等被贩入四川。蜀道上商旅往来不断，络绎不绝，沿线的大都市，商贾云集，商税收入直线上升。例如兴元府位于蜀道咽喉要地，是商人南来北往必经之地，“近发洮河所仰茶产巨意，公籴私贩，辇负不绝”[2]，使得兴元府的商税收入在熙宁十年之前达到了创纪录的四十二万六千一百四十六贯，仅次于成都府，名列全国第二。成都府商税在熙宁十年（1077）之前高达八十九万九千三百贯，位居全国第一，这完全是茶马、茶盐贸易所形成的规模宏大的商品流通潮造就的喜人结果。

（三）交子——蜀道城市带的通用货币

四川的纸币交子也行用于陕西，整个蜀道城市带都能使用纸币。宋仁宗天禧元年（1017）二月五日，“知秦州曹玮言，‘本州商旅入中粮草交引，自来每一交引总虚实钱百千鬻之，得十二千，请于永兴、凤翔官给钱市之’。从之。”[3]这样极为不便，所以到天禧四年（1020）正月，“屯田员外郎杨峤请于秦州入中商贾刍粮，就川界给现钱，从之”。这样，到四川对换交子，也造成了管理上的混乱。仁宗天圣四年（1026）三月六日三司言，“陕府西转运司勘会辖下秦州所入纳粮草，取客稳便指射，赴永兴、凤翔、河中府及西川嘉、邛等州请领钱数准益州转运司牒，近就益州置官交子务书放交子行用，往诸处交易”[4]。朝廷将秦州的作法进一步推广到了邻近的“延、渭、环、庆州，镇戎军等五州”。“前项五州军依秦州例入纳粮草于四川益州支给见钱或交子”“川中客旅将到罗、帛、锦、绮赴秦州货卖，其秦州不惟增添商税，更兼入中到粮草。今欲乞于本州如秦州例，若有入中客旅，情愿要四川交子，亦令本州雕板支给，每一交引上比附秦州，更

[1][3][4][清]徐松：《宋会要辑稿·食货》，中华书局，1987年。
[2][宋]文同：《丹渊集》卷三十四，四部丛刊本。

给虚钱五七百文”。由此可知，四川交子在川陕之间的行用是很普遍的，大大推动了蜀道城市带统一市场的形成。白银有时也在蜀道线上流通。天禧五年（1021）四月三司知益州薛奎言，“诸州原无出银坑冶，自来准望客人将川中匹帛往内地州军破卖，收买到银送纳，今缘益州街市银每两现卖小铁钱二千足”“客人在内地兴贩铤银入川，须经兴、利、三泉县三处官场，每十两抽买一两，每两支小铁钱十一贯三百文足”[1]。另外，陕西的铜钱、铁钱有时也流入川蜀地区。《宋史·食货志》云：“禁铜钱入两川。太平兴国四年，始开其禁，而铁钱不出境，令民输租及榷利，铁钱十纳铜钱一。时铜钱已竭，民甚苦之，商贾争以铜钱入川界与民互市，铜钱一得铁钱十四。”陕西、河东、四川系铁钱地，“崇宁五年始禁陕西铁钱行于兴元府等界”。后来又诏许“陕西铁钱入蜀，仍旧尽释其禁”。川陕间钱币的互用，进一步加速了蜀道统一市场的繁荣，促进了蜀道城市带的崛起。

四、小　结

宋代不仅结束了中国中古历史，迈入近世的门槛，使中国的经济、文化与社会诸方面都呈现出近世的特色，特别是城市进入了一个新的发展时期，呈现出近代化的城市风貌；而且从宋代开始，中国的自然环境和地域经济、地域文化也发生了巨大变化，国都的东移南迁，使西部失去了千年帝都的辉煌，但西部的经济文化并未立即衰落，蜀道城市带的崛起，是汉唐时期不可想象的，也是元明清时期无法企及的。

北宋全国出现了四大城市带，在地域分布上颇耐人寻味，通往河北大道的城市带和东南沿海港口城市带恰好北南对峙，证明此时的北方并未衰落；运河沿线城市带和蜀道沿线城市带恰好东西呼应，证明此时的西部还保持着繁荣。北宋蜀道城市带是以千里蜀道为轴线，以成都府、梓州、兴元府、洋州、京兆府、秦州等三府三州为支点兴起的；蜀道的畅通，西北消费市场和西南物资商品供给市场的出现，茶马、茶盐贸易的兴盛，在蜀道线上涌动着一股强大的商品流通潮，将

[1][清]徐松：《宋会要辑稿·食货》，中华书局，1987年。

南北市场融为一个整体，托起了蜀道沿线璀璨夺目的明星城市带。

（原文发表于《西南师范大学学报》[社科版]2004年第5期）

《陕境蜀道图》研究

毕 琼 李孝聪

美国国会图书馆藏有一轴清人所绘地图，不具图名、绘者，内容是描绘自宝鸡县城出发，经大散关走连云栈到达留坝，再经褒城、勉县、宁羌州直达陕蜀边界七盘关这一翻越秦岭的道路走向及沿途景致。其中褒城至勉县之间的部分图幅缺佚。由于地图所反映的主要是自陕入蜀的一段道路沿途，故定名为《陕境蜀道图》。

该图采用中国传统的形象画法绘成，以立面的形式详细描绘了道路沿途的山川桥梁、塘铺驿站、庙宇碑刻及名胜古迹，内容丰富，色彩鲜艳。山脉以土黄色调为主，加以淡蓝色晕染，略绘植被。山间河流采用棕色或黑色，用直线条表示河流自山中流出的形态。远山用蓝色表示。图中没有东西南北四方的注记，随着图幅的展开大致遵循自北而南的方向，反映出该图的功能应当主要为反映道路走势及状况。作者将山脉绘制在图卷的中间，下方为河流，道路以双线加红色虚线表示，从而突出表现了在山中曲曲折折回绕而行的栈道、碥道及其间的桥梁、房舍等。从《陕境蜀道图》的绘制手法和注记文字看，个别地方出现错字，画法略显粗糙，说明该图为民间所绘，且绘图者水平不高。而且，图中多处出现的“打尖处”“住宿处”“尖站”“宿站”等字样以及“樊哙故里”“此系南郑县管”等标志，墨色较深，且与其他注记笔体不同，说明该图曾经被某人在沿途使用并留下记号。此外，图中宁羌州城中，许多房舍的朝向留有被修改的痕迹，笔者虽然无法证明该修改者与留下注记的是否同为一人，却可以认为原始的绘图者也许并没有到过宁羌州，但修改者一定是到了这里才会根据所见在图上进行改动。

古人用以穿越秦岭沟通川陕的道路有数条，其中绝水距离最近的褒斜道和稍嫌迂绕的连云栈道被人们利用得最为频繁。北起宝鸡，经凤县向东南拐至褒县的一段道路，因其山势险要，多在悬崖边凿壁插木，上架桥阁，自古被称为“连云栈”，属于川陕之间栈道中的北栈。自勉县以下则称为南栈，即自勉县过青羊驿、宁羌州到七盘关川陕接境之处，再向南与金牛道相连，一路经广元、昭化可通成都，并由此到达西南各处。由于关中盆地和四川盆地之间横卧秦岭，故无论是自此至彼，还是自彼至此，图中所绘的道路尤其是留坝以下的部分都是必经之路。所以，图中留坝以上和留坝以下所反映出的地理元素各具特色。

褒城县北十里有七盘山，因山势陡峭、上山需绕七次而得名。居于山巅的关塘叫作鸡头关，是一处非常险要、居高临下的军事要地。明清均于此设置鸡头关巡检司。在《陕境蜀道图》中绘有鸡头关，并且在其旁边还有一处关帝庙和一个过街楼式的建筑——“果亲王牌楼”。

果亲王事迹见于《清史稿》：“果毅亲王允礼，圣祖第十七子。雍正十二年，命赴泰宁，送达赖喇嘛还西藏，循途巡阅诸省驻防及绿营兵。”从果亲王允礼的事迹中可知，雍正十二年（1734）赴泰宁（即今川西康定县西）送达赖喇嘛还西藏，循途巡阅诸省驻防及绿营兵应该最有可能与果亲王牌楼的出现有关。《清史稿·世宗本纪》中的记载更为准确：“秋七月癸巳，命果亲王允礼经理达赖喇嘛驻藏，并至直隶、山西、陕西、四川阅兵。”这就明确指出了允礼护送达赖喇嘛进藏的路线，即经直隶、山西至陕南，翻越秦岭，入川进藏。如前所述，川陕之间的孔道至留坝合并后南下，经过鸡头关到褒城是唯一的道路。鸡头关形势险要，设有军兵把守，毫无疑问是果亲王阅兵必经之处，故而留下了果亲王牌楼。有幸的是，果亲王留有《鸡头关诗》：“不送千门晓，昂然七曲山。何如鹦鹉语，伴客出重关。”直接说明了他曾到这里。图中出现了果亲王牌楼，一定是在他经过这里之后所修，故本图最早的绘制年代当为雍正十三年（1735）。

《清史稿》留坝厅条载：“乾隆十五年，移汉中捕盗通判驻之，三十年析置，职抚民。三十九年改置同知。”汉中府条下则记载“乾隆三十八年，置留坝厅”。另据清国史馆《皇朝地理志》《嘉庆重修一统志》载置留坝厅是在乾隆三十八年，与《清史稿》汉中府条载相符。故可以大体认定留坝设厅在乾隆三十八年（1773）。《陕境蜀道图》中尚未出现留坝厅，而有大留坝、小留坝，在大留坝的下方有添写的“汉中府同知驻此处”字样，说明这是用图者途经这里时随手所注，应该属于当时人的记载。可见直到本图投入使用，留坝仍然作为汉中府同知的驻地，而没有成为府州厅县行政体系中的一级。据此可以判定，本图的绘制年代早于留坝厅的出现，即1773年。

综合上述两个理由，笔者认为《陕境蜀道图》绘制于果亲王牌楼修建之后，留坝厅设置之前，即1735~1773年之间。考虑到该图在绘成之后曾经被人使用，添加注记进行修改，而笔者有关留坝厅的部分证据取自添改的部分，因而判断本图最初绘成还应稍早于1773年。这样看来图中“宁羌州”中“宁”字不避道光皇帝的讳便是合情合理的。

明代的《士商类要》是一部类似今天导游指南的书。其中卷之二“北京由陕西至四川省陆路”末尾有《栈道说》：“四川至陕西，一由连云栈，即韩信明修之道；一由陈仓，即韩信暗度之道。栈道自凤县三百二十里至褒城县，乔木夹道，皆大小缘坡岭而行，有缺处，以木续之，成道如桥，即栈道也，非若剑阁悬崖峭壁之险。一路有店舍，岩穴亦可宿，亦有带釜而炊者，种火以待来人。至褒城县，地始平。”这段话说明了凤县至褒城之间栈道沿途的住宿条件。于是我们知道褒城县以北栈道险要，盘曲于山间，褒城县以南地势稍平。这一点在图中有所反映。褒城县以上图幅中，道路延伸在山腰和山顶上，褒城县以下道路则自山形之间穿过，反映出地势下降后的走势情况。一个可能有关的推测来自于“塘”这一地名。在《陕境蜀道图》中，“塘”作为地名出现在道路延伸至褒城县辖境之后。作为邮政交通机构的塘，其主要功能便是接递文书。图中出现的22个铺塘，均由标志明显的黄色旗子、一组房舍建筑和5个瓶状物表示，有的还绘有碉楼或牌楼。尤其是大安汛、宽川驿塘、黄坝驿塘均绘在一黄色圈内表示地势平坦宽阔。从地貌上讲，自关中平原出发到达四川盆地的诸条道路，在翻越秦岭之后都汇集到汉中盆地，再从汉中盆地西南通向川西或向东南通往川东。而褒城所在恰好是进入汉中盆地的北端，因而在地势渐平的褒城以下设置塘站，将有利于文书的汇总和传递。这便是图中褒城以下出现“塘”的原因。而其背后的缘由却是在于地势的变化。从图上还可以推算出各铺、塘、驿之间的距离里程大致为十五里。

《陕境蜀道图》中表示可供饮食的“打尖处”“尖站”出现8次，表示可供投宿的“住宿处”“宿站”出现8次。两个宿站之间就是一天的行程。从地图可知，从宝鸡到七盘关大致需要10天时间，每天行进将近50千米。

在中文古地图中，刻意注明打尖、住宿功能的注记并不多见。《陕境蜀道图》原本也不例外。只是这幅图在一次川陕之间旅行的时候被主人利用了，在上面将每日的行程在哪住店、在哪吃饭详细记了下来，于是这幅图所提供的信息就多了许多。如果抛开这些潦草并不工整的字迹，《陕境蜀道图》从画法和内容上看，应该就是为商旅利用的一种道路交通图；而加上这些字迹，就可以帮助我们知道当时行进在这条道路上的人们是在以什么样的节奏走过这条走廊，川陕之间的商人在以何种频率利用着这条道路。在古代的交通条件下，翻山越岭，行进于悬崖栈阁之中，即使是在清中后期多开碥路的情况下也是非常辛苦的。

《陕境蜀道图》在最初绘制的时候，可能像清中叶时出现的很多其他地图一样，只是一张非常普通的指路地图，因为川陕之间道路的特性导致图中必须标出任何一处建有房屋、可供住宿的地名，和道路相伴的河流，以及沿途带有地标性质的寺庙、名胜、碑刻、牌坊，这些因素与现代的导游图所提供的信息几乎没有什么不同，不由得让人发出“古今一也”的感叹。在《陕境蜀道图》被人利用之后，它变成了活生生的“旅行笔记”，可以提供更多信息。同时，笔者认为，内容相似的这类图在当时应该还有一些，产生的原因当然是与图中所绘道路的联结川陕、栈道连云的重要性密切相关。它们与19世纪初官方修订的志书中出现的类似地图有直接的关系，而美国国会图书馆中的这一幅只是其中之一。

（供图：李孝聪；发表于《地图》2004年第4期）

图 1 《陕境蜀道图》

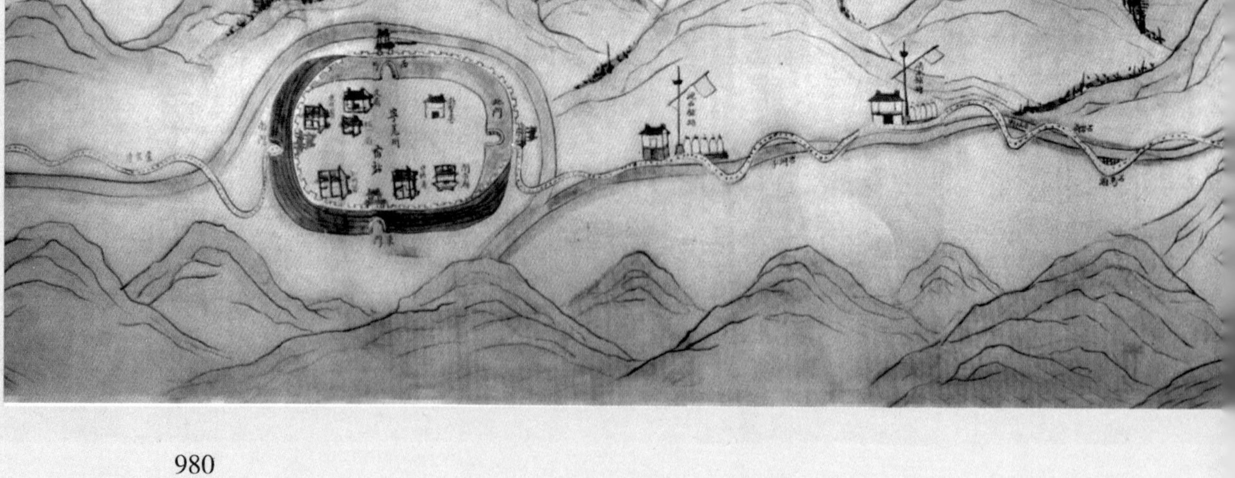